KB171367

제8판

성인 및 노인심리학

The Journey of Adulthood

Barbara R. Bjorklund 지음
이승연, 박혜원, 성현란, 최은실, 장희순, 송경희 옮김

Σ 시그마프레스

성인 및 노인심리학

발행일 | 2015년 10월 1일 1쇄 발행
2018년 7월 5일 2쇄 발행
2024년 9월 5일 3쇄 발행

저자 | Barbara R. Bjorklund
역자 | 이승연, 박혜원, 성현란, 최은실, 장희순, 송경희
발행인 | 강학경
발행처 | (주) 시그마프레스
디자인 | 강영주
편집 | 이호선

등록번호 | 제10－2642호
주소 | 서울시 영등포구 양평로 22길 21 선유도코오롱디지털타워 A401~402호
전자우편 | sigma@spress.co.kr
홈페이지 | http://www.sigmapress.co.kr
전화 | (02)323－4845, (02)2062－5184~8
팩스 | (02)323－4197

ISBN | 978-89-6866-517-2

The Journey of Adulthood, 8th Edition

Authorized translation from the English language edition, entitled JOURNEY OF ADULTHOOD, 8th Edition, 9780205970759 by BJORKLUND, BARBARA R., published by Pearson Education, Inc, publishing as Pearson, Copyright ⓒ 2015 by Pearson Education, Inc.

All rights reserved. No part of this book may be reproduced or transmitted in any form or by any means, electronic or mechanical, including photocopying, recording or by any information storage retrieval system, without permission from Pearson Education, Inc.

KOREAN language edition published by SIGMA PRESS, INC., Copyright ⓒ 2015.

이 책은 Pearson Education, Inc.과 (주) 시그마프레스 간 한국어판 출판 · 판매권 독점 계약에 의해 발행되었으므로 본사의 허락 없이 어떠한 형태로든 일부 또는 전부를 무단전재 및 복제할 수 없습니다.

* 책값은 책 뒤표지에 있습니다.

이 도서의 국립중앙도서관 출판예정도서목록(CIP)은 서지정보유통지원시스템 홈페이지(http://seoji.nl.go.kr)와 국가자료공동목록시스템(http://www.nl.go.kr/kolisnet)에서 이용하실 수 있습니다.(CIP제어번호: CIP2015022910)

역자 서문

성인 및 노인심리학은 Barbara Bjorklund의 *The Journey of Adulthood*, 제8판을 번역한 책으로, 성인 진입기부터 후기 노년기까지의 역동적 성인발달 과정을 다양한 이론과 연구 결과, 개인적 사례를 토대로 설명하고 있다. 한국판에서 이 책의 원제목과 달리 '노인심리학'이라는 용어를 강조한 이유는 성인발달에 대한 대부분의 책들이 주로 65세 이상 성인기를 하나로 묶어 접근했던 것과 달리 65~74세까지의 전기 노년기와 75세 이후 후기 노년기로 세분하여 후기 노년기에 관한 이론적 발견을 비중 있게 조명하고 있다는 점 때문이다.

이러한 특징은 2000년 이후 65세 이상 고령 인구 비율이 7%를 넘어 고령화 사회로 진입하였을 뿐 아니라, 고령 인구 비율이 2015년 현재 13.1%, 2040년에 24.3%, 2060년에 40.1%로 세계 2위 수준이 될 것으로 전망되는 한국의 현실(통계청, 2015)을 고려해볼 때, 실제적 가치가 높다고 할 것이다. 2013년 출생아의 기대수명이 남자는 78.5년, 여자는 85.1년으로 계속 증가하면서(통계청, 2014), 우리는 이전까지 크게 관심을 갖거나 이해할 필요가 없었던 노년기, 특히 후기 노년기의 발달적 안정성과 변화에 대해 주목할 필요가 있게 되었고, 이에 대한 이해는 노인뿐 아니라 그들을 부양해야 하는 젊은 세대의 행복한 삶을 위해서도 필수적이다.

물론 이 책은 이러한 후기 노년기에 대한 이해를 포함하여, 성인기 전반의 모든 측면에 대한 연구를 소개하고 있다. 생물학적인 1차 노화(제2장)뿐 아니라 2차 노화(제3장), 인지적(제4장), 사회적 변화(제5장), 사회적 관계(제6장), 일과 은퇴(제7장), 성격(제8장), 의미에 대한 추구(제9장), 스트레스와 적응유연성(제10장), 그리고 죽음과 사별(제11장)까지 광범위한 주제에 대해 발달적 이해를 도모한다. 이 책은 특히 종교성이나 영성 등 의미에 대한 추구, 스트레스에 대한 대처와 적응유연성, 죽음에 대한 이해나 죽음에 대한 대처 방식, 최근 이슈화되고 있는 호스피스 운동, 생전 유서나 의사조력자살 등의 현실적 문제까지 다른 성인발달 책에서 흔히 볼 수 없는 주제들까지 깊이 있게 다루고 있다는 점에서 차별화된다. 이러한 내용은 독자의 학문적 성장뿐 아니라 개인적 성장에도 기여할 것이라 생각되어 매우 흥미로운 부분이기도 하다.

이 책의 첫 번째 한국판에서 제1, 11장은 이승연, 제5, 9장은 박혜원, 제4장은 성현란, 제6, 10, 12장은 최은실, 제2, 8장은 장희순, 그리고 제3, 7, 12장은 송경희가 각각 맡아서 번역하였다. 각자 최선을 다하였으나, 번역의 오류나 매끄럽지 못한 부분이 있다면 계속 보완해나갈 것이다. 이 책의 출판을 기꺼이 맡아주신 ㈜시그마프레스의 강학경 사장님과 책이 만들어지기까지 수고해주신 편집부 여러분께 진심으로 감사드린다.

이제 막 성인기 여정을 시작한 학부생이나 대학원생들, 성인기 여정을 통해 새로운 자신과 삶의 의미를 발견하고 후속 세대를 지도 중인 교수나 연구자, 그 외 성인기 여정에 관심 있는 모든 분께 이 책을 바친다.

2015년 8월 3일

역자 일동

저자 서문

The Journey of Adulthood, 제8판은 초기 성인(early adulthood)부터 생의 마지막까지 성인발달의 역동적 과정을 다루고 있다. 이 책의 핵심 내용은 대규모 프로젝트에서 얻어진 연구 결과와 성인발달의 주요 이론들로 구성되어있지만, 발달에 대한 성, 문화, 민족성, 인종, 사회경제적 배경의 영향을 보여주는 다양한 집단 대상의 소규모 연구들도 함께 반영하였다. 또한 성인발달 분야의 고전적 연구들과 함께 최신의 연구들을 균형 있게 다루었다. 약간의 인간적 따뜻함과 유머를 가미하였으며, 의학적 내용도 소개하였다. 나는 현재 공식적으로는 남편과 함께 성인기 여정 중인 노인이다. 우리는 우리 부모들의 삶을 돌아보고, 자신의 새로운 길을 열고 있는 자녀들을 바라보며 이 길을 가고 있다. 제8판을 쓰는 현 시점에, 우리는 9명의 손자가 있고 이들 중 6명은 대학생으로서 또는 직장인으로서 그들의 성인기 여정을 출발하였다.

제8판의 새로운 점

- **전자제품 사용에 대한 새로운 정보** : 인터넷, 휴대전화, 전자책 단말기(e-reader), 그리고 인터넷 게임을 사용하는 여러 연령대 사람들의 비율. 취침 전 또는 밤에 전자 블루 스크린(blue screen) 장비를 사용하는 것과 관련된 수면 문제. 온라인 데이트 서비스의 인기와 그들의 주장에 대한 당부의 말. 초기 청력 손실과 이어폰으로 MP3 플레이어를 고음 청취하는 것 간의 관계.
- **우리의 삶에서 동물의 중요성 증가** : 장애를 가진 사람들을 위한 보조 동물(assistance animals)로서 개와 원숭이 사용. 스트레스 상황에 있거나 정신건강 문제를 가지고 있는 사람들을 위한 위로 동물(comfort animals, 정서적 지지를 위해 키우는 동물) 이용. 모든 연령대의 사람들이 반려동물로부터 받고 있다고 하는 사회적 지지.
- **재향 군인에 대한 새로운 연구** : 뇌 손상과 외상 후 스트레스 장애(PTSD)의 관계. 뇌 손상과 치매의 관계. 전투부대에서 적응유연성을 증진하기 위한 긍정심리학자와 미국 군대 간의 협력.
- **차별과 불평등의 효과에 대한 더 많은 연구** : '기억력이 좋지 않다'는 고정관념을 떠올리게 했던

노인들이 기억검사에서 더 낮은 점수를 받음. '소녀들은 수학을 잘하지 못한다'는 고정관념을 믿는 어머니들의 어린 딸이 수학 시험에서 더 낮은 점수를 받음. 그들이 차별을 받는다고 지각하는 소수민족 사람들의 건강 수준이 더 낮음. 아프리카계 미국인 성인들은 다른 집단의 성인들과 다른 방식으로 중년기를 경험함. 동성 커플들은 좀 더 많은 폭력과 공격성, 더 적은 가족의 지지, 관계에 대한 개방성 부족을 경험함. 식료품점의 부족과 패스트푸드 전문점의 과잉으로 인한 '식품 사막지(food desert, 신선한 음식을 구매하기가 어렵거나 너무 비싼 지역)'의 증가.

- **젊은 성인에서 노인까지 폭넓은 연령대에 대한 더 많은 연구** : 미국과 일부 유럽 국가에서는 더 많은 노인들이 직업 현장에서 일하고 있음. 유아기부터 18세까지 애착에 관한 종단연구. 장기간 결혼생활을 유지한 부부들이 "매우 강렬히 사랑하고 있다."고 보고함. 성인 진입기(emerging adulthood)부터 90세까지 여러 연령층의 사회적 호위대(social convoys). 젊은 성인들의 헌신(commitment)이 없는 성관계 또는 일회적 만남(hookups)의 증가. 70~94세까지 성생활(sexuality)에 대한 조사 결과.
- **심장 질환, 암, 당뇨병, 그리고 알츠하이머병을 포함해 연령과 관련된 대표적 질병에 대한 새로운 정보** : 백내장, 녹내장, 황반변성, 골다공증, 퇴행성관절염 등 일반적인 노화 관련 질병에 관한 최신의 위험요인들(위험요인에 관한 모든 표들은 젊은 성인들이 이를 예방하기 위해 무엇을 할 수 있는지에 대한 정보를 담고 있다). 연령과 관련된 질병에 기여하는 유전적 속성에 대한 새로운 발견들.

이 책의 첫 번째 장은 성인발달 연구의 정의, 방법, 그리고 대표적 관점 등 기본적 내용을 담고 있다. 다음 7개의 장은 최신 연구, 고전적 연구, 현재의 이론, 새로운 방향, 그리고 실제 적용 등을 다루면서 전통적인 발달적 주제들을 실었다. 다음 3개의 장은 전통적으로 성인발달 교재에서 다루지 않은 내용으로, 이 수업을 듣는 학생의 경험을 원숙하게 만들기 위해 중요하다고 생각되는 주제들, 즉, 의미에 대한 탐구, 성인의 삶에 있어서 스트레스의 필연성, 대처, 및 적응유연성, 그리고 우리가 자신의 죽음과 사랑하는 이의 죽음에 직면하는 방식을 다룬다. 마지막 장은 앞 장에서 주제를 중심으로 다루었던 것과 대조적으로 연대기적으로 성인발달을 살펴보고, 여러 이론들을 종합하며 마무리 짓기 위해 성인발달 모델을 제안한다.

성인발달 분야에서의 변화

성인발달 연구는 상당히 새로운 분야로, 해를 거듭할수록 기하급수적으로 확장되고 있다. 이것은 심리학의 한 분야로 시작되었지만, 점점 더 많은 학문이 성인기에 일어나는 변화들에 관심을 보이고 있다. 이 책은 심리학자, 사회학자, 인류학자, 신경과학자, 역학자, 행동유전학자, 세포생물학자, 생물 노인학자(biogerontologists), 그리고 다른 많은 분야의 과학자들로부터 얻어진 정보를 포함하고 있다. 이들 분야의 전문 용어와 방법론은 점점 유사해지고 있으며, 많은 연구자가 다양한 분야의 저널에 연구를 게재하고 있다. *The Journey of Adulthood*, 제8판은 진행 중인 협업의 우수성과 다학제적 프로젝트의 풍부함을 반영하고 있다. 지금은 발달과학에서 흥미진진한 시기로, 이 책은 이러한 에너지를 담고 있다.

이 책에 실린 프로젝트로는 Midlife in the United States Study(MIDUS), Berlin Study of Aging, Grant Study of Harvard Men, National Comorbidity Study, Nun Study of the School Sisters of Notre Dame, Victoria Longitudinal Study, Swedish Twin Study, National Survey of Sexual and Health Behavior, Women's Health Study, 그리고 National Longitudinal Mortality Study가 있다.

이와 같은 협업을 강조하기 위해, 나는 각 연구 분야에서 주요한 연구자 또는 이론가들을 확인하였다. 이전 두 판에서 나는 성인발달 문헌에 기여하고 있는 과학 분야의 다양성에 감명을 받았다. 나는 이러한 다양성이 제8판에 반영되기를 바란다. 특정 연구에 대해 자세하게 논의할 때, 나는 연구자들의 이름과 함께 그들이 어떻게 그들의 연구 분야를 정하게 되었는지를 설명할 것이다. 나는 성인발달에 관심 있는 학생들이 전공을 선택하거나 대학원을 계획할 때 이들 영역들을 주목하거나 고려하기를 희망한다. 교수로서, 우리는 교과의 내용을 가르치는 것뿐만 아니라 학생들의 진로 결정을 안내해야 함을 기억할 필요가 있다.

성인발달 분야의 또 다른 변화는 주요 저널에 보고된 점점 더 많은 연구 프로젝트가 다양한 국적의 연구자 집단에 의해 여러 선진국에서 행해지고 있다는 것이다. 우리는 더 이상 미국 성인을 대상으로 한 연구에만 한정되지 않는다. 우리는 스위스, 일본, 이집트 과학자들이 자국민 참가자들을 대상으로 실시한 연구에도 접하고 있다. 연구 결과가 미국에서 시행된 연구 결과와 유사할 때, 우리는 연구되고 있는 발달적 현상이 미국인들에게만 한정된 것이 아니라 필수적인 인간 경험임을 좀 더 확신할 수 있다. 연구 결과가 미국의 결과와 다를 때, 우리는 이러한 차이들을 연구하고 차이의 근원을 밝힐 수 있다. 나는 이러한 국제 연구팀들과 연구 참가자들의 국적을 확인해 왔다. 나는 이것이 우리 학계의 글로벌한 측면을 강조하기 바라며, 학생들이 '해외학습' 프로그램을 고려하도록 자극하길 바란다.

나는 주요 연구자와 이론가들의 연구를 자세하게 설명할 때, 그들의 이름을 완전하게 제시하였다. 성과 이름을 확인하는 것은 학생들에게 '이름, 연도' 방식의 관례적인 인용 방식보다 연구자를 좀 더 실제적으로 느끼게 해준다. 또한 성명은 과학자의 성별과 국가 또는 민족 배경 등 다양성을 반영한다. 우리 학생들도 매우 다양한 인종과 민족성을 대표하며, 과학이 우리와는 별로 관련없는 엘리트 그룹만의 영역이었던 시대는 사라졌다.

성인발달 분야에서 가장 흥미로운 변화 중 하나는 더욱 폭넓은 연령 집단을 강조하기 위해 그 범위가 확장된 것이다. 내가 이 분야에 대해 처음 저술했을 때, 관심의 초점은 노인이었다. 이 책의 지난 두 판에서는 성인 초기, 중년기, 성인 진입기에 관한 더 많은 연구들을 실었다. 이번 판은 연령 스펙트럼의 반대쪽 끝, 즉, 75, 80, 90세와 그 이상의 노인들에 대한 더 많은 연구를 추가하였다. 비록 이 연령 집단의 사람들을 포함하는 것이 새로울 것은 없지만, 이 집단의 수가 증가하면서 성인발달 연구에 이들을 포함하는 것이 중요해지고 상대적으로 더 쉬워졌다. 분명히 성인발달 연구는 더 이상 특정 연령 집단에 대한 연구가 아니다. 성인발달은 이제 진정으로 성인기의 모든 측면에 대한 연구이다. 나는 전체적인 성인의 삶을 대표하는 주제와 예, 이야기, 사진, 추천도서, 비판적 사고 질문을 선택함으로써 성인발달의 포괄성을 담아내려고 노력했다.

우리를 둘러싼 세상의 변화

이 책의 제7판 이래, 우리를 둘러싼 세상에는 많은 변화가 있었다. 이 서문을 작성하는 지금, 우리는 2008년에 시작된 재정난에서 회복되고 있는 것처럼 보인다. 실업, 고용 미달은 아직까지도 많은 사람들에게 문제이고, 거의 대부분의 가족이 일련의 재정난에 허덕여왔다. 군대가 이라크에서 돌아왔지만, 많은 이들이 외상후 스트레스 장애(posttraumatic stress disorder, PTSD)나 외상성 뇌 손상(traumatic brain injury, TBI)을 포함하는 많은 전쟁 관련 질병을 겪고 있다. 미국의 (그리고 다른 많은 선진국의) 편부모 가족과 맞벌이 가정은 힘든 시기를 경험하고 있다. 그들은 자신들의 직업과 가족 돌봄에 대해 정부, 직장, 혹은 지역사회로부터 거의 지원을 받지 못하고 있다. 많은 나이 든 여성들, 특히 혼자 사는 여성들은 빈곤선 이하의 삶을 살고 있다. 미국은 선진국 중 정신장애 비율이 가장 높고, 이러한 증상을 경험하는 대부분의 사람들이 적절한 치료를 받지 못하고 있다. 건강하지 못한 생활 방식은 개발도상국의 많은 성인에게 건강 문제를 증가시키는 결과를 가져오고, 이런 문제를 겪고 있는 사람들의 나이는 스펙트럼의 더 어린 쪽과 더 나이 든 쪽 모두로 확장되고 있다. 내가 이 책에서 긍정적 분위기를 유지하려고 노력하고는 있지만, 성인 삶의 이러한 측면들이 현실이며, 이 내용을 *The Journey of Adulthood*에서 주제로 다룰 것이다.

우리를 둘러싼 주변의 다른 변화들은 보다 긍정적이다. 모든 연령에서 건강에 대한 인식이 증가하고 있고, 질병 예방, 발견, 그리고 치료와 같은 많은 영역이 진보하고 있으며, 선진국에서는 더 많은 수의 사람들이 더 늦게까지 산다. 암으로 인한 사망률은 조기 발견과 치료의 발전으로 지속적으로 감소하고 있다. 노화에 대한 치료나 최대 수명을 늘리기 위한 방법에 대한 신호는 아직 없음에도, 사람들이 자신의 삶에서 건강하게 살아가는 햇수는 증가하고 있다. 호스피스 같은 프로그램은 죽음의 순간이 올 때 '좋은 죽음'을 누릴 수 있게 선택하는 사람들의 숫자를 증가시켰다. 여성은 전문적 커리어 그리고 자녀의 출가와 사별 후 홀로 되는 것에 대한 긍정적 적응에서 비약적 발전을 이루고 있다. 통신 기술은 가족들이 서로 연락하고, 노인들이 독립적으로 사는 것을 보다 용이하게 했다. 소셜 미디어, 휴대전화, 그리고 e게임을 사용하는 사람들의 평균 연령도 증가하고 있다. 이러한 내용들 또한 이 책에서 다룬다.

교실에서의 변화

성인발달 강의는 미국 내 대부분의 주요 대학에서 제공되어왔고, 전 세계에서 점점 더 인기를 얻고 있다. 거의 모든 전공의 졸업생들이 졸업 후에 성인기에 발생하는 변화를 다루는 영역에서 일하게 될 것임은 과언이 아니다. 또한 모든 전공의 학생들이 자신의 성인기 경험과 부모의 경험 모두를 통해, 사적으로 이러한 주제를 다루게 될 것이다. 플로리다애틀랜틱대학(Florida Atlantic

University) 내의 학생들은 심리학, 상담, 간호학, 응용범죄학, 의학, 법학, 사회복지, 작업치료, 사회학, 교육학을 전공하고 있다. 거의 절반은 이중 언어 사용자이고, 약 1/3은 영어를 제2 언어로 사용한다. 대다수는 자신의 가족 중 대학을 졸업하는 첫 번째 사람일 것이다. 나는 더 이상 이들이 한 세대 이전의 학생과 유사한 학업적 배경을 가진다고 가정하지 않는다. 이러한 이유에서, 나는 각 장에 나오는 주요 용어의 기초 정의, 관련된 통계적 방법에 대한 명확한 설명, 그리고 주요 이론의 기초적 세부 내용을 모두 제공한다. 나는 독자들을 만나며 '전형적인 학생'이 구식 고정관념이라는 것을 알게 되지만, 그들의 지적 능력과 동기를 존중한다. 나는 복잡한 개념들을 명확히 설명하고 다양한 배경과 경험을 가진 학생들과 연결되는 것이 가능하다고 확고하게 믿는다. 나는 매주 수업에서 이렇게 하며, 이 책에서도 마찬가지이다.

제8판의 각 장에서 다루는 주요 내용

제1장은 발달이 안정적이면서도 변화한다는 개념으로 시작하여, 성인발달에 대한 소개를 제공한다. 나는 내가 경험하고 있는 성인기로의 여정을 이러한 개념의 예시로 사용하고, 학생들이 이러한 용어와 관련하여 자신들의 삶에 대해 생각해보도록 한다. 두 가지 큰 관점이 소개되는데, Baltes의 전생애 발달적 접근과 Bronfenbrenner의 생물생태학적 모델이다. 학생들이 이러한 간단명료한 이론에 편안함을 느끼고, 발달연구의 다음 절로 부드럽게 넘어가기를 바란다. 나는 모든 학생들이 연구방법론 수업을 수강했다고 가정하지 않기 때문에, 다음 장들에서 사용된 방법, 측정, 분석, 설계들로 한정하여 설명할 것이다. 나는 이후 장들에 등장한 연구 몇몇을 예시로 제1장에서 사용하였는데, 학생들이 이 책의 뒷부분에서 이 연구들을 접하게 될 때 편안함을 느끼기를 바라기 때문이다.

이 장에서 다루는 새로운 내용 :

- 규준적인 역사구분적 영향력(normative history-graded influences) 목록에 더해진 현재의 사건
- 후성 유전(epigenetic inheritance)에 있어서 메틸화(methylation)의 역할

제2장의 주제는 1차 노화(primary aging)인데, 우리가 성인기 여정의 특정 이정표에 도달했을 때 우리 대부분에게 일어나는 신체적 변화를 말한다. 나는 Harmon의 산화적 손상(oxidative damage) 이론, Hayflick의 유전적 한계(genetic limit) 이론, 그리고 칼로리 제한(caloric restriction) 이론을 포함하는 기초 이론 몇 가지를 먼저 설명한다. 그 후에 나는 외형, 감각, 골격, 근육, 심혈관계와 호흡계, 뇌와 신경계, 면역체계, 그리고 호르몬 체계와 같은 노화 관련 신체적 변화에 대해서 다룰 것이다. 이러한 체계에서 발생하는 대부분의 노화 관련 변화는 점진적이지만, 조기 노화를 피하기 위해 많은 것이 행해질 수 있다. 예를 들어, 햇빛이나 담배 사용에 대한 지나친 노출을 피하는 것처럼, 많은 것이 성인 초기에 행해질 수 있다. 다음에 나는 더 복잡한 네 가지 기능 영역, 즉 (1) 운동 능력, (2) 체력, 손재주(dexterity) 및 균형, (3) 수면, 그리

고 (4) 성적 활동에 대해 다루는데, 이 모두는 연령과 함께 점진적으로 감소되는 것이다. 나는 이러한 쇠퇴를 늦출 수 있는 몇 가지 방법을 다루긴 하지만, 지금까지 '시간을 되돌리는 법'에 대한 입증된 방법이 없다는 경고로 이 장을 마칠 것이다.

이 장에서 다루는 새로운 내용 :

- MP3 플레이어 소음 노출 수준에 대한 연구
- 높은 수준의 청소년기 스포츠 활동이 성인 초기, 중년기에서 퇴행성 관절염의 위험요인이라는 증거
- 전문 운동가(90세까지)와 그들의 산소 흡수 능력에 대한 연구
- 블루스크린(스마트폰, 태블릿, e게임)과 불면증과의 연관성
- 성인 진입기의 헌신 없는 일회적 만남(hookups)의 유병률
- 패스트푸드 레스토랑은 많은 반면, 건강한 먹거리를 파는 곳은 적은 지역, 즉, 식품 사막지의 개념
- 70~94세 성인의 성적 활동에 대한 새로운 국가 설문조사 결과
- 노화 방지 보충제로서의 레스베라트롤(resveratrol)에 대한 의문

제3장은 노화 관련 질병 혹은 2차적 노화에 대해 다룬다. 나는 이전 장에서 다룬 정상적 변화와 이를 구분하려고 노력한다. 오래 산다고 해서 모두가 이런 질병으로 고통받는 것은 아니며, 많은 노화 관련 상태들은 예방되거나 치유될 수 있다. 나는 연령별 사망률 데이터로 이 장을 시작할 것인데, 왜냐하면 이것이 학생들로 하여금 죽음과 질병의 위험을 넓게 바라볼 수 있게 도울 것이기 때문이다. 우리 학생들 대부분에게 조기 사망의 위험은 매우 낮고, 죽음의 가장 큰 이유는 사고이다. 이어서 나는 노화 관련 대표적 질병 네 가지, 즉, 심장 질환, 암, 당뇨병, 알츠하이머병에 대해 논하고, 원인과 위험요인 그리고 몇몇 예방적 방법에 대해 설명한다. 나는 좋은 소식(조기 발견 및 치료로 암 사망률이 낮다는 것, 미국 내 더 낮은 장애율)과 나쁜 소식(모든 연령에서 당뇨병이 증가하고, 아직까지 알츠하이머병에 대한 치료법이 없음) 간의 균형을 맞출 것이다. 이 장의 두 번째 파트는 정신건강 장애이다. 나는 이러한 장애의 대부분이 성인 초기(또는 심지어 청소년기)에 시작되고 대부분이 치료될 수 있다는 것을 학생들에게 강조하려고 노력할 것이다. 그러나 이러한 장애로 고통받는 개인들(혹은 그들의 가족)이 도움을 요청하고 적절한 도움을 구할 필요가 있다. 나는 이러한 신체적 · 정신건강 장애가 무작위로 분포되어 있지 않다는 것을 이야기하며 제3장을 마무리할 것이다. 어떤 집단은 다른 사람들보다 더 고통받는 경향이 있는데, 이는 유전자와 사회경제적 배경, 성별, 삶의 방식, 성격 패턴, 그리고 그들이 아주 어렸을 때 혹은 이들이 태어나기도 전에 일어났던 사건들에 따라 달라진다.

이 장에서 다루는 새로운 내용 :

- 알츠하이머 질병 관련 유전자에 관한 새로운 발견
- 스포츠 관련 머리 부상과 알츠하이머와의 관계
- 참전 용사의 머리 부상 유병률과 PTSD, 알츠하이머병의 증가된 위험
- 지각된 인종 차별의 건강 위험
- 장애를 가진 사람들의 독립성을 키우기 위한 보조 동물과 위로 동물 사용 증가
- 만성질병을 가지고 지역사회 내에 살고 있는 사람들의 증가와 우리가 어떻게 장애의 명칭에서
- 사람을 강조하게 되었는가에 대한 설명

제4장 에서는 인지노화를 다룬다. 제2장에서 뇌의 1차적 노화, 제3장에서 알츠하이머병에 대해 조금 다루었지만, 이 장은 IQ 검사로 측정되는 지능에서의 연령 관련 변화와 기억의 측정 요소들에서의 변화에 대해서 정보처리이론을 가지고 설명할 것이다. 나는 40세쯤부터 지능이 연령과 함께 급격히 저하한다는 결론을 낳았던 초기 연구의 오류를 설명한다. 개선된 방법론을 사용한 최신의 종단연구는 IQ 점수 증가가 약 65세까지 일어나고 그 이후 점진적으로 저하하다가 약 80세경에 급격히 감소한다는 것을 보여준다. 지능의 요소들 중 생물학적 과정에 의해 통제되는 유동적(fluid) 능력은 정식 교육에 의존하는 결정화된(crystallized) 능력보다 더 많이 저하된다. 다양한 기억 요소들이 유사한 패턴을 따르는데, 어떤 부분은 다른 것보다 더 급격하게 저하한다. 노인들이 일부 기억 과정에서 제한적인 향상을 보이도록 훈련시키는 것은 가능하다. 의사결정과 문제해결은 보다 실제적 과제인데, 노인들은 젊은 사람들보다 더 적은 시간을 들이고 사실 검토를 덜 하면서도 이러한 과제를 잘 해낼 수 있다.

이 장에서 다루는 새로운 내용 :

- 실행 기능과 작업 기억에 대한 새로운 연구
- 노인들의 기억 능력에 영향을 주는 고정관념 위협의 증거
- 전자기기와 약국 포장으로 제공되는 약물 복용 이행에 대한 도움
- 휴대전화, e게임과 더불어 노인들의 소셜 네트워킹 사용 증가, e리더(전자책 단말기)는 충분한 인기를 얻지 못함
- 노인들을 위한 효과적인 운전자 훈련에 대한 새로운 연구

제5장 은 성인기 동안의 사회적 역할과 이 시기에 발생하는 변화에 대한 것이다. 사회적 역할은 직장인, 남편, 할머니 같은 특정 역할로 이행할 때 우리가 취하는 태도와 행동을 가리킨다. 이 장은 삶의 전환으로 인해 일어나는 개인 내적 변화에 대해 다룬다. 성(gender)은 사회적 역할의 주요 부분이고, 몇몇 이론들은 우리가 따르는 성 역할에 부합하는 태도와 행동이 무엇인지 우리가 어떻게 학습하게 되는지를 설명해준다. 여기서는 Bem의 학습-도식이론(learning schema theory), Eagly의 사회적 역할 이론(social role theory), Buss의 진화심리학 이론

(evolutionary psychology theory)이 다루어진다. 또한 부모와 같이 살다가 독립하게 되고, 더 나아가 동거 관계나 결혼을 통해 연인과 함께 사는 변화를 포함하여, 다양한 사회적 역할들이 시간적 순서를 따라 다루어진다. 헌신적인 연인 관계의 일부가 되는 것은 좋은 정신적 · 신체적 건강과 관련이 있다. 또 다른 역할 이행은 연인에서 부모가 되는 것이다. 중년기의 사회적 역할 이행은 집에서 아이들과 함께 살다가, 자식들이 독립하게 되고, 나아가 조부모가 되는 것이다. 중년기의 또 다른 역할은 자신의 부모를 보살피는 이로서의 역할이다. 후기 노년기(late adulthood)에는 많은 사람이 혼자 살게 되거나, 보살핌을 받게 되는 존재가 된다. 모든 사람이 이러한 역할 전이에 딱 맞아 떨어지는 것은 아니다. 어떤 이들은 평생 결혼하지 않으며, 어떤 이들은 자식이 없지만, 여전히 행복하고 생산적인 삶을 살아가기도 한다. 대부분의 학생들이 체험으로 알고 있는 것처럼, 가족 내에 이혼과 재혼이 있게 되면 많은 새로운 사회적 역할들이 나타나게 된다.

이 장에서 다루는 새로운 내용 :

- 지난 10년간 경기 침체로 인해 부모의 집으로 돌아와 함께 살게 된 성인 진입기 및 성인 초기 성인들에 대한 연구. 연구 결과는 이러한 상황이 세대 간 결속력을 강화하였음을 보여준다.
- 여성에 대해 보다 진보적인 태도를 지니며 종교적 관여가 더 적은 미국 및 다른 국가들에서의 동거 비율 증가
- 장기간의 불행한 결혼생활이 자존감과 건강에 미치는 부적 효과에 대한 새로운 연구
- 미국의 10대 출산율 감소와 40세 이상 여성 출산율 증가
- 맞벌이 부모의 경우, 가사와 아이 양육에서 양성평등 증가
- 동성 부모가 가사일과 아이 양육을 어떻게 분담하는지에 대한 연구
- 중년기에 역할들이 경험되는 방식에서의 인종 간 불평등
- 부모가 집에 없을 때 조부모가 아이를 양육하는 '조부모 가족(grandfamilies)'의 개념
- 1인 가정의 증가

제6장 은 사회적 관계를 다루는데, 이는 어떤 사람이 특정 역할에서 수행하는 행동이 아니라, 개인 간 쌍방 상호작용을 포함하기 때문에 사회적 역할과는 다르다. 물론 이는 어려운 구별이긴 하지만, 한 장으로만 다루기에는 이와 관련된 너무도 많은 주제들이 있기 때문에, 이러한 구분이 좋을 듯하다. 또한 이러한 구분은 대략 사회학적 연구(역할)와 심리학적 연구(관계) 간의 구분에 상응하기도 한다. 나는 Bowlby의 애착이론, Ainsworth의 애착행동 모델(model of attachment behaviors), Anotnucci의 호위대 모델(convoy model), Carstensen의 사회정서적 선택 이론(socioemotional selectivity theory), 그리고 Buss의 진화심리학 접근으로 이 장을 시작할 것이다. 이어서 이성 파트너와의 동거, 결혼, 동성 간 파트너십 등 친밀한 동반자 관계로 시작하여 성인들이 참여하는 다양한 관계를 다룰 것이다. 다음은 성인기의 부모-자녀 관계, 조부모-손자 손녀 관계, 형제 관계를 다룰 것이다. 마지막으로 이 장은 우정에 대해 다루며 마치게 된다.

모든 연령대의 학생들이 제6장과 개인적으로 관련되며, 이는 이 책 중반부에서 다루기에 적합한 주제로 여겨진다.

이 장에서 다루는 새로운 내용 :

- 온라인 데이트 서비스에 대한 연구와 이 서비스를 어떻게 잘 이용할 수 있을지에 대한 조언
- 90세까지의 연령 집단들 간 여러 사회적 호위대에 대한 비교
- 출생부터 18세까지 애착에 대한 종단연구
- 앞으로 5년 후의 커플 관계 질을 매우 정확히 예측하는 다섯 가지 주요 요소
- 거의 절반 정도가 "매우 강렬히 사랑하고 있다."고 응답한, 장기간 결혼생활을 유지한 커플
- 이혼 후 재혼하거나 이혼 후 재혼하지 않은 사람들보다 더 저하된 정신적 · 신체적 건강을 보이는, 장기간 불행한 결혼생활을 한 커플
- 게이, 레즈비언, 양성애 커플에 대한 새로운 연구
- 황혼 이혼의 증가 및 이것이 성인 자녀에 미치는 영향
- 성인 자녀들의 문제가 나이 든 부모들에게 미치는 영향
- 시간, 선물, 금전적 차원에서 조부모 기여도의 증가
- 조부모들이 젊은 가족들에게 미치는 영향
- 어린 동생을 키우는 성인 형제자매
- 사회연결망의 일부로서의 애완동물의 역할
- 사회연결망의 일부로서의 페이스북 친구의 역할

제7장 에선 일과 은퇴에 대한 주제들을 다룬다. 내가 이 책을 쓰기 시작했을 때, 학생들은 이 장의 내용을 자신의 미래나 자신의 부모의 인생에 적용하였다. 하지만 최근에는 많은 학생이 이 내용을 자신에게 적용시켰는데, 그 이유는 그들이 노동 인력의 일부이기도 하고, 일부는 두 번째 직업을 위해 재훈련을 받고 있기 때문이기도 하다. 몇몇은 심지어 은퇴하고 취미로 전문대학에 다니기도 한다. 나는 제7장을 Super의 진로발달이론과 Holland의 진로선택이론으로 시작한다. 학생들은 보통 직업 선호 검사에 익숙하며, 자신이 가장 즐기게 될 일이 어떤 유형의 것인지 발견하는 것에 흥미를 느낀다. 성차는 직업 선택에 있어서 매우 중요한 부분으로, 나는 여성이 거의 모든 직업에서 활동하고 있고 남성에 비해 대학도 더 많이 다님에도 여전히 남성에 비해 소득이 적고 고소득의 명망 있는 직업을 덜 갖게 되는 이유가 무엇인지를 질문한다. 다음 절에서는 업무 수행과 만족도에 있어서 연령별 차이를 다룬다. 일과 사생활에 관한 절에서는 어떻게 가사 일이 분배되는지에 대한 내용과 함께, 직업이 개인, 친밀한 관계, 다른 가족 구성원에 대한 책임에 어떻게 영향을 미치게 되는지를 다룬다. 은퇴를 다룬 부분에서는 사람들이 은퇴를 할지 말지에 대해 결정하는 이유, 은퇴로 인한 효과, 그리고 전일제 근무와 완전한 은퇴 사이의 절충안에 대해 다룬다. 나는 은퇴 시 삶의 질의 상당 부분이 미리 계획하는 것에 달려 있다는

것을 학생들에게 알려주고 싶다. 내가 학생들 나이 때 그랬던 것보다, 학생들이 이를 보다 더 심각하게 받아들이길 바란다.

이 장에서 다루는 새로운 내용 :

- 부모의 성차별에 대한 자녀들의 반응 및 직장에서의 성차에 대한 새로운 연구
- 다른 연령에서의 노동 인력 참여에 대한 최근 데이터
- 경기 침체와 함께 일어난 자살 증가를 포함하여, 최근의 불황이 어떻게 직장인들에게 영향을 미치는가에 대한 논의
- 대학에서 '비전형적' 학생의 증가(38%)
- 직무 소진(work burnout)에 대비되는 직무 몰입(work engagement)의 개념
- 맞벌이 부모의 증가와 아버지의 자녀 양육 및 가사 일 참여의 증가
- 미국 및 일부 유럽 국가 내 노동 인력에서의 노인 증가
- 은퇴 후에 자원봉사를 하는 것의 이점에 대한 연구

제8장 의 주제는 성격이다. 나는 이 장을 두 부분으로 나누었다. 먼저, Costa와 McCrae의 5요인 모델(five factor model) 같은 성격 구조에 대한 연구를 다루고, 다음은 Erikson의 심리사회적 발달, Loevinger의 자아발달 이론(theory of ego development), Vaillant의 성숙한 적응 이론(theory of mature adaptation), Gutmann의 성 교차 이론(theory of gender crossover), Maslow의 긍정적 웰빙 이론 같은 성격의 거대 이론을 다루었다. 내가 수많은 이론 중 이들을 선택한 이유는 이 이론들이 연령과 관련된 성격의 안정성 및 변화에 대한 연구를 지속적으로 불러일으키기 때문이다.

이 장에서 다루는 새로운 내용 :

- 성격 요인이 표현되는 방식에서의 코호트(cohort) 효과에 대한 새로운 연구
- 집단주의 문화 사람들에게서 다른 성격 요인들을 산출한 새로운 비교문화 연구
- 게이, 레즈비언, 양성애 청소년의 자기 확인(self-identification) 연령에 적용되는, 에릭슨의 정체성 대 역할 혼란 단계

제9장 은 의미에 대한 탐구와 이것이 성인 인생의 다른 단계에서 어떻게 표출되는지에 대한 정보를 제공한다. 이 부분은 이 책에서 가장 논란이 많은 장으로서, 어떤 사람들은 이 장을 이 책에서 가장 좋은 부분으로 평가하기도 하고, 어떤 이들은 이 장이 왜 포함되었는지에 대해 의문을 갖기도 한다. 나는 우리가 성인기 여정이 어떻게 시작되고, 정확히 어느 곳으로 가고 있는지에 대해 의문을 가질 때, 이 여정에서 가장 중요한 부분을 이 장이 채워줄 것이라고 믿는다. 이 장은 다른 장들에 비해, 우리가 조금 더 앞을 바라보게 하는 동시에 조금 더 뒤를

돌아볼 수 있는 기회를 제공한다. 나는 먼저 지난 40여 년간 경험적 연구 저널에서 종교 및 영성이라는 주제가 얼마나 증가했는지 보여주고 또한 우리의 삶에 있어서 성스러움에 대한 감각을 지니는 것의 중요성을 제시하였다. 그 다음에는 Kohlberg의 도덕적 추론과 Fowler의 신앙 발달(faith development) 이론을 포함하는 다양한 이론들을 다루었다. 여기에서는 이러한 이론들과 우리가 제8장에서 다루었던 Loevinger의 자아발달 이론 및 Maslow의 긍정적 웰빙 이론의 유사점들을 설명하였다. 이 복잡한 비교를 표로 정리하여 이해를 돕고자 하였다. 이 장의 마지막은 심리학의 창시자 중 한 명인 William James가 1902년에 썼던 신비 체험과 전이에 대한 글로 마무리하였다.

이 장에서 다루는 새로운 내용 :

- 미국에서 신을 믿는다고 보고하는 사람들의 증가
- 영성이 인간의 진화적 특질이라는 논거
- 사회경제적 수준, 건강 행동, 특정 종교적 활동을 고려한 상태에서도 관찰되는, 종교적인 믿음과 건전한 정신건강과의 관계에 대한 연구

제10장 은 스트레스 및 적응유연성과 관련된 주제들로 구성되어있다. 이러한 연구는 보통 건강심리학자들과 의학 연구자들에 의해서 연구되지만, 최근에는 사회심리학자, 사회학자, 법정심리학자, 군대지도자들에게도 관심 영역이 되고 있다. 이 장은 학생들이 매우 사적으로 자신과 연관 짓는 또 다른 장인데, 대부분의 학생들이 적정한 것 이상으로 스트레스 요인을 경험하고 있기 때문일 것이다. 나는 Selye의 일반 적응 증후군(general adaptation syndrome)에 대한 개념에서 시작하여 Holmes와 Rahe의 생활 변화 사건(life-change events)의 측정에 대해 설명한다. 높은 수준의 스트레스가 신체적 · 정신적 장애와 관련된다는 것을 보여주는 연구들이 인용되었다. PTSD라는 시기적절한 주제도 다루며, 성별과 연령과 같은 개인차에 대한 내용도 포함한다. 또한 만성 스트레스의 근원으로서의 인종 차별을 다루며, 스트레스와 관련된 성장, 즉, 너를 죽이지 않는 것은 너를 더 강하게 만든다는 생각에 대해 이야기한다. 대처기제의 유형과 적응유연성에 대해서도 설명한다. 최근 연구들은 외상에 대한 가장 흔한 반응이 적응유연성이며, 어떤 사람들은 다른 사람들에 비해 더욱 탄력적임을 보여왔다.

이 장에서 다루는 새로운 내용 :

- 생활 변화 사건 척도를 사용한 연구들은 5년 이후의 심장병과 당뇨병을 예측한다.
- 스트레스에 대한 반응을 오래 지속하는 사람들이 기분장애에 더 취약하다는 것을 보여준 새로운 연구
- 외상을 경험한 사람들의 10%가 1년 후에 PTSD를 경험함을 보여준 증거
- 9/11 테러 생존자 2,000명에 대한 연구는 75~102세의 노인 집단이 사건 직후에 더 높은 스트

레스 증상을 호소하였으나, 12개월 후에는 젊은 성인의 수준으로 스트레스 증상이 급격하게 감소했음을 보여준다.

- 모든 연령 집단의 9/11 테러의 생존자들은 9월 11일 기념일에 스트레스 증상을 다시 호소하였다.
- 스트레스적인 생활 사건이 게놈(genomes)을 변화시킬 수 있다는 **인간 사회 유전체학**(human social genomics)의 개념
- **일반적인 평가 도구**(General Assessment Tool) : 미국 군대가 군인의 정서적 · 사회적 · 가족 · 영적 건강을 평가하기 위해 미국심리학회와 함께 개발하고 있는 평가 도구. 어느 차원에서든 낮은 점수를 받는 사람들은 상담을 받을 수 있다. 이 도구는 PTSD의 위험을 예측하며, 조만간 활용되기 시작할 것이다.

제11장은 죽음, 즉, 연령에 따라 죽음을 어떻게 생각하는지, 사랑하는 이의 죽음에 어떻게 대처하는지, 자신의 죽음이라는 현실을 어떻게 직면하는지에 대해 다룬다. 이 장이 이 책의 어디에 속해야 하는지에 대한 엇갈린 의견들이 있다. 몇몇 비평가들은 죽음에 대한 내용이 수업의 끝에 우울한 감정을 남길 수 있으므로 이 내용을 책의 더 앞에 제시해야 한다고 말한다. 내가 이 의견에 동의하지 않는 것은 아니지만, 나는 어디에 이 장을 제시하는 것이 더 나은가에 대한 어떤 합의도 찾을 수 없었다. 나는 다른 사람의 죽음과 자신의 궁극적 죽음 모두를 포함하여 죽음에 대한 이해를 어떻게 획득하게 되는지에 대한 논의로 제11장을 시작한다. 이 장은 죽음에 대한 두려움을 극복하는 것과 같은 추상적인 내용뿐 아니라, 생전 유서(living will : 자신이 직접 결정을 내릴 수 없는 위독한 상태가 되었을 때, 존엄사를 하게 해달라는 유언)와 장기 기증자가 되는 것과 같은 실제적인 내용도 포함한다. 죽음의 장소는 많은 사람들에게 중요한데, 대부분의 사람들은 가족들이 있는 집에서 죽기를 원한다. 이는 호스피스 접근(hospice approach)으로 인해 실현 가능해지고 있고, 나는 이 부분에 대해 자세히 기술하였다. 말기 환자들의 경우 죽음의 시간을 선택하기를 원할 것이고, 이는 의사조력자살(physician-assisted suicide)을 합법적으로 인정한 몇몇 주에서 가능해지고 있다. 나는 이것이 어떻게 행해지는지 그리고 어떤 유형의 사람들이 이러한 결정을 하는지를 설명한다. 그 다음으로는 미국의 다양한 문화권에서 발생하는 무수한 애도 의식에 대해 정리하였다. 이것이 완벽한 목록은 아니며 많은 예외가 있을 것이지만, 우리의 다문화 사회, 그리고 죽음이라는 가장 사적인 시간에 다른 사람들을 존중하고 이해하는 것에 대한 논의를 시작하기에는 충분히 좋은 방법이다. 이 장의 마지막은 노년기에 배우자 사별에 대한 가장 흔한 반응이 적응유연성임을 보여주는 사별 연구를 제시하여 희망적 견해를 전달하였다.

이 장에서 다루는 새로운 내용 :

- 비교문화 연구는 죽음에 대한 태도가 많은 국가(미국, 이집트, 쿠웨이트, 시리아, 말레이시아, 터키)에서 유사함을 보여준다.

• 모든 연령에서 생전 유언을 하는 사람들의 증가
• 페이스북이 당신이 장기 기증자인지 여부를 알릴 수 있게 한다는 정보

제12장 은 앞의 11개 장의 내용들을 정리하는데, 앞 장들처럼 주제별 정리가 아닌 연대순으로 기술하였다. 나는 관련이 있는 새로운 자료들을 추가했을 뿐 아니라, 우리가 삶의 여러 부분에서 불균형에서 균형으로 어떻게 이동하는지에 대한 흐름도와 함께 나 자신의 성인발달 모델을 제시한다. 나는 또한 성인기 동안의 연령 관련 변화에 대한 마스터 테이블을 제시하였다.

관련 자료, 비판적 사고 질문, 주요 용어

모든 장의 마지막 부분에는 **관련 자료**에 대한 목록이 있다. 도서와 논문들은 세 가지 범주로 배열하였다. 첫 번째는 개인적 흥미를 위한 읽기 자료로, 학생처럼 학식 있는 비전문가를 대상으로 한 29개의 새로운 인기 도서를 포함한다. 이 책들은 대부분 각 장에 소개된 연구자들에 의해 저술되었다. 나는 성인기의 폭넓은 연령 범위를 반영하는 책을 포함하려 노력했다. 도서 중 몇몇은 입문서, 회고록 또는 전기이며, 소수이지만 소설도 소개하였다. 두 번째는 고전 학술자료로 나는 이 분야의 대가를 잊지 않으려고 노력했다. 고전 학술자료는 28개의 도서와 학술논문으로 구성되어있다. 마지막은 현대 학술자료 부분으로, 나는 각 장의 일부 주제에 대한 더 깊이 있는 설명을 위해 우수한 개관 논문이나 도서 챕터 목록을 제공하였다.

각 장을 읽다보면 글상자에 제시된 **비판적 사고 질문**을 발견하게 될 것이다. 이는 학생들이 글을 읽다가 멈추어 그들이 읽고 있는 정보를 다른 시각에서 고려해볼 수 있게 고안된 것이다. 대부분은 교재의 내용을 학생 자신의 경험과 연결시키는 작업을 포함한다. 다른 질문들은 학생들이 교재에 제시된 연구 발견에 도전하거나 대안적 설명을 생각해낼 수 있는 연구를 설계할 수 있도록 고무시킨다. 비판적 사고 질문은 각 장을 다 읽은 후 개요로서 사용될 수도 있을 것이다.

주요 용어는 굵은 활자로 적혀 있고, 본문 내에 즉각적으로 정의가 제공된다. 이러한 방식은 학생들의 학습을 돕는 최고의 방식이다. 대부분의 학생들은 정의를 가장자리에 있는 상자 속에 따로 제시하는 것을 좋아하지 않는다. 우리는 문맥 속에서 용어를 살펴봄으로써 가장 잘 배울 수 있다. 정의는 용어해설에서도 제공된다.

차례

CHAPTER 03

건강과 건강장애

CHAPTER 04

인지 능력

CHAPTER 05

사회적 역할

CHAPTER 06

사회적 관계

CHAPTER 07

일과 은퇴

CHAPTER 08

성격

CHAPTER 09

의미 추구

CHAPTER 10

스트레스, 대처 그리고 적응유연성

CHAPTER 11

죽음과 사별

CHAPTER 12

성공적 여정

THE JOURNEY OF ADULTHOOD

Chapter

성인발달 소개

성인기로의 내 여행은 내 세대의 많은 여성이 그랬듯이, 고등학교 졸업 직후 결혼을 하고 가정을 이루면서 일찌감치 시작되었다. 그러나 나는 내 또래의 여성들과는 달리 다른 학부모들과 모닝커피를 마시는 것보다는 책을 읽는 데 더 많은 시간을 보냈다. 나는 아이들이 음악 레슨, 야구 연습, 치과 예약이 있는 동안 읽을 책들을 항상 가지고 다녔고, 도서관은 슈퍼마켓처럼 일주일에 한 번은 들르는 중요한 곳이었다. 막내 아이가 유치원에 다니기 시작했을 때, 나는 29세의 나이로 대학 1학년에 등록하였는데, 보통의 경우보다 한참 늦은 나이였다. 다음 7년간 나는 자녀들과 함께 부엌 테이블에서 숙제를 했고 다음 연휴를 손꼽아 기다렸으며 냉장고에 성적표를 붙여놓았었다. 성인이 된 내 자녀들은 그들이 어렸을 때 내가 학교에 다니지 않았던 적이 없었다고 말한다. 나는 발달심리학 석사학위를 받기 직전에 이혼하였고, 한동안 독신으로 지냈다. 나는 박사학위 계획을 접고 대학에서 심리학 과목을 가르치고 아동 기억발달에 대한 연구를 하면서 일을 하였다. 자녀들이 둥지를 떠나기 시작했을 때, 나는 다소 늦게 성인기로의 여행을 시작한 한 남자와 결혼하였고, 곧 내 삶의 중요한 부분이 되었던 5세 아이의 계모가 되었다. 얼마 지나지 않아 손주들이 생겨났고 삶은 안정되었다. 마치 결혼, 부모 되기, 직업, 편부모, 계모, 조부모 되기 등 모든 것을 다 한 것 같았고, 내 삶은 풍요로웠다.

갑자기 50세 생일이 되었고, 이는 내게 '그냥 한 살 더 먹는' 것 이상의 의미로 다가왔다. 반세기라는 시간은 상당히 충격이었고, 내 삶을 재평가하도록 만들었다. 나는 앞으로 수십 년간 서서히 황혼에 들어설 준비는 되어 있지 않았다. 나는 다시 궤도에 올라 공부를 계속할 필요가 있었다. 다음 가을학기에 나는 조지아대학의 전생애 발달심리학 박사과정에 입학하였다. 이는 활력을 주는 경험이었고 감사한 일이었다. 나는 교사가 되는 대신 학생이 되었고, 연구 프로젝트를 감독하는 대신 초보자가 되었다. 누군가에게 조언을 주는 대신, 서점이 어디에 있고 주차를 어디에 해야 하며 어떻게 복사기를 사용해야 하는지 질문을 해야 하는 사람이 되었다. 그러나 3년 후 나는 자녀와 손주, 부모와 형제들의 환호를 받으며 졸업하였다.

나는 현재 지역 대학에서 시간제로 가르치고 대학교재를 쓰며 지낸다. 12년 전 나는 남편과 함께 플로리다 남동부의 작은 마을로 이사 왔는데, 앞마당에는 사이프러스 나무를 심고 뒷마당에는 작은 소나무 숲을 만들었다. 내 이웃들은 말을 기르며, 우리는 아침마다 닭 울음소리를 들으며 일어난다. 손주 두 명은 근처에 살고 있다. 나는 보통 아침에 대학에서 강의를 한 후 15세 손자를 고등학교에서 픽업한다. 손자는 내가 여러 가지 일을 처리할 수 있도록 직접 운전을 해준다. 그는 막 임시 운전면허증을 취득했고, 나는 그가 나와 함께 어디든 가고 싶어 하는 마술과도 같은 시간을 즐기고 있다. 지난주에 나는 10세 손자의 5학년 과학 프로젝트를 도와주었다. 재미는 있었지만 나는 '우리'가 겨우 B+를 받았다는 사실에 좀 화가 나기도 했다.

3년 전 어느 날, 성인이 된 세 명의 자녀와 7세부터 25세까지인 여덟 명의 손주들까지, 남편과 나는 우리의 삶이 점점 안정적이 되어간다고 느꼈다. 그러나 바로 그때, 오래도록 이혼 상태였던 큰 아들이 재혼을 했고, 대학생인 네 자녀에 더하여 아홉 번째 손주인 작은 공주님을 우리에게 선사하였다. 이 손녀가 지난주에 첫 번째 생일을 맞았는데, 이 공주님이 없는 우리의 삶은 생각할 수도 없게 되었다. 만약 이 책에서 얻을 메시지가 있다면, 발달은 21세에 멈추지 않으며, 40세, 65세에도 멈추지 않는다는 것이다. 인생은 우리가 마지막 숨을 쉴 때까지도 계속해서 우리를 놀라게 할 것이다. 나는 그 놀람이 대부분 행복한 것이길 바랄 뿐이다.

성인발달의 기본 개념

이 책은 성인발달에 대한 것이고, 발달심리학(developmental psychology)의 원리를 따른다. 발달심리학은 삶의 전 과정에서 우리의 생각, 감정, 행동을 다루는 학문 영역이다. 이 분야는 아동발달, 청소년발달, 성인발달(adult development)을 포함하며, 성인발달은 이 책의 주요 관심 영역이다. 우리는 청소년기가 끝나가는 때인 성인 진입기(emerging adulthood)로부터 삶의 마지막까지 사람들에게 일어나는 변화에 관심이 있다. 비록 많은 자서전이 사람들의 삶에 대해 일인칭적 설명을 하고 성인기 경험에 대해 흥미로운 이야기를 제공하긴 하지만, 이 책은 객관적으로 측정하고 평가할 수 있는, 관찰 가능한 사건들에 대한 과학적 연구, 즉 경험적 연구(empirical research)에 기초한다. 처음의 내 이야기처럼 개인적 설명과 예가 사용되긴 하지만, 그 이야기들은 주의 깊게 연구되어온 여러 개념을 설명하기 위해 선택된 것이다.

이 책을 읽는 여러분 중 일부는 이제 막 성인기로의 여정을 시작했을 것이다. 일부는 20대, 30대, 아마도 40대, 50대 또는 그 이상을 지나면서 여정의 중간에 있는 사람들일 것이다. 나이가 몇 살이든, 여러분은 아마도 세월을 거치면서 그에 따른 여러 변화를 경험하고 있을 것이다. 우리는 어느 누구도 동일한 여정을 겪지 않는다. 우리는 정말로 방문하고 싶지 않은 장소에 오래도록 머무를 수도 있고, 계획에도 없던 짧은 여행을 하게 될 수도 있다. 또는 같은 장소를 방문하지만 매우 다른 경험을 할 수도 있다. 모든 여행은 개인차(individual differences)를 지닌다. 여러분은 나처럼 편부모 경험을 하지 않았을 수 있고 조부모로서의 기쁨을 누리지 않았을지 모른다. 나는 여러분이 혼자 살면서 느끼는 독립감이나 부모가 이혼할 때 느끼는 혼돈과는 아무 관련이 없다. 마찬가지로, 우리는 공통점도 지니는데, 우리 모두가 현재 또는 미래에 경험하게 되는 성인 삶의 전형적 측면이 그것이다. 우리 모두는 부모님의 집에서 나오고(또는 곧 그렇게 하리라 계획을 세우고) 연애 관계를 경험하며 미래에 대한 계획을 품고 대학에 들어가고, 가정을 시작하거나 부모가 되는 것에 대해 심각하게 생각해본 적이 있다. 이러한 공통적인 바람과 경험 없이는 성인발달에 대한 책도 가능하지 않을 것이다. 이 책에 대한 내 목표는 여러분과 함께 성인들의 삶이 지닌 독특성과 공통점을 모두 탐색하는 것이다.

이 책에 나오는 두 가지 개념은 발달과정 동안의 안정성과 변화이다. 안정성(stability)은 일관된 핵심을 구성하는 우리 자신의 중요한 부분이다. 이는 우리 각자를 평생 동안 우리 자신으로 만드는 불변의 속성이다. 다른 말로 하면, 40세의 당신은 어떤 식으로든 20세의 당신과 닮아 있으며, 60세의 당신도 마찬가지일 것이다. 예를 들어, 성인으로서 내 삶의 안정적 주제는 책에 대한 사랑이다. 사실 이것은 아동기부터 그러했다. 내가 가장 아끼는 것들은 내 서재의 책이다. 우리 집 여기저기에는 항상 내가 현재 읽고 있는 책들이 놓여 있다. 10년 전에 나는 동네 북클럽을 만들었고 이는 내게 큰 기쁨이 되고 있다. 내 삶의 또 다른 주제는 아이들이다. 이는 세 명의 여동생으로부터 시작되었고, 그다음에는 내 자녀들, 의붓딸, 조카들 그리고 손주들로 이어졌다. 나는 항상 거실에 장난감 상자를 두었고, 부엌 찬장에는 아기용 컵을 준비해두었다. 사실 책과 아이들이라는 두 주제는 종종 섞인다. 나는 아이들 생일에 책을 보내고, 아이들이 방문하여 잠을 자고 가는 날에는 항상 손님방에 아동용 책을 넣어두었다. 아마 그 책 중 일부는 오래전에 그들 부모의 소유였을 것이다. 아마 여러분도 악기를 연주하거나 스포츠에 참여하는 등, 삶에서의 안정성을 찾을 수 있을 것이다. 내가 읽는 책의 유형이 바뀌고 당신이 좋아하는 음악이나 스포츠가 바뀐다 해도 이러한 안정적 주제의 핵심 본질은 계속해서 우리 삶의 필수적인 부분으로 남아 있게 된다.

비판적 사고

당신 인생의 안정적 주제에는 어떤 것이 있는가? 지금부터 20년 후에 이 주제들은 어떻게 표현될까?

변화(change)는 안정성의 반대이다. 이는 시간의 흐름에 따라 우리를 더 어린(그리고 더 나이 든) 자신과 다르게 만드는 것이다. 이에 대한 예는 여행이다. 내가 어렸을 때는 고향인 플로리다 주 밖으로 멀리 여행해본 적이 없었다. 거의 모든 친척이 이웃에 살았고, 그렇지 않은 친척들은 겨울동안 따뜻한 날씨를 찾아 우리를 방문했다. 사실 나는 35세까지도 비행기를 타본 적이 없었다. 그러나 내가 현재의 남편과 결혼하고 더 이상 아이들과 살지 않게 되었을 때, 나는 그와 함께 전국 규모의 학회에 다닐 기회가 생겼고 그가 방문교수로 해외에 갈 때 함께 여행을 떠났다. 지난 20년간 우리는 독일, 스페인, 뉴질랜드에서 상당한 시간을 보냈다. 우리는 일본, 중국, 이탈리

이탈리아 시에나의 도시 성벽 옆에 있는 저자 Barbara의 사진에서 볼 수 있듯이, 중년기는 생활 스타일과 흥미에서 대규모 변화를 가져올 수 있다.

아, 노르웨이 등 다양한 나라로 짧게 여행을 다녀오기도 했다. 지난해 우리는 파리에도 다녀왔다. 나는 여행 짐을 싸는 데 익숙해지고 내 연구실은 이국적 장소에서 찍은 사진으로 가득하다. 30세의 나와 50세의 나를 비교한다면, 나의 여행 습관이 극적인 변화라고 할 것이다. 성인발달 과정에서 변화의 다른 예는 부모가 되거나, 직업을 바꾸거나, 다른 지역으로 이사를 가려고 결정할 때 생긴다. 성인기로의 여정을 바라보는 한 방법은 우리 삶을 정의하는 안정성과 변화 모두를 고려하는 것이다.

이 여정을 바라보는 또 다른 방법은 그 길이 얼마나 일직선인가를 따지는 것이다. 우리 삶의 어떤 부분은 연속적(continuous)이다 — 느리고 점진적이면서, 우리를 예측 가능한 방향으로 움직인다. 정원 가꾸기는 내게 딱 맞는 예이다. 내가 아주 옛날, 아파트에 살 때에는 화분을 가꾸었고, 첫 번째 집을 빌렸을 때에는 집주인에게 부탁하여 작은 화단을 만들었다. 마당이 점점 커져가면서, 나의 정원 가꾸기 프로젝트도 커져갔다. 나는 화훼시장을 좋아하고 친구들과 함께 가지치기도 하고 원예에 대한 책도 읽는다. 나는 땅을 파며 시간을 보내는 것에서 편안함을 느낀다. 오랜 시간에 걸쳐 내 지식과 기술도 늘어갔고, 이제 우리 땅은 훨씬 커져서 여러 가지를 키울 수 있게 되었다. 나는 앞으로도 정원사로서 계속해서 '발달'하게 될 거라고 생각한다.

반면 우리의 삶은 한동안 아무런 진전도 없는 것 같지만 급격한 변화로 이어지는 여정의 부분들, 즉 단계(stage)를 지닌다. 단계는 오래도록 조용한 시골길을 운전하다가 번잡한 고속도로에 들어서는 것과 같다. 내 성인기를 생각해본다면, 어린 자녀들과 집에 있었던 세월은 하나의 단계인데, 이는 곧 막내가 학교에 입학하고 나도 대학공부를 시작한 급격한 변화로 이어졌다. 나는 갑자기 하루 종일 매 순간 부모 업무에 매달려 있던 것에서 전날 밤에 아이들 과제나 필요한 것들을 챙겨주고 아침에는 아이들을 학교에 떼어놓는 식으로 변화했다. 또한 신체적으로 힘을 쓰고 구체적 조작 사고(어떻게 벽에서 색연필 자국을 지울 것인가)를 필요로 했던 일에서 추상적 사고(심리학 개론)를 필요로 하는 과제를 하게 되었다. 이 엄마/학생 단계는 내가 편모/연구자 단계에 들어설 때까지 수년간 계속되었다. 성인 연구의 흥미로운 질문은 성인기의 이러한 단계들이 얼마나 전형적인가이다. 대부분의 성인이 그들의 여정에서 이러한 단계를 거치는가? 그렇다면 같은 순서로, 같은 나이에 거치게 되는가? 또는 이러한 단계들은 개인에게 독특하고 비전형적인 것인가? 나는 막내 아이를 학교에 보내는 것이 엄마의 일생에서 보편적 사건이며 한 단계의 끝이자 또 다른 단계의 시작을 알린다고 생각하지만, 전업 주부에서 전업 학생으로의 전환은 비록 한 세대 전보다 더 흔하긴 하지만 전형적이지는 않다고 생각한다.

이 책의 마지막 주제는 내부와 외부의 변화와 관련이 있다. 우리가 성인기 여정 중 겪게 되는 많은 외적 변화(outer change)는 주변 사람들에게 곧 가시적이고 분명해진다. 우리는 성인 초기에 들어서면서, 더 자신감 있게 걷고, 살도 찌고 성숙하게 되며, 누군가는 임신을 하고, 누군가는 머리숱이 적어질 것이다. 중년기에 우리들은 체중이 줄거나 늘게 되고 신체 건강도 좋아지거나 나빠질 것이다. 내적 변화(inner change)는 무심한 관찰자에게는 분명하지 않다. 우리는 사랑에 빠지거나 연인과 헤어지며, 우리 아이들을 가까이 데리고 있거나 그들에게 자유를 허락하는 법을 배운다. 우리는 성인기로의 여정 초기에 부모에게 조언을 구하며, 부모의 여정 말미에는 그들을 돕는다. 우리는 점점 지혜롭고 품위 있게 된다. 물론 내적, 외적 변화가 서로 독립적인 것은 아니다. 외적 변화가 우리가 스스로에 대해 느끼는 바에 영향을 미칠 수 있고 그 반대도 가능하다. 외적 변화는 다른 사람들이 우리를 지각하는 방식에도 영향을 주고 타인의 지각은 우리가 스스로를 지각하는 방식에도 영향을 준다. 이러한 개념적 공존을 풀어내는 것이 이 책의 또 다른 목적이다.

변화의 근원

성인발달에 영향을 미치는 요인들에 대한 다수의 설명은 상당히 공통적이다. 변화에 기여하는 영향력은 (1) 규준적인 연령구분적(normative age-graded) 영향, (2) 규준적인 역사구분적(normative history-graded) 영향 그리고 (3) 비규준적인(nonnormative) 생활 사건들로 분류된다. 다음 절에서 나는 이러한 다양한 영향을 설명하고, 여러분이 자신의 삶에서 그 영향이 어떻게 작용하는지 볼 수 있도록 예를 제공할 것이다.

규준적인 연령구분적 영향

'변화의 근원'이란 표현을 들을 때 처음으로 드는 생각은 아마도 우리가 규준적인 연령구분적 영향이라고 부르는 것, 즉 나이가 들어가면서 모든 세대의 대다수 성인이 경험하며 연령에 연결된 요인일 것이다. 적어도 세 가지 유형의 연령구분적 영향이 전형적인 성인에 작용한다.

생물학 성인에게서 관찰되는 변화의 일부는 우리가 자연적인 노화과정을 겪는 종의 구성원이기 때문에 모두에 의해 공유된다. 이는 종종 생물학적 시계(biological clock)라는 개념으로 대표되는데, 시간이 흐르면서 흔한 변화가 생겨난다. 그러한 변화 중 많은 것은 머리카락이 점차 회색이 되고 피부에 주름이 생기는 것처럼 쉽게 눈에 뜨인다. 다른 변화는 외부가 아니라 내부에서 일어나는데, 근육세포의 손실로 신체적 힘이 점차 감소하게 되는 것이 한 예라고 할 수 있다. 그러한 신체 변화의 속도는 사람마다 상당히 다르게 일어나고 제2장에서 이에 대해 더 잘 설명할 것이다.

공유된 경험 우리 나이 정도인 대다수 사람에게 작용하는 또 다른 규준적 영향은 결혼, 대학 졸업, 은퇴의 시기 같은 성인 생활경험의 일반적 순서를 정의하는 사회적 시계(social clock)로 생각해볼 수 있다. 물론 우리 사회가 이러한 경험의 시기에 상당한 차이를 허용하긴 하지만, 우리는 여전히 이러한 사건들의 '규준적인' 시기를 알고 있다. 사회적 시계와 관련하여 어디쯤 서 있는가 하는 것은 우리 스스로의 자기 가치감에 영향을 미칠 수 있다. 여전히 부모님 집에 살고 있는 중년의 남성, '영원한 학생', 친구들은 다 은퇴했는데도 일하고 있는 나이 든 여성 등, 이들 모두는 자기 삶의 중요한 측면에서 잘하고 있을지는 몰라도, 그들의 삶이 사회가 기대하는 바와 시기적 측면에서 불일치하게 된다면 과연 잘하고 있는지 의구심이 들 수도 있을 것이다. 반대로 첨단과학 회사의 젊은 사장, 법학대학원을 마친 중년 여성, 보스턴 마라톤을 완주한 80세 노인은 자신의 성취 그 이상으로 축하받을 가치를 지닌다.

사회적 시계의 또 다른 효과는 연령차별주의(ageism)이다. 이는 특정 연령 집단에 속해 있다는 사실만으로 다른 사람들에 대해 어떤 의견이나 결정을 내리게 되는 차별의 한 유형이다. 더 나이 든 성인은 가끔 젊은 사람들에 비해 짜증이 많고, 성생활을 하지 않으며, 쉽게 잊어먹고, 덜 가치 있는 것으로 간주된다. 이러한 고정관념은 텔레비전 드라마, 광고, 생일카드, 페이스북의 농담 등에 의해 영속화된다. 이제 막 성인기에 들어선 사람들도 역시 연령차별주의의 대상이 될 수 있는데, 더 나이 든 동료보다 능력이 떨어지는 것으로 지각되거나 그들의 옷 입는 스타일이나 말 때문에 불량한 사람으로 고정관념화될 때 그러하다. 이 책의 목표 중 하나는 모든 연령대의 성인을 바라보는 현실적이면서도 정중한 방식을 제공하는 것이다.

거의 모든 문화권에서 사회적 시계의 영향은 가족생활과 연합된 경험의 패턴을 통해 드러난다. 예를 들어, 대다수 성인이 부모 되기를 경험하며, 일단 첫아이가 태어나면 그들 자녀의 삶의 단계, 즉 유아기, 걸음마기, 학령기, 청소년기 그리고 집을 떠날 준비를 하는 시기 등을 따라 다른 부모들과 함께 고정된 패턴의 사회적 경험을 공유하게 된다. 아동 삶의 이러한 각 시기는 부모에게 서로 다른 요구를 하게 되는데, 출산 교실에 참석하기, 유치원 친구 만들어주기, 스카우트 모임 주관하기, 어린이 야구단에서 가르치기, 관심 있는 대학교 방문하기 등이 그것이다. 이러한 순서는 생물학적 연령과는 별도로 대다수 성인 삶의 20~30년에 걸쳐 전개된다.

분명 사회적 시계에 기초한 공유된 발달적 변화는 생물학적 시계에 기초한 것보다는 덜 보편적이다. 그러나 주어진 문화권 내에서 공유된 연령구분적 경험은 성인발달의 공통 주제들을 부분적으로 설명할 수 있다. 제5장에서는 성인기의 역할이나 역할 전환의 형태로 이러한 공유된 경험을 살펴볼 것이다.

내적 변화 과정 더 깊은 수준에서 공유된 내적 변화가 있을 수 있고, 이는 우리가 생물학적, 사회적 시계에 반응하는 방식에서 생겨난다. 예를 들어, 몇몇 이론가들은 성인 초기, 특히 자녀 출산 이후에 부모들이 전통적인 남성적 또는 여성적 성질을 과장하는 경향이 있음을 관찰하였다. 이후 중년기, 즉 자녀가 자라서 더 이상 집에 함께 살지 않을 때에는 많은 남성과 여성이 그들의 남성적, 여성적 속성 간에 균형을 추구한다. 남성은 자녀를 키우던 시기에 비해 훨씬 더 감정을 표현하게 되고 따뜻해지는 반면, 여성은 훨씬 자기 주장적이 되고 독립적이 된다. 실제로 이처럼 확장된 성(gender) 속성은 많은 문화에서 나타나며, 제5장에서 더 자세히 설명하게 될 것이다. 여기서의 요점은 이것이 생물학적, 사회적 시계와 연결될 수 있는 내적 변화의 예이지만, 전적으로 둘 중 어느 하나에 의해 야기되지 않는다는 것이다. 이는 우리가 생물학적 · 사회적 시계가 이끌어내는 변화에 어떻게 반응하는가와 관련이 있다.

규준적인 역사구분적 영향

역사적 사건이나 조건에서 생겨나는 경험, 즉 규준적인 역사구분적 영향 또한 성인발달에 영향을 미친다. 이러한 영향은 특정 집단의 구성원들 간 유사점, 동일 집단 내 사람들 간의 차이점을 설명하는 데 유용하다. 둘 모두는 성인발달 과정의 중요한 부분이다.

발달이 일어나는 큰 사회적 환경은 문화(culture)로 알려져 있는데, 이는 결혼이나 임신이 기대되는 연령, 자녀(그리고 부인)의 전형적인 수, 남녀의 역할, 학급 구조, 종교적 의례 그리고 법 등 성인 삶의 패턴에 영향을 미치는 방식에서 큰 차이를 지닌다. 내가 수년 전 북경에서 중국인 엄마와 가족에 대해 이야기했던 것이 좋은 예가 될 것이다. 그녀는 두 살 반짜리 딸이 있었고 나는 내 막내 손자와 같은 나이라고 말했다. 그녀는 손주가 몇 명인지 물었고, 내가 여덟 명이라고 말했을 때 그녀는 중국에서는 상상하기 어렵다는 놀라는 표정을 지었다. 그녀는 1979년 이래로 중국에서는 한 자녀 갖기 정책을 따르고 있다고 설명해주었다. 도시지역에 사는 거의 모든 중국인 부모는 한 자녀로 그들의 가족을 제한한다. 그녀도 외동이었고, 그녀의 딸도 외동아이다. 그리고 양쪽 조부모가 한 명의 손주만을 가질 것이다. 중국의 보통 사람들은 형제도 없고, 이모나 삼촌도 없고, 사촌도 없다. 그녀는 내 손주들의 사진을 보고 싶어 했고, 그들의 나이와 다른 것들에 대해서도 알고 싶어 했다. 우리는 매우 우호적인 시간을 보냈지만, 내 삶이 그 문화에서는 얼마나 다를지, 그녀의 삶은 내 나이가 될 때쯤 어떠할지에 대해 생각을 떨쳐버릴 수 없었다.

코호트(cohort, 동시대 집단)는 문화보다 더 정제된 개념인데, 이것이 같은 삶의 단계에서 공통의 역사적 경험을 나눈 사람들의 집단을 의미하기 때문이다. 이 용어는 세대(generation)와 어느 정도 유사하긴 하지만 훨씬 좁은 개념인데, 세대는 약 20년을 뜻하지만 코호트는 훨씬 짧은 기간일 수 있기 때문이다. 그리고 세대는 훨씬 넓은

2001년 9월 11일에 있었던 테러리스트 공격은 그것을 경험했던 코호트에게는 분명 자신들을 규정할만한 사건이다.

지역적 범위를 뜻할 수 있지만, 코호트는 단지 한 나라 또는 한 나라의 한 지역일 수 있다. 예를 들어 1960년대에 피델 카스트로를 피해 미국으로 건너온 쿠바계 미국인들은 플로리다 남부의 중요한 코호트를 구성한다.

사회과학에서 가장 많이 연구된 코호트 중 하나는 1930년대 미국 대공황 동안 성장한 사람들이다. 이 시기는 농사가 실패하고, 기업이 문을 닫고, 주식시장이 폭락하고, 실업이 급증하고, 실업급여와 정부의 사회보장 프로그램도 없이 스스로도 별로 나눌 것이 없는 가족과 이웃, 교회로부터 간신히 도움을 구하던 때였다. 어느 누구도 이 재앙의 영향으로부터 자유롭지 못했다. 그러나 그것은 어떤 효과가 있었을까? 대공황 때 몇 살이었는지에 따라 사람들은 서로 다르게 영향을 받았을까? 이것이 사회학자인 Glen H. Elder, Jr.(1979)가 실시한 대공황에서의 성장에 관한 연구의 요지였다. 그는 대공황이 한창 진행 중일 때 청소년이었던 사람들의 집단이 초등학교 저학년이었던 사람들에 비해 장기적 효과가 더 적음을 발견하였다. 더 나이가 어린 코호트는 경제적 어려움 속에서 더 오랜 시간 그들의 아동기를 보냈다. 그 어려움은 가족 상호작용 패턴, 교육기회, 심지어 아동의 성격까지도 변화시켜서 부정적 효과가 성인기에도 남아있게 되었다. 대공황 당시 청소년이었던 사람들은 성인기에 부정적 효과를 보이지 않았으며, 그들 중 일부는 고난 경험으로부터 성장하여 성인기에 더 큰 독립성과 진취성을 보였다. 따라서 실제 나이에서 가까이 있긴 하지만, 두 코호트는 그들의 연령 때문에 동일한 역사적 사건을 다르게 경험하였다. 사건의 타이밍은 과제, 이슈, 연령 규준과 상호작용하여, 코호트 각각에 대해 고유한 영향력을 낳고 동일한 코호트에 있는 사람들의 경우 공통의 성인기 인생 여정을 따르게 만든다.

비판적 사고

〈표 1.1〉의 사건 주기 중 어떤 것이 당신에게 가장 두드러지는가? 같은 질문을 당신보다 더 어리거나 더 나이 든 사람들에게 해보라. 어떤 패턴이 나타날까?

대공황 시대가 과거이긴 하지만, 이 연구는 성인으로서 우리 개개인이 우리가 살아온 사건의 흔적과 우리가 그 사건에 반응한 연령 고유의 방식을 갖고 있음을 상기시킨다. 영국 다이애나 비의 죽음을 기억하는가? 허리케인 카트리나는 어떤가? 분명 오늘날 모든 성인은 9/11 테러리스트 공격을 기억할 것이다. 그것들 모두 우리에게 영향을 주었고, 우리의 연령에 따라 다른 영향력을 발휘했다. 시대마다의 경제적 여건, 정치적, 종교적 분위기, 교육시스템, 인기 있는 문화처럼 덜 극적인 사건들 역시 서로 다른 코호트에 영향을 미친다. 서로 다른 연령대의 사람들을 비교하여 어떤 속성이나 능력에서 연령효과를 찾고자 할 때, 연구자들은 가능한 한 많은 사건과 그 영향력을 고려해야 한다. 〈표 1.1〉은 그리 오래되지 않은 과거의 주요 사건들과 이 사건들이 일어났을 때 서로 다른 7개 코호트의 연령을 제시하고 있다. 표의 상단 시대 열에서 당신이 태어난 시기를 고르고, 다양한 사건이 발생했을 당시 자신의 연령을 살펴보라. 당신이 부모님(또는 자녀)의 코호트와 자신의 집단을 비교해보면, 일련의 역사적 사건이 한 가족의 구성원들에게 서로 다른 효과를 가진다는 것을 알게 될 것이다.

:: 표 1.1 1980년부터 2013년까지의 선별된 사건과 7개 코호트에 의해 각각이 경험되었을 연령

연도	사건	1940 코호트	1950 코호트	1960 코호트	1970 코호트	1980 코호트	1990 코호트	2000 코호트
1980		40대	30대	20대	10대	아동	출생 전	출생 전
1981	로널드 레이건이 미국 대통령이 됨							
1981	찰스 황태자와 다이애나비가 결혼함							
1981	AIDS가 확인됨							
1983	샐리 라이드가 최초의 여자 우주비행사가 됨							
1989	베를린 장벽이 무너짐							
1989	중국 천안문 사태							
1989	조지 H.W. 부시가 미국 대통령이 됨							
1990		50대	40대	30대	20대	10대	아동	출생 전
1991	소련의 몰락							
1991	사막의 폭풍 작전을 시작함							
1993	빌 클린턴이 미국 대통령이 됨							
1994	O. J. 심슨이 살인으로 체포됨							
1994	커트 코베인이 자살함							
1995	오클라호마 시 폭파							
1997	다이애나비 사망							
1999	컬럼바인고등학교 총기사고							
2000		60대	50대	40대	30대	20대	10대	아동
2001	조지 W. 부시가 미국 대통령이 됨							
2001	세계무역센터/펜타곤 테러리스트 공격							
2003	이라크 전쟁 시작							
2003	사담 후세인이 티크리트에서 미군에 생포됨							
2004	쓰나미로 인도네시아 지역에서 230,000명 사망							
2005	허리케인 카트리나가 뉴올리언스 강타							
2009	버락 오바마가 미국 대통령이 됨							
2009	마이클 잭슨 사망							
2010		70대	60대	50대	40대	30대	20대	10대
2010	지진으로 아이티가 파괴됨							
2011	상원의원 가브리엘 기퍼즈가 애리조나에서 총을 맞음							
2011	이집트의 무바라크 대통령이 아랍의 봄 시위 이후 사임함							
2011	쓰나미가 일본을 덮침							
2011	윌리엄 왕세자가 케이트(케임브리지 공작부인)와 결혼함							
2011	오사마 빈 라덴이 미국 해군 특수부대에 의해 살해 됨							
2012	샌디훅초등학교 총기사고							
2012	제리 샌터스키가 아동 성폭력 45건에 대해 유죄를 선고받음							
2012	초강력 태풍 샌디가 미국 북동부 강타							
2013	랜스 암스트롱이 불법 약물과 도핑 사용 인정							

비규준적인 생활 사건

여러분이 같은 문화권의 동년배 대다수 성인들과 공유하는 측면도 있지만, 다른 사람들과는 공유하지 않는, 당신에게만 고유한 영향력을 발휘하는 측면, 즉 비규준적인 생활 사건(nonnormative life events)도 존재한다. 이것들은 삶의 여정에 중요한 영향력을 발휘한다. 그 예로는 성인 초기에 배우자가 사망하는 것, 40세에 큰 돈을 물려받고 은퇴하는 것, 자녀를 대신하여 손주들을 기르는 것, 65세의 나이에 사업을 시작하는 것 등이 될 것이다.

큰 돈을 물려받는 것처럼 이러한 사건들 중 일부는 어느 연령대의 누구에게나 비규준적이지만, 다른 것들은 시기 때문에 비규준적이다. 배우자의 죽음은 안타깝게도 성인기 후반에는 규준적인 사건이지만, 더 어린 연령대에서는 비규준적이다. 자신의 사업을 시작하는 것은 성인기 초반에도 주목할 만한 일이긴 하지만, 65세의 나이에는 상당히 비규준적이다. 선구적인 발달심리학자인 Bernice Neugarten은 1976년에 이미, 우리가 사건 그 자체뿐 아니라 시기에도 주의를 기울여야 한다고 충고하였다. 배우자의 죽음이라도 제때에 발생하는 사건은 그렇지 않은 사건보다 훨씬 대처하기가 쉽다.

일찍 부모가 되고, 늦게 대학에 가고, 일찍 조부모가 되고, 늦게 대학원에 가는 등, 삶의 여러 측면에서 제 시기에서 벗어났던 사람으로서, 나는 경험에서 말할 수 있다. 이 모든 일이 교재의 서론으로 말하긴 좋지만, 쉬운 일은 아니었다. 한 가지 문제는 또래의 결여였다. 나는 항상 나이가 더 많은 또는 더 어린 사람이었고, 결코 집단에 속하지 못하였다. 다른 일을 하고 있어서 동년배와 어울리지 못하지만, 동료 학생들이나 축구부 엄마들과는 또래가 아니기 때문에 어울리지 못한다. 이런 상황은 나 개인에게는 별 문제가 아니지만, 때로 다른 사람들에게 문제가 된다. 자신들보다 훨씬 나이가 많은 신임교원을 뽑고 싶어 하지 않는 행정가들처럼 말이다. 따라서 언제 어디서든, 자신의 박자에 맞추어 가기보다는 제때 일을 하는 것이 더 쉬울 것이다.

안정성의 근원

지금까지 나는 변화를 설명하는 데 초점을 맞추어왔다. 그러나 어떤 속성과 행동은 안정적 패턴을 보이며, 상당한 시간 동안 거의 변화를 보이지 않는다. 성인발달을 이해하기 위해서, 우리는 다른 종류의 안정성을 탐색하고 이해해야만 한다. 나는 그것들을 전통적인 천성-양육, 즉 우리가 가지고 태어난 생물학적 특성과 우리가 주변에서 경험하는 환경의 이분법에 따라 구분하곤 한다.

유전

우리 각자는 수태 시에 고유한 유전자 조합을 물려받는다. 이러한 유전자의 상당 부분이 종의 구성원들 간에 동일한데, 이는 전 세계의 아동들이 약 12개월 만에 걷고, 10대 초에 사춘기를 경험하며, 약 51세에 폐경을 경험하는 등, 우리의 발달 양상이 그토록 유사한 이유이다. 그러나 우리의 유전적 계승은 집단적일 뿐 아니라 개인적이기도 하다. 개별 행동에 대한 유전자의 기여를 연구하는 학문, 즉 행동유전학(behavior genetics)은 최근 몇십 년 사이 매우 활발한 연구 주제가 되어왔다. 우리는 이제 고유한 유전적 특징이 IQ와 같은 인지적 능력, 키나 몸의 형태, 뚱뚱하거나 마른 경향성 같은 신체적 특징, 성격 특징, 알코올 중독이나 조현병, 우울증 같은 병리적 행동까지 상당히 광범위한 행동에 영향을 미친다는 것을 알게 되었다(Plomin, Defries, Kropnick et al., 2012). 이러한 속성과 경향성이 우리 삶 전체에 유지되는 정도는 발달의 안정성에 기여하는 유전의 영향력을 보여준다.

성인 행동의 다양성에서 유전적 영향력을 찾기 위해 행동유전학자들은 주로 쌍생아 연구(twin studies)에 의존한다. 이는 어떤 행동에서 일란성 쌍생아와 이란성 쌍생아를 비교하는 연구이다. 이러한 연구는 일란성 쌍생아가 동일한 정자와 난자로부터 발달하고 수태 시에 정확히 동일한 유전적 패턴을 공유하는 반면, 이란성 쌍생아 각각은 서로 다른 정자와 난자로부터 발달하기 때문에 다른 형제자매 쌍과 비교하여 유전적으로 더 비슷하지는 않다는 사실에 기초한다. 전형적인 쌍생아 연구에서, 각 쌍생아에게서 어떤 속성이나 능력이 측정되고 쌍생아 양쪽의 점수가 서로 얼마나 유사한지를 보게 된다. 일란성 쌍생아 쌍이 이란성 쌍생아 쌍보다 더 유사하다면, 그 속성이나 능력이 환경적 요인보다는 유전에 의해 더 영향을 받는 것이라는 증거로 채택된다.

쌍생아 연구는 통계 방법상 많은 수의 참가자를 요하기 때문에 실시하기 어렵다. 연구자가 수백 명의 쌍생아 쌍을 모집하는 것은 어려운 일이다. 이러한 이유 때문에, 국민의 출생 및 건강기록을 중앙 관리하는 몇몇 나라들이 이런 유형의 연구에서 주도적 역할을 해왔다. 쌍생아의 가장 큰 데이터 뱅크는 스웨덴 스톡홀름의 Karolinska 연구소에 있다. 이 데이터 뱅크는 85,000 쌍생아 쌍의 정보에 대한 데이터베이스를 가지고 있다. 이 책의 여러 연구도 스웨덴 쌍생아 연구 데이터베이스의 자료에 기초하였다.

환경

유전적 구성이 시간이 지나도 상당히 안정적인 우리의 특성을 만들어낸다고 할 때, 우리의 환경도 마찬가지이다. 생물학적 특성이나 양육 어떤 것도 우리의 운명을 결정하지는 못하겠지만 둘 모두 장기적 효과를 지닌다. 초기 가족경험의 평생 효과는 하버드의대 Grant Study에 의해 명확하게 드러난다. 이 연구의 현 디렉터인 정신과 의사 Geroge Vaillant(2002)는 아동기에 매우 따뜻하고 믿을만한 가정에서 자랐던 사람들은 암울한 가정에서 아동기를 보냈던 사람들에 비해 성인기에 훨씬 잘 적응된 삶을 사는 경향이 있다고 결론지었다. 매우 따뜻한 가정 출신의 남성은 성인으로서 훨씬 유능하고, 감정을 솔직하게 개방적으로 표현하며, 세상과 사람을 신뢰할 만한 것으로 바라보고, 여가활동을 함께 즐길 친구들이 있다. Vaillant의 해석에 따르면, 자녀(이 경우 아들)에게 기본적 신뢰를 제공한 부모들은 자기 가치감, 우수한 대처기술, 의미 있는 관계를 맺는 능력을 심어주며, 아동이 성인기 동안 취하게 될 핵심적 가치들을 굳건히 할 수 있는 기반을 만들어준다. 더 중요하게는, 후속 연구들은 이러한 자료가 75세에 누가 성공적으로 노화하고(즉, 건강하고 행복한) 누가 성공적이지 않게 노화하는지(즉, 아프고 슬픈)를 예측할 수 있음을 보여준다. 통합하자면, Vaillant의 연구에 따르면, 적어도 극단적인 상황에서 초기 아동기 환경은 정서적 개방성과 신뢰, 좋은 건강을 지닌 생애 또는 외로움, 불신, 질병이 있는 생애 중 하나를 만들어낸다. 이 연구로 인해 Vaillant는 제8장에서 논의될 주요 성격발달이론을 제안하게 되었다.

상호작용주의자 관점

물론 유전자와 환경 간에 간단한 구분은 없으며, 성인기 동안 우리가 경험하는 안정성에 대해 유전자와 환경의 기여를 분리할 수도 없다. 오늘날 대부분의 발달심리학자는 유전적 속성이 개인이 환경과 어떻게 상호작용하는지 그리고 환경 그 자체를 결정한다는 상호작용주의자 관점(interactionist view)을 취한다(Greenberg, Halpern, Hood et al., 2010). 예를 들어, 위험 회피를 촉진하는 유전적 성향을 지닌 소년은 자신의 부모, 형제자매와 상호작용하는 특정 양식을 갖고 성장하게 될 것이며, 큰 위험이 되지 않는 친구 및 활동을 찾아 나설 것이다. 교사들은 이를 안정적이고 합리적이라고 생각할 것이고 그가 회계와 같은 직업을 갖도록 이끌 것이다. 그 결과 위험－회피 유전자를 지닌 젊은 성인은 위험이 낮은 직업 환경에서 일하고 친구들과도 위험하지 않은 활동들을 즐기게 될 것이다. 그는 의심할 여지도 없이 이러한 흥미를 공유하는 누군가와 결혼할 것이고, 이는 그의 생활 스타일을 그대로 유지하게 만들 것이다. 이런 사람이 한 명의 자녀를 낳고, 은퇴까지 같은 집에서 같은 직업을 갖고 살리라는 것은 쉽게 상상해볼 수 있다. 그는 저녁에는 집이나 마을 식당에서 조용하게 시간을 보낼 것이다. 아마도 그는 정기적인 검사, 운동, 좋은 식습관 때문에 건강할 것이며, 그와 그의 아내는 안전벨트를 사용하고 방어운전을 할 것이다. 휴가는 멋진 풍경을 즐기도록 잘 계획된 여행일 것이며, 은퇴 후에는 똑같은 친구들과 매주 정기적인 골프 모임을 갖고 지역 초등학교에서 위탁 조부모 프로그램에 자원봉사자로 활동할 것이다. 위험 회피는 이 사람의 평생의 주제이지만, 이것이 단지 그의 유전적 성향으로 인한 것이라고 말할 수 있을까? 아니면 환경 때문인가? 이는 상호작용주의자의 닭과 달걀의 딜레마라고 할 수 있다.

최근 이러한 유전자와 환경의 상호작용에 대한 생물학적 기제가 밝혀졌다. 후성유전(epigenetic inheritance)은 수정 시에 전달받게 된 유전자가 태아기 동안 그리고 전생애에 걸쳐 발생하는 환경적 사건들에 의해 수정되는 과정을 뜻한다(Kreman & Lyons, 2011). 유전자가 수정되는 이 과정은 메틸기의 추가를 통해 DNA의 화학적 수정이 이루어지기 때문에 DNA 메틸화(methylation)로 알려져 있으며, 감소된 유전자 발현을 낳게 된다. 이런 식의 유전은 어떻게 환경이 수정 시의 원래 유전적 자질이 아니었던, 영구적이고 지속적인 특성을 초래하게 되는지를 설명한다. 예를 들어, 자살로 사망한 성인의 부검은 아동기 학대를 경험한 적이 있는 사람들이 자살하였지만, 이들이 아동기 학대 경험이 없었던 성인이나 다른 이유로 사망한 통제 집단에 비해 수정된 글루코코티코이드 수용기(glucocorticoid receptor) 유전자를 뇌에 가지고 있을 가능성이 더 크다는 것을 보여준다(McCowan, Sasaki, E'Alessio, et al., 2009). 제10장에서 배우겠지만, 글루코코티코이드 수용기는 사람들이 스트레스에 어떻게 반응하는지를 결정한다. 이 경우 초기 아동기 경험은 아동기 유전적 발현에 변화를 가져오고, 이는 평생 동안 영향을 미치게 되는 듯하다. 이는 제3장에서 더 깊이 논의될 것이다.

'나이'에 대한 정리

사람들 대부분은 나이가 단지 숫자일 뿐임을 알고 있다. 아마 아동기 때의 나이는 외모나 행동에서 무엇을 기대할 수 있을지에 대해 타당한 정보를 제공하겠지만, 일단 청소년기에 들어서면 더 많은 요인이 작용하게 된다. 사실 성인기의 여정을 탐구할수록, 우리 나이에 있는 사람들 간에 더 많은 변이가 있음을 알게 된다. 지금까지 여러 유형의 나이가 확인되었고, 그것들은 성인발달의 많은 차원을 설명해준다.

태어난 이래 지내온 세월의 수 또는 작년 생일 케이크에 꽂혀 있던 양초의 수가 당신의 생활연령(chronological age)이다. 전에 언급했듯이, 이는 모든 7세 아동이 비슷해 보이고 비슷한 흥미와 능력을 갖고 있는 아동기 때에 중요할 것이다. 그러나 성인기에는 이 숫자는 생활연령에 따라 언제 운전을 하고 술을 살 수 있고 투표를 할 수 있는지 결정되는 젊은 성인들이나 사회보장보험이나 의료보험의 적격성이 결정되는 노년기를 제외하고는 그다지 관련이 없다. 성인기 동안의 발달은 생일 케이크의 촛불이 얼마나 높은 온도인가가 아무 관련이 없는 것과 마찬가지로, 시계가 특정 횟수를 쳤기 때문에 일어나는 것이 아니다. 관련이 있을 수는 있어도 생활연령이 발달적 변화를 야기하지는 않는다.

▎비판적 사고

당신은 몇 살인가? 당신의 생물학적 연령은 얼마인가? 사회적 · 심리적 연령은? 이 연령들은 당신의 생활연령과 일치하는가?

생물학적 연령(biological age)은 성인의 신체 조건이 다른 사람들과 비교되는 측정치이다. "그는 50세의 기억을 지녔다."거나 "그녀는 30세처럼 달린다."라고 말하는 것은 생물학적 연령의 일상적 측정치에 해당한다. 물론 이것은 사람의 생활연령에 달려 있다. "50세의 기억을 지녔다."는 것은 그 사람이 70세라면, 30세인 경우와는 상당히 다른 것을 의미하게 된다! 제2장에서 살펴보겠지만, 환자의 뼈가 건강한 20세 청년의 뼈와 비교되는 골밀도 검사처럼, 생물학적 연령이 신체 시스템의 노화를 평가하기 위해 사용된다. 생물학적 연령은 종종 생활 스타일의 변화에 의해 영향을 받을 수 있는데, 이 역시 제2장에서 다루어질 것이다.

또 다른 형태의 나이는 심리적 연령(psychological age)으로 환경을 효과적으로 다루는 성인의 능력이 다른 사람과 어떻게 다른지를 측정하는 것이다. 유명 브랜드의 청바지를 사야만 하기 때문에 전기 사용료를 낼 수 없거나 늦잠을 자느라 직장에 늦는 30세 여성은 10대 청소년처럼 기능하고 있으며, 그녀의 심리적 연령은 생활연령보다 훨씬 아래에 있다.

사회적 연령(social age)은 인생의 특정 시점에 취하게 되는, 기대되는 역할에 기초한다. 40세에 첫아이를 출산한 여성은 적어도 10년은 어린 사회적 연령을 가지고 있다고 할 수 있다. 전업제로 근무하고 전업제 학생으로 공부하며 조부모를 봉양하기 위해 집에 돈을 송금하는 23세는 자신의 나이보다 훨씬 더 많은 사회적 연령을 지닌 것이다. 때때로 생물학적 연령, 심리적 연령, 사회적 연령은 어떤 사람이 다른 사람들과 비교하여 성인으로 얼마나 잘 기능하고 있는가, 즉 기능적 연령(functional age)이라는 하나의 패키지로 고려된다. 그러나 "몇 살인가?"라는 질문에 다양한 답이 있다는 것은 분명하다.

발달심리학자로서 성인행동의 어떤 측면을 연구할 때, 생활연령만 고려하지 않도록 주의해야 할 것이다. 이어지는 다른 장에서도 보겠지만, 많은 연구는 연령 집단(중년기 집단과 비교하여 젊은 성인들) 또는 역할(자녀가 있는 커플과 자녀가 없는 커플의 비교)을 사용한다. 종종 이러한 연구들은 부모 되기나 은퇴 같은 역할을 취하기 전과 후로 동일한 사람들을 비교하면서, 생활연령에 대한 질문은 피한다. 발달과 생활연령이 함께 가지 않으며, 이것이 나이가 들수록 더 분명해진다는 사실을 반드시 기억해야 할 것이다.

이 책의 기본 관점

성인발달에 대해 질문하기 전에, 우리는 이 여정의 항로를 안내하는 관점을 결정할 필요가 있다. 이 책의 다음 10개 장은 발달의 구체적 영역을 다루고 그러한 연구를 안내할 특정 이론을 소개하지만, 교재 전체에서 두 가지 광의의 접근이 사용되며 이 책의 전반적 색채를 정의한다.

비판적 사고

당신은 사람들이 70대에도 발달적 이득을 얻을 수 있다고 생각하는가? 80대는 어떤가? 사람들은 그들이 20대였을 때 발달적 손실을 경험할까?

전생애 발달심리학 접근

이 책의 주요한 접근은 전생애 발달심리학 접근(life-span developmental psychology approach)으로 이는 발달이 평생에 걸쳐 이루어지며, 다면적이고 가소성(plasticity)이 있고 맥락의 영향을 받을 뿐 아니라, 다양한 원인을 갖는 것으로 바라본다(Baltes, Reese & Lipsitt, 1980). 심리학자 Paul Baltes와 동료들은 1980년에 이러한 생각을 처음 소개하였다. 오늘날에는 별것 아닌 것으로 들리긴 하지만, 이 접근은 거의 배타적으로 아동발달에만 초점을 두고 있었던 발달심리학 분야에 전환점이 되었다. 전생애 발달적 접근의 주요 요점은 각각의 예와 함께 〈표 1.2〉에 정리되어있는데, 이 표를 살펴보면 이 접근이 12세 남동생뿐 아니라, 당신, 당신의 학생, 부모, 교수, 심지어 조부모까지 모든 연령대의 발달연구를 가능하게 했다는 것을 알 수 있을 것이다.

발달의 생물생태학적 모델

이 책의 두 번째 주요 접근은 발달 중인 사람은 다수의 환경 맥락 내에서 고려해야만 한다는 생물생태학적 모델(bioecological model)에 기초한다. 이는 발달이 생물학적, 심리적 그리고 특히 시간에 따라 변화하는 사회적 맥락 내에서 발생하며, 이러한 다양한 영향력이 항시 상호작용한다고 보는 입장이다(Lerner, 2006; Sameroff, 2009). 이러한 생각은 1979년 심리학자 Urie Bronfenbrenner에 의해 소개되었고, 지난 30여 년간 수정되어 왔다(Bronfenbrenner & Morris, 2006). Bronfenbrenner는 〈그림 1.1〉

비판적 사고

Bronfenbrenner의 시스템 각 수준에서 당신의 발달에 특히 영향을 미친 것은 무엇인가? 한 수준이 다른 수준들보다 더 영향력이 큰가? 이것이 다른 사람들에게도 해당이 되는가? 아니면 당신에게만 해당되는 것인가?

:: 표 1.2 전생애 발달심리학 : 개념, 주장, 예

개념	주장	예
전생애 발달	인간발달은 전생애적 과정이다. 어떤 나이도 다른 나이에 비해 더 중요하지 않다. 모든 나이마다, 다양한 발달 과정이 진행 중이다. 태어났을 때 모든 발달 과정이 존재하는 것도 아니다.	38세 독신 여성이 자녀를 입양할 계획을 세운다. 52세 회계장부 담당자가 자신의 일에 덜 만족하게 되는데, 자녀들이 성장하고 자신의 일에 더 많은 주의를 기울일 수 있게 되었기 때문이다. 75세 미국 남북전쟁 애호가가 전쟁 재연에 참여하는 것에는 관심이 없지만, 전기 작성 반을 수강하기 시작한다. 이들은 모두 발달을 경험하고 있다.
중다방향성 (multidirectionality)	우리는 다른 방향으로 다른 속도로 발달한다. 발달 과정은 증가하고 감소한다. 삶의 한 시기에 우리는 어떤 영역에서는 변화하고 다른 영역들에서는 안정성을 유지할 수 있다.	어떤 지적 능력은 나이와 함께 증가하며 어떤 능력은 저하한다. 젊은 성인들은 그들이 대학을 마치고 직업을 시작할 때 독립성을 보이지만 동시에 그들이 부모 집에 머물 때 의존성을 보인다.
이득과 손실로서의 발달	발달은 모든 나이에서 이득과 손실의 조합이며, 우리는 둘 다를 기대하고 이에 적응하는 법을 배워야 한다.	중년기 성인은 그들의 부모를 여읠 수 있지만 새로운 성숙감을 얻기도 한다. 젊은 성인들은 그들의 가정에 아기를 더할 수도 있지만 결혼에서 동등성 일부를 잃을 수도 있다. 일꾼들은 나이가 들어가면서 속도와 정확성을 잃기 시작하지만 전문성을 얻는다.
가소성	발달의 많은 부분은 수정될 수 있다. 많은 것이 영구적이 아니지만, 제한은 있다.	행동 문제나 약물 남용 문제를 갖고 성인기에 들어선 젊은이들은 그 문제들을 극복할 수 있고 책임감 있고 성공적인 성인이 될 수 있다. 자녀 양육기 동안 결혼 갈등이 많았던 커플도 자녀들이 일단 성장하고 나면 행복해질 수 있다. 아내가 밖에서 일하는 동안 아버지들이 집에 머물며 자녀의 양육을 담당할 수 있다. 더 나이 든 부모는 젊은 성인이 된 자녀의 생활 스타일에 따라 그들의 가치를 변화시킬 수 있다.
역사적 영향 (historical embeddedness)	발달은 역사적 · 문화적 조건에 의해 영향을 받는다.	1970년대에 성장했던 사람들은 약물을 합법화하는 것에 대해 이전이나 이후의 코호트에 비해 더 개방된 태도를 가지고 있다. 대공황 시기를 통해 살아온 사람들은 다른 코호트의 구성원들과 비교하여 일에 대한 다른 태도를 지니고 있다.
맥락주의	발달은 규준적인 연령구분적, 규준적인 역사구분적, 그리고 비규준적인 영향의 상호작용에 의존한다.	우리 각각은 우리가 일반적으로 다른 성인들과 공유하는 영향력, 우리가 살고 있는 시기 때문에 공유하는 영향력, 그리고 우리에게 독특한 영향력들의 상호작용 때문에 개별적이다.
다학제적	전생애를 통한 인간발달 연구는 심리학에만 속해 있지는 않다. 이는 다른 많은 학문 분야의 영역이며 모든 학문 분야의 발견이 유용하다.	발달연구에 대한 기여는 심리학 영역으로부터도 오지만, 사회학, 인류학, 경제학, 공중보건, 사회복지, 간호학, 역학, 교육, 그리고 다른 학문 영역으로부터도 나온다. 각각은 서로 다른 유용한 관점을 제시한다.

에 제시되어있듯이 5개의 시스템을 제안하였다. 미시체계(microsystem), 외체계(exosystem), 거시체계(macrosystem) 그리고 미시체계 내 요소들 간의 상호작용을 뜻하는 중간체계(mesosystem)가 있다. 또한 다른 3개 시스템이 시간의 흐름에 따라 항시 변화한다는 역동성을 반영한 시간체계(chronosystem)도 있는데, 이러한 변화는 개인이 신체적으로 성숙하면서 또는 대규모 지진을 겪거나 국가적 경기침체를 경험하면서 일어날 수 있다.

Bronfenbrenner 이론과 일반적인 발달적 맥락 접근의 핵심은 개인과 그의 발달은 '맥락을 떠나

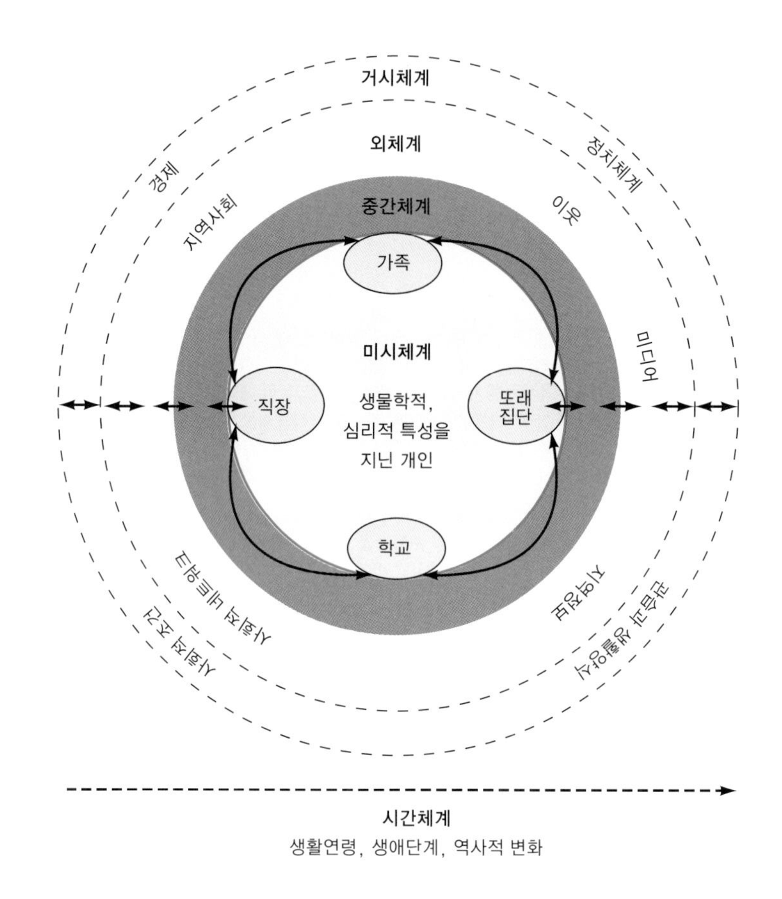

:: 그림 1.1

발달연구를 위한 Bronfenbrenner의 생태학적 시스템 접근 모델. 그는 연구자들이 실험실 장면의 행동 그 이상을 봐야 하고 다수의 환경과 시간을 통해 발달이 어떻게 이루어지는지를 고려해야 한다고 제안한다.

출처 : Bronfenbrenner (1979).

서는' 연구할 수 없다는 것이다. 우리는 성인기로의 그리고 성인기 동안의 발달과정에 영향을 주는 요인들을 설명하려고 할 때, 반드시 가족과 친구, 지역사회 그리고 더 넓은 문화까지 사회적 환경과 그것들 간의 상호작용을 고려해야만 한다.

이 책에서 앞으로 보게 되겠지만, 대부분의 사회과학 영역에서 최신 연구는 이러한 모델을 반영하며, 개인으로서, 관계 속의 파트너로서, 가족 내 부모로서, 직장의 일꾼으로서 그리고 특정 문화집단과 코호트의 구성원으로서 이러한 삶의 맥락 속에서 성인발달을 탐구하고 있다.

발달연구

성인발달을 이해하기 위해서 연구 과정에 대해 아는 것은 중요한데, 이는 오늘날 사회과학에서의 정보가 대부분 과학에 기초하기 때문이다. 여기서는 연구 방법과 통계에 관한 전 과정을 설명하기보다는 이 책에서 소개될 연구에서 사용된 방법론 중 일부를 다룰 것이다.

모든 연구는 질문으로 시작한다. 예를 들어, 성인기 동안 개인적 관계, 즉 배우자와의 관계, 다른 가족 구성원과의 관계 또는 친구와의 관계에서의 변화 또는 안정성에 대해 알기를 원한다고 하자. 또는 성인기 동안의 기억을 연구하기 원한다고 가정하자. 나이가 든 성인들은 흔히 젊었을 때만큼 잘 기억할 수 없다고 불평한다. 이는 타당한 지각인가? 정말로 노년기에 또는 더 일찍 기억능력의 저하가 있는가? 이러한 질문에 답하기 위해서 나는 어떻게 연구를 설계해야 하나? 어떤 예이든 다음과 같은 결정사항이 있다.

- 다른 연령대의 여러 집단을 연구해야만 하는가? 시간에 걸쳐 하나의 집단을 연구해야만 하는가? 아니면 이 둘의 조합을 택해야 하는가? 이는 기본적인 연구 **방법**(method)에 대한 질문이다.
- 내가 연구하고자 하는 행동, 생각 또는 감정을 어떻게 측정할 것인가? 결혼의 질에 대해 어떤 방법으로 가장 잘 알아낼 수 있을까? 설문지 아니면 인터뷰? 나는 어떻게 우울증을 측정할 것인가? 내가 사용할 수 있는 일련의 질문들이 있을까? 이는 연구 **측정**(measure)에 대한 질문이다.
- 나는 이 자료로 무엇을 할 것인가? 각 연령 집단 간에 친구 수의 평균 또는 관계만족도의 평균을 단순히 비교하는 것으로 충분한가? 가능한 다른 설명을 찾아내기 위해 나는 무엇을 더 할 수 있을까? 이는 연구 **분석**(analysis)에 대한 질문이다.
- 결과가 무엇을 의미하는가? 연구 방법, 측정, 분석에 기초하여 전반적인 결론은 무엇인가? 내가 시작한 연구 질문에 대한 답은 무엇인가? 이는 연구 **설계**(design)에 대한 질문이다.

방법

연구 방법을 선택하는 것은 연구자가 하는 가장 중요한 결정일 것이다. 이는 어떤 과학 분야에서나 마찬가지이지만, 연구의 주제가 발달일 때 특별히 고려해야 하는 사항들이 있다. 핵심적인 세 가지 선택이 있는데, 먼저 횡단적(cross-sectional) 연구 방법, 즉 일련의 연령대에 해당하는 서로 다른 집단을 선택하고 그들의 반응을 비교할 수 있다. 둘째, 종단적(longitudinal) 연구 방법, 즉 특정 시기 동안 동일한 피험자들을 연구하여 그들의 반응이 체계적으로 변화하는지 똑같이 유지되는지를 관찰할 수 있다. 마지막으로, 계열적 방법(sequential method)으로 위 두 가지를 여러 방식으로 조합하여 사용할 수 있다.

발달심리학에서 횡단연구는 다른 연령대를 대표하는 각 집단의 피험자들로부터 같은 시기에 자료를 수집하는 연구 방식이다. 각 대상은 단지 한 번만 측정되고 검사를 받으며, 결과는 우리에게 집단 간 차이에 대한 정보를 제공한다.

횡단적 방법을 사용한 연구의 예로는 다른 연령대의 성인들이 개인적 건강 수칙에서 차이가 있는지를 알아보고자 했던 공중보건 연구자 Paul Cleary와 동료들의 연구를 들 수 있다(Cleary, Zaborski & Ayanian, 2004). MIDUS(Midlife in the United States) 국가 설문조사로 알려진 대규모 프로젝트의 일원이었던 이 연구자들은 25~72세 사이의 7,000명의 참가자에게 배포한 설문지에 자신들의 연구 관심사인 개인 건강과 관련된 문항들을 포함시켰다. 질문 중 하나는 "당신의 건강을 지키기 위해 얼마나 많이 노력합니까?"였다. 답은 10점 척도(1점 : 거의 노력하지 않음~10점 : 매우 많이 노력함)상에 평정하도록 되어있었다. 자료가 수집되었을 때, 연구자들은 자료를 참여자의 연령에 따라 5개 집단으로 나누고 다시 성에 따라 분류하였다. 결과적으로 10개의 데이터 포인트가 생겨났는데, 각각은 한 연령 집단의 남성 또는 여성의 평균 점수에 해당하였

다. 〈그림 1.2〉는 그래프상에 제시된 결과이다. 그림에서 볼 수 있듯이 개인적 건강에 얼마나 많은 시간을 쓰고 있는가를 묻는 질문에 대한 평균적 반응은 6.8~7.8점 사이에 있다. 가장 분명한 결과는 모든 연령 집단에서 여성이 남성보다 자신의 건강을 위해 더 많이 노력하고 있다고 답했다는 것으로, 가장 큰 차이는 35~44세, 45~54세 집단에서 나타났다. 남성과 여성은 더 나이가 든 65~74세 때에 가장 유사하였다. 여성의 건강 노력은 성인기 동안 지속적으로 증가하였던 반면, 남성의 노력은 실제로 35~44세 때에 살짝 감소했다가 다시 급증하기 시작하였다. 이 그림은 우리가 나이가 들어갈수록 우리 건강에 더 많은 노력을 기울인다는 것을 보여준다. MIDUS 연구의 많은 발견은 앞으로 더 자세히 다루겠지만, 지금으로서는 횡단연구의 좋은 예로 먼저 소개하는 바이다.

발달은 이득과 손실 모두를 포함한다. 건강 위기(손실)는 때로 건강하고 새로운 생활 스타일(이득)을 낳을 수 있다.

어떤 횡단연구는 연령 집단을 사용하지 않는다. 대신 그들은 삶의 단계를 사용하는데, 즉 자녀가 없는 젊은 부부와 이미 첫 자녀가 있는 부부를 비교하여 부모가 되는 것이 결혼에 미치는 효과를 알아본다. 또는 대학에 입학한 젊은이들과 대학을 졸업한 젊은이들을 비교하여 정치적 견해에 대한 교육의 효과를 알아보기도 한다. 그러나 모든 횡단연구는 시간상 같은 지점에서 다른 사람들을 검사하기 위해 설계된다. 이는 오랜 시간 사람들을 추적하여 개인적 변화를 도표화하는 것에 대한 일종의 지름길인 셈이다. 횡단연구는 오랜 시간 동일한 사람들을 추적하는 것

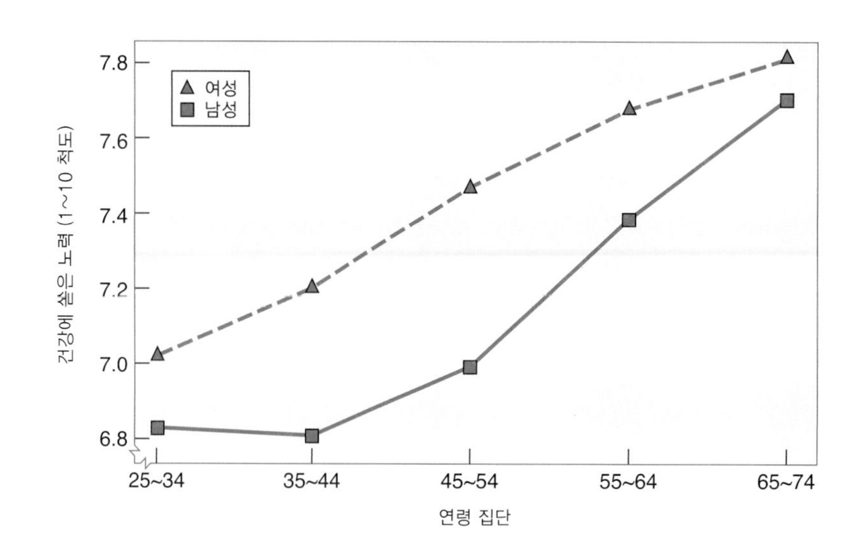

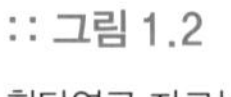
:: 그림 1.2

횡단연구 자료는 개인의 건강 관리에 쏟은 노력의 양이 연령과 함께 증가하고 매 연령대마다 남성에 비해 여성의 경우 증가율이 더 크다는 것을 보여준다.

출처 : Cleary, Zaborski & Ayania (2004).

보다 더 빠르고, 쉽고, 비용이 덜 든다는 이득이 있다. 횡단연구의 단점은 연령 차를 다룰 뿐, 변화를 보여주지는 않는다는 것이다. 더 나이 든 성인들을 대상으로 횡단연구를 실시할 때 더 나이 든 집단의 사람들은 더 어린 집단의 사람들만큼 일반 전집을 대표하지 않는데, 이는 이동(transportation) 문제, 만성적인 건강 문제, 더 나이 든 참가자를 모집하는 어려움 때문이다. 또한 더 나이 든 참가자들은 살아남아서 노년기에 접어든 사람들이고 더 건강하고 더 부자일 수 있으며 어쩌면 더 현명한 사람들일 수도 있다. 그러나 다시 말하지만, 횡단연구를 실시하기 위해 드는 최소한의 시간과 노력은 대개의 연구자들에게 매력적이며, 이러한 문제들 중 많은 것은 예측되고 통제될 수 있다.

반대로 종단연구는 일정 시간 동안 동일한 집단의 사람들을 추적하여 관심 있는 행동을 정기적으로 측정하는 것이다. 앞서 논의된 횡단연구와 비교하여, 종단연구는 35~44세인 사람들의 집단으로 시작하여 그들이 건강에 얼마나 많은 노력을 하는지 질문할 수 있다. 10년 후에 연구자들은 이제 45~54세가 된 동일한 사람들에게 다시 같은 질문을 할 것이다. 마지막으로 다시 10년 후에 이들이 55~64세가 되었을 때, 최종 자료가 수집될 것이다. 그런 다음 비교를 할 수 있는데, 상관 연구로 밝혀지는 **연령과 관련된 차이**(age-related differences)가 아니라, 이 사람들이 중년기 동안 건강에 투자한 시간에서 **연령과 관련된 변화**(age-elated changes)가 있음을 이야기할 수 있을 것이다.

종단연구를 사용한 연구의 예로 심리학자 Nancy Galambos와 동료들이 행한 젊은 성인들의 자존감 발달에 관한 연구를 들 수 있다(Galambos, Barker & Krahn, 2006). 그들은 1984년 한 학년의 끝 무렵, 캐나다 서부의 대도시에 있는 983명의 고등학교 3학년들에게 설문지를 배포하였다. 이 설문지는 "전반적으로 나는 스스로에게 만족한다."나 "나는 내가 좋은 점을 많이 가지고 있다고 느낀다."와 같은 자존감을 측정하는 여섯 문항을 포함하였다. 각 항목은 1(강하게 동의하지 않음)부터 5(강하게 동의함)까지 5점 척도상에 평정하도록 되어있었다. 〈그림 1.3〉에서 볼 수 있듯이, 참가자들이 1년 뒤 19세가 되었을 때 그들은 같은 문항들이 있는 두 번째 설문지를 받았다. 983명의 원래 참가자 중 665명이 설문지를 완성하여 보냈다. 3년째에 이 과정이 반복되었고, 이제는 20세가 된 547명이 설문지를 완성하였다. 2년 뒤에 연구자들은 다시 네 번째 설문지를 발송하였고 503명의 자료가 회수되었다. 마지막으로, 1992년, 참가자들이 25세가 되었을 때 마지막으로 설문지를 발송하였고 404명의 자료를 얻었다. 수합된 자료는 원래 표본크기의 45%일 뿐이지만 이 반응률은 종단연구에는 전형적이다.

Galambos와 동료들은 설문을 실시했던 각 연령의 참가자 집단에서 평균 점수를 구하여 자존감 자료를 수집하였다. 그들은 또한 남성과 여성으로 집단을 구분하였고, 그 결과는 〈그림 1.4〉에 제시되어있다. 그래프가 보여주듯이, 이 들의 평균 점수는 3.75~4.05 사이에

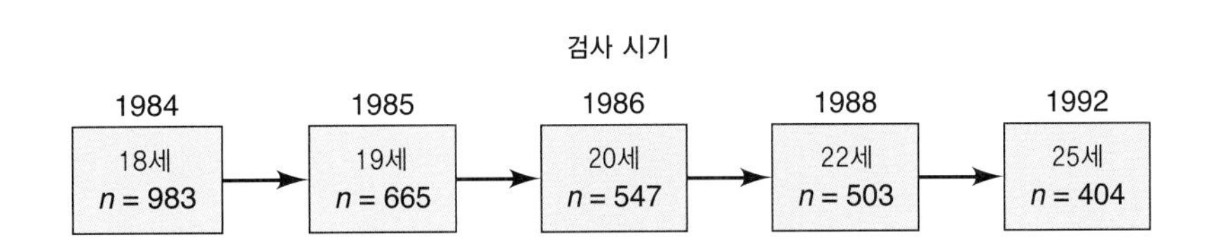

:: 그림 1.3
1984년에 983명의 학생들이 설문지를 완성하고 다시 1985, 1986, 1988, 1992년에 설문지에 답하였던 종단연구의 모델이다. 그들의 연령과 설문지를 돌려보냈던 학생들의 수(n)에 주목하라.

출처 : Galambos, Barker & Krahn (2006)의 자료.

:: 그림 1.4

이 종단연구에 따르면, 젊은 성인들이 18~25세 사이에 자존감이 증가되는 것을 볼 수 있다. 남성과 여성에서 증가율이 다른 것에 주목하라.

출처 : Galambos, Barker & Krahn (2006)의 자료.

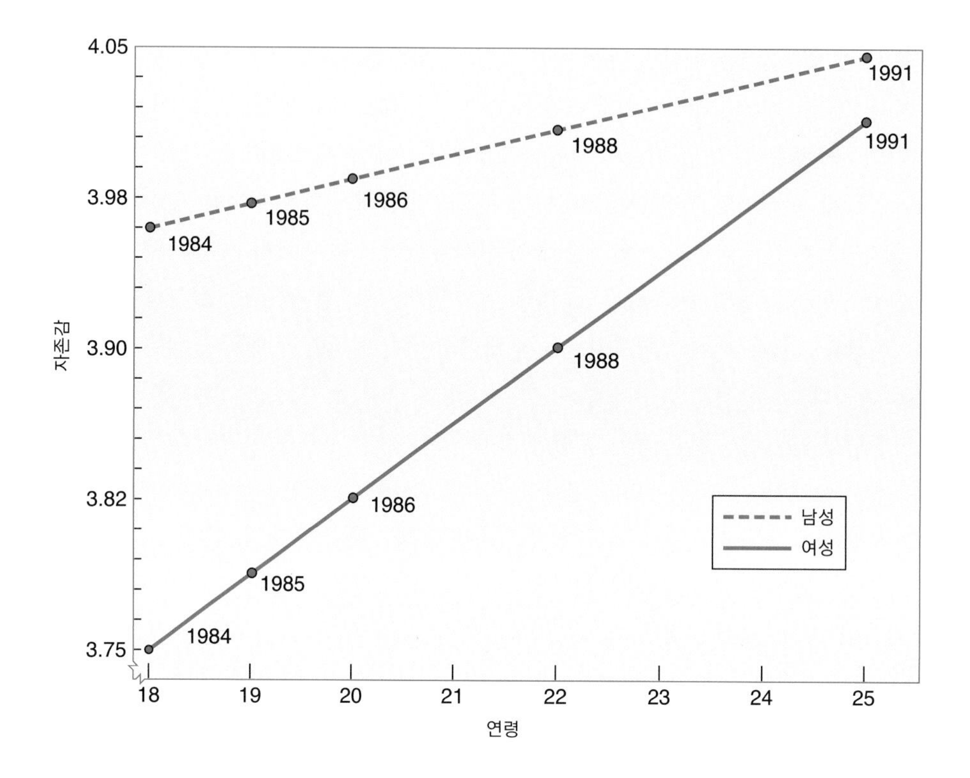

있고 두 집단 모두 18~25세 사이에 자존감의 증가를 보였다. 또한 남녀 간에 증가율의 차이가 있었는데, 남성은 18세에 더 높은 자존감을 보였지만, 25세에는 여성의 비율과 큰 차이가 없었다. 여성은 18세에 더 낮은 점수를 보이지만, 증가율은 남성의 자존감 증가율보다 더 컸다.

Galambos와 동료들에 의해 사용된 종단연구 방법은 동일한 참가자들을 매 연령마다 검사하기 때문에 실제로 변화를 증명한다. 앞서 소개했던 횡단연구에 7,000명이 넘는 참가자가 있었던 것과 비교해 단지 404명의 참가자만 있었지만, 그래프상의 데이터 포인트는 동일한 참가자들의 7년간에 걸친 자존감 증가를 보여준다. 종단연구의 또 다른 장점은 참가자들이 동일한 코호트 출신일 수 있기 때문에, 자존감의 변화가 그 코호트에 작용하는 어떤 규준적인 역사구분적 영향의 결과가 아니라 연령과 관련될 가능성을 높여준다. 그러나 종단연구의 단점도 분명히 있다. 이 연구는 첫 번째 측정부터 논문 출판까지 22년이 걸렸다. 이 방법은 시간 소비적이고 비용이 많이 든다. 연간 출판목록에 기초하여 승진과 정교수 심사를 받는 직업에서, 연구자들은 출판물의 부족 때문에 뒤처지지 않도록 종단연구와 단기간의 연구 간에 균형을 맞출 필요가 있다. 내가 아는 한 가장 야심 찬 종단연구는 유럽의 대형 연구소들에 의해 행해졌다. 예를 들어, 노화에 대한 Berlin Study에서 40명의 연구자가 실무진에 있었고, 수백 명의 학생과 수당을 받는 연구자가 있었다. 이 연구는 1990년에 시작해서 70~100세 사이의 516명을 평가하였는데, 최초의 평가를 받기 위해 각 개인별로 14개의 회기가 소요되었으며, 3년의 시간이 들었다(Baltes & Mayer, 1999). 다음 30년간, 생존자들은 8번 더 평가를 받았다. 참가자들 중 일부는 2006년에 67세의 나이로 사망하였던 책임연구자인 심리학자 Paul Baltes보다 오래 살았다. 노화에 대한 Berlin Study와 유사한 연구 노력은 이 책에서 논의될 것이다.

종단연구의 또 다른 단점은 인원 감소(attrition), 즉 참가자 중도탈락이다. Galambos 연구는 상당히 일반적인 고등학생 표본으로 시작하였지만, 시간이 흐르면서 자료 수집의 각 시기마다 더 적은 수의 자료가 회수되었다. 연구의 마지막 시기에는 원래 참가자의 절반 이상이 없었다. 인원 감소가 있을 때, 우리는 중도탈락한 사람들이 결과에 어떤 차이를 가져왔을지 질문할 필요가 있다. 연구자들은 그들이 발표한 논문의 논의 부분에 이에 대해 언급했다. 그들의 설명에 따르면, 중도탈락한 사람들과 연구에 남아 있었던 사람들의 자존감 점수는 설문조사에서 차이가 없었다. 그러나 몇몇 차이점이 있었는데, 연구에 남아 있었던 사람들은 높은 수준의 사회경제적 지위를 지닌 가정 출신이었고 졸업 후에도 수년간 계속해서 가족과 사는 경향이 있었다. 연구자들은 이 연구의 결과는 이러한 프로파일에 맞지 않는 젊은 성인에게는 적용되지 않는다고 경고한다(Galambos, Barker & Krahn, 2006).

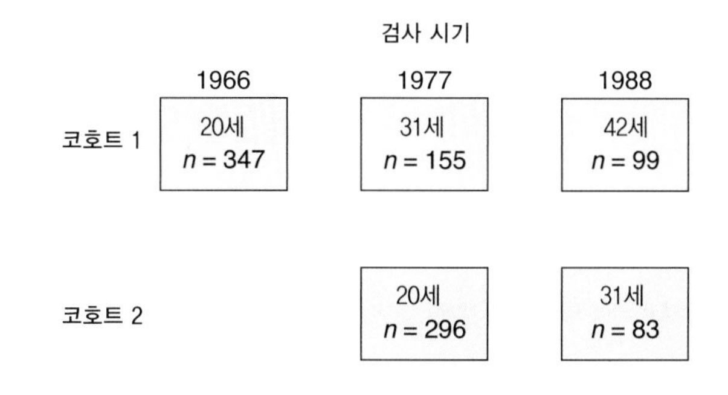

:: 그림 1.5
두 코호트가 20세 때에 각각 추적되기 시작하는 계열연구의 모델. 코호트 1은 22년 동안 추적되었다. 코호트 2는 11년간 추적되었다. 참가자의 연령과 수(n)에 주목하라.

횡단연구의 장점과 종단연구의 장점을 조합하는 방법 중 하나는 계열연구(sequential study)를 사용하는 것인데, 이는 서로 다른 시점에 시작하는 일련의 종단연구를 뜻한다. 가장 간단한 형태로 한 종단연구(코호트 1)가 한 연령대인 참가자들을 대상으로 시작된다. 몇 년 후에 두 번째 종단연구(코호트 2)가 이 연구가 시작되었을 당시에 코호트 1 참가자들의 나이인 참가자들을 대상으로 시작된다. 두 연구가 진행되면서, 그들은 두 세트의 종단연구 자료를 산출하지만, 동시에 횡단연구 자료도 제공한다.

예를 들어, 계열연구는 젊은 성인들의 성격이 중년기로 접어들면서 변화하는지 안정적인지를 살펴보고자 했던 심리학자 Susan Krauss Whitbourne과 동료들(Whitbourne, Zuschlag, Elliot, et al., 1992)에 의해 행해졌다. 이 연구는 1966년에 20세였던 347명의 로체스터 대학 학부생을 대상으로 시작되었다. 그들은 성격검사 질문지를 통해 자신들의 근면성 또는 직업윤리와 관련하여 각 문항이 자신을 얼마나 잘 기술하는지 평정하도록 요구받았다. 〈그림 1.5〉에서 볼 수 있듯이 이 집단은 1966년 코호트 1로 되어있는 왼쪽 상단의 박스에 표시되어있다. 1977년에 이 집단은 평균 31세였고, 연구자들은 다시 설문지를 발송하여 155명의 자료를 회수하였다. 또한 1977년에 로체스터대학에 재학 중인 20세의 학생들을 대상으로 성격검사를 새로 실시하였다(코호트 2, 1977). 1988년에 이 과정은 이제 42세가 된 코호트 1의 참가자들과 31세가 된 코호트 2 참가자들에게 반복되었다. 그림에서 볼 수 있듯이 코호트 1의 347명의 원래 참가자 중 99명, 코호트 2의 296명 중 83명이 완성된 설문지를 보내주었다.

1988년 시점에서 두 개의 종단연구가 진행 중인데, 20, 31, 42세의 자료를 지닌 코호트 1과 20세와 31세 자료를 지닌 코호트 2가 그것이다. 또한 20세 집단, 31세 집단, 42세 집단 간에 횡단연구도 진행 중이다. 〈그림 1.6〉은 Whitbourne과 동료들에 의한 결과 분석을 보여준다. 상단의 선은 20, 31, 42세 때의 코호트 1의 근면성 점수이다. 점수들은 20~31세 사이에 급격하게 증가

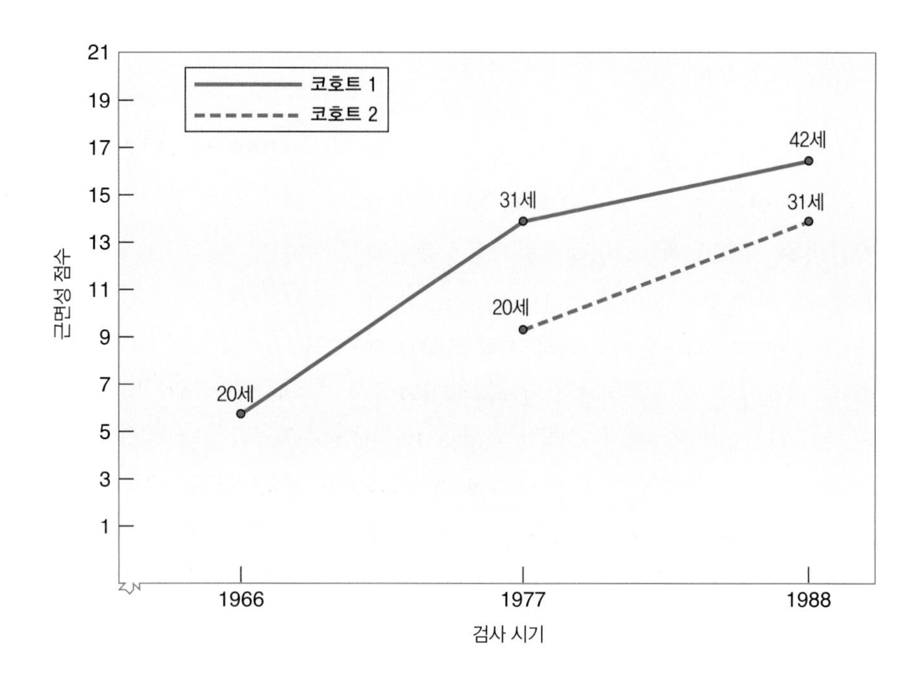

:: 그림 1.6

세 연령과 시간상 세 개의 다른 시점에서 검사된 코호트의 계열연구 결과이다. 종단연구 결과를 비교해보면, 31세 때 두 코호트가 비슷한 점수를 보이긴 하지만, 코호트 1은 코호트 2에 비해 20~31세 사이에 근면성 점수에서 급격한 향상을 보인다.

하며 이러한 증가는 31~42세 사이에 보다 완만해진다. 이는 성인기 동안 성격 속성에서 분명 변화가 있음을 보여주지만, 이러한 변화가 다른 코호트에서도 사실일까? 아래 선은 20세, 31세에 평가된 코호트 2의 패턴이다. 이 패턴은 코호트 1과는 다르다. 먼저, 근면성 점수는 코호트 2의 20세에서 훨씬 높다(코호트 1의 6.52 대 코호트 2의 9.19). 둘째, 증가율이 코호트 2에서 훨씬 느리다. 여전히 두 집단은 31세 때 유사한 근면성 점수를 보였다(코호트 1의 13.58 대 코호트 2의 14.32). 연구자들은 코호트 1의 20세는 1960년대 동안 대학에 있었는데, 1960년대는 기득권층의 직업의식이 의심받고 거부되던 시기이다. 근면성에서 그들이 보인 낮은 점수는 이러한 시대의 반영이라고 할 수 있다. 학교를 졸업하고 직장에 들어가면서 코호트 1은 근면성 점수에서 급격한 증가를 보이게 되는데, 이는 시위가 빈번했던 시대에 속하지 않았던 코호트 2의 31세 때 점수와 매우 유사하다. 분명히 여기에는 규준적인 역사구분적 영향이 작용하고 있다. 아마 근면성이라는 성격 속성의 변화에서 규준적인 연령구분적 패턴은 코호트 2의 경우와 더 유사할 것이다. 근면성이라는 성격 속성에서 이 대학생들이 속력을 내어 따라잡을 수 있고 31세 때에 다시 궤도에 오른다고는 하더라도, 역사(베트남 전쟁, 시민권 이슈들)가 대규모 학생 항의운동을 일으킬 때 그 코호트의 많은 사람은 우회적인 성인기 여정을 취하게 된다. 성격발달을 다루는 제8장에서 이 연구에 대해 다시 살펴보겠지만, 지금은 발달을 연구하는 계열적 방법을 사용한 좋은 예로서만 다룰 것이다.

측정

연구 설계가 결정되면, 다음은 관심을 갖고 있는 행동을 어떻게 측정할지를 결정해야만 한다. 각각의 방법은 그 자체로 장점과 단점이 있다.

자료를 수집하기 위한 가장 흔한 도구 중 하나는 개인 인터뷰(personal interview)이다. 즉, 실험자가 일대일로 참가자에게 질문을 하는 것이다. 개인 인터뷰는 선다형 검사(multiple-choice test)처럼 **구조화되**거나 에세이 테스트와 같은 **개방형**일 수 있으며, 둘의 조합일 수도 있다. 예를 들어 지금까지 내가 기술하였던 주요 종단연구들은 모두 심도 깊은 인터뷰를 사용하였다. 성인의 삶에 대한 많은 횡단연구 역시 구조화된 인터뷰를 사용한다. 개인 인터뷰는 면접자가 질문을 명확히 설명하고, 추후 질문을 할 수 있다는 장점이 있다. 참가자들은 종이로 된 설문지에 답을 쓰지 않고 사람에게 이야기한다는 것에 편안함을 느낀다. 단점은 참가자들이 그들이 생각하기에 사회적으로 수용할 만한 답을 제공하며, 마찬가지로 참가자에 대한 면접자의 느낌이 반응의 기록 또는 부호화를 채색할 수 있으며, 이는 매우 긴 인터뷰에서 특히 그러하다. 면접자와 참가자 간 라포(rapport) 형성은 장점이 되기도 하고 단점이 될 수도 있다.

▎비판적 사고

교실 설계(전등, 좌석, 교실 온도 등)에 대한 다른 학생들의 의견을 알아낼 수 있도록 어떻게 설문지를 구성할 것인가?

이러한 문제는 참가자가 혼자서 작성할 수 있도록, 잘 구조화된 지필검사 형식의 설문지(survey questionnaire)를 사용함으로써 피할 수 있다. 설문지는 보통 우편이나 대규모 모임 등을 통해 많은 수가 배포된다. 광범위한 지역의 많은 사람에게 닿을 수 있다는 것은 장점이다. 참가자들은 면접자와 마주보며 이야기하는 것보다는 설문지상에서 민감한 주제에 대해 더 솔직하게 답할 수 있다. 설문지는 개인 인터뷰보다 비용이나 시간이 덜 든다. 발송된 설문지의 경우 회수율이 낮다는 것은 단점인데, 약 30%의 참가자들이 최초의 설문지를 돌려보낸다. 집단으로 시행된 설문지는 참가자를 잃을 가능성은 더 낮지만, 또래의 영향을 받을 수 있다는 단점이 있다. 특히 고등학교 강당이나 은퇴 회식 모임과 같은 사회적 환경에서 설문지가 배부되었다면 특히 그러하다. 설문지는 또한 제대로 만들기가 상당히 어렵다.

설문지를 만드는 것과 관련된 문제들은 표준화 검사를 사용함으로써 피할 수 있다. 표준화 검사(standardized tests)는 어떤 속성이나 행동을 측정하며, 이미 특정 주제 영역에서 잘 알려진 도구이다. 단점은 이런 검사들의 많은 수가 출판사 소유이기 때문에 연구에 사용하기 위해서는 그 권리를 사야만 한다는 것이다. 예를 들어 웩슬러 검사(Wechsler Scales)를 사용하여 IQ를 측정하거나, MMPI 또는 MBTI(Myers-Briggs Type Indicator)를 사용하여 성격을 측정하는 것이다. 그러나 출판된 연구논문을 통해 표준화되고 시행과 채점의 방법까지도 제공되지만, 어떠한 비용도 들이지 않고 사용할 수 있는 검사도 많다. 예를 들어, 연구자들은 우울증을 평가하기 위해 CES-D-10(Center for Epidemiological Studies Short Depressive Symptoms Scale, Radloff, 1977)으로 알려진 도구를 사용한다. 이 검사는 인터넷상에서 쉽게 검색할 수 있으며, 3장의 〈표 3.7〉에서 소개된다. 이는 쉽게 채점할 수 있고 타당도(validity, 원래 측정하기로 한 것을 측정하고 있는 정도)와 신뢰도(reliability, 일관되게 측정하는 정도)가 우수한 표준화 검사의 좋은 예이다. 자신의 연구를 위해서는 어떻게 표준화 검사를 선택해야 할까? *Mental Measurements Yearbook*(Spies, Carlson, & Geisinger, 2010)처럼 검사들을 주기적으로 개관하는 참고 서적도 있지만, 내가 학생들에게 하는 조언은 다른 연구자들이 출간한 유사한 연구들을 읽고 그들이 사용한 것을 사용하라는 것이다. 측정도구의 선택에서는 창의적일 필요가 없다.

이러한 방법들이 사용할 수 있는 유일한 측정방법은 결코 아니다. 이 책을 통해 알게 되겠지만, 복잡한 뇌영상 기법이나 한 문항짜리 설문지("당신은 자신의 건강을 어떻게 생각하나요? 다음 중 하나에 표시해주세요. 매우 좋음, 좋음, 보통, 나쁨, 매우 나쁨")처럼 인간의 행동을 측정하는 방법은 다양하다. 연구 문제에 따라 관심을 갖고 있는 행동을 측정하는 가장 적절한 방법을 찾는 것이 중요하다.

분석

일단 연구 방법이 결정되고 행동이 측정되면, 연구자들은 수집된 자료를 어떻게 분석할 것인지를 결정해야 한다. 요즘 사용되고 있는 통계적 방법 중 일부는 극히 정교하며 복잡하다. 이것들 중 일부는 나중에 그 방법을 사용한 특정 연구를 논의할 때 소개할 것이고, 지금 여기서는 성인 발달을 다루는 가장 흔한 방법 두 가지에 대해서 이야기할 것이다.

나이와 관련된 차이를 기술하기 위한 가장 흔하고 간단한 방법은 각 집단별로 자료(점수, 측정 결과)를 수집하고, 평균을 알아내고, 평균의 차이가 충분히 커서 유의한지를 결정하는 것으로, 평균 비교(comparison of means)로 알려진 과정이다. 횡단연구에서는 각 연령 집단의 평균이 비교된다. 종단연구에서는 동일한 사람들의 다른 연령에서의 점수 평균이 비교된다. 계열연구에서는 모든 비교가 가능하다. 그러나 유사한 점은 우리가 연령과 관련된 변화의 패턴을 들여다보고 있다는 것이다.

참가자 집단이 충분히 크다면, 우리는 이를 더 작은 집단으로 나누어서 여자 대 남자, 하위계층 대 중산층, 어린 자녀가 있는 집단 대 어린 자녀가 없는 집단 식으로 하위집단에서의 연령 차이나 지속성을 검토할 수 있다. 동일한 양상이 모든 하위집단에서 나타난다면, 우리는 이것이 중요한 연령 관련 패턴이라고 결론지을 수 있다. 그러나 하위집단마다 변화 양상이 다르다면(실제로 이 경우가 더 많다), 후속 질문의 여지를 남겨두게 된다. 예를 들어, 앞서 언급한 횡단연구에서(Cleary, Zaborski, & Ayanian, 2004), 연구자들은 연령 집단을 성별로도 구분하였고, 그들은 건강 관련 활동에 들이는 시간에서 성차가 있음을 발견하였다. 연구자들은 연령에 따른 변화에 대한 질문에 답(나이와 함께 증가한다)을 찾았을 뿐 아니라, 이러한 증가가 남자에게서 훨씬 더 크고 남자들은 썩 좋지 않은 상태에서 출발한다는 것도 발견하였다. 이는 연구자들로 하여금 왜 남자들이 25세 때 건강에 거의 관심을 두지 않으며 45세까지도 이 점에서 변화가 없는지에 대해 생각하도록 만들었다. 반대로 여자는 24세에 훨씬 더 걱정하며, 전생애에 걸쳐 이런 걱정이 증가한다. 아마도 25세에 여자는 출산에 신경을 써야 하고 의사를 더 자주 찾아갈 것이다. 아마도 여성의 외모를 강조하는 문화적 환경에서 여자들은 노화의 미묘한 신호에 더 일찍 주목하게 되지만 남자들은 신호가 더 명확해질 때까지 아무 생각 없이 지낼 것이다. 이러한 질문은 좋은 논의거리를 만들며, 답을 찾기 위해 새로운 연구를 계획할 수 있게 한다.

횡단연구이든 종단연구이든 간에, 다른 연령 집단 간 평균 비교는 가능한 연령 변화 또는 발달적 패턴에 대한 통찰을 제공하지만, 한 개인 내에서 지속성이나 변화가 있는지에 대해서는 알려주지 않는다. 이러한 정보는 다른 유형의 분석, 즉 상관분석(correlational analysis)을 필요로 한다. 상관은 동일한 사람 내에서 두 세트의 점수가 함께 변화하는 정도를 알려주는 통계이다. 상관(r)은 +1.00에서 −1.00까지 변하며, 정적 상관은 두 차원에서의 높은 점수가 함께 일어난다는 것을 뜻하고, 부적 상관은 한 차원에서의 높은 점수가 다른 차원에서의 낮은 점수와 함께 일어난다는 것을 말해 준다. 상관은 1.00(정적이든 부적이든)에 가까울수록 관계가 더 강력함을 의미한다. 상관이 0인 것은 아무 관계가 없음을 뜻한다.

▌비판적 사고

학생들이 시험을 위해 공부한 시간과 성적 간에 상관의 방향이 어떠할 것이라고 예측하는가? 평균 운전 속도와 운전자 면허의 규칙 위반 점수 간에는 어떠한가?

예를 들어, 신장과 체중 간에는 정적 상관이 있다. 즉, 키가 큰 사람은 보통 체중이 더 나가고 키가 작은 사람은 체중이 덜 나간다. 그러나 상관이 완벽하지는 않은데(+1.00이 아님), 이는 작지만 체중이 많이 나가는 사람, 키가 크지만 마른 사람이 있기 때문이다. 다이어트를 예로 든다면, 체중이 감소한 정도는 섭취한 칼로리와 부적 상관이 있을 것이다. 그러나 이 상관 역시 완벽한 −1.00은 아니다. 다이어트를 해본 사람이라면 왜 그런지 너무 잘 알 것이다.

상관은 지속성 또는 변화의 패턴을 밝히기 위해서도 사용된다. 예를 들어, 성격 특성에 관심이 있는 연구자들은 수년에 걸쳐 참가자들에게 성격검사를 실시하고 각 개인의 초기 점수와 후기 점수 간에 상관을 구할 것이다. 높은 정적 상관은 그 특성에 지속성이 있음을 보여줄 것이다.

그러나 궁극적으로 상관은 단지 관계에 대해서만 알려줄 뿐, 인과성에 대해서는 말해주지 않는다. 상관을 인과관계로 비약해서 해석하려는 유혹이 상당하지만 말이다. 어떤 경우는 간단하다. 만약 어떤 나라에서 인구 한 명당 TV의 수와 유아 사망률 간에 부적 상관이 있다고 할 때, 누구도 TV의 존재가 유아 사망률을 낮춘다고는 결론짓지 않을 것이다. 분명히 두 사실 간의 연결을 설명할 수 있는 다른 사회적 특성(예 : 수입 수준)을 찾으려 할 것이다. 그러나 성인이 친구나 가족과 함께 보내는 시간의 양과 그 성인이 보고한 전반적 삶의 만족도 간에 상관이 있다고 한다면, 아마도 친구나 가족과의 접촉이 더 큰 행복을 불러일으켰다고 해석하기가 매우 쉬울 것이다. 물론 그럴 수도 있다. 그러나 상관은 그 자체로는 이에 대해 말해주지 않는다. 상관은 단순히 둘 사이에 관계가 있다는 것만을 말해준다. 인과적 관계가 있다면 이에 대해 밝히기 위해 후속 연구와 이론이 필요할 것이다. 자신의 삶에 대해 더 만족할수록, 사람들이 친구나 가족과 더 많은 시간을 보내기를 원할 수도 있기 때문이다.

발달연구에서 상관분석이 사용되는 하나의 독특한 방법은 다양한 행동과 능력에 대한 유전적 기여도를 결정하는 것이다. 이와 관련하여 앞에서 쌍생아 연구를 소개했던 것을 조금 더 설명하고자 한다. 전형적인 쌍생아 연구는 관심 갖고 있는 행동에서 두 유형의 쌍생아, 즉 일란성과 이란성 쌍생아를 비교하게 된다. 간단한 예로, 키를 비교한다고 하자. 이때 성차를 배제하기 위해 동일한 성의 쌍생아를 사용한다. 각 쌍생아의 키가 측정되고 기록된 후, 하나는 일란성 쌍생아,

▌비판적 사고

입양된 아동이 그들의 생물학적 부모보다 입양부모와 어떤 측정치에서 더 유사하다면, 어떤 결론을 내릴 수 있을까?

하나는 이란성 쌍생아에 해당하는 두 개의 상관계수가 계산될 것이다. 어느 쪽이 키에서 더 유사하다고 생각하는가? 물론 키가 유전에 의해 더 크게 영향받는 특징이기 때문에 동일한 유전자를 가지고 있는 일란성 쌍생아가 서로 더 비슷할 것이다. 그러나 IQ나 알코올 중독에 대한 경향성, 얼마나 종교적인지 등, 다른 특징들은 어떨까? 이러한 특징들은 어느 정도는 유전에 의해 영향을 받는 것들이다. 이에 대해 밝혔던 연구는 상관분석을 포함하고 있다.

예를 들어, 스웨덴 쌍생아 등록원(Swedish Twin Registry)의 자료를 사용한 연구에서 역학자 Erica Spotts와 동료들(Spotts, Neiderhiser, Towers et al., 2004)은 결혼행복감이 유전에 의해 영향을 받는지를 조사하였다. 그들은 300쌍 이상의 쌍생아(모두 여성)와 그들의 남편에게 결혼행복감에 대한 검사를 실시하였다. 약 절반의 여성은 일란성 쌍생아였고, 나머지 절반은 이란성 쌍생아였다. 점수가 분석되었을 때, 일란성 쌍생아가 이란성 쌍생아보다 서로 더 유사하였다. 〈그림 1.7〉에서 볼 수 있듯이, 일란성 쌍생아 아내 한 명이 결혼에 행복함을 느낀다면, 다른 한 쪽의 일란성 쌍생아도 역시 행복을 느낄 것이다. 한쪽이 불행하다면, 다른 한쪽도 불행할 가능성이 높았다. 그들의 결혼행복 지수는 정적 상관을 보였다. 이는 이란성 쌍생아의 경우에는 해당되지 않았는데, 상관이 일란성 쌍생아 상관의 절반 밖에는 되지 않았다. 두 유형의 쌍생아 상관을 비교하는 것은 이란성 쌍생아가 유전자의 절반만 공유하는 반면 일란성 쌍생아는 동일한 유전자를 공유하기 때문에 결혼행복감에 대한 유전적 기여 정도를 보여준다.

▌비판적 사고

여성들이 남편에게 그들의 결혼행복감 수준을 전달하게 되는 구체적 방법에는 어떤 것들이 있을까? 결혼불행 수준은 어떠한가?

놀라운 점은 연구자들이 결혼행복감 설문지를 남편에게 실시한 것에서 나타났다. 그들은 서로 관련이 없는 사람들이었다. 그림에서 볼 수 있듯이, 일란성 쌍생아 남편들은 이란성 쌍생아 남편들보다 결혼행복감 지수에서 더 유사하였다. 일란성 쌍생아의 유전적 자질이 결혼에 대한 관점에서 여성들을 더 유사하게 만들었을 뿐 아니라, 거꾸로 그 여성들이 그들 남편의 결혼행복감에도 영향을 미친 것으로 보인다.

자료를 분석하는 또 다른 방법은 메타분석(meta-analysis)이다. 이 접근은 같은 연구 주제를 다루는 많은 수의 연구로부터 데이터를 합치는 것이다. 메타분석을 실시하는 연구자는 에어로빅 운동이 더 나이 든 성인들의 인지기능에 영향을 미치는가와 같은 연구 질문을 선택한다. 이 질문은 수십 년간 흥미를 끌어온 주제이며, 이 책의 제4장에 나오는 핵심 주제이기도 하다. 많은 연구는 강도 높은 신체활동에 참여하는 더 나이 든 성인(그리고 실험실 동물)이 가만히 앉아서 지내는 동년배보다 훨씬 우수한 인지능력을 가지고 있음을 보여주었다. 그러나 연구들은 서로 다른 종뿐 아니라, 서로 다른 연령 집단, 서로 다른 유형의 신체활동 그리고 서로 다른 인지능력 측정도구를 사용해왔다. 심리학자 Stanley Colcombe와 Arthur Kramer(2003)는 이 연구를 개관하였고 조합된 결과를 평가하기 위해 메타분석을 실시하였다. 첫 번째 단계는 특정 시간 틀(2000~2001)에 출간되고 연령, 신체 단련, 운동 그리고 다른 주제어를 포함하고 있는 인간 인

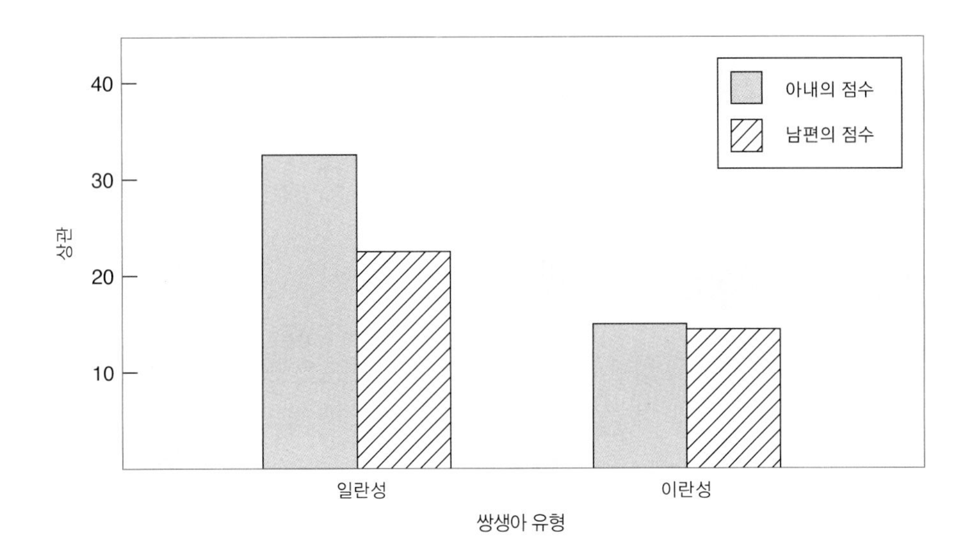

:: 그림 1.7
일란성 쌍생아 쌍인 아내들은 이란성 쌍생아 쌍인 아내들에 비해 결혼행복감에서 더 유사하다. 흥미롭게도 이 유전적 효과는 유전적으로 관련되지 않은 남편들(빗금 친 막대와 비교하라)에게도 전달된다.
출처 : Spotts, Neiderhiser, Towers, et al. (2004).

지에 대한 연구를 모두 찾기 위해 온라인 검색을 하는 것이었다. 그들은 167개의 논문을 종단연구이고, 설문지를 사용하지 않았으며, 에어로빅 운동을 다루고, 참가자들을 무선으로 운동과 비(非)운동집단으로 할당했고, 참가자의 연령이 55세 이상이었던 18개 논문으로 범위를 좁혔다. 그들은 하나의 큰 구조에 맞게 연구 자료를 재분류하였다. 참가자의 자료는 55~65, 66~70, 71세 이상의 세 집단으로 구분되었다. 측정된 인지과제는 계획, 속도, 통제 그리고 시공간 능력의 네 가지 유형으로 분류되었다. 〈그림 1.8〉에서 볼 수 있듯이, 연구자들은 운동집단의 참가자가 비운동집단 참가자보다 연령이나 성, 에어로빅 운동의 종류와 상관없이 모든 유형의 인지과제에서 수행이 더 우수했음을 발견하였다. 이 결과는 매우 인상적이다. 이 메타분석은 개별적인 작은 연구들 모두 에어로빅 운동이 55세 이상 성인들의 인지기능에 좋다는 동일한 내용을 이야기하고 있음을 말해준다.

설계

연구자가 마지막에 어떻게 결론을 짓는가는 어떤 종류의 연구 설계(실험 또는 비실험)가 사용되었는가에 달려 있다. 실험연구라면 연구자들은 그들의 발견에 대해, 관심의 초점이었던 요인이 피험자에게 관찰된 변화를 일으켰음을 보여주는 결과라고 말할 수 있을 것이다. 실험연구가 아니라면, 결과가 변화와 관련이 있음을 보여준다고 말하는 것으로 한정해야만 한다.

실험설계와 비실험설계의 차이에 대해서는 이 책 전체를 할애하여 설명할 수도 있지만, 여기서는 연구가 행해지는 방식에 실험자가 어느 정도의 통제를 발휘하는지가 핵심적 차이라는 것만을 말하려 한다. 엄격히 말해서, 실험설계(experimental design)는 통제 집단이 있고, 참가자들이 전집으로부터 무선으로 선택되며, 집단에 무선으로 할당되고, 집단을 무선으로 치료와 통제 조건에 할당하며, 결과에 영향을 미칠 수 있는 외적 요인에 대해 높은 수준의 통제를 가하는 경우이다. 이러한 성질을 더 많이 가질수록, 연구자는 인과관계에 대해 더 강력한 결론을 내릴 수 있

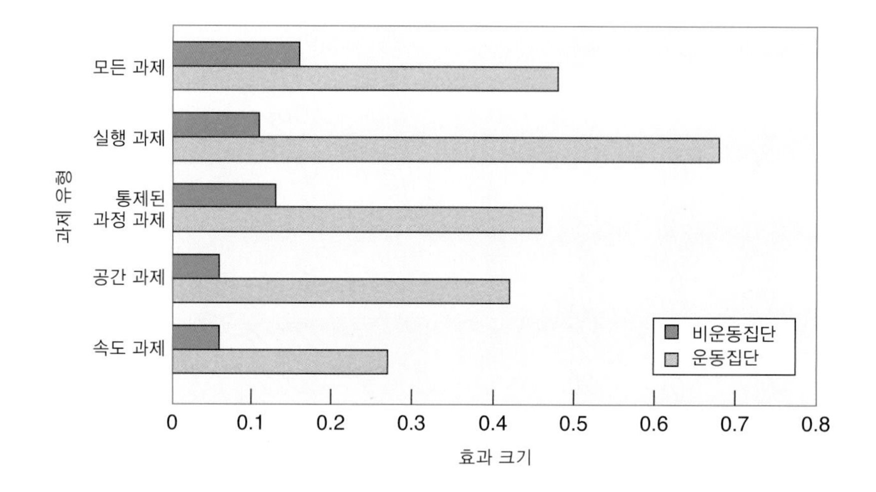

:: 그림 1.8
18개 연구의 메타분석은 에어로빅 운동이 네 가지 유형의 인지적 과제에서 더 나이 든 성인의 수행을 더 좋게 만들었음을 보여준다.
출처 : Colcombe & Kramer (2003).

다. 〈표 1.3〉은 실험설계의 세 가지 유형과 통제 집단의 유무에 대해 보여준다.

실험설계는 사전실험(pre-experiments), 진(眞)실험(true experiments), 유사실험(quasiexperiments)을 포함하며, 각각은 표에 제시된 통제의 유형에 따라 차이가 있다. 이 실험들은 실시하기 어려우며, 발달연구의 질문에 답하기에는 그리 유용하지 않다. 연령 집단 간에(또는 은퇴 전과 후 식으로 서로 다른 인생 시점에 있는 집단 간에) 비교가 이루어질 때, 참가들을 집단에 무선할당 할 수 없다는 것이 한 이유이다. 즉, 그들은 이미 한 집단 또는 다른 집단에 속해 있다. 이는 연구자가 가질 수 있는 통제의 상당 부분을 자동적으로 잃게 하고 수많은 문제를 일으킨다.

다른 설계는 기술연구와 질적 연구를 포함한다. 기술연구(descriptive research)는 어떤 관심 있는 속성에서 참가자들의 현 상태를 이야기해준다. 매년 자살로 사망한 사람들의 연령대별 수는 기술연구이다. 지난 50년간 미혼여성의 출산율도 기술연구이다. 앞서 소개했던 횡단연구, 종단연구, 계열연구도 모두 기술연구이다. 공통점은 〈표 1.3〉에서 볼 수 있는 높은 수준의 실험자 통제가 결여되어있다는 점이다. 기술연구는 여전히 발달에 상당히 중요한 정보를 제공한다.

질적 연구(qualitative research)는 매우 단순하게 숫자가 사용되지 않는 연구이다. 이는 오랜 전

:: 표 1.3 실험설계와 특성 비교

	사전실험설계	진실험설계	유사실험설계
통제 집단의 존재?	어떤 경우에는 있지만, 보통은 없음.	항상	흔히
전집으로부터 피험자 무선선택	아니요	예	아니요
피험자를 집단에 무선배정	아니요	예	아니요
치료를 집단에 무선배정	아니요	예	아니요
외부 변인에 대한 통제 정도	없음	예	어느 정도

출처 : Salkind (2011).

통을 가졌지만 발달과학에서는 최근에야 포함되었다. 숫자를 사용하지 않는 연구가 이제 막 통계수업을 들었던 학생들에게 매우 유혹적일 수 있지만, 이는 결코 양적 연구(quantitative research, 숫자를 사용하는 연구)의 대체물이 아니다. 질적 연구는 양적 연구를 보완하기 위해 사용할 수 있는 다른 접근이다. 질적 연구는 사례연구, 인터뷰, 참여 관찰, 직접 관찰, 문서자료, 유물, 기록의 탐구를 포함한다. 가족력을 발견하기 위해 오랜 기록과 서류를 검토하는 족보학(genealogy) 연구를 해본적이 있다면, 일종의 질적 연구를 한 셈이다.

비판적 사고

만약 당신이 신문사 서고에서 100년 전의 자료를 볼 수 있게 된다면, 그 당시와 지금의 성인발달에 대해 알려줄 수 있는 어떤 종류의 질적 연구를 할 수 있을까?

질적 연구의 한 예로 사회학자 Amy Hequembourg와 Sara Brallier(2005)에 의한 연구를 들 수 있다. 이 연구자들은 성인 형제자매의 노부모가 돌봄을 필요로 할 때, 형제자매들 간의 역할 변화에 관심이 있었다. 우리는 오래도록 보통 딸이 노부모의 주요 양육자가 된다고 알고 있지만, 이 연구자들은 8쌍의 오빠(남동생)−여동생(누나)를 찾아 그들의 역할과 양육책임에 대한 감정에 대해 심도 있게 인터뷰를 하였다. 연구자들은 그들의 반응을 자세히 기록하고 수개월 동안 이를 분석하였다. 최종 산물은 매우 흥미로운 것이었다. 우리가 알고 있었듯이 여자 형제들이 더 많이 양육 역할을 담당하지만, 때로 그들은 그 역할에 있는 것에 기쁨을 느낀다. 다른 때에는 남자 형제들이 이 역할을 맡는다. 성인 여자 형제, 남자 형제들은 그들의 부모를 함께 돌보면서 서로에게 훨씬 더 가까워진다. 단지 참가자가 16명밖에는 되지 않았지만, 이 연구는 5,000명에게 배포된 질문지보다 더 깊이 있는 정보를 제공하였다. 분명 발달심리학에서 이런 종류의 연구는 유용하며, 연구방법론 책에서 질적 연구에 대해 다루고 있는 것은 좋은 일이다.

질적 연구는 쉽지 않다. 이는 잘 계획되어야 하고, 정보의 출처가 넓게 선택되어야 하며, 바로 그 주제에 초점을 맞추어 질문이 만들어질 필요가 있다. 연구에서 오랜 시간 동안 사람들을 인터뷰하게 된다면, 실험자는 가능한 한 객관성을 유지할 수 있게 노력해야 한다. 자료는 정확하고 완벽하게 기록되어야만 한다. 그리고 결과는 다른 사람들과 공유하기 위해 잘 조직화되어 글로 작성되어야 한다.

질적 연구는 새로운 연구를 시작하기에 뛰어난 방법이다. 노트르담 교육 수녀회(School Sisters of Norte Dame) 수녀 연구의 전 책임자였던 역학자 David Snowdon은 미네소타의 수녀원에 있는 나이 든 수녀들을 방문하면서 연구를 시작하였다. 이제 막 교수가 된 그는 연구 프로젝트를 위해 무엇을 하고 싶은지 잘 몰랐는데, 어느 날 수녀원에서 공문서로 가득 찬 어떤 방에 들어가게 되었다. 모든 수녀가 보통 50~60년 전, 처음 수녀가 되었던 첫날부터 시작된 파일을 가지고 있었다. 그들 모두 자신의 아동기와 왜 수녀가 되기를 원했는지에 대한 에세이를 가지고 있었다. Snowdon(2001)은 "역학자로서, 이런 종류의 발견은 고고학자가 훼손되지 않은 무덤을 발견하거나 고생물학자가 완벽하게 보존된 뼈대를 발견하는 것에 버금간다."라고 썼다(p. 24). 이때부터 그는 자신의 경력이 된 연구를 시작하게 되었다. 예를 들어, 그와 그의 동료들(Riley, Snowdon, Derosiers, et al., 2005)은 수녀가 젊은 여성이었을 때 더 복잡한 언어를 사용하여 에세이를 썼을

수록 노년기에 노인성 치매를 경험할 가능성이 더 적었다. 그의 다른 연구결과는 이 책의 나중에 다시 이야기하겠지만, 지금 여기서 이 연구는 기록물에 기초한 질적 연구의 좋은 예로 대표된다.

맺음말

나는 발달심리학자로서뿐 아니라, 훨씬 개인적 수준에서 이 책의 여러 주제에 접근한다. 다른 사람들처럼 나는 이 성인기 여정에 내 자매, 남편, 친구, 성인이 된 자녀, 이제는 대학생이 되어 성인 진입기에 있는 손주들과 함께하고 있다. 따라서 나의 관심도 과학적이면서 동시에 개인적이다. 나는 이 모든 것이 어떻게 작동하고 왜 일어나는지에 대해 이해하기를 원하는데, 이것이 내가 직업으로 선택한 것이기 때문이기도 하고 동시에 내가 직장에 없는 동안에도 정말 많이 생각하고 있는 것이기 때문이기도 하다. 성인기를 통한 내 여정은 당신과 분명 비슷하지만 동시에 다른 차이가 있다. 내가 이 책에서 추구하고 있는 것은 유사점과 차이 모두를 설명하는 기본 규칙이나 과정이다. 나는 당신이 개인적인 여정에서뿐 아니라 과학적 탐색에서 나와 함께 모험심을 나눌 수 있기를 바란다.

요약

Summary

01 발달심리학은 아동기, 청소년기, 성인기 동안 시간에 따른 변화와 안정성에 대한 연구를 포함한다. 성인발달 연구는 성인 진입기부터 인생 마지막까지의 시간을 다루며 경험적 연구에 기초한다.

02 이 교재는 사람들 간의 개인차와 공통점을 다룬다. 또한 안정성과 변화, 연속성과 단계, 전형적 발달과 비전형적 발달 그리고 성인기 동안 일어나는 외적 · 내적 변화를 다룬다.

03 성인기 동안 변화의 근원은 세 가지 유형으로 구분된다. 먼저 규준적인 연령구분적 영향은 나이가 들어감에 따라 대부분의 사람에게 발생하며, 연령과 연계된 것이다. 규준적인 역사구분적 영향은 일부 사람이나 집단에만 영향을 미치는 요인이다. 이러한 변화는 문화적 조건과 코호트 경험을 포함한다. 가장 잘 연구된 코호트 중 하나는 대공황을 겪어낸 사람들 집단이다. 마지막으로 비규준적인 생활 사건은 그 개인에게 고유하며, 다른 사람들과 공유되지 않는 발달적 변화를 야기한다.

04 성인기 안정성의 근원은 유전과 환경적 영향, 이 둘의 상호작용을 포함한다.

05 나이(age)라는 용어는 얼마나 오래 살아왔는가(생활연령) 이상의 많은 의미를 가지고 있다. 나이는 다른 사람들과 비교한 어떤 사람의 신체적 조건의 측정치(신체적 연령), 환경을 효과적으로 다룰 때 보여주는 능력(심리적 연령) 그리고 그 사람이 취한 역할(사회적 연령)을 뜻하기도 한다. 마지막 세 개는 사람의 기능적 연령을 구성한다. 발달심리학자는 이러한 요인들 때문에 연구에서 생활연령에만 의존하지 않는다. 대신 대부분이 연령 집단이나 인생 단계를 사용한다.

06 이 교재는 성인발달을 전생애적 발달심리학의 관점을 사용하여 접근한다. 이 관점은 1980년 Baltes에 의해 소개된 생각으로 심리학자들로 하여금 여러 연령대에서 발달을 연구하고 훨씬 넓은 범위로 발달을 바라보도록 만들었다.

07 이 교재의 두 번째 접근은 1979년 Bronfenbrenner에 의해 소개된 생태학적 시스템에 기초한 것이다. 이 관점은 심리학자들로 하여금 실험 참가자가 실험실 내에서 보여주는 고립된 행동이 아니라, 그 사람의 모든 것(whole person)을 고려하도록 북돋웠다.

08 발달연구를 하는 첫 번째 단계는 연구 방법을 선택하는 것이다. 세 가지 가능성이 있는

데, 먼저 다른 연령 집단 각각에서 자료를 모으는 횡단연구, 동일한 사람들을 더 오랜 시간 추적하여 여러 시점에서 자료를 모으는 종단연구 그리고 서로 다른 시기 동안 두 개의 종단연구를 실시하여 종단과 횡단연구 모두 하는 것을 가능케 하는 계열연구가 그것이다. 각 방법에는 장점과 단점이 있다.

09 방법을 선택한 후, 연구자는 적절한 측정을 선택해야 한다. 발달연구에서 가장 흔히 사용된 것 중에는 개인 인터뷰, 설문지, 표준화 검사가 있다.

10 발달연구의 다음 단계는 분석을 선택하는 것이다. 대개의 연구는 각 집단의 측정치 평균을 계산하여 평균이 유의하게 다른지를 통계적으로 검사하는 평균 비교나 측정된 속성들 간에 관계가 있는지 알아보기 위해 여러 측정치들을 비교하는 상관분석을 사용한다. 상관은 변화와 안정성 모두를 보여주기 위해 사용된다. 또한 일란성 쌍생아 점수와 이란성 쌍생아 점수를 비교하여 유전성을 증명하는 데에도 사용된다.

11 메타분석은 연구 자료를 분석하기 위한 또 다른 방법이다. 이 방법은 동일한 연구 질문에 초점을 맞춘 많은 선행 연구로부터의 자료를 통합한다. 이는 자료를 합쳐서, 더 크고 강력한 연구로서 재분석함으로써 이루어진다.

12 발달연구의 마지막 단계는 결론을 내리는 것을 포함하며, 이는 연구 설계가 실험적이냐 아니냐에 달려있다. 설계가 실험설계라면, 연구 결과가 관심 가졌던 특정 요소에 의해 생겨났다고 결론지을 수 있다. 실험설계는 사전실험, 진실험, 유사실험을 포함하며 그들은 실험자가 연구의 조건들 그리고 비슷한 결과를 가져올 수도 있는 외부 요인들에 얼마만큼 통제를 갖는지에서 차이가 있다. 실험설계는 발달연구에서 흔히 사용되는 방법은 아니다.

13 실험을 포함하지 않는 연구 설계는 연구자가 관심 있는 요소가 결과를 초래했다고 결론을 내릴 수는 없겠지만, 발달에 대한 가치 있는 정보를 제공한다. 이러한 설계는 기술연구와 질적 연구를 포함한다.

주요 용어

DNA 메틸화
개인 인터뷰
개인차
경험적 연구
계열연구
공통점
규준적인 역사구분적 영향
규준적인 연령구분적 영향
기능적 연령
기술연구
내적 변화
단계
메타분석
문화
발달심리학
변화
비규준적인 생활 사건
비전형적
사회적 시계
사회적 연령
상관분석
상호작용주의자 관점
생물학적 시계
생물학적 연령
생물생태학적 모델
생활연령
설문지
성인발달
신뢰도
실험설계
심리적 연령
쌍생아 연구
안정성
양적 연구
연령차별주의
연속적
외적 변화
인원 감소
전생애 발달심리학 접근
전형적
종단연구
질적 연구
코호트
타당도
평균 비교
표준화 검사
행동유전학
횡단연구
후성유전

관련 자료

[개인적 흥미를 위한 읽기 자료]

Segal, N. L. (2012). *Born together—reared apart: The landmark Minnesota Twin Study*. Cambridge, MA: Harvard University Press.

심리학자 Nancy Segal은 여러 측면으로 쌍생아 연구자이다. 그녀는 자신도 쌍생아이며, 경력 대부분을 쌍생아 연구에 썼고, Minnesota Twin Study에서 박사후 과정을 시작하여 출생 시 분리된 쌍생아가 다시 만나게 된 경우 공유된 유전자와 비공유된 환경의 영향력을 탐구하였다. Segal 박사는 복잡한 내용을 매우 따뜻하고 흥미롭게 설명하는 능력을 가지고 있다. 그녀는 연구의 발견을 보고할 뿐 아니라, 이 기념비적 연구에 참여했던 쌍생아들의 인간적 측면을 전해주기도 한다.

Snowdon, D. (2008). *Aging with grace: What the Nun Study teaches us about leading longer, healthier, more meaningful lives*. New York: Bantam Books.

은퇴한 역학자 David Snowdon은 로마 가톨릭교 수녀 678명과 그들의 노화에 대한 연구 프로젝트에 대해 이야기를 전한다. 그의 탐구심과 열정이 이 책 전체에서 빛나며 성공적 노화가 무엇인가에 대해 훌륭한 그림을 제공한다. 이 책은 또한 어떻게 젊은 연구자가 수녀원 서고에서 정보의 황금광산으로 들어가게 되었는지, 어떻게 그가 이 매우 사적인 여성들과 관계를 지속하며 평생의 연구 프로젝트를 하게 되었는지를 보여준다.

[고전 학술자료]

Elder, G. H. Jr. (1974). *Children of the Great Depression*. Chicago: University of Chicago.

이 책은 미국 대공황 동안 다른 연령의 아동이었던 사람들에 대한 사회학자 Glen Elder의 고전적 연구로서, 그들의 발달경로가 대공황 동안 그들이 경험한 것에 의해 어떻게 변화되었는지를 보여준다.

Neugarten, B. L. (1979). Time, age, and the life cycle. *American Journal of Psychiatry*, *136*, 887–894.

사회학자 Bernice Neugarten은 생물학적 시계, 사회적 시계 그리고 이것들이 어떻게 우리 삶에 영향을 미치게 되는지를 쓴 최초의 연구자였다.

Vaillant, G. E. (1977). *Adaptation to life*. Boston: Little Brown.

정신과 의사인 George Vaillant는 대학교 때부터 35세까지 하버드대 남학생들에 대한 Grant 종단연구에 대해 썼다.

[현대 학술자료]

Schaie, K. W. (2011). Historical influences in aging and behavior. In K. W. Schaie & S. L. Willis (Eds.), *Handbook of the psychology of aging* (7th ed., pp. 41–55). San Diego, CA: Academic Press.

Bronfenbrenner의 시간영역 개념을 사용하여, Schaie는 복원병 원호법(G. I. Bill)이나 교수법에서의 변화, 가난과의 전쟁, 이민 같은 책임이 있을 법한 역사적 변화들을 언급하면서 인지과정과 건강에서 발견된 코호트 차이를 설명한다.

Friedman, H. S., & Martin, L. R. (2012). *The longevity project: Supervising discoveries for health and long life from the landmark eight-decade study*. New York: Plume.

여러분은 아마 심리학 수업에서 1921년 샌프란시스코에서 시작된 영재아 종단연구인 Terman 연구에 대해 들어보았을 것이다. 그러나 여러분은 이 연구의 자료가 지금도 분석되고 있고 발달과 관련된 정보의 보고라는 것은 알지 못할 것이다. 이 책은 "무엇이 건강과 장수를 결정하는가? 부모 이혼의 장기적 효과는 무엇인가? 오랜 전쟁이 아동에게 미치는 영향은 무엇인가?"와 같은 질문에 답해주는 주요 발견들을 정리해준다. 이 책은 수백 개의 연구논문에서 얻은 결과들을 매우 흥미롭고 읽기 쉽게 잘 정리해 놓았다.

Salkind, N. (2012). *Tests and measurement for people who (think they) hate tests and measurements* (2nd ed.). Thousand Oaks, CA: Sage. 그리고

Salkind, N. (2012). *Statistics for people who (think they) hate statistics* (4th ed.). Thousand Oaks, CA: Sage.

연구 방법과 통계에 대해 익숙하지 않다면, 이 두 책이 도움이 될 것이다. Salkind 교수의 설명은 덜 위협적이고 덜 거들먹거리면서도, 명확하다.

THE JOURNEY OF ADULTHOOD

Chapter

2

신체적 변화

내 손자인 니콜라스가 5살일 때, 나는 아동발달에 관한 책을 집필 중이었다. 나는 지금도 그렇지만 매 장의 주제를 소개할 때 따뜻한 개인적 이야기로 시작하고 싶었다. 니콜라스는 아주 풍부한 이야기 소재가 되어주었다. 나는 아동의 인지 과정에 대해 쓰고 있었는데, 나는 5살의 아이들이 겉으로 보이는 것에 근거해 판단한다는 것을 알고 있었다. 이 나이의 아이들은 레모네이드가 담겨 있는 잔의 지름이 얼마인지는 상관하지 않고 높이가 가장 높을 때 가장 양이 많다고 확신한다. 초콜릿 알들이 얼마만큼의 공간을 차지하고 있는지와 상관없이 초콜릿이 놓인 줄이 가장 길면 양이 가장 많은 것이다. 사람도 키가 크면 나이가 더 많다고 생각한다.

그래서 나는 니콜라스에게 할머니와 아빠 중에 누가 더 나이가 많으냐고 물었다. 그는 아빠(5'11"피트)가 할머니(5'7"피트)보다 더 나이가 많다고 즉각 대답했다. 비록 아빠가 할머니의 아들이라는 사실을 알고 있었음에도 불구하고 말이다. 그는 아빠가 30세이고, 할머니가 54세라는 사실을 알고 있었고, 54는 30보다 더 크다는 것도 알고 있었지만, 5살에게는 논리가 중요하지 않다. 이 시점까지는 그가 내 책의 한 개 장에서 다루는 중요한 개념에 대해 완벽하게 보여주는 것 같아서 상당히 기뻤다.

그런 다음에 나는 "그럼, 사람의 나이가 몇 살인지를 어떻게 알 수 있는지 내게 말해줄래?"라고 물었다. 나는 그가 키나 머리 색 등에 대해서 말할 거라고 생각했다. 그러나 나는 그가 "손을 보면 알 수 있지요."라고 대답했을 때 깜짝 놀랐다. 손? 나는 그게 사실일 수도 있겠다고 생각했다. 나이 든 사람의 손은 검버섯과 더 굵은 손마디를 가지고 있다. 청소년들은 다른 신체 부위의 크기와 비교해서 상대적으로 더 큰 손을 가지고 있다. 신생아들은 반사 행동에 의한 주먹 쥔 손가락을 가지고 있다. 나는 뭔가 흥미로운 것을 발견해 낼 수도 있겠다고 생각해서 그에게 "네가 사람들의 손을 볼 때, 가장 중요하게 살펴보는 게 어떤 거니?"라고 물었다. 그는 참을성 있게 "그들의 손가락이요."라고 말했다. 그는 손가락을 쫙 핀 손을 들어 올리고서는 "할머니, 그 사람에게 나이가 몇 살이세요? 라고 물은 다음에, 그 사람이 손가락을 들어 올리면, 몇 개인지 세면 돼요. 보세요. 나는 다섯 개에요."

상대방의 손을 봄으로써 나이를 알 수 있다는 니콜라스의 가설은 그가 10살이 될 때까지는 유용할 것이다. 그러나 어른이 되어서는 사용할 수가 없다. 사실 나이를 알려주기 위해 손가락 힌트를 사용할수록, 누군가의 외모를 그저 한 번 슬쩍 살펴봄으로써 나이를 판단하는 것이 더 어려워진다. 한 가지 이유는, 우리가 노화의 두 가지 과정을 계속해서 겪고 있기 때문이다. 1차 노화(primary aging), 이것은 이 장의 주제로, 성인기를 겪으면서 대부분의 사람에게 일어나는 점진적이고 피할 수 없는 변화로 이루어져 있다. 최근의 연구들은 1차 노화에 관한 두 가지 주요한 사실을 우리에게 알려주고 있다. 첫째, 이는 질병과는 구분되며, 둘째, 1차 노화에 대한 '정상적' 시간선(time line)은 매우 다를 수 있다(National Institute of Health, 2008). 2차 노화(secondary aging), 이것은 다음 장의 주제로, 갑작스럽게 발생하며 질병이나 상해 혹은 환경적 사건의 결과로 나타난다.

나는 1차 노화에 관한 몇 가지 주요 이론에서 출발해서 그 다음에는 대부분의 성인들이 나이가 들어감에 따라 겪게 되는 주요한 신체적 변화들에 대해 설명할 것이다. 마지막으로, 1차 노화에서 확인된 몇 가지 개인차에 대해서 다루고, 그런 다음에 "우리는 시간을 되돌릴 수 있는가?"라는 오래된 질문에 대해 답할 것이다.

1차 노화에 관한 주요 이론들

우리는 왜 늙는가? 수 세기 동안 이 주제에 대해 추측해 왔는데, 이를 확인하기 위해서는 상당히 새로운 기술들이 요구된다. 결론적으로, 노화 생물학(biology of aging)은 넘쳐나는 지식을 가진 비교적 신생 영역이긴 하지만, 상당수의 과학자가 동의하는 거대 이론은 없다(Finch & Austad, 2001). 대신에 다양한 생물학자들이 제시하는 수백 혹은 그 이상의 신생 이론들이 존재한다. 행동 유전학자인 Gerald McClearn과 Debra Heller(2000)가 제안한 대로 "과학적 비관주의자들은 설득력 있는 단일의 이론이 없다는 사실에 대해서 한탄할지도 모른다. 과학적 낙관주의자들은 풍부한 경험적 자료들과 현재의 이론적 제안의 다양성에 대해 즐거워할 것이다."(p.1) 나는 지지하는 입장과 비판하는 입장 각각에서 설명하고 있는 좀 더 최신의 이론들 중 몇 가지를 선택하였다.

산화적 손상

1차 노화에 대한 한 가지 이론은 세포 수준에서 발생하는 무선적인 손상에 기초를 두고 있다.

1956년 노화 생리학자인(biogerontologist) Denham Harmon에 의해 최초로 확인된 이 과정은 유리기(free radicals)라고 불리는 분자 혹은 원자의 방출과 관련된다. 유리기는 짝을 이루지 못한 전자를 가지고 있으며, 음식 섭취, 태양광선, X-ray, 공기 오염에 대한 반응으로서뿐만 아니라, 신체의 정상적인 신진대사 과정에서 생성되는 부산물에 의해서도 발생한다. 이러한 유리기 분자들은 다수의 잠재적으로 해로운 화학적 손상을 일으키는 산화 반응에 관여하게 되는데, 건강한 신체라면 대부분 이에 저항하거나 회복된다. 그러나 이 이론에 의하면, 나이가 들수록 회복력과 저항력이 저하되어 산화적 손상(oxidative damage)이 증가하는데, 바로 그 결과가 1차 노화이다. 산화적 손상이 노화를 **동반**(accompanies)함을 보여주는 연구의 역사는 60년이 넘었지만, 우리는 여전히 그것이 노화의 직접 **원인**(causes)이라고 말할 수 없다(Bengston, Gans, Putney, at al., 2009). 그렇지만 대부분의 연구자는 산화적 손상이 1차 노화에 관여하는 주요 요인들 중 하나라고 말하는 데 주저하지 않는다(Lustgarten, Muller, & Van Remmen, 2011).

수많은 비타민과 비타민과 유사한 물질이 항산화제(antioxidants)로 확인되었고, 그런 물질들은 산화적 손상을 막아주는 특성을 가지고 있다. 그러한 것들 중 일부가 비타민 E와 C, 코엔자임 Q10, 베타-카로틴, 크레아틴이다. 시장에 나와 있는 많은 수의 영양 보충제가 이러한 물질들을 고용량 포함하고 있고 항산화의 특성을 갖고 있다고 광고하고 있다. 그러나 이러한 물질들이 인간에서의 1차 노화를 지연시킬 수 있다거나 수명을 연장시켜 준다는 증거는 없다. 선진국에 사는 대부분의 사람들이 이러한 영양제를 적정량 섭취하고 있지만, 권장량 이상으로 섭취하는 것에 대한 어떠한 유익성도 제시된 바가 없다.

유전적 한계

유전적 한계(genetic limit) 이론은 모든 종에게 고유의 최대 수명 기간이 있다는 관찰에 기초하고 있다. 인간의 경우엔 110~120세 사이의 어떤 지점이 최대 수명 기간인 반면, 거북이들은 훨씬 더 길고, 닭들(혹은 개, 고양이, 소 혹은 대부분의 다른 포유류들)은 훨씬 더 짧다. 세포 생물학자인 Leonard Hayflick(1977, 1994)은 이러한 관찰을 바탕으로 하여 각 종에는 수명의 상한선을 결정하는 유전적 프로그램이 존재한다고 주장하였다. Hayflick은 인간의 배아 세포를 배양액 속에 넣고 일정 시간 동안 관찰했을 때, 세포들이 겨우 50회의 분화를 한 이후에 분화를 멈추고 세포 복제 노화(replicative senescence)(Hornsby, 2001)라고 알려진 상태에 들어감을 관찰하였다. 게다가 갈라파고스의 거북이처럼 좀 더 오래 사는 생명체는 두 배인 약 100회 정도의 분화를 하는 반면, 닭의 배아 세포는 25회의 분화를 하였다. 세포 복제 노화가 시작되기 전에 겪는 종의 분화 횟수는 Hayflick 한계(Hayflick limit)로 알려져 있으며, 분화의 횟수와 종의 수명 간에는 정적인 상관이 존재한다. 유전적 한계 이론에 따르면, 1차 노화란, 인간 종이 Hayflick 한계에 도달해서 세포가 더 이상 스스로 복제할 수 없게 될 때 일어난다.

노화에 관한 유전적 한계 이론을 설명하는 기저의 메커니즘은 다수의 인체 세포 속(그리고 다수의 다른 종들에서도 마찬가지로)에 들어있는 염색체들에 대한 발견을 통해 제안되었는데, 이러한 염색체들은 그 끝에 텔로미어(telomeres, 말단소체)라고 불리는 반복 배열의 DNA 조각을 가지고 있다. 텔로미어는 DNA 복사에 필수적이며, 세포를 위한 시간기록계의 역할을 하는 것 같다. 평균적으로, 중년 성인의 세포 속에 있는 텔로미어의 길이는 젊은 성인의 텔로미어의 길이보다 더 짧고, 노인의 경우엔 그보다도 더 짧다. 그리고 일단 텔로미어를 다 써버리면, 세포는 분화를 멈춘다. 게다가 출생 시의 남성과 여성의 텔로미어 길이는 동일한데 성인기가 되면 여성의 텔로미어 길이가 남성의 텔로미어 길이보다 더 길다는 사실은, 여러 선진국에서 여성이 남성보다 6년 정도 더 긴 수명을 갖는 것과 텔로미어의 길이가 관련이 있는지에 대한 궁금증을 이끌어 냈다(Aviv, 2011).

텔로미어의 길이는 1차 노화와 2차 노화 모두와 관련이 있다. 심장병이나 2형 당뇨병의 위험이 높은 사람들은 동일한 연령의 건강한 사람들보다 더 짧은 길이의 텔로미어를 가지고 있다. 또한 텔로미어의 길이는 만성적인 스트레스 상황과도 관련이 있다. 한 연구에서, 만성 질환을 앓고 있는 자녀를 키우는 어머니들은 건강한 자녀를 키우고 있는 10살 더 많은 어머니들과 동일한 길이의 텔로미어를 가지고 있는 것으로 나타났다(Epel, Blackburn, Lin, et al., 2004). 단순히 생각했을 때, 만성 질환을 앓고 있는 자녀를 키우는 데서 오는 스트레스가 어머니들의 생물학적 나이에 10살을 더 더해준 것 같다.

사람의 세포 속 텔로미어 길이가 짧아지는 것을 늦추는 게 가능할까? 이것이 바로 의사인 Tim D. Spector와 그의 동료들(Cherkas, Hunkin, Kato, et al., 2008)에 의해 수행되고 있는 연구의 핵심이다. 이들은 19세에서 81세 사이에 해당하는 2,400명 이상의 사람들을 대상으로 그들의 여가(leisure)와 운동에 관한 인터뷰를 실시했다. 인터뷰 후에 참여자들의 혈액 샘플을 채취하고, 그들의 백혈구 세포에서 추출된 텔로미어를 조사했다. 그 결과 연구자들은 가벼운, 중간 정도의 그리고 격렬한 운동을 하는 집단이 비활동적인 집단에 비해 유의미하게 더 긴 텔로미어가 있는 세포를 가지고 있음을 확인했다. 격렬한 운동을 하는 참여자들의 텔로미어 길이는 10년 이상 젊은 비활동적인 집단의 사람들이 가진 텔로미어의 길이와 유사했다. 격렬한 운동을 하는 집단은 하루에 평균 30분 이상의 운동을 한 반면, 비활동적인 집단은 하루에 고작 2분 정도였다. 이 연구에서 말하고 있는 운동이 '여가 시간 운동'이라는 점이 흥미롭다.

연구자들이 참여자들의 일과 관련된 움직임의 총량을 조사했을 때(예를 들어, 식료품 가게에서 선반에 물건을 채우는 것), 집단 간에 유의미한 차이가 없었다. 이 같은 사실은 운동으로 얻을 수 있는 이점의 핵심적 측면이 움직임(즉, 활동량)에 있다기보다는, '여가(일을 위해 하는 활동을 제외한)'에 있음을 시사한다.

더 짧은 텔로미어 길이는 빠른 노화와 그리고 노화와 관련된 질병에 대한 좋은 예측치가 되는 것 같다. 또한 더 짧은 텔로미어의 길이는 비만, 흡연 혹은 움직임이 적은 생활 습관 같은 나쁜 건강 관련 습관과도 밀접히 관련되어있는 것 같다. 이와 같은 연구들 중에 어떤 것도 텔로미어의 길이가 노화의 속도를 결정지음을 보여주지는 못했다. 하지만 둘 간의 관련성은 매우 강력하다(Aviv, 2011). 다시금 이런 연구들을 통해서 얻을 수 있는 조언은 건강하게 먹고, 만성적인 스트레스를 줄이거나 잘 대처하는 방법을 찾으며, 정기적으로 여가시간 운동을 즐기는 것이라는 것이다. 스트레스와 건강과의 관계는 제10장에서 다룰 것이다.

칼로리 제한

우리가 왜 늙는지를 설명하는 가장 가능성 높은 설명들 중 하나는 우리의 식단과 관련이 있다 ― 우리가 얼마나 많이 먹는지가 아니라, 우리가 하루에 얼마의 칼로리를 소비하느냐. 이 같은 생각은 60년 전 실험실 동물을 상대로 칼로리 제한(caloric restriction, CR)의 영향에 관한 실험을 했던 연구자들에 의해서 처음 제안되었다. 연구자들은 이 실험에서 동물에게 필요한 영양분은 모두 포함되어있지만 칼로리는 크게 제한된(정상 식단의 60~70%) 식단을 제공하였다. 초기의 연구자들은 젖을 뗀 이후 짧은 기간 동안 이러한 식단을 공급받은 쥐들이 정상 식단을 공급받은 다른 집단에 비해서 더 오랫동안 젊은 상태를 유지하며, 이후 더 적게 병에 걸렸으며, 유의미하게 더 오래 산다는 사실을 발견했다(McCay, Crowell, & Maynard, 1935). 게다가 최신 연구 역시 이러한 결과를 지지하고 있다. 예를 들어, 붉은 털 원숭이를 대상으로 한 연구에서 칼로리를 제한한 동물의 경우엔 2형 당뇨와 암, 심장병 그리고 뇌 위축을 포함한 노화 관련 질병의 발생이 더 낮았다(Colman, Anderson, Johnson, et al., 2009).

칼로리 제한이 인간의 수명을 연장시켜주는가? 한 가지 문제는, 최대의 효과를 얻기 위해 섭취 칼로리의 30%를 줄여야 한다는 점이다. 2,000칼로리를 섭취하는 사람은 1,400칼로리로 줄일 필요가 있다 ― 단 몇 달만으로도 충분히 어렵겠지만, 평생에 걸친 식이요법은 불가능에 가깝다. 인간을 대상으로 칼로리 제한(CR)을 연구한 몇 개의 제한적인 연구에서 2형 당뇨와 심장병의 예방, 암 발생과 암으로 인한 사망의 감소 같은 몇 가지 긍정적 효과가 나타났다(Fontana, Colman, Holloszy, et al., 2011). 그러나 부작용에 관한 증거도 많다. 그러한 부작용에는 추위 민감증, 스트레스 호르몬의 증가, 성 호르몬의 감소 그리고 극단적인 허기가 미치는 심리적 영향과 관련된 음식에 관한 강박적 생각, 사회적 위축, 짜증, 성욕의 감소 등이 있다. 칼로리 제한이 수명의 연장과 질병으로부터의 해방이라면, 이 방식이 성공적인 것처럼 보인다. 그러나 목적이 삶의 질에 있다면, 심각하게 제한적인 칼로리는 그 답이 될 수 없는 것처럼 보인다. 특히 음식에 대한 수없이 많고 매력적인 자극들이 존재하는 전 세계의 선진국들에서는 말이다(Polivy, Herman, & Coelho, 2008).

▌비판적 사고

하루 1,400칼로리의 식단을 섭취해야 하는 사람을 위해 어떻게 하루 식사 계획을 세워야 할까?

과학자들은 지금 정상적인 음식 섭취를 감소시키지 않고도 칼로리를 제한하는 것과 동일한 건강과 수명 연장을 제공해주는 물질을 찾는 방향으로 시선을 돌리고 있다. 레스페라트롤(resveratrol) 같은 몇몇 후보 물질들이 확인되었는데, 레스페라트롤은 레드 와인에서 발견되며, 효모, 벌레, 날벌레의 수명을 연장시켜주는 것으로 확인되었다. 또 다른 물질인 라파미신(rapamycin)이 좀 더 촉망받고 있다(Kapahi & Kockel, 2011). 원래 이것은 이스터 섬에서 채집된 흙에서 발견되었다. 라파미신은 세포의 성장을 막는데, 처음엔 장기 이식을 한 환자의 거부반응 방지 약물로 사용되었다. 쥐를 대상으로 한 라파미신의 효과성 연구에서 최대 수명 기간을 약 12% 정도 연장시켜주는 것으로 확인되었는데(Miller, Harrison, Astle, et al., 2011), 여기에는 사람으로 치면 60세에 해당하는 나이를 가진 쥐들도 일부 포함되어있었다(Harrison, Strong, Sharp, et al., 2009). 라파미신은 TOR이라고 하는 단백질의 효과를 차단하는 효과를 가지고 있는데, 과학자들은 이 TOR 단백질이 다수의 노화 관련 질병과 관련이 있을 뿐만 아니라, TOR 자체가 1차 노화와도 관련이 있을 것이라고 믿고 있다. TOR은 유기체의 세포 내 유효 영양소를 감지하는 기능을 가지고 있어서, 영양소가 풍부한 환경 속에서는 TOR이 활성화되어 세포 대사와 분화를 지시한다. 반면, 영양소가 부족한 경우(칼로리 제한 상황에서처럼)에는 TOR이 세포 대사와 분화를 감소시키는데, 이로 인해 생기는 결과들 중 하나가 아마도 수명 연장인 것 같다(Sharp, 2011). 불행히도 라파미신 자체는 인간에게 사용하는 것을 제한하는 부작용을 갖고 있지만, 포유동물(아마도 종국에는 인간까지도)의 노화가 언젠가는 의약품에 의해 늦춰질 수 있다는 사실은 지금껏 내가 보아온 증거들 중 가장 강력한 증거이다.

1차 노화이론에 대한 한 마디

나는 당신에게 어떤 단일 이론이 우리가 왜 늙는지에 대한 질문에 단 하나의 명확한 답을 보여줄 것이라고 기대하지 않도록, 한 번 더 주의를 주고자 한다. 사실 여기서 제시한 '개별' 이론들은 그 경계를 넘어 서로 융합되기 시작하였다. 예를 들어, 칼로리 제한이 알츠하이머병과 파킨슨병의 뉴런 손상을 감소시킬지도 모른다고 제안했던 연구자들은 이 과정의 기제로 칼로리 제한이 뉴런의 DNA에서의 산화 스트레스를 막아주는 것으로 설명하고 있다. 이러한 설명은 칼로리 제한 이론과 산화적 손상 이론이 합쳐진 것이다. 그리고 너무 빨리 단축된 텔로미어를 가지고 있는 높은 수준의 스트레스를 경험하고 있는 여성들을 대상으로 한 연구에서, 이 여성들을 통제 집단과 비교했을 때, 세포에 좀 더 많은 유리기 손상을 가지고 있는 것으로 확인되었다. 이러한 발견은 유전적 한계 이론과 산화적 손상 이론이 합쳐진 것이다.

내가 무엇을 말할 수 있을까? 이상의 것들은 분명 과학적 조사 과정에 관한 좋은 예들이다. 어떤 이론이 옳은지에 대한 경쟁이 아니라, 서로 다른 연구자가 "왜 우리는 늙는가?"라는 같은 질문에 대해 나름의 방법과 이론으로 다가가고 있고, 점점 더 그 진실에 가까이 다가가는 유사한 답에 수렴되어가고 있다.

성인기의 신체적 변화

다음에 이어지는 장에서는 성인기 동안의 사고력, 성격, 영성, 질병 패턴에서의 변화 등에 대해 다루고 있다. 여기서는 성인발달의 신체적 측면을 다룰 것인데, 겉으로 드러나는 신체적 외모, 감각기관 및 다양한 신체체계의 작용을 설명하는 것에서 시작해서 1차 노화에서의 개인차를 논의하는 것으로 끝마치고자 한다.

외모

우리들 대부분은 외모(outward appearance)에 대해서는 물론 성인기를 거치는 동안 내 외모가 어떻게 변화할 것인지에 대해서 관심을 갖는다. 노화와 관련된 아주 명백한 징후들 중 많은 것이 이 범주, 즉 외모와 관련된 것들이고 우리는 그러한 징후들을 우리 부모님들과 조부모님, 친구들 그리고 때때로 거울 속에서 보게 된다. 이 장에서 나는 체중과 체성분(body composition) 그리고 피부와 머리카락의 두 범주를 선택하였다. 이 주제들은 이 책의 저자를 포함한 모든 연령의 성인들이 걱정하는 것들이다.

체중과 체성분 미국 내 성인을 대상으로 수행된 연구들은 성인기의 체중 변화에 대해 〈그림 2.1〉과 같은 패턴을 보여주고 있다. 20대에서 40대 사이에 첫 번째 증가가 나타나고, 50대와 60대 사이에는 그 수준이 유지되며 그리고 이어서 70대에는 감소하는 식의 뒤집어진 U자 형태를 나타낸다(Rossi, 2004). 성인 초기와 중년기 동안 체중이 급작스럽게 증가하는 이유는 그 기간 동안 식습관은 변화시키지 않은 채로 점점 더 움직이지 않고 지내려는 경향 탓으로 볼 수 있다(Masoro, 2011). 후기 노년기에 체중의 감소가 나타나는 것은 뼈의 밀도와 근육 조직이 감소하기 때문이다(Florido, Tchkonia, & Kirkland, 2011).

전체 체중에서의 변화와 함께 체중 분포에서의 변화도 나타난다. 중년기를 시작으로 지방이 얼굴과 사지에서 서서히 빠지기 시작해서 복부 주변에 쌓이기 시작하는데, 그 결과 볼과 입술의 통통함은 사라지고, 발바닥의 지방층은 줄어들며, 허리둘레는 늘어난다.

신장 대비 체중이 적정한 건강 상태에서 기대되는 것보다 더 많이 나갈 때, 과체중이라고 한다. 과체중은 모든 연령의 성인들에게 걱정거리이며, 분명히 미국 인구의 거의 3분의 2는 정상 체중을 초과한다. 과체중은 움직임과 유연성을 손상시킬 수 있고 또한 외모도 변화시킬 수 있다. 우리 사회는 일반적으로 과체중인 사람을 건강하고 매력적인 것으로 보지 않으며, 이것은 사회적이고 경제적인 차별을 낳을 수 있다(Lillis, Levin, & Hayes, 2011).

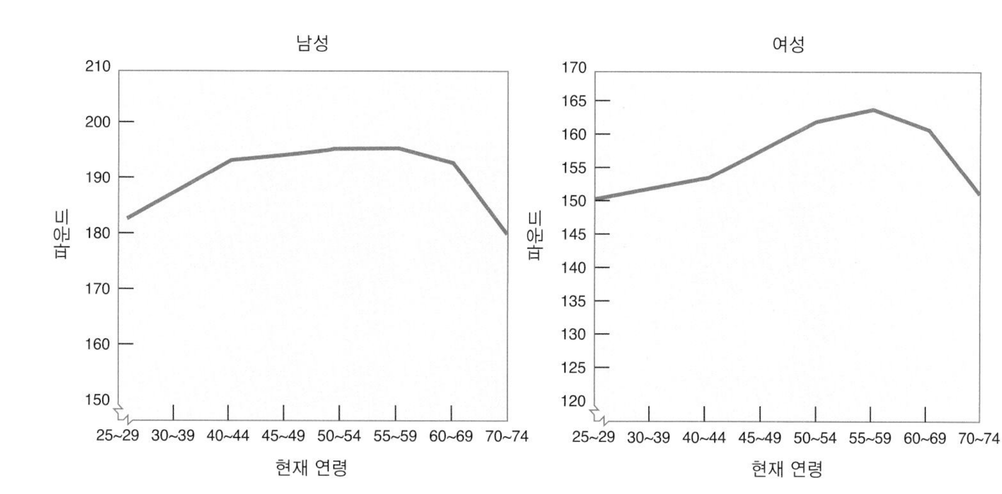

:: 그림 2.1

남녀 모두 전기 성인기와 중년기에 체중이 약간 증가하고, 50대 후반에 체중이 감소하지만, 그 패턴은 약간 다르다.

출처 : Rossi (2004)에 기초.

비판적 사고

'최고 10대 미녀(Ten Most Beautiful)'에 포함된 사람들은 BMI 척도의 순위표상에서 어디쯤 위치할까?

체중과 신장의 비율이 개인의 건강에 부정적 영향을 미치는 지점까지 증가하면, 비만이라고 하는 의학적 상태가 된다. 미국 내 성인의 3분의 1이 이러한 상태에 있거나 혹은 미국에서 과체중인 사람들 가운데 절반은 다양한 건강 관련 장애의 위험에 처할 수 있는 체중을 가지고 있다.

당신의 체성분은 어느 수준인가? 〈표 2.1〉은 당신의 체질량 지수(Body Mass Index, BMI)를 찾을 수 있는 방법을 알려주고 있는데, 제일 왼쪽 행에서 신장(인치)을 찾은 다음, 오른쪽 열로 쭉 가서 체중을 찾으면 된다. 그 행의 가장 위에 있는 숫자가 당신의 BMI이다. 미 질병통제예방센터에 따르면(CDC, 2011b), BMI 19 미만은 과소체중, 19~24는 정상 체중, 25~29는 과체중 그리고 30 이상일 경우 비만으로 간주한다. 이 기준이 완벽하다고 할 수는 없는데, 일부 근육질의 건강한 사람들의 경우 신장과 체중 수준으로만 본다면 '과체중'에 해당하기 때문이다. 그렇지만 전 세계의 건강 관련 기구나 의학 연구자들은 체성분을 평가하기 위해 BMI를 가장 흔히 사용한다.

60세 이상의 성인들이 약간 더 비만한 경향이 있긴 하지만, 〈그림 2.2〉에서 보는 것처럼, 다른 연령 집단에서 비만 성인의 비율이 훨씬 더 낮은 건 아니다(Ogden, Carroll, Kit, et al., 2012). 게다가 모든 성인의 3분의 1 이상(그리고 아동의 17%)이 심각한 의학적 상태로 간주되는 비만 체중을 보이고 있다(CDC, 2011b).

나이가 들면서 생기는 체성분 변화에 대해 무엇을 할 수 있을까? 성인 초기와 중년기의 활동적인 생활양식이 체중 증가 및 중년기 복부에 쌓이는 지방의 양을 최소화하는 데 도움이 될 것이다. 성인기 동안의 근력 운동과 유연성 운동은 뼈와 근육의 밀도를 유지시키는 데 도움이 된다. 건강한 식습관 역시 과도한 지방을 감소시켜준다. 그렇지만 이러한 변화를 완전히 막아주는 어떤 방법도 발견되지 않았다. 성인기 동안 최고의 운동 선수였던 사람들조차도 활동량이 적은 사람들만큼은 아니더라도 나이가 들면서 어느 정도 뼈와 근육의 밀도가 감소한다(Masaro, 2011).

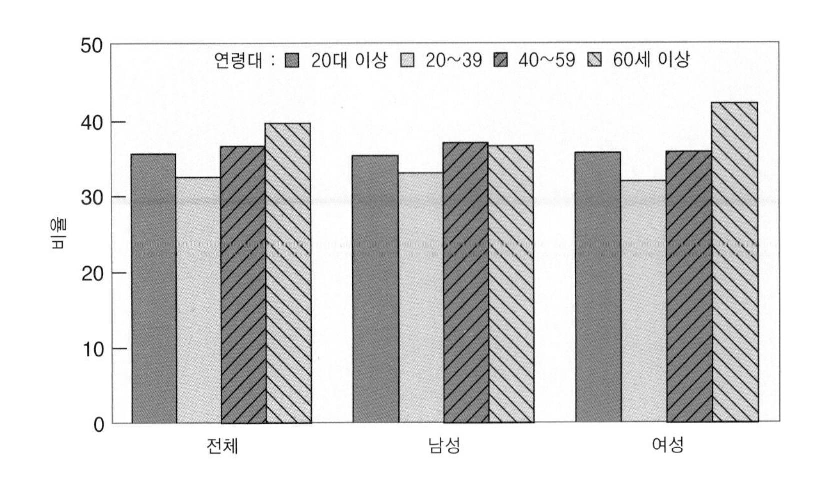

:: 그림 2.2

미국 성인의 1/3이 비만이다. 60대와 그 이상의 연령에서 비만의 비중이 가장 높다.

출처 : Ogden, Carroll, Kit, et al. (2012).

:: 표 2.1 체질량 지수

왼쪽 행에 해당되는 신장(키)을 찾은 다음, 오른쪽 열을 따라서 체중(몸무게)을 찾으라. 해당 행의 가장 위에 있는 숫자가 당신의 신장과 체중에 해당되는 BMI이다.

BMI	정상 체중						과체중					비만											
신장(인치)	19	20	21	22	23	24	25	26	27	28	29	30	31	32	33	34	35	36	37	38	39	40	
58	91	96	100	105	110	115	119	124	129	134	138	143	148	153	158	162	167	172	177	181	186	191	체중(파운드)
59	94	99	104	109	114	119	124	128	133	138	143	148	153	158	163	168	173	178	183	188	193	198	
60	97	102	107	112	118	123	128	133	138	143	148	153	158	163	168	174	179	184	189	194	199	204	
61	100	106	111	116	122	127	132	137	143	148	153	158	164	169	174	180	185	190	195	201	206	211	
62	104	109	115	120	126	131	136	142	147	153	158	164	169	175	180	186	191	196	202	207	213	218	
63	107	113	118	124	130	135	141	146	152	158	163	169	175	180	186	191	197	203	208	214	220	225	
64	110	116	122	128	134	140	145	151	157	163	169	174	180	186	192	197	204	209	215	221	227	232	
65	114	120	126	132	138	144	150	156	162	168	174	180	186	192	198	204	210	216	222	228	234	240	
66	118	124	130	136	142	148	155	161	167	173	179	186	192	198	204	210	216	223	229	235	241	247	
67	121	127	134	140	146	153	159	166	172	178	185	191	198	204	211	217	223	230	236	242	249	255	
68	125	131	138	144	151	158	164	171	177	184	190	197	204	210	216	223	230	236	243	249	256	262	
69	128	135	142	149	155	162	169	176	182	189	196	203	210	216	223	230	236	243	250	257	263	270	
70	132	139	146	153	160	167	174	181	188	195	202	209	216	222	229	236	243	250	257	264	271	278	
71	136	143	150	157	165	172	179	186	193	200	208	215	222	229	236	243	250	257	265	272	279	286	
72	140	147	154	162	169	177	184	191	199	206	213	221	228	235	242	250	258	265	272	279	287	294	
73	144	151	159	166	174	182	189	197	204	212	219	227	235	242	250	257	265	272	280	288	295	302	
74	148	155	163	171	179	186	194	202	210	218	225	233	241	249	256	264	272	280	287	295	303	311	
75	152	160	168	176	184	192	200	208	216	224	232	240	248	256	264	272	279	287	295	303	311	319	
76	156	164	172	180	189	197	205	213	221	230	238	246	254	263	271	279	287	295	304	312	320	328	

출처 : Centers for Disease Control and Prevention (2011b).

피부와 머리카락 젊음은 매끄러운 피부에서 드러나지만, 45세 즈음부터는 앞서 이야기했던 것처럼 피부 지방에서의 재분배가 일어난 결과로 피부의 주름살이 뚜렷해진다. 또한 피부뿐만 아니라 근육, 힘줄, 혈관, 내부 장기에 영향을 미치는 전반적인 탄력성의 감소로 인해 피부 탄력성도 떨어진다. 탄력성의 감소는 특히 얼굴과 손 같이 지속적으로 태양에 노출되는 피부 영역에서 두드러지게 나타난다.

약국의 화장품 코너를 한번 쓱 둘러보거나 혹은 화장품 회사의 연간 수입을 대충만 보게 되더라도, 노화되는 피부를 위한 마법 같은 치료법들이 있는 듯한 느낌을 받을 것이다. 그렇지만 일반 의약품들 중 가장 효과적인 상품은 바로 주름살과 검버섯을 가려주는 것들이다. 처방을 받아 사용할 수 있는 제품들 중에는 태양 노출에 따른 피부 손상을 회복시켜주는 제품이 효과적인 것처럼 보인다. 일부 잘 설계된 실험실 연구에서, 몇 주 동안 피부에 Retin-A를 사용했을 때, 손상된 피부에서 겉으로 드러나는 개선뿐만 아니라 손상이 일어난 조직에서의 회복이 나타났다(Rosenfeld, 2005). 강렬한 햇빛에 대한 직접적인 노출을 피하는 것이 태양 빛에 의해 피부가 손상되는 것을 막는 훨씬 더 쉬운 방법이다. 이것이 불가능하다면, 선블록이나 보호용 의류를 착용하는 것이 도움이 될 수 있을 것이다(Porter, 2009).

비판적 사고

일반적으로 저녁 TV 시청 시간 동안, 젊음을 회복한다거나 노화의 흔적을 감출 수 있다고 주장하는 상품들에 대한 광고의 수는 어느 정도나 될까?

처방받은 크림으로 치료해야 할 정도로 심각하게 손상된 피부는 피부 표면을 제거해주는 화학적 필링이나 박피술 같은 의학적 처치가 필요할 수도 있다. 예상할 수 있듯이, 이러한 최소 침습 수술법은 피부 크림을 사용하는 것보다 훨씬 비용이 많이 들고 위험 부담도 있다. 그럼에도 많은 사람이 그 결과에 대해 만족스러워하고 자신이 좀 더 젊어 보이고 어려진 것처럼 느껴지면 매우 만족스러워한다. 〈표 2.2〉는 미국 내의 성형외과 의사들이 가장 많이 실시하는 시술을 보여주고 있는데, 평균 수술비용과 다섯 개 연령 집단별로 이러한 방법을 사용한 환자의 비율을 나타내고 있다. 보다시피, 40~54세 연령 집단이 이러한 방법을 사용한 사람들 중 가장 많은 비중(48%)을 차지하고 있다(American Society of Plastic Surgeons, 2012).

남성은 성형외과 환자들 중에 약 10% 정도를 차지하고 있다. 남성과 여성 모두에게 가장 인기 있는 시술은 코 성형, 지방흡입술과 쌍꺼풀 수술이다. 여성들은 유방 확대술과 복부지방 제거술을 하고, 남성들은 유방 축소술과 주름살 제거수술을 한다. 최근에는 남성들에게 또 다른 두 가지 외과 시술인 턱 확대술과 입술 확대술이 증가하고 있다(American Society of Plastic Surgeons, 2012).

일부 최소 침습 수술법은 최근 들어 남성과 여성 모두에게 그 인기가 증가하고 있다. 그 중 한 가지는, 피부 조직 아래의 근육을 마비시키는 희석 독소제인 보톡스를 주사하는 방법으로, 이것은 주름살을 없애주고 교정해준다. 이 방법은 남녀 모두에게 가장 많이 사용되는 외과적 수술법이다. 또 다른 인기 있는 시술법은 레스틸렌(Restylane)(하이알루론산, hyaluronic acid) 주사법이다. 하이알루론산은 우리 몸의 결합 세포들 사이에 존재하는 천연 물질로, 완충 작용과 윤활 작용 그리고 피부를 탄력 있게 해주는 기능을 한다. 하이알루론산을 근육, 근막, 인대, 건과 같은

:: 표 2.2 미국 내 성형외과 시술 상위 항목, 가격, 횟수, 2011년 한 해 동안의 환자 연령

시술	평균 비용	2011년에 시행된 횟수	각 연령 집단별 환자의 비율				
			13~19세	20~29세	30~39세	40~54세	55세 이상
최소침습시술							
보톡스	$ 365	5,670,788	0	2	19	57	23
필러요법	$ 529	1,891,158	0	3	11	50	36
화학적 피부박피술	$ 653	1,110,464	1	1	12	43	43
레이저 제모술	$ 358	1,078,612	6	22	30	36	6
미세피부 박피술	$ 141	900,439	1	8	24	43	24
미용 성형수술							
가슴 확대술	$3,388	307,180	3	29	36	29	2
코성형	$4,422	243,772	14	30	24	21	10
지방흡입술	$2,859	204,702	2	15	33	40	10
쌍꺼풀 수술	$2,741	196,286	1	2	7	42	48
얼굴 주름 제거술	$6,426	119,026	0	0	1	33	65

출처 : American Society of Plastic Surgeons (2012).

연부 조직(soft tissue)에 주입하게 되면, 이것이 자리를 차지하고 부피를 증가시켜 일시적으로 주름살과 늘어진 피부를 완화시켜준다. 보톡스는 몇 개월마다 계속 맞아야 하지만, 레스틸렌은 그보다는 다소 오래 지속되는데, 일반적으로 약 6개월 정도 효과가 지속된다. 두 가지 모두 자격을 갖춘 의사들에게 시술을 받아야만 하며, 약간의 위험을 감수해야 한다. 그리고 말할 필요도 없이, 두 가지 모두 값이 비싸다. 보톡스는 1회 시술 시 평균 365달러의 비용이 들고, 하이알루론산은 약 529달러가 든다. 그리고 이 시술은 모두 건강 보험의 적용을 받지 못한다(American Society of Plastic Surgeons, 2012).

〈표 2.2〉는 또한 각 연령 집단별로 이러한 시술을 받는 환자의 비율을 보여주고 있다. 예를 들어, 좀 더 젊은 집단(13~19세)은 코 성형을 더 선호하는 반면, 좀 더 나이 든 집단(55세 이상)은 쌍꺼풀 수술이나 주름 제거술을 하는 경향이 있다. 각기 다른 연령대에서 어떤 시술을 더 선호하는지에 대한 양상은 참 흥미롭다. 또한 거의 모든 시술법의 절반 이상을 40세에서 54세 이하 연령 집단이 차지하고 있다는 점도 참 흥미로운데, 이는 아마도 젊음은 줄어드는 대신 소득이 증가하는 교차 지점을 나타내고 있는 것 같다.

머리숱의 감소는 남성에게 좀 더 두드러지긴 하지만, 남성과 여성 모두에게 공통적으로 나타나는 노화의 특성이다. 미국 내 남성의 약 67%는 35세경에 머리숱이 약간 감소하고, 50대에는 85%가 유의미할 정도로 머리숱이 줄어든다(American Hair Loss Association, 2010). 머리카락이 하얗게 세는 것은 인종 집단에 따라 그리고 특정 집단 안에서도 개인차가 상당히 크다. 전체적으로 아시아계 사람들이 백인보다는 더 빨리 머리가 하얘진다.

1차 노화는 거의 모든 사람들에게 나타나는 머리 색의 변화나 피부 상태의 변화를 의미한다.

역사적으로 남녀 모두 흰 머리를 감추기 위해 화학적 염색을 사용했고, 이 방법은 오늘날에도 여전히 널리 사용되고 있다. 최신 버전의 오래된 또 다른 방법은 가발, 부분 가발 그리고 머리카락을 대체할 수 있는 '방법들'이다. 또한 탈모를 늦출 수 있는 약물들도 사용 가능한데, 로게인[Rogaine, 미녹시딜(monoxidil)] 같이 남녀 모두 사용 가능한 몇 가지 일반의약품들과 남성에게만 사용되며 처방이 있어야하는 프로페시아[Propecia, 피나스테리드(finasteride)]와 같은 약물이 있다. 탈모에 대한 가장 강력한 해결책은 적은 양의 털과 피부 조직을 가지고 외과적 수술을 하는 방법으로, 신체에서 가장 털이 잘 자라는 부위에서 떼어낸 조직을 머리카락이 없는 부위에 이식하는 방법이다. 2011년 한 해 동안 미국 내의 15,000명이 넘는 사람들이 이 방법을 사용했는데, 이들 중 70% 정도는 남성이고, 나이는 55세 이상이었다(American Society of Plastic Surgeons, 2012). 다시 말하지만, 노화를 막는 이런 방법들 중에서 어떤 것도 시간을 거스르지는 못한다. 그렇지만 이런 방법들이 현실적인 기대를 가진 환자들과 경험 많은 전문가들에 의해서 시행될 때 그런 도움을 필요로 하는 사람들에게 사기를 북돋아 줄 수 있을 것이다.

감각

노화가 진행되면서 생겨나는 2차적인 일련의 신체적 변화들은 시력, 청력, 미각과 후각 같은 감각(the senses)기관에 영향을 미치게 된다. 시력이 가장 먼저 저하되고, 그 다음으로 청력 그리고 미각과 후각이 좀 더 천천히 나중에 저하된다.

시력 시력은 영아에게서 가장 뒤늦게 발달하는 감각이지만, 중년기에 감퇴의 징후가 가장 먼저 나타난다. 또한 시력은 가장 복잡한 구조와 기능을 가지고 있는 감각 체계이며 생각하는 것처럼, 가장 악화될 수 있는 감각 체계이기도 하다. 〈그림 2.3〉에 안구에 대한 구조도가 제시되어있다. 정상적인 노화 과정 동안 눈의 수정체(lens)는 점차 두꺼워지고, 황색으로 변화하며, 동공(pupils)은 줄어드는 빛의 양에 따라 그 크기를 효과적으로 조절하는 능력을 상실하게 된다. 결과적으로, 나이가 들수록 시각 수용 세포가 모여 있는 곳인 망막에 더 적은 빛이 도달하게 된다. 사실 60세 정도가 되면 우리의 망막은 20대 때보다 겨우 3분의 1 정도의 빛만을 받아들이게 된다(Porter, 2009). 이로 인해 경험하게 되는 한 가지 변화는 점차적인 시력(visual acuity)의 감소로, 시각적 자극의 세부적인 면을 구분하기가 어려워진다. 스스로 한번 확인해보려면, 작은 활자로 쓰여 있

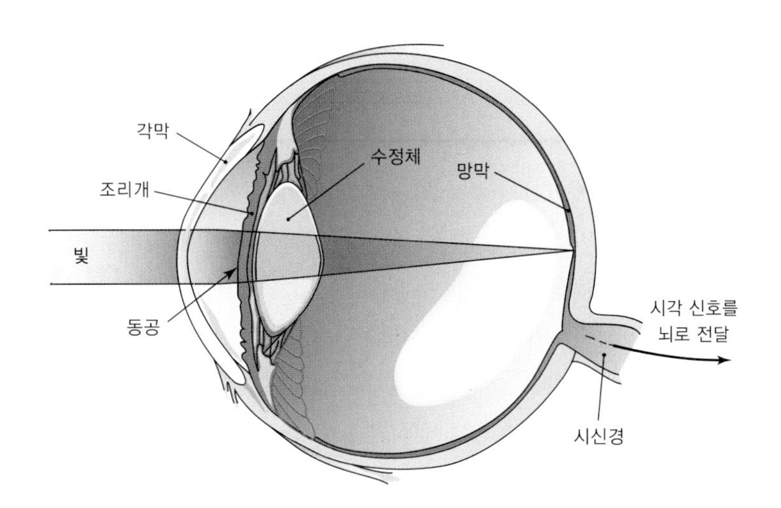

:: 그림 2.3
안구단면도

는 책을 평소 당신이 주로 공부하는 실내와 환한 대낮의 실외에서 읽어보라. 만일 당신이 대다수의 성인과 유사하다면, 책의 활자가 밝은 태양빛 아래에서 더 분명하게 보인다는 사실을 알아차릴 것이다.

아동기 이후로 세포층이 두꺼워지던 수정체는 노화가 진행됨에 따라 점차적으로 탄성을 잃게 되는데, 약 45세 무렵이 되면 수정체는 가까이 있는 물체나 작은 글자에 초점을 맞추기 위해 그 형태를 유연하게 변화시키는 순응(accommodate) 능력이 급격히 저하된다. 이러한 능력의 상실은 중년기와 노년기에 시력의 정확성을 더 떨어뜨린다. 시력의 정확성이 떨어지거나 가까운 곳을 잘 보지 못하는 노안(presbyopia) 상태의 사람들은 맞춤 안경이나 콘택트렌즈를 착용함으로써 훨씬 더 잘 볼 수 있게 된다(Porter, 2009).

성인기 전반에 걸쳐 일어나는 또 다른 시력의 변화는 빛의 양에 따른 변화에 적응하는 능력인 암순응(dark adaptation)이 점차적으로 감소한다는 것이다. 이러한 변화는 약 30세 무렵부터 시작되지만, 대부분의 사람들은 60세가 넘어야 그 저하를 현저하게 느끼게 된다. 이런 변화는 희미한 식당 조명 아래에서 메뉴를 읽기 어렵거나 어두운 극장 상영관 안에서 자리를 찾을 때 어려움을 느끼는 것과 같은 아주 사소한 불편을 낳는다. 하지만 밤에 도로 표지를 보기 어렵거나, 다가오는 자동차의 헤드라이트 불빛의 갑작스러운 눈부심으로부터 빨리 회복되지 않는 경우와 같이, 좀 더 심각한 상황을 야기할 수도 있다(Porter, 2009). 이런 점들이 바로 노인들이 밤에 하는 활동들보다 낮 공연 관람이나 '부지런한(early-bird)' 사람들을 위한 저녁 식사 예약 그리고 대학에서의 낮 시간대 수강을 더 선호하는 이유 가운데 하나일 수 있다.

노화와 좀 더 관련이 있는 것으로 생각되는 세 가지의 시력 관련 문제는 정상적인 노화의 일부분일 수도 있고 아닐 수도 있지만, 내가 여기에 포함시키고자 하는 것들은 상당히 공통적인 것들이다. 첫째는 백내장(cataracts)으로, 이것은 수정체가 점차 혼탁해져서 분명한 상(象)이나 정확한 색상이 더 이상 망막에 전달되지 못하는 것이다. 백내장은 성인기에 가장 흔히 발생하는 안구 장애이다. 80세 이상의 성인 중 절반 이상은 백내장을 가지고 있거나 이미 외과적으로 제거한 상태이다. 이 수술은 국소 마취하에 빠르고 안전하게 이루어진다(National Eye Institute, 2012a). 이러한 수술 과정에는 수정체에서 탁해진 부분을 제거하는 것과 시력을 교정하기 위해 만들어진 인공 수정체를 이식하는 과정이 포함된다. 백내장 수술은 연간 150만이 넘는 사람들이 하는 미국 내에서 가장 흔한 외과적 수술이 되었다. 간단하고 성공적인 수술이며, 보험 적용을 받을 수 있다는 사실에도 불구하고, 백내장은 여전히 미국 내에서 실명의 가장 큰 원인이며(Gohdes, Balamurugan, Larsen, et al., 2005), 전 세계적으로도 주요 실명 원인들 가운데 하나이다(Hildreth, Burke & Glass, 2009). 백내장의 위험 요인들이 〈표 2.3〉에 제시되어있다.

노화와 관련된 시력 관련 문제 중 두 번째는 녹내장(glaucoma)으로, 이것은 안구 안쪽의 압력이 상승하여 결국에는 시신경을 파괴하고 실명에 이르게 할 수 있는 질환이다. 녹내장은 미국 내 모든 사람들에게 있어 두 번째로 많은 실명의 원인이고, 아프리카계 사람들에게 있어서는 첫 번째로 많은 실명의 원인이다. 녹내장은 안약, 레이저 치료, 외과적 수술 등으로 치료할 수 있지만 일단 먼저 발견을 해야만 한다. 녹내장의 경고 사인에는 어떤 것들이 있을까? 다른 고혈압 관련 문제들처럼, 분명하게 알 수 있는 것들이 많지 않다. 현재 미국 내의 2백만 명 가량이 녹내장을 앓고 있을 것으로 추산되지만, 자신의 병에 대해 자각하는 사람은 절반 정도 수준이다. 녹내장은 정기적인 안과 검진 과정 중에 확인될 수 있기 때문에 고위험군의 사람들에게는 40대에 검진을 받도록 추천하고 있다. 그리고 60대에는 모든 사람들이 검진을 받아야만 한다(National Eye Institute, 2012b). 녹내장의 위험 요인들은 〈표 2.3〉과 같다.

노화와 관련된 시력 관련 문제 중 세 번째는 시력 감퇴(macular degeneration)인데, 이것은 망막에 영향을 주는 장애로, 중심시력(中心視力, central vision)의 저하를 일으킨다. 이 장애의 원인은 분명하지 않지만, 66~74세 사이의 연령의 사람들 가운데 약 10%와 75~85세 사이의 연령의 사람들 가운데 약 30% 정도가 시력 감퇴의 증상을 가지고 있다(Klein, Chou, Klein, et al., 2011). 비타민 치료법과 레이저 치료법이 이 장애의 일부 유형에서 희망적인 결과를 보여주고 있으며, 재활치료는 낮은 시력을 가진 사람들이 독립적으로 생활하고 삶의 질을 증진시키는 데 도움이 된다(Gohdes, Balamurugan, Larsen, et al., 2005). 노화와 관련이 있는 시력 감퇴의 위험 요인들은 〈표 2.3〉에 제시되어있다.

중년기와 전기 노년기에 걸친 시력 저하는 다양한 방식으로 생활에 제한을 가하게 된다. 경우에 따라 노인들은 운전을 포기하기도 하는데, 이것은 그들이 더 이상 쇼핑이나 은행 일을 볼 수 없다는 것과 더 이상 친구 집을 방문하고, 레저 활동에 참여하며, 예배에 참석할 수 없으며 혹은 주치의 사무실에 갈 수 없음을 의미한다. 일부 노인들의 경우, 운전을 그만 두어야 할 때 법적 지위 또한 상실되기도 한다. 저하된 시력은 노인들의 낙상이나 골반 골절, 가족 스트레스와 우울증 같은 또 다른 많은 문제와도 관련된다.

세계보건기구(2011)는 전 세계 시력 손상의 약 80% 정도는 예방하거나 치료될 수 있을 것으로 추정한다. 문제는 치료나 검진에 대한 정보 부족 같은 것들로, 많은 사람이 운전면허 갱신을 위해 하는 시력 검사를 눈의 건강 상태를 검사하는 것으로 착각한다. 미국 내의 많은 주와 세계 여

:: 표 2.3 노화 관련 시력 문제들에 대한 위험 요인들

백내장	녹내장	노화 관련 시력 감퇴
• 연령 증가 • 가족력 • 여성 • 당뇨 • 태양광 노출 * • 흡연 *	• 연령 증가 • 가족력 • 미국계 혹은 멕시코계 혈통	• 연령 증가 • 가족력 • 유럽계 혈통 • 흡연 *

* 조절하거나 예방할 수 있음.
출처 : National Eye Institute (2012a, 2012b); Hildreth, Burke, & Glass (2009).

러 지역에 살고 있는 많은 사람이 안과 전문의에게 갈 수 없는 지역에 살고 있다는 것도 또 다른 문제이다. 그리고 노인들과 그들의 가족들이 여전히 시력 저하가 피할 수 없는 노화의 한 부분이라고 믿고 있다는 점도 문제이다(Gohdes, Balamurugan, Larsen, et al., 2005).

청력 대다수의 성인들은 30대에 주로 높은 톤의 소리에서 청력이 약간 떨어짐을 경험하기 시작한다. 또한 주관적으로 느껴지는 소리에서의 강약 범위(loudness scale)가 단축될 수 있는데, 즉 여전히 정확하게 잘 들리는 작은 소리와 전만큼 잘 들리지 않게 된 큰 소리 간에 혼란이 생기는 것이다. 큰 소리와 작은 소리가 구별되지 않으면, 어떤 것이 당신 가까이에서 들리는 소리인지 그리고 어떤 것이 시끄러운 방에서 들려오는 소리인지를 알아차리기 어려운데, 그러면 저녁 식사 자리에서 당신 옆에 앉은 상대방이 하는 말과 두 개의 테이블 건너에서 주문을 받는 종업원의 말을 구별하기 어렵다. 이러한 현상은 감각신경성 난청(sensorineural hearing loss)으로 알려져 있는데, 내이 안쪽에 위치한 작은 조개 형태의 구조물인 달팽이관(cochlea) 안에 있는 작은 유모 세포의 손상에 의해 생겨난다. 이 구조는 소리의 진동을 탐지해서 그 진동을 대뇌의 청각 중추로 가는 신경 신호로 변화시키는 데 관여한다.

▎비판적 사고

심각한 청력 손상이 가까운 관계에서 구체적으로 어떤 식으로 문제를 일으키게 될까?

65세 즈음, 성인의 약 3분의 1이 몇 가지 중요한 청각적 손상을 갖게 되며, 그 이후에는 급격히 그 수가 증가한다. 모든 연령대의 사람들이 청각 손실을 막을 수 있는 최선의 방법은 일이나 여가 활동 등에서 너무 큰 소리에 노출되지 않도록 하는 것이다(National Institutes of Health, 2012). 미국 내의 작업장들은 노동부에 의해 규제를 받는데, 그 기준이 〈표 2.4〉에 제시되어있다. 그러나 근무 시간 이후와 주말의 많은 활동은 이 기준을 초과하는 소음들을 포함하고 있다. 예를 들어, 오토바이는 95데시벨의 소리를 내고, 스노모바일(snowmobiles)은 100데시벨 그리고 락 콘서트는 110데시벨의 소리를 낸다(American Speech-Language-Hearing Association, 2012).

최근 들어 아이팟과 MP3 플레이어 등이 우려의 대상이 되고 있는데, 이 장비들은 최대 음량을 120데시벨까지 낼 수 있다. 〈표 2.4〉에는 가장 높은 데시벨이 115이고, 안전 노출 시간이 1/4

:: 표 2.4 허용 가능한 소음 노출

지속 기간(일별 시간)	소음 수준(데시벨)
8	90
6	92
4	95
3	97
2	100
1½	102
1	105
½	110
¼ 혹은 그 미만	115

출처 : U.S. Department of Labor (2012).

시간(25분) 미만인 것으로 나와 있다. 그렇지만 많은 청소년과 성인 진입기에 있는 사람들이 하루 중 많은 시간 동안 매우 높은 볼륨으로 아이팟이나 다른 종류의 MP3 플레이어를 듣는다. 얼마나 유행인지는 모르겠지만, 2011년의 경우 전 세계에서 400만 개의 아이팟과 MP3 플레이어가 팔려 나갔다(Albanesius, 2011). 최근에 몇몇 유럽 국가가 MP3 플레이어의 출력을 100데시벨까지로 제한하여 생산하는 법률을 제정했는데, 얼마 지나지 않아서 인터넷 웹사이트에는 MP3 플레이어의 음량 한계치를 무효화시키는 프로그램에 관한 정보들이 나타나기 시작했다(Valdeo, 2012). 동시에 의학 전문가들은 18~19세 사이에 청력 손상의 발생 빈도가 지난 10년 동안 20%나 증가했다고 발표했다(Shargorodsky, Curhan, Curhan, et al., 2010). 비록 지금 성인 진입기에 있는 많은 사람은 자신은 청력 상실로부터 안전하며 또한 자신들의 청력에 문제가 생길 즈음에는 과학자들이 치료법을 찾아낼 거라고 확신하고 있다고 하더라도, 지금의 해결책은 교육과 자기감독(self-monitoring)뿐이다(이 말은 현재 경미한 청력 손상을 겪고 있는 중년 세대의 부모들, 교수들 그리고 저자들에게도 상당히 익숙하게 들릴 것이다. 이들의 청력 손상도 어쩌면 젊을 때락 콘서트장에 갔거나 오토바이 여행을 했기 때문일 수 있다).

만약 청력 손상의 문제가 생기면 보조기구들을 사용할 수 있다. 이런 기구들에는 디지털 기술과 지향성 마이크(directional microphones), 피드백 제어 장치(feedback control devices) 그리고 음악이나 대화를 듣기 위한 특별한 프로그램들이 포함되어있다. 이런 장치들은 소리를 더 확대시켜서 손상된 청력 체계가 소리를 좀 더 직접적으로 잘 들을 수 있도록 해준다. 청신경의 손상이 좀 더 심각한 경우, 의사는 음파(sound wave)가 섬모 세포를 우회해서 청신경으로 직접 전달될 수 있도록 해주는 와우관 이식(cochlear implants)을 추천할 수도 있다.

미각과 후각 미각과 후각은 세 가지 기제에 의해 결정되는데, 이 기제들은 우리가 먹는 음식과 환경 내의 향기를 즐길 수 있도록 서로 상호작용한다. 이것들은 또한 우리가 상한 음식을 먹지 못하도록 막아주는 생존에 중요한 정보들을 주기도 하고, 우리에게 연기나 가스 누출과 같은 위험한 물질에 대해서 경고해주기도 한다. 이러한 기제들은 후각, 미각 그리고 공통 물질 감각(common chemical sense)으로 이루어져 있다. 후각은 비점막(nasal membrane)의 특정 부위인 후점막(olfactory membrane)에서 일어난다. 이것은 수백만 개의 수용기와 서로 다른 수천 가지의 세포로 이루어져 있다. 이러한 다양성은 우리가 미묘하고 복잡한 맛을 느낄 수 있게 해준다. 게다가 우리는 혀, 입 그리고 목에서 발견되는 수용기 세포인 미뢰(taste buds)를 통해서 좀 더 기본적인 맛도 느낄 수 있다. 침은 음식을 녹여서 분자를 방출시키고, 이렇게 방출된 분자들은 수용기를 자극한다. 미뢰는 각각 그 영역이 전문화되어있다. 즉, 쓰거나 짠맛(혀의 앞쪽), 신맛(혀의 옆쪽) 혹은 쓴맛(혀의 뒤쪽). 입, 코, 목, 눈의 젖은 표면에 있는 수용기들은 음식이나 향의 자극적 속성들을 감지한다. 이것들은 고춧가루의 매운맛과 민트의 시원한 맛을 전해준다. 세 가지 종류의 수용기 모두 대뇌의 다른 부위로 정보를 전달하는데, 이 정보들이 합쳐지고 해석되어서 당신이 기분 좋은 식사를 하고 있다거나 냉장고 속의 우유가 그 기한이 지났다는 사실을 알게 해준다(Fukunaga, Uematsu & Sugimoto, 2005).

맛을 보고 냄새를 맡을 수 있는 능력은 성인기에 점차로 감소하는데, 약 30세쯤부터 시작해서 65~70세 정도가 되면 훨씬 더 두드러진다. 미국 내의 2백만 명이 넘는 사람들이 미각과 후각의 장애를 가지고 있고, 이들 중 대부분이 노인이다. 이러한 현상은 몇 가지 이유에서 생길 수 있다. 첫째, 노인은 타액의 양이 더 적어서 음식 속에 있는 분자의 방출이 줄어드는데, 그렇게 되면 미뢰가 맛을 느끼기 어렵다. 둘째, 미뢰의 수가 더 적다. 70세경에는 20세 때보다 약 반으로 줄어든다. 단맛과 짠맛을 감지하는 미뢰가 좀 더 빨리 줄어드는데, 이 때문에 우리는 이전보다 음식은 더 짜게, 차나 커피는 더 달게 만들게 된다. 또한 콧속에 있는 후각 수용기의 숫자도 나이가 들면서 점차 감소한다(Rosenfeld, 2005). 미각과 후각의 상실에 관련된 위험 요인은 노령, 남성, 흡연, 도시 지역 거주, 제지(paper)와 화학 공업 같은 산업 현장에서의 근무 등이 있다.

비판적 사고

노인이 되면 맛과 냄새를 알아차리는 능력이 감퇴한다는 점이 건강과 안전에는 어떤 의미를 가질까?

뼈와 근육

뼈와 관련된 1차 노화에 포함되어있는 주요 변화는 칼슘의 감소로, 이는 뼈의 밀도를 떨어뜨린다. 뼈의 밀도가 가장 높은 때는 약 30세경이고, 남성과 여성 모두 점차로 밀도가 감소하게 되는데, 뼈 밀도의 감소는 몇 가지 측면에서 여성에게 미치는 영향이 좀 더 크다. 첫째, 여성의 뼈는 더 작고 칼슘이 더 적게 포함되어있는데, 이는 다시 말해서, 감소가 동일할 경우 그 부정적 영향이 여성에게 먼저 나타남을 의미한다. 둘째, 감소가 동일하지 않다. 여성의 뼈 밀도 감소율은 50~65세 사이에 현저한 반면, 남성의 감소율은 좀 더 점진적으로 나타난다. 뼈 밀도의 심한 감소나 골다공증(osteoporosis)은 젊은 사람들의 뼈보다 좀 더 부서지기 쉽게 만든다. 골다공증이 질병인지 아닌지에 대한 논란이 있는데, 왜냐하면 심각도를 제외하고는 그 과정이 정상적인 뼈의 노화와 잘 구별되지 않기 때문이다. 나는 이 장에 골다공증을 포함시키기로 선택하였지만, 이는

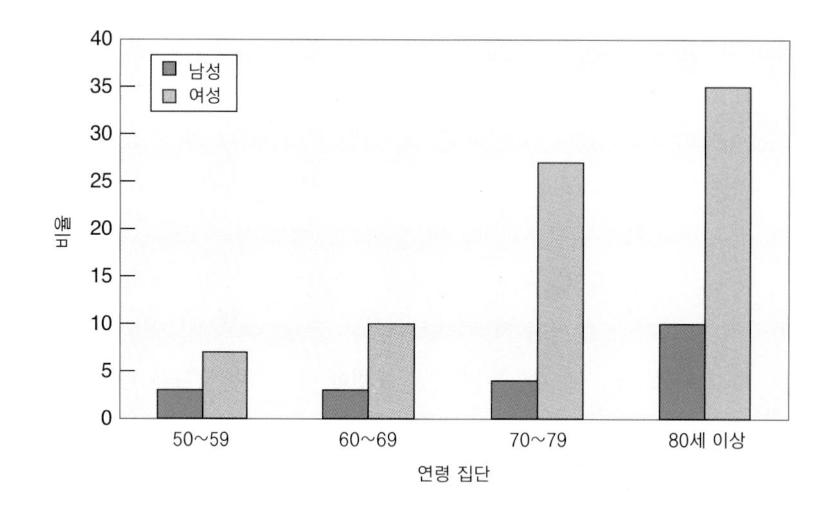

:: 그림 2.4

노화에 따른 골다공증의 증가는 남성보다 여성에게 좀 더 현저하게 나타난다.

출처 : Looker, Borrud, Dawson-Hughes, et al. (2012).

나의 주관적인 판단이다.

골다공증은 골밀도 지수(bone mass density, BMD)의 측정에 기초하는데, 골밀도 지수의 측정은 엉덩이나 척추의 DXA 스캔(dual-energy X-ray absorptiometry scan)이라고 불리는 검사에 의해서 쉽게 확인된다. 측정 결과를 젊고 건강한 사람의 수치와 비교하는데, 엉덩이나 척추의 골밀도 지수의 측정치가 평균보다 2.5 표준편차 아래에 있을 때 골다공증으로 간주된다.

골다공증은 50세 이상 여성의 16%와 남성의 4%에서 발생한다. 〈그림 2.4〉는 네 가지 연령대에서 남성과 여성의 골다공증 유병율을 보여주고 있다. 보다시피, 남성보다 여성이 더 이른 나이에 더 많이 골다공증을 갖는 경향이 있다(Looker, Borrud, Dawson-Hughes, et al., 2012).

골다공증에 의해 생길 수 있는 가장 큰 문제는 낙상 후의 부상 위험 증가이다. 약해진 시력과 균형감각의 저하는 나이가 들수록 더 많은 낙상 사고를 일으킨다. 뼈가 약해진 상태에서는 낙상이 심각한 부상, 장애 그리고 독립적인 생활의 상실, 심지어 죽음까지도 야기할 수 있다. 전형적으로 잘 부서지는 곳은 손목, 척추 그리고 엉덩이 부위이다.

골다공증을 예방하기 위한 새로운 방법들은 전생애에 걸쳐 뼈 건강을 증진시키는 데 초점을 맞추고 있는데, 필요량의 칼슘과 비타민 D를 갖춘 적절한 식사를 통해서 아동기에서부터 시작하는 것에 초점을 맞춘다. 건강한 뼈는 또한 체중을 지탱할 수 있는 근육 운동을 필요로 하는데, 여기에는 달리기나 점프 같은 고강도의 운동이 포함된다(Kuehn, 2005).

뼈 밀도 측정은 점점 더 부인과, 내과, 가정의학과에서 하는 정기 검진의 일부가 되어가고 있다. 뼈 밀도 감소의 치료에는 비타민 D, 에스트로겐 그리고 포소맥스[Fosomax(bisophosphonates)]라고 하는, 에스트로겐의 효과를 증진시키고 약해진 뼈의 강도를 회복시키는 약물이 포함되어 있다. 최근에는 뼈 밀도의 감소를 치료하는 데 환자 준수(patient adherence)가 좀 더 강조되고 있다. 환자들에게는 약물이 다 떨어지기 전에 처방된 약을 다시 채우도록 권고한다. 그리고 약물이 잘 흡수되었는지를 확인하고, 부작용을 막기 위하여 환자들은 의사의 지시를 신중히 따라야 한다. 환자들은 또한 한 달에 한 알 혹은 일 년에 한 번의 정맥 주사만 맞으면 되는 새로운 방식도

:: 표 2.5 골다공증과 관절염의 위험 요인

골다공증	관절염
• 연령 증가	• 연령 증가
• 가족력	• 가족력
• 여성	• 여성(50세 이후)
• 유럽계, 아시아계, 라틴계 혈통	• 관절 손상에 대한 개인력
• 조기 골절의 개인력	• 반복적인 관절 스트레스에 대한 개인력 *
• 움직임이 적은 생활양식 *	• 과체중 혹은 비만 *
• 흡연 *	
• 과도한 음주 *	
• 과소체중 *	

* 조절하거나 예방할 수 있음.
출처 : National Institute on Aging (2013); CDC (2013)에 기초.

이용할 수 있다. 골다공증의 주요 위험 요인들은 〈표 2.5〉에 제시하였다.

나이가 들수록 뼈는 관절에서도 변한다. 관절염(osteoarthritis)은 뼈의 끝을 덮고 있는 연골이 나이가 들고 많이 사용되어 닳아 없어진 상태를 일컫는다. 관절염은 뼈들끼리 서로 부딪혀 통증, 붓기 그리고 관절 움직임의 저하를 낳는다. CDC(2011a)에 따르면, 미국 내의 2,700만 명 이상이 관절염을 앓고 있으며, 이들 중 대부분은 65세 이상이다. 노인들의 경우, 여성에게 좀 더 많이 발병한다. 더 젊은 성인들의 경우엔 남성에게 더 많은데, 일이나 운동으로 인한 손상 때문이다.

연구자들은 중학교와 고등학교에서의 운동 중 손상이 미치는 장기적 영향에 대해 조사 중이다. 예를 들어, 정형외과 교수인 Klaus Sibenrock과 그의 동료들(Siebenrock, Ferner Noble, et al., 2011)은 8살 이후부터 스위스 농구 클럽에서 활동했던 젊은 남성 운동선수들을 조사했다. 연구자들은 이 젊은 남성들이 고강도의 운동을 하지 않는 같은 연령대의 젊은 남성 집단보다 관절염의 발생 위험을 높이는 엉덩이 기형이 10배나 더 높음을 확인했다. 게다가 운동선수들 가운데 19%는, 비운동선수 집단이 1.5%인 것에 반해, 지난 6개월간 적어도 한 번 이상의 엉덩이 통증 삽화를 보고했다. 또 다른 연구에서는 성인 운동선수들이 비운동선수들에 비해서 유의미하게 더 많은 관절염을 가지고 있는 것으로 나타났는데, 그 발생 비율은 운동 종목에 따라 달랐다. 가장 많은 종목은 축구, 핸드볼, 야구 등으로 달리기나 점프가 포함된 트랙 경기나 필드 경기들이었다.

무엇을 해야만 할까? 코치들과 스포츠 치료사들은 젊은 선수들과 그들의 부모들이 극심한 훈련의 결과에 대해 알고 있어야만 하고, 모든 부상을 심각하게 생각하고 그 사실을 알려주어야만 하며, '고통을 참으며 경기'를 하는 것이 아닌 적절한 치료 시간을 허락해주어야 한다고 조언한다. 희망적이게도 젊은 운동선수들이 운동을 잘할 수 있도록 해주는 방법과 그보다 더 중요하게는 여러 해 동안 통증 없이 움직일 수 있도록 해주는 행복한 방법들이 있다.

관절염은 나이와 원인에 상관없이 우울증, 불안, 무력감, 생활방식의 제한, 직업의 제한 그리고 독립성의 상실을 야기할 수 있다. 그러나 이러한 상태에 있는 대부분의 사람들은 관절염의 통증과 강직은 소염제와 통증 완화 약물에 의해서 경감될 수 있으며 또한 적절한 휴식과 운동의 조화를 통해 활동의 범위를 유지할 수 있다는 사실을 알게 된다. 체중 조절 또한 여러 면에서 도움이 된다.

관절염이 있는 일부의 사람들은 침술 요법이나 마사지 치료, 비타민, 영양 보조 식품과 같은 대안 요법이나 보조 요법을 통해서 도움을 받을 수 있다고 이야기한다. 또 다른 사람들은 연골과 관절액의 천연 구성 성분인 하이알루론산(hyaluranic acid)을 주사로 맞기도 한다. 이와 같은 치료법들에 대한 연구가 현재 이루어지고 있다. 예를 들어서, 17,000명이 넘는 피검자들 중 무선적으로 선택된 피검자들에게 혈 자리에 침을 놓거나 혹은 혈 자리가 아닌 곳에 침을 놓아 두 집단의 차이를 비교한 29개의 무선 통제 연구 자료들을 가지고 메타 분석을 시행하였다. 연구자들이 환자들에게 관절염의 통증을 완화시키는 치료의 효과에 대해 질문했을 때, 두 치료 집단 간에 크지 않지만(modest) 유의미한 차이가 나타났는데, 혈 자리에 침을 맞은 집단의 효과가 위약 효과보다 더 크게 나타났다(Vickers, Cronin, Maschino, et al., 2012).

관절염이 있는 사람들이 이러한 치료법들로도 효과를 볼 수 없을 때, 인공관절치환술(joint replacement)이라는 외과적 치료법이 있다. 최근 몇 년간 미국 내에서 연간 285,000개의 엉덩이 관절과 600,000개 이상의 무릎 관절이 높은 성공 비율로 대체되고 있다. 이러한 외과적 수술의 원인은 압도적으로 관절염이 차지했다(American Academy of Orthopaedic Surgeons, 2011a; 2011b). 관절염의 위험 요소들은 〈표 2.5〉에 나와 있다.

나이가 들면서 대부분의 성인들은 근육량과 강도에서 점진적인 감소를 경험한다. 근섬유 수의 감소는 성장 호르몬과 테스토스테론 호르몬이 줄어든 결과 때문일 수 있다. 또 다른 정상적인 노화에 따른 변화는 근육이 젊을 때만큼 빨리 수축할 수 있는 능력이 서서히 줄어든다는 것이다. 게다가 노인들은 다치거나 질병으로 인해서 근육을 일정 기간 동안 사용하지 못하고 난 이후에 젊은 사람들만큼 빨리 근육량이 회복되지 않는다. 앞서 언급되었던 모든 내용에서 노인의 대부분은 필요한 일을 처리할 수 있을 만큼의 적절한 근육 강도를 가지고 있고, 많은 수의 사람들이 뛰어난 운동선수와 같이 높은 수준의 기능을 유지할 수 있다고 말하고 있다. 그러나 아무리 뛰어난 사람들일지라도 나이가 들면서 약간의 저하를 알아차리게 될 것이다.

근육량과 강도를 늘리는 데 도움이 되는 두 가지 종류의 운동이 있다. 저항 훈련(resistance training)은 들어 올리거나 밀어내는 동작을 함으로써 근육을 수축시킨 뒤 6초 정도 수축된 상태를 유지하는 것이고, 스트레칭(stretching)은 근육을 늘려서 유연성을 증가시키는 것이다. 스트레칭을 처음 시작할 때는 5초 정도 유지하다가 30초까지 늘려나간다. 이 두 가지 유형의 운동을 결합할 수 있는 한 가지 좋은 방법은 워터 에어로빅(water aerobics)으로, 나는 여러 해 동안 내 운동들 중의 일부분으로 이 방법을 사용해오고 있다. 물이 체중을 지탱해주면 스트레칭이 훨씬 쉽고 또한 물은 동일한 운동을 땅 위에서 하는 것보다 더 많은 저항을 준다. 나는 운이 좋게도 플로리다 남쪽에 살고 있어서 연중 내내 야외에서 하는 강좌에 참여할 수 있다(하지만 솔직히 말해서,

겨울에는 수영장이 물을 따뜻하게 데워주고, 기온이 15도 이하로 내려가면 나는 그냥 집 안에 머문다).

심혈관계와 호흡계

심혈관계(cardiovascular)는 심장과 혈관을 포함하고 있는데, 여러분은 아마도 노인의 심장이 현재 어떤 병을 가지고 있는 경우가 아니라면, 일상생활에서는 젊은 사람의 심장만큼 잘 기능한다고 들으면 반가울 것이다. 그 차이는 아주 심한 운동을 할 때와 같이 심혈관계가 도전을 받는 상황에서 나타난다. 노인의 심장은 그러한 도전에 좀 더 느리게 반응하고, 젊은 사람의 심장 기능만큼 향상될 수 없다.

또 다른 노화 관련 변화는 동맥의 혈관 벽이 두꺼워져서 단단해지는 것이다. 그렇게 되면 노인의 혈관은 혈액의 흐름의 변화에 대해서 젊은 사람만큼 적응하기 어렵다. 이 같은 탄력성의 감소는 고혈압을 야기할 수 있는데, 고혈압은 젊은 사람들보다 노인들에게 좀 더 일반적으로 나타난다. 〈그림 2.5〉에서는 고혈압 진단을 받은 미국 내 남성과 여성의 연령대별 비율을 보여주고 있다. 보다시피, 남성과 여성 모두에게서 그 비율이 증가하고 있고, 45~64세 연령 집단까지는 여성이 남성보다 발생 비율이 좀 더 낮다가 점차 남성에 근접해가고, 이후부터 75세 이상 집단이 될 때까지는 여성의 발생 비율이 남성을 넘어선다.

호흡계(respiratory system)는 폐와 호흡에 사용되는 근육들로 구성된다. 호흡계는 나이가 들면서 조금씩 약해지지만, 흡연을 하지 않는 건강한 사람들의 호흡계는 일상적인 활동을 하는 데 충분할 정도로 건강하다. 심혈관계에서와 마찬가지로, 그 차이는 격렬한 운동이나 높은 고도에서와 같이 도전적인 상황에 처할 때 알아차릴 수 있게 된다(Beers, 2004).

한 가지 좋은 소식은 규칙적인 운동이 이러한 노화의 영향을 감소시켜줄 수 있다는 점이다. 운동은 심장을 더욱 튼튼하게 만들어 주고, 혈압을 낮춰준다. 잘 발달된 근육은 혈액 순환과 호흡에 도움을 준다. 유산소 운동에는 빨리 걷기, 달리기, 자전거 타기 등이 포함되어있는데, 이 운동

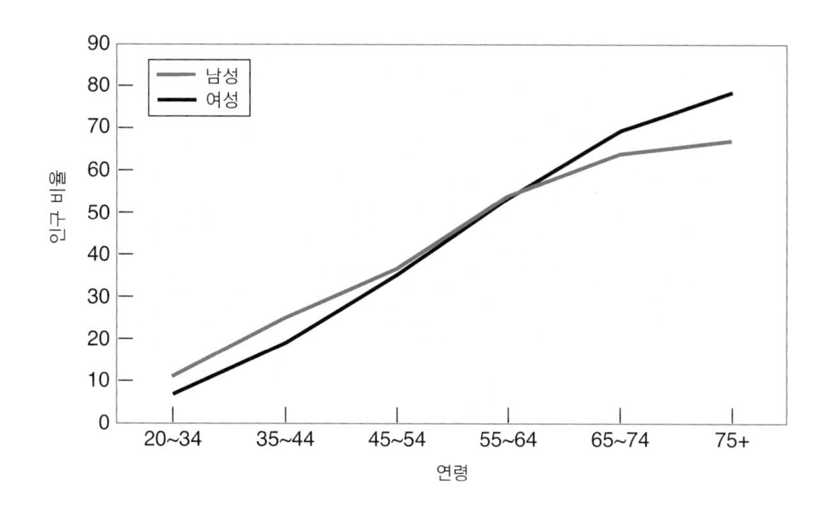

:: 그림 2.5
연령 증가에 따른 남성과 여성의 고혈압 진단 비율. 남성이 성인 초기에 비율이 좀 더 높지만, 후기 성인기에는 여성의 비율이 좀 더 높아진다.
출처 : American Heart Association (2012).

들은 심혈관계나 호흡계를 위해 추천되는 것들이다.

대뇌와 신경계

많은 사람이 노화는 대뇌(brain)의 퇴화를 의미한다고 믿고 있고, 과거의 연구들은 이를 지지하는 것처럼 보였다. 그러나 새로운 기술을 사용한 최근의 연구들은 1차 노화에서의 뉴런(neuron)과 뇌 세포의 상실이 우리가 한때 생각했던 것만큼 그렇게 심하지 않음을 보여주고 있다. 신경계(Nervous System)가 평생에 걸친 가소성(plasticity)으로 특징지어짐을 보여주는 증거들이 있다. 가소성이란 나이가 들어가면서 뉴런이 변화할 수 있음을 의미하는데, 예를 들어 뉴런은 다른 뉴런과의 연결을 새롭게 형성하고, 역치와 반응률을 변화시키며, 손상된 주변 뉴런의 기능을 대신하기도 한다(Beers, 2004).

대뇌의 가소성과 관련된 또 다른 예가 가지치기(pruning)인데, 이것은 시스템을 좀 더 '정밀하게' 만들고, 남아 있는 뉴런의 기능을 향상시키는 데 필요하지 않은 뉴런들은 없애는 능력을 일컫는다. 대부분의 가지치기는 아주 어린 영아기에 일어나지만, 노인들에게서 나타나는 일부 뉴런의 상실이 이 같은 과정을 반영하는 것임을 보여주는 증거들이 있다(Woodruff-Pak, 1997). 따라서 나이가 들수록 뉴런의 전체 수는 감소하더라도, 그러한 모든 상실이 기능의 퇴화로 연결되는 것은 아니다.

연구자들은 성인의 대뇌에서 뉴런의 상실과 함께 가소성, 즉 신경발생(neurogenesis) 혹은 새로운 뉴런의 성장에 대해 조사해왔다. 성숙한 뉴런은 더 이상 분화하거나 복제되지 않는다는 오래된 믿음과 달리, 연구자들은 성인기에 걸쳐서 신경발생이 주로 뇌회(dentate gyrus) 부위에서 일어남을 확인하였는데, 이 부위는 해마에 있는 아주 작은 영역으로 새로운 기억의 형성에 중요한 역할을 하는 곳이다(Eriksson, Perfilieva, Bjork-Eriksson, et al., 1998). 이 과정에는 쉽게 복제되어 다양한 종류의 세포로 성숙할 수 있는 미성숙한 상태의 미분화 세포인 줄기세포(stem cell)의 생성이 포함되어있다. 비록 세포 생성이 노인들에게도 계속해서 일어난다고 할지라도, 뉴런이 생성되는 비율은 나이가 들수록 감소하고 아마도 이 때문에 노화와 관련된 인지기능의 상실이 일어나는 것 같다. 연구자들은 이 같은 영향력을 감소시킬 수 있는 방법과 그 영향력을 늦추는 데 기여하는 요인들을 찾고 있으며 또한 줄기세포 생산을 늘림으로써 좀 더 이후까지 세포 생성 비율을 높이기 위한 방법들을 찾고 있다. 연구들은 신체적 운동과 인지적 자극의 조합이 늙은 동물의 세포생성을 촉진함을 보여주고 있다(Klempin & Kempermann, 2007).

뉴런의 세포체들은 대뇌의 회백질(gray matter)을 구성한다. 수초(myelin)는 뉴런의 축을 절연처리하고 보호하는 지방실로, 이것은 대뇌의 백질(white matter)의 주요 구성 성분이다. 한때 백질은 그저 단순히 절연 물질로만 생각되었지만, 최근의 연구자들은 대뇌의 백질이 회백질만큼 발달에 중요할 수 있음을 확인했다. 수초는 뉴런을 따라 정보가 처리되는 것을 도우며, 수초의 형성은 출생 직전에 시작된다(Sherin & Bartzokis, 2011). 회백질에서의 발달적 타이밍보다 백질에서의 발달적 타이밍이 전생애에 걸쳐 우리의 인지적 · 행동적 · 정서적 능력에서 나타나는 변화에 더 근접하게 들어맞는다. 게다가 인간의 대뇌와 다른 포유류의 뇌를 구분 짓는 가장 중요한 차이를 만드는 것도 바로 백질이라(Schoenemann, Sheehan, & Glotzer, 2005)는 사실은 과학자들이 의식, 언어, 기억, 억제적 통제와 같은 인간의 사고과정의 기저에 수초가 있다고 제안하도록 이끌었다(Salthouse, 2000). 연구자들은 영상 기술을 사용하여 아동기와 성인 초기 동안에 걸쳐 수초가 증가하여 중년기에 최고조에 이르며, 이후 노년기에 급속히 감소함을 보여주었다. 이 결과를 손가락 두드리기(finger tapping)와 같은 반응 시간 측정치와 비교했을 때, 두 결과는 동일하게 뒤집힌 U자 형태를 보였다. 이와 같은 사실은 노인들에게서 발견되는 인지적 속도의 저하가 대뇌의 회백질에서 나타나는 뉴런의 상실보다는 백질에서의 수초의 감소에 의해 야기될지 모른다는 의심을 갖게 했다(Sherin & Bartzokis, 2011). 수초의 점진적 감소는 1차 노화의 한 부분인 것 같지만, 뇌 손상, 고혈압, 당뇨, 높은 콜레스테롤, 약물 중독 등에 의해서 그 속도가 가속화될 수도 있다.

요약하면 노화 과정은 한때 우리가 생각했던 것만큼 뇌와 신경계에 파괴적인 것은 아닌 것 같다. 성인기 동안에 많은 영역에서 이득이 되는 것도 있고, 모든 변화가 쇠퇴와 관련된 것도 아니다. 또한 신경계는 노인에게서 수초의 생산을 증대시키고, 처리과정을 회복하기 위해 열심히 애쓰고 있다. 그러나 1차 노화의 전반적인 결과는 대뇌와 신경계가 노화에 따라 그 기능이 저하되는 것이다. 노인들은 젊은 사람들보다 자극에 대한 반응 시간이 좀 더 오래 걸리고 단기 기억력과 단어 회상 능력 등, 일부 정신 기능에서 저하가 나타날 수 있다. 제4장에서 배우게 되겠지만, 1차 노화에 따른 이 같은 변화의 다수는 오로지 실험실 평가 상황에서만 분명하게 나타나고 건강한 사람들의 일상적인 생활에서는 눈에 잘 띄지 않을 수 있다.

면역체계

면역체계(immune system)는 두 가지 방식으로 우리 몸을 보호한다. 뼈와 골수에서 생산되는 B 세포(B cells)는 항체(andtibodies)라 불리는 단백질을 만들어내고, 이것은 외부 유기체(예를 들어 바이러스와 다른 감염원들)에 반응한다. 그리고 흉선(thymus gland)에서 만들어지는 T 세포(T cells)는 박테리아와 이식된 신체기관 같은 유해한 혹은 낯선 세포들을 거부하거나 소멸시킨다. 나이가 들면 B 세포에 기형이 발견되는데, 이것이 노인들의 자가 면역 질환 증가와 관련이 있는 것 같다. 나이가 들면 T 세포는 새로운 전염병에 맞서 싸우는 능력이 감소된다. 노화된 신체가 질병으로부터 자신을 보호하는 능력이 저하되는 것이 1차 노화의 과정인지를 규명하는 것은 어렵다. 대신에 노년기에 만성 질병이 좀 더 많이 생기고, 운동과 영양 섭취는 줄어듦에 따라 면역체계가 약화될 가능성은 있다.

면역력을 강화시키기 위해 영양 보충제를 먹는 것에 대한 논란이 있다. 미국의 FDA(U.S. Food and Drug Administration)는 영양 보충제는 질병의 치료와 예방, 회복을 위한 것이 아니라고 경고한다. 반대편에는 항산화 보충제들(비타민 C, E, 기타 등등)이 실험실 동물의 면역 기능을 높여주었다는 연구 결과(Catoni, Peters, & Schaefer, 2008)와 자신들의 상품이 1차 노화의 여러 측면들을 막아준다고(그리고 되돌릴 수 있다고) 주장하는 영양 보충제 생산업자들이 있다. 나의 개인적인 결론은 만일 여러분의 내과의가 당신에게 그게 아니라고 하지 않는 한, 상대적으로 좀 더 건강한 식사와 생활습관을 가진 중년의 성인(그리고 좀 더 젊은 사람)의 경우라면, 굳이 비타민 보충제를 섭취할 필요가 없을 것 같다는 것이다. 노인들의 경우, 특히 식욕이 없거나 야외 활동을 많이 할 수 없는 사람들은 일일 비타민제가 도움이 될 수도 있으며, 해롭지도 않을 것이다 ― 단, 비용적인 면을 제외하고서는 말이다(Porter, 2009).

호르몬 체계

남성과 여성은 모두 30세경부터 시작해서 성인기 전반에 걸쳐 호르몬 체계(hormonal system)에서의 변화를 경험한다. 성장 호르몬은 나이가 들면서 감소하는데, 이 장의 앞부분에서 말했던 대로, 그에 따라 근육량도 감소한다. 알도스테론(Aldosterone) 생산이 감소하면, 여름철 기온 급상승기에 노인들은 탈수증과 열사병에 걸리기 쉽다. 그러나 1차 노화의 다른 많은 측면과 마찬가지로, 이러한 변화의 대부분은 후기 성인기가 될 때까지 두드러지지 않는다(Halter, 2011). 좀 더 분명한 신경내분비계에서의 한 가지 변화는 갱년기(climacteric)라고 알려져 있는 생식 능력의 상실을 야기하는 호르몬의 감소이다. 갱년기는 남성에게는 중년기와 후기 성인기에 걸쳐서 점차적으로 나타나고, 여성의 경우에는 40대 후반이나 50대 초반경에 좀 더 급작스럽게 나타난다.

비판적 사고

이 부분을 읽기에 앞서, 당신은 폐경기에 대해 무엇을 들어 본 적이 있는가? 당신은 중년기에 남성도 유사한 변화의 시기를 겪는다고 생각하는가? 이 시기에 대해 미디어가 우리에게 보여주는 모습은 어떤 식으로 그려지고 있는가?

남성의 갱년기 건강한 성인에 대한 연구들에서, 남성이 40대가 되면 생산된 활동성 있는 정자(viable sperm)의 수가 감소하기 시작하지만, 그 감소가 급격하지는 않음을 보여주며, 80대에도 자녀를 낳은 남성 사례에 관한 기록도 있다. 고환의 크기는 점차적으로 줄어들고, 60세 이후가 되면 정액의 양도 줄어들기 시작한다. 이러한 변화는 부분적으로는 고환의 기능이 저하되어 주요 남성 호르몬인 테스토스테론(testosterone)이 점차 감소하는 데 기인하는데, 주로 성인 초기부터 시작되어 노년기까지 이어진다(Rhoden & Morgentaler, 2004). 남성 호르몬 감소는 또한 근육량, 뼈의 밀도, 성적 욕구 그리고 인지 기능에서의 감퇴와 함께 체지방 및 우울 증상의 증가와도 관련이 있다(Almeida, Waterreus, Spry, et al., 2004).

여성의 갱년기 중년기 동안 여성의 월경 주기가 불규칙해지면서 더 이후에는 월경이 완전히 끝이 난다. 폐경(menopause)은 여성의 마지막 월경 이후에 12개월 동안 월경이 없는 상태로 정의된다. 폐경전기(premenopause)는 여성이 규칙적으로 월경을 하긴 하지만 호르몬 수준이 변화하기 시작하는 기간을 말한다. 폐경이행기(perimenopause)는 여성의 월경이 불규칙적이 되긴 하지만 지난 12개월 동안 월경이 있는 기간을 말한다. 폐경후기(postmenopause)는 지난 12개월간 월경을 하지 않았으며, 이후 여성의 삶이 끝날 때까지 그 기간이 지속되는 것을 의미한다

(Bromberger, Schott, Kravitz, et al., 2010). 폐경의 주요 원인은 난소 기능의 저하로, 이는 에스트로겐(estrogen) 수치를 떨어뜨리고 프로게스테론(progesterone)에서의 복잡한 변화를 야기하는데, 이 두 가지는 여성의 생식 능력에 중요한 호르몬들이다.

여성의 일반적인 건강과 특히 폐경기와의 관계는 최근 몇 십 년 전까지만 하더라도 폭넓은 연구가 이루어지지 않던 주제였다(Oertelt-Prigione, Parol, Krohn, et al,, 2010). 나이 든 부인들의 이야기나 충고로부터 전해지는 상식적인 정보들은 어머니로부터 딸에게 전해 내려온 것들이다. 다행스럽게도, 몇몇 대규모의 종단연구들이 폐경기와 대부분의 여성들이 이 과정에서 경험하는 변화들에 대한 정확하고 과학적인 정보들을 제공하는 데 기여했다. 이러한 연구들 가운데 잘 알려진 대규모 연구 중 하나는 Women's Health Study(WHS)로, 이 연구는 45세 이상의 거의 40,000명 가까이 되는 여성 건강 전문가들로부터 자료를 수집했다. 비록 초기의 연구는 겨우 10년 정도 지속되었지만, 연구자들은 매년 참여자들에게서 자료 모으기를 계속했고, 이것은 중년기에서 사망 시까지의 여성 건강에 관한 소중한 발견의 기초가 되었다. 이 연구를 비롯한 여러 연구들을 통해서 우리는 미국 내 여성의 평균 폐경 연령이 51.3세이며, 그 범위가 47~55세 사이임을 알 수 있었다. 오늘날 여성의 기대 수명이 70대라는 점을 감안할 때, 대부분의 여성들은 인생의 3분의 1을 폐경기로 보내게 될 것이다.

남성과 마찬가지로, 이 같은 일련의 호르몬 변화는 생식 능력 이상의 변화들을 함께 동반한다. 생식기와 유방 조직에서의 상실이 일어나며, 유방 조직은 밀도가 감소하고 딱딱해진다. 또한 난자와 자궁이 점점 작아지고, 질도 짧아지고 작아지며, 더 얇아지고 탄성이 떨어진다. 또한 성적 자극에 대한 반응으로 생성되는 윤활유의 양도 감소하게 된다.

폐경기로의 이행과 함께 가장 많은 여성이 보고할 뿐만 아니라, 가장 괴로워하는 신체적 증상은 열감(hot flash)으로, 이것은 갑작스럽게 신체, 특히 가슴과 얼굴, 머리에 열이 퍼지는 것 같은 느낌이다. 이것은 대개 얼굴이 확 달아오르거나 땀이 나거나 오한과 함께 나타나고, 심장의 두근거림과 불안 증상도 빈번하게 같이 나타난다. 열감의 평균 지속 기간은 약 4분 정도이다. WHS 연구에 참여했던 여성의 3분의 1이 열감이 너무 자주 나타나고 심해서 치료를 받고자 의사에게 문의를 한 적이 있다고 보고했다.

폐경기 전후에 여성의 심리적 기능은 어떠할까? 상당 기간 동안 폐경기가 비이성적인 행동과 변덕스러운 기분 변화를 가져온다고 생각되었다. 최근의 연구에 의하면, 여성들을 폐경기 전과, 폐경이행기, 폐경기 이후로 나누어 봤을 때, 폐경이행기와 폐경후기 동안은 우울 증상을 좀 더 많이 경험하는 것으로 나타났는데, 특히 이들 중 혼란스러운 생활사적 사건이나 사회적 지지의 부족 그리고 낮은 교육 수준과 열감을 보고한 여성들에게서 더욱 그러하였다(Bromberger, Schott, Kravitz, et al., 2010).

그러나 우울 증상이 폐경이행기와 폐경후기의 여성들에게서 좀 더 많이 나타남을 보여준 이 같은 연구들조차도 그런 증상을 경험한 여성의 절대적 숫자가 매우 적었을 뿐만 아니라, 주요우울증(major depression)과 달리 우울 증상은 심하지 않았으며 또한 그렇게 오래 지속되지 않았다는 점을 여러분들에게 이야기해두고 싶다.

호르몬 대체 1차 노화가 남성과 여성의 호르몬 생산의 감소에 따른 것이라면, 상실된 호르몬을 대체하거나 혹은 그 과정을 되돌릴 수도 있지 않을까? 이런 생각은 새로운 게 아니다. 역사를 통틀어 수없이 많이 실패한 '불로천(fountain-of-youth)' 치료기법들 뒤에는 이러한 생각이 있었는데, 1890년대에는 환자들에게 양의 고환과 기니피그의 고환을 분쇄해서 주입하는 방법, 1920년대에는 침팬지의 고환과 난소를 나이 든 남성과 여성에게 이식하는 방법들이 있었다(Epelbaum, 2008). 말할 필요도 없이, 이런 방법들 가운데 젊음을 되돌린 것은 한 가지도 없었다. 그러나 좀 더 최근에는 노인들에게 감소한 호르몬 공급을 대체하기 위한 시도들이 진전을 보이고 있다. 비록 노화 과정을 되돌릴 수 있는 방법은 없지만, 그 속도를 완화시킬 수 있을지도 모르겠다.

가장 많이 사용되는 호르몬 대체 요법은 폐경기 여성을 위해 처방되는 에스트로겐과 프로게스테론의 조합이다. 이 호르몬 대체 요법(hormone replacement therapy)은 한때 난소에서 생산되었던 호르몬을 폐경이행기와 폐경후기의 여성들에게 제공함으로써, 갱년기의 부정적인 증상을 감소시켜줄 수 있다. 호르몬 대체 요법은 열감, 질의 건조함, 골절 등을 완화시켜 줄 수 있다. 그러나 또한 일부 고위험 집단의 여성에게서 유방암, 심근경색, 뇌졸중 그리고 혈전의 위험을 증가시키는 것과도 관련이 있을 수 있다. 여성들은 자신을 위해 가장 좋은 방법이 무엇인지를 결정하기 위해서 폐경기 증상에 대해 의사와 상담받는 것이 좋다.

논쟁이 있기는 하지만, 주사, 피부 패치, 겨드랑이 아래쪽에 젤을 바르는 방식 등의 형태로 테스토스테론 대체 치료법이 중년과 노년의 남성들 사이에서 인기를 끌고 있다. 60세 이상 남성의 약 20% 정도만이 정상 테스토스테론 수치보다 낮은 수치를 나타내지만, 미국 내에서 테스토스테론 대체를 위한 처방이 2000년 692,000건에서 2008년에 2,666,000건으로 증가하였다. 이 같은 증가에도 불구하고, 테스토스테론 대체 치료법의 장기간의 이득과 위험은 아직까지 잘 알려지지 않고 있다. 정상 테스토스테론 수치보다 20% 낮은 수치를 보이는 남성들에게 3년 동안의 치료를 했을 때, 골밀도가 증가하고 부작용 없이 성기능이 호전되는 결과가 나타났다(Gruntmanis, 2012).

남성과 여성 모두에게서 노화에 따른 감소가 나타나는 두 종류의 다른 호르몬들이 있는데, 이것들은 DHEA(dehydroepiandrosterone)와 GH(grow hormone)이다. 이 호르몬들은 나이가 들면서 자연스럽게 감소할 뿐만 아니라, 동물을 상대로 한 연구들에서는 이 호르몬들을 대체하면 노화를 되돌리고 질병에 대한 보호 효과도 있는 것으로 나타났다. 사람들의 경우는 어떨까? 연구 결과는 혼재되어있다. 소규모의 남녀 노인들을 대상으로 DHEA를 사용한 초기 연구들에서는 상당히 전망이 밝아보였지만, 위약 통제 집단을 사용한 대규모의 임상 연구들은 DHEA가 체성분, 신체 기능평가 혹은 삶의 질 가운데 어떤 것에서도 유의미한 효과가 있음을 보여주지 못했다(Nair, Rizza, O'Brien, et al., 2006). GH가 50세 이상의 건강한 성인에게 미치는 효과를 연구한 31개의 무선 통제 연구들에 대한 메타 분석 결과는, 적은 양의 체지방 감소와 마른 사람들에게서 약간의 체성분 증가를 보여주었지만, 부작용 비율이 증가하는 것으로 나타났다(Liu, Bravata, Olkin, et al., 2007). 비슷한 연구에서, GH가 젊고 활동적인 성인의 운동 능력에 거의 영향을 미치지 못하는 것으로 나타났다.

앞서 말한 것처럼, DHEA는 미국 내의 모든 연령의 성인들에게 널리 사용되고 있고, 영양 보충제로 생각되며, 건강식품 가게와 인터넷 등에서 팔리고 있다. GH 또한 이것이 의사의 처방을 받아야 하며 FDA로부터 항노화 물질 승인을 받지 못했다는 사실에도 불구하고, 미국 내에서 폭넓게 사용되고 있다. GH를 포함하고 있다고 주장하는 제품들이 매년 인터넷에서 수백만 달러의 매출을 보이고 있다(Perls, Reisman & Olshansky, 2005). 분명한 것은 젊음을 되찾으려는 오래된 탐구가 계속되고 있다는 점이다.

비판적 사고

인터넷상에서 팔리고 있는 GH 대체제가 효과가 없다면, 도대체 그것을 파는 웹사이트는 왜 그렇게 많고, 또 사람들은 왜 반복해서 구매를 할까?

신체적 행동의 변화

지금까지 논의한 다양한 신체 체계에서의 변화들은 좀 더 복잡한 행동과 일상적인 활동들에서의 노화 관련 변화의 기초가 된다. 그러한 변화들 가운데에는 최고 운동 능력(peak athletic performance)에서의 점차적인 저하, 체력 · 민첩성 · 균형감의 감소, 수면 습관에서의 변화 그리고 남녀 모두에서의 성 기능의 변화가 포함된다.

운동 능력

어떤 스포츠건 특히 속도가 포함된 운동의 경우, 최고의 실력자들은 그들이 10대 혹은 20대일 때이다. 체조선수는 10대일 때 그리고 단거리 달리기 선수는 20대 초반에 그리고 야구 선수들은 약 27세경에 절정에 이른다. 장거리 달리기와 같이 지구력이 필요한 운동은 절정기가 좀 더 늦지만, 그래도 최고의 실력자들은 마찬가지로 20대들이다. 우리들 중 유명 운동선수들만큼 키가 크는 경우는 거의 없겠지만, 우리들 대부분은 고등학교 이후 운동 실력이 어느 정도 떨어진다고 느낄 것이다. 서로 다른 연령대의 운동선수들을 횡단적으로 비교해보면 이러한 사실이 극적으로 드러난다. 〈그림 2.6〉에 보면, 20세에서 90세 사이의 연령 범위에 속하는 남성들의 각기 다른 세 조건에서의 산소 흡입량이 제시되어있다(Kusy, Krol-Zielinska, Dormaszewska, ea al., 2012). 왼쪽의 막대그래프 집단은 지구력을 요하는 운동(사이클 선수, 트라이애슬론 선수, 장거리 달기기 선수) 훈련을 하는 폴란드의 직업 선수들(professional athletes)과 마스터 선수들(master athletes)을 나타낸다. 중앙의 막대그래프 집단은 같은 나라에 속해 있으면서, 속도와 힘을 요구하는 운동(단거리 달리기 선수, 높이뛰기 선수, 던지기 선수) 훈련을 하는 선수들을 나타낸다. 오른쪽에 있는 막대 세트들은 한 주간 150분 이상 격렬한 운동을 하지 않는 사람들을 나타낸다. 보다시피, 지구력을 요하는 운동 훈련을 하는 선수들이 속도와 힘을 요하는 운동 훈련을 하는 선수들보다 유의미하게 더 많은 양의 산소를 흡입한다. 그리고 모든 연령

비판적 사고

당신이 배운 것을 토대로 축구 선수, 골프 선수 그리고 원반던지기 선수의 최고 절정기는 언제인지 생각해 보라.

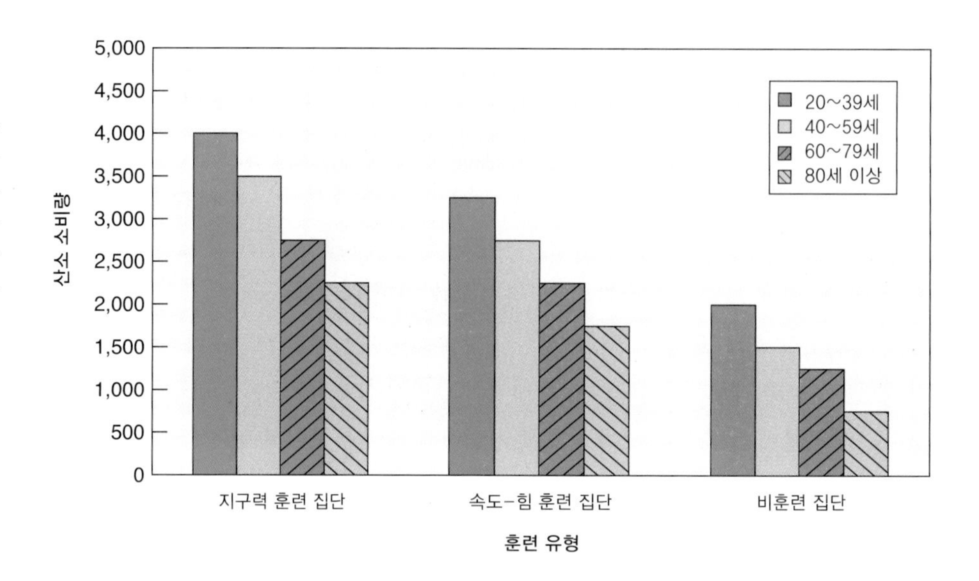

:: 그림 2.6
지구력 훈련을 하는 운동선수들은 속도와 힘을 요하는 훈련을 하는 운동선수들보다 전 연령대에서 더 많은 산소를 소비한다. 두 유형의 운동선수 집단들은 비운동선수 집단보다 전 연령대에서 더 많은 산소 소비량을 보여준다.

출처 : Kusy, Król-Zieliska, Domaszewska, et al. (2012).

대에서 두 유형의 전문 운동선수들이 그렇지 않은 집단보다 산소 흡입량이 유의미하게 높았다. 게다가 나이가 들어감에 따라 산소 흡입량이 줄어들더라도 세 집단의 차이는 계속 유지됐으며, 일부 80대의 선수들은 일부 20대의 일반인보다도 더 높게 나타났다. 여기서 알 수 있는 교훈은 분명하다. 나이가 들수록 능력은 저하되지만, 더 좋은 상태일 때 운동을 시작해서 꾸준히 계속한다면, 그렇게 하지 않은 사람들보다 한 발 앞서 나가게 될 것이다.

체력, 민첩성, 균형감각

속도의 상실과 더불어 노화와 관련 있는 모든 신체적 변화는 체력, 민첩성, 균형감각을 감소시킨다. 체력(stamina)은 일정 시간 동안 중간 정도의 강도로 혹은 그 이상의 강도로 격렬한 활동을 지속할 수 있는 능력으로 정의되는데, 체력 상실은 근육에서의 변화뿐만 아니라, 상당 부분은 심혈관계와 호흡계에서의 변화 때문에 생긴다. 민첩성(dexterity)은 손과 몸을 능숙하게 사용하는 능력으로, 주로 관절 부위에 생긴 관절염으로 인해 저하된다.

실제적인 영향을 미치는 또 다른 중요한 한 가지 변화는 신체를 변화하는 환경에 적응시킬 수 있는 능력인 균형감각(balance)을 상실하는 것이다. 노인들은 울퉁불퉁한 길이나 눈 내린 도로에 적응하기 어렵거나 흔들리는 버스에서 몸의 균형을 맞추기 어렵다. 이와 같은 상황에서는 유연함과 근력이 요구되는데, 이 두 가지 능력 모두가 나이가 들면서 감소한다. 안정적인 균형감각 부족에 따른 결과 중 하나는 노인들 사이에서 낙상 사고의 위험이 더 증가한다는 점이다. 앞서 이야기했던 대로, 시력의 저하와 약해진 뼈 그리고 균형감각의 저하가 합쳐지면 노인들에게 위험한 상황이 생길 수 있다.

이 같은 문제의 심각성과 노인 인구의 증가는 지역 센터, 참전용사의 방(veteran's hall) 그리고 일반 가정 등 전 세계 곳곳에 운동 프로그램을 도입하도록 이끌었다. 이런 프로그램들은 근력과 유연성 훈련, 유산소 지구력 훈련 그리고 유연한 움직임과 균형감각을 강조하는 온화한 형태의 무술인 태극권(Tai Chi) 같은 여러 활동들을 제공해준다. 또한 이런 프로그램들은 가정에서의 낙상 예방에 관한 조언(예를 들어서, 계단의 조명을 밝게 하기, 바닥에 까는 작은 융단을 사용하지 않기, 헐렁한 큰 신발 피하기, 계단의 가장자리에 표시해두기)을 해주는 사회복지사의 방문을 포함하고 있다. 이런 프로그램들의 효과는 매우 긍정적이며, CDC는 많은 수의 지역사회 프로그램들에 대해 지지하고 있다.

비록 뛰어난 최고의 운동선수들만이 알아차릴 수 있겠지만, 20대가 되면 운동 능력의 저하가 시작된다.

수면

우리들 중 다수는 잠자는 것을 단순히 의식적인 사고와 목적을 가진 활동이 없는 상태로 생각하는데, 이 생각은 어느 정도는 사실이다. 이 시간은 세포의 회복과 에너지의 보존, 새롭게 형성된 기억과 학습을 공고화하기 위한 시간이다. 그러나 잠자는 것은 활동적인 측면도 있다. 우리가 잠자는 동안 중요한 과정이 진행된다. 우리는 낮에 골똘히 생각하던 문제의 새로운 답을 찾아내고, 밤 동안 숙면을 취한 다음에 창의성이 새롭게 생겨난다. 그리고 쓰고 있던 오페라를 어떻게 끝낼 것인가에서부터 밤이 되기 전까지는 절망적으로 보였던 가족관계의 문제를 어떻게 해결할지에 이르기까지, 우리의 머릿속에 있던 걸림돌들이 밤 동안에 사라진다(Lockley & Foster, 2012). 그래서 규칙적인 적정량의 수면이 중요하다는 것은 당연한 일이다.

젊은 사람들은 보통 하루 밤에 8.5시간의 수면이 필요하며, 노인들은 7.5시간의 수면이 필요하다. 그러나 성인의 평균 수면 시간은 겨우 7시간 정도이다. 모든 성인의 거의 절반 정도가 수면 문제가 있다고 보고하고 있으며, 성인 진입기에 있는 사람들의 약 70% 정도는 평일 저녁에 권장량의 수면을 취하지 못한다고 보고한다(National Institutes of Health, 2011). 이와 같은 만성적인 수면 박탈은 사고, 심장 질환, 비만, 당뇨, 암, 정신장애를 증가시킬 수 있으며, 면역 기능을 떨어뜨릴 수 있다.

성인기 수면 문제는 연령에 따라 달라질 수 있다. 성인 진입기에 있는 사람들은 수면/각성 주기가 다른 성인들보다 2~3시간 늦기 때문에, 늦은 밤이 될 때까지 졸리지 않고, 그래서 아침이 될 때까지도 자신이 깨어 있는 상태임을 알아채지 못해서 '올빼미'가 된다. 이런 모습은 부모들에게 게으르고 절제력이 부족하며 일반적인 호전성으로 해석되곤 하지만, 최근의 수면 연구자들은 젊은이들 편에 서서 그들의 이 같은 특성은 정상적인 발달적 현상이며, 부모들(그리고 교육자들)이 좀 더 자녀들을 이해하고 늦잠을 잘 수 있도록 해야 한다고 이야기하고 있다(Carskadon, 2009). 일부 주에서는 이 같은 사실을 적용해서 고등학교 수업 시작 시간을 늦춤으로써, 결과적으로 결석과 지각, 행동문제, 아침 식사를 거르는 것 그리고 10대 운전자들의 자동차 사고율을 감소시켰다(National Sleep Foundation, 2011). 내가 사는 곳을 포함해서 모든 교육구에서 이런 정책을 실시하는 것은 아니다. 내가 이 글을 쓰고 있는 지금, 14살 된 나의 손자 Brendan은 고등학교에서의 두 번째 주를 시작하고 있는데, 중학교 때는 아침 9시 20분에 수업이 시작했지만 고등학교는 7시 30분에 시작한다. 6시 30분에 학교 버스가 그가 사는 곳에서 네 블록 떨어진 곳으로 그를 태우러 온다. 그의 한탄을 듣고 있노라면 청소년들의 관점에서는 생물학과 관료주의가 뭔가 음모를 꾀하고 있는 것처럼 느껴질 것 같고, 만일 정말로 그렇게 생각한다면 그들에게는 그것이 얼마나 부당하게 느껴질까, 라는 생각을 하게 된다. 젊은 성인들의 경우 노인들보다 좀 더 늦은 수면/각성 주기가 지속되지만, 이들의 수면 관련 문제의 대부분은 근무 시간, 가족의 의무, 스트레스 등과 관련이 있다. 중년이 되면 건강 문제로 인한 수면 부족이 한 요인이 될 수 있는데, 특히 체중이 증가하고 활동 수준이 감소하는 경우 더 그렇다. 스트레스 또한 이 연령대의 수면 문제의 한 원인이 될 수 있는데, 자녀들이 성인기에 접어들고 업무에 대한 부담이 증가할 때(혹은 불확실해질 때) 그렇다. 폐경기의 열감 증상과 기도 폐쇄로 인해 수면 중 호흡이 중단되는 수면 무호흡증(sleep apnea)도 수면에 영향을 미친다(Lockley & Foster, 2012).

노인들은 젊은 사람들보다 밤에 약 한 시간 정도 덜 자고 한 시간 앞서 깨지만, 낮에 낮잠을 좀 더 자는 경향이 있다. 노인들의 수면 문제는 신체적 · 정신적 질환이나 약물치료에 따른 영향일 수 있다. 수면 연구자들은 노인들의 수면 패턴이 변화하기는 하지만, 불면증이 노화의 일부임을 의미하는 것은 아니라고 믿고 있다 — 그것은 단지 나이가 들면서 건강 문제와 약물치료가 증가하고, 운동에 사용하는 시간이 줄어드는 것일 뿐이다(Buman, Hekler, Bliwise, et al., 2011).

불면증 치료 방법에는 신체적 운동과 야외 활동 시간 늘리기가 포함된다.

불면증(insomnia) — 잠을 잘 수 없는 것 — 은 나이가 들면서 증가하고, 남성보다 여성에게 더 많은 영향을 미친다. 불면증에는 세 가지 주요 원인이 있다. 첫째, 어떤 사람들은 유전적으로 불면증에 대한 소인을 가지고 태어나는 것 같다. 둘째, 질병, 약물치료, 우울증과 불안, 스트레스와 같은 외부적 요인들이다. 셋째, 알코올 사용, 카페인 남용, 운동 부족, 낮잠 그리고 잠자리에 들기 전(그리고 밤 동안에)에 블루 스크린 전자 장비(blue-screen electronic)를 사용하는 것과 같은 생활방식 관련 요인들이다. 태블릿 컴퓨터와 휴대전화의 불빛은 우리 마음을 차분하게 해주고 이완시켜주지 못하는 것 이외에도, 태양광선과 유사해서 마치 시차 증상처럼 생물학적 주기를 교란시킨다. 일부의 사람들, 그 중에서도 특히 청소년들과 성인 진입기에 있는 사람들은 이것에 극히 민감해서 불면증이 생긴다.

여러분도 보다시피, 이러한 요인들 중 일부는 쉽게 변화시킬 수 있는 것들이지만, 또 어떤 것들은 전혀 그렇지 못하다. 카페인 섭취량을 모니터링하고 규칙적인 운동을 하는 것은 상대적으로 쉽지만, 건강 문제나 약물 복용에 대해서는 의사와 상의해야 한다(Punnoose, 2012). 그러나 TV 광고에서 이야기하는 것처럼 안전하거나 효과적인 것으로 증명되지 않은 약물을 실제 사용하기 전에는 의사와 상의하는 것이 가장 좋다.

성적 행동

여러 신체체계에서의 정상적 변화의 결과로, 성적 행동(sexual activity)에서 1차 노화의 효과가 나타난다. 연구에서 사용되는 핵심 지표는 각 연령대의 한 달 평균 성교 횟수이다. 초기의 많은 연구에서는 정기적으로 만나는 상대를 가진 20대의 횟수가 가장 높았는데, 한 달에 10회 혹은 그 이상이었고, 60대와 70대의 경우 한 달에 3회 정도로 떨어지며, 이 같은 결과는 횡단연구와 종단연구 모두에서 나타났다.

비판적 사고

노화에 따른 성적 활동의 감소가 나이 때문인지 혹은 파트너와의 관계 유지 기간 때문인지를 알아보기 위한 연구를 한다면, 당신은 어떤 식으로 연구 설계를 해야 할까?

그러나 이러한 연구 질문이 가진 한 가지 문제는 매우 복잡한 인간의 상호작용을 단순히 그 빈도로만 축소시켰다는 데 있다. 각기 다른 연령대의 사람들이 보이는 성적 관계의 질이나 혹은 성교를 포함하지 않는 여러 형태의 성적 표현에 관해서 알려주는 연구는 거의 없다. 예외적으로, 사회 심리학자인 John DeLamater와 Sara Moorman(2007)이 AARP에 의해 수집된 자료를 사용해서 수행한 '현대의 성숙도와 성생활에 관한 조사(Modern Maturity Sexuality Survey)'가 있을 뿐이다. 이 연구에서 45~95세 사이에 있는 1,300명이 넘는 남녀에게 성교뿐만 아니라, 키스나 포옹, 성적인 접촉, 오럴 섹스, 자위에 대한 질문을 했다. 이 같은 모든 성적 행동들은 응답자의 연령과 관련이 있었지만, 신체적 능력, 성적 욕구, 사회적 환경, 성인기의 각기 다른 시점에서의 삶의 환경적 측면과 같은 또 다른 중요한 요인들도 많았다. 이런 요인들 가운데 몇 가지에 대해서 좀 더 자세히 살펴보자.

신체적 능력 젊은 남녀(20~40세)와 좀 더 나이 많은 사람(50~78세)의 성적 반응에서의 생리적 요인들을 비교한 연구에서, 성적 반응의 4단계 모두에서 집단 간에 차이가 나타났다(Medina, 1996; Shifen & Hanfling, 2010). 〈표 2.6〉에 제시되어있는 변화들을 보면, 좀 더 젊은 남녀가 더 나이 든 사람들보다 성적 반응이 좀 더 빠르고 강렬함을 알 수 있다. 많은 변화가 노화에 따른 성적활동의 감소를 야기한다고 할지라도, 일부 측면에서는 반대의 결과를 보이기도 하는데, 임신에 대한 걱정이 줄어드는 것이나, 집에서 좀 더 개인적으로 이루어지는 것, 더 많은 경험과 더 적은 억제 그리고 상대방의 욕구에 대한 깊은 이해 등이 그러하다(Fraser, Maticka-Tyndale & Smylie, 2004; Shifren & Hanfling, 2010).

가장 흔한 성적 문제 가운데 하나는 발기불능(erectile dysfunction, ED)으로, 이것은 남성이 만족스러운 성적 기능을 수행할 수 있을 정도의 적절한 발기를 하지 못하는 것으로 정의된다. 이 같은 문제는 미국 내 남성의 약 3,000만 명 정도에게서 나타나며, 이들 가운데 절반이 65세 이상이다. 그러므로 발기불능은 노화와 관련되며, 40~65세 남성의 약 5%와 65세 이상의 남성 25%에서 이러한 문제가 나타난다(Schover, Fouladi, Warneke, et al., 2004). 발기불능은 여러 이유로 생길 수 있지만(심장병, 당뇨병, 과도한 알코올 섭취, 약물치료, 흡연), 근본적인 기제는 대부분의 경우에 유사한 것 같다 — 성적으로 각성되어있는 동안 뇌에서 분비되는 물질인 사이클릭 GMP(cyclic GMP)의 결핍. 사이클릭 GMP가 하는 일 중의 하나는 정상적으로 혈액을 배출하던 음경의 정맥을 막아 음경에 혈액 공급을 증가시킴으로써 남근의 해면 조직이 부풀어 올라 발기가 이루어지도록 하는 것이다. 어떤 이유에서건 사이클릭 GMP가 부족하게 되면, 그 결과는 발기불능이다. 지난 10여 년간 사이클릭 GMP의 효과를 극대화시킬 수 있는 약물들이 개발되었고, 그러한 약물들은 아주 적은 양의 성분만으로도 발기를 가능하게 해준다. 이러한 약물들 중 제일 처음 나온 것이 1997년에 승인을 받은 비아그라(Viagra, sildenafil citrate)이다. 최근 몇 년 동안, 남성들에게 성행위를 위한 더 넓은 기회의 문호를 제공해줄 수 있는 지속적 효과를 나타내는 새로운 약물들인 레비트라(Levitra, vardenafil)와 시알리스(Cialis, tadalafil) 같은 새로운 약물들이 사용 가능해지고 있다(Shifen & Hanfling, 2010). 2010년에 발기불능의 약물치료 비용에 20억 달러가 사용되었고, 제약 회사들은 이 약물들을 광고하는 데 1억 달러를 사용하였다(Cohen, 2012).

앞서 이야기했듯이, 일부 여성들의 경우 폐경기에 따른 영향 중 하나는 질 건조 증상과 성적으로 각성된 상태에서 질 내부를 부드럽게 해주는 윤활 기능이 저하되는 것이다. 이런 증상은 알약이나 패치 혹은 크림 형태의 에스트로겐 치료나 인공 윤활유를 사용함으로써 완화될 수 있다. 그러나 다음 장에서 이야기하겠지만, 성적 행동은 발기능력과 질 분비액 그 이상의 것들을 포함하고 있다. 또한 여기에는 나이와 상관없는, 일반적인 건강과 웰빙(well-being), 관계의 질, 도움이 되는 주변 환경 그리고 스스로가 성적 주체임을 인식하는 것 등이 있다. 현재까지는 이 모든 영역에서의 문제를 치료해줄 수 있는 '작은 파란색 알약'은 존재하지 않는다.

성적 욕구 성 행동에 참여하고자 하는 욕구는 성인기 동안에 증가하기도 하고 감소하기도 한다. 예를 들면, 성인 초기의 사람들은 업무에서의 압력과 부모로서의 책임감이 심할 때 그 같은 욕구

:: 표 2.6 젊은 성인들(20~24세) 대비 노인들(50~78세)에서의 성적 반응

단계	여성	남성
신체적 변화 (physical changes)	생식기로 가는 혈류의 감소, 에스트로겐과 테스토스테론의 감소, 질 두께의 감소, 질 탄성의 저하	생식기로 가는 혈류의 감소, 테스토스테론의 감소, 음경의 민감성 저하
욕구 (desire)	성적 에너지의 감소, 성적 생각과 판타지의 감소	성적 에너지의 감소, 성적 생각과 판타지의 감소
흥분 (exitement)	더 느린 각성, 질 내의 윤활작용이 일어나는 데 1~5분이 걸림(더 젊은 여성의 경우 15~30초 걸리는 것과 대비해서).	발기가 더 어려워짐, 흥분 뒤 발기를 하는 데 10초에서 수분까지 걸림(더 젊은 남성의 경우 3~5초 걸리는 것과 대비해서), 발기된 상태에서도 성기가 단단해지지 않음.
고조 (plateau)	질이 예전만큼 확장되지 않음, 음핵에 혈액이 덜 집중됨, 음핵의 민감성이 떨어짐(젊은 여성들의 반응성 대비)	사정에 대한 압력이 빨리 느껴지지 않음(젊은 남성 대비)
절정 (orgasm)	강렬한 오르가슴이 줄어듦, 0.8초 간격으로 4~5회 정도의 부드럽고 리듬감 있는 질의 수축과 확장이 반복됨(젊은 여성들의 경우, 0.8초 간격으로 8~10회 정도 나타남), 자궁의 수축이 때때로 고통스럽게 느껴짐(젊은 여성과 대비해서)	강렬한 오르가슴이 줄어듦, 0.8초 간격으로 1~2회의 요도 수축이 나타남(젊은 남성의 경우, 0.8초 간격으로 3~4회 나타나는 것과 대비해서). 정액 배출 시 3~5인치 정도 뻗어 나감(더 젊은 성인 남성의 경우, 12~24인치가 뻗어 나감)
용해 (resolution)	각성 이전 단계로 좀 더 빨리 돌아감(젊은 여성과 대비해서).	각성 이전 단계로 돌아가는 데 단지 몇 초 걸림(젊은 남성들이 몇 분에서 몇 시간까지 걸리는 것과 대비해서), 다음 발기까지 시간 간격이 좀 더 김

출처 : Medina (1996); Shifren & Hanfling (2010).

가 감소한다고 보고한다. 중년의 성인들은 일상생활에서의 부모 역할이 끝나가는 시점이 되면 성적 욕구가 증가한다고 보고한다. 노인들은 성이 오로지 젊은이들을 위한 것이거나 혹은 젊은 육체에만 있는 것이라고 믿기 때문에 성욕이 감소한다. 그렇지만 대체로 성을 누리고자 하는 욕구는 성인 진입기에 있는 사람들이 가장 높고, 1차 노화의 일부로 나이가 들면서 줄어든다. 남성들의 성과 관련된 주요 불만은 신체적 능력의 부족이지만, 임상가들은 여성들의 가장 공통적인 불만은 욕구의 부족이라고 이야기한다(Tomic, Gallicchio, Whiteman, et al., 2006).

남녀 모두의 성적 욕구는 테스토스테론에 의해 생겨난다. 폐경기 즈음의 여성은 20대 때보다 약 절반 수준의 테스토스테론 수치를 보이는데, 이 같은 감소는 성적 욕구를 감소시키고 일부 여성들의 경우엔 성적 오르가슴을 더 짧게 느끼게 하거나 덜 느끼게 할 수 있다. 여성을 위한 테스토스테론 대체요법은 상당히 최근에서야 시작되었고, 논란이 많다. 일부 연구에서는 피부 패치를 통해 흡수되는 일일의(daily) 테스토스테론이 폐경기 여성의 성적 욕구를 끌어올리고 오르가슴을 증가시켜주는 것으로 나타났으나, 과도한 체모 증가, 여드름, 간 손상 그리고 HDL('좋은' 콜레스테롤) 수치를 떨어뜨리는 것과 같은 부작용에 대한 의문점이 여전히 남아있다. 비록 테스토스테론이 '승인받지 않은' 상태에서 널리 처방되고 있음에도 불구하고, FDA는 장기 연구가 완료되기 전까지는 낮은 성적 욕구를 가진 여성에게 테스토스테론을 사용하는 것에 대해서 승인하지 않을 것이다(Shifren & Hanfling, 2010). 여성 성적 무능자들을 위한 안전하고 잘 입증된 그리

고 많은 커플에게 도움이 되는 많은 방법이 있다는 점에 주목할 필요가 있다. 그러한 방법의 예로는, 알코올 섭취와 스트레스를 줄이고, 운동량과 커플과 함께 하는 소중한 시간을 늘리며, 성치료 전문가와 상담하는 것이 있다.

성적 파트너 나이에 상관없이 대부분의 사람들이 성적 관계를 갖지 않는 가장 큰 이유는 파트너가 없기 때문이다. 성인 진입기에 있는 사람들은 데이트 장면이 낯설거나 학업 때문에 바쁠 수도 있고, 말할 것도 없이 부모님과 함께 살고 있을 것이다. 성인 초기의 사람들은 현재 파트너가 있거나 혹은 불행한 이별로부터 회복 중일 수도 있고 혹은 또 다시 자신을 '그곳에' 내어 놓을 준비가 안 되어있을 수도 있다. 중년의 성인들은 오랜 기간의 결혼생활 이후에 이혼을 했을 수 있으며, 자신이 마지막으로 싱글 상태였을 때 이후로 달라진 데이트 문화(그리고 그들 자신의 변화)가 불편할 수도 있다. 그리고 이혼했거나 사별한 노인들은 적절한 성적 파트너를 찾기 어려운 문제가 있을 수 있는데, 이 연령대에는 남성보다 여성의 수가 더 많기 때문에 여성들이 더 그렇다. 일부의 사람들은 그 어떤 누구도 이전 배우자만큼 기대를 충족시켜주지 못할 것으로 생각해서 기꺼이 혼자 있으려고 한다. 아직도 일부 노인들은 자녀들로부터 비난을 받기도 하는데, 왜냐하면 자녀들은 어머니나 아버지의 성생활이 돌아가신 부모님에 대한 기억을 위협하는(혹은 그들의 유산에 대한 위협) 것으로 보기 때문이다. 이유를 불문하고 신체적 능력과 욕구의 부족보다 마땅한 상대가 없다는 것이 사람들의 성생활에 더 큰 요인이다.

연령에 따라서 성적 파트너를 갖는 관계 특성에도 차이가 있다. 성인 진입기에 있는 사람들의 경우, 사귀는 사람이 아닌 상대와의 일회적 만남(hookups)이나 잘 모르는 사람과의 섹스 같이 헌신이 없는 성적 만남의 형태가 점차로 증가하고 있다(Garcia, Reiber, Massey, et al., 2012). 우리는 이런 특성이 연령 특정적인 것인지 혹은 이 세대가 성인기가 되었을 때에도 계속 그럴지에 대해서는 알지 못한다. 중년과 노년의 성인들은 그들의 섹스에 좀 더 헌신하기를 원하고 더 나아가 따뜻하고 사랑하는 관계를 원한다. 그리스에서 60~90세 사이의 커플들을 대상으로 실시한 한 연구에서, 중매로 결혼한 것이 아니라 연애로 결혼한 사람들은 서로에 대한 더 강한 성적 갈망과 더 빈번한 성관계를 한다고 보고했다. "아직도 서로 사랑하고 있다."고 보고한 사람들도 역시 마찬가지 결과를 보였다(Papaharitou, Nakopoulou, Kirana, et al., 2008). 또 다른 연구에서는 행복한 결혼생활과 좀 더 잦은 성관계의 관련성이 모든 연령대의 성인들에게서 나타났다(DeLamater, 2012).

사생활 양로원에 살고 있는 노인들과 자신의 성인 자녀와 함께 살고 있는 노인들의 약 5%는 성적 욕구와 능력 그리고 파트너가 있더라도 사생활이 성관계의 주요 걸림돌이 된다. 양로원과 노인들을 위한 거주시설은 결혼을 했건 안 했건 성적으로 적극적인 거주자들에게는 문제가 될 수 있다. 양로원 책임자나 직원들을 대상으로 한 노인학 과정에는 종종 노인들의 성생활에 대한 정보와 노인들의 활동에 도움이 되는 환경을 어떻게 구조화시킬 것인지에 대한 내용이 포함되어있다(Mahieu & Gastmans, 2012). 동성애에 대한 혐오적인 태도는 노년의 게이와 레즈비언들이 양로원 내지 그들의 성인 자녀와 함께 살 때 관계를 맺고 유지하는 것을 어렵게 한다. 게이와 레즈비언을 위한 퇴직자 전용 시설이나 유료 노인 시설이 그 답의 많은 부분이 되어주고 있다(Clunis, Fredriksen-Goldsen, Freeman, et al., 2005).

다른 형태의 감각적 활동들 모든 유형의 감각적 쾌락이 이상의 조건들을 다 가지고 있는 것은 아니다. 성적인 꿈이나 성적 판타지도 파트너나 성교를 할 수 있는 신체적 능력이 없는 노인들에게 각성과 즐거움을 줄 수 있다. 성 건강과 행동에 대한 국가적 조사(The National Survey of Sexual Health and Behavior)에서 70~94세 사이 남성의 약 절반 가까이와 여성의 약 3분의 1가량이 지난 1년 동안 자위를 했다고 보고한 것으로 나타났다(Laumann, Das & Waite, 2008). 50세 이상의 남성과 여성의 상당수가 지난 한 해 동안 구강성교를 했다고 보고했는데, 여기에 70세 이상의 남성은 약 25%, 여성은 8% 정도가 포함되어있다(DeLamater, 2012). 우리는 이 응답이 질 성교(vaginal intercourse)와 함께 했다는 것인지, 아니면 질 성교를 대신해서 했다는 것인지 알 수 없고, 동성 커플에 대한 통계치도 알 수 없다. 그러나 성적 관심과 활동이 성인기 전반에 걸쳐 삶과 관계의 중요한 부분이라는 점은 분명한 것 같다.

성 문제의 치료 우리는 앞서서 발기불능에 대한 약물치료와 다양한 호르몬 대체 요법 같은 성적인 문제에 대한 몇 가지 치료법에 대해서 이야기했다. 연구에 따르면, 중년의 성인과 노인들의 대략 10~40% 사이의 사람들이 성기능과 관련된 문제를 해결하기 위해 전문가를 찾는 것으로 조사되고 있다. 그 범위가 상당히 넓지만, 모든 연구에서 공통된 한 가지는 도움을 찾는 사람의 절반 이상이 그들의 1차 진료 의사(primary care physician)에게서 그러한 도움을 받았다는 점이다. 이러한 사실은 전 연령대의 환자들이 가진 성 문제를 치료할 수 있는 방법을 이해하고 있는 의료인(즉, 가족 주치의, 임상 간호사, 의료 보조원)이 필요함을 시사한다. 그들은 또한 노인 환자들과도 이러한 주제에 대해 좀 더 편안하게 이야기를 나눌 필요가 있다. 흥미롭게도 성 문제로 치료를 받았던 적이 있는 이 연구의 참여자들은 치료 이후에 성교의 횟수가 늘어나지는 않았지만, 이들 중 다수가 성적 만족감이 증가했다고 보고했다(DeLamater, 2012).

1차 노화의 개인차

제1장에서 논의했던 것처럼, 연구 결과들은 종종 집단 평균치와 개인 측정치 간에 큰 차이를 나타낸다. 이번 장에서 다루었던 1차 노화에 관한 설명들에서도 역시 그와 같은 관례를 따랐는데, 예를 들어 40세 남성들의 대표(average)값과 75세 여성들의 평균(mean)값 등으로 설명했다. 그러나 우리 주변을 둘러보면, 같은 나이의 사람들도 매우 다양하다는 것을 알 수 있다. 사실 나이가 들수록 우리들과 우리들의 동년배 간에는 더 많은 차이가 나타난다. 만일 고등학교 동창회에 참석할 기회가 있다면 내 말의 의미를 알게 될 것이다. 고등학교 학생들은 매우 비슷하고 그들은

외모나 행동 방식이 훨씬 동일하지만, 10년 뒤인 28세 즈음의 동창 모임에서는 그 차이가 이미 확연히 드러난다. 몇몇은 18세 때의 외모에서 거의 달라지지 않은 반면, 어떤 사람은 체형에서의 변화나 머리숱이 줄어드는 등의 변화가 이미 시작된 경우도 있다. 30년 뒤인 48세 즈음의 동창회에서는 그 차이가 훨씬 더 극적으로 드러날 것이다. 이러한 다양성에 관여하는 요인들에는 어떤 것들이 있을까? 그리고 좀 더 구체적으로, 여러분들은 “나(me)의 노화 과정에 영향을 미치는 요인들은 무엇인가?”라고 물을 수도 있다.

유전

쌍생아 연구와 가계 연구들은 개인의 수명이 어느 정도 유전적임을 보여주고 있으나(McClearn, Bogler & Hofer, 2001), 다음 장에서 보게 되겠지만, 이는 특정 질병과 관련된 유전적 소인이 없기 때문일 수 있다. 아직도 장수하는 것(living of long life)은 1차 노화의 속도에 관해 많은 것을 알려주지 못한다. 일란성 쌍생아들은 같은 나이에 주름이 생기기 시작하고, 똑같이 머리카락이 하얗게 변하기 시작할까? 한 연구에서 연구자들은 오하이오 주의 트윈스버그 연례 쌍둥이 축제(Annual Twins Festival days)에서 피부 노화에 관한 자료를 수집하고, 일란성 쌍생아들의 얼굴과 이란성 쌍생아들의 얼굴을 비교하였다. 77세 이상의 쌍생아 130쌍에 대한 조사에서, 연구자들은 일란성 쌍생아가 이란성 쌍생아보다 얼굴 피부 노화 패턴이 훨씬 더 유사하며, 얼굴 피부 노화에 대한 유전적 설명량은 약 60% 정도임을 밝혀냈다. 이 결과는 우리의 피부 노화의 40% 정도는 다른 요인들, 예를 들어 흡연, 일광욕(Robinson & Biggy, 2011)뿐만 아니라, 태양으로부터의 자외선 노출(Martires, Fu, Polster, et al., 2009) 같은 다른 원인에 기인함을 의미한다. 아울러, 비록 운동이 체중과 허리둘레에 미치는 유전적 영향을 변화시킬 수 있다고 하더라도(Mustelin, Silventoinen, Pietiläinen, et al., 2009), 체중 변량의 약 60%는 노화와 관련된 체중 변화 패턴뿐만 아니라(Ortega-Alonso, Sipilä, Kujala, et al., 2009) 유전의 영향을 받는다. 노화에 관한 일반적 지각을 알아보는 연구에서 역학연구학자(epidemiologist)인 Kaare Christensen과 그녀의 동료들(Christensen, Iachina, Rexbye, et al, 2004)은 70세 이상인 387쌍의 동성의 쌍생아 얼굴 사진을 촬영했다. 그들 중 약 절반은 일란성 쌍생아였고 절반은 이란성 쌍생아였으며 남녀가 각각 절반씩이었다. 20명의 여성 간호사들이 그 사진을 보고 사진 속 사람의 나이를 추정했다. 하루는 쌍생아 쌍 중 어느 한 사람에 대해 질문하고, 다른 날에는 또 다른 한 사람에 대해 질문했다. 일란성 쌍생아들의 추정된 나이는 이란성 쌍생아들의 추정된 나이보다 유의미한 정도로 유사했다. 연구 결과는 지각된 나이의 60%는 유전적 요인에 기인하며, 40%는 다른 요인에 기인함을 보여주었다. 게다가 2년 뒤에 그러한 판단이 노화에 대한 지각 그 이상임이 드러났는데, 연구자들은 그들의 쌍둥이 형제보다 좀 더 나이 들어 보이는 것으로 판단되었던 다른 쌍둥이 형제들이 그 기간 동안에 좀 더 많이 사망한 경향이 있음을 확인하였다. ‘나이 들어 보이는 것’과 ‘젊어 보이는 것’은 가족 내에서 유전되는 특질이며, 이 특질은 겉으로 드러나는 외모 그 이상 — 그것은 수명과도 관련이 있다 — 이다.

생활양식

1차 노화의 속도에 영향을 미치는 또 다른 광범위한 요인들은 우리가 선택하는 생활양식(lifestyle)과 관련이 있다. 여기에는 운동, 식습관, 알코올과 담배, 다른 물질의 사용 등이 포함된다. 이 장 전체를 통해 우리는 다양한 노화 관련 위험 요인들에 대해서 살펴보았는데, 가장 자주 언급된 위험 요인들 중 하나가 주로 앉아서 생활하는 생활양식이었다. 모든 전문가는 건강한 노화에서 활동적인 생활양식의 중요성을 강조한다. 나는 나 자신의 충고를 따르려고 노력하며, 유산소 운동, 근력과 유연성 훈련 그리고 요가 간의 균형을 맞추고자 노력한다. 나는 글을 쓰기 위해 책상에 자리를 잡고 앉기 전, 거의 매일 이른 아침마다 운동 강좌에 참여한다. 그것은 나의 허리에 도움이 되며, 나에게 에너지를 북돋워준다. 또한 참여하는 강좌에서 다른 사람들을 만나는 사회적 측면도 내 기분에 매우 중요한 영향을 미친다.

나는 지금껏 결코 운동 선수급에 이르지는 못했지만, 내가 이번 장의 앞에서 이야기했던 마스터 선수들로부터 영감을 얻는다. 시합을 위한 훈련을 하는 35~90세(그리고 더 나이 든)의 마스터 선수들은 비슷한 나이대의 마스터 선수가 아닌 사람들보다도 더 좋은 유산소 체력을 가지고 있고, '좋은' 콜레스테롤 수치가 더 높으며, 당뇨에 대한 위험 요인이 더 적고 골밀도가 높다. 그들은 또한 앉아서 생활하는 습관을 가진 비슷한 나이대의 사람들보다도 체중은 더 적게 나가는 반면, 더 많은 에너지를 사용할 수 있다(Rosenbloom & Bahns, 2006). 이런 점들이 1차 노화의 영향으로부터 벗어날 수 있게 해주는 것은 아니지만, 그들의 외모와 신체적 능력은 같은 나이의 동년배보다도 훨씬 "더 젊다."

운동을 시작하는 것에 대한 두려움이 있는 사람들에게 용기가 될 만한 소식이 있다. 연구자들은 신체적 운동 요법을 시작하는 것에 대해서 부정적 생각을 가지고 있던 사람들이 일단 한번 해보면, 좀 더 긍정적인 느낌을 가질 수 있다는 사실을 발견했다. 다시 말해, 처음엔 어렵고 힘든 것처럼 보일지라도, 일단 시도해보라. 그렇게 일단 한번 해보면, 훨씬 더 행복해질 것이다(Ruby, Dunn, Perrino, et al., 2011).

1차 노화의 또 다른 중요한 요인은 식습관이다. 나는 최근에 이를 악물고(그리고 많은 셀러리 줄기를 먹으며), 몇 년에 걸쳐서 아주 천천히 20파운드를 감량했다. 줄어든 20파운드는 나의 에너지 수준을 증가시켜 주었고, 운동에 대한 만족감을 높여주었다. 나는 여행 동안 장시간의 관광을 한 이후에도 무릎이 상하지 않았고, 내가 계단이나 언덕을 오를 때 숨이 차지 않음을 깨달았다(두 가지 모두 남부 플로리다에서는 드문 일이다). 더욱 좋은 점은 콜레스테롤과 혈압 수치가 떨어져서 이제는 더 이상 약을 먹지 않아도 된다는 것이다.

건강한 식습관을 갖는 것에는 다양한 장점이 있다. 체중과 외모에 관해서뿐만 아니라 건강에도 도움이 된다. 건강한 음식을 먹으면 의심스러운 영양 보충제나 항노화 제품들에 돈을 쓸 필요가 없다. 최근에 연구자들은 '역설적 효과(ironic effect)'에 대한 제시를 통해서 영양 보충제 의존에 관한 숨겨진 문제점을 발견해냈다. 전 세계 시장에서 영양 보충제의 판매는 증가하는데 오히려 건강한 생활습관은 감소하는 것을 이해하기 어려워하던 심리학자인 Wen-Bin Chiou와 그의 동료들(Chiou, Yang & Wan, 2011)은 둘 사이에 뭔가 관련성이 있을 거라고 생각했다. 그들은 타이완 피험자들에게 위약의 영양 보충제를 주었는데, 연구자들은 피험자들이 좀 더 건강한 활동(요가, 수영, 자전거 타기)보다 쾌락적인 활동(우연히 만난 사람과의 성관계, 과도한 음주 그리고 난잡한 파티)에 대해 더 우호적으로 평가한다는 사실을 발견했다. 그들은 또한 지각된 취약성 검사("어떤 것도 나를 해칠 수 없다."와 같은 진술문에 대해 동의하는)에서 더 높은 점수를 기록했으며, 연구 참여의 대가로 공짜 식사 교환권을 선택할 수 있는 기회가 주어졌을 때, 영양 보충제를 먹고 있다고 생각한 피험자들은 건강한 유기농 식단을 선택하기보다 덜 건강한 음식을 양껏 먹을 수 있는 뷔페를 선택하는 경향이 있었다. 연구자들은 영양 보충제 사용이 사람들에게 영양제 섭취가 자신을 보호해줄 것으로 생각하도록 만들어서, 좀 더 건강하지 못한 행동에 탐닉하도록 하는 역설적 효과를 낳는다고 결론지었다.

1차 노화를 가속화시키는 데 기여하는 또 다른 생활양식 요인은 태양으로부터의 자외선 노출이다. 이것은 피부 노화의 주요 원인인데, 특히 거친 피부, 검고 하얀 '검버섯', 거미양 정맥류(spider-veins) — 얼굴과 무릎 및 발목 근처 다리에 나타나는 붉은색의 거미 모양 정맥 — 의 원인이다. 피부노화는 장기적으로 피할 수 없는 것이긴 하지만, 태양빛이 강렬할 때 야외에서 보내는 시간을 제한하고, 보호 의류를 착용하며, 자외선 차단제를 사용함으로써 조기 노화를 피할 수 있다.

인종, 민족, 사회경제적 집단

인종과 민족은 앞서 살펴보았던 비만, 녹내장, 시력 감퇴 그리고 골다공증 등 1차 노화에 관여하는 많은 조건과 관련되어있는 위험 인자이다. 그러나 인종과 민족에 사회경제적 요인이 추가될 경우, 더 많은 차이가 발생한다. 1차 노화의 속도를 결정짓는 많은 요인이 교육과 수입 수준에 의해 결정된다. 건강한 섭식은 영양에 관한 정보를 필요로 하고, 운동은 시간이 필요하며, 녹내장과 골다공증에 대한 조기 선별과 치료는 가족이 건강 관리를 감당할 만한 여력을 가지고 있지 않다면 어려운 일이다.

일부 저소득층 주거지역은 **식품 사막지**(food deserts)이다. 이 말은 거주민들이 신선한 과일이나 야채에 접근하는 데 제한이 있음을 의미하는 것으로, 음식이 상대적으로 비싸고, 다른 곳으로 쇼핑을 하러 갈 수 있는 교통수단의 이용이 용이하지 않은 경우이다. 미국영양협회(The American Nutrition Association)(2011)는 식품 사막지가 건강한 음식이 부족할 뿐만 아니라, 패스트푸드 식당과 당과 지방 함량이 높은 가공 식품을 많이 제공하는 편의점이 밀집해 있는 지역이라는 점을 지적했다.

CDC(2009)는 낮은 교육 수준과 저임금의 사람들이 의료 시설, 치아 관리, 약물 처방에 접근하는 데 좀 더 많은 제한이 있음을 확인했다. 백인 미국인들에 대한 출입 통제보다 더 많은 통제를 당하는 히스패닉계 미국인들에 비해서도 미국의 흑인들은 이러한 형태의 의료 서비스에 대한 접근에 더 통제를 당한다는 사실과 더불어, 당신은 왜 일부 인종 집단과 민족 집단에서 1차 노화가 더 빨리 일어나는지를 설명해주는 설상가상의 상황(perfect storm)에 마주치게 될 것이다(Olshansky, Antonucci, Berkman, et al., 2012). 이 점에 대해서는 다음 장에서 더 설명할 것이다.

우리는 1차 노화의 "시계를 되돌릴 수 있을까?"

불로천이 있을까? 다시 젊어지는 것이 가능할까? 인류 역사를 통해 상반되는 수많은 주장에도 불구하고, 현재도 그 답은 "아니다."이다. 우리는 시간을 되돌릴 수 없으며, 다시 젊어질 수도 없다. 우리가 할 수 있는 최선은 조기 노화를 막고, 노화의 흔적을 가리고, 삶을 즐기는 것이다.

비록 우리가 1차 노화를 되돌릴 수는 없다고 하더라도, 몇몇 연구자는 노화를 늦추는 방법을 찾고 있다. 생물인구통계학자(biodemographer)인 S. Jay Olshansky(2012)는 조기 노화와 관련이 있는 분자 수준의 원인에서부터 출발할 것을 제안했다. 예를 들어서, 생애 초기부터 성장을 늦추어주는 유전자 그리고 산화와 방사선, 환경의 독소물질들로부터의 손상을 완충시켜주는 인슐린 관련 호르몬 신호 같은 것들을 들 수 있다. 또 다른 연구자들은 100세 생일이 될 때까지 생존해 있으면서, 질병과 장애 그리고 노쇠함으로부터 자유로운 건강한 100세 노인들에 대해 연구하고 있다. 이 연구는 노인들의 장수와 관련된 유전적 표지자들(markers)을 확인하고 있다(Sebastiani, Solovieff, DeWan, et al., 2012). 그리고 Olshansky는 이 장수 노인들의 경우 세포가 산화적 손상에 잘 견딜 수 있도록 해주는 유전자를 가지고 있기 때문에 다른 노인들보다 더 느린 속도로 늙는 것 같다고 하였다(Harmon, 2012).

나는 이 책을 개정할 때마다, 노화를 늦춤으로써 건강한 삶을 연장시켜주는 과학적 진보에 놀란다. 이 같은 선상에 있는 연구들은 단순히 수명을 연장시키는 것 이상으로 훨씬 더 나의 주목을 끌며, '시계를 되돌리는' 것 이상으로 더 그럴듯해 보인다.

비판적 사고

노화를 늦추는 것과 수명을 연장하는 것 간에는 어떠한 차이가 있을까?

성인기 신체적 변화에 대한 개관

〈표 2.7〉에 1차 노화의 다양한 세부 특성들에 대해서 정리해 놓았는데, 각기 다른 연령대의 성인들의 신체적 특성이 제시되어있다. 이런 식으로 정보들을 살펴보면, 여러분들은 18~39세 사이에 성인들이 신체적으로 가장 절정기에 있음을 알 수 있을 것이다. 40~60세까지의 중년기 동안의 신체적 변화율은 꽤 일찍부터 신체적 기능의 상실을 경험하는 사람에서부터 뒤늦게 경험하는 사람까지 개인에 따라 상당히 다양하다. 65~74세의 성인들은 만성 질환의 유의미한 증가와 더불어 일부 능력에서의 상실이 지속된다 — 이러한 추세는 노년기에 더욱 가속화된다. 그러나 여기서도 또한 변화율과 효과적 보상에서 큰 개인차가 있다. 많은 성인이 완벽한(혹은 심지어 뛰어난) 신체적 기능을 75세 이후 그리고 80대까지도 유지한다. 그러나 더 나이 든 집단에서는 이러한 모든 변화가 점점 더 빨라지고 보상을 유지하는 것도 점점 더 어려워진다.

:: 표 2.7 성인기의 신체적 변화에 대한 정리

18~24세	25~39세	40~64세	65~74세	75세 이상
체중과 체질량이 대부분 적절함. 약 17%는 비만함.	몸무게와 허리둘레가 30세 경부터 증가하기 시작함. 1/3은 비만함.	50대가 될 때까지 체중이 지속적으로 증가하다가 60세가 될 때까지 안정적으로 유지됨. 허리둘레가 증가하기 시작하고, 지방이 사지에서 복부로 이동해감. 1/3 이상이 비만함.	체중과 허리둘레가 70대에 감소하기 시작함. 1/3 이상이 비만함.	체중과 허리둘레가 안정적으로 유지됨. 15% 정도가 비만함.
얼굴 특징과 피부 톤이 젊어 보임. 머리숱이 많음.	대부분의 사람이 얼굴 특징은 젊은 상태를 유지함. 일부 남성들은 머리카락 상실이 시작됨.	피부에 주름이 생기기 시작하고 탄력이 감소함. 남녀 모두가 머리카락이 얇아지고, 특히 남성에게 좀 더 심함. 미용성형을 가장 많이 하는 집단임.	주름과 피부 탄력의 감소가 증가함.	주름과 피부 탄력의 감소가 증가함.
시력이 가장 좋음. 청력은 시끄러운 운동이나 여가 활동으로 인해 일부 사람들에게서 저하가 시작될 수 있음.	시력과 청력의 상실이 시작되고 미각과 후각이 저하됨. 그러나 아직 대부분의 사람들에게는 현저하게 나타나지 않음.	40대에 근거리 시력이 상실됨. 암순응이 60대에 현저해짐. 백내장이 40대에 시작됨. 미각과 후각에서 경미한 상실이 나타남. 청력상실이 더 뚜렷해짐.	시력 상실이 지속됨. 백내장이 흔해짐. 미각과 후각의 상실이 현저해지는데, 특히 단맛과 짠맛에서 그러함.	시력과 청력 상실이 지속됨.
골밀도가 여전히 증가하고 있음.	30대에 골밀도가 최고조에 이름.	골밀도가 남성의 경우엔 서서히 감소하기 시작하고, 여성들은 좀 더 빠르게 감소하는데, 특히 폐경기 이후에 그러함.	골밀도가 지속적으로 감소함. 골절에 대한 위험이 증가하는데, 특히 여성들에게 그러함.	골밀도의 감소가 지속됨. 골절에 대한 위험이 급속도로 증가하는데, 특히 여성에게 그러함.
뉴런 발달이 완료됨.	일부 뉴런의 상실이 있으나 현저하지는 않음.	뉴런의 상실이 계속되고, 특히 기억과 관련된 대뇌 중심에서 그러함. 수초화와 반응 시간이 최고조에 이름.	뉴런의 상실이 지속됨. 일부는 수초가 감소하고, 반응 시간이 늦어지며, 일부 인지적 처리과정에서의 저하가 분명함.	뉴런의 상실이 지속됨. 미엘린이 감소하고, 인지적 처리과정에서의 저하가 뚜렷함.
호르몬이 제대로 잘 기능함. 생식 능력이 최적 수준임.	주요 호르몬의 생산이 감소하기 시작함. 그러나 현저하지는 않음.	호르몬의 감소가 지속되고, 생식 능력이 남성들의 경우 점차로 감소하고, 여성들의 경우 폐경기 이후 급속히 감소함.	호르몬의 감소가 지속됨.	주요 호르몬의 수치가 지속적으로 낮은 수준임.
성적 반응이 최적 수준임.	성적 반응의 완만한 저하가 시작됨.	성적 반응이 좀 더 느려지고, 덜 강렬함.	파트너가 부족하다는 것이 성적 관계를 갖지 못하는 가장 큰 이유이긴 하지만, 성적 반응의 감소가 지속됨.	비록 많은 사람이 성인기 전반에 걸쳐 성적 관계를 계속해서 즐길 수 있지만, 성적 반응의 감소가 지속됨.

요약

Summary

01 1차 노화의 산화적 손상 이론에서는 노화란 정상적인 세포 대사 동안에 방출되는 유리기에 의한 손상의 결과로 간주한다. 유전적 한계 이론은 우리가 일정 연령에 도달하게 되면 세포가 분화를 멈추도록 프로그래밍 되어있기 때문에 노화가 된다고 본다. 칼로리 제한 이론은 우리의 수명은 일생 우리가 대사시키는 칼로리의 수치에 의해서 통제된다고 본다. 각각의 이론은 그것을 지지하는 연구 결과를 가지고 있으며, 많은 연구 결과는 한 가지 이상의 이론을 지지하는 것처럼 보인다.

02 체중은 성인 초기 말부터 시작해서 점차 증가하며, 중년기 동안 안정적으로 유지되다가 후기 성인기에 감소하기 시작한다. 여기에 더해서 남녀 모두 엉덩이와 허리 사이즈가 점차 증가하다가 후기 성인기에는 안정적이 된다.

02 미국과 다른 선진국에서는 비만율이 높고, 모든 연령대의 성인에게서 점진적으로 비만율이 높아지고 있다. 이러한 상태는 많은 질병과 연관되며, 또한 건강에 대한 자기 지각, 운동 능력, 사회적 상호작용에도 영향을 미친다. 주요 원인은 건강하지 못한 식사와 주로 앉아서 활동하는 생활양식이다.

04 성인 초기 말부터 피부에 주름이 생기기 시작하고, 중년이 되면 좀 더 현저해진다. 처방전 없이 살 수 있는 노화용 '치료제'들은 기껏해야 노화의 흔적을 가릴 수 있을 뿐이다. 성형외과적 수술과 외모를 변화시키기 위한 다른 의학적 방법들을 이용하는 남성과 여성의 수가 증가하고 있으며, 이러한 사람들 중에는 40~54세 사이의 사람들이 가장 많다.

05 시력은 성인 초기부터 저하되기 시작하지만, 중년이 될 때까지는 현저하지 않다. 45세경이 되면 근거리 시력이 급작스럽게 상실되지만, 독서용 안경이나 콘택트렌즈로 교정될 수 있다. 백내장, 녹내장 그리고 시력 감퇴가 중년기 초반에 증가한다. 청력의 상실은 30대에 시작되지만, 높고 부드러운 음조를 듣는 데 문제가 생기는 중년이 될 때까지는 현저하지 않다. 미각과 후각은 30대에 저하되기 시작해서 중년기의 말 즈음이 되면 그 저하가 현저해진다.

06 골밀도는 30대 즈음에 절정기를 이루다가 남성과 여성 모두 떨어지기 시작한다. 그 감소는 남성에게서는 좀 더 완만하게 나타나고, 여성은 폐경기에 급격하게 나타난다. 여성은 골다공증과 골절에 대한 위험이 더 높다. 관절염은 좀 더 나이 든 성인에게서 흔한 의학적 상태로, 활동성을 감소시키고 우울증을 야기할 수 있다.

07 근육량과 강도는 천천히 감소하며 대다수 성인의 일상적인 활동에 영향을 미치지 않는다. 저항 훈련과 스트레칭은 이러한 감소를 늦추는 데 도움을 준다. 심장과 호흡계에서의 변화는 점진적이며. 대다수 성인의 일상적 활동에 영향을 주지 않지만, 좀 더 나이가 들면 격한 운동에 대해 더 늦게 반응한다.

08 대뇌는 늙어갈수록 뉴런을 상실하기는 하지만, 우리가 한때 믿었던 만큼 그렇게 높은 비율은 아니다. 그러나 신경계는 그 같은 상실을 조정할 수 있으며, 성인의 대뇌 중 일부분에서는 새로운 뉴런이 생긴다는 증거도 있다. 수초화는 중년기에 최고조에 달하며, 반응시간 및 인지적 속도 곡선과 동일한 형태의 완만한 감소가 시작된다.

09 면역체계는 후기 성인기가 되면 성인 초기만큼 잘 기능하지 못한다. 그것은 아마도 만성질환의 발생률이 높고, 스트레스에 취약해지기 때문인 것 같다. 후기 성인기에는 비타민 보충제가 도움이 될 수 있을 것이다.

10 성인 초기에서 중년기로 가면서 남녀 모두에게서 호르몬 분비와 생식능력의 점진적 감소가 나타나며, 여성은 폐경기에 급격한 감소가 나타난다. 호르몬 대체요법이 가능하지만 주의 깊게 사용되어야 하며, 전문의와의 상담이 필요하다.

11 나이가 들수록 좀 더 잠이 깨기 쉽고, 불면이 좀 더 흔해진다. 수면 패턴은 좀 더 일찍 잠자리에 들어서 더 일찍 깨는 것으로 변화한다. 생활양식의 변화가 도움이 될 수 있으며, 약물을 복용하기 전에 좀 더 노력을 기울여야만 한다.

12 성적 행동은 신체적 능력, 욕구, 파트너의 존재 그리고 사생활에 의해 결정되는 복잡한 행동 체계이다. 남성의 신체적 능력에 도움을 주는 새로운 약물들이 사용 가능하지만, 또 다른 요인들이 노화에 따른 성적 활동의 감소를 야기할 수 있다. 많은 사람이 평생 동안 계속해서 성적인 활동성을 유지한다.

13 1차 노화는 다양한 개인차의 영향을 받는다. 일부 사람들의 경우, 유전자가 녹내장과 골다공증 같은 질병 관련 소인들을 피할 수 있게 해준다. 유전자는 피부 노화의 시기, 노화와 관련된 체중 증가 그리고 지각된 노화의 약 60% 정도를 설명해준다. 운동, 건강한 식습관과 같은 생활양식 요인들이 노화의 지연을 돕는다. 인종, 민족 그리고 사회경제적 요인들이 의료서비스 접근에 영향을 미치며, 운동과 좋은 영양분을 쉽게 얻을 수 있는 지역에 거주하는 것에도 영향을 미친다.

14 대다수의 전문가는 1차 노화의 '시계를 되돌릴 수 있는' 방법이 아직은 없다는 것에 동의한다. 우리는 이렇게 주장하는 제품과 치료법들은 피하고 노화의 과정을 늦추고 건강한 삶을 연장시키는 책임 있는 연구들(responsible research)을 지지해야만 한다.

주요 용어

1차 노화
2차 노화
B 세포
DHEA
GH
Hayflick 한계
T 세포
가소성
가지치기
감각신경성 난청
갱년기
골다공증
골밀도 지수(BMD)
관절염
균형감각
노안
녹내장
뉴런
달팽이관
동공
망막
미뢰
민첩성
발기불능(ED)
백내장
불면증
비만
사이클릭 GMP
세포복제노화
수면
무호흡증
수정체
수초
순응
시력
시력 감퇴
신경발생
암순응
에스트로겐
유리기
일회적 만남
줄기세포
체력
체질량 지수(BMI)
칼로리 제한
테스토스테론
텔로미어
폐경기
프로게스테론
항산화제
항체
호르몬 대체요법
후점막

관련 자료

[개인적 흥미를 위한 읽기 자료]

Cave, S. (2012). *Immortality: The quest to live forever and how it drives civilization*. New York: Crown.

Stephen Cave는 우리 문명의 이면에 있는 원동력은 영원히 살고자 하는 소망이라고 믿는 철학자이다. 그는 영생하기 위한 네 가지 방법이 있다고 말한다 — 질병과 싸우기, 종교에 귀의하기, 모든 사람에게 불멸의 영혼이 있다고 믿기, 어떤 유산을 통해서 우리가 죽은 후에도 기억될 수 있는 방법을 찾기. 이는 새로운 생각이지만, 그는 Nefertiti, St. Paul, Alexander the Great 그리고 Dalai Lama와 같은 사람들의 이야기를 포함해서, 이러한 생각들이 다른 문화권에서 어떻게 실천되고 있는지에 관한 예를 제시해줌으로써 자신의 생각을 뒷받침하고 있다.

Cohen, P. (2012). *In our prime: The invention of middle age*. New York: Scribner.

뉴욕 타임스 기자인 Patricia Cohen은 중년이 삶의 새로운 단계이며, 최근에서야 겨우 과학적으로 연구되기 시작했다고 쓰고 있다. 그녀는 이 시기가 삶의 가장 최고의 시기라는 것을 보여주는 지혜롭고 재미있는 연구들에 대해 논평하고 있다.

Horstman, J. (2012). *The Scientific American healthy aging brain: The neuroscience of making the most of your mature mind*. San Francisco: Jossey-Bass.

만일 당신이 노인이거나 당신 파트너에게 무슨 일이 벌어지고 있는지에 대해서 궁금해하고 있다면, 이 책은 성인기 동안의 정상적인 대뇌 발달에 관해 그리고 어떤 문제가 생길 수 있는지 또한 현재 가지고 있는 대뇌를 최대한 잘 활용할 수 있는 방법은 무엇인지 등에 관해 알려주는 훌륭한 책이다. 또한 잘못 알고 있는 근거 없는 믿음들을 없애주고 새로운 유익한 소식을 제공해줄 것이다.

[고전 학술자료]

Harman, D. (1956). Aging: A theory based on free-radical and radiation chemistry. *Journal of Gerontology*, *2*, 298−300.

노화에 대한 유리기 이론이 이 논문에 처음으로 소개되었다.

Hayflick, L. (1965). The limited in lifetime of human diploid cell strains. *Experimental Cell Research*, *37*, 614−636.

이것은 실험실에서 자란 인간 세포의 복제 회수에 한계가 있다는 점을 제시한 생물학자 Leonard Hayflick의 초기 저서이다.

McCay, C., Crowell, M., & Maynard, L. (1935). The effect of retarded growth upon the lengh of life and upon ultimate size. *Journal of Nutrition*, *10*, 63−79.

이 연구는 성장 둔화가 수명을 연장시킬 수 있다고 제안한 최초의 연구들 중 하나이다.

[현대 학술자료]

Filley, C. (2102). *The behavioral neurology of white matter*. New York: Oxford University Press.

최근 연구들은 대뇌의 백질로 관심을 옮겨가고 있는데, 이는 부분적으로 뇌영상 기법의 발전 때문이다. 신경학자이자 정신과 의사인 저자는 백질의 정상적 기능과 역기능적 기능 모두에 대해 논의하면서 대뇌 발달에서의 백질의 역할에 대해서 고찰하고 있다. 임상적 논의 부분에는 그 기저에 모두 백질과 관련이 있는 것으로 알려진 알츠하이머 질환, 편두통, 흔들린 아기 증후군(shaken-baby syndrome)에 관한 것들이 포함되어있다. 이 책은 종합적이고, 시기적절하며, 읽기 쉬운 등의 좋은 점들을 두루 갖추고 있다.

Florido, R., Tchkonia, T., & Kirkland, J. L. (2011). Aging and adipose tissue. In E. J. Masoro & S. N. Austad (Eds.), *Handbook of the biology of aging*, 7th ed. (pp.119－139). San Diego, CA: Academic Press.

저자들은 1차 노화에서 일어나는 지방 세포에서의 변화와 당뇨병 같은 대사질환 질병의 위험이 증가하는 것 간의 관련성에 대해서 설명하고 있다.

Fontana, L., Colman, R. J., Holloszy, J. O.L., et al. (2011). Caloric restriction in nonhuman and human primates. In E. J. Masoro & S. N. Austad (Eds.), *Handbook of the biology of aging*, 7th ed. (pp. 447－461). San Diego, CA: Academic Press.

이 글은 좀 더 긴 수명, 더 적은 비만과 질병(당뇨, 심장병, 암 등과 같은) 같이 칼로리 제한이 다양한 실험실 동물들과 인간에게 미치는 영향에 관해서 조금 더 자세히 설명하고 있다.

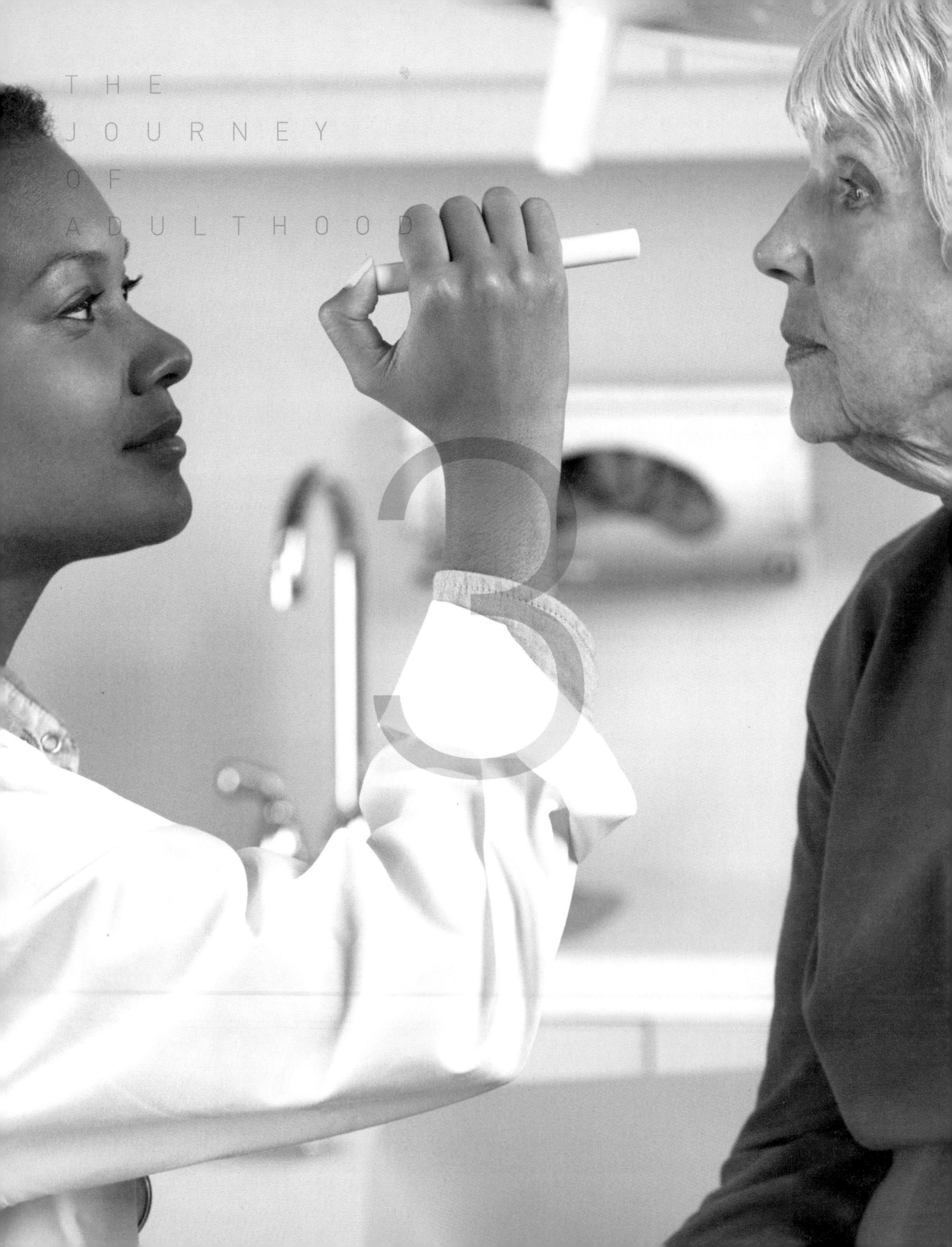
THE
JOURNEY
OF
ADULTHOOD
3

Chapter

3

건강과 건강장애

우리 지역에서는 매해 달리기 대회가 개최된다. '치유를 위한 경주'로 불리는 이 대회는 유방암 예방, 발견, 치료, 연구 그리고 모금에 대한 의식을 고양시키기 위한 것이다. 1월에 열리는 이 달리기 대회에는 많은 여성이 참가하여 플로리다의 햇빛을 즐기며 서로 이야기하고, 친구들과 안부를 나누며 물길을 따라 가벼운 걷기를 즐기는 등, 그 모습이 상당히 여유가 있다. 상당수의 남성 참가자들 그리고 스케이트보드나 유모차를 탄 아이들도 있다. 그러나 참가자 모두는 유방암이 미국 여성 9명 중 1명에게 발생한다는 사실을 기억하고 있다. 이들 대부분은 유방암을 앓았거나 혹은 사랑하는 사람 가운데 하나가 유방암에 걸렸기 때문에 어떠한 형태로든 유방암을 경험한 사람들이다. 축제 같은 분위기에도 불구하고, 그날의 주제는 명확하다.

이번 장은 건강과 질병에 대한 것이다. 질병은 성인 삶의 일부이고, 오래 살수록 하나 이상의 질병을 가지게 될 확률은 더 높다. 유방암과 같은 많은 질병이 조기 발견율과 생존율을 가진다. 폐암과 같은 몇몇은 생활방식을 결정함으로써 예방할 수 있다. 알츠하이머병은 예방이 어렵고, 이미 발병한 경우 치료가 보다 어렵다. 나는 이 장에서 질병 양상에 대한 일반적인 통계치를 살피고, 가장 일반적인 신체적 · 정신적 건강장애에 대해 다룰 것이다. 끝으로 건강과 질병에 있어서 개인차에 관한 연구들을 살펴볼 것이다.

사망률과 사망 원인

〈그림 3.1〉은 미국의 다양한 연령층에 있는 남성과 여성의 사망률(mortality rate) 즉, 어떤 특정 시점에 사망할 가능성을 보여준다. 15~24세의 성인 진입기(emerging adults)에 있는 성인이 어떤 한 해에 사망할 가능성은 0.1%보다 낮은 반면, 85세 이상 성인의 13%가 매해 사망한다. 노인이 더 많이 사망하는 경향이 있다는 사실은 당연히 크게 놀랄만한 것이 아니다.

사망 원인은 연령에 따라 다르다. 〈표 3.1〉은 미국인들의 연령에 따른 주요 사망 원인을 보여준다. 성인 진입기(15~24세)의 5대 사망 원인 중 세 가지는 사고, 타살 그리고 자살로 심지어 질병은 여기에 포함되지 않는다. 성인 초기(25~44세)까지는 사고가 사망의 가장 큰 원인이나, 암과 심장병이 각각 2, 3위를 차지한다. 중년기(45~64세)에는 암과 심장병이 각각 1, 2위를 차지하며, 전기 노년기(65세 이상)에서는 이 두 가지 질병 순위가 뒤바뀌고, 알츠하이머병이 5대 사망 원인 중 하나로 처음으로 출현한다.

▎비판적 사고

이 책을 읽기 전에, 어떤 연령대 집단이 감기와 독감과 같은 급성 단기 건강 문제를 가질 것으로 예측하였는가? 대학생들인가, 아니면 그들의 조부모님인가?

이환율, 질병 그리고 장애

이번 장의 주제인 2차 노화(secondary aging)는 성인기를 거치면서 감염 같은 외부 요인 혹은 특정 장기(organs)나 체계(system)의 질병과 같은 내부 요인에 의해 일어나는 변화를 포함한다. 이러한 변화는 사고(accident)에 의해 나타나기도 한다. 모든 질병이 장애를 발생시키지는 않으며, 모든 장애가 질병에 의해 발생하는 것도 아니다. 그러나 확실한 것은 성인기로의 여정 동안 건강 상태 때문에 삶을 방해하는 장애물을 가지게 될 가능성이 높아진다.

일반적 건강 상태

당신은 노인들이 다양한 건강 상태와 관련하여 더 고통받을 것이라 여기며, 이환율(morbidity rate)이나 질병 발생률(illness rate)에서 연령 관련 패턴이 나타날 것으로 가정할 것이다. 그러나

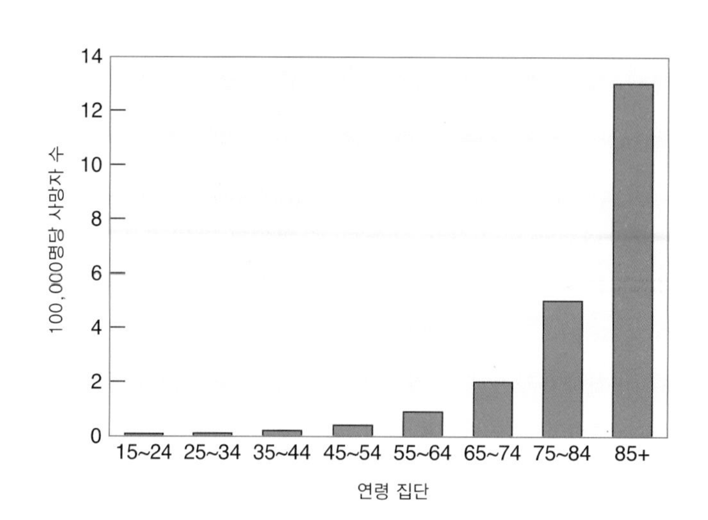

:: 그림 3.1

미국 성인의 사망률은 60세까지 서서히 증가하고 그 이후, 가파르게 상승한다.

출처 : CDC (2012e).

:: 표 3.1 미국의 연령에 따른 주요 사망 원인

순위	15~24세	25~44세	45~64세	65세 이상
1	사고	사고	암	심장 질환
2	타살	암	심장 질환	암
3	자살	심장 질환	사고	하기도 장애
4	암	자살	하기도 장애	뇌졸중
5	심장질환	타살	당뇨병	알츠하이머병

출처 : National Center for Health Statistics (2012)의 자료.

이는 사실이 아니다. 감기, 독감, 감염 혹은 단기 위장장애를 포함하는 급성 질환(acute condition)의 경우, 젊은 성인들도 65세 이상 성인이 경험하는 단기 건강 문제의 2배 이상을 경험하는 것으로 나타났다. 심장병, 관절염 혹은 고혈압처럼 장기적으로 지속되는 장애 같은 만성 질환(chronic condition)만이 연령의 증가와 함께 빈번해진다. 이러한 질환으로 인해 노인들은 그들이 20, 30대였을 때보다 2~3배 정도 더 고통받는다.

장애

심리학자, 역학자, 노인 학자 그리고 심지어 후견인 사례를 다루는 변호사들도 다음의 두 가지 행동군을 수행할 수 없는 개인을 장애로 정의한다. 즉, (1) 일상생활 활동(actvities of daily living, ADLs)으로 불리는 목욕, 옷 입기, 집안 돌아다니기, 침대에서 의자로 이동하기, 화장실 사용, 식사와 같은 기본적인 자기관리 활동과 (2) 도구적 일상생활 수행능력(instrumental activities of daily living, IADLs)으로 불리는 식사 준비, 개인 물품 구매, 가벼운 집안일, 빨래, 대중교통 이용, 재정 운영, 전화 사용, 약 복용 등을 포함하는 보다 복잡한 일상 과제이다.

모든 연령대에서 장애가 나타나기는 하지만 연령과 함께 발생 정도가 증가한다. 〈그림 3.2〉에서 볼 수 있듯이, 미국 인구조사에서 44세 이하 성인은 10명 중 1명이 특정 장애를 가지고 있었으며, 이 중 절반가량이 자신의 장애가 심각하

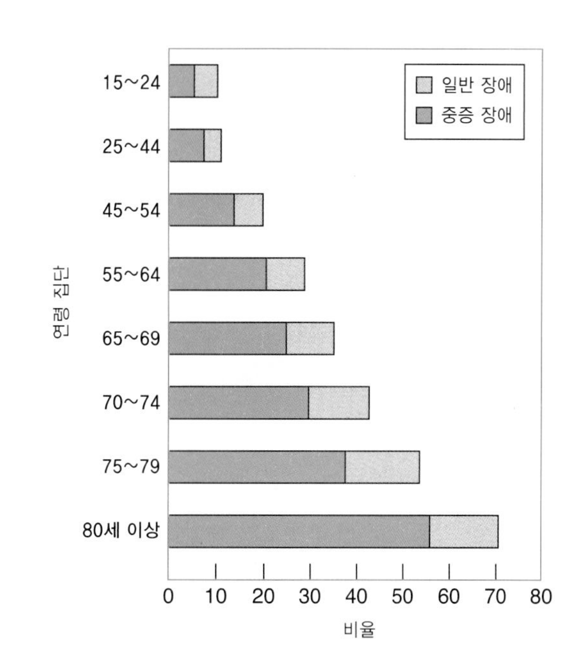

:: 그림 3.2
미국 내 심장 질환 발생률이 감소하는 이유는 무엇인가?
출처 : Brault (2012)의 자료.

다고 보고하였다. 75세 이상 성인 집단에서는 절반 이상이 장애를 가지고 있었으며, 이들 중 상당수가 자신의 장애가 심각하다고 보고하였다(Brault, 2012). 예상대로, 노인들은 젊은 성인에 비해 일상생활 활동(ADLs)과 도구적 일상생활(IADLs)을 하는 데 더 많은 시간을 소비하였고, 이를 수행하는 그들의 능력은 삶의 질에 있어 핵심 지표이다.

만성 질환 혹은 건강 질환이 곧바로 장애로 전환되지는 않는다. 한편 심각한 손상은 없으나 하나 혹은 그 이상의 만성 질환을 가질 가능성은 확실히 높다. 한 사람이 고혈압을 가지고 있다면 약과 운동으로 통제될 수 있다. 관절염을 가지고 있다면 약물에 잘 반응할 것이고, 주요 활동을 하는 데 제한은 없다. 대부분의 성인에게 중요한 이슈는 그들이 만성 질환을 가지고 있는지 아닌지가 아니라, 그런 질환이 일상생활에 영향을 미치는지, 일상 활동에 제약을 가하는지, 스스로를 돌보는 능력과 다른 사람의 도움 없이 생활에 참여하는 능력을 감소시키는지 아닌지 여부이다.

지난 20년 동안, 미국 내 노인들의 장애율은 지속적으로 감소해왔다. 여기에는 여러 이유가 있다. 인구 역학자 Vicki A. Freedman(2011)은 장애의 감소가 건강 관리(medical care) 영역의 발전과 건강에 대한 태도 변화 때문이라고 결론지었다. 오늘날 모든 연령대의 사람이 더욱 건강해졌고, 이는 노인이 되었을 때 장애를 덜 경험하는 결과를 가져왔다. 새로운 수술 과정과 약물치료는 심장병, 백내장, 무릎 관절염, 고관절염과 같은 질병 관리를 돕는다. 제4장에서 더욱 자세히 논의될 또 다른 요소는 지난 20년에 걸쳐 증가한 보조 공학(assistive technology)이다. 과거에는 장애를 가진 것으로 여겨졌던 사람들이 이제는 개인 컴퓨터, 핸드폰, 전자동 휠체어, 휴대용 산소 탱크와 같은 물품 때문에 잘 기능하게 되었다. 오늘날 노인들은 높은 수입을 얻으며 많은 교육을 받는데, 이는 건강한 식단, 낮은 스트레스 그리고 더 나은 수준의 건강 관리와 종종 연결된다.

수입의 증가 그리고 교육 수준의 향상은 간접 효과도 갖는다. 예를 들어, 높은 교육을 받은 사람들은 나중에 장애로 이어질 수 있는 힘든 직업을 가지게 될 가능성이 적다. 또한 높은 수입을 가진 젊은 성인들과 중년 성인들은 건강관리를 잘하고, 또 건강한 생활방식을 갖는 것에 더 많이 신경 쓸 수 있다.

이러한 다양한 요인에 의해 65세 이상 가운데 3%만이 요양원(nursing home)이나, 노인전문 요양 시설(skilled care facilities)에 거주한다. 65세 이상 여성의 81%, 남성의 90%는 배우자와 함께 살거나, 자기 집에 혼자 살면서 지역사회 거주(community dwelling)를 한다. 이 연령대의 나머지 사람들은 약간의 도움만을 제공하는 노인 주택(senior residence)이나 요양 시설(assisted-living facilities) 혹은 가족 구성원 집에 거주한다(National Institute on Aging, 2011). 심지어 90세 이상에서도 3/4은 자신의 집에 살거나, 가족 구성원 집에 거주한다(He & Muenchrath, 2011).

건강에 대한 자기 보고

일상생활 활동으로 건강 정도를 평가하는 것 대신, 건강을 측정하는 다른 방법은 각기 다른 연령대의 성인들에게 자기보고식 척도를 사용하여 자신의 건강에 대해 (1) 훌륭함/매우 좋음, (2) 좋음, (3) 괜찮음/좋지 않음으로 스스로 평정하도록 하는 것이다. 자기보고식 평정 척도는 신체 및 정신건강에 대한 객관적인 측정치와 잘 비교되어 왔다. 미국 국립 건강 인터뷰에서 젊은 성인들은 당연하게 그들의 건강이 노인들에 비해 더 나은 것으로 평정하였다. 하지만 75세 이상의 40%가 스스로 '훌륭함 혹은 매우 좋음'에 표시하였다. 이는 물론 자신의 건강을 '훌륭함 혹은 매우 좋음'으로 묘사한 85세 이상 노인들이 '훌륭함 혹은 매우 좋음'에 표시한 한 25세 성인과 신체적 기능 측면에서 같다는 것을 의미하지는 않는다.

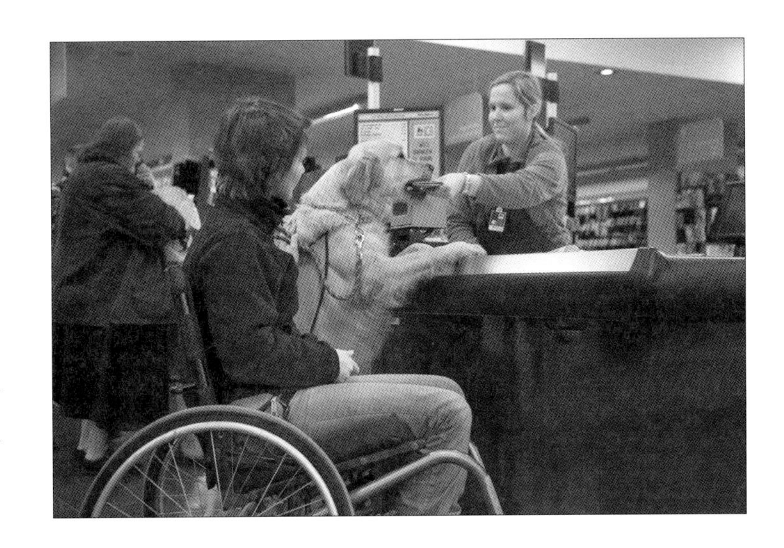

만성 질환이 있다고 하여 개인의 자율성이 반드시 상실되는 것은 아니다. 보조 공학과 보조 동물의 도움으로 다수의 성인들은 그들의 독립적인 생활양식을 유지한다.

특정 질환

성인기의 장애 그리고 죽음의 주요 원인에 대해 이미 논하였다. 이제는 네 가지 질병—심혈관 질환, 암, 당뇨병 그리고 알츠하이머병—에 대하여 구체적으로 다룰 것이다. 나는 당신을 의학 전문가로 변신시키고자 하는 의도는 분명히 없다. 건강이 어떻게 우리 일상생활에 영향을 미치는지(그리고 우리의 일상생활이 건강에 어떻게 영향을 미치는지)에 대한 그림을 제공하는 것이 목적이다.

심혈관 질환

비판적 사고

미국 내 심장질환 발생률이 감소하는 이유는 무엇인가?

심장과 혈관 질환 혹은 심혈관 질환(cardiovascular disease)은 몇몇의 신체적 퇴화를 포함한다. 관상동맥에서 중요한 변화는 플라크(plaques)의 위험한 축적으로, 끈적끈적한 지방 찌꺼기가 차츰차츰 쌓이는 것이다. 이러한 과정은 동맥경화증(atherosclerosis)으로 알려져 있는데, 이는 염증에 의해 발생한다. 원래 염증은 면역체계를 보호하기 위해 생겨나지만, 만성적인 염증은 혈관 벽에 플라크 형성을 초래하고, 혈관을 파열시키거나 혈관을 막는 혈전을 형성할 수 있으며, 심장 발작과 뇌졸중을 일으키기도 한다(Smith, Lightfoot, Lerner, et al., 2009).

지난 20년 동안, 심혈관 질환에 의한 사망률은 미국과 대부분의 산업화 국가에서 급격히 줄어들고 있다. 그러나 심혈관 질환은 미국(Hoyert & Xu, 2012)과 선진국 대부분에서 남성과 여성 모두의 사망과 장애를 이끄는 원인으로 여전히 남아있다. 어떤 사람들은 다른 이들에 비하여 심혈관 질환에 대한 더 큰 위험성을 갖는다. 위험요인들은 〈표 3.2〉에 제시하였다. 표에서 볼 수 있듯이, 이 요인들 가운데 좌식 생활방식 같은 몇 가지는 통제가 가능하지만, 연령이 50세를 초과하는 것 같은 다른 몇 가지 요소들은 통제가 불가능하다.

여기에서 강조해야 할 점이 있다. **심혈관 질환은 선진국 도처에서 여성 사망 최고 원인이다.** 심장 발작을 경험하거나 심혈관 질환에 의해 사망하는 남성 평균 연령이 여성 평균 연령보다 더 낮기

:: 표 3.2 심장질환 위험요인

• 50세 이상	• 좌식 생활방식 *
• 심장질환 가족력	• 당뇨병 *
• 흡연 및 간접흡연 *	• 높은 콜레스테롤 *
• 비만 *	• 고혈압 *

* 완화 혹은 예방될 수 있음
출처 : CDC (2012f).

때문에 많은 사람이 착각할 수 있다. 연령에 비추어 심혈관 질병률을 비교하는 것은 심혈관 질환이 남성의 건강 문제라는 인상을 줄 수 있다. 하지만 이는 남성과 마찬가지로 여성에게도 위험할 수 있다.

초기 증상에서 차이가 나기 때문에 어떤 면에서는 심혈관 질환이 여성에게 더 위험하다. 우리가 생각하는 심장 발작은 흉부 바로 옆에 나타나는 치명적인 고통이지만 여성에게는 메스꺼움, 극심한 피로, 현기증, 식은땀, 숨 가쁨 그리고 상반신, 목 혹은 턱에 날카로운 통증으로 나타나는 경향이 있다. 이러한 경고 신호에 주의를 기울이지 않거나, 잘못 해석하게 될 때 심혈관 질환은 의학적 도움이 필요한 최초 시간(first time)을 지나칠 수 있으며, 이는 남성이 심혈관 질환을 가질 경우보다 더욱 심각한 상황을 초래할 수 있다(CDC, 2012g). 게다가 여성의 심혈관 질환은 전형적으로 남성에게 영향을 미치는 관상동맥 대신, 종종 소동맥에서 나타나는 경우가 있다. 이 경우 관상동맥에 대한 통상적인 검사를 하면 심혈관 질환의 위험성이 낮은 것처럼 보이나, 사실 그 여성의 경우 약간의 증상을 포함하는 관상미세혈관 질환(MVD)에서는 더욱 문제가 진척된 단계일 수 있다(National Heart Lung and Blood Institute, 2011). 이러한 이유에서 심혈관 질환으로 사망한 여성의 2/3는 사전 증상 없이 갑자기 사망한다(CDC, 2012f).

암

미국 내 남성과 여성의 두 번째 사망 원인은 암(cancer)이다. 이는 비정상 세포가 급격하게 가속화되고 통제되지 않은 세포분열이 일어나는 것으로, 종종 인접 정상 조직으로 전이되기도 한다. 뿐만 아니라 암은 혈관이나 림프관을 통해 원래 암이 발생한 부분에서 보다 멀리 있는 뇌나 신체의 다른 부분 그리고 신체 내 조직으로도 퍼져나갈 수 있다.

암 발생 정도는 연령과 함께 증가한다. 국립 암 등록체계(National Cancer Registry)에 따르면 대부분의 암 사례에서 70대는 20대에 비해 22배 이상이 된다(CDC, 2012c). 암의 종류도 연령에 따라 달라진다. 암으로 사망하는 55세 이하 여성에게 가장 빈번한 것은 유방암인 반면, 백혈병은 젊은 남성에게 가장 빈번하고, 폐암은 중년 남성에게 가장 빈번하다. 폐암은 55세 이상 남성, 여성 모두에게 암 가운데 가장 최고 수준의 사망원인으로 남게 되며, 남은 여생에서 계속 최고 원인으로 꼽힌다(Gibbs, 2004).

암 원인에 대한 연구는 최근에 극적으로 진행되어 왔다. 암은 연쇄적인 무작위 돌연변이에서

:: 표 3.3 암 위험요인

• 50세 이상	• 성병 *
• 암 가족력	• 좌식 생활방식 *
• 담배 사용(흡연, 씹는 담배, 코 담배) *	• 비만 *
• 건강하지 못한 식단(채소, 과일 적은 양 섭취) *	• 과도한 알코올 사용 *
• 직장 내 화학물, 방사선에 노출 *	• 강력한 자외선에 무방비 노출 *

* 완화 혹은 예방될 수 있음
출처 : Torpy (2004); CDC (2011d).

시작되는데, 이는 세포 안의 종양 억제 유전자 발현을 억제하고, 종양 자극 유전자 발현을 유도한다. 이 과정이 한번 일어나면 변이된 세포는 분열되고, 급격하게 복제되어 결과적으로 암을 일으키는 것으로 여겨져 왔다. 최근 들어 이러한 설명은 확장되었다. 유전적 변이가 발생하더라도, 오늘날 암의 주요 원인은 유전자 발현에 있어 변이를 불러일으키는 환경적 사건을 포함하는 후성유전(epigenetic inheritance)으로 생각된다(Berdasco & Esteller, 2010). 후성유전은 무작위적인 돌연변이를 암을 포함하는 많은 질병의 원인과 관련되는 것으로 생각해왔다. 후성유전에 따르면, 유전적 특성은 성별이나 다운 증후군과 같이 수정 시 유전체(genome)에 입력되는 것이 아니다. 그보다는 가임기나 전생애 동안 경험하는 환경적 영향의 결과로, 이미 가지고 있던 유전자가 어떻게 발현되는지에 영향을 미치는 것이다. 후성유전의 정상적인 기능은 하나의 유전자를 하향조절(downregulate)하는 방식으로 작동하여 그 자리에 위치하던 다른 유전자가 발현되도록 한다. 이 메커니즘이 비정상적으로 반응하게 될 때 종양 억제 유전자의 발현을 억제하고, 종양 자극 유전자의 발현을 활성화시킨다. 이러한 설명과 전통적인 '무작위 돌연변이' 설명 간의 차이점은 어떤 환경적 요인이 해로운 후성유전을 만들어내는지 발견하는 것 그리고 예방을 위한 작업을 하는 것이다. 이 주제에 관한 더 많은 논의는 다음 장에서 할 것이다.

1990년대에 들어서며, 미국 내 암 발생 정도와 암 사망률은 국가 차원의 기록을 시작한 이래 처음으로 유의하게 감소하기 시작하였고, 한해 0.6% 정도 지속적으로 감소하였다(Eheman, Henley, Ballard-Barbash, et al., 2012). 지난 20년 동안 암으로 인한 사망이 감소한 것은 예방, 조기 발견 그리고 치료법의 발전 때문이다. 최신 예방법은 자궁경부암에 걸릴 확률을 감소시키는 인유두종바이러스(HPV) 백신과, 간암을 예방하는 데 도움이 되는 HB백신(B형 간염 백신)을 포함한다(CDC, 2011d). 조기발견은 자궁암, 대장암 그리고 유방암으로 인한 사망을 감소시켰다. 점점 더 많은 사람이 암의 위험성을 줄이기 위해 삶의 방식을 변화시킨다. 위험요인은 〈표 3.3〉에 제시하였다.

최근 암 치료에서 발전이 이루어졌는데, 여기에는 수술부터 방사선, 항암화학요법 모두가 포함된다. 어떤 유형의 치료가 가장 성공적일지 결정하기 위하여 종양 유전자에 대한 검사가 이루어질 수 있다. 유방암 종양에 대한 한 연구에서, 18개의 유전자가 자주 돌연변이 되

비판적 사고

소아과 의사들이 사춘기 직전의 남녀 아동에게 HPV백신을 추천하는 이유는 무엇인가?

는 것을 발견하였다. 흥미롭게도 이 중 5개 유전자는 백혈병과 관련된 것으로 이미 밝혀진 것이었다(Ellis, Ding, Shen, et al., 2012). 이 연구 결과를 통해 종양이 신체 내 종양의 위치보다는 유전자에 의해 분류된다는 사실을 도출해내었다. 암이 발생한 신체 위치가 아닌 돌연변이에 근거하여 약물이 선택될 수 있다는 것을 함축한다. 연구자들은 유방암에 걸린 사람의 유전자는 백혈병을 가진 다른 사람의 유전자와 유사할 것이라는 점을 밝혀냈고, 이는 같은 약으로 치료되어야만 한다. 이 방법은 신체의 특정 부분에 발생한 암을 치료하는 약물을 다른 신체 부분이지만 유전적으로 유사한 종양에 사용할 수 있다는 가능성을 열어두었다.

당뇨병

당뇨병(diabetes)은 신체 내 인슐린 대사가 불가능한 질병이다. 인슐린은 글루코스 분해에 있어 필수적인데, 당뇨병으로 인해 인슐린 대사가 불가능해지고 그 결과 혈액 내 높은 수준의 글루코스가 존재하게 되어 체내 영양소 사용을 줄인다. 당뇨병은 심장병과 뇌졸중의 위험성을 증가시키며, 실명, 신장병, 발과 다리 절단, 선천성 결함을 초래하는 임신 중 합병증, 조기사망의 주요 원인이다. 제1형 당뇨병은 아동기 혹은 성인 초기에 나타나기도 하나, 당뇨병의 90%는 제2형이며 이는 높은 연령, 비만 그리고 신체 활동 결여와 관련되어있다. 제2형 당뇨병 발생은 최근에 극적으로 증가되어왔고, 미국 내 중년층의 사망과 장애의 주요 원인 중 하나가 되었다(표 3.1). 미국 내 2,500만 명이 넘는 성인과 아동들이 당뇨병을 가지고 있으나 오직 1,800만 명만이 치료를 받고 있다. 나머지 700만 명은 자신들이 당뇨병을 가지고 있다는 것을 인식하지 못하고 있다. 이 자료를 연령에 따라 구분해보면, 미국 내 모든 성인의 11%가 당뇨병을 가지고 있다. 65세 및 그 이상의 연령군에서는 27%가 넘는다(American Diabets Association, 2011). 당뇨병을 가진 65세 사람들의 사망률은 당뇨병을 가지고 있지 않은 동일한 나이의 사람에 비해 2배이다(Halter, 2011). 전 세계적으로, 당뇨병은 사망 원인 중 9위이며, 성인 인구의 10%에게 영향을 미친다(World Helath Organization, 2011).

제2형 당뇨병은 비만, 운동 부족과 관련되기 때문에 체질량 지수(BMI) 및 좌식 생활방식의 증가와 함께 미국과 선진국에서 이 질환의 비율이 증가해왔다. 희망적인 소식은 개개인이 건강한 식단과 생활방식에 적응하면 제2형 당뇨병의 대부분 사례는, 특히 〈표 3.4〉에 나타난 고위험군도 예방될 수 있다는 것이다. 또 다른 희망적 소식은 당뇨 전 단계(prediabetes)로 진단받은 사람

:: 표 3.4 당뇨병 위험요인

- 45세 이상
- 당뇨병 가족력
- 비만 *
- 고혈압 *
- 높은 콜레스테롤 *
- 좌식 생활방식 *

* 완화 혹은 예방될 수 있음

출처 : American Diabetes Association (2012).

들은 체중 감소 및 운동량 증가로 당뇨병으로 진행되는 속도를 늦출 수 있다는 것으로, 심지어 60세 이상이더라도 가능하다(Halter, 2011). 그리고 심각한 당뇨병을 가진 사람들 중 지나치게 비만인 많은 사람이 위 우회술을 통해 극적인 도움을 얻을 수 있다(Arterburn, Bogart, Sherwood, et al., 2013).

알츠하이머병

65세 이상 성인의 다섯 번째 사망 원인은 알츠하이머병(Alzheimer's disease)으로, 다양한 인지 기능을 포함하는 뇌 중요 부위에서 점진적이고, 되돌릴 수 없는 손상이 일어나는 것이다. 알츠하이머병에 동반되는 전형적인 상실은 최근 발생한 사건 혹은 이전에 일어난 대화와 같이 새롭게 학습한 정보를 기억하는 데 중요한 단기기억에서 일어난다. 이러한 결핍은 사회적, 인지적 그리고 행동 능력에 영향을 미치고 마침내 진단 후 약 8~10년 후 사망에 이르게 한다(대부분의 환자들이 폐렴이나 낙상 후 합병증과 같은 다른 이유로 사망할지라도). 성인기 동안 발생할 수 있는 심혈관 질환이나 암과 달리, 알츠하이머병은 확실히 노년기 질병이며 90%의 사례가 65세 이후에 발생한다. 한때 드문 장애로 여겨져 왔지만, 이제 알츠하이머병은 미국과 전 세계에서 주요한 공공 건강 문제로 떠올랐는데 이는 전체 인구에서 노인 인구 비율이 증가했기 때문이다. 알츠하이머병은 미국 내 65세 이상 8명 중 1명—약 550만 명—과 85세 이상의 절반에 가까운 사람들을 괴롭힌다(Alzheimer's Association, 2013).

알츠하이머병은 치매(dementia) 가운데 가장 빈번한 유형으로, 이는 인지 능력과 신체 기능에서 전반적인 퇴화를 포함한다. 다른 유형의 치매는 뇌졸중(multiple small strokes), 파킨슨 질환, 외상으로 인해 발생하는 다양한 형태의 두부손상(multiple blows to the head), 두부외상(a single head trauma), 진행된 상태의 AIDS(advanced stages of AIDS), 우울증, 약물 중독(drug intoxination), 갑상선 기능저하(hypothyroidism), 일부 종양(some kind of tumors), 비타민 B_{12} 결핍, 빈혈 그리고 알코올 남용 같은 것에 의해서도 초래될 수 있다. 인지기능의 저하가 알츠하이머병에 필수적인 것이 아님을 인식하기를 바란다. 때때로 이는 치료될 수 있는 질환이며, 괜찮은 결과를 갖기도 한다.

알츠하이머병의 원인은 분명하지 않다. 하지만 20세기 초반 치매로 사망한 사람들을 부검하여 특정한 비정상적 특징이 뇌 조직에 종종 나타나는 것을 알게 되었다. 이러한 비정상적 특징 중 하나로 1907년 신경병리학자 Alois Alzheimer에 의해 가장 먼저 밝혀진 것은 세나일 플라크(senile plaque)이다. 이는 작고 응축된 단백질 원형 찌꺼기로, 베타 아밀로이드(beta-amyloid)라고 한다. 또 다른 비정상은 신경섬유엉킴(neurofibrillary tangles) 혹은 퇴화한 신경세포의 거미줄 모양의 구조(webs of degenerating neurons)이다.

알츠하이머협회(Alzheimer's Association, 2012)에 따르면, 어떤 유전자는 알츠하이머병에 기여하는 것으로 알려졌다. 그 중 하나는 APOE E4 유전자로, 알츠하이머병의 위험성을 증가시킨다. 만약 이 유전자

비판적 사고

알츠하이머 유전을 검사해보는 것의 득과 실은 무엇인가?

의 복제본을 타고났다면, 당신은 이런 형태의 유전자를 가지고 있지 않은 사람보다 알츠하이머병에 걸릴 위험성이 높다. 만약 당신이 이 유전자의 복제본을 2개 가지고 태어났다면, 당신이 알츠하이머병을 가지고 있을지 확신하지는 못하지만, 보다 큰 위험에 노출될 것이다. 다른 유전자는 APP, PSEN1 그리고 PSEN2로 이 3개의 유전자를 가진 사람이 알츠하이머병을 가지게 될 것을 확실히 결정한다. 이 모든 유전자에 의한 알츠하이머병은 중년 연령에서 발생하는 조기발병 유형(30대 혹은 40대만큼 빨리)으로, 각 세대에 걸쳐 많은 가족 구성원에게 영향을 미친다. 하지만 알츠하이머병의 이런 유형은 전체 사례의 5%만을 설명한다. 과학자들은 이 유전자들을 가진 전 세계 몇백 가족을 밝혀냈고, 그 가족들이 가진 알츠하이머의 공통적인 무언가에 대해 알아내기를 희망하며 연구하였다. 예를 들면, 알츠하이머병을 치료할 가능성이 있는 백신을 일반 인구집단에 속한 개인 대신, 알츠하이머병을 단기간에 발생시킬 가능성이 높은 이 가족들에게 시험해보는 것이다.

알츠하이머병 진단에 있어서도 발전이 이루어졌다. 1990년대까지는 사망 후 부검을 통해서만 확실히 진단될 수 있었다. 지금은 살아있는 환자를 대상으로 PET 스캔 같은 영상 기술을 이용하여 신경섬유엉킴과 세나일 플라크가 생긴 부위를 밝혀낼 수 있게 되었다(Clark, Schneider, Bedell, et al., 2011). 인지, 행동 검사 역시 정확성이 좋기 때문에 사용된다. 전-알츠하이머 단계(pre-Altzheimer's stage)는 경도인지장애(mild cognitive impairment, MCI)라고 불리는데, 이는 환자들이 몇몇의 인지적 증상을 보이지만 아직은 알츠하이머병의 진단을 위해 필수적인 기준을 충족시키지는 않은 경우이다. 경도인지장애를 가진 개인의 절반가량이 3~4년 안에 알츠하이머병으로 넘어간다. 흥미롭게도, 경도인지장애를 가진 사람의 1/3에게 초기 증상으로 기억 결함이 나타나지 않는다. 그 대신 그들은 3차원 그림(figure) 정신 조작검사 결과로 공간 시각적 결함을, 숫자 외우기(digit span) 검사 결과로 실행 기능 결함을 보인다(Storandt, 2008).

앞서 언급한 대로 알츠하이머병의 가장 큰 위험요인은 연령이다. 다른 위험요인들은 〈표 3.5〉에 제시하였다. 위험요인 가운데 몇몇은 친숙하게 느껴질 수 있는데, 이는 심혈관 질환의 위험요인으로 언급한 것과 같은 것이기 때문이다. 사실 건강한 심장을 가진 사람들에 비해, 심혈관 질환을 가진 사람들이 알츠하이머병을 더 경험하는 경향이 있으며, 이는 아마도 두 가지 질환 기저에 있는 염증 때문이다.

:: 표 3.5 알츠하이머병 위험요인

• 50세 이상	• 고혈압 *
• 머리 부상	• 좌식 생활방식 *
• 알츠하이머병 가족력	• 담배 사용 *
• 높은 콜레스테롤 *	• 비만 *

* 완화 혹은 예방될 수 있음

출처 : Alzheimer's Association (2012).

알츠하이머병 그리고 다른 유형의 치매에 대한 또 다른 위험요인은 외상성 뇌손상(traumatic brain injury, TBI)이다. 연구 결과에 따르면, 의식을 잃을 정도로 심각한 지속적 머리 부상을 경험한 사람은 부상을 경험하지 않은 사람에 비해 이후 2~4배 이상 치매에 걸리는 경향이 있는데, 이러한 형태의 치매는 만성 외상성 뇌병증(chronic traumatic encephalo-pathy, CTE)으로 알려져 있다. 이에 대한 연구는 1960년대 영국 왕립 의사협회(Royal College of Physicians)가 의학 연구자 A. H. Roberts에게 은퇴 권투선수들 가운데 무작위로 선정한 몇몇을 의뢰하면서 시작되었다. 그는 이들 가운데 17%가 만성 외상성 뇌병증(CTE) 진단에 부합되는 것을 발견했다(Roberts, 1969). 그 이후 축구, 미식축구 그리고 아이스 하키 선수들을 대상으로 한 부검 결과, 폭발적인 분노, 우울증, 물질 남용, 기억 손상 그리고 자살과 같은 증상을 포함하는 만성 외상성 뇌병증의 존재가 확인되었다(Shively, Scher, Perl, et al., 2012).

이라크와 아프가니스탄 군대가 선택한 무기 중 하나인 급조폭발물(improvised explosive device)로 인하여 외상성 뇌손상(TBI)을 경험하는 군장병들에 대한 염려가 있다(Hope, McGurk, Thomas, et al., 2008). 전쟁 참전용사 가운데 많은 이가 만성 외상성 뇌병증을 가질 것이라는 가정을 하게 되었으며, 외상성 뇌손상은 외상후 스트레스 장애(PTSD)와 강력하게 관련되어 왔다(Omalu, Hammers, Bailes, et al., 2011). 스포츠 조직과 재향군인 관리국(veterans admini-stration)은 이에 포함된 젊은 남성과 여성을 더 잘 보호하고, 이런 부상으로 인한 장기적 손상을 방지하기 위해 노력하고 있다.

나는 알츠하이머병과 뇌의 정상적인 노화에 대한 몇 가지 언급을 하며 이 부분을 마무리하고자 한다. 제4장에서 언급하겠지만, 노인의 기억은 이전만큼 예리하거나 빠르지 않고, 이는 새로운 정보 학습을 보다 어렵게 한다. 알츠하이머병이 정상적인 노화의 극적인 형태라는 믿음을 가질 수도 있으나, 이는 사실이 아니다. 알츠하이머병은 완전히 다른 성질의 것이다. 정상적인 노화라면 우리는 아마도 오늘이 무슨 요일인지 잠시 잊어버리거나, 특정 이름을 회상하는 데 곤란을 겪거나 혹은 자동차 키를 제자리에 두지 않아 찾지 못할 것이다. 알츠하이머병의 인지적 증상은 계절의 흐름을 잊어버리거나, 대화를 지속할 수 없거나, 친숙한 이웃들을 기억하지 못하는 것을 포함한다(Alzheimer's Association, 2013).

노인에게 일어나는 성격적 · 인지적 변화를 돌보는 것은 중요하다. 알츠하이머병에 대한 치료법은 현재 존재하지 않지만, 유사한 증상이 나타나는 다른 질환에 대한 치료는 가능하다. 알츠하이머병 초기 단계에서 약물요법은 병의 진행 속도를 늦추는 것을 가능케 한다. 알츠하이머병을 가진 환자와 보호자를 위한 상담과 지역 사회 보조도 있다. 알츠하이머병을 가진 가족 구성원의 보호자에 대해 제5장에서 더 자세히 다루겠다.

노화 관련 질환과 장애를 가지고 살아가는 사람

노화 관련 질환과 장애를 가진 사람들이 증가하는 데에는 다음과 같은 두 가지 이유가 있다. 첫째, 오늘날 인구 가운데 노인이 증가하였고, 둘째, 당뇨병 같은 노화 관련 질환 가운데 몇몇은 실제로 증가하고 있다. 가족 혹은 친구들, 이웃 가운데 노화 관련 질환 혹은 장애를 가진 사람들이 있을 가능성이 충분하다. 나도 그렇다. 어느 지역보다도 노인 인구 비율이 높은 플로리다 남부에 살면서 노화 관련 질환과 장애를 가진 사람들이 점점 더 일반적인 것이 되고 있다. 예를 들면 다음과 같다.

- 요가 수업에 알츠하이머병을 가진 2명의 여성이 있다. 1명은 전문 요양사와 함께 오고(그녀 옆에서 요가를 하는), 다른 1명은 오래 된 친구와 같이 오는데, 그 친구는 일주일에 두 번, 그녀의 보호자인 남편에게 휴식을 허락하며 그녀를 수업에 데리고 오고, 함께 점심을 먹기 위해 나간다.

- 고속도로에는 사고나 공공 서비스 내용을 알리는 디지털 표지가 있다. 요즘은 아동 실종에 대한 앰버 경고(Amber Alerts)와 함께 빈번하게 실버 경고(Silver Alerts)를 내보내는데, 이는 자신의 집을 기억하지 못하는 치매를 가진 노인들을 위한 것이다.

- 친구 몇몇이 골프를 치는 골프 클럽에는 목요일 오후에 장애를 가진 사람들이 골프를 칠 수 있도록 돕는 골프 전문가가 있다. 심혈관 질환을 가진 대부분의 사람들은 18홀 모두 칠 수 없고, 알츠하이머병을 가진 몇몇은 특정 도움을 받아야만 골프를 칠 수 있지만, 동료 골퍼들과 함께 어울리며 골프 코스에 머무는 것을 모두가 즐긴다.

- 50명의 여성이 듣는 아쿠아로빅 수업에는 암 치료에 따르는 일시적인 부작용으로 인한 대머리를 덮는 화려한 스카프를 두른 1~2명의 사람이 있다. 수업 후에는 현재 환자와 생존자 간에 대화가 이루어지는데, 가발, 눈썹 문신 그리고 손상된 피부 관리에 대한 것이다.

여기서 이야기하고 싶은 것은 "익숙해져라."라는 것이 아니라, 노화 관련 질환을 가진 사람들을 보려면 증상과 통계치 너머에 있는 것을 보고 배워야 할 필요가 있다는 것이다. 알츠하이머병 혹은 암, 내지는 심장병으로 진단받는다고 하여 '인간으로서의 삶(personhood)'이 끝난 것은 아니다. 진단과 삶의 마지막 순간 사이에 많은 시간이 있고, 가족 구성원, 친구, 전문 요양사 그리고 심지어는 프로 골프선수도 이 시간들이 기쁘고 의미 있게 되도록 도울 수 있다. 만약 한 마을이 아동을 양육할 수 있다면, 그 마을은 노인들도 돌볼 수 있다.

정신장애

정신장애 진단 및 치료는 과학 연구에서 꽤 새로운 주제이다. Freud 이전 시기에 정신장애는 보다 종교 혹은 철학적 영역이었으며, 이는 한때 치료될 수 있는 건강 질환으로 받아들여져 각 치료 학교(school of therapy)는 자신들만의 분류 체계와 치료 계획을 가지고 있었다. 1980년대 들어서야 미국 내 정신건강 전문가들에 의해 증상 및 진단을 위한 표준화 체계에 관한 동의가 **진단 및 통계 편람 3판**(*DSM-III*)에서 이루어졌다(American Psychiatric Association, 1980). 이러한 발전은 치료자들과 환자들에게 매우 중요하였을 뿐 아니라, 역학자로 하여금 본국의 정신건강에 관한 자료와 해답을 엮는 것 또한 가능하게 하였다. 이후 몇몇의 대규모 조사가 시행되었고, 이는 국민들의 정신건강 상태에 대한 답을 주었다. DSM은 정신건강 장애와 치료법에 대한 지식의 변화 등을 반영하며 현재 5판까지 출판되었다(American Psychiatric Association, 2013).

가장 크고, 포괄적이었던 연구는 사회학자 Ronald Kessler와 그의 동료들에 의해 수행된 국립 공병 조사(The National Comorbidity Survey)(Kessler, Berglund, Demler, et al., 2005)로, 무작위로 선정한 9,000명 이상의 미국 성인을 직접 일대일로 면접하여 얻은 자료로 구성되어있다. 이 연구는 10년 전에 이미 실시된 연구를 되풀이한 것으로, 연구자들은 지난 시간 동안 어떤 면에서 변화가 일어났는지 보기 위해 결과를 비교하였다. 또한 이 연구는 다른 국가에서 수행된 관련 연구들과도 비교되었다. 이 연구는 미국의 46% 사람들이 그들 생애 중 어떤 형태의 정신 질환을 경험함을 보여준다—기분장애, 불안장애, 물질 남용 혹은 충동조절 장애. 그리고 미국의 26% 사람들이 12개월 내에 어떤 형태의 정신건강 장애를 경험한다는 것도 보여준다. 좋은 소식은 이 수치들이 10년 전에 시행된 유사 연구 결과와 같으며, 그렇기 때문에 이는 정신 질환이 미국 내에서 증가하지 않았다는 것을 의미한다. 나쁜 소식은 이 수치들이 그 어떤 선진국보다도 높다는 것이다. 이 연구에서 포함시켰던 네 가지 범주와 이 범주에 포함된 장애들 그리고 연구 결과가 〈표 3.6〉에 나타나 있다(조현병이나 자폐처럼 보다 흔하지 않은 장애는 세대 조사를 통해 잘 드러나

:: 표 3.6 미국 내 정신건강 : 조사결과

DSM 분류	예	생애 유병률[a]	12개월 유병률[b]	발병시기 중앙값[c]	%남성 / %여성
불안장애	공포증, 외상후 스트레스 장애, 충동조절 장애	28.8%	18.1%	11세	38%/62%
기분장애	우울 장애, 양극성 장애	20.8%	9.5%	30세	40%/60%
충동조절 장애	품행장애, 간헐성 폭발 장애, ADHD	24.8%	8.9%	11세	59%/41%
물질남용 장애	알코올과 물질 남용 혹은 의존	14.6%	3.8%	20세	71%/29%
그 외	심장질환	46.4%	26.2%	14세	48%/52%

[a] 전생애 중 적어도 한 번 특정 장애를 경험하는 사람의 비율

[b] 지난 12개월 내에 특정 장애를 경험한 사람의 비율

[c] 50%의 사례가 발생한 연령

출처 : Kessler, Berglund, Demler, et al. (2005), Table 2, p. 595 & Table 3, p. 596; Kessler, Chiu, Demler, et al. (2005), Table 1, p. 619; Wang, Berglund, Olfson, et al. (2005), p. 605.

지 않기 때문에 포함하지 않았다).

〈표 3.6〉은 네 가지 범주의 각각의 발병 연령 중앙치를 보여준다. 발병(onset)은 처음으로 발하는 것을 의미하는데, 대부분의 신체장애와 달리 정신장애는 보통 청소년기나 성인 초기에 발병한다. 따라서 이들은 보다 만성적인 질환과 장애를 가지고 더 많은 시간을 보내게 되고, 만성 신체장애를 가진 사람들보다 일찍 사망한다. 그리고 장애 기간의 복잡성에 관한 최근의 사실을 보면, 한 개인이 특정 장애를 가진 시점에서부터 치료를 찾기까지 걸리는 시간의 중앙치가 기분 장애 중 어떤 유형의 경우 8년, 불안장애 중 어떤 유형은 23년까지 걸린다. 심지어 더 심각한 문제는 전혀 치료를 받지 않는 사람의 비율이 상당하다는 결과이다(Wang, Berglund, Olfson, et al., 2005).

국립 공병 조사는 정신장애 유병률(prevalence)에 관한 자료를 제공한다. 여기서 유병률은 생애 한 시점 혹은 지난 12개월 이내와 같은 특정 기간에 정신장애를 경험하는 사람들의 비율을 의미한다. 〈표 3.6〉에서 볼 수 있듯이, 정신장애 평생 유병률은 14.6%(물질남용 장애)에서 28.8% (불안장애)에 이른다. 이 연구에서 정신장애를 보고한 사람들의 48%가 남성이었다. 52%는 여성으로 이는 미국 내 성별 분포를 보여준다. 기간(12개월) 유병률을 보면, 대부분의 정신장애는 성인 초기에서 중년기로 가면서 증가했다가 차츰 감소하여 60세 이상에서 가장 낮은 비율을 보인다(Kessler, Berglund, Demler, et al., 2005).

연구 참여자들은 정신장애 증상의 심각성을 평정하였다. 그 결과 22%가 심각, 37%는 보통 그리고 40%는 경미한 수준이었다. 응답자의 40% 이상이 앞서 제시한 네 가지 범주의 정신장애 중 하나를 가지고 있거나, 공병(comorbid)을 가지고 있었다. 이는 응답자들이 하나 이상의 장애를 가졌다는 것을 의미하며, 당연하게도 더 많은 장애를 가지고 있다고 보고할수록 증상의 심각성이 더 컸다(Kessler, Chiu, Demler, et al., 2005).

지난 한 해, 미국 내 성인 5명 중 1명이 일상 생활을 방해하는 불안장애 증상을 보고했다.

이 연구에 포함된 네 가지 범주의 장애 그리고 미국 성인들이 추구하는 정신장애 치료에 관해 살펴보겠다.

불안장애

불안장애(anxiety disorder)는 명백하지 않은 위험이 존재할 때 공포, 위협 그리고 두려움을 느끼는 것이다. 불안장애는 미국 내 성인에게 가장 보편적인 정신장애 유형이다. 12개월 동안 약 18%의 미국 성인들이 불안장애를 경험하였다고 보고하였다(Kessler, Chiu, Demler, et al., 2005). 가장 보편적인 불안장애는 공포증(phobia)인데,

공포증은 현존하는 위험요인에 비해 지나치게 많은 공포와 회피를 나타내는 것이다. 외상후 스트레스 장애(PTSD)는 과거에 발생한 외상 사건에 대해 반복적으로 정서적 반응을 경험하는 것이다(제10장에서 더 자세히 논할 것이다). 그리고 강박장애(obsessive-compulsive disorder)는 특정 사고와 충동에 관해 죄책감과 불안을 느끼는 것을 포함한다. 많은 성인이 불안장애를 경험함에도 불구하고, 이는 보통 아동기에 시작된다. 불안장애를 가진 사람의 절반가량은 11세 이전에 최초로 이를 경험한다. 불안장애를 가진 사람의 3/4은 21세 이전에 이미 이 중 하나를 경험해왔다. 여성이 남성보다 불안장애를 더 많이 경험한다(Kessler, Berglund, Demler, et al., 2005).

기분장애

기분장애(mood disorder)는 정서적 통제감 상실로 정신적 고통을 초래한다. 미국 내 성인들이 경험하는 정신건강 장애 중 두 번째로 일반적인 유형으로, 우울장애와 양극성 장애를 포함한다. 5명 가운데 1명은 전생애 동안 어떤 형태의 기분장애를 경험할 것이다. 남성에 비해 여성이 더 많이 기분장애를 경험한다. 주요 우울증(major depression)은 장기적이고, 전반적인 슬픔과 무망감에 의해 구분된다. 국립 공병조사에서 주요 우울증은 응답자의 16% 이상에게 일생 영향을 미치는 것으로 나타났으며, 미국 내 성인에게 가장 빈번한 형태의 장애였다. 우울증은 지난 2주 동안 특정 증상을 경험했는지 묻는 것을 통하여 연구자들에 의해 평가되었다(CDC, 2012a). 4%가량이 주요 우울증 준거와 일치했다. 주요 우울증 발생률은 전 세계적으로 높고, 또 증가하고 있다. 1990년대 질병 관련 장애를 이끄는 네 번째 원인이었고, 2020년에는 두 번째 원인이 될 것이다(Bloom, 2005). 세계건강기구(The World Health Organization)는 주요 우울증이 전 세계 선진국에서 여성의 질병 관련 장애를 이끄는 주원인이라고 보고하였다.

비판적 사고

정신장애를 가진 모든 이가 치료를 받지는 않는다. 다른 정신장애보다 더 많이 치료를 받는 특정 정신장애가 있다면, 그것이 무엇이라 생각하는가? 왜 그렇게 생각하는가?

노인이 젊은 성인에 비하여 우울증으로 고통받는지에 대한 질문이 있으나, 이는 사실이 아니다. 첫째, '우울증'이 무엇을 의미하는지 정의하는 것이 필요하다. 국립 공병 조사는 주요 우울증을 정의하기 위하여 *DSM-IV* 지침에 쓰인 초기 연구 및 다른 연구에 대해 논한다. 이 지침에 따르면, 환자들은 12주 동안 하루 중 대부분 반드시 우울한 기분에 빠져있어야 하고, 거의 모든 활동에서 흥미 혹은 기쁨의 상실을 보여야 한다. 추가적으로, 이들은 아마 몸무게나 수면 패턴에서 변화가 있을 것이고 극심한 피로, 무가치감, 의사결정 문제 혹은 자살사고를 가질 것이다(American Psychiatric Association, 2000). 이런 엄격한 정의를 적용하면, 우울증 발병은 성인 초기인 30세경에 가장 빈번하고, 주요 우울증을 이미 경험한 사람의 3/4은 43세 이후에도 이를 계속 경험할 수 있다. 연령 집단을 비교하면, 주요 우울증의 비율은 성인 초기와 중년기보다 노인에게서 유의하게 낮다. 사실 주요 우울증이 노인일 때 처음으로 발생한다면, 이는 종종 알츠하이머 질환이나(van Reekum, Binns, Clarke, et al., 2005) 심혈관 질환(Bjerkeset, Nordahl, Mykletun, et al., 2005)과 연결된다.

:: 표 3.7 우울 증상 검사(CES-D 10)

지시 : 당신이 느꼈거나 행동했을 수도 있는 여러 방식들이 나열되어있다. 각 질문을 읽고 지난 일주일간 얼마나 자주 당신이 이렇게 느꼈는지를 표시하시오.

문항	거의 없음 (1일 이하)	조금 있음 (1~2일)	종종 있음 (3~4일)	항상 그러함 (5~7일)
1. 평소 신경 쓰이지 않은 일들 때문에 신경이 쓰였다.				
2. 내가 하고 있는 일에 집중하는 것이 어려웠다.				
3. 우울함을 느꼈다.				
4. 내가 하는 모든 일에 노력이 든다고 느꼈다.				
5. 미래에 대해 희망적이었다.				
6. 두려움을 느꼈다.				
7. 잠을 설쳤다.				
8. 나는 행복했다.				
9. 외로움을 느꼈다.				
10. 본격적으로 무언가를 '시작' 할 수가 없었다.				
각 열에 표시되었을 때 부과되는 점수	0	1	2	3
역채점 : 5번, 8번 문항	3	2	1	0

10점 이상은 우울증을 의심해야 한다.

출처 : Radloff (1977); Andresen, Malmgren, Carter, et. al (1994).

▌비판적 사고

〈표 3.7〉을 다시 보라. 얼마나 많은 문항이 노화에 대한 거짓 고정관념으로 들리는가?

우울 증상(depressive symptom)을 가지고 비교해보면 결과는 상당히 다르다. 이 분야 연구들은 〈표 3.7〉에 제시한 역학 연구 센터 우울 척도 단축판(center for epidemiologic studies short depression scale, CES-D 10) 같은 증상 체크리스트를 사용했다(Radloff, 1997; Andresen, Malmgren, Carter, et al., 1994). 표에서 볼 수 있듯이, 증상들은 주요 우울증만큼 오래 지속되거나 심각하지 않다. 이러한 기준이 연구에 사용되면 노인은 중년기보다 더 높은 우울 발생률을 보인다(Kessler, Mickelson, Walters, et al., 2004). 우울 증상은 보다 만성적인 건강 문제 혹은 배우자, 친구, 주변인의 죽음과 관련되는 것을 모두 포함하며, 이 문제들은 모두 중년기 성인보다 노인에서 더 보편적이다.

정리하면, 주요 우울증과 다른 기분장애들은 보통 성인 초기의 정신장애 문제이다. 노인들은 많은 우울 증상을 보이지만, 이것들은 아마 이 시기에 보다 빈번하게 발생하는 건강 문제나, 사별 그리고 사회적 접촉 상실로 인한 결과이다. 전기 노년기에 시작되는 만성 우울증은 종종 질병과 관련된다.

충동조절 장애

충동조절 장애(impulse control disorder) 범주는 개인의 판단 및 강하고 해로운 충동을 통제하는 능력에 영향을 미치는 장애로 정의된다. 이는 품행장애, 반항성 행동장애, 간헐성 폭발 장애 그리고 ADHD를 포함한다. 남성이 여성보다 충동조절 장애를 더 많이 경험한다. 간헐성 폭발 장애를 제외한 모든 장애들은 보통 아동기 장애로 고려된다. 하지만 최근 연구는 성인의 4% 이상이 지난 12개월 안에 ADHD 증상을 경험했다는 것을 보여준다. 이 중 절반은 아동기에 이미 ADHD를 가진 것으로 보고되었던 사람들이다. 이 같은 결과는 이 장애를 가진 아동의 절반은 성인기에도 이를 계속해서 경험할 것임을 제안한다(Kessler, Chiu, Demler, et al., 2005).

물질남용 장애

물질남용 장애(substance abuse disorder) 범주는 약물이나 알코올 남용 혹은 의존을 포함하는 것으로 〈표 3.6〉에 나타나 있다. 보다시피 미국 내 약 15%의 성인들이 그들의 일생 중 이 장애 가운데 하나를 경험하는데, 이 중 절반은 발병 시기가 20세 이전이고, 나머지 절반은 20대 중반 이후이다.

이 장애 가운데 하나라도 경험한 사람의 3/4은 27세 이후까지 장애를 계속해서 경험한다. 물질남용 장애는 여성보다 남성에게 일반적이다. 이 범주에서 가장 일반적인 장애는 알코올 남용으로 미국 내 13%의 사람들이 경험하며, 주요 우울증(약 17%) 다음으로 두 번째로 가장 일반적이다.

개인과 가족이 엄청난 개인적 비용(large personal tolls)을 부담하는 것에 더하여, 미국 질병관리본부(center for disease control and prevention, CDC)는 알코올 남용이 매해 미국에서 발생하는 79,000여 건의 사망, 2,240억 달러 이상의 생산성 상실, 건강 관리 비용 그리고 형사 정책 비용에 기여할 것으로 추산하고 있다. 또한 한 번에 5회 혹은 그 이상의 폭음(binge drinking)을 하는 개인에게 746달러를 투자한다는 결과가 있다(Bouchery, Harwood, Sacks, et al., 2011). 그리고 이 장애는 겉으로 잘 드러나지 않는 통증, 고통과 관련이 있으며, 물질남용 장애로 인한 사별 같은 문제에 있어 더욱 간단하지 않다. 나는 이 주제에 관해 연구를 읽는 것뿐 아니라 개인적 입장 또한 반영하여 이에 대해 언급하는 것이다. 우리 가족은 통증 약물 치료제 남용으로 인한 심각한 영향을 받아왔고, 나는 아직 우리 가족만큼 심각한 경험을 한 가족을 만나지 못하였다.

정신건강 장애 치료

정신건강 장애를 가진 40%의 사람만이 치료를 받고자 한다. 정신약리학과 심리치료에서 최근 이루어진 모든 발전을 고려했을 때, 이 같은 행태는 정신 질환 '치료'에 대한 긍정적인 그림이 정신장애로 인해 고통을 받고 있는 사람에게는 '실제(reality)'가 아님을 보여준다. 설상가상으로 도움을 구하는 이들 가운데 1/3만이 전문가 지침에 맞는 적절한 치료를 받는다(Wang, Lane, Olfson, et al., 2005).

정신건강 장애 치료를 찾는 다른 1/3의 사람들은 척추 지압사, 침술사, 약초사 혹은 심령술사 같은 보완의학 제공자(complementary and alternative medicine providers)에게 가는데, 이들 가운데 누구도 정신건강 장애를 치료하는 방법을 과학적 자료에 의해 증명한 바 없다. 환자들은 보완의학 제공자들이 자신의 이야기를 들어주며, 그렇기 때문에 이들을 치료에 참여시킨다고 보고한다. 주요 정신건강 전문가들이 보완의학 제공자들이 '환자를 대하는 태도' 중 일부를 적용하여 전통적인 치료를 보다 매력적으로 만드는 것은 중요하다(Wang, Lane, Olfson, et al., 2005). 다른 연구들은 1차 진료 기관 의사 방문 시, 우울증과 약물남용 장애 위험을 가진 환자들을 진단하고, 나아가 상담이나 추가 치료를 아주 효과적으로 제공하는 데 도움이 되는 간략한 스크리닝을 제공하였다(Maciosek, Coffield, Flottemesch, et al., 2010).

교육자들과 정신건강 전문가들 사이에서 염려 대상이 되고 있는 하나의 집단은 성인 진입기이다. 우울증 증상을 보고하는 21세는 16세에 비해 치료를 덜 받는 경향이 있다. 그들이 언급하는 몇 가지 이유를 보면 치료를 할 형편이 안 되고, 그 증상이 사라질 것이라 생각하고, 또 너무 바쁘다는 것이다(Yu, Adams, Burns, et al., 2008). 또 다른 이유는 최근까지 성인 초기는 부모의 의료보험 혜택을 받을 수 없었다. 그리고 일부 직업만이 건강의료보험 혜택을 제공한다.

대부분의 정신건강 장애는 청소년기와 성인 진입기에 처음으로 출현한다. 만약 조기 진단 및 치료를 받으면 이 장애들이 전생애에 거쳐 지속적으로 문제를 초래하는 경향이 덜하다. 연구들은 정신건강 장애가 고등학교 중도 탈락의 10% 이상, 대학 중도 탈락의 3% 이상에 책임이 있음을 보여준다(Breslau, Lane, Sampson, et al., 2008). 하지만 부모와 정신과 의사 그리고 학교 당국은 초기 증상 혹은 고위험 요인을 밝혀낼 훈련이 되어있지 않다. 오로라, 콜라라도 그리고 뉴튼, 코네티컷에서 발생한 다중 살인 사건 중 몇몇은 정신건강 진단과 치료에 있어 조기 개입을 강조한다.

정리하면, 정신건강 장애에 대한 약물 및 치료의 발전은 모든 연령대 성인의 실제 욕구와 접점을 잘 이루지 못한다. 무엇이 정신장애이고 무엇이 아닌지, 입증된 치료법에 대한 정보와 어디에서 이 정보를 찾을 수 있는지, 치료를 찾는 사람들에게 더 나은 치료는 무엇인지 더 많은 교육이 필요하며 그리고 보다 친근한 전문가들이 입증된 전통적 치료를 제공할 필요가 있다.

비의학적 해결방안

질병과 장애에 대한 모든 해결책이 약물과 수술은 아니다. 어떤 것들은 보조 공학(assistive technology)이나 보조 동물을 포함하는데, 인구가 고령화되면서 이러한 '장치'들은 점점 더 보편화 되는 중이다.

보조 공학

전생애 발달심리학이 공학을 만나면, 삶의 질을 개선시킬 수 있고 또 연령 관련 질환이나 장애를 가진 성인의 독립성을 높일 수 있다. 이러한 장치들은 단순한 물건 집게부터 복잡한 전자기계까지 포함한다. 예를 들어 무선 개인 응급 반응 체계(wireless personal emergency response sys-tems)

는 떨어져 있는 보호자나 가족 구성원에게 넘어짐, 활동이 없는 상태, 방의 온도, 화재 그리고 일산화탄소에 관한 정보를 전달하며, 이는 노인 혹은 장애가 있는 성인이 집에서 보다 독립성을 갖게 한다. 시각적 한계를 가진 사람들은 개인용 컴퓨터로 문자를 음성으로 변환하거나, 문자를 확대하는 프로그램을 사용할 수 있다. 집안용 로봇은 어떤 이들에게는 과학적 허구처럼 느껴질지 모르지만, 이 로봇들은 이미 많은 가정에 존재한다(나는 수영장을 청소하는 로봇과 마루를 청소하는 진공 로봇을 가지고 있다). 또한 장애가 있는 사람이나 노인이 보호자와 의사소통할 수 있도록 카메라, 마이크, 스피커를 가진 로봇이 발명되었으며 이는 떨어져 있는 보호자에 의해 가동될 수 있다. 곧 개발 예정인 것은 간단한 음식을 만들고, 생활에 복잡한 문제를 없애고, 약물 복용 일정을 상기시켜주는 보다 사람다운 로봇이다. 스마트폰 어플리케이션은 현재 심박수 측정, 혈압, 혈당과 같은 기본적인 의학적 검사를 수행하는데, 사용자가 이를 모니터하도록 결과를 기록하고 저장하거나 보호자나 의사에게 관련 정보를 보낸다.

보조 동물

난이도가 낮은 여러 가지 도움은 보조 동물(assistance animals)에 의해 가능하다. 보조 동물의 역할은 시각적으로 손상된 사람을 안내하고, 청각적으로 손상된 사람에게 신호를 보내고 혹은 불을 켜주거나, 떨어뜨린 물건을 주워주는 것 그리고 알람이나 전화벨, 현관 벨이 울리면 알려주는 것 등을 포함한다. 보조 동물의 대부분은 개이지만, 꼬리 감는 원숭이(capuchin monkeys)도 책장을 넘기거나, 전자렌지 오븐의 버튼을 누르는 것처럼 필요로 하는 소근육 운동을 수행하도록 훈련될 수 있다.

또 다른 종류의 보조 동물은 위로 동물(comfort animal)인데, 보통은 개다. 이는 스트레스 상황에 있는 사람들을 안정시키기 위하여 심리치료 시간에 사용되곤 한다. 실제로 Sigmund Freud는 정신분석 치료 동안 환자들의 긴장을 이완하기 위해 그의 강아지 Jofi를 사용하였다(Coren, 2010). 요양원이나 정신 병원 그리고 감옥에 있는 자활 능력이 떨어진 사람들을 진정시키는 데에도 위로 동물이 사용되곤 한다(Baun & Johnson, 2010). 우리 학교에서는 자원봉사자들이 위로 동물을 중간고사나 기말고사 기간에 학교에 데려오는데, 이 동물들은 집에 있는 '위로 동물'을 그리워하는 학생들로부터 아주 따뜻한 환영을 받는다.

건강의 개인차

이번 장에서 나는 다양한 신체적 질병과 정신건강 장애에 대한 연령 관련 패턴을 제한된 범위 내에서 다루었다. 그러나 당신은 '하나의 규칙이 모든 것에 다 들어맞는 것'이 아님을 의심의 여지없이 깨달을 것이다. 연령 패턴은 출생 시부터 가진 성별 요인 그리고 운동 습관처럼 살면서 습득하는 요인들로 인한 다양한 개인차를 포함한다. 다음은 이런 요인들 몇 가지에 관한 논의이다.

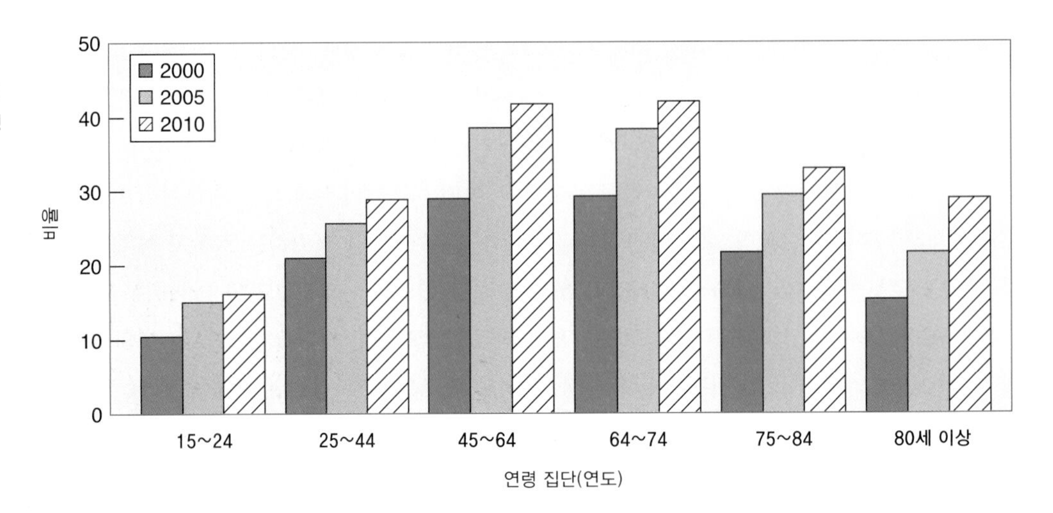

:: 그림 3.3
운동을 권유받은 성인들의 비율은 2000년부터 모든 연령 집단에서 꾸준히 증가했다.
출처 : CDC (2012d).

생활방식

연령 관련 질병에서 가장 큰 두 가지 요인은 좌식 생활방식과 비만이다. 이 두 가지는 이번 장에서 위험요인을 언급할 때마다 등장하는 것이고, 또한 정신건강 장애의 위험요인으로도 관련되어 있다(Gomez-Pinilla, 2008; Walsh, 2011; Lindwall, Larman & Hagger, 2011). 하지만 미국 내 성인 중 20%에도 못 미치는 적은 수의 사람만이 에어로빅이나 근력 운동을 매주 한다는 사실은 매우 놀랍다. 제2장의 내용을 떠올려 보면, 미국 성인의 1/3 이상의 사람들이 운동 부족, 설탕과 지방 함량이 높은 고열량 식단으로 인해 비만에 걸린다. 〈그림 3.3〉에서 볼 수 있듯이, 1차 진료기관 의사들은 점점 모든 연령대의 환자들에게 신체 운동을 추천하고 있다. 특히 85세 이상 환자들에게 크게 증가했는데, 이는 지난 10년에 비해 거의 2배이다(Barnes & Schoenborn, 2012).

허약한 건강에 기여하는 다른 생활방식 요인은 담배와 다른 약물 남용이다. 담배는 심장병, 알츠하이머병 그리고 거의 모든 형태의 암에 대한 위험요인이지만, 미국 내 20%의 사람들이 흡연을 하고 다른 제품을 추가적으로 사용한다. 여기서 좋은 뉴스는 담배 사용률이 지난 20년 동안 감소한 반면, 운동량은 증가했다는 것이다. 나쁜 소식은 비만률도 같이 상승했다는 점이다.

성차

이번 장에서 두드러지는 또 다른 사실은 건강 문제에 있어서 남성과 여성이 다른 패턴을 보인다는 것이다. 남성은 여성에 비해 기대 수명이 짧고, 심장병 및 고혈압 발생률, 사고사 그리고 전반적인 암 발생률이 더 높다. 여성은 남성보다 오래 살지만, 사망 시에는 남성과 기본적으로 비슷한 질병으로 인해 사망한다. 여성들은 이러한 질병을 보다 나중에 경험하는 것이다.

여성은 관절염, 천식, 편두통, 갑상선 질환, 담낭 질환, 비뇨기와 방광 문제, 만성건강 질환을 남성보다 유별나게 더 많이 경험한다(Cleary, Zaborski & Ayanian, 2004). 여성은 더 자주 의사를 찾으며,

▍비판적 사고

충동조절 장애는 남성에게서 높은 비율로 나타난다. 이것이 우리 선조들에게는 적응적인 기제로 작용했음을 주장할 수 있는가?

더 많은 약을 복용하고, 남성보다 더 많은 시간을 병원에서 보낸다(Austad, 2011).

어디서부터 이러한 성차가 발생하는가? 이에 대한 설명은 부분적으로는 생물학적인 것이고, 부분적으로는 환경적인 것이다. 대부분의 연구자들은 수명 및 주요 질병의 발병 시기 차이는 근본적으로 생물학적이라는 데 동의한다. 여성은 성인 초기에 심혈관 질환과 같은 치명적인 질병으로부터 이들을 보호하는 유전적 재화(genetic endowment)를 가진다. 왜 이런 차이가 발생하는가? 많은 이론학자는 분만 그리고 초기 양육 시기에 여성의 전반적 건강이 남성에 비하여 종의 생존에 더 중요했기 때문이라고 믿는다(Allman, Rosin, Kumar, et al., 1998).

남성이 여성만큼 오래 살지 않는다는 가설은 고대 선조들에 의한 것이다. 남성은 야생에 존재하는 많은 위험과 씨름해야만 했고, 장기적인 생존보다는 단기 위험요소들을 다루는 기제들을 진화시켜야만 했다(Williams, 1957; Austand, 2011). 오늘날까지 남성은 여성에 비하여 높은 위험성을 가진 행동에 더 많이 관여하는 경향이 있으며, 사고사로 사망하는 경향이 여성의 2배라는 점은 별로 놀랍지 않다(Heron, Hoyert, Murphy, et al., 2009).

성차는 행동요인에 의해서도 발생한다. 즉, 건강을 인식하고 건강을 돌보는 데 기울이는 노력이 성인기 전반에 걸쳐 여성이 남성보다 높다. 여성이 오래 사는 하나의 이유(또한 부인과 함께 사는 남성들이 그렇지 않은 남성에 비해 오래 사는 것)는 아마도 조심성(vigilance) 때문일 것이다.

정신건강 장애에서도 질병에 따라 강력한 성차가 있다; 여성은 주요 우울증과 불안장애에서 높은 발생률을 보이는 반면, 남성은 물질남용 장애나 충동조절 장애에서 더 높은 발생률을 보인다. 그리고 남성은 더 많이 자살하는 경향이 있다. 여성의 정서적 기능에 영향을 미치는 장애에 대한 높은 취약성은 부분적으로 에스트로겐 수준 때문이라고 생각되었다. 반면 테스토스테론은 남성을 스트레스와 부정적인 정서에 무디게 하여 우울증으로부터 보호하는 경향이 있다 (Holden, 2005).

사회경제성, 인종, 민족

미국은 세계에서 부유한 국가 중 하나이고 우리는 다른 어떤 국가보다 건강 관리에 더 많은 신경을 쓰지만, 선진국 중 기대 수명이 짧다. 이러한 불일치는 수입이 낮고, 교육 수준이 낮은 사람들의 집단에서 발견된다. 소수 인종 집단과 민족 집단에 속하는 사람들은 낮은 사회경제적 수준에 속하기 쉬우며 이는 소득, 교육의 효과 그리고 건강에 대한 소수 상태(minority status on health)와 분리하기 어렵다.

사회경제적 지위 소득과 교육을 합한 비율은 개인의 사회경제적 지위(socioeconomic status, SES)를 결정한다. 맥아더 재단(MacArthur Foundation)이 실시한 미국 내 사회경제적 지위와 건강에 대한 연구는 두 가지 일반적인 결론에 도달했다. (1) 미국 내 낮은 SES 집단에 속한 사람들의 건강은 높은 SES 집단에 속한 사람에 비해 뚜렷하게 나빴고 (2) 낮은 SES 집단에 속한 사람들은 높은 SES 집단에 속한 사람보다 건강 서비스를 덜 이용하고, 건강과 관련된 적절한 행동을 덜 하는

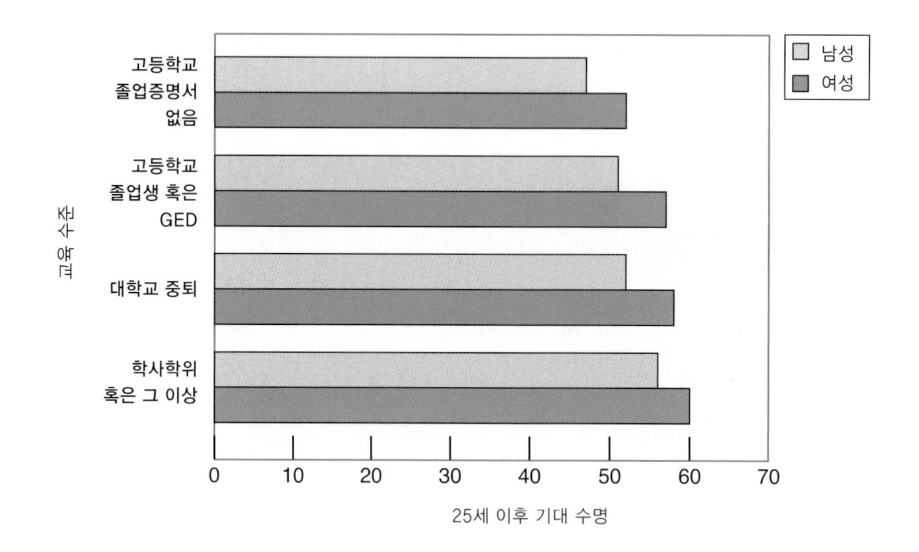

:: 그림 3.4
교육을 많이 받은 젊은 성인들은 교육을 더 적게 받은 사람들보다 기대수명이 길다.
출처 : CDC (2012b).

것으로 나타났다(Adler, Stewart, Cohen, et al., 2007). 〈그림 3.4〉는 각기 다른 교육 수준을 가진 25세 남녀의 기대수명을 보여준다. 보이는 것처럼, 젊은 남녀 모두에게 교육 수준이 한 단계 증가하는 것은 더 높은 기대수명을 가져다준다(CDC, 2012b).

사회경제적 지위는 또한 정신건강에 큰 영향을 미친다. 국립 건강 및 영양 실태 조사에서 성인들은 우울 증상에 대한 질문을 받았다. 소득 수준에 따라 분석한 결과, 낮은 소득 수준을 보고한 응답자는 연령대에 상관없이 더 많은 우울 증상을 보고하였다(CDC, 2012b). 〈그림 3.5〉가 이를 보여준다.

이에 더하여 연령을 함께 고려하면, 낮은 사회경제적 수준의 효과는 결정적으로 크게 증가한다. 낮은 소득과 적은 교육을 받은 노인은 높은 소득과 많은 교육을 받은 노인에 비해 더 많은 신체적 · 정신적 건강 문제, 더 많은 장애 그리고 더 짧은 생을 가지는 것으로 나타났다(Herd, Robert & House, 2011). 소득과 교육은 나쁜 건강 상태에 독립적으로 역할을 한다. 소득이 같지만, 교육을 더 많이 받은 사람은 교육을 덜 받은 사람들에 비해 더 나은 건강 상태를 보인다. 그리고 교육 수준은 같지만, 높은 소득을 가진 사람들은 낮은 소득을 가진 사람들보다 더 나은 건강 상태를 가진다(Herd, Goesling & House, 2007). 이웃의 경제적 조건 또한 그곳에 사는 사람들의 건강에 기여한다. 빈곤 수준이 높은 지역의 사람들은 높은 스트레스 및 고립 수준을 경험하면서도, 건강한 음식과 운동시설, 의학적 돌봄을 제공하는 인력의 부재와 같은 요인 때문에 좋지 않은 건강 상태를 경험한다(Sheffied & Peek, 2009).

인종과 민족 집단 인종과 민족 집단에 대한 것은 생각보다 간단하지 않다. 미국 내 사람들을 인종, 민족 집단에 어떻게 범주화시키고 어떻게 정의해야 하는지 그리고 집단에 딱 맞지 않는 사람들(혹은 하나 이상 집단에 맞는 경우)은 어떻게 해야 하는지와 같이 범주화에는 약간의 동의만이 있다. 다음의 정보는 최근 미국 인구조사에 의해 밝혀진 집단에 기반을 둔 것이지만, 나는 이외

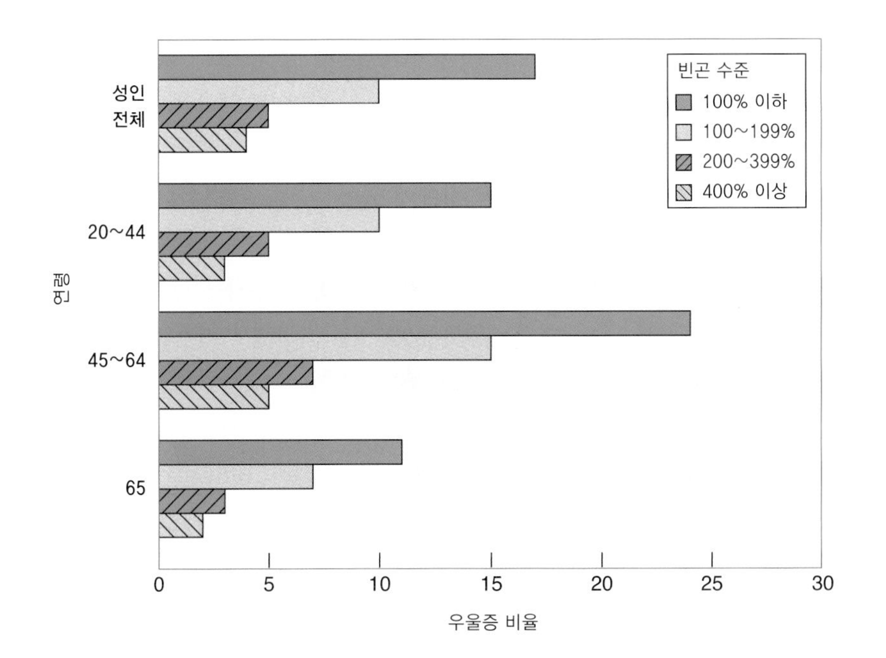

:: 그림 3.5
빈곤선 이하 모든 연령대의 성인들은 높은 임금을 받는 성인들보다 우울증을 경험할 확률이 높고, 소득이 낮을수록 우울증에 대한 위험이 높아진다.
출처 : CDC (2012b).

에 널리 쓰이는 분류 체계와 전문용어가 더 있다는 것을 인정한다.

미국 인구 중 가장 좋은 건강 상태를 보이는 민족 집단은 아시안-아메리칸과 태평양 섬 지역 사람들이다. 그들은 심혈관 질환, 고혈압, 관절염, 암 발생률 그리고 심각한 심리적 고통 수준이 낮다(Miller, Chu, Hankev, et al., 2007). 그들은 당연하게도 대부분 자신의 건강을 '훌륭한'으로 평정하는 경향이 있다. 왜 건강 상태가 좋을까? 이 집단의 전통적인 식단은 미국의 전형적인 식단보다 더 건강하며, 흡연율도 낮다(Edwards, Brown, Wingo, 2005). 하지만 다른 이민 집단과 마찬가지로 미국에 더 오래 살수록, 새롭게 적응한 생활방식 때문에 질병을 가지게 될 위험성이 더 높아진다(Reed & Yano, 1997).

비히스패닉계 백인 성인은 전반적으로 기대수명이 높다. 이들은 불안장애, 기분장애 그리고 남용에서 높은 비율을 보이지만(Kessler, Berglund, Demler, et al., 2005), 60세 이하이며 수입이 높은 경우라면, 더 많이 정신장애 치료를 찾는 경향이 있다(Wang, Lane, Olfson, et al., 2005).

히스패닉 아메리칸들은 비히스패닉 백인에 비해 보통 조기 사망 위험성이 높지만, 불안장애와 기분장애 발생률은 낮다(Kessler, Berglund, Demler, et al., 2005). 아시안 태평양계 섬 지역 사람들처럼, 히스패닉 아메리칸들에게도 미국에 머무른 시간은 건강요인과 관련된다. 최근에 미국에 들어온 사람들에 비하여 미국에 오래 머무른 사람들은 더욱 건강하지 않은 식단 및 좌식 생활방식에 적응하여 높은 비만율 그리고 관련된 만성 질환을 경험한다(Goel, McCarthy, Phillips, et al., 2004). 태생 국가 또한 하나의 관련 요인이다. 예를 들어, 쿠반 아메리칸들은 다른 히스패닉 아메리칸 집단에 비해 꾸준히 더 나은 건강 상태를 보인다(Herd, Robert & House, 2011).

비히스패닉 흑인으로 구분된 미국 내 성인들은 백인 성인에 비하여, 특히 흑인 남성의 경우 기대 수명이 짧다. 그들은 미국 내 다른 인종 혹은 민족집단에 비해 심장 질환, 암, 뇌졸중, 당뇨병,

HIV 그리고 타살로 인한 높은 사망률을 보인다(CDC, 2012b). 비히스패닉 흑인들은 다른 집단에 비해 골다공증 발생률이 낮지만, 골절상으로 인해 장애를 갖는다. 이 집단 여성들은 다른 하위집단에 비하여 자살을 시도하는 경향은 덜 하지만, 비만 경향은 높다. 비히스패닉계 흑인 남성과 여성은 기분장애, 불안장애 그리고 약물남용 장애에 있어서 비히스패닉계 백인 성인에 비해 위험성이 낮다(Kessler, Berglund, Demler, et al., 2005).

미국계 인디언과 알래스카 원주민 집단은 미국 내 어떤 집단보다도 건강 상태가 가장 좋지 않으며 기대수명이 짧다(Harrington Myer & Herd, 2007). 그들은 장애를 일으킬 수 있는 당뇨병, 고혈압, 결핵, 관절염, 알코올 중독, 약물 남용, 흡연율이 가장 높고 심각한 수준의 심리적 고통을 보고한다. 미국 내 모든 인종/민족 집단 가운데 여기 속하는 구성원들은 자신의 건강을 '훌륭한'으로 평정하는 경향이 가장 적다. 이 집단의 사망에 기여하는 두 가지 원인은 다른 집단과 유사하지만(심장병과 암), 세 번째 사망 원인은 사고이다(CDC, 2012b). 경제적 상황, 문화적 장벽 그리고 지리적 고립과 같은 큰 맥락적 부분뿐 아니라, 사회역사적 요인도 높은 질병률과 높은 조기 사망률에 함께 작용한다. 유일하게 희망적인 것은, 발전적인 변화가 일어나는 중이라는 점이다. 예를 들어, 이 집단 여성의 유방암 발생 정도는 모든 인종/민족 집단에서 가장 낮다(CDC, 2011c).

의료 서비스에서 인종 차별 몇몇의 소수 인종, 민족 집단이 다른 이들에 비해 높은 조기 사망률, 신체적인 건강 문제 그리고 높은 정신건강 장애 유병률을 보이는 것은 분명해보인다. 또한 특정 집단, 특히 아프리칸-아메리칸과 히스패닉-아메리칸은 낮은 수준의 의료관리를 받는다는 증거가 있다. 정신건강 관리에서 민족 간 차이를 비교한 한 연구는 아프리칸 아메리칸을 백인 환자와 비교했을 때, 보다 적은 사람들이 적절한 정신건강 치료를 받으며 이 두 집단의 차이가 지난 10년 동안 증가했다는 것을 밝혀냈다(Ault-Brutus, 2012). 이 같은 결과는 사회경제적 요인에 의해 상당 부분 설명될 수 있다—정신건강 돌봄 서비스를 받기 위해서는 많은 비용이 들며, 약물 처방을 위한 비용 또한 필요하다. 또한 수입이 적고, 교육 수준이 낮은 사람들은 직장에서 잠깐 나오기가 어려운데, 심지어 관련 의료기관이 가까이에 위치하지 않은 경우 방문은 더욱 어렵다. 또한 언제 정신건강 케어가 필요한지 혹은 어떤 유형의 서비스가 적절한지 아는 것도 어렵다. 하지만 이 집단에 속한 많은 개인은 자신의 인종이나 민족성으로 인해 의료 서비스 분야에서 차별받는다고 인식함을 연구자들에게 보고한다. 지난 십여 년의 연구는 의학적 치료에서 사실상 불평등이 존재한다는 것을 보여주긴 하지만, 외현적으로 드러나는 인종 혹은 민족에 대한 차별은 아마 영어 능통성, 건강정보 문해력, 이웃의 사회적 응집 그리고 의학 체계에 대한 문화적 불신과 같은 다른 요인만큼 크지 않다(Lyles, Karter, Young, et al., 2011).

차별에 대한 지각이 정확하든, 그렇지 않든 간에 이는 건강에 영향을 미친다(Brondolo, Hausmann, Jhalani, et al., 2011). 예를 들어, 일상생활에서와 마찬가지로 의료 장면에서 차별받는다고 지각한 아프리칸-아메리칸은 전통적인 의료 서비스만큼 효과적이지 않은 보완의학 제공자로부터 치료받기를 더 추구하는 경향이 있다(Shippee, Schafer & Ferraro, 2012).

인종 차별이 미치는 다른 영향은 스트레스를 통해서이다. 제10장에서 이 주제에 관해 자세하게 다룰 것임에도, 이 맥락에서 언급하는 것이 필요하다. 소수 인종과 민족들은(저소득층 사람들과 여성도 마찬가지로) 주류 사회 구성원과는 다른 경험에 노출된다. 이는 높은 수준의 스트레스를 초래하며, 스트레스는 또 다시 높은 수준의 신체적 · 정신적 건강장애를 초래한다. 이런 경험 가운데 하나는 차별이며, 스트레스 그 자체에 더하여 건강 문제를 발생시킨다. 생애 전반에 걸쳐 스트레스 부담은 증가하고, 그 결과 이를 '갖지 않은 사람'과 '가진 사람' 간의 건강 차이는 증대된다. 이에 관한 40여 개의 연구는 의료 서비스에서 체계적인 차별이 존재하지 않더라도, 특정 인종 혹은 민족 집단에 속하는 것이 조기 사망에 기여할 수 있으며 보다 많은 신체적 · 정신적 건강 장애를 갖게 하고, 치료를 덜 받게 하며(혹은 덜 효과적인 치료) 그리고 주류에 비해 삶의 질이 낮다는 것을 보여준다(Thoits, 2010).

성격과 행동 양상

적어도 고대 그리스의 히포크라테스 시대부터 지금까지 개인의 성격이 신체 건강에 기여한다는 견해가 있다. 이 관계에 대한 첫 번째 경험적 증거는 심장병 전문의 Meyer Friedman과 Ray Rosenman(1959)이 관상동맥 심장병의 위험성을 예측하는 행동 패턴을 발견했을 때 제안된 것이다. 이후 이 연구 분야는 잘 받아들여지고 있다. 사고, 느낌 그리고 행동의 특정한 안정적 패턴은 질병과 조기 사망의 높은 위험성과 실제로 관련되어있다(Smith & Gallo, 2001).

A유형 행동 패턴(type A behavior pattern)을 가진 개인은 성취-지향적이고, 경쟁적이며 그리고 자신의 직업에 과도하게 몰두한다. 또한 시간 관련된 것에 극도의 절박함을 느끼고, 적개심에 의해 쉽게 자극받는다. 이러한 설명에 부합하지 않는 사람들은 B유형으로 여겨진다. 50년 동안 이 이슈에 대해 활발한 토론이 진행되어왔다. 그럼에도 신중한 측정이 이루어져야만 A유형 행동에 맞는 사람들이 B유형 행동을 가진 사람들에 비해 관상동맥 심장병의 높은 위험성에 처한다는 것을 명확하게 할 수 있다(Smith & Gallo, 2001).

어떻게 이런 효과가 발생하는지 확인하기 위하여 많은 연구가 이루어졌고, 일반적으로 연구자들은 직접 관계(A유형 행동이 높은 스트레스 반응과 낮은 면역 기능 기제에 영향을 주어 신체 건강에 영향을 미치는 것)와 간접 관계(A유형 행동이 스트레스 상황을 만들어내고, 이는 또 다시 신체적 반응을 초래하는 A유형 행동을 더 많이 이끌어내는 것)를 모두 발견하였다. 다시 말해, A유형 성격 스타일을 가진 사람들은 A유형 반응을 불러일으키는 상황을 잘 만들어내는 경향이 있다. 중요한 약속 기회를 얻기 위해 시간과 항상 다투는 사람들은 더 많은 A유형 반응을 이끄는 교통상황(traffic situations)에 스스로 내몰리게 하고, 그 결과 신체적 문제에 대한 추가적인 위험성이 증가한다.

또 다른 성격 구성 요인은 다른 사람에 대한 부정적인 인지적 관념인 적개심(hostility)으로, 이는 심혈관 질환과 조기 사망에 직접 기여하는 높은 심장 박동, 혈압과 관련이 있다(Chida & Hamer, 2008). 게다가 간접적 경로도 있다. 예를 들어, 적개심이 높은 사람들은 결혼생활처럼 타

비판적 사고

적개심과 같은 부정적 행동패턴이 건강에 직접적, 간접적 효과를 모두 갖는다면, 낙관주의와 같은 긍정적인 행동패턴은 어떠한가? 이로 인한 직접적, 간접적 효과는 무엇인가?

인과 관계를 맺을 때 적대적이며, 이러한 적대적 상호작용은 보다 건강 상태에서 위험성을 높인다(그리고 사회적 지지의 보호효과를 줄인다). 또한 적대적인 사람들은 부정적인 건강 상태를 초래하는 흡연, 과도한 알코올 사용과 같이 보다 위험한 행동에 더 잘 개입하는 것으로 알려져 있다(Siegler, 1994).

반면, 낙관주의(optimism)가 높은 사람들, 그러니까 긍정적인 인생관을 가지고 자신에게 좋은 일이 일어날 것이라고 믿으며, 삶의 문제를 직접적으로(누군가가 대신 해결해주길 바라거나 다른 이들에게 비난을 늘어놓는 것 대신에) 대처하는 사람들은 심각한 신체적 질병을 경험하는 경향성과 조기 사망 경향성이 적다(Seligman, 1991). 낙관주의는 전 세계적으로 긍정적인 건강 결과와 연관되어왔다(Gallagher, Lopez & Pressman, 2013). 예를 들어, 낙관주의는 아프리칸-아메리칸 노인 여성 집단(평균 연령 77세)의 장수(Unson, Trella, Chowdhury, et al., 2008), 아메리칸 원주민 노인 집단의 좋은 건강 결과(Ruthig & Allery, 2008), 60세 이상 백인과 히스패닉 여성 집단의 성공적 노화(Lamond, Depp, Allison, et al., 2008) 그리고 심장병으로 진단받은 아일랜드 환자 집단이 그 이후에 보다 좋은 건강 상태를 유지하는 것(Hevey, McGee & Horgan, 2012)과 관련되었다. 나는 낙관주의의 어두운 면을 보여주는 하나의 연구—낙관주의가 지나치게 높은 대학생들은(비현실적인 낙관주의) 자외선 노출의 위험성을 인식하고 있음에도, '나에게는 해당하지 않아.'라고 믿으며 자외선 차단제 사용을 무시하는 경향이 있다—도 함께 소개하며 낙관주의를 가진 사람들이 태만하지 않도록 돕고자 한다(Calder & Aitken, 2008).

성격은 개인의 지속적인 구성 요소로 고려되어왔기 때문에 A유형 사람들의 적개심 혹은 비관성을 변화시키기 위해 할 수 있는 것이 무엇인지 궁금해할 것이다. 이 부분에 인용된 많은 연구는 성격(personality)이라는 단어를 사용하는데 신중하며, 이보다는 행동 패턴(behavior pattern)과 같은 다른 단어를 사용한다. 하지만 사용되는 단어가 무엇이든지 간에, 질문은 남아있다. 건강하지 못하다는 것을 스스로 인식하고, 그 후에 어떤 변화를 줄 수 있는가? 예비 연구는 변화가 가능하다는 것을 보여준다. 예를 들면, 한 연구에서 연구자들은 심장병을 가진 남성의 적개심을 줄이고자 하였고, 몇 가지 단기적 개선이 나타났다(Gidron, Davidson & Bata, 1999). 다른 한 연구에서는 대학생에게 4주에 걸쳐 매주 일어난 행복한 사건에 대해 간략한 에세이를 작성하도록 하고, 행복했던 일에 대해 일기 또한 쓰도록 하는 방식으로 긍정적인 결과를 이끌어냈다. 이 학생들은 중립적 주제에 대한 에세이를 썼던 통제 집단에 비하여 전반적으로 더 나은 건강 상태를 보고하였다(Yamasaki, Uchida & Katsuma, 2009). 이에 대해 제10장에서 더 논하도록 하겠다.

유전

개인의 유전형(genotype), 우리가 가지고 있는 각 유전자의 개인적 보완물(personal complement)은 우리 건강에 큰 영향을 미친다. 우리 가운데 대부분은 유방암, 심장병 그리고 알코올 남용과 같이 '가족 내 지속'되는 질병에 관해 인식하고 있다. 일부 질병들은 단일 유전자에 의해 결정된다(하나의 예로, 이 장의 초반에서 조기 발병 알츠하이머병의 APP, PS-1 혹은 PS-2 유전자에 대해 언급하였다). 우울증, 암과 같은 다른 질병들은 유전자들의 여러 조합에 의해 나타난다. 하지만 다른 사람들에 비하여 환경 요인에 더욱 민감한 성향을 가진 개인이 폐암을 유발하는 담배 흡연을 하거나, 알츠하이머병을 유발하는 두부 손상을 가지거나 혹은 심혈관 질환을 유발하는 기름진 식습관을 갖는 것처럼, 스스로 병을 만들어내는 습관이나 경험만큼 유전자 조합은 질병을 유발하지는 않는다. 다시 말해, 유전자는 우리의 운명을 거의 결정짓지 않는다.

어떤 다른 유전자들은 보호효과를 갖는 것으로 밝혀져 왔다. 예를 들어, 알츠하이머병을 초래하는 것으로 알려진 APP유전자 돌연변이는, 소수의 아이슬란드인에게 오히려 알츠하이머병에 대항하는 보호역할을 하는 것으로 보인다. 이러한 돌연변이를 가진 사람들은 더 오래 살고, 다른 인지적 쇠퇴로부터 덜 고통받는 경향이 있다(Jonsson, Atwal, Steinberg, et al., 2012).

또한 유전적 정보는 다양한 질병 치료에 대한 우리 반응에 영향을 미칠 수 있다. 예를 들어 어떤 유전자들은 특정 약이 백혈병 환자를 치료하는 데 가장 결정적인 작용을 하는 것으로 밝혀져 왔다. 암, 천식 그리고 심혈관 질환 치료 약물에 대한 반응과 관련된 유전자를 밝히는 발전 또한 이루어지고 있다(Couzin, 2005). 이러한 발견은 당신이 가진 유전자 염기 순서가 당신 의학 기록의 일부가 되어 개인화 된 약물 치료, 조기 진단에 필요한 스크리닝 검사를 무엇을 할지 결정하는 것을 가능케 할 것이고, 만약 치료가 필요하다면 어떤 유형이 당신에게 가장 적절한지 결정하는 데 사용될 것이다.

발달적 기원

어떤 연구자들은 성인기 질병 중 일부는 부분적으로 생애 초기 일어난 환경적 사건에 의해 결정된다고 제안하는 증거들을 발표해왔다. 역학자 David Barker와 그의 동료들은(Barker, Winter, Osmond, et al., 1989) 영국의 한 지역에서 20년 이내에 출생한 남성 5,000명의 출생 및 사망 기록에 대한 연구를 했다. 이 중 출생 시 저체중이었던 남성들은 뇌졸중으로 사망할 가능성이 가장 높았다. 그 이후 인간 및 다른 종에 관한 연구들은 태내기, 영아 그리고 아동기 초기의 성장이 성

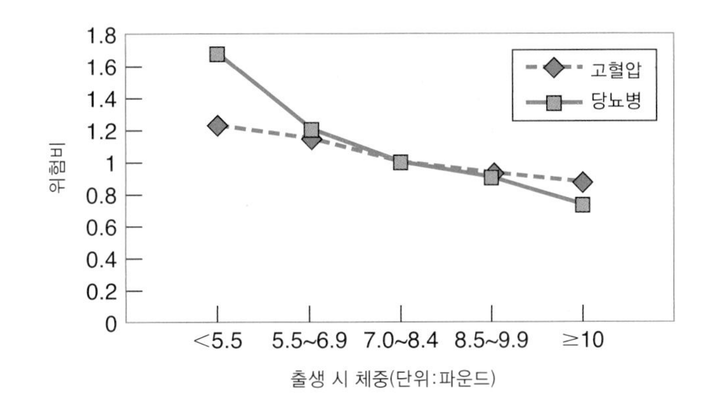

:: 그림 3.6

출생 시 체중과 성인기 질병(당뇨병과 고혈압) 위험성 간의 관계를 보여준다. 체중이 낮을수록 위험성은 증가한다.

출처 : Gluckman and Hanson (2004).

인 건강에 중요한 요인이라는 것을 서술한 발달적 기원 가설(developmental origins hypothesis)을 생기게 하였다(Barker, 2004).

초기 발달에서 경험하는 환경적 요인으로 어머니의 영양 상태, 태어난 계절 그리고 어머니의 흡연 여부를 포함하여 연구를 해왔다. 성인기 건강 결과 지표로는 고혈압, 당뇨병, 골다공증 그리고 기분장애를 포함하였다(Gluckman & Hanson, 2004). 〈그림 3.6〉은 22,000명 이상의 남성들이 저체중일 때 성인기 고혈압과 당뇨병을 가질 위험성이 높음을 나타내는 자료이다. 유사한 연구로, 아동기 초기 가족의 소득과 성인기 비만을 연관시킨 연구가 있다(Ziol-Guest, Duncan & Kalil, 2009). 태내기와 생애 첫해에 연 소득 25,000불보다 적은 소득을 가진 부모의 자녀들은 더 높은 소득을 가진 가족의 자녀에 비하여 성인기에 더 비만인 경향이 있었다. 흥미롭게도, 아동기(1~15세) 이후 가족의 소득은 성인기 비만에 아무런 영향력을 갖지 못하였다.

또한 임신 중인 여성이 영양실조에 시달린다면, 그녀의 아이는 저체중으로 태어날 가능성이 있다는 증거가 발견되었다. 그리고 그 아이가 딸이라면, 후에 어머니가 되어 또 다시 딸을 출산을 하게 되었을 때 아기의 출생 시 체중과 이후의 건강에 영향을 미친다. 어머니가 영양실조를 경험하지 않았음에도 외할머니가 임신기 동안 경험한 영양실조에 의해 영향받을 수 있다(Gluckman & Hanson, 2004). 이는 임신 기간에 형성되는 난자에 의해 설명 가능하다. 임신한 여성의 영양실조는 9개월 된 아기의 발달에 영향을 미치고, 만약 그 태아가 여성이라면, 영양실조는 태아의 난자 발달에 영향을 미칠 것이다. 건강 상태에 대해 추적하기 위해 우리의 아동기와 태아기로 돌아가는 것뿐 아니라, 우리의 유전적 재질(material)의 절반이 형성되는 어머니의(mothers') 임신 기간으로 되돌아갈 수도 있다. 이는 세대 간 영향(intergenerational effect)이라고 불리는 것이다.

초기 환경과 성인 건강 간의 또 하나의 관련성은 아동기에 경험한 감염 질환과 성인기 심혈관 질환, 암 그리고 당뇨병의 관계이다. 스웨덴 네 지역의 18세기 의학 기록에 대해 연구한 경제 역사가인 Tommy Bengtsson과 Martin Lindstrom(2003)은 이 관계성을 증명하였다. 굉장히 오래 장수한 사람들은 영아기에 감염 질환을 거의 경험하지 않은 사람들이었다. 식량 부족 기간을 고려해도, 영아기 감염은 성인기 장수를 결정짓는 강력한 요인이었다. 이는 아동기 초기 감염과 성인기 조기 사망의 연관성이 염증 때문이라는 것을 보여주는데, 이 장에서 이미 언급한 것처럼 염증은 심장병, 암, 알츠하이머병과 같은 성인기 주요 질환에 책임이 있다(Finch & Crimmins, 2004).

동물 실험연구에서, 신경과학자 Francesca Mastorci과 그녀의 동료들(Mastorci, Vicentini, Viltart, et al., 2009)은 임신한 실험 쥐에게 각기 다른 스트레스 인자를 심었고, 이들이 성인기에 도달했을 때 그들의 새끼에 대해 연구하였다. 흥미롭게도, 태내 스트레스 노출 자체의 결과로 생물학적 구조 혹은 기능에 있어서 어떤 변화도 발생하지 않았다. 하지만 태내 스트레스 인자에 노출되었던 쥐들은 환경적 스트레스 요인에 노출이 되면 태내 스트레스 인자에 노출되지 않았던 쥐들에 비해 심혈관 체계를 스스로 조절하는 경향이 적었으며, 심장병에 보다 민감하게 되었다. 태내 스트레스는 그 자체로 심장병을 만들어내지는 않지만, 환경적 스트레스에 맞닥뜨리면 심장병을 발생시키는 경향이 있는 것으로 보인다.

선진국에서는 아동기 감염 질환의 발생 정도가 낮기 때문에, 어떤 연구자들은 20세기 우리 삶이 더욱 길어질 것이라고 제안한다. 하지만 개발도상국에서는 결핵, 설사병 그리고 말라리아 같은 질병이 아직까지 빈번하다. 역학자들은 아동기에 경험 가능한 질병을 통제할 수 있다면, 염증을 포함하여 수명을 단축하는(life-limiting) 성인 질병 발생률이 감소할 것이며, 그 결과 장수하는 사람들이 증가할 것이라 보았다(Finch & Crimmins, 2004).

좋은 건강으로 가는 길

〈표 3.8〉에 성인기에 발생하는 건강 변화에 대해 정리해두었다. 하지만 나는 건강장애와 질병이 모두에게 일어나는 것은 아니며, 또 무작위로 발생하는 것이 아니라는 점을 상기시키며 이 장을 마치고 싶다. 많은 것은 예방 가능하다. 다른 것은 조기 발견하거나, 성공적으로 치료할 수 있고 혹은 적어도 통제될 수 있다. 최상의 조언은 건강한 음식을 먹고, 운동을 하고, 정기검진을 받고, 가족 건강 역사에 대해 알고, 발생한 장애가 무엇이든지 과학적으로 입증된 치료를 조기에 찾으라는 것이다. 스트레스를 줄여주는 지지적인 관계, 활동 시간과 함께 균형 잡힌 삶을 살며 흡연하지 말라. 만약 당신이 담배를 피운다면 금연하라. 안전한 성관계를 실천하라. 안전벨트를 하고, 안전 헬멧을 쓰라. 내가 이번 장을 준비하면서 읽은 모든 의학적 정보에서 건강과 장수를 향한 지름길을 제공하는 마술적인 묘약은 없었다.

비판적 사고

당신도 건강 관련 가족력에 대해 알고 있는가? 건강은 타고나는 것인가? 당신이 가진 위험 조건을 감소시키기 위해 할 수 있는 것은 무엇인가?

:: 표 3.8 성인기 건강과 질병 다시 보기

18~24세	25~39세	40~64세	65~74세	75세 이상
사망률은 극히 낮음(0.08%). 주요 사망 원인은 사고, 타살 그리고 자살	사망률은 낮음(0.1%). 주요 사망 원인은 사고와 암	사망률은 낮음(0.6%). 주요 사망 원인은 암과 심장질환	사망률이 증가하기 시작(2%). 주요 사망 원인은 심장 질환과 암. 당뇨병은 5위.	사망률이 가장 높음(8%). 주요 사망 원인은 심장 질환과 암. 알츠하이머병은 5위.
급성 질환이 가장 보편적임. 장애 수준은 가장 낮음.	급성 질환이 가장 보편적임. 장애 수준은 낮음.	몇몇의 급성 질환. 만성 질환에 대한 중간 정도 위험성을 가짐. 조기 발병 알츠하이머병이 시작될 수 있지만 이는 모든 사례의 5%에 불과함. 장애 수준은 중간 정도임.	만성 질환이 존재하지만, 대부분은 그렇지 않음. 대부분 노화가 사작됨. 알츠하이머병은 5~10% 정도임. 다른 치매도 존재하지만 이 중 몇몇은 치료 가능함. 장애 수준은 증가함.	만성 질환과 장애가 보다 보편적임. 대부분 지역사회에 거주함. 40%는 자신의 건강에 대해 '훌륭함 혹은 아주 좋음'으로 평가함. 장애의 수준은 증가함. 85세 이상 50%가 알츠하이머병을 가짐.
대부분 정신장애는 14세 이전에 발병함. 21세 이전에는 치료율이 높지만, 그 이후에는 치료율이 낮음.	대부분의 기분장애는 30세 이전에 발병함. 우울 증상은 중간 정도 수준임. 정신건강 문제에 대해 치료를 찾는 비율이 가장 높음.	주요 우울증의 발병률은 더 낮음. 우울 증상률은 더 낮음. 정신건강 문제에 대해 치료를 찾는 비율이 가장 높음.	주요 우울증의 발병은 아주 적음. 우울 증상은 더 많음. 정신건강 장애 치료를 찾는 비율이 낮음.	주요 우울증은 거의 드물고, 있다면 종종 질병과 관련됨. 우울 증상은 많이 경험하는데 이는 아마도 만성적인 건강 문제와 사별 때문일 것임. 정신건강 장애 치료를 찾는 비율이 낮음.

요약 Summary

01 사망률은 연령과 함께 증가하는데, 특히 60세 이후에 그러하다. 사망 원인은 연령에 따라 다른데, 사고, 타살, 자살은 성인 진입기의 사망 원인 목록에, 심장병과 암은 노인의 사망 원인 목록에 나타난다.

02 성인 초기는 급성 질환의 발생 정도가 크다. 노인은 관절염, 고혈압 그리고 심혈관 질환과 같은 만성 질환의 발생 정도가 크다.

03 80세 이상의 성인 가운데 29% 이상이 장애가 없다고 보고함에도 불구하고 장애율 또한 연령과 함께 증가한다.

04 65세 이상 여성의 81%, 남성의 90%는 지역사회에 거주한다. 오직 4%만이 요양원에 머물며, 이들의 대부분은 80대 혹은 그 이상이다.

05 심혈관 질환은 전 세계 성인 사망 원인 가운데 첫 번째이다. 혈관벽에서 플라크에 의해 관상동맥이 막히는 것을 포함하며, 이는 심장 발작을 초래할 수 있다. 흡연 그리고 좌식 생활방식과 같은 어떤 위험요인들은 우리 통제하에 있다. 가족력과 연령 같은 다른 요인들은 우리 통제하에 있지 않다. 여성은 생애 후반에 남성만큼이나 비슷한 심혈관 질환 발생률을 보이는데, 남성과는 다른 증상을 보인다.

06 미국 내 성인 사망 원인 가운데 둘째는 암인데, 이는 주변 조직에 침입하거나 신체의 다른 부분으로 비정상 세포의 급격한 분열이 퍼져나가는 것을 포함한다. 암의 발생은 연령과 함께 증가한다. 우리 통제하에 있는 암의 위험요인은 흡연, 비만 그리고 자외선에 보호되지 않은 채 노출되는 것이다. 우리의 통제하에 있지 않은 요소는 연령과 가족력이다.

07 중년 성인, 노인의 장애 및 사망의 주요 원인인 제2형 당뇨병의 유병률은 증가하고 있다. 당뇨병은 소화 체계에 의해 생산되는 글루코스를 이용하기에 충분한 인슐린을 신체가 생성해내지 못하는 호르몬 질환이다. 제2형 당뇨병은 종종 좌식 생활방식, 건강하지 못한 식습관의 결과이며, 개인의 삶에서 이런 부분을 변화시킴으로써 그리고 때때로 위우회술에 의해서 통제될 수 있다.

08 노인들의 다섯 번째 사망 원인은 뇌 특정 부분의 점진적인 퇴화에 의해 발생하는 알츠하이머병이다. 결과는 인지 능력과 신체 기능의 상실이다. 알츠하이머병은 50세 이전에는 거의

보이지 않고, 90%의 사례가 65세 이후에 나타난다. 알츠하이머병의 많은 위험요인들은 심혈관 질환과 유사하며, 이 두 가지는 아마도 모두 생애 초기 염증과 관련될 것이다. 수정될 수 있는 몇몇의 위험요인은 흡연, 좌식 생활방식 그리고 비만이다. 수정이 불가능한 요인은 연령과 유전적 경향성이다. 스포츠와 싸움에 의해 발생하는 트라우마틱 두부 손상(TBI)은 이후에 만성 트라우마틱 뇌병증(CTE)으로 불리는 유형의 치매를 초래할 수 있다.

09 미국 성인의 정신건강 장애율은 지난 10년 동안 안정적이었으나, 다른 선진국들에 비해서는 높았다. 가장 많은 유형은 불안장애(공포증, PTSD 그리고 강박장애)와 기분장애(주요 우울증과 양극성 장애)이다. 대부분의 정신건강 장애는 청소년기와 성인 초기에 발현된다. 주요 우울증은 주로 우울 증상을 보고하는 노인보다는 성인 초기에게 영향을 미치는 경향이 있다.

10 정신건강 장애의 증상을 경험하는 대부분의 사람들이 치료를 받지 않고, 치료를 받는 1/3조차 부적절하거나 부정확한 치료를 받는다. 치료를 찾지 않는 사람들은 성인 초기 혹은 중년기보다 노인인 경향이 있다.

11 많은 신체적 · 정신적 건강 장애는 건강한 생활방식을 통해 예방될 수 있다. 다른 것들은 조기에 감지되고 성공적으로 치료될 수 있다. 좋은 건강을 향한 지름길과 묘약은 없다.

12 남성과 여성은 신체적 · 정신적 건강 문제 모두에 있어서 다른 양상을 갖는다. 남성은 더 짧은 기대수명을, 생명을 위협하는 신체적 질병의 높은 발생률, 알코올과 물질 남용을 포함한 정신장애가 더 높고, 보다 충동조절 장애를 갖는다. 이런 차이는 부분적으로 생물학적이고, 부분적으로는 사회문화적이다.

13 낮은 사회 경제적 집단에 속한 사람들은 높은 사회 경제적 집단에 비하여 낮은 수준의 신체적 · 정신적 건강을 갖고, 신체적 건강의 퇴화도 보다 빨리 이루어진다. 이러한 차이는 건강-돌봄 가능성, 건강 습관 그리고 스트레스 효과 때문이다.

14 아시안-아메리칸과 태평양 섬사람들은 건강한 식단과 낮은 흡연율을 포함하는 그들의 전통적인 생활방식 때문에 미국 내 어떤 그룹보다도 가장 건강한 모습을 보인다. 미국 내 가장 낮은 건강 수준은 미국 원주민과 알래스카 원주민 집단에서 보인다.

15 건강에 영향을 미칠 수 있는 또 다른 요인은 행동 패턴(A유형, 적개심, 비관주의)으로, 이는 심혈관 질환과 조기 사망을 이끈다.

16 질병에 대한 유전적 기여는 한 개인이 특정 질병(알츠하이머병의 특정 유형)을 갖는 데 실제로 기여하는 것에서부터, 환경적 요인이 질병(담배와 폐암)을 유발하는 경향성을 제공하는 것까지 다양하게 걸쳐져 있다. 한 개인의 유전형은 심지어 특정 질병에 대해 보호를 제공한다. 따라서 어떤 의학적 치료는 현재 그들의 유전형에 근거한 것으로 만들어져있다.

17 출생 시 저체중, 아동기 초기 감염 그리고 생애 첫해 동안 가족의 낮은 소득은 당뇨병, 기분장애 그리고 비만과 같은 성인 건강 문제와 관련되어왔다.

주요 용어

A유형 행동 패턴
강박장애
경도인지장애
공병
공포증
급성 질환
기분장애
낙관주의
당뇨병
도구적 일상생활 수행능력
동맥경화증
만성 외상성 뇌병증
만성 질환
물질남용 장애
발달적 기원 가설
발병
보완의학 제공자
불안장애
사망률
사회경제적 지위
세대 간 영향
심혈관 질환
알츠하이머병
암
외상성 뇌손상
외상후 스트레스 장애
우울 증상
유병률
유전형
이환율
일상생활 활동
적개심
주요 우울증
지역사회 거주
충동조절 장애
치매
플라크
후성유전

관련 자료

[개인적 흥미를 위한 읽기 자료]

Mukherjee, S. (2010). *The emperor of all maladies: A biography of cancer*. New York: Scribner

이 책은 암에 대한 초기 진단 기록부터 유전자 지도를 포함한 가장 최신의 치료에 대한 것이다. 종양학자인 저자는 환자의 내력, 연구, 수술 그리고 이 질병에 관련된 현장 관련 사람들에 대해 말해준다. 이 책은 인간적 실체를 보여주고, 치료법의 발견에 대한 낙천적 측면을 독자들에게 제공한다.

Genova, L. (2009). *Still Alice*. New York: Gallery.

교과서에서 소설을 추천하는 것이 다소 생소하지만, 이 책은 신경과학자에 의해 쓰여진 것으로 조기 발병 알츠하이머병이 한 여성과 그녀의 가족에게 미치는 영향을 잘 보여준다.

[고전 학술자료]

Friedman, M., & Rosenman, R. H. (1959). Association of a specific overt behavior pattern with increases in blood cholesterol, blood clotting time, incidence of arcus senilis and clinical coronary artery disease. *Journal of the American Medical Association*, *169*, 1286–1296.

이 논문은 'A유형'을 과학적 세계에 처음으로 소개한 것이다. 저자는 성취에 대한 노력, 직업에 과도하게 몰두하는 것, 지나치게 경쟁적이고 적대적인 것 그리고 시간 관련된 것에 긴급함을 경험하는 것으로 구성된 '행동–정서 복합성'으로 기술하였다. Friedman과 Rosenman은 이러한 행동 유형 양상이 관상 심장 질환의 특정한 신체적 증상과 관련되어있다고 보았다.

Peterson, C., & Seligman, M. (1987). Explanatory style and illness. *Journal of Personality*, *55*, 237–265.

이 두 명의 과학자는 세상을 설명하는(낙관주의 혹은 비관성) 개인의 방식이 그 혹은 그녀의 신체적 건강에 영향을 미친다는 것을 처음으로 제안하였다.

[현대 학술자료]

Finch, C. (2011). Inflammation in aging processes: An integrative and ecological perspective. In E. J. Masaro & S. N. Austad (Eds.), *Handbook of the biology of aging* (7th ed., pp. 275–296). San Diego, CA: Academic Press.

이 논문은 많은 연령 관련 장애에서 주요 역할을 하는 염증에 대해 잘 설명한다. 후성유전 부분에 대해 명확성을 포함하며, 특히 오늘날 환경이 감염 질환과 오염을 통해 세대의 건강을 결정지을 수 있는지 잘 보여준다.

Karel, M. J., Gatz, M., & Smyer, M. A. (2012). Aging and mental health in the decade ahead: What psychologists need to know. *American Psychologist*, *67*, 184–198.

임상현장에서 일하는 것을 계획하는 사람은 반드시 이 논문을 읽어야 한다. 이 논문은 인구 분포 내 노인 증가가 미국 내 정신건강 돌봄을 위해 필요한 서비스 유형에 어떻게 영향을 미치는지를 말해준다.

American Psychiatric Association. (2013). *Diagnostic and statistical manual of mental disorders* (5th ed.). Washington, DC: American Psychiatric Association.

이 책은 정신장애를 진단하는 권위 있는 자료로 대부분의 전문가들이 사용하는 것이다. APA는 매 6~10년마다 이 책을 수정하는데, 이는 가장 최근의 다양한 정신장애 – 증상, 유병률, 변형 그리고 중요한 진단 번호에 대한 기술을 포함한다. 만약 임상심리학, 의학, 정신건강 상담 혹은 관련된 어떤 분야에 진로를 계획한다면, 이 책은 반드시 당신 책꽂이에 있어야만 한다. 만약 심리학과 정신장애에 단순히 관심이 있는 것이라면, 이를 소유하는 것 또한 즐길 것이다.

THE
JOURNEY
OF
ADULTHOOD
4

Chapter

인지 능력

부모님은 나의 53번째의 생일 때 스테이크하우스에 나를 데려갔다. 내가 감자튀김에 케첩 병을 쏟아버렸을 때 아버지는 캐첩 세일즈맨으로부터 배웠던 기술을 보여주셨다. 병의 목을 내민 검지에 대고 날카롭게 두드리면 케첩이 잘 나온다는 것을 보여주셨다. 그러고 나서 아버지와 어머니는 Don Iverson이라는 캐첩 세일즈맨 친구에 대한 추억에 잠겼다. 그 친구는 조지아의 사바나에 살았는데, 내 부모님은 신혼여행 길에 그 집을 방문했었다. Don의 부인은 저녁으로 스탠딩 립 로스트를 준비했고 디저트로 복숭아 코블러를 준비했다. 얼마나 멋진 시간이었는지! 음식도 먹고, 카드놀이도 하고, 새벽까지 얘기도 나누고…… 그러나 부모님은 두 분 다 Don의 아내의 이름이 무엇이었는지는 기억할 수 없었다. 두 분은 조금씩 추억을 더듬으면서 55년간 보지 못했던 그 친구 아내의 이름을 알아내려 했다. 하지만 결국 자신들이 더 이상 아무것도 기억할 수 없다는 것에 절망적으로 동의했다.

부모님이 늙어가고 있는 것은 사실이다. 생일 파티 당시에 부모님은 77세와 80세이었는데도 케첩 세일즈맨 친구의 이름, 그가 살던 도시 이름, 심지어 50여 년 전에 그의 부인이 대접했던 음식들까지 기억할 수 있었다는 것은 어떤 나이대라 하더라도 매우 인상적이다. 노화에 대한 가장 보편적 고정관념 중 하나는 인지적 쇠퇴이다. 이것은 심지어 노인들도 스스로에 대해 가지고 있는 고정관념이기도 하다. 30~40대에 차 키나 전화번호를 잊어버리는 것은 실수로 여기지만 70~80대에는 치매의 증상이라고 본다. 그렇다면 전형적인 인지적 노화는 무엇이고 오해는 무엇일까? 노화 연구의 가장 큰 관심 분야 중 하나에서 이에 대한 놀라운 답변을 찾아볼 수 있다.

인지적 노화에 대한 보편적 견해는 사람들이 뇌의 퇴화에 따른 수동적 희생자이며, 이에 상응하여 사고와 행동이 감소하게 된다는 것이다. 의심할 여지없이, 기억, 주의 그리고 속도와 같은 정보 처리의 기본 인지 능력은 나이 들어감에 따라 더 나빠지는 쪽으로 방향을 튼다. 그러나 아주 비관적인 것만은 아니다. 연령 증가에 따라 인지적 감소가 일어나는 것이 사실이기는 하지만 많은 경우의 노인에게서 정신 기능이 유지되거나 심지어 증가하기까지 한다. 기능적 뇌 영상법을 사용한 연구들은 뇌의 구조가 아니라 인지 과제를 수행할 때 뇌가 어떻게 기능하는지를 검토함으로써 노인의 뇌가 역동적 기관일 뿐 아니라 인지적 도전과 신경적 퇴화에 적응함을 보여준다(Park & McDonough, 2013).

지능

인지 과정에 대한 연령 차를 평가하고자 할 때, 우리는 바로 IQ 점수를 떠올리게 된다. 나이 들어감에 따라 IQ가 변화하는 것일까? 만약 그렇다면 특정 연령에서 갑자기 떨어질까? 아니면 점진적으로 변화할까? 지능의 어떤 측면은 다른 측면보다 영향을 더 많이 받을까? 이러한 질문들은 인지적 노화 연구에서 기본적인 것이다. 그러나 이러한 연구에 대해 개관하기 전에 지능 및 IQ 검사의 개념과 이에 관련된 단어들, 즉 이 개념들을 측정하는 데에 사용되는 도구들에 대해 살펴보고자 한다.

지능(intelligence)은 심리학에서 정의하기가 어려운 개념 중 하나이다. 지능의 전형적인 정의는 다음과 비슷하다. "지능은 사람이 목적에 맞게 행동하고, 합리적으로 사고하며, 환경을 효율적으로 다룰 수 있게 해주는 집합적이고 총체적인 역량이다."(Wechsler, 1939, p. 3). 다시 말해서 지능은 다양한 인지 과정의 효율성에 대한 가시적 지표이며, 정보를 다양한 방식으로 처리하기 위해 뒤에서 협력하여 작업한다(Nisbett, Aronson, Blair, et al., 2012). 지능과 같은 능력을 측정하는 심리학 분야를 심리측정학(psychometrics)이라고 한다.

많은 심리학자는 수많은 상이한 과제에 접근하는 방식에 영향을 주는 핵심적이고 일반적인 지적 능력, 즉 흔히 *g*라고 부르는 것이 있다고 가정한다(Jensen, 1998; Spearman, 1904). 지능검사 점수는 이러한 일반적 능력을 기술하고자 하는 것으로 IQ(intelligence quotient, 지능 지수)라고 알려져 있다. 당신도 배워서 알고 있듯이, IQ의 평균은 100에 맞추어져 있고, 100 이상의 점수는 평균 이상의 수행을 반영하며, 100 이하의 점수는 평균 이하의 수행을 반영한다.

*g*에 덧붙여, 어떤 지능 연구자들은 지적 능력의 특수한 요소에 흥미를 가진다. 표준화된 IQ 검사에서 이들 특수 능력들은 다양한 하위검사들로 측정되는데, 각 하위집단의 점수들이 합쳐져서 전체 IQ가 된다. 예를 들어, 웩슬러 성인 지능검사(WAIS－IV: Perason Education, 2008)는 4개의 분리된 지표, 즉 언어 이해, 지각적 추론, 작업 기억, 처리 속도에 기초하여 전체 IQ 점수를 제공한다. 이들 각 지표는 여러 상이한 하위검사들로 구성되어있다(예 : 언어 이해에는 어휘, 지각적 추론은 토막 짜기, 작업 기억은 기억 폭, 처리 속도는 상징 탐색, 시각적 지각의 측정, 속도 등이 있다).

전체 지능의 연령적 변화

이제 지능의 연령적 변화에 관한 연구 결과들에 대해 살펴보기로 하자. 연령에 따른 IQ 점수는 감소하는 것일까? 아니면 그대로 유지되는 것일까? 성인의 지능이 유지되는지 또는 감소하는지에 대한 대부분의 초기 정보들은 횡단적 연구로부터 나왔는데(1920~1950년대), 이들 연구에 따르면 IQ의 감소는 성인 초기부터 일어나기 시작하며, 그 후 감소가 꾸준히 계속되는 것으로 나타난다. 그러나 그 후 수십 년간에 걸쳐 성인 지능에 대해 아주 많은 것을 알게 되었다. 인지적 노화를 연구하는 연구자들은 새로운 연구설계를 개발함으로써 전통적 방법에 따른 혼입 요소들을 제거할 수 있게 되었고, 종단적 연구를 확장하여 60대, 70대, 80대뿐만 아니라 지역사회에 거주하는 그 이상의 연령대의 건강한 노인들을 연구에 포함할 수 있게 되었다. 여러 연구에서 어떤 인지 능력은 연령에 따라 계속해서 감소함을 보여주었지만 훨씬 더 낙관적인 소식도 많았다. 즉, 성인 사고 과정의 어떤 측면은 나이가 아주 많아져도 매우 높은 수준으로 기능한다는 것이다. 또 감소가 일어날 때에도 생각했던 것보다 훨씬 덜 극단적으로 감소할 뿐 아니라, 이러한 감소를 보상할 수 있기 때문에 감소가 눈에 띄지 않을 수 있다. 더욱이 일생을 통해 우리가 똑똑하고 높은 기능을 유지할 기회를 증가시킬 수 있도록 해주는 예방법이 있다.

〈그림 4.1〉은 시애틀 종단연구에서 행한 IQ에 대한 종단적 분석과 횡단적 분석 간의 비교를 보여준다. 이 연구는 계열적 설계를 사용하였기 때문에 종단적 비교와 횡단적 비교 모두가 가능했다. 숫자는 평균이 100으로 되어있는 전통적인 IQ 점수가 아니라, 연구의 과정에서 각 참가자의 점수 변화를 보여주기 위해 평균 50이고 표준편차는 10이다. 전체 성인의 2/3는 40에서 60(평균치의 각 일 표준편차에 해당하는 수치) 사이에 놓이게 되고, 약 95%는 30과 70 사이에 놓이게 된다(Schaie, 1994; Schaie & Zanjani, 2006).

종단적 자료와 횡단적 자료를 비교하면 "성인기에 걸쳐 IQ에 어떤 일이 일어나는가?"라는 질문에 대해 매우 다른 답이 산출될 수 있다는 것을 알 수 있다. 횡단적 증거에 따르면 낮은 쪽의

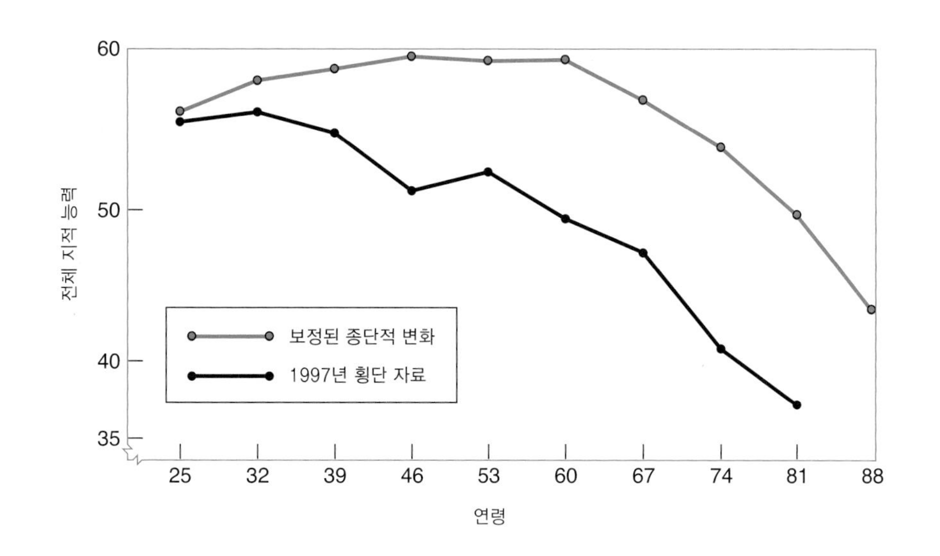

:: 그림 4.1
횡단연구(낮은 쪽 곡선)와 종단연구(높은 쪽 곡선)에 따른 전체 IQ의 연령적 변화는 매우 다른 궤도를 보여준다. 과거에는 횡단연구 자료에 기초하여 인지 수행이 40대경에 감소하기 시작하며 감소가 급격하게 일어난다는 잘못된 결론을 내리게 되었다.

출처 : Schaie (1983)의 자료.

비판적 사고

만약 횡단적 연구에서 20세, 40세, 60세 그리고 80세인 참가자들의 키를 측정한다면 그 결과를 예언할 수 있는 것은 무엇일까? 그 결과를 설명할 수 있는 것은 무엇인가?

곡선이 전형적으로 나타나며 IQ가 32세와 39세 사이에 감소하기 시작한다. 이와 대조적으로, 종단적 증거에 의하면 실제로는 중년기를 통해 IQ가 약간 증가하고 67~74세 사이에서만 전체 IQ 점수가 떨어지기 시작한다. 그렇지만 이때에도 감소가 크지 않다. 사실 발달심리학자이며 시애틀 종단연구 프로젝트의 부책임자인 K, Warner Schaie에 의하면, "지능 감소의 평균 기울기는 60대와 70대 사이에 매우 작으며, 젊은 노인(young old)의 유능성 감소도 별 의미가 없을 정도이다."(2006, p. 601). 그러나 평균적 감소는 80대에는 더 커지게 된다(Schaie, 1996).

횡단적 비교와 종단적 비교 간의 차이에 대한 분명한 설명은 코호트(동시대 집단) 효과가 여기에 작용한다는 것이다. 교육 기간, 양호한 건강 그리고 생활에서의 인지적 복잡성이 지난 세기에 걸쳐 증가해왔으며, 각 연속적인 코호트에 대한 평균 IQ 점수는 증가세를 보여왔다. 실제로 연구자들은 노인 집단의 평균 언어 IQ 점수가 10년당 4.5점 이상 증가한다는 것을 발견했다(Uttl & Van Alstine, 2003). 이는 Flynn 효과(Flynn effect)와 관련되는데, 평균 IQ가 20세기에 걸쳐 꾸준히 증가해왔음을 증명한 James Flynn(1987, 2012)이라는 심리학자의 이름을 붙인 것이다. Flynn은 이러한 증가가 주로 현대 생활의 변화에서 기인한다고 주장하였다. 즉, 교육의 발전, 첨단기술의 사용 증가 그리고 지적 요구가 많은 작업에 관여하게 되는 것 등이 과거보다 더 많은 사람으로 하여금 추상적 개념을 다루는 경험을 하도록 이끌게 되고, 이는 다시 모든 연령대의 사람들의 IQ 점수를 상승시키는 원인이 된다. 결과적으로, 횡단연구에서는 출생연대가 수십년씩 차이 나는 사람들을 비교하여 노인들의 IQ 점수가 낮다는 것을 보여주지만, 이러한 비교는 오늘날의 젊은 사람들이 나이 들어서 미래에 어떤 IQ를 보여줄지에 대한 정확한 예언 변인이 되지 못한다.

IQ가 연령 증가에 따라 감소하는 경향은 있지만(또한 어떤 종류의 능력은 더 많이 감소하지만), 전반적으로 IQ로 측정되는 지능은 개인의 일생에 걸쳐 매우 안정적이다. 여기에서 안정적이라는 의미는 시간의 흐름에 따라 사람들 간의 차이가 유사하다는 것이다. 예를 들어, 10대나 20대에 영리했던 사람이 70대나 80대가 되어서도 다른 사람들에 비해 여전히 영리할까? 이에 대한 답은 "예"이다. 76년간의 종단연구로부터 얻은 자료에 기초하여 Alan Gow와 그의 동료들(Gow, Johnson, Pattie, et al., 2011)은 적어도 노년기의 IQ 차이의 50%는 그들의 아동기의 수행으로 설명할 수 있다고 보고했다. 나머지 50%는 다른 요인들에 의해 설명되었는데, 지능이라는 그림에서 볼 때 변화 역시 존재하며 이는 안정성과 같은 양만큼을 차지하였다. 그러나 IQ는 행동과학자들이 연구해온 아동기에서 노년기까지의 심리적 특성들 중에서 가장 안정적인 것 중의 하나이다.

요약하면, 전반적인 지적 능력은 대부분의 성인기 동안 상당히 안정적으로 남아 있다는 낙관적 견해를 잘 지지하고 있다. 이제, 지능을 자세히 구분해봄으로써 연령 증가에 따라 IQ의 구성요소인 특수 지적 능력에 어떤 일이 일어나는지 살펴보자.

지능의 구성요소

앞에서 언급한 바와 같이 IQ 검사는 단일 점수 이상을 산출한다. IQ 검사에서 하위 검사 점수가 산출되는데, 각 점수는 지능과 연관된 여러 유형의 인지 능력을 나타낸다. 연구자들이 흔히 사용하는 한 가지 구분은 결정성 능력(crystallized ability)과 유동성 능력(fluid ability) 간의 구분이다. 이 개념은 Raymond Cattell과 John Horn(Cattell, 1963; Horn & Cattell, 1966)이 최초로 제안하고 발전시켰다. 결정성 지능(crystallized intelligence)은 교육과 경험에 주로 의존한다. 이 지능은 특정 문화의 양육 과정에서 학습해온 기술과 지식의 조합으로 구성되며, 현실 생활 문제에 관해 추론하는 능력, 직업과 그 외 삶의 측면을 위해 학습해온 전문적 기술과 같은 것들(수표책의 관리, 거스름돈 계산하기, 식품점에서 샐러드 드레싱 찾기 등)을 포함한다. 한 표준화 검사에서 결정성 능력은 문단을 읽고 질문에 답하기와 같은 문제로 측정하는 어휘와 언어 이해로 측정된다(Blair, 2006).

이와 대조적으로, 유동성 지능(fluid intelligence)은 생물학적 과정의 영향을 더 많이 받는다고 생각되는 보다 더 기초적 능력의 세트이다. 즉, 이 지능은 "새로운 상황에 대한 적응을 요구하고 과거의 교육이나 학습에 따른 이득이 상대적으로 적다."(Berg & Sternberg, 2003, p. 105). 이 지능에 대한 일반적 측정은 일련의 철자 과제인데, F, G, I, L, P와 같은 일련의 철자가 주어지면 그 다음에 나올 철자(U)를 알아내야 한다. 이 과제는 친숙하거나 일상적인 사건에 관한 추론보다 추상적 추론을 요구한다. 대부분의 기억검사는 반응 속도 또는 보여준 도형과 같은 모양으로 블록 짜기를 통해 유동성 지능을 측정한다.

이들 두 가지 광범위한 범주의 지능을 무엇이라고 명명하든 결과는 비슷하다. 비언어적, 유동성 지능은 언어적, 결정성 지능보다 더 일찍 쇠퇴한다(decline)(Lindenberger & Baltes, 1997; Salthouse, 2003). 사실 세상에 대한 지식과 같은 결정성 능력의 측면들은 60대까지 계속해서 증가하며, 70대까지는 단지 점진적 감소를 보일 뿐이다(Ackerman, 2008; Ornstein & Light, 2010). 이와 대조적으로 처리 속도 및 작업 기억(처리하는 과정에서 한 번에 몇 개의 항목을 마음에 담아둘 수 있는가?)과 같은 유동성 지능의 특수한 측면들은 35~40세경에 감소하기 시작한다(Dykiert, Der, Starr, et al., 2012; Horn & Hofer, 1992).

결정성 능력과 유동성 능력의 변화 패턴은 심리학자 Shu-Chen Li와 동료들의 연구에서 증명되었다(Li, Lindenberger, Hommel, et al., 2004). 6~89세의 사람들에게 결정성 과제 및 유동성 과제와 관련된 종합검사를 받게 하였다. 유동성 과제에서의 수행은 20대 중반에 가장 높았고, 30대 중반에 명백한 감소를 보였다. 이와 비교해서, 결정성 능력은 40대까지도 정점을 보이지 않았고 70대까지 안정적으로 유지되었으며 감소를 보이지 않았다.

결정성 능력을 '연습하는' 노인들은 70대까지 특정 인지 과제에 대한 수행이 계속해서 향상되는 경우가 자주 있었다. 단어퍼즐을 규칙적으로 푸는 사람들을 생각해보라. 〈그림 4.2〉는 다양한 연령층의 참여자들에게 뉴욕타임스의 단어퍼즐을 풀게 하여 얻어진 여러 연구를 조합한 결과를 보여준다(Salthouse, 2004). 그림에서 보는 바와 같이, 정답을 맞춘 단어의 수는 연령에 따라 증가하였다. 60대의 참여자들은 대부분의 단어를 맞추었고, 반면에 20대와 30대의 사람들은 70대

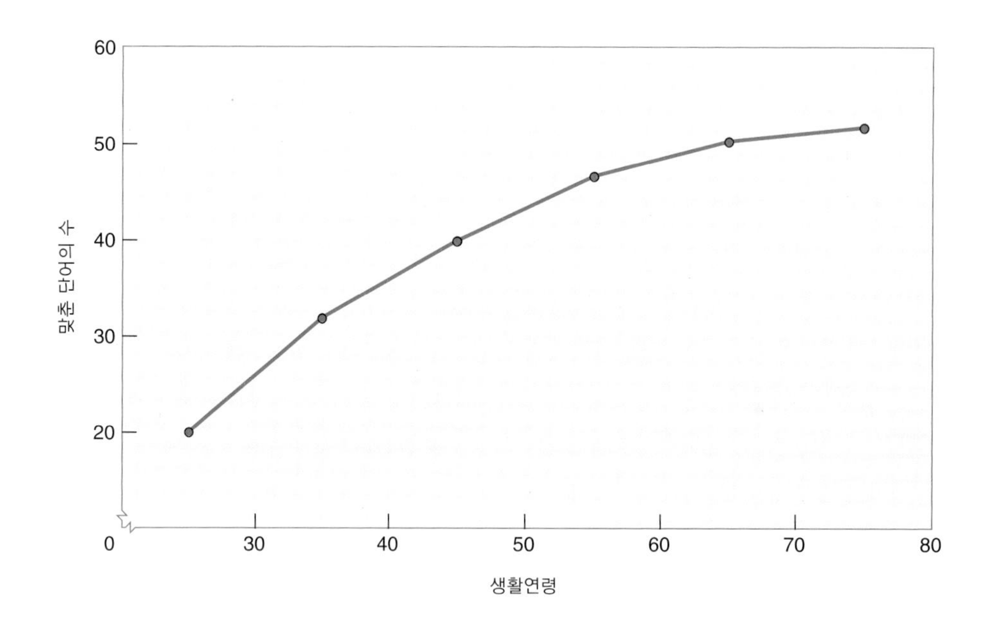

:: 그림 4.2
뉴욕타임스의 단어퍼즐에서 정답을 맞추는 수는 연령에 따라 증가하며, 결정성 능력에 대한 정신적 '연습'의 효과를 보여준다.
출처 : Salthouse (2004).

보다 적게 맞추었다. 동의어 알아맞추기와 그 외 언어 과제뿐 아니라 단어퍼즐 맞추기는 처리 속도나 새로운 기술을 학습하는 것에 의존하기보다 획득된 지식에 더 많이 의존하며, 건강한 노인의 인지 능력에 꼭 들어맞는 지능 구성요소이다. 지능은 전문가들이 한때 생각했던 것보다 더 느리게 감소할 뿐만 아니라, 인지적 노화에 관해서 모든 사람에게 획일적으로 적용되는 규칙은 거의 없다고 밝혀졌다. 다시 말하면 평균치는 노인보다 젊은 사람들이 높지만, 많은 노인 집단 사람들은 많은 젊은 집단의 사람들보다 지능이 높다. Schaie(1996)는 이러한 변산성을 측정하였는데, 80대와 그 이상의 연령대 사람들의 53%가 유동성 지능과 결정성 지능 모두에서 젊은 사람들에 필적할 만큼의 수행을 보였다.

흥미로운 한 가지 결과는 지능이 건강과 장수를 예언한다는 것이다. 이러한 점은 지능을 IQ형 검사(Gottfredson & Deary, 2004; Deary, Batty, Pattie, et al., 2008)로 측정했을 때와 약 복용, 경제 관리, 음식 준비 그리고 영양과 관련한 능력 등과 같은 일상생활 인지 능력 검사(Weatherbee & Allaire, 2008)로 측정했을 때 모두 사실로 나타났다. 이러한 연계가 나타나는 이유는 명백하지 않다. 그러나 한 가지 가능성은 추론을 잘하고 문제 해결 기술이 좋은 사람들은 건강 관리에 관해 더 좋은 결정을 하고 사고에 따른 상해를 더 잘 피할 수 있을 것이기 때문이다(Goffredson & Deary, 2004).

지능의 쇠퇴를 역전시키기

1970년대 초에 지능이 연령에 따라 심하게 저하되는 것이 아니라고 알려졌을 때, 연구자들은 종단연구에서 보이는 바와 같은 중간 정도로 감소한 IQ를 역전시킬 수 있는지에 대해 관심을 갖기 시작했다. 그에 대한 답은 "예"이다(Kramer & Willis, 2002). 여러 연구에서 신체적 훈련이 지적 수행에 유의미한 향상을 가져온다는 것을 보여주었는데(Colcombe & Kramer, 2003), 이는 검사할 과제와 관련된 요소들을 훈련시켰을 때(Labouvie Vief & Gonda, 1976; Willis, Tennstedt, Marsiske, et al., 2006)와 정답을 확신하지 못할 때 추측하려는 의지와 같이 검사의 비특수한 측면을 훈련시켰을 때(Birkhill & Schaie, 1975) 나타나는 향상과 동일하였다.

Schaie와 동료들(Schaie & Willis, 1986)은 진행 중인 종단 프로젝트에서 이미 쇠퇴를 보이거나 아직 쇠퇴를 보이지 않은 사람들에게 훈련의 효과가 있는지를 밝히고자 하였다. 64~94세의 참가자에게 5시간의 훈련을 시켰다. 참가자의 반은 지난 14년간에 걸쳐 쇠퇴를 보였고, 반은 그렇지 않았다. 참여자들의 일부는 공간 감각 훈련을 받았고, 일부는 귀납적 추론 훈련을 받았는데, 이 두 능력은 모두 연령에 따라 감소를 보이며 인지적 중재에 대해 저항이 큰 경향이 있다. 이 능력들이 감소했던 사람들에 대한 훈련의 결과를 검토했더니 반 정도의 사람들에서 이 능력들이 유의하게 증가하였고 40%는 이전의 수행 수준으로 되돌아갔다. 이에 비해 감소를 아직 보이지 않았던 사람들 중에서는 훈련 결과 1/3에서 이전 수준보다 능력이 높게 증가하였다.

비판적 사고

노인의 공간 감각에 이득이 된다고 생각하는 게임은 어떤 것이라고 생각하는가? 귀납적 추론을 향상시키는 게임은 어떤 것일까?

7년 후에 같은 연구자들은 이들 참여자들의 반에 대해 재검사를 실시하여, 훈련받지 않은 동일한 연령의 다른 사람들과 비교하였다. 훈련을 받은 집단의 점수는 이전 수준보다 감소하였으나, 통제 집단의 수행보다는 여전히 더 좋았다. 이러한 결과가 훈련이 있은 후 7년이나 지났어도 얻어졌다는 점이 중요하다. 이 참여자들에게는 재검사 당시 추가로 5시간의 훈련이 주어졌고, 이 훈련에 의해 또 다시 검사 점수가 유의하게 증가하였다. 그러나 7년 전의 수준만큼 증가하지는 않았다(Willis & Schaie, 1994). 2년에 걸쳐 유사한 결과가 시각운동 과제의 기억훈련에 대해 얻어졌고(Smith, Walton, Loveland, et al., 2005), 5년에 걸쳐 지각운동 과제에 대한 기억훈련의 효과가 얻어졌으며(Rodrigue, Kennedy, & Raz, 2005), 5년에 걸쳐 기억전략 과제의 효과가 얻어졌다(Gross & Rebok, 2011).

기억

기억(memory)은 정보를 유지하거나 저장하는 능력이며 필요시에 그것을 인출하는 능력이라고 정의된다. IQ가 대부분의 성인들에게 가장 친숙한 인지 개념이기는 하지만, 기억은 많은 걱정을 일으키는 주제임이 분명하다. 이 장의 앞에서 예시했던 케첩 세일즈맨에 대한 나의 이야기에서처럼, 노인들은 흔히 사소한 기억 실수를 심각한 인지적 실패의 징조로 잘못 해석할 뿐 아니라, 매일 자신들이 정확하게 수행하고 있는 중요한 기억과제들에 대해 인정을 하지 않는다. 대부분의 65세 이상의 성인들은 기억능력이 최근에 떨어진다고 인식하고 있고, 이에 대한 걱정을 표현하며, 질환, 독립성의 상실, 죽음과 연관시킨다(Lane & Zelinski, 2003; Wilson, Bennett, & Swartzendruber, 1997). 어떤 노인들에서는 기억실패의 효과가 정상적 염려 이상으로 나아간다. 임상심리학자들은 자신의 기억실패가 알츠하이머 질환의 증상이라고 병리적 수준의 불안을 보이는 환자들의 수가 증가한다고 보고하고 있다(Centofanti, 1998). 그래서 기억실패는 노인 환자를 다루는 직업인, 노인 환자를 보는 젊은 성인과 중년 성인 그리고 스스로가 노인인 사람들에 대해서 중요한 주제가 된다. 연령에 따른 기억력 변화, 그 원인 그리고 어떤 것이든 간에 미리 예방하고, 이미 일어난 쇠퇴를 원래대로 역전시키고 또 쇠퇴한 부분을 보상하기(compensate) 위해 행해야 할 것들에 관한 실제적 사실을 아는 것이 중요하다.

그러나 기억은 단일한 능력이 아니다. 심리학자들은 다양한 유형의 기억을 연구해왔으며 이것들이 연령에 따라 어떻게 변화하는지를 연구하고 있다. 예를 들어, 정보처리적 관점에서는 상이한 **기억 저장고**(memory store)들 간의 구분을 한다. 감각 저장고(sensory store)는 감각에 의해 정보가 선택되고 지각 체계에 의해 간단히 처리되는 최초 단계를 지칭한다. 단기 저장고(short-term store)는 두 번째 단계로서, 정보가 수초간 또는 그 정도로 유지되고, 버려지거나 장기 저장고(long-term store)로 저장되기 위해 약호화되는 곳이다. 장기 저장고에서는 수년간 정보가 유지될 수 있다. 또한 심리학자들은 장기 기억에 저장되는 기억들의 **유형**들을 구분한다. 이들 장기기억 유형에는 의식적으로 평가될 수 있는 사실과 사건에 대한 기억을 지칭하는 서술기억(declarative memory), 일반적으로 의식적 인식이 되지 않는 절차에 대한 기억을 지칭하는 비(非)서술기억이 있다. 이 절에서 이들 기억과 그 외의 기억 유형에 대해 살펴보고, 노인들의 이러한 기억의 기능을 향상시킬 수 있는 방법이 무엇인지에 대해 살펴보고자 한다.

단기 기억과 작업 기억

거의 모든 여러 가지 인지 과제를 수행하는 데에 중요한 기억의 한 유형은 단기 기억이다. 이는 짧은 시간 동안 마음에 정보를 유지하는 능력이다. 단기 기억은 흔히 1차 기억(primary memory)이라고 지칭되는데, 단기 기억 저장고에 정보를 수동적으로 유지함을 의미하며, 숫자 외우기 검사(digit-span task)와 같은 검사로 측정한다. 숫자 외우기 검사에서 검사자가 1초에 1개 정도로 무선적으로 배열된 일련의 숫자들을 불러주면 피검사자는 똑같은 순서대로 반복해서 말해야 한다. 1차 기억과 대조되는 기억은 작업 기억(working memory)이다(Baddeley, 1986). 작업 기억의 용량은 어떤 조작을 수행하는 동안 의식에 유지할 수 있는 정보량을 지칭한다. 연구자들은 숫자 외우기 검사로 측정한 1차 기억이 70대와 80대를 통해 연령에 따른 감소가 상대적으로 작음을 보여주었고(Gregoire & Van der Linden, 1997) 90대 중반에도 비교적 안정적으로 유지됨을 보여주었다(Bäckman, Small, Wahlin, et al., 2000). 이와 반대로 작업 기억은 연령에 따라 더 크게 감소하였다(Berg & Sternberg, 2003; Hale, Rose, Myerson, et al., 2011).

1차 기억과 작업 기억 간의 이러한 구분은 심리학자 Denise Park와 그녀의 동료들에 의해 증명되었다(Park, Lautenschlager, Hedden, et al., 2002). 그들은 20~80대에 있는 연구 참여자들을 여러 집단으로 나누어 다양한 기억 과제를 주었다. 이들 검사들의 일부 결과들은 〈그림 4.3〉에서 보는 바와 같다. 단기 기억 과제에는 실험자가 색 블록의 연쇄를 가리키는 것을 보고나서 그 연쇄대로 반복하기, 실험자가 숫자의 연쇄를 들려주면 이를 다시 반복해서 말하기 등이 포함되었다. 그림에서 보는 바와 같이, 단기 기억, 장기 기억 그리고 처리 속도에 대한 수행이 연령에 따라 감소하였다. 하지만 작업 기억 검사에 대한 수행의 감소는 더 급격했다. 작업 기억의 검사들은 정보에 대한 어떤 처리를 수행하는 동안 정보를 기억에 저장하는 것과 관련된다. 예를 들어, 읽기 폭 검사에서 참여자들에게 문장을 들려주고("저녁 식사 후에 요리사는 후식을 준비했다."), 그 문장에 대한 객관식 질문에 답하도록 하였다("요리사는 무엇을 준비했는가?" a. 생선, b. 후식, c. 샐러드). 또 참여자들에게 여러 개의 문장을 들려주고 질문을 하고 나서, 참여자들로 하여금 각 문장의 마지막 단어를 정확한 순서대로 기억하도록 요구하였다. 그림에서 보는 바와 같이 이들 과제에 대한 궤도는 1차 기억에 대해서보다 연령에 따라 훨씬 더 급격한 감소를 보여준다. 그러나 감소율은 기억할 것이 무엇인가에 따라서도 달랐다. 예를 들어, 연령에 따른 작업 기억의 감소는 언어 정보(예 : 여러 문장 각각의 마지막 단어를 기억하기, Hale, Rose, Myerson, et al., 2011)에 대해서보다 공간 정보(예 : 눈금 종이 위에서 일련의 X의 위치를 기억하기)에 대해서 더 컸다.

작업 기억 능력의 연령적 변화에 대한 주제를 다룬 종단적 자료들이 약간 존재한다. 심리학자 David Hultsch와 그의 동료들(Hultsch, Hertzog, Dixon, et al., 1998)은 빅토리아 종단연구에 참여하고 있는 297명의 캐나다 노인 집단에게 다양한 기억 검사를 실시하였다. 처음 검사받을 때 한 집단의 참여자들의 평균 연령은 65세였고, 다른 집단은 75세였다. 3년 후에 젊은 집단(68세가 됨)과 나이 든 집단(78세가 됨) 모두에서 언어적 작업 기억이 유의하게 감소하였고, 나이 든 집단

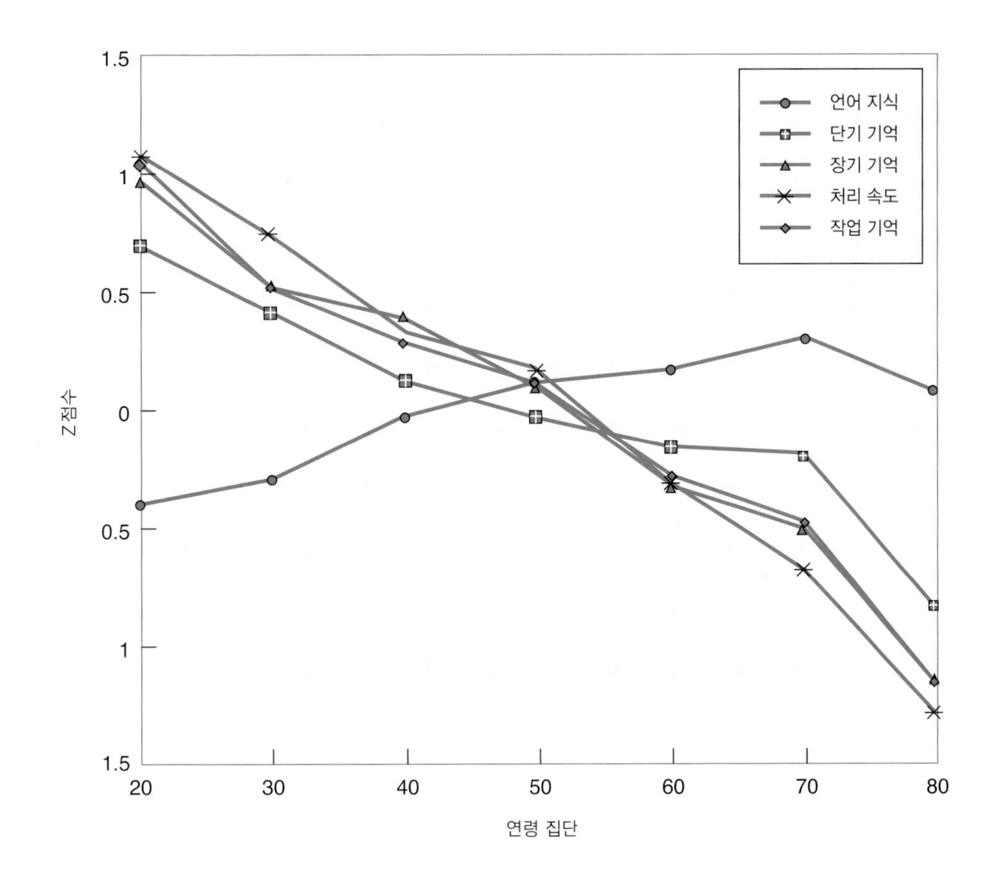

:: 그림 4.3
연령에 따른 횡단적 변화가 다양한 인지 과제에 대해 증명되었다. 단기(1차) 기억과 작업 기억이 모두 연령 증가에 따라 감소하지만 작업 기억의 감소가 더 급격함을 주목하라.

출처 : Park, Lautenschlager, Hedden, et al. (2002).

은 젊은 집단에 비해 유의하게 더 많이 감소하였다.

작업 기억에서 이러한 감소가 일어나는 원인은 무엇일까? 한 이론은 노인이 정신적 에너지 또는 주의 자원을 가지고 있지 않으나, 젊은 사람들은 가지고 있다는 것이다(Craik & Byrd, 1982). 다른 설명은 노인은 작업 기억 과제가 요구하는 책략을 사용할 수 없다는 것이다(Bräbion, Smith, & Ehrlich, 1997). 또 다른 설명은 처리 속도의 감소이다(Salthouse, 1996). 최근 연구에서 '책략 사용' 가설 대 '속도' 가설을 비교하였는데, 책략 사용이 작업 기억에서의 개인차를 어느 정도 설명할 수 있지만, 그것이 연령차를 설명하지는 못한다는 결과를 얻었다. 이와 대조적으로 처리 속도의 차이는 노인들 간에서 보이는 작업 기억 수행의 연령 차를 상당량 설명할 수 있다(Bailey, Dunlosky, & Hertzog, 2009). 네 번째 가설은 노인이 무관하고 혼란스러운 정보를 제지하는 능력이 부족하다는 것이다(Hasher & Zacks, 1988; Schlaghecken, Birak, & Maylor, 2011). 다섯 번째 설명은 노인들이 성공적인 작업 기억 기능에 요구되는 반성적 과정(reflective process)에 관여하지 못한다는 것이다(Johnson, Reeder, Raye, et al., 2002). 이러한 모든 설명은 최근 기억 연구에 나타나 있으며, 앞으로 전개될 연구 결과들을 살펴보는 것은 흥미로울 것이다.

젊은 성인과 노인이 작업 기억 과제를 동등하게 수행할 때, 즉 기억 부담이 적을 때(예를 들어, 2~4개의 항목만을 기억해야 하는 과제), 뇌 영상 연구에서 그들이 뇌의 다른 부분을 사용한다는 것을 보여준다는 것을 아는 것이 흥미롭다(Reuter-Lorenz, 2013). 예를 들어 기억 부담이 적을 때 노인들은 고등 인지와 연관되는 영역인 뇌의 전두 영역에서 젊은 성인들에 비해 동일 영역의 활성화를 더 많이 보인다. 과제의 요구가 더 커짐에 따라 젊은 성인도 이들 영역의 활성화가 증가하며, 노인들은 한쪽 반구뿐만 아니라 다른 쪽 반구까지 활성화하기도 한다(Cappell, Gmeindl, & Reuter-Lorenz, 2010; Schneder-Garces, Gordon, Brumback-Peltz, et al., 2010). 신경 활성화의 이러한 패턴에 따라 노인은 퇴화된 뇌의 수동적 희생자가 아니라, 오히려 인지 수행의 수준을 유지하기 위해 대체된 신경적 책략을 발전시키고 있다고 제안한다.

특히 작업 기억은 왜 그렇게 중요할까? 첫째 이유는 작업 기억이 대부분의 다른 인지 과제의 수행과 관련이 있기 때문이다. 자신의 마음에 정보를 활성화 상태로 지속시키고 그 정보에 대해 어떤 일을 수행하는(즉, 어떤 일에 대해 '생각하는 것') 능력은 아침에 커피를 준비하는 평범한 일에서부터 새 평면 TV를 사는 결정을 하는 데까지 사람들이 해결하고자 하는 대부분의 모든 문제들에 핵심적이다. 작업 기억은 심리학자들이 실행 기능(executive function)이라고 부르는 것의 핵심 구성요소이다. 실행 기능은 주의를 조정하고 방금 수집했거나 또는 장기 기억으로부터 인출한 정보에 대해 해야 할 일을 결정하는 데에 관련된 과정이다(Jones, Rothbart, & Posner, 2003; Miyake & Friedman, 2012). 작업 기억에 덧붙여, 실행 기능은 간섭에 대한 반응을 제지하고 저항하는 능력과 정보에 선택적으로 주의하는 능력 그리고 인지적 유연성을 포함하는데, 인지적 유연성은 사람들이 다른 규칙들이나 다른 과제들 간에서 쉽게 전환할 수 있는 능력에 반영된다. 이들 각 기술들은 노인에서 그 효율성이 감소한다(Goh, An, & Resnick, 2012; Madden, 2007; Passow, Westerhausen, Warternburger, et al., 2012; Wasylyshyn, Verhaeghen, & Sliwinski, 2011).

서술적 기억과 비서술적(절차적) 기억

이 장의 앞에서 언급한 바와 같이, 기억은 단일한 과정이 아니다. 실제로 기억 그 자체는 단일하지 않다. 즉, 기억은 장기 기억 저장고에서 인출하여 의식으로 가져온 특정 사건과 같이 단일한 것이 아니라 정보가 장기기억 저장고에 두 가지의 일반적 방식, 즉 서술적 기억과 비서술적 기억으로 표상된다고 본다(Tulving, 1985, 2005). 명시적 기억이라고도 불리는 서술적 기억(declarative memory)은 의식적 인식에 이용할 수 있는 지식을 지칭하며 직접적으로(명시적으로) 회상 기억이나 재인기억 검사로 측정될 수 있다. 서술적 기억에는 두 유형이 있다. 그 한 유형은 의미 기억(semantic memory)으로 언어, 규칙 그리고 개념에 대한 지식이고, 다른 유형은 일화 기억(episodic memory)으로 사건을 회상하는 능력이다. 당신이 *Jeopardy*라는 TV 프로그램에 출현해서 미국 15대 대통령의 이름을 알아내려 할 때는 의미 기억을 사용한다. 당신이 집에 와서 친구와 가족에게 LA의 여행에 대해 이야기하려 할 때는 일화 기억을 사용한다(지금 나는 미국의 15대 대통령이 James Buchanan이라고 쓰고 있는데, 내 컴퓨터에 있는 외적 기억 장치인 구글을 사용하고 있다).

노인들이 "내 기억력이 전처럼 정확하지가 않아."라고 말할 때, 이는 일화 기억에 관해 말하고 있는 것이다. 정보처리 용어로는 이렇게 표현될 수 있다. "나의 저장과 인출 과정이 전만큼 작동하지 않는 것 같아." 일화 기억은 전형적으로 다양한 연령의 사람들에게 기억할 단어 목록이나 이야기를 제시하여 연구한다. 사람들은 나중에(몇 초 또는 여러 날이 될 수 있다) 될 수 있는 대로 단어나 이야기를 많이 기억하라고 지시받는다. 전형적 결과는 노인들이 젊은이만큼 회상을 하지 못한다는 것이며, 이러한 쇠퇴는 비교적 느리기는 해도 성인기 동안에 걸쳐 지속된다는 것이다. 아마도 이러한 쇠퇴는 10대 후반~20대 초반에서와 같이 일찍 시작할 것이다. 또한 적어도 90대 중반까지 지속될 것으로 본다(Hoyer & Verhaeghen, 2006; Ornstein & Light, 2010).

비판적 사고

만약 당신의 기억이 냉장고 같다면 약호화는 식료품을 오른쪽 서랍과 격실에 넣어두는 것과 같다. 저장과 인출에 관해서 당신은 어떻게 유추하겠는가? 오랜 친구의 이름을 망각한 것을 '냉장고 용어'로 어떻게 설명하겠는가?

다른 연구들에서, 연구자들은 사건을 기억하고 자신들과 관련된 사람들을 기억하는 노인의 능력들을 연구해왔다(Earles, Kersten, Curtayne, et al., 2008; Kersten, Earles, Curtayne, et al., 2008; Old & Naveh-Benjamin, 2008). 예를 들어, 젊은이와 노인에게 사람들이 단순한 행위(예를 들어, 젊은 여인이 사과를 깎는 행위)를 수행하는 일련의 비디오 동영상을 보여주고, 나중에 다른 종류의 일련의 비디오를 보여준다. 나중에 보여주는 비디오 동영상의 일부는 앞에서 보았던 것이고, 일부는 보지 않았던 것이다. 참여자들에게 여러 동영상에서 먼저 동일한 사람이 다양한 행위를 수행하는 것을 보여주었고, 여러 사람들이 앞서 보았던 동일한 행위를 수행하는 것을 보여주었다. 후에 단지 동일한 사람이 앞서 보았던 동일한 행위를 수행하는 동영상만을 확인하라고 했더니 노인들(65세와 그 이상)의 수행이 젊은이들(주로 대학생들)보다 저조하였다. 이러한 연령 차에 대한 한 가설은 노인들이 일화 기억의 각 단위들을 연결하여 그것들을 장기 기억에서 인출하기가 어렵다는 것이다. 이러한 해석은 또한 노인들이 젊은이들보다 새로운 지인들의 이름을 학습하기가 더 어렵다는 결과와 일치한다(Old & Nave-Benjamin, 2012).

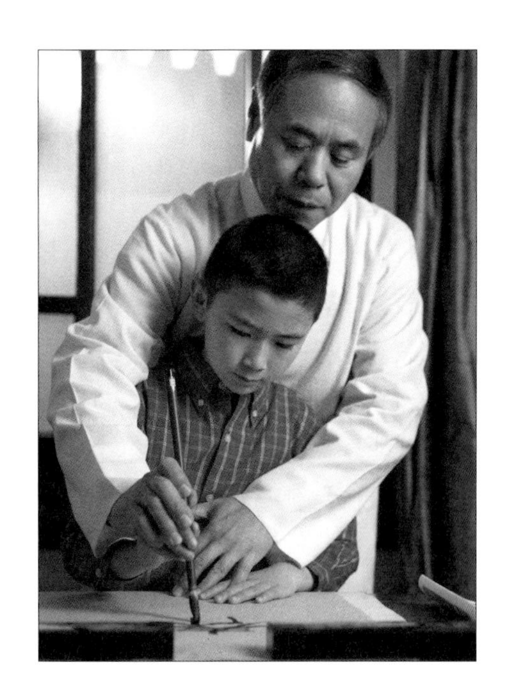

절차 기억은 한 문화에서 세대에서 세대로 전수되는 기술을 포함한다.

의미 기억에 관해서는 어떤가? 어휘와 일반 지식을 다루는 IQ 하위 검사에서는 연령에 따른 감소가 거의 없다(Salthouse, 1991). 그래서 의미 기억은 75세 이전에는 상당히 안정적으로 보인다. 이에 덧붙여, 중년기(35~50세 사이)에는 의미 기억 과제에서 연령에 따른 변화를 보이지 않는다(Bäckman & Nilsson, 1996; Burke & Shafto, 2008). 70~103세 사이의 베를린 노화 연구의 참여자들은 사실과 단어 의미의 저장고를 활용하는 과제 수행에서 점진적이면서도 체계적인 쇠퇴를 보여주었다(Lindenberger & Baltes, 1994). 〈그림 4.4〉에 35~85세의 의미 기억과 일화 기억의 변화에 대한 추정치를 제시하였다(Rőnnlund, Nyberg, Bäckman, et al., 2005). 의미 기억 능력은 중간 정도의 감소를 경험하기 이전에 실제로 70대까지도 증가함을 보여주며, 반면에 일화 기억 능력은 60대 중반에 심한 감소를 보여준다.

연령에 따라 안정적으로 유지되는 의미 기억의 규칙에 대한 한 가지 예외는 단어 탐지 실패(word-finding failures)이다. 이는 많은 중년과 노인이 사용하려는 단어를 알고 있지만 그 순간에 그 단어를 찾아내지 못할 때의 느낌이며, 이는 흔히 설단 현상(tip-of-the-tongue phenomenon)이라 부른다. 이는 확실히 의미 기억을 활용하는 과제이다(Shafto, Burke, Stamatakis, et al., 2007). 이와 관련된 의미 기억 현상은 이름 인출 실패(name-retrieval failures)이다. 이는 예를 들어, 스타 트랙에 많이 나왔었고 지금은 호텔 광고에 나오는 배우의 이름을 알아내지 못하는 것과 같은 것인데 중년에 증가하기 시작한다(Mayler, 1990). 심리학자 Fergus Craik(2000)는 이러한 예외에 대한 설명으로 장기 기억 체계의 구성요소가 연령에 따라 안정적인가 또는 감소하는가에 대해 중요한 열쇠는 과제의 특수성이라고 제안한다. 즉, 과제가 특수한 단어나 이름을 요구하면 이에 답하기가 더 어렵기 때문에 연령에 따라 감소한다는 것이다. 반면에 다른 과제는 더 일반적인 답을 요구하기 때문에 더 쉽고 후기 성인기까지 안정적으로 유지된다. 앞의 *Jeopardy*게임에 관련한 예에서, 'James Buchanan'은 매우 특수한 정보의 항목이며, 따라서 이 항목의 회상 실패는 다른 단어들의 사용으로 보완되지 못한다. 그러나 LA 여행에 관한 이야기는 보다 더 일반적 정보로 구성되어있다. 만약 특정 항목이 회상될 수 없다고 해도(예 : *Jeopardy*의 사회자의 이름) 'Alex Trebek' 대신 여전히 '게임 쇼의 사회자' 또는 '쇼의 스타'라는 말을 사용하여 이야기할 것이다. Craik의 설명을 사용하면, 의미 기억이 연령이 증가해도 그처럼 안정적인 이유는 바로 의미 기억이 대체로 특수하기보다 일반적이기 때문인 것이다. 그리고 일화 기억에 연령에 따른 변화가 존재하는 이유는 그에 요구되는 특수성 때문이다.

서술적 기억에 비해 비서술적(nondeclarative)[또는 절차적(or procedural)] 기억(memory)은 기술의 학습과 유지(Tulving, 1985)에 관련된 기억이다. 이 기억 체계에 의존하는 기술에는 차를 운전하거나 구두끈을 매거나, 자전거를 타는 것과 같은 많은 운동 체계가 포함된다. 이러한 운동 기술은 일단 학습되면 의식적 인식이 필요 없는, 잘 학습된, 자동적인 정신 과정과 관련이 있

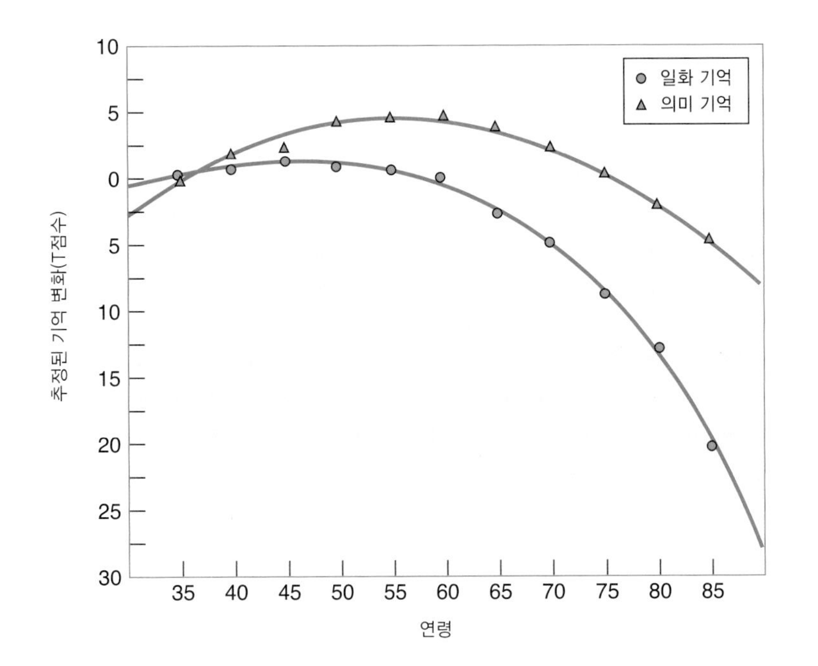

:: 그림 4.4
의미 기억과 일화 기억 능력의 연령에 따른 추정된 변화. 의미 기억 능력은 중년기에 걸쳐 증가하며 노년기에 완만한 감소를 보인다. 반면 일화 기억 능력은 60대 중반에 급격한 감소를 보인다.

출처 : Rönnlund, Nyberg, Bäckman, et al. (2005).

다. 우리는 캔 따개를 사용하는 방법이나 자전거를 타는 방법을 스스로 되새길 필요가 없는데, 이처럼 이 기술들이 의식적 기억과 무관하다는 사실은 연령 및 뇌손상의 효과로부터 보호받기 위한 것으로 보인다. 상대적으로 절차 기억의 연령적 변화에 대한 직접적 연구는 별로 수행되지 않았으나, 일반적 결과는 성인기에 걸쳐 연령에 따른 변화가 거의 일어나지 않는다는 것이다. 단, 속도를 요하는 수행과 관련된 과제는 예외이다(Dixon, de Frias, & Maitland, 2001). 절차 기억의 이러한 강건함에 대한 더 많은 증거가 기억 상실의 다양한 유형을 겪는 사람들을 대상으로 한 연구에서 얻어졌다. 연령 증가 시 많은 영역에서 기억 능력의 상실이 있다고 정의되지만, 절차 기억은 흔히 정상 수준으로 유지되는 것으로 보인다(Schacter, 1997).

비판적 사고

당신의 절차 기억에는 무엇이 있는가? 어떤 내용은 다른 친구들과 공통되고 어떤 내용은 독특할까?

미래 기억

노인에게 중요한 또 다른 유형의 기억은 미래 기억(prospective memory)인데, 앞으로 또는 미래에 해야 할 일을 기억하는 것이다(Einstein & McDaniel, 2005). 이 기억은 특정한 어떤 시기에 할 과제를 수행하거나(토요일에 골프를 칠 것을 기억하기) 또는 습관적인 일상적 일을 수행할 것(매일 점심 후에 약 복용하기를 기억하는 것)을 기억하는 것이다. 미래 기억은 미래에 행할 어떤 것을 기억하는 것뿐 아니라 수행해야 할 필요가 있는 어떤 것을 기억하는 것도 포함한다. 목요일 2시 30분에 하기로 한 어떤 일이 있다는 것을 알고 있는 사람은 달력을 바라볼 생각을 떠올릴 것이다. 이 경우에 '어떤 일'이 정확히 무엇인지를 떠올리는 것은 아니다. 연구들에서 노인들이 젊은 성인들보다 미래 과제에 대해 더 빈약한 수행을 한다는 것이 일관성 있게 보고되고 있지만, 수행의 차이의 크기는 일화 기억에서보다 일반적으로 더 적다(Henry, MacLeod, Phillips, et al., 2004). 단, 방해하는 물질이나 활동이 관련될 때에는 예외적이다. 예를 들어, 참가자가 한 과제에서 다른 과제를 수행하도록 빠르게 변환해야 할 때에는 두 번째 과제가 첫 번째 과제의 간섭을 받으며, 이 경우에 노인(또는 초등 1학년)이 젊은 성인보다 더 저조한 수행을 보인다. 그렇지만 간섭이 없을 때는 젊은 성인과 노인 간의 차이는 더 작아지거나 없어진다(Kliegel, Mackinlay, & Jäger, 2008). 이러한 결과에 대한 한 가지 설명은 미래 기억의 측면들이 실행 기능에 의존하는데, 이 기능이 노인에게서 감소하기 때문이라는 것이다(Cepeda, Kramer, & Gonzalez de Sather, 2001).

기억 능력의 쇠퇴를 늦추기

기억의 어떤 유형이 연령에 따라 감소한다면, 노인에게 정보처리 문제를 보완할 수 있는 특별한 책략을 가르치는 것이 가능한가? 이것이 바로 많은 훌륭한 기억 훈련 연구의 배경이다. 예를 들어, 사람의 얼굴과 이름 간을 연결해주는 심상을 형성하는 것과 같이 내적 기억 보조물을 사용함으로써 사람들의 이름을 기억하도록 노인들을 잘 훈련시켜왔다(Yesavage, Lapp, & Sheikh, 1989). 다른 연구에서, 노인들에게 단어 회상을 향상시키기 위해 약호화, 주의 그리고 이완 책략을 훈련시키거나(Gross & Rebok, 2011; Stigsdotter & Bäckman, 1989, 1993), 노인 참여자들에게 재인검사에서 원래 항목과 새로운 항목을 계속해서 변별하도록 가르치는 것과 같이 의식적으로 통제된 회상 문제를 훈련시켰다(Bissig & Lustig, 2007; Jennings, Webster, Kleykamp, et al., 2005). 베를린 노인 연구의 참여자들에게 회상 수행을 향상시키기 위해 회상 목록의 단어들을 자신들이 사는 도시의 친숙한 경로에 있는 이정표가 되는 빌딩과 연합시키는 장소법(method of loci)을 사용하도록 학습시켰다(Kliegel, Smith, & Baltes, 1990).

훈련의 효율성에 관한 질문에 답하자면, 답은 "예"이다. 그러나 훈련에 의해 감소한 기억 기능은 향상되었는가에 대한 답은 "아니요"이다. 즉, 훈련이 기억 기능의 감소를 완전히 없애지는 못했다. 이 연구에서 어떤 노인의 수행도 젊은 성인의 수준에 도달하지 못했다. 그러나 모두 참여자들이 과거 수행이나 훈련을 받지 않은 노인 통제 집단의 수행보다 유의한 향상을 보였다. 더욱이, 아동과 젊은 성인은 대체로 노인보다 훈련에 의한 이득이 더 컸다. 예를 들어, 9~12세의 아동들과 65~78세의 노인들을 대상으로 단어를 약호화하고 인출하는 것을 돕기 위해, 위치 단서를 사용하는 심상기초적 기억 훈련을 시켰다(Brehmer, Li, Müller, et al., 2007). 연구에 의하면 아동과 성인들이 연구를 시작할 때 유사한 수행을 하였지만, 훈련의 결과 각 집단에서 향상을 보였고 더 나아가 성인 집단보다 아동 집단에서 이득이 더 컷다.

기억에 관한 다른 연구들에서는 노인들로 하여금 목록을 만든다든지, 필기를 한다든지, 눈에 띄는 장소에 기억할 물건들을 둔다든지, 음성 메일이나 타이머, 휴대용 녹음기 등을 사용하는 것과 같이 외적 기억 보조물을 사용하도록 하는 훈련에 초점을 두었다. 이러한 연구들에서 심리학자 Orah Burack과 Margie Lachman(1996)은 젊은 성인과 노인들을 목록 만들기 집단과 목록 만들기를 하지 않은 집단에 무선 할당하고, 그들에게 단어 회상 검사와 단어 재인 검사를 실시하였다. 기대한 바와 같이 표준 회상 조건(목록 만들기를 하지 않은)에서 노인들은 젊은 성인보다 수행이 더 낮았다. 그러나 목록 만들기 집단에서는 노인 집단과 젊은 성인 집단 간에 유의한 차이가 없었다. 더 나아가 목록 만들기를 한 노인 집단은 목록 만들기를 하지 않은 노인 집단보다 수행이 더 좋았다.

한 흥미로운 변형 연구에서 저자들은 목록 만들기 집단의 참여자들에게 미리 회상 검사 동안에 목록을 만들 수 있다고 말해주었으나 나중에는 사용하지 못하게 했다. 이와 같이 목록 만들기를 했지만 그것을 사용하지 않은 참여자들은 목록 만들기를 하고 그것을 사용한 집단만큼 기억에 이득이 있었다. 이러한 결과는 목록 만들기 활동이 기억을 향상시키며 회상 시에 목록을 사용할 수 없는 경우에도 기억을 향상시킨다는 것을 보여준다(만약 당신이 식품 목록을 만들었는데 그것을 집에 놓고 나갔다면, 목록 만들기 행위가 그것을 가져갔을 때만큼 효과가 있다는 것을 깨달을 것이다).

비판적 사고

일반적으로 당신은 몇 가지의 외적 기억 보조물을 사용하는가(노트에 써보기 바란다)?

이와 같은 연구들은 내적 기억 보조물과 외적 기억 보조물에 대한 훈련이 자신이 젊었을 때만큼 기억이 좋지 않은 노인들에게 도움이 됨을 보여준다. 기억보조물의 사용이 젊을 때만큼의 능력으로 100% 돌려놓지는 못하겠지만 중재와 향상은 가능하다는 것이다.

맥락적 기억

기억의 연령적 변화에 대한 실험실 연구는 기억에 대한 성인발달에 유용한 통찰을 가져다 주었다. 그러나 기억 연구들이 비맥락적 과제에 의존하였기 때문에 사고가 연령에 따라 어떻게 변화하는지에 대한 설명을 완전하게 잘 하지 못한다. 기억 실험에서의 전형적 과제는 '친숙성이나 의미성이 비교적 낮으며', 참여자의 개인적 특성에 대해 거의 주의하지 않았다(Hess, 2005, p. 383).

많은 연구자가 맥락적 관점(contextual perspective)이라고 알려진 성인 인지에 대한 접근을 채택하고 있다. 이 관점의 제안자들은 전통적인 실험실 연구는 성인기에 걸친 일상생활에서의 인지 과정을 고려하지 못했으며, 연령에 따른 맥락을 고려할 때에는 다르게 나타날 것이라고 믿는다. 맥락적 관점에서는 인지의 적응적 본성(adaptive nature of cognition)에 관심이 있다. 즉, 나이 들어감에 따라 삶이 변해가며, 성공적 노화란 그러한 변화들에 맞게 인지 스타일을 어떻게 적용하는가에 달려 있다고 본다. 예를 들어, 젊은 성인들은 교육이나 직업 훈련에 관여하는 경향이 있고, 따라서 자신의 인지 능력을 특수한 사실이나 기술의 습득에 맞추고, 권위자들의 인정을 받도록 맞추는 경향이 있다. 반대로 노인들은 흔히 자신의 지식을 젊은 세대에게 전수하는 일에 관여하며 따라서 자신의 인지 능력을 정보로부터 정서적 의미를 끌어내고 그 정서적 의미를 자신의 기존 지식에 통합하는 데에 초점을 둔다. 연령 차를 연구하는 전통적인 실험실 과제는 젊은 사람들이 전형적으로 수행하는 인지 활동과 더 닮았다(Hess, 2005).

이러한 차이는 심리학자 Cynthia Adams와 그녀의 동료들의 연구에 의해 증명되었다(Adams, Smith, Pasupathi, et al., 2002). 그들은 두 연령 집단의 여성을 대상으로 기억해야 할 이야기를 들려주고 그 이야기를 실험자 또는 어린 아이들에게 다시 들려주게 하였다. 젊은 집단은 평균 20세였고 노인 집단은 평균 68세였다. 실험자에게 이야기를 들려주게 한 경우에는 전형적인 실험실 연구 결과와 비슷했다. 즉, 젊은 집단이 노인 집단보다 이야기를 더 많이 회상하는 것으로 나타났는데 이는 놀라운 일이 아니다. 그러나 어린 아동들에게 이야기를 들려주게 한 경우에는 노인 집단이 젊은 집단과 같은 정도로 회상하였다. 더 나아가 노인 집단은 복잡한 이야기를 어린 아동들에게 맞도록 적용시키는 경향이 있었다. Adams와 그녀의 동료들은, 젊은 대학생이 아닌 조모의 목표에 적합한 과제가 주어질 때처럼 목표가 자신의 삶에 맞게 조절될 때에는 노인들도 젊은 이들만큼 이야기를 회상할 수 있다고 결론 내렸다.

전통적인 실험실 연구에서 고려되지 않은 또 다른 요인은 노화와 기억에 대한 부정적 고정관념의 역할이다. 집단의 구성원들이 자신들에게 가지는 부정적 고정관념을 인식하고 있으면 사람들은 그 고정관념이 입증될 입장에 놓일 때 불안을 경험할 수 있다. 이러한 맥락적 요인은 고정관념 위협(stereotype threat)이라고 알려져 있으며, 이것의 한 예는 노인은 잘 잊어버린다는 부정적 고정관념이다. 이 절의 앞에서 언급한 것처럼 연령에 따른 기억 상실은 많은 성인에게 매우 민감한 주제이며, 어떤 연구자들은 노인들은 자신들의 인지 능력이 기억 연구의 관심으로 존재한다는 것을 알고 있기 때문에 기억에 부정적 영향을 받을 수 있다고 주장한다(Desrichard & Köpetz, 2005; Levy & Leifheit-Limson, 2009). 사실, 연구에서 기억 영역을 강조하지 않을 때 노인들은 더 잘 수행할 것이다(Hess, Hinson, & Statham, 2004). 78세 정도의 연령층에 대한 한 노인 연구에서 연구자들은 부정적 고정관념을 기술하는 단어들이 검사 내용에 더 많이 추가될수록 기억력이 더 감소한다는 것을 발견하였다. 자신의 기억력에 관해 염려하는지를 물었을 때 더 많은 염려를 표현하는 사람들이 회상 시에 고정관념의 영향을 가장 많이 받았다(Hess, Auman, Colcombe, et al., 2003). 부정적 고정관념은 노인의 기억수행에 영향을 미치며, 효과의 크기는 자신의 기억에 대해 표현하는 염려의 양과 관련이 있었다.

그러나 왜 연령에 대한 부정적 관념을 떠올리는 것이 노인의 기억을 낮추는 것일까? 심리학자 Marie Mazerolle과 그녀의 동료들(Mazerolle, Rêgner, Morisset, et al., 2012)은 고정관념 위협이 젊은 성인에서보다 노인에게 더 많은 작업 기억 자원을 소모하게 하여 기억 수행에 더 큰 감소가 일어날 것이라는 가설을 세웠다. 이 가설을 검증하기 위해 젊은 집단(평균 21세)과 노인 집단(평균 69세)에게 작업 기억 과제를 주었다. 참여자들은 짧은 문장을 읽고 각 문장의 마지막 단어를 제공받은 순서대로 기억하도록 요청받았다. 글 또한 컴퓨터 화면에 한 번에 40개씩 배열된 단어를 보여주었고 나중에 그 단어들의 첫 세 자를 보여주었으며, 그 후에 전체 단어를 회상하게 하였다. 참여자들에게 이 과제들이 '기억력 진단을 위해 완전히 타당화된 것'이라고 말해주었다. 그 후에 젊은 집단과 노인 집단은 모두 두 조건 중 하나에 할당되었다. 고정관념 위협 조건에서, 참여자들에게 단지 두 집단 모두가 이 과제들을 수행할 것이라고 말해주었다. 이렇게 함으로써 노인들이 젊은이들보다 기억이 나쁘다는 사실을 노인 스스로 충분히 떠올릴 수 있다. 위협 감소 조건에서는 참여자들에게 젊은이와 노인이 모두 검사를 받겠지만, 나이에 따라 수행이 다르

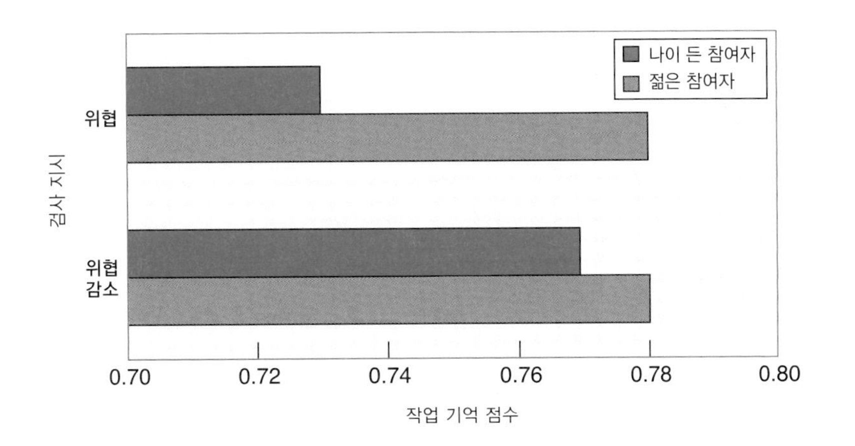

:: 그림 4.5
노인의 작업 기억 점수는 연령에 대한 부정적 고정관념을 떠올릴 때 급격히 감소되었다. 이러한 떠올림이 감소될 때 노인들의 점수는 젊은 집단과 더 유사했다.
출처 : Mazerolle, Régner, Morisset, et al. (2012).

지 않도록 하는 '나이에 공평한' 검사를 받을 것이라고 말해주었다.

기대한 바와 같이, 젊은 성인들은 노인들보다 단서 회상 과제에서 수행이 더 우수했으며, 고정관념 조건에서 그 차이는 가장 컸다. 노인이 연령에 대한 부정적 고정관념을 떠올릴 때 서술적 기억 과제에 대한 수행이 더 나쁘다는 것을 단순히 확증한 결과는 특별히 새로운 것이 아니다. 이 연구에서 흥미로운 것은 이러한 효과가 작업 기억 측정치에 관한 수행과 관련이 있다는 것이다. 〈그림 4.5〉에서 고정관념 위협 조건과 고정관념 비위협 조건에서 젊은 성인과 노인의 작업 기억 점수를 보여준다. 보이는 바와 같이 젊은 성인은 두 조건에서 같은 정도로 수행하였지만, 노인은 고정관념 위협 조건에서 작업 기억 점수가 유의하게 감소되었다. 연구자들은 노인들이 연령에 대한 부정적 고정관념을 떠올릴 때 서술적 기억 과제에 대한 수행이 감소되는 한 가지 이유로 이러한 떠올림이 작업 기억 용량을 소모하게 하여, 이는 결국 과제 정보를 얼마나 기억할 수 있는지에 관해 영향을 미친다는 것을 가리킨다고 해석하였다.

의사 결정과 문제 해결

문제 해결과 의사 결정은 다양한 유형과 수준의 사고가 협응하여 상호작용하는 것을 요구하는 복합적인 인지 기술이다. 이들 능력은 과거 초기의 인간의 생존에도 중요하거니와 오늘날에도 중요하다. 의사 결정과 문제 해결에 관한 연구는 인지 심리학에서 확립되어있는 분야이기는 하지만 성인기와 노년기에 적용된 것은 최근의 일이다. 우리 모두 연령에 따라 변화가 요구되는 판단과 결정의 유형을 인식하고 있지만, 다음 절에서는 사람들의 판단과 결정의 질이 변화하는지, 즉 기저 인지 과정에 연령에 따른 변화가 있는지를 묻고자 한다(Sanfey & Hastie, 2000).

성인들에게 흔히 전생애를 통해 요구되는 한 가지 유형의 결정은 선택 또는 다중적 속성을 가지는 일련의 대안들 중에서 선택하기이다. 학비가 각자 다르고, 집과 거리가 다르며, 지명도가 다르고, 제안받은 장학금이 각기 다른 3개의 대학에 입학 허가가 났을 때 여러분은 어떤 대학에 입학할 것인가? 당신이 아팠을 때 위험도, 부작용, 비용 그리고 치료 성공률이 다른 2개의 질병 치료 중 어느 것을 선택할 것인가?

:: 그림 4.6
의사 결정 연구에 사용된 선택 판의 예이다. 이 판은 네 가지 각 차종 선택에 대한 네 가지 요인을 포함하고 있다.

이러한 기술에 관한 연구가 실험실에서 많이 이루어졌는데 **선택 판**(choice board)이라고 알려진 속성 행렬을 사용하였다. 〈그림 4.6〉에서 자동차 사기 딜레마를 보여준다. 결정의 주요 요인은 전체 비용을 비교하기, 각 차에 태울 수 있는 인원 그리고 각 차에 대해 제공받는 할인액이다. 처음에 이 범주들을 보여주지만, 속성들은 카드 위에 써서 행렬에 엎어 놓는다(연구에 따라 컴퓨터 화면을 사용하기도 한다). 참여자에게 결정에 필요한 정보가 무엇이든 보도록 해주고 시간도 필요한 대로 사용하도록 말해준다. 참여자가 뒤집어 본 카드들, 뒤집어진 카드들의 패턴 그리고 각 카드를 살펴본 시간들이 모두 기록된다. 젊은 성인과 노인의 선택–결정 과정을 비교한 결과, 이러한 유형의 판단과 의사 결정에 관한 연령 차를 알 수 있었다.

한 연구에서 선택 판 기법을 사용하여 젊은 성인(평균 연령 23세)과 노인(평균 연령 68세)에게 9개 특징들을 비교할 기회를 준 후에 6개 차종 중에서 사야 할 차를 어떻게 고르는지를 검토하였다. 후기의 연구에서 5개 임대 아파트에 대해 12개 특징들을 선택 판에 제공하고 두 연령 집단의 임대 선택을 비교하였다(Johnson, 1993). 다른 연구들에서는 복잡한 재무 결정에 대해 20대와 60~70대의 의사 결정 과정을 검토하였다(Hershey & Wilson, 1997). 질병 치료의 선택에 관한 연구에서는 젊은 여성, 중년 여성 그리고 노인 여성에 대해 유방암 치료를 포함한 모의상황에 대한 의사 결정을 비교하였다(Meyer, Russo, & Talbot, 1995). 이와 같은 연구들은 의사 결정이라는 주제의 전체 범위에 해당하는데, 모두에서 유사한 결과가 얻어졌다. 기본적으로, 노인들은 젊은 사람들보다 정보를 더 적게 사용했고 시간이 더 적게 걸렸다. 그럼에도 두 집단의 선택 간에 본질적 차이는 없었다.

비판적 사고

당신이 최근에 했던 중요한 결정에 대해 생각해보라. 당신의 매트릭스 판은 어떻게 보일까?

이러한 결과들에 대해 가능한 한 가지 설명은 노인들이 자신의 인지적 한계를 인식하므로 덜 복잡한 사고 과정에 기초하여 결정한다는 것이다. 그러나 그들의 결정이 젊은 사람들의 결과와 같다는 사실에서 다른 설명이 제안되었다. 즉, 노인은 어떤 아파트를 임대할 것인가? 어떤 차를 살 것인가? 또는 어떤 치료를 받을 것인가? 등의 의사 결정에 대해 전문가라는 가설이 제안되었다. 대부분의 성인들은 노년기에 도달할 때까지 여러 번 이러한 사고과정들에 처하게 되고 체스

판에 접근하는 체스 달인과 매우 유사하게 그 문제들에 접근하며, 연역적 추론을 사용하고, 자신의 경험에 대한 장기 저장고를 활용할 것이다. 이러한 설명은 선택을 결정하는 동안에 "소리 내어 생각하라."고 요청하였을 때 일부 참여자들이 제공한 설명에 의해 지지된다(Johnson, 1993).

이러한 연구들에서 어떤 연령의 성인이든 자신의 현재 생활방식, 관심 그리고 전문적 기술이 있는 영역의 맥락에서 평가될 때, 그들은 전통적인, '모든 사람에게 동일한 것을 적용하는' 실험실 검사에서보다 더 좋은 인지적 역량을 보여준다는 것이 확인되었다.

노인의 문제 해결에 관한 흥미로운 한 결과는, 앞에서 언급했던 실행 기능의 인지적 감소에도 불구하고, 특히 문제 해결 맥락에서 자신의 능력을 정서에 맞추어 조절하며, 흔히 젊은이들과 같은 정도로 잘한다는 것이다(Blanchard-Fields, 2007). 사실, 노인들은 흔히 젊은 성인들보다 더 좋은 의사 결정 기술을 보이는데, 특히 젊은 성인과 노인에게 대인관계 과제를 직면하게 했을 때 그렇다. 예를 들어 젊은 성인들과 노인들에게 대인관계 주제를 다루는 문제(예를 들어, "당신의 부모 또는 아동이 자신들을 괴롭히는 당신의 습관을 비판한다.")나 대인관계와 무관한 주제의 문제(예를 들어, "당신이 빈칸을 채우는 방법에 대한 지시를 잘못 해석하였기 때문에 당신이 완성한 복잡한 서류가 반송되었다.")를 제시하였다. 노인들은 대인관계적 문제가 아닌 것을 풀 때에는 **문제-초점적 접근**(예를 들어, "서류를 올바르게 완성하는 방법에 대해 더 많은 정보를 얻는다."과 같은 방법을 사용하는 경향이 있었다. 그러나 대인관계 문제에 대해서는 **회피-부정적 책략**(예 : "그 비판이 타당한지를 현실적으로 평가하려고 한다.")을 사용하는 경향이 있었다(Blanchard-Fields, Mienaltowski, & Seay, 2007). 참여자의 문제 해결이 효율성에 의해 평가될 때에는 노인들이 젊은 성인보다 더 효과적이라고 평가되었다. 특히 대인관계 문제일 때 그랬다. 더욱이 노인들이 회피-부정적 책략을 사용하는 것이 문제를 적극적으로 풀려는 활력이 부족해서라거나, 너무 정서적이라는 사실에서 기인한 것이 아니라, 노인들이 "모든 문제들은 즉시 해결되는 것이 아니거나 또는 정서의 조절을 고려하지 않고도 해결될 수 있다."는 것을 효율적으로 인식하기 때문이었다(Blanchard-Fields, 2007, p. 27).

사실 일반적으로 노인들은 비정서적 정보보다 정서적 정보에 대한 인지적 수행이 더 좋은데, 긍정적 정서에 대해 가장 분명하게 연령 차가 나타난다(Carstensen, Mikels, & Mather, 2006). 한 예로 심리학자 Helen Fung과 Carstensen(2003)은 그들의 연구에서, 20~83세까지의 사람들을 대상으로 세 가지의 다른 종류의 호소-정서적, 지식 관련적, 중립적-를 특징으로 하는 광고를 보여주었다. 〈그림 4.7〉에서 예시한 것처럼, 노인들은 다른 두 유형보다 정서적 광고에 관한 정보를 더 많이 기억했고, 젊은이들은 지식 관련 광고와 중립적 광고에서 더 많은 정보를 기억했다. Carstensen과 그녀의 동료들에 의하면 젊은 사람들은 지식을 습득하기 위한 정보를 처리하는 데에 관심이 있고, 이와 반대로 노인들은 긍정적 정보를 높여주는 정보를 처리하는 데에 관심이 있다고 제안되었다. 불행히도, 기억에 관한 대부분의 실험실 연구는 정서적 내용을 빠뜨렸고, 따라서 젊은이들에게 유리한 결과가 나왔다고 볼 수 있다.

이와 관련된 연구에서, 젊은 성인(19~29세), 중년(41~53세) 그리고 노인(65~85세)에게 일

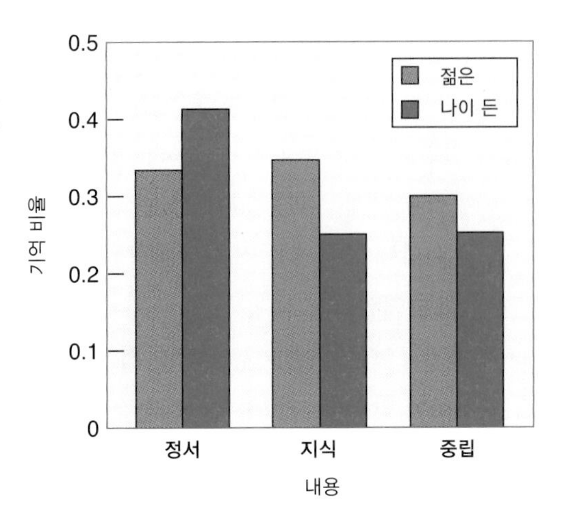

:: 그림 4.7

노인 참여자들은 정서적 호소의 내용일 때 젊은 참여자들보다 정보를 더 많이 기억한다. 젊은 참여자들은 지식 관련 내용이나 중립적 내용일 때 정보를 더 많이 기억한다.

출처 : Fung & Carstensen (2003).

련의 긍정적, 부정적 그리고 중립적 이미지를 보여주고, 그 후에 그것에 대한 기억을 검토하였다(Charles, Mather, & Carstensen, 2003). 젊은 성인과 중년 성인들은 노인들보다 전체적으로 이미지를 더 많이 회상하였지만, 〈그림 4.8〉에서와 같이 수행의 패턴에 유의한 차이가 있었다. 보이는 바와 같이, 노인들은 긍정적 이미지에 대한 수행이 중립적 및 부정적 이미지보다 더 높았다. 긍정적 이미지와 부정적 이미지 간의 회상 차는 젊은 성인과 중년에 있어서 더 작거나 존재하지 않았다.

이러한 긍정성 편향(positivity bias)은 기억에만 한정되는 것이 아니라, 많은 상황에서 발견된다(Carstensen & Mikels, 2005). 예를 들어, 노인들은 젊은 성인들보다 부정적 자극에 주의를 하지 않는 경향이 있었고(Mather & Carstensen, 2003), 부정적 정서의 이미지보다 긍정적 정서를 보이는 이미지에 대한 작업 기억이 더 컸다(Mikels, Larkin, Reuter-Lorenz, et al., 2005). 또 자신의 삶에서 일어났던 사건들(긍정적, 부정적 그리고 중립적 사건들)을 젊은 성인들보다 더 긍정적으로 평가하고, 자신이 한 결정들에 대해서도 일반적으로 더 긍정적 정서를 보였다.

노인들의 긍정성 편향에 대한 한 가지 설명은 Laura Carstensen(Carstensen, Issacowitz & Charles, 1999)과 그녀의 동료들이 제안한 사회정서적 선택 이론(socioemotional selectivity theory)에 따른다. 이 이론에 의하면, 젊은 사람들은 시간을 확장적으로 보고 미래에 초점을 두는 경향

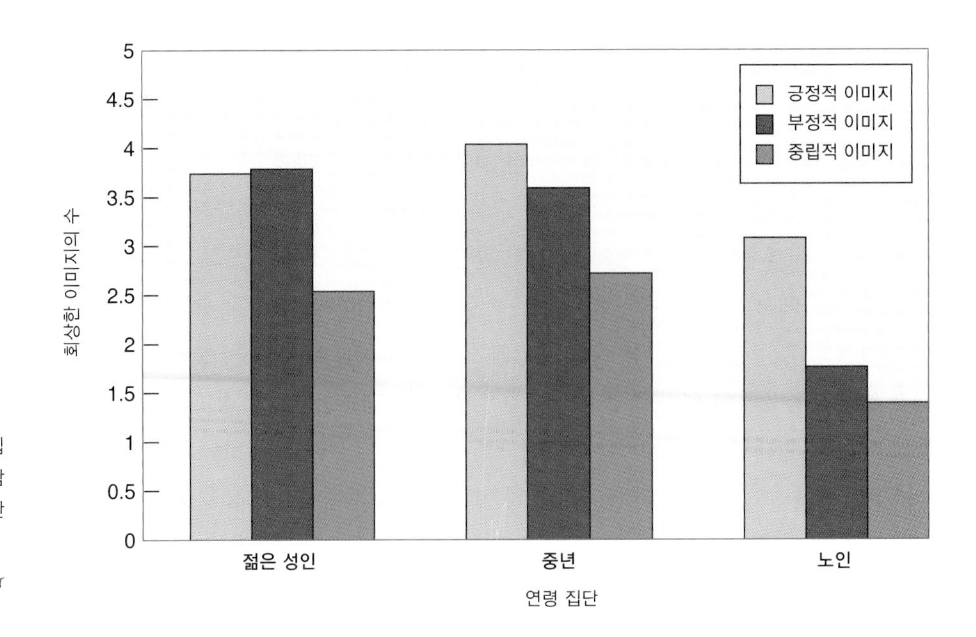

:: 그림 4.8

긍정적, 부정적 그리고 중립적 이미지의 회상은 연령의 함수로 나타나며, 노인은 현저한 긍정성 편향을 보인다.

출처 : From Charles, Mather & Carstensen (2003).

이 있다. 이처럼 젊은 사람들은 자신의 지평을 확장시키고자 하는 눈으로 새로운 활동 속에서 시간을 검토한다. 이와 반대로, 노인들은 시간을 더 한정된 것으로 보기 때문에, 그 결과로서, "의미 있는 삶을 이끌어 가고, 정서적으로 친밀한 사회적 관계를 맺고, 사회적으로 상호 연결되어있다고 느끼려는 바람과 같이, 정서적으로 의미 있는 삶의 측면에 주의를 기울인다."(Carstensen & Mikels, 2005, p. 118). 그 결과 노인들은 경험의 긍정적 측면을 강조하는 경향이 있고 그러한 긍정적 측면에 대해 인지적(그리고 사회적) 노력을 더 많이 들인다.

인지적 변화의 개인차

연령에 따라 인지적 감소가 일어나는 것이 규칙이라면, 우리는 모두 예언 가능한 패턴으로 사라져 갈 것이며, 변화함에 있어 동년배들과 거의 차이를 보이지 않을 것이다. 그러나 당신을 가정이나 이웃에서 실제로 관찰한다면 그렇지 않다. 즉, 생활연령은 지능 감소에 있어서 일부분일 뿐이다. 당신의 할머니와 친한 친구 릴리안은 몇 년만 떨어져 살았고 성인 초기와 중년기에 유사한 인지 능력을 보이고 있었을 것이다. 그러나 70대인 지금, 할머니는 전문대학의 명예학생이며 수중 에어로빅 반에 다니는 56명의 이름을 알고 있다. 반면에 릴리안은 수표책의 잔고 관리와 식료품 목록 쓰기에 도움이 필요하다. 어떤 요인들이 이러한 인지적 변화의 차이를 예언할까?

건강

잘 알려진 바와 같이, 나쁜 건강은 인지에 영향을 미친다. 그러나 이러한 점이 모든 연령의 사람들에게 적용된다는 것을 명심하는 것이 중요하다. 여기에서 건강을 논의할 주제로 삼는 이유는 인지를 방해하는 건강 문제를 노인들이 더 많이 경험하는 경향이 있기 때문이다. 다른 경고 단어도 필요한데, 즉 이러한 요인들이 원인인지가 잘 확립되지는 않았지만, 대부분의 이러한 요인들이 인지적 변화에 대해 예언적이거나 관련이 있다고 알려져 있다.

보기와 듣기 인지적 변화의 지표의 첫 번째 후보는 보기와 듣기의 곤란이다(Lindenberger & Baltes, 1994; Wingfield, Tun, & McCoy, 2005). 우리는 제2장에서 65세 이상의 1/3이 청력 장해가 있고 대부분이 시각 장해가 있음을 알 수 있었다. 이들 두 감각 체계의 감소의 유병률은 심리학자 Ulman Lindenberger와 Paul Baltes(1994; Baltes & Lindenberger, 1997)가 예시한 바와 같이, 베를린 노인 연구에서 70~103세 사이의 156명의 참여자의 시력과 청력을 검사하였다. 인지 능력 검사에서 연령에 따라 예상된 감소가 보였다. 그러나 시력과 청력 평가가 방정식에 추가되었을 때, 이 시력과 청력의 결함이 IQ 측정치의 변량의 93%를 설명하는 것으로 밝혀졌다. 보다 더 최근의 횡단적 연구에서 노인들(60~82세)의 청각적 작업 기억 폭은 젊은 사람들(18~30세; Baldwin & Ash, 2011)보다 언어 자극 강도의 감소에 따라 영향을 더 많이 받았다. 이 연구 결과에서 듣기 기억 폭의 연령 차는 자극의 소리 강도의 함수임을 보여주었으며, 이에 따라 청력

(auditory acuity)은 노인의 작업 기억 수행의 주요 요인이라고 해석되었다.

그렇다고 이러한 연구 결과들이 보기와 듣기의 상실이 인지 능력 감소의 원인이라는 것을 의미하는 것일까? 그렇지 않다. 이 연구 결과들은 단지 감각 능력과 인지 능력 간의 관련성을 보여줄 뿐이다. 인지 능력과 감각 능력 간의 관련성에 대한 **공통 원인 가설**(common-cause hypothesis)에 의하면 인지 능력의 쇠퇴와 이에 대응하는 감각 능력의 쇠퇴는 이 둘의 기저에 있는 어떤 다른 요인에 의해 초래될 가능성이 크다는 것이다(Lindenberger & Baltes, 1994; Salthouse, Hancock, Meinz., et al., 1996). 이러한 공통 원인의 일반적 용어는 '뇌의 노화'이며, 어떤 특수한 기제가 관여하는지 확실히 알지 못한다. 현재 가장 좋은 추측은 연령에 따른 뇌의 백질의 변화이다. 백질의 변화에 대해서는 제2장에서 자세히 기술한 바 있다(Bäckman, Small, & Wahlin, 2001). 그러나 뇌의 구조와 기능의 변화가 이에 상응하는 인지적 변화에 책임이 있다는 점에는 의심할 여지가 없는 것 같다. 둘 간의 관계는 항상 직선적인 것은 아니며, 흔히 그 효과는 작다. 더욱이 노화된 뇌가 인지적 노화와 어떻게 관련 있는지를 밝힐 수 있는 연구가 필요하다(Li, 2012; Salthouse, 2011).

만성 질환 인지적 쇠퇴에 기여하는 주요 질환은 알츠하이머병과 그 외의 원인에 의한 치매이다. 그러나 그 외에도, 고혈압과 결합한 비만과 같은 질환들(Waldstein & Katzel, 2006), 비타민과 엽산의 결핍과 갑상선 질환(Bäckman, Small, & Wahlin, 2001), 병리적 수준의 우울(Kinderman & Brown, 1997)과 준병리적 수준의 우울(Bielak, Gerstorf, Kiely, et al., 2011)도 관련 있다고 보고 있다. 심혈관 질환도 인지적 쇠퇴의 큰 부분을 설명해주었고 일화 기억과 시공간 기술에 대한 수행을 예언하였는데, 연령, 교육, 성별, 약 복용 그리고 기분을 통제한 후에도 예언력이 있었다(Emery, Finkel, & Pedersen, 2012; Fahlander, Wahlin, Fastbom et al., 2000).

약 복용 후기 성인기의 인지적 쇠퇴에 대한 건강과 관련된 또 다른 원인은 만성 질환에 대한 약 복용이다. 많은 약에는 모든 연령대 사람들의 인지 과정에 영향을 미치는 부작용이 있으며, 어떤 약은 노인에게 더 강한 부작용이 있을 수 있는데 그 이유는 신진대사가 연령에 따라 느려지기 때문이다. 흔히 이러한 부작용은 신체 통증, 수면 장해 그리고 슬픔과 상실감과 같이 정상 노화의 신호로 오인받을 수 있다. 그 외에 노인의 인지적 쇠퇴에 기여하는 약물 관련 문제는 약물 과다 복용과 약물 상호작용이다. 많은 노인들은 여러 의사들을 만나게 되기 때문에 각 의사들은 다른 의사들에게서 어떤 약을 처방받았는지를 아는 것이 중요하다.

유전학

의심의 여지가 없이 인지적 노화의 건강 관련 차이 중 많은 것의 기저에 있는 요인들은 유전학이다. 행동에 대한 유전적 영향의 강도는 **유전 가능성 점수**(heritability score)로 측정된다. 다양한 정도의 가족 관계에 있는 사람들의 쌍에 대한 특성과 능력을 비교하는 연구들에서 인지적 능력은

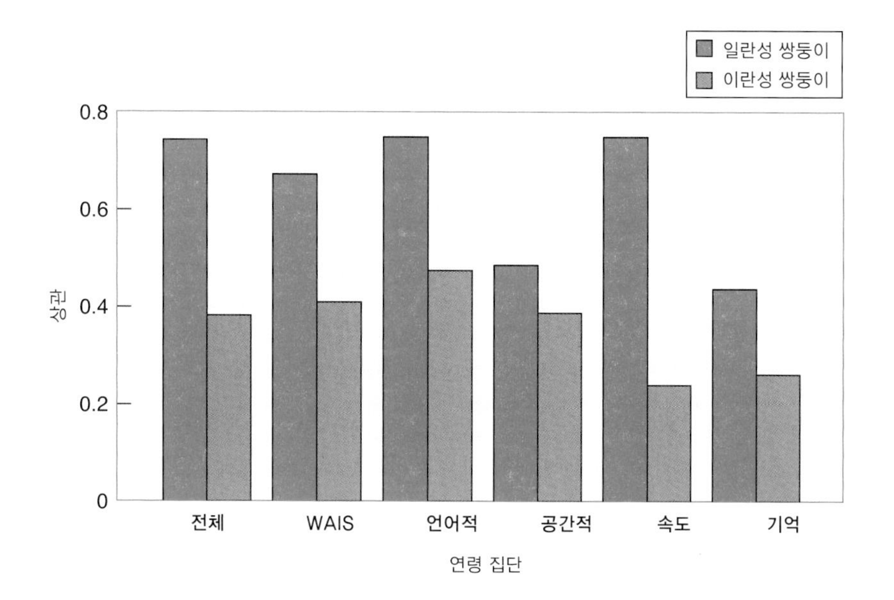

:: 그림 4.9

많은 인지 능력 검사들 간의 상관은 이란성 쌍둥이(유전자의 50% 정도를 공유한다)보다 일란성 쌍둥이(동일한 유전자를 공유한다)에서 더 높으며, 이러한 결과는 이들 능력에 대한 유의하고도 분리된 유전적 기여를 증명한다.

출처 : McClearn, Johansson, Berg, et al. (1997).

행동 특성들 중에서 가장 유전 가능성이 크다. 만 쌍이 넘는 쌍둥이 연구를 포함하는 메타분석에 의해 개인 IQ 변량의 약 50%가 유전적 차이로 설명될 수 있었다(Plomin, Defries, McClearn, et al., 2008). 더 나아가, 일반적 인지 능력에 대해 유전 가능성은 연령에 따라 증가하는데, 영아기에서 20%로 낮게 시작해서, 아동기에는 40%, 청소년기에 50% 그리고 성인기에 60%의 유전 가능성을 보인다고 밝혀졌다(McGue, Bouchard, Iacono, et al., 1993).

성인기 인지 능력의 유전 가능성을 밝히기 위하여, 행동유전학자 Gerald McClearn과 동료들(McClearn, Johansson, Berg, et al., 1997)은 스웨덴의 80세 또는 그 이상의 나이인 쌍둥이 쌍에 대한 연구를 수행하였다. 110쌍의 일란성 쌍둥이와 130쌍의 이란성 쌍둥이에게 전반적 인지 능력 검사뿐만 아니라, 인지의 특수 구성요소의 검사를 실시하였다. 〈그림 4.9〉에서 보는 바와 같이, 동일한 유전자를 가지는 일란성 쌍둥이는 유전자의 반만 공유하는 이란성 쌍둥이보다 유사성이 유의하게 더 컸다. 우리는 유전자가 많은 질환과 만성 상태에 영향을 미친다는 것을 알고 있기 때문에 인지적 쇠퇴에 유전자가 기여한다는 결과는 놀랍지 않다.

인지 능력에 대한 유전 가능성의 또 다른 흥미로운 연구결과는 상이한 인지 능력에 대한 유전 가능성의 변이인데 32~62%에 이른다. 종합하면 이러한 결과들은 인지 능력이 유전의 영향을 받을 뿐 아니라, 인지의 유형에 따라 서로 다른 정도로 영향받는다는 것을 보여준다.

이 주제에 대한 결론은, 일반적 인지 능력의 개인차의 약 60%가 유전으로 설명될 수 있다면 40%는 환경적 근원에 의한 것이라는 점이다. 〈그림 4.9〉에서, 여러분은 어떤 막대도 100% 수준에 도달하지 못한다는 것을 주목해야 한다. 이는 동일한 유전자를 지닌 일란성 쌍둥이도 인지 능력이 동일하지 않다는 것을 의미한다.

인구학과 사회적 개인 이력

여성은 남성에 비해 여러 인지 영역에서(일화기억, 언어과제 그리고 뇌 무게의 유지) 약간 유리하다. 그리고 이러한 성차는 매우 많은 나이까지 지속된다(Bäckman, Small, & Wahlin, 2001). 군 복무는 후기 성인기의 인지 능력 수준을 예언하는 또 하나의 요인이다. 연구자들은 208명의 군 퇴역자들을 11년에 걸쳐 추적하였는데, 통제 집단보다 인지 능력의 감소가 더 적었다. 이러한 결과는 교육을 통제하였을 때에도 나타남으로써 군 훈련이나 군 복무가 인지적 웰빙에 어느 정도 장기적 효과가 있음을 보여주었다(McLay & Lyketsos, 2000).

다른 요인의 세트는 Paul Baltes가 사회적 개인 이력(sociobiographical history)이라고 부는 것인데, 여기에는 일생을 통해 경험하는 직업 위상, 사회적 지위 그리고 수입 등의 수준이 포함된다. 과거에는 이러한 측면들에서 특권을 가진 인생을 살아가는 사람들은 나이가 들어도 인지 능력의 감소가 덜 일어난다고 생각했었으나, 대부분의 연구들에서 그렇지 않다는 증거를 보여주었다. 즉, 인생에서 자신이 받았거나 얻었던 축복들에도 불구하고 감소의 속도는 동일하다(Linden-berger & Baltes, 1997; Salthouse, Babcock, Skovronek, et al., 1990). 유일한 차이는 특권을 더 많이 누린 사람들은 보통 인지 능력이 더 높은 수준에 도달하기 때문에 감소의 속도가 같더라도 각 연령대에서의 인지 점수가 여전히 더 높다는 것이다(Smith & Baltes, 1999).

비판적 사고

군퇴역자들의 인지 능력의 감소가 일반 집단보다 더 적게 일어남을 보여주는 결과에 대해 당신은 다른 설명을 해볼 수 있는가?

학교 교육

공식적 교육은 연령에 따른 인지적 감소의 속도를 예언한다. 모든 다른 요인이 동일해도 공식적 교육을 덜 받은 사람들은 나이가 들어감에 따라 공식적 교육을 더 받은 동년배들보다 인지적 감소를 더 많이 보였다. 이러한 증거는 교육을 잘 받은 성인들은 어떤 인지 과제들에 대해 높은 수준으로 수행할 뿐 아니라, 노년기에 인지 기술을 더 오래 유지한다는 결과들에서 볼 수 있다. 이러한 결과들은 미국(Compton, Bachman, Brand, et al., 2000; Schaie, 1996)과 유럽(Cullum, Huppert, McGee, et al., 2000; Laursen, 1997)의 연구들에서 모두 얻어졌다.

학교 교육과 인지 기술 유지 간의 상관에 대해 여러 가능한 설명이 있다. 한 가지 가능성은 교육을 많이 받은 사람들은 성인기 동안에 지적으로 더 적극적일 것이라는 것이다. 따라서 정신적 기술을 유지하도록 돕는 것은 바로 지적 활동('지적 연습'의 의미)이다. 다른 가능성은 둘 간의 관계에 교육 자체가 관련되는 것이 아니라, 기저의 지적 능력에 따라 교육 기간이 길어지고, 나이 들어서 지적 기술이 잘 유지되게 된다는 것이다. 이와 관련된 설명은 인지 능력을 측정하는 데에 사용된 어떤 검사가 실제로는 인지 능력 대신 교육을 측정할 수 있다는 것이다(Ardila, Ostrosky-Solis, Rosselli, et al., 2000). 문맹 연구에서 교육을 받지 않은 성인들(Manly, Jacobs, Sano, et al., 1999)에 대한 어떤 유형의 인지 검사들은 문식성(literacy)과 교육의 부족(언어 이해와 언어적 추상화)을 반영했고, 어떤 인지 검사들은 진정한 인지적 쇠퇴(회상 및 비언어적 추상화의 지연)를 반영하였다.

체스를 두는 사람들과 같이 인지 기술을 연마하고 있는 노인들은 노년기에도 체스 기술을 잘 유지한다.

지적 활동

책을 읽고, 수업을 듣고, 여행하고, 문화 행사에 참여하고 동호회나 기타 집단 활동에 참여하는 성인들은 시간이 흘러도 더 잘 살아가는 것 같다(Schaie, 1994; Wilson, Bennett, Beckett, et al., 1999). IQ의 감소를 가장 많이 보이는 사람들은 바로 고립되고 비활동적인 성인들(교육 수준이 어떻든 간에)이다. 종단연구에서 요구가 많은 직업 환경(Schooler, Caplan, & Oates, 1998)과 인지 기능의 수준이 높은 배우자와 사는 삶(Gruber-Baldini, Schaie, & Willis, 1995)은 인지적 쇠퇴를 피하도록 도와준다는 것을 보여주었다. 이와 반대로 집 밖에서 활동하지 않는 홀로된 사람들은 시애틀 종단연구에서 인지적 쇠퇴의 위험이 가장 큰 것으로 나타났다(Schaie, 1996).

많은 연구에서 체스를 둔다든지(Charness, 1981), 브리지를 한다든지(Clarkson-Smith & Hartley, 1990), 단어 퍼즐 문제를 풀거나(Salthouse, 2004) Go게임을 하는 노인들(Masunaga & Horn, 2001)의 경우에 인지 과정이 보존된다는 것을 보여준다. 이러한 활동들에 요구되는 고도로 연습한 기술 세트들을 **전문적 기술**(expertise)이라고 하는데, 특정 영역에서 전문적 기술을 보이는 노인들은 그렇지 않은 동년배의 노인들보다 더 높은 인지 능력을 유지한다는 것을 보여주었다.

그러나 체스 동호회에 성급하게 달려가기 전에, 이러한 대부분의 연구가 상호상관이 있음을 알아야 하는데, 즉 다른 요인들이 인지 능력의 유지에 기여함을 의미한다는 것이다. 아마도 전문적 기술을 가진 사람들은 운동 동호회나 브리지 동호회에서 더 많은 사회적 자극을 받고, 지지를 받을 수 있도록 건강을 더 잘 유지하고 있을 것이다.

신체적 연습

전반적으로, 신체적 연습과 지적 기술 간의 인과적 연계는 인지적 연습과 지적 기술 간의 인과적 연계보다 약간 더 강한 것으로 밝혀졌는데, 아직 확고하지는 않다. 물론 이러한 연계에 대한 근본적인 주장은 연습이 심혈관(그리고 신경적)의 건강을 유지하도록 돕는다는 것인데, 심혈관 및 신경적 건강은 정신적 유지와 연결된다는 것이다. 신체적으로 활동적인 노인은 주로 앉아 있는 노인과 비교한 연구에서 정신적 수행 점수가 일관성 있게 높다는 것이 밝혀졌다.

유산소 운동은 기억에 관여하는 해마와 그 외 뇌 구조의 세포의 성장을 증진시키는 역할 때문에 이를 위한 특수한 목적을 두고 있다. 이와 관련된 대부분의 연구들은 상호상관 되어있으며,

따라서 기억 변화가 유산소 운동에 의한 것인지, 높은 교육 수준, 좋은 건강 또는 좋은 사회적 지지와 같은 다른 요인들에 의한 것인지를 결정해야 하는 문제에 봉착하게 된다. 그럼에도 운동 조건과 비운동 조건에 무선 할당된 참여자들에 대한 연구들을 메타분석한 결과, 운동이 인지 기능에 긍정적 효과가 있다는 것이 밝혀졌다. 사실 제지나 작업 기억과 같은 과제들에 대해서 더 큰 효과가 있었는데, 제지(inhibition)와 작업 기억은 기억 수행에서 정상적인 연령 차와 직접적 연관이 있다(Colcombe & Kramer, 2003).

추적 연구에서 운동하는 노인들을 그렇지 않은 노인들과 비교하기 위해 MRI를 사용했는데, 가장 큰 차이는 노화에 따른 영향을 가장 크게 받는다고 알려진 피질 영역에서 나타났다. 이 연구의 참여자들은 운동 집단과 비운동 집단에 무선할당되었지만, 연구들의 조합에 의하면, 운동이 연령에 따른 기억 수행에 영향을 미친다는 것을 합당하게 지지한다. 노년기에 기억 능력이 측정될 때 개인이 운동을 하는(또는 하지 않는) 정도는 반드시 고려해야만 한다(Colcombe, Erikson, Raz, et al., 2003).

심리학자 Robert Rogers와 동료들에 의한 종단연구는 앞에서 언급한 것과 동일한 방향을 보여준다(Rogers, Meyer, & Mortel, 1990). 그들은 65~69세 사이의 85명의 집단을 추적연구하였는데, 연구를 시작할 때 이들 모두 건강이 좋았고 교육 수준이 높았다. 4년 동안의 연구 기간에 남자들의 일부는 일을 계속 하였고, 일부는 은퇴했지만 운동을 적극적으로 하였고, 일부는 은퇴하여 주로 앉아 지내는 삶의 방식을 취했다. 이들 세 집단을 비교한 결과, 연구가 종료될 때쯤 앉아 지내는 집단은 다른 두 집단보다 종합인지검사에서 유의하게 더 낮았다.

물론(당신 자신도 할 수 있듯이), 운동에 적극적인 집단과 비적극적인 집단에 대해 교육과 건강을 대응시키려고 노력함에도 불구하고 이러한 연구들과 그 외의 연구들을 할 때 어려움이 존재한다. 이러한 연구들에서 집단들은 무선할당했다기보다 스스로 선택한 것이다. 즉, 운동에 적극적인 집단은 적극적이기를 스스로 선택한 것이고, 또한 기존에 높은 지적 수준으로 기능하는 사람들은 단순히 신체적 건강을 유지하는 쪽을 선택하기 쉬울 것이다. 더 좋은 연구가 되려면 건강하면서 주로 앉아 지내는 사람들을 운동 집단과 비운동 집단에 무선할당하여, 그 후에 특정 기간에 걸쳐 검사하는 것이 좋다. 실제로 이렇게 한 연구들도 수행되었는데, 그 결과들은 혼합되어 있다. 어떤 연구에서는 운동 집단(Hawkins, Kramer, & Capaldi, 1992; Hill, Storandt, & Malley, 1993)이 더 좋은 지능검사 점수를 유지하거나 증진되었고, 다른 연구들(Buchner, Beresford, Larson, et al., 1992; Emery & Gatz, 1990)에서는 그렇지 않았다. 신체적 운동은 운동 프로그램이 1년이나 그 이상으로 오랫동안 지속될 때 정신적 수행에 긍정적 효과를 가지는 경향이 있다는 징후가 어느 정도 있으나, 현재 신뢰할 만한 결과들이 많지는 않다.

이러한 활발한 분야의 연구를 전부 개관한 것은 결코 아니지만, 나는 인지적 노화에 대해 맥락적 관점을 취하는 사람들의 주장을 지지하는 연구들의 예를 소개해보고자 한다. 확실히 어느 누구도 인지 능력이 연령에 따라 감소한다는 증거를 가지고 주장하지는 않으나, 감소가 얼마나 일어나고 또 어떤 인지 영역에서 일어나는지에 대해 활발히 논쟁 중이다. 불가피한 감소를 지연시키거나 느려지게 한다고 간주되는 단계들의 개인차에 대한 연구에서도 어떤 교훈을 얻을 수 있다. 분명한 것은 성인기 동안 신체적이고 인지적인 도전적 활동에 참여한다면 나이가 들어도 인지적 능력을 유지할 가능성을 증가시킬 것으로 보인다.

쇠퇴에 대한 주관적 평가

인지적 쇠퇴에 관련시키지 않았던 한 요인은 인지적 능력에 대한 자기 자신의 의견이다. 연령과 인지적 쇠퇴의 주관적 보고 사이에는 매우 강한 관련이 존재한다. 나이가 많은 집단일수록 지적 실패를 한다는 보고를 많이 한다. 그러나 인지적 쇠퇴의 보고는 지적 기능에 대한 실제의 검사와 비교했을 때 실제로는 관련이 없었다. 이러한 현상에 대한 매우 엄격한 연구에서, 네덜란드의 24~86세 사이의 약 2,000명을 대상으로 인지 기능의 다양한 구성요소(기억, 정신 속도, 의사 결정 등)와 자신의 연령대, 자신의 5~10년 전 그리고 25세 때와 비교해서 현재의 자신을 어떻게 평가하는지를 물었다. 연구 결과에서 인지적 쇠퇴에 대한 지각은 50세 정도에서 시작되었고, 질문지에 포함된 모든 인지 영역을 포함해서 일어났다. 그러나 참여자들의 실제 인지 능력을 측정하였을 때에는 자신의 능력과 주관적 평가 간에 관련성이 없었다(Ponds, van Boxtel, & Jolles, 2000). 이는 성인이 인지적 감소가 50세 정도에 시작하며 자신의 실패와 실수를 연령 때문이라고 해석하기 시작한다고 생각함을 보여주는 것이다. 반면에 더 젊은 연령에서는 똑같은 실패에 대해 많은 것을 생각한다거나 전날 밤에 충분히 자지 못했다거나와 같이 다른 원인에 돌린다(이것은 이 장의 첫 부분에 나왔던 내 부모와 케첩 세일즈맨의 이야기를 떠올리게 할 것이다).

▎비판적 사고

최근에 뭔가를 잊어버렸거나 어떤 지시를 혼동한 적이 있는가? 이러한 인지적 실패를 당신은 어떻게 설명하는가? 만약 당신이 20세라면 설명이 달라질까?

인지적 보조

만약 교수가 수업을 하는 동안 당신이 휴대용 컴퓨터에 메모를 하거나 주말 여행을 가기 전에 해야 할 일의 목록을 만든다면 당신은 인지적 보조를 사용하고 있는 것이다. 제3장에서 다양한 건강 장애와 무능력에 대해 보조 공학과 보조 동물을 포함한 비의학적 해결책을 제시하였다. 여기에 인지적 제한에 대해 같은 목적을 제공해주는 몇 가지 해결책이 있다.

약 복용 준수하기

당신의 가장 예방적인 건강 관리 문제 중 하나는 약 복용 준수(medication adherence) 또는 약 처방의 올바른 양, 올바른 시간 그리고 올바른 기간에 관한 의사의 지시를 따르는 능력이다. 고혈압이나 당뇨병과 같은 만성 질환에 걸린 미국 사람들의 반 정도가 의사의 지시를 따르지 못하는 것으로 추정되고 있고(Sabaté, 2003), 이는 나쁜 결과와 높은 사망률을 초래하고 삶의 질을 낮추게 한다. 의사의 지시를 고수하지 못하게 되는 이유는 경제적 상황, 약의 부작용 그리고 의사-환자 관계의 질 등, 여러 가지가 있다. 그러나 인지심리학자에게 흥미가 있는 원인은 기억력, 특히 미래 기억 또는 나중에 할 일을 기억하는 능력이다(미래 기억에 대해서는 이 장의 앞에서 다루었다). 여러 연구에서 미래 기억 문제는 HIV, 당뇨병, 류마티스성 관절염 등 여러 가지 질병과 만성적 상태를 겪고 있는 다양한 연령대의 성인들의 약 복용 준수 문제와 관련되어있으며, 이러한 문제는 경제적 요인, 부작용 그리고 의사-환자 관계와 독립적으로 존재했다(Zogg, Woods, Sauceda, et al., 2012). 전자 장치가 약 복용 시간, 약의 적당량, 그 외 필요한 지시 사항들을 알려주는 데 사용될 수 있다. 약국에서는 투명 포장에 여러 개의 알약을 패키지로 만들어줄 수 있고, 복용할 날짜와 시간을 명확하게 적어줄 수 있다. 약 복용을 하고 나면 칸에 빈 곳이 생겨 약을 먹었다는 피드백이 되게 할 수 있다. 자동화된 전화 울림을 통해 약을 복용할 시간이 되었음을 환기시킬 수 있다. 또 약 복용의 궤도를 지키게 해주고 환기도 시켜주는 스마트폰 앱이 있다. 이러한 것들이 약 복용 비준수의 모든 문제를 해결해주지는 못하지만 연령과 관련된 인지 문제가 원인인 경우에는 도움을 줄 수 있다.

사회적 관계망

이 책의 대부분의 장에서 성인기 사회적 지지의 중요성을 언급하고 있다. 그러나 노년기에는 친구나 친척들이 이사 가거나 사망함에 따라 사회적 집단의 수가 더 적어진다. 젊은 성인들은 개인 컴퓨터를 사회적 관계망을 위해 사용하므로 연락을 계속할 수 있는 완전한 해결책을 가질 수 있지만, 노인들은 관계망에 연결하기 위한 시간이 오래 걸린다. 하지만 이제 이러한 상황들이 변화하는 중이다. 2012년에 65세와 그 이상의 노인들의 반이 인터넷을 사용하였으며, 인터넷을 사용하는 노인들의 대부분이 거의 매일, 주로 이메일을 사용하였다. 더 나아가 노인의 1/3이 페이스북이나 트위터 등, SNS를 사용하였다(Zickuhr & Madden, 2012). 〈그림 4.10〉은 네 연령 집단에서 다양한 전자 기기를 소유하는 비율을 보여준다. 보는 바와 같이, 휴대 전화, 데스크톱 컴퓨터, 휴대용 컴퓨터 등 사회적 관계망을 사용하는 기기의 소유는 노인이 젊은 성인보다 적었다. 그러나 2000년대부터 거의 4배로 증가하였다.

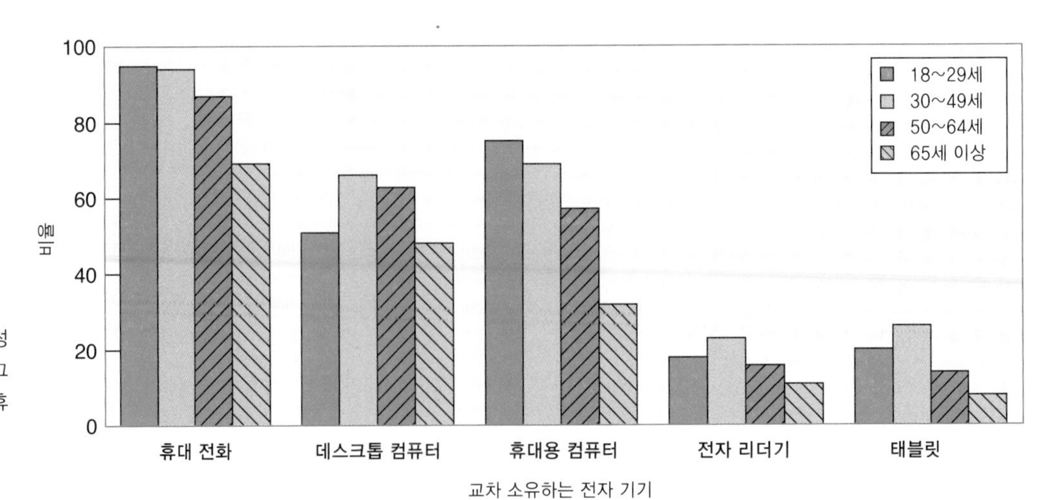

:: 그림 4.10
전자 기기의 소유는 젊은 성인이 노인보다 더 많았다. 그러나 미국 노인의 70%가 휴대전화기를 소유하고 있다.

출처 : Zickuhr & Madden (2012).

오늘날 성인들의 대부분이 오랫동안 전화를 사용해 온 사람들이며, 대부분이 휴대전화기로 전환하였다. 76세와 그 이상의 사람들까지도 대부분 휴대전화기를 소유하고 있다. 닐슨 통신에 따르면 65세와 그 이상의 사람들은 한 달에 평균 100회의 전화를 하는데, 한 달에 평균 275번의 전화를 사용하는 성인 초기 집단과 비교해보기 전에는 많아 보였을지 모른다(Zickuhr & Madden, 2012). 휴대전화로 문자 주고받기는 노인들의 마음을 전화만큼 끌지 못했는데, 그 이유는 아마도 문자를 찍는 솜씨와 휴대전화기의 작은 화면 때문인 것 같다. 그러나 많은 노인이 이메일을 사용하려는 동기가 손자들과 연락을 계속하기 위한 것이라는 보고가 있기 때문에, 문자 주고받기가 성인 초기 집단이 선호하는 의사소통이라는 점에서 머지않아 노인들의 문자 주고받기도 증가할 것으로 예측된다. 아마도 더 큰 글자판과 더 큰 화면이 있는 휴대전화기가 곧 이용 가능할 것으로 생각된다.

전자리더기와 전자 게임

지적 활동은 인지 기능에 중요하다. 그러나 노인은 젊은 성인보다 신문, 잡지 그리고 책을 계속 접하는 데에 더 많은 장애물이 있다. 나이가 들어감에 따라 시력 문제가 흔하고 서점이나 도서관에 가기가 어려울 것이며 비용도 많이 들 수 있다. 많은 중년과 노인이 전자책을 사용하기 시작했고 이렇게 하는 것이 여러 가지 문제들에 대한 어느 정도의 해결책이 된다는 것을 알게 되었다. 전자책은 글자 크기를 키울 수가 있고 역광 조명에 적응시켜준다. 어떤 전자책은 글자에서 말로 변환시켜주는 특징이 있어서 오디오북으로 사용할 수 있다. 와이파이가 된다면 책, 신문 또는 잡지를 언제 어디서나 주문할 수가 있고 비용은 전통적 책보다 더 저렴하다. 열성 독자들에게는 전통적 책의 무게 때문에 스스로를 짓누르기보다 전자리더기(e-reader)를 가지고 다니는 것이 훨씬 가볍다. 최근에 나는 우리 지역 신문을 태블릿으로 읽기 시작했는데, 그 이유는 인쇄물에서 영화 시간표 같은 작은 글씨를 키울 수 있기 때문이다. 이런 것들을 실현하기 전에는 나도 신문지의 냄새와 신문지 넘기는 소리를 결코 포기할 수 없을 것이라고 생각하는 사람들 중의 한 사람이었다. 게다가 나의 태블릿에 올라오는 '신문'은 앞마당에 배달되는 신문보다 훨씬 더 빨리 도착한다.

전자리더기는 이러한 이점들에도 불구하고, 〈그림 4.10〉에서 보는 바와 같이 노인들에게는 컴퓨터나 휴대전화기 만큼 인기 있지는 않다. 사실 노인들이 전자리더기를 종이책보다 빠르게 읽고 종이책만큼 이해한다는 연구가 있지만 노인들은 전통적인 책을 압도적으로 선호한다(Kretzschmr, Pleimling, Hosemann, et al., 2013).

게임을 하면, 특히 사회적 상황에서 게임을 할 때 인지 능력이 잘 유지된다는 것을 보여주는 연구들이 있다. 개인의 능력 및 친구들과 함께 밖으로 나가려는 동기가 감소하면 브리지 파티와 포커를 하는 날도 감소한다. 그러나 많은 사람은 이제 닌텐도 DS 같은 손바닥 크기의 전자 장치를 사용하여 똑같은 게임을 할 수 있으며, 체스, 브리지 그리고 세계에 흩어져 사는 친구들(그리고 모르는 사람들과)과 스크래블 게임을 할 수 있다. 나 역시 자매와 스크래블 토너먼트에 참여하고 있다. 나의 자매는 400km나 떨어진 곳에 살고 있으며 매우 바쁜 생활을 하고 있으나, 스마트폰의 게임 앱상에서 하루에도 몇 번씩이나 '연락'을 한다. 나의 남편은 손자들과 태블릿을 이용해서 여러 개의 체스 게임을 하고 있다. 단어 맞추기 퍼즐, 스도쿠 그리고 사고 기술을 향상시키기 위해 고안된 게임들과 같이 혼자서 할 수 있는 게임들도 있다.

어떤 전자게임은 인지적 훈련과 신체적 훈련 모두를 할 수 있도록 고안되어있으며, 연구에 따르면 이 게임들이 두 가지 연습을 모두 성취시켜준다는 것을 보여준다. PlayStation3, Xbox360 그리고 Wii와 같은 '운동게임(exergame)'은 게임 중에 게이머의 움직임을 통합하는 운동 센서가 부착된 것이 특징이다. 이용 가능한 활동들로는 볼링, 테니스 그리고 댄싱 등이 있다. 신체적 수행과 인지적 수행에 대한 운동 게임의 잠재적 장점은 프랑스의 65세에서 78세 사이의 성인들을 대상으로 한 최근 연구에서 측정되었다(Maillot, Perrot, & Hartley, 2012). 연구 참여자들은 신체적 건강(예 : 심장 박동 수, 일상생활 과제를 수행할 때 지각되는 노력에 대한 평정, 체질량 지수)에 대해 사전과 사후에 평가받았고, 또한 실행적 통제, 처리 속도 그리고 시공간 능력을 측정하는 일련의 과제에 대한 인지적 수행도 평가받았다. 그 후에, 한 집단은 닌텐도 Wii 게임 훈련을 12주간 받았고 통제 집단은 특별한 훈련을 받지 않았다. 그 결과, 운동 게임 훈련 집단의 참여자들은 신체적 건강과 인지 능력 모두에 대한 대부분의 측정치가 유의하게 증가하였으며, 이는 비디오게임을 하는 것이 노인의 신체적 · 인지적 건강에 유익함을 명백히 보여준다.

안전한 운전

노인과 운전에 대한 주제는 다양한 의견을 불러일으키는데, 대부분 매우 정서적 의견들이다. 미국에서의 많은 생활에서 운전 능력은 성인으로 산다는 것과 동의어이다. 성인기에 진입하려는 사람들은 자신에게 운전이 허용되는 날짜를 손꼽아 기다리고, 노인들은 자신들이 운전을 포기해야만 하는 날이 올 것을 두려워한다. 가장 큰 문제 중 하나는 중년기 성인과 자신의 부모 간에 있는 '운전에 관한 논쟁'인데, 그들의 어머니와 아버지가 언제 어떻게 자동차 키를 포기하도록 설득시킬 것인가에 관한 것이다. 자동차는 위험한 기계이며, 자동차 사고는 미국에서 8~34세의 사람들의 주요 사망 원인이다. 전 연령대에 대해서는 아홉 번째 사망 원인이다(National Highway Traffic Safety Administration, 2012). 연령에 따른 인지적 변화가 안전 운전에 해를 끼치는지가 중요한 문제이다. 안전하지 못한 운전에 관련되는 요인이 무엇인지, 노인이 더 안전하게 운전하기 위해 재교육할 수 있는 것들이 무엇인지를 정확히 밝히려는 연구들이 수행되고 있다.

미국의 경우, 전체 운전자들의 약 7%가 74세 이상의 노인들이며, 자동차 사고로 인한 전체 사망의 28%를 차지한다(U.S Census Bureau, 2012a). 그러나 이러한 수치들은 노인의 운전 기록에 대한 정확한 상황을 알려주지 못한다. 그 이유는 노인이 젊은 성인만큼 운전을 많이 하지 않기 때문이다. 상이한 연령 집단에 대한 사고율을 1년당 운전한 거리에 적용시켰을 때의 분석 결과가 상황에 대한 명확한 그림을 제공하게 된다. 〈그림 4.11〉에서 보는 바와 같이 20세 이하와 70세 이상의 운전자는 사망을 초래할 정도의 충돌 사고와 관련되는 경향이 높으며, 그 비율은 80세 이후에 극적으로 증가한다(National Highway Traffic Safety Administration, 2009).

노인 운전자는 교차로에서 점멸 신호를 보내면서 운전해나가는 데 문제가 있거나 교통 신호 또는 정지 신호가 있을 때 신호를 보내지 못하거나 좌회전에 문제가 있다. 노인 운전자들이 시력 검사를 통과할 정도의 시력을 가지고 있지만 가용 시각장(useful field of view), 즉 한 번 봤을 때 처리할 수 있는 시야의 범위가 제한된다고 제안하는 연구자들이 있다. 가용 시각장 시야 범위가 40% 이상 감소된 노인 운전자들은 정상적인 시야를 보이는 사람들의 2배로 자동차 충돌 사고를 일으키는 경향이 있다(Sims, McGwin, Allman, et al., 2000).

가용 시각장이 항상적인 지각 능력은 아니라는 것을 보여주는 연구들이 있다. 즉, 실험실 연구에 의하면 사람들이 다른 활동에 주의하고 있을 때 가용 시각장이 감소한다. 젊고 건강한 대학생 대상의 한 연구에서 시야의 주변에 제시된 시각 자극을 탐지하는 데 걸리는 시간이 검사 시에 음성 단어 선택 과제가 추가된 경우에 유의하게 증가하였다(Atchley & Dressel, 2004). 이러한 결과가 실제 길에서가 아니라 실험실에서 행해진 검사에서 나왔지만, 핸들 뒤에서 여러 가지 일을 하고 있는 모든 연령대의 운전자에 대한 심각한 경고의 의미가 있다. 운전은 매우 요구적이고 복합적인 인지 활동이므로 말하거나 글자를 쓰는 것과 같은 경쟁적인 과제를 동시에 하지 말아야 하며, 특히 노인 운전자는 기능적 시야가 감소되기 때문에 더욱 하지 말아야 한다.

이와 같은 우울한 메시지 뒤에 즐거운 뉴스를 말하고자 한다. 즉, 가용 시각장을 넓혀주는 훈련이 가능하다는 것이다. 예를 들어, 한 연구에서 가용 시각장이 감소된 노인 운전자(평균 72세)에게 처리 속도 훈련 또는 운전자 자극기(driver stimulater) 훈련을 시켰다(Roenker, Cissell, Ball, et al., 2003). 처리 속도 훈련에는 표적이 시야의 주변에 다양한 기간 동안 나타나게 해주는 터치스크린 컴퓨터가 포함되었다. 참여자들에게 가능한 한 빨리 표적을 능숙하게 탐지할 수 있을 때까지 표적에 대해 반응하도록 요구하였다(약 4.5시간의 훈련을 시켰다). 2주 후의 운전 자극 검사에서, 처리속도 훈련 집단은 교차로에서 교통 신호를 무시하거나 교차로를 돌 때 차들 간의 공

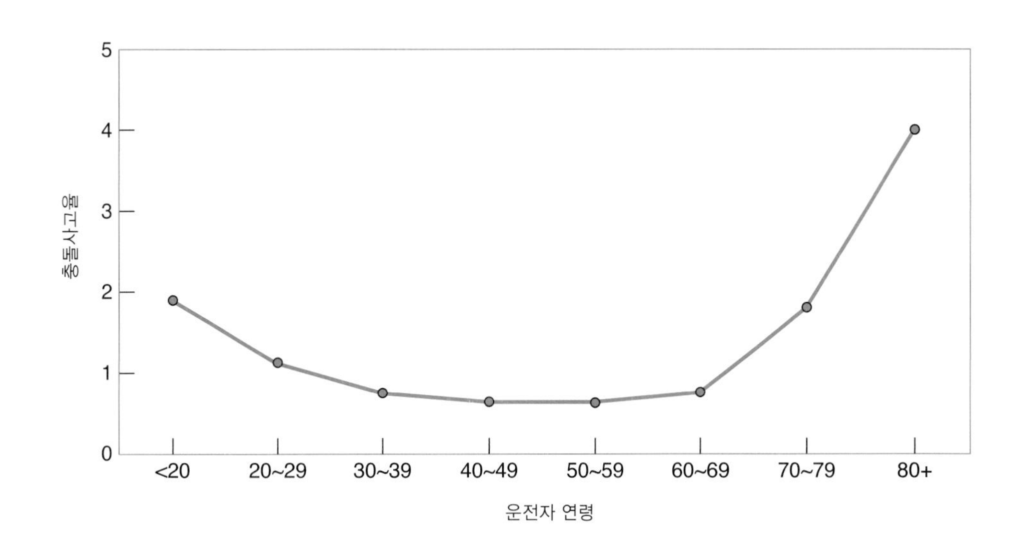

:: 그림 4.11

20세 이하의 운전자와 70세 이상의 운전자는 두 개의 교통수단이 사망을 초래하는 정도로 충돌하는 비율이 유사하며, 80세 이상에서는 그러한 비율이 매우 높다.

출처 : National Highway Traffic Safety Administration (2009).

비판적 사고

휴대전화기 사용과 운전에 관해 당신이 사는 지역의 법규는 어떠한가? 휴대전화 문자 주고받기에 대한 법규는? 당신은 그 법규에 동의하는가, 안하는가? 왜 그런가?

간을 잘못 평가하는 것과 같은 위험한 행동이 기저선보다 더 적었다. 이들 두 행동은 충돌에 실질적으로 기여하는 것들이다. 또한 그들은 반응 시간이 평균 277msec 감소하였다(실생활에서 이러한 상황은 시속 88km로 달릴 때 7.2m를 더 빨리 정지할 수 있다는 의미로 사소한 개선이 아니다). 운전 자극기 집단에서는 반응 시간이 향상되지는 않았으나 훈련을 받았던 특수한 기술들은 향상되었다. 18개월 후에는 처리 속도 훈련 집단에서 보였던 향상이 대부분 영역에 대해서도 여전히 존재했다. 연구자들은 처리 속도의 훈련이 노인 운전자의 가용 시각장을 증가시키며, 이러한 증가는 운전 능력, 특히 운전자들이 복잡한 시각 정보에 대해 처리하고 행동하는 속도를 향상시킨다고 제안하였다.

노인 운전자는 교차로에서 젊은 운전자만큼 안전하게 차량 상황을 훑어보지 못한다고 보는데, 그 이유가 인지적 노화, 신체적 쇠퇴 또는 위험한 운전 습관인지를 살펴본 연구들이 있다. 이 연구에서, 운전 자극기 학습의 시간을 가진 훈련 집단은 일상적 운전에 대한 피드백을 받았고 교차로에서 더 엄격하게 차량 상황을 훑어보도록 하였으며, 통제 집단은 교차로에서 훑어보기의 중요성에 대해 코치만 받았을 뿐 영상에 의한 피드백이나 운전 자극기 훈련을 받지는 않았다. 사실 노인 훈련 집단은 젊은 운전자 집단의 통제 집단과 수행이 같았다(Pollatsek, Romoser, & Fisher, 2012). 연구자들은 노인 운전자의 주된 문제는 교차로에서 다가올 위험을 적절하게 훑어보기에 실패하는 것이라고 결론지었다. 운전 자극기를 통한 피드백과 연습을 포함한 짧은 훈련 기간을 거쳐 유의한 향상을 가져온 것으로 보아, 훑어보기의 실패는 인지적 또는 신체적 퇴화의 결과 이상의 나쁜 습관이라고 보았다.

성인기에 걸친 인지적 변화와 균형 탐색에 대한 개관

연령에서 기인한 인지 능력의 변화는 〈표 4.1〉에 개관한 바와 같다. 사람들이 연령 증가에 따라 많은 유형의 인지 과제에 대해 느려지고 덜 정확해진다는 것은 의심의 여지가 없으며, 또한 이러한 사실은 가장 건강한 사람들에게도 마찬가지이다. 그러나 이러한 전반적 변화를 보는 가장 좋은 방법은 무엇일까? 심리학자 Roger Dixon은 인지적 변화를 상실과 증가라는 두 가지 관점에서 바라보아야 한다는 입장을 취하고 있다(Dixon, 2000).

Dixon은 성인기를 통해 계속 성장하여 능력이 증가한다고 지적했다. 즉, 성인기에 이해의 새로운 단계(Sinnott, 1996)와 지혜의 증가(Baltes & Staudinger, 1993; Worthy, Gorlik, Pacheco, et al., 2011)를 보인다. 또한 기대한 것보다 더 잘 수행한다. 예를 들어, Schaie(1994)는 고령에서 인지 능력이 일반적으로 감소하는 경향이 있지만 모든 능력이 감소 경향을 따르지는 않음을 발견하였다. 사실 연구에서 모든 참여자의 90%는 적어도 두 개의 지적 능력을 7년간에 걸쳐 유지하였다. Dixon(2000)은 또한 과거의 과제를 수행하는 새로운 방법을 알고, 어떤 기술을 상실한 결과로 다른 기술이 향상하며, 자신의 파트너와 그 외 사람들을 협력자로 활용하는 것과 같이, 후기의 증가를 통해 상실을 보상한다고 지적하였다. 이러한 견해는 과도하게 낙관적이라고 볼 수도 있으나 상당히 진실이다. 이 장을 마치면서, 인지적 노화의 과정이 전적으로 상실인 것은 아니라는 점이 밝혀짐으로써 우리에게 좋은 균형적 관점을 갖도록 해준다.

:: 표 4.1 성인기의 인지적 변화의 개관

18~24세	25~39세	40~64세	65~74세	78세 이상
전체 IQ검사에서 최고의 수행.	전체 IQ가 높고 안정적.	전체 IQ가 60세 정도까지 안정적, 그 이후 점진적 감소 시작.	전체 IQ의 점진적 감소가 계속됨.	전체 IQ가 80세 정도에 더 빠르게 감소하기 시작한다.
결정성 및 유동성 지능이 높다.	결정성 지능은 높게 유지되고, 유동성 지능은 약하게 감소하기 시작한다.	결정성 지능은 최고점이고, 유동성 지능은 계속 감소한다.	결정성 지능은 안정되게 유지되고, 유동성 지능은 계속 감소한다.	결정성 지능은 80대에 약간 감소를 보이기 시작하고, 유동성 지능은 계속 감소한다.
1차 기억 및 작업 기억은 모두 높다. 일화 및 의미 기억 모두 높다. 절차 기억도 높다.	1차 기억은 약간 감소하고, 작업 기억은 더 감소한다. 일화 및 의미 기억 모두 증가한다. 절차 기억의 수행은 높다.	1차 기억은 상당히 안정적이고, 작업 기억은 감소하기 시작한다. 일화 기억은 60대에 점진적으로 감소하기 시작하고, 의미 기억은 증가한다. 절차 기억의 수행은 높다.	1차 기억은 70대에 감소하기 시작하고, 작업 기업은 점진적으로 감소하기 시작한다. 일화 기억은 계속 감소하고 의미 기억은 약간 감소한다. 절차 기억의 수행은 높다(속도 과제가 포함되지 않은 경우라면).	1차 기억과 작업 기억 모두 감소한다. 일화 기억은 계속 감소한다. 의미 기억은 점진적 감소를 보인다. 절차 기억의 수행은 높다(속도 과제가 포함되지 않은 경우라면).
지식을 고려한 맥락에서의 기억은 높지만 성인 진입기에는 결정에 기초할 경험이 부족하다. 이들은 노인보다 사실들을 더 오래 검토한다.	지식을 고려한 맥락에서의 기억은 높다. 훌륭한 실용적 판단은 이용 가능한 모든 정보를 검토함으로써 이루어진다.	지식을 고려한 맥락에서의 기억은 감소하기 시작하며 정서가 더 중요해진다.	정서적 맥락에서의 지식은 증가할 뿐 아니라, 다음 세대에 정보를 전달한다.	정서적 내용과 생산성은 계속해서 기억의 주요 맥락이다.
실생활 인지는 좋지만 성인 진입기의 많은 사람은 독립된 생활의 도움을 위해 부모에게 의존한다. 인터넷 사용과 모든 전기 기구가 삶의 부분으로 통합 된다.	실생활 인지는 좋으며, 이 기간 동안에 증가한다. 대부분의 성인들에게 인지 체계는 일상생활 활동과 동일하다. 안전한 운전이 30세 정도에 증가한다. 인터넷 사용과 대부분의 전기기구가 삶의 부분으로 통합된다.	실생활 인지는 높게 유지된다. 전문적 기술로 인해 좋은 결정을 젊을 때보다 더 빨리 내릴 수 있다. 인지 체계가 여전히 일상생활 활동을 지지할 수 있다. 운전 능력이 안전하다. 대부분이 인터넷을 사용하고 컴퓨터와 휴대 전화를 소유한다.	여러 가지 처방이 증가하고 기억이 쇠퇴하여 약 복용 준수에 문제를 유발한다. 운전 능력은 감소하기 시작하며 이 연령대의 많은 사람들은 밤 운전을 피하고 시력 검사를 받도록 요구받는다. 운전 재훈련이 중요하다. 약 2/3가 휴대 전화를 사용하고 반은 인터넷을 사용한다. 1/3이 SNS를 사용한다.	건강과 기억 능력의 감소 때문에 약 복용 준수를 위한 분명한 지시가 필요하다. 운전 능력은 급속하게 감소하며 이 연령대의 많은 사람에게 친숙한 지역에서만 운전하도록 요구되고, 시력 및 청력 검사 그리고 반응 시간 검사를 받아보도록 요구된다. 운전 훈련이 중요하다. 대부분은 휴대 전화를 소유하고 약 1/3이 인터넷을 사용한다. 약 1/5은 SNS를 사용한다.

요약

Summary

01 연령에 따른 IQ 점수에 대한 초기 연구에서 지능은 30대 초기에 감소하기 시작하여, 계속해서 급속히 떨어진다고 하였다. 그러나 그 후에 종단연구를 통해 60대가 되기 전에는 감소하지 않으며, 감소 속도는 완만하다고 밝혀졌다. 이러한 차이는 주로 코호트 효과에서 기인한다.

02 유동성 지능 능력의 점수는 60대에 감소하기 시작하고, 결정성 지능은 70대 또는 80대에도 안정적으로 유지된다.

03 다양한 능력, 신체 운동 그리고 일반적인 검사받기 훈련 등에 대한 특수 훈련을 사용하여 지적 능력의 감소를 역전시킬 수 있었다. 이러한 훈련은 장기적 효과가 있었다.

04 기억은 대부분 기억 기능을 3개의 저장 영역으로 나누는 정보처리 관점을 사용하여 연구되고 있다. 이 관점에서 3개의 기억 저장고는 감각 저장고, 단기 저장고, 장기 저장고로 되어있으며, 서술적(명시적) 기억(인식된 기억)과 비서술적 또는 절차적 기억(인식되지 않은 기억)으로 구분된다.

05 연령에 따른 감소는 단기 기억 또는 1차 기억(정보를 '마음속에' 유지하고 있는)이 작업기억('마음속에' 유지하고 있는 정보에 대한 조작을 수행하는)보다 더 작게 일어난다. 장기 저장고는 일화 기억(최근 사건에 대한 정보)과 의미 기억(일반적인 사실 정보)을 포함한다. 일화 기억은 연령에 따라 감소하지만 의미 기억은 특수한 단어나 이름을 회상하는 것을 제외하면 70대까지 안정되어있다. 기억의 다른 구성요소인 절차 기억(친숙한 과제를 수행하는 방식)은 연령이나 손상의 영향을 비교적 받지 않는다. 노인들은 또한 미래 기억 과제(미래에 해야 할 일을 기억하는 것)에 대한 수행이 젊은 성인보다 빈약하다. 그러나 그 차이는 대체로 일화 기억에 대한 것보다 더 작다.

06 기억 상실은 부분적으로 외적 보조물(목록, 달력)과 훈련(심상, 장소법)으로 보상될 수 있다.

07 어떤 연구자들은 맥락적 관점을 사용하여, 정서적 내용이 포함되는 정보를 사용하거나, 다음 세대에 대한 지식의 전수를 포함하는 과제나 고정관념 위협을 피하는 과제를 제안하는 것과 같이, 과제가 노인들의 생활방식에 맞추어온 인지 유형에 더 잘 맞는다면 기억 검사에 대한 수행이 더 좋다는 것을 보여주었다.

08 실세계에 관한 인지에서, 노인들은 젊은 사람들보다 더 짧은 시간에, 더 적은 정보를 사용하여 좋은 결정과 판단을 내릴 수 있다. 이는 아마도 노인들이 경험의 저장고가 크기 때문이다. 사실 노인들은 흔히 젊은 사람들보다 의사 결정 기술이 더 좋은데, 특히 대인관계적 문제에 직면할 때 더 그렇다. 노인들은 긍정성 편향을 보이는 경향이 있으며, 부정적 사건 및 정서보다 긍정적 사건 및 정서에 더 주의를 기울이고 긍정적 이미지 및 정서가 포함되는 과제에 대한 수행이 더 좋다.

09 모든 사람의 인지적 노화가 동일한 속도로 일어나지는 않는다. 어떤 개인차는 시력과 청력, 만성질병 그리고 약 복용을 포함한 건강 영역에 존재한다. 유전인자는 교육 및 경제적 수입과 마찬가지로 개인차에 영향을 미친다. 정신적 훈련과 신체적 훈련에 의해 노년기에 더 좋은 인지 능력이 초래된다.

10 인지 능력에 대한 노인의 주관적 평가는 실제적 감소보다 노화에 대한 자신의 고정관념에 더 많이 기초한다.

11 인지적 보조는 연령에 따른 인지적 감소에 대한 실용적 해결을 포함한다. 그 예는 처방대로 약을 복용하도록 도와주는 전자 타이머, 전화 앱과 여러 개의 약 꾸러미를 복용하는 시간과 날짜를 보여주는 새로운 약 포장 등이다.

12 사회적 관계는 전자우편을 위한 인터넷의 사용과 SNS의 참여에 의해 도움받는다. 65세 이상의 대부분의 사람은 정규적인 인터넷 사용자이며, 1/3은 페이스북이나 이와 유사한 사이트를 사용한다. 노인들의 2/3 이상이 휴대전화를 사용한다. 전자리더기와 전자 게임은 노인들이 정신적으로 몰입하고 활동적이 되도록 해준다.

13 길에서 운전하는 노인 운전자의 수가 증가하고 있고 사고가 극적으로 증가하기 시작하는 70대에도 매우 안전한 운전을 한다. 많은 곳에서 운전은 일상생활에 필수적이기 때문에 안전 운전에 중요한 요인으로 보는 가용 시각장을 연구하였다. 이러한 시각 능력을 증가시키기 위해 노인을 재교육할 수 있으며, 가용 시각장을 감소시키는 방해물들(예 : 휴대전화기 사용)을 감소시킬 수 있다. 다른 연구들에서는 노인 운전자에게 피드백을 해주는 교육에 의해 개선될 수 있는 나쁜 운전 습관들이 지적되었다.

주요 용어

1차 기억
Flynn 효과
g
IQ(지능 지수)
가용 시각장
감각 저장고
결정성 지능
고정관념 위협
긍정성 편향
기억
단기 저장고
단어 탐지 실패
맥락적 관점
미래 기억
비서술(절차적) 기억
사회적 개인 이력
사회정서적 선택 이론
서술 기억
숫자 외우기 검사
실행 기능
심리측정학
약 복용 준수
유동성 지능
의미 기억
이름 인출 실패
인지의 적응적 본성
일화 기억
작업 기억
장기 저장고
지능

관련 자료

[개인적 흥미를 위한 읽기 자료]

Strauch, B. (2010). *The sec ret life of the grown-up brain: The surprising talents of the middleaged mind.* New York: Penguin.

만약 당신이 성인 초기를 벗어나는 중이고 정확한 때에 정확한 단어를 말할 수 없다면 이 책이 안성맞춤이다. 과학 부문 작가인 Barbara Strauch는 이러한 성가신 증상에도 불구하고 중년의 뇌가 최고점에 있으며, 우리가 그동안 생각했던(또는 소망했던) 것보다 최고점을 오랫동안 유지한다는 반가운 뉴스를 전해주고 있다. 그녀는 뇌 영상 기법을 사용하는 새로운 연구들에 대해 설명해주고, 이러한 내용을 대화체로 매우 이해하기 쉽게 설명해준다.

Flynn, J. R. (2012). *Are we getting smarter? Rising IQ in the twenty-first century.* New York: Cambridge University Press. Cambridge University Press.

저자는 자신이 발견하고 자신의 이름을 딴 Flynn 효과, 즉 과거 100년 동안에 걸쳐 IQ가 증가하는 현상에 대해 탐색하였다. 그는 최근 저서에 IQ의 성차, 개발도상 국가에서의 IQ 증가의 이유 그리고 사형에 관해 시사하는 바가 많은 논의를 포함하고 있는데, 재판을 받을 수 있는 지적 능력과 관련시켜 논의하고 있다.

Stokes, A. (2012). *Is this thing on? A computer handbook for bloomers, technophobes, and the kicking and screaming.* New York: Workman.

이 책은 노인들에게 컴퓨터 스마트폰, 전자책, 스카이프, 페이스북, 그 외 전자 기기 등을 알기 쉽게 소개해주는 훌륭한 개론서이다. 저자들은 대부분 14만 명 이상(대부분 노인)에게 전자 기기를 사용하는 방법을 가르쳐왔다. 이 책에서 그녀는 컴퓨터를 사는 방법, 이메일에 가입하는 방법, 인터넷에 접속하는 방법, 검색 엔진을 사용하는 방법 그리고 그 외의 중요한 기술들에 대해 망라하고 있다. 또한 온라인 뱅킹과 크레딧 카드로 인터넷 쇼핑하기 방법에 대해서도 다루고 있다. 만약 당신이나 당신의 부모(또는 조부모)가 전자 기기 사용자가 되기를 꺼린다면, 이 책을 통해 안심할 수 있고 어려운 전문 용어가 없는 방법으로 모든 기초적 사항들을 배울 수 있을 것이다.

[고전 학술자료]

Horn, J. L., & Cattell, R. B. (1966). Refinement and test of the theory of fluid and crystallized intelligence. *Journal of Educational Psychology*, *57*, 253－270.

이 논문은 일반적 지능을 2개의 구분된 유형의 능력으로 나누는 것을 정당화하였다. 다른 인지심리학자들이 유사한 이론에 관한 다른 용어와 정의를 사용하고 있기는 하지만, 이러한 구분은 오늘날까지도 인기리에 사용 중에 있다.

[현대 학술자료]

Rodrigue, K. M., & Kennedy, K. M. (2011). The cognitive consequences of structural changes to the aging brain. In K. W. Schaie & S. L. Willis (Eds.), *Handbook of the psychology of aging* (7th ed., pp. 73－91). San Diego, CA: Academic Press.

대뇌피질의 얇아짐, 백질 통합 그리고 베타아밀로이드 침착에 대해 논의하고, 이들이 인지 기능의 연령에 따른 변화와 어떻게 관련되는지를 논의한다.

Moye, J., Marson, D., Edelstein, B., et al. (2011). Decision making capacity. In K. W. Schaie & S. I., Willis (Eds.), *Handbook of the psychology of aging* (7th ed., pp. 367－379), San Diego, CA: Academic Press.

이 장은 노인의 인지적 역량에 기초하여 노인의 법적 역량을 측정하는 것에 대한 지침을 제공한다. 예를 들어, 경제적 관리를 하는 능력, 의학적 치료에 대한 동의, 운전 그리고 독립적으로 살기에 대해 평가하는 방법을 알려준다. 이는 인지에 관한 연구 결과에 기초한 것이지만 노인 부모와 조부모를 대면하는 많은 사람들의 실생활 이슈에 적용된다.

THE
JOURNEY
OF
ADULTHOOD

Chapter

5

사회적 역할

나는 남부 플로리다의 한 대학에서 발달심리학을 가르치고 있고, 이 교수라는 역할에 만족하고 있다. 나는 큰 대학의 분교에 근무하는 덕분에 학생들을 잘 알 수 있다. 많은 학생이 캠퍼스 주변에서 나를 알아보고 그들이 수강하려는 과목, 지원하려는 대학원 혹은 수업시간에 다루었던 내용에 대해서 이야기를 나눈다. 이 교과서를 쓰는 나의 다른 일은 매우 고립되어있기 때문에 이러한 만남은 나에게 특별히 즐거운 일이다. 집필을 위해 나는 수업이 없는 날에는 거의 사회적 상호작용이 없는 집에 마련한 사무실에 있다. 이 두 가지 전문적인 역할은 만족스러운 균형을 제공해준다.

흥미롭게도, 남편은 같은 대학의 본교 캠퍼스 교수이고, 나는 때때로 '그의' 캠퍼스에서 나 자신을 발견하게 된다. 한 캠퍼스와 다른 캠퍼스에서 나의 사회적 역할의 차이는 놀랍다. '나의' 캠퍼스에서 동료들은 내 수업, 내 책 혹은 학술적인 문제들에 대해 묻는다. 남편의 캠퍼스에서는, 가족 혹은 우리의 최근 휴가에 대해서 질문을 받는다. 명확하게 나는 한 캠퍼스에서는 교수의 역할을 하고, 다른 곳에서는 교수 아내의 역할을 한다.

그러나 교수로 보이는 것이 가장 권위 있는 역할은 아니다. 매월 첫째 금요일은 막내 손자가 다니는 초등학교에서 가족의 날 점심이 있는데, 이는 6년 동안 반복된 일이다. 나는 점심식사를 싸서 식당 바깥 안마당에서 기다린다. 5학년 반이 도착하면 손자는 친숙한 얼굴을 찾으려고 기다리는 가족들을 둘러본다. "할머니, 할머니!"하는 소리가 들리면서 손자는 나에게 달려와 키스와 포옹을 한다(그리고 점심으로 뭘 가지고 왔는지 본다). 나무 아래서 점심을 같이 먹으면서 손자는 지나가는 친구들과 선생님에게 "우리 할머니야! 나랑 점심을 함께 먹으러 오셨어!"라고 자랑스러워하며 말한다. 내년에 손자가 중학교를 가면 주변을 맴도는 나를 좋아하지 않을 수 있다는 것을 알지만, 가능한 동안에는 이 명성을 즐기고 있다. 나는 우리 대학의 총장도 이러한 찬사를—적어도 이렇게 정기적으로—누릴 수 있다고 생각하지 않는다.

이러한 역할 외에도 나는 아내, 어머니, 자매, 이모 그리고 의붓어머니이기도 하다. 교과서의 저자나 할머니 같은 이런 역할의 대부분은 꽤 새롭고, 여동생이나 엄마와 같은 오래된 역할들은 같은 명칭을 가졌지만 세월이 흐름에 따라 내용이 변해왔다. 내 인생에서 역할의 변화를 돌이켜 보는 것은 성인기 이후의 여정에서 나의 변화를 보는 훌륭한 방법이다.

이 장은 성인기에서 우리가 갖는 역할에 관한 것이며, 이러한 역할이 시간의 흐름에 따라 변화할 때 우리가 하는 적응에 중점을 둔다. 사회적 역할과 전환에 관한 논의로 이 장을 시작하고 계속하여 성인 초기, 중년기, 전기 노년기에서의 전형적인 역할을 살펴볼 것이다. 이 가운데 성 역할에 대한 논의와 우리의 다른 역할 속에서 그것이 어떻게 변화하는지도 언급할 것이다. 마지막으로 넓은 범주에 포함되지 않은 독신, 이혼, 재혼, 자녀가 없는 사람들에 대해 이야기할 것이다. 그리고 여러분이 이미 알고 있을 수 있지만, 하나의 역할에서 다른 역할로의 전환이 역할 자체만큼이나 어려운 일이라는 것을 강조하고 싶다.

사회적 역할과 전환

사회적 역할(social roles)이라는 용어는 사회에서의 지위에 따라 기대되는 행동과 태도를 말한다. 성인발달연구의 한 가지 방법은 세월에 따라 갖게 되는 전형적인 성인의 사회적 역할 수행을 조사하는 것이다. 사회적 역할 이론의 초기에는 성인기는 인생의 각 과정에서 개개인이 맡게 되는 역할의 수로 설명되었다. 이 이론에 따르면 사람들은 성인 초기에는 많은 역할을 획득하지만 이후에는 버리기 시작한다고 한다. 실제로 '성공적인 노화'를 노인이 얼마나 많은 역할을 내주었는지, 얼마나 기꺼이 그것을 내주었는지로 측정하기도 하였다(Cumming & Henry, 1961). 지난 수십 년 동안 이러한 관점은 역할 전환(role transitions)의 관점으로 변화해왔다. 이 새로운 이론은 거의 예외 없이 역할은 획득되지도 않고 잃어버리지도 않는다고 주장한다. 역할은 생활환경이 변화함에 따라 변화한다(Ferraro, 2001). 성인 진입기(emerging adulthood)에서는 속박당하는 고등학생 역할에서 비교적 자유로운 대학생 역할로 이동한다. 성인 초기에는 배우자가 되는 것에서 부모가 되는 것으로 역할 전환을 하게 된다. 중년기에는 의존적인 10대의 부모 역할에서 독립적인 성인의 부모로 역할 전환을 한다. 노년기에는 친구와 가족의 죽음으로 인해 몇 가지 역할을 잃을 수도 있지만, 남겨진 역할의 풍족함과 만족감은 증가한다(Neugarten, 1996). 역할 전환을 연구하는 것은 한 역할에서 다른 역할로 변화할 때 사람들이 어떻게 적응하며, 그 전환이 어떻게 다른 역할에 영향을 미치는지 이해하는 것이다.

지난 장에서 생물학적 시계(biological clock)의 시간과 유사한 성인기의 건강과 신체 기능에서의 변화 패턴에 대해서 이야기했다. 이 장

비판적 사고

당신은 지난 몇 년 동안 어떤 역할 전환을 경험하였는가? 그것들은 어떤 종류의 적응을 필요로 했는가?

에서는 사회적 시계(social clock)의 시간에 비교할 수 있는 성인기 사회적 역할의 변화 패턴에 대해 이야기할 것이다. 성인기의 사회적 역할 구조를 이해하기 위해 우리는 연령과 관련된 사회적 시계와 성인기의 각각 단계에서 다양한 성 역할을 살펴볼 필요가 있다. 제6장에서 사회적 역할과 성 역할 내의 인간관계에 대해 살펴볼 것이고, 직업 역할이 주요한 주제인 제7장에서 다시 성인의 역할에 대해 설명할 것이다. 여기에서는 사회적 역할에서의 연령 변화를 보기 전에, 우리가 알고 있는 성 역할과 성 고정관념에 대해 간략히 살펴보겠다.

성 역할과 성 고정관념

성 역할과 성 고정관념을 구분하는 것은 유용하다. 성 역할(gender roles)은 남성과 여성이 주어진 시대와 문화에서 실제로 무엇을 하는지 묘사한다. 성 고정관념(gender stereotypes)은 한 사회에서 남성과 여성 집단이 지닌 것 또는 종종 각 성의 사람들이 무엇을 해야 하는지, 어떻게 행동해야 하는 것인지에 대한 공유된 믿음이나 일반화를 뜻한다. 성 고정관념은 유용할 수는 있지만 부정확할 수도 있고, 특히 성 고정관념이 어떤 행동 표준에 남성 혹은 여성 각 개인이 얼마나 잘 따르는지를 판단할 때에는 해가 될 수 있다.

성 고정관념은 놀랍게도 문화 간에서 일치한다. 광범위한 한 초기 연구에 심리학자 John Williams와 Deborah Best(1990)는 25개국의 성 고정관념에 대해 조사했다. 각 나라에서 대학생들에게 300개의 형용사(필요에 따라 그 지역의 언어로 번역된)를 주고, 그 단어가 남성과 더 관련 있는지, 여성과 더 관련 있는지 아니면 둘 다 관련 없는지에 대해 물었다. 결과는 문화에 걸쳐 놀라운 일치를 보여주었다. 23개국의 대다수 사람에게서 남성에 관한 고정관념은 경쟁적, 모험적, 신체적으로 건강함과 같은 흔히 도구적 특질(instrumental qualities)로 칭해지는 특질을 중심으로 되어있고, 여성에 대한 고정관념은 공감적, 양육적, 직관적과 같은 공동체적 특질(communal qualities)을 뜻하는 친화와 표현의 특질을 중심으로 되어있었다.

비판적 사고

여성의 공동체 행동과 남성의 도구적 행동을 기대하는 개념은 구식이 되고 있는가? 왜 그러하며 왜 그렇지 않은가?

만약 성 역할이 특정한 문화에서 남성과 여성이 실제 하는 일이라고 한다면, 이러한 역할들은 어디에서 유래하는 것일까? 어떻게 소년과 소녀가 남성과 여성이 되는 것을 배우게 되는 걸까? 고전적인 답은 학습–도식이론(learning-schema theory)에서 찾아볼 수 있는데, 이는 어린이는 세상과 그들 스스로에 대해 인위적이거나 과장되게 남성적인 것과 여성적인 것을 구별하는 성 양극화렌즈를 통해 바라보는 것을 배운다고 주장한다. 성인이 되면, 이러한 구별에 자신의 행동을 맞추려고 한다(Bem 1981, 1993). 사회적 역할이론(social role theory)에서도 이와 유사하게 성 역할은 어린이가 그들 문화에서 성에 따른 일의 구분을 관찰한 결과이고, 따라서 사회가 그들에게 남성과 여성으로서 기대하는 것을 배우며 이러한 기대를 따르게 된다고 한다(Eagly, 1987, 1995).

성 역할의 유래에 대한 이 두 가지 이론은 즉각적인 환경에서 나타나는 근거리 원인(proximal

causes)을 다루고 있다. 성 역할의 유래에 대한 다른 이론들은 과거에 존재했던 원거리 요인(distal causes)을 사용하여 성 역할의 기원을 설명한다. 예컨대, 진화 심리학(evolutionary psychology)은 성 역할의 유래를 원시인들이 수백만 년 전에 직면했던 문제에 대한 반응으로 고안한 해결책에서 찾고 있다. 이 이론은 여성과 남성이 유전적으로 다른 방식으로 행동하도록 구성되어있다고 설명한다. 이러한 행동의 유전자는 오늘날에도 발현되는데, 인간의 역사 속에서 이러한 유전자는 우리 종의 남성과 여성으로 하여금 아이를 낳고 함께 보호하도록 돕는 짝을 선택하게 하고 또한 아이는 다음 세대로 유전자를 물려주기 때문이다(Geary, 2005).

이러한 이론들에 대한 논쟁은 수년간 계속되고 있는데(Eagly & Wood, 1999; Ellis & Ketelaar, 2000; Friedman, Bleske, & Sheyd, 2000; Kleyman, 2000), 모든 이론은 자신의 이론을 확장시키고 근거리 원인과 원거리 원인 모두를 고려하는 관점을 택함으로써 다른 이론과 더 가까워지고 있다. 이러한 생물사회적 관점(biological perspective)에서는 남성적인 역할과 여성적인 역할에 대한 편향이 인간 진화과정 속에서 발전했고, 생물학적 차이(원거리 원인)에 기반을 두고 있으며, 개인의 생물학, 발달 경험, 사회적 지위를 반영하는 성 역할을 만들기 위해 현재의 사회적 · 문화적 영향(근거리 원인들)과 상호작용한다고 주장한다(Wood & Eagly, 2002). 최근 성별 차이와 유사성에 대한 문화적 기여를 조사하기 위해 좀 더 다양한 인구를 대상으로 보다 다양한 연구방법을 사용할 필요성이 제시되었다(Eagly & Wood, 2011).

성 역할에 대한 이 관점에 따른 흥미로운 예는 "문화 내에서 사회적 · 경제적 상황이 갑자기 바뀔 때 어떤 일이 일어나는가?" 라는 질문에 기초하고 있다. 만약 성 역할이 생물학적 · 사회적 영향의 상호작용에 기반을 둔다면, 사회 환경에서의 변화는 성 역할과 성 고정관념에 변화를 가져다 줄 수 있다. 심리학자 Alice Eagly와 그녀의 동료들(Diekman, Eagly, Mladinig et al., 2005)은 남성과 여성의 실제적인 성 역할의 변화가 성 고정관념에 미치는 영향을 밝히기 위해 미국 젊은 성인들의 보편적인 성 고정관념을 칠레와 브라질 젊은 성인들의 성 고정관념과 비교하여 이 문제를 조사하였다. 미국은 남녀의 역할이 비대칭적으로 변해왔기 때문에 즉, 많은 여성이 직장에서 일을 하고, 전통적으로는 남성의 역할이었던 것을 취했던 반면, 남성들은 같은 수준만큼은 여성적 역할을 취하지 않았기 때문에 연구에 포함되었다. 칠레와 브라질은 정치 역사상 권위주의적인 군 지배에서 1980년대 민주주의 체제로 바뀌었고, 남성과 여성 모두에게 의사 결정권과 독립성이 주어졌기 때문에 선택되었다. 칠레와 브라질의 여성들이 전통적으로 남성이 하던 직업을 갖는 비율은 미국 여성들의 비율보다는 뒤쳐졌지만, 지난 20년간 남성, 여성의 변화는 칠레와 브라질에서 미국에서보다 컸다. 연구자들은 남성과 여성에게 동일한 이 같은 대칭적 변화가 성 역할 고정관념에서 다른 유형을 보일 것이라고 예상했다.

비판적 사고

칠레, 브라질 그리고 미국의 젊은 성인 참가자 대신에 은퇴한 성인이 참가한 연구 결과가 유사하였다면 당신은 무엇을 예측할 수 있는가?

이 연구에서, Eagly와 동료들은 세 나라의 젊은 성인에게 특질목록표를 주고 각 특질이 그들 나라의 보통 사람들과 얼마나 잘 일치하는지 측정하도록 했다. 그 특질(Cejka & Eagly, 1999)은 〈표 5.1〉에 제시되어있다. 또 다른 차원을 추가하기 위해 참가자들 각각은 그들 문화에서 1950년대, 현재, 2050년대에 속하는 세 명의 '보통 사람'에 대해 보고하였다.

기대했던 것처럼, 남미 국가에서는 남성과 여성 모두에서 젊은 성인들이 일생동안 목격해온 사회적 변화를 반영하는 도구적이고 고정관념적으로 남성적인 특질이 1950년부터 2050년까지 증가하였다. 그러나 미국의 경우 남성의 역할은 같은 수준의 결심 및 독립성에 머물러 있는 반면, 단지 여성만이 이러한 도구적인 특질이 증가하는 경향을 보였는데, 이는 미국에서 여성들이 역할 확장에서 많은 발전을 이룩한 사실을 반영해주고 있다.

이런 결과들을 통해서, 성 역할이 진화적 유산의 부분일지라도 일생을 통해 우리가 경험하는 상황에 의해 조절되고 이러한 변화들은 현시대 문화의 성 고정관념에 반영된다는 결론을 내릴 수 있다. 또한 성 역할(그리고 성 고정관념)은 문화의 변화에 따라 변화하는 역동적인 개념이라는 것을 말해주고 있다. 우리가 할 일은 우리 마음속에(가슴 깊이) 지니고 있는 고정관념을 조사하여 낡은 남녀에 대한 고정관념을 반영하지 않고 현존하는 남녀의 상황을 반영하도록 하는 것이다.

성인 초기 사회적 역할

성인 초기를 겪은 사람과 현재 이 생의 주기를 겪고 있는 사람들은 인생의 어떤 기간들보다 이 시기에 사회적 역할에서 많은 변화가 있다는 것에 동의할 것이다. 성인 진입기의 성인들은 인생에서 옳은 길을 찾지만, 그들의 역할은 여전히 청소년기 역할에서 다소 수정된 정도이다(Shanahan, 2000). 성인 초기를 정의하면 학생의 역할을 떠나 직업인의 역할을 시작하는 단계이다. 그것은 또한 부모님으로부터 독립하는 것, 배우자나 동반자를 찾고 부모가 되는 것을 포함한다. 성인기로의 전환(transition to adulthood), 즉 청년이 성인의 역할로 전환하는 과정은 매우 다양하다. 어떤 사람은 고등학교를 졸업한 후, 대학이나 직업훈련원에 가며, 경제적으로 자립하고 부모님의 집에서 독립한다. 다른 사람들은 고등학교를 졸업한 후 부모 집에서 나와 수년 동안 여기저기서 아르바이트 수준의 직업들을 섭렵한 뒤 다시 부모 집으로 들어가 대학에 갈 준비를 시작한다. 몇몇은 고등학교를 졸업하자마자 결혼하지만 대다수는 우선 부모의 집을 나와 동거 생활에 들어가는 전환기를 거친다. 그러므로 젊은이들이 성인기의 역할로 이동해 갈 때 분명히 다양한 선택들이 열려있다.

비판적 사고

어떠한 역할 전환이 당신이 마침내 어른이라고 느끼게 만들었는가? 이 시점에 도달하지 않았다면 미래에 수행할 것이라고 예상되는 역할 전환은 무엇인가?

확고한 규칙들과 예측이 부재한 것에도 이득은 있다. — 젊은 사람들이 그들에게 맞지 않는 공부를 4년 동안 하거나 잘 안 맞는 사람과의 조기 결혼과 같이 맞지 않은 역할에 내몰릴 필요가 없다. 연구에 따르면 이러한 긴 전환기간이 아동기에서 시작된 문제궤도를 수정하고 성공적인 성인기를 향한 궤도 변경 또는 전환을 제공한다고 한다(Schulenberg, Sameroff, & Cicchetti, 2004). 연구들은 반사회적 행동 또는 물질 남용과 같이 적절한 수준 이하의 정신건강전망으로 성인기에 진입하는 많은 젊은이가 이 연장된 성인기로의 전환기 동안 군 복무(Elder, 2001)나 배우자의 역할(Craig & Foster, 2013)을 하게 되면서 그들의 삶을 전환시킬 수 있다고 보고하고 있다.

:: 표 5.1 성 역할 고정관념의 예

공동체적(여성적 고정관념)	도구적(남성적 고정관념)
다정한, 동정적인, 부드러운, 민감한, 지원적인, 친절한, 양육적인, 따뜻한, 상상력이 풍부한, 직관적인, 예술적인, 창의적인, 표현적인, 고상한, 귀여운, 화려한, 아름다운, 예쁜, 몸집이 작은, 섹시한	경쟁적인, 대담한, 모험적인, 공격적인, 용감한, 지배적인, 쉽게 흥분하지 않는, 압력에 대항하는, 숫자에 능한, 분석적인, 문제 해결을 잘하는, 양적으로 숙련된, 추론을 잘하는, 수학적인, 거친, 근육질의, 육체적으로 강한, 건장한, 육체적으로 활발한, 억센

출처 : Cejka & Eagly (1999)에 기초.

선진국에서는 늦은 사춘기와 본격적인 성인기 사이의 전환기가 매우 일반적으로 나타나 이제 새로운 성인기의 단계로 인식되고 있다. 발달심리학자 Jeffrey Arnett(2000)은 대략 18~25세 사이인 이 시기를 성인 진입기(emerging adulthood)라고 부를 것을 제안하였다. 그는 이 시기를 젊은이들이 여러 다른 경험을 시도하고 점진적으로 사랑과 직업에 헌신하는 쪽으로 진행하는 시기라고 묘사하였다. 그는 성인 진입기가 기존의 청소년기나 성인기와는 다른 다섯 가지의 특징 ─ (1) 정체성 탐험시기 (2) 불안정한 시기 (3) 자기 중심적인 시기 (4) 중간이라고 느끼는 시기 (5) 가능성의 시기 ─ 을 설명했다(Arnett, 2007).

성인 진입기는 모든 문화 내에서 발생하는 것은 아니지만, 미국 원주민(인디언) 젊은이들(Van Alstine Makomenaw, 2012)과 중국(Nelseon & Chen, 2007), 아르헨티나(Facio Resett, Micocci et al., 2007), 일본(Rosenberger, 2007), 라틴아메리카(Galambos & Martinez 2007; Manago, 2012) 그리고 유럽 국가들(Douglass, 2007; Tynkkynen, Tovanen, & Salmela-Aro, 2012)에서 다소의 차이를 보이며 관찰되었다. 대부분의 연구는 도시의 대학생으로부터 수집되었는데, 자신에 대한 집중과 개인적인 정체성 탐구는 농촌지역과 혜택받지 못한 가정의 젊은이들에게서는 동일한 정도로 나타나지 않을 수 있다고 설명한다. 전일제 직장과 가족 부양의 역할로 즉시 이동한 이러한 지역의 젊은이들은 1950년도까지 미국에서 보였던 전통적인 역할 전환을 보인다.

집을 떠남(그리고 돌아옴)

오늘날 성인 진입기에서 집을 떠나는 과정은 시기와 목적지에서 많은 변화가 있고, 이는 나의 가족에서도 잘 드러난다. 내 아이들 중 하나는 고등학교를 졸업한 후 동거를 하기 시작했다. 또 다른 아이는 멀리 있는 대학에 가서 대학원을 마칠 때까지 매년 여름에 집에 왔다. 그리고 아동기에 우리와 단 한 번도 함께 지낸 적이 없었던 남편의 딸의 경우 그녀의 성인 진입기 동안 대학에 다니기니 '아파트' 이사 기간에 우리 부부만 사는 '빈 둥지'에 들어왔다 나갔다 하는 일이 몇 차례 있었다.

젊은이들이 집을 떠나는 과정에 대한 정확한 그림은 무엇일까? 〈그림 5.1〉에서 볼 수 있듯이, 미국의 가장 최근 통계조사에 따르면 18~24세의 남성의 59%와 여성의 50%가 면접 당시 부모의 집에서 거주하고 있었다. 게다가, 25~34세 남성의 19%는 부모와 함께 살고 있고, 같은 연령

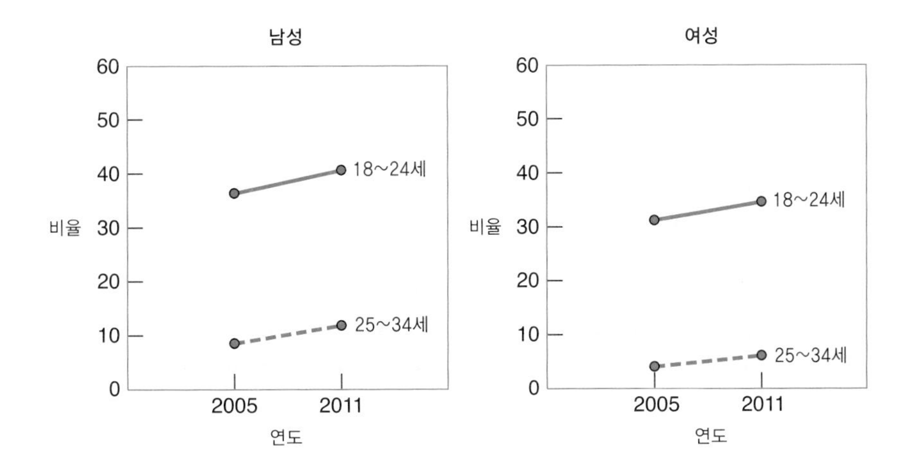

:: 그림 5.1

젊은이들이 부모의 집에 거주하는 비율이 2005년에서 2011년까지 증가했다. 부모의 집에서 더 많이 거주하고, 남성이 여성보다 부모의 집에서 거주할 가능성이 더 높다.

출처 : U.S Census Bureau (2011b)의 자료

의 여성의 경우 10%가 그러했다(U.S. Census Bureau, 2011b). 보다시피 이 수치는 지난 수년 동안 유의하게 증가하고 있다. 비록 이것은 사람들이 특정 일자에 머무르고 있는 곳을 알려주는 것이지만 다양한 질문을 야기한다. — 왜 거기에 살고 있는가? 그들은 항상 거기에 살았는가 또는 나갔다가 다시 돌아온 것인가? 왜 남성이 여성보다 자신의 부모와 함께 살 가능성이 더 높은가? 젊은 사람들은 집에 머무는 것에 대해 어떻게 생각하는가? 그리고 부모님들은 어떻게 생각할까? 이러한 질문들에 답하기는 쉽지 않다.

평균적으로 젊은이들이 집을 떠나는 나이는 현재 20세 즈음이다. 그 이후까지도 부모의 집에 머무는 이유는 다양하다. — 최근 경기 침체로 젊은이들의 실업률이 높다, 오늘날의 직업은 고학력을 원한다, 더 많은 젊은이가 대학에 가기 위해 대출한다, 높은 주거비는 사회 초년생인 직장인이 주택을 마련하는 것을 어렵게 한다, 보다 많은 젊은이가 부모 집 근처의 큰 대학 분교나 전문대학에 다닌다, 부모들은 더 여유 있어 성인 자녀를 보다 잘 지원할 수 있다, 부모들은 더 큰 집을 가졌으나 부양할 아동은 없다, 젊은이들은 과거만큼 군에 지원하지 않는다, 젊은이들은 결혼을 늦게 한다. 그리고 일부 국가에서 온 이민자들은 전통적으로 성인 자녀가 결혼할 때까지 가정에 남아있어 주길 기대하기도 한다.

이 연령대에서 남성이 여성보다 더 많이 집에 남아있는데, 이는 커플이 결혼을 하거나 함께 살기로 할 경우 대개 남성이 여성보다 나이가 많

오늘날 많은 가구에는 부모 집을 떠나지 않는(또는 나갔다가 다시 돌아온) 젊은이들이 있다.

기 때문이다. 즉, 남성이 여성보다 더 많은 나이까지 원가족 집에 남아있다. 또 다른 이유는(많은 나의 학생들에 따르면) 몇몇 부모들은 집에 있는 딸보다 아들을 덜 구속하고 스스로 빨래나 청소하는 일 등을 덜 기대하기 때문이다. 이것이 딸은 좀 더 빨리 나가는 것이 좋고 아들은 집에 남아있는 것을 좋게 만든다.

많은 젊은이가 부모 집을 떠났다가 돌아온다. 조사한 많은 국가에서 이러한 '부메랑 자녀'는 지난 20~30년 동안에 두 배로 증가했다. 미국에서는 최소 4개월 정도 부모 집을 나왔던 젊은이들 중 반 정도가 다시 돌아가는 것으로 추정된다. 어린 나이에 나갈수록 돌아오는 경향이 더 높다. 젊은이들이 부모 집으로 돌아가는 이유는 애초 떠나지 못하는 이유와 유사한데, 종종 직장을 잃거나, 파산 혹은 파경(헤어짐)과 같은 불행에 의해 촉발된다(때때로 건강 악화, 재정 상황의 역전과 같은 부모의 불행이 성인 자녀를 집으로 돌아오게 하는 원인이 되기도 한다).

젊은이들이 떠나야 할 '정상적 시간'에 부모 집에 남게 되면 결과는 무엇일까? 첫 번째로, 대부분 인생에서의 전환 타이밍은 구체적인 사회적 · 역사적 환경 내에서 만들어진다는 것을 기억할 필요가 있다(Hagestad & Neugarten, 1985). 미국에서 18~24세까지의 젊은이 중 대부분이 여전히 부모님과 함께 살고 있다면, 집을 떠나는 '정상적'시기는 다른 의미를 지닌다.

사회학자 Thomas Leopold(2012)는 유럽에서 부모와 함께 사는 것이 젊은이들에게 미치는 효과를 알아보기 위해 이 현상을 연구하였다. 그는 유럽의 14개 국가를 대표하는 6,000개가 넘는 가구들로부터 자료를 수집하였는데, 각 국가에서 다른 또래보다 늦게 집을 떠나는 젊은이들을 찾았다. 연령의 범위는 덴마크의 20세 미만으로부터 이탈리아의 경우 26세를 갓 넘는 범위까지 분포되었다. Leopold는 늦게 집을 떠나는 젊은이들과 그들의 부모와의 관계를 조사했을 때, 그들은 더 어린 나이에 독립을 한 형제자매들보다 부모와 더 높은 수준의 결속력을 지니고 있다는 것을 발견했다. 그들은 부모와 더 가깝게 살고, 더 빈번한 연락을 유지하고, 그들의 형제자매보다 더 많은 도움을 주기도 한다. 그 결속력은 양방향이어서, 집을 늦게 떠나는 젊은이들은 또한 집을 떠난 후에도 부모로부터 더 많은 지지를 받는 경향이 있다. 결론적으로 한 문화의 한 시대에서 다른 사람들보다 부모 집에 오래 남아있는 것은 나이가 들어갈수록 성인 자녀와 부모 모두에게서 세대 간 결속감을 증진시키는 역할을 한다.

어떤 젊은이들에게는 성인 역할로의 전환은 다른 문화로 접어드는 것을 의미한다. 이러한 예에는 보호지역의 학교를 나온 후 그들이 소수인이 되는 주립 대학교를 들어간 미국 인디언 젊은이들 혹은 부모의 시골 고향을 떠나 변화된 가치, 다양한 선택, 새로운 행동과 성 평등 규범을 가진 대도시로 이동하는 개발도상국의 젊은이들이 있다. 개발도상국의 일부 성인 진입기의 성인들에게, 독립하려는 욕구는 더 많은 기회를 지닌 다른 나라로 이주 결정을 하는 데 중요한 요소이다.

배우자 또는 파트너가 되기

결혼은 미국과 전 세계에서 친밀한 파트너십의 전통적인 형태로 남아있지만, 결혼하는 사람들의 비율은 감소하고 결혼의 연령대는 증가하고 있다. 미국 인구조사국의 수치에 따르면 대부분 여성은 26세에 결혼을 하고 남성은 28세에 결혼한다. 이러한 결혼의 평균 연령은 지난 30년 동안 약 3년 증가하고 있다 (Copen, Daniels, Vespa, et al., 2012). 커플들이 결혼을 늦게 할 때, 전반적으로 매년 성인 인구 중 결혼 수는 감소하며, 기혼자의 수는 더 적게 나타난다. 왜 오늘날 젊은 사람들이 결혼을 지연하고 있을까? 일부 이유는 커플들이 과거의 커플들보다 높은 수준의 결혼생활 수준을 누리기를 바라고, 성 관계(심지어 아이)를 가지기 위해 결혼을 해야 하는 압박이 덜하기 때문이다.

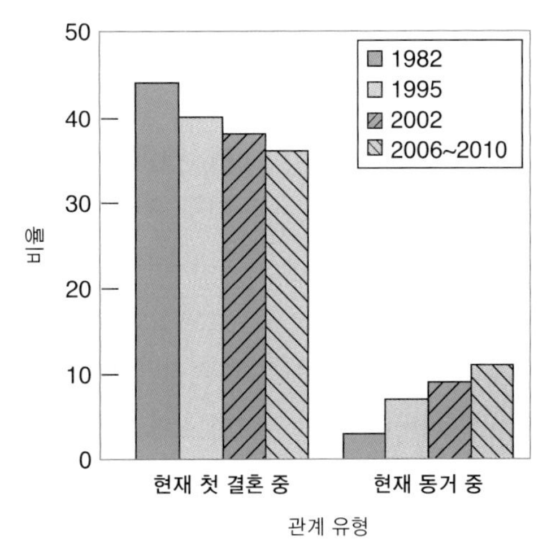

:: 그림 5.2

현재 15~44세 사이의 많은 미국 여성은 동거관계보다 결혼생활을 하고 있다. 결혼 비율은 1982년부터 감소하였고 동거 비율은 증가하였다.

출처 : Copen, Danies, Vespa, et al. (2012).

젊은이들이 결혼을 늦게 하는 또 다른 이유는 결혼을 하지 않고 동거(cohabitation)하는 비율의 증가인데, 미국에서 이 비율은 지난 20~30년간 극적으로 증가하였다. 〈그림 5.2〉에서 이 시기 동안 이성 파트너와의 동거관계는 증가하고 결혼은 감소함을 알 수 있다. 사실 결혼 또는 동거관계가 시작되는 연령을 계산하면 30년 전의 결혼 연령에 가깝다. 오늘날 젊은이들의 연애 파트너와의 첫 번째 거주 형태는 흔히 결혼보다 동거관계이다. 현재 젊은 이성커플 중, 약 11%가 동거관계로 지내고 있다(U.S. Census Bureau, 2012c). 오늘날 결혼한 대부분의 커플은 결혼식 이전에 함께 거주해왔다.

세계적으로 나라마다 이성 간 동거 비율은 차이가 있다. 〈그림 5.3〉은 20개국에서 보고된 현재 동거관계에 있는 18~75세 사이의 여성의 비율을 보여주는데, 스웨덴의 25%가 넘는 높은 비율부터 필리핀의 1%에 이르는 낮은 비율까지 보여준다(Lee & Ono, 2012). 이러한 수치는 여러 요인들 중에서도 각 국가의 경제, 종교, 배우자법과 혜택, 가용주택의 구입 가능성의 차이를 반영하고 있다[그림 5.2(11 %)와 그림 5.3(7 %)에서 미국 여성 수의 차이는 〈그림 5.2〉가 동거 경향이 높은 어린 여성으로부터 나온 결과를 보여주기 때문일 수 있다].

각 나라의 동거하는 사람들의 비율을 비교하는 것이 모든 것을 말해주지는 않는다. 동거에는 여러 유형이 있다. 어떤 커플들은 결혼 대신 동거를 한다. 그들은 결혼 계획 없이 오랫동안 함께 생활한다. 이 집단에는 스웨덴, 프랑스, 덴마크와 같은 나라의 커플들이 있는데, 이 나라에서는 젊은이들 사이에서 전통적인 종교 관행이 크게 중요하지 않고, 국가가 개인에게 직접적으로 의료 혜택이나 기타 혜택들을 제공한다(Heuveline & Timberlake, 2004). 이 유형은 긴 결혼생활이 배우자의 죽음이나 이혼으로 끝나고, 길고 친밀한 관계를 원하지만 재혼으로 인해 자녀들을 힘들게 하거나 재산을 합치는 것을 원하지 않는 미국의 노인에서도 흔하게 나타난다(Gold, 2012). 게다가 동거는 여전히 많은 동성커플의 유일한 선택인데, 동성인 동거관계의 파트너들은(동성결혼자도 마찬가지로) 이 장에서 구체적으로 언급하지 않는 한 조사 대상에 포함되지 않았다.

비판적 사고

당신은 미국에서 독신의 대안으로 결혼 대신에 동거를 한다는 Heuveline와 Timberlake의 결론에 동의하는가? 그 이유는 무엇인가?

또 다른 집단은 결혼에 앞선 서막으로 일정 기간 함께 살며 동거를 한 후 결혼을 한다. 이 유형은 스위스, 핀란드 등의 국가에서 확인된다. 세 번째 집단은 독신생활의 대안으로 동거를 한다. 이러한 관계는 매우 오래 지속되지도 않고 결혼에 이르지도 않는다. 이 유형에 맞는 국가는 뉴질랜드와 미국이다.

이전에 언급했듯이, 오늘날 젊은이 세대는 늦은 나이에 결혼한다. 비록 이혼율은 과거에 비해 높지만 지난 30년을 보면 이전의 사람들보다 요즘 커플들이 더 오래 결혼생활을 유지하는 경향이 있다. 물론 이러한 자료의 대부분은 첫 번째 결혼을 참조한 것이고, (나를 포함한) 일반적인 사람들을 반영하는 것은 아닐지도 모른다. 기혼자의 약 21%는 두 번째

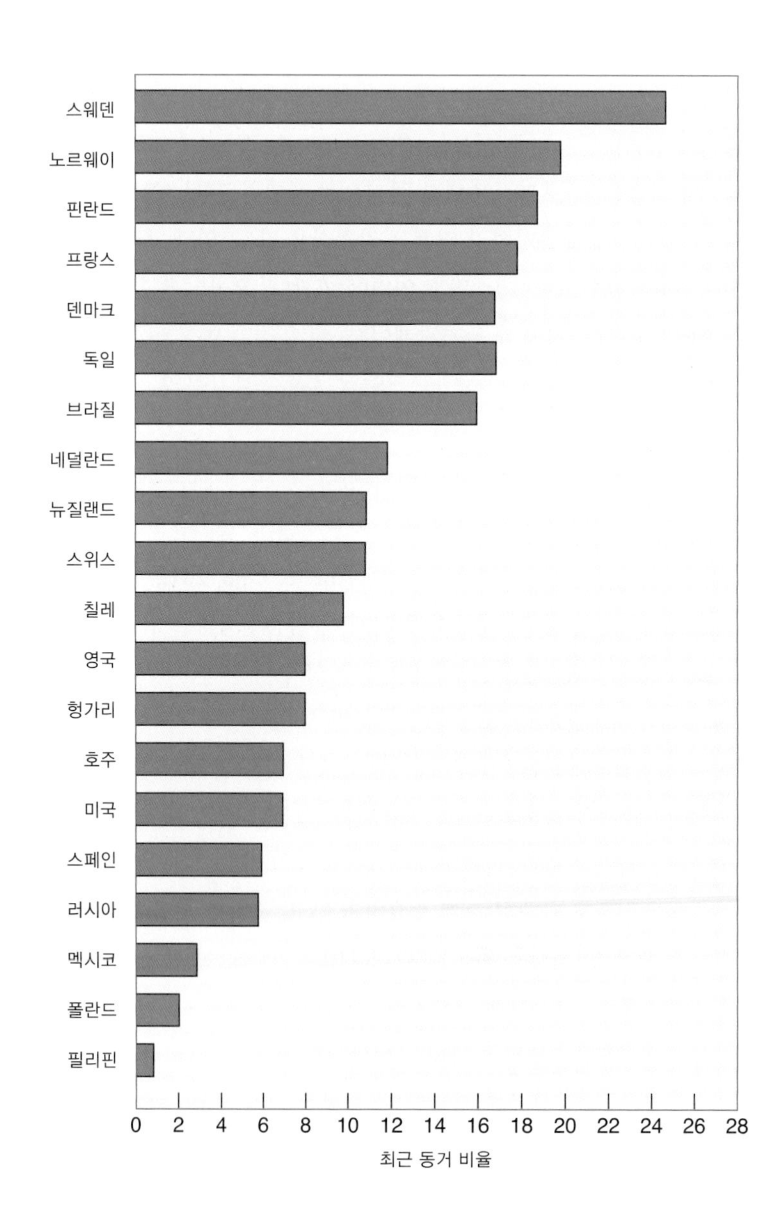

:: 그림 5.3

20개국에서 보고된 현재 동거관계에 있는 18~75세 사이의 여성들의 비율을 보여주는데, 스웨덴의 25%가 넘는 높은 비율부터 필리핀의 1%에 미치는 낮은 비율까지 보여준다.

출처 : Lee & One (2012)의 자료.

결혼(혹은 세 번째)생활 이고, 대다수는 오래 지속되고 행복한 공동체일 것이다. 모든 기혼자 중(결혼 횟수를 고려하지 않았을 때) 1/3 이상이 일반적으로 25주년을 함께 축하하며 6%가 50주년 결혼기념일을 함께 할 것이다(U.S. Census Bureau, 2011a).

초기 파트너 관계에서의 성 역할 젊은 사람이 먼저 동거를 하든지 곧장 결혼을 하든지 간에, 이 새로운 역할의 획득은 분명히 삶의 여러 측면에 중대한 변화를 가져온다. 중요한 변화 중 하나는 성 역할에서의 변화다. 남성과 여성은 자녀가 태어나기 이전까지는 후기 노년기 이전의 어느 때보다도 결혼이나 파트너십의 시작 시 가장 평등주의적 역할(egalitarian roles) 혹은 동등한 역할을 하게 된다.

그러나 이것은 전통적인 성 역할이 인생의 이 시기에 아무런 영향이 없다는 뜻은 아니다—분명히 영향이 있다. 예컨대, 집안일은 전통적인 성 역할에 따라 나뉘는 경향이 있어 요리와 청소는 여성이 더 많이 하고 정원일, 가전제품 수리, 자동차 보수는 남성이 더 많이 한다. 그리고 결혼 초기의 비교적 평등주의적인 이 기간에도 맞벌이를 하는 경우조차도 부인들이 남편들보다 더 많은 시간 동안 집안일을 수행한다. 미혼인 남성이 주 9시간 집안일을 하는데 비해 미혼인 여성은 1주일에 평균 13시간을 일한다. 그러나 결혼을 하면 둘 다 집안일을 하는 시간이 증가하여 결혼한 여성은 주 17시간, 결혼한 남성은 주 14시간 일한다. 그러니까 결혼을 하면 해야 할 집안일이 늘지만, 결혼한 여성이 더 큰 몫을 한다(University of Michigan Institute for Social Research, 2009).

결혼 여부와 건강 건강심리학 분야의 토대 중 하나는 사회적 관계가 건강을 증진시킨다는 것이다. 결혼은 대부분의 사람들에게 가장 중요한 관계이기 때문에, 연구자들은 기혼자와 미혼자의 건강과 수명을 비교했다. 연구자들은 미혼자보다 기혼자인 남성과 여성 모두가 여러 정신적·신체적 측면에서 건강이 유의하게 우수함을 반복적으로 발견하였다(Hughes & Waite, 2009). 그리고 이는 미국 내에서는 모든 인종-민족의 남녀에게 어느 정도 사실이다(Carr & Springer, 2010). 이러한 결과는 전 세계적으로 많은 문화에서 실시한 연구와 일치한다(Diener, Gohm, Suh, et al., 2000). 게다가 전국 종단적 사망률연구(National Longitudinal Mortality Study)(Johnson, Backlund, Sorlie, et al., 2000)에서도, 모든 범주의 독신(이혼, 별거, 사별, 미혼 등)보다 기혼자가 오래 살았다. 최근 연구에서는 '커플'개념에 동거관계와 결혼을 모두 포함했을 때 두 관계는 유사한 신체적·심리적 건강과 웰빙 정도로 측정되었다(Musick & Bumpass, 2012). 최근 연구는 동성 동거커플은 이성 동거커플과 유사한 건강 상태를 보이지만, 결혼한 이성커플보다는 건강이 나쁘다는 것을 보고하였다(Lin, Reczek, & Brown, 2013). '결혼 이득'이 결혼한 모든 성별 조합의 커플에게도 적용되는지를 조사하기 위해, 결혼한 동성커플과 이성커플을 타당하게 비교할 충분한 수의 결혼한 동성커플을 모으는 계획이 진행 중이다(Cherlin, 2013).

왜 결혼 여부가 그들의 정신적·신체적 건강에 영향을 미칠까? 쉬운 답의 하나는 건강이 결혼 여부에 영향을 미친다는 것이다 — 정신적 · 육체적 건강이 나쁜 사람들은 더 형편이 나은 사람들보다 결혼할 가능성이 낮다. 이는 결혼선택효과(marital selection effect)로 알려져 있고, 다양한 집단에서 건강 측정 차이의 일부를 설명해준다. 그러나 그것을 감안했을 때에도 기혼자와 미혼자의 건강 측정에서는 여전히 차이가 있다. 가족의 소득을 고려하더라도 마찬가지이다(Lin & Umberson, 2008).

두 번째 설명은 결혼자원효과(marital resources effect)이다 — 결혼은 재정적 자원, 사회적 지지, 더 건강한 생활양식이라는 측면에서 이점을 제공한다(Robles & Kiecolt-Glaser, 2003). 이는 기혼자와 미혼자의 건강의 몇 가지 차이점을 예측해줄지 모르지만, 특히 평생 독신인 사람이 장기간 결혼생활을 한 사람들만큼 좋은 건강 상태를 보고하는 것을 감안할 때는 완전히 설명해주지는 않는다.

결혼이 건강에 주는 이득에 대한 좀 더 최근 이론은 결혼위기효과(marital crisis effect)이다 — 이혼이나 사별의 위기를 겪지 않았기 때문에 기혼자들이 더 건강하다는 것이다. 다시 말해서, 결혼 자체가 좋은 건강 상태를 만드는 것은 아니지만 이혼이나 사별로 인한 트라우마는 건강을 악화시킨다. 사회학자 Kristi Williams와 Debra Umberson(2004)이 8년 동안 3,600명이 넘는 여러 연령대의 사람들을 대상으로 종단 자료를 사용하여 이러한 가능성을 연구했다. 그들의 결과는 결혼위기효과를 지지하는 것이었다. 첫째로 연구 시작 전에 항상 독신이었든 이혼했든 사별했든지 간에 연구 기간 내내 결혼하지 않은 사람들은 연구 기간 내내 결혼한 상태의 사람들만큼 건강했다. 정신적 · 육체적 건강이 나빠진 사람들은 연구 기간 동안 이혼하거나 사별한 사람들이었고, 특히 후기 노년기(late adulthood) 동안 이혼한 사람들이었다.

▌비판적 사고

당신의 지역사회에서 50번째 결혼기념일을 축하하는 것이 높은 결혼행복감을 뜻하는지 아니면 단순한 결혼 안정성을 뜻하는지 결정하기 위한 연구를 어떻게 설계할 것인가?

이 주제와 관련하여 주의해야 할 점은 결혼의 안정성(결혼 상태 유지)이 반드시 결혼의 행복과 동일하지는 않다는 것이다. 모두 알다시피 불행한 결혼생활을 오래 유지해 온 부부들이 있고, 연구에서 기혼자를 '행복한' 집단과 '불행한' 집단으로 나누면, 행복한 결혼생활을 하는 집단보다 불행한 결혼생활을 하는 사람에게서 건강 문제가 더 많이 나타나는 것이 밝혀질 때 놀라운 일은 아닐 것이다. 예컨대, 연구자들이 15개의 국가에서 불행한 결혼생활을 하는 사람들을 12년간 종단적으로 추적 · 연구했는데, 이혼하고 더 행복한 결혼을 하거나 이혼하고 다시 결혼하지 않은 사람들보다 계속 불행한 결혼을 유지한 사람이 더 낮은 신체적 · 정신적 건강 상태를 경험한 것을 발견했다(Hawkins & Booth, 2005). 또 다른 연구에서는 배우자 때문에 과도한 요구나 걱정거리를 느꼈던 중년의 남성과 여성들이 평온한 관계를 가진 사람들보다 심장 질환 증세를 더 많이 가지는 경향을 보였다(Lund, Rod, & Christensen, 2012).

종합하면, 이 연구들은 결혼의 행복과 정신적 · 육체적 건강 사이에 유의한 관계가 있다는 강력한 증거들을 보여준다. 건강 심리학자 Janice Kiecolt-Glaser와 Tamara Newton(2001)은 이러한 많은 연구를 고찰하여 차별적인 건강 결과를 야기하는 결혼 불화 특히 언어적 갈등의 몇 가지 중요한 요소들을 확인했다. 적개심을 표현하는 갈등적인 논쟁을 하는 커플들은 갈등 없이 대화하는 커플들보다 심장 박동 수, 혈압, 근육 반응 및 내분비와 면역 기능의 변화가 높았다. 우리는 불행한 결혼과 나쁜 건강 상태가 관련되어있다는 사실뿐 아니라, 신체적-정서적 기제가 관련된 확고한 증거를 가지게 되었다. 불행한 관계는 건강에 해가 된다!

부모 되기

성인 초기에서 대부분의 성인들이 겪는 중요한 역할 전환의 하나는 부모가 되는 것이다. 대략 미국 성인의 85%는 언젠가 부모가 되는데, 대부분 20대나 30대에 부모가 된다. 대부분의 경우, 첫 번째 자녀의 출생은 깊은 만족감과 자기가치감의 고양을 가져오고, (내 경우처럼) 처음으로 성인이 되는 기분이 들게 한다. 이는 또한 커다란 역할 전환을 포함하고, 이전 삶의 많은 측면에 상당한 변화를 동반한다.

젊은이들이 늦게 부모의 집을 떠나고 결혼하는 것처럼 부모로의 전환도 늦어지고 있다. 10대와 진입기 성인에서, 출산율이 최근 역사적으로 낮다. 이는 10대 임신, 낙태, 태아 사망률 감소와 동반되는데, 젊은이들을 대상으로 하는 강력한 임신 예방 메시지와 피임 사용의 증가 때문일 것이다. 한편, 부분적으로 더 늦은 나이의 출산, 임신 기술의 발달, 미혼모의 용인이 증가하는 결과로, 40대 이상인 여성의 출산율은 높아지고 있다(이 수치는 50세 이상에서의 출산 500건을 포함하고 있다, Martin, Hamilton, & Ventura, 2012).

미국 여성이 처음으로 출산하는 평균 연령은 현재 25.4세이고, 지난 30년간 거의 4년가량 증가하였다. 30개의 선진국에서 첫 번째 아이를 낳는 여성의 평균 나이를 보여주는 〈그림 5.4〉에서 알 수 있듯이, 대부분의 선진국에서 늦은 임신으로 가는 경향이 분명하다. 평균은 거의 28세인데, 범위는 멕시코에서는 21세를 갓 넘고, 독일과 영국에서는 거의 30세에 가깝다. 미국은 가장 평균 나이가 낮은 국가 중 하나이다(경제협력개발기구, 2013).

미국(세계적으로 많은 다른 나라)에서 성인들이 부모가 되는 또 다른 경향은 우선 결혼을 하지 않고 부모가 되는 것이다. "사랑이 먼저 오면, 결혼이 뒤따른다."라는 격언은 "사랑이 먼저 오면, 유모차가 뒤따른다."로 대체되고 있다. 가장 최근의 보고서에 따르면, 모든 출산의 약 41%는 미혼 부모에 의한다. 그러나 출산의 1/2 이상이 결혼하지 않은 부모의 경우였던 2008년 이래로, 이러한 경향은 감소하는 듯 보인다. 이런 감소 성향은 모든 연령대와 인종-민족 집단의 커플에서 나타난다.

이 상황의 또 다른 중요한 점은 이러한 '비결혼' 출산의 많은 부분(58%)이 실제로 동거관계에 있는 커플들에서 나타난다는 것이다. '미혼모'가 어리거나 혼자라는 고정관념은 더 이상 현실의 상황과 맞지 않다.

자녀가 있는 커플의 성 역할 미혼에서 커플이 되는 것은 성 역할에서 좀 더 전통적이거나 고정관념적인 남성과 여성의 역할로 약간의 이동을 가져온다. 첫 번째 아이의 탄생은 이러한 이동을 계

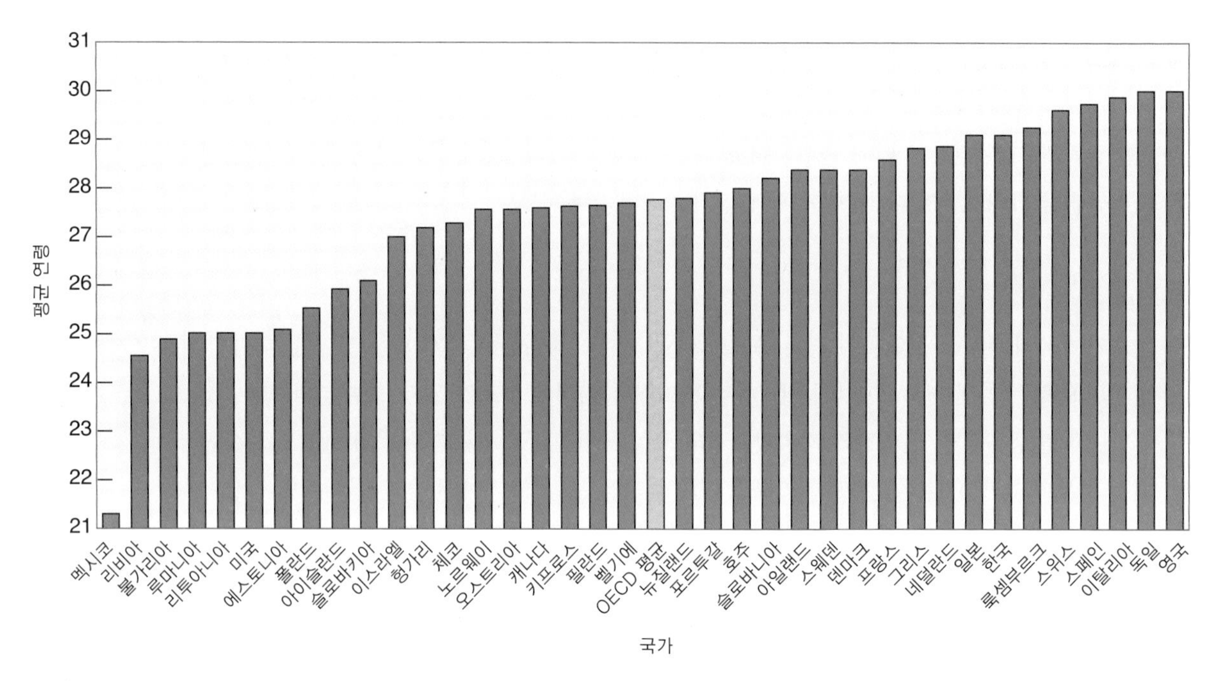

:: 그림 5.4

첫 출산을 하는 여성의 평균 나이는 멕시코에서 21세를 갓 넘었고 독일과 영국에서는 거의 30세이다. 전 세계 평균은 약 28세이고 미국은 25세로 비교적 낮다.

출처 : CECD (2013).

속하게 하는 효과가 있다(Katz-Wise, Priess, & Hyde, 2010). 인류학자인 David Guttmann(1987)은 이러한 과정을 부모 소명(parental imperative)이라 부르고, 그 양식은 생물학적이거나, 유전적으로 프로그램 되어있는 것이라고 주장한다. 아이들은 매우 손상받기 쉬워서, 부모가 정서적으로 또 육체적으로 아이의 요구를 충족해주어야만 하는데, 이것은 한 사람이 하기에는 매우 어려운 일이라고 주장한다. Guttmann은 여성이 아이를 낳고 양육하기 때문에 전통적 방식에 따른 책임 역할의 분배가 자연스럽다고 설명한다.

Guttmann의 이론과 관련된 부모 투자 이론(parental investment theory)은 남성과 여성은 각자 아이들에게 얼마나 많은 시간과 자원을 투자해 왔는지가 다르기 때문에 서로 다른 성 역할 행동과 관심사를 발달시켜왔다고 주장한다. 임신 9개월과 수년 간 직접적으로 손이 가는 돌봄을 투자한 여성들은 단지 수정 시 정자를 제공하고 여성이 한 명을 생산할 때 수많은 자손을 생산할 수 있는 남성들에 비해 보호자의 역할에 더 많이 헌신하게 된다(Trivers, 1972).

새로운 부모들의 성 역할 차이에 대한 세 번째 설명은 남녀가 재화와 서비스를 교환하는 커플로서 기능한다는 경제적 교환이론(economic exchange theory)이다. 이 관계에서 여성은 자녀를 낳을 능력을 가져오고 그 대신, 남성은 취업으로 재정적인 책임을 담당한다(Becker, 1981).

연구는 이러한 이론을 어느 정도 뒷받침한다. 남성이 아버지가 될 때 그들은 더 많은 시간을 직업에 쓰고, 여성은 어머니가 될 때 직업에 시간을 덜 쓰지만(Sanchez & Thomson, 1997) 이러한 성 역할의 차이는 점점 줄어든다. 사실상 18세 미만의 자녀가 있는 여성의 대부분은 현재 풀타임으로 일하고 있고 미국 노동통계청은 여성은 아동과의 활동에 주당 약 12시간을 보내지만 그들의 남편은 아동과 주당 8.4시간을 보내는 것으로 추산한다. 집 밖에서 풀타임으로 일하는 어머니 또한 집안일에 아버지보다 더 많은 시간을 쓰는데, 주당 24시간을 청소, 음식 준비, 빨래를 한다. 반면 아버지들은 주당 20시간을 소비한다. 집 수리 및 유지 보수를 해야 할 때는 아버지 쪽이 많아서, 아버지들이 14시간을 소비하는 반면 어머니들은 8시간을 소비한다(Foster & Kreisler, 2012). 물론 배우자 중 한 명이 파트타임 일을 할 때는 풀타임 일을 하는 배우자보다 당연히 직장 일은 적고, 집안일과 아동을 돌보는 일을 많이 하는데, 이러한 배우자는 대개 아내가 될 경우가 많다.

이 주제에 대한 한 가지 흥미로운 연구에서는 레즈비언 커플의 임신과 부모가 된 후 초기 몇 개월 동안을 추적해보았다. 레즈비언 커플은 둘 다 여성이기 때문에, 연구자들은 부모의 역할이 어떻게 나눠지는지에 관심을 보였다. 그들은 가사 분담은 동등하지만 생물학적 엄마가 더 기본적 아동 양육에 투자한다고 밝혔다. 아기가 태어난 후 비생물학적 엄마는 생활비를 벌기 위해 더 많은 시간을 일하고 생물학적 엄마는 직업 부담을 줄였다. 성차가 집안일에 영향을 미치는 것으로 보이는 반면에 생물학적 부모로서의 역할은 육아/생업 분담의 측면에 영향을 미치는 것으로 보인다(Goldberg & Perry-Jenkins, 2007).

더 최근에 수행된 한 연구에서는 첫 아이를 입양한 게이, 레즈비언, 이성커플인 입양 부모를 조사하여 생물학적 역할을 분석하였다. 연구 결과, 생물학적 부모의 역할(임신, 출산, 모유 수유)을 하지 않는 입양 부모 사이에서도 가사를 동등하게 분담하지 않았다. 대신 성별에 관계없이, 집 밖에서 대부분의 시간을 보내는 부모는 그렇지 않은 부모보다 육아(수유, 기저귀 갈기, 밤에 재우기, 목욕시키기)를 더 적게 했다. 가정의 생계를 책임지는 부모는 보다 적은 가사일(요리, 청소, 주방 청소, 세탁)을 했다. 동성커플(남성과 여성 모두)은 일반적인 이성커플보다 가사를 보다 동등하게 분담했다(Goldberg, Smith, & Perry-Jenkins, 2012).

이 책을 수년 동안 집필해오는 동안에도, 나는 이러한 성별에 따른 가사 분담의 차이가 점점 더 작아지는 것을 보았다. 이것은 부분적으로 이제 수 세대 동안 많은 어머니가 노동 시장에서 일해온 결과라고 생각한다. 우리는 일하는 엄마가 있는 가정에서 자란 소년들이 결혼이나 동거 관계를 할 때 가사 분담을 더 잘한다는 것을 알고 있다. 추측하건데 일하는 어머니에게서 자란 소녀들은 커플관계를 성립할 때 평등주의적인 기대를 할 것이다. 더 많은 여성이 일하고 다양한 커리어를 가질수록 관계에서 여성이 힘을 지니게 될 것이고, 이는 남편이나 파트너로부터 양육과 가사일에 더 나은 협력을 이끌어 낼 것이다.

부모기와 결혼 행복감 결혼으로의 전환은 커플의 행복과 결혼 만족도의 증가를 동반하지만, 부모라는 새로운 역할은 감소를 가져오는 것으로 보인다. 이러한 감소는 작지만 다양한 연령층, SES 집단, 국가에 걸쳐 발견된다. 일반적으로 결혼 만족도와 가족 단계 사이에서는 곡선 관계가 맞벌이 가정에서 자란 부모는 단일 소득자 가정에서 자란 사람들보다 집안일을 좀 더 공평하게 분배한다.

관찰되어 첫 아이가 태어나기 전과 자녀들이 모두 독립한 이후 만족감이 가장 높다.

새로운 부모에게서 결혼행복감이 감퇴하는 것은 새로운 사실은 아니다. 거의 50년 전에도 사회과학자들은 이 역할 전환이 가족 주기에서 가장 어려운 적응 중의 하나라고 확인하였다(Lemasters, 1957). 오랜 기간에 걸쳐 많은 연구가 수많은 커플을 대상으로 이 현상을 추적했다(Belsky & Kelly, 1994; Belsky, Spanier, & Rovine, 1983; Cowan & Cowan, 1995; Crawford & Huston, 1993; Feldman, 1971). 그러나 모든 새로운 부모가 이 행복감의 감퇴를 보이지는 않았고, 모든 새로운 부모가 불행과 이혼을 겪는 것은 더욱 아니다. 무엇이 차이를 만드는가? 어떤 신혼 커플이 부모기로서의 전환을 잘 견딜 것이고 어떤 커플은 그 길에서 흔들릴 것인지를 예측하는 방법이 있을까?

심리학자 John Gottman과 그의 동료들의 연구에서 부모기로 전환하는 데 있어서 중요한 몇 가지 요소들이 발견되었다(Shapiro, Gottman, & Carrere, 2000). 이 연구는 신혼에서 시작하여 이후 6~7년간을 추적 연구했다는 점에서 독특했다. 연구자들은 연구 기간 동안 어머니가 된 아내들이 아이가 없는 아내들보다 결혼행복감 점수가 신혼부부들만큼 높다는 것을 보고하였다. 또한 이들은 결혼행복감의 가파른 감퇴율을 보였는데, 경우에 따라서는 자녀의 출생 후 몇 년 동안 계속 지속되었다. 아버지가 된 남편들은 아이가 없는 남편들과 차이를 보이지 않았다.

Gottman은 부모가 된 커플을 결혼행복감이 감소한 아내와 결혼행복감이 동일하거나 증가한 아내 집단으로 나누었다. 이 커플들이 신혼부부일 때 인터뷰했던 자료를 보았을 때 아내의 행복감이 감퇴할지, 그렇지 않을지를 예측하는 몇 가지 차이를 밝혀내었다. 첫째, 남편이 인터뷰 중 아내에 대한 애정을 표현하고, 아내를 칭찬했을 때 그리고 아내와의 관계에 대해 의식하고 있었을 때 부모기로의 전환에서도 아내는 안정된 결혼행복감을 보이거나 결혼행복감이 증가하였다. 그러나 만약 아내를 향해 부정적인 말을 하고 결혼에 대해 실망감을 표현했을 때 아내의 결혼행복감은 줄어드는 것으로 예측되었다. 이때 부인도 중요한데 아내의 행복은 그녀가 그들의 관계와 남편에 대해 표현하는 것을 인식하는 것에 의해 예측되었다. Gottman은 **결혼의 우정**(marital friendship) 요소인 이러한 예측인자들이 부모기로 전환하는 것과 같은 어려운 시간들을 좀 더 쉽게 통과하게 해준다고 한다. 배우자에 대한 애정과 칭찬을 표현하는 것이 결혼생활을 유지하고 관계를 보호하는 접착제 역할을 하는 것 같다. 만약 새로운 부모들이 이 역할 전환기에 그들의 관계와 배우자가 겪는 힘든 시간을 인지한다면, 결혼생활에서 더 많은 만족감과 행복을 느낄 것이다. 결혼 관계에 대한 내용은 제6장에서 더 자세히 다루도록 하겠다.

이 부분을 마무리하기 위해, 반복해서 말하면 성인 초기는 많은 사회적 역할 전환이 일어나는 시간이며, 또한 매우 복잡하고 까다로운 적응의 시간이다. 이 시기에 적응하는 것은 부모 집에서 더 오랫동안 살고, 결혼 대신 동거로 시작하고 부모 되는 것을 늦추는 등으로 길어진 성인 진입기를 통해 점진적으로 이뤄질지라도 간단한 것이 아니다. 내가 말할 수 있는 것은 오직 이 시기는 좋은 것이며, 보통 정신적 · 육체적인 웰빙의 절정과 일치한다는 것이다. 젊은이들에게 전하는 메시지는 이 시기가 점점 더 수월해지고 좋아진다는 것이다. 그리고 삶의 이 시간들을 지낸 사람들에게 대한 내 메시지는 돌이켜 생각해보고, 이러한 중요한 역할 전환을 지나고 있는 젊은이들에게 작은 도움(혹은 적어도 격려의 몇 마디)을 주라는 것이다.

중년기에서의 사회적 역할

중년기 동안에는 기존의 역할들이 재정의되고 재조정된다. 인생에서 이 시기는 신체적 건강의 안정과 자기가 보고한 인생의 질이 증가한다(Fleeson, 2004). 40~65세 사이는 자녀들이 좀 더 자급자족하기 때문에 부모 역할은 덜 부담된다. 여성들의 가임기는 이 기간 동안에 끝이 나고, 대부분의 남성과 여성은 조부모가 되며 부모 역할보다는 덜 힘들고, 즐거운 조부모 역할을 한다. 결혼생활과 배우자 관계는 더욱 행복해진다(또는 골치 아픈 배우자는 청산하고, 더 좋은 동반자를 찾거나 혼자 살기를 택한다). 부모와의 관계는 그들이 나이 들고 일상생활에 도움을 필요로 하게 됨에 따라 서서히 변한다. 직업적 역할은 초기 중년기에서도 여전히 힘들지만, 대부분의 성인은 직업생활에서 자리를 잡고 일에 유능해진다. 많은 사람이 중견간부에서 고위간부나 멘토로 역할 전이를 하며 더 젊은 동료들이 직장에서 일을 터득하는 것을 돕는 데 시간을 보낸다. 이것은 생물학적 · 사회적 시계가 멈춘다는 것을 뜻하는 것이 아니라, 성인 초기보다 덜 요란하게 활동한다는 것이다.

자녀들의 떠남 : 빈 둥지

중년기는 종종 '부모후시기'라고 불리고, 마지막 자녀가 여행 가방을 들고 문 밖을 걸어 나갈 때 마치 부모 역할이 멈춘 것처럼 보이지만, 분명히 그렇지 않다. 자녀들을 키운 성인들은 평생 동안 부모로 남아있다. 그들은 종종 계속 충고하고, 재정적인 지원을 하고, 손주들을 돌봐주는 등의 도움을 주며 대가족의 중심을 마련해준다. 그러나 매일매일로 보면 부모 역할은 분명히 변하고, 훨씬 덜 힘들어지고 시간을 덜 소모하게 된다.

속설에서는 이러한 빈 둥지 단계는 특히 여성들이 슬픔을 느끼고 스트레스를 받는 시기라고 한다. 그러나 이와 반대로 연구에서는 이

비판적 사고

빈 둥지 증후군에 대한 당신의 의견은 무엇인가? 당신의 부모 또는 자신에게서 관찰된 적이 있는가? 이 삶의 시기가 삶의 만족도 증가를 가져왔는가? 감소를 가져 왔는가?

자녀들이 독립했을 때, 부모들은 종종 새로운 흥미를 함께 찾고 부모가 되기 전의 친밀감을 다시 회복한다.

러한 역할 전환의 결과는 대부분에게 부정적이기보다 긍정적으로 나타났다(Hareven, 2001). 결혼은 전보다 더욱 행복하여, 많은 커플은 그들의 결혼생활에서 이 시기를 두 번째 신혼으로 경험하고 있다는 것을 보고했다(Rossi, 2004). 매일매일의 가족 부양 의무가 거의 없는 여성들은 삶을 재구성할 기회를 갖는데, 새로운 직업으로 이직하거나, 새 관심사를 찾거나, 아이가 생겨서 미루었던 학위를 따기 위해 다시 대학에 들어가기도 한다. 기자인 Gail Sheehy(2006)는 미국을 돌아다니며 이 연령대의 여성들을 인터뷰했는데, 그녀들이 자신 있고, 매력적이고, 성, 사랑, 새로운 꿈, 영성에 개방적이라는 것을 발견했다. 확실히 이러한 연구 결과들은 이 시기가 비관적이라는 많은 사람의 견해와 일치하지 않았다.

비록 중년기가 대부분의 미국 사람에게 긍정적인 시간이지만, 제3장에서 논의되었듯이 다수의 백인보다 삶의 기대가 낮고, 건강 상태가 훨씬 나쁜 소수의 인종과 민족에서는 부정적인 것일 수 있다는 사실도 언급할 필요가 있다. 그러나 이와 반대로 이들의 심리적인 건강은 백인 집단보다 긍정적인 경향이 있다. MIDUS 연구에 따르면 소수 집단들이 백인들보다 웰빙, 개인적 성장, 만족, 성취감에서 더 긍정적으로 느꼈다(Newman, 2003).

중년기의 성 역할

중년기 연구에서 흥미로운 큰 주제는 성 역할의 변화이다. 인류학자인 David Gutmann(1975)은 남녀가 부모가 되는 시기에는 전통적인 성 역할에 집중하게 되지만, 중년기에는 성 역할 교차(crossover of gender roles)가 일어난다고 주장한다. 이 이론에 따르면, 여성들은 점점 전통적으로 남성적인 특질의 역할 책임을 지게 되고, 더 주장이 강해지는 반면, 남성들은 더 수동적으로 변한다(Guttmann, 1987). 더 이전에 정신분석가 Carl Jung은 중년기에 있어서 주요한 일 중 하나는 자신의 여성성과 남성성을 합쳐나가는 것이라고 기록하였다(Jung, 1971).

이러한 Guttmann과 Jung의 관점이 일부는 일리가 있지만, 더 체계적인 연구들은 성 역할이 교차된다거나 합쳐진다기보다는 성 역할 확장(expansion of gender roles)으로 보는 것이 더 정확하다고 제안한다. 중년기의 여성은 주체적인 자질이 더 드러나고, 중년기의 남성에게서는 공동체적 자질이 더 드러난다(Lachman, 2004). 이것은 아마도 아이가 다 커서 독립한 뒤의 가정에는 각자의 전통적인 성 역할에 치중해야 하는 압박이 줄어들고, 남녀가 중년기에 접어들면 자신이 이전에는 표현하지 못했던 자기 자신을 표현해 나가기 때문일 것이다.

조부모 되기

오늘날의 성인들에게 중년기의 중심적인 역할 중 하나는 조부모가 되는 것이다. 현재 세계에서는 그 어느 때보다 조부모가 많다. 2004년에는 미국에서 조부모가 6,000만 명이 넘었고, 2020년까지는 1/3에 달하는 인구가 조부모가 될 것이라고 예측된다. 이러한 증가세는 베이비붐 세대들이 조부모의 나이에 도달하면서 1990년부터 나타난 것이다. 사람들이 아이를 가지는 나이가 점점 늦어지고 있음에도 불구하고 사람의 수명이 늘어나 남녀는 자신의 일생에서 절반이 넘는 시간을 조부모로서 보낼 것으로 예측된다(Silverstein & Marenco, 2001).

오늘날 미국의 조부모들은 건강하고 부유하다. 현재는 대부분의 조부모가 65세 이하의 연령대이나, 베이비붐 세대가 나이 듦에 따라 이러한 연령대는 증가할 것이다. 2020년이면 대부분이 65세 이상일 것이다. 오늘날의 조부모들은 은퇴 시기에 다다르면, 그 이전의 어느 세대보다도 의료보험제도에서 의료비를 지원받고 더 나은 연금과 은퇴저축의 도움을 많이 받게 된다. 또한 그들은 시간과 에너지와 돈을 모두 쓰게 만드는 아이들(아마도 손주들도)이 보다 적다.

AARP에서 조사한 설문에 따르면 대부분의 조부모는 적어도 한 명의 손주와 10마일의 거리 이내에 생활하며 매주 만난다고 한다. 그들은 TV나 비디오를 함께 시청하고, 쇼핑을 하거나, 스포츠나 운동을 함께 하며, 요리, 빵 만들기뿐 아니라, 영화관, 박물관, 놀이공원 등의 야외활동도 함께 한다. 서로 근처에 살지 않는 경우에도 대부분의 조부모들은 매주 손주들과 연락을 하며, 주로 전화로 기분 상태, 안전, 대학 진학, 최근의 사건이나 손주들이 겪은 건강, 왕따, 담배, 마약, 술 문제 등에 관해 이야기를 나눈다고 응답했다. 1/3이 넘는 조부모들이 자신의 손주들과 연애와 섹스에 관해서도 이야기한다고 응답했다(Lampkin, 2012).

1/4 정도의 조부모가 작년 한 해 동안 1,000불이 넘는 돈을 교육, 의료 비용뿐 아니라 선물과 놀이 활동으로 손주에게 썼다고 응답했다. 1/3이 넘는 조부모는 손주들의 생활비를 지원해준다고 보고하였다. 대부분의 조부모는 아들의 손주와 딸의 손주에 대해 비슷한 친밀감을 지니고 있다고 하였다. 만약 그들이 다른 손주보다 일부 손주들과 더 가깝다면, 그 이유는 그들이 가까이 살기 때문이다. 대부분의 조부모는 그들이 손주들의 삶에서 중요한 역할을 하고 있고, 조부모로서 훌륭하거나 평균 이상으로 잘 해내고 있다고 믿는다(Lampkin, 2012).

우리 집에는 책, 게임, 아기 침대, 대략 12벌의 다양한 사이즈의 수영복이 있는 '손주 방'이 있다. 차고에는 스케이트보드, 자전거, 스카이 콩콩, 스노쿨링 장비가 있고, 차고 문 반대편에는 농구 골대가 있다. 집 앞문 옆에 있는 나무에는 그네가 달려있고, 뒷마당에는 말발굽 던지기를 할 수 있는 공간이 있다. 식료품 저장고와 냉장고에는 손주가 가장 좋아하는 음식이 준비되어있고, 가끔씩 내 식료품 리스트에는 '더블 초콜릿 아이스크림'과 같이 그들이 원하는 것이 발견되기도

한다. 나는 신년마다 학용품을 사고 내 남편 월급의 일부는 매월 플로리다 학자금 펀드로 송금된다. 이러한 것들로 인해 우리는 손주에 대해 이방인이 아님을 느끼고 안락함을 얻는다.

분명히 이러한 역할은 우리 부모님이나 조부모가 했던 역할은 아니다. 우리는 오늘날의 조부모 유형이 되기 위한 롤모델을 가지지 못했고, 대부분은 겪으면서 배워가는 중이다. 조부모 역할은 조부모와 손주의 나이, 집 간의 거리, 조부모와 부모 간의 관계, 모든 구성원의 건강과 수입 그리고 기타 수많은 요소에 따라 정해진다.

하지만 몇 가지 폭넓은 일반적인 사항들도 있어 여기서 언급하고자 한다. 성차가 있는데, 할머니, 특히 외할머니는 할아버지보다 더 폭넓고 친밀한 역할을 하며 특히 외손녀에게 그러하다. 조부모와 손주 간의 관계는 제6장에서 논의할 것이다.

공정하려면, 조부모의 다소 재미없는 역할에 대한 증거들도 포함해야 한다. 가장 자주 생기는 문제는 손주의 부모인 그들의 성인 자녀들과 조부모 간의 양육에 대한 불일치에서 일어난다. 몇몇 조부모는 자신의 의존적인 자녀를 전일제로 돌보는 부모 역할로부터 그들의 자녀가 있는 성인 자녀의 부모라는 좀 더 평등적인 부모 역할로의 전환에 어려움을 겪는다(그리고 일부 성인 자녀들 역시 그들의 역할 전환에 어려움을 겪는다).

손주를 양육하는 조부모 상당한 수의 조부모가 손주를 그들의 집으로 데려와서 부모로서의 책임을 지며, 조부모 가족(grandfamilies)이라고 부르는 가족을 구성한다. 이것은 일반적으로 아동의 부모가 미숙, 약물 사용, 수감, 정신 질환 또는 죽음 등으로 그들의 역할을 다 할 수 없을 때 일어난다. 미국 인구조사국에 따르면 7%의 아동이 조부모 가정에 살고, 그 중 대략 1/5은 양부모 모두 집에 없는 상태인데, 이러한 아동은 대략 90만 명 혹은 전체 미국 아동의 1.3%에 달한다. 이런 수는 지난 10년간 감소했는데, 주된 이유는 집을 나갔던 부모가 경제 불황으로 다시 조부모의 집으로 돌아갔기 때문인데 이는 종종 가계예산을 더 쪼개도록 만든다. 이 조부모 역할은 단순히 손주의 부모와 함께 살며 도와주는 것이 아니라, 부모가 그들의 부모로서의 역할을 다할 수 없거나 부모의 부재 시 집에서 손주의 부모 역할을 하는 것이다. 이런 상황이 아프리카계 미국인 가족에서는 생소한 일이 아니긴 하지만, 백인과 히스패닉계 가족 사이에서 또한 점차 보편화되고 있다(Goyer, 2010).

사회복지학 연구자인 Roberta Sands와 Robin Goldberg-Glen(2000)은 대리 부모로서의 조부모 역할을 연구하였다. 그들은 적어도 한 명의 손주에게 대리 부모 역할을 하는 129명의 조부모를 인터뷰하여, 그들의 삶에서 스트레스의 원인에 대해 물어보았다. 결과, 조부모의 연령, 인종, 그들의 집에 사는 손주의 수에 관계없이 스트레스의 주요 원인이 손주의 부모(그들은 아이에 대한 관심과 정서적 지지뿐만 아니라 경제적 지원에 관여하지 않았고, 그들 자신의 재정 및 개인적인 문제들로 스트레스를 더해주었다)에게서 오는 것으로 나타났고 손주의 학업에 대한 문제(그들은 주의력 결핍 과잉행동장애를 가지고 있거나 학교에서 규율 문제가 있었다)에도 있었다.

대부분의 연구는 할머니를 대상으로 하지만, 사회복지학 연구자인 Stacey Kolomer와 Philip

McCallion(2005)은 손주들을 양육하는 할아버지 33명을 인터뷰하여, 할머니 집단과 비교하였다. 그들은 할아버지는 손주를 양육하는 데 있어 배우자의 도움을 받는 경향, 전업으로 취업해 있는 경향, 백인인 경향, 덜 우울한 경향 등이 할머니에 비해 높음을 발견하였다. 할아버지의 중요한 관심사는 가족 상황으로 인한 자유의 상실이고, 또한 만약 건강에 문제가 생기면 가족들에게 무슨 일이 일어날지에 관한 걱정 때문에, 자신의 건강이었다.

대리 부모의 역할을 맡고 있는 조부모들은 경제적 지원에 대한 어려움을 가지고 있다. 미국 대부분의 주에서는 만약 아동과 관계없는 사람이 부모가 돌볼 수 없는 아동을 양육하게 될 경우, 양부모 지원금(foster-parent funds)을 신청할 수 있지만, 조부모와 다른 친척들은 신청할 수 없다. 조부모는 심지어 법정에서 양육비를 양육권 계약의 일부로 정해두었다 하더라도 손주의 부모로부터 생활비를 받는 것이 어렵다. 그들은 아동의 부모가 친권을 포기하지 않는 이상 법적으로 불안한 상태에 놓여있고, 법적 양육권이 없는 상태에서는 조부모가 손주들을 치료하기 위한 의료서비스를 받는 것이 어렵고 학교로부터 정보를 얻는 것 또한 어렵다. 점점 더 많은 중년층 인구가 자신의 손주들의 대리부모 역할을 하고 있는데(그리고 일반적으로 점점 더 많은 사람들이 조부모가 되고 있다), 이러한 상황이 빨리 바뀌기를 희망한다.

노부모에 대한 부양

오늘날 대부분의 중년 성인에게 중요한 역할은 노부모의 성인 자녀가 되는 것이다. 중년층의 1/4 이상은 자신의 어머니와 아버지가 살아계시고, 그 중 겨우 10%만이 부모 모두가 건강하다고 보고한다(Marks, Bumpass, & Jun, 2004). 〈그림 5.5〉는 다양한 건강 상태의 부모가 있는 중년 남성과 여성의 비율을 나타낸다. 제시된 바와 같이 이 조사에서 중년층의 1/3 이상이 건강 상태가 좋지 않은 부모가 있다고 보고했다. 노인의 부양자는 대부분 각자의 배우자이지만 그 배우자가 이

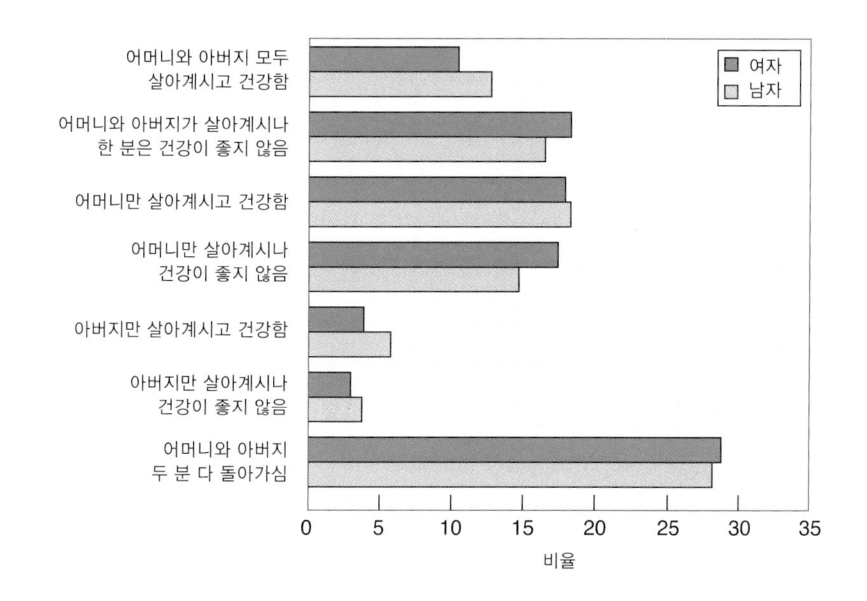

:: 그림 5.5

약 78%의 중년 성인(40~59세)은 최소한 살아 있는 부모가 한 명 있고, 성인 중 1/3 부모 중 한 명 이상의 혹은 그 이상이 건강이 좋지 않다.

출처 : Marks, Bumpass, & Jun (2004)의 자료.

혼, 건강의 악화 또는 죽음으로 인해 부양이 어려울 때, 주로 성인 자녀들이 부양자 역할을 맡게 된다.

성별과 부양 딸 또는 며느리들이 전통적으로 건강이 좋지 않은 부모를 돌보는 역할을 했었던 것에서 점점 변화하고 있는데, 아마도 과거와 달리 점점 더 많은 여성이 집 밖에서 일을 하고 부양의 의무를 지지 않기 때문일 것이다. 전국적 연구에서 1/4 이상의 응답자가 과거에는 급여를 받지 않고 노인들을 돌봤었다고 응답했다. 그중 2/3는 여성이었고 1/3은 남성으로 평균 연령은 48세였다(National Alliance for Caregiving, 2009). 부양자와 피부양자 연령 모두 지난 5년간 증가하고 있다. 약 1/4의 사람들이 사랑하는 사람이 부양이 필요한 이유로 '노령'과 '치매'라고 응답했다.

"누가 부양하는가?"라는 질문에 간단한 답이 있는 경우는 거의 없다. 대부분의 상황에서 상당히 긴 설명을 필요로 한다. 내 가족의 경우, 나의 자매 셋은 부모님 가까이 살았기 때문에 그들이 부양을 주로 맡았는데 내가 방문할 때는 4시간 정도 돌봤다. 우리 배우자들은 각자 역할을 했는데, 한 사람은 부모님 소유의 임대부동산을 관리하고, 다른 사람은 아버지가 일주일에 몇 차례 시내에서 점심을 먹거나 철물점 근처를 걷다 오는 것을 확인하였다. 그리고 또한 부모님이 있던 요양원에는 식사와 빨래 서비스를 해주던 직원들이 있었다. 부모님들은 서로서로 도와줄 수 있었다. — 아버지는 어머니의 휠체어를 밀어줄 수 있을 때 농담을 했고, 어머니는 그들이 어디로 가는지를 기억할 수 있었다.

연구자들은 베이비붐 세대가 60대에 들어서면서, 노인 부양의 역할에서의 변화를 예상한다. 첫째, 베이비붐 세대의 사람들은 그들의 부양 과제를 나눌 수 있는 형제자매의 수가 기록적인 수치이다. 둘째, 이전에 논의되었던 여러 가지 이유로 많은 베이비부머가 그들의 집에서 함께 살고 있는 성인 자녀들이 있다. 심리학자 Karen과 그녀의 동료들(Fingerman, Pillemer, Silverstein, et al., 2012)은 300여 명의 노부모들과 그들의 중년 자녀들 700여 명을 인터뷰 했다. 부모들은(특히 어머니들) 여러 명의 성인 자녀가 있을 때 그들이 장애를 입거나 병이 걸린다면 돌볼 것 같은 특정한 성인 자녀가 있다는 것을 알아냈다. 이 사람은 가장 도움을 주기 쉬운 자녀가 아니라, 그들과 가치를 공유하고, 근처에 거주하며 과거에도 도움을 주었던 자녀이며, 가장 감정적으로 친밀감을 느끼는 자녀(특히 딸)였다. 연구자들은 또한 베이비부머들이 부모의 부양 요청을 받았을 때 부모들에게 차별을 두고 특히 이혼한 아버지에 대해 거리감을 느끼는 것을 발견했다.

부양의 영향 지난 20년간 많은 연구가 부양자의 삶에 미치는 부모 부양의 영향을 연구해왔다. 대부분의 연구에서 보살핌을 받는 사람들은 여러 치매 유형의 하나를 진단받았는데, 대부분의 경우 알츠하이머병이었다. 그런 부모들은 점차적으로 가장 간단한 일상생활을 수행하는 능력을 잃기 때문에, 지속적으로 부양의 양을 증가시키고 부양자들이 지속적인 감독을 하는 것에 이르기까지 정말 많은 요구를 한다. 중년기의 부양자들이 또한 일을 계속하고 있고, 배우자와 삶을 나누며, 성장하는 자녀와 손주들을 도와줄 때는 그 영향은 상당할 것이다.

누적된 증거에 따르면 노인의 부양자들이 동일 연령대, 사회계층 집단과 비교하여 우울 증상이 더 많고, 항우울제와 항불안제 복용을 더 많이 하며, 더 낮은 결혼 만족도를 보고한다고 한다(Bookwala, 2009; Martire & Schulz, 2001; Sherwood, Given, Given, et al., 2005). 그들은 부양자의 역할을 하지 않은 유사한 사람들에 비해 운동을 하거나, 건강 식단을 따르거나, 적절하게 수면을 취하거나, 아플 때 쉴 시간을 가질 가능성이 낮은 경향이 있다. 결과적으로 전반적인 신체건강이 낮은 수준이다(Pinquart & Sorensen, 2007). 총괄하여, 이러한 정신적 · 육체적 건강에 대한 효과를 부양자 부담(caregiver burden)이라고 명명한다. 노인을 부양하는 아프리카계 미국인들은 백인 부양자들보다 낮은 신체건강 수준을 보고하지만(Kim, Knight, & Longmire, 2007), 부양자 부담이나 우울은 덜 느낀다(Pinquart & Sorensen, 2005).

중년기 베이비부머 세대에 대한 연구는 이 집단에서 가장 중요하고 만족감을 주는 삶의 영역은 가족이라고 결론짓는다. 심지어 자녀와 노부모를 모두 부양한다고 보고한 사람들도 대부분 이것을 스트레스의 원인으로 느끼지 않는다(National Alliance for Caregiving, 2009). 중년기 성인에서 중다적 사회적 역할의 영향은 단순히 역할의 수보다는 적절한 사회적 지지, 만족한 결혼 혹은 파트너 관계, 보람 있는 직업 그리고 노부모와의 좋은 관계와 같은 많은 요소에 달려있다(Marks, Bumpass, & Jun, 2003). 또한 좋은 정신건강과 부양자로서의 역할에 자신감을 갖는 것이 도움이 된다(Campbell, Wright, Oyebode, et al., 2008). 분명히 중다적 역할의 영향은 단순히 해야 할 일이 너무 많은 것이 아니다. 역할이 무엇인지, 어떤 사회적 지지가 뒤따르는지 그리고 보람으로 여기는지 여부에도 달려있다. 제10장에서 부양의 역할에 대해 좀 더 자세하게 논의하겠다.

후기 노년기에서의 사회적 역할

후기 노년기(late adulthood)에서는 이전 역할들의 간소한 형태로의 역할 전환을 한다 — 더 작은 집이나 은퇴자 거주지로 이사한다. 전일제 직장을 떠나 시간제 직업, 자원봉사, 배우자, 친척 혹은 친구를 돌보는 일 등에 시간을 보낸다. 손주와 증손자의 성장을 자랑한다. 자녀들의 발전을 지켜본다. 그리고 그들의 성공과 행복에 즐거워한다. 미망인이나 홀아비로서 혼자 남게 되는 역할과 피부양자가 되는 역할처럼 몇몇 역할은 우리가 선택한 것은 아니지만, 그것 또한 많은 노인에게 성인기의 여정 중 일부분이다.

예전에, 후기 노년기는 역할을 상실하는 시기로 여겨졌다. 심지어 역할 전환의 개념이 대중적이 되었을 때에도 노인에 있어 이러한 전환의 정상적인 결과는 보통 스트레스, 슬픔 그리고 상실감으로 여겨졌다. 좀 더 최근의 연구에서는 후기 노년기에서의 역할 전환에 대처하는 방법에 전형적인 것은 없음을 보여준다. 사람마다 다르게 경험하고, 같은 한 사람조차도 이러한 전환 동안 삶에서 극심한 변화를 경험하며 즐겁게 새로운 역할들을 발견하고 수용할 수 있다(Ferraro, 2001). 후기 노년기를 상실의 시기로 바라보는 대신, 연구자들은 가능한 다양한 결과들을 분주히 연구하고, 다른 결과들을 예측해주는 개인적인 요인을 조사하고 있다.

혼자 사는 것

노년기 삶에서 많은 성인, 특히 여성들이 많이 겪는 새로운 도전의 하나는 혼자 사는 것을 배우는 것인데 이는 미망인이 되거나 때로 배우자와 이혼하기 때문에 오는 변화이다. 제10장에서 성인이 배우자의 죽음을 경험하고 적응하는 것에 대해 논의하겠지만, 여기서는 어떤 이유로든 후기 노년기에 혼자 사는 주제를 다루고자 한다. 〈그림 5.6〉에서는 미국에서 65세 이상의 노인에 대한 거주 형태를 보여주고 있다. 보다시피 남성의 약 20%와 여성의 37%는 이 집단으로 구분된다. 이러한 선택은 히스패닉이 아닌 백인과 흑인 성인보다 히스패닉과 아시아 계통의 사람 사이에서 덜 보편적이다. 히스패닉계와 아시아계 미국 노인은 다른 사람들에 비해 배우자가 아닌 친척과 사는 비율이 높다(Federal Interagency Forum on Aging, 2012).

노인의 거주 형태는 많은 요인에 달려있다. 성별은 결혼한 부부들 사이에서 연령차가 있기 때문에 중요하다. 남성은 보통 아내보다 나이가 많고, 그래서 여성은 남성보다 더 젊은 나이에 미망인이 되는 경향이 있다. 예컨대, 70세의 여성은 73세경의 남성과 결혼생활을 하고, 반면에 70세의 남성은 67세나 68세의 여성과 결혼생활을 하고 있는 경향이 있다. 〈그림 5.6〉을 보면 모든 집단에서 남성이 여성에 비해 배우자와 함께 사는 비율이 유의하게 높다는 것을 알 수 있다. 다

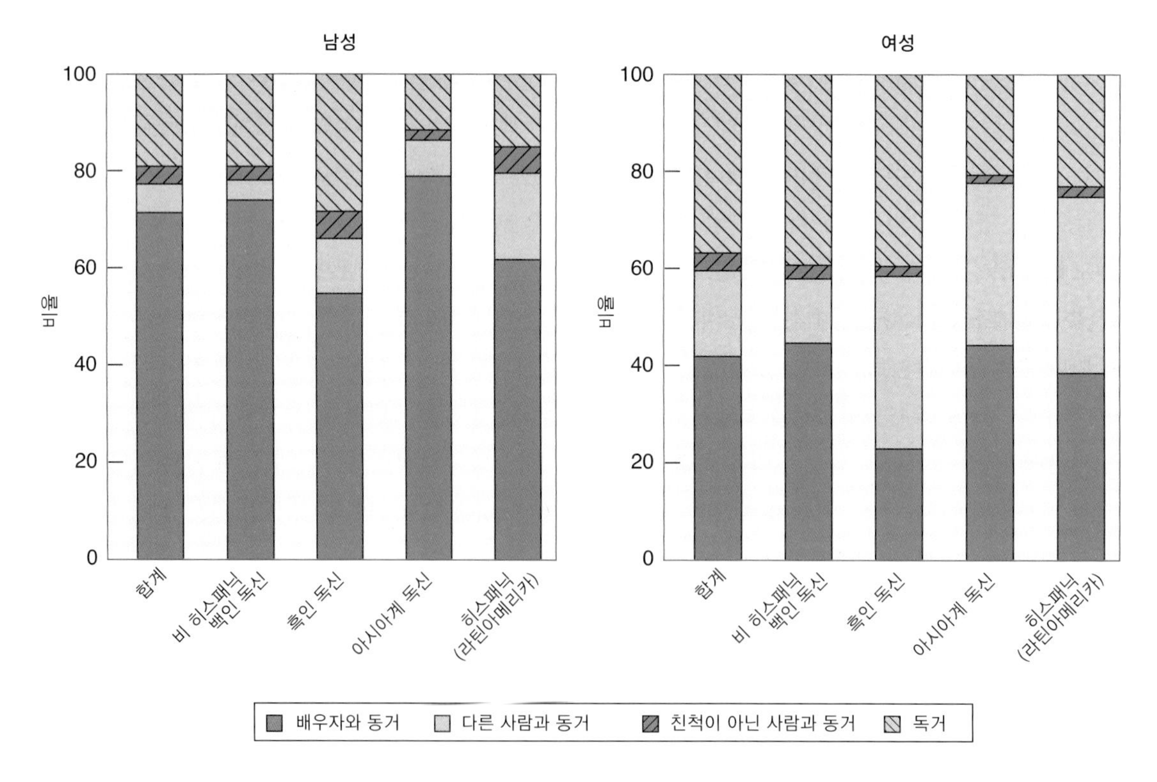

:: 그림 5.6

65세 이상의 남성 중 70% 이상은 배우자와 함께 살고 약 20%는 혼자 산다. 이 연령대 여성의 42%만이 배우자와 함께 살고, 거의 같은 수준의(37%) 여성은 혼자 산다. 친척과 함께 사는 비율은 인종/민족 및 성별에 따라 다르다.

출처 : Federal Interagency Forum on Aging Related Statistics (2012).

른 요인들은 노인의 자녀 수, 자녀의 위치, 자녀들과의(그리고 자녀의 배우자와의) 관계이다. 미국에서 대부분의 노인은 독립적으로 살고 싶은 욕구가 매우 강하여, 여유가 되고, 자신을 혼자 부양할 수 있다면 배우자가 없는 대부분은 혼자 살길 바란다. 그러나 이것은 쉬운 전환은 아니다.

몇 년 전에 나의 시아버지가 돌아가시고 64세이던 시어머니가 뉴잉글랜드에서 그들이 함께 살았던 집에 혼자 남겨졌을 때 우리 가족들은 이러한 상황을 경험했다. 그녀는 원칙적으로는 '혼자 사는 것'으로 분류되지만, 실제로는 그렇게 말하기는 어렵다. 세 명의 성인 자녀들이 배우자와 함께 근처에 살고 있으며, 7명의 손주들 또한 가까운 거리에 살고 있었다. 한 며느리는 매일 아침 출근길마다 그녀에게 전화를 걸었고, 한 아들은 매일 오후 퇴근길에 그녀의 집에 들렀으며, 또 다른 아들과 그의 배우자는 매주 수요일 저녁과 일요일 아침에 그녀와 식사를 하였다. 딸 하나는 일요일 저녁 온 가족과 함께 들려 식사를 했다. 매일마다 지역봉사단체의 봉사단들이 그녀의 집에 들러 점심을 배달해주었으며, 같은 교회에 다니는 여성들이 교회활동이 있을 때마다 데리러 왔다. 나의 시어머니는 몇 년간 운전을 하지 않았기 때문에 차가 필요한 손녀에게 그 차를 주었다. 그에 대한 답례로 손녀는 할머니가 약속이 있을 때나 심부름이 필요할 때 할머니를 차로 모시곤 했다. 플로리다에 살고 있는 또 다른 아들과 며느리(남편과 나)는 자주 방문하고 그녀가 플로리다에 와서 겨울을 보냈으면 좋겠다고 하였지만 그녀는 항상 거절하였다. 나는 이것이 '혼자 사는 것'으로 분류되는 많은 노인 남녀의 경우일 것이라고 생각한다.

부양받는 이가 되는 것

어떤 노인도 수행하리라 계획하지 않은 역할의 하나는 부양을 받는 것이다. 일생 중 많은 세월을 독립적인 어른으로서 자녀, 부모, 때로는 손주들을 부양하면서 살아온 이후에 많은 성인은 요양거주시설로 이사하거나 가족들에 의해 돌봄을 받는 부양의 반대쪽에 있는 스스로를 발견하게 된다. 이것이 벌써 받았어야 하는 보상으로 들릴지라도, 대부분의 노인들은 다르게 느낀다. 2,000여 명의 65세 이상 장년층을 대상으로 한 조사에 따르면, 93% 이상의 응답자들이 '계속 독립할 수 있는' 것을 중요하다고 하였고 이는 '건강함' 바로 다음으로 2위였다(Phelan, 2005).

혁신적인 질적 연구에서, 공중보건 연구자인 Lee Chin과 Susan Quine(2012)은 65세 이상의 여성을 대상으로 '집'이라는 개념에 대하여 인터뷰를 하였다. 일부 여성은 그들 소유의 집에서 살았고, 일부는 요양거주시설에 살았다. 집에서 살고 있는 여성들은 요양거주시설로의 이주에 대해 사생활의 상실, 그들 스스로의 계획대로 무언가를 할 수 있는 자유의 박탈, 개인공간의 소실 등을 예상하여 우려를 나타내었다. 그들은 독립성과 그들의 가까운 친구들을 만나는 것이 매우 중요하다고 말하였다. 그들은 편안함과 자아감을 주는 자신의 집의 특별한 장소와 정원에 대해 말하였다. 놀라울 것 없이, 요양거주시설에 사는 여성들은 자신의 집에 사는 여성들이 소중히 여기고 잃을까 봐 두려워하는 것들을 상실한 것을 애석해하여, 이러한 공포가 근거 없는 것이 아님을 보여주었다.

새로운 환경에 이미 적응한 요양거주시설 거주 여성들은 그들이 경험했던 상실의 수용과 이를 극복하기 위해 사용한 책략의 중요성에 대해 말한다. 예로 농장에 살았던 한 여성은 매일 아침 일찍 일어나 아무도 없을 때 가장 먼저 정원에 나갔다. 그녀는 새 모이를 주고 혼자 산책을 하며 이것이 그녀의 개인 공간이라고 여겼다. 요양거주시설의 다른 여성들은 저녁 식사 때 자리가 배정되는 대신에 그들 스스로가 좌석을 선택할 수 있기를 바랐다. 그들은 침실과 욕실을 공유하는 것을 좋아하지 않았다. 그들은 단체로 식사하는 대신 자신의 스케줄에 맞추어 식사를 하고 싶어 했다. 그들은 커다란 공동실을 사용하는 것보다 홀로 있을 수 있거나 그들의 면회객들이 사용할 수 있는 정원 안의 작은 벤치나 개인적인 작은 공간에 있는 것을 좋아하였다. 나는 이러한 연구 결과들이 요양거주시설의 설계와 관리에 적용되어 그곳에 살고 있는 사람들의 삶을 더욱 즐겁게 만들어주고 미래에 요양거주시설로 이주해야 할 필요가 있는 사람들의 불안감을 감소시켜줄 수 있기를 바란다(Chin & Quine, 2012).

가족으로부터 부양을 받는다는 것은 아주 많은 이점이 있으며, 가장 명백한 이점은 그들 스스로의 집에 머물면서 필요한 도움에 대한 경비를 줄일 수 있다는 것이다. 또 다른 이점으로는 여생 동안 가족들과 가까워질 수 있는 기회를 가질 수 있다는 것이며, 서로 간의 마음의 장벽을 허물고 깊은 정서적 교류를 할 시간을 가질 수 있다는 점이다. 부양의 형태를 불문하고 수혜자가 본인의 일상생활 결정을 가능한 많이 통제할 수 있다고 느끼는 것이 중요하다(Martire & Schulz, 2001).

부양을 받는 이가 되는 것은 부정적인 영향 또한 가진다. 우리는 고용 부양인이나 부양 가족의 노인 학대나 노인에 대한 의도적 비난 또는 직접적인 적개심에 대해 잘 알고 있다. 하지만 심지어 좋은 의도의 부양 또한 수혜자에게 부정적인 영향을 미칠 수 있다. 연구들은 노인에게 있어 과도한 간병은 그들의 자신감과 역할 수행능력을 떨어뜨려 결과적으로 더 무능력하게 만들 수 있다는 것을 보여주었다(Seeman, Bruce, & McAvay, 1996). 한 연구에 따르면 관절염을 앓고 있는 배우자를 돌보고 있는 많은 사람이 배우자의 통증을 과대평가하는 경향이 있었다. 또한 이런 사람들의 배우자는 그들이 받고 있는 부양과 지지에 대해 낮은 만족감을 가지는 경향이 높았다. 흥미롭게도, 배우자의 관절통을 과대평가하는 배우자들에게서도 역시 간병하는 것에 대한 스트레스가 높은 것으로 조사되었다(Martire, Keefe, Shulz, et al., 2006). 새로운 연구에서는 이러한 문제들에 대해 더욱 철저하게 조사하고 있는데, 이 결과들은 부양을 받는 사람들의 요구에 부양 행동을 더욱 잘 맞추는 방법을 밝혀 간병행동이 의도한 효과를 가질 수 있도록 할 것이다.

비전형적 가족에서의 사회적 역할

미혼자거나, 사별한 사람에 대한 몇 문단을 제외하고는 이제까지 이 장에서는 미혼 청년, 배우자(혹은 동거인), 부모 그리고 조부모로의 사회적 역할을 거쳐 가는 성인의 생의 유형만을 설명하였다. 그러나 물론 아주 많은 성인이 이러한 경향을 따르지 않는다. 일부는 독신으로 남기도 하고, 일부는 아이 없이 살기도 하며, 또한 많은 사람이 전형적인 길을 걷다가 다른 길을 가기도 한다. 최근의 인구 조사에서, 1940년 자료를 수집하기 시작한 이후 처음으로 과반수의 가정(52%)이 결혼한 부부로 구성되어있지 않았다고 보고되었다. 미국의 가정에는 누가 살고 있는가? 약 10%가 아동이 있는 편모 혹은 편부 가정이었다. 약 34%는 남성 혹은 여성 혼자 살고 있었다. 6%는 이성의 파트너들로 구성되어있었고 1%는 동성 파트너들로 구성되어있었다. 또한 7%는 애정관계를 가지지 않는 또 다른 성인 동거인과 살고 있는 사람들이었다(Lofquist, Lugaila, O'Connell, et al., 2012). 분명 우리가 고정관념적으로 생각하는, 남편과 아내 그리고 몇 명의 아이가 있고, 이혼하지 않은 가정(꽤 최근까지 가족사회의 기초가 되어 온 유형)은 더 이상 오늘날의 가족을 대변하지 못한다. 따라서 내 가족(그리고 당신의 가족)과 같은 가족에 대한 공정성을 위하여 성인기 동안 이러한 신화적인 '표준'과는 다른 사회적 역할을 경험하는 사람들에 대해 이야기하지 않을 수 없다.

독신자

1/3 이상의 미국 가정은 단 한 사람으로 구성된다 — 파트너가 없고 아이도 없으며 동거인도 없다. 이러한 범주는 많은 경우를 망라한다 — 아직 파트너를 찾지 못한 젊은 사람, 이혼 혹은 사별을 하고 자녀가 성장한 나이 든 사람 또는 삶의 양식 선호에 따라 독신을 선택한 사람들이다. 65세 이상의 미국 인구 중 약 4%에 달하는 인구가 일생 동안 결혼을 하지 않았는데, 남성이 여성보다 많았고, 흑인과 히스패닉계 인종이 백인과 아시아계보다 많았다(Kreider & Ellis, 2012).

독신인 이유로는 일에 중심을 둔 사람부터 매우 수줍은 사람까지 그 범위가 아주 다양하다. 독신 여성의 경우 고학력자이며, 독신 남성보다 수입이 훨씬 높은 경향이 많기 때문에, 짝을 맞추기가 어렵다. 독신자들은 주로 그들이 늙고 도움이 필요할 때 배우자나 자식들이 없기 때문에 도움을 줄 사람이 없을까 봐 걱정한다(혹은 조언을 주려는 친구들로부터의 경고를 듣는다). 그러나 연구에 따르면 대부분의 독신인 성인은 그들이 필요한 도구적이고 사회적인 지지를 제공해줄 친구나 먼 친척들과 네트워크를 형성한다(Wolf & Kasper, 2006).

발달심리학자 Martin Pinquart(2003)는 서로 다른 집단의 외로움에 대해 연구했는데, 독신자들이 가족 혹은 친구들과 긴밀한 관계를 맺고 있을 때 외로움을 덜 보고하는 것을 발견하였다. 흥미롭게도, 동일한 연령대의 사별한 집단과 이혼한 집단은 친구나 형제자매들과의 유대가 외로움의 완화에 중요하다고 보고하지 않았다. 그들의 외로움은 성인 자녀가 그들과 가까운지 아닌지에 따라서 다르게 나타났다. Piquart는 결혼한 사람들은 그들의 배우자나 자녀들의 사회적인 지지에 의존하지만 평생 독신이었던 사람들은 그들의 형제나 친구들과 친밀한 관계를 구축한다고 결론지었다.

독신인 나이 든 성인들의 건강은 수많은 연구의 주제가 되어왔다. 비록 결혼한 사람들이 사별한 사람, 이혼한 사람, 별거한 사람들에 비해서 높은 수준의 안녕을 보고하지만 평생 독신자 집단 또한 결혼한 사람 수준에 가까운 2위이며 10년 단위로 점차 높아지고 있다(Marks, 1996). 노인 독신자 집단(이혼, 별거, 사별, 독신주의)에서 평생 독신자들이 가장 건강하며 가장 적은 장애를 가지고 있었다. 게다가 그들은 혼자라는 것에 가장 큰 만족감을 보고하였다(Newtson &

Keith, 1997). 이것은 확실히 시들한 노처녀나 허약한 독신 남자 노인이라는 미신을 일소시킨다!

자녀가 없는 사람들

불임 치료의 발전, 노산, 결혼 없이 자녀를 가지기를 선택하는 여성 등에 대한 모든 최근의 뉴스들에도 불구하고, 미국 여성 중 자녀를 갖지 않는 비율이 증가하고 있다(또한 남성의 경우도 같을 것이라고 추정되지만, 대부분의 통계는 여성의 임신율만을 보고한다). 가장 최근의 인구 조사에 따르면, 20%의 여성이 자녀 없이 가임기를 끝내고 있는 것으로 나타났다(Livingston & Cohn, 2010). 이는 1970년대 수치의 거의 2배에 달하는 수치이다. 이러한 자료를 〈그림 5.7〉에 제시하였다. 이러한 무자녀 층의 증가는 다른 선진국에서도 동일하게 나타나고 있으며 영국과 스페인은 미국과 비슷한 수치를, 동유럽 국가, 멕시코, 포르투갈은 미국의 절반 정도의 수치를 나타내었다(OECD, 2011).

40~44세 여성을 대상으로 한 최근 설문조사에서 약 6%가 자녀를 가질 수 없다고 보고했고, 약 6%가 자녀가 없이 사는 것을 선택하였다고 보고했다. 이 집단에서 약 2%는 여전히 자녀를 가질 계획이 있는 것으로 나타났다. 여성의 학력이 높아질수록 자녀를 낳지 않게 될 가능성이 커졌다. 백인 여성이 다른 인종이나 민족집단들보다 무자녀인 비중이 더 높았다(Livingston & Cohn, 2010).

아이가 없는 여성들에서, 또 다른 주요한 차이점은 직업에서의 역할이다. 돌볼 자녀가 없다면, 여성이 전일제 직업을 수행하는 데 장벽이 훨씬 적다. 직업에 전념하는 여성들이 자녀를 가지지 않는 것인지 자녀를 가지지 않은 여성들이 더 강력히 직업적 전념을 하는 것인지는 명백하지 않다. 아마도 둘 다가 일어날 것이다. 분명한 것은 자녀가 없는 여성들은 성인기에 걸쳐 일을 하고, 다소 높은 수준의 직업을 가지고, 더 많은 돈을 벌 가능성이 높다.

자녀가 없는 사람들의 한 가지 걱정은 나이가 들었을 때, 그들을 돌봐줄 사람이 없다는 것이다. 연구에 따르면 이것은 불필요한 걱정이다. 도움이 필요한 노인들에 대한 조사에서, 부모인 사람들이 부모가 아닌 사람들보다 사회적 네트워크에서 더 많은 원조를 받고 있지 않다는 것을 보여주고 있다(Chang, Wilbur, & Silverstein,

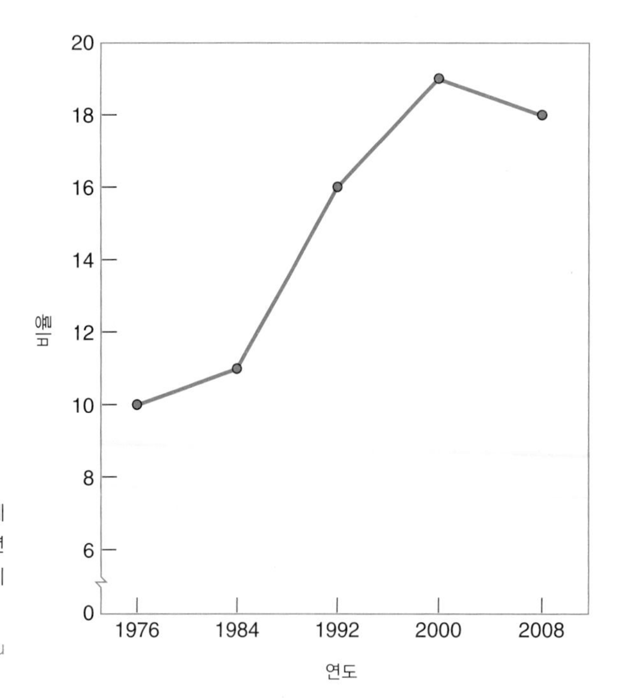

:: 그림 5.7

자녀를 갖지 않는 44~40세 미국 여성의 비율은 지난 30년 동안 증가하였고 2000년 이후 약간 감소하였다.

출처 : U. S. Census Bureau (2013)의 자료.

2010). 자녀가 없는 성인들은 형제자매, 사촌, 조카들과의 강한 사회적 네트워크를 형성하는 것으로 보이며 또한 이웃이나 가까운 친구들의 자녀로부터 지원을 받는다. 많은 사람이 의붓 자녀들을 양육해왔다. 자녀가 없는 것이 나이와 관련 있는 것은 아니라는 것은 명백해 보인다. 자녀가 없는 노인들은 자녀가 없는 중년들이었다. 대부분은 깊은 우정에 투자하였고 그들의 형제자매 그리고 다른 친척들과 유대를 돈독히 했다. 그들이 전기 노년기에 가진 사회적 네트워크는 크기와 기능면에서 부모인 노인들과 많이 다르지 않다(Zhang & Hayward, 2001). 자녀가 없는 성인들의 모습이 지속적인 슬픔 또는 후회에 젖은 것은 아니라고 말해도 괜찮을 것 같다.

비판적 사고

미국 및 전 세계에서 선택적 무자녀층이 증가하는 이유는 무엇이라고 생각하는가?

자녀가 없는 사람들에게 있어 한 가지 중요한 손실은 우리 사회의 삶이 가족의 일정표에 의해 형성되어있는 것이다. 자녀가 없이는, 성인 삶의 경험을 구조화시키기 위한 가족 일정표의 리듬이 존재하지 않는다. 좋든 싫든, 첫째 자녀가 태어났을 때의 관계나 역할에서의 변화가 없고, 첫 자녀가 처음으로 학교에 갈 때의 축하도, 성인식도, 첫 데이트도, 집을 떠나보내는 일도 없다. 둥지가 채워진 적이 없기 때문에(또는, 어쩌면 항상 가득했기 때문에) 빈 둥지도 없다.

이혼한(그리고 재혼한) 성인

오늘날, 결혼한 젊은 성인들의 대략 30%가 결혼 10주년이 되기 전에 이혼할 것이고, 대부분 평균 3.5년 후 재혼할 것이다. 재혼율은 백인 남성(약 75%)이 가장 높고 흑인 여성(약 32%)이 가장 낮다. 재혼율은 또한 나이와도 관련이 있다. 이혼 당시 어릴수록, 자녀가 적을수록 재혼할 가능성이 더 높다. 재혼한 모든 사람 중에서 반 이상은 다시 이혼할 것이다. 이들 중 대략 1/3은 다시 재혼할 것이다(Kreider, 2005).

그럼에도, 이혼은 더 많고 더 복잡한 역할을 가져오는 것은 분명하다. 편부모는 종종 성인 가족 역할들 중 많은 것을 해야만 한다. 즉, 생계를 책임지는 가장, 정서적 지지자, 가사일 담당자, 아동 양육자, 특별활동 감독, 운전사, 등등이다. 재혼과 함께 더 많은 역할이 발생한다. 다시 배우자가 되고 종종 의붓 부모가 된다. 두 번째 결혼을 하는 남녀의 약 90%가 이전 관계에서 적어도 한 명의 자녀가 있다. 만약 새 배우자의 자녀가 어리다면, 자녀가 없던 성인은 곧바로 매일 가정에 아이들이 있는 상황에 놓이게 되는 것이다. 이 상황은 특히 남성에게 해당되는데 자녀들은 대부분 어머니와 주로 함께 거주하게 되기 때문이다.

비록 자녀가 있는 남성과 결혼한 여성들은 종종 자녀들이 그들의 아버지와 함께 살지 않기 때문에 더 쉬운 역할을 할 것처럼 보일지라도 많은 측면에서 의붓어머니가 되는 것이 의붓아버지가 되는 것보다 더 어려울 수 있다. 의붓어머니의 역할은 전설이나 아이들의 고전 문학에서 볼 수 있는 사악한 새엄마라는 가장 위험한 잘못된 고정관념들 중 하나로 시작하게 된다. "마녀 같은 새엄마처럼 보이기 싫어."라고 말하지 않는 의붓어머니가 이 세상에 있는지 의심스럽다. 나도 그랬다. 또 다른 문제점은 문화적 고정관념이 아이에게 오직 한 사람의 어머니만을 허락한다는 것이다. 그래서 의붓어머니는 반드시 자녀들이 그들의 '친'어머니와 특별한 관계를 갖는 것을 방해하지 않도록 조심해야 한다. 동시에, 전통적인 가사 분담은 의붓 자녀들이 방문했을 때 의붓어머니가 추가적인 요리, 세탁 그리고 육아를 해야 한다는 것을 의미한다. 이러한 역할의 모호함은 의심할 여지없이 의붓어머니를 향한 의붓 자녀들의 반응에서도 나타난다. 이 세상의 의붓 자녀 중에 "하지만 당신은 내 친 엄마가 아니잖아요."라고 말하지 않은 사람은 없을 것이다.

의붓어머니의 역할은 전혀 새로운 것이 아님에도 불구하고, 연구자들은 그 역할을 아주 최근에 조사하기 시작했다. 내가 알고 있는 몇 안 되는 연구 중 하나에서 연구자들은 265명의 의붓어머니에게 역할의 내용에 대해 조사했다. 이러한 여성 대부분이 그들의 역할을 '어머니와 비슷한' 또는 '지지해주는 성인'으로 정의했다는 것이 보고됐다(Orchard & Solberg, 1999). 더 최근에는 가족 연구자인 Shannon Weaver와 Marilyn Coleman(2005)은 11명의 의붓어머니를 심층 인터뷰했는데 이들이 세 가지 뚜렷한 역할 중 하나를 묘사했다는 것을 알았다. 첫 번째 역할은 '어머니처럼 보살피지만 어머니는 아닌'것으로, 이 여성들은 책임지고 보살펴주는 성인, 친구, 정서적 지지의 제공자 또는 멘토로서의 역할을 묘사했다. 두 번째는 타인-중점적 역할로 생물학적 부모 사이의 연락이나 완충 역할이다. 세 번째 역할은 의붓 자녀들에게 직접적인 역할을 하지 않는 '이방인'의 역할이다.

Weaver와 Coleman은 의붓어머니의 역할뿐 아니라 그것이 여성의 웰빙과 어떻게 관련이 되는지에 대한 연구가 더 필요하다고 결론지었다. 배우자의 자녀를 돌보는 것과 관련된 감정은 분명히 종종 그 배우자, 자녀의 생물학적 엄마, 의붓 자녀 자신들, 대가족 그리고 문화와 종종 상충될 수 있는 영역이다. 오늘날의 가족 형태에 매우 만연해있고 가까운 미래에도 줄어들 것처럼 보이지 않는 이 역할에 대한 연구는 매우 필요해보인다.

이혼과 재혼에 대한 이 부분을 마치기 전에 이것의 경제적 측면을 잊지 말아야 한다. 이혼은 한 가정의 수입 그대로가 두 가족을 지원하기 위해 쪼개야 함을 의미하며 모든 가족 구성원의 생활 수준을 낮춘다. 부모와 자녀 모두에게 미치는 부정적인 영향의 많은 부분은 이혼 자체가 아니라 경제적 손실에서 기인할 수 있다(Saver, 2006).

비판적 사고

이혼이 남성보다 여성에게 더 큰 경제적 파급 효과를 주는 이유는 무엇인가?

타이밍 변화의 영향

사회적 타이밍(social timing)이란 우리가 갖는 역할들, 얼마나 그 역할들을 오래 하는지, 어떤 순서로 역할을 수행하는지를 의미한다. 그것은 또한 우리가 사는 문화와 우리 사회가 그 역할 전환에 어떤 기대를 가지는가에 달려있다(Elder, 1995). 예컨대, 15살에 부모가 되는 것이 어떤 사회에서는 예상되고 우리 사회에서도 자주 일어날지라도, 미국 주류의 규범에서는 '시기적절하지 않음(off-time)'으로 여겨진다. 마찬가지로, 자신의 독립에 가치를 두기 때문에 부모가 되거나 결혼하기를 원하지 않는 45세 남성 또한 시기적절하지 않다고 여겨진다. 이 두 가지 행동은 다른 연령대에서는 받아들여지고, 적당한 시기로 여겨질 것이다. 역할이 시기적절한 또는 적절하지 않은 정도는 사회적 역할 발달과 웰빙에 가장 중요한 문제로 가정되어 왔다(McAdams, 2001).

성인기에서 사회적 시계개념이 중요해진다는 것은 처음 사회학자 Berniece Neugarten과 그녀의 동료들에 의해 제안되었다(Neugarten, Morre, & Lowe, 1965). 연구자들은 이것을 아이와 성인 사이의 중요한 차이점으로 보았는데 성인은 과거와 미래에서의 그들의 삶을 볼 수 있고, 그들의 과거 모습을 현재 모습과 비교할 수 있으며 미래 모습을 예측할 수 있다. 또한 이것은 다른 사람의 인생주기와 자신의 인생주기를 비교하도록 해준다.

비판적 사고

현재 가지고 있는 역할에 대해 생각해보라. 어떤 것이 시기 적절하고 적절하지 않은가?

부모님들과 계속 같이 살고, 진지한 이성 관계를 갖지 않으며 경제적으로 독립하기 위해 애쓰지 않는 젊은이들은 틀림없이 그들의 시기적절하지 않은 발달을 인식할 것이다. 중년들도 또한 그들의 직업적 목표에 도달하거나 그만두어야 하는 때가 왔다는 것을 안다. 마찬가지로, 노인들은 그들의 삶에서 나이에 적절한 역할 전환(자녀들의 돌봄을 받아들이는 것과 같은)을 할 수 있을 때 더 잘 지낸다. 심리학자 Jette Heckhausen(2001)은 개인의 사회적 역할의 순서와 발달규범 간의 상관관계가 강할수록, 그들이 삶에서 스트레스를 덜 받는다는 이론을 제안하였다.

사회적 시계개념은 우리가 성인기 동안 이동하는 역할에 또 다른 차원을 추가한다. 기대되는 역할을 맡고 그것을 잘 완수하는 것이 중요할 뿐만 아니라, 올바른 시기에 올바른 순서로 맡는 것이 중요하다. 이것은 항상 우리 통제하에 있는 것은 아닌데, 예로 교통사고로 죽은 남편 때문에 27세에 미망인이 된 여성 또는 학령기인 손주를 기르는 75세 할머니(그리고 그들을 부양하기 위해 다시 일하러 나간 77세의 남편)의 경우이다. 그러나 그들 문화의 사회적 시계에서 시기적절하지 않은 사람들이 역할에서 더 많은 어려움을 지니고 높은 삶의 만족도를 보고할 확률이 낮다는 것을 예상하는 것은 정확하다.

이전 장에서처럼, 여러 연령 집단에서 성인의 특성과 경험을 종합적인 그림으로 만드는 것을 시작할 수 있도록 〈표 5.2〉의 요약표에 연령에 따른 다양한 변화 유형을 모아놓았다. 다시 강조할 핵심은 이 장의 처음에서 말한 것이다. 타이밍과 순서에서의 많은 변화에도 불구하고, 역할 전환유형의 기본 양상은 대부분의 성인들에게 유사한 듯하다. 성인 초기에 우리는 더 많은 역할로 옮겨가고 중년기에서 또 다른 역할로 전환하고 재조정하며, 후기 노년기에서도 여전히 많은 역할 전환을 한다. 몇몇 역할은 생물학적 시계에 의해 정해지고 또 몇몇은 사회적 시계를 따르지만, 대부분 성인들에게는 유사한 기본 일정표가 존재한다.

:: 표 5.2 성인기 전반에 걸친 사회적 역할 개요

18~24 세	25~39 세	40~64 세	65~74 세	75세 이상
성인 진입기의 사회적 역할은 아동과 성인 역할의 혼합물이며, 전환은 역할들을 왔다갔다 하여 유동적이다.	젊은 성인은 직장에 들어가고 경력을 쌓기 때문에 역할 전환에 가장 바쁜 시기이다	자녀들이 성장해 감에 따라 역할은 더욱 강해지고, 직업도 더욱 중요해지며, 사회적 참여도 종종 리더십, 책임감을 요구한다.	자녀들이 더욱 독립적이게 되고 은퇴에 이름에 따라 역할은 덜 복잡하다. 자원봉사자, 조부모의 역할이 중요해진다.	역할은 건강, 결혼 여부, 개인적 취향에 따라 매우 개별화된다.
성 역할 차이는 중간 정도이다.	성 역할의 최대 차이, 특히 부모로의 전환 후	자녀들이 집에 있는 동안 성 역할 차이는 강하게 유지된다.	성 역할은 더 자유롭게 확장되지만 '교차' 하지는 않는다.	성 역할은 확대되어 유지된다.
대부분 부모 집에 살고 있고 어느 정도 재정적으로 의존한다.	부모님의 역할은 도움과 조언을 주는 것이다.	부모 역할은 삶의 다른 시기보다 더 평등하다. 일부는 부모를 부양하는 역할로 들어간다.	생존 부모에 대한 역할은 일반적으로 어느 정도의 부양을 포함한다.	부모 역할은 끝난다. 생존한 형제와의 역할은 매우 강해진다.
파트너로서의 역할은 일반적으로 데이트나 동거 중 하나이다.	많은 사람이 동거 또는 혼자 남아 있지만 대부분은 이 기간 동안 결혼한다. 결혼은 종종 이혼으로 끝난다.	이혼과 재혼이 발생할 수 있지만 배우자 역할이 중심이다.	많은 배우자로서의 역할은 홀아비/홀어미의 역할 또는 재혼한 홀아비/홀어미의 역할로 변경된다.	많은 사람, 특히 여성은 배우자와 사별한다.
이 기간 동안 부모의 역할을 취하는 비율은 낮다.	부모 역할로 전환한다.	자녀들과 함께 하는 역할이 중심이며, 대부분은 조부모가 된다.	부모가 아닌 성인들은 형제와 그들의 자녀, 가까운 친구, 의붓자녀와 사회적 관계망을 가지고 있지만 자녀와의 역할은 여전히 중요하다.	부양받는 역할로의 적응이 일어난다. 자녀들이 다양한 수준에서 부양을 하기 때문에 그들과의 관계가 중심이다. 자녀가 없는 사람들은 다른 친척, 친구 또는 의붓 자녀에게서 보호를 받을 수 있다.

요약

Summary

01 오늘날 타이밍과 역할 순서의 다양성에도 불구하고, 성인기는 여전히 성인이 맡은 역할의 유형과 그들이 경험하는 역할 전환에 의해 구조화된다.

02 성 역할은 꽤 다양하고 남성과 여성으로서 그들의 역할 내에서 실제로 무엇을 하는지로 묘사된다. 성 고정관념은 남성과 여성이 일반적으로 하는 일에 대한 공유된 믿음이다. 여성에 대한 고정관념은 흔히 공동체적 특질(양육과 통찰력)을 중심으로 되어있다 — 남성에 대한 고정관념은 보통 도구적인 특질(용감하고 경쟁)을 중심으로 되어있다.

03 학습-도식이론은 성 역할이 성 차이를 과장시키는 왜곡된 관점에 기인한다고 설명한다. 사회적 역할이론은 성 역할이 남성과 여성 행동을 관찰하는 데에서 기인한다고 한다. 진화 심리학은 성 역할이 남성과 여성이 생존을 위해 필수적인 유전적 특질과 우리의 원시 조상으로부터의 대물림에 기인한다고 한다. 생물사회적 이론은 성 역할이 유전 편향과 현재의 사회적 · 문화적 영향과의 상호작용이라고 설명한다.

04 성인 진입기에서 성인기로의 전환은 의존하는 아동에서 독립적인 성인으로 역할이 전환되는 것이다. 이는 부모의 집을 떠나서 대학을 가거나 군 복무를 하고, 결혼을 하거나 동거관계를 시작하며, 경제적으로 독립하고, 부모가 되는 것을 포함한다. 이러한 역할들은 하나의 전형적인 순서에 기초하는 것이 아니고, 많은 성인이 그들 스스로를 완전한 성인으로 보기 이전에 몇 번이나 역할들에 들락거린다.

05 미국의 성인들은 늦게 결혼하고 결혼 이전에 동거하는 비율이 점차 증가하고 있다. 이는 전 세계 선진국을 통틀어 사실이다. 그러나 결혼은 가장 선호하는 형태의 헌신적 관계로 남아있다.

06 성 역할이 초기 헌신적 관계에서는 평등주의적일지라도, 남성과 여성은 성 고정관념에 따라 집안일을 나누게 된다. 기혼 여성은 전일제 직장일을 하면서도 기혼 남성보다 집안일에 시간을 더 많이 할애한다.

07 기혼 남녀는 정신적이나 육체적으로 결혼을 하지 않은 사람보다 건강하여 '건강한 결혼효과'를 낳는다. 그러나 결혼하지 않은 사람들은 독신, 이혼, 별거 그리고 사별로 나눠지는데, 독신자들은 기혼자만큼이나 건강하다. '결혼위기효과'는 이혼, 별거, 배우자의 죽음 때문에 건강 면에서 차이가 생긴다고 설명한다.

08 미국과 다른 선진국에서는 성인이 부모로 역할 전환을 하는 시기가 지연되고 있다. 결혼을 하지 않은 부모에게서 태어나는 아동의 비율이 점차 증가하고, 미국에서는 40%가 넘는 출산율을 보였다. 그러나 이 중 60%는 출생 당시 부모가 동거관계에 있었다.

09 남성과 여성이 부모가 될 때, 성 역할은 더욱 전형적이 된다. 아버지의 자녀 양육과 집안일의 양이 증가하지만, 심지어 전일제 직장 일을 하면서도 어머니는 여전히 더 많이 자녀를 돌본다.

10 중년기에는 부모 역할이 매일의 역할로부터 자녀들이 집을 떠나고 그들의 가정을 꾸리면서 좀 더 원거리형으로 변화하지만, 끝나는 것은 아니다. 대부분의 부모는 이러한 역할 전환을 긍정적으로 받아들이고 그들의 삶을 재구조화하는 자유를 즐긴다.

11 중년은 대부분의 사람들이 조부모가 되는 시기이다. 이 역할에는 많은 형태가 있다. 다시 부모 역할로 돌아가거나 손주를 돌보기 위해 전일제 일을 해야 하는 조부모가 증가하고 있다.

12 중년기에서 또 다른 역할은 노부모를 부양하는 것이다. 약 1/3의 중년 남성과 여성에게서 적어도 부모 한 명은 건강이 좋지 못하여 부양이 필요했다. 배우자가 첫 번째 부양의 의무를 지지만, 많은 가족이 이를 돕고, 특히 딸들과 며느리가 많이 돕는다. 다세대적인 책임을 지닌 많은 사람은 그들의 역할이 중요하고 이에 만족한다고 보고하였다. 부양부담이 극대화되고 오래 지속될 때, 우울, 결혼 문제, 신체적 고통을 야기할 수 있다.

13 노년기(late life)에서 사회적 역할 전환은 혼자 남는 것을 학습함을 포함하는데, 이는 남성보다는 여성에게 더 흔하며, 부양을 받는 사람으로 어려운 역할 전환을 한다. 그러나 가족, 친구 그리고 이웃으로부터의 비공식적인 돌봄은 노인들이 그들의 집에서 살면서 삶의 통제감을 지속하게 한다.

14 모든 사람이 앞선 논의에 들어맞는 것은 아니다. 몇몇 사람은 절대 결혼하지 않는다(미국의 65세 이상 인구의 약 4%). 친구와 친척들과 친밀한 관계를 믿는 이들은 자녀가 있는 결혼한 집단만큼이나 행복하고 충만함을 보고하였다. 그리고 그들은 이혼, 별거, 사별한 집단보다 훨씬 건강했다. 미국에서 자녀가 없는 성인들이 늘고 있다(약 20%). 노인 중 무자녀인 집단이 자녀가 있는 집단만큼이나 행복함을 보고하였다. 도움이 필요한 노인 집단에서, 자녀가 없는 사람들은 자녀가 있는 사람들보다 그들의 사회적 네트워크로부터 훨씬 더 도움을 많이 받는다.

15 오늘날 결혼한 부부 중 약 1/3이 10년 이내에 이혼할 것이다. 대부분 재혼을 할 것이고, 이는 전 배우자, 의붓어머니, 의붓아버지와 같은 많은 역할 전환을 야기한다.

16 오늘날 사회적 역할의 타이밍이 많이 유연해졌지만, 삶은 시기적절하지 않은 것보다 시기적절하게 역할을 이동할 때 더욱 수월하다.

주요 용어

결혼선택효과
결혼위기효과
결혼자원효과
경제적 교환이론
공동체적 특질
근거리 원인
도구적 특질
동거
부모 소명
부모 투자 이론
부양자 부담
사회적 시계
사회적 역할
사회적 역할이론
사회적 타이밍
생물사회적 관점
생물학적 시계
성 고정관념
성 역할
성 역할 교차
성 역할 확장
성인기로의 전환
성인 진입기
역할 전환
조부모 가족
진화 심리학
평등주의적 역할
학습–도식이론

관련 자료

[개인적 흥미를 위한 읽기 자료]

Arnett, J.J., & Fishel, E. (2013). *When will my grown-up kid grow up? Loving and understanding your emerging adult*. New York: Workman.

이 책은 부모를 위한 양육 지침이 더 이상 필요하지 않다고 생각하는 사람을 위한 것으로 홍보된다. 성인 진입기를 처음 언급한 발달심리학자 Arnett은 아동기를 지나서도 부모 집에 살며 부모님의 도움에 전적으로 의지하는 자녀를 둔 부모에게 실질적인 조언을 준다. 부모에 대한 전달사항은 "함께 사는 것은 괜찮습니다. 당신은 혼자가 아니니까요, 하지만 당신 스스로도 돌볼 필요가 있습니다." 이다.

Klinenberg, E. (2012). *Going solo: The extraordinary rise and surprising appeal of living alone*. New York: Penguin Group.

사회학자인 저자는 최근 독신의 증가가 우리 삶의 가장 큰 사회적 변화이고, 그 수는 유럽과 일본에서 더 크다고 주장했다. 그의 또 다른 설명은 독신이 필연적으로 외롭고, 비사회적이고 또는 내향적이지 않고, 친구와 공동체 참여가 더 많고 적응을 잘하는 사람이라는 것이다. 독신에 대한 연구와 인터뷰를 종합하여 Klinenberg는 최근의 독신 증가 현상을 잘 묘사하고, 사회가 적응하기 위한 몇 가지 변화를 제안하였다.

Solomon, A. (2012). *Far from the tree: Parents, children, and the search for identity*. New York: Scribner.

대부분의 사람들은 자녀가 그들처럼 되기를 계획하며 부모 역할을 준비한다. 그러나 일부 부모들에게는 자녀가 청각장애, 자폐증, 트랜스젠더, 천재, 기타 다른 조건으로 인해 자신의 부모들과 매우 다른 조건을 가지게 됨으로써 부모 역할이 매우 다르게 된다. Solomon은 각 조건, 사회가 각 조건을 어떻게 다루었는지에 대한 역사 그리고 그들의 뜻밖의 역할에 대처하고 있는 부모들과의 인터뷰를 종합한다. 이 책을 통하여 우리는 부모 역할을 할 때 '복제' 하지 않고 우리와는 매우 다른 아이를 만든다는 것을 명확히 알 수 있다.

[고전적 학술자료]

Eagly, A. H. (1987). *Sex differences in social behavior: A social role interpretation*. Hillsdale, NJ: Erlbaum.

사회심리학자 Alice Eagly는 이 책에서 성별 차이의 사회적 이론을 다룬다.

Gutmann, D. (1975). Parenthood: A key to the common study of the life cycle. In N. Datan & L. H. Ginsberg (Eds.), *Life-span developmental psychology: Normative life crises* (pp.167−184). New York: Academic Press.

인류학자 David Gutmann은 여러 문화로부터 부모기 방식에 대한 자료를 수집하여 많은 유사성을 가진다고 주장했다. 특히 성인이 부모가 되었을 때 그들은 부모가 되기 전에 가졌던 생각보다 더욱더 전형적인 부모 역할을 취한다. 그의 해석은 유전학적인데 이러한 행동이 자녀에게 최고의 생존 확률을 가져다주는 기회를 보장하기 위해 미리 프로그램되었다고 보았다.

[현대 학술자료]

Eagly, A. H., Eaton, A., & Rose, S. M. (2012). Feminism and psychology: Analysis of a half-century of research on women and gender. *American Psychologist*, *67*, 211−230.

저자들은 여성−전문학술지에서 주류 심리학 학술지에 이르기까지 성별에 대한 연구논문의 진행을 추석하고, 미래에 대한 몇 가지 예측을 제공한다.

Golant, S. M. (2011). The changing residential envionments of older people. In R. H. Binstock & L. K. George (Eds.), *Handbook of aging and the social sciences* (7th ed., pp. 207−220). San Diego,

CA: Academic Press.

저자는 환경노인학의 개념을 소개하고, 노인이 차지하는 공간을 가능한 오래도록 독립적이도록 하기 위해 최적화할 수 있는 방법을 알려준다. 몇 가지 공동체 모델이 논의된다.

Chapter

6

사회적 관계

이 이야기는 내 인간발달 수업을 듣던 한 학생이 나에게 해준 이야기이다. 한 아동발달심리학자가 자신의 방에서 책을 쓰고 있는데 "끼익, 끼익, 끼익"하는 시끄러운 소리가 들렸다. 밖을 내다보니 한 아이가 세발자전거를 타고 있었다. 그는 밖으로 나가 그 아이에게 화를 내며 세발자전거를 가지고 멀리 가라고 야단을 쳤다. 이것을 본 이웃이 그에게 "당신은 아동발달심리학자라고 하면서 어떻게 아이에게 그렇게 참을성이 없나요?"라고 말했다. 그는 이웃에게 "아주머니, 나는 아동을 이론적으로 좋아하지, 실제적으로 좋아하지는 않습니다." 라고 했다.

이것은 유쾌한 이야기는 아니지만, 나는 이 이야기가 내 일의 우선순위를 정하는 데 도움이 되기 때문에 좋아한다. 이번 장에서는 나와 내 주변의 관계, 특히 가족과 관련된 관계에 대해 쓰고자 한다.

방학이 되면 내 초등학생 손자 Brendan과 Shayne이 우리 집을 방문하고, 그들은 수영장에서 나와 물이 묻은 손으로 비디오게임을 하기 위해 내 컴퓨터를 사용하려고 할 것이다. 내가 책을 쓰기 위해 그 컴퓨터를 사용하고 있다는 사실은 그 아이들에게 중요하지 않은 것처럼 보인다. 며칠 지나면 대학생인 손주 Alese와 Aaron이 도착할 것이고 그들은 집에서 만든 음식에 굶주려 있을 것이다. 내가 "얘들아, 내가 조부모-손주 관계에 대한 책을 쓸 수 있도록 나를 혼자 내버려 두렴."이라고 말하려고 할 때, 나는 이 발달심리학자의 이야기를 떠올리며 웃는다.

관계에 관해서 내가 권위주의적이지 않다는 말을 듣는다면, 그것은 내가 이론적이지 않고 실제적으로 관계를 맺기 때문일 것이다.

이번 장은 성인기 동안 역동적이고 반복적인 타인과의 관계 패턴과 그 패턴들이 어떻게 변화하는지와 같은 사회적 관계(social relationships)에 대해 다루고 있다. 제5장에서는 성인기 동안 사회적 역할의 변화와 같이 개인 내에서 일어나는 변화들에 대해 설명하였지만, 이번 장에서는 사람들 간에 주고받는 관계(give-and-take interactions)에서의 변화와 그런 변화가 그들에게 어떤 영향을 미치는지에 대해 논의할 것이다.

당신이 자신의 사회적 관계들(부모, 친구, 배우자나 파트너, 동료)에 대해 떠올려보면 중요도나 질적인 면에서 동일하지 않다는 것을 알게 된다. 그리고 당신의 몇 년 전 관계를 생각해보면, 시간이 지나면서 각각의 관계가 다소 변화되었다는 것을 알게 된다. 이것은 사회적 상호작용의 역동적 특징이다. 각각의 주고받음은 사람들을 변화시키고, 그것은 관계를 변화시킨다. 관계에 대한 주제는 매우 개인적이고 복잡하다. 이것은 상당히 새로운 분야라서 과학적으로 연구하기는 어렵지만, 매우 흥미로운 부분이며 중요한 것을 발견할 수 있을 것이다. 연구자들은 사회적 관계를 "우리 일상의 삶에서 비롯되고, 우리의 경험으로 축적된다." 고 하였다. 이런 관계는 우리가 인생을 어떻게 경험하고 평가하는지에 중요한 역할을 한다(Cate, Levin, & Richmond, 2002, p. 261).

이번 장은 관계 발달에 대한 최근 이론들로 시작하여 동료, 가족, 친구와 같은 특별한 관계(specific relationship)에 대해 살펴볼 것이다.

사회적 관계에 대한 이론

초기 아동기의 사회적 관계는 중요한 연구 주제로 여겨져 왔지만, 성인기의 사회적 관계에 대해서는 최근에서야 관심이 집중되기 시작했다. 알다시피, 애착이론은 초기 아동기부터 성인기까지 다루고 있고, 진화심리학은 과거에는 젊은 성인의 친밀한 파트너 관계에 대해 다루었고, 최근에는 조부모 시기(grandparenthood)로 확장되었다. 사회정서적 선택 이론(socioemotional selectivity theory)은 노년기에 대해 설명하고 있으며, 호위대 모델(convoy model)은 인생 전반에 걸쳐 적용된다.

애착이론

사회적 관계에 대한 가장 오래되고 유명한 이론 중 하나가 바로 애착이론(attachment theory)이다. 애착(attachment)이란 일반적으로 유아와 주 양육자 사이에 형성되는 강한 정서적 유대이다. 이런 유대감은 원시 조상으로부터 진화되어온 선천적 조절 시스템으로, 자신을 보호할 능력이 거의 없이 태어나는 어린 아동의 생존에 도움이 된다. 정신과 의사인 John Bowlby(1969)와 발달심리학자인 Mary Ainsworth(Ainsworth, Blehar, Waters, et al., 1978)는 이 분야의 중요한 이론적 인물들로, 애착 그 자체(보이지 않는 근원적인 유대감)와 애착 행동(attachment behavior, 애착이 표현되는 방식)을 명확히 구별하였다. 애착 유대는

비판적 사고

스트레스 상황에서 당신은 어떤 방식으로 애착 대상에게 다가가는가? 아동기 이후 이것은 어떻게 변화되었는가?

눈에 보이지 않기 때문에 애착 행동으로 애착 유대를 추론해야 한다. 안정 애착 유아는 자신이 좋아하는 사람이 방으로 들어올 때 미소 짓고, 무서울 때 좋아하는 사람에게 매달리고, 새로운 환경을 탐색할 때 안전 기지로 좋아하는 사람을 사용한다. 애착의 세 가지 주요 특성은 (1) 애착 대상이 안정감과 관련되어있다는 것, (2) 아동이 스트레스나 위협적인 상황일 때 애착 행동의 가능성이 증가한다는 것, (3) 애착 대상과 분리를 회피하거나 끝내려고 노력한다는 것이다(Weiss, 1982).

물론 성인기에는 이런 애착 행동의 대부분이 더 이상 나타나지 않는다. 대부분의 성인은 자신의 특별한 사람이 방을 떠날 때 울음을 터트리지 않을 뿐만 아니라 다양한 방법(예를 들면, 핸드폰, e-mail, 문자메시지, 사회적 관계망, 상상)으로 애착 대상과 접촉을 유지한다. 애착 행동에서의 이런 변화를 고려한다면, 애착이라는 개념이 성인기 관계의 많은 부분을 이해하는 데 유용한 방법이 될 것이다.

성인은 배우자나 파트너와 강한 애착을 형성하면서도 부모와 애착을 유지한다. 사회 심리학자 Mario Mikulincer와 Philip R. Shaver(2009)는 모든 연령의 사람들은 필요시에 애착 대상으로부터 얻는 세 가지 지원으로, 근접성(proximity, 애착 대상이 물리적으로나 심리적으로 근접함으로써 오는 편안함), 안전한 피난처(safe haven, 위협이 있을 때 도움이나 지지), 안전 기지(secure base, 개인적 목표를 추구하는 것에 있어서 지지)를 제안하였다.

애착이론가들은 인간이 애착 관계를 통해 내적 작동 모델(internal working model, 모든 관계의 본질에 대한 가정과 믿음, 예를 들면, 다른 사람이 믿을만한지, 그들을 필요로 할 때 그들이 반응을 할지)을 형성한다고 제안한다. 내적 작동 모델은 초기 아동기의 경험을 기초로 하여 안정/불안정 요소를 나타낸다. 내적 작동 모델이 반영된 행동을 애착 지향(attachment orientation)이라고 하며, 이것은 초기 애착 대상을 확장시켜 대인관계에서 나타나는 기대, 요구, 정서 패턴을 의미한다.

안정 애착 지향을 가진 성인은 세상을 안전하다고 믿고 인생의 도전들을 기꺼이 받아들인다. 이들은 자신에게 보호와 지지가 필요할 때 타인에게 의지할 수 있다는 것을 안다. 또한 실패에 대한 두려움 없이 세상을 탐색하고, 새로운 사람을 만나며, 새로운 것을 배우는 것이 가능하다. 이것은 그들이 결코 두려움을 느끼지 않거나 낙담하지 않는다는 것을 의미하지는 않으며, 항상 성공한다는 것을 의미하지도 않는다. 그러나 그들은 지원 시스템으로부터(가끔은 사람, 가끔은 핸드폰이나 문자메시지를 통해) 도움과 용기를 얻을 수 있다는 것을 알고 상호작용을 시작한다. 과거에 믿을만한 도움을 받은 것을 회상하면서 편안함을 얻는 것도 가능하다.

우리는 애착 지향뿐만 아니라 양육 지향(caregiving orientation)도 진화시켜 왔는데, 이것은 성인이 유아나 어린 아동들과 상호작용할 때 활성화되는 시스템이다. 대부분의 성인은 어린 구성원들의 행동과 외양을 보면 그들에게 안정감, 편안함, 보호를 제공하게 된다. 진화 심리학자들은 이런 양육 지향이 성인 친구, 낭만적 파트너, 나이 든 부모와의 관계에서 나타난다고 본다. 이것은 교사가 학생에게 헌신하는 것, 간호사가 환자를 사랑으로 돌보는 것, 치료사가 내담자에게 깊은 관심을 가지는 것에서도 나타난다.

모든 사람이 안정 또는 불안정 애착 지향/양육 지향을 가진다면, 성인기의 사회적 관계에서 이런 경향들이 어떻게 나타나는지가 확인 가능하다. 사람들이 필요로 하는 지지의 양은 얼마인지, 자신이 필요로 하는 것을 타인에게 얼마나 잘 알리는지, 타인이 그들의 요구를 이해하고 요청한 도움을 제공하는지 등에는 개인차가 있다. Bowlby(1973)는 이런 개인차가 유아기의 부모-자녀 관계에 근원이 있다고 한다. 만약에 유아기와 아동기에 양육자가 이용 가능하고, 반응적이며, 지지적이라면, 성인기에 안정적 애착 지향과 효과적 양육 지향을 가질 가능성이 높다. 이들은 사회적 지지를 제공해줄 것이라는 확신을 가지고 배우자나 파트너, 가족 구성원, 친구로부터 사회적 지지를 요구할 수 있다. 또한 자신의 삶에서 중요한 사람이 양육을 요구할 때 반응할 수 있고 양육을 제공할 수도 있다.

유아의 애착 분류가 성인 초기까지 안정적으로 유지되는 경향이 있고(Waters, Merrick, Albersheim, et al., 1995) 부모의 애착 분류가 자녀의 애착 분류와 일치한다는 것(van IJzendoorn, 1995)은 경험적 연구들에 의해 지지되어 왔다. 이러한 애착이론은 친밀한 관계 형성에 대한 설명에 적용되며 이번 장의 후반부에 다시 논의될 것이다.

호위대 모델

성인기 관계에 대한 두 번째 접근은 발달심리학자 Tori Antonucci와 동료들(Antonucci, 1990; Kahn & Antonucci, 1980)의 호위대(convoy) 모델이다. 이들은 호위대라는 용어를 사용하여 성인의 삶을 둘러싸고 있는 사회적 관계망을 설명한다. "호위대 관계란 인생 경험, 도전, 성공, 실망 등을 공유하는 관계로 개인의 형성과 보호를 돕는다."(Antonucci, Akiyama, & Takahashi, 2004, p. 353). 이런 관계는 개인이 세상을 경험하는 방식에 영향을 미치며 상호적이고 발달적인 특성이 있다. 개인이 시간에 따라 변화하고 발전하는 것처럼, 이런 관계의 본질과 상호작용도 변화한다.

호위대 모델 연구에서, Antonucci(1986)는 맵핑 기술(mapping technique)을 개발하였는데, 맵핑 기술이란 응답자에게 자신을 둘러싼 세 수준의 관계를 보고하도록 하는 것이다. 세 개의 동심원 안에 각각에 해당하는 사람의 이름을 쓰도록 하는데, 가장 안쪽 원에는 응답자의 삶에서 없어서는 안 될 가장 가깝고 중요한 사람의 이름을 적고, 중간 원에는 가장 안쪽 원만큼 가깝지는 않지만 다음으로 가까운 사람을 적는다. 마지막 원은 다른 두 집단만큼 가깝지 않은 개인적 관계망의 사람을 적는다. 이 전체적 구조를 **사회적 관계망**(social network)이라고 부른다.

▌**비판적 사고**

당신의 호위대 모델 가장 안쪽 원에는 누가 있는가? 중간 원과 가장 바깥 원에는 누가 있는가? 10년 후에는 어떤 변화가 생길까?

최근 연구자들은 사회적 관계망이 사람들의 스트레스 완화뿐만 아니라 건강에 미치는 영향에 관하여 연구하고 있다. 또한 호위대 모델을 활용한 예방책과 중재 프로그램이 건강에 미치는 영향에 대한 종단 연구가 계획되어있다. 사회적 관계망의 변화가 건강을 향상시키는 것이 가능한가? 이러한 것들이 바로 사회적 관계망을 연구하는 호위대 모델 연구자들이 다루는 주제들이다(Ertel, Glymour,

& Berkman, 2009).

사회정서적 선택 이론

성인기의 사회적 관계 변화에 대한 세 번째 설명은 심리학자 Laura Carstensen(1995; Carstensen, Mikels, & Mather, 2006)의 사회정서적 선택 이론(socioemotional selectivity theory)이다. 사회정서적 선택성 이론에서는 사람들이 나이가 듦에 따라 의미 있는 사회적 관계를 선호하는 경향이 있다고 한다. 나이가 듦에 따라 사회적 관계망은 작아지지만 선택적이 되는데, 사람들은 제한된 정서적 · 신체적 자원들을 심리적으로 깊은 만족감을 주는 작은 관계 집단을 위해 사용한다. 다시 말하자면, 사회적 관계의 양은 나이가 들수록 줄어들지만, 전체적인 질은 똑같거나 심지어 더 좋아진다.

Carstensen에 따르면 젊은 성인들은 시간을 무한한 것으로 인식하고, 자신이 얼마나 살아왔는지로 시간을 측정한다. 그들은 정보, 지식 그리고 관계를 추구하는 것에 동기가 부여된다. 반대로, 나이 든 성인들은 시간을 제한적인 것으로 인식하고, 자신이 앞으로 얼마나 살아갈 것인가로 시간을 측정한다. 그들은 정서적 만족감, 깊이 있는 관계 추구 그리고 만족스럽지 않은 관계의 제거에 동기가 부여된다. 이러한 특징은 사람들이 가장 참여하고 싶어하며 기억하고 싶은 주제에 대한 연구와 사회적 관계에서 나타나는 연령 차에 대한 연구들에 의해 지지되고 있다(Kryla-Lighthall & Mather, 2009).

자신의 '종족' 내에서 사회적 관계를 형성하고 충성하고 협력하는 우리 종의 능력은 환경에서 생존하기 위한 매우 중요한 능력으로서 원시 조상으로부터 유전적으로 전달되어 온 것일지도 모른다.

진화심리학

사회적 관계에 대한 마지막 이론은 인간의 진화적 관점에서, 사회적 관계가 마음의 형성에 중요한 역할을 한다는 것이다(Buss & Kenrick, 1998). 이것은 원시 조상의 중요 생존 전략으로서 인간이 작은 사회적 집단을 이루어 함께 단결했다는 전제에 기초한다(Caporeal, 1997). 사회적 관계는 포식자로부터의 보호, 음식에 대한 접근, 추위로부터의 단열을 제공하였다. 진화심리학(evolutionary psychology)에 따르면 협동심, 집단에 대한 충성도, 규범의 준수, 사회적 소속을 촉진하는 유전자를 가진 개인이 원

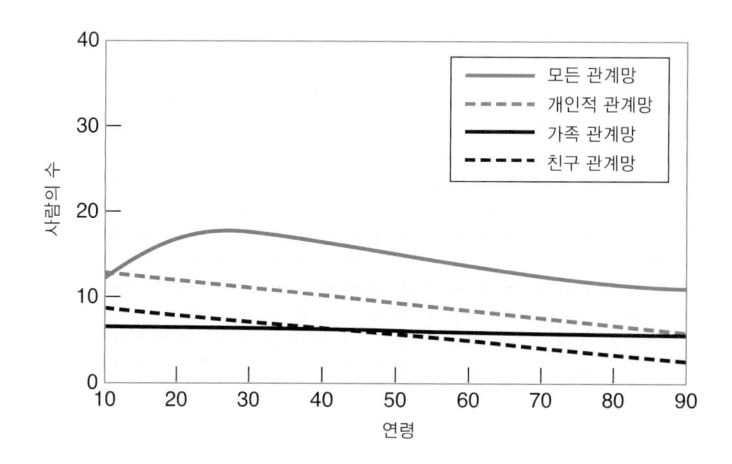

:: 그림 6.1
인생 전반의 사회적 관계에 대한 227개의 연구들의 메타 분석 결과, 모든 사회적 관계망의 수는 성인 진입기와 성인 초기에는 증가하다가 점차 감소한다. 가족 관계의 수는 안정적인 반면 개인적 관계와 친구 관계의 수는 감소한다.

출처 : Hazan, C., & Shaver, P. (1990); Bartholomew, K., & Horowitz, L. M.(1991)에 기초.

시 환경에서 살아남고 이러한 유전자는 그들의 후손에게(궁극적으로는 우리에게) 전달된다는 것이다. 이런 유전자는 사회적 · 인지적 행동에 계속적으로 영향을 미치고, 오늘날 인간이 사회적 관계를 형성하고 유지하는 방법에 반영된다.

이 이론에 따르면, 오늘날 우리 종의 구성원들은 사회적 관계의 형성과 유지를 증진시키는 생물학적 시스템을 가지고 있고, 이것은 일반적으로 '소속의 욕구'로 나타난다. 이러한 욕구는 우리가 돌봄을 주고받는 적은 수의 친근한 사람들과 빈번하고 즐겁게 사회적 상호작용을 하도록 이끈다. 모든 인간 사회의 구성원은 가까운 관계가 끝나거나 사회 집단으로부터 분리될 때 괴로워하거나 저항한다(Baumeister & Leary, 1995). 소속의 욕구는 모든 인간 사회뿐만 아니라 다른 많은 영장류의 사회적 종에서도 관찰된다(de Waal, 1996).

사회적 관계 이론에 대한 용어 지금까지 살펴본 이론들이 서로 유사하다는 것을 알 수 있다. 호위대 이론 지지자들은 호위대 형성의 '접착제(glue)'로 애착을 언급한다. 진화심리학자들과 애착 이론가들은 애착을 유아의 생존을 위한 진화된 메커니즘으로 언급한다. 이 이론들은 차이점보다 유사점이 더 많다.

심리학자 Cornelia Wrzus와 동료들(Wrzus, Hänel, Wagner, et al., 2013)은 청소년기부터 후기 노년기까지의 사회적 관계에 대한 227개의 연구들을 분석한 결과, 호위대 모델과 사회정서적 선택성 이론 모두 이러한 사회적 관계의 변화를 설명할 수 있다는 것을 발견했다. 〈그림 6.1〉에서 볼 수 있듯이, 청소년기에는 모든 사회적 관계망이 확장되고, 20대와 30대에는 안정기에 접어들고, 이후부터 후기 노년기까지 점차 감소한다. 사회적 관계망의 하위 유형에는 개인적 관계망(personal networks, 가깝고 친밀한 친구들과의 관계), 친구 관계망(friends networks, 덜 가까운 친구나 지인들과의 관계), 가족 관계망(family networks)이 있는데, 청소년기부터 후기 노년기까지 개인적 관계망과 친구 관계망은 유사한 패턴을 나타낸다. 하지만 가족 관계망은 인생 전반에 걸쳐 안정적으로 유지된다.

사회정서적 선택 이론에 따르면, 청소년기와 성인 초기는 미래를 정보와 새로운 관계를 추구하는 시기로 보기 때문에 개인적 관계망과 친구 관계망이 이 시기 동안 확장된다. 반대로, 후기 노년기에는 주변 사람을 되돌아보고 적은 수의 깊이 있는 관계에 집중하기 때문에 개인적 관계망과 친구 관계망은 줄어든다. 호위대 모델에서는 우리가 인생의 동반자들과 인생의 여정을 함께한다고 설명하고 있는데, 이것은 바로 가족 관계망에 대한 설명이다. 가족 관계망의 크기는 청소년기부터 인생이 끝날 때까지 똑같이 유지된다.

지금까지 설명한 관계에 대한 이론들의 많은 증거를 당신 주변에서 보게 될 것이다.

친밀한 파트너 관계

대부분의 성인들이 경험하는 사회적 관계가 바로 친밀한 파트너 관계(intimate partnerships)이다. 이 주제에 대한 많은 연구는 결혼한 커플에 대한 것이지만, 이성애 및 동성애 파트너와의 동거관계에 대해서도 논의하겠다. 주제가 다양한 것처럼 보이지만, 낭만적 관계라는 점에서 차이점보다는 유사점이 더 많다.

친밀한 관계 형성하기

인생의 파트너를 선택하고 관계를 형성하는 과정은 모든 문화권에서 발견된다. 전 세계 90%의 사람이 삶의 어떤 시점에 결혼을 한다(Campbell & Ellis, 2005). 어떻게 파트너 관계에 도달하는지는 오랫동안 연구자들의 관심사였으며, 최근에서는 짝 선택(mate selection)에 대해 연구되고 있다. 대부분의 사람들은 주관적인 감정의 조합(행복감, 선호하는 개인에 대한 강렬한 주의 집중, 그/그녀에 대한 강박적 생각, 사랑받는 느낌에 대한 갈망과 정서적 의존성, 증가된 에너지)에 기초해서 자신의 짝을 선택하게 된다(Aron, Fisher, Mashek, et al., 2005, p. 327). 인류학자 Helen L. Fisher(2000, 2004)는 짝 선택은 세 가지 정서 체계(성욕, 매력, 애착)에 기초한다고 보았다. 이러한 체계는 신경학적 부분과 관련되어있는데, **성욕 체계**(lust system)는 남성과 여성이 성적 욕구를 경험하고 성적인 기회를 찾게 한다. **매력 체계**(attraction system)는 남성과 여성이 특정한 잠재적 짝에게 주의를 기울이게 하고 정서적 관계를 갈망하게 한다. **애착 체계**(attachment system)는 남성과 여성을 매력적인(성적인) 대상에게 가까이 접근하게 하고 그 사람에게서 편안함, 안전감, 정서적 의존성을 느끼게 한다. Fisher의 이론은 파트너 관계 형성 과정을 설명하는 매우 적절한 모델이다.

성욕 이 체계는 심리학 전공자들에게 익숙한데, 그 이유는 개인적 열정 때문이 아니라 Freud의 고전적 정신분석이론 때문이다. Freud는 리비도(libido) 또는 성적 욕구가 모든 친밀한 관계의 기본이라고 믿었고 그러한 관계의 경험은 의식하던 의식하지 않던 타인에게서 느껴지는 성적 욕구의 정도에 좌우된다(Jones, 1981). 성욕은 낭만적 사랑의 일부이지만, 독립적으로 작동할 수도 있다. 대부분의 성인은 낭만적인 관계가 아닌 사람에게서도 성욕을 느낄 뿐만 아니라 낭만적인 관계의 사람에게서도 성욕을 느끼지 않을 수 있다. 성적 체계는 남성과 여성 모두 안드로겐에 의해 영향을 받는다. 자동차에 비유하면 성욕은 낭만적 사랑의 가속 페달로 볼 수 있다.

매력 만약 성욕이 가속 페달이라면, 매력은 운전대이며 성욕의 방향을 결정한다. 매력은 낭만적 사랑, 강박적 사랑, 격정(Sternberg, 1986), 열정적 사랑(Hatfield, 1988), 생리적 사랑으로 잘 알려져 있다. 이것은 항상 그 사람을 생각하게 하고 심지어 다른 일을 생각하려고 노력할 때마저도 그 사람만 생각나게 한다. 그리고 당신의 감정이 그 사람에게서 응답을 받을 때 절정의 기쁨을 느끼게 된다(Tennov, 1979). 매력 행동은 모든 인간 문화에서 관찰되고(Jankowiak & Fischer, 1992), 모든 포유류와 조류에서도 관찰된다(Fisher, 2000). 매력 체계는 뇌의 신경전달물질인 도파민과 노르에피네프린의 증가 및 세로토닌의 감소와 관련된다.

뇌 활동 연구에서, 사랑에 빠진지 1~7개월 된 젊은 남녀에게 사랑하는 사람의 사진을 보여주고 즐거웠었던 일을 상기시켰다(Aron, Fisher, Mashek, et al., 2005). 통제 집단에게는 그들의 삶에서 중성적인 자극이 되는 사람의 사진을 보여주고 그 사람과 경험했던 즐거운 일을 상기시켰다. 연구 결과, 사랑하는 사람의 사진을 본 집단은 보상을 얻었을 때 활성화되는 뇌의 도파민 수용기가 활성화되었으며, 통제 집단에서는 활성화되지 않았다. 또한 사랑에 빠진 기간의 길이에 따라 활성화 패턴에 차이가 있었는데, 최근의 관계일수록 더 강하게 활성화되었다. 사랑에 빠진 기간의 길이에 따른 뇌 활성화 패턴의 차이는 본능적 체계인 성적 욕구(또는 성적 체계)의 차이에 기인한다. 기간이 길어질수록 애착 호르몬이 증가됨에 따라 안드로겐 수준이 감소되고 성적 욕구도 감소된다.

한 사람이 다른 사람에게 또는 두 사람이 서로에게 매력을 느끼는 것은 전통적으로 여과 이론(filter theory)에 의해 설명될 수 있는데, 이것은 우리가 잠재적으로 짝이 될 수 있는 거대한 집단에서 우리와 맞지 않는 사람들은 점차 제외시킨다는 것이다(Cate & Lloyd, 1992). 대안적인 설명으로 교환 이론(exchange theory)이 있는데, 이것은 우리는 관계에 제공할 어떤 이점(자산)을 가지고 있으며 최선의 거래를 하려고 노력한다는 것이다. 일반적으로 사람들은 신체적인 매력이 잘 맞는 파트너를 선택하려는 경향이 있다. 그러나 교육 수준, 유쾌한 성격, 좋은 차림새와 같은 특성들이 비만과 같은 매력적이지 못한 외양을 보상할 수 있다(Carmalt, Cawley, Joyner, et al., 2008). 유머감도 신체적 매력을 대신할 수 있다(McGee & Shevlin, 2009).

진화심리학자들은 짝 선택에 대해 결정은 유사하지만 조금 다르게 설명한다. 인간의 원시 조상들은 자손이 스스로 살아갈 수 있을 만큼 충분히 성장할 때까지 부양하는 것과 번식의 기회를 증가시키는 것에 기초하여 행동한다. 남성은 자손을 낳고 양육하고자 하는 욕구가 있기 때문에 여성에게서 건강함과 다산의 징후(젊음, 허리 둘레가 엉덩이 둘레에 비해 작은 것, 깨끗한 피부, 윤기 있는 머리카락, 도톰한 입술, 적당한 근육량, 조심스러운 걸음걸이, 아픈 곳이 없는 것)를 찾는다. 여성은 임신 기간 동안 자신을 돌봐주고 자녀 출생 후 몇 년간 자신과 자녀를 부양해 줄 사람을 필요로 하기 때문에 사회적 지위, 자신감, 약간 많은 나이, 야망, 근면성과 같은 경제적 자원을 가진 남성을 찾는다. 또한 건강한 유전자를 제공하고 자신과 아이를 보호할 사람이 필요하기 때문에 용감하고 건강하며 어깨 둘레가 허리 둘레에 비해 큰 사람을 선호한다(Buss, 2009). 이런 선호성은 유전적으로 프로그램되어있기 때문에, 이런 특성을 지닌 사람은 생존율이 높고 자손을 번성시키는 경향이 있다. 하지만 이런 특성을 지니지 않은 사람은 생존율이 낮고 자손을 덜 번성시키는 경향이 있다.

짝 선택에 있어 이런 선호성은 다양한 문화에서 관찰되었다. 예를 들어, 심리학자 Todd Shackelford와 동료들은 37개 문화의 젊은 성인 9,000명을 대상으로 연구한 결과, 장기적 관계의 짝 선호성 4개의 차원 중 3개에서 성차가 발견되었다. 진화심리학에 따르면, 여성은 남성보다 사회적 지위, 재정적 자원, 신뢰성, 안정성, 지성에 더 가치를 두고 있었으며, 남성은 여성보다 좋은 외모, 건강, 가정과 아이에 대한 욕구에 더 가치를 두었다(Shackelford, Schmitt, & Buss, 2005). 온라인 데이트 사이트 연구에서 이런 선호성은 인생 전반에 걸쳐 나타나는데(심지어 번식이 중요하지 않은 시기에서도), 20세부터 75세 이상의 성인에서까지도 유사한 선호성이 나타났다. 남성은 여성이 신체적으로 매력적인 것을 선호하고, 여성은 남성의 지위를 선호한다(Alterovitz & Mendelsohn, 2011).

짝 선택에 관한 다른 연구에서는 남성과 여성이 장기적 관계에 관심이 있는지 단기적 관계에 관심이 있는지에 따라 선호성에 차이가 있다고 제안한다. 여성은 배란 여부, 나이, 삶의 단계, 짝으로서의 가치에 따라 선호성에 차이가 있다(Buss, 2009). 진화심리학에 따르면, 이런 선호성은 성공적으로 생존과 번식을 하고자 하는 본능적 욕구로 설명된다.

최근 수십 년 동안 잠재적인 낭만적 파트너를 찾기 위해 소셜 미디어의 사용이 증가하였고, 곧 온라인 데이트 사이트가 관계 시작의 대부분을 차지하게 될 것이다(Aron, 2012). 낭만적 관계의 질이 심리적 웰빙(well-being)에 매우 중요하기 때문에(건강과 장수가 아니라), 이런 웹사이트의 운영에 대한 평가가 중요해졌다. 심리학자 Eli Finkel과 동료들에 따르면(Finkel, Eastwick, Karney, et al., 2012), 온라인 데이트 사이트가 잠재적인 낭만적 파트너와의 접근, 대화, 연결을 제공한다고 주장한다. 이런 주장이 얼마나 타당한가? 많은 잠재적 파트너에 접근은 가능하다. 오늘날 인터넷 사용자가 20억이기 때문에 가능성은 무한하다. 그러나 단점은 이런 사이트들은 3차원의 사람을 2차원으로 축소시키기 때문에, 전통적인 사회적 상호작용에서 나타나는 융화를 고려하기 어렵다. 그래서 잠재적 파트너의 수를 관리 가능한 크기로 좁히는 것이 어려울 수 있다.

잠재적 파트너와의 의사소통은 실제적(face to face) 만남 없이 온라인으로 대화할 수 있기 때문에 편리하지만, 단점은 사람들이 온라인으로 대화할수록 사회적 단서를 확대 해석하게 된다는 것이다. 일단 실제로 만나게 되면, 자신들이 기대했던 것과는 거리가 멀 수도 있다. 일반적으로, 실제적 만남은 빠를수록 좋다. 그리고 온라인 데이트 사이트의 매칭 방식은 수학적 방법으로 사람들을 유사성과 상보성에 따라 연결해주는데, 이러한 방식이 장기적 관계에 어떠한 영향을 미치는지에 대한 증거는 부족하다. 또한 이런 방식은 첫째, 자기보고식에 기초하고 있고, 둘째, 한 사람의 특성과 선호성만을 고려하고 두 번째 사람의 역동은 고려하지 않은 채 단절된 상태로 운영된다.

연구자들(Finkel, Eastwick, Karney, et al., 2012)은 이런 사이트를 이용하는 사람은 아래에 있는 온라인 데이트의 이점과 함정을 고려하라고 제안한다.

- 한 번에 관리 가능한 잠재적 파트너의 수를 제한하라.
- 서류상으로 너무 좋아 보이는 후보자는 지나치도록 노력하라.
- 후보자들을 비교하거나 평가하지 말라. 대신 각 사람들과 긍정적으로 상호작용하는 방법을 생각해보라.
- 이상형 목록을 완전히 충족시키지 못하는 후보자들에 대해서 열린 마음을 가지라.
- 만약 그들이 당신의 이상형이 아니라면 많이 거론된 성격이나 특성에 영향을 받지 않도록 노력하라.
- 잠재적 파트너와 너무 많은 온라인 접촉은 피하라. 가능한 한 빨리 실제로 만나는 것이 좋다.
- 실제로 사람을 만나기 전에 너무 과도한 기대는 하지 말라.
- 모든 사람이 강조하지 않는, 당신만의 면모를 강조하여 주의 깊게 프로필을 쓰라.
- 자주 로그인하라.
- 연결해주는 웹사이트에 너무 많은 돈을 지불하지 말라.

애착 Fisher의 애착 체계는 Bowlby의 애착 체계와 유사하다. Bowlby는 부모-자녀 관계를 설명하기 위해 처음으로 애착이론을 만들었지만, 그는 애착이 평생의 과정이고 한 사람이 부모에 대해 가지는 관계의 질은 추후 애착(낭만적인 관계를 포함해서)의 기초가 된다고 믿었다. 최근에 애착이론가들은 낭만적 파트너 간의 애착이 부모가 자녀를 양육하기 위해 진화되어온 메커니즘이라고 제안한다. 함께 있을 때 안정감을 느끼고 떨어져 있을 때 외로움을 느끼는 남성과 여성은 서로에게 헌신적이며, 자녀를 성인기까지 안전하게 양육한다. 흥미롭게도, 옥시토신이라는 호르몬은 모아(母兒) 애착과 여성의 낭만적 애착에 중요한 역할을 한다(Campbell & Ellis, 2005).

초기 아동기에 부모와의 애착 관계와 성인기에 친밀한 파트너와의 애착 관계 사이의 관련성은 성인 애착 연구의 중요한 부분을 차지한다. 이전에 언급했던 것처럼, Bowlby의 애착이론을 확장시켜보면 성인의 낭만적 관계 양식은 아동기에 부모와 가졌던 애착 유대를 반영한다(Bartholomew, 1990; Hazan & Shaver, 1987).

성인에게 자신의 낭만적 관계를 가장 잘 설명하는 문장을 선택하도록 하는 설문지를 실시했을 때, 그들은 Ainsworth의 안정/불안정 분류 체계와 유사하게 분류되었고 각 범주에 해당하는 성인 비율은 유아의 비율과 유사하였다(Feeney & Noller, 1996; Hazan & Shaver, 1990; Mikulincer & Orbach, 1995). 이후 연구자들은 이런 결과를 15세에서 54세의 참가자들에게서도 확인했고(Michelson, Kessler, & Shaver, 1997), 여러 해 동안 관찰되었고(Feeney & Noller, 1996), 성인의 낭만적 애착 양식은 초기 아동기에 형성된 애착의 내적 작동 모델을 반영한다고 제안하였다. 종단연구에서, 2세에 부모와 안정 애착이었던 아이가 불안정 애착이었던 아이에 비해 20~21세에 낭만적 관계에서의 갈등을 더 잘 해결하고 회복하였다. 게다가 20세에 파트너와 안정 애착된 성인은 자신의 애착 역사와 상관없이 관계 갈등을 더 빨리 회복하였다(Simpson, Collins, & Salvatore, 2011).

Hazan과 Shaver의 모델을 확장해서, 자신과 타인에 대한 모델에 기초해 애착을 4개 범주로 분류했다(Bartholomew & Horowitz, 1991). 관계에 대한 자신의 태도는 자기 보고 자료를 기초로 해서 안정형(secure, 자기와 타인에 대해 모두 긍정적), 배척형(dismissing, 자기에 대해 긍정적 · 타인에 대해 부정적), 집착형(preoccupied, 자기에 대해 부정적 · 타인에 대해 긍정적), 두려움형(fearful, 자기와 타인에 대해 모두 부정적)으로 구분했다. 〈표 6.1〉은 이 분류를 자세히 기술하고 있다. 초기 성인을 대상으로 한 관계에 대한 설문에서 절반 정도의 사람이 안정형으로 분류되었고 나머지 절반은 세 가지 범주에 균등하게 분배되었다.

비판적 사고

당신은 어떤 애착 유형을 가지고 있는가? 당신의 성인 애착 유형과 어린 시절 부모와의 관계 간에는 관련성이 있는가?

영아기 애착이 성인의 낭만적 관계에 어떠한 역할을 하는지에 대해서는 명확하지 않다. 유아 애착은 학령기 또래 능력에 영향을 미치고 청소년기에 안정적인 우정에 영향을 미치며, 이후에는 연애 관계에 영향을 미친다(Simpson, Collins, & Salvatore, 2011). 심리학자 R. Chris Fraley와 동료들(Fraley, Roisman, Booth-LaForce, et al., 2013)은 700명을 대상으로 출생 후 얼마 되지 않은 시기부터 성인 진입기까지 종단연구를 실시하였다. 18세에 보이는 다양한 애착 유형은 초기 양육 환경(초기 어머니의 민감성, 어머니의 민감성 변화, 아버지의 부재, 어머니의 우울), 사회적 능력에서의 변화, 가장 친한 친구와의 관계의 질에 기초한다는 것을 밝혀냈다.

또 다른 연구에서는 초기 성인의 애착 유형이 낭만적 관계의 경험에 따라 한 개인 안에서도 변화한다는 것을 발견했다. 성인 애착 설문지를 실시하는 대신 참여자들에게 일기를 쓸 것을 요청

:: 표 6.1 성인 연애 애착 유형

애착 유형	설명
안정형	"다른 사람과 정서적으로 가까워지는 것은 상대적으로 저에게 쉬운 일이예요. 다른 사람들에게 의존하는 것이 편안하고 다른 사람이 나에게 의존하는 것도 편안해요. 혼자 있거나 다른 사람들이 나를 수용하지 않는 것에 대해 걱정하지 않아요."
집착형	"다른 사람들과 정서적으로 완전히 친밀해지고 싶지만, 다른 사람들은 내가 원하는 것만큼 친밀해지기를 원하지 않는다는 것을 발견하곤 해요. 친밀한 관계가 없는 것은 불편하지만, 내가 다른 사람을 존중하는 것만큼 다른 사람이 나를 존중하지 않을까 봐 걱정해요."
두려움형	"다른 사람과 가까워지는 것이 조금 불편해요. 나는 정서적으로 가까운 관계를 원하지만, 다른 사람을 완전히 믿거나 의존하는 것을 어려워하는 자신을 발견하게 되지요. 나는 가끔 다른 사람들이랑 너무 가까워져서 상처받게 될까 봐 걱정해요."
배척형	"정서적으로 가까운 관계가 없는 게 편안해요. 독립적이고 자기-충족적인 것이 나에게 중요하고, 내가 다른 사람에게 의존하지 않거나 다른 사람이 나에게 의존하지 않는 것이 더 좋아요."

출처 : Hazan & Shaver (1990); Bartholomew와 Horowitz (1991)의 재구성.

하였다(Pierce & Lydon, 2001). 애착의 변화가 면담을 하여 정보를 얻는 것보다 일기에서 더 많이 발견되었다. 관계가 좋을 때는 안정적인 기분을 보고하였고 문제가 있을 때는 덜 안정적인 기분을 보고하였다. 따라서 성인 애착 양식의 원인을 찾을 때, 과거 원인(초기 아동기 경험)뿐만 아니라 최근 원인(오늘 일어난 일)도 고려해야만 한다.

성공적인 결혼

앞에서는 파트너 선택에 대한 각기 다른 견해를 살펴보았다. 그러나 그 후에는 어떤 일이 일어나는가? 당신이 아는 것처럼, 결혼하거나 한 파트너에게 헌신한 모든 커플이 행복하게 사는 것은 아니다. 일부는 그렇지만, 어떤 사람들은 공허한 관계에 빠지고, 일부는 이혼하고, 일부는 끊임없는 불화를 경험한다. 무엇이 이러한 차이를 만드는가? 이것은 학문적 의문이자 개인적 의문이다. 우리 대부분은 한 번 이상의 파트너 관계를 경험한다. 우리 모두는 그런 관계가 행복하게 오래 지속되기를 바란다. 그러나 성공적인 결혼의 비밀은 무엇인가? 여러 종단연구에 이것에 대한 해답이 있다.

심리학자 Howard J. Markman과 동료들(Clements, Stanley, & Markman, 2004)은 100쌍의 커플을 결혼 전부터 결혼 13주년까지 연구하였다. 이 연구는 기간뿐만 아니라 커플에 대한 많은 정보를 얻었다는 점에서 특별한데, 이 정보들은 단지 자기보고식 자료에만 의존하지 않았고, 일반 표본의 젊은 커플들이었으며, 상담이나 위기를 경험하는 커플이 아니었다.

연구 대상자들은 결혼 전에, 커플 관계에 대한 인터뷰에 참가하였다. 관계 만족도, 상호작용, 문제 해결에 대한 많은 표준화 검사를 실시하였다. 13년 동안 10번 반복되었고 마지막에는 100쌍의 커플이 3개의 범주로 나눠졌다. 이혼하거나(20커플), 행복하게 결혼생활을 하거나(58커플), 여러 평가 시점에 고통스러운 시간을 경험하였다(22커플). 연구의 시작 시점에 얻어진 자료를 기초로 하여 집단 간 비교를 실시한 결과, 결혼 전부터 세 집단은 명확한 차이가 있었다. 예를 들면, 이혼을 경험하거나 고통스런 결혼생활을 하는 집단은 첫 번째 인터뷰에서 서로 부정적인 상호작용을 보였고, 정서적 지지가 부족했으며, 상대방에 대해 부정적이고 빈정대는 말을 하였다. Markman과 동료들은 '침식(erosion)' 과정에 대해 설명하면서 결혼 전과 결혼 초기에 이런 부정적인 상호작용은 관계의 긍정적인 면을 마모시킨다고 하였다. 이것은 파트너가 가까운 친구이자 지지의 원천이라는 기대에 위배된다. 다른 연구에서도 비슷한 결과가 나왔다(Markman, Rhoades, Stanley, et al., 2010; Markman, Stanley, & Blumberg, 2010). Markman과 동료들은 불행한 결혼과 이혼에는 수많은 위험 요소가 있고, 그 중 일부는 변화될 수 있고 일부는 변화될 수 없다고 결론지었다. 이런 위험 요소들은 변화될 수 없는 개인사(이혼한 부모, 다른 종교, 이전 관계에서 낳은 아이), 개인적 성격 특성(개인적 문제가 발생했을 때 방어적이 되는 것, 타인과 부정적인 상호작용 방식을 갖는 것, 의견이 불일치할 때 대화가 가능하지 않는 것), 미래에 대한 다른 견해(결혼에 대한 비현실적 믿음, 우선순위의 차이, 서로에게 덜 헌신하는 것)가 포함된다.

부정적인 상호작용으로 인한 침식의 힘은 심리학자 John Gottman과 동료들의 종단연구 결과에서도 발견되었다. 예를 들어, Gottman과 Notarius(2000)는 커플의 긍정적/부정적 교환 패턴을 조사한 결과, 결국에는 이혼하게 될 커플을 밝혀냈다. 실제로 Gottman은 몇 시간의 인터뷰를 통해 4년 후 이혼할지 함께 살고 있을지를 94% 정확하게 예측할 수 있다고 주장한다(Gottman, 2011). Gottman은 커플에게 '우리의 이야기'를 들려달라고 요청한다. 그는 5개의 주요 요소를 듣고 그들이 긍정적인지 부정적인지를 평가한다. 긍정적인 부분이 부정적인 부분보다 우세하면 그 커플은 4년 후에도 함께할 것이라고 한다. 다음은 Gottman이 인터뷰 동안 평가하는 주요 요소들이다.

- **애정과 존경** : 커플의 이야기가 사랑과 존중으로 가득한가? 그들은 따뜻함, 유머, 애정과 같은 긍정적 정서를 표현하는가? 좋았던 시간을 강조하는가? 그들은 서로 칭찬하는가?
- **'우리' 대 '나'** : 커플의 신념, 가치, 목표가 일치하는가? 커플이 '나'보다는 '우리'라는 말을 쓰는가?
- **사랑 지도** : 커플이 그들의 관계의 역사를 다양한 세부사항들과 긍정적 에너지로 묘사하는가? 그들 자신이나 파트너에 대한 개인적 정보를 개방하는가?
- **혼돈 대신 목적과 의미** : 커플은 그들이 함께한 세월에서 극복했던 고난을 자랑스럽게 이야기하는가? 그들은 함께 공유한 목표나 소망에 대해 이야기하는가?
- **실망 대신 만족** : 자신의 파트너와 그들의 결혼이 자신의 기대 이상이라고 말하는가? 그들은 서로 가진 것에 대해 만족하고 감사해하는가? 결혼에 대해 긍정적으로 말하는가?

다행스럽게도, 결혼생활에서 부정적 패턴은 변화 가능하다. 커플 상담사들은 커플에게 서로를 더 잘 이해하고, 애정을 증가시키고, 서로 관심을 가지고, 서로에게 더 영향을 미치고, 건강하게 갈등을 해소하는 연습을 하고, 서로의 관계 안에서 의미를 공유하는 방법에 대해 교육받음으로써 결혼 만족도가 유의하게 증가한다는 것을 발견했다. 거리감을 느끼는 적대적인 커플에게 관계 교육을 통해 새로운 기술을 가르치고 더 쉽게 상호작용하는 패턴을 재교육하는 것이 가능하다(Markman & Rhodes, 2012). 최근에는 이런 교육이 온라인상에서도 고위험 커플들에게 유용하게 제공된다(Loew, Rhoades, Markman, et al., 2012).

다른 연구자들은 장기간 결혼생활을 한 커플을 대상으로 서로 어떻게 느끼는지와 서로에게 긍정적인 감정을 느끼는 커플과 그렇지 않은 커플 간에 어떤 차이가 있는지 연구하였다. 이번 장의 앞부분에서 이야기 나누었던 일부 이론들은 열정적인 사랑이 대부분 관계의 초기에 발생하고 동반자적인 사랑으로 대체된다고 하였지만, 장기간 결혼생활을 한 커플을 대상으로 이것이 사실인지를 살펴보는 연구는 거의 이루어지지 않았다. 최근에 심리학자 K. Daniel O'Leary와 동료들은 평균 20년 결혼생활을 한 300명의 성인들을 대상으로 연구하였다(O'Leary, Acevedo, Aron, et al., 2012). 핵심적 질문은 "당신과 당신의 파트너는 어느 정도 사랑하는가?"이다. 자신의 사랑에 대해 "매우 강렬하게 사랑한다."는 1에 "전혀 사랑하지 않는다."는 7에 체크하였다. 예상 밖으로, 가장 높은 빈도는 1이였으며, 46%의 남녀가 자신의 파트너를 매우 강렬하게 사랑한다고 보

결혼한 커플이 거리감을 갖게 되거나 적대적이 된다면 서로를 더 잘 이해하고, 감정을 나누고, 의미를 공유하도록 상호작용 패턴을 변화시킬 수 있다.

고했다. 서로를 강렬하게 사랑한다고 보고한 사람들은 자신의 파트너에 대해 긍정적으로 생각하고, 애정 어린 행동과 성적인 관계, 도전적인 활동도 함께하고, 전반적으로 인생을 행복하게 느끼는 경향이 있었다.

또 다른 연구에서 장기간 불행한 결혼생활을 한 사람들을 살펴보았다. 사회학자 Daniel N. Hawkins와 Alan Booth(2005)는 불행한 결혼생활을 한 커플의 자료를 12년 이상 연구하였다. 불행한 결혼생활을 하는 사람들은 삶의 만족도, 자아존중감, 심리적 웰빙(well-being), 전반적 건강이 저하되었다. 최소한 이 연구의 대상자들에서는 이혼 대신 불행한 결혼생활을 하는 것이 도움이 되지 않는다는 것을 알 수 있다.

결혼에 대한 다양한 연구들로부터 얻은 교훈은 행복한 결혼은 파트너들의 인생에 큰 도움이 되고 불행한 결혼은 손해가 된다는 것이다. 결혼의 시작이 항상 행복하고 건강한 것도 아니고, 모든 장기간의 결혼생활이 식어버리거나 동반자적인 것도 아니다. 불행한 관계는 가족치료나 관계 교육을 통해 도움을 받을 수 있다. 그리고 이혼은 커플에게 발생할 수 있는 가장 나쁜 사건이다.

동거와 결혼

제5장에서 미혼 성인이 동거 파트너가 되는 역할 전환과 이런 전환이 미국과 다른 선진국에서 점차 보편화되는 것에 대해 설명했다. 여기에서는 동거 커플의 관계와 동거가 이후의 결혼에 미치는 영향에 대해 부가적으로 설명하고자 한다.

동거 커플의 대부분은 결국 결혼하게 된다. 어떻게 이런 결혼이 가능한가? 학생들과 젊은 성인들로부터 들었던 대중적인 견해는 동거가 결혼을 위한 실험 단계이며 함께 살아본 후에 결혼한 커플은 결혼생활을 더 잘한다는 것이다. 왜냐하면 나중에 결혼해서 '그들이 어떻게 될지 알고' '모든 문제를 해결해봤기' 때문이다. 그러나 이것은 사실이 아닌 것으로 밝혀졌다. 미국, 호주, 캐나다, 영국의 연구에서 "결혼 전에 동거를 한 사람은 동거하지 않은 사람보다 별거할 가능성이 높다."고 밝혀졌다(Hewitt & deVaus, 2009, p. 353).

비판적 사고

당신은 동거에 대해 어떻게 생각하는가? 동거가 결혼 전에 문제를 모두 해결해 준다고 믿는가? 당신은 결혼 전에 동거한 커플이 동거하지 않은 커플에 비해 결혼생활을 더 잘할 거라고 생각하는가?

왜 그런가? 일부 학자들은 선택 효과(selection effect) 때문이라고 주장한다. 전통적인 결혼 경로를 따르는 사람은 더 성숙하고 강력한 관계를 가지는 반면, 의심 많고 관계에 문제를 경험하는 사람은 먼저 동거를 시작한다(Woods & Emery, 2002). 일부 학자들은 동거 경험이 커플의 결혼에 대한 태도를 변화시킨다고 믿는다(Magdol, Moffitt, Caspi, et al., 1998). 그러나 심리학자 Howard Markman과 동료들(Kline, Stanley, Markman, et al., 2004; Rhoades, Stanley, & Markman, 2009; Stanley, Rhoades, Amato, et al., 2010)은 결혼에 이르는 동거 커플에는 두 가지 종류가 있다고 주장한다. **약혼한 동거**(engaged cohabitation, 함께 살기 전에 약혼을 한 커플)와 **약혼 전 동거**(preengaged cohabitation, 함께 살고 난 후에 약혼을 한 커플)가 있다. 약혼한 동거는 결혼 전에 동거를 하지 않은 사람들만큼 성공적인 결혼생활을 하는 경향이 있다. 약혼 전 동거는 성공적인 결혼생활을 덜 하는 경향이 있다. 함께 살기 전에 약혼을 한 커플은 서로에게 공식적인 언약을 했고, 그들의 관계는 언약 없이 동거를 하는 커플보다 동거 없이 결혼한 커플과 더 유사하다.

동거 커플의 성공에 또 다른 요소는 서로의 문화(가족이나 종교)를 얼마나 잘 받아들이는가 하는 것이다. 사회학자 Kristen Schultz Lee와 Hiroshi Ono(2012)는 27개국 25,000명 이상의 결혼 커플과 동거 커플의 행복 정도를 조사하였다. 연구자들은 문화에 따른 전통적인 성 고정관념적 믿음(어린 자녀를 둔 엄마가 직장에 나가는 것에 대해 어떻게 생각하는지)과 종교 맥락(개인의 삶에서 종교는 얼마나 중요한가)의 상대적인 중요도를 측정하였다. 연구 결과, 어느 나라든, 동거든 결혼이든, 남성의 행복 정도에는 거의 차이가 없었다. 그러나 여성의 경우에 전통적인 성 고정관념적 믿음과 종교 맥락의 중요도가 높은 나라에서는 결혼 여성과 동거 여성 간에 '행복 정도의 차이'가 있었다. 전통적인 성 고정관념적 믿음과 종교 맥락의 중요도가 낮은 나라에서는 결혼 여성과 동거 여성 간에 행복 정도에는 차이가 없었다. 확실한 것은 성 제한적이고 종교적인 나라의 여성이 상대적으로 불행한 것은 그들의 문화가 가지는 동거에 대한 부정적인 이미지에 대한 반응이라는 점이다. 비록 이런 결과들은 오늘날 이런 문화에 살고 있는 사람들에게만 해당되지만, 동거를 받아들이지 않았던 수십 년 전 미국에서 동거를 했던 사람들에게도 적용될 수 있다(Loving, 2011).

최근 동거 커플이 증가함에 따라, 연구자들은 부모의 결혼 상태가 아동에게 미치는 영향 및 동거 가족과 결혼 가족의 차이를 살펴보기 시작했다. 한 연구에서, 발달심리학자 Stacey Rosenkrantz Aronson과 Aletha Huston(2004)은 세 종류 가족의 모아(母兒) 관계(편모 가정, 부모 동거 가정, 부모 결혼 가정)를 비교하였다. 모아 관계는 부모 동거 가정과 편모 가정보다 부모 결혼 가정에서 더 좋았다. 선택 이론이 이런 차이의 많은 부분을 설명한다. 편모와 동거 모는 더 어리고 저학력이라는 점이 유사하다. 놀랍게도, 가족 수입, 엄마가 아이와 보내는 시간, 친구나 가족으로부터 엄마가 받는 지지는 모아 관계의 차이를 발생시키지는 않았다. 연구자들은 파트너가 없이 편모가 되는 것에 문제가 있다고 본다. 문제는 단순히 아이의 아버지가 없다는 것이 아니라, 부모 자신과 그들의 관계 안에 있다. 결혼을 선택하는 어머니들의 개인적 특성이 혼자로 남는 것을 선택하거나 동거를 선택한 어머니들의 특성보다 긍정적 모아 관계에 기여한다. 하지만 헌신에 대한 언약 없이 편모 가정에 아버지의 존재를 추가하는 것으로 문제가 해결될 수 있을 것이라고 믿는 것은 위험한 발상이다.

이런 연구 결과들은 결혼의 의미가 과거 세대에게 성적 관계를 맺기 위해 필요한 '종이 한 장' 또는 부모의 집을 떠나기 위한 방편이었지만(그리고 이혼을 좋지 않은 관계를 끝내기 위해 필요한 또 다른 '종이 한 장'으로 여긴다) 오늘날의 젊은 세대에게는 결혼이 매우 어려운 문제라는 것을 보여준다. 오늘날의 젊은 성인들은(아마 부모의 이혼율이 매우 높은 것에 대한 반응으로) 인생을 함께 하기로 언약하는 것을 매우 조심스러워한다. 그들은 다른 사람과 언약하기 전에 여러 친밀한 관계를 가지고 종종 결혼 전에 동거를 한다. 이런 현상은 그들에게 적절한 것처럼 보인다. 내가 바라는 바는 그들이 부모가 되는 것에 대해서도 똑같은 숙고를 하는 것이다.

동성애 파트너 관계

오늘날 동성애 파트너 간의 언약은 매우 일반적이고, 유럽, 캐나다, 미국의 일부 주에서는 게이와 레즈비언 파트너들 간의 결혼도 가능하다. 그러나 동성 결혼을 모든 미국 연방 정부에서 인정하는 것은 아니고 동성 결혼 커플은 이성 결혼 커플처럼 권리나 보호를 받지는 못한다(U.S. General Accounting Office, 2004). 많은 미국인은 동성 결혼을 지지하지만(Pew Research Center, 2013a), 일부 정치 지도자, 종교 지도자와 사람들은 이런 관계가 여전히 우리 사회를 위협한다고 생각하며 비난한다. 현재 LGBT[레즈비언(lesbian), 게이(gay), 양성애(bisexual), 트렌스젠더(transgendered)]는 현저히 증가하고 있으며, 미국 통계조사(U.S. Census surveys)나 게이와 레즈비언 부모 국가 연구(National Study of Gay and Lesbian Parents)와 같은 데이터베이스에 자료가 수집된다(Johnson & O'Connor, 2002). 최근 10년 동안 LGBT 커플에 대한 연구가 빠르게 확장되고 있다(Biblarz & Savci, 2010).

LGBT의 비율은 얼마나 될까? 정확한 수치는 알 수 없다. 미국 통계청(U.S. Census Bureau)이 '동성애 파트너' 항목을 설문에 포함시켰지만, 혼자 사는 사람이나 정보 공유를 원치 않는 사람에 대한 정보는 알 수 없다. 이런 용어를 정의하는 방법에도 문제가 있다. 게이나 레즈비언으로 제한하면 비율은 1~4% 사이가 된다. 〈그림 6.2〉는 레즈비언, 게이, 양성애에 대한 9개 조사 결과이다. 용어의 정의를 확장시켜 동성애 경험이 있거나 동성에게 매력을 느끼는 사람이라고 정의한다면, 그 비율은 6%로 올라간다. 동성애는 1~4%, 트렌스젠더는 0.3% 정도이다(Gates, 2011). 그러나 현재 미국에는 770만 미혼 커플 가정 중, 8% 정도가 동성애 커플이라는 보고가 있다(Lofquist, Lugalia, O'Connell, & Feliz, 2012). 동성애 가정의 반은 남성 커플, 반은 여성 커플이고, 65세 이상의 성인 중 10%가 동성애 가정이다(Gates, 2013).

동성애 커플과 이성애 커플은 많은 부분에서 유사하다. 사랑에 빠지고, 장기적 관계에 대해 걱정하고, 법적인 커플로 인정받기를 희망한다. 두 커플 모두 밖에서 일하고 집안일과 경제적 책임은 나눈다. 커플의 종류에 상관없이, 일반적으로 돈을 많이 버는 사람은 집안일을 최소한으로 한다. 동성애 파트너들의 남녀 역할 구분과 선호하는 성적

비판적 사고

〈그림 6.2〉의 게이, 레즈비언, 양성애자들의 비율이 조사들 간에 차이가 있는 이유는 무엇이라고 생각하는가?

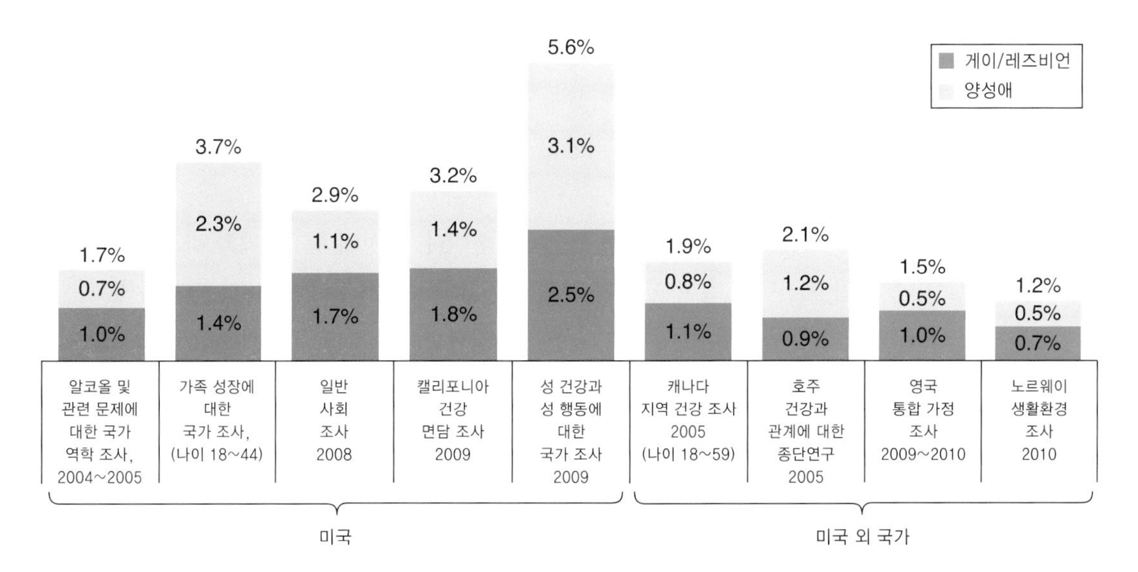

:: 그림 6.2

레즈비언, 게이, 양성애자 비율은 조사 대상자나 설문의 질문에 따라 달라진다. 9개 조사 결과 비율은 1.2~5.6%로 나타났다.

출처 : Gates (2011).

위치(위 또는 아래) 구분 기준에 대한 일관된 연구 결과는 없다(Harman, 2011).

관계 초기에 커플의 성관계 양은 일반적으로 관계에서 남자가 몇 명인가에 달려 있다. 게이 커플이 가장 많고, 다음에는 이성애 커플, 다음은 레즈비언 커플 순이다. 10년 후 성관계의 빈도는 모든 유형의 커플에서 감소한다. 하지만 이성애 커플이 동성애 커플보다 성관계 빈도가 높다. 게이 커플은 이성애 커플이나 레즈비언 커플보다 바람을 많이 피운다. 게이 커플은 개방적인 파트너 관계를 가지거나 독점적이지 않은 관계를 맺는다(Bonello & Cross, 2010).

이성애 커플과 마찬가지로 게이, 레즈비언 커플에서도 장기간 헌신한 관계는 흔하다.

같은 동성애자라도, 자신이 게이이고 동성애 관계를 맺고 있다는 것을 개방하는 정도에는 차이가 있다. 한 연구에서, 게이와 레즈비언 커플을 인터뷰하였다. 자신의 성적 취향을 친구, 가족, 직장 동료에게 알리는지 그리고 자신의 동성애 관계에 대해 만족하는지에 대해 질문했다. 그리고 그들의 관계에서 문제가 되는 부분에 대해 말해달라고 요청했다. 인터뷰 결과, 자신들의 관계에 대해 개방적인 커플이 파트너와 더 만족스러운 관계를 유지했고 문제가 되는 부분에 대해 이야기할 때 긍정적인 정서를 가지고 서로를 대한다는 것이 밝혀졌다(Clausell & Roisman, 2009). 이 연구 결과는 동성애 커플이 이성애 커플과 차이점이 있다고 설명한다. 이성애 커플은 타인에게 친밀한 파트너 관계나 성적 취향에 대해 숨길 필요를 느끼지 않는다. 하지만 동성애 커플은 개방의 결과로 가족과 친구의 지지나 접촉을 상실하는 피해를 본다.

동성애 관계에서 더 큰 차이점은 신체적 폭행의 경험이다. 이성애 형제자매와 비교했을 때, 게이와 레즈비언은 인생 전반에 걸쳐 더 많은 폭력(아동기에 부모로부터 심리적 · 신체적 학대, 아동기 성 학대, 성인기 신체적 피해, 성인기 성폭행)을 경험한다(Balsam, Rothblum, & Beauchaine, 2005). 동성애 연구에서는 이성애 관계에서는 중요하지 않은 주제인 차별, 피해, 건강에 대한 걱정, 부족한 가족의 지지에 대한 연구가 필요하다(Green, 2004).

이런 연구들이 게이와 레즈비언 관계를 완벽하게 설명하지는 못하지만, 우리에게 이 주제에 대해 가치 있는 정보를 제공해준다. 가장 중요한 점은 동성애 관계는 이성애 관계와 차이점보다 유사점이 많다. 장기간의 헌신이 게이나 레즈비언 사회에서 덜 흔하지만, 그러한 헌신은 강한 애착과 사랑을 포함하며, 많은 경우 일생동안 지속된다. 동성애 관계가 같은 생물학적 · 사회적 성별 특성을 공유하는 두 사람으로 구성되기 때문에 이성애 관계와 비교하면 조금 다른 역동이 있다. 하지만 인간이라는 존재는 친밀한 관계의 타인에게 헌신할 것(아마 함께 아이를 기르는 것)을 요구하기 때문에 이성애 관계처럼 동성애 관계에서도 유사하다.

다른 가족 구성원과의 관계

'가족'을 정의하는 것은 쉽지 않다. 내가 정의를 내릴 때마다, 그 정의가 내 가족이나 우리 옆집 가족에게 적용되지 않는다는 것을 깨닫는다. 우리가 특별한 경우는 아니지만, 우리가 생각하는 가족을 모두 포함하는 정의를 내리는 것은 어려운 일이다. 생물학적 가족, 입양 가족, 이혼/재혼 가족도 있다. 우리 중 일부는 가족 구성원으로 기능하는 가까운 친구도 있다. 이혼으로 인한 과거의 가족, 대리모, 정자 기증 부(父)도 있다. 노인학자 Rosemary Blieszner(2000)는 "외적인 관찰을 통해 가족 구성원을 확인하는 것은 불가능하다. 오히려 각 개인이 자신의 가족 구성원을 구체화해야 한다."(p. 92)라고 제안하였다. 추정하건대 가족은 보는 사람의 눈에 달려 있다.

'가족'에 대한 당신의 생각도 복잡할 것이다. 불행하게도, 성인 가족 관계에 대한 연구는 이 복잡성을 아직 따라가지 못한다. 대부분의 연구는 부모-자녀 관계에 국한되어있고, 형제자매 관계나 조부모-손주 관계는 덜 강조되어 왔다. 재혼 가정의 형제자매나 법적인 관계에 대한 정보도 부족하다. 향후에는 성인발달에서 더 넓은 '가족' 관계와 영향에 대해 살펴보기를 희망한다.

가족 상호작용의 일반적 패턴

막내 아들이 18살에 독립할 때, 나는 조금 두려웠다. 아들은 아파트를 가지고 있었고 요리도 잘했고, 빨래도 잘하고, 수입도 괜찮은데, 아들이 우리를 보러 올까? 그러나 주말마다 아들은 나와 남편, 할아버지, 여동생과 여동생의 남편, 조카들과 함께 우리 집 거실에 앉아 있었다. 그리고 30

년 동안 거의 매주 일요일에 자신의 아내(처음에는 여자 친구였던)와 아이를 데려왔다. 그리고 나는 그 이유를 알게 되었다. 우리는 가족이기 때문에 일주일에 한 번 정도는 만나고 소식도 접하고, 다음 주를 위한 에너지도 충전하는 것이다.

1970년대에서 1980년대 사이에 미국 사회 과학자들은 대가족(extended families)에서 분리되는 핵가족(nuclear families)은 위험하다고 생각하고 해결하려고 노력했다. 이런 걱정을 하는 이유는 젊은 가족들이 직장을 구하기 위해 고향을 떠났기 때문이다. 하지만 최근 연구에서 이런 이동이 고립이 아니라는 것을 보여주고 있다. 가족들은 핸드폰, 문자메시지, 이메일, 화상통화, 디지털 카메라와 같은 IT 기술을 사용해서 여전히 상호작용하고 가족 관계를 강하게 유지한다(Williams & Nussbaum, 2001).

사회학자들은 가족 관계의 질을 6개의 범주로 평가하고 있다(Bengtson & Schrader, 1982). 세대 간 결속 이론(intergenerational solidarity theory)에 의하면 가족 관계는 다음과 같이 평가된다.

- **접촉적 결속** : 가족 구성원들이 자주 상호작용하는지, 어떤 활동을 함께 하는지.
- **애정적 결속** : 가족 구성원들이 긍정적인 정서를 공유하고 있는지, 그러한 정서를 서로 교환하는지.
- **일치적 결속** : 가족 구성원들이 동일한 가치, 태도, 신념을 공유하는지.
- **기능적 결속** : 가족 구성원들이 서로를 위해 얼마나 많은 지원과 봉사를 제공하는지.
- **규범적 결속** : 가족 구성원들이 자신을 가족의 일원으로 느끼고 있는지, 서로 동일시하는지.
- **세대 간 가족 구조** : 가족 구성원이 몇 명인지, 어떻게 맺어진 가족인지 그리고 서로 얼마나 가깝게 지내는지.

이 이론에 따르면, 가족 구성원들은 자주 상호작용을 하고, 많은 정서를 느끼고, 기본적인 태도와 의견을 공유하고, 도움을 필요로 할 때 서로 돕고, 가족의 기본 믿음에 동의하고 서로 상호작용하는 방법(함께 가까이 살거나 의사소통을 위해 IT 기술을 사용하여)을 가지고 있다면 매우 가까워질 수 있다. 이런 요소들 중 어떠한 것도 없다면 관계는 소원할 수밖에 없다.

성인기 부모-자녀 관계

성인기 부모-자녀 관계에서 중요한 질문은 "아동기 애착 유대는 어떠했는가?"이다. 부모를 떠나 독립한 성인이 부모와 새롭고 다른 관계를 형성할 준비가 되었을 때, 어린 시절의 애착 유대는 끝나는가? 아니면 지속되어 아동기 상태가 성인 적응 형태로 변화하는가? Bowlby(1969)는 애착이 병적이거나 극도로 고통스러운 시기를 제외하고는 청소년기 동안 애착은 감소하다가 낭만적 파트너에게 전환되면서 결국 사라진다고 하였다. 한 애착이론가는 "아동이 자신의 가정을 꾸리게 되면 부모와의 애착 유대는 점차 약화되어 결국 끝나게 된다. 그렇지 않으면 독립적인 생활을 하는 것이 정서적으로 힘들어질 것이다. 부모와의 애착을 포기하는 것은 후기 청소년기와 성인 초기의 개별화 달성 과정에 매우 중요한 부분이다."(Weiss, 1986, p. 100)라고 하였다.

최근 이론가들은 부모와 아동의 애착이 청소년기에 감소하지 않으며, 형태가 약간 변형된다고 하였다(Cicirelli, 1991). 물리적 근접성이 중요하던 것에서 의사소통이 중요한 것으로 바뀐다. 성인기에는 부모의 물리적 존재 대신 서로에 대한 상징물(기억, 사진, 가보)이나 핸드폰, 문자메시지, 가끔 만나는 것만으로도 충분하다. 최근 연구 자료에서 이런 부분이 잘 나타난다.

대부분의 성인 자녀와 그들의 부모는 가까운 곳에 살고, 자주 만나고, 정서적으로 가깝게 느끼고, 유사한 의견들을 공유하고 있다. 중년기 성인에 대한 연구에서 베이비붐 세대는 이전 세대 부모보다 성인 자녀와 더 자주 만나고 모든 부분에서 더 많은 지지를 제공한다고 한다. 633명의 중년기 성인을 대상으로 한 연구에서, 발달심리학자 Karen L. Fingerman과 동료들은 중년 부모는 성인 자녀에게 평균 일주일에 한 번 정서적 지지, 한 달에 한 번 조언, 일 년에 수차례의 경제적 지원을 한다는 것이 밝혀졌다(Fingerman, Miller, Birditt, et al., 2009). 그리고 이런 관심은 성인 자녀가 이전 세대보다 더 잘 적응하도록 돕는다(Fingerman, Cheng, Tighe, et al., 2011).

이것은 베이비붐 세대가 역사상 어떤 다른 세대들보다 만성적 질병을 가진 부모를 모시고 있다는 점을 고려한다면 정말 놀라운 사실이다. 게다가 그대로 대공황 시기 이래로 가장 경제적으로 어려운 시기에 성인 자녀를 가졌다(Fingerman, Pillemer, Silverstein, et al., 2012).

베이비붐 세대는 그들의 부모와 가졌던 것보다 더 많은 관계를 자신의 성인 자녀와 주고받는다. 그들은 성인 자녀가 필요로 하는 것보다 더 많은 것을 주는데, 이것은 아마 성인 자녀를 자신의 유산이라고 생각하기 때문인 것 같다. 아프리카계 미국인 베이비붐 세대는 백인보다 더 많은 지원을 부모에게 한다. 그 이유는 부모가 더 많이 요구하거나 장애를 가져서가 아니라 부모-자녀 의무에 대한 개인적 신념 때문이다(Fingerman, VanderDrift, Dotterer, et al., 2011).

베이비붐 세대라고 해서 부모에게 전적으로 정서적 · 물질적 지원을 하지는 않는다. 이것은 아동기 시절 정서적 유대에 의해 좌우된다. 아동기에 관계가 없던 이혼한 아버지가 문제가 될 수 있는데, 특히 그 아버지가 재혼을 하지 않아서 노후에 지원을 해줄 배우자나 이복형제가 없을 때 더욱 그렇다(Fingerman, Pillermer, Silverstein, et al., 2012).

Bengston의 세대 간 결속 이론에 따르면, 애정적 결속은 가족 관계에서 중요하다. 서로에 대한 애정 표현은 관계의 친밀한 정도를 보여준다. 예를 들어, 부모의 애정을 유일한 자원으로 인식하는 어린 아동은 부모가 아동의 형제자매들에게 애정을 표현하는 것을 보았을 때, 홀로 남겨질 수 있다는 두려움을 느낀다. 이러한 암묵적 믿음은 부모의 사랑이 구체적인 유형의 물건이 아니라는 것을 알만큼 인지적으로 성숙하게 되면 사라진다(열 손가락 깨물어 안 아픈 손가락 없다는 속담처럼). 그러나 Kory Floyd와 Mark T. Morman(2005)은 이런 믿음에 대한 잔재가 성인 진입기에도 나타날 수 있다는 것을 보여준다.

중년의 아버지들(평균 51세)과 성인 아들들(평균 23세)을 대상으로 아버지가 아들에게 언어적 행동("사랑한다."라고 말하는 것 같은), 비언어적 행동(안아주거나 키스하는 것 같은), 지지적 행동(아들이 좋아하는 것을 하는 것)을 얼마나 하는지 질문했다. 형제자매 존재 여부에 따라 아들들의 결과가 달라졌는데, 형제자매가 없는 아들들은 아버지로부터 많은 애정을 받는다고 하였고 형제자매가 있는 아들들은 조금 받는다고 보고하였다. 반대로 아버지의 보고는 자녀 수에 영향을 받지 않았다. 이것이 부모의 사랑은 자녀가 여러 명이라고 해서 나눠지지 않는다는 것을 보여주는 것인가? 그렇지 않다. 이것은 관계 질에 대한 아동 지각과 부모 지각에 실제적 차이가 존재한다는 것이고, 부모를 공유해야 하는 아동이 '자신이 무시당할 수 있다'고 생각하기 때문이다.

세대 간 결속 이론의 또 다른 중요한 요소는 일치적 결속으로 가치, 태도 그리고 신념에 대한 일치이다. 아동은 부모로부터 이런 것들을 배우지만, 성인이 된 자녀는 부모의 가치, 태도, 신념을 확장시킨다. 네덜란드에서 이루어진 노년기 성인 대상 연구에서 성인 자녀가 부모에게 소개한 생활 방식과 경험이 노년기 부모의 태도에 영향을 미친다는 것이 증명되었다. 사회학자 Ann-Rist Poorman과 Theo van Tilburg(2005)는 1,700명의 70~100세 사이의 노인을 대상으로 성 평등과 도덕적 이슈에 관한 신념에 대해 물었다. 그들에게 부모의 비관습적 삶의 경험(자신의 어머니가 직장에 다녔는지 또는 부모가 이혼을 했는지)과 자녀(그들이 동거를 했거나 이혼을 했는지, 자신의 딸이 일을 하거나 아들이 일을 하지 않는지)에 대해 질문을 하였다. 자녀가 동거를 하거나 이혼을 한 노인은 성 역할 평등과 자녀를 낳지 않는 것, 유산 및 안락사와 같은 도덕적 태도에 대한 신념에서 그런 자녀를 두지 않은 노인에 비해 더욱 진보적인 경향이 있었다. 흥미롭게도, 노인은 자기 부모의 비관습적 삶에 의해 영향을 받지 않았는데, 즉 이것은 70~80년 전에 있었던 아동기 경험에 더 이상 영향을 받지 않는다는 것이다.

이 연구에 의하면 비관습적 행동(동거나 이혼)을 하는 성인 자녀를 둔 부모는 자신의 태도를 바꾸거나 자녀로부터 거리를 두어야 할 위험에 직면한다. 큰 틀에서 보자면, 젊은 성인이 부모에게 가지는 영향력은 사회적 변화의 중요한 메커니즘이며, 젊은 구성원들이 그들의 태도를 더 나이 든 구성원에게 전하고 그리하여 전체 집단에 더 큰 진보를 가져온다고 본다.

황혼 이혼의 영향 최근 20년 동안 미국 전체 이혼율은 감소했지만, 중년과 노년의 이혼은 두 배로 증가했다(Amato, 2010). 2010년에 이혼한 사람의 4명 중 1명은 50세 이상의 성인이다(Brown & Lin, 2012). 우리는 이혼이 어린 자녀에게 미치는 영향에 대해 잘 알고 있다. 하지만 부모가 이혼한 성인 자녀에게는 무슨 일이 일어나는가? 자녀는 나이가 들수록 부모의 이혼에 대해 덜 고통스러워한다는 것은 잘 알려진 사실이지만, 일부 연구자들은 이것이 사실이 아니라고 주장한다. 성인 자녀도 어린 자녀처럼 부모의 이혼에 의해 정서적으로 영향을 받는다(Cooney, Hutchinson, & Leather, 1995).

성인 자녀의 부모 이혼 영향 중 하나는 부모와의 관계이다. 18~24세에 부모의 이혼을 경험한 40명의 성인을 대상으로 한 질적 연구에서, 사회학자 Joleen Loucks Greenwood(2013)는 절반 정도의 사람들이 이혼으로 인해 부모의 한쪽 또는 양쪽과 관계에서 변화를 경험한다고 하였다. 가장 일반적인 원인은 한쪽 부모가 다른 쪽 부모를 '나빴다'고 비난하기 때문이며, 부모가 그들을 '중재자'로 이용한다고 느끼거나, 역할이 전도되어 자신이 부모에게 사회적 정서적 지지를 주어야 한다고 느끼기 때문이다. 흥미롭게도, 부모가 이혼한 지 5년 이내인 성인 자녀가 5년 이상인 경우보다 관계를 더 피곤하게 보고하였다. 연구자들이 이혼한 부모와의 관계가 시간에 흐름에 따라 어떠한지 질문하였을 때, 그들은 관계를 껄끄럽게 생각하거나 해치워야 하는 일로 보았다.

Greenwood의 연구에서, 성인 초기에 부모의 이혼을 경험한 사람들의 절반 정도가 관계에서의 변화가 없다고 보고했다. 그들은 부모와 가까운 관계를 유지했고 부모는 이혼을 둘러싼 부정적인 일에 자녀를 개입시키지 않았다고 보고했다. 어떤 이는 부모와 더 가까워졌다고 보고했는데, 이는 이혼이 부모의 취약한 부분 즉, 인간다움을 나타내기 때문이었다.

성인의 부모가 이혼할 때 실질적 문제는 바로 경제적인 문제인데, 자녀가 대학에 다니거나 지원을 받아야 하는 경우이다. 부모가 성인 자녀를 지원하지 않는 경우라도 부모의 이혼은 대가족의 중심이었던 전통과 상징을 붕괴시킨다. 부모의 이혼 때문에 집을 팔아야 하기도 하고 연휴는 '어머니 집'과 '아버지 집'으로 나눠지게 된다. 부모가 했던 역할이 바뀌게 되고, 부모가 재혼을 하게 되면 새로운 가족이 생기기도 한다. 부모의 이혼은 성인 딸을 어머니의 친구가 되게 하고 아버지의 가족 관계 조율자(아버지에게 가족 생일을 알려주고, 가족의 소식을 전하고, 추수감사절에 아버지가 외롭게 지내지 않는지를 확인하는)가 되게 한다. 부모의 이혼을 경험한 성인 자녀는 결혼하기를 주저하게 되고 결혼을 하고도 문제를 경험하거나 이혼할 가능성이 더 높다(Murray & Kardatzke, 2009).

비판적 사고

이혼 과정 중인 부모님을 둔 친구에게 어떤 조언을 해줄 것인가? 당신은 그 부모님에게 어떤 조언을 해줄 것인가?

부모 이혼의 다른 영향은 결혼한 부모보다 혼자인 부모가 더 빨리 도움을 필요로 한다는 것이다. 예를 들어, 나의 부모는 돌아가시기 전까지 65년 이상 행복하게 결혼생활을 했으며, 건강상의 문제가 있었음에도 그들은 한 팀으로 행복하게 지냈다. 아버지는 기억이 나빠지고 어머니는 휠체어를 탔지만, 그들의 유능한 돌봄 능력으로 아버지는 어머니의 휠체어를 밀어주고 어머니는 창고나 거실로 가는 길을 기억해냈다. 그들은 서로에게 친한 친구였기에 나와 여동생은 매일 부모님을 방문할 필요가 없었다. 나는 황혼 이혼으로 두 가정을 돌봐야 하는 친구와 이것을 비교하였다. 이혼이 더욱 일반화될 것이라는 것은 확실하다. 특히 베이비붐 세대는 더욱 그러할 것이다. 그리고 아동기에 미치는 이혼의 영향이 성인이 되어서 끝나는 것은 아니라는 것도 명확하다.

성인기의 자녀 문제 불행하게도, 모든 자녀의 아동기 문제는 없어지지 않고, 일부는 성인기에도 문제를 가진다. 이것이 나이 든 부모에게 미치는 영향은 무엇인가? 부모가 자녀에 대한 책임감을 느끼지 않을 수 있는 나이가 있는가? 적어도 대부분의 부모에게는 없는 것 같다. 나이 든 부모에게 있어서 고통의 주요 원인은 바로 성인 자녀의 문제이다(Pilemer, Suitor, Mock, et al., 2007). 자녀의 문제는 나이 든 부모에게 우울과 걱정의 주요 원인이고(Hay, Fingerman, & Lefkowitz, 2007), 특히 약물 중독이나 투옥 같은 문제는 더욱 그렇다(Birditt, Fingerman, & Zarit, 2010).

발달심리학자 Karen L. Fingerman과 동료들은 성인 자녀의 긍정적/부정적 사건이 나이 든 부모에게 미치는 누적 영향에 대해 조사하였다(Fingerman, Cheng, Birditt, et al., 2012). 일반적 의문은 문제가 있는 자녀가 고통의 원인이 되는 것처럼, 성공한 자녀는 안녕감을 증가시키는가 하는 것이다. 정답은 문제가 있는 자녀가 부정적인 영향을 미치는 것처럼, 성공한 자녀가 부모의 삶에 긍정적인 영향을 미치는 것은 아니었다. 다른 말로 하면, 부모는 자녀의 긍정적인 사건보다 부정적인 사건에 대해 걱정한다. 다른 의문은 문제가 있는 자녀와 성공한 자녀가 부모에게 미치는 누적 영향에 대한 것이다. 문제가 있는 한 명의 자녀는 부모의 심리적 안녕감에 영향을 미치지만, 성공한 한 명의 자녀는 똑같은 영향을 미치지 못하고 단지 다수의 성공한 자녀가 부모의 안녕감에 영향을 미친다. Fingerman과 동료들은 오래된 속담이 옳다는 결론을 내렸다. "부모는 그들의 자녀 중 가장 덜 행복한 자녀만큼 행복하다."

최근 연구에서는 성인 자녀에 대한 부모의 긍정적 또는 부정적 감정에 대해 묻는 대신 **양가감정**(ambivalence, 복잡한 감정 또는 두 개의 다른 감정)에 대해 조사하였다. 이 연구에서 나이 든 부모의 1/2~2/3 정도가 이런 감정을 경험한다고 보고하였다. 부모의 양가감정에 기여하는 요소로는 첫째, 독립적인 상태에 도달하지 못한 성인 자녀이다. 이들은 미혼이고 교육을 아직 다 마치지 않아서 부모로부터 경제적 지원과 돌봄을 필요로 한다. 둘째, 심각한 문제를 경험하는 성인 자녀이다. 이들은 문제를 일으키거나(죄를 짓거나 약물 중독) 또는 다른 문제(건강 문제나 직장에서 해고당하는 것)가 있다. 셋째, 성인 자녀가 나이 든 부모에게 주는 것보다 나이 든 부모가 성인 자녀에게 주는 것이 더 많을 때 양가감정을 느끼게 된다(Pillemer, Suitor, Mock, et al., 2007).

몇몇 성인 자녀(그리고 성인 손주)의 부모처럼, 나 역시 이런 연구에서 설명하고 있는 정서의 복잡성을 인정한다. 긍정적이거나 부정적인 감정 중 하나인 경우는 드물고 모호한 경우가 많다. 나는 그것이 상황에 따라 변화한다는 것을 발견했고, 이것은 연구되어야 할 또 다른 문제라고 생각한다.

조부모-손주 관계

오늘날 가족은 과거보다 적은 아이를 낳고 나이 든 부모는 더 오래 산다. 이것은 오늘날의 조부모와 손주 관계가 매우 특별하고 장기간의 관계라는 것을 의미한다(Antonucci, Jackson, & Biggs, 2007). 그러나 이런 관계는 손주 연령, 조부모의 건강, 거주지의 거리 등의 다른 많은 요소에 따라 달라진다. 이런 특별한 관계에 대한 일반적인 정보들이 있다.

조부모는 어린 손자와 더 많은 시간을 보내지만 나이 든 손자와는 더 많은 이야기를 나눈다(Kemp, 2005). 또한 조부모는 손자와 손녀 모두에게 똑같은 애정을 갖는다(Mansson & Booth-Butterfield, 2011). 결혼 상태인 조부는 부인을 사별한 조부보다 손주와 더 많은 상호작용을 한다(Knudsen, 2012). 4명의 조부모 중 1명은 가장 가까운 손주의 이름을 지어준다(Geurts, van Tilburg, & Poortman, 2012). 최근 수십 년 동안, 조부들은 조모들과 함께 손주를 돌보곤 하였다. 이것은 대리 부모, 경제적 지원자, 놀이 친구, 조언자, 가족의 역사가가 되는 것을 의미한다(Bates

& Goodsell, 2013). 이것은 손주에게 도움이 될 뿐만 아니라 조부 자신의 정신건강과 안녕감에도 도움이 된다(Bates & Taylor, 2012).

조부모와 성인 손주를 대상으로 한 연구에서, 사회학자 Candace Kemp(2005)는 성인 손주와 조부모가 그들의 관계를 안전망으로 인식한다는 것을 발견했다. 두 세대들은 그들이 도움이 필요하다면 다른 한쪽이 그들을 위해 거기에 있을 것이라고는 것을 '그냥 안다.'고 보고하였다. 실제적 도움도 많았는데, 조부모는 손주의 대학 등록금을 대주거나 집을 살 때 도움을 주었고, 손주는 운전을 해주거나 집안일을 도와주었다. 성인 손주는 조부모에게 미래에 대해 말하고 조부모에게 성취감을 준다. 조부모는 개인적 역사와 정체성이 담긴 과거를 손주에게 이야기한다. 성인 손주와 조부모는 손주의 어린 시절에 관계를 맺고 성인기까지 특별한 관계를 발전시켜 나간다.

미국 조부모의 경우에는 인종적/민족적인 집단에 따라 차이가 있다. 아프리카계 미국인 조부모는 백인 조부모에 비해 손주와의 관계가 더욱 중요하다. 그들은 가족 내에서 안정감, 응집력, 구조를 제공하고 부양할 책임이 있다고 믿는다. 그들은 백인 조부모보다 가족 내에서 더 높은 지위를 가지고 더 많은 권위를 갖는다. 아프리카계 미국인 조부모는 손주의 대리 부모 역할을 할 때(5장을 보라), 자신이 조부모에게 양육되었던 경험에 의지하고 같은 상황에 있는 친구들로부터 사회적 지지를 얻는다. 이것이 아프리카계 미국인 조부모가 다른 인종 집단에 비해 양육 부담을 적게 보고하면서도 이 역할을 하는 원인이 된다(Pruchno, 1999).

미국의 스페인계 조부모는 손주와 조금 다른 관계를 가진다. 이들은 전형적으로 대가족이며, 여러 세대가 함께 하고, 정서적 친밀감을 강하게 보고한다. 하지만 조부모-손주 관계에서 지지와 상호작용 수준은 높지 않다. 이것은 부분적으로 가족 내 언어 차이 때문인 것 같다. 조부모는 스페인어를 사용하고 손주는 영어를 사용하는 것이 일반적이고 이것이 세대 차이의 원인이 된다(Brown & Roodin, 2003).

몇 년 전 대학생들을 대상으로 한 연구에서 함께 보낸 시간, 함께 공유하는 자원, 정서적인 친

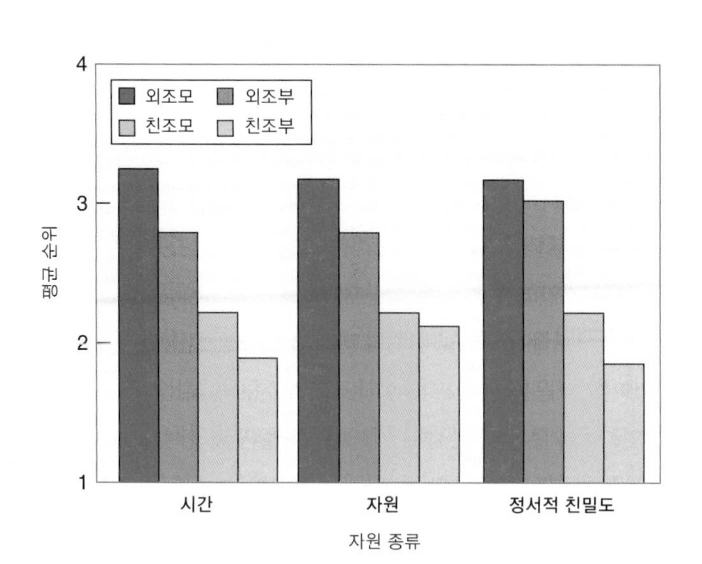

:: 그림 6.3
함께 보낸 시간, 함께 공유하는 자원, 정서적인 친밀도에 따른 조부모의 순위(외조모, 외조부, 친조모, 친조부 순서)

출처 : Dekay (2000).

밀도에 따라 조부모의 순위를 매기도록 요청하였다. 3개의 영역에서 외조모가 가장 높았고, 다음은 외조부, 친조모, 친조부 순서였다(DeKay, 2000). 〈그림 6.3〉에 결과가 제시되어있다. 똑같은 패턴이 많은 유사 연구에서도 나타났고, 어떤 사람도 이것이 놀랍다고 생각하지는 않는다. 사실 나도 그 나이에 그 질문을 받았다면 나의 조부모에 대해 똑같이 반응하였을 것이다. 그러나 심리학자 W. Todd DeKay와 Todd Shackelford(2000)는 이것을 진화심리학적 관점으로 설명하였다. 조부모의 순위는 각각의 조부모가 가지는 상대적인 신뢰를 반영하는데, 항상 의식하지는 않더라도 손주는 생물학적 후손이고 그 결과 그들의 유전자는 새로운 세대로 전달된다.

▌비판적 사고

진화심리학적 관점에서 보면, 당신은 여동생의 자녀 또는 남동생의 자녀 중 누구와 더 가까운가? 왜 그런가?

현대 문화 안에서 **친자 오류 비율**[바람난 아내를 둔 남성의 비율(cuckold rate)]은 약 10~15%라는 것을 고려할 때(Cerda-Flores, Barton, Marty-Gonzales, et al., 1999), 다수의 조부모가 생물학적으로 무관한 손주에게 정서적 애착, 자원, 시간을 투자한다. 추론은 다음과 같다. 어머니에게 자녀는 생물학적 자손이다. 아빠는 그렇게 확실하지 않다. 한 단계 더 나아가면, 어머니의 어머니(또는 외조모)는 손자가 생물학적 자손이 확실하고 그녀의 유전자를 가진다. 어머니의 아버지(또는 외조부)는 그렇게 확실하지 않다. 손주는 확실히 딸의 아이지만 자신의 딸은 자신의 자손이 확실할까? 외조부는 확신할 수 없고, 관계에 있어서 그는 부인보다 적게 투자한다. 친조모는 아이의 아버지가 생물학적 아들이 맞지만, 손주가 아들의 생물학적 자손인지에 대해서는 확실하지 않다는 것을 알고 있다. 만약 그녀가 딸을 가졌다면 딸의 손주에게는 더 많은 투자를 할 것이다. 마지막으로 친조부는 많은 의구심이 들 것이다. 자신의 아들이 자신의 생물학적 자손일까? 그리고 만약 그렇다면, 손자는 그의 아들의 아이일까? Dekay와 Shackelford에 의하면, 이것이 친조부가 가장 적은 투자를 하는 이유이다.

외조모와 외조부가 손주와의 관계에서 더 많은 투자를 하는 또 다른 이유가 있다. 젊은 커플은 남편의 부모보다는 아내의 부모와 가까이 살게 되는데, 이것이 근접성을 가지게 한다. 남편보다 아내는 자녀와 자신의 부모 간의 관계를 더욱 촉진하도록 조율할 것이다. 그렇게 되면 젊은 가족은 외조부모와 전통, 사회적 관습, 가풍에서 더 유사해질 것이다. 또는 아마도 어떤 손주는 우리의 유전자를 가지지만 어떤 손주는 그렇지 않을지도 모른다는 가능성에 기초를 두고 정서적 관계를 맺을지도 모른다.

제5장에서 논의했던 것처럼, 부모가 아이를 돌보는 것이 가능하지 않을 때 손주를 어린이집에 맡기는 조부모의 수는 증가하고 있으며, 한부모 가정이나 부모 모두 직장에 다닐 때 많은 조부모가 손주를 위해 비공식적 양육자 역할을 한다. 공식적인 숫자는 알 수 없지만, 잉글랜드와 웨일즈의 1,400명의 청소년을 대상으로 한 연구에서, 이전 세대에 비해 조부모들이 젊은 세대를 위해 더 많은 비공식적 지원을 제공하는 것으로 나타났으며, 이는 아마 한부모 가정의 수가 증가하고 부모 모두 직장에 다니는 가정이 증가하기 때문이다(Tan, Buchanan, Flouri, et al., 2010).

이것은 우리 이웃에게 아주 일반적이고 아마 당신도 그러할지 모른다. 나는 10살 된 손자를 자주 학교에 데리러 간다. 나는 거기서 '부모 대기 라인(아이를 데리러 온 부모들이 기다리는 모습)'이 '조부모 대기 라인'으로 바뀌는 것을 보게 된다. 나와 같은 나이의 사람들이 타고 온 많은 차들이 학교가 끝나기를 기다린다. 어버이날 점심도 조부모와 손주가 함께 하는데, 이것은 부모들의 직장은 멀리 떨어져 있고 조부모는 퇴직했거나 스케줄이 더 유연하기 때문이다. 손주가 우리와 함께 살지 않고 우리도 급여를 받지 않기 때문에 **비공식적 돌봄**(informal care)이라고 할 수 있다.

최근 관심사는 가족 위기의 시기에 조부모의 역할이 변화된다는 것이다. 부모의 이혼이나 뒤이은 재혼으로 인해 손주들이 사회적 · 정서적 문제로 위기일 때, 아이들에게 좋은 환경을 제공해주는 것이 가능한가? 조부모는 미혼인 딸이 아이를 가질 때 생기는 공백을 메우도록 도울 수 있는가? 900명의 성인 진입기(18~23세)인 손주를 대상으로 한 연구에서 한 부모와 살거나 계부나 계모와 사는 손주들은 조부모와 강한 관계를 가질 때 우울이 낮게 나타났다(Ruiz & Silverstein, 2007). 성인 진입기인 324명을 대상으로 한 다른 연구에서도 외조모와의 관계 질이 부모 이혼 뒤에 심리적 적응 정도를 예견하였다(Henderson, Hayslip, Sanders, et al., 2009).

유사한 연구에서, 사회복지사 Shalhevet Attar-Schwartz와 동료들(Attar-Schwartz, Tan, Buchanan, et al., 2009)은 잉글랜드와 웨일즈에 사는 1,500명의 고등학생을 대상으로 조부모와 갖는 접촉과 가족 구조에 대해 질문했다. 학교 품행과 또래 관계 문제에 대한 자료도 함께 수집했다. 한부모 가정의 아이는 부모와 함께 사는 가정의 아이만큼 조부모와 관계를 맺는 것으로 나타났다. 그러나 한부모 가정의 아이는 부모와 함께 사는 가정의 아이와 비교했을 때, 조부모 접촉 수준이 중요한 것으로 나타났다. 〈그림 6.4〉에서 조부모 관계 수준이 낮은 한부모 가정 청소년은 관계 수준이 높은 청소년에 비해 학교 품행과 또래관계에서 어려움이 더 많았다. 이 연구에 따르

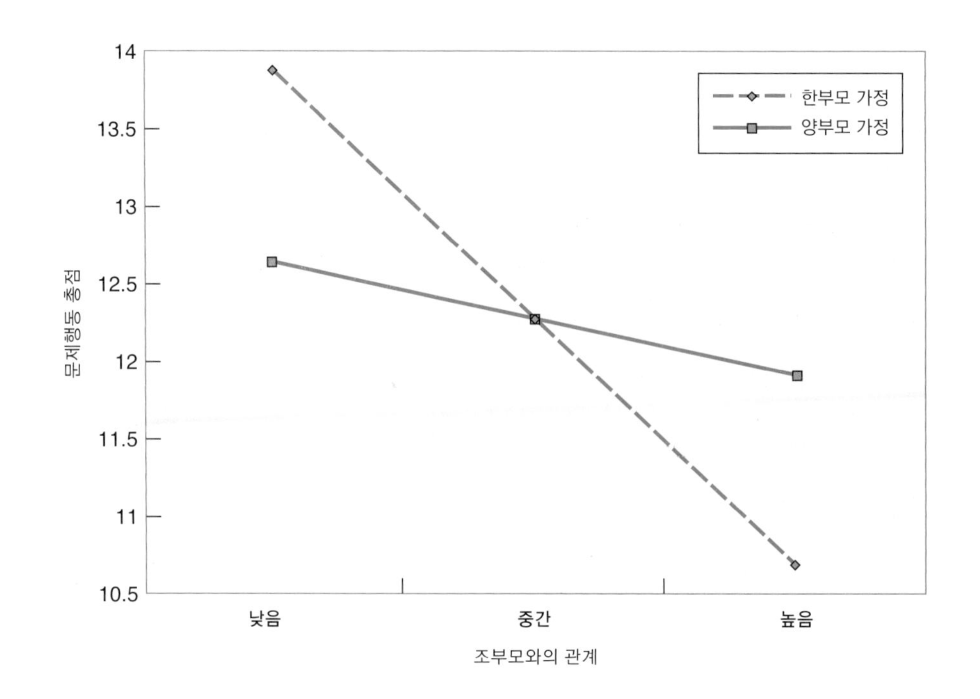

:: 그림 6.4

한부모 가정의 청소년은 조부모와 가까운 관계를 가지고 있다면 학교와 또래관계에서 어려움을 덜 겪을 것이다. 양부모 가정의 청소년은 조부모의 관여에 기초한 어려움들에서 적은 차이를 보였다.

출처 : Attar-Schwartz, Tan, Buchanan, et al. (2009).

면, 한부모 가정의 사회적 위기를 경험하는 청소년에게 조부모는 최소한 공평한 경쟁의 장을 만들어주는 역할을 한다.

조부모와 친밀한 관계가 도움이 되었던 고위험군 손자(한부모 가정)에 대한 연구들을 살펴보면, 한부모 가정과 양부모 가정의 조부모－손자 관계에는 차이가 없었다는 결과가 반복된다. 차이점은 힘든 시기에 이런 관계의 이점이 있다는 것이다. 조부모와 친밀한 관계를 맺고 있는 한부모 가정의 청소년과 성인 진입기인 사람들은 그렇지 않은 사람들에 비해 더 적은 사회적 문제를 나타낸다.

이런 최근 연구들은 진화심리학자와 진화인류학자들이 말하는 할머니 효과(grandmother effect) 가설에 좋은 예를 제공한다(Hawkes, O'Connell, & Blurton-Johns, 1997). 역사 기록을 통해 살펴보면, 조모의 존재(특히 외조모)가 아이 생존의 예측 인자가 된다. 이런 가설은 우리 인간이 가지는 혜택인 장수의 특성으로서, 많은 조부모를 가진 사회 집단은 아이의 탄생과 양육을 돕고, 집단의 어린 구성원에게 지혜와 지식을 제공하며, 그들이 더 잘 생존하도록 돕는 많은 이점을 가진다는 것이다(Coall & Hertwig, 2011).

할머니 효과에 대한 최근의 예는 네덜란드 종단연구에서 10년 동안 3대의 가족을 추적한 연구이다(Kaptin, Thomese, Van Tilburg, et al., 2010). 조부모로부터 자녀 양육 지원을 받은 부모는 그런 지원을 받지 못한 부모보다 10년 안에 더 많은 아이를 가지는 경향이 있었다. 네덜란드는 출생률이 낮은 국가이기 때문에 이런 결과는 국가적으로 매우 흥미로운 것이며, 또한 가임기를 지난 노인 남성과 여성도 자신의 집단에 출생률을 높이는데 기여할 수 있었다는 것을 보여준다.

다른 연구에서는 노인들이 자기 문화 젊은이들에게 중요한 지식과 지혜를 어떻게 전달하는지 보여준다. 2004년에 태국과 미얀마 쓰나미가 발생했을 때, 해변 근처의 섬에 살았던 모켄족 사람들이 생존할 수 있었던 이유는 모켄족 노인들이 바다의 신호를 읽을 수 있었고 사람들에게 높은 곳으로 도망가라고 경고했기 때문에 결국 재앙을 피할 수 있었다(Greve & Bjorklund, 2009).

인류학자 Sarah B. Hrdy(2011)는 우리가 사회 구성원들로부터 항상 도움을 받아왔듯이 어머니들은 아이들을 결코 혼자 내버려 두지 않는다고 주장한다. 이런 조력자들이 항상 친척인 것은 아니지만, 기꺼이 도와주고 이용 가능한 조력자 중 하나가 바로 할머니이다. Hrdy는 할머니를 '어머니의 비장의 무기'라고 설명하였다. 나는 이것이 내 할머니를 설명하는 것이라고 생각하고 내 며느리가 나를 이렇게 생각해주길 바란다.

형제자매 관계

성인 중 대다수가 최소한 한 명 이상의 형제자매를 가지고 있고, 성인기의 이런 관계는 베이비붐 세대가 점차 나이가 들어감에 따라 흥미로운 연구 주제가 되었다(이 세대가 기준이 되는 이유는 자녀보다 더 많은 형제자매를 가지고 있기 때문이다). 일상 대화에서 형제자매 관계에 대한 설명 범위는 특별한 친밀감에서부터 상호 무관심과 지속적인 라이벌 관계까지 다양하다. 성인기에 형제자매와 연락이 끊어지는 것은 정말 특별한 일이다.

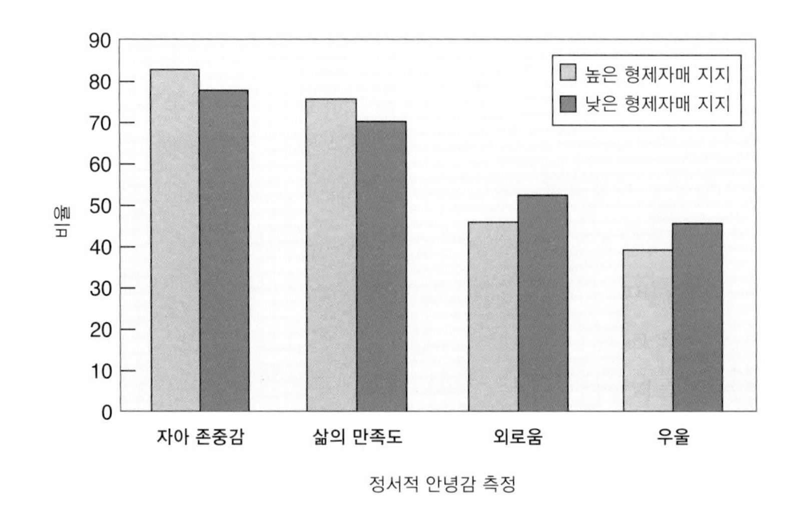

:: 그림 6.5

형제자매의 지지 수준이 높은 젊은 성인은 부모의 지지 수준이 낮더라도 정서적 안녕감과 관련된 네 개의 점수에서 더 높게 나타났다.

출처 : Milevsky (2005)의 자료.

형제자매 관계는 성인 초기에 중요한데, 그 이유는 부모와 부족한 관계를 보충해줄 수 있기 때문이다. 심리학자 Avidan Milevsky(2005)가 200명 이상의 성인 남녀(19~33세)를 대상으로 형제자매, 부모, 친구와의 관계에 대해 조사하였다. 또한 외로움, 우울, 자아존중감, 삶의 만족도에 대해서도 질문하였다. 부모로부터 낮은 지지를 받았던 사람 중에 형제자매로부터 높은 지지를 받았던 사람은 정서적 안녕감 점수가 유의하게 높았다. 〈그림 6.5〉는 부모로부터 낮은 지지를 받았던 참가자들의 정서적 안녕감 점수이다. 형제자매로부터 높은 지지를 받았던 사람들은 낮은 지지를 받았던 사람에 비해 자아존중감과 삶의 만족도 점수에서 유의하게 높고, 우울과 외로움 점수는 유의하게 낮았다.

젊은 성인의 형제자매도 자신보다 나이가 어린 형제자매에게 직접적인 지지를 제공했다. 사실 그들은 부모와 조부모에 이어 아이를 돌보는 세 번째 사람이다(Derby & Ayala, 2013). 그들은 대리 부모로서 기능하기에 충분한데, 특히 친구와 이웃에게서 도움을 받을 수 있다면 더욱 그렇다.

형제자매 관계는 자녀를 양육하는 기간 동안 그 중요성이 감소된다. 이 시기 동안, 성인들은 자녀와 자신의 경력에 집중하기 때문에 형제자매와의 관계를 위해서는 더 적은 에너지와 시간을 투자한다. 형제자매 관계가 성인의 마음에 가장 중요한 부분은 아닐지라도, 긍정적이고 지지적인 상태로 남아있다(Neyer, 2002).

노년기에는 형제자매가 다시 서로에게 중요해지고, 유대는 한층 더 강해지며, 서로에게 지지를 제공한다. 사회학자 Deborah Gold(1996)는 노인을 대상으로 그들의 형제자매 관계에 대해 인터뷰했다. 응답자는 65세 이상의 노인들이고, 최소한 한 명 이상의 형제자매가 살아있고, 결혼을 했었고, 자녀가 있고, 독립적으로 살아가고 있는 사람들이었다.

Gold는 성인기의 어떤 인생 사건들이 형제자매의 친밀도를 변화시켰는지 질문했다. 성인 초기에 결혼과 자녀를 낳는 것이 형제자매 관계에 거리감을 발생시켰다. 중년기에는 부모의 죽음이 형제자매 관계를 더 가깝게 만들었다. 노년기에는 친밀도가 더 증가하였다. 은퇴는 서로 더 많은 시간을 함께 보낼 수 있게 해주었고 직장 때문에 떨어져서 살아야 했던 형제자매를 다시 재회하게 하였다. 배우자가 죽거나 질병에 걸렸을 때, 형제자매는 '빈자리를 채워주는' 역할을 하였다. 마지막으로 노년기에 일부 형제자매는 원가족 중 생존한 한 사람이었고, 가족의 기억을 함께 나눌 수 있는 오직 한 사람이었다.

정확하게 말하자면, 응답자의 18%는 형제자매와 정서적으로 더 거리감을 느끼게 되었다고 보고했다. 이들 중 일부는 성인 초기에 경험한 전형적 거리감을 다시 회복하지 못하였다. 다른 이들은 인생 사건들이 새로운 친밀감을 가져다 줄 것이라고 희망했지만 그렇지 못하여 실망하게 되었고, 특히 사별이나 질병과 같은 힘든 시기 동안 도움이 되어줄 것이라고 기대했지만 그렇지 못하여 더욱 실망하게 되었다.

어떤 형제자매 관계가 가장 가까운가? 미혼이면서 자녀가 없는 사람은 형제자매와 더 강한 관계를 갖는 경향이 있다(Campbell, Connidis, & Davies, 1999). 당신이 여자이고 여자 형제가 있다면 정말 행운이다(나는 세 명이나 있다!), 자매가 가장 가깝고, 다음은 남매, 그 다음은 형제순이라는 것은 당연한 일이다. 그리고 여성들(엄마, 아내, 자매)은 가족에게 양육과 정서적 지지를 제공하는 사람들이다.

성인기 우정

발달심리학자 Dorothy Field(1999)는 우정(friendship)을 '사회적 맥락 안에서 이루어지는 자발적인 사회적 관계'로 정의하였다(p. 325). 우정의 임의적인 부분(다른 관계와는 다른) 때문에 정의를 내리기에 어려움이 있는데, 우정은 근접성, 혈연, 획일화된 기준이 없고 개인적인 이유가 매우 다양하다. 우정에 대한 개념은 모호하지만 그것은 여전히 중요하다. 아동기와 청소년기의 우정에 관심이 집중되어왔지만, 최근 10년 동안 수많은 연구가 성인기의 우정에 대해 다루었다.

우정 관계망

사회적 관계에서 언급했던 것처럼, 가족 관계망은 성인기 동안 규모면에서 안정적이다. 하지만 우정 관계망은 성인 진입기와 성인 초기에는 정체감 탐색을 위해 친구를 찾고, 직업 세계로 나아가고, 가족을 구성하기 위해 증가하게 된다. 그러나 중년기에 도달하면 배우자와 자녀에게 집중하게 되고 우정 관계망(friendship networks)에 있는 친구의 수는 감소하여 인생의 후반기까지 지속된다. 노인들은 작은 우정 관계망을 가질 뿐만 아니라, 친구들과 덜 만난다(Antonucci, Burditt, & Akiyama, 2009).

성인기 우정에 영향을 미치는 다른 요소는 성별, 인종, 교육 정도이다. 여성은 남성보다 모든 연령대에서 더 넓은 우정 관계망을 가지고, 남녀 모두에게서 더 자주 친구라고 여겨진다. 어떤 친구들로부터 지지를 받는지 물어보았을 때 여성은 많은 사람들의 이름을 대지만 남성은 아내의 이름을 댄다. 아프리카계 미국인들은 가족 구성원은 많지만 적은 우정 관계를 가진다. 그러나 백인들보다 친구를 더 자주 만난다. 사회경제적 지위가 높은 사람들은 전반적으로 더 많은 친구들을 가지지만, 가까운 친구의 수는 사회경제적 지위가 낮은 사람들과 같다. 기술직에 종사하는 사람보다 전문직에 종사하는 남성이 더 넓은 범위의 친구를 사귄다(Ajrouch, Blandon, & Anotnucci, 2005).

하지만 우정이 전부 긍정적이기만 한 것은 아니다. 가족 관계에서도(심지어 배우자에 대해서도) 양가적인 감정을 가지는 것처럼 친구에게서도 양가적인 감정을 느낀다. 어떤 이들은 친구들이 부탁하지 않은 지지를 제공하거나 원하지 않는 조언을 할 때 복잡한 감정이 유발된다고 한다. 이런 감정은 우정을 끝낼 만큼 나쁜 것은 아니지만, 힘들 때 지지를 기대했던 관계에서 스트레스를 받게 되는 것이다.

마지막으로 불행한 결혼이 낮은 정서적 안녕감 수준과 관련 있다는 것이다. 한 명의 질 높은 절친이 불행한 결혼을 만회할 수 있는가? 아니다. 하지만 두 명의 질 높은 절친은 결혼 상태와 상관없이 정서적 안녕감을 제공해준다.

친구로서의 애완동물

내 학생들 중 일부는 친구로 애완동물을 포함시켜야 한다고 주장한다. 나는 애완동물을 현재 키우고 있지는 않지만, 사람들에게 애완동물의 중요성이 높아지고 있다는 것은 잘 알고 있다(사실 미국 가정의 63%가 적어도 하나의 애완동물을 키우고 있다). 제4장에서 나는 장애를 가진 사람들에게 도움을 주는 동물에 대해 언급했지만, 애완동물은 그들의 주인에게 동반자 관계를 제공하고 친구(또는 가족)가 될 수 있다. 애완동물은 친구들이 하는 것처럼 똑같은 방식으로 사회적 지지를 제공해줄 수 있는가? 애완동물은 친구처럼 행복, 정서적 안녕감, 건강을 제공해줄 수 있는가?

심리학자 Allen McConnell과 동료들(McConnell, Brown, Shoda, et al., 2011)은 217명의 성인을 대상으로(그들 중 25%가 애완동물을 키우고 있었음) 연구하였다. 애완동물을 키우는 사람들은 키우지 않는 사람들보다 자아존중감이 더 높고, 더 많이 운동하고, 더 좋은 신체적 외형을 가지고, 덜 외로워했다. 그리고 애완동물을 키우는 사람들은 키우지 않는 사람들보다 친구들과 더 가까웠는데, 이것은 애완동물이 친구를 대신하는 것이 아니라는 것을 보여준다. 애완동물 주인들은 애완동물을 형제자매처럼 가깝다고 하고 절친이나 부모보다 더 가깝다고 보고하였다. 애완동물로부터 더 많은 사회적 지지를 받는다고 보고한 주인들은 더 높은 정서적 안녕감 수준을 보고했고 타인으로부터 더 큰 지지를 받는다고 보고했다. 문제는 애완동물을 인격화(anthropomorphizing)하는 것에 있는데, 이것은 애완동물에게 인간의 사고, 감정, 동기를 부여하는 것이다. 이렇게 하는 사람들은 인간으로부터 받는 지지의 수준이 높든 낮든, 스트레스와 우울 수준이 더 높은 경향이 있다(Duvall Antonacopoulos & Pychyl, 2010).

비판적 사고

애완동물 주인이 자신의 애완동물을 어떻게 인격화하는가?

페이스북 친구

우정의 또 다른 형태는 바로 소셜 미디어(최근 가장 유명한 사이트는 페이스북)를 통한 것이다. 인터넷을 사용하는 미국인의 2/3가 페이스북을 사용한다. 다른 사회적 경로와 유사하게, 여성이 남성보다 더 많이 사용하고, 젊은 사람들이 나이 든 사람보다 더 많이 사용한다(Brenner, 2013). 〈그림 6.6〉은 연령에 따른 페이스북 사용자를 보여준다.

다양한 연령의 사람들이 다양한 목적을 위해 페이스북을 사용한다. 성인 진입기와 젊은 성인들은 잠재적 짝을 만나기 위해 페이스북을 사용한다(McAndrew & Jeong, 2012). 페이스북은 낮은 자아존중감과 삶의 만족도를 가진 대학생들에게도 도움이 되는 것 같다(Johnston, Tanner, & Lalia, 2013). 자신의 상태 업데이트를 읽은 사람이 많은 학생들은 그렇지 않은 학생들보다 더 높은 수준의 삶의 만족도를 보이고 더 많은 사회적 지지를 받는다고 보고한다(Manago, Taylor, & Greenfield, 2012). 페이스북은 모바일 세상에서 영구적인 관계를 유지하는 방법을 제공한다. 고등학교 때 친구들을 페이스북에서 만나는 대학생들은 더 많은 사회적 지지를 받는다. 동시에 대학생들은 페이스북 사용을 통해 새로운 자아감이 생기고 부모로부터 독립하게 되었다고 보고한다(Stephenson-Abetz & Holman, 2012).

일부 젊은 성인들은 페이스북으로 인해 "지쳤다."고 보고했는데, 특히 여자 대학생이 남자 대학생에 비해 더 많이 보고했다. 그들은 페이스북에 의도했던 것보다 더 많은 시간을 소비했고, 잠도 적게 자게 되었고, '실제 삶'에서의 친구보다 페이스북 친구들에게 더 친근함을 느꼈고, 중독된 것 같은 느낌이 든다고 보고했다(Thompson & Lougheed, 2012). 페이스북 사용자의 절반 이상이 자발적으로 페이스북으로부터 몇 주 동안 휴식을 취하고 싶다고 보고했다(Rainie, Smith, & Duggan, 2013). 그러나 성인 진입기의 사람들을 대상으로 연구한 결과, 소셜 미디어의 사용 시간과 우울 간에는 관련성은 없는 것으로 밝혀졌다(Jelenchick, Eickhoff, & Moreno, 2013).

중년 성인은 자주 젊은 성인 자녀와 친근해지기 위해 페이스북을 사용하고, 이것이 자녀의 사생활을 침해하는 것처럼 보이지만 최근 연구 결과에서는 대부분의 성인 자녀들은 부모의 페이스북 사용을 사생활 침해라고 생각하지 않고, 부모와 성인 자녀 사이가 더 가까워질 수 있는 기회가 된다고 보고했다(Kanter, Afifi, & Robbins, 2012). 비관적인 연구자들은 부모를 페이스북 친구로 받아들인 성인 자녀는 부모와 자녀 간의 힘의 차이로 인해 쉽게 거절할 수 없었기 때문이라

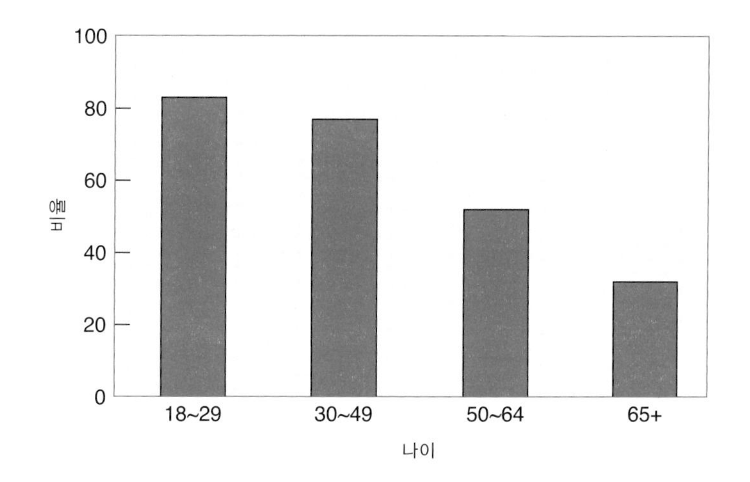

:: 그림 6.6

페이스북 사용자는 연령에 따라 감소하지만, 65세 이상 성인의 1/3이 페이스북을 사용한다.

출처 : Brenner (2013)의 자료.

고 주장한다. 일부 연구자들은 트위터를 사용하는 젊은 사람의 수가 증가하는 것은 페이스북을 사용하는 부모가 증가하기 때문이라고 설명한다(Wiederhold, 2012).

노인들도 페이스북을 사용하지만, 사회적 관계의 패턴과 유사한데, 이들은 친구가 더 적어지고 가족이 더 많아지기 때문이다. 연구자들은 19~76세의 페이스북 비사용자와 사용자를 비교하였다. 비사용자들은 더 나이가 많았고, 수줍음이 많고 외로움을 많이 타고, 사회적으로 적극적이지 못하며, 감각추구적 행동을 덜 하는 것으로 나타났다(Sheldon, 2012). 이것은 페이스북이 수줍음 많고 외로운 사람들이 실제적 접촉 없이 사회적 상호작용을 할 수 있는 방법이 결코 아니라는 것을 의미한다. 사회적인 사람들은 실제적 접촉과 사회적 관계망을 즐기는 반면, 사회적이지 않은 사람들은 둘 다 즐기지 않는다.

더 큰 의미로 보자면, 사회적 만족은 인간 내면에 있으며 사이버상에서 어떤 친구가 있는지에 의해 영향을 받는 것 같지는 않다.

앞 장에서와 같이, 성인기 주요 관계 유형에 일어나는 변화를 〈표 6.2〉에 제시하였다.

:: 표 6.2 성인기 관계의 변화

18~24 세	25~39 세	40~64 세	65~74 세	75세 이상
친밀한 관계에서는 데이트나 동거를 한다. 파트너를 선택할 때는 성욕, 매력과 같은 강렬한 감정에 기초해서 선택하고, 단기간 만날 짝을 선택할 때는 적합성에 기초해서 선택한다. 초기 애착 양식이 낭만적 관계에 영향을 미친다.	장기적 파트너는 신체적 매력(남성들의 경우)과 지위와 재력(여성들의 경우)을 기초해서 선택한다. 많은 동거 관계는 결혼으로 이어진다. 배우자 간의 부정적인 상호작용은 불행한 결혼생활과 이혼으로 이어진다. 약혼 후에 동거하는 것은 종종 행복한 결혼으로 이어지는데, 특히 여성과 종교에 대해 진보적인 문화라면 더욱 그렇다.	장기간 결혼생활을 한 많은 커플은 강렬하게 서로를 사랑한다고 보고 한다. 불행한 결혼생활을 하는 커플은 이혼한 사람들보다 신체적인 건강과 심리적 안녕감이 더 나쁘다. 이혼은 일반적이고 재혼도 마찬가지다.	빈 둥지 시기 동안 결혼생활에서 만족감, 심리적 친밀감은 가장 높고 갈등은 가장 낮다. 이혼율은 낮아지지만, 배우자의 사망 이후 많은 사람이 새로운 관계를 시작한다.	많은 사람이 사별하는데, 특히 여성이 그렇다. 그러나 대부분은 친구의 증가와 가족 관계의 증가로 적응한다.
사회적 관계망에는 어머니, 학교 친구, 애완동물, 소셜 미디어가 포함된다.	사회적 관계망에는 부모, 다른 가족 구성원, 배우자, 이웃, 직장 동료, 자녀들, 애완동물, 소셜 미디어가 포함된다.	사회적 관계망은 다소 좁아지는데, 가족, 가까운 친구, 직장 동료, 애완동물이 포함된다. 조부모가 손주 양육을 시작한다.	사회적 관계망에는 더 이상 부모와 직장 동료는 포함되지 않는다. 손주는 매우 중요한 존재다.	사회적 관계망은 좁아지지만 친밀하고 대부분 가족 구성원들로 이루어져 있다. 종종 자녀만큼 가까운 성인 손주가 있다.
가족 관계는 아동기와 유사하다. 부모와 물리적 거리는 멀지 않고, 부모는 성인 진입기인 사람들의 인생에 적극적으로 개입한다. 형제자매는 부모가 없을 때 서로에게 지지를 제공한다.	가족 관계는 물리적 거리가 멀더라도 강한 편이다. 젊은 성인 자녀는 부모로부터 뭔가를 배우고 부모는 자녀의 생활방식에 의해 자신의 태도를 바꾼다.	형제자매는 부모 노릇을 하는 동안 더욱 멀어진다.	형제자매는 친밀감을 회복하는데, 특히 부모가 사망했을 때와 여자 형제가 있을 때 더욱 그렇다. 사별한, 미혼인, 자녀가 없는 형제자매는 특히 더욱 가깝다.	남아 있는 가족 구성원, 특히 형제자매가 중요하다.
관계 문제에는 서로를 이해하지 못하는 것과 낭만적 관계에서의 이별이 있다.	관계 문제에는 자녀와의 의견 불일치, 불임, 이혼, 직장/가족 조화, 부모의 이혼이 있다.	관계 문제에는 청소년 자녀를 양육하는 것, 늙은 부모, 이혼, 직장/가족 조화가 있다.	관계 문제에는 배우자의 죽음, 성인 자녀의 재정 문제, 결혼생활의 문제, 손주 문제, 부모의 건강 문제가 있다.	관계 문제에는 자녀에게 보호를 받는 역할에 적응하는 것, 독립적인 생활을 하는 것이 있다. 문제가 있는 성인 자녀가 고통과 양가감정의 원인이다.

요약

Summary

01 애착이론은 원래 유아와 부모 사이의 관계를 설명하기 위해 만들어졌다. 이후 가설들은 유아기에 형성된 애착이 상대적으로 영구적이고 인생에서 이후의 다른 관계에 영향을 미친다는 것이다.

02 사회적 관계에 대한 이론 중 호위대 모델은 인생의 각 시점에 우리와 함께하는 중요한 사람들에 대한 것이다. 사회정서적 선택 이론은 사람들이 나이가 들어감에 따라, 많은 수의 편한 관계보다는 적은 수의 친밀한 사람을 선호한다고 설명한다. 사회적 관계의 중요성에 대한 또 다른 설명은 진화심리학적 설명인데, 유사한 사람과 유대를 맺는 경향은 생존과 성공적 번식에 기여하기 때문에 원시 조상으로부터 내려온 유전적 메커니즘이다.

03 대부분의 성인은 친밀한 파트너와 관계를 경험하고 친밀한 파트너 관계의 형성은 모든 문화에서 발견된다. 이 세상 대부분의 사람들은 파트너를 선택한다. 일부 사회과학자들은 친밀한 관계의 형성은 성욕 체계, 매력 체계 그리고 애착 체계의 과정이며, 이것은 신경전달물질과 뇌 활동의 패턴이 포함된 과정이다.

04 친밀한 파트너와의 관계는 일반적으로 성인기에 가장 중요한 관계이다. 파트너 선택의 과정은 전통적으로 여과 이론과 교환 이론으로 설명된다. 최근에는 진화심리학에서 사람들이 건강과 잠재적인 번식 성공의 신체적 징후에 기초하여 타인에게 매력을 느끼게 된다고 설명하고 있다.

05 애착이론은 낭만적 관계 형성의 성공을 설명하는 데 사용된다. 안정 애착으로 분류되는 사람들은 그렇지 못한 사람들보다 관계를 더 오래 지속하고, 더 행복한 낭만적 관계를 가진다.

06 결혼 전부터 시작된 커플에 대한 종단연구에서 문제 있는 결혼생활(심지어 약혼 시기 동안에도)을 초기에 예견했다. 부정적인 상호작용, 모욕적인 언행, 정서적 지지의 부족, 빈정거림과 같은 요소들이 불행한 관계로 이어졌고 결국에서 이혼으로 이어졌다.

07 많은 커플이 결혼 전에 동거를 하고 있으며, 동거하지 않고 결혼한 커플보다 이혼율도 높고 결혼 만족도도 낮다. 그러나 약혼한 커플처럼 결혼하기로 언약을 하고 나서 동거하는 경우에는 동거 없이 결혼한 커플처럼 행복하고 장기적인 결혼생활을 하였다. 결혼하는 커플과 동거하는 커플 간의 행복 차이는 여성의 성 역할과 종교에 대해 그들의 문화가 가

지는 견해에 달려 있다.

08 인구의 약 1~4%가 게이, 레즈비언이다. 최근에 일부 나라와 미국의 일부 주에서는 동성애 커플의 결혼이 가능해졌고, 많은 사람이 그들의 관계를 공인하는 언약식에 참석한다. 동성애에 관한 최근 연구에서 동성애 커플은 이성애 커플과 비교했을 때 차이점보다는 유사점이 더 많다는 것이 밝혀졌다.

09 성인 자녀와 부모와의 상호작용은 성인기 동안 상대적으로 일정하게 높은 수준으로 일어난다. 대부분의 성인은 그들의 부모와 최소한 매주 접촉한다.

10 황혼 이혼이 증가하고 있고, 젊은 성인과 중년의 새로운 관심사는 부모의 이혼을 어떻게 다루느냐 하는 것이다. 가족의 상실, 연휴 시기를 어떻게 보낼지, 계부나 계모, 이복형제, 나이 든 이혼한 부모를 돌보는 것 등, 심각한 문제가 많다.

11 자녀의 문제는 항상 걱정을 유발시킨다. 심지어 자녀가 성인일지라도 말이다. 늙은 부모들의 고민 중 가장 주요 원인은 자녀의 이혼, 재정적 문제, 마약이나 알코올 문제이다. 심지어 한 명의 자녀가 노년기 삶에 고통의 원인이 된다.

12 현 세대에게 조부모 양육 역할은 매우 넓어졌으며, 조부모와 손주의 연령, 거주지의 거리, 조부모와 (손주의) 부모의 관계와 같은 많은 요소에 의해 좌우된다. 외조모는 일반적으로 친조부모보다 더 가까운데, 부모가 이혼한 경우에 더욱 그렇다. 아프리카계 미국인 조부모는(특히 조모) 백인 조부모보다 가족 내에서 더욱 핵심적인 역할을 한다.

13 손주와 가장 가까운 사람은 외조모이며, 다음은 외조부, 친조모, 친조부의 순서이다. 진화심리학에서는 손주가 진짜 조부모의 생물학적 자손일 가능성을 반영한다고 설명하고 있다.

14 조부모와의 좋은 관계는 사회적 문제의 위험이 있는 성인 진입기 사람들에게 공평한 경쟁의 장을 만들어줄 수 있다. 진화심리학에서 할머니 효과, 즉 역사적 기록에 의하면 할머니와 사는 아이는 더 잘 생존하는 경향이 있다.

15 인생 전반에 걸쳐 상대적으로 일관적인 형제자매 관계는 노년기에 더욱 강해진다. 형제자매 관계의 변화는 인생 사건과 관련이 높은데, 인생 후반에 일어나는 사건들(부모의 죽음, 은퇴)은 형제자매를 성인 초기에 일어난 사건들에 비해 더 친밀하게 만든다.

16 우정은 성인 진입기와 성인 초기에 중요하다. 가족 관계는 노년기에 친구와 지인의 수가 줄어들기 때문에 우선순위가 된다. 모든 연령의 많은 성인은 애완동물이 가족 구성원처럼 자신의 사회적 관계망에 중요한 존재가 된다고 생각한다. 성인 진입기와 성인 초기에는 페이스북 친구가 자신의 사회적 관계망의 한 부분이라고 생각한다. 중년기와 노년기에는 소셜 미디어를 사용해서 가족 구성원과 상호작용한다.

주요 용어

교환 이론	애착	인격화
내적 작동 모델	애착 지향	진화심리학
대가족	애착이론	짝 선택
리비도	애착 행동	할머니 효과
사회적 관계	양육 지향	핵가족
사회정서적 선택 이론	여과 이론	호위대
세대 간 결속 이론	우정	

관련 자료

[개인적 흥미를 위한 읽기 자료]

Lewandowski, G. W., Jr., Loving, T. J., Le, B., et al., (Eds.). (2011). *The science of relationships: Answering your questions about dating, marriage, and family*. Dubuque, IA: Kendall Hunt.

연구를 하는 심리학 교수는 연구 결과가 실제에 거의 사용되지 않을 때 매우 좌절감을 느끼게 된다. 이 책의 저자들은 12명으로, 관계에 대해 개인적 의견이 아니라 실제 연구를 기초로 입문서를 썼다. 그리고 이것은 성인 초기를 위한 책이다. 이 책은 "어떤 사람은 뜨거워지고 어떤 사람은 그렇지 않은 이유는 무엇인가?"와 "사랑은 영원한가?"와 같은 질문에 대한 답을 하기 위해 사회심리학, 발달심리학, 진화심리학, 다른 사회과학을 적용시켰다. 나는 이 책을 내 사회심리학 수업의 보충 교재로 사용하고 있고 학생들은 이 책을 매우 좋아한다.

Markman, H. J., Stanley, S. M., & Blumberg, S. L. (2010). *Fighting for your marriage: A deluxe revised edition of the classic best-seller for enhancing marriage and preventing divorce.* San Francisco, CA: Wiley.

나는 성공적인 결혼 부분에 Howard J. Markman과 동료들의 연구를 많이 인용했다. 이 책은 커플들이 직면하는 실제적인 문제에 대해 자신들의 연구 결과를 적용시켜 쓴 입문서이다. 나는 관계에서 문제를 경험하는 학생들에게 이 책을 빌려주고, 그들은 많은 도움을 받았다고 보고한다.

Tannen, D. (2011). *That's not what I meant: How conversational style makes or breaks relationships*. New York: HarperCollins.

Deborah Tannen은 좋은 입문서를 쓴 연구자이다. 여기에는 우리의 개인적 대화 방식의 작은 부분들이 대인관계에서 심각한 문제를 야기시킬 수 있는지에 대해 언급했다. Tannen은 언어학 교수이기 때문에 글을 잘 쓰고, 재능 있는 작가이며 그녀가 주는 메시지는 재미있다.

[고전 학술자료]

Levinson, D. J. (1978). *The seasons of a man's life*. New York: Knopf.

심리학자 Daniel Levinson은 40명의 사람들을 성인 초기부터 중년기까지 연구하였고, 대부분의 사람들은 여러 단계(또는 계절)를 경험하며 그들은 타인, 배우자, 자녀, 사회적 집단, 동료와의 관계를 통해 정의된다고 하였다. 이것은 성인발달 분야의 선구적인 연구이며 다른 많은 연구에 영감을 주었다.

Bowlby, J. (1969). *Attachment and loss: Vol. 1. Attachment*. New York: Basic Books.

이것은 정신분석학자 John Bowlby가 쓴 애착이론의 기초에 대한 3권의 책 중에 첫 번째 책이다. 이 시리즈는 매우 Freud적인 색채를 띠며 Bowlby의 제2차 세계 대전에 대한 경험이 반영되어있다.

Hazan, C., & Shaver, P. (1987). Romantic love conceptualized as an attachment process. *Journal of Personality and Social Psychology*, *52*, 511–524.

이 두 사회심리 연구자들은 아동기 애착이론을 성인기 낭만적 관계로 확장시켰다.

[현대 학술자료]

Gottman, J. M. (2011). *The science of trust: Emotional attunement for couples*. New York: Norton.

나는 성공적인 결혼에 대한 부분에 John M. Gottman의 연구를 인용했다. 이 책은 부부 상담자들과 연구자들을 위한 그의 최근 서적으로, 부부 치료 세션에 대해 다루고 있다. 이것은 부부치료 실제에 대한 책으로 커플이 관계를 회복시킬 수 있는 방법에 대해 다루고 있다.

Fingerman, K. L., & Birditt, K. S. (2011). Relationship between adults and their aging parents. In K. W. Schaie & S. L. Willis (Eds.), *Handbook of the psychology of aging* (7th ed., pp. 219–232). San Diego, CA: Academic Press.

이번 장에서는 성인과 그들의 부모들이 서로 지원을 주고받으며 안녕감을 느끼는 것에 대해 다루고 있다.

Antonucci, T. C., Birdidtt, K. S., & Ajrouch, K. J. (2013). Social relationships and aging. In R. M. Lerner, M. A. Easterbrooks, J. Mistry, et al., (Eds.), *Handbook of psychology, Vol. 6: Developmental psychology* (2nd ed., pp. 459－514). Hoboken, NJ: Wiley.

이번 장에서 성인 초기부터 중년기, 특히 노년기까지의 사회적 관계에 대한 문헌들을 다루고 있다. 이 책은 스트레스, 건강, 안녕감에 영향을 미치는 사회적 관계에 대한 최근 연구들을 다루고 있다.

Finkel, E. J., Eastwick, P. W., Karney, B. R., et al., (2012). Online dating : A critical analysis from the perspective of psychological science. *Psychological Science in the Public Interest, 13*, 3－66.

당신이 이 책을 읽기 전까지, 낭만적 파트너를 만나는 가장 일반적인 방법은 온라인 데이트 사이트를 사용하는 것이다. 그러나 이런 사이트가 어떻게 운영되는지, 사람들의 주장에 부응하는지 또는 싱글 남녀가 온라인 데이트 경험을 최대한 활용하기 위해 무엇을 할 수 있는지에 대해 많이 알지는 못한다. 이 논문은 이런 질문에 대한 답을 해주고 새로운 연구에 기초한 짝－선택 방법을 알려준다.

Shaver, P. R., & Mikulincer, M. (2012). Attachment theory. In P. A. M. Van Lange, A. W. Kruglanski, & E. T. Higgins (Eds.), *Handbook of theories of social psychology* (Vol. 2, pp. 160－179). Los Angeles, CA: Sage.

이 저자들은 성인 애착 분야의 선구자들이고, 이 연구에서는 애착이론의 발달, 즉 애착이론의 시작부터 현재의 적용에 대해 쓰여 있다. 이 논문은 간결하고 읽기 쉽게 되어있다.

J O U R N E Y
O F

Chapter

7

일과 은퇴

93세가 된 William Augustus Johnson은 노인 전용 거주지에 살며, 왼쪽 발 절단 수술 이후 휠체어에 의지하고 있지만 자신의 교회에서 지금까지 원로 목사로 일하고 있다. 그는 교회 구성원들에게 전화하는 데 하루 다섯 시간을 보내고, 편지를 쓰고 교회 관련 문헌을 읽으며 시대의 흐름에 뒤처지지 않으려 노력한다. "요즘에는 많은 것이 아주 빠른 속도로 변화하기에, 이를 따라잡으려면 밤을 세워야만 합니다(Terkel, 1995, p. 209)." 교회에 몇몇의 다른 목사가 있지만, 그는 매주 설교할 내용을 직접 작성한다. 그는 자신을 필요로 하는 상황에 대비해 일요일에 준비되어 있고자 한다.

Johnson 목사는 어떻게 이런 진로를 선택했는가? 그는 선택하지 않았다. 다른 많은 침례교 목사와 마찬가지로, 그는 25세였던 어느 날 '부르심'을 받았다. 그는 "저는 Perry Mason처럼 변호사가 되기를 원합니다."하고 자신의 입장을 설명했다. 하지만 이에 대한 응답 대신, 그는 자신이 전도하기를 원하는 목소리를 들었다. 처음에는 응답하지 않았다. "저는 이제 막 춤을 배우기 시작했고, 이를 즐기는 중입니다. 하지만 저는 기독교인으로 교회 집사를 맡고 있었으며, 더 나아가 신에게 당신이 '싫다.'라고 말할 수 없다는 사실을 깨달았습니다." (Terkel, 1995, pp. 211-212). 이것이 거의 지난 70년간 지속되어 온 교회 관련 진로의 시작이었다.

은퇴는 어떻게 했는가? "저는 어느 일요일 아침에 그냥 교회에 갔고, '사랑하는 이들이여, 이것이 저의 마지막 설교입니다. 신은 당신들과 함께 하실 것입니다.' 라고 말하였습니다. 그 후, 밖으로 나가 모자를 챙겼고, 집에 왔습니다. 아기 때부터 지금까지 알고 지낸 남성이 저에게 '목사님, 왜 우리를 떠나십

니까?'라고 말하는 것을 차마 볼 수 없었습니다(Terkel, 1995, p. 214)."

그러면 남은 것은 무엇인가? 이 질문에 대해 Johnson 목사는 다음과 같이 일축하였다. "저는 당신의 아기가 아팠을 때 당신과 함께 울어줬던 사람 그리고 당신과 함께 공동묘지에 함께 갔던 사람으로 기억되기를 바랄 뿐입니다. 눈이 많이 내려도, 제가 혼자 할 수 없는 일이 아닌 한 다른 누군가를 보내지 않았습니다."(Terkel, 1995, p. 214).

많은 이가 Johnson 목사에 대해 잘 알지 못하더라도, 일에 대한 그의 자세에 대해 알 수 있는 공통점이 있다고 생각한다. 우리 대부분은 초기 진로 경로에서부터 몇 가지 변화를 경험하였다. 우리는 우리 일을 잘 하려고 노력하고, 노력이 인정받을 때 기쁨을 느끼며 우리 일이 세상에 어떤 변화를 가져오기를 희망한다. 심지어 학생 때 하던 '일'이더라도, 잘하고 싶은 기본 욕구를 가지고 있고, 그 일이 중요하다고 생각한다. 이번 장은 일에 관한 것이다 — 삶에서 일의 중요성, 직업 선택을 어떻게 하는지, 연령의 증가가 진로에 어떻게 영향을 미치는지, 진로와 개인적 삶을 통합시킬 것인지 그리고 은퇴를 어떻게 계획하고 적응할 것인지에 대해 살필 것이다.

성인기 일의 중요성

대부분의 사람들에게 일은 시간과 생각 그리고 정서의 상당 부분을 차지한다. 일은 우리가 어디 살 것인지, 어떻게 잘 살 것인지 그리고 누구와 함께 시간을 보낼 것인지 등과 같은 큰 부분을 결정한다. 다른 수준에서 우리 일은 정체성과 자존감에 상당 부분 기여한다. 근로자의 역할은 하나의 고정된 것이 아니다. 경제, 기술, 조직 인력 구성 그리고 사회적 분위기에서 수년간 변화가 발생한다. 개개인 또한 변화한다. 우리는 학위를 받은 후, 인턴에서 벗어나 자격을 제대로 갖춘 전문가가 된다. 새롭게 부모 역할을 하게 됨으로써 급여를 받는 전일제 근로자에서 급여를 받지 않는 전일제 양육자가 된다. 이후 연령이 증가하면서 은퇴를 하게 된다. 은퇴 후 하루가 너무 길다는 것 혹은 은퇴 비용이 우리가 생각한 것보다 더 많이 필요하다는 것을 알게 되었을 때 우리는 시간제 일을 다시 시작한다. 이처럼 성인기 동안 발생하는 다양한 직업 상황을 진로(career)라고 표현할 수 있는데, 이는 사람들이 직업생활에서 은퇴에 이르기까지 경험하는 직업적 패턴과 연속성 혹은 관련된 역할들을 의미한다.

나는 이번 장을 두 가지 주요 이론으로 시작하는데, 하나는 성인 삶에서 진로 중심성에 관한 것이고, 다른 하나는 우리가 어떻게 직업을 선택하는지에 관한 것이다. 그 후, 나는 일의 양상이 성별에 따라 어떻게 다른지 그리고 연령 증가에 따라 직업 경험이 어떻게 변화하는지 다룰 것이다. 그 후에 나는 직업과 개인 삶의 상호작용에 관해 다룰 것이다. 끝으로, 나는 은퇴가 단순히 일을 계속하는 것의 반대 개념이 아니라는 놀라운 사실에 대해 논할 것이다.

Super의 진로발달이론

직업심리학자 Donald Super는 진로 연구에서 최고로 잘 알려진 이론의 저자이다. 그는 개인은 단계마다 진로를 발달시키는데, 이 과정에서 결정하는 진로는 그들 삶의 다른 측면과 동떨어

:: 표 7.1 Super의 5단계 진로 발달

단계	나이	직면해야 할 과제와 문제들
성장기	4~14	중요한 타인과의 동일시, 자기-개념 발달 세상에 대한 즉각적 학습 미래에 대한 지향, 인생에 대한 통제, 목표 의식과 신념 발달 직업-관련 태도 발달, 일에 대한 태도와 적성 획득
탐색기	15~24	선호 직업의 명료화 직업 선택의 구체화 및 적용
확립기	25~44	직업의 안정화, 직업을 공고히 하는 시기, 승진
유지기	45~65	성취직업 획득 과업을 새롭게 하고 혁신시킴 재평가, 새롭게 갱신
쇠퇴기	65+	작업량과 생산성 감소 퇴직 계획, 수행 인생의 다른 측면들로 이동

출처 : Hartung & Niles (2000) ; Super, Savickas, & Super (1996)의 재구성.

진 것이 아니라는 전생애/생활공간 이론(life-span/life-space theory)을 제안하였다. 이 이론은 45년 전에 처음으로 제안되었지만(Super, 1957), 근로자와 직장에서 일어나는 여러 변화를 따라가기 위해 수정을 거듭하며 업데이트 되었다(Super, Savickas, & Super, 1996; Super, Starishevsky, Matlin, et al., 1963).

Super 이론은 다른 연구자와 이론가들에게 영향을 주었을 뿐 아니라, 고등학교와 대학의 직업 상담자들 그리고 비즈니스계 인사팀 등 실무 적용에도 도움이 되었다(Hartung & Niles, 2000). Super는 개인의 진로 적응, 흥미 그리고 가치를 평가하는 여러 개의 진로발달검사를 만들었다. 만약 당신이 성인용 진로문제검사(adult career concerns inventory, ACCI), 진로발달검사(career development inventory, CDI) 혹은 직업가치검사(work values inventory, WVI)를 해본 적이 있다면, 당신의 진로 궤도는 Super의 이론에 따라 평가된 것이다.

Super 이론의 첫 번째 구성요소는 **전생애**(life span)로, Super는 이를 5개의 구분된 진로 단계로 나누었다. 각각의 단계에는 발달 과업 및 해결해야 하는 주제가 있다. 이는 각 단계에 가까운 대략적인 연령과 함께 〈표 7.1〉에 나타나 있다. Super에 따르면, 이 단계들은 전생애 주요 발달적 경로이며 우리가 해야 하는 것은, 이를 통해 우리의 길을 만드는 것이다. 하지만 직업을 바꾸거나, 학교를 다니기 위해 혹은 은퇴로 인해 직장을 떠날 때 우리는 커리어의 다양한 시점에서 이전으로 다시 되돌아간다.

Super는 직업 역할이 삶에서 갖게 되는 유일한 역할이 아니며, 따라서 다른 역할과 직업 역할이 서로 동떨어진 것으로 여겨서는 안 됨을 인정하였다. Super는 역할의 중요성을 따질 때, 개인이 하는 여러 역할들 가운데 직업 역할이 가장 최상의 것으로 인식되어서는 안 된다고

비판적 사고

지금 당신의 모습을 가장 잘 설명해주는 단계는 Super의 5단계 중 어디인가? 지금부터 10년 후, 당신 모습을 가장 잘 설명해주는 단계는 어디일 것이라 생각하는가?

보았다(Super, 1990). Super 이론의 두 번째 구성요소는 역할을 수행하는 **생활 공간**(life space)이다. 연구자들 그리고 직업 상담사들(진로 경로를 평가 중인 개인은 언급하지 않음)은 학교, 직업, 집, 가족, 지역사회 그리고 여가의 상대적 중요성에 대해서도 고려할 필요가 있다. 이 요인들의 중요성은 **역할 중요성**(role salience)이라는 검사에 의해 참여 수준, 헌신 수준 그리고 각 요인에 대한 기대 가치 측면에서 측정될 수 있다.

진로 양상에서 성차

진로 양상에서 첫 번째 큰 차이는 성별에 따른 직업생활이다. 현재 많은 직업에서 여성들이 주요 부분을 담당함에도 불구하고, 성별은 진로의 거의 모든 측면에서 여전히 큰 요인이다. 남성과 여성은 둘 다 자신의 일을 잘 수행하지만, 그들은 같지 않기 때문에 성별은 그들의 진로 양상에 대해 많은 것을 예측 가능케 한다. 남성과 여성의 진로 경로에서 세 가지 주요 차이는 다음과 같다.

첫째, **더 많은 남성들이 여성에 비하여 전일제 근무를 한다.** 〈그림 7.1〉은 16년 간 미국 내 전일제 직업을 가진 남성과 여성의 수를 잘 보여준다. 그림에서 볼 수 있듯이, 남성보다 적은 수의 여성이 전일제에 종사하고 있기는 하지만, 그 차이는 줄어들고 있다 – 최근에는 남성의 70%, 여성의 57%가 전일제 근무를 하고 있다(U. S. Breau of Labor Statistics, 2013c).

여성에 비하여 남성들이 더 많이 전일제 직업을 갖게 되는 이유는 무엇인가? 이는 부분적으로는 인구학적 특성 때문이다 – 노인들은 젊은이들만큼 전일제 근무에 적응하지 못하는 경향이 있는데 이 노인 연령 집단에는 남성보다 여성이 더 많다. 또 다른 이유는 생물학적, 사회적 요인이 결합되어 있다 – 어린 자녀가 있는 부모는 둘 다 전일제 근무를 하기 어렵다. 자녀가 태어나거나, 자녀가 어릴 때 보통 일을 그만두거나, 일을 줄이는 배우자는 여성이다.

성차로 인한 진로 양상의 두 번째 차이는 **남성이 여성에 비해 전일제 직업에 더 오래도록 남는다**는 점에서 비롯한다. 남성은 그들의 직업 진로를 전일제 직업에서 시작하여 보통 은퇴할 때까지 전일제로 일한다. 만약 그들의 진로가 순탄치 못하다면, 이는 보통 정리해고 때문이며 다른 일을 찾기가 불가능하기 때문이다. 반면, 여성의 경우, 전일제로 일을 시작하는 경향은 있지만, 자녀가 태어나면 노동 현장을 떠나고, 자녀가 조금 성장하면 시간제 직업으로 돌아갔다가, 자녀가 많이 성장하였을 때 전일제 직업으로 돌아간다. 여성은 그들의 배우자가 다른 지역으로 이동해야 할 때 일을 그만두는 경향 또한 있으며, 이러한 상황은 그들이 다시 새로운 일을 찾을 때까지 종종 여성 비고용 기간을 초래한다.

진로 양상에서 세 번째 성차는 **여성이 남성에 비하여 시간제 직업을 갖는 경향이 더 높다는 점에서 비롯한다.** 일하는 시간이 다른 직업과 달리 비표준적인 시간제 직업은 미국과 전 세계에서 거의 대부분 여성이 차지하고 있다. 미국의 경우, 여성의 26%가 시간제 일을 하고 있으며, 남성의 13%만이 시간제로 일한다(U.S Bureau of Labor Statistics, 2013e). 일과 가정을 병행하기를 원하는 여성에게 시간제 직업은 이상적인 것처럼 보이지만, 이러한 직업의 대부분이 서비스 분야이며, 저임금, 낮은 혜택을 특징으로 한다는 점에서 불리하다(Rix, 2011).

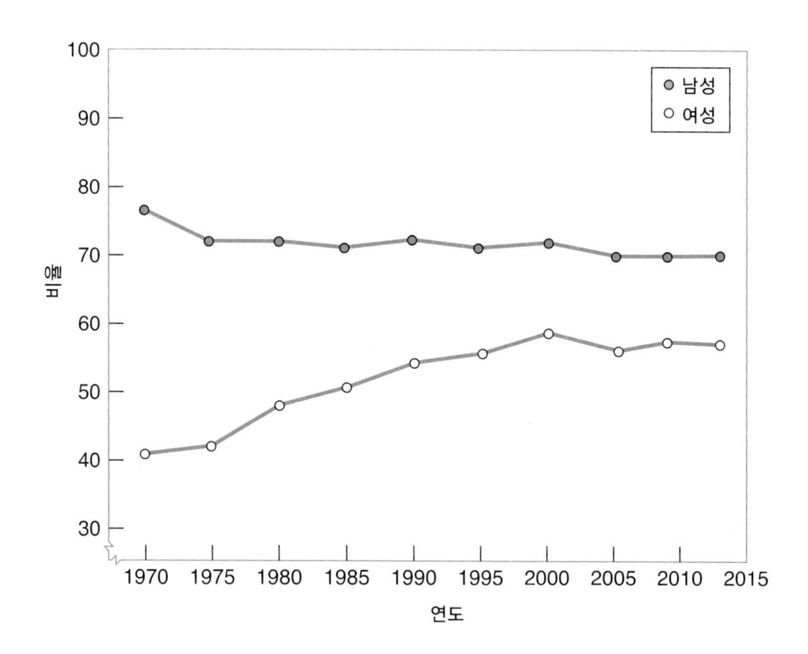

:: 그림 7.1

여성에 비하여 더 많은 수의 남성들이 전일제 직업을 갖지만, 그 차이는 점차 줄어들고 있다. 이는 일하는 여성이 증가하고 있기 때문이다.

출처 : U.S Bureau of Labor Statistics (2013c)의 자료.

남녀가 각기 다른 진로 경로를 갖게 되는 데 영향을 미치는 주요 요인 가운데 하나는 여성의 경력이 비연속적이라는 점 그리고 그 결과 낮은 임금을 받게 되고, 승진에서 배제된다는 점이다. 심지어 여성은 전일제로 일할 때에도 남성에 비해 더 적은 임금을 받는다. 미국노동통계부(U.S Bureau of Labor Statistics, 2013e)에 따르면, 여성의 평균 임금은 남성 평균 임금의 81%에 불과하였다.

저임금, 낮은 혜택 그리고 발전 기회가 더 적은 직업을 갖는 것은 여러 가지 영향을 미친다. 전일제 직업이 아닌 시간제 직업을 갖게 되는 것 그리고 휴가를 무급으로 써야하는 것 등은 여성의 진로 경로와 경제적 안전(물론 그들 가족의 경제적 안전도 포함)에 명백한 영향을 미친다. 이 같은 즉각적인 효과뿐 아니라, 이후 여성의 은퇴에도 지연된 효과를 갖는다. 하지만 우리가 먼저 함께 봐야 할 것은 진로 경로의 시작과 진로를 선택하는 과정이다.

진로 선택

진로 선택은 단순히 하나의 큰 결정을 내리는 것이 아니다. Super이론에서 제안된 것처럼 진로는 오랜 시간에 걸쳐 발전하며 그 경로는 선형적인 것이 아니다. 미국노동통계부(2012)는 미국 내 18~46세 남녀가 경험하는 평균 직업 수는 11개이며, 그 중 거의 절반은 25세 이전에 경험하는 것으로 나타났다. 전문대학 학생들은 주말에 일하고, 방학 동안에는 계절성 직업(seasonal jobs)을 갖는다. 어떤 이들을 일을 위탁받아 하거나, 다른 지역으로 옮겨가서 직업을 찾는 경우도 있는데, 그때에는 새 직업에 대한 재교육을 받는다. 진로는 종종 미로 같지만, 거기에는 어떤 중심 특징이 있다. 우리가 하고 싶어 하는 일 그리고 최선을 다하는 일은 생애 전반에 걸쳐 크게 변화하지 않는다.

진로선택이론

직업심리학자 John Holland(1958, 1997)는 수십 년 동안 진로 선택 영역에서 주된 목소리를 내었다. 그는 사람들이 개인의 태도, 유능성 그리고 가치에 의해 정의되는 직업 흥미(vocational interests)와 잘 맞는 직업 환경을 추구한다(Hartung & Niles, 2000)고 주장하였다. Holland는 6개의 기본 직업 흥미가 있다고 믿었다. 그것은 실재형(Realistic), 탐구형(Investigative), 예술형(Artistic), 사회형(Social), 기업형(Enterprising) 그리고 관습형(Conventional)으로 때때로 RIASEC으로 표현된다. 이 직업 흥미들을 각 유형의 특성, 선호되는 직업 환경과 함께 〈그림 7.2〉에 나타내었다.

Holland이론에 따른 개인의 직업적 흥미 유형을 알아보는 방법은 다양하다. 이 중 몇몇은 직업 상담사에 의해, 또 다른 몇몇은 10달러 정도를 지불하면 인터넷상에서 해볼 수 있다. 이 검사들은 당신이 좋아하는 것, 싫어하는 것에 대해 묻거나, 학교 교과 과목, 활동, 놀이, 상황, 사람의 유형 그리고 직업에 대한 목록을 주고 이에 무관심한지 아닌지를 묻는다. 답변은 5개의 점수로 변환되는데, 한 점수는 하나의 유형을 의미한다. 가장 높은 3개의 점수가 당신의 직업 흥미 유형을 정의한다. 예를 들어, 만약 당신이 사회(S), 탐구형(I), 예술형(A) 요인에 높은 점수를 받았다

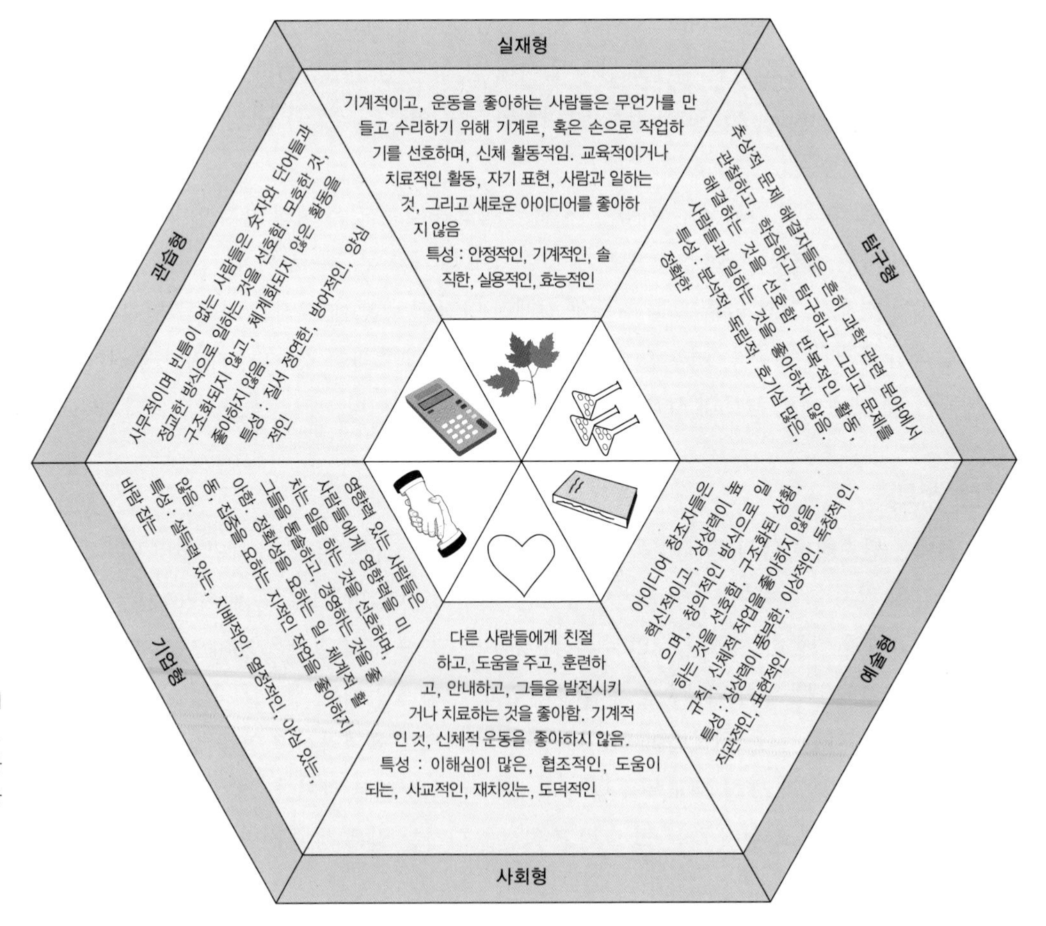

:: 그림 7.2
Holland의 기본 여섯 가지 직업 흥미(태도, 능력, 가치). 진로 상담사와 직업심리학자들은 이 모델에 기반을 둔 검사를 많이 활용한다.

출처 : Holland (1992).

면, 당신의 직업 유형은 SIA로 식별된다. 이는 당신(혹은 당신의 진로 계획 담당자)이 당신의 직업적 흥미와 잘 맞는 진로를 향해 갈 수 있도록 도울 것이다.

1950년대 Holland이론이 소개된 이후, 이 이론은 오랜 시간 동안 잘 연구되어 왔고, 연구 결과는 직업 흥미 유형이 진로 선택에 영향을 미친다는 Holland의 주장을 광범위하게 지지하였다(Helms, 1996; Holand, 1996). 하지만 Holland이론의 비평가들은 개인의 직업 흥미와 잘 맞는 직업을 찾는 것이 큰 직업 만족도를 가져다주기는 하지만, 그 직업에서 한 개인이 얼마나 발전할 수 있을지 혹은 얼마나 오랫동안 그 일을 할 것인지는 예측할 수 없다는 점을 지적한다(Schwartz, 1992).

진로선택이론의 다른 하나는 발달심리학자 James E. Marcia(1966, 1980)가 제안한 것이다. 그는 청소년기, 성인 진입기 성취와 관련된 한 부분으로서 진로 선택을 고려하였다. 이는 다음 장에서 논의될 Erikson의 심리사회적 발달이론의 확장이다. 이 연령 집단에 속한 많은 젊은이를 인터뷰한 후, Marcia는 진로 정체성 형성 4단계를 이론화하였다 – 혼미(diffusion), 유실(foreclosure), 유예(moratorium) 그리고 관여(commitment)이다. 정체감 혼미 단계에서 젊은이들은 미래의 진로를 결정하지 못하며, 이에 대해 생각하는 것에 관심이 없다(탐색과 관여 모두 없는 상태). 유실 단계에서는 젊은이들이 진로에 대해 스스로 많은 생각을 하지 않고, 보통 부모의 기대에 따라서 진로를 선택하며, 다른 가능한 대안들은 없어진다(관여는 하나 탐색은 하지 않는 상태). 유예 단계는 가능한 진로에 대한 상당한 양의 탐색이 이루어지기는 하지만, 특정한 하나에 대한 관여는 없는 상태이다(탐색은 있으나, 관여가 없는 상태). 마지막은 성취 단계인데, 이는 젊은이들이 진로에 대해 많은 가능성을 탐색하고, 어떤 하나를 선택하여 관여하고 있는 것을 의미한다(탐색과 관여가 모두 있는 상태). 어떤 발달학자들은 오늘날 젊은이들의 유예 상태가 연장되어, 30세 이전에는 진로 정체성을 포함하는 완전한 정체성 성취에 도달하지 않는다고 지적한다(Arnett, 2004).

비판적 사고

아동기에 직업 흥미를 가진 적이 있는가? 그것은 얼마나 안정적이었는가? 현재 당신이 흥미를 느끼는 것과 일치하는가?

Holland와 Marcia의 이론에 대한 비판가들은 진로 선택 결정과 직업 정체성이 더 이상 성인 진입기에 제한되는 것이 아님을 지적한다. 학교를 졸업하고 직장 생활을 시작하면서, 우리는 많은 순간 이직을 하며, 전일제에서 시간제로 그리고 직장 내에서 한 가지 유형의 일을 하다가 전혀 일이 없거나 혹은 여러 유형의 일을 하는 상태로 계속해서 옮겨간다.

이러한 변화가 자발적이든 비자발적이든 간에 이는 상당한 적응을 요구하며, 스트레스를 높이고, 심지어는 정신건강 문제를 증가시킨다. 임상심리학자와 직업심리학자는 진로에 대한 치열한 고민을 하며, 진로를 결정하는 것이 젊은 성인 내담자에게만 국한되는 것이 아니며, 이직은 성인 삶의 일부로 전생애에 걸쳐 일어난다는 것을 인식해야 한다(Fouad & Bynner, 2008).

성별 효과

진로 선택에 있어 주요한 역할을 하는 요인 중 하나는 성별이다. 남녀 모두에 의해 채워지지 않는 직업이 일부 있음에도, 여전히 '그의 그리고 그녀의' 전형적인 직업 유형이 있으며, 이는 직업적 성 분리(occupational gender segregation)로 알려져 있다. 이는 젊은 남성이나 여성이 특정 직업을 가져야만 한다는 언어적인 표현을 의미하지는 않지만, 남성과 여성이 주변의 것 중 무엇을 봐야 하는지 다방면에서 주어지는 무언의 압력을 반영한다(Eagly, & Wood, 2012). 이는 특히 여성에게 흔한 문제로, 여성의 저소득과(Bayard, Hellerstein, Neumark, et al., 2003), 은퇴 후 자원 부족에(Costello, Wight, & Stone, 2003) 기여하는 주된 요인이다. 전통적인 남성 직업은 전통적인 여성 직업에 비하여 전형적으로 지위와 수입 측면에서 모두 더 높고, 건강보험 혜택과 연금도 더 잘 제공한다. 노동 인구의 45%가 25세 이상 여성임에도 불구하고, 그들은 최저임금을 받지 못하는 노동 인구의 66%를 차지하고 있다(U.S. Bureau of Labor Statistics, 2013a).

여성이 지배적인 대부분의 직업은 비서나 사무직, 판매직, 서비스직과 같은 핑크 컬러 직업(pink-collar jobs)이다. 지위와 임금 모두 낮고, 혜택 또한 적으며, 승진 기회도 매우 적다(Mastracci, 2003). 여성이 주를 이루는 또 다른 전통적 직업군은 교사와 간호사 같은 전문 영역이다. 이는 대학 학위를 요구함에도, 남성 지배적인 전문 영역에서 받을 수 있는 임금이나 승진 기회는 없다.

남성 지배적인 직업에는 STEM 영역으로 알려져 있는 자연과학, 기술, 공학 그리고 수학 관련 진로가 포함된다. 수학과 자연과학 분야에서 일하는 남성은 여성의 2배이며, 컴퓨터 과학에서는 여성의 4배, 공학 분야에서는 5배이다(Su, Rounds, & Armstrong, 2009). 이는 여성의 임금 불평등을 초래할 뿐 아니라, 미국이(그리고 다른 나라도 마찬가지로) 이 중요한 분야에 있어서 여성으로부터 얻을 수 있는 잠재적 이익을 얻지 못한다는 것을 의미한다. 과학과 기술이 세계 기후 변화, 식량 부족 그리고 화석연료에 대한 의존 문제를 해결하는 것으로 여겨지는 때에 비로소 남녀 모두의 잠재력을 사용하게 될 것이다.

직업 흥미는 성인기 이전에 성립되는 것으로 보이며 가능한 진로에 대한 조기 지침 및 노출은 젊은이들에게 이롭게 작용한다.

직장에서 발생하는 성 차별이나 성적 학대를 법으로 보호하고, 또 여성의 대학 졸업률이 증가하며, 성 특수적(gender-specific) 직업은 극히 일부라는 것을 보여주는 많은 연구가 증가하고 있지만 직업적 성 분리가 왜 지속되는지, 직업심리학자와 다른 이들은 의문을 가졌다. 젊은 남성과 여성은 왜 아직까지 '그의 그리고 그녀의' 직업을 선택하

는 것일까?

하나의 가능성은 남녀가 각기 다른 진로 흥미를 가진다는 것이다. 직업 관련 기술과 능력에서 큰 차이는 없지만 직업 관련 흥미에 있어서는 아마도 다를 것이다. 직업심리학자 James Rounds와 그의 동료들(Su, Rounds, & Amstrong, 2009)은 50만 명의 직업적 선호 검사 결과를 가지고 메타분석을 실시하였다. 그 결과 여성은 사람들과 함께 일하는 것(working with people)에, 남성은 사물과 함께 일하는 것(working with things)에 더 많은 흥미를 가지고 있는 것을 발견하였다. Round와 그의 동료들은 Holland가 창안한 직업 흥미 카테고리(그림 7.2 참고)를 사용하여 여성은 사회형(S) 요인에서 높은 점수를, 남성은 실재형(R) 요인에서 높은 점수를 받는 큰 차이를 발견했다. 다른 유형에서도 작지만 유의한 성차가 발견되었는데, 예술형(A), 관습형(C)은 여성에게 조금 더 인기가 있었고, 탐구형(I) 그리고 기업형(E) 요인은 남성에게 조금 더 인기가 있었다. 이 같은 결과는 직업 흥미에 있어 이미 내재된 성차가 존재한다는 것을 반드시 의미하지 않는다. 하지만 젊은이들이 성인 진입기에 도달하는 시기와 진로에 대한 생각을 시작하는 그 시기에 가족, 교사, 친구들에 의해 보이는 성 고정관념적인(gender stereotypes) 것을 내재화하고 있는 것으로 해석할 수 있다. Rounds와 그의 동료들은 직업적 흥미가 일찍이 부모와 교사 그리고 상담자에 의해 형성되기 때문에, 아동의 직업적 흥미가 안정화되기 전, 낮은 학년에서부터 직업 흥미에 대한 안내를 시작할 필요가 있다고 지적한다.

직업적 성 분리가 발생하는 두 번째 가능성은 이 장의 초반에 언급한 대로 남성과 여성이 각기 다른 진로 양상을 예측한다는 것이다. 진로 결정에 있어서 남녀 차이점 중 하나는 남성은 은퇴할 때까지 꾸준히 일을 할 것이라 계획하지만, 여성은 자녀를 가짐에 따라 유급 직업을 그만두기도 하고, 때에 따라 다시 가지기도 한다. 또한 여성은 딱 정해진 시간에만 일하는 것을 선택하거나, 가족들과의 생활을 방해하지 않는 요구가 적은 직업을 선택한다. 예를 들어, 여성이 의대, 법대를 상당히 많이 졸업한다고 해도, 그들은 마취통증의학이나, 피부과, 부동산 법, 가족법과 같이 보다 정해진 일정을 보장하지만, 종종 임금이 낮은 분야에서 전문성을 가진다.

직업적 성 분리를 설명하는 세 번째 가능성은 비전통적인 직업에 직업적 흥미를 가질 경우, 남녀 모두 그 일을 하도록 격려받지 못한다는(혹은 낙심하게끔) 점이다. 예를 들면, 직업적 흥미 검사 데이터는 STEM 분야에 관심을 갖는 다수의 여성과, 물건이나 상황 대신에 사람과 일하는 것에 흥미를 갖는 일부 남성들을 보여준다. 그들은 끝내 이러한 직업을 가지게 되었을까 혹은 압력에 꺾여 그들 성별에 보다 전통적인 직업을 가지게 되었을까?

상담심리학자 Julia A. Ericksen과 Donna E. Palladino Schultheiss(2009)는 비전통적인 진로를 가진 여성에 대한 연구 결과, 산업 분야(도색공, 배관공 그리고 전기공 같은)와 건축 분야에 종사하는 여성은 자신을 격려해준 가족 구성원과 멘토가 있었다고 보고했음을 언급하였다. 또 다른 이들은 자신이 이 같은 유형의 일에 중립적인 능력을 가지고 있었다고 느끼고, 다른 사람들의 의견에 의해 낙담하지 않을 만큼 독립적이었다고 느낀다. 놀랍지 않게, 이 여성 가운데 상당수는 굉장히 강한 자기감을 가졌고, 자신이 있었으며, 스스로 확신했고, 자신의 진로 선택에 편안해

비판적 사고

전통적인 직업을 갖는 여성보다 비전통적인 직업을 갖는 여성이 더 높은 직업 만족을 느끼는 이유는 무엇이라 생각하는가?

했다. 다른 연구에서, 남성이 비전통적인 직업을 가지는 것은 여성과 같은 이유라는 점을 그대로 보여주었다: 그들은 이러한 일에 흥미를 느끼고, 기술도 가지고 있다. 하지만 다른 하나의 이유는 남성에게 독특한 것으로, 비전통적인 직업을 가진 사람 중 일부는 전통적인 남성 직업에서 경험하는 스트레스와 경쟁을 피하기 원하는 사람들이었다.

집에 머무르는 아빠(stay-at-home)는 많은 연구의 주제였는데, 결과는 전반적으로 긍정적이었다. 그들은 스트레스는 낮고, 삶의 만족도는 높다고 보고하였다. 이러한 비전통적인 아빠들은 그들의 진로 선택에 따라붙는 편견이 있음을 인정하면서도, 가족들로부터 강력한 사회적 지지를 받으며, 그들의 자녀가 성장하고 발달하는 것을 볼 수 있는 역할과 기회를 얻은 것에 감사를 표하였다(Heppner & Heppner, 2009).

개인의 선택이 가장 중요하다고 생각하는 사람들처럼, 만약 남성과 여성이 정확한 지식에 근거한 선택을 하고 또 선택으로부터 자유롭다면, 직업적 성 분리를 문제로 보기에는 어려움이 있다. 그보다는, 젊은이들이 전형적인 성 고정관념을 강요하는 사회적 압력에 굴복할 때 문제가 생겨난다고 생각한다. 이 분야의 연구자들은 몇 가지 바람직한 제안을 하였다. 아이들이 어릴 때부터 여러 직업 가능성에 노출시키고, 성별에 상관없이 아이들의 흥미와 잠재성을 지지할 수 있도록 부모와 교육자들을 격려해야 하며, 마지막으로 직장을 보다 가족 친화적인 공간으로 만들어 여성이(그리고 남성이) 좋은 부모 되기와 그들의 직업적 꿈을 좇는 것 가운데 하나를 선택하지 않도록 해야 한다.

가족 영향

가족은 적어도 두 가지 방법으로 직업 선택에 영향을 미친다. 첫 번째, 가족은 교육적 성취에 엄청난 영향력을 갖는다. 중산층 부모는 노동자 계급의 부모보다 자녀들이 대학에 가기를 격려하고, 교육을 위해 경제적 지원을 제공하는 경향이 있다. 이는 단지 능력의 차이에 의한 것이 아니다. 심지어 학점이나 시험 성적이 같은 고등학생 집단을 비교할 때에도, 중산층 가족의 학생들이 노동자 계급의 학생들보다 더 많은 교육을 받고자 하고, 좋은 실력을 갖추며 명망이 높은 직업을 갖는 경향이 있다(Foskett, Dyke, & Maringe, 2008).

오늘날 진로 선택에 직면한 젊은 여성의 대부분은 일하는 엄마 밑에서 성장했다. 이 젊은 여성들은 가정주부인 엄마 밑에서 성장한 또래에 비하여 성별과 직업 선택에 있어서 다른 생각을 가진 것으로 밝혀졌다. 예를 들면, 어떤 인종 집단에 속하는지에 상관없이 일하는 엄마를 둔 젊은 여성들은 더 높은 자존감, 교육적 목표 그리고 보다 명성 있는 진로를 향한 포부를 가지고 자신의 미래를 계획한다(Beal, 1994). 이러한 차이는 분명 근접 역할모델을 갖는 것에서부터 시작되지만, 엄마가 일한다는 단순한 사실 외에 이 가족들에게는 다른 점이 있다. 일하는 여성은 그들의 자녀에게(그리고 남편에게) 영향을 미치는 태도, 성격 행동면에서 다르다. 일하는 엄마를 둔 가족들은 자녀 양육 방식도 다르며, 가사노동 분담도 다르다. 그 결과 종종 아동은 더 높은 책임감과 독립

부모가 고등교육을 적극 지원할 때 자녀는 장래 진로에서 더 많은 성취를 이룬다.

성을 가지며, 특히 이 효과는 딸에게 두드러진다.

긍정적 성 역할 모델링 외에도, 어머니가 능력의 차이를 성 고정관념을 가지고 바라볼 때 딸은 보다 직접적인 영향을 받는다. 예를 들어, 여자아이가 남자아이만큼 수학을 잘하지 못한다는 믿음을 가진 어머니의 딸에게 자신의 성을 기억하게 한 후 수학 문제를 풀게 하면, 낮은 수학 수행을 보일 수 있다. 이러한 고정관념 위협은 5살 정도로 어린 아이들에게서도 입증되었다. 이러한 신념을 가지고 있지 않은 어머니의 딸은 자신의 성을 상기시킨 후에도 영향을 받지 않았다(Tomasetto, Alparone, & Cadinu, 2011). 이 연령대의 여자아이들은 어떤 진로를 갈지 결정하는 것과 거리가 멀지만, 주변의 성인으로부터 어떤 과목이 여자아이들이 잘하고, 어떤 과목이 남자아이들이 잘하는 과목인지에 대한 태도를 받아들이기에는 충분한 나이로 보인다.

청소년과 성인 초기 진로에 영향을 미치는 가족의 다른 부분은 부모의 결혼 상태이다. 많은 연구에서 밝혀진 것처럼, 결혼한 부부가 자녀의 진로 준비에 대해 경제적 지원, 격려를 제공하는 것과 유사한 수준을 한부모 가정에서는 자녀에게 제공하지 않는다. 부모의 소득을 고려해도 이는 마찬가지였다. 복합가정(step family)의 구성원으로 사는 젊은이들은 자신의 부모와 양부모가 그들의 생물학적 자녀를 함께 데리고 오지 않는 한 불공정함을 더 많이 경험한다. 이 때문에 복합가정은 '재결합 가정(reconstituted family)'으로 전환되는 것으로 보이며, 그 결과 모든 자녀들은 부모의 지원을 받게 된다(Aquilino, 2005).

이혼한 부모들은 자녀들에게 왜 덜 지지적이어야만 하는가? 한 가지 이유는 이혼 후 자녀를 돌보지 않는 부모는 그들이 함께 살 때와 같은 접촉 수준과 친밀성을 갖지 않는다는 것이다. 또 다른 이유는 고등학교 이후 자녀 지원에 대해 대부분의 주(state)에서 법적으로 요구하지 않는 것이다. 이혼한 많은 부모들은 만약 자신이 자녀의 대학 학비를 지원하는 데 기여한다면, 자녀를 양육하는 배우자가 해야 하는 마땅한 의무를 약화시키는 것이라 느낀다. 이혼한 커플이 서로 잘 협력한 적이 전혀 없고, 같은 목적을 향해 일한 적이 없다는 것을 고려한다면 놀라운 일도 아니지만, 그 결과 이혼한 부모를 가진 성인 초기 사람들은 진로 발달을 시작하는 그 시점에 그들의 부모로부터 경제적 지원을 덜 받는 경향이 있다.

유전의 역할

진로 선택이 유전의 영향을 받는다는 증거 또한 있다. 당신이 타고난 다양한 인지적 강점과 신체적 능력을 생각해보면, 결국 이와 유사한 특성을 가진 직업을 가지게 된다는 것은 놀랍지 않다. 가계도를 보면 같은 직업에 종사하는 사람들을 세대 안에서 찾는 것은 어렵지 않다. 우리 할아버지와 그의 두 형제들은 모두 배관공이었고, 우리 아버지 세대에는 심지어 더 많았다(우리 아버지를 포함하여). 이는 우리 가족에게 '배관공 유전자'가 있었기 때문에 혹은 가족 사업을 계승하도록 했기 때문일까? 유전 유행병학자 Paul Lichtenstein과 그의 동료들은(Lichtenstein, Hershberger, & Pedersen, 1995) 이러한 질문에 대한 통찰을 제공하였다. 그들은 스웨덴 쌍생아 등록기관에 등록된 쌍생아 가운데 일부인 26~87세의 일란성 쌍생아 118쌍과 이란성 쌍생아 180쌍의 직업적 역사를 수집하였다. 연구자들은 연구 참여자들의 진로 발달 역사를 평가하였고, 각 쌍생아들을 스웨덴 사회경제 척도를 사용하여 직업 지위에 배치하였다. 직업 지위는 다섯 가지 범주였는데, 여기에는 (1) 미숙련된, 반숙련된 근로자, (2) 숙련된 근로자, (3) 초급 비육체적 근로자(assistant nonmanual employee) (4) 중급 비육체적 근로자(intermediate nonmanual employee) 그리고 (5) 고용 상태의 전문가, 자영업 전문가, 고위 공무원 그리고 전문가가 속한다. 남성 일란성 쌍생아의 직업 지위 점수는 이란성 쌍생아 점수보다 유의하게 높았다. 다시 말해, 만약 한 명의 일란성 쌍생아가 사회경제 척도에서 레벨 2(숙련된 근로자)에 속했다면, 그의 쌍생아 형제 또한 레벨 2에 속하게 될 가능성이 이란성 쌍생아일 때보다 유의하게 더 큰데, 이는 곧 직업 지위에 대한 유전적 영향을 의미한다.

▍비판적 사고

본문에서 언급한 스웨덴 쌍생아 연구는 원래 농부들도 연구 대상에 포함시켰었다. 하지만 연구자들을 이들이 너무 적은 수이기 때문에 분석에서 제외하였다. 만약 이들이 충분히 많은 수였다면, 둘 다 농부가 되는 경향은 이란성과 일란성 중 어디에서 높을 것이라 생각하는가? 왜 그렇게 생각하는가?

반면, 여성 쌍생아는 이러한 유전적 효과를 보이지 않았다. 그보다는 강력한 환경적 효과를 나타냈다. 이들이 평균 60세가 되었을 때, 상당수의 여성들은 특정 직업을 갖는 것에 제한되어있거나 혹은 가족 사업을 하며 남편과 함께 일하는 코호트에 속하였다. 이러한 상황이 타고난 유전적 능력 혹은 흥미를 반영하는 것은 둘 다 아니다. 여성의 자료를 연령 집단에 따라 다시 분석해보면, 젊은 여성은 노인 여성에 비하여 남성과 같이 유전적 영향을 받는다는 것이 나타났다. 고등교육 접근을 남녀 모두에게 동등하게 촉진하는 사회 복지 프로그램을 가진 국가에서도 시대가 바뀌면서 유전 효과의 정도가 커진다는 것을 지지한다 – 따라서 잠재성, 흥미 그리고 유능감에 걸맞는 교육과 직업 훈련 기회를 제공할 때, 더 많은 젊은 여성이 자신의 진로에서 더욱 강력한 유전적 효과를 나타낼 것이다.

직업 경험에서 연령 추세

직업 수행은 노인이 경험하는 하나의 영역이며, 식업 만족과도 연결된다. 노인 근로자들의 기술이 보다 구식이 된다면, 적절한 방식으로 재훈련이 가능하다. 이전 장에서 살펴본 연령이 증가하며 나타나는 인지적 · 신체적 능력의 쇠퇴와 함께 이를 생각해볼 수 있을까? 이는 흥미로운 딜레마이며, 가까운 미래에 매우(very) 실제적인 영향을 미칠 것이다. 사회학자 John C.

Henretta(2001)는 베이비부머 세대가 가까운 미래에 은퇴 연령에 다다를 것이고, 상당히 많은 시간을 직장의 노인 구성원으로서 보낼 것임을 상기시킨다. 우리가 '직장의 고령화'로부터 예상할 수 있는 것은 무엇인가?

직업 수행

초기 연구는 연령 증가에 따른 직업 수행의 변화가 나타나지 않는다고 결론지었다. 노인 근로자들은 젊은 근로자들만큼 대부분의 수행에서 좋았다(Clancy & Hoyer, 1994; Warr, 1994). 이는 조금 놀랄만한 사실인데, 왜냐하면 많은 직업에서 중심이 되는 반응 시간이나 감각 능력, 신체적 강함, 손재주 그리고 인지적 유연성과 같은 능력의 감소가 연령의 증가와 함께 일어난다는 것을 보여준 실험연구들이 있기 때문이다. 심리학자 Timothy Salthouse와 Todd Maurer(1996)는 연구 문헌에서 나타나는 이러한 역설에 대해 살피면서, 몇 가지 설명을 제안하였다. 그 중 하나는 우리가 직업 수행을 두 가지 요인 일반적 능력과 직무 전문성(job expertise) 혹은 직업 경험으로 구성된 것으로 고려한다는 점이다. 일반적 능력은 아마도 연령의 증가와 함께 감소하지만, 직무 전문성은 증가하여 일반적 능력의 감소를 상쇄시키는 데 충분한데, 이를 능력/전문성 교환(ability/expertise trade off)이라 한다.

능력/전문성 교환의 한 예는 19~72세 여성의 타이핑 능력에 대한 고전적 연구에서 입증되었다(Salthouse, 1984). 두 가지 과제가 사용되었는데, 하나는 반응 시간(능력)을 측정하였고, 다른 하나는 타이핑 속도(경험)를 측정하였다. 기대한 대로 반응 시간은 연령의 증가와 함께 감소하였다. 노인 여성이 시각적 자극에 반응하는 데 더 많은 시간이 걸렸다. 하지만 타이핑 속도는 연령에 상관없이 같았다. 어떻게 이런 일이 일어나는가? 연구자들은 노인 여성들이 일반적 능력의 감소를 상쇄하기 위하여 그들의 많은 직업 경험에 의존했다고 설명한다. 나이 든 여성들은 단어를 치기 위한 준비를 할 때 한 번에 한 단어만 처리하는 젊은 대학생들과 달리 한 단어를 치면서 다음 몇 단어들을 읽어두어 속도를 단축한 것이다. 유사한 효과가 음악가(Krampe & Ericsson, 1996), 비행 조종사(Hardy & Parasuraman, 1997), 임상심리학자 그리고 대학 교수(Smith, Staudinger, & Baltes, 1994) 집단에서도 입증되었다. 확실히 지식에 기반을 두고, 결정성 지능과 높은 실용지능을 포함하는 직업을 가진 노인 근로자들은 직업 관련 감소가 적고, 그들이 반드시 경험하게 되는 신체적 · 인지적 둔화를 전문성으로 대체할 수 있다(Czaja & Lee, 2001).

손재주(manual skills)와 유동성 지능을 요하는 직업을 가진 근로자들은 아마도 연령의 증가와 함께 능력에서 쇠퇴를 보일 것이다. 하지만 이러한 쇠퇴는 보통 점진적이며, 노인 근로자의 능력에서 많은 변형을 허락한다. 산업 및 조직 심리학자 Michael A. McDaniel과 그의 동료들은(McDaniel, Pesta, & Banks, 2012) 취직을 결정짓거나, 정규직(retaining)을 결정하는 데 연령을 기반으로 해서는 안 됨을 경고한다. 때때로 근로자들은 자신의 능력을 뒤로 한 채 스스로 직업을 떠나거나, 더 적은 요구를 하는 직업으로 옮긴다. 그리고 고령화되는 노동력 때문이라도, 고용주들이 노인 근로자들이 가진 기술의 이점을 취하도록 직업 재구조화를 고려하도록 돕는 것은 좋은 아이디어일 것이다.

직업을 가졌던 우리 가운데 대부분은 핵심수행(core performance)이 전부가 아님을 알고 있다. 당신이 고용된 이유였던 특정 직무 외에 직업에는 많은 측면이 있다. 능력과 태도는 연령의 증가와 함께 어떻게 변화하는가? 조직 행동 연구자 Thomas W.H.Ng와 Daniel C. Feldman(2008)은 핵심 과제 수행을 포함하는 직업 수행에 관한 몇 가지 차원과 근로자 연령 간의 상관관계에 대하여 탐색한 연구들을 대상으로 메타 분석을 실행하였다. 다른 연구자들과 달리, 그들은 연령이 핵심 과제 수행과 관련 있지 않다는 것을 발견하였다. 또한 그들은 연령이 직업 창의력과도 마찬가지로 관련이 없다는 것을 발견하였다. 하지만 노인 근로자들은 보다 시민화된 행동(규칙에 순응하고, 사소한 것에 불평하지 않고, 후배 동료들을 돕기)과 직업 관련 안전 행동을 하고, 생산성을 저해하는 행동(직장 내 공격성, 작업 중 약물 사용, 지각, 자율 휴무)에 덜 관여한다는 것을 발견하였다.

전 세계에서 근로자의 평균 나이가 점진적으로 증가하는 것을 고려하면, 이 같은 결과는 특히 현재 노동력에 대한 우리의 관점에 대해 다시 생각해보게 한다. 예를 들어 1980년대 미국 노동력의 상당 부분은 20~24세의 젊은 성인이었다. 오늘날에는 50~54세의 중년 성인이 이에 해당한다(U. S Bureau of Labor Statistics, 2013c). 이는 노인 근로자들이 직업에서 요구하는 수행을 잘할 수 없고, 일을 하는 것이 더 어렵다는 고정관념에 기반하여 염려를 불러일으켰다. 하지만 이미 언급한 연구들에 따르면, 이러한 고정관념은 연구에 의해 지지된 것이 아니며, 오히려 직업 수행의 많은 부분에서 연령이 많은 근로자가 더 나은 측면이 있다.

직업 훈련과 재훈련

Super의 직업발달이론을 다시 떠올려보고 그가 제안한 단계 — 성장기(growth), 탐색기(exploration), 확립기(establishment), 유지기(maintenance), 쇠퇴기 (disengagement) — 들을 회상해보자(표 7.1을 다시 보라). 그리고 사람들은 자신의 진로 동안 이 중 특정 단계로 때에 따라 되돌아간다는 것을 기억하라. Super는 이를 커리어 재순환(career recycling)이라 불렀다. 진로 경로가 보다 유연해지면서, 이러한 재순환 과정은 보다 보편적인 것이 되었고 특히 탐색기와 확립기가 그러하다. 직업 장면에서 생겨나는 변화(폐업, 축소, 자동화)와 근로자의 삶에서 일어나는 변화(어린 자녀가 학교에 가고, 더 나이 든 자녀는 대학을 마치고, 직업 관련 스트레스가 높아지고)처럼, 개인은 가능한 진로 대안을 탐색하고, 종종 재훈련을 받기로 결정한다. 예를 들어 만약 당신이 대학교 수업에 출석하고 있다면, 커리어 재순환에 관여되어있는 25세 이상 비전형적 학생(nontraditional student)일 충분한 가능성이 있다. 만약 당신이 이러한 범주에 속하지 않는다면, 그러한 사람이 당신 옆자리에 앉아 있을 가능성이 있다.

오늘날 대학생의 약 38%가 25세 혹은 그 이상이다(U.S. Census Bureau, 2012a). 그들 가운데 대부분은 일을 해왔거나 자녀를 키우기 위해 집에서 일해 왔고, 지금은 다음 진로 단계로 가기 위해 재훈련을 받고자 돌아온 것이다. 이들뿐 아니라 회사 내에서 재훈련을 받는 근로자들, 집에서 인터넷 강의를 들으며 새로운 기술을 획득하는 근로자들까지 더하면 모든 연령대의 성인 가운데 상당수가 직업 재훈련에 관여되어있다. 관련 연구는 노인 근로자들이 이러한 학습 상황에서 자신감이 결여되어있다는 결과를 언급하며, 젊은 근로자들이 새로운 직업 관련 기술을 배울 때 조금 더 유리한 위치에 있는 것은 자신감 때문일 수 있다고 설명한다. 또한 55세 이상의 나이 많은 근로자들은 훈련과 진로 발달에 덜 참여하는 경향이 있는데(Ng & Feldman, 2012), 이는 그들이 자신의 진로 종착점에 도달하고 있고, 또 추가적인 훈련을 통해 얻을 수 있는 이점이 많지 않다고 느끼기 때문일 가능성이 있다. 고용주들이 노인 근로자들을 재훈련하지 않고, 그들이 여전히 잘하는 일을 계속해서 하도록 재배치하는 것은 가치 있는 전략일 것이다(McDaniel, Pesta, & Banks, 2012).

직업 만족

노인 근로자들이 젊은 근로자들보다 자신의 직업에 더 만족한다는 연구 결과가 있는데(Clark, Oswald, & Warr, 1996), 이는 근로자들의 나이가 증가하는 만큼 직업 수행이 언제나 감소하지 않는 것에 대한 부분적 설명이 될 수 있다. 연령 증가와 함께 직업 만족도가 상승하는 이유는 무엇인가? 이러한 양상은 연령 그 자체보다는 직업에 종사한 시간이 얼마나 되었는가에 의해 부분적으로 설명된다. 노인 근로자들은 보통 자신의 직업에 더 오래 종사하였고, 이는 그들이 본질적으로 보다 도전적인 수준 혹은 직업 흥미, 더 나은 임금, 고용 보장, 자율적 수준을 찾아 적절한 상태에 도달했음을 의미한다. 여성의 경우, 노동 시장에 자주 드나들며 직업을 더 자주 바꾸는 사람들이 많은데, 그렇기 때문에 직업에 오래 종사하는 시간이 상대적으로 적을 것이다. 그 결과 보통 연령이 증가하면서 향상되는 만족감을 아마도 경험하지 못할 것이다. 이와 유사하게, 만약 여성이 노동 시장에 유입되는 첫 시기가 30대 혹은 40대일 경우, 그들은 40대보다는 50대에 최상의 직업 만족도를 경험할 것이다(이는 자녀가 어느 정도 성장할 때까지 일을 시작하지 않던 여성이 전통적인 은퇴 나이까지 일을 하는 것과 관련이 있다).

직업을 가지고 있다는 것만으로는 충분한 설명을 제공해주지 않는다. '젊은' 직업과 '나이 든' 직업이 있다. 젊은 사람들은 신체적으로 어렵고, 더럽고 혹은 덜 복잡하고, 덜 흥미로운 직업에 종사하는 경향이 있다. 게다가 의심의 여지없이, 여기에는 선택적 주의가 작동한다. 어떤 종류의 직무를 정말로 좋아하지 않는 근로자들은 자신의 일에 만족하지 않는 노인 근로자가 될 때까지 오랜 시간 동안 이 일을 하지 않는다. 노인 근로자들은 자신에게 주어진 직업에 머무르기를 선택한 사람들인 경향이 있다. 왜냐하면 이는 성격 혹은 그들의 흥미와 잘 맞기 때문이다.

또한 노인 근로자들은 직업에 대해 보다 현실적인 태도를 가지고 있다. 여름방학 동안 식품에 스티커를 붙이는 일이 매우 싫다고 불평하는 16세 아들에게 내 친구는 다음과 같이 설명하였다. "그렇기 때문에 이 일을 '재미'가 아닌 '일'이라고 부르며, 이에 고용주는 너에게 임금을 지불하는 것이고, 너는 이 일을 하기 위해 요금을 지불하지 않는 것이란다." 나는 슈퍼마켓에서 내 친구의 아들과 같은 일을 하는 은퇴자 가운데 누구도 이 설명이 잘못되었기 때문에 수정할 필요가 있다고 주장하지 않을 것임을 확신한다. 코호트 효과 때문이든(노인 세대는 힘든 어린 시기를 보냈기 때문에 더욱 열심히 일했다), 지혜가 늘어났기 때문이든, 노인 근로자의 낮은 기대가 높은 직업 만족을 이끈 것일 수 있다.

산업 및 조직 심리학자 EricE. Heggestad와 Ashley M. Andrew(2012)는 연구 문헌 고찰을 통해 직업 만족에서 연령 관련 변화가 있는지 살펴보았다. 직업 만족은 'U-shaped' 함수 모양을 띄고 있었는데, 즉 20대와 은퇴 시에 직업 만족이 가장 높고, 20대 중반에서 30대에 직업 만족이 가장 낮았다. 이러한 형태는 부분적으로는 연령 증가로 인한 직업 태도 변화 때문이기도 하지만, 자신의 직업을 좋아하지 않는 사람들의 경우 보통 자신이 더 좋아하는 다른 어딘가로 옮겨가기 때문이기도 하다.

일과 개인의 삶

Freud는 삶의 특징을 정의할 때 일과 사랑이라 하였다. 일과 개인, 일과 깊은 관련을 맺은 관계, 일과 가족 간에 쌍방적 영향을 주고받는다. 우리는 개인적인 삶이 일에 미치는 효과를 더 잘 인식하지만, 직업 또한 개인적 삶에 중요한 영향을 미친다. 나는 일과 개인부터 시작할 것이고 그 후에 일과 다양한 관계 – 결혼, 자녀, 돌봄이 필요한 노인 가족 구성원 – 에 대해 논할 것이다. 그리고 나는 심지어 많은 가정에서 논의되는 빈번한 주제인 가사노동에 대해서도 다룰 것이다.

일과 개인

노인들이 젊은 사람들에 비해 자신의 직업에 더 만족한다고 해도, 모든 연령대의 근로자들은 직장의 버거운 요구를 경험할 수 있다. 그 결과 나타나는 한 가지는 직무 소진(job burnout)인데, 이는 고갈, 비인격화와 더불어 직무 효과성이 감소되는 것 등의 여러 조합을 의미한다. 특히 감정을 표현하는 직업이나, 간호사와 사회복지사처럼 공감적이어야 하는 근로자들에게 직무 소진은 보다 보편적이다. 소진은 우울증과 자주 같이 나타나지만, 소진의 증상은 직업 환경에 보다 특수적인 반면, 우울증은 보다 전반적이다. 직무 소진을 완화시키기 위하여 근로자들이 대처 전략을 가지도록 돕는 것 그리고 조직 내 변화를 만들어내는 것 모두를 사용하곤 한다(Maslach, Schaufeli, & Leiter, 2001).

어려운 직업에 종사하는 모든 사람들이 자신의 일에 적대적으로 반응하는 것은 아니다. 예를 들면, 가족과 친구들로부터 강력한 사회적 지지를 받는 사람들(Huynh, Xanthopoulou, & Winefield, 2013) 그리고 직업 만족이 크고, 전반적으로 건강하며, 삶의 만족도가 높은 수준인 경우에는 스트레스가 많은 환경에서 일할 때에도 상당히 괜찮을 것이다(Kozak, Kersten, Schillmöller, ct al., 2013). 직무 스트레스 및 소진과 관련되는 몇 가지 특성과 대처 양식이 있는 것으로 밝혀졌다. 인내심이 낮은 경우(일상 활동에 충분히 관여하지 않고, 변화에 저항), 외적 통제 소재를 사용하는 경우(개인의 능력과 노력보다는 확률이나 강력

비판적 사고

어떤 직업이 높은 직무 소진을 가질 것으로 예측하는가? 한편, 어떤 직업에서 직무 몰입이 높을 것이라 생각하는가?

한 외부의 힘으로 귀인) 그리고 회피적 대처 양식을 보이는 경우(스트레스를 수동적이고 방어적 방식으로 다루는 것, Semmer, 1996). 또한 직업에서의 성취를 통해 자신의 가치감을 확인할 필요가 있는 개인들 또한 소진을 더 많이 경험하는 경향이 있었다(Blom, 2012). 이러한 대처 기제는 제10장에서 더욱 자세히 논할 것이다.

지난 10년 동안, 산업 및 조직 심리학자들은 직무 몰입(work engagement)의 개념에 관해 연구해 왔다. 직무 몰입은 활력과 헌신 그리고 융화로 특징지어지는 일에 대해 능동적이고 긍정적으로 접근하는 것이다(Kahn, 1990; Schaufeli & Bakker, 2004). 이는 직업 만족과 유사하지만, 보다 능동적이고 지속적이다. 그리고 이는 직무 소진과 반대로 여겨진다. 즉, 자신의 일에 보다 창조적이고 생산적으로 몰입하는 근로자들을 의미한다(Bakker, 2011). 직무 몰입은 직업에서 제공하는 자원(사회적 지지, 피드백, 기술의 다양성, 자동화 그리고 학습 기회)과 근로자 자신의 내적 자원(자기 효능감, 자존감 그리고 낙천성)의 조합에 의해 발생한다.

더 늦기 전에 다뤄야 하는 적절한 주제는 실업(unemployment)이다. 이는 일을 하고자 하나, 임금을 받는 직업이 없는 상태이다. 2012년, 미국의 25세 이상 노동 인구의 7%가량이 실업 상태였다. 실업과 관련하여 인구 분포를 살펴보면, 실업은 무작위로 발생하는 것이기보다는 교육 수준과 중요한 관련이 있어 보인다. 미국에서 학사학위를 가진 사람은(4.5%) 고등학교 졸업증만 가진 사람보다(8.3%) 실업률이 낮았다. 인종과 성별도 마찬가지로 중요한 요인이다. 흑인(11.5%)은 백인(6.1%)에 비해 높은 실업률을 보였다. 그리고 흑인 남성은 흑인 여성(10.6%)보다도 높은 실업률(12.3%)을 보였다(10.6%, U.S. Bureau of Labor Statistics, 2013d).

실업이 여러 원인에 의해 일어나는 것이라 해도, 이 주제에 관한 대부분의 연구는 개인이 더 이상 유급으로 일하지 못하게 되는 실직(job loss)에 관한 것이다. 실직은 폐업, 국외로부터의 아웃소싱 혹은 서비스나 생산 시장 침체 결과로 일어날 수 있다. 실직과 이에 뒤따르는 실업 기간은 좋지 못한 신체 건강과 불안, 우울, 알코올 중독과 같은 정신건강 문제와 강력하게 관련된다(Nelson, Quick, & Simmons, 2001). 실업 상태가 오래된 사람일수록 부정적인 영향은 증가한다. 놀랍게도 실직 경험이 있는 여성은 같은 상황에 있는 남성에 비해 정신건강 문제 발생률이 높고, 삶의 만족 수준이 낮았다(McKee-Ryan, Song, Wanberg, et al., 2005). 이는 여성이 남성에 비해 우울증으로 더 고통받는 경향이 있기 때문일 수도 있고 혹은 실직이 남성보다는 여성에게 더 큰 경제적 문제를 가져오기 때문일 수도 있다.

2008년 초, 미국 경제는 기록적인 실직율을 보이며 불황을 경험하였다. 미국 내 실업률은 경기 불황이 시작된 첫 두 해 동안 2배가 되었고, 1,500만 명의 성인이 직업을 갖지 못하였다. 이는 근로자들의 경제 상황에 영향을 미쳤고, 또한 삶의 개인적 측면에도 영향을 미쳤다. 실업이 증가함으로 인한 가장 극심한 효과는 자살이 증가하였다는 것이다. 사회학자 Aaron Reeves와 그의 동료들은(Reeves, Stuckler, Mckee, et al., 2012) 이전 자료를 기초로 예상되는 자살 발생률과 최근 미국의 경제 불황 이후 실제 자살률을 비교하였다. 그들은 2007년에 자살의 가속화가 시작된 시점으로 보았는데, 실제로 2007~2010년에 자살로 인한 사망은 4,750건 이상으로 추정되었다. 보다 더 급격한 자살의 가속화는 엄청난 실직을 경험한 그리스나 이탈리아와 같은 유럽 국가에서 발견되었다. 실업 이면에 존재하는 상황 그리고 인간이 경험하게 되는 실직의 대가 또한 고려할 필요가 있다.

실직은 누구에게나 어려움을 주지만, 약간의 연령 차이가 있다. 이제 막 학교를 졸업한 젊은 사람이 실업난을 겪을 경우 더욱 어려운데, 왜냐하면 이는 커리어를 쌓는 것 그리고 성인으로서의 정체성 형성을 방해하기 때문이다(McKee-Ryan, Song, Wanberg, et al., 2005). 노인 근로자들에게도 실업은 마찬가지로 어려운데, 왜냐하면 그들은 새로운 직업을 찾고 또 새로운 직업 조건에 적응하는 것이 문제이기 때문이다. 상당히 많은 노인은 퇴직을 제안받으면 조기 은퇴를 하는데, 왜냐하면 그들은 새로운 것을 얻고자 하는 소망이 적기 때문이다. 하지만 중년기 성인에게 해고는 최악이다. 보통 그들은 회사 내에서 중견 혹은 임원 수준에 도달한 상태이므로 비슷한 임금과 명성을 제공하는 새로운 직업을 찾는 데 어려움을 경험한다. 그렇다고 연금 혹은 국가로부터 나오는 수당을 받으며 은퇴를 하기에는 너무 젊다.

문제를 발생시키는 원인에는 실제 실직뿐 아니라, 실직 위협도 포함된다. 사회학자 Leon Grunberg와 그의 동료들은(Grunberg, Moore, & Grrenberg, 2001) 해고된 친구나 동료들을 주변에 둔 근로자들이 해고에 노출되지 않은 근로자들보다 유의하게 낮은 고용 보장, 높은 수준의 우울 그리고 좋지 않은 건강 증상들을 경험한다고 보았다. 이는 직업 불안정성(job insecurity) 혹은 현재 고용된 근로자의 실직 예견이다. 현재 전 세계 근로자 해고가 엄청나기 때문에, 이 주제는 상당히 많은 연구로부터 최근에 관심을 받아왔다.

심리학자 Grand Cheng과 Darius Chan(2008)은 고용 보장에 관한 133개의 연구를 대상으로 메타 분석을 수행하였다. 그 결과, 높은 수준의 직업 불안정성을 느낀 근로자들은 직업 만족도, 회사에 대한 관여, 직무 수행, 고용주에 대한 믿음 그리고 직장 관여에서 모두 낮은 수준을 보고하는 것으로 나타났다. 그들은 직업 불안정성을 덜 느끼는 근로자들에 비하여 높은 수준의 건강 문제를 경험하고 있고 직장을 떠나려는 의도가 높았다. 근로자의 연령과 재직 기간은 직업 불안정성 효과의 유의한 매개 변인이었다. 노인 근로자들 그리고 재직기간이 길수록 건강 문제를 더 많이 보고하였다. 하지만 젊은 근로자들과 재직기간이 상대적으로 짧은 근로자들은 이직을 더 많이 생각하는 것으로 나타났다. 이는 아마도 그들이 직업에 노력을 덜 투자하였고, 경제적 의무가 적으며, 유사한 직업을 찾을 수 있는 더 많은 기회를 가지고 있기 때문일 것이다. 이러한 연구를 통해 알 수 있는 사실은 실직이 강제로 밀려난 근로자에게 영향을 미칠 뿐 아니라 남아있는 근로자에게도 영향을 미친다는 점이다. 남아있는 이들이 느끼는 직업 불안정성은 낮은 생산성과 의욕을 낳을 것이다.

일과 결혼

일이 헌신적인 파트너 관계에 영향을 미친다는 많은 증거가 있다. 즉, 직업을 갖는 것, 학업을 중단하는 것, 높은 수입을 갖는 것, 안정적인 진로에 안착하는 것은 결혼 혹은 헌신적인 파트너십에 적극 참여하는 지표가 된다. 하지만 파트너십은 각 파트너의 직업 생활에 영향을 미치기도 한다. 꽤 많은 연구는 유전적 자질과 가족 배경이 같더라도, 기혼 남성이 미혼 남성에 비해 높은 임금을 얻는다는 것을 보여주며(Antonovics & Town, 2004), 여성의 수입에 있어서도 이는 마찬가지이다(U.S. Bureau of Labor Statistics, 2009).

사회학자 Elizabeth Gorman(2000)은 기혼자와 미혼 성인 간에 일에 대한 태도의 차이를 연구하였다. 그녀는 기혼 남녀 모두가 미혼 남녀에 비하여 잠재적 수입에 대해 유의하게 더 많은 관심을 보인다는 것을 발견하였다. 게다가 기혼 남녀 모두, 혼자인 사람에 비해 그들의 현재 수입에 덜 만족하였다. Gorman은 기혼 연구 참여자들에 의해 표현된 태도는 직장에서 보다 생산적인 행동을 하게 할 것이며, 이는 결국 수입, 승진 혹은 근무 일수 등, 무엇으로 측정을 하든 직업 성공에서 좋은 평가를 받도록 이끌 것이라 믿었다.

직업 패턴이 관계의 질에 영향을 미친다는 많은 증거 또한 존재한다. 사회학자 Harriet B. Presser(2000)는 남편과 부인의 근무 시간을 살펴보았다. 특히 야간 근무, 저녁 근무 그리고 순환 교대 근무를 포함하는 교대 근무(shift work) 혹은 비정규적인 근무 일정에 초점을 두었다. 예비 연구에 따르면, 전 세계 비즈니스가 다양한 시간대에 움직이는 만큼 교대 근무가 미국에서 점점 보편적이 되어가는 중이다. 노동 인구의 15%가량이 교대 근무를 한다(McMenamin, 2007). 만약 양쪽 배우자가 일을 할 경우, 그들 중 하나는 1/4 확률로 교대 근무자가 될 것이며, 만약 자녀가 있다면, 확률은 1/3로 올라간다. 이러한 비정규적인 근무 일정은 근로자들의 선택이 아니라 보통 고용주에 의해 결정되는 것이다. 근로자들이 교대 근무를 선택하는 이유는 보통 임금이 더 높기 때문에, 양육비용을 줄이기 위해 혹은 주간에 학교에 출석하기 위해서일 때가 많다.

▍비판적 사고

어린 자녀를 기르는 어떤 부모들은 주간보호를 맡기지 않기 위해 교대 근무를 선택한다. 이러한 진로 경로를 고민 하는 친구가 있다면, 그들에게 당신은 어떤 조언을 해줄 것인가?

비정규적인 근무 일정이 결혼생활에 어떻게 영향을 미치는가? 자녀가 있을 경우, 배우자 중 한 명이 야간 교대 근무를 하는 것은 이혼이나 별거의 확률을 유의하게 증가시킨다. 만약 남편이 야간 교대 근무를 한다면, 주간에 일하는 남편보다 이혼이나 별거 확률이 6배 이상이고, 만약 부인이 야간 교대 근무를 한다면 3배 정도 높다. Presser는 야간 교대 근무가 수면 부족을 가져오고 다른 가족 구성원들과 함께하지 못하는 데서 오는 스트레스 그리고 친밀감과 사회 활동의 상실을 가져옴을 제안한다.

다른 연구에서, 가족이 있으면서 야간 교대 근무를 하는 커플과 주간 교대 근무를 하는 커플을 비교하였다. 야간 교대 근무를 하는 커플은 주간 교대 근무를 하는 커플에 비해 결혼 불안정성, 직업 관련 가족 문제 그리고 가족 관련 직업 문제를 더 많이 보고하였다(Davis, Goodman, Piretti, et al., 2008). 가족 문제가 생산성을 줄이고 또 근로자 간 부정적인 것을 증가시키는 것 외에 다른 문제를 초래하지 않는 한, 이러한 연구 결과는 교대 근무의 스트레스 요인을 줄이고 교대 근무로 인한 가족 문제를 줄이는 데 좋은 경영 원칙이 될 것이다. 연구자들은 근로자가 자신의 교대 시간을 선택할 수 있게 해야 하고 또 근무 시간 동안 가족과 연락하는 것을 유연하게 다루어야 한다고 제안한다. 한편, 연구자들은 어떤 특정 커리어상에 있는 미혼 상태의 사람 혹은 주간에 학교에 출석해야 하는 근로자와 같은 어떤 사람들에게는 교대 근무가 덜 문제시되며, 심지어 선호될 수 있다고 제안하였다.

일과 양육

자녀를 둔 미국 내 기혼 커플의 약 59%가 양 부모가 모두 일하는 '맞벌이(dual career)'를 고려하였다(U.S. Census Bureau, 2013b). 게다가 한부모 가정 가운데 상당수는 가족과 함께 일을 한다. 하지만 이번 장 초반에 살펴본 것처럼, 남성은 보통 노동 시장에 남고, 여성은 가족 의무 때문에 고용 상태를 왔다 갔다 하는 것이 보다 전형적이다. 아버지들 대부분은 고용 상태인 반면(96%), 어머니의 고용률은 그들의 결혼 상태와 자녀의 연령에 의존한다(표 7.2 참고). 표를 통해 볼 수 있듯이, 자녀의 연령은 결혼 상태보다 더 큰 요인으로 작용한다. 진로 전체에서 어머니들이 직장에서 보내는 햇수는 그들의 자녀 수에 의존한다. 더 많은 자녀가 있을수록 직장에서 보내는 시간은 짧다.

초기 연구들은 부모됨이 남성의 일하는 시간을 감소시키지 않으며, 남성의 진로에 영향을 미치지 않는다는 결론을 내렸다(Hyde, Essex, & Horton, 1993; Presser,1995). 보다 최근 연구자들은 남녀 진로에 미치는 부모됨의 영향을 같은 기준을 적용하여 측정하는 것이 부정확하다고 주장하였다. 가족 내 남성의 역할은 전통적으로 제공자(provider)였으며, 남성은 자신의 진로에 많은 헌신을 하는 방식을 취하며 부모로서의 역할을 취하였다(Kaufman & Uhlenberg, 2000). 우리는 앞서 기혼 남성이 열심히 일하도록 보다 동기화되며, 그로 인해 소득을 증가시킨다는 것을 보았다. 그렇기에 이 남성들이 아버지가 되었을 때 심지어 일에 더 많은 동기를 가지는 것은 마땅하다. 이는 사회학자 Gayle Kaufman과 Peter Uhlenberg(2000)가 50세 이하 4,000명의 기혼 남녀로 구성된 국립가족조사(National Survey of Families) 자료를 분석한 결과에 의해 지지된다. 흥미로운 이분 현상이 나타났다. 남성은 아버지가 되면 더욱 일을 하는 경향이 있었고, 자녀가 많을수록 일하는 시간이 늘어났다. 반면, 여성은 자녀가 있는 경우 일하는 시간이 줄었고(less), 자녀가 많을수록 일하는 시간이 보다 적었다(fewer).

경제학자 Robert Lerman과 Elaine Sorensen(2000)의 연구에서도 유사한 결과가 확인되었는데, 이들은 13년간 국립 청소년 종단연구(National Longitudinal Survey of Youth)를 통해 수집된 자료를 분석하였다. 그들의 연구 대상은 미혼부(unwed father)로, 다양한 수준에서 그들의 자녀와 연

:: 표 7.2 노동 인구 중 어머니 비율

자녀의 나이	기혼 상태의 어머니	한부모 가성의 어머니
6~17세	70%	72%
6세 이하	60%	60%

출처 : U.S Bureau of Labor Statistics (2013b)의 자료.

락을 취하는 사람이었다. 연구자들은 어떤 요인이 아버지와 자녀 간의 연락 패턴 변화를 예측하는지 관심이 있었다. 잦은 연락을 예측하는 강력한 요인은 높은 수입이었지만, 그 효과가 나타나는 타이밍은 놀라웠다. 연구 기간 중 어느 해에나 자녀와 잦은 연락을 하는 아버지는 자연스럽게 일하는 시간이 증가했고, 다음 해에 상당한 수입을 얻었다. 이는 아버지가 자녀의 삶에 한 번 관여하게 되면 더 많이 일하고 더 많은 돈을 벌게 되는 것으로 보인다. 하지만 그 반대는 아니었다. 즉 더 많이 일하고 돈을 더 많이 번다고 해서 자녀의 삶에 개입하는 것은 아니었다.

어린 자녀가 생겨 양육자로서 자신의 가족을 온종일 돌봐야 할 때 많은 여성에게 '직업 선택'은 상당 기간 동안 근무한 자신의 직장을 떠나는 것이 된다.

요약하면, 부모 됨은 남녀 모두의 진로에 영향을 미친다. 부모는 부모가 아닌 사람들과는 분명 다른 근로자이다. 여성은 어머니로서의 역할을 수행하기 위하여 자신의 진로 양상을 변화시키는 경향이 더 많고, 남성은 전통적인 가장의 역할을 하며 가족에게 더욱 전념하는 경향이 있다. 반면, 일이 남녀의 부모 역할에 영향을 미치는가? 이는 내가 다음에 논할 주제이다.

노동 인구 가운데 어머니의 증가는 지난 3세대에 걸쳐 미국 내에서 일어난 가장 큰 사회적 변화 가운데 하나이다. 아동 방임에 대한 초기 염려는 나타나지 않았다. 엄마가 집 밖에서 일하는 경우, 이 자체로 자녀의 웰빙에 미치는 영향은 없었다. 그 대신 집안 환경, 주간보호의 질, 부모의 결혼 상태 그리고 어머니의 고용 상태 안정성과 같은 요인이 자녀의 발달을 결정지었다(Gottfriend, 2005). 반대로, 일하는 어머니가 만약 집과 직장에서 많은 지지를 받을 경우 일하는 엄마는 오히려 자녀에게 이점이 될 수 있다. 어머니가 자발적으로 일할 때, 그들 자녀의 학업 성취는 증가하였고, 직장에 나가지 않는 어머니의 자녀 혹은 비자발적으로 일하는 어머니의 자녀보다 더 적은 행동 문제를 보였다(Belsky, 2001).

일하는 어머니의 자녀들은 성장 후 보다 열정적인 태도를 갖는다(Riggio & Desrochers, 2005). 일하는 어머니의 딸은 진로 선택을 할 때 보다 많은 대안을 고려하며, 아들은 그들이 결혼했을 때 집안일을 더 잘 공유하는 경향이 있다(Gupta, 2006).

어머니 취업의 한 가지 효과는 자녀의 삶에 대한 아버지의 개입이 증가한다는 것이다. 아버지는 자신의 아버지가 그들과 함께 한 시간보

비판적 사고

이 책을 읽기 전, 당신은 일하는 어머니의 자녀에 대해서 무엇을 들었는가? 주간보호가 아동의 행동과 이후 학업 성공에 부정적인 영향을 미친다고 듣지는 않았는가? 소득이 필요함에도 유치원생 자녀와 항상 집에 있는 어머니가 최고라고 생각하는가?

어머니가 일하는 것 그 자체가 자녀의 웰빙에 미치는 부정적인 효과는 없으며, 장기적으로 긍정적 효과를 가질 수 있다.

다 더 많은 시간을 자신의 자녀들과 보낸다. 그리고 가정이 있는 일하는 부모는 25년 전 그들의 부모보다 하루 평균 1시간 더 자녀들과 시간을 보낸다(Bond, Thompson, Galinsky et al., 2002).

나는 맞벌이 가정에 대해 지나치게 장밋빛 그림을 그리는 것을 원치 않는다. 첫째, 미국의 직장은 가족 친화적이지 않다. 1938년에 제정된 법은 그동안 수정되었음에도, 여전히 그 시기의 가족 구조를 반영하고 있다(Halpern, 2005). 예를 들면, 미국은 근로자에게 유급 출산휴가를 제공하지 않는 세계에서 단지 몇 안 되는 나라이다(United Nations Statistics Division, 2009). 또 다른 예로, 고용주들이 시간제 근로자가(대부분은 여성이다) 전일제 근로자와 같은 일을 하여도 시간당 임금을 적게 주고, 의료보험, 병가, 유급휴가를 거부할 수 있는 것이 합법적이다. 신생아나 노인이 된 부모를 돌보기 위해 무급 휴가를 갖는 것, 자녀들이 어릴 때 상당히 낮은 임금을 받으며 시간제로 일하는 것, 가족에 대한 책임을 방해할 수 있는 새로운 일 때문에 승진을 포기하는 것 등, 이 모든 것이 부모들이 무엇을 교환할 것인지 결정해야 하는 것에 해당한다.

▌비판적 사고

당신이 만약 학교와 양육을 병행한다면, 학교의 어떤 학칙과 일정이 변하는 것이 당신에게 가장 도움이 될 것 같은가?

미국 심리학회(Halpern, 2005)는 직장 내 미국 부모들이 직면한 상황에 대해서 살피고, 정책가, 고용주, 학교 그리고 지역사회를 위한 권고를 하였다. 이러한 아이디어를 몇 가지 살펴보면 유급으로 육아 및 간호 휴가와 의료 휴가를 제공하는 것, 직업 훈련 및 어린 아버지를 위한 부모 훈련을 지원하는 것이다. 다른 권고는 학교 일정과 부모의 직장 일 간에 연간일정을 맞춰 아이들을 위한 방과 후 교실과 여름 프로그램을 지원하는 것을 포함한다(후자는 나의 학생 가운데 부모 역할을 하는 사람들을 돕는 데 큰 도움이 될 것이다. 왜냐하면 우리 대학의 연간 일정은 우리 지역 학교 시스템 연간일정과 맞지 않고, 그래서 부모와 자녀들은 각기 다른 휴일과 봄방학을 갖기 때문이다).

일과 성인 가족 부양

많은 남성과 여성이 자신의 진로를 가족과 결합하여 가족을 책임지려고 하는데, 이는 꼭 자녀를 돌보기 위한 것만은 아니다. 일하는 성인 가운데 상당수에게는 노쇠하거나 병약한 부모 혹은 배우자의 부모, 치매나 다른 만성 장애를 가진 배우자나 성인 자녀(adult children) 또는 장애 때문에 스스로 관리가 안 되는 형제를 돌보는 책임도 있다. 미국 케어기빙 연합회(National Alliance for Caregiving)와 AARP(2009)가 실시한 설문에서 미국 내 성인의 29%는 적어도 한 명의 성인 가족 구성원을 돌보고 있고, 이들 중 1/5은 주당 40시간 이상 어려움을 가진 가족을 돌본다. 보호자의 60%는 전일제 근무를 하며 동시에 돌보는 역할을 한다. 돌봄 기능을 담당하는 남성 비율이 꾸준히 증가하고 있다 – 여성이 주당 더 많은 시간을 돌봄에 할애하고 부양 관련 작업들을 한다 하여도 현재 보호자의 40%가량은 남성이다.

같은 연구에서, 스스로 자신을 돌보지 못하는 성인 친인척이나 친구를 무급으로 돌보는 1,000명 이상의 남성과 여성을 대상으로 인터뷰하였다(National Alliance of Caregivers & AARP, 2009). 이 연구의 관심은 경기 침체가 그들의 보호자 역할에 미치는 영향에 관한 것이었다. 보호자들은 근무 시간이나 임금이 줄어드는 것(43%), 실직하거나 해고를 당하는 것(16%) 그리고 보호자로서의 역할을 잘 수행하기 위해 근무 시간을 늘리거나 다른 일을 추가적으로 하는 것(33%) 등을 경험했다고 보고하였다. 게다가 응답자들은 돌봄 비용이 엄청나게 상승하였다고 보고하였다. 이에 은퇴 후 자금을 줄여가면서까지 이를 상쇄하려고 하거나(60%), 저축 자금을 사용하였고(43%), 돈을 빌리거나 신용카드 한도를 늘렸다고(43%) 보고하였다. 보호자의 3/4 이상은 지금까지도 그들이 사랑하는 누군가를 위한 돌봄의 질을 그대로 유지하고 있다고 보고하였다.

자녀 및 도움이 필요한 성인 가족 구성원 모두를 돌보는 맞벌이 부부를 대상으로 한 흥미로운 다른 연구를 보자. 이들은 '극단적인 보호자(extreme caregivers)'로 오늘날 인구의 10%가량을 차지하며 이 숫자는 증가할 것으로 기대된다. 연구자들은 12개월에 걸쳐 참가자들을 두 번 인터뷰하였다. 한 가지 놀라운 결과는, 많은 사람을 위해 상당히 많은 시간 돌봄을 제공하는 부부는 덜 우울하였다는 점이다. 또한 그들의 부인들은 책임이 적은 시람들에 비하여 높은 수준의 삶의 만족감을 보고하였다. 연구자들은 이 연구를 통해 우리가 가족의 강점을 봐야 하며 단지 문제만을 연구해서는 안 됨을 강조한다. 가족 구성원을 돌보는 것은 가족에 대한 주체성을 가져오며 부부관계를 강화시킬 수 있고 어려움에 함께 맞설 수 있다는 느낌을 제공하고 성공적인 대처 전략을 개발하게 한다(Neal & Hammer, 2007). 이는 제10장에서 논의될 것이다.

나는 제5장에서 양육자의 역할에 대해 논의하였다. 역할은 한 개인의 진로와 병행될 때 심지어 더 많은 것을 요구한다. 희망컨대 고용주들이 어린 자녀를 둔 부모와 성인 부양가족을 돌보는 보호자 모두를 위하여 휴식 시간 제공, 재택근무, 일자리 나누기(job sharing), 상담 그리고 피부양 가족 세액과 같은 직장 내 가족 친화적인 정책들을 만들어내기를 바란다.

가사노동

가사, 임금이 지불되지 않는 가족 관련 일, 정리 정돈, 집안 관리, 정기적으로 해야 하는 가족 관련 일 – 무엇이든지 당신이 가사노동(household labor)이라고 부르고 싶은 것 – 의 경우 소수만이 이를 즐기지만, 우리는 모두 가사노동을 할 필요가 있다. 음식을 준비하고 설거지를 하는 것, 장보기, 빨래, 자녀 양육, 집안 물품 수리 그리고 집안 청소를 누가 할 것인지에 대한 주제는 함께

비판적 사고

만약 당신이 다른 누군가와 함께 산다면 가사노동을 어떻게 분담할 것인가? 성별에 따라 나눌 것인가? 혹은 시간이 가능한 사람이 하도록 할 것인가? 아니면 관련 자원을 가진 사람이 하도록 할 것인가?

사는 사람들 간에 일반적으로 논의되는 것 중 하나이다. 지난 10년간 가사노동은 200여 편 이상의 책과 논문의 주제가 되어왔다. 왜 학자들이 가사노동에 진지한 관심을 가져야만 하는가? 한 가지 이유는 사회적 관계의 복잡한 패턴 안에 가사노동이 포함되어있다는 점이다. 사회학자 Scott Coltrane에 따르면 가사노동 영역은 "성별, 가사 구조, 가족 상호작용 그리고 형식적이든 비형식적이든 시장 경제 작동과 관련된다."(Coltrane, 2000, p. 1208).

가사노동은 집안의 사적인 부분이고 그래서 누가 무엇을 하는지 알기 어렵다. 우리가 할 수 있는 최선의 방법은 설문조사 자료를 보는 것인데, 이 자료는 일하는 커플에게 어떻게 시간을 보내는지 묻는 것이다. 〈그림 7.3〉은 Pew Research Center(2013b)에 의해 수행된 설문 결과를 보여준다. 결혼했거나, 함께 사는 부모가 있거나 혹은 18세 이하 자녀를 적어도 한 명 이상 둔 부모를 대상으로 조사했을 때 어머니는 주당 16시간을 가사노동에 소비하는 반면, 아버지는 9시간을 소비하였다. 또한 어머니는 아버지보다 자녀를 돌보는 데 더 많은 시간을 할애한다고 보고하였다. 하지만 아버지들은 돈을 버는 일에 더 많은 시간을 할애하였고 이를 가사일, 자녀 돌봄과 합쳐보면 전체 시간은 아주 유사하였다(어머니는 59시간, 아버지는 58시간).

마지막으로 언급할 것은 이러한 상황이 단지 설거지를 하는 것 혹은 사무실에 가는 것이 아니며 그 이상의 많은 것을 포함한다는 점이다. 여성이 자신의 시간 중 돈 버는 일에 투자하는 시간에 제한을 두면, 그들은 또한 생애 소득, 사회 보장 연금 그리고 여러 기회 또한 제한하게 되는 것이다. 여성이 남성보다 미망인이 될 가능성이 높고, 또 만성질병을 더 많이 가질 경우를 고려해보면, 여성의 이 같은 선호와 선택의 최종 결과는 때때로 여성이 낮은 경제적 상황을 경험하는 것으로 연결된다. 나는 여성이 가사노동을 아예 하지 않는 것을 권하는 것은 아니지만, 여성들이 장기적인 안목을 가지고 자신의 노동력을 잘 배치하기를 강력하게 권한다. 이 주제는 단순히 성

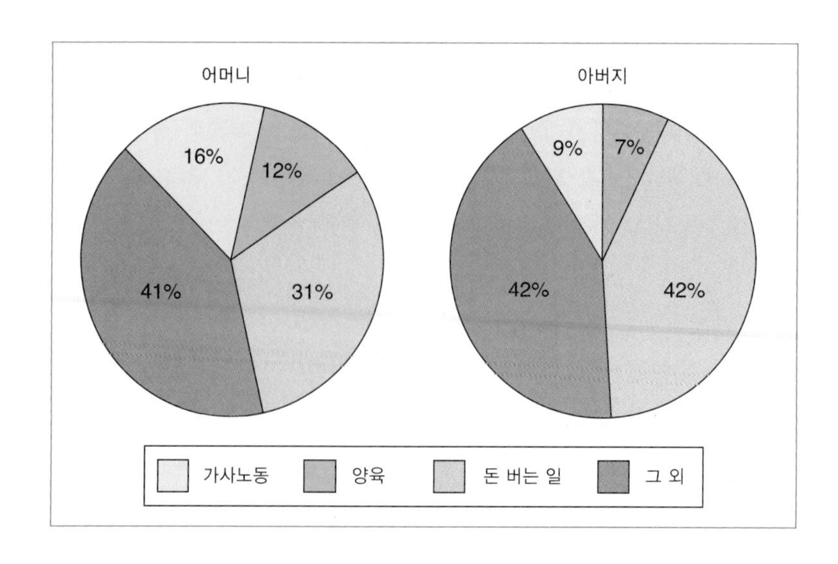

:: 그림 7.3

일하는 어머니와 아버지는 가사노동, 돈 버는 일, 양육에 기여하는 정도가 다르지만, 소비한 전체 시간은 거의 유사하다.

출처 : Pew Research Center (2013).

간에 평등 그리고 아동의 긍정적 발달을 이야기하기 위한 것이 아니라, 그 이상의 것이다. 우리는 이 장의 후반부에 여성의 장기적 경제 안정에 대한 주제를 다시 다룰 것이다.

은퇴

은퇴(retirement)의 개념 내지는 시간제 직업, 자원봉사 혹은 여가와 같은 새로운 흥미를 추구하기 위해 일터를 떠나는 진로 단계는 우리에게 상대적으로 새롭다. 우리 할아버지는 가족 가운데 처음으로 은퇴를 한 사람이었다. 그의 아버지는(그의 할아버지도 마찬가지로) 죽을 때까지 일을 계속하는 농부였다. 심지어 만약 그들이 임금을 받으며 일하는 직업에 종사했다고 해도, 1935년까지 사회보장제도는 없었다. 나의 할아버지는 수도 사업본부(city water department)에서 일했는데, 65세가 되던 1949년, 그는 금시계 및 사장님과 악수하는 사진을 수여받으며 은퇴하였다. 그는 사회보장제도의 혜택을 받기 시작하였고 몇 년 후에는 집 밖에서 전혀 일하지 않았다. 노동자로서 우리 할아버지의 나이는 개척에 가까운 것이었다. 그들은 은퇴에 대한 롤모델을 가지고 있지 않았었기에, 아직 멀쩡한 신체를 가지고 있고, 지혜가 있음에도 직업을 떠나는 것에 대해서 약간 당혹감을 느꼈을 것이다. 오늘날 우리의 은퇴 관련 행동과 기대가 그 시대와는 얼마나 많이 달라졌는지 상상하는 것은 매우 어려운 일이다.

오늘날 은퇴는 확실히 다르다. 많은 사람이 20년 혹은 그 이상 이 단계에 머무르며 이를 기다린다. 그들은 아주 다양한 것을 하면서 이 시간을 보낸다. 여행을 하고, 대학에서 수업을 듣고 그리고 보다 정치적인 활동가가 된다. 오늘날 은퇴의 또 다른 점은 은퇴가 끝을 의미하거나 혹은 아무것도 아닌 상태를 의미하지 않는다는 것이다. 사람들은 하나의 진로에서 은퇴를 하고, 그 후에 시간제 일을 하거나 아니면 다른 일을 다시 시작한다. 다른 사람들은 62세에 연금을 받기 시작하고, 여가 활동을 하면서 일상을 보낸다. 그리고 앞서 언급한 Johnson 목사와 같은 몇몇은 같은 회사에 머물면서 보다 부담이 적은 지위에 근무한다. '은퇴한 사람'과 '일하는 사람'으로 성인을 구분하는 것은 어렵다. 이러한 것을 잘 기억하면서 언제, 어떻게 그리고 왜 사람들이 은퇴하는지에 관해 살펴볼 것이다.

은퇴 준비

은퇴는 어느 날 갑자기 하는 것이 아니다. 예상치 못한 질병이나, 장애 혹은 일시 해고를 제외하고 은퇴하는 성인의 대부분은 계획 기간을 갖거나, 어느 정도 예상을 한 후에 은퇴를 한다. 어떤 성인들은 15세 혹은 20세만큼 어린 나이에 은퇴를 위한 준비를 하기도 한다. 그들은 배우자와 함께 이야기를 나누고, 가까운 지인이나 친구와도 함께 의견을 나누고, 신문 기사를 읽고, 경제 계획을 세우며, 어디에서 살 것인지 생각한다. 예상한 은퇴 시기가 점점 가까워질수록 이러한 활동은 상당히 꾸준히 증가하는 것으로 보인다. 하지만 미국 근로자를 무작위로 선정하여 연구한 결과 그 중 56%는 은퇴 시 소

비판적 사고

이 책을 읽기 전, 당신이 고려한 '은퇴 연령'은 언제인가? 당신은 언제부터 완전한 사회 보장 혜택을 받기 시작하는가? (만약 최근에 이를 확인해보지 않았다면, 당신은 아마 놀랄 것이다).

득이 얼마나 필요한지 계산해보지 않았다고 보고하였다. 그리고 단지 14%만이 편안하게 은퇴할 수 있을 것이라고 느꼈다(Employee Benefit Research Institute, 2012). 동시에, 은퇴한 사람들은 일터를 떠난 후 잘 살고 있다는 느낌에 기여하는 중요한 요인이 소득이라고 보고하였다.

은퇴 준비에 있어 성차가 존재한다. 여성은 남성이 하는 것만큼 은퇴에 대한 계획을 세우지 않는 성향이 있다. 여성은 고용 지원 연금 제도에 남성보다 덜 참여하며, 직업을 바꿀 때 모아놓은 연금을 미리 사용해버리는 성향은 더 있었다. 이러한 성차는 남녀가 유사한 직업을 가지고 있을 때에도 똑같은 것으로 나타났다. 여성이 사회보장제도를 제외한 다른 은퇴 자금을 가지고 있지 않는 성향은 남성의 2배나 되었다. 많은 여성은 그들의 남편이 관리하는 것에 의존하였다. 심지어 최근에 이혼을 하거나 미망인이 된 사람들조차도 자신의 남성 직장 동료들이 하는 것만큼 은퇴 준비에 노력을 기울이지 않았다(Hardy & Shuey, 2000). 이 같은 계획 결여는 은퇴 소득에서 유의한 성차 발생에 기여한다.

은퇴 시기

실제 은퇴 시기는 계획과 달리 변화할 수 있다. 우리는 66세를 '은퇴 나이'라고 생각하는 경향이 있는데, 왜냐하면 미국에서는 이 나이가 되면 사회보장 혜택을 전부 받을 수 있기 때문이다. 하지만 많은 이가 더 일찍 은퇴를 하고, 또 많은 이가 저 나이가 지나도 계속 일을 한다. 〈그림 7.4〉는 노동 인구(labor force)에 포함된 다양한 연령대의 성인 분포를 보여준다. 즉, 이 분포에 속한 이들은 일을 하거나 혹은 직업을 구하고 있음을 의미한다. 이 자료는 1990년대에서 자료를 모으기 시작하여 이를 기반으로 향후 2020년까지 예상된 것이다. 그림을 자세히 본다면, 25~54세 사이의 성인 중 80%를 조금 웃도는 수준이 현재 노동 인구에 포함되어있음을 확인할 수 있을 것이다. 반면, 55~64세 사이의 성인 중 약 65%, 65~74세 사이의 성인 25%를 조금 웃도는 정도, 75세 이상 성인 중 7%가 노동 인구에 속한다. 즉, 젊은 층은 비교적 안정적으로 남아있지만, 나머지 나이 든 세 집단이 노동 인구에서 차지하는 비율이 증가할 것이다. 이 중 특히 65세 이상에서

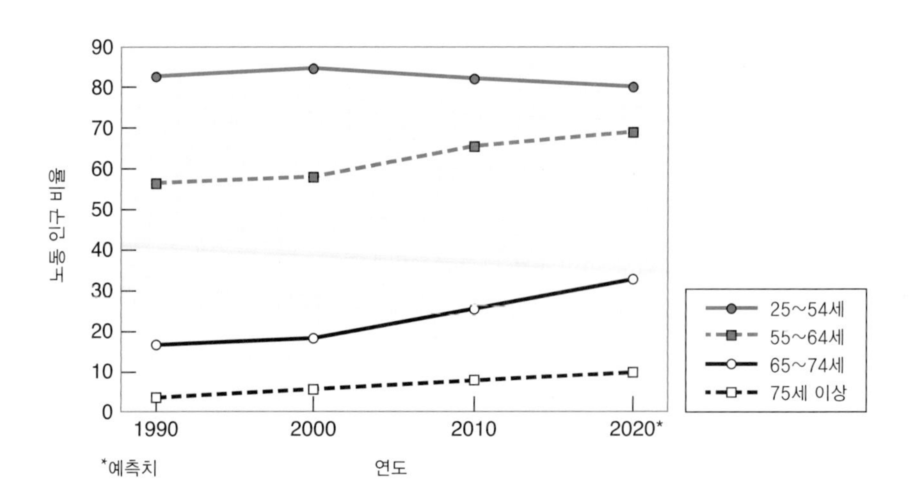

:: 그림 7.4

미국 노동 시장에서 24~54세 인구 비율은 1990년 이래 변함이 없었지만, 노인은 증가하였다.

출처 : Toossi (2012)의 자료.

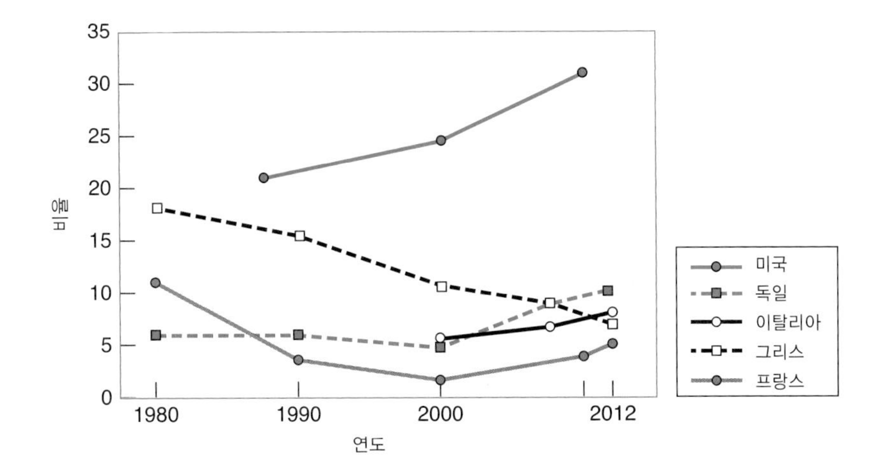

:: 그림 7.5
과거에 전통적인 은퇴 연령으로 여겨졌던 근로자들이 지난 수십 년 동안 미국 내에서 상당히 증가하였다. 몇몇의 유럽 국가에서 2000년까지 감소하였지만, 대부분 다시 증가하기 시작하였다.
출처 : United Nations Economic Commission for Europe, 2013)의 자료.

급격한 증가가 나타남을 자료를 통해 확인할 수 있다. 이러한 증가는 다음 세대까지 계속될 것으로 예상된다(Toossi, 2012).

노인 근로자들이 증가하는 한 가지 이유는 매해 은퇴 연령에 도달하는 사람들이 평균적으로 건강해지고, 그 이전 사람들에 비하여 일하고자 한다면 일할 수 있기 때문이다. 1986년, 미국 내 대부분의 직업에서 정년퇴직 제도는 철회되었는데, 이는 노인 근로자들이 원하기만 한다면 계속해서 일할 수 있는 가능성을 제공해주었다. 신체적인 능력을 요하는 직업의 상당수는 1950년에 20%, 1990년대에 7.5% 감소하였는데, 이는 여러 직업에서 필요로 하는 일을 노인들이 하도록 만들었다. 게다가 2000년에는 사회보장연금을 받으면서 급여를 받는 66세 이상의 사람들에게 더 이상 패널티를 주지 않았다(Clark, Burkhauser, Moon, et al., 2004). 마지막으로, 여성이 노인 집단의 상당수를 차지하는데 이들이 직업 전선에 뛰어드는 것이 꾸준히 증가하였다.

노동 시장에서 상당수를 차지하는 노인 근로자의 모습을 다른 선진국에서는 찾아볼 수 없다. 〈그림 7.5〉는 미국과 비교하여 독일, 프랑스, 이탈리아 그리고 그리스의 65~69세 사이 성인 노동 인구 비율을 보여준다. 보는 바와 같이, 4개의 유럽 국가에서는 그 비율이 낮다. 이 비율은 2000년까지 감소하다가, 프랑스, 독일 그리고 이탈리아에서 직업 전선에 뛰어드는 노인의 비율이 증가하기 시작하였다. 그리스는 계속해서 감소하였는데, 이는 극도로 낮은 경제 상황을 반영하는 것이다(United Nations Economic Commission for Europe, 2013).

유럽 노동 시장에서 전통적인 은퇴 연령을 지나 일하는 사람들은 소수에 불과하다. 왜냐하면 계속 일을 함으로써 그들이 받을 수 있는 연금혜택보다 세금이 지나치게 높기 때문이다. 또 다른 이유는 유럽 국가 내에서 강력한 힘을 가진 노동 연합이 근로자를 위한 관대한 은퇴 혜택을 쟁취하였고, 또 조기 은퇴를 장려하여 젊은 노동자들의 일자리를 늘리는 방법을 사용하였기 때문이다(Alesina, Glaeser, & Sacerdote, 2005).

많은 유럽 국가는 노동력은 감소하는 반면, 노령 인구가 증가하는 것 그리고 국민연금 재정이 감소되는 것에 대해 염려한다. 어떤 국가들은 완전 보장을 받는 은퇴 연령을 더욱 높게 설정하는 중이다. 예를 들어, 2011년에 프랑스는 정년퇴직 연령을 2018년까지 매해 4개월 연장시켰는데, 그렇게 되면 프랑스 노동자들은 62세에 은퇴하도록 요구받을 것이다. 2012년에 독일은 은퇴 연령을 65세에서 67세로 상향 조정하였다(Reuters, 2010). 미국에서는 노인들이 노동에 참여하는 비율이 높기 때문에 미국 내 상황은 이만큼 심각하지는 않지만, 완전 보장을 받게 되는 나이는 점차 높아질 것이며, 은퇴를 장려하는 재정적 장려책 가운데 어떤 부분은 줄어들 것이다(Clark, Burkhauser, Moon, et al., 2004).

은퇴 이유

앞서 이미 논의한 것처럼, 은퇴는 언제나 자발적인 결정에 의해 이루어지는 것만은 아니다. 상당수의 노인 근로자들은 해고, 합병 혹은 파산에 의해 고용되지 못하고, 더 나아가 비슷한 수준의 소득과 직업을 찾는 것에 어려움을 느낀다. 이 사람들 중 어떤 이에게 가능한 선택은 명예 퇴직을 하는 것이다. 하지만 언제 은퇴할 것인지 결정하는 것은 보다 복잡한 일이며, 또 여러 요인들의 상호작용에 의존한다.

재정 경제학자와 사회학자에 따르면, 은퇴 결정에 있어 가장 큰 요인은 은퇴를 함으로써 얻을 수 있는 가치와 일을 계속함으로써 얻을 수 있는 가치를 비교하는 것이다. 직업 관련 가치(work-related value)는 급여뿐 아니라, 계속 일을 함으로써 나중에 받게 되는 국민연금과 사회보장 혜택의 증가를 포함한다. 예를 들어, 현재 근로자들은 66세 이후에 은퇴를 해야 완전한 사회보장 혜택을 받을 수 있다. 만약 그들이 62~66세 사이에 은퇴하기로 결정하면, 그들은 남은 여생 동안 완전 보장보다는 적은 혜택을 받는다. 만약 그들이 66~70세 사이에 은퇴를 하면, 그들은 남은 여생 동안 완전 보장보다는 더 많은 혜택을 받는다. 더 오래 일을 하면 확실히, 더 높은 사회보장 혜택을 받을 수 있다. 몇몇의 개인연금 계획도 이와 유사한 방식으로 작동한다. 게다가 근로자와 그 가족을 위한 건강보험 지원 그리고 근로자들을 위해 고용주가 제공하는 다른 장려책들처럼, 직업 세계에 계속 남아있음으로 인해 얻을 수 있는 다른 가치 있는 것들도 있다(Clark, Burkhauser, Moon, et al., 2004).

근로자들은 일을 계속하면서 얻을 수 있는 가치들과 은퇴 관련 가치(retirement-related value)를 저울질한다. 여기에는 저축, 투자재산, 부동산 그리고 다른 사유재산이 얼마나 되는지가 포함된다. 2008년도에 주식시장이 하락하고, 부동산 가격과 거래가 하락세일 때, 은퇴에 가까워 이에 의존하던 많은 사람은 투자를 그만두고 다시 일터에 남기로 결정하였고, 이는 노동 시장에서 증가한 노인 남녀의 비율을 설명하는 데 도움이 된다. 또한 은퇴 관련 가치에는 일을 계속해서 함으로써 받게 되는 사회보장과 연금 혜택이 시간제 근무나 컨설팅 업무처럼 다른 일을 통해 얻을 수 있는 것만큼 되는지를 비교하는 것도 포함된다. 건강보험 비용도 일부를 차지한다. 여기에 배우자의 상황까지 고려한다면, 많은 경우 결정을 내리는 것은 매우 복잡하다.

건강 은퇴 시기를 결정하는 데 중요한 또 다른 요인은 건강이다. 이는 단순한 문제가 아니다. 건강은 은퇴에 두 가지 방식으로 영향을 미칠 수 있다. 첫째, 의료 비용의 증가 그리고 건강보험의 필요성은 근로자들이 계속 일할 가능성을 증가시킨다 — 이는 노동자 본인의 건강뿐 아니라, 배우자와 다른 가족 구성원을 포함한다(Clark, Burkhauser, Moon, et al., 2004). 둘째, 건강이 좋지 않은 경우, 일하는 것이 어렵게 되고 낮은 급여 혹은 저소득 직종으로 옮겨가도록 하여, 은퇴는 보다 매력적인 선택이 된다. 이는 특히 신체 노동력을 요하는 직업에서 보다 보편적이다(Johnson, 2004). 배우자나 가족 구성원의 좋지 못한 건강은 보호자의 책임감을 증가시킬 수 있으며, 은퇴를 이끌 수 있다. 돌봄과 직업을 병행하려고 노력한 사람의 3%가 조기 퇴직을 한다(Family Caregiver Alliance, 2012).

가족 은퇴를 결정할 때 자녀도 한 몫을 한다. 양육을 제공하는 시기는 늦어지고 은퇴 기회는 빨라지면서, 자녀가 아직 부모와 함께 사는 것은 부모가 직장에 남는 이유 중 하나이다. 만약 자녀가 같이 살지 않는다면, 부모는 아마 대학 등록금을 주거나, 다른 형식의 지원을 하고 싶을 것이다. 게다가 제5장에서 살펴본 것처럼, 국가나 부모로부터 충분한 재정적 도움을 제공받지 않으며 손주를 양육해주는 조부모의 수가 증가하고 있다. 그 결과 많은 할아버지가(그리고 종종 할머니도) 그들 가족 내 다른 세대를 위한 지원을 위해 은퇴를 늦춘다.

가족은 여성이 은퇴 이유로 가장 많이 언급하는 것 중 하나이다. 그들의 남편(보통 더 나이가 많은)이 은퇴했기 때문에 많은 여성이 조기 퇴직을 결정한다. 이는 굉장히 다정하게 들리는데, 사실 이 같은 통계는 오해의 소지가 있다. 남편이 먼저 은퇴를 한 아내 가운데 상당수는 자신이 직장을 떠날 준비가 되기도 전에 자신의 남편이 은퇴함으로써 압박을 느낀다고 보고하였다(Szinovacz & DeViney, 2000). 아내가 은퇴할 때까지 남편이 현역에 남아있는 다른 커플들의 경우, '혼자 보내는 여가'가 소득 감소에 비하여 가치 있다고 믿지 않는다(Rix, 2011).

진로 헌신 은퇴의 이유가 언제든지 돈으로 환산될 수는 없다. 어떤 사람들은 자신의 일이 즐겁지 않고 스트레스가 많다고 느끼며 은퇴할 수 있는 그 날을 손꼽아 기다린다. 반면, 다른 이들은 일 없는 자신의 삶을 상상할 수 없고, 가능하면 오래 남아있을 계획을 세운다. 이와 관련된 요인은 진로 헌신(career commitment)이다. 스스로 일하고자 하고, 자신의 일에 매우 몰두된 사람들은, 다른 사람을 위해 일하거나 덜 관여되어있는 사람보다 더 나중에 은퇴한다. 자신의 업무 성과에 대해 낮은 기준을 가진 근로자들, 회사에서 중요성이 적은 경우 그리고 자신의 일 및 상사에게 불만족을 더 많이 느끼는 사람들은 이러한 태도가 없는 사람보다 더 빨리 은퇴하는 경향이 있다.

여가시간 흥미 은퇴에 있어 또 다른 이유는 직장 밖에서의 생활이 천직인 경우이다. 취미, 레크리에이션 그리고 활발한 사회적 생활을 가진 근로자들은 그렇지 않은 사람에 비해 더 일찍 퇴직하는 경향이 있다. 그리고 여행을 즐기고 집안 개선 프로젝트를 즐기는 사람들은 은퇴에 더욱 혈안이 되어있다.

은퇴 효과

은퇴 후에는 어떤 일이 일어나는가? 삶이 통째로 변화하는가? 건강이 쇠약해지는가? 대부분의 성인에게 확실한 사실은 은퇴는 그 자체로 생활방식, 건강, 활동 혹은 태도에 거의 영향을 미치지 않는다.

소득 변화 미국 내 65세 이상 성인은 다양한 수입원을 가지는데, 주된 것은 사회보장제도로 은퇴한 사람의 평균 수입의 약 37%를 차지한다. 〈그림 7.6〉은 수입의 다양한 원천을 보여준다(Federal Interagency Forum on Aging-Related Statistics, 2012). 수입(earning)은 일을 해서 얻는 것이다. **연금**(pension)은 사기업, 주, 지역 혹은 연방정부, 군 혹은 401(k)s와 같은 개인의 은퇴 계좌에서 비롯되는 것이다. 자산(asset)은 저축 이자, 주식 분배 그리고 부동산 대여로 발생한 수입이다.

이 자료는 은퇴한 성인의 소득과 그들의 은퇴 이전 소득과의 차이에 대해 말해주지 않는다. 은퇴 생활이 시작되면서 보통 소득이 줄어들기는 하지만, 이것이 그들의 은퇴 후 생활에 부정적인 영향을 갖지는 않을 것이다. 많은 이가 집을 소유하고 있고, 더 이상 대출금 상환을 하지 않으며, 자녀들이 일을 시작하면 건강보험에 들 수 있고(따라서 잠재적으로 건강보험 부담이 감소하며), 또 시니어 시민을 위한 많은 특별한 혜택을 누리게 된다. 이러한 요소들을 모두 계산해본다면, 당신은 많은 은퇴자가 은퇴 후에 약간의 지출만을 하며 생활한다는 것을 발견할 것이다. 미국에서 어떤 노인 성인의 수입은 실제로 은퇴 후에 증가하는데, 이는 사회보장제도와 다른 정부 보조

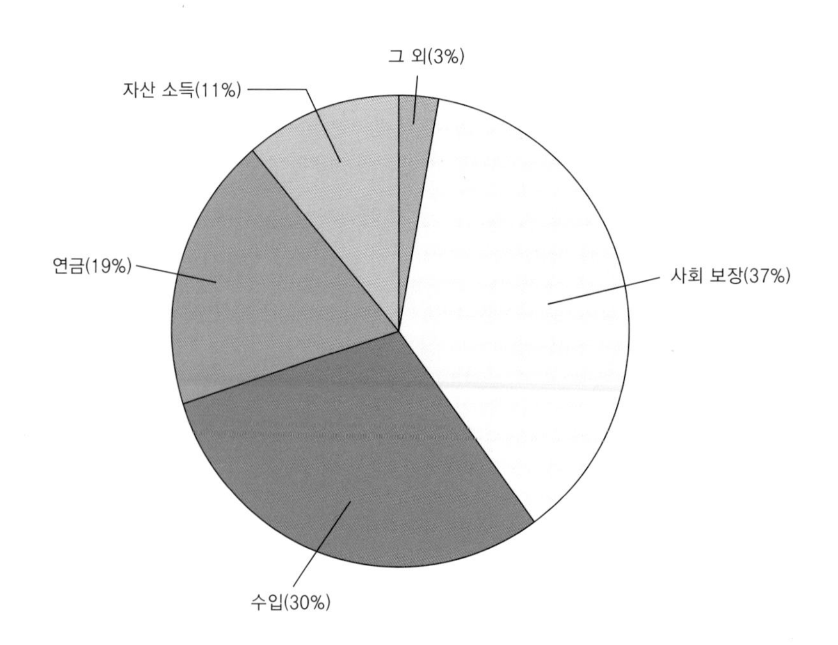

:: 그림 7.6
미국 내 65세 이상 성인들에게 수입의 가장 큰 원천은 사회보장 혜택이다(수입의 37% 차지).
출처 : Federal Interagency Forum on Aging-Related Statistics (2012)의 자료.

결과가 그들이 일하면서 벌어들인 소득보다 더 크기 때문이다.

미국 노인의 경제 상황에 대한 낙관적인 보고는 지난 수십 년간에 걸친 미국의 사회보장제도 혜택 개선 때문에 가능한 것이다. 게다가 미국 노인의 경제적인 위상이 최근 다른 어떤 연령 집단보다 더욱 개선되었다. 〈그림 7.7〉에서 볼 수 있듯이, 1996년 65세 이상 인구 가운데 빈곤층 사람들의 비율은 28.5%였다. 우리가 가진 가장 최신 자료에 따르면, 2010년 노인 인구 가운데 빈곤층은 9%였다(Federal Interagency Forum on Age-Related Statistics, 2012).

여성은 남성보다 은퇴에 대해 더 많은 계획을 할 필요가 있다. 여성은 은퇴 시까지 전형적으로 더 낮은 급여를 받고 더 적게 일하며 남성보다 수명이 길다.

하지만 은퇴와 함께 소득이 감소하는 것에 대해서는 지나치게 비관적이고, 은퇴한 사람들의 빈곤율에 대한 것은 지나치게 낙관적이다. 공식적인 빈곤선 이하($11,490/ 2013년 1인 가구 기준)인 사람들은 감소했을지라도, 여전히 상당한 비율이 빈곤선과 빈곤선 상위 25%($ 14,363/년) 사이에 있는 '차상위층'으로 불리는 범주에 포함된다. 사실 이 집단에는 노인 인구가 압도적으로 많다(U.S. Department of Health and Human Service, 2013). 더 큰 문제는 이 노인들의 경우, 빈곤선 이하의 수입을 가진 사람들을 지원하기 위한 많은 특별 프로그램 자격에 해당하지 않아서 노인 인구 중 어떤 하위집단보다도 여러 방식으로 경제적 곤란을 겪고 있다.

높은 연령대에서 나타나는 빈곤은 모든 인종과 성별에 걸쳐 평등하게 분포되어있지 않다. 노인 여성은 노인 남성에 비하여 2배 이상 빈곤하며, 흑인과 히스패닉 노인은 백인 노인보다 더욱 가난한 경향이 있다. 이 두 가지 요소를 함께 고려하면 우리는 가장 빈곤한 집단이 65세 이상으로 혼자 사는 흑인계 미국인 여성임을 알 수 있다. 이 집단의 43%는 빈곤선 이하이며, 54%는 빈

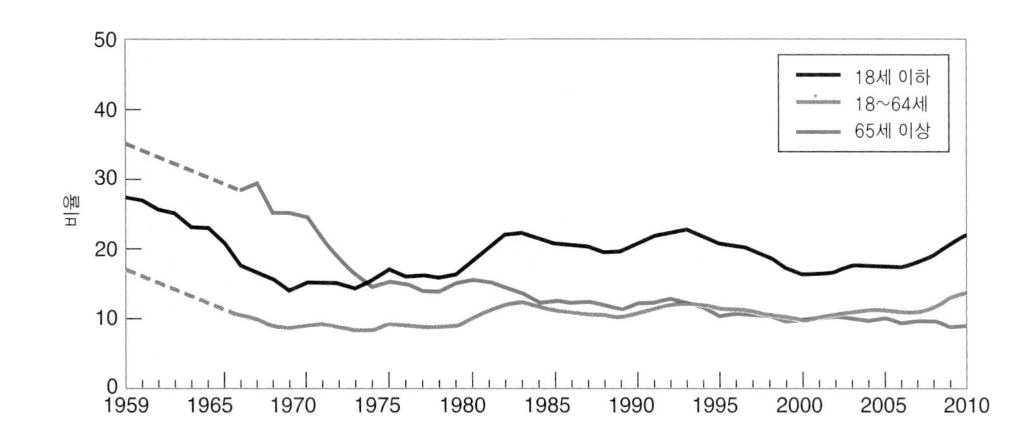

:: 그림 7.7

빈곤층 노인 인구(65세 이상)는 1970년 중반 이래 천천히 감소하였다. 하지만 아동(18세 이하) 비율은 증가하였다. 일하는 성인들(18~64세)은 상당히 안정적이었다.

출처 : Federal Interagency Forum on Age-Related Statistics (2012).

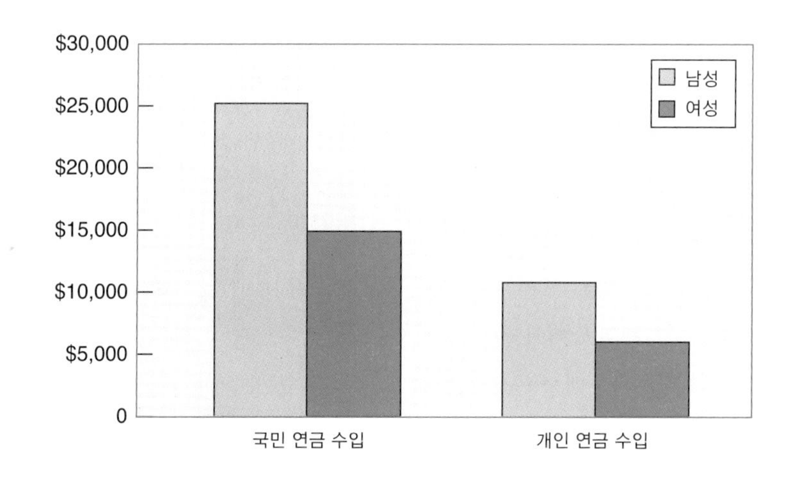

:: 그림 7.8
65세 이상 여성은 남성에 비하여 개인 연금, 국민 연금 모두 상당히 적게 받는다.

출처 : AARP (2012).

곤선 상위 25%의 수입을 갖는 '슬럼화 지역(twilight zone)' 이다. 마지막으로, 여성은 남성보다 오래 살기 때문에, 노인 여성이 남성보다 많고, 그래서 빈곤 노인의 약 2/3가 여성임을 알 수 있다(Costello, Wight, & Stone, 2003).

특히 노인 빈곤층의 대부분을 남성보다 여성이 차지하는 것은 빈곤의 여성화(feminization of poverty)로, 이는 많은 것을 초래한다. 명백한 한 가지는 많은 노인 여성이 홀로 남겨졌다는 것이다. 미국의 사회보장제도 규칙은 여성이 미망인이 되면 자신의 사회보장 혜택과 남편의 사회보장 혜택 가운데 어느 쪽이든 높은 것의 100%를 받게 되어있다. 이것은 굉장히 좋은 혜택으로 보이지만, 사실 가계소득은 지속적으로 줄어든다. 남편이 살아있었을 때에는 배우자 모두가 연금을 지원받는다. 남편이 죽으면 단지 하나의 연금만을 받게 되고, 홀로 남겨진 미망인의 총 수입은 이전 가계 수입의 절반과 2/3의 어디쯤 위치하게 된다. 심지어 집세, 세금과 같은 지출은 그대로인 경우가 많다. 이것이 많은 여성을 빈곤하게 만든다(Gonyea & Hooyman, 2005).

노인 여성이 미망인이거나 혼자 살기 때문에 빈곤층이 되기 쉽다고 생각하는 것은 너무 단순한 생각이다. 노인의 빈곤층 성별화는 완전한 성차에서 비롯된 것으로, 여성이 전생애에 걸쳐 경험해온 것이고 이후 자신의 여생에서 그 효과를 경험하는 것이다. 현재 노인 여성 코호트는 성인기 동안 덜 일하는 경향이 있고, 만약 일을 하더라도 개인연금 계획에 덜 관여하며, 그들의 남성 동료보다 낮은 급여를 주는 곳에서 더 많이 일하는 경향이 있는데, 이 모든 것은 은퇴 후 수입에 영향을 미친다. 내가 이미 언급한 사실, 그러니까 자녀를 기르거나, 집안의 노인을 돌보기 위해 여성이 직장을 나오는 것에 의해 발생한 결과이다. 그리하여 여성은 연금을 덜 받는 경향이 있고, 만약 그들이 연금을 받는다면 그 수준은 남성이 받는 것보다 적다. 이는 65세 남성과 여성이 연금으로부터 얻는 소득의 중앙치를 보여주는 〈그림 7.8〉에서처럼 개인 소득에서 성차를 발생시킨다. 여성의 소득은 남성 소득의 약 40% 수준이다(AARP, 2012).

결혼한 여성에게 하나의 위안은 그들 남편의 상당한 소득을 공유할 수 있다는 것이지만, 은퇴 여성 절반은 미망인이거나, 이혼을 했거나, 미혼이기에 이러한 '공유'는 비현실적인 측면이 있다. 젊은 여성에게 또 다른 위안은 이러한 상황이 일을 계속하거나, 경제적 결정에 관여해온 여성 코호트에서는 필연적이지 않다는 것이다. 희망하건데, 곧 은퇴 연령에 다다르는 여성 코호트는 개인 소득을 보다 동등하게 분배해야 한다. 우리가 주-지원 가족 휴가 정책(state-supported family leave policy)과 오랫동안 가족을 중심으로 살아온 여성을 위한 다른 재정적 지원을 가지고 있다면 좋겠지만, 전망은 긍정적이지 못하다. 자녀 돌봄이든 혹은 가족 내 돌봄이 필요한 성인 때문이든, 가족 때문에 자신의 소득과 커리어 기회를 한정지은 여성의 경우, 현실이 무엇인지를 보고, 자신의 경제적 계획에 적응한다면 노후 문제는 어느 정도 상쇄될 것이다. 빈곤의 여성화는 오늘날의 젊은 성인들이 은퇴 연령에 도달할 때쯤이면 옛날 이야기가 될 것이다.

여기에 제시한 많은 통계로 인하여 기운이 빠지고, 또 노인의 경제적 상황에 대해 매우 부정적인 인상을 가지게 되었을 것이다. 하지만 시작할 때 제시했던 두 가지 측면의 정보를 기억하라. 평균적으로, 노인의 소득은 은퇴 시기에 아주 약간만 감소하며, 미국 내 노인들은 과거 어떤 시기보다 경제적으로 더 낫다.

거주지 변화 또 다른 은퇴 효과 중 하나는 어디에서 살 것인지에 관한 선택 사항이 늘어난다는 것이다. 더 이상 일에 매이지 않게 될 때, 당신은 자녀와 가까운 곳 혹은 보다 따뜻하고 날씨가 좋은 남쪽으로 이사하는 것을 결정할 수 있다. 이 연령대 얼마나 많은 사람이 이동하는가? 가장 최신의 인구 조사는 55세 이상 약 20%의 사람들이 1995~2000년 사이에 이주하였다는 것과(U.S Census Bureau, 2003), 이들 중 대부분이 같은 지역 내 새로운 거주지로 이사하였다는 것을 보여준다. 단지 약 4%가량만이 그 시기에 다른 주로 옮겨갔다(그리고 그 수는 2010년과 2011년에 유의하게 감소하였는데, 이는 경기 불황과 부동산 시장의 침체 때문이다). 매우 적은 수의 집단일지라도, 거주지 변화는 노인에게는 생애 변화 사건이고, 주요한 결정이다.

국내 이주(domestic migration)를 하는 사람들 가운데 19%는 다른 주로 이동하거나, 다른 지역으로 옮겨간다. 뉴욕, 일리노이 그리고 캘리포니아에 사는 대부분의 노인들이 이주를 한다. 최종 목적지는 플로리다, 애리조나 그리고 네바다이다. 국내 이주의 대부분은 날씨에 의해 설명된다. 노인들은 따뜻한 날씨를 가진 지역으로 이주한다. 유럽도 이와 비슷하다. 은퇴 연령에 사람들은 남쪽으로 이주하고, 유럽 연합국 간의 여행 제한이 완화되면서 영국 연방(Great Britain) 사람들은 스페인, 포르투갈, 그리스, 몰타로 이주한다(Longino & Bradley, 2006).

사회학자 Charles Longino(2001)는 따뜻한 지역으로 이주해가는 행동 그리고 실외 활동을 하기 위해 이동하는 것을 **편의 이동**(amenity move)이라 하였다. 반면에, '집으로 돌아가는' 나이 든 퇴직자들은 보통 자녀 및 친근한 환경에 가까운 곳으로 이동하는 **친족 이동**(kinship move)을 한다. 친족 이동을 하는 18%는 그 이전에 편의 이동을 한 사람들이다. 마지막으로 누군가는 지역 사회 안에 있는 보조 시설 혹은 요양원으로 이동하기도 한다. Longino의 표현으로 이는 **시설 이동**(institutional move)이다.

인구조사에 나타나지 않은 하나의 큰 집단을 남플로리다 사람들은 계절성 이주(seasonal migration) 혹은 '피한객(snowbirds)'이라고 부른다. 내 친척 가운데 은퇴한 사람들은 남쪽과 남서쪽의 따뜻한 겨울을 즐기지만, 자신의 집을 떠나 완전한 이동을 하는 것은 원하지 않는다. 그들은 햇빛 속에서 겨울을 보내고, 자신이 거주하던 주에서 여름을 보내며 이 둘을 구분한다. 계절성 이주는 백인이고, 건강하고, 교육 수준이 높고, 70대이고, 기혼인 경향이 있다. 이들 대부분은 북쪽에 집을 소유하고 있고, 놀랍게도 80% 이상이 겨울 거주지 또한 소유하고 있다. 플로리다 피한객의 2/3가량이 적어도 10년간 매해 지역을 이동하였다(Smith & House, 2005).

피한객들이 더 나이가 들면 어떤 일이 일어날까? 그들은 연중 내내 '집에 돌아가서' 머무른다. 아주 적은 수만이 지속적으로 휴가를 재배치한다. 그들의 건강이 쇠약해지는 만큼 그들의 방문 기간은 짧아지고, 마침내 이동을 더 이상 할 수 없거나, 그들 중 하나가 사망했을 때 계절성 머무름은 마지못해 끝나게 된다.

완전한 은퇴에 대한 대안

사회학자 Sara E. Rix(2011)는 노인 근로자들이 은퇴 시까지 보통 전일제로 일하고, 그 다음 전혀 일하지 않는 것은 옳지 않다고 말한다. 전일제 근무에서 전일제 은퇴로 가는 대부분의 노동자들은 다양한 유형의 과도기적 고용 단계로 가야한다. 다음 부분에서 완전한 은퇴에 대한 대안책들을 언급하겠다.

은퇴를 피하기 우리는 심지어 연금을 가지고 편안한 생활을 하고 있음에도 일하는 것을 즐기고, 은퇴 연령에 다다를 때까지 계속해서 일하는 중년들을 알고 있다. 65세 이상 1/3의 사람들이 여전히 노동 인력에 포함된다는 것을 보여준(Toosi, 2012) 〈그림 7.4〉를 떠올려 보아라. '은퇴를 피하는 사람'들은 종종 자신의 개인적인 삶을 자신의 전문적인 삶과 병합하여 학업과 같은 전문 분야에서 높은 교육을 받은 사람들이고, 그들은 자신의 일에 높게 동기화되어있고, 관여되어있다. 많은 이가 자신과 유사하게 전문성을 가진 배우자를 맞이하고, 일에 대한 헌신을 함께 공유한다. 가능한 한 오래 일하는 또 다른 그룹 – 저임금과 낮은 교육 수준으로 적은 소득을 갖는 노동자들 – 은 스펙트럼의 완전 반대에 있다. 종종 그들은 사회보장제도 외에 은퇴연금을 가지고 있지 않아 쉽게 은퇴를 할 여유가 없다.

일터로 돌아가는 것 많은 수의 노동자가 은퇴를 하고 나면, 은퇴 후 특정 시점에 완전히 다른 직업을 갖거나 혹은 유사한 일이지만 다른 회사로 들어가 노동 시장으로 다시 재진입한다. 앞서 은퇴의 예시로 사용한 우리 할아버지는 은퇴 후 다시 일을 하였다. 금시계를 받으며 은퇴를 한 몇 년 뒤에, 그는 우리 아버지가 새롭게 시작한 배관 사업을 위해 일하였다. 할아버지는 우리 아버지와 8년간 일하며, 사업이 살되도록 돕고 그 후 나시 은퇴하였다. 은퇴 후 다시 일터로 돌아가는 것은 노동 인구에서 한 번 퇴장했던 노인 근로자들의 약 25%에 의해 행해졌다(Maestas, 2007). 이유 – 수입의 필요성, 외로움, 쓸모 있다는 느낌, 쉼 없음 – 는 무수히 많다. 심지어 어떤 사람들은 두 번째 은퇴 시에 다른 시도를 하여 세 번째 일로 돌아가기도 한다.

점진적 은퇴 시간제 직업이나 스트레스가 적은 전일제 직업 같은 가교 직업(bridge job)을 갖는 것도 은퇴의 한 가지 대안이 된다. 이는 은퇴한 남성의 45%가 이미 행한 것으로 특히 경찰, 군인 그리고 정부와 관련된 직업에서 일찍 은퇴한 사람들이 그러하다. 종종 이 일들은 그들의 커리어와 연관되어있기도 하다 – 예를 들면 경찰관은 보안 요원으로 일하거나, 작은 마을의 경찰관으로서 일한다. 다른 이들은 그들의 지식과 전문성을 교실에 쏟아 넣어 교사가 된다. 몇몇은 슈퍼마켓의 계산원이나 할인점에서 손님을 맞이하는 사람으로서 사회적인 상호작용을 즐긴다.

이런 가교 직업은 전일제 일에 비하여 적은 임금과 적은 혜택을 제공한다는 점에서 불리하다. 연구들은 노동 인력에 남아있는 노인들이 젊은 노동자에 비하여 더 나은 교육을 받고 건강하며 부유하지만, 돈은 덜 받는데 이는 아마도 노인들이 높은 임금을 짧은 노동 시간 및 유연성과 교환했기 때문일 것이다(Johnson, Kawachi, & Lewis, 2009).

은퇴한 사람들에게 인기 있는 대안책은 자영업을 하는 것이다. 상당수의 자영업자들이 50세 이후 사업을 시작하는데, 이는 짐작건대 가교 직업 혹은 취미를 수입-생산 활동으로 전환하는 것이다(Rix, 2011). 예를 들어 우리 시아버지는 작은 뉴잉글랜드 마을에서 경찰관으로 일하고 은퇴한 후 자신의 집 근처에서 잔디 관리를 시작하였다. 사실 그는 예전부터 마당에서 일하는 것을 언제나 즐거워했지만, 대가족을 부양하기 위해서 직업으로 고려하지 않았었다. 은퇴 후 그는 매사추세츠에 있는 '그의 잔디'에서 봄과 여름 동안 일주일에 며칠을 보내곤 했다. 가을이 오면 그는 나뭇잎을 갈퀴질 한 후 플로리다로 향하고, 그 후 북쪽에서 비료 판매를 시작하는 봄이 오면 다시 돌아간다.

자원 봉사 병원, 학교 혹은 박물관에 방문한다면, 은퇴 후 자신의 시간을 지역사회에 기부하는 은퇴자들을 만나게 될 것임을 확신한다. 미국 내 55세 성인의 1/4, 그들 중 대부분은 은퇴를 했고, 자신의 시간을 다양한 지역사회 서비스에 봉헌한다(U.S. Bureau of Labor Statistics, 2013f). 이 사람들이 참여하는 조부모 지원 프로그램(National Senior Service Corp, 은퇴자 및 노인 자원봉사 프로그램으로 – RSVP 노인 동반 프로그램을 포함)의 자원봉사 인력은 55세 이상에서 33만 7,000명 이상이다. 그들은 아동을 위한 개인 지도, 상담, 돌봄을 제공한다. 노쇠하고 늙은 사람을 위해 사회적 지지와 도구적 지원을 제공한다. 그리고 헌혈 캠페인과 건강 인식 세미나와 같은 지역사회 프로젝트의 스태프로 활동한다(National Senior Service Corps, 2012).

은퇴에서 자원봉사는 서로 좋은 것이다. 대부분의 횡단 및 장기연구에서 자원봉사를 하는 노인은 모든 웰빙 지수 – 행복, 생활 만족도, 자존감, 자기통제, 신체적 건강 그리고 장수 – 에서 높은 점수를 받았다(Cutler, Hendricks, & O'Neil, 2011). 일본(Sugihara, Sugisawa, & Harada, 2008), 호주(Windsor, Anstey, & Rodgers, 2008) 그리고 이스라엘(Shmotkin, Blumstein, & Modan, 2003)의 노인을 대상으로 한 다른 연구들도 유사한 결과를 보여준다. 자원봉사를 함으로써 노인들이 얻는 이점은 다른 연령대의 사람들이 얻는 이점보다 더 크다. 어떤 이들은 이것이 그들 삶에서 부모, 배우자, 근로자로서의 역할을 상실하는 것으로 인한 어려움을 상쇄시키는 것을 돕기 때문이라고 추측한다(Greenfield & Marks, 2004).

단계적 은퇴 전일제 근무에서 은퇴로 단계적으로 이동하는 것은 고용주들이 고안한 것으로, 시니어 근로자에게는 선택안으로 제시된다. 이는 미국보다는 일본과 몇몇의 유럽 국가에서 보다 보편적이다. 회사가 정년퇴직 연령을 정하는 일본에서는 근로자들이 퇴직 연령에 도달하면 그들에게 일시불 퇴직금 합의가 제안된다. 이때 선택안은 (1) 완전히 일터를 떠나는 것, (2) 가족 사업에 합류하거나, 자영업을 시작하는 것 혹은 (3) 같은 회사에서 낮은 임금을 받으며 시간제로 일하는 것(Usui, 1998)이다.

이러한 은퇴 계획이 근로자에게 주는 이점은 명확하다. 퇴직금을 받지만, 직장에서 제외되지는 않는다. 그들은 여전히 자부심을 느끼고, 일을 함으로써 사회적 지지를 받고, 더 많은 자유 시간을 갖는 대신 시간제로 일하는 것과 같은 소득을 얻는다. 고용주들은 최고 수준의 근로자들을 낮은 임금으로 고용하면서 회사의 어떤 부서이든 도움이 필요한 곳에 이들을 사용하고, 종종 멘토나 분쟁 중재자로의 역할을 맡기기도 한다. 보다 자유로운 전일제 젊은 근로자들과 달리 이렇게 가치 있는 시니어들을 직장에 데리고 있는 것은 전반적으로 큰 이점이다.

우리는 이를 단계적 은퇴(phased retirement)라고 부르는데, 이는 나이 든 근로자들이 시간제로 일하며 은퇴를 준비하는 상황이다. 이러한 상황에서 근로자는 아마도 은퇴 혜택을 일부 받으면서도, 여전히 고용되어있다. 하지만 여기에는 세금 문제가 포함되기에 근로자는 보통 공식적으로 은퇴를 하고, 새로운 능력을 가진 근로자로 다시 고용된다. 따라서 이 과정에서 근로자로서 얻는 이점을 상실할 위험이 있다. 그럼에도 만약 이것이 능력은 감소했지만, 급여 대상자로 여전히 남아있으면서 연금 혜택도 받을 수 있는 것을 의미하는 한 근로자들은 단계적 은퇴를 선호한다. 그래서 이는 가까운 미래에 미국 회사들에서 보다 쉽게 찾아 볼 수 있을 것이다.

마무리

〈표 7.3〉에 성인기 진로 변화에 대해 정리해놓았다. 은퇴한 남녀에게 그들 생애 중 어떤 단계가 최고였는지 묻자 자신의 은퇴 시기에 대한 확실한 준비를 마친 사람들의 75%는 지금이 가장 최고라고 응답하였다. 많은 준비를 하지 못한 사람들 가운데 단지 45%의 사람들만이 현재 단계를 최고라고 표기하였다(Quick & Moen, 1998). 이 주제에 관해 다룬 모든 것을 고려하면, 성공적인 은퇴를 위한 가장 중요한 세 가지 요소는 계획, 계획, 계획이다.

:: 표 7.3 성인기 관계의 변화

18~24세	25~39세	40~64세	65~74세	75세 이상
직업 흥미는 10대만큼 이른 시기부터 성인 진입기 동안 존재함. 직업 흥미를 포함하는 단계에서 정체감은 성취됨	첫 직장, 전공 혹은 직업 훈련을 선택하는 과정에서 직업 흥미가 작용함. 직업 흥미와 일치하는 좋은 직업을 찾을 때까지 그리고 커리어가 자리 잡을 때까지 변화는 계속됨.	중년 성인은 보통 계속 같은 진로를 유지하지만, 그들이 발전하는 것처럼 고용주도 변화함. 어떤 근로자들은 40대 혹은 50대 초반에 해고로 인하여 새로운 직업을 가짐. 50대 후반이나 60대 초반에 해고를 당한다면, 조기 은퇴를 택하는 경향이 있음.	점점 더 많은 근로자기 전통적인 은퇴 연령을 넘어 자신의 커리어를 계속 유지함. 어떤 이들은 자신의 주요 직업을 떠나 스트레스가 적거나, 더 적은 시간 동안 근무하는 가교 직업을 가짐. 다른 이들은 자원봉사자로서 자신의 기술과 전문성을 발휘함. 이 연령대의 어떤 근로자들은 은퇴를 한 후, 다시 직장으로 돌아가는데, 이는 그들의 건강과 은퇴 비용에 따라 달라짐.	소수의 사람들만이 70대 후반 이후에도 계속해서 일을 함.자신의 일을 즐기기 때문인 경우도 있고, 수입이 필요하기 때문인 경우도 있음.
남녀 모두 시간제 일을 하거나, 성인기 직업과 관련되지 않은 초보적 수준의 일을 함.	남성은 전일제 근무로 시작하여 은퇴 시까지 이를 유지함. 여성은 자녀를 갖거나, 양육하기 위하여 전일제 노동시장에 드나들기를 반복함.	자녀들이 집을 떠나는 것은 여성으로 하여금 새로운 진로를 시작하도록 하거나, 이미 하던 일에서 새로운 책임을 맡도록 함.	여성은 남성보다 더 이른 나이에 은퇴함. 그들은 미망인이 되는 경향이 더 높고, 남성보다 낮은 은퇴 수입을 가지며, 더 많은 만성 건강 질환을 경험함. 여성이 빈곤선 이하에 속하는 경향이 더 높은데 특히 흑인 여성에게서 두드러지는 특성임.	이 연령대에는 여성 미망인이 압도적으로 많음. 전생애에 걸쳐 경험한 성 불평 등이 이 단계에서 많은 결과를 불러 일으킴. 좋은 경제적 수준을 유지하는 사람들과 지지적인 가족들이 있는 경우 더 나은 결과를 가짐.
직업 수행은 일정치 않음	직업 수행은 경험과 함께 증가함. 남성에게는 가족에 대한 의무도 증가함.	신체적 · 인지적 능력에서 감소가 일어남에도 불구하고, 전문성으로 인하여 직업 수행 수준은 높음.	높은 수준의 관습을 유지하는 전문가의 경우 직업 수행 수준은 높음.	대부분은 적절하게 기능하 지만, 젊은 노동자에 비해 기력 부족, 체력 저하가 나타남.
직업-가족 상호작용이 시작됨.	이 시기 직업-가족 맞교환이 어렵기 때문에, 대부분의 커플은 진로, 결혼, 양육을 모두 하게 된다.	직업-가족 맞교환이 보다 쉬워짐. 하지만 이 시기는 노인이 된 부모님을 돌보는 것 혹은 손자를 대신 양육하는 것을 포함하기도 함.	어떤 노인 근로자들은 자신의 직장을 떠나 배우자를 돌보는 일을 하기도 하지만, 가족에 대한 책임이 일을 방해하는 일은 거의 없음.	극소수의 사람들만이 평가를 위해 일을 함.
은퇴에 대한 생각은 적음.	아주 일부만이 장기적인 경제 계획을 세움.	40대와 50대 초반에 은퇴를 위한 준비가 시작되는데, 이는 특히 남성에게서 두드러짐.	이 연령대의 사람들은 사회보장제도와 의료관리 혜택을 받을 자격을 갖게 되지만, 보통의 시니어들은 수입의 60%를 다른 출처에 의존함. 여성은 남성보다 은퇴 수입이 적음.	이 연령대의 많은 이들은 최소 한 번(혹은 두 번)의 은퇴를 이미 경험함.
대학이나 군대를 위해 거주지를 이동함.	이 연령대에서 거주지 이동은 보통 이직과 관련됨(혹은 배우자의 이직).	몇몇의 조기 퇴직자들은 여가 생활을 할 수 있는 따뜻한 지역으로 편의 이동을 함. 다른 이들은 '피한객'이 됨.	건강한 몇몇은 노후 주거지에 계속 살거나, 겨울에는 다른 곳으로 이동함. 건강이 악화된 사람들은 가족과 가까운 곳으로 이주해 감.	어떤 이들은 요양시설 혹은 전문요양 시설에 입소하지만, 대부분은 자신의 집에 거주함.

Summary

요약

01 대부분의 성인에게, 커리어는 전일제 근무와 시간제 근무, 가족을 책임지기 위하여 잠시 시간을 내는 것, 은퇴 그리고 근본적으로 은퇴 추구로 일생 동안 지속된다.

02 여러 세기 동안 직업심리학에서 주요 이론은 Donald Super의 전생애/생활공간 이론이다. 그의 모델은 진로 단계와 각 단계에서 반드시 달성해야 하는 과업을 보여준다. 진로는 삶의 다른 역할들과 함께 통합되어야만 한다.

03 여성과 남성의 전형적인 진로 경로에서 성차가 있다. 여성은 전일제로 일하는 경향이 적으며, 노동시장에 들어왔다 나갔다 하는 경향이 더 많고, 남성에 비하여 시간제로 일하는 경향이 있다. 그 결과 여성은 낮은 소득, 승진에서 적은 기회, 근로 기간 동안 낮은 혜택, 그리고 남성보다 적은 은퇴 소득을 갖는다.

04 잘 알려진 진로선택이론은 John L. Holland의 것으로, 그는 자신의 직업 흥미와 맞는 직업 환경에 있는 사람들이 가장 행복하다고 제안하였다. Holland는 직업 흥미의 다섯 가지 유형으로 사람들을 평가하는 검사를 개발하였다.

05 성인 진입기는 정체성 성취의 시기로, 젊은이들은 정체성의 큰 부분을 차지하는 진로 결정 과정에서 정체감 혼란, 유실, 유예 그리고 관여를 거친다.

06 성차는 진로 선택에서 큰 요인이다. 남성과 여성 모두 성별에 적절한 것으로 정의되는 고정관념적인 진로를 선택하는 경향이 있다. 불행하게도, '여성'의 직업은 '남성'직업에 비해 보통 임금이 적고, 또 더 적은 혜택과 승진 기회를 갖는다. 비전통적인 직업을 선택한 남성과 여성에 관한 연구는 진로 선택 과정에서 유용한 통찰을 제공한다. 다른 요인들은 가족 영향과 유전이다.

07 신체적 · 감각적 · 인지적 쇠퇴가 연령의 증가에 동반된다 할지라도, 실제 직업 수행을 측정하면 연령 관련 쇠퇴는 나타나지 않는다. 하나의 설명은 노인의 전문성이 능력의 쇠퇴를 상쇄한다는 것이다.

08 젊은 근로자들에 비하여 노인 근로자들은 자신의 직업 생활에 대하여 더 많은 만족을 표한다. 소모, 코호트 효과 그리고 각 집단이 가진 직업 유형뿐 아니라, 이를 설명하는 많은 요인이 있다.

09 직업 스트레스는 개인에게 소진을 포함하는 부정적인 영향을 미칠 수 있는데, 직업을 갖지 않는 것은 더욱 심각할 수 있다. 실업은 대부분의 성인에게 심각한 삶의 위기인데, 심지어 다른 연령보다 중년기 근로자들에게 더욱 심각하다. 심지어 실직 가능성도 스트레스가 많은 반응을 초래할 수 있다.

10 결혼은 남성과 여성 모두의 직업 수행과 목표를 증가시키는 것으로 보인다. 근무 조건은 결혼 안정성에 영향을 미칠 수 있다. 이혼율은 한 명의 배우자가 야간 교대 근무를 하거나 아내가 교대 근무를 하는 상황과 관련되어있다.

11 남성은 자녀가 늘어날수록 더욱 일하는 경향이 있다. 여성은 자녀가 늘어날수록 덜 일하는 경향이 있다. 엄마가 직장에 가는 것은 자녀의 웰빙에 일방적으로 영향을 주지 않는다. 보다 중요한 요인은 가정 환경, 주간보호의 질, 부모의 결혼생활 그리고 엄마의 고용 안정성이었다. 아마도 직장은 오늘날 가족의 현실에 맞게 여러 방안을 변화시킨다.

12 모든 근로자의 1/4이 넘는 사람들이 노쇠하였거나 장애를 가진 성인 가족 구성원의 보호자이기도 하다. 직장은 이러한 현실에 맞춰 여러 방안을 변화시켜야 한다.

13 직장에서 전일제로 일하는 엄마는 일과 일 관련 활동에 조금 더 많은 시간을 쓰는 그들의 남편에 비해 조금 더 많은 시간을 자녀 돌봄과 가사일에 사용한다. 한 명의 파트너가 시간제로 일하거나, 전혀 일하지 않을 경우, 가사일에서 성별 구분은 보다 전통적이다.

14 은퇴를 결정하는 데 영향을 미치는 많은 요인들이 있다. 재정, 건강, 가족, 커리어 관여, 그리고 여가 시간 흥미 같은 것이다.

15 대부분의 사람들에게 은퇴는 약간 낮은 소득뿐 아니라 동시에 낮은 지출 비용도 가져온다. 은퇴 후에 남성보다 더 많은 여성이 빈곤에 시달린다. 이는 부분적으로 여성이 장수하기 때문이기도 하지만, 낮은 생애 소득, 연금 그리고 저축 때문이기도 하다.

16 누군가에게 은퇴는 다른 지역에 거주하는 거주지 변화 기회를 가져오거나, 따뜻한 지역으로의 계절성 이주의 시작을 가져온다.

17 노동 시장을 떠나는 비전통적인 방법은 은퇴를 피하는 것, 스트레스가 적은 직업을 갖는 것, 시간제로 일하는 것 그리고 자원봉사자로 일하는 것을 포함한다.

주요 용어

가교 직업	실업	국내 이주
가사노동	실직	직무 소진
계절성 이주	은퇴	직업적 성 분리
교대 근무	은퇴 관련 가치	직무 전문성
노동 인구	빈곤의 여성화	직업 흥미
능력/전문성 교환	직무 몰입	진로
단계적 은퇴	직업 불안정성	커리어 재순환
비전형적 학생	전생애/생활공간 이론	직업 관련 가치

관련 자료

[개인적 흥미를 위한 읽기 자료]

Bolles, D. (2014). *What color is your parachute? A practical manual for job-hunters and career-changers*. Berkeley, CA: Ten Speed Press.

이 책의 가장 최신판 표지는 이 책이 '전 세계 구직활동 관련 베스트셀러'라는 것을 분명히 보여주는데, 이는 사실이다. 지난 40년 동안 천만 권이 팔렸다. 연령이나 학부 전공과 상관없이 이 책은 당신을 위한 것이다. 미국 의회도서관은 최근 이 책을 인간의 삶을 변화시킨 책 top 25에 전쟁, 평화와 월든 호수(War and Peace and On Walden Pond)와 함께 포함시켰다. 이는 계속해서 업데이트 되었고, 그들의 능력, 커리어 상황 그리고 그들의 선택안을 평가하는 방식을 제공하였다. 나는 고등학교, 대학교 졸업생 혹은 단순히 커리어 변경을 생각하는 주변 사람들에게 이 책을 적어도 수십 권 주었다.

Spooner, J. D. (2014). *No one ever told us that: Money and life, letters to my grandchildren*. New York: Business Plus.

존경받는 재정 전문가에 의해 쓰여진 이 책은 젊은이들에게 일, 투자 그리고 전반적인 삶에 대한 중요한 부분에 대해 말해준다. 이 책은 학자금 대출과 신용카드를 사용하는 그리고 아마도 시간제 일을 가진 대학생들에게 최고의 책이다. 이 책은 설교나 강의가 아니다. 저자는 마치 할아버지와 같이 마음을 담아 독자들에게 이야기하고자 하며, 때때로 이야기를 통해 자신의 지혜를 전한다.

Milne, D. (2013). *The psychology of retirement: Coping with the transition from work*. Malden, MA: Wiley-Blackwell.

임상심리학자 Derek Milne은 심리학 이론, 연구 그리고 은퇴와 함께 문제에 직면한 자신의 환자들에 대한 사례 연구를 바탕으로 이 책을 저술하였다. 이 책은 명확하고, 매력적이며, 삶에서 은퇴 단계로 다가가는 어떤 사람에게든지 큰 도움이 될 것이다.

[고전 학술자료]

Super, D. E. (1957). *The psychology of careers*. New York: Harper & Row.

이 책은 Super의 전생애/생활공간 이론의 초기 형성에 대한 자신의 경험을 잘 이야기해준다.

Holland, J. L. (1973). *Making vocational choices: A theory of careers*. Englewood Cliffs, NJ: Prentice Hall.

Holland의 커리어 이론이 이 책에서 처음으로 소개되었다.

[현대 학술자료]

Reno, V. P., & Veghte, B. (2011). Economic status of the aged in the United States. In R. H. Binstock & L. K. George (Eds.), *Handbook of aging and the social sciences* (7th ed., pp. 175-191). San Diego, CA: Academic Press.

이 장은 미국 노인들의 경제적 상황, 2007년 경제 불황이 이 연령대 사람들에게 어떻게 영향을 미쳤는지, 미국 내 노인들이 전 세계에서 이들과 비슷한 집단을 비교하면 어떠한지 그리고 이 세대의 미래는 무엇인지를 전반적으로 다루고 있다.

Rix, S. E. (2011). Employment and aging. In R. H. Binstock & L. K. George (Eds.), *Handbook of aging and the social sciences* (7th ed., pp. 193-206). San Diego, CA: Academic Press.

이 장의 저자는 노인 근로자들이 일터에 남기 위한 혹은 최초 은퇴 이후 다시 일터로 돌아오는 것에 대한 최근의 경향을 설명한다. 그녀는 이러한 일이 발생하는 이유, 노인 근로자들이 담당하는 일의 유형 그리고 이 같은 경향이 일터에 어떤 변화를 가져올지를 설명한다.

THE JOURNEY OF ADULTHOOD

Chapter

8

성격

대가족에서 성장하는 것은 인간 행동의 다양성에 관한 종단적 정보에 즉각적으로 접근할 수 있게 해주는 것 같다. 모든 '가족 성원'의 인생 전 과정을 직접 다 관찰할 수는 없겠지만, 빠진 '정보'에 대해 알려주는 좀 더 나이 많은 친척이 항상 존재하는 법이다. 예를 들어, 여동생인 Rose가 어릴 때, 나는 우리 할머니의 손위 자매인 May 이모 할머니와 함께 항상 시간을 보냈었다. 이모 할머니는 은퇴한 교사로, 자녀가 없었고, 평생 결혼을 하지도 않았지만, 할머니네 집은 아이들에게 적합한 장소였다. 이모 할머니는 체스판, Scrabble 게임 그리고 소파 아래에는 도미노 세트도 가지고 있었다. 커다란 벤치용 그네도 있었고, 집에서 구운 쿠키도 무한정으로 제공되었으며, 물레와 가마까지 완벽히 갖춘 도자기 공방도 있었다 — 이곳은 이모 할머니가 가족들 중의 어린 아이들을 초대해서 '진흙 파티'를 열어주던 곳이다.

어느 날 May 이모 할머니 댁에서 신나는 하루를 보내고 온 뒤에, 우리는 엄마에게 May 이모 할머니는 자기 아이가 없었기 때문에 아마도 그렇게 인내심도 많고, 그만큼 더 노년기도 즐거우신 것 같다고 말했다. 그러자 어머니는 웃으면서 다음과 같이 말씀하셨다. "그건 아니란다. May 할머니는 항상 아이들과 잘 지내셨고, 항상 즐거우셨지. 나이가 그 사람의 기본적인 특성을 변화시키는 것은 아니란다. May 할머니는 엄마가 너희만한 나이일 때, 그러니까 할머니가 40대였을 때에도 '진흙과 쿠키' 파티를 열어주었단다. 그리고 너희 외할머니는 May 이모 할머니가 꼭 제2의 엄마 같다고 말씀하셨단다 — 항상 가족 내의 어린 아이들을 돌보고 아이들을 즐겁게 해주는 게임을 만들어 냈었지."

우리 어머니가 심리학자는 아니지만, 어머니는 자신의 개인적인 삶을 통해서 성격의 안정성에 관한 기본적인 개념에 대해 표현하셨던 것이다. 나는 우리들 대부분은 성격과 노화에 관한 자신만의 이론을 가지고 있다고 생각하는데, 그 중 일부는 우리 자신의 가족 안에서의 개인적 경험에 바탕을 둔 것들이고, 또 일부는 고정관념에 바탕을 둔 것들이다. 이 장에서는 이와 같은 복잡한 주제들에 대해서 살펴보고, 어느 정도 분류를 해야만 하는데, 때때로 우리의 개인적 이론을 지지하는 것도 있고, 또 때로는 그러한 이론에 반대되는 것들도 있다.

성격 구조

성격(personality)은 우리의 개별성을 규정짓는 비교적 지속적인 특성들로 이루어져 있으며, 우리가 환경 및 타인들과 상호작용하는 데 영향을 미친다. 성격 심리 연구는 특질, 동기, 정서, 자기(self), 대처기술 등의 매우 폭넓고 흥미로운 주제들을 담고 있다. 사실 이러한 주제들은 여러분이 심리학 과정을 처음 수강하기 전에 이 분야에 대해 생각했던 것들의 전부에 해당될 것이다. 성격심리학은 심리학에서 가장 오래된 전문 하위 영역 중 하나이며, 성인발달연구에 있어서도 매우 활발한 토론이 이루어지고 있는 분야이다. 주요 질문은 다음과 같다. 우리가 성인기와 노년기로 접어듦에 따라서 성격에 어떤 일들이 일어나는가? 이 질문에는 오로지 두 가지의 대답만이 있는 것 같다. 즉, 성격이 유지되거나 변화하거나이다. 그러나 40년이 넘도록 연구자들은 그 답이 그렇게 간단하지 않음을 보여주고 있다. 더 나은 답은, "그때그때 다르다."이다. 첫째, 어떤 종류의 연속성과 변화를 연구하느냐에 따라 달라진다. 그리고 우리가 관심을 갖는 성격 요인이 무엇인지에 따라 달라진다. 게다가 연구하는 성인의 나이와 그들의 삶의 경험, 유전자 구성 그리고 자료를 수집하는 방법에 따라서도 달라진다(Alea, Diehl, & Bluck, 2004). 이러한 주제를 다루는 동안 길을 잃어버리지 않도록, 정신을 바짝 차려야 할 것 같다.

이 주제를 공략하는 나의 계획은 먼저 성인기 전반에 걸쳐 성격이 안정적이라고 주장하는 특질 이론에 바탕을 둔 연구에 대해 다루는 것이다. 그런 다음, 성인기 동안 성격에 상당한 변화가 일어난다고 주장하는 전통적인 발달이론에 바탕을 둔 일부 최신 연구에 대해 이야기할 것이다. 나는 긍정심리학을 다룬 부분을 추가할 계획이며, 마지막으로는 이 모든 것에 대한 통합을 시도해볼 것이다. 대처 전략과 관련해서는 좀 더 자세히 언급할 필요가 있어서 이 주제는 따로 분리해서 제10장에서 다룰 것이다.

성격 특질과 요인

성격에 대한 초기 정의들은 여러분에게 익숙한 이름들인 Freud, Jung 그리고 Erikson과 같은 사람들로부터 시작되었다. 이들은 성격을 포함한 성인 삶의 다양한 측면들은 역동적이며, 전생애에 걸쳐 예측 가능한 방식으로 발달한다는 선세를 기본으로 가지고 있는 발달이론가들이다. 이 이론들 중 다수는 경쟁하는 힘들 간의 긴장 해소를 통해 발생하는 특정 연령대의 특유한 변화에 기초하고 있다(나는 성격에 대한 이와 같은 개념에 토대를 둔 최신의 연구들과 함께 해당 이론들에 대해서는 이 장의 후반부에 좀 더 자세히 논의할 것이다). 약 25년 전, 새로운 세대의 성격 심리학자들은 열정적인 지지를 받는 대중적 이론을 갖는 것만으로는 충분하지 않다고 주장하기 시작했다. 즉, 경험적으로 검증되고 타당화될 수 있는 성격 이론이 또한 중요하다는 것이다(MaCae & Costa, 1990). 그러므로 성격은 좀 더 정밀하게 정의될 필요가 있다. 가장 큰 문제들 중 하나는 경험적으로 연구되어야만 하는 '지속적인 특성'이 무엇인지를 결정하는 일이다. 기본 성격 특질(personality traits) 내지, 인간 종에게 나타나는 사고, 감정, 행동의 패턴이라는 것이 무엇인가?

▌비판적 사고

오늘 당신의 옷장 모습을 한번 떠올려 보라. '잘 정돈된–엉망인' 상태의 연속선상에서 어디쯤에 위치할까? 이것은 당신의 특성과 상태 중 어떤 것을 반영하고 있나?

성격 특질에 관한 한 가지 좋은 예는 사람들이 사회적 상황에서 전형적으로 어떻게 행동하는가 하는 것이다. 어떤 사람들은 내성적이고, 또 어떤 사람들은 외향적이다. 만약 당신이 잘 알고 있는 몇몇 사람들을 떠올린 뒤 그들이 다른 사람들과 주로 어떻게 어울리는지를 생각해본다면, 당신은 그 사람들을 가장 외향적인 데서부터 가장 내성적인 데에 이르는 연속선상의 어딘가에 배치할 수 있을 것이다. 그 연속체는 성격 특질을 나타내며, 해당 특질에서 그들이 어떻게 평가되고 있는지를 보여주는 외향성과 내향성 차원을 따라 당신 친구들이 위치하게 된다. 나는 성격 특질과, 좀 더 짧은 기간 동안의 개인의 성격 특성을 나타내는 개념인 성격 상태(personality sates)와의 혼동을 피하기 위하여, 여기서 전형적으로(typically)라는 용어를 사용한다. 만일 여러분이 제일 친한 친구와 다툰 후에 파티에 가게 된다면, 당신의 평상시의 외향적 성격 특질(trait)은 내성적인 성격 상태(state)에 의해 감소될 수 있겠지만, 그럼에도 여전히 당신의 성격 특질은 외향적이다.

1990년대 심리학에서 성격 특질은 새로운 개념이 아니었다. 오히려 너무 많았다. "수천 개의 용어, 수백 개의 척도들 그리고 연구자들 혹은 비평가들의 관심을 경쟁적으로 끌었던 수십 가지의 특질 체계들. 끝도 없이 많은 성격 특질이 있는 것처럼 보일 때, 노화가 성격 특질에 미치는 영향에 관해 어떻게 일반화를 시킬 수 있겠는가?(Costa & McCrae, 1997, p. 271)." 한 가지 해결 방법은 엄청난 수의 성격 특질들을 함께 나타나는 성격 특질들의 집합들인 좀 더 적은 수의 성격

:: **표 8.1** 성격의 5요인과 포함하고 있는 특질들

신경증 (Neuroticism, N)	성실성 (Conscientiousness, C)	외향성 (Extraversion, E)	우호성 (Agreeableness, A)	개방성 (Openness, O)
불안	능력	온화함	신뢰	공상
화난 적대감	질서 정연	사교성	정직	미학
우울	충실함	주장성	이타주의	감정
자의식	성취 추구	활동성	순응	행위
충동성	자기 절제	자극 추구	겸손	아이디어
취약성	신중함	긍정적 정서	부드러움	가치

출처 : McCrae & John (1992)에 기초.

비판적 사고

〈표 8.1〉에서 신경증 성격 요인에 속해 있는 하위 특질들을 확인해 보라. 높은 수준의 각 특질이 연인 간의 관계를 끝내도록 하는 데 어떤 식으로 기여할까? 우호성 요인에 속한 특질들은 관계에 어떠한 영향을 미칠까?

요인(personality factor)으로 제한하는 것이다. 예를 들어서, 겸손에서 높은 점수를 받는 사람이 또한 순응에서도 높은 점수를 받는다면(그리고 하나에서 낮은 점수를 받은 사람이 또 다른 하나에서도 낮은 점수를 받는다면), 겸손과 순응을 평가하는 검사는 아마도 동일한 것을 측정하는 것으로 보는 편이 타당할 것이다. 기본적인 질문은 다음과 같다. 다른 요인들이 몇 가지나 존재하는가?

성격 심리학자인 Robert McCrae와 Paul Costa(1987)는 오랫동안 의견이 일치되었던 두 가지 성격 차원인 신경증(Neuroticism, N)과 외향성(Extraversion, E)에서 출발했다. 요인 분석 절차를 사용해서 그들은 세 가지 다른 요인들에 대한 증거를 발견해냈다. 그것은 개방성(Openness, O), 우호성(Agreeableness, A), 성실성(Conscientiousness, C)이다. 그리고 이 작업이 바로 성격의 5요인 모델(five-factor model, FFM)이다(또한 이것은 Costa나 McCrae 어느 누구도 이 용어를 사용한 적이 없지만, 내가 알기로는 'Big Five Model'로도 알려져 있다). 그 이후 저자들은 검사 도구를 개발하고 개정했는데, 가장 최신 버전이 개정판 NEO 성격 검사(Revised NEO Personality Inventory)로 불린다. 이 검사는 여러 언어로 번역되어 사용되었으며, 다양한 배경을 가진 사람들에게서 유사한 결과를 도출해냈다. 기본적으로, 연구자들은 검사를 받은 사람들의 연령과 성별 혹은 문화적 배경에 상관없이, 사람들의 성격 특질이 대략 이 다섯 개의 요인들 혹은 성격 구조 패턴으로 나누어짐을 발견했다. 〈표 8.1〉에는 이 다섯 개의 요인들과 각 요인들의 일부 하위 특질들이 제시되어있다.

5요인 모델이 성격에 관한 유일한 요인 분석 모델은 아니며, NEO 성격 검사도 성격 특질을 평가하는 데 사용되는 유일한 검사는 아니다. 우리에게 익숙한 미네소타 다면적 인성검사(Minnesota Multiphasic Personality Inventory, MMPI), 캘리포니아 심리검사(California Psychological Inventory, CPI, Gough, 1957/1987), 16성격 요인 검사(Sixteen Personality Factor Questionnaire, 16PF, Cattell, Eber, & Tatsuoka, 1970) 그리고 기타 등등의 것들도 있다. 현재 5요인 모델이 일반적으로 사용되는데, 다른 검사들을 사용할 경우, 해당 요인들이 흔히 NEO 성격 검사의 용어로 변환된다. 검사들을 사용함에도 불구하고, 연구자들은 성인기 전반에 걸쳐 성격에 어떤 변화들이 일어나는가라는 질문에 관한 과학적 연구를 시작하기 위해서 몇 가지 특질 범주 안에 속하는 제한된 성격 요인 혹은 특질 세트들만 정의하고 있다.

차별적 연속성

지금껏 역사와 방법론에 대해서 이야기했는데, 성격 요인에 관한 연구는 우리에게 성격의 연속성과 변화에 대해서 무엇을 말해주고 있는가? 성인기 전반에 걸쳐 성격에 어떤 변화가 일어나는지를 개념화하는 한 가지 방법은 차별적 연속성(differential continuity)을 조사하는 것인데, 이것은 시간 경과에 따라 한 집단에 속해 있는 개인들의 순위(rank order)에서의 안정성을 의미하는 개념이다. 다시 말해, 시점 1(예 : 20세)에 가장 외향적이었던 사람이 시점 2(예 : 50세)에서도 가장 외향적인 사람으로 남아있는가 하는 것이다. 그리고 외향성에서 가장 낮은 순위에 있었던 사람이 30년 이후에도 여전히 가장 낮은 순위에 있을까? 이런 종류의 질문에 대해서는 대개 시점 1에서의 집단 내 개인의 순위와 시점 2에서의 집단 내 순위 간의 상관으로 설명된다. 만일 상관계수가 정적이고 충분히 크다면, 그것은 집단이 대체로 동일한 순위를 유지한다는 것이고, 성격 요인들(이 경우, 외향성)이 어느 정도 안정적인 것으로 간주된다. 좀 더 흥미롭게, 이러한 성격 요인들이 삶의 다른 시점보다 좀 더 안정적인 때가 있는지를 알아보기 위해서, 전기 성인기(예 : 20~30세)에 간격을 두고 비교를 한 뒤, 후기 성인기(50~60세)에 다시 간격을 두고 비교를 해볼 수 있다.

▌비판적 사고

당신의 고등학교 학급에서, 가장 빨리 운전을 하고 항상 최대한 마지막 순간이 되어서야 공부를 끝냈던 친구가 있다면, 그 친구는 '자극 추구'에 있어 아마도 학급 내 가장 높은 순위를 기록했을 것이다. 만약에 그 친구가 학급에서 그 같은 상위권을 유지했다면, 20주년 동창회에서 당신은 그 친구가 어떤 행동을 할 것이라고 기대하는가? 그리고 만약 학급 친구들이 60대에 다 같이 은퇴를 해서 플로리다에 있는 콘도에 가기로 했다면, 당신은 그 나이에 그 친구가 어떤 행동을 할 거라고 예상하는가?

이 방법을 사용해서 우리는 성격 특질이 성인기 동안에 어느 정도 안정성을 유지하며, 그 안정성은 연령 증가와 더불어 증가한다는 사실을 알아냈다(우리는 '점점 더 안정적'이 된다). 이러한 점은 사회적 역할이 변화하고 정체성이 결정되는 시기인 아동기에서 성인 초기를 포함시킬 때 더욱 그렇다. 〈그림 8.1〉은 성격에 관한 152개 연구에서 도출된 자료들이 나타내는 아동기에서 후기 성인기 동안의 순위 상관을 나타낸다(Roberts & DelVecchio, 2000). 보는 바와 같이, 6~73세까지 순위 안정성이 증가하고 있다. 우리가 순위 안정성에 관해 알 수 있는 또 다른 사실들은 이러한 패턴이 성격 요인들에 따라 다르지 않으며, 성차도 없으며, 어떤 측정 방법을 썼는지에 상관없이 매우 유사하다는 점이다(Caspi, Roberts, & Shiner, 2005).

요약하면, 성격 특질은 아동기와 성인기 전반에 걸쳐 놀라울 정도로 안정적인데, 약 50세 정도가 될 때까지 안정성이 계속 증가하고, 그 이후에는 변동이 없다. 좀 더 나이 든 집단에서조차

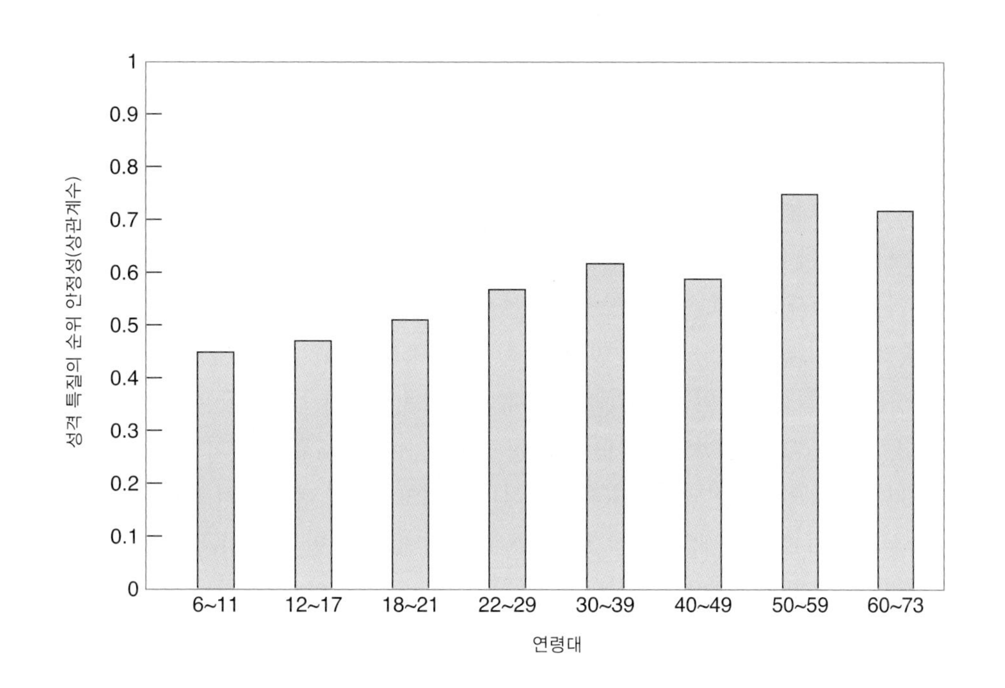

:: 그림 8.1

초기 아동기에서 후기 성인기에 걸쳐서 한 개인의 다양한 성격검사 점수들 간에 상관이 높게 유지되다가 중년기에는 증가함을 보여주는 152개의 연구 결과들은 성격에서의 차별적 연속성을 보여준다. 어떤 나이에 특정 성격 특질들에서 높은 순위를 차지했던 사람은 다른 나이에 실시한 또 다른 검사에서 해당 특질이 높은 순위를 차지하는 경향이 있으며, 이는 중간 순위나 낮은 순위에 있었던 사람들의 경우에도 마찬가지이다.

출처 : Roberts & DelVecchio (2000).

완전한 안정성에 도달하지 못함을 의미하는(상관계수가 1이라면 그럴 수 있다) 수준인 상관계수 0.70 정도를 보이는데, 이는 여전히 순위상에서 일부 변화가 일어날 수 있음을 시사하는 것이다.

평균 수준 변화

평균 수준 변화(mean-level change)란, 시간 경과에 따른 집단 평균 점수에서의 변화를 일컫는 개념이다. 대학 1학년 수업에서 어떤 종류의 성격 검사를 실시하고, 같은 검사를 졸업하는 해에 다시 실시한다면, 집단의 평균값은 유의미하게 변화할 것인가? 만약 그렇다면, 왜 그럴까? 평균 수준 변화는 성숙(중년기의 폐경과 같은) 혹은 집단이 공유하는 문화적 과정(학업 완수, 직장 생활의 시작, 부모로부터의 독립 같은 규준적 변화)과 같은 요인들에 기인한다.

5개의 다른 문화적 배경을 가진 피험자들을 대상으로 한 횡단연구에서, 30세 이상의 사람들은 우호성과 성실성에서 더 높은 평균 수준 점수를 나타냈으며, 30세 미만의 사람들은 외향성과 개방성 그리고 신경증에서 더 높은 점수를 나타냈다(McCarae, Costa, Pedroso de Lima, et al., 1999). 비슷한 연구에서 연구자들은 외향성을 사회적 지배성(Social Dominance)과 사회적 활력(Social Vitality)의 두 개 하위 요인으로 구분하였다. 그런 다음, 3개의 횡단연구들과 세 개의 종단연구들에 대한 검토를 통해서 사회적 지배성이 20~80세 사이에 증가하는 반면, 사회적 활력은 감소한다는 사실을 확인하였다(Helson & Kwan, 2000).

연구자들은 92개의 연구들을 대상으로 한 메타 연구에서 성격 요인들이 나이에 따라 변할 뿐만 아니라, 구별되는 변화 패턴이 있음을 발견했다. 〈그림 8.2〉는 그와 같은 변화 패턴들을 보여주고 있다. 예를 들어, 성실성, 정서적 안정성, 사회적 지배성(외향성의 한 하위 요인)은 유의미한 증가를 나타냈는데, 특히 성인 초기에 그렇다. 청소년기에는 개방성과 사회적 활력(외향성의 두 번 번째 하위 요인)이 증가하였지만, 노년기에는 감소하였다. 우호성은 청소년기에서 중년기까지는 많이 증가하지 않았지만, 50~60세 사이에 증가하였다(Roberts, Walton, & Viechtbauer, 2006).

노인들에게서도 평균 수준 변화에 관한 증거들은 유사하게 나타난다. 74~84세 피험자 집단에서 도출된 성격 특질 점수와 85~92세 사이의 좀 더 나이 든 피험자 집단의 점수를 비교한 뒤, 연구자들은 나이가 더 많은 연령 집단이 우호성에서 좀 더 높은 점수를 나타냈다고 보고했다. 게다가 14년 이후에 조사했을 때, 더 '젊은' 집단에서 이러한 성격 특질이 원래 '더 나이 든' 집단의 수준까지 증가하였다(Field & Millsap, 1991).

이러한 연구 결과들로부터 얻을 수 있는 메시지는, 성격은 나이가 들어감에 따라 예측 가능하게 변화하며, 적어도 92세에도 변화가 지속된다는 것이다. 우리는 점점 더 친화적이 되고, 더 성실해지며, 더 정서적으로 안정되어가며(혹은 덜 신경증적이 되나), 더 사회적으로 지배적이 된다. 우리는 성인 초기에는 더 개방적이고 사회적으로 더 활력적이지만, 나이가 들면서 점차 이런 특성은 감소한다. 이 같은 패턴은 성별이나 문화적 영향과는 독립적인 것 같다.

개인 내적 가변성

성인기 전반에 걸친 성격 특질의 과정을 그려보는 또 다른 방법은, 개인 내적 가변성(intra-individual variability), 다른 말로, 개인의 성격 특질이 시간의 흐름에 따라 안정적으로 남아 있는지 혹은 변화하는지를 살펴보는 것이다. 이것은 개인에게 여러 시점에서 성격 검사를 실시한 뒤, 시점 1에서의 개인 점수와 시점 2에서의 개인 점수 간의 상관(이후 시점들에서도 마찬가지로)을 구하는 식으로 이루어진다. 이것은 순위가 아닌 실제 점수들 간의 상관이기 때문에, 차별적 연속성과는 다르다. 몇 안 되는 이러한 유형의 연구들 중 한 가지는 30년 이상에 걸쳐 여성의 자신감에 관한 측정치를 조사한 연구이다. 연구자들은 해당 기간 동안에 자신감의 증가 및 감소에 있어 몇 가지의 패턴이 나타남을 발견하였다(Jones & Meredith, 1996). 43~91세 사이의 남성들을 상대로 5요인 점수들에서의 상관을 구한 개인 내적 가변성에 관한 또 다른 연구에서는 연령 증가에 따라 신경증에서 가장 많은 감소가 나타난 반면, 외향성에서는 변화가 없었다. 그러나 이러한 결과가 모든 피험자에게 해당되지는 않았으며, 다수에게서, 심지어 후기 노년기에도 개인 내적 가변성에서 다른 패턴이 나타났다(Mroczek & Spiro, 2003). 게다가 최신의 연구들은 성격의 5요인 점수 모두에서 개인적 변화의 방향과 비율에 있어 '의심의 여지가 없는 가변성(unmistakable

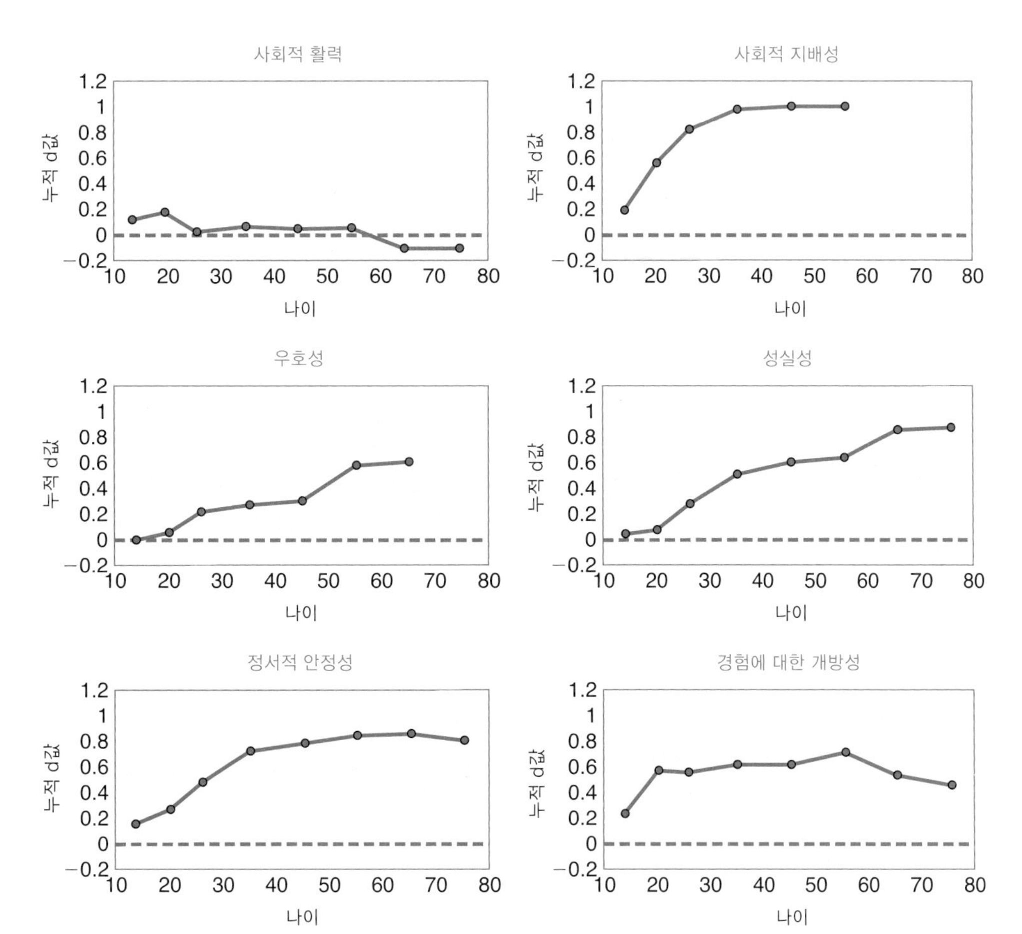

:: 그림 8.2

6개의 성격특질에 대한 누적 변화는 전생애에 걸쳐 구별되는 패턴이 있음을 보여준다.

출처 : Roberts, Walton, & Viechtbauer (2006).

variability)'이 나타남을 보여주고 있다(Roberts & Mroczek, 2008).

연구자들이 이야기하는 또 다른 중요한 질문은 다음과 같다. 의도적으로 성격을 바꿀 수 있는가? 예를 들어, 심리학자인 Carol Dweck(2008)은 성격이란 자신에 대한 신념에 기초하며, 그러한 신념들 중 일부는 변화가 가능하므로, 결과적으로 성격도 변화시킬 수 있다고 주장한다. Dweck이 그녀의 연구에서 사용한 신념 체계 중 하나는 사람들이 자신의 지능에 관해 무엇을 믿는가 하는 것이 포함되어있다. 지능이 가변적이어서 향상될 수 있다고 믿는 사람들은 학습에 좀 더 개방적이고, 새로운 모험에 맞서 견뎌내는 것에 좀 더 적극적이며, 실패 후에 좀 더 유연한 경향을 갖는다 — 이런 특질들은 모두 학교 생활과 성인으로서의 삶에 중요한 것들이다. 자신의 지능이 고정적이라고 믿는 사람들에게서는 이러한 특성이 나타나지 않는 경향이 있다. 수많은 실험에서, 자신의 지능에 관한 고정된 신념을 가지고 있던 사람들이 대뇌에 관한 정보와 학습 과정에서 어떻게 새로운 뉴런의 연결이 만들어지는지에 관한 설명을 들은 이후, 자신의 사고 방식을 바꾸었다. 자신의 지능이 변화 가능하다고 믿게 된 사람들은, 연구를 시작할 때부터 변화 가능성에 대한 신념을 나타냈던 사람들과 유사하게 개방성, 인내심 그리고 유연성과 같은 특질을 나타내기 시작했다(Blackwell, Trzesniewski, & Dweck, 2007).

전통적으로 백인 교육 기관이었던 학교에 입학한 아프리카계-미국인 대학생들을 대상으로 한 유사한 또 다른 연구가 있다. 학생들에게 그들이 느끼는 불안한 감정은 정상적이며, 그다지 오래 지속되지 않을 것이라고 가르쳐주고, 그들에게 2학년에 재학 중인 아프리카계-미국인 학생들의 개인적인 긍정적 경험에 대한 이야기를 들려주었을 때, 이들은 통제 집단과 비교해서 좀 더 많은 수용의 감정을 보고하였으며, 다음 학기에 좀 더 도전적인 과목을 수강하였고, 교수에게 더 많은 도움을 요청하고자 했다(Walton & Cohen, 2007). 성격의 측면들은 시간이 경과함에 따라 변화한다. 게다가 상당히 단순한 개입을 통해 부적응적인 특질을 변화시킬 수 있는 방법들을 고안해내는 것도 가능하다.

연속성, 변화, 가변성의 공존

집단 내에서의 인간의 성격 구조는 시간 경과에 따라 차별적 연속성, 평균 수준 변화, 개인 내적 가변성을 어떻게 나타내는가? 여러분들이 이런 개념들을 시험 점수 같이 좀 더 친숙한 어떤 것으로 간주한다면 이해가 가능할 것이다. 예를 들어서, 나는 보통 나의 청소년 심리학 수업 시간에 세 번의 시험을 본다. 이 수업은 첫 시험에서 상위권에 있었던 학생들이 보통 두 번째 시험과 세 번째 시험에서도 상위권에 있는 반면, 낙제 점수를 받은 하위권에 있는 학생들은 그 순위를 그대로 유지하기 때문에, 차별적 연속성을 보여준다. 그러나 또한 상당한 정도의 평균 수준 변화가 있다. 첫 시험에서의 평균 점수는 항상 다음 시험에서의 점수보다 유의미하게 낮다. 일부 학생들은 학습 주제를 중요하게 고려하지 않고 있다가 유전, 뇌 구조, 연구 결과들에 관한 문제들이 나오면 충격을 받는다. 또 다른 학생들은 시험을 치기 전에는 무엇을 공부해야 할지 알 수 없으므로, 한 수업에서는 한 번만 시험을 쳐야 한다고 말하기도 한다. 이유가 무엇이건 간에, 거의 모든 학생이 두 번째 시험에서 시험 점수가 향상되는데, 이것은 차별적 연속성을 따라 학급의 평균 수준에서의 변화를 보여주는 것이다. 그리고 또한 개인 내적 가변성도 존재한다. 비록 대부분의 학생이 지금까지 이야기했던 패턴을 따르지만, 매 학기 예외가 있다. 한 학생은 첫 시험에서 당당히 일등으로 시작했다가 학기가 지날수록 학업을 감당하지 못하게 되어 결국에는 힘을 다 써버리고 나중의 시험에서 고전을 면치 못한다. 또 다른 학생은 당당히 시작했다가 중간에 기진맥진한 뒤 다시 적극적으로 달려들어 마지막에는 성적을 끌어올리기도 한다. 차별적 연속성, 평균 수준 변화 그리고 개인 내적 가변성의 결과들이 모두 같은 학급 내에 존재한다. 그리고 이는 성인기에 걸친 성격에서도 마찬가지다.

성격 특질은 무엇을 하는가?

이 장에서 이미 논의했듯이, 연구자들은 다섯 가지의 주요 성격 특질들에 대한 확인은 물론 많은 수의 특질들이 서로 관련되어있다는 사실과 성인기 동안의 안정성과 변화 패턴에 대해서 설명해왔다. 그러나 최근의 작업들은 성격 특질이 우리의 독특성을 정의하는 것 이외에도 무엇을 하는지에 대해 다루고 있다. 성격에 의해 형성되는 세 가지 영역—관계, 성취, 건강—들이 확인되었다(Caspi, Robert, & Shiner, 2004).

성격과 관계 성격 특질은 성인기의 친밀한 관계 형성에 중요하다. 특히 신경증과 우호성은 관계의 결과와 관련된 강력한 예측인자다. 높은 신경증과 낮은 우호성을 보이는 사람은 좀 더 갈등적이고, 불만족스러우며, 학대적인 관계를 갖기 쉽고, 좀 더 빨리 관계가 끝날 것이다(Karney & Bradbury, 1995). 청소년기에서 성인기까지의 대인 간 관계에 대해 추적 조사한 종단연구에서, 연구자들은 높은 수준의 신경증이 어떤 개인이 한 관계에서 또 다른 관계에 이르기까지 동일한 부정적 경험을 반복할지를 예측해준다는 사실을 밝혀냈다(Ehrensaft, Moffitt, & Caspi, 2004).

친밀한 관계에 미치는 성격의 영향은 적어도 세 가지 방식으로 발생한다. 첫째, 성격은 관계를 맺기 위해 누구를 선택할지를 결정하는 데 도움을 준다. 흔히는 비슷한 성격을 가진 사람을 선택한다. 예를 들어, 높은 수준의 신경증을 보이는 사람은 그러한 특질을 공유하는 사람과의 관계를 추구하는 경향이 있다. 둘째, 성격은 우리가 상대에게 어떻게 행동할지와 상대의 행동에 어떻게 반응할지를 결정하는 것을 돕는다. 유사한 상대방과 관계를 맺고 있는 신경증이 높은 사람의 경우, 파트너에게 부정적 행동을 표현할 것이고, 그 결과, 자신의 부정성을 더 강화시킬 수 있는 상대방의 부정적 행동을 경험하게 될 것이다. 셋째, 성격은 상대방으로부터 어떤 행동을 불러일으킨다. 예를 들어, 신경증이 높고 우호성이 낮은 사람은 관계에 파괴적인 것으로 알려져 있는 행동들을 표현한다. 심리학자인 John Gottman(2011)이 미래의 이별이나 이혼에 대한 매우 좋은 예측 인자라고 했던 비난, 경멸, 의존성, 거부성 등의 행동을 표현한다.

이러한 영역의 연구들은 현재 친밀한 파트너십에 국한되어있지만, 성격은 부모와 자녀와의 관계, 친구들 간의 관계, 고용주와 피고용인의 관계 그리고 집단 안에서의 관계에 대한 역동성을 탐색하는 데 유용할 수 있다.

성격과 성취 성실성 요인을 구성하는 성격 특질들은 직업적 성취와 직무 수행 같은 많은 수의 직업-관련 성취에 관한 표지자(marker) 중 가장 중요한 예측인자들이다(Judge, Higgins, Thoreson, et al., 1999). 〈표 8.1〉을 다시 살펴보면, 왜 그런지 알 수 있을 것이다. 이 요인에 포함된 특질들은 능력, 질서 정연, 충실함 그리고 자제력이다. 사실 성실성은 학업적 성취를 예측해주기 때문에, 여러분이 교실을 둘러보면, 아마도 겉으로 드러난 많은 성실성을 볼 수 있을 것이다. 이러한 특질들은 일을 효과적으로 수행하고, 주의를 기울이며, 높은 기준을 향해 노력하고, 그리고 충동적인 사고와 행동을 억제하는 데 필수적이다.

성실성에 포함되어있는 특질들은 몇 가지 방식으로 직업적 성취에 영향을 미친다. 첫째, 사람들은 자신의 성격 특질에 맞는 일(직업)을 선택한다. 우리는 능숙하고 기쁨을 얻을 수 있는 일을 할 때 편안함을 느낀다. 둘째, 이 같은 행동을 보이는 사람들은 다른 사람들로부터 일이 주어지거나 승진 대상자로 선발된다. 세 번째는 선택 과정이다. 성실하지 못한 사람들은 높은 성취를 얻을 수 있는 직업을 떠난다(혹은 떠날 것을 요구받는다). 넷째, 성실성이 높은 사람들이 실제로 일을 더 잘한다는 것은 명백한 사실이다(Caspi, Roberts, & Shiner, 2004).

연구자들은 직업이 성격과 잘 맞을 경우에 5개의 성격 요인들 모두가 좋은 직업 성취를 예측함을 보여주었다(Judge, Higgings, Thoreson, et al., 1999). 이 같은 발견은 제7장에서 논의되었던 John Holland의 직업 선택 이론을 떠올리게 한다.

나는 또한 성격 특질과 성취에 관한 이러한 발견이 성적(性的) 기대와 그 시대의 사회문화적 맥락에 의해 결정된다는 점에 대해 지적하고 싶다. 오늘날의 성인 여성에게 당연한 것이 이전 세대 여성에게는 다를 수 있다. 심리학자인 Linda K. George와 그의 동료들(George, Helson, & John, 2011)은 1935년에서 1939년 사이에 태어난 Mills 대학의 여성들에 대한 종단 자료를 조사했는데, 대학 재학 중에 성실성이 높았던 여성들은 동급생들보다 직업을 가질 가능성이 좀 더 적었다. 이는 그들이 가정 주부나 어머니 같이 전통적으로 정의된 역할을 고수하려고 했기 때문이다. 사실 높은 성실성을 가진 여성은 성인기 내내 가족 내에서의 자신의 역할에 대해 좀 더 높은 헌신을 보고하는 경향이 있다. 그들은 낮은 이혼율을 보이며, 그들에게 부족한 직업적 경력은 은퇴 시에 장해물이 되지 않았다. 왜냐하면 그들은 좋은 부양자인 배우자를 선택하는 데 충실했기 때문이다. 분명히 오늘날의 젊은 여성들이 대학에 입학하도록 하고, 선택한 직업에서 유능해지도록 이끌었던 동일한 성격 특질들이, 그들의 증조할머니에게는 굳건한 결혼생활을 유지하기 위해 요리 수업을 듣고 열심히 일하도록 했던 것이다.

성격과 건강 성격에 관한 가장 극적인 발견은 성격이 건강 내지 장수와 밀접하게 관련되어있다는 점이다. 성실성이 높은 사람들(Hill, Turianom, Hurd, et al., 2011)과 신경증이 낮은 사람들(Danner, Snowdon, & Friesen, 2001)이 더 오래 사는 경향이 있다. 또 다른 연구에서는 우호성이 낮은 사람들(분노와 적대감이 높은)이 심장 질환에 대한 위험이 더 높은 것으로 나타났고(Miller, Smith, Turner, et al., 1996), 신경증이 높은 사람들은 정신적 · 신체적 건강 수준이 더 나쁜 것으로 보고했다(Löckenhoff, Sutin, Ferrucci, et al., 2008).

성격 특질과 건강 간의 이러한 관련성은 다양한 방식으로 일어난다. 첫째, 성격은 적대감과 심장 질환 사이의 관련성이 보여주는 것처럼, 직접적으로 신체적 기능에 영향을 미칠 수 있다. 적대감이 유발하는 생리적 반응은 질병을 야기하는 원인으로 직접 작용한다. 둘째, 성격은 건강에 도움을 주거나 건강을 해치는 행동을 유도할 수 있다. 우호성이 높은 사람들은, 스트레스와 관련된 질병의 완충제로 알려져 있는 한 요인인 지지적인 사람들과의 친밀한 관계를 맺을 가능성이 좀 더 많다. 신경증이 높은 사람들은 흡연을 할 가능성이 더 많고, 다른 종류의 고위험 건강 행위에 빠져드는 반면, 성실성이 높은 사람들은 정기적인 건강 검진을 받고, 식습관에 신경을 쓰며(Caspi, Roberts, & Schiner, 2004), 담당 주치의의 지시 사항을 따를 가능성이 더 높다(Hill & Roberts, 2011). 넷째, 성격은 대처 행동 유형 — 이것은 개인의 행동 목록에 속하며, 스트레스에 직면했을 때 사용하기 위해 개인이 선택하는 행동이다 — 과도 관련이 있다(Scheier & Carver, 1993). 성격과 스트레스와의 이 같은 관련성은 제10장에서 좀 더 논의될 것이다.

194개 연구를 대상으로 한 메타분석에서 심리학자인 Brent Roberts와 그의 동료들(Roberts, Walton, & Bogg, 2005)은 성실성과 관련된 특질(표 8.1을 참고) 점수들과 약물 사용, 위험한 운전 그리고 안전하지 못한 성 행동과 같은 서로 다른 9개의 건강 관련 행동들과의 상관을 조사하였다. 성실성은 각 행동과 유의미한 상관이 나타났는데, 이것은 한 개인의 성실성 점수를 알면 그/그녀가 이러한 건강 행동들에 관여하게 될 확률을 예측할 수 있음을 의미한다. 〈그림 8.3〉에 결과가 제시되어있다. 보다시피, 약물 사용, 폭력, 위험한 운전 그리고 과도한 알코올 남용에서 가장 큰 상관이 나타나고 있다. 어떤 개인의 성실성 점수가 낮을수록, 그 사람은 그러한 행동에 관여하게 될 가능성이 커진다. 〈그림 8.3〉에 제시된 다른 행동들은 상관의 크기는 더 작지만, 여전히 성실성에 의해 유의미하게 예측된다. 저자들이 언급한 것처럼, "성실하지 못한 사람들은 조기 사망에 이르게 되는 상당히 다양한 방법들을 가지고 있다. 그들은 자동차 사고로, 위험한 성 관계에 의한 에이즈 감염으로, 싸움이나 자살 같은 폭력적 행동으로, 약물 과용으로 사망한다. 사람들은 잘 먹지 못함으로 인해, 운동을 하지 않음으로 인해 그리고 흡연을 함으로 인해 — 이 모든 것은 심장병과 암을 유발할 수 있다 — 단축된 수명 때문에 중년에 괴로울 수 있다."(Roberts, Walton, & Bogg, 2005, p. 161).

Roberts와 그의 동료들은 성격 특질이 건강에 영향을 미치는 또 다른 방식을 제안하였다(Roberts, Smith, Jackson, et al., 2009). 2,000명 이상의 노인들에게서 얻은 자료를 사용해서 연구자들은 성실성이 개인의 양호한 건강에 기여할 뿐만 아니라, 또한 그들의 배우자의 양호한 건강에도 기여함을 밝혀냈다. 성실성이 높은 배우자를 둔 남성들은 성실성 점수가 낮은 배우자를 둔 남성들보다 더 좋은 건강 상태를 보

비판적 사고

만약 헬스장에 있는 사람들과 아이스크림 가게 앞에서 도로를 건너가는 사람들에게 성격 질문지를 실시한다면, 어떤 집단의 사람들이 성실성에서 높은 점수를 받을 것으로 생각하는가? 예외적으로 높은 수준의 외향성, 개방성, 우호성, 신경증을 보이는 사람들은 어떤 장면에서 볼 수 있을까?

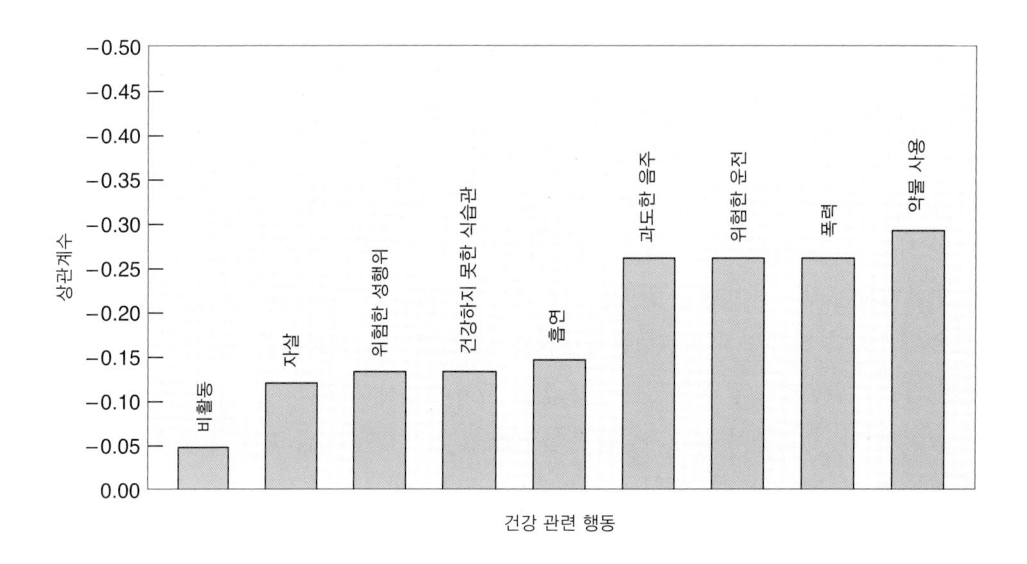

:: 그림 8.3

성실성은 많은 건강 관련 행동들과 부적인 상관을 보인다. 성실성 점수가 높은 사람일수록 약물 사용, 폭력, 위험한 운전, 과도한 음주 그리고 그밖의 건강하지 못한 행동들을 덜 하는 경향이 있다.

출처 : Roberts, Walton, & Bogg (2005).

고하였고, 이러한 사실은 성실성이 높은 남편을 둔 여성에게도 동일하였다. 그 이유는 분명한 것 같다 — 장기간의 결혼생활 동안 성실한 사람들은 자신의 건강뿐만 아니라 그들의 배우자의 건강까지도 잘 돌본다.

성격 특질은 또한 중년기 후반에 많은 사람이 직면하게 될 역할인 비공식적인 간병인(informal caregiver)의 역할을 하게 될 때, 개인의 주관적 건강에도 기여할 수 있다. 500명 이상의 비공식적 간병인을 대상으로 한 연구에서, 높은 성실성과 외향성, 낮은 신경증을 가진 사람들은 더 좋은 정신적 · 신체적 건강을 보고했다. 게다가 우호성은 더 양호한 정신건강과 관련되어있으며, 개방성은 더 양호한 신체적 건강과 관련되어있었다. 그런데 이러한 성격 특질들은 자신의 목표를 이룰 수 있다는 신념인 자기효능감에 영향을 미침으로써 건강에 작용하는 것 같다. 그래서 이들의 목표가 자신의 가족 성원을 보살피는 것이라면, 이 사람들은 해당 척도의 반대쪽 끝에 있는 다른 사람들보다 이 일을 더 잘 해낼 수 있다(Löckenhoff, Duberstein, Friedman, et al., 2011).

연속성과 변화에 대한 설명

우리는 다양한 성격 특질들의 연속성과 변화에 관한 증거들이 존재함을 알고 있다. 하지만 덜 명확한 점은, 왜 그런가하는 것이다. 어떤 요인들이 성격의 이 같은 특성에 영향을 미치는가? 지금껏 익숙하게 들어왔던 설명인 유전과 환경이다. 또한 이 둘의 상호작용에 대해 이야기하는 진화심리학적 설명도 있다.

유전

우리의 유전자는 우리 성격을 어느 정도까지 결정하는가? 간략히 말하면, '상당히 많이'이다. 사실 성격 유형의 변량 가운데 40~60%가량은 유전적이다. 게다가 다섯 가지의 주요 요인도 동일한 정도로 유전의 영향을 받으며, 성차도 거의 없는 듯 보인다.

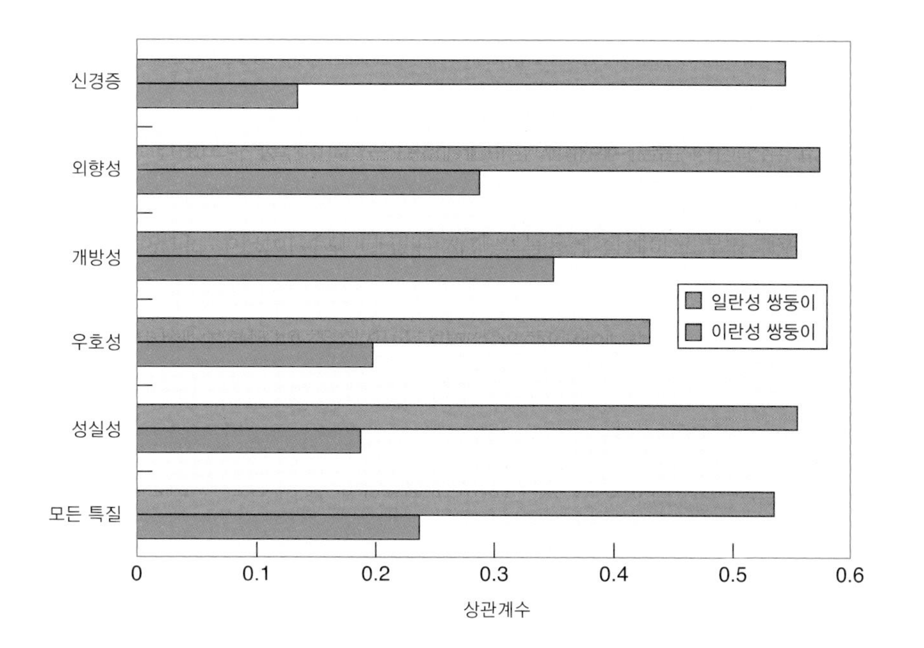

:: 그림 8.4

5개 성격요인에서의 일란성 쌍생아들의 점수는 이란성 쌍생아들의 점수보다 더 높은 상관을 보여준다. 이는 성격 구조에 대한 유전적 영향을 보여주는 것이다.

출처 : Riemann, Angleitner, & Strelau (1977)자료에 기초.

일란성 쌍생아들과 이란성 쌍생아들의 성격 점수를 비교한 연구들은 이 같은 유전적 영향의 범위를 보여주고 있다. 심리학자인 Rainer Riemann과 그의 동료들(Riemann, Angleitner, & Strelau, 1977)은 성격의 5요인 모델의 유전성을 조사하기 위해, 독일과 폴란드에서 거의 1,000쌍 가까이 되는 성인 쌍생아들의 자료를 수집했다. 연구 참여자들은 각각 자기보고식 질문지를 작성하였고, 그 다음에 쌍둥이 형제의 점수 간에 상관이 계산되었다. 〈그림 8.4〉에서 볼 수 있듯이, 동일한 유전적 구성을 공유하는 일란성 쌍생아 쌍들은 유전자의 약 50% 정도만 공유하는 이란성 쌍생아 쌍들보다 유의미하게 높은 상관을 나타냈다. 이것은 5개의 성격 특질 모두가 유전에 의해서 상당한 정도의 영향을 받음을 시사한다.

비판적 사고

조부모와 손자 쌍 혹은 사촌 쌍들 가운데 어떤 친척 쌍이 가장 유사한 성격 점수를 받을 것으로 예상되는가? 아니면 같을까? 왜 그럴까?

흥미로운 새로운 방식으로, Reimann과 그의 동료들은 쌍둥이 형제 각각의 친구 2명에게 질문지를 나누어 준 다음, 그들의 각자 쌍둥이 친구의 성격에 대해 답변해달라고 요구를 했고, 이 자료는 쌍둥이들의 자기보고 검사 결과와 비교할 수 있는 객관적 평가 자료로 사용되었다. 두 친구들끼리의 보고가 상당한 정도로 일치했으며(상관계수가 .63), 두 친구들의 평정치 평균과 쌍둥이들의 자기보고 점수와의 상관도 중간 정도(상관계수 .55)로 나타나, 이 모든 결과들이 성격 특질의 유전성에 대한 증거를 더해주었다.

환경의 영향

성격에 미치는 유전적 영향의 중요성만큼이나 환경 역시도 중요한 영향을 미치는데, 유전과 환경 모두 직접적으로 그리고 유전적 요인들과의 결합을 통해서 영향을 미친다. 개인의 성격 측정치들은 성인기 동안 순위가 안정적으로 유지되는 경향이 있긴 하지만, 변화의 여지도 있다(그림 8.1에서 제시된 것처럼). 심지어 노년기에도 가능한데, 아마도 환경의 영향 때문인 것 같다. 쌍생아들에 대한 종단연구들은 성격 변화에 미치는 유전의 영향이 성인기보다 아동기에 더 큼을 보여주고 있는데, 다시 말해 이것은 환경적 영향이 성인기에 좀 더 우세함을 의미한다(Plomin & Nesselroade, 1997).

성격의 평균 수준 측정치에서의 변화는 흔히 일어나며, 역할 전환(부모님으로부터 독립하기, 취업, 헌신적인 연인 관계를 시작하기, 부모가 되는 것)이 매우 빈번하게 일어나는 시기인 성인 초기에 가장 많이 발생하는 경향이 있다. 예를 들어, 사회적 지배성, 성실성, 정서적 안정성의 이 모든 것들이 성인 초기 동안에 평균 수준이 증가하는데, 이러한 사실이 일부 연구자들로 하여금 "아마도 성인 초기에 집중되는 인생 경험과 삶의 교훈들이 우리가 목격한 발달 패턴이 나타나도록 만드는 이유인 것 같다."고 믿게 만들었다(Roberts, Walton, & Viechtbauer, 2006, p. 18). 모든 문화권에서 젊은 성인들의 역할 변화를 지지하며, 역할에서 요구되는 내용이 무엇인지 대한 문화적 기대를 가지고 있다. 이 같은 점이 왜 관련된 성격 특질들이 이 시기에 보편적으로 발달하는지를 설명해주는 것 같다(Helson, Kwan, John, et al., 2002).

또한 코호트가 다르면 성격 특질에서의 평균 수준도 차이가 나타난다. 예를 들어, 좀 더 최근의 코호트는 사회적 지배성, 성실성, 정서적 안정성 측정치가 더 높은데, 이것은 아마도 사회적 가치와 육아 방식에서의 변화의 영향을 반영하는 것 같다(Roberts, Walton, & Viecht-bauer, 2006).

또한 우리는 환경이 유전적 요인과의 결합을 통해 차별적 연속성을 유지한다는 증거도 가지고 있다. 심리학자인 Avshalom Caspi와 그의 동료들(Caspi, 1998; Caspi & Roberts, 1999)은 개인-환경 교류(person-environment transactions)라고 하는, 즉, 성인기 전반에 걸쳐 성격 특질을 유지하기 위해 유전적 소질과 환경적 요인들이 결합한다고 보는 개념을 제안했다.

개인-환경 교류는 의식적일 수도 혹은 무의식적일 수도 있으며, 다양한 방식으로 일어날 수 있다. **반응적 교류**(reactive transactions)는 우리가 자신의 성격이나 자기개념에 일치하는 방식으로 반응하거나 해석하거나 경험하게 될 때 일어난다. 만약에 친구가 당신의 생일을 축하해주기 위해 생일날로부터 이틀이 지난 후에 연락을 해서 긴 시간 동안 즐거운 수다를 떨었다면, 당신은 생일 당일에 전화를 받을 정도로 당신이 친구에게 그렇게 충분히 중요한 사람은 아니라는 의미로 해석할 수도 있고, 혹은 친구가 길게 대화를 할 시간이 생길 때까지 이틀을 기다릴 만큼 당신이 중요한 사람이라고 해석할 수도 있을 것이다. 어떤 식의 반응이건 당신이 이미 자신에 대해서 생각하고 있는 방식을 지속시키려는 경향이 있을 것이다.

유도적 교류(evocative transactions)란, 우리가 타인으로부터 우리 자신의 성격이나 자기개념을 확인시켜주는 반응을 이끌어내는 방식으로 행동함을 일컫는다. 낮은 자존감을 가지고 있는 사람들은 흔히 칭찬이나 우정에 대한 제안을 거부하며, 그 결과로 한층 더 타인에게 소중하게 받아들여지지 않는다는 확신을 가진 채 관계를 끝내게 된다.

주도적 교류(proactive transaction)는 우리가 우리 자신의 성격과 자기개념에 가장 적합한 역할과 환경을 선택할 때 일어난다. 만일 당신이 외향성이 높지 않은 사람이라면, 당신은 다른 사람들과 직접적으로 일해야 하는 직업을 가지려 하지 않을 것이다. 당신은 혼자 일하는 환경 속에 있을 때 좀 더 행복해할 뿐만 아니라, 그러한 결정은 당신의 내향적 특질을 유지시키는 데 기여할 것이다.

마지막으로, 조작적 교류(manipulative transactions)는 우리 주변의 사람들을 변화시켜 우리의 현재 환경을 변화시키고자 하는 전략이다. 조용한 사무실에 외향적인 관리자를 보내 함께 일하는 사람들이 좀 더 외향적이 되도록 동기화시키는 것이 그 예가 될 수 있겠다. 이 방법이 성공적인 한, 그 관리자는 그/그녀의 성격 특질을 강화시키는 데 기여하는 환경을 만들어나가는 것이다.

진화심리학적 설명

성격 구조가 상당 부분 유전적 요소들을 가지고 있어서 많은 문화권에서 유사하게 나타난다면, 그것은 아마도 우리의 다른 인간적 특질들과 마찬가지로 세대에 걸쳐 진화해왔을 것이다. 진화심리학자인 David Buss(1997)는 성격 특질은 우리 조상들이 살았던 사회적 집단에서 가장 중요했던 특성에 바탕을 두고 있다고 주장했다. 인간 종에게 있어 누가 좋은 동료가 될 수 있는지(외향성), 누가 친절하고 지지적인지(우호성), 누가 지속적인 노력을 투입하는지(성실성), 누가 정서적으로 신뢰할만한 사람인지(신경증), 누가 좋은 생각을 가지고 있는지(개방성)에 대한 지표를 갖는 것은 중요하다. Buss에 따르면, 이러한 차이들(그리고 다른 사람 안에 있는 그런 특성을 탐지해내는 능력)은 우리 인간의 생존에 중요하다.

Buss는 또한 성격 특질이 사회적 지위, 섹슈얼리티 그리고 생존 — 이 모든 것들은 자손 번식의 성공에 기여하는 것들이다 — 과 관련된 중요한 개인차를 만들어냈다고 주장하였다(Buss, 2012). 예를 들어, 외향성 척도에서의 점수는 성적 파트너에 대한 접근과 관련이 있고(Eysenck, 1976), 성실성은 직업과 사회적 지위와 관련이 있다(Lund, Tamnes, Moestue, et al., 2007). 이를 설명하는 기제가 바로 반응적 유전 가능성(reactive heritability)이다. 이것은 예를 들어, 외향성이 높은 성격 특질을 발달시키는 것처럼, 강점 내지 매력 같은 타고난 자질을 생존과 자손 번식을 위한 전략을 결정짓는 기초로 사용하는 과정을 말한다(Tooby & Cosmides, 1990; Lukaszewski & Rooney, 2010).

문화적 차이

이 장의 초반부에 논의했던 것처럼, 5요인 모델은 미국인들에게서 발견된 성격 특질들에 대해 요인 분석한 결과를 기초로 구성되었고, 이후 성격 구조에 내재된 보편성을 보여주기 위한 목적에서 다른 문화권의 사람들을 대상으로 하여 검증되었으며, 확인 결과, 여러 문화권에 걸쳐 안정적인 것으로 나타났다(McCrae, Terracciano, et al., 2005). 그러나 문화적 차이와 언어적 차이가 확인됨으로써(De Raad, Barelds, Levert, et al., 2010; Cheung, Cheung, Zhang, et al., 2008),

연구자들은 다른 접근을 통해 각기 다른 문화와 언어에 기초한 성격 구조의 대안적 모델을 구성하였다. 이 같은 방식의 상향식(bottom-up) 토착 심리학들(indigenous psychologies)이 라틴아메리카, 유럽 그리고 아시아 지역에서 발달 중에 있으며, 이들은 동양 종교(eastern religions)에서의 무자아의 자아(selfless-self)(Verma, 1999)와 '대면(face)', 조화(harmony), 관계에서의 상호성, 숙명적 관계 그리고 모아(母兒) 애착과 같은 개념들에 대해 다루고 있다(Cheung, van de Vijver, & Leong, 2011). 그 예로, 중국판 성격 측정 검사(Chinese Personality Assessment Inventory)가 이와 같은 방법으로 개발되었는데, 모두 네 가지의 성격 요인 — 사회적 잠재력(social potency)/확장성(expansiveness), 신뢰성(dependability), 수용성(accommodation), 대인적 관계성(interpersonal relatedness) — 으로 구성되어있다(Cheung, Cheung, Zhang, et al.,2008).

성격 검사와 중국판 성격 측정 검사를 비교한 연구에서, 중국의 대인적 관계성 요인은 NEO-5요인의 어떤 요인과도 대응하지 않았으며, NEO의 개방성 요인은 중국판 검사의 어떤 요인들과도 대응하지 않는 것으로 나타났다. 중국판 성격 측정 검사는 한국어, 일본어 그리고 베트남어를 포함한 여러 언어로 번역되었고, 이것의 성격 구조, 그 중에서도 특히 대인적 관계성이 이들 집단주의 문화권에서 나타나는 것으로 확인되었다(Yang, 2006). 이 모든 점들이 시사하는 바는, NEO-5요인 모델이 훌륭한 출발을 했지만, 현재의 연구자들은 성격에 있어 무엇이 보편적인지 그리고 또 해당 문화에 좀 더 특정적인 것은 무엇인지 등에 대해 더 많은 것을 알아내기 위한 대안적 모델을 개발 중에 있다는 점이다. 세계화와 함께 우리 모두 — 임상심리학자, 대학 교수들, 여행자들, 심지어 좋은 이웃들 — 는 '다른 사람들의 행동의 이유'를 더 잘 이해하는 것이 중요하다.

성격 구조의 요약

이 장에서 나는 성격 구조, Costa와 McCrae가 1990년대에 정의한 5요인 모델에 근거한 연구들을 주로 다루었다. NEO 성격 검사를 사용해서 연구자는 각 요인에 점수를 할당할 수 있고, 연구 참여자에게는 수치화된 성격 프로파일을 제공해줄 수 있다. 이런 연구들은 주로 자기보고식으로 이루어지며, 대규모의 사람들을 대상으로 실시된다. 일단 점수가 계산되면, 시간이 지남에 따라 성격이 어떻게 변화하는지, 문화적 차이가 있는지 등을 발견하기 위한 분석이 이루어진다. 이것은 빠르고, 상대적으로 간편하며, 경험적이다. 우리는 이러한 연구들로부터 인간의 성격에 관해 — 다시 말해서, 개인주의적 문화인 서구에 살고 있는 사람들의 성격에 대해서 — 많은 것을 알게 되었다. 그리고 우리는 집단주의적 문화를 가진 동양인의 성격에 대해서도 알아가기 시작했다. 그러나 깊이와 풍부함에서 뭔가가 부족한 요인 분석 연구들에서 다루고 있는 성격이라는 것이 사실상 우리 자신과 우리가 잘 알고 있는 사람들의 내면에 존재하는 것들이다. 따라서 성격의 이러한 차원에 다가가기 위해, 나는 이제 180도 방향을 전환해서 성격발달이론에 대해 논의하고자 한다.

성격발달이론

성인기 전반에 걸친 성격 변화에 다가가는 다른 방법은 성격 발달에 관한 초기의 이론들을 기초로 연구를 수행하는 것이다. 이러한 이론들 가운데 다수는 프로이트의 정신역동 이론에 근간을 두고 있다. 이 이론들에 대한 자세한 설명은 그 자체가 한 학기 과정을 구성하기 때문에, 나는 여러분들이 다른 수업들을 통해 기본적인 개념에 익숙하다고 확신하고, 따라서 현재의 연구 결과로 들어가기에 앞서 간략하게만 설명하고자 한다. 이들 연구자들은 다른 용어와 다른 연구 방법을 사용하지만, 연구 결과의 다수는 특질 이론의 연구 결과들과도 잘 일치하며, 이 점에 대해서는 말미에 요약해서 설명하겠다.

심리사회적 발달

성격 발달에 관한 가장 영향력 있는 이론가 가운데 한 사람은 정신분석학자인 Erik Erikson으로, 그는 심리사회적 발달은 전생애에 걸쳐서 지속되며, 우리 내부의 본능 및 충동과 외부의 문화적 · 사회적 요구 간의 상호작용으로부터 발생한다고 제안했다(Erikson, 1950, 1959, 1982). Erikson에게 있어서 핵심 개념은 점진적이고 단계적인 정체감의 출현이다. 완전하고 안정적인 성격을 발달시키기 위해서 개인은 전생애에 걸쳐 8개의 위기 혹은 딜레마를 거쳐나가며 이를 성공적으로 해결해나가야만 한다. 각 단계 혹은 딜레마는 개인이 새로운 관계나 과제 혹은 요구로부터 도전을 받을 때 출현한다. 〈표 8.2〉에서 보듯이, 각 단계는 신뢰 대 불신, 통합 대 절망과 같이 반대되는 가능성의 쌍으로 정의된다. Erikson은 또한 각 딜레마의 건강한 해결로부터 얻을 수 있는 잠재력에 대해서 이야기했는데, 이것들 역시 표에 제시되어있다. Erikson에 따르면 건강한 해결이란, 두 가지 가능성 간에 균형을 찾는 것이다.

청소년과 20대 초반의 사람들에게 핵심적인 과제인 **정체성 대 역할 혼란**의 5단계로부터 시작해서 네 가지의 딜레마들이 성인기에 대해 묘사하고 있다. 정체성(identity) 획득 단계에서 젊은이들은 개인적 가치와 목표의 집합체인 특정한 이데올로기를 발달시켜야만 한다. 부분적으로 이것은 아동으로서의 현재와 지금(here-and-now)에 대한 지향에서 미래의 지향으로 옮겨가는 것이다. 10대들은 그들이 지금 무엇 혹은 누구인지를 고려해야 할 뿐만 아니라, 앞으로 무엇 혹은 누가 될지도 고려해야만 한다. Erikson은 10대 혹은 젊은 사람들은 서로 관련되어있는 몇 가지 정체성 — 직업적 정체성(나는 어떤 일을 할 것인가?), 성 혹은 성 역할 정체성(남성 혹은 여성으로서 나는 어떻게 해야 하는가?) 그리고 정치적이고 종교적인 정체성(나는 무엇을 믿을 것인가?) — 들을 발달시켜야만 한다고 믿었다. 이러한 정체성들이 발달되지 않으면, 젊은이들은 내가 무엇이고 누구인지에 관해 알지 못하는 감정인 혼란감을 겪게 된다.

6단계, **친밀감 대 소외감**(intimacy versus isolation)은 새롭게 형성된 사춘기의 정체성 위에 만들어진다. 친밀감(intimacy)은 당신이 뭔가를 잃을지도 모른다는 두려움 없이 다른 사람의 정체성과 자신의 정체성을 결합시킬 수 있는 능력이다(Evans, 1969). Erikson은 많은 젊은이가 관계 속에서 자신의 정체성을 찾게 될 것이라고 생각하는 실수를 저지르지만, 그의 생각에 그것은, 오로

:: 표 8.2 Erikson의 심리사회적 발달 단계

대략적 나이	단계	획득되는 잠재적 감정	설명
0~1	Ⅰ. 기본적 신뢰감 대 불신	희망	유아는 양육자와 최초의 사랑하는, 신뢰로운 관계를 형성해야 한다. 그렇지 않으면 지속적인 불신감의 위험을 갖게 된다.
2~3	Ⅱ. 자율성 대 수치심과 회의	의지	걷기, 잡기, 괄약근 통제를 포함하는 핵심적인 신체적 기술의 발달을 향해 에너지가 집중된다. 아동은 자율성을 학습하겠지만, 아동이 통제를 제대로 하지 못한다면 수치심을 발달시키게 된다.
4~5	Ⅲ. 주도성 대 죄책감	목적	아동은 좀 더 자기주장적이 되고, 주도권을 잡고자 한다. 하지만 너무 강하거나 타인에게 해를 입히게 되면 죄책감을 느끼게 된다.
6~12	Ⅳ. 근면성 대 열등감	능력	학령기의 아동들은 새롭고 복잡한 기술을 학습해야 하는 요구를 다루어야한 한다. 그렇지 않으면 열등감을 느끼게 된다.
13~18	Ⅴ. 정체성 대 정체성 혼란	충실	10대(혹은 전기 성인)는 그/그녀가 누구이고, 무엇이 될 것인지에 대한 정체감과 직업, 성 역할, 정치, 종교와 같은 몇몇 영역에서 정체감을 획득해야만 한다. 그렇지 않으면 역할 혼란을 겪게 된다.
19~25	Ⅵ. 친밀감 대 고립감	사랑	전기 성인들은 한 명 혹은 그 이상의 진정한 친밀한 관계를 형성하기 위해서 자기가 '우리'라는 개념 속에 빠져드는 위험을 감수해야 한다. 그렇지 않으면 소외감을 경험한다.
25~65	Ⅶ. 생산성 대 자기 몰두와 침체	돌봄	성인 초기와 중기 성인기에 개인은 다음 세대를 지원하고, 자신에서 타인으로 방향을 전환하기 위해 생산적인 욕구를 충족시켜야만 한다. 그렇지 않으면 침체에 빠지게 된다.
65세 이상	Ⅷ. 자아통합 대 절망	지혜	모든 단계를 잘 해결하게 되면, 최종 단계인 있는 그대로의 자신을 수용하는 단계에 이른다. 그렇지 않으면 절망에 빠지게 된다.

출처 : Erikson (1950, 1959, 1982)에 기초.

지 이미 친밀감이라고 명명한 정체성의 혼란 속으로 성공적으로 들어갈 수 있는 분명한 정체성을 형성한(혹은 잘 형성해가고 있는 중인) 사람들만이 그럴 수 있다고 생각했다. 자신의 정체성이 약하거나 아직 형성되지 못한 사람들의 관계는 피상적인 수준에 머물 것이고, 그런 젊은이는 소외감이나 외로움을 경험하게 될 것이다.

성격 발달의 다음 단계인 7단계는 **생산성 대 자기 몰두와 침체**이다. 생산성(generativity)은 다음 세대를 확립하고 안내하는 것과 밀접하게 관련되어있다. 또한 그것은 출산, 생산성 그리고 창의성을 망라한다. Erikson이 말하는 생산성의 관점에서 볼 때, 자녀를 출산하고 양육하는 것은 분명 핵심적인 요소이지만, 유일한 요인은 아니다. 좀 더 젊은 동료들을 위한 멘토가 되어주고, 사회에서 자선 사업을 하는 것 등이 또한 생산성의 표현일 수 있다. 성공적인 생산성의 표현을 위한 방법을 찾지 못한 성인은 자신에게 몰두하게 되거나 침체를 경험할 수 있다. Erikson에 의하면 이 단계에서 출현하는 강점은 돌봄으로, 이것은 타인이나 사회를 챙기고 보살피는 것을 의미한다.

다양한 직업 장면에서 중년의 사람들은 젊은 동료에 대한 멘토 역할을 함으로써 생산성을 보여주고 있다.

Erickson이 제안한 마지막 단계 혹은 8단계는 **자아통합 대 절망**(ego integrity versus despair)이다. 자아통합(ego integrity)은 사람들이 자신의 삶을 되돌아보고, 자신의 삶에 대한 검토를 통해 의미와 통합을 찾아낼 것인지 혹은 무의미와 비생산성을 찾아낼 것인지를 결정할 때 달성된다. 그들이 이전의 각 단계에서 발생한 갈등을 잘 해결했음을 알게 된다면, 그들은 잘 살아낸 삶에 대한 결실을 거둘 수 있을 것이고, Erkison은 이것을 '지혜'라고 명명했다.

Erikson은 훌륭한 사상가였다. 그는 공식적인 정신분석 훈련과 다양한 분야에서 — 미술 학도로서, 미국 원주민들과 함께 한 작업에서 그리고 마하트마 간디, 마틴 루터 그리고 아돌프 히틀러와 같은 개인이 속해 있는 다양한 집단의 삶에 대한 연구에서 — 비공식적인 훈련을 받았다. 그의 이론은 직관적으로 이해할 수 있다 — 그것은 우리 자신의 삶과 타인의 삶에 대해 우리가 생각하는 방식과 꼭 들어맞는다. 그러나 그것을 어떻게 과학적 조사로 뒷받침할 수 있을까? 많은 연구자가 Erikson의 이론을 검증할 수 있는 방법을 찾아냈는데, 그 결과는 혼재되어있다.

심리학자인 Susan Krauss Whitbourne와 그녀의 동료들은 심리사회적 발달 검사(Inventory of Psychosocial Development, IPD)라고 하는 검사 도구를 고안해냈는데. 이것은 Erikson의 심리사회적 단계에 대한 점수를 제공해준다(Walaskay, Whitbourne, & Nehrke, 1983~1984). 남성과 여성을 대상으로 한 일련의 연구들에서, 그들은 피험자가 20~31세 사이에 있을 때 5단계 점수(정체성 대 혼란감)가 유의미하게 증가하지만, 31~42세 사이에는 안정적으로 유지된다는 사실을 발견했다. 이 집단에 대한 평균 점수는 〈그림 8.5〉에 검은 색 선의 코호트 1로 표시되어있다. 결과는 청소년기와 성인 초기가 성인으로서의 정체성과 관련된 대안적 가능성에 대해 질문하고 탐색하는 시기라는 Erickson의 견해를 지지한다. 11년 뒤에 연구자들은 20세의 새로운 집단을 대상으로 해서 이들이 31세가 될 때까지 추적하는 연구를 다시 수행했다. 그들은 동일한 결과를 확인했는데, 〈그림 8.5〉에 파란색 선의 코호트 2로 표시되어있는 것을 보면, 이것은 단순히 하나의 특정 코호트의 효과가 아님을 보여준다(Whitbourne, Zuschlag, Elliot, et al., 1992).

정체성의 중요한 구성요소는 성적 정체성이다. 심리학자인 Jerel P. Calzo와 동료들(Calzo, Antonucci, Mays et al., 2011)은 18~84세 사이에 있는 1,200명의 게이, 레즈비언 그리고 양성애

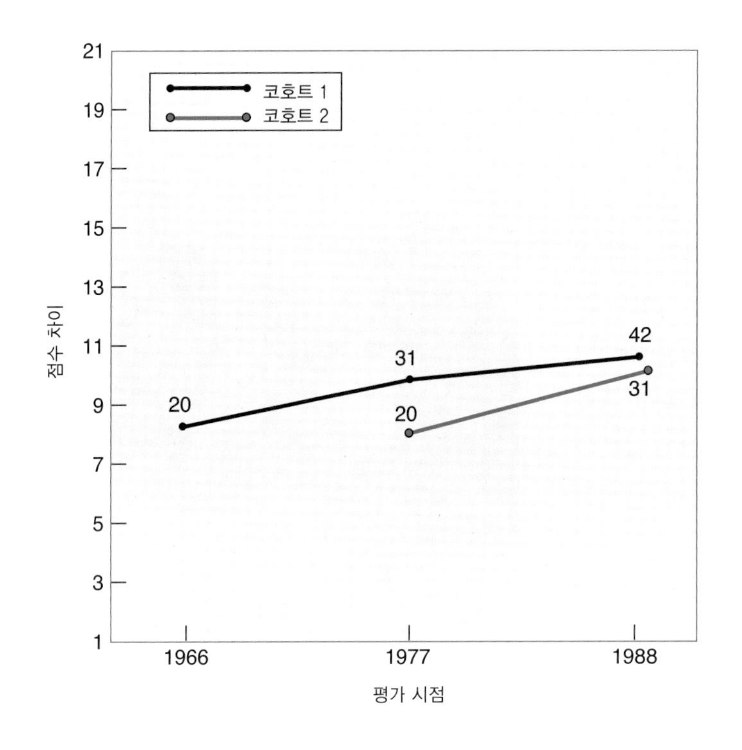

:: 그림 8.5

두 개의 코호트 모두에서 20~31세 사이에 Erickson의 5단계(정체성) 평균 점수가 유의미하게 증가하였다.

출처 : Whitbourne, Zuschlag, Elliot, et al. (1992)에 기초.

비판적 사고

당신의 현재 목표는 무엇인가? 당신의 일상생활에서 하고자 노력하고 있는 것에는 어떤 것들이 있는가? 목록을 만들고, Erikson의 단계 중 당신의 목표를 가장 잘 나타내고 있는 단계는 어떤 것인지 확인해 보라.

자 성인들을 대상으로 인터뷰를 실시했는데, 여러 가지 질문들 중에는 그들이 게이, 레즈비언, 양성애자로서의 자기 정체성을 확인했을 때가 언제인지를 묻는 내용이 있었다. 세대와 상관없이 평균 연령은 19.7세였는데, 이 결과는 이와 같은 종류의 정체성의 형성 역시 다른 유형의 정체성과 비슷한 시기에 일어나는 경향이 있음을 보여준다.

Whitbourne과 그녀의 동료들(Whitbourne, Sneed, & Sayer, 2009)은 Erikson의 심리사회적 발달 단계의 진행을 평가하기 위해 20~54세 사이에 있는 남녀 코호트에 대한 추적 연구를 실시했다. 연구자들은 모든 단계에서 점진적 증가가 나타남을 확인했는데, 자아통합에서는 코호트 간의 차이가 있었고, 친밀감에서는 남녀 간 성차가 나타났다. 흥미롭게도, 진로를 결정하거나, 친밀한 관계를 시작하거나, 아이를 갖는 것이 늦었던 사람들과 성인 초기 동안에 심리사회적 발달에 있어 불리한 위치에 있었던 사람들이, 중년기에 이르러 그 차이를 따라잡고 적절한 성취를 이룰 수 있었다.

Erikson의 7단계(생산성 대 침체)는 가장 많은 연구가 이루어진 단계이다. 예를 들어서, 심리학자인 Kennon Sheldon과 Tim Kasser(2001)는, 성인 집단에게 자신의 현재 목표 혹은 성공했을 수도 있고 아닐 수도 있지만 일상 생활에서 일반적으로 하기 위해 노력하는 것으로는 어떤 것이 있는지를 질문함으로써, 성격 발달을 측정했다. 응답한 목표는 가장 잘 들어맞는 Erikson의 단계로 코딩되었다. 다른 사람에게 도움을 주거나 세상에 자신만의 업적을 남기고자 노력하는 것은 7단계(생산성 대 침체)로 코딩되었다. 연구 결과, 노인은 정체성보다 생산성에 좀 더 관심을 가지고 있는 것으로 나타났으며, 이는 생산성이 노년기에 가장 중요한 과제라는 Erikson의 믿음을 지지하는 것이다.

흥미롭게도, Sheldon과 Kasser는 또한 모든 연령대의 성인이 친밀감에 대한 목표, 다시 말해서 관계의 질을 개선하고자 하는 개인적 목표를 작성했음을 발견했다. 연구자들은 이 결과를 다음과 같이 해석했다. 즉, 발달은 전생애에 걸쳐 일어나고, 각 단계 자체는 삶의 주기를 따라 개별적인 순서를 가지고 있다고 본 Erikson의 가정을 지지하지만, 나이가 들면서 친밀감에 대한 목표가 해결되지 않을 경우, "한때는 충족되었던 심리사회적 주제가 다시금 개인의 삶에서 현저해질 가능성이 커지고, 만일 이 주제가 사라지거나 다른 주제로 대체되지 못한다면, 그것은 여전히 중요한 상태로 남아있으려는 경향을 보인다(Sheldon & Kasser, 2001, p. 495)." 전생애에 걸친 타인과의 긴밀한 연결의 중요성을 감안할 때, 한때 개인이 친밀한 유대를 형성할 수 있는 능력을 발달시킬 수 있었다면, 친밀감

비판적 사고

Loyola의 생산성 척도를 사용해서 교수들이 동일한 연령대의 다른 직업을 가진 사람들보다 더 높은 수준의 생산성을 보여주는지를 알아보기 위한 연구를 수행하고자 한다면, 어떤 식으로 연구 설계를 해야 할까? 당신은 연구 결과가 어떠할 것이라고 생각하는가?

:: 표 8.3 Loyola 생산성 척도

다음의 각 문장이 당신에게 어느 정도나 잘 해당되는가? (각 문항별로 0~3점까지 표시해보시오. 0 = 나에게 전혀 해당되지 않는다. 3 = 나에게 많이 해당된다. * 가 있는 문항은 역채점 됨)

1. 나는 경험을 통하여 얻은 지식을 다른 사람에게 전하고자 한다.
2. 나는 다른 사람들이 나를 필요로 한다고 느끼지 않는다. *
3. 나는 선생님 같은 일이 좋다.
4. 나는 다른 사람에게 영향을 준 것처럼 느껴진다.
5. 나는 자원봉사를 하지 않는다. *
6. 나는 다른 사람에게 영향을 준 일을 하였거나 만들었다.
7. 나는 많은 일에 있어 창조적이고자 노력한다.
8. 나는 내가 죽은 후에도 오래 기억될 것이라고 생각한다.
9. 나는 우리 사회가 노숙자에게 음식과 숙소를 제공할 책임이 없다고 생각한다. *
10. 다른 사람들은 내가 사회에 공헌을 하였다고 말할 것이다.
11. 내 아이를 가질 수 없다면, 입양을 할 것이다.
12. 나는 다른 사람에게 가르치고자 하는 중요한 기술이 있다.
13. 나는 내가 죽은 후에도 계속해서 남아 있을 일을 아무 것도 하지 못하였다고 생각한다. *
14. 일반적으로 나의 행동은 다른 사람에게 긍정적인 영향을 주지 못한다. *
15. 나는 다른 사람에게 공헌할 만한 가치가 있는 일을 못하였다고 생각한다. *
16. 나는 내 생애 동안 많은 종류의 사람, 집단 그리고 활동에 헌신하였다.
17. 다른 사람들은 내가 매우 생산적인 사람이라고 말한다.
18. 나는 내가 살고 있는 이웃을 좀 더 나은 곳으로 만들 책임이 있다고 생각한다.
19. 사람들이 나에게 조언을 얻고자 찾아온다.
20. 나는 나의 공헌이 내가 죽은 후에도 계속 존재할 것이라고 생각한다.

출처 : McAdams & de St. Aubin (1992).

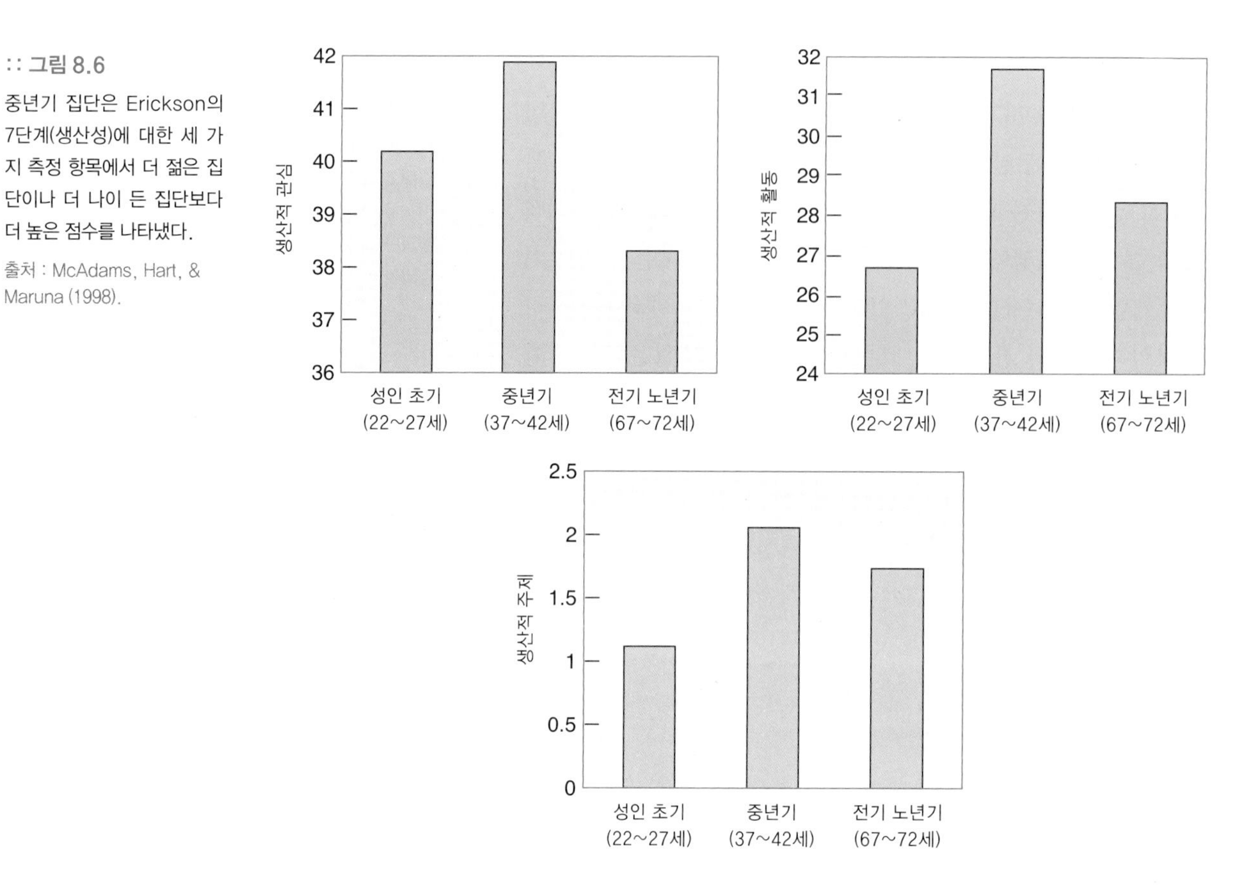

:: 그림 8.6

중년기 집단은 Erickson의 7단계(생산성)에 대한 세 가지 측정 항목에서 더 젊은 집단이나 더 나이 든 집단보다 더 높은 점수를 나타냈다.

출처 : McAdams, Hart, & Maruna (1998).

이 그/그녀의 삶의 목표들 중 우선순위로 남아 있을 것이라고 추론하는 것은 당연한 이치이다.

생산성을 측정하는 또 다른 검사 도구는 LGS(Loyola Generativity Scale)로, 이것은 20개의 진술문으로 구성되어있는데, 수검자가 각 문항에 대해 자신의 성격과 얼마나 일치하는지를 평가하도록 되어있다(McAdams & de St. Aubin, 1992). 해당 문항들이 〈표 8.3〉에 제시되어있는데, 개인의 삶과 사회적 세계에 대한 생산성과 관련된 전반적 지향 내지 태도가 반영되어있다. 심리학자인 Dan McAdams와 그의 동료들(McAdams, de St. Aubin, & Logan, 1993; McAdams, Hart, & Maruna, 1998)은 Illinois의 Evanston에 거주하고 있는 시민들 중 무선층화표본(stratified random sample)으로 구성된 152명의 남녀에게 몇 가지 다른 생산성 척도들과 함께 LGS를 제시하였다. 참가자들은 세 범주 — 성인 초기(22~27세), 중년기(37~42세), 전기 노년기(67~72세) — 의 성인 연령 집단을 대표한다 . 결과는 Erikson의 이론이 예측하는 대로, 중년기 집단이 전기 성인 초기 집단과 전기 노년기 집단보다 생산성에서 더 높은 점수를 나타냈다(그림 8.6 참고).

흥미롭게도, 아버지가 아닌 남성 참가자들은 일반적인 아버지들과 여성들보다도 더 유의미하게 낮은 점수를 나타냈다. 연구자들은 아버지가 되는 것이 다음 세대에 대한 관심을 증가시켜 남성의 생산성에 극적인 영향을 미치는지를 조사했다(좀 더 엄밀히 말해서 어떤 사람은, 생산성의 증가를 경험하는 것이 남성에게 아버지가 되고 싶어 하도록 만들 것이라고 주장할 수도 있다).

요약하면, 경험적 연구들은 Erikson의 심리사회적 발달에서 성인 단계를 지지하는 상당한 증거들이 존재함을 보여주고 있다. 비록 그 연령대가 Erikson이 이야기한 '최적 연령(optimal age)'과 항상 일치하는 것은 아니지만, 성인 초기가 정체성에 대한 관심을 강조하는 시기라는 많은 증거가 있다. 중년기는 생산성에 대한 목표를 형성하는 시기인 것 같다. Erikson이 지적했던 대로, 친밀감은 성인 초기에 중요하지만, 다른 연령대에서도 또한 중요한 관심사이다. 그러나 Erikson의 이론에서는 각 단계가 절대 '끝나지' 않는다기보다는 단지 다른 새로운 딜레마에 의해 대체된다고 간주한다. 따라서 친밀감이 성인기 전반에 걸친 관심사인 만큼 이것이 삶의 중요한 한 측면이라는 점이 그다지 놀랍지 않다.

자아 발달

Freud 학파에 근간을 두고 있는 두 번째 이론은 자아 발달(ego development)에서 많은 수의 단계적 수준을 제안했던 심리학자 Jane Loevinger(1976)에서 비롯되었다. Erikson과 마찬가지로, Loevinger는 각 단계가 이전 단계 위에 만들어진다고 믿었다. 그렇지만 Erikson의 이론과 달리, 개인은 다음 단계로 옮겨가기 전에 이전 단계에서의 발달 과업을 완수해야만 한다. 비록 초기 단계는 전형적으로 아동기에 완료되지만, 각 단계들은 연령 범위가 매우 느슨하게 연결되어있다. 자아 발달 단계의 연령의 범위가 넓기 때문에, 각 단계는 어떤 성인 연령 집단에서도 나타날 수 있다. Loevinger는 본질적으로 우리 모두가 거쳐야만 하는 경로가 있다고 보았다. 그러나 이동하는 비율과 도달한 최종 단계는 사람마다 매우 다를 수 있고, Loevinger는 그러한 차이가 서로 다른 성격 유형의 기본이 된다고 보았다.

30년 이상에 걸쳐서 여러 가지 많은 단계가 소개되거나 혹은 이 이론이 발달심리학 분야의 일부가 되었다. 일부 초기 단계들은 매우 어린 아이들에게서만 발견되기 때문에 자료를 모으기가 어렵다. 이후의 단계들 역시도 어려운데, 왜냐하면 아주 극소수의 사람들만이 그 단계에 도달하기 때문이다.

측정 가능한 가장 빠른 초기 단계는 **충동적 단계**(impulsive stage)이다. 아이들이 자신을 주위의 다른 사람들과 분리된 개체로 인식하게 될 때, 이 단계가 발생한다. 이러한 분리성(seperateness)은 그들이 충동을 경험할 때 확인되지만, 처음에 그들은 이 충동을 통제할 수 없고, 정서적 범위 역시 매우 협소하다. 그들은 타인과의 상호작용에 있어 자기중심적이고, 의존적이며, 신체적인 감정에 압도당한다. "어린 아동들에게 이 단계는 매력적이다 — 청소년기와 성인기까지 이 단계가 지속될 경우, 아무리 좋게 말한다고 해도 부적응적이며, 일부의 경우엔 정신병질적이다."(Levinger, 1997, p. 203).

다음 단계인 **자기-보호적 단계**(self-protective stage)에 있는 동안 아동은 그/그녀의 충동을 인식할 수 있게 되고, 최소한의 즉각적인 이익을 얻기 위해서 충동에 대한 약간의 통제력을 획득할 수 있게 된다. 자기 중심적이고 자기 보호적인 것이 어린 아동들에게는 자연스러운 현상이지만, 청소년기와 성인기에는 착취적이 되거나 타인에 대한 조종이 될 수 있다. 이 단계에서 타인을 이용하는 것과 자신을 이용하려는 타인에 대한 집착이 있으며, 이것은 종종 적대적인 유머로 표현된다. 충동적인 단계에 있는 사람들과는 달리 자기 보호적인 단계에 있는 성인들은 매우 적응적인 행동을 할 수 있고, 매우 성공적일 수 있다.

Levinger의 다음 단계인 **순응주의자 단계**(conformist stage)에 있는 사람들은 자신을 가족, 또래 집단 혹은 직장 집단과 같은 참조 집단과 동일시할 수 있다. 그들은 규칙에 관심을 가지며, 협력과 충성을 통해 다른 사람들을 상대한다. 외모나 겉으로 드러나는 행동에 대한 집착이 있다. 그들은 정형화된 방식으로 생각하고, 정서는 행복, 슬픔, 화남, 기쁨과 같이 표준적인 진부한 감정들에 다소 제한되어있다.

자기-인식의 단계(self-aware stage)는 순응주의자들이 따르는 단순한 규칙에 허용 가능한 예외가 있다는 사실을 인식하는 것으로 특징지어진다. 사람들은 스스로가 항상 집단이 신봉하는 기준에 따라 살지는 않는다(그리고 집단 내에 있는 다른 사람들도 그렇게 하지 않는다)는 점을 인식한다. 사람들은 자신이 자기가 속한 집단과는 구별되는 실체를 가지고 있음을 깨닫고, 이는 외로움과 자의식의 기초가 된다. 이 단계가 후기 청소년기와 성인 진입기에 가장 흔한 형태라는 점이 놀랍지 않을 것이다.

양심적 단계(conscientious stage)에서 사람들은 자신이 속한 집단의 승인을 얻으려는 대신, 자신만의 이상과 기준을 형성한다. 그들은 자신의 생각과 감정을 설명하기 위해 풍부하고 다양한 단어를 사용해서 자신의 정신생활을 표현한다. 대인관계는 진지하다. 그들은 장기적인 목표를 가지고 있으며, 심지어 과도하게 양심적일 수도 있다. 이 단계는 Erikson의 정체성 대 역할 혼란 단계와 유사한 것처럼 보이지만, Levinger는 이 단계가 청소년기가 지난 뒤에 더 잘 발생하며, 성인기까지 계속 이어진다고 주장했다.

다음 단계는 **개성적 단계**(individualistic stage)라고 불리며, 이 단계는 사람들이 전체로서의 삶에 대해 좀 더 넓은 시야를 갖게 되는 때이다. 그들은 심리적 원인에 대해 생각하고 자신의 발달 과정을 고려할 수 있다. 대인관계는 상호적이며, 그들은 개성(individuality)에 집착한다.

자율적 단계(autonomous stage)에 있는 사람들은 단순한 선과 악이 아닌 세상의 다면적인 본질을 보기 시작한다. 삶은 복잡하며, 상황은 단순하거나 최선의 답만을 가지고 있지 않다. 양심적 단계에서 짊어지고 있던 부담감이 줄어들고, 타인에 대해 심지어 그들 자신의 자녀까지도 존중한다. 그리고 좀 더 넓은 사회적 관심의 맥락에서 자신의 삶을 볼 수 있는 능력도 있다[또 다른 단계인 통합 단계(integrated stage)는 매우 드물고, 대부분의 논의에서 제외된다. 이 단계에서 자아는 완전히 통합된다].

자신, 타인 그리고 단계 혹은 수준에서의 새로운 측면들에 대한 통합을 다루고 있는 Levinger의 이론은 워싱턴 대학 자아발달 문장완성검사(Washington University Sentence Completion Test of Ego Development, Hy & Levinger, 1996)에 의해서 측정된다. 이 검사는 사람들에게 "나의 어머니와 나는...", "남성의 직업은...", "규칙은..."과 같은 18개의 문장을 완성하도록 한 뒤, 각 문장을 지침에 따라 채점하고, 특정 단계 혹은 자아 발달 수준에 해당하는 전체 점수를 계산한다.

문장완성검사는 성인기 전반에 걸쳐 자아 발달을 측정하는 데 사용된다. 예를 들어, 젊은 성인

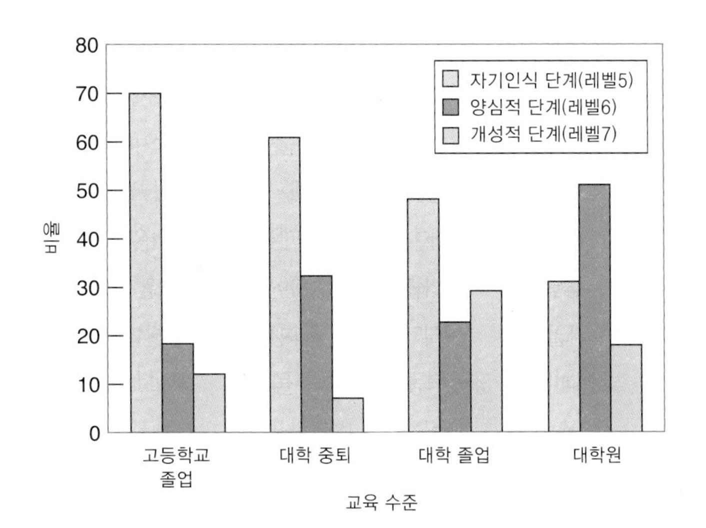

:: 그림 8.7
노인(55~85세)들에게 있어 더 높은 교육 수준은 더 높은 수준의 자아 발달과 관련된다.
출처 : Truluck & Courtenay (2002) 자료에 기초.

의 자아 발달 단계는 아동기와 청소년기에 경험했던 문제의 반영임이 드러났다. 외현화 장애(주의력 문제나 공격적 행동)의 이력을 가진 사람들은 22세에 순응주의자 수준 이하에 머물러 있었는데, 이는 그들이 규칙 준수가 포함된 단계에 도달하지 못했음을 시사한다. 내재화 장애(불안 혹은 우울)의 이력을 가지고 있는 사람들도 22세에 순응주의자 수준 이상으로 나아가지 못했는데, 이것은 그들이 규칙을 준수하긴 하지만, 자기 인식의 수준에는 아직 도달하지 못했음을 의미한다(Krettenauer, Urlich, Hofmann, et al., 2003).

심리학자인 Jack Bauer와 Dan McAdams(2004)는 직업의 변화나 종교의 변화를 겪은 중년의 성인들을 대상으로 그들의 개인적 성장에 관한 인터뷰를 시행했다. 연구자들은 앞에 설명했던 워싱턴 대학 문장완성검사를 사용해서 참여자의 발달 단계를 계산했다. 문장완성검사에서 더 높은 수준의 자아 발달을 보였던 사람들은 그들의 직업과 종교적 변화를 **통합적 주제**(integrative themes)(자기와 타인에 대한 새로운 관점을 갖게 됨)로 설명하려는 경향이 있었다. 이들은 개인적 성장을 자기 인식과 타인에 대한 이해의 증가 그리고 더 높은 수준의 도덕적 추론의 증가—이상의 모든 주제는 개인의 삶과 의미 있는 관계에 대한 좀 더 복잡한 사고를 반영하는 것들이다—로 묘사했다.

성인 교육 연구자들인 Janet Truluck와 Bradley Courtenay(2002)는 노인(55~85세)의 자아 발달을 측정하기 위해 워싱턴 대학 문장완성검사를 실시했다. 연구 결과, 성차 혹은 연령 차는 없었지만, 〈그림 8.7〉에서 보는 바와 같이 교육 수준과 자아 발달이 정적으로 관련되어있었다. 자기 인식 단계에 있는 것으로 평가된 사람들의 비율은 고등학교 교육을 받은 사람들에서 더 높았고, 대학 중퇴와 대학 졸업 그리고 대학원 교육을 받은 사람들 순으로 감소하였다. 양심적 단계와 개성적 단계에 있는 사람들의 비율은 교육 수준에 따라 점차 증가했다. 비록 일부 연구자들에 의해 교육 수준이 좀 더 이른 성인

▌비판적 사고

대학 교육이 자아 발달에 어떤 방식으로 기여하는가에 대한 가장 단순한 설명은 사람들이 대학에서 중요한 교훈을 얻고, 그들의 삶에서 그것들을 모두 기억해낸다고 하는 것이다. 또 다른 설명이 있을까?

기의 자아 발달과 관련이 있음이 확인된 바 있었지만(Labouvie-Vief & Diehl, 1998), 노인 참여자들의 교육 경력이 수십 년 전에 획득된 것이라는 점을 감안할 때, 자아 발달에 대한 장기적 효과에 관한 이 같은 발견은 매우 흥미롭다.

성숙한 적응

Erikson과 Loevinger의 이론을 아우르는 것처럼 보이는 이론은 정신과 의사인 George Vaillant(1977, 1993)의 이론이다. 그는 발달에 대한 기본 틀로 Erikson의 발달 단계를 수용하는 데에서 출발했지만, Erikson의 친밀감과 생산성 단계 사이 — 약 30대경에 해당하는 시기 — 에 다른 단계를 추가했다. Vaillant는 이 단계를 **직업적 안정기**(career consolidation)라고 명명했으며, 이 단계에서 젊은 성인은 자신의 능력을 확립하고, 기술을 연마하거나 혹은 더 높은 사회적 지위와 좋은 평판을 얻고자 한다.

Loevinger과 마찬가지로, Vaillant는 성격의 성장과 발달이 일어나는 방향에 대해 기술했지만, 그는 모든 사람들이 이 방향에 있어서 같은 거리만큼 이동한다고 가정하지는 않았다. 특히, Vaillant는 **성숙한 적응**(mature adaptation) — 개인이 직면하게 되는 시행착오와 어려움에 대해 심리적으로 적응하는 방식과 관련된 잠재적이고 점진적인 변화 — 에 관심이 있었다. 그가 논의했던 적응의 주요 형태는 불안을 다루는 데 사용하는 정상적이고 무의식적인 전략들을 일컫는 Freud의 개념인, 방어기제(defense mechanism)이다. 모든 사람이 어느 정도의 불안을 가지고 있기 때문에 사람들은 방어기제를 사용한다. 그런 방어기제들은 모두 일종의 자기 기만 혹은 현실 왜곡을 포함하고 있다. 우리는 우리를 불편하게 하는 것을 잊어버리거나 그다지 불쾌하지 않은 어떤 식으로 기억한다. 우리는 하지 말아야 했음을 알고 있는 어떤 것에 대해서 그렇게 한 이유를 스스로에게 만들어준다. 우리는 자신의 수용할 수 없는 감정에 대해 그것이 우리 안에 있는 것임을 인정하기보다 타인에게 투사한다. Freud의 개념에 Vaillant가 추가한 내용은 어떤 방어기제들은 다른 방어기제들보다 좀 더 성숙하다는 점이다. 일반적으로 성숙한 방어기제들은 현실왜곡이 덜 포함되어있다. 그런 방어기제들은 문제에 대한 대처에 있어 좀 더 솔직하고 덜 불편한 방식을 반영한다. Vaillant의 핵심 논지는, 평범한 삶의 돌팔매질과 화살에 효과적으로 대처할 수 있으려면, 성인의 방어기제가 성숙해야만 한다는 것이다.

Vaillant는 방어기제의 가장 성숙한 수준을 1수준으로 해서 총 6개의 수준으로 분류했다. 각 수준의 예와 함께 6개의 수준이 〈표 8.4〉에 나와 있다. Vaillant는 사람들이 삶의 한 시점에서 여러 수준의 방어기제를 사용하며, 스트레스를 받는 경우에는 더 낮은 수준으로 퇴행할 수 있다고 믿었다. 그러나 삶의 성숙 과정을 거치면서 성인은 자신의 심리적 공구상자에 점점 더 적응적인 방어기제를 추가해나가며, 점점 더 적은 수의 비성숙한 방어기제를 사용하게 된다. 그래서 Vaillant는 자신의 이론을 별개의 구분된 단계를 가지고 있는 단계 이론으로 보는 대신, 좀 더 성숙한 방어기제를 사용하는 사람들과 좀 더 통합된 성격을 가진 사람들 그리고 좀 더 성공적인 삶을 사는 사람들과 같이, 연속된 수준으로 이루어진 기울기를 가진 이론으로 간주했다(Vaillant, 2002).

Vaillant의 아이디어 중 다수는 Harvard Men's Study로부터 얻은 자료에 기초하고 있는데, 이것은 하버드대학의 1922년도 졸업반 학생들 중 268명의 남성들을 전생애에 걸쳐 추적 조사한 종단연구이다(Heath, 1945). Vaillant는 연구가 시작되었을 당시 아직 태어나지 않았지만, 연구가 시작된 지 30년 되던 해에 합류하여, 아직까지도 살아 있는 참여자들에 대한 자료를 계속해서 수집하고 있다(흥미롭게도, Vaillant가 13살이었을 때 돌아가신 그의 아버지가 이 연구의 초기 참여자였다).

Vaillant의 이론은 수년간 Harvard Study에 참여했던 남성들로부터 얻은 많은 면접 자료, 성격검사 그리고 그 밖의 측정치들에 기초하고 있다. 성격 요인 연구가 성격 연구에서 핵심적인 단계에 접어들었을 때, 그와 동료들은 하버드 남성들에 대한 종단연구에 적용하기 위해서 5요인 모델의 개념을 채택했다. 초기 면접과 검사 결과들을 검토함으로써, 연구자들은 약 45년 전 즉, 남성들이 22세일 때 5개의 주요 성격 요인들에 대해 점수를 매길 수 있었다. 그런 다음, 그들은 생존한 163명의 참여자들에게 5요인 성격검사(NEO－PI)를 실시하고, 그 자료를 초기의 점수와 비교하였다. 검사 간에 매우 긴 시간 간격과 서로 다른 검사의 사용 그리고 첫 측정 시점(Time 1)이 참여자들이 매우 젊은 때였다는 점 등, 검사에 불리한 방법들을 사용했음에도 불구하고, 결과는 신경증, 외향성, 개방성의 3개 요인들에서 작지만 유의미한 개인 내적 안정성을 보여주었다(Soldz & Vaillant, 1999).

45년에 걸친 기간 동안 개인적 안정성을 조사하는 것과 더불어, Soldz와 Vaillant는 또한 연구

:: 표 8.4 방어기제에 대한 Vaillant 여섯 가지 수준

수준	방어기제	예시
Ⅰ. 높은 적응 수준	이타주의	질병 연구를 위한 기금 조성에 참여함으로써 건강에 대한 스트레스를 해소하려고 함.
Ⅱ. 억압 수준	억압	의식에서 생각이나 소망을 쫓아냄으로써 자녀가 없는 것에 대한 스트레스를 다루려고 함.
Ⅲ. 경미한 이미지 왜곡 수준	전능감	군사 임무에 대한 스트레스를 개인의 특별한 훈련과 고도의 장비를 미화시킴으로써 해결하려고 함.
Ⅳ. 부인 수준	부인	다른 사람들은 분명히 알고 있는, 이미 발생한 불행한 사건에 대한 인정을 거부함으로써 결혼생활에 대한 문제를 다루려고 함.
Ⅴ. 심각한 이미지 왜곡 수준	자폐적 공상	해고될 가능성이 있는 상황에서 새로운 직업을 찾고자 노력하기보다 이상적인 직업에 대한 백일몽을 통해서 스트레스를 해결하고자 함.
Ⅵ. 행동화 수준	도움을 거부하는 불평	불평을 통해 재정적 어려움을 해결하려고 할 뿐, 도움이나 조언을 구하는 것을 거부함.

출처 : The American Psychiatric Association (2000)에 기초.

참여자들의 초기 성격 특질이 그들의 삶에서의 실제 사건들 및 성취와 관련이 있는지를 알아보고자, 참여자들의 삶의 다른 부분들에 대해서도 조사했다. 연구 결과는 22세 때의 외향성은 개인이 일한 기간 동안의 최대 수입을 예측해주었다. 이 특질에서 더 높은 점수를 받을수록, 더 많은 돈을 벌었다. 22세 때의 개방성은 개인의 전생애 동안의 창조적인 성취를 예측했으며, 초기의 성실성 점수는 성인기의 좋은 적응과 낮은 수준의 우울증과 흡연, 알코올 남용을 예측했다(이 장의 앞부분에서 성실성이 또한 좋은 건강과 관련이 있었던 사실을 떠올려 보라).

성 교차

정신분석학자인 Carl Jung(1933)은 인생의 후반부 절반은 인생의 전반부 절반 동안 감춰져 있던 자신의 일부분을 탐색하고 인정하는 것으로 특징지어진다고 믿었다. 남성은 부드러움과 더불어 자신의 성격 중 좀 더 양육적인 부분이 출현하도록 허용하는 반면, 여성은 좀 더 독립적이고 계획적이 된다. 노화에 관한 Jung의 정신역동적 사고의 영향을 받아 David Gutmann(1987)은 성격에서의 성차는 성인 초기에 시작된다고 믿었는데, 이 시기는 남녀 모두가 그들 자신의 성적(gender) 특성이 두드러지는 시기이자, 짝을 유혹하고 번식하기 위해 반대 성의 특성을 억압해야 하는 시기이다. 이 이론에 따르면, 부모로서의 시기가 지나고 부모로서의 역할이 더 이상 삶에서 가장 중요한 것이 아니게 된 이후에야, 그들은 억압을 풀고 자신 안에 있는 '반대-성'의 특성들이 나타나도록 허용할 수 있다.

Gutmann은 이러한 중년기의 성 역할의 완화(relaxation)를 가리켜 제5장의 성 역할 부분에서 논의됐었던, 성 교차(gender crossover)라고 명명하였다. 그는 노화란 이 시기의 상실을 나타낸다기보다, 오히려 '종족(tribe)' 내에서 개인적 자유와 새로운 역할의 획득을 나타낸다고 믿었다. 또한 Gutmann은, 마야인, 나비호족 그리고 드루즈인 사회에서 남성은 외부 환경 속에서 변화를 창출해내는 것을 포함하는 적극적인 숙달로부터 개인의 내적 자기를 변화시키는 순응적인 숙달로 옮겨가며, 여성은 순응적 숙달에서 적극적 숙달로 옮겨가는 것을 경험함으로써, 자신의 생각이 옳음을 확인할 수 있었다.

심리학자인 Ravenna Helson과 그녀의 동료들(Helson, Pals, & Solomon, 1997)은 서로 다른 3개의 코호트 대학생들을 대상으로 이루어진 종단연구들로부터 얻어진 자료를 검토하였다. 그들은 결혼과 가족에 대한 관심을 표현했던 대부분의 여성 참여자들의 반응에서 Gutmann의 이론을 지지하는 결과를 발견했다. 코호트 간에 차이가 있었는데, 더 빠른 코호트(이들은 1930년대에서 1940년대에 성인 초기를 보냈음)는 직업과 가정을 선택하는 것에 대한 관심을 표현했고, 좀 더 최근의 코호트(이들은 1980년대에 성인 초기를 보냈음)는 직업과 가족을 조화시키는 것에 대한 관심을 표현했다. 이 연구에서 남성들은 그러한 관심을 거의 표현하지 않았다.

Helson은 이러한 변화에 대한 원인을 탐색했는데, 양육에 있어 전형적인 성적(gender) 특질이 중요하다는 식의 좁은 의미의 해석은 배재했다. 아이가 있건 아니건 간에, 중년기에 여성의 경쟁력, 독립심, 자신감에서의 극적인 증가는 분명하다. 또한 여성들이 연령에 관련된 변화를 겪고 있었던 시기에 그들에게 이용 가능한 기회가 어떤 것이었느냐 따라서도 달라졌다.

중년기와 후기 성인기에 여성의 성격과 남성의 성격이 혼합되는 것에 대한 증거가 있는 것처럼 보이지만, 그것이 여성은 남성보다 좀 더 남성적이 되고 남성은 여성보다 좀 더 여성적이 되는 진정한 '크로스오버'를 나타내는 것은 아니다. 연구 결과들이 나타내는 것은 이전에는 표현되지 못했던 자기의 일부분을 표현하는 것에서의 개방성이 증가되는 것으로 가장 잘 설명될 수 있다. 이러한 혼합이 일어나는 원인을 부모가 되는 것(parenthood)으로만 볼 수는 없을 것 같은데, 왜냐하면 자녀가 없는 여성들에게는 해당되지 않기 때문이다. 이 같은 변화는 남성보다 여성에게 좀 더 강한 것 같다. Helson은 우리가 호르몬, 사회적 역할, 역사적 변화, 경제적 풍토를 포함하는 복잡한 생물사회적 현상을 보고 있다고 제안하였다. 그러나 이상의 연구들과 또 다른 문화권에서 이루어진 유사한 연구들이 보여주는 결과들이 충분히 강력하기 때문에 이 주제는 미래에도 가치 있는 연구 주제가 될 것 같다.

긍정적 웰빙

정신분석 이론에 근간을 둔 또 다른 접근은 심리학자 Abraham Maslow(1968/1998)에서 비롯되었다. 그의 이론적 근간은 Freud에서 출발하며, 대단히 독창적인 통찰들을 제시하고 있다. 인본주의적 심리학자로서 Maslow의 가장 주된 관심은 동기 혹은 욕구의 발달로, 그는 이것을 두 가지 — 결핍 동기와 실존 동기 — 로 구분하였다. **결핍 동기**(deficiency motives)는 먹을 것을 충분히 먹거나 갈증을 해소하거나 혹은 다른 사람들로부터 충분한 사랑과 존경을 얻거나 하는 것과 같이, 불균형을 바로잡으려고 하거나 신체적 혹은 정서적 항상성을 유지하려는 본능 내지 추동을 포함한다. 결핍 동기는 모든 동물들에게서 발견된다. 반대로, **실존 동기**(being motives)는 명백히 인간에게만 존재한다. Maslow는 인간은 밝혀내고 이해하려는 욕구, 타인에게 사랑을 주려는 욕구, 자신의 내적인 잠재력을 최대한 실현하고자 하는 욕구 등 독특한 욕구들을 가진다고 주장하였다.

일반적으로 Maslow는 결핍 동기의 충족은 질병을 예방하거나 치료하며, 항상성(내적 균형)을 회복시킨다고 믿었다. 반대로, 실존 동기의 충족은 긍정적 건강을 생산해낸다. 이 둘 간의 구별은 '위협이나 공격을 막아내는 것과 긍정적인 승리나 성취를 이루어내는 것 간의 차이'와 유사하다(Maslow, 1968/1998, p. 32). 그렇지만 실존 동기는 상당히 취약하고, 전형적으로, 성인기가 될 때까지는 잘 출현하지 않으며, 오로지 지지적인 환경 속에서만 나타난다. Maslow의 잘 알려진 욕구 위계(그림 8.8에 나와 있는)에는 이러한 그의 생각이 잘 반영되어있다.

아래쪽에 있는 네 수준은 모두 서로 다른 결핍 동기를 나타내는 반면, 가장 높은 수준인 자기실현(self-actualization)의 욕구만이 실존 동기에 해당한다. 더 나아가 Maslow는 이러한 다섯 가지 수준이 발달적 · 연속적으로 출현하며, 좀 더 하위 수준이 체계를 지배하려는 경향이 있다고 하였다. 즉, 다시 말해서 당신이 배가 고픈 경우, 생리적 욕구가 지배적이 된다. 만약 당신이 신체적인 학대를 당하고 있다면, 안전의 욕구가 지배적이 된다. 자기실현에 대한 욕구는 다른 네 가

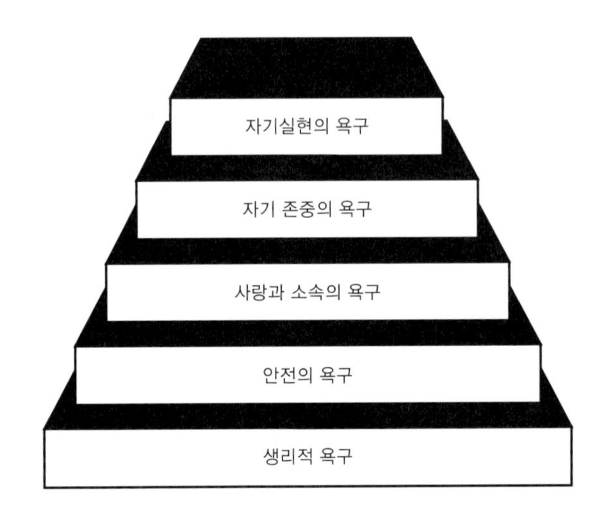

:: 그림 8.8
Maslow의 욕구위계는 더 낮은 단계의 욕구가 개인의 동기를 지배하며, 더 높은 단계의 욕구는 더 낮은 단계의 욕구가 충족될 때 생의 후반부에만 현저해진다.
출처 : From Maslow (1968/1988).

지 유형의 결핍 욕구가 충분히 만족되었을 때에만 출현한다.

정신건강의 문제를 가지 사람들을 연구하는 대신에, Maslow는 위계적 욕구의 가장 상위까지 올라가 유의미한 수준의 자기 이해와 표현을 성취한 일부 소수의 사람들 — 예를 들어, 엘리너 루스벨트, 알베르트 슈바이처 그리고 알베르트 아인슈타인과 같은 사람들 — 의 성격과 특성을 이해하고자 했다. Maslow가 그들을 볼 때 자기실현을 이룬 사람들이 가진 핵심적인 특성들 가운데 일부는 현실에 대한 정확한 지각, 대인관계에서의 깊은 교류, 창의성 그리고 잘 발달시킨 유머감각이었다. 그는 자기실현을 이룬 개인을 절정 경험(peak experience) — 한 개인이 우주와의 일체감을 느낄 때 자기로부터 순간적으로 분리된 느낌과 완벽해진 느낌 — 을 가진 것으로 설명했다.

Maslow와 Carl Rogers(1959) 같은 다른 인본주의 심리학자들은 임상심리학과 자조 운동에 중요한 영향을 미쳤다. 이후 이들의 아이디어 중 일부가 다른 사람들에 의해 채택되어 적용되면서, 자기실현의 욕구는 Maslow가 처음 생각했던 것보다 좀 더 자기(self) 위주로 다루어졌고, 인류의 집단적 웰빙에 대해서는 덜 다루어졌다. 이렇게 된 한 가지 이유는 Maslow의 이론이 경험적 검증이 부족하다는 데 있다. 매우 과학적으로 기술되지도 않았으며, 그가 제안했던 다양한 지배 동기를 측정하기 위해 개발된 도구들도 없었다. 이런 몇 가지 이유로, 이 이론은 연구(research) 심리학자들의 주의를 끌지 못했다. 그러나 Maslow의 이론에는 우리의 관심을 끄는 무언가가 있다. 그것은 인생이 무엇인지에 대해 우리가 생각하는 직감과 잘 들어맞는다. 우리는 거의 매일 삶에서 그 진실을 경험할 수 있다. 우리가 테러리스트로부터의 공격에 대한 위협을 느낄 때, 다음 해에 어깨에 한 개의 금색 수술을 달고 졸업을 할지, 아니면 두 개의 금색 수술을 달고 졸업할지에 대해서 그다지 걱정하지 않는다.

인본주의 심리학자들에게 새로운 관심사가 생겨났으며, 경험적 연구의 기초로 사용할 수 있는 새로운 시도들이 나타나고 있다. 이러한 움직임 가운데 가장 중요한 것은 심리학자인 Martin Seligman과 Mihaly Csikszentmihalyi(2000)가 제시한 새로운 관점으로, 이 관점에서는 정신 질환, 범죄, 실패, 피해, 학대, 뇌 손상, 스트레스의 부정적 효과, 가난과 같은 부정적 상태의 치료 내지 예방에 초점을 두는 인간 행동에 관한 질병 모델로부터의 방향 전환을 강조한다. 대신에 그들은 다음에 제시되는 긍정심리학(positive psychology)을 강조한다.

> 주관적 수준에서의 긍정심리학 분야는 주관적 경험 — 웰빙, 자족, 만족(과거에 대해), 희망과 낙관주의(미래에 대해), 몰입과 행복(현재에 대해) — 을 가치 있게 여긴다. 개인적 수준에서는 긍정적인 개인적 특성 — 사랑하고 일할 수 있는 능력, 용기, 대인 관계 기술, 미적 감수성, 인내심, 용서, 독창성, 미래 지향적 태도, 영성, 타고난 재능, 지혜 — 을 가치 있게 생각한다. 집단 수준에서는 개인이 더 나은 시민이 되도록 해주는 시민적 가치 — 책임감, 돌봄, 이타주의, 정중함, 온건함, 관용 그리고 직업윤리 — 와 기관들을 가치 있게 여긴다(Seligman & Csikszentmihalyi, 2000, p. 5).

이러한 움직임의 한 가지 결과가 바로 Maslow의 자기실현 이론이 가진 몇몇 요소들이 포함되어있는 성격 이론이다. 심리학자인 Richard Ryan과 Edward Deci(2000; Deci & Ryan, 2008b)에 의해 만들어진 이 이론은 자기결정 이론(self-determination theory)으로 알려져 있다. 이 이론에 따르면, 성격은 성장과 통합을 향해 개인이 발달시켜 온 개인 내적 자원에 기초한다. Ryan과 Deci는 개인적 성장과 성격 발달을 향한 욕구는 인간 본성에 필수적인 부분이라고 믿었다. 우리가 이러한 노력을 계속하는 정도는, 이 장의 앞부분에서 설명했던 자아 발달에 관한 Loevinger의 이론에서처럼, 우리의 성격에 기초한다. Ryan과 Deci는 그들이 에우다이모니아(eudaimonia) — Maslow의 자기실현의 개념과 유사한 통합감 및 웰빙 — 라고 부르는 것을 경험하는 것이 개인에게 얼마나 중요한 것인지를 강조한다. 그들은 헤도니아(hedonia) — 긍정적 정서의 존재와 부정적 정서의 부재를 포함하는 행복감 — 가 너무 많이 강조된다고 믿었다(Deci & Ryan, 2008a). 반대로, 그들은 에우다이모니아는 유능감, 자율성, 유대감 같은 기본적인 욕구를 포함하고 있다고 말한다. 그들은 개인이 이 세 가지 욕구를 만족시키지 않고서는 발전할 수 없다고 가정했다 — 그래서 예를 들어, 유능감과 자율성은 촉진하지만 유대감을 촉진하지 못하는 환경은 웰빙을 위태롭게 할 것이다.

Ryan과 Deci의 이론에 의하면, **유능감**(competence)은 개인이 환경과의 상호작용에서 느끼는 효능감이다. 최고가 될 필요는 없지만, 미 육군의 슬로건에 담긴 "당신이 될 수 있는 모든 것이 되라."라는 말은 중요하다. 그것은 도전해서 노력의 결과를 보고자 하는 마음이다. 이것이 후기 노년기에는 어려울 수 있지만, 저자들은 유능감이라는 것이 꼭 전보다 더 잘하라는 의미는 아님을 강조한다. 때때로 그것은 환경을 수정하고, 해야 할 활동을 선택하며, 그러한 활동을 잘 수행하기 위해 남아 있는 자원을 재설정하는 것을 의미한다 — 이것은 저자들이 '도전에 대한 선택권을 갖기'라고 부르는 전략이다.

자율성(autonomy)에 대한 욕구는 우리의 행동이 자신의 선택에 의해서 이루어진다고 느끼려는 욕구가 있음을 의미한다. 우리는 행동하기 위한 결정을 내리고, 우리의 행동은 진정한 내적 자기를 반영하는 것이지 타인의 규칙이나 기준을 반영하는 것이 아니다. 이것은 개인이 내적 통제에 의해서 행동하는 것이지 외적 통제에 의해서 행동하는 것이 아님을 의미한다. 이것이 독립적인 성인에게도 항상 쉽지만은 않을 뿐더러, 아동기, 청소년기 그리고 타인에게 더 많이 의존해야 하는 후기 성인기 등 다른 단계에서는 훨씬 더 어렵다. 그러나 Ryan과 LaGuardia(2000)는 의존이 자율성을 배재하는 것은 아니라고 믿었다. 사실 그들은 요양원에 있는 의존적인 사람들 중 자기 스스로 더 많은 결정을 하도록 허락된 사람들이 그러한 자율성이 더 적게 허락된 사람들보다 신체적 · 심리적으로 더 건강하다는 사실을 발견했다.

비판적 사고

당신이 재학 중인 대학교에서는 학생들의 자율성, 유대감, 유능감을 촉진시키기 위해 어떤 것들을 하고 있는가? 그러한 방법들은 성공적인가? 학생들의 에우다이모니아/행복을 촉진시킬 수 있는 또 다른 방법에는 어떤 것들이 있겠는가?

자기결정 이론에서 **유대감**(relatedness)이란, 다른 사람들과 연결되어있고, 보살핌을 받고 있으며, 자신의 삶에서 의미 있는 타인과 함께 있다는 느낌이다. 그것은 다른 사람들이 사랑과 애정을 가지고 당신 곁에 함께 있다고 느끼는 것이다. 다른 기본적인 욕구와 마찬가지로, 이것 역시 나이가 들면서 변화한다. 인생의 후반기에 친구와 가족 성원들과의 접촉의 질은 접촉의 양보다 더 우선한다. Kasser와 Ryan(1999)은 자율성과 더불어서 요양원에 거주하고 있는 사람들이 느끼는 유대감의 질과 사회적 지지는 더 낮은 수준의 우울증 발생률, 더 높은 삶에 대한 만족도, 더 높은 자존감 같은 긍정적 결과를 예측함을 발견했다.

심리학자인 Christopher P. Niemiec와 그의 동료들(Niemiec, Ryan, & Deci, 2009)은 최근에 졸업한 학생들을 대상으로 졸업 2년 후에 성취한 그들의 목표 및 포부의 유형과 심리적 웰빙과의 관련 여부를 알아보기 위해서 자기결정 이론을 적용시켜 보았다. 그들은 내재적 목표(개인적 성장, 친밀한 관계, 지역사회 참여)를 표현하고 졸업 2년 후에 그러한 목표를 성취한 졸업생들이,

유능감, 독립, 유대감의 느낌은 인생의 어느 단계에서든 전반적인 웰빙의 감각과 연결된다.

외재적 목표(돈, 명성, 이미지)를 표현하고 그러한 목표를 성취한 졸업생들보다, 더 좋은 심리적 웰빙을 보여준다는 사실을 확인했다. 사실 외재적 목표를 성취한 졸업생들은 심리적인 일빙(ill-being)을 시사하는 지표를 더 많이 나타냈다. 저자들은 아리스토텔레스(기원전 약 350년)의 말을 인용하는 것으로 그들의 연구를 요약했다. "(행복)은 그들이 사용 가능한 것 이상으로 더 많은 외적인 재산을 얻으려고 하는 사람들과 영혼의 재산이 부족한 사람들의 것이라기보다, 최대한 그들 자신의 성격과 마음을 가꾸며, 적절한 한계 내에서 외적인 재산을 얻으려고 노력하는 사람들의 것이다…… 그 중의 어떤 것이든 과하면 그것을 소유한 사람에게 상처를 주거나 혹은 어찌되었건 그에게 아무런 이득도 가져다주지 못한다."(Aristotle, 1946, pp. 280－281).

요약

Summary

01 성인기 성격에 관한 초기의 아이디어는 인기 있고 열정적인 지지를 얻었던 발달에 관한 거대 이론에 기초했지만 경험적으로 검증되거나 타당화되지는 못했다.

02 성격에 관한 아이디어를 검증하고 타당화하는 최초의 방법들 중 한 가지는 특질 구조 접근으로, 이 접근에서는 요인 분석을 통해 적은 수의 특질 구조를 확인하였다. 이러한 모델들 가운데 가장 유명한 것은 Costa와 McCrae의 5요인 모델(FFM)로, 이 모델에서는 인간 성격에 대한 기본적인 요인으로서 신경증, 외향성, 경험에 대한 개방성, 우호성, 성실성을 확인하였다.

03 아동기를 거쳐 성인기에 이르기까지 성격의 주요 5요인들에 대한 차별적 연속성이 확인되었다. 사람들은 성별에 상관없이 집단 내에서 자신의 순위를 유지하는 경향이 있다. 안정성의 수준은 나이가 들면서 70대까지 증가하지만, 성격은 전생애에 걸쳐 변화 가능함을 보여주기 때문에 결코 완전히 안정적이 된다고 할 수는 없다.

04 사람들이 나이가 들어감에 따라서 성격에 어떤 일이 생겨나는가? 우리는 좀 더 사교적이고, 양심적이 되며, 덜 신경증적이고 덜 개방적이 된다.

05 성격 특질 구조는 어떤 면에서는 안정적(차별적 연속성)이며, 또 다른 면에서는 가변적(평균 수준 변화)이다. 전자는 당신이 속한 연령 집단 내에서 다른 사람들과 상대적인 비교를 하며, 후자는 당신이 속한 연령 집단과 다른 연령 집단을 비교한다. 당신은 평생에 걸쳐 당신이 속한 연령 집단 가운데 가장 성실한 사람일 수 있으나, 이 특질에 대한 평균

수준 점수는 당신(그리고 당신 또래)이 나이가 들수록 증가할 수 있다.

06 성격 특질은 성인기의 친밀한 관계의 형성, 직업적 성공, 건강과 관련된다. 우호성이 높고 신경증이 낮은 사람은 이러한 특질에서 낮은 점수를 받은 사람보다 좀 더 오래 지속되고 만족스러운 관계를 갖는다. 성실성이 높은 사람은 이 특질에서 더 낮은 수준을 보인 사람보다 자신의 일을 좀 더 잘 해내는 경향이 있고, 직업적으로 좀 더 빨리 앞서 나간다. 높은 수준의 성실성과 낮은 수준의 신경증은 더 좋은 건강과 장수를 예측한다.

07 5개의 주요 성격 구조들은 유의미한 유전적 요소를 가지고 있지만, 주요 요인들에 대한 결과는 혼재되어있다. 유전이 미치는 영향력은 환경의 영향력이 좀 더 강해지는 성인기보다, 아동기에 더 큰 것으로 나타났다

08 사건을 해석함으로써, 타인으로부터 자신의 성격에 부합하는 반응을 이끌어내는 식으로 행동함으로써, 자신의 성격에 잘 맞고 자신의 성격을 강화시켜주는 환경을 선택함으로써, 그리고 자신의 성격에 맞지 않는 환경을 변화시킴으로써, 사람들은 자신의 성격을 안정적으로 유지하기 위해 환경과 함께 상호작용한다.

09 진화심리학자들은 성격 특질이 환경 내에 있는 사람들에 관한 중요한 생존 단서를 제공해주며, 그 결과 진화의 역사를 거치며 선택될 수 있었다고 주장한다. 게다가 성격 특질은 생존과 번식의 성공을 보장해주는 타고난 신체적 특성을 보완하기 위해서 발달된 것일 수 있다.

10 연구자들은 성격 특질과 요인들에서 중국, 한국, 베트남 집단들 간의 미묘한 문화적 차이를 발견해나가고 있으며, 이들 집단주의적 문화권에서 성격 특질을 측정할 수 있는 대안적 모델과 척도들을 개발 중에 있다.

11 Erikson의 심리사회적 발달이론은 성격 발달이 전생애에 걸쳐 구분되는 단계로 일어난다고 이야기한다. 각 단계는 각 개인이 해결하려고 노력해야만 하는 갈등을 나타낸다. 각 단계의 갈등의 해결은 새로운 잠재력을 가져다준다. 네 개의 단계들은 개인이 정체성을 확립하고, 친밀한 관계를 형성하며, 다음 세대를 돌보고, 삶의 마지막에 의미를 찾으려고 할 때 생겨난다. 비록 Erikson의 이론이 제시되기 전에 이것이 자료를 바탕으로 하거나 과학적으로 검증되지는 않았지만, 최근의 연구들은 정체성 형성이 젊은 성인들뿐만 아니라 중년의 성인들에게도 관심거리이며, 친밀감 역시도 그렇다는 사실을 보여주고 있다. 다른 연구들은 중년의 성인들이 젊은 성인들보다 생산성에 대한 목표에 더 관심이 많다는 사실을 보여주었다.

12 자아 발달이론에 관한 Loevinger의 이론은 Erikson의 단계 이론을 포기했다. 그녀는 성인이 연속적인 수준에서 한 단계에서 다음 단계로 자신의 길을 나아가지만, 모든 과정을 다 완수할 필요는 없다고 믿었다. 성격은 개인이 궁극적으로 도달한 단계에 달려있다. 그 단계는 상호의존성, 가치, 규칙을 향한 태도, 자신에 대한 평가를 향한 움직임을 타나낸다. 최근의 연구는, 자아 발달을 측정하는 Loevinger 검사가 사람들이 삶의 사건들에 대해 개인적 결과를 어떻게 묘사하는지와 자아 발달이 교육과 더불어 증가한다는 사실을 예측함을 보여주었다.

13 성숙한 적응에 대한 Vaillant의 이론은 방어기제 — 우리가 불안을 다루기 위해서 사용하는 정상적이고 무의식적인 전략 — 의 수준에 기초하고 있다. 그는 6개 수준 — 가장 성숙한 수준에서 시작해서 점점 더 많은 자기 기만을 포함하는 것으로 나아가는 — 을 제안했는데, 우리는 이들 중 몇 가지를 사용하지만, 가장 많이 사용하는 것이 무엇인지가 우리의 적응의 성숙도를 결정한다. 최근 연구는 졸업 이후 종단적 연구가 진행되었던 노년의 Harvard 남성 집단을 대상으로 하여 특질 이론 검사와 좀 더 전통적인 성격 평가를 통합하였다. Vaillant는 신경성, 외향성, 개방성에서 45년간에 걸쳐 안정성을 확인했다. 22세 경의 몇몇 요인은 이후의 건강과 직업에서의 결과를 예측했다.

14 Gutmann의 성 교차 이론에 따르면 젊은 성인은 짝을 유혹하고 자녀를 양육하기 위해서 성적(gender) 특질을 강조해서 보여주려 한다고 설명한다. 부모로서의 시기가 지난 이후, 그들은 반대 성의 성적(gender) 특질을 보여줌으로써 그들의 성격에서 숨겨져 있던 부분을 표현할 수 있다. 연구들은 남성과 여성이 다른 성의 특성을 통합하려는 경향이 있지만, 그것이 진정한 크로스오버라기보다는 두 가지 성적 특성이 혼합된 것이며, 이러한 통합 경향은 부모가 되는 것과는 독립적임을 보여주었다.

15 Maslow의 자기실현 이론은 욕구 위계의 형태로 이루어진 일련의 단계들로 구성되어있는데, 가장 긴급한 생물학적 욕구가 첫 단계이고 일단 이 욕구가 만족이 되면, 개인은 더 높은 수준의 욕구로 주의를 돌리게 된다. 가장 높은 수준은 자기실현으로, 이것은 Maslow가 거의 도달하기 어렵다고 믿었던 단계이다. 이 이론에 대한 최근의 재공식화는 자기 결정 이론에서 찾아볼 수 있는데, 이 이론은 유능감, 자율성, 유대감이 우리의 기본적 욕구라고 말하고 있다. 이러한 생각에 기초한 연구들은 이 세 가지 욕구의 충족이 직업적 성공, 좋은 건강, 삶의 만족도 같은 웰빙에 대한 여러 가지 지표들에서 높은 점수를 얻는 데 필수적임을 보여주었다.

주요 용어

5요인 모델(FFM)	성격	자기실현
개인 내적 가변성	성격 상태	자아통합
개인-환경 교류	성격 요인	절정 경험
긍정심리학	성격 특질	정체성
반응적 유전 가능성	성 교차	친밀감
방어기제	차별적 연속성	평균 수준 변화
생산성	자기결정 이론	

관련 자료

[개인적 흥미를 위한 읽기 자료]

Seligman, M. E. P. (2012). *Flourish: A visionary new understanding of happiness and well-being*. New York: Atria.

긍정심리학의 창시자들 중 한 명인 심리학자 Martin Seligman은 행복에 대한 탐구를 넘어서서 사람들이 어떻게 그들의 삶에 온전히 관여할 수 있는지에 대해 기술하고 있다. 구체적으로, 좀 더 자기 수양을 하고, 지혜로워지며, 강해지고, 타인에게 좀 더 너그러워지는 것 등이다. 저자의 조언은 자신의 연구와 긍정 심리학 분야에서 이루어진 다른 최근 연구에 기초하고 있다.

Vaillant, G. E. (2009). *Spiritual evolution: How we are wired for fatith, hope, and love*. New York: Harmony Books.

정신과 의사인 George Vaillant는 성숙한 적응과 방어기제에 대한 그의 아이디어들로 잘 알려져 있다. 이 책은 인간이 생존에 필수적이기 때문에 용서, 열정, 감사와 같은 긍정적 정서를 발달시켜 왔음을 설명해 주는 신경과학, 동물 행동학, 사회 심리학, 인간 발달이론에 기초하고 있다. 이 책은 의미에 대한 탐구와 관련한 과학적 조사의 좋은 예이다.

[고전 학술자료]

Erikson, E. H. (1985/1994). *The life cycle completed: A review*. New York: Norton.

Erikson, E. H. (1980/1994). *Identity and life cycle*. New York: Norton.

정신분석학자인 Erick Erikson은 그 자신의 삶에서뿐만 아니라 다른 문화권에서의 예를 이용해서 심리사회적 발달에 관한 자신의 이론을 설명하는 몇 권의 책을 저술했다.

Gutmann, D. (1987/1994). *Reclaimed powers: The new psychology of men and women in late life*. New

York: Basic Books.

인류학자인 David Gutmann은 성인기 동안 성 역할에서의 변화에 관한 자신의 생각을 간략하게 설명하고 있다. 그는 나바호족, 마야인, 드루즈인 같은 다른 문화권에서의 역할에 관한 방대한 자료에 기초하고 있다.

Loevinger, J. (1976). *Ego development*. San Francisco: Jossey-Bass.

심리학자인 Jane Loevinger는 자아 발달에 관한 자신의 이론에 대해 설명하고 있다.

Maslow, A. (Vaillant, G. E. (1977). 1998). *Toward a psychology of being*(3rd ed.). New York: Wiley.

이 책은 자기실현과 욕구 위계에 대한 Maslow의 개념들을 이해하기 쉽게 설명하고 있다.

McCrae, R. R., & Costa, P. T. (1987). Validation of the Five-Factor Model of personality across instruments and observers. *Journal of Personality and Social Psychology*, *52*, 81-90.

이 논문에는 성격의 5요인 이론에 대한 초기 논의가 소개되어있다.

Vaillant, G. E. (1977). *Adaptation to life: How the best and brightest come of age*. Boston: Little, Brown.

하버드대 남학생에 대한 40년 연구의 결과가 제시되어있다. 268명의 남성들을 대상으로 그들의 직업 생활에서부터 은퇴에 이르기까지를 추적 조사하였는데, 정신과 의사인 George Vaillant는 이 연구 결과를 토대로 성숙한 적응에 관한 성격 이론을 만들어냈다. 연구 결과에 대해 아주 흥미롭고 읽기 쉽게 설명하고 있다.

[현대 학술자료]

Jensen, L. A., & Arnett, J. J. (2012). Going global: New pathways for adolescents and emerging adults in a changing world. *Journal of Social Issues*, *68*, 473-492.

저자들은 출현하는 성인기 동안의 문화적 정체성 형성과 세계화의 영향에 따른 문화적 정체성 혼란, 성 역할, 국가적 정체성 형성 등에 대해 다룬 연구와 이론에 대해 다루고 있다.

Kandler, C. (2012). Nature and Nurture in personality development: The case of neuroticism and extraversion. *Current Directions in Psychological Science*, *21*, 290-296.

성격 특질의 안정성 및 순위 안정성에 관한 연구들은 성격이 전생애에 걸쳐 전개되는 발달적 패턴이 있음을 보여준다. 그러나 무엇이 이러한 패턴을 만들어내는지는 분명하지 않다. 이 논문에서, 저자들은 성격 패턴 형성에 관여하는 유전적·환경적 요인들과 그러한 요인들이 각각 영향을 미치는 시점에 관해 다룬 연구들을 검토하고 있다.

THE
JOURNEY
OF
ADULTHOOD

Chapter

9

의미 추구

나의 아동기 동안 조부모님은 우리 옆집에 살았고, 그들의 의미 추구의 시작과 끝은 모두 장로교회였다. 그것은 그들의 삶의 중심이자 모든 질문에 대한 해답이었다. 나의 할아버지는 일요일 아침을 주일학교에서 이전에 할아버지가 이끌던 보이스카우트 단원들이 대부분인 10대 소년들을 가르치는 것으로 시작했다. 그러고 나서 그는 아침 예배에 참석했는데, 거기서 할머니는 오르간을 연주하셨다. 수요일 밤마다 기도 모임도 있었다. 주중에는, 적어도 그들이 은퇴한 이후에는 아프거나 도움이 필요한 사람을 방문하고 교회가 운영하는 푸드뱅크 및 의류은행을 도왔다. 대부분의 그들의 친구 그리고 이웃들은 같은 교회에 다녔다. 그들의 수입 중 10%는 교회에 헌금하였고, 술, 담배, 춤을 즐기지 않았다. 성경(King James 판)은 그들의 집 장식 중 하나였고 자주 읽었다. 식탁에서 항상 식사하기 전에 "위대하시고 선하신 하나님, 우리에게 양식을 주심에 감사합니다."라고 음식에 대한 감사 기도를 드렸다.

오늘날 삶은 더 복잡해지고, 우리 가족의 의미 추구는 새로운 방향으로 가고 있다. 나는 더 이상 예배에 참석하지 않고, 나의 자매 셋 중에 한 명만이 어린 시절에 다니던 장로교회는 아니지만, 교회에 다니고 있다. 우리는 지역사회에서 공공 기부금을 내고 자원봉사 활동을 하지만 교회를 통해서는 아니다. 우리의 영성 문제에 관한 대화는 독서클럽, 일요일 저녁 또는 칵테일 파티(술을 마시고 때로 춤을 추기도 하는 곳!)에서 일어난다. 가족들은 주방 식탁에 둘러앉아 요가, 심리치료, 마음 챙김, 명상 그리고 과학을 통해 의미를 찾는다. 독실한 가톨릭 신자인 친구, 이슬람 신자인 동료, AA(알코올중독자협회)의 가르침에서 모든 것에 대한 해답을 찾는다고 믿는 이웃들도 자주 오는 손님이다. 두 명의 성인인 손주들은 자신의 의견을 강경하게 밝히는 무신론자들이다. 식탁에서 식사 전에 기도 대신 "Bon appetit!(많이 드세요!)"라고 말한다.

▌비판적 사고

당신의 의미 추구는 조부모와 유사한가, 다른가? 어떤 면에서 그런가?

나는 가끔 고인이 된 조부모님이 내가 이룬 가족 유형을 알게 되시면 매우 충격을 받으실 것이라 생각한다. 그러나 나는 우리 모두가 항상 같은 것을 찾고 있다는 것을 깨닫게 된다. 우리가 왜 여기에 있는지, 인생을 보내는 가장 좋은 방법이 무엇인지, 내세(만약 내세가 있다면)를 어떻게 준비해야 하는지를 알아내는 것이다.

영성은 우리 인간의 공통의 특성이다. 3만 년 전에 만들어진 매장터는 음식, 냄비, 무기 등 외관상 내세에 대한 준비물과 함께 묻힌 시신을 드러낸다. 그리고 오늘날, 나노 기술 및 생명의학의 진보 속에서도, 미국에 있는 사람들의 92%는 신을 믿는다(Harris Poll, 2011). 영성(spirituality)이라 알려져 있는 이 의미 추구(quest for meaning)는 신성에 대한 개인적 이해를 통해 삶의 궁극적인 지식을 스스로 탐구하는 것이다(Wink & Dillon, 2002). 전통적인 종교 의식이든지 스스로 깨우침을 찾기 위한 개인적인 고해를 통하든지 간에 의미 추구는 인간 경험의 필수적인 부분이다.

내 조부모님 시절 의미에 대한 개인적 탐구는 신학의 영역이었다. 오늘날엔 과학에 관심을 갖는다. 다음과 같은 질문들을 물어본다. 영성을 위한 유전자가 있는가? 종교성과 영성 사이에 차이가 있는가? 영성적이거나 종교적인 것이 건강에 이로움이 있는가? 절대자에 대한 믿음은 인간에게 진화된 특성인가? 비록 이러한 주제에 과학적 검증을 적용하는 것이 이상할지라도 유전학자나 심리학자는 고대 매장 터를 찾은 인류학자처럼 똑같이 말한다. 의미 추구는 우리 종의 공통의 특성이다. 이 장에서는 이 탐구를 설명하고 이것이 성인기에 걸쳐 어떻게 전개되는지에 대해 다룬다.

왜 의미 추구에 대한 장이 필요한가?

제8장에서 나는 연령 변화에 따른 성격의 변화와 자기실현으로의 발달에 대해 언급하였는데, 그것은 분명 성인기 동안의 내적 성장의 측면이다. 그러나 내적 성장에는 또 다른 측면이 있다—비록 보다 사색적 수준이지만 의미의 문제에 관한 것으로 대부분의 우리에게 덜 중요하지 않다. 성인기를 통해가면서 우리는 우리의 경험을 다르게 해석하는가? 우리는 우리 세계에 다른 의미를 부여하고, 새로운 방식으로 이해하는가? 우리가 현명해지고 덜 세속적이고, 더 영적이 되는가?

분명, 나이를 먹는 것과 지혜가 느는 것 간의 관계는 동화, 신화, 종교적인 가르침의 증거를 통해 알 수 있듯이 거의 전 세계의 모든 문화에서 일반적인 전통이 되어 왔다(Campbell, 1949/1990).

▌비판적 사고

당신은 현명함 또는 특별한 힘을 가진 노인을 주제로 한 오래된 신화나 동화를 아는가?

이러한 원천들에 따르면, 성인발달을 통해 세상의 지식과 경험의 저장고가 커지게 된다. 또한 이것은 삶에 대한 다른 관점, 다른 가치관, 다른 세계관, 자기초월(self-transcendence)로 종종 묘사되는 과정 혹은 신체적인 육체와 개인사를 넘어서 존재하는 더 큰 전체의 부분으로서 자신을 지각하는 것을 가져다준다. 내가 관심 있게 알고자 하는 것은 이러한 과정이 정상적인 성인발달의 일부분(혹은 잠재적인 부분)인지이다.

비판적 사고

화산 폭발과 같은 정확히 동일한 경험이 어떻게 서로 다른 의미 체계를 가진 사람에 의해 매우 다르게 해석될 수 있는가? 생각할 수 있는 다른 예는 무엇인가?

그러한 질문에 대한 대답은 심리학이 아니라 종교, 철학 분야에서 얻어질 수 있다고 생각하기 쉽다. 비록 종교, 지혜, 삶에 대한 성인의 의미에 관심을 가지는 심리학자의 수가 수년에 걸쳐 증가함에도 불구하고 성인발달을 다룬 교과서에서 이러한 주제의 장을 찾을 수 없다. 그래서 내가 처음으로 여기서 해야 할 과제는 내가 왜 이것이 중요하다고 생각하는지를 설명하는 것이다. 다음에 세 가지 이유가 있다.

- **경험 자체보다 경험에 부여하는 의미가 중요하다** : 보다 본질적으로, 심리학자들은 개인적 경험은 일정하고 자동적인 방법으로 우리에게 영향을 주는 것이 아니라 우리가 의미를 해석하고 부여하는 것이 실제로 결정적이라는 것을 알게 되었다. 개인이 세상과 그곳에서의 그들의 위치, 그들 스스로와 그들의 능력에 대해 지니는 기본적 가정들이 있어 경험에 대한 해석에 영향을 미친다. 그러한 의미 체계는 때때로 우리가 세상을 어떻게 경험하는지를 결정하는 내적 작동 모델(internal working model)을 나타낸다. 이전 장에서 같은 문제의 다른 측면을 다루었다. 예컨대 제6장에서 애착 이론을 다루었는데, 부모와 갖는 애착 관계의 내적 작동 모델을 어떻게 형성하는지, 이러한 모델들이 우리가 다른 사람들과 맺는 관계에 접근하는 방법에 영향을 미치는지 설명하였다. 만약 나의 내적 모델이 "사람은 기본적으로 친절하고 신뢰할 수 있다."는 가정을 포함한다면, 그러한 가정은 분명히 내가 추구할 경험에 영향을 미칠 뿐 아니라 그러한 경험들의 해석에도 영향을 미칠 것이다. 우리 각각의 객관적인 경험은 다양한 의미를 전달하기 전에 내적 작동 모델을 통해 여과된다. 나는 모든 경험의 궁극적인 결과는 경험 그 자체가 아니라 주로(모두가 아니라면) 우리가 부여한 의미에 의해 결정된다고 주장한다. 그리고 이것이 사실인 만큼, 성인이 형성하는 의미체계를 이해하는 것은 분명 중요하다.
- **의미 추구는 인간의 기본적인 특성이다** : 성인발달에서 이렇게 파악하기 힘든 영역을 탐구하는 두 번째 이유는 의미 추구가 대부분 성인의 삶에서 중심 주제이기 때문이다. 이것은 많은 임상가와 이론가들의 글에서 반복되고 있다. 정신분석가 Erich Fromm(1956)은 인간의 다섯 가지 중심적 실존 욕구 중 한 가지로 의미의 욕구를 나열하였다. 정신과 의사 Viktor Frankl(1984)은 '의미에 대한 의지'가 기본적인 인간의 동기라고 주장하였다. 신학자이자 심리학자인 James Fowler도 유사한 주장 – "모든 인간이 공통적으로 가지고 있는 한 가지 특징은 삶이 의미 있다는 인식 없이는 살 수 없다는 것이다(1982, p.58)." – 을 했다. 따라서 우리는 경험을 '의미 있게' 만드는 방식으로 해석할 뿐 아니라, 의미성을 생산하고자 하는 욕구 혹은 동기 또한 우리의 삶에서 필수적이라는 것도 진실일 수 있다. 좀 더 최근에 진화

심리학자 Jesse Bering(2006)은 영성의 인식이 인간의 사회적 인지체계의 중요한 요소라고 기술하였다.

- 대부분의 문화는 연령 증가에 따라 영성과 지식이 증가한다는 관습을 지지한다 : 나이가 들어감에 따라 의미체계가 질적으로 증가한다는 노년 초월(gerotranscendence)에 대한 많은 일화적 증거가 항상 있어 왔는데, 신화와 동화에서 현명한 노인들이 등장하면서 시작되었다(Tornstam, 1996). 심리학의 초기 이론은 성장 과정으로서 의미의 발달을 설명하였다. 예컨대, 정신분석가 Carl Jung(1964)은 성인 초기는 관계를 설립하고 가족을 만들고, 직업에 좀 더 집중하여 외부로 향하는 시간이라고 제안했다. 그러나 중년기에는 성인들이 죽음에 대해 인식하게 될 때, 내부로 방향을 돌리고 자아의 인식을 확대하기 위해 노력한다. 이러한 방식으로, 삶의 전반부 동안 외부로 향한 초점이 삶의 후반부에 있어 내부로 향하는 초점에 의해 균형을 이루고, 자기실현의 과정을 완성한다. 유사하게 심리학자 Klaus Riegel(1973)은 인지 발달이 후형식적 단계(postformal stages)로 확장된다고 제안하였는데, 이때 성인들은 Piaget가 제안한 논리와 추론에 감정과 맥락을 추가하여 세상을 바라볼 수 있게 되고 인지적 능력을 의미 추구에 사용하게 된다(Sinnott, 1994).

연령에 따른 의미체계의 변화가 정상적인 발달의 함수이든지 혹은 평생 경험의 결과이든지에 상관없이, 성인기에서 의미체계 발달은 실제 현상이고 과학적 관심을 받을 가치가 있는 일이라는 것은 일반적으로 동의하는 바이다.

의미체계에서의 연령 관련 변화 연구

이 주제가 탐구할 만한 가치가 있는 것이라고 여러분을 설득해왔다고 가정할 때, 우리는 방법론에 대해 똑같이 곤란한 질문에 부딪힌다. 분명히 매우 모호한 것을 어떻게 탐구할 수 있을까? 한 가지 방법은 종교 단체에 참여하는 것과 같이 밖으로 드러나는 표시로 종교성(religiosity)을 살펴보는 것이다. 이러한 것에 대한 양적 연구들은 다음과 같은 질문에 답하고자 한다. 성인들은 나이가 들수록 더 많이(혹은 더 적게) 종교 행사에 참여하는가? 연령과 관련된 유형이 있는가? 일련의 연구는 이러한 논리에 기초하고 있는데, 잠시 후 이것이 제시하는 증거에 대해 살펴볼 것이다. 그러나 논의해야 하는 또 다른 접근들도 있다.

일부 신학자와 심리학자들은 의미체계에서 연령과 관련한 변화들에 대한 질문에 답하기 위해서는 우리가 관찰할 수 있는 행동보다 더 깊이 탐구하여, 개인적이고 개별화된 영성을 측정할 필요가 있다고 믿는다. 우리 모두는 종교적 행동은 수행하지만 영성적이라고 묘사할 수 없는 사람들이 있음을 알고 있다. 몇몇 연구자는 개인적 믿음에 대해 묻는 설문지를 사용하고, 다른 연구자들은 분석하기 좀 더 어렵지만 좀 더 깊이 있는 에세이 유형의 질문을 하면서 개인적인 인터뷰를 사용한다. 이러한 개인적 영성에 대한 연구들은 의미 추구에 대한 개인적인 믿음이 종교성과 반드시 관련이 있는 것은 아니라는 것을 보여주기 때문에 매우 생산적이다.

또 다른 접근은 매우 잘 알려진 성인들(정치인, 성인, 철학자, 신비주의자)의 내적 발달의 단계와 과정에 대해 작성된 전기, 자서전, 개인적 보고, 자서전이나 전기로부터 도출된 사례 연구와 같은 질적 연구를 사용하는 것이다. 이러한 자료가 유명한 미국 심리학자인 William James의 저서 종교경험의 다양성(The Varieties of Religious Experience)(1902/1958)과 신학자이자 철학자인 Evelyn Underhill의 저서 신화론(Mysticcism)(1911/1961)에서 매우 인상적으로 분석되었다. 물론 개인적인 보고는 일반적인 '과학적 증거'의 개념에 잘 맞는 것은 아니다. 연구 참가자는 일반적인 인구의 대표가 아니고, '자료'는 객관적으로 수집되지 않았을 수도 있다. 그러나 그러한 자료로부터의 정보는 의미체계에서 연령과 관련한 변화의 이론에 가치 있는 기여를 한다. 그것을 통해 무엇이 가능할 수 있을지 그리고 인간의 깊은 영성을 탐구해온 것으로 보이는 몇몇 비범한 성인의 특성, 의미체계 또는 능력에 대해서도 알 수 있다. 그러나 이러한 보고를 내적 과정에 대한 타당한 보고로 받아들일지라도 설명된 단계나 과정을 일반적인 사람의 경험으로 적용시키는 것은 매우 큰 도약이다. 나는 이번 장에서 그러한 도약을 해볼 것이다. 그것이 정당한지 아닌지 여러분이 스스로 판단해야 할 것이다.

인생의 후반은 외부로 향한 관심에서 내부로 향한 관심으로, 신체적인 것에서 영적인 가치로 변화가 일어난다.

한 가지 더 준비 사항을 언급할 필요가 있다. 이 논의는 내 자신의 의미체계에 기초하고 있다는 것이 명확한 사실이다(그러나 명확하게 진술할 필요가 있다). 물론 이 진술은 모든 책(누구의 책이든)에 대해서도 사실이다. 나는 이 주제를 Maslow의 자기실현 개념, Loevinger의 통합된 인격의 개념 혹은 의미 추구에서 더 나은 과정으로 표현되는 다른 어떠한 용어로 표현되든지 간에 대부분 사람들이 도달해본 적이 없는 '더 높은' 수준의 인간 잠재력이 있다는 강한 가설로부터 접근한다. 내가 의미체계 발달의 다양한 모델을 설명할 때에는 불가피하게 이 가설을 통해 이론과 증거를 걸러낼 것이다. 여러분이 이 장을 여러분의 의미체계와 가정을 통해 걸러내는 것을 피할 수 없듯이 나도 이것을 피할 방법은 없다. 여러분은 읽어가면서 이 점을 염두에 두어야 한다.

나는 성인의 의미 추구에 대한 몇몇 경험적 연구를 소개하고 영성의 징후인 도덕 발달에 대한 논의를 덧붙일 것이다. 그리고 끝으로 몇 가지 질적 연구, 저명한 작가와 역사적 인물에서의 몇 가지 의미 추구 사례연구를 논의할 것이다. 그리고 나서 내가 제시한 증거들을 묶어 이 중요한 문제에 대한 여러분의 생각에 지침이 되어줄 의미 있는 전체 또는 틀을 제시할 것이다.

의미 추구에서의 변화

종교와 영성에 관한 경험적 연구로 시작해보자. 지난 수십 년 동안 이 두 가지 주제에 대한 연구가 급증하고 있다. 나는 호기심이 생겨 1973년 이래로 '종교' 또는 '영성' 키워드를 가진 실증적인 학술지 논문에 대해 PsycINFO 데이터베이스에서 목록을 검토해 봤다. 〈그림 9.1〉에서 이 결과를 볼 수 있다. 제시된 바와 같이, 논문의 수가 1973~1982년간 0개에서 가장 최근 10년간 3,500개 이상까지 증가한 것을 알 수 있다. 그리고 이 영역에서 가장 많이 연구된 주제 중 하나는 종교와 영성에서의 연령 관련 변화이다.

▎비판적 사고

당신은 남성보다 더 자주 예배에 참석하는 여성을 위해 어떤 설명을 제안할 수 있는가? 당신이 이 책에서 공부한 다른 성별의 차이와 얼마나 적합한가?

전체 종교 단체의 회원과 참석률은 최근 50년 동안 미국 내에서 감소하고 있으나, 횡단연구 자료에서는 65세 이상의 노인 인구의 종교 예배 참석률이 젊은 성인보다 더 높았다(Pew Research Center, 2010). 이 주제에 대한 몇 안 되는 종단연구들은 매우 고령에서는 종교적인 참여가 점차 줄고 있으나, 이것은 건강과 기능적인 능력의 감퇴와 관련이 있음을 보여준다(Benjamins, Musick, Gold et al., 2003). 일반적으로 일생 동안에 걸쳐 종교성이 증가하는데, 삶의 끝에서 건강에 기인하는 짧은 감퇴가 나타난다는 것에 의견 합의가 되고 있다(Ider, 2006). 게다가 자료에 따르면 모든 연령, 종교, 국가에 걸쳐 남성보다 여성의 참여율이 더 높게 나타났다(Miller & Stark, 2002). 종교 참여는 대부분의 유럽 국가보다 미국에서 더 높았다.

횡단적인 연구에서는 기도 참여, 명상 혹은 성경을 읽는 것 등의 종교적 믿음과 개인적인 종교 활동에 관해 볼 때, 노인이 젊은 성인보다 더 많이 개인적 종교 행동에 참여함을 보여준다(Pew Research Center, 2010). 그리고 종단연구에서는 초고령에서 종교 예배에 참석하는 수가 감소하

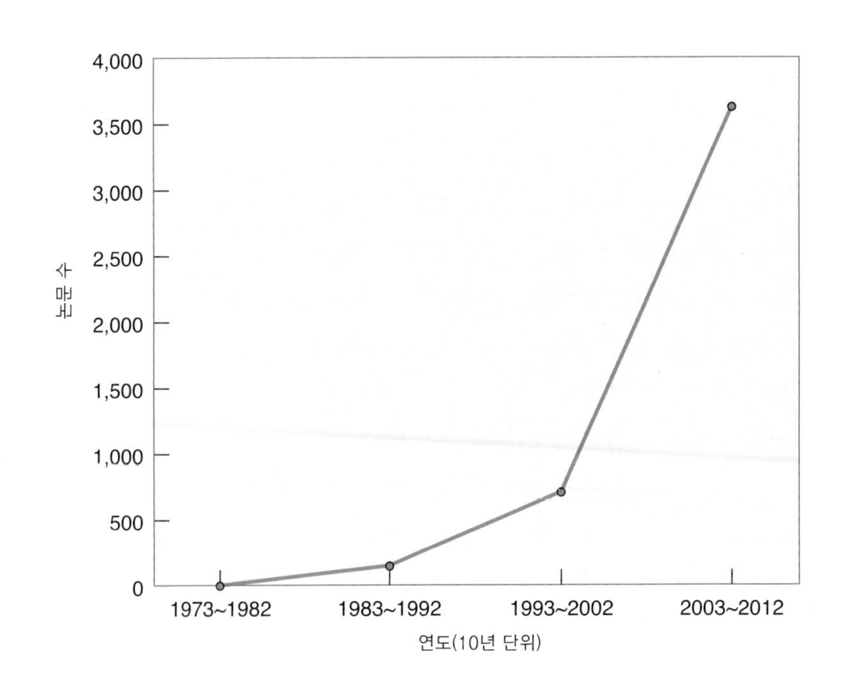

:: 그림 9.1
종교나 영성에 관한 실증적 학술지 논문의 수가 지난 40년 동안 0~3,500개로 증가했다.

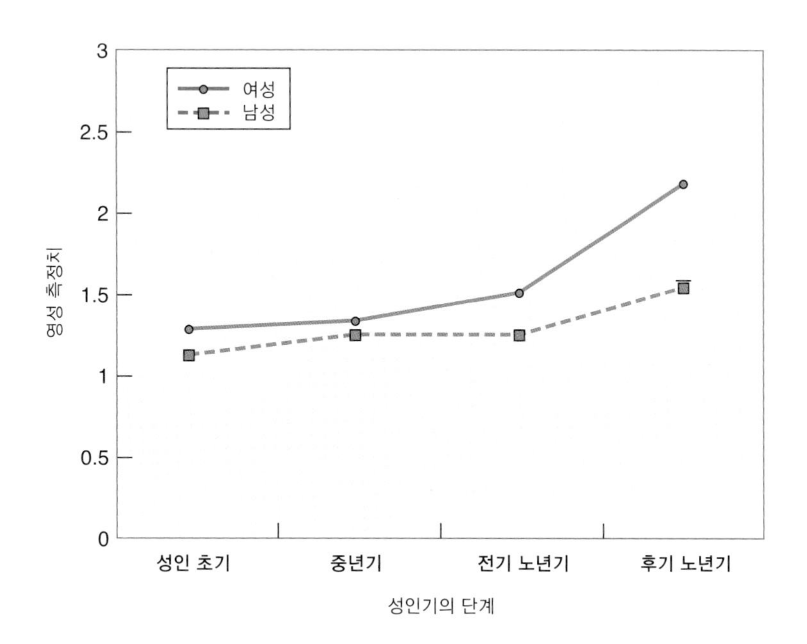

:: 그림 9.2

영성은 연령에 따라 증가하지만 성별에 따른 유형의 차이가 있다. 남녀 모두 중년기까지는 영성이 안정적이다. 여성은 중년기에 증가하기 시작해서 후기 노년기까지 지속해서 증가한다. 반면에 남성은 전기 노년기 이후 증가하기 시작한다.

출처 : Wink & Dillon (2002).

지만 동시에 이 연령대에 개인적인 종교 활동은 안정적이거나 심지어 증가한다는 것을 보여주었다(Idler, Kasl, & Hays, 2001). 이 연구들의 결론은 성인기를 거치면서 종교적 신념과 개인적 종교 활동이 증가하고 삶의 끝에서는 안정기가 있다는 것이다(Idler, 2006).

40년에 걸친 한 종단연구에서, 심리학자 Paul Wink와 Michele Dillon(2002)은 연구 과정 동안 참가자들의 영성성 수준을 측정하기 위해 인간발달연구소(Institute for Human Development)의 자료를 분석했다. 이 연구는 200여 명이 넘는 남성과 여성을 대상으로, 31세부터 78세 사이에 대부분 네 번의 면접을 실시했다. 게다가 참가자들은 1927년에 태어난 젊은 집단과 1920년도에 태어난 나이 든 코호트로 나뉘었다. 결과는 〈그림 9.2〉에서 알 수 있다. 제시된 바와 같이 여성들은 중년기에서 전기 노년기, 후기 노년기까지 영성이 증가하였고, 남성은 전기 노년기부터 후기 노년기까지 영성이 증가하였다.

젊은 집단과 나이 든 집단 둘을 비교했을 때, Wink와 Dillon은 〈그림 9.3〉에서 보이듯이 영성 발달의 다른 유형을 발견했다. 젊은 집단은 그들의 성인기 삶 전반에 걸쳐서 영성의 상당한 증가를 보인 반면 나이 든 집단은 비록 성인 초기에는 영성의 발달이 높았으나, 전기 노년기와 후기 노년기 사이인 마지막 단계에서만 증가했다. Wink와 Dillon은 50대 중반과 70대 중반 사이에는 남성과 여성의 영성이 증가하는 경향이 있다고 결론지었다. 그들은 미래의 어떤 시점에서 삶이 끝날 것이라는 걸 점차 깨닫기 때문에 의미 추구에 더 많이 관여하게 된다. 성인 초기에서 중년기까지의 기간은 성과 코호트에 따라 매우 다양했다. 여성들은 전형적으로 40대에 의미 추구를 시작한다(그러나 이전은 아니다). 더욱이 10년 이하의 간격을 두고 태어난 사람들은 성인기에 걸쳐 동일한 일반적 영성의 증가를 보여주지만 영성의 양상은 다를 수 있다. Wink와 Dillon은 30대에 더 높은 영성성을 보여준 젊은 코호트는 '물병자리 시대'가 최고조였던 때에 60대를 살았

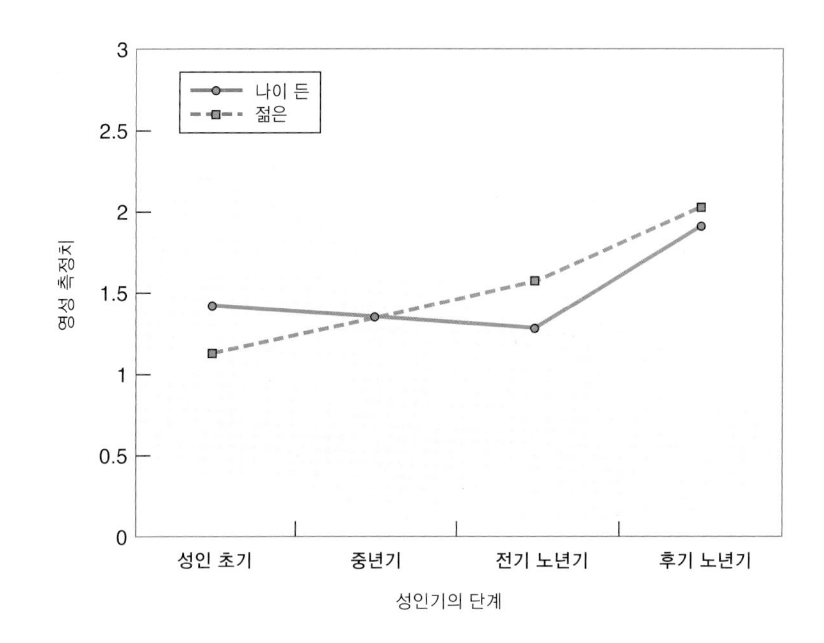

:: 그림 9.3

연령에 따른 영성의 증가는 7년 간격으로 출생한 두 코호트에서 다르다. 1920년에 태어난 더 나이 든 집단은 전기 노년기까지 영성의 증가를 보이지 않았다. 반면에 1920년에 출생한 더 어린 집단은 성인 초기부터 후기년기까지 성인기 내내 영성의 증가를 보였다.

출처 : Wink & Dillon (2002).

고, 그들은 당시 40대였던 더 나이 든 코호트보다 문화 변화에 더 반응적인 연령이었다고 추측하였다. '성인기 동안 영성에서 증가가 있는가'라는 질문에 대한 대답은 '그렇다'이지만, 타이밍은 연령, 성별 그리고 성인들이 결정적인 연령일 때 풍미하는 문화적인 조건에 따라 다르다.

심리학자 Padmaprabha Dalby(2006)는 성인기에 걸친 영성의 변화에 대한 최근 연구들을 메타분석하였고, 통합성, 인본주의적 관심, 타인과의 긍정적인 관계, 젊은 세대를 위한 걱정, 권력과의 관계, 자기초월 그리고 죽음을 받아들이는 것과 같은 영성적 측면에서 연령과 관련된 증가를 발견했다. 그러나 이러한 증가는 나이 자체보다 나쁜 건강, 장애, 자신의 임박한 죽음 그리고 사랑하는 이의 상실과 같은 후기 노년기의 역경과 관련된 것으로 보인다. 이것은 일반적 생활경험의 누적이 자기초월을 가져온다는 개념에 대한 대안으로 제안되어 왔는데, Dalby가 지적하듯이, 건강과 불행의 측정에서 다양한 동일 연령의 사람을 비교한 연구는 없다.

▌비판적 사고

어떻게 그들의 나이 때문에 또는 그들이 직면했던 역경 때문에 노인이 더 영적인 사람인지 아닌지를 결정하는 실험을 설계할 수 있는가? 당신은 결과에 대해 어떠한 가설을 세울 수 있는가?

종교, 영성 그리고 건강

지난 10년간 심리학, 역학, 의학을 포함한 다양한 과학 분야의 많은 연구가 종교 및 영성이 갖는 건강과의 관계를 탐구해왔다. 일반적으로, 일관되고 확고하게 종교 예배에 참여하는 사람들이 그렇지 않은 사람들보다 오래 살고(Chida, Steptoe, & Powell, 2009), 이러한 경향은 남성보다 여성에게 더욱 강하게 나타난다는 결과를 보였다(Tertaro, Lueken, & Gunn, 2005). 또 다른 연구에서는 종교적 참여가 유럽계 미국인들, 아프리카계 미국인과 아시아계 미국인들에게서 정신건강의 보호적인 역할을 한다는 것을 보여주었다(Ai, Huang, Biork, et al., 2013). 영성과 종교성은 낮은 불안 및 우울 수치와 관련이 있다(Brown, Carney, Parrish et al., 2013). 메타분석에 따르면 종교 예배에 참석하는 것과 낮은 심장마비 사망률과 관련이 있다(Chida, Steptoe, & Powell, 2009). 연구들이 건강 관련 행동, 사회경제적 요인 그리고 건강 요인에 대해서 통제하였을 때도 종교적인 활동과 영성은 유의한 요인이었다(Master & Hooker, 2012).

그 외에도 명상은 낮은 코티졸 수치 및 낮은 혈압 수치와 관련이 있었다(Seeman, Dubin, & Seeman, 2003). 제10장에서 논의하게 될 예에서, 대담한 자질을 가진 성향이 있으면서 삶에서 의미를 찾는 데 전념하는 사람들이 그렇지 않은 사람보다 스트레스 영향에 대해 더욱 탄력적이었다. 그들은 어떤 상황이 오더라도 대처할 수 있고 그 과정 속에서 의미를 발견할 자신감이 있었다(Maddi, 2005).

종교와 영성에서 무엇이 건강에 영향을 미치는 것일까? 대부분의 종교가 건강 행동을 촉진하고 사회적 지지를 제공하고, 대처기술을 가르치고, 긍정적인 정서를 촉진한다는 사실을 포함하는 많은 기제가 제안되어왔다(McCullough, Hoyt, Larson et al., 2000).

:: **표 9.1** 종교성/영성의 축약 다차원검사로부터의 예(BMMRS)

- 나는 나의 종교에서 힘과 위안을 얻는다.
  - 하루에도 여러 번
  - 매일
  - 거의 매일
  - 며칠에 한 번
  - 가끔
  - 거의 없음 혹은 전혀 없음
- 얼마나 자주 예배에 참석하는가?
  - 일주일에 여러 번
  - 매주 한 번
  - 매달 두세 번
  - 매달 한 번
  - 일 년에 한두 번
  - 전혀 없음
- 나는 영적으로 창조의 아름다움에 감명받는다.
  - 하루에도 여러 번
  - 매일
  - 거의 매일
  - 며칠에 한 번
  - 가끔
  - 거의 없음 혹은 전혀 없음
- 개별적으로 얼마나 자주 교회나 회당에서 기도합니까?
  - 하루에 수차례
  - 하루에 한 번
  - 일주일에 두세 번
  - 일주일에 한 번
  - 한 달에 두세 번
  - 한 달에 한 번
  - 전혀 없음
- 나는 세상에서 아픔과 고통 감소에 대한 책임을 깊이 느낀다.
  - 매우 동의
  - 동의
  - 동의하지 않음
  - 전혀 동의하지 않음
- 나는 내 생을 더 큰 영적인 힘의 일부라고 생각한다.
  - 전적으로
  - 상당히
  - 약간
  - 전혀 아님
- 나는 나를 해친 누군가를 용서한다.
  - 항상 혹은 거의 항상
  - 종종
  - 거의 없음
  - 전혀 없음
- 인생의 내 모든 일에 나의 종교적 신념을 전하려고 노력한다.
  - 매우 동의
  - 동의
  - 동의하지 않음
  - 전혀 동의하지 않음

출처 : Undewood (1993)에 기초.

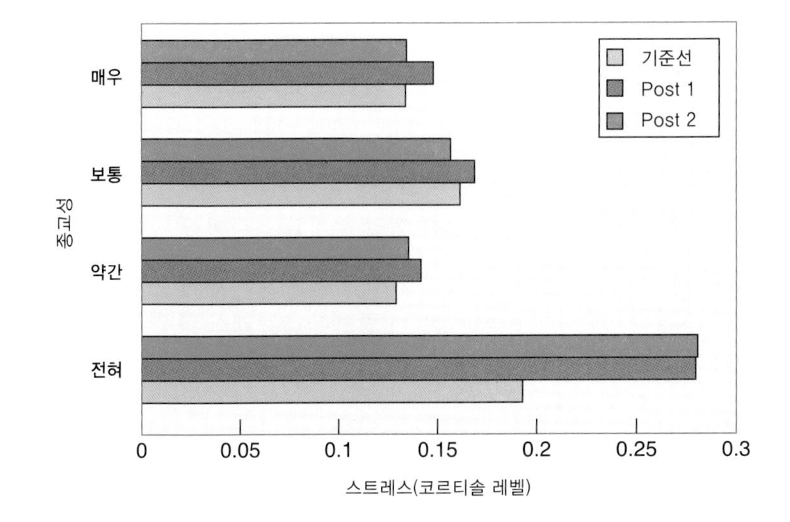

:: 그림 9.4
전혀 종교적이지 않다고 묘사하는 젊은 성인은 약간, 보통, 매우 종교적이라고 묘사하는 사람들보다 높은 스트레스 반응을 보였다.
출처 : Tartaro, Luecken, & Gunn (2005).

생리학적 스트레스 반응에 미치는 종교적 참여와 영성의 영향에 대한 한 연구에서 심리학자 Jessica Tartaro와 그녀의 동료들은 종교성과 영성에서 높은 점수를 기록한 참가자가 실험적으로 유도된 스트레스에 대해 낮은 코르티솔 반응 수치를 보였음을 발견하였다(Tartaro, Lueken, & Gunn, 2005). 연구자들은 22%의 '자신만의 믿음'을 가진 사람들까지 포함된 다양한 종교에 소속되어있는 60명의 대학생에게 검사를 실시하였다. 이 검사의 보기 질문은 〈표 9.1〉에 제시되어 있다. 이후 학생들이 생리학적 스트레스 반응의 생리학적 지표를 유발하는 두 가지 컴퓨터 과제를 수행하기 전과 후에 코르티솔 수치를 측정하였다. 코르티솔은 스트레스 반응으로 방출되는 호르몬으로 면역체계 반응의 감소와 관련이 있다. 〈그림 9.4〉에 결과가 나와 있다. "어느 정도 스스로가 종교적인 사람이라고 여기는가?"라는 질문에 "전혀 아니다."라고 반응한 사람은 "약간이다.", "보통 그렇다.", "매우 그렇다."라고 반응한 사람보다 유의하게 높은 코르티솔 반응을 보였다. 구체적인 종교적 또는 영성적 활동에 대한 반응을 조사했을 때, 용서와 기도의 빈도가 코르티솔 반응과 관련이 있었다. 연구자들은 종교 활동과 영적인 신념, 특히 용서와 기도가 스트레스로 인한 손상으로부터 인간을 보호해줄 수도 있다는 결론을 내렸다.

영성발달이론

여러 가지 이유로 옳고 그름이 무엇인지 그리고 행동의 옳고 그름을 어떻게 판단하는지에 관한 추론인 도덕적 추론(moral reasoning) 발달에 대한 심리학자 Lawrence Kohlberg의 이론으로 이 탐색을 시작하려고 한다. 비록 Kohlberg가 다룬 질문들은 내가 조사하고 있는 주제의 일부만을 다루지만, 그의 기본 이론 모델은 의미체계에 관한 성인의 진화하는 세계관에 대한 최근 이론들의 기초가 된다. Kohlberg의 이론은 경험적인 연구를 통해 광범위하게 검증되었고, 발달심리학자에게 널리 수용되었다. 따라서 이는 비교적 논쟁할 필요가 없는 도약 지점을 제공해준다.

도덕적 추론의 발달

다른 가치들 간의 갈등에 직면했을 때, 우리가 도덕적으로 옳은 것, 공정한 것 또는 맞다고 결정하는 기준은 무엇인가? Kohlberg는 Jean Piaget의 인지발달이론을 확장하여, 우리가 일련의 도덕적 추론의 단계를 거치는데, 각 단계는 앞선 단계 위로 발달한다고 주장하였다. 이 관점에서는 각각의 단계는 의미의 체계나 모델을 반영하는데, 이는 옳고 그름에 대한 일관적이고 전반적인 내적 가정의 집합이다(Kohlberg, 1981, 1984).

Kohlberg는 결정과 결정의 이유를 중요하게 구별하였다. 예컨대 중요한 것은 훔치는 것이 잘못되었다고 생각하는 것이 아니라 왜 그것이 잘못되었다고 생각하는 가이다. Kohlberg는 Piaget가 논리의 광범위한 유형에 대한 발달 변화를 탐구한 것처럼 도덕적 문제에 대한 추론에서 발달 변화를 탐구하였다.

측정 절차 Kohlberg는 피험자가 일련의 가상적인 도덕적 딜레마에 대한 반응을 요구받는 도덕판단 인터뷰를 사용하여 사람들의 도덕적 추론 단계나 수준을 평가했다. 각 딜레마에서는, 두 가지 서로 다른 원리가 대립되었다. 예컨대, 오늘날 유명한 Heinz 딜레마에서 〈표 9.2〉의 윗부분에 제시되어 있다. 피험자는 Heinz라는 사람이 유일하게 약을 가지고 있는 약사가 자신이 낼 수 있는 돈 보다 높은 가격을 요구하면 죽어가는 아내를 살리기 위해 약을 훔칠 것인지에 대한 질문에 대해 어려운 결정을 해야 한다. 이 예에서 대립되는 원칙들은 생명을 보존하는 가치와 사유권을 존중하고 법을 따르는 가치이다.

단계 이러한 딜레마에 대한 많은 피험자의 반응에 기반을 두어 Kohlberg는 세 가지 도덕적 추론의 수준이 있고 각각의 수준은 다시 2개의 단계로 나뉘어져서 〈표 9.2〉에 요약된 것처럼 전체적으로 6개의 단계가 있다고 결론지었다.

전인습적 수준은 9세 이하 아동에게서 전형적이지만 때로 성인 범죄자들과 청소년 중에서도 발견된다. 이 수준의 두 단계에서는 규칙은 외부에 있는 것으로 여겨진다. 단계 1의 처벌과 복종 지향에서는 옳은 것은 보상을 받거나 처벌받지 않는 것이다. 단계 2에서는 정의는 기쁨을 가져다 주거나 자신의 욕구를 충족시키는 것으로 규정된다. 단계 2는 순진한 쾌락주의 지향으로 묘사되는데, 이는 이 단계의 성향을 포현해 주는 말이다.

인습적 수준은 대부분의 청소년들과 우리 문화의 성인들을 특징짓는데, 개인은 가족, 동료집단(단계 3), 사회(단계 4)의 규칙과 기대를 내면화한다. 단계 3은 종종 착한 소년 혹은 착한 소녀 지향이라 부르고, 단계 4는 때로 사회질서 유지 지향이라고 부른다.

후인습적 또는 원리적 수준은 소수의 성인에서만 관찰되는데 사회의 규칙이면의 기저 이유를 찾고자 한다. Kohlberg가 사회계약 지향이라 부르는 단계 5는, 법과 규율이 공정함을 보장하는 중요한 방법으로 여겨지지만, 불변하는 것이 아닐 뿐 아니라 근본적인 도덕 원칙들을 필연적으로 완벽하게 반영하는 것은 아니라고 인지된다. 법과 계약은 보통 그러한 근본적인 원칙들과 일치

종교적인 예식에 참여하는 것은 더 나은 대처기술, 덜 심한 스트레스 반응, 더 나은 건강 및 더 긴 수명과 관련이 있다.

되기 때문에, 사회의 법에 따르는 것이 거의 항상 합리적이다. 그러나 기저에 있는 원칙이나 이유들이 몇몇 구체적인 사회적 관습 혹은 규칙과 일치하지 않을 때에는, 단계 5의 성인은 법에 일치하지 않거나 거역하는 것을 의미할지라도 근본적인 원칙의 기초에 기반을 두어 주장하게 된다. 예컨대, 1960년대의 민권주의 시위자들은 전형적으로 단계 5의 추론과 함께 그들의 시민 불복종을 지지했다. 게다가 대학생에게서 단계 5 도덕적 추론은 아마도 권리와 이득이 서로 대치되는 경우를 다룰 때 상대방의 관점을 고려할 수 있는 것이 필요하기 때문에 환경에 대한 관심과 관련되어있다(Karpiak & Baril, 2008). 개인적인 양심 원칙의 지향으로 알려진 단계 6은 한마디로 같은 유형의 확장인데, 인간이 도덕 원칙의 가장 심오한 집합체를 추구하고 그것에 일치하도록 살아가는 것이다. 전인습적 수준에서 인습적·후인습적 수준으로의 전환을 살펴보는 또 다른 방법은 Piaget가 좀 더 일반적으로 자기에서 외부로 이동하는 인지발달 상태를 묘사한 탈중심화(decentering) 과정으로 보는 것이다. 전인습적 수준에서 아이들의 참조점은 자신의 행동 결과, 그들이 얻을 수 있는 보상과 같은 자신에게 있다. 인습적 수준에서는 참조점이 자기 중심에서 가족이나 사회 등 외부로 이동하게 된다. 최종적으로 후인습적 수준에서 성인은 사회체계 너머나 그 이면에 자리 잡고 있는 근원적인 원칙들과 같은 한층 더 넓은 참조점을 추구하게 된다. 참조점이 자신으로부터 외부로 이동하는 것은 성인기에서 성장 혹은 의미체계의 성장 혹은 발달에 관한 글에서 변치않는 주제 중 하나이다.

자료 종단적 자료에서만 Kohlberg의 모델의 타당성 여부를 알 수 있다. 만약 타당하다면, 그가 제안한 대로 아동과 성인은 순서대로 한 단계씩 다음 단계로 이동할 뿐 아니라, 이전 단계로의 퇴행은 보이지 않을 것이다. Kohlberg와 그의 동료들은 세 가지 표본에서 이러한 가설을 검증했는데, 조사 시기마다 반복적으로 인터뷰를 통해 일련의 도덕적 딜레마를 논의하도록 요청했다. (1) 시카고 지역에 사는 84명의 소년은 그들이 10~16세 사이였던 1956년에 처음으로 인터뷰를 했고, 그중 몇몇은 다섯 번 더 인터뷰를 했다(마지막 인터뷰는 그들이 30대였던 1976~1977년에 실시, Colby, Kohlberg, Gibbs, et al., 1983), (2) 터키의 23명의 소년과 젊은 남성 집단(일부는 농

:: 표 9.2 Kohlberg의 도덕성 발달의 단계

Kohlberg의 도덕성 발달이론은 도덕적 딜레마에 대한 반응들을 기반으로 하였다. 도덕성 딜레마는 다음의 Heinz의 이야기를 통해 알 수 있다.

유럽에서 어떤 부인이 희귀암으로 죽어가고 있었다. 의사가 보기에는 그녀를 구할 수 있는 약은 단 하나였다. 그 약은 최근에 같은 마을의 약제사가 발견한 일종의 라듐이었다. 그 약을 제조하는 데 많은 비용이 들었지만 그는 약을 만드는 데 든 비용의 10배, 즉 2,000불을 요구하였다. 그 부인의 남편인 Heinz는 자기가 아는 사람을 모두 찾아가 돈을 빌렸지만 약값의 절반인 1000불 정도 밖에 구할 수 없었다. 남편은 약제사에게 아내가 죽어가고 있다고 말하며 약을 조금 싼 값에 팔든지 아니면 모자란 돈을 나중에 갚도록 해줄 것을 간청하였다. 그러나 약제사는 "안 됩니다. 저는 이 약을 만들기 위해 많은 돈을 투자하였고, 이것으로 돈을 벌어야만 합니다."라고 말했다. Heinz는 절망에 빠진 나머지 약제사의 점포에 무단 침입하여 아내를 구할 약을 훔쳤다. Heinz는 그 약을 훔쳐야만 했을까? 왜 그래야 하는가? 또는 왜 그러지 않아야 하는가?

다음은 서로 다른 도덕적 발달단계의 사람들의 반응 예이다.

- 수준 1 : 전인습적 수준

단계 1 : 벌과 복종 지향

그렇다. Heinz는 약을 훔쳐야 한다. 이유는? 왜냐하면 그는 부인을 죽게 놔두면 남편으로서 책임을 져야 하고 곤경에 처할 것이다.

그렇지 않다. Heinz는 약을 훔쳐서는 안 된다. 이유는? 왜냐하면 그것은 도둑질이다. 그의 것이 아니고 그는 체포되어 처벌을 받을 수 있다.

단계 2 : 수단적 쾌락주의 지향

그렇다. Heinz는 약을 훔쳐야 한다. 이유는? 왜냐하면 약을 훔치는 것은 약제사를 다치게 하는 것은 아니며 그는 아내를 살리기 위한 행동을 하는 것이다. 아마 그는 후에 돈을 갚을 수 있을 것이다.

그렇지 않다. Heinz는 약을 훔쳐서는 안 된다. 이유는? 왜냐하면 약제사는 돈을 벌기 위한 사업 중이다. 그것이 그의 직업이다. 그는 이익이 필요하다.

- 수준 2 : 인습적 수준

단계 3 : 좋은 소년 또는 좋은 소녀 지향

그렇다. Heinz는 약을 훔쳐야 한다. 이유는? 왜냐하면 그는 좋은 남편이고 아내의 생명을 구해야 한다. 부인을 구하지 않으면 잘못이다.

그렇지 않다. Heinz는 약을 훔쳐서는 안 된다. 이유는? 왜냐하면 그는 약을 사려고 노력했으나 살 수 없었다. 그러므로 부인이 죽어도 그가 잘못한 것은 없다. 그는 최선을 다했다.

단계 4 : 법과 사회적 규칙 지향

그렇다. Heinz는 약을 훔쳐야 한다. 이유는? 왜냐하면 약제사가 이익에만 관심이 있었기 때문에 잘못이다. 그러나 Heinz는 나중에 약값을 갚아야 하며 약을 훔쳐간 사실을 자백해야 한다. 훔치는 것은 어쨌든 나쁜 것이다

그렇지 않다. Heinz는 약을 훔쳐서는 안 된다. 이유는? 왜냐하면 부인을 구하고 싶은 것은 당연하지만 법을 지켜야 한다. 특별한 상황이라고 법을 무시할 수는 없다.

- 수준 3 : 후인습적 수준

단계 5 : 사회계약 지향

그렇다. Heinz는 약을 훔쳐야 한다. 이유는? 왜냐하면 비록 법에서는 금지하고 있지만, 전체 상황을 고려한다면 약을 훔치는 것은 그와 같은 상황에 처해 있는 사람에게 합리적일 수 있다.

그렇지 않다. Heinz는 약을 훔쳐서는 안 된다. 이유는? 왜냐하면 비록 그가 훔침으로써 좋은 일도 있지만 그것이 사람들이 함께 살기 위해 합의한 내용을 위반한 것을 정당화하지는 못한다. 결과가 수단을 정당화하지 못한다.

단계 6 : 양심 지향의 개인적 원칙

그렇다. Heinz는 약을 훔쳐야 한다. 이유는? 왜냐하면 사람이 두 가지 갈등적인 결정을 두고 고민할 때는 더 높은 수준을 선택하고 따라야 한다. 인간의 생명은 소유권보다 더 높은 수준이다.

그렇지 않다. Heinz는 약을 훔쳐서는 안 된다. 이유는? 왜냐하면 Heinz는 그의 양심과 규율 사이에서 결정해야 한다 – 한편으로는 둘 다 옳을 수 있으나 그는 이상적이고 옳은 사람이 해야 하는 것을 결정해야 하는데, 아마도 도둑질을 하지 않아야 할 것이다.

출처 : Based on Kohlberg (1976); (1984).

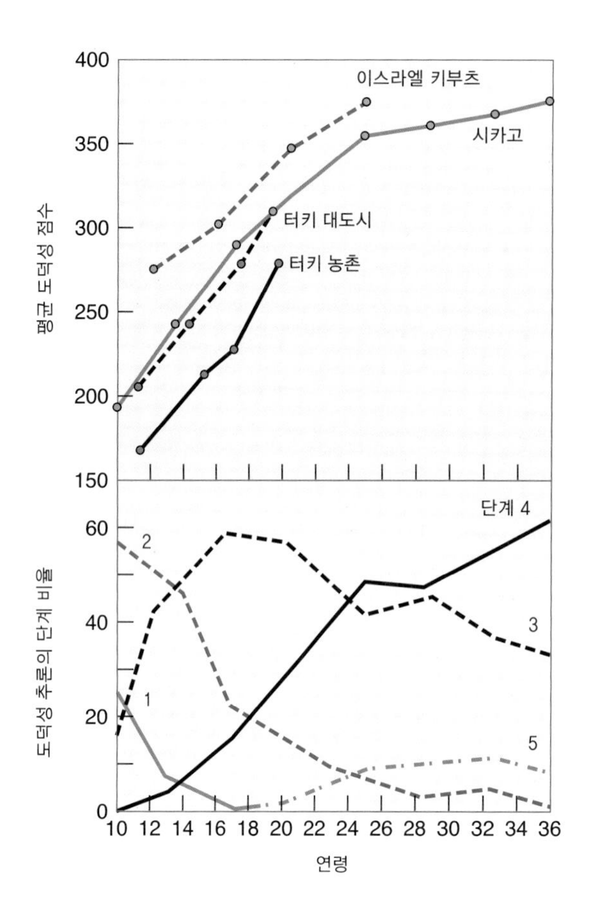

:: 그림 9.5

상부 그림은 소년들의 도덕적 추론 검사 점수가 네 개의 다양한 집단에서 일반적으로 아동기 중기로부터 성인 초기까지 상승함을 보여준다. 하부 그림은 도덕 발달의 단계 별 반응 퍼센트를 보여준다. 연령에 따라 단계4 반응은 증가하고 단계2 반응은 감소하는 것이 분명하다.

출처 : Colby, Kohlberg, Gibbs et al., 1983; Nisan & Kohlberg, 1982; Snarey Reimer, & Kohlberg (1985).

촌 마을, 일부는 대도시 출신)을 성인기 초기에 최대 10년의 기간에 걸쳐 조사하였다(Nisan & Koh-lberg, 1982). 그리고 (3) 이스라엘의 키부츠(공동사회)의 64명의 남성과 여성을 선정하여, 10대에 첫 번째 인터뷰를 했고, 최대 10년 동안 한 번 또는 두 번 재인터뷰를 했다(Snarey, Reimer, & Kohlberg, 1985).

〈그림 9.5〉에서 이러한 세 가지 연구로부터 두 가지 종류의 정보를 알 수 있다. 상부 그림은 인터뷰를 통해 도출된 '도덕적 성숙 점수' 총합이다. 이러한 점수들은 각 피험자의 도덕적 추론 단계를 반영하는데, 100~500점까지의 범위를 가진다. 보다시피 세 가지 연구 모두에서 연령에 따라 평균 점수는 올라가지만 단계의 이동 속도에는 몇 가지 흥미로운 문화적 차이가 관찰된다. 하부 그림은 각 연령의 참가자들에 대한 도덕적 추론의 각 단계를 반영하는 도덕적 딜레마에 응답한 비율이다. 이 자료는 시카고 표집에서 나왔는데, 가장 긴 기간 동안 연구되었기 때문이다. 기대했던 바와 같이 단계 1 수치는 매우 일찍 떨어지고 반면 인습적 도덕 수준(단계 3, 4)은 10대 시기에는 빠르게 상승하고 성인기 동안 높게 유지되었다. 극히 적은 비율만이(30대 응답자 중에서도) 단계 5 추론을 보였고, 아무도 단계 6 추론은 보이지 않았다.

두 분석 모두 단계가 매우 순서적임을 보여준다. 세 연구에서 단계를 건너뛴 참가자는 한 명도 없었고, 약 5%의 참가자가 퇴행을 보였다는 사실은 이러한 순서적인 경향성을 지지한다. 각 참가자들은 또한 한 검사에서 높은 내적 합치도를 보였는데, 매우 다른 각각의 도덕 문제를 분석하는데 유사한 논리를 사용하였다. 단기 종단적 연구(Walker, 1989)와 도덕 판단 측정 시 개방적 인터뷰 대신 설문지 방식을 이용한 연구(Rest & Thoma, 1985)에서 모두 동일한 경향성이 확인되었다.

불행히도 중년기를 지난 성인을 대상으로 한 유사한 종단적 자료는 존재하지 않는다. 횡단적 결과는 젊은 성인, 중년, 노인에서 전반적인 도덕적 판단 수준의 연령 차가 없음을 보여준다(Lonky, Kaus, & Roodin, 1984; Pratt, Golding, & Hunter, 1983). 그러한 결과는 성인 초기에서 획득한 추론의 수준이 성인기 동안 비교적 안정적으로 유지됨을 의미할 수도 있다. 그러나 종단 자료는 그 주장을 지지하지 않는다 — 적어도 30대 중반까지는. Kohlberg의 집단 중에서는 상당수가 20대 동안 단계 3에서 단계 4로 이동하였고, 30대 동안 단계 5로 이동한 사람도 있었다. 적어도 일부 성인들은 성인기 동안 Kohlberg의 단계상에서 발달을 지속하는 것 같다. 이것을 확실히 알 수 있는 유일한 방법은 성인기 전체에 걸쳐 종단적으로 도덕적 추론을 평가하는 것이다.

단계 6 그리고 단계 7의 가능성 초기 연구에서 Kohlberg는 꽤 많은 대학생이 단계 6에 도달한다고 제안했다. 그러나 후기 저서에서는 그는 생각을 바꾸고 이러한 보편성의 단계가 매우 드문 일이라고 결론을 내렸다(Colby & Kohlberg, 1987). 종단 자료에서는 단계 5가 발달 과정에서 전형적인 '종점'이 될 수 있음이 시사된다. 단계 6에 도달한 성인(Kohlberg의 표집에서 30대의 약 15%)은 실제로 몇몇 광범위하고 일반적인 원칙에서 사고한다. 그러나 그들에게 부족한 것은 "단계 6에 대한 이론적 개념에서 결정적인 것, 즉 명확히 형식화된 정의의 도덕 원리를 중심으로 하는 도덕 판단의 체계성과 이 원리의 우선성에 대한 타당성을 제공하는 인간에 대한 존중"이다(Kohlberg, 1984, p. 271). 다른 말로, 단계 5에서는 사람들은 사회 체계를 넘어서(혹은 이면의) 넓은 원칙을 개발하고, 단계 6에서는 극히 드문 사람만이 이러한 기본 원칙들에 내재된 보다 광범위하고 일반적인 도덕적 체계를 발달시킨다. Kohlberg가 단계 6에 분명히 속할 것이라고 생각한 사람들 중에는 마틴 루터 킹 주니어, 마하트마 간디가 있었다.

비판적 사고

Kohlberg의 단계 6 도덕 발달과 일치하는 마틴 루터 킹이나 마하트마 간디에 대해 무엇을 알 수 있을까?

Kohlberg와 그의 동료들은 또한 원리적 도덕체계 내에서 몇 년의 시간을 보낸 이후, 삶의 끝에 가까워졌을 때 나타날 것이라고 예상한 더욱 높은 단계인 단계 7, **통합 지향**에 대해 생각했다. 이러한 전환을 불러일으키는 것은 자신의 죽음에 대한 대면이다. "왜 살았나?"와 "어떻게 죽음을 직면할까?"와 같은 근본적인 질문을 할 때, 어떤 사람들은 도덕적 추론의 모든 초기 형태를 전형화하는 논리적 분석의 유형을 초월하고, 더욱 깊거나 넓은 탈중심화에 도달한다. 이것은 존재, 삶, 신과의 통합감이다(Kohlberg, Levine, & Hewer, 1983).

평가 및 논의 도덕적 추론과 관련해서 축적해온 증거들 대부분은 Kohlberg 이론의 상당한 측면을 지지한다.

- 아동과 어른은 공정성과 도덕성 개념 발달의 단계를 이동한다.
- 적어도 단계 5까지는, 이러한 단계들은 위계적인 단계체계의 검증을 충족하는 듯하다. 고정된 순서로 일어나고, 각 단계는 선행단계를 대체하며 등장하여, 함께 구조적인 전체를 형성한다.
- 단계의 순서는 보편성을 보인다. 도덕 판단의 구체적인 내용은 문화마다 다를 수 있지만, 이것이 연구된 모든 문화 — 서양과 동양, 도시와 농촌을 포함하는 27개의 다른 국가 중 — 에서 전반적인 논리 유형은 동일한 단계를 거치는 듯하다(Snarey, 1985).

단계들은 이론뿐 아니라 실제의 삶과도 관련이 있다. 예컨대, 한 연구에서 연구자들은 원리적

Kohlberg의 이론에 따르면, 마틴 루터 킹 주니어(왼쪽)와 마하트마 간디(오른쪽) 등 몇몇만이 도덕 발달의 가장 높은 수준에 도달한다.

수준에서 추론을 하는 성인들은 인습적인 수준에서 추론을 하는 성인들보다 그들의 삶에서 가족 구성원의 죽음이나 관계의 단절과 같은 의미 있는 손실들을 긍정적이고 건설적으로 다룰 수 있음을 발견했다(Lonky, Kaus, & Roodin, 1984).

동시에, 많은 비평가가 Kohlberg의 이론이 비교적 협소하고, 정의 혹은 공정성 개념의 발달에만 거의 초점화된 것을 지적해왔다. 도덕적/윤리적 추론의 다른 측면들과 의미체계의 다른 측면들은 생략되었다. 가장 설득력 있는 비평가는 심리학자 Carol Gilligan(1982)이다. 그녀는 Kohlberg가 정의의 개념에만 관심이 있고 배려의 개념은 제외하였으며, 그의 이론과 연구는 타인에 대한 배려, 책임감, 이타심, 동정심을 기초로 하는 윤리적/도덕적 체계를 대부분 무시했다고 주장했다. 특히, Gilligan은 여성은 종종 남성보다 책임감과 배려의 관점에서 도덕적 · 윤리적 딜레마에 접근하는데, 이는 '공정한' 해결책을 찾기 위해서가 아니라 관련된 사회적 관계를 가장 잘 해결하는 방법을 찾기 위한 것이라고 제안했다. 대조적으로 남성은 여성보다 정의의 도덕성을 더 많이 사용한다고 주장했다.

Gilligan이 주장한 이러한 측면들은 연구 조사에서 강력히 지지되지 못하였다. 일부 성인 연구에서 Gilligan이 가정한 차이가 있었지만(Lyons, 1983), Kohlberg의 개정된 점수체계를 사용해서 소년들과 소녀들의 도덕적 추론 단계를 비교한 연구에서는 전형적인 성차가 관찰되지 않았다(Smetana, Killen, & Turiel, 1991). 최근까지의 연구에서 분명한 것은 소녀들과 여성들이 정의가 중심적인 이슈인 딜레마에 직면했을 때 정의의 원칙에 따라서 도덕적 추론을 할 수 있고 실제 한다는 것이다.

신앙의 발달

신앙(faith)은 우리와 타인 및 우리가 살고 있는 세상과의 관계의 특성에 관한 가정 혹은 이해의 집합이다. 이 정의를 사용하면 우리 각각은 교회나 종교 단체에 속해 있든 아니든 신앙을 가지고 있다. 도덕적 추론은 신앙의 한 부분이지만, 신앙은 더욱 광범위한 개념이다.

▍비판적 사고

당신은 큰 그림(master story)을 가지고 있는가? 그것은 지난 10년 동안 변화했는가? 당신은 변화의 원인이 무엇이라 생각하는가?

신학자이며 발달심리학자인 James Fowler(1981)는 신앙 발달에 대한 이론에서 도덕적 추론의 문제를 넘어선다. Fowler는 우리의 삶 중 언제든, 각자는 '큰 그림'을 가지는데 그것은 "삶이 무엇에 관한 것인지, 누가 이곳에서 진정으로 주체인지 혹은 어떻게 살아야 인생을 가치 있고 훌륭히 사는 것인지에 관한 물음에 대한 답이다. 이것은 삶을 향해 지니는 자세이다."라고 주장한다(Fowler, 1983, p. 60).

Kohlberg와 마찬가지로 Fowler는 신앙의 구체적인 내용에 관심을 둔 것은 아니었고, 그것의 구조나 형태에 관심을 기울였다. 기독교인, 힌두교인, 유대교인, 회교도인 그리고 무신론자들은 모두 구조적으로 비슷한 신앙을 가지고 있지만 내용에서는 매우 다르다. 그리고 Kohlberg처럼 Fowler는 우리 각자는 아동기로부터 성인기 동안 공통의 신앙체계(혹은 세계관, 광범위한 내적 작동 모델, 의미체계 혹은 우리가 선택한 어떤 명칭이든지간에) 단계를 통해 발달한다는 가설을 제시하였다. Piaget처럼 '구조적인 단계들은 순서적이고, 불변이며, 위계적'이라고 믿었다(Fowler, 2001, p. 171). 6개의 단계 중 두 단계는 아동기에 주로 나타난다고 제안하였는데, 여기서는 자세하게 기술하지 않겠다. 남은 네 가지 단계는 성인에게서 관찰된다.

신앙의 단계 Fowler가 종합적-인습적 신앙(synthetic conventional faith)이라고 일컫는 성인의 첫 번째 신앙 형태는 보통 청소년기에 처음 나타나고 우리 대부분에서 성인 초기까지 지속된다. Kohlberg의 인습적인 도덕 수준처럼 인습적인 신앙은 주체를 자신의 외부에서 찾을 수 있다는 암묵적인 가정에 근거한다.

많은 성인이 그들의 삶 내내 이러한 형태의 신앙에 머물러, 집단의 의미체계나 특정 신념의 집합 내에서 스스로를 정의하고 그들의 경험을 해석한다.

이제 논점을 더욱 분명히 할 수 있는 Fowler 자신의 인터뷰의 예를 제시하겠다. H부인은 61세의 남부 여성으로 소작 농장에서 자랐다. Fowler가 그녀를 처음 인터뷰 했을 때, 오랫동안 교회 활동을 하지 않은 이후 최근 들어 침례교회에 봉헌하기 시작했다. 언젠가 그녀가 다음과 같이 말했다.

> 나는 삶을 낭비한 것에 대해 부끄럽고 슬프다. 나는 신이 내가 한 모든 잘못을 용서하리라는 것을 알고, 그가 나를 사랑한다는 것도 안다. 나는 이제 교회 일에 활동적이기 때문에 대부분 신과 매우 가까움을 느낀다. 물론 내가 원하는 만큼 그분과 가깝다고 느껴지지 않을 때도 있지만, 떠나온 사람은 그가 아니라 나라는 것을 알고 있다. 나는 만약 우리가 오직 멈추어 축복을 센다면, 나는 우리

가 너무도 감사할 만한 모든 것을 가졌다는 것을 알게 되었다(Fowler, 1981, p. 172).

정확히 외부적인 권한에 대한 이러한 의존이 성인이 다음 단계 — Fowler는 **개별적-성찰적 신앙**(individuative-reflective faith)이라고 일컫는다 — 로 이동할 때 변화하는 것이다. 이 이동은 주체의 외적 근원에 대한 의존의 차단 — 주체를 외부에서 내부로 재배치 — 을 요구한다. 이런 전환을 하면서, 많은 성인이 속해 있던 신앙공동체를 거부하거나 떠나기도 한다. 종종 관습 또는 신화의 거부와 과학 혹은 이성의 수용이 있을 수 있다. 하지만 전환은 그러한 거부 없이도 일어날 수 있다. 핵심은 그 사람이 오래된 가정들을 재검토할 뿐만 아니라, 새로운 방식으로 책임을 진다는 것이다.

이것이 얼마나 심오한 변화인지 표현하기 어렵다. 내가 찾은 가장 유용한 은유는 신학자 Joseph Campbell의 글로부터 채택한 것이다(1949/1990). 인습적인 신앙의 단계에서 우리는 자신을 마치 빛에 반사되어 환한 달과 같이 경험한다. 우리는 우리 스스로 빛(혹은 지식)의 근원이 된다기보다 외부적인 힘에 의해서 만들어진다. 개별적 신앙 단계에서는, 우리는 자신을 태양과 같이 경험하여 자신의 빛을 내게 된다. 우리는 더 이상 우리가 속한 집단에 의해 정의되지 않고 스스로 선택한 신념 혹은 가치에 기반을 두어 집단과 관계를 선택한다. 그러므로 이 시점에서 우리가 선택한 신앙이 우리가 자라면서 가지고 있던 것과 같은 것이라 할지라도, 기저에 있는 의미체계는 변하게 된다.

비판적 사고

Fowler의 결합적 신앙 단계는 제8장에서 논의된 Erikson의 심리사회적 발달의 단계 중 하나를 상기시키는가?

30대 중반의 여성인 Rebecca는 분명히 이 전환을 한 것처럼 보인다.

나는 내가 매우 뚜렷한 경계선을 가지고 있고 그것을 매우 조심스럽게 지켜왔다는 것을 알고 있다. 나는 아주 작은 통제도 포기하지 않을 것이다. 모든 관계에서 누가 들어올지, 얼마만큼이나 그리고 언제일지를 결정한다. 나는 무엇을 두려워할까? 나는 사람들이 내가 진짜로 어떤 사람인지 알아내고는 나를 좋아하지 않을까 두려워했었다. 그러나 더 이상 그것을 생각하지 않는다. 내가 지금 느끼는 것은 "그것이 나라는 것이다. 그것은 내 것이고, 나를 만든 것이다. 그리고 나는 강하다. 이게 나의 부정적인 면일지도 모르지만 어쩌면 또한 나의 긍정적인 부분이기도 하다 — 그리고 그것은 많다. 그런 것이 나이고, 그것이 내 자신이다 — 그리고 만약 내가 사람들을 들어오게 하면, 그들이 가져갈 수도 있다. 그들이 그것을 이용할 수도 있다 — 나는 없어질 것이다." 이러한 '자신(self)'을 표상해야 한다면, 나는 두 가지를 생각한다. 즉, 일종의 고체 섬유처럼 모든 것을 통과하는 쇠막대기 또는 모든 것들이 모이는 중심에 있는 공과 같은 것이다(Kegan, 1982, pp. 240-241).

Fowler 모델의 다음 단계인 **결합적 신앙**(conjunctive faith)은 개별적-성찰적 단계의 자기 몰두에서 외부로 개방하는 것을 요구한다. 여기에는 역설적이게도 자신과 타인뿐 아니라 마음과 정서, 이성과 영성의 균형 추구를 위해 고정된 신앙으로부터 이동하는 개방이 있다. 중년기 이전에는 일반적으로 발견되지 않는 이러한 의미체계 내에서 살고 있는 사람들은 많은 진실이 있고, 다른 사람들의 신념, 다른 사람들의 생각이 그들에게는 진실일 수 있다고 받아들인다 — 이러한 견해는 타인을 향한 훨씬 더 큰 관용을 가져올 뿐 아니라 사람들로 하여금 타인의 복지를 위해 봉사, 헌신을 하게 한다.

여기 T라는 유일신교, 퀘이커교, 크리슈나무르티 및 기타 다른 동양의 지도자를 추종했던 78세의 여성의 발언을 통해 예를 제시하였다. 모두가 지녀야 할 신앙과 가치가 존재하는지를 물었을 때, 그녀의 답은 다음과 같았다.

> 누군가 나에게 2분만 대답할 시간을 준다면, 나는 내가 뭐라고 말할지 안다. 퀘이커교의 창시자인 George Fox의 문구이다. 이는 구식 영어이고 내가 모든 사람의 삶에 대한 전체적인 프로그램도 가지고 있는 것처럼 보일 수 있다. 이것은 혁명이자, 큰 위로이자, 평화의 사도이기도 하다. 문구는 다음과 같다. "모든 이에게 신은 존재한다." 이제 당신은 그것에 관해 생각해볼 수 있다. 당신이 정말로 그것을 믿는다면, 사람들과의 관계가 얼마나 바뀔 것인가를 알 수 있다. 이것은 지대한 영향을 가져올 것이다. 국가, 개인, 모든 계급에 이르기까지 전체적으로 적용된다. 내가 매우 사랑하는 누구에게나 나는 "너의 작고 잘 보이지 않는 팬던트 안에 그것을 넣어두고 평생 간직해라."라고 말할 것이다(Fowler, 1981, p. 194).

T의 다른 진술들은 이 시점에서 그녀가 믿는 내용이 이전 종교적 가르침들의 몇 가지 요소로 되돌아가지만, 현재의 그녀에게 의미가 있도록 그것을 재구성하고, 새로운 단어로 바꾸며 타인에 대한 봉사에 충실함에 초점이 맞춰진 언어로 만들었음을 분명히 보여주었다 — 모든 것들이 결합적 신앙의 주요한 요소이다.

Fowler의 체계에서 제안된 마지막 단계는 **보편적 신앙**(universalizing faith)이다. Kohlberg의 단계 6와 같이, 이 단계에 도달하는 것은 상대적으로 드물게 성취되지만, Fowler는 이는 논리적 다음 단계라고 주장한다. 어느 정도 개별화를 넘어서는 과정을 포함한다. 결합적 신앙의 단계에서는 사람은 '열려'있고 '통합되어' 있지만, 개별화를 유지하기를 시도하는 동시에 보편성을 찾는 역설과 고투를 해야 한다. 보편적 신앙 단계에서 개인은 완벽한 사랑과 정의에 대한 책임, 원리를 지키는 사람으로 산다. 마더 Teresa가 그녀의 삶이 다할 때까지 죽어가는 이들을 보살핀 것처럼 기본적으로 외부 지향적인 원리를 기반으로 삶을 사는 사람들이기 때문이고, 자기 보존에 무관심하다. 다른 이들이 보기에 그들은 사회 혹은 종교가 반드시 그 단체나 관습에서 옳은 것은 아니라는 가정으로 시작하기 때문에 전통적 종교나 사회구조를 파괴하는 사람으로 보인다.

Fowler의 단계에 관한 몇 가지 기본 논점 몇몇 핵심은 강조가 필요하다. 첫째, Kohlberg처럼 Fowler도 이러한 단계들이 순서적으로 나타난다고 가정했지만, 그 순서는 특히 성인기에서는 매우 개략적으로만 연령과 관련이 있다. 일부 성인들은 전생애 동안 동일한 의미체계, 동일한 믿음 내에 남아있다 — 다른 사람들은 그들의 이해와 타인과의 관계에 있어 하나 이상의 전환을 하였다.

둘째, Fowler는 그럼에도 각각의 단계는 개인의 삶에서 좀 더 우세한 '적절한 시기'를 가지고 있고, 그 시기는 그 신앙의 형태가 삶의 요구와 가장 일치한다고 주장한다. 가장 전형적으로 인습적 신앙 단계는 청소년기나 성인 초기에서 일어나고, 20대와 30대 후반에는 개별적-성찰적 신앙 단계가 일어나고, 결합적 신앙 단계로의 전이는 만약 일어난다면 중년기에 일어날 수 있다. 마지막으로 보편적 신앙 단계는 이 단계에 도달할 수 있는 사람이 있다면 노년기에서 최적인 유형이 될 것인데 이때는 통합과 의미의 문제가 가장 중요해지는 시기이다.

세 번째로, Fowler는 각 단계가 선행하는 단계보다 더 넓거나 더 포용적이라고 생각했다. 그리고 이렇게 폭이 넓어질수록 확신감과 차분함의 용량은 더 커지고 또한 자신은 물론 타인과의 친밀성 또한 더 커진다.

연구 결과 Fowler 이론의 순서적인 측면을 검증한 종단연구는 찾아볼 수 없다. 그러나 Fowler(1981)는 각각의 연령대에서 신앙 단계의 수준을 보여주는 몇 개의 횡단적 자료를 보고해왔다. 그는 300명 이상의 청소년들과 성인들에게 그들의 신앙에 대한 개방형 질문을 했고 이 인터뷰에 따라 평정자들이 이들을 각 단계에 배정하였다. 그 결과는 이론에 비교적 잘 합치되었는데, 인습적 신앙은 주로 10대 시기에 나타나고, 개별적-성찰적 신앙은 20대에서 주로 나타났으며, 결합적 신앙은 30대에서만 나타났다. 더욱이 오직 60대 남성 한 사람만이 보편적 신앙의 범주와 일치하였다.

심리학자인 Gary Reker의 연구에서 성인기에 걸친 의미체계의 출현에 대한 매우 유사한 모델을 개발하여 일관된 증거를 제시하였다. Reker(1991)는 성인은 여가활동, 대인관계, 개인 성취, 전통과 문화, 타인에 대한 이타심 혹은 봉사 혹은 영속적인 가치 및 이상과 같은 다양한 원천으로부터 삶의 의미를 발견한다고 주장했다. Reker는 이러한 다양한 의미의 원천은 네 단계로 조직화된다고 제안하였다. **자기 몰두**(self-preocccupation)에서는 재정적인 안전과 기본적인 욕구를 충족시키는 것을 통해 주로 의미를 찾는다. **개별성**은 개인적 성장과 성취 또는 창조적이거나 여가적 활동을 통해 의미를 찾는다. **집단주의**는 전통과 문화 그리고 사회적 요인으로부터 의미를 찾는다. 그리고 **자기초월**은 영속적인 가치와 생각, 종교 활동과 이타심을 통해 의미를 찾는 것을 말한다.

Reker의 연구는 Fowler의 모델을 직접적으로 검증하는 것은 아니지만, 성인기를 거치며 성인이 그들 스스로를 정의하고 삶에서 의미를 찾는 틀에 체계적인 변화가 있다는 기본적인 생각과는 일치한다.

예비평가 Fowler의 이론과 Reker의 연구 결과들이 우리가 의미체계의 중요성과 연령에 따른 순서적인 변화에 초점을 맞추도록 돕는다면 성인기에 관한 우리의 이해에 중요한 방식으로 보완해준다. 그러나 연관된 이론들과 이것의 경험적 탐구는 아직 매우 초기이다. 좋은 종단 자료에 대한 요구가 절박하고 큰데, 우선 많은 성인에게 과도기로 생각되는 기간을 다루고, 궁극적으로는 전 연령대 범위를 포함하는 것이 필요하다.

의미와 인격의 통합 : 예비적 이론 통합

여러분은 이러한 여러 이론과 제8장에서 논의한 이론 간에 몇 가지 유사점을 틀림없이 인지했을 것이다. 〈표 9.3〉에서 보다시피 표면적인 유사성은 분명하다.

Loevinger의 자아 발달 이론에서 동조자 단계는 확실히 Kohlberg의 인습적 도덕성과 Fowler의 인습적 신앙처럼 들린다. 청소년기와 성인 초기에서 사람들은 사회가 그들에게 부여한 역할과 관계의 요구에 순응하는 데에 중점을 두는 경향이 있고, 주체의 근원이 외부에 있다는 가정을 한다는 점에서 일치한다.

Loevinger의 양심적 · 개인적 단계에서는 Maslow의 존중감 욕구 위계, Kohlberg의 사회적 계약 지향, Fowler의 개별적-성찰적 신앙과 많은 공통점이 있다. 네 명의 이론가 모두 다음 단계가 자기와 자신의 능력들, 기술, 잠재력에 대한 몰두를 포함하여 의미 또는 자기-정의의 중심 근원이 외부에서 내부로 이동하는 것을 포함하고 있다는 것에 동의한다.

Loevinger의 자율적 · 통합적 단계들은 Fowler의 결합적 신앙과 유사하고, Maslow가 자기실현 욕구로 묘사한 것과 관련이 있을 수 있다. 모두 자기 몰입으로부터 균형 지향적 이동, 자신과 타인에게 관용이 더 커지는 쪽으로의 이동을 언급하고 있다.

끝으로 Kohlberg의 통합 지향, Fowler의 보편적 신앙 단계 혹은 Maslow의 정점 경험과 같은 자기초월 형태를 포함하는 더 높은 단계가 있다는 것에도 모두 동의하는 것으로 보인다.

물론 여기서 네 가지 독립적인 관점들을 다루지는 않는다. 이 이론가들은 서로의 연구에 대해 모두 알고 있었고 각자의 생각에 영향을 받았다. 특히 Fowler와 Kohlberg의 경우에서는 그러한데, Fowler의 이론은 상당히 명백히 Kohlberg의 모델을 확장한 것이다. 그런데 그들 모두가 동의

:: 표 9.3 성격, 도덕성, 신앙 발달 단계 요약

일반적 단계	Loevinger의 자아발달 단계	Maslow의 수준 계층 구조	Kohlberg의 도덕적 추론 발달 단계	Fowler의 신앙 발달 단계
동조자 의무적 문화	동조자 자아 인식 단계	사랑과 소속의 욕구	착한 소년과 착한 소녀 지향 사회질서 유지 지향	통합적-관심적 신앙
개별화	양심적 개인주의 단계	자아존중욕구	사회계약 지향	개별적-성찰적 신앙
통합	자율적 통합 단계	자기실현	양심 지향의 개인 원칙	결합적 신앙
자기초월		정점 경험	통합 지향	보편적 신앙

한 것으로 보이는 사실이 우리가 '진실'을 발견한 것을 의미하지는 않는다. 그러나 이러한 이론가들이 기술한 기초적 순서의 타당성에 대한 나의 확신은 세 개의 추가적인 논의들을 통해 더 공고히 되었다.

첫째로 이론들이 서로 영향을 미쳤다할지라도 그들 간에는 서로 분명히 구분되는 세 가지 뿌리가 있다. Kohlberg와 Fowler의 연구는 Piaget의 이론에 뿌리를 두고 있고 정상 아동의 사고 연구에 기초한다. Loevinger의 연구는 Freud의 이론에 뿌리를 두었고 정서장애를 가진 아동과 성인을 포함한 아동과 성인의 임상적 측정에 기초하고 있다. 그리고 Maslow의 이론은 정신분석 이론의 영향을 받았지만 주로 매우 평범하지 않고, 자기실현이 된 소수의 성인들에 대한 직접적인 관찰에 기반을 두고 있다. 그렇게 다른 뿌리로부터 이렇게 유사한 의미체계의 출현 순서에 대한 이론이 도출된다는 사실은 합치도를 더욱 인상 깊게 만든다.

둘째로, Kohlberg와 Loevinger 모델의 경우에는 일반적으로 제안된 성인의 순서 중 첫 번째에 해당하는 이동, 즉 동조적/인습적인 것에서 개별적인 단계로 이동하는 순서와 관련해서는 이를 강력히 지지하는 경험적인 증거들이 있다. 이후의 전환은 덜 연구되었는데, 부분적으로는 종단연구가 과거 초기 중년 이후로는 추적 연구되지 않았고, 아마도 부분적으로는 이후의 전환들이 덜 흔하기 때문이다. 그러나 이는 완전히 피상적인 것은 아니다. 우리는 적어도 튼튼한 자료가 있고 공통적으로 지지된 기본 순서 부분에 기초할 수 있다.

마지막으로 이러한 기초적 모델은 Robert Kegan이 제안한 조금 더 통합적인 발달 개념 측면에서 볼 때 순서가 맞기 때문에 타당해 보인다.

통합적 모델

심리학자 Robert Kegan(1982)은 우리 각자가 두 가지의 대단히 강력하고 동등한 욕구 혹은 내재된 동기를 지니고 있다고 제안한다. 한편으로 우리는 타인과 연결되거나 통합된 상태인 결합을 깊이 욕망한다. 다른 한편으로 우리는 타인과 분화된 상태인 독립성을 동일하게 욕망한다. 이 둘 간의 진정한 균형을 이루는 조절은 없어서 우리가 **진화적 휴전**(evolutionary truce, Kegan이 칭하듯이)에 도달할지라도, 우리는 한쪽으로 약간 치우치게 된다. 결국에는 충족되지 않은 욕구가 매우 강해져서 우리는 체계나 우리의 이해를 변화시켜야 한다. 종국에는 이것이 생산한 것은 포함이나 합일에 중점을 둔 조망 또는 의미체계와 독립과 분화에 중점을 둔 조망 또는 의미체계 사이를 추처럼 왔다 갔다 하는 근본적인 변화이다.

아동은 엄마 혹은 엄마에 해당하는 인물과 공생적인 관계로 삶을 시작하기 때문에 결합과 합일의 측면에서 추가 출발한다. 2세가 되면 아동은 떨어져 나와 독립심과 분리된 성체성을 칮게 된다. 청소년기와 성인 초기에서 볼 수 있는 동조 혹은 인습적 의미체계는 집단과 결합되는 방향으로의 이동을 뜻하며 개별화 의미체계로의 이동은 분리와 독립성으로 되돌아가는 것이다. **탈부족화**(detribalization)라는 용어

비판적 사고

당신은 자신의 인생에서 결합과 독립성의 욕구 간의 경쟁을 확인할 수 있는가? 당신의 인생 단계에서 그것들이 교대되는 단계가 있었는가?

는 Kegan의 기본 모델과 꼭 맞는다(Levinson, 1978). 외부에서 내부 자신의 근원으로 주체의 원천이 이동하기 위해서는 적어도 초기에는 부족 및 그것의 모든 행동 강령과 규칙을 거부하는 일이 있다.

만약 이 모델이 맞다면, 이다음 단계는 결합으로 또다시 되돌아가는 것인데, 이것이 내가 언급했던 대부분의 이론가들에 의해 제안된 것과 똑같아 보인다. 내가 알기로 그들 대부분은 이 단계의 이동과 관련하여 두 가지 하위 체계에 대해서 이야기하고 있는데 Fowler의 결합적 신앙 혹은 Kohlberg의 양심 지향의 개별화 원리는 Fowler의 보편적 신앙 혹은 Kohlberg의 통합 지향으로 표현되는 좀 더 완전한 통합과 집합으로 향하는 과정에서의 중간 단계이다.

내가 여기에서 추가 앞뒤로 이동하는 이미지로 과정을 설명하지만, 분명 Kegan은 이동을 하나의 선상에서 단순히 앞뒤로 이동하는 움직임 정도로 설명하지는 않았다. 대신에 그는 이 과정을 나선형과 유사하여 다른 극단으로의 이동은 이전 것보다는 좀 더 통합적인 수준에서 이뤄진다고 생각한다.

만약 나선형 움직임 같은 기본적인 교대가 기저 하는 발달 리듬을 형성한다면, 우리는 왜 Ko-hlberg의 통합 지향처럼 아주 높은 지점에서는 멈춘다고 가정하는 것일까? 내가 Kegan의 이론의 이러한 측면을 처음으로 이해했을 때, "아하!"하고 놀라는 경험을 했는데, 왜냐하면 Evelyn Underhill과 William James가 연구한 사례에서 묘사된 신비적 여정의 단계가, Kegan이 묘사한 순서와 정확하게 연결된다는 것을 깨달았기 때문이다.

나는 여기에서 그러한 주관적인 신비적 경험들을 논의하는 것이 많이 동떨어져 보이고, 아마도 전반적으로 심리학의 범주에서 벗어난 것으로 보인다는 것을 잘 안다. 그러나 내게는 그것이 위험을 감수할 만한 가치가 있는데, 개별적 인간의 영성이 지닌 헤아릴 수 없는 잠재력에 관련해 나의 개인적 가정을 만들어볼 수 있는 방법일 뿐 아니라, 도출된 유형이 연구 증거 및 내가 논의해온 이론과 너무나도 잘 일치하기 때문이다.

신비적 경험 단계

여기서 묘사하는 단계들은 신학자이자 철학자인 Evelyn Underhill(1911/1961)이 다양한 종교 전통을 가진 수백 명의 사람들의 자서전, 전기 및 기타 삶에 대한 글에 기초하여 제안한 것이다. 그들 모두는 어떤 형태든 신비주의(mysticism)나 자기초월 경험을 묘사하고 있는데, 그들은 자신이 더 큰 전체의 부분이고 육체와 개인사를 넘어서는 존재가 있음을 인지하고 있었다. 그들은 다음의 단계나 수준 목록을 모두 묘사하지는 않았으나, Underhill은 역사적 시기와 종교적인 배경의 큰 차이에도 불구하고 기본적인 과정에 대해서 놀랄 만한 일치도를 보이고 있다고 보고하였다.

이 과정의 단계 1은 Underhill이 깨어남(awaking)이라 일컫는데, 내게는 Kohlberg나 Fowler의 이론에서 흔히 종착점으로 표현하는 것과 일치하는 듯하다. 그것은 적어도 Maslow가 언급한 정점 경험 같은, 짧은 자기초월 경험을 포함하고 있다. Kegan의 모형에서는 이러한 단계가 분명하게 양극단의 '합일'로 표현된다. 이것은 자신의 조망을 벗어나 밖으로 나아가고 깊은 결합의 견지에서 세상을 이해하는 가능성으로의 '깨어남'이다.

Underhill이 정화(purification)라고 부르는 단계 2는 분명하게 개별화로 돌아가는 것이다. 더 넓은 관점으로부터 자신을 봐온 개인은 또한 그 자신의 불완전함, 헛된 노력 그리고 결함도 역시 보게 된다. 기독교 전통에서 가장 위대한 신비론자 중의 한 명인 아빌라의 성녀 Teresa는 그것을 "빛으로 감싸진 방에서는 거미줄도 숨겨질 수 없다."라고 표현했다(1562/1960, p. 181). 거미줄, 즉 결점을 이해하고 제거하기 위해서는, 개인은 다시 내면으로 향해야 한다. 이 단계에서 많은 사람은 정기적인 기도나 명상, 단식과 같은 특별한 영성 훈련을 포함한 자기 훈련에 강도 높게 집중하게 된다.

단계 3은 우리를 합일로 되돌린다. Underhill은 이것을 계시(illumination)라 일컫는다. 이 단계는 더욱 깊고 더욱 오랜 기간의 빛, 보다 위대한 존재 또는 신에 대한 인식을 포함하고 실제 Kohlberg가 단계 7로 언급했던 것을 망라할지도 모른다.

그러나 심지어 이 계시도 여정의 끝이 아니다. Underhill은 많은 신비론자가 이 단계를 넘어서는 것으로 묘사하는 다른 두 단계를 발견했다. 두 단계의 첫 번째는 단계 4로 종종 영혼의 어두운 밤(dark night of the soul)이라고 불리는데, 개별화를 향해 더욱 내면으로 전환하는 것을 의미한다. 단계 3의 계시에서는, 사람들은 계시를 성취하는 과정에서 여전히 개인적 만족, 개인적인 여정이나 기쁨을 느낀다. 이후의 단계를 설명하는 신비론자들에 따르면, 만약 궁극적인 합일을 성취하려면 이러한 개인적 기쁨조차 포기해야만 한다. 그리고 포기의 과정은 자기 자신, 자각, 탐구 등 분리된 자기가 살아남을 수 있는 모든 방식에서 돌아설 것을 요구한다. 그 이후에서야 개인은 단계 5의 종점인 합일—신, 실제, 아름다움(미), 궁극적인 것 등 특정 종교에 따라 달리 표현되는 것—을 얻을 수 있다.

물론 이러한 순서, 내적 인간 발달의 나선형적 진행이 우리 모두에게 필연적이거나 궁극적인 길을 반영한다고 말할 수는 없다. 내가 오직 말할 수 있는 것은 많은 심리학자가 제안했고 적어도 상당한 독보적인 지지 증거가 있는 도덕 단계의 발달 단계, 신앙이나 성격의 단계가 신비적 계시의 단계 설명과 연결된 전체를 형성하는 것으로 보인다는 것이다. 예컨대, Jung(1917/1966)은 정신분석을 통해서 자신의 내면세계를 발견하기 위한 여정에서 유사한 단계를 기술하였다. 적어도 이것과 유사한 경로를 수많은 훌륭한 사람이 걸어왔고 그들의 내적 여정의 묘사는 놀랄 만큼 유사하다는 것이다. 다른 많은 경로와 여정이 있을지도 모른다. 그러나 이러한 몇 가지 훌륭한 경로에 대한 검토 결과는 일상생활 속에서 대부분의 우리에게 분명히 드러나는 것보다 훨씬 더 광범위한 인간 영성의 잠재력의 가능성을 가리키고 있다.

전환 과정

이렇게 높은 정점으로부터 약간 내려와서 잠시 우리가 형성하는 의미의 형태에는 몇 가지 기본적 리듬, 발달 순서가 있다고 가정하고 개인적으로 특히 중요할지도 모르는 질문으로 돌아가겠다. 한 단계에서 다음 단계로의 전환 또는 변형이 일어나는 과정은 무엇인가? 무엇이 그것들을 유발하는가? 전환의 일반적인 특징들은 무엇인가? 어떻게 통과하는가?

성인발달의 단계를 제안한 대부분의 발달심리학자는 변화 과정보다는 단계에 더욱 집중해왔다. 그러나 변화가 기술된 방식에서 몇몇 공통된 주제들이 반복되고 있다.

많은 이론가가 전환을 유사한 용어로 묘사해왔는데, 한 단계나 수준에서 다음 단계나 수준으로의 이동을 일종의 소멸과 재탄생 — 이전의 자신에 대한 의미, 이전의 신앙, 이전 평형 상태의 소멸 — 으로 보았다(James, 1902/1958; Kegan, 1980). 그 과정은 전형적으로 처음에는 다음 단계 혹은 관점의 흔적, 전조, 징후가 나타나고 이어서 내부의 두 개의 '자신'을 다루기 위해 애쓰는 기간(짧거나 긴 기간)이 따르게 된다. 때로 과정은 끊어지고 개인은 이전의 평형 단계로 되돌아가기도 한다. 때로 개인은 새로운 이해, 새로운 균형을 향해 나아간다.

이 과정의 중간 부분에서는, 낡은 의미체계가 일부 포기되었지만 새로운 평형에는 도달하지 않아서, 매우 혼란스러움을 경험하기도 한다. '이성을 잃었다'는 '정신이 나갔다' 같은 말들이 사용된다(Kegan, 1980). 평형화의 과정은 우울을 포함한 다양한 신체적 · 정신적 증상의 증가를 동반할 수 있다.

Kegan은 아마도 과정의 잠재적 고통을 가장 잘 요약한 듯하다. "발달은 발달 중인 사람과 그 주변 사람 모두에게 힘들다. 성장은 과거의 의미체계로부터의 분리를 포함한다. 실용적인 용어로 표현하면 이는 무가치함을 느끼는 고통과 헌신 및 투자의 포기를 포함할 수 있다. 발달이론은 우리가 그러한 고통에 대해 그것을 병리화하지 않는 방법으로 개념화하는 길을 제시해준다(1980, p. 439)." 그러한 전환 변화는 천천히 또는 빠르게 나타날 수 있다. 그것은 치료, 운동, 평범한 삶의 우연한 일 혹은 기대하지 않은 경험 등의 자기 선택 활동들의 결과일 수 있다. 〈표 9.4〉에서 그러한 변화를 위한 몇몇 자극을 제시하였는데, 세 가지 가장 빈번한 성인들의 변화에 나타나는 것들로 구성했다. 그것은 (1) 동조로부터 개별화 (2) 개별화로부터 통합 혹은 결합적 신앙, (3) 통합으로부터 자기초월이다. 나는 이러한 목록들을 임시적으로 제공한다. 어떤 경험이 변화를 자극하거나 하지 않는지를 좀 더 완전히 말할 수 있는 종단적 증거들이 분명히 부족하다.

:: 표 9.4 한 단계에서 다른 단계로의 전환 : 전환을 통과하는 것을 도울 수 있는 촉발 경험 상황

전환	전환을 조성할 수 있는 의도적인 활동	전환을 조성할 수 있는 비의도적이거나 상황적인 사건
동조로부터 개별화	치료, 다른 종교나 신념에 대한 것을 읽는 것	대학을 가거나, 결혼이나 취업과 같은 다른 이유들로 집을 떠나는 것, '규칙을 따르는 과정'에서의 일상적 실패 또는 반전
개별화로부터 통합	치료, 자기 성찰, 단기간의 프로그램으로부터 고조된 자아의식	병 또는 장기간의 고통, 가족의 죽음 또는 장기간의 위기, 정점 경험
통합으로부터 자기초월	명상 또는 기도, 다양한 형태의 요가, 자기 훈련	죽음에 가까운 경험; 최고조 또는 즉각적인 신비로운 경험과 같은 초월적인 경험

비판적 사고

대학 교육을 받은 사람은 대학에 다니지 않은 사람보다 더 높은 수준의 도덕적 의사 결정을 하는 경향이 있다. 일부는 그들이 받은 교육 때문이라고 주장하고 일부는 그들이 다양한 친구들과 아이디어에 대해 노출되었기 때문이라고 주장한다. 당신은 이 질문에 답하기 위해 어떻게 연구 설계를 할 수 있는가?

표에서 보다시피 몇 가지 다른 경험이 이러한 세 전환 단계 각각에 포함될 수 있다. 대학에 가거나 집을 떠나 상당히 다른 지역사회로 이동하는 것은 특히 개별화로 변화하는 측면을 촉진하는 데에 영향을 준다. 예컨대, 종단적 연구에서 Kohlberg(1973), Rest와 Thoma(1985)는 대학 수학 기간과 도덕적 추론 단계의 상관관계를 밝혔다. 원리적 추론은 적어도 전문대학을 다닌 사람들에게서만 관찰되었다. 이러한 변화는 다른 가정들, 신앙, 조망들에 접하게 됨으로써 촉발되는 것으로 보인다. 그런 도전은 새롭고 독립적이고 자기 선택적 모델을 추구하게 되면서 불균형을 야기한다.

나는 또한 치료가 앞의 두 전환을 촉구하거나 돕는 역할을 할 수 있다고 보았다. 실제로 완벽한 통합을 달성하도록 내담자를 돕는 것은 Carl Rogers(1961/1995)나 Fritz Pears(1973)의 연구를 기초로 한 많은 인본주의적 치료 요법들에서 가장 높은 목표이다. 그러나 전통적인 치료요법은 통합된 개인에서 자기초월 단계로의 변화에는 거의 도움이 되지 않는다고 가정하였다. 내가 생각하기에 이러한 변화는 명상, 요가 또는 체계적인 기도와 같은 능동적인 형태의 과정을 요구하거나 그로부터 도움을 받는다.

고통스러운 경험과 초월 경험 또한 새로운 전환을 위한 기회가 될 수 있다. 자녀나 부모의 죽음은 삶과 죽음의 궁극적인 의문에 대한 우리의 관심을 다시 불러일으킬 수 있다. 실패한 결혼이나 직장에서의 좌절은 현재의 모델에 대한 안정감을 잃게 하거나 의문을 가지게 할 수 있다. 정점 경험 역시 현재의 관점으로는 쉽게 이해할 수 없는 짧은 신비적 체험을 맛보게 함으로써 불균형을 일으킬 수 있다. 예컨대, 가사 죽음을 경험했던 대부분의 성인들은 그들의 삶이 절대 이전과 같지 않다고 보고했다. 많은 이가 직업을 바꾸거나 여러 종교 중 하나에 헌신했다. 다른 종류의 정점 경험이나 종교적인 재탄생도 같은 효과가 있을지 모른다.

대학에서 첫 직장으로의 전환은 의미체계의 새로운 성장을 촉발하는 상황이 될 수 있다.

나는 삶의 변화들이 필연적으로 유의한 성찰과 탈중심화를 야기하는 것은 아니라는 사실을 전달하기 위해 앞의 몇 단락에서 "일지도 모른다(may)."라는 단어를 계속해서 사용해오고 있다. 예정되거나 예정되지 않은 변화의 개념을 연상하게 하는 논쟁에서 심리학자 Patria Gurin과 Orville Brim(1984)는 주요한 삶의 변화에 있어서의 영향에 대한 이러한 차이점들을 설명하기 위해 흥미로운 한 가지 가설을 제안한다. 요약하면, 폭넓게 공유되고 연령에 따른 변화들은 자아 관념에 대한 유의한 재평가를 유발하는 것으로는 보이지 않는데, 그 이유는 바로 예상된 것들은 예상되지 않은 것들과는 다르게 해석되기 때문이라고 주장한다. 공유된 변화들은 매우 종종 외부의 원인으로 귀인 되고, 자신의 개인적인 책임이 없는 것으로 여겨진다. 대조적으로 독특하거나 연령에서 벗어난 삶의 변화들은 외부적인 요인들에 귀인 하기 어렵기 때문에 유의한 내적 재검토로 이어진다. 만약 불황기 동안 회사가 폐업하여 당신의 직장에서 모두가 실직을 당한다면, 당신은 자존감을 재평가할 필요가 없다. 그러나 경기가 좋아지고 있는 시기에 해고된 사람이 당신 한 명뿐이라면, 자존감을 지키기란 어렵다.

대학과 같은 몇몇의 공유된 경험은 흔히 인격, 도덕 판단 혹은 신앙 등의 재평가나 재구조화를 촉발할 수 있다. 그러나 대부분 연령에 따른 경험들은 매우 순조롭게 기존 체계로 흡수될 수도 있다. 독특하거나 시기를 놓친 경험이 의미체계에서의 변화에 특히 의미가 있을지 모른다. 이러한 가설은 앞으로 검증되어야겠지만 몇몇 흥미로운 논쟁을 일으킨다.

논의와 결론

이 장에서 설명해온 정보 중, 특히 내게 인상적인 것 중 하나는 여러 다른 전통에서 매우 유사한 설명을 찾을 수 있다는 것이다. 그러나 도덕 판단, 의미체계, 동기위계 그리고 영성 발달의 이론적(그리고 개인적) 설명에서 상당한 의견 일치가 있다는 사실이 이러한 공유된 관점이 진실이라고 할 수는 없음을 밝혀둔다.

대부분의 성인은 그들의 삶에서 의미를 찾거나 만들어내는 과정에 참여한다고 말할 수 있다. 그러나 이것은 필연적으로 — 아마도 흔치 않게 — 의식적이고 의도적인 과정은 아니다. 이 장의 도입부에서 언급했던 나의 저녁 손님과 같은 몇몇 성인은 성인기의 많은 시간을 의식적인 탐색을 하는 데 보냈는데, 그 과정에서의 설명은 놀랄 만큼 유사하다. 그러나 일찍이 내가 지적했던 것처럼 그러한 탐색, 신앙을 위한 의식적이거나 무의식적인 순서 등이 성인 발달의 '자연적이거나' 필수적일 수도 있고, 아닐 수도 있다는 것이다. 내 조부모님과 같은 영성적인 많은 성인들은 조용하고 관습적인 방법으로 그들 삶의 의미를 찾는다. 그들은 어린 시절의 종교를 따르고, 가르침을 더 깊게 탐구하고 스스로 젊은이들을 가르치면서 의미에 있어서 충만함을 발견하고 다른 길을 탐색할 필요를 느끼지 않는다.

게다가 내가 말해온 모든 것과 다양한 이론가들이 말해온 모든 것이 발달에 대한 하나의 은유, '여정으로서의 삶'이라는 은유에 기반을 둔다는 것을 깨닫는 것은 중요하다. 우리는 성인이 언덕을 오르고 길을 따라 걸을 때 거쳐 가는 단계를 상상해본다. 이 은유에 내포되어있는 것은 목표, 종점 혹은 *telos*(그리스어. *teleological*의 어원, 목표를 향해 목적을 가지고 나아간다는 의미) 개념이다. 그리고 이는 어딘가로 가는 여정이다. 만약 여정의 목표가 개인의 성장이라면, 개인적 성장의 최고 단계인 종점의 개념을 지녀야 한다.

여정이라는 은유의 선형성과 목적성은 성인 의미체계에서의 변화에 대한 우리의 생각을 제한할지도 모른다. 철학자이자 텔레비전 제작자인 Sam Keen(1983)은 우리가 생각했을지도 모르는 몇 가지 다른 방법을 제안했고, 그중 특히 흥미롭다고 생각한 두 가지가 있다.

- "우리 존재의 이러한 불멸의 차원을 생각해볼 때, 직선보다 원이 더욱 적합하다. 만약 삶이 여정이라면, 이것은 순례가 아니라 한 사람이 떠났다가 다시 집으로 돌아오는 장기간의 오디세이이다(Keen, 1983, p. 31)." 각 단계는 되돌아오는데, 내부의 '정지 점'(T.S. Eliot의 문구 사용)을 기억하는 것이기도 하다. 점진적으로, 우리는 원에서의 각 움직임에서마다 스스로와 세상을 다르게 이해하거나 알게 되지만 필수적인 종점이 있는 것은 아니다.
- 우리는 또한 "교향곡으로 만들어지기 위해 함께 엮이는 음악적 주제로서 전 과정을 생각할 수 있다. 각각의 단계에 중심이 되는 주제는 이전 단계에서 기대되고, 다음 단계에서는 하위주제로"(Keen, 1983, p. 32) 남아 있게 된다. 또 다른 것은 삶을 많은 색깔로 융단을 짜는 것으로 은유하는 것이다. 다른 많은 의미체계나 신앙을 만든 사람은 더 많은 색깔의 직물을 짜지만, 더 적은 색깔로 융단을 정교하게 짜는 것보다 더 아름답거나 더 기쁜 것은 아닐지 모른다.

내가 여기서 말하고자 했던 기본 핵심은 완전하게 흡수하긴 어려울지 몰라도 간단한 것이다. 의미 추구의 이론들은 일부 은유를 근거로 한다. 우리는 성인발달의 이해를 위한 탐색을 은유로 시작하고, 이는 살펴보려고 선택한 것과 살펴본 것에 채색을 했다. 여정 은유는 현재의 사고의 대부분을 지배하지만, 과정에 대해 생각할 수 있는 유일한 방법은 아니다.

만약 우리가 이 과정을 좀 더 이해하게 되려면, 즉 여러 은유 중에서 선택하려면 다음의 질문들에 답하기 위해 훨씬 많은 경험적 정보가 필요하다. 첫째, Fowler의 신앙 단계나 Loevinger의 자아 발달 단계와 같은 다른 사람들에 의해 제안된 유사한 단계를 거치는 종단적 과정이 있는가? 많은 횡단적인 연구와 몇몇 종단적인 연구는 연령 증가에 따른 영적 성장의 증거를 제안하였다. 그러나 이 책의 제1장에서 우리가 논의한 대로, 연령 자체는 생일케이크 위의 촛불 수를 제외하고는 아무것도 결정하지는 않는다. 다음과 같은 질문을 할 필요가 있다. 그것이 경험, 신경체계의 생물학적 변화의 일종, 후기 노년기 역경의 극복 또는 다른 요인에서 온 축적된 지혜인가? 이 영역에서의 연구는 크게 성장해왔고 이 질문에 대한 답은 곧 나오리라고 자신한다.

둘째, 다양한 이론가들이 설명한 순서를 통한 이동 간의 관계는 무엇인가? 우리가 한 개인의 도덕적 추론, Loevinger의 모델에서의 자아 발달의 단계 그리고 신앙의 유형을 측정한다면, 세 가지 모두에서 똑같은 단계에 있는가? 그리고 개인이 한 영역에서 전환할 때, 다른 영역에서도 전환이 일어나는가? 그 대신에, 통합은 마지막 단계, 즉 Loevinger가 '통합된 개인'으로 일컬은 단계에서만 일어나는가? 이러한 물음들은 오랫동안 아동의 인지 발달 단계에서 연구되어왔는데, 성인기에서 의미 추구의 영역에서도 탐구되어야 할 것이다.

셋째, 종단적 자료를 통해서 의미 생성의 단계가 있다는 것을 확인해준다고 가정한다면, 우리는 무엇이 한 단계에서 다음 단계로 선환하도록 촉진하는지 알아야 할 필요가 있다. 무엇이 전환을 지원하는가? 무엇이 그것을 지연시키는가? 마지막으로, 우리는 신앙의 단계와 안녕감 혹은 보다 더 큰 신체적 건강이나 마음의 평화 사이에 가능한 연결점을 더 알 필요가 있다. 내 가설은 개인의 삶은 보다 자아 지향적인 단계에 머물렀을 때보다는 이분법의 반대 끝인 통합의 의미체계에 존재할 때 더 큰 행복과 만족을 경험한다는 것이다.

이러한 질문들 중 몇 가지에 대한 해답은 연구자들이 의미 추구의 다양한 요소들을 탐색하고 영성을 측정하는 척도를 고안하기 시작했기 때문에 앞으로 수십 년 안에 나올 수도 있다. 건강과 종교 활동 간의 연결에 대한 최근의 증거는 다른 형태의 영성을 포함하는 이후의 조사를 위한 전망있는 시작이다. 그리고 영성에 대한 유전적 부호화 작업은 그 자체의 흥미를 더해주고 있다. 우선은 내가 이 장에서 말한 많은 것은 기대와 호기심을 끄는 추측으로 남아있지만 그럼에도 분명 성인들 각자 내에 있는 지혜, 동정심, 심지어 계시에 대한 잠재력을 지적하고 있다.

요약

Summary

01 의미 추구 혹은 영성은 인간 경험의 통합적인 부분이고, 오늘날 모든 문화의 유적지에서 그 존재의 표시가 있으며 인간의 유전적인 특질이다.

02 심리학은 우리가 실제라고 정의하는 것은 경험 자체라기보다 우리가 경험에 부여한 의미라는 사실을 오랫동안 수용해왔다. 우리는 내적 작동 모델 혹은 의미체계라고 알려진, 각자가 생성해온 기본적인 가정의 집합을 통해 경험을 여과한다.

03 우리가 성인기를 지내면서 '노년 초월' 또는 '의미체계의 성장'을 이룬다는 개념은 문학, 신화, 심리학 이론들에서 잘 알려져 있지만 삶의 어떤 경험이 의미체계의 변화를 야기하는지에 대한 합의는 없다.

04 종교와 영성에 대한 경험적 연구는 지난 40년 동안 극적으로 증가했고 대부분의 연구는 우리가 나이가 들면서 이러한 특성이 변화하는지에 관한 문제들을 다루었다. 젊은 성인보다 나이 든 성인에게서 종교적인 참여가 더 높지만 좋지 않은 건강으로 인하여 후기 노년기에서 참여 감소가 있다. 여성이 남성보다 종교 예배나 종교 단체에 참여하는 비율이 높았고, 이러한 성차는 아프리카계 미국인과 멕시코계 미국인에서 좀 더 컸다.

05 기도 그리고 종교적 경전을 읽는 것과 같은 개인 종교 활동률 또한 나이가 들어감에 따라 증가하고, 종교적 행사 참여가 떨어지는 후기 노년기에는 안정적으로 남아있다. 노인들은 예배에 더 이상 참여할 수 없을지라도 영적 믿음과 개인적인 활동은 유지하는 것 같다.

06 장기적으로 추적 연구된 두 집단은 성인기 동안 영성의 증가를 보여주지만, 여성은 남성

보다 일찍 증가하기 시작한다. 더 젊은 집단은 더 나이 든 집단에서보다 다른 양상의 증가 패턴을 나타냈는데, 일생 동안 우리가 경험하는 일 또한 시간의 흐름에 따른 영성의 변화에 영향을 준다는 것을 보여준다.

07 오랜 세월 동안 삶의 경험들이 영성에 변화를 일으키는지 또는 그 변화가 노인들이 해결해야 했던 역경에 기인했는지에 대해 아직은 확실치 않다. 이것은 미래 연구의 중요한 주제가 될 것이다.

08 종교 예배에 참여한 사람들 — 특히 여성들 — 은 종교 예배에 참여하지 않는 사람들보다 더 오래 산다. 한 가지 이유는 영성은 스트레스가 많은 상황에서 발생하는 코르티솔 반응이 낮은 것과 관련이 있다. 코르티솔은 면역 기능이 낮아지는 것과 같은 스트레스의 수많은 부정적인 생리학적 영향과 관련되어있다. 이러한 연구 결과는 많은 인구를 대상으로 반복 검증되었고, 영성의 다양한 측정 — 특히 용서와 기도의 빈도 — 을 통해 반복 검증되었다.

09 의미체계 발달 관련 이론 중 하나는 Kohlberg의 도덕 추론 발달이다. 이 이론은 Piaget의 인지발달이론에 근거하여 6개의 도덕적 추론 단계를 구성하였는데, 도덕적 딜레마에 대한 사람들의 반응에 나타난 설명에 의하여 각 도덕적 추론의 단계를 평가한다. 첫 번째 수준인 전인습적 수준에서는 도덕은 보상받은 행동이라고 하는 처벌과 순종 지향으로 추론하고 순진한 쾌락 지향에서는 도덕적 선택은 단순히 기쁨을 가져오는 것이다. 두 번째 수준은 인습적 수준이고 도덕적인 결정은 가족 또는 사회의 규칙에 따르는 것으로 설명된다. 세 번째 수준인 후인습 수준은 도덕적 반응은 규칙과 법을 위한 추론에 근거한다.

10 Kohlberg의 이론은 오랜 기간에 거쳐 평가되고 수정되어왔다. 예컨대 Carol Gilligan은 Kohlberg가 그의 이론을 정의 체계를 사용하는 소년들과의 인터뷰에 근거하고 있다고 지적했고, 소녀들은 배려 체계에 의존하여 도덕 판단을 한다고 보았다.

11 영성 발달의 두 번째 이론은 신앙 발달에 관한 Fowler의 이론이다. Kohlberg와 마찬가지로 Fowler은 특정한 신앙이 아닌 개인적 의미 추구에 흥미를 가지고 있었다. Fowler 이론의 첫 번째 단계는 통합적 — 인습적 신앙의 단계로 의미가 외부의 주체로부터 온다는 것을 의미한다. 두 번째 단계는 개별적 — 성찰적 신앙의 단계로, 개인은 그들 자신의 의미 체계를 책임진다. 세 번째 단계는 결합적 신앙 단계로 개인은 다른 사람의 믿음과 복지에 마음을 연다. 마지막으로는 보편적 신앙이다. 개인적인 관심은 무시되고 완전히 마음이 열린 개인을 뜻한다.

12 성인기에 거쳐서 영성의 발달을 설명하고자 하는 이론들 간에는 유사점이 있다. 또한 영성 발달의 이론과 이전 주제에서 논의하였던 성격 이론 간에서도 유사점이 있다. Kegan의 통합적 모델은 그것들 모두를 아우르는 것처럼 보이는 이론인데, 인간은 집단의 한 부분이 되기를 원하는 욕구와 개인적이기를 원하는 욕구 사이에서 이동한다고 제안한다.

13 자서전, 전기, 사례의 개인사는 의미 추구와 영성에 대한 사고와 관련한 귀중한 정보를 제공한다. Underhill은 의미 추구를 묘사하는 많은 다양한 개인의 진술을 연구하여, 이들의 탐구가 5개의 단계로 이루어진다는 공통점을 찾았다. 첫 번째 단계는 자기초월 경험에 대한 깨우침이다. 이것 이후에 정화가 일어나는데, 사람들이 그들의 잘못이나 결함을 깨닫는 것이다. 세 번째 단계는 계시인데 사람들이 더 높은 힘의 존재를 더욱더 인식하게 된다. 네 번째 단계에서 사람은 더욱더 비판적인 자기 반성을 향해 내향적으로 방향을 돌리면서 영혼의 어두운 밤을 겪는다. 다섯 번째 단계는 통합이다. 개인이 우주와 하나라는 것을 느낀다.

14 Underhill이 묘사한 이 과정들은 여러 지역과 여러 흥미 분야에 있는 많은 사람에 의해 비슷하게 묘사되었다. 예컨대, 20세기 초반 미국 심리학자 William James, 16세기의 스페인 아빌라의 성 Teresa 수녀 그리고 20세기 중반 스위스에서 태어난 미국 심리학자 Carl Jung이 있다.

15 어떤 요소가 성인기에 걸친 의미체계에 있어서 변화를 이끌어내는가에 관한 문제는 상대적으로 새로운 주제의 연구이다. 이러한 변화들은 독특한 삶의 변화, 역경, 정점 경험 그리고 의도적으로 자기 이해와 영성 성장을 추구하는 것에 의해 촉발될 수 있는 것으로 알려져 있다.

주요 용어

노년 초월	영성	탈중심화
도덕적 추론	의미 추구	후형식적 단계
신비주의	자기초월	
신앙	종교성	

관련 자료

[개인적 흥미를 위한 읽기 자료]

Sacks, J. (2012). *The great partnership: Science, religion, and the search for meaning*. New York: Schocken Books.

이 책의 저자는 영국의 연합유대회의 랍비 회장으로 과학과 종교 갈등이 있어서는 안 되고 3차원의 깊이로 세상을 보기 위해서는 두 견지가 다 필요하다고 알리기 위해 저술했다. 그는 신앙, 의미 추구, 역사와 신경과학, 진화심리학, 생화학에 관한 논쟁을 결합하였다. 만약 당신이 과학과 개인적 신념을 통합하는 데 어려움이 있다면 이 책이 도움이 될 것이다.

Dalai Lama. (2011). *Beyond religion: Ethics for a whole world*. New York: Houghton Mifflin Harcourt.

티베트인들의 지도자이며 자비의 부처(관세음보살)의 현신인 14대 달라이 라마는 이해와 상호 존중에 기초하여 지구촌에서 윤리적이고 행복한 삶을 살기 위해 종교적 원리에 기초한 윤리를 넘어설 것을 제안하기 위해 이 책을 저술했다. 그는 자비, 마음 챙김, 명상 그리고 행복에 대해 기술했다.

[고전 학술자료]

James, W. (1902/1958). *The varieties of religious experience*. New York: Mentor.

나는 이 분야에서 흔한 복잡한 문체를 사용하지 않은 이 책이 매우 좋다.

Kohlberg, L. (1984). *Essays on moral development, vol, 2. The psychology of moral development*. San Francisco: Harper & Row.

Kohlberg는 단계를 거치는 도덕 발달에 대한 자신의 의견을 설명하였다.

St. Theresa of Avila. (1577/1960). *Interior castle*. Garden City, NY: Image Books.

성 Teresa는 스페인의 수녀였다. 많은 전문가가 그녀의 내적인 영적 여정에 대한 설명을 가장 완벽하고 광범위한 것으로 생각한다. 이 책은 매우 아름답게 기술되어있으며 혁신적이고, 고무적이다.

Underhill, E. (1911/1961). *Mysticism*. New York: Dutton.

철학자 Evelyn Underhilld은 수백 개의 신화와 모든 종교의 선각자들의 보고를 엮어서 인간의 의미 추구에 대한 하나의 일관적인 설명을 해주고 있다. 그녀의 문체는 명확하고 간명하다.

[현대 학술자료]

Churchland, P. S. (2012). *Braintrust: What neuroscience tells us about morality*. Princeron, NJ: Princeton University Press.

철학 교수 Parricia Churchland의 이 책은 본인의 영역과 신경과학 그리고 유전학을 종합하였다. 그녀의 중요한 메시지는 뇌의 화학적 성분과 DNA에서 우리의 도덕성과 윤리의 기초를 발견할 수 있다는 것이다. 그녀는 애착 및 유대감을 사용하여 우리의 도덕감은 법이나 종교적 가르침에서 온 것이 아니라 내부에서 온다는 것을 보여주었다.

Parker, S. (2011). Spirituality in counseling: A faith development perspective. *Journal of Counseling and Development*, *89*, 112-119.

저자는 치료사들이 Fowler의 신앙 발달이론을 한 단계에서 다른 단계로의 전환에 동반되는 위기와 이러한 위기와 다른 삶의 위기가 어떻게 상호작용하는지를 이해하기 위해 효과적으로 사용하는 것을 설명하였다.

10

THE JOURNEY OF ADULTHOOD

Chapter

10

스트레스, 대처 그리고 적응유연성

Miguel은 불법적인 방법으로 쿠바를 떠나 마이애미로 왔다. 그는 보트를 타고 멕시코 서쪽으로 가서 텍사스 주 국경을 넘었다. 그는 당시 15살밖에 되지 않았다. 같이 국경을 건넌 사람들 중 임산부가 8명 있었는데 그들은 미국 병원에서 아이를 낳아 미국 시민권을 얻으려는 사람들이었다. 안전하게 국경을 넘을 것이라고 약속되었음에도 불구하고, Miguel과 여성들이 강둑을 건너려 할 때 갑자기 어디선가 총성이 들렸다. Miguel은 여성들이 강을 건널 수 있도록 도왔고, 안전하게 강을 건너고 나서야 허벅지에 총상을 입은 것을 알아차렸다. 결국 그는 강을 건너는 동안 산고를 겪던 여성 2명과 병원으로 옮겨졌다.

이것은 내가 알고 있는 가장 흥미로운 이야기이다. Miguel이 나에게 들려줬고 그의 허벅지 총상 흉터도 보여줬다. 그는 나에게 텍사스에 살고 있는 멕시코계 미국인 청소년 2명의 사진을 보여줬다. 그들은 그가 강을 건널 때 도움을 줬던 여성들의 아이들이었다. 그 아이들은 Miguel의 이름을 따서 Miguel이라고 지어졌고, 그들과 계속 연락을 하며 지내고 있었다. 이 이야기의 놀라운 점은 그가 나의 아들 Derek과 매우 비슷하다는 것이다. 그들은 둘 다 미국 시민이고, 토목기사로 함께 일한다. 일하러 나갈 때 트럭을 타고 함께 현장에 나가고, 밤이 되면 아내와 아이들이 있는 집으로 돌아오고, 휴가에는 디즈니랜드, 라스베이거스, 바하마로 여행을 간다. 당신은 Miguel과 Derek 사이에 어떤 차이점도 발견하지 못할 것이다(쿠바 억양과 허벅지에 총상 흉터가 있다는 것만 제외하고). 내 아들은 중산층 가정에서 자랐고 15세에 스케이트보드를 탔고 시니어 야구 리그에서 활동했다. 나는 Miguel을 생각하며 내 수업을 듣는 학생들을 둘러보았다. 그들은 우리 주변의 식료품 가게에서 일하는 사람, 내 편지를 배달해주는 사람 등이다. 나는 그들의 이야기가 궁금해졌다. 내가 그들에 대해 많이 알수록 Miguel과 같은 이야기를 더 많이 들을 수 있을 것이다. 우리 주변에는 튜브나 스티로폼으로 된 뗏목을 타고 국경을 넘은 사람, 반란군을 피해 자신의 나라를 떠난 사람, 2차 세계대전 후 수용소에서 생존하거나 석방된 사람, 가족이나 이웃이 살해된 것을 본 사람, 지진이나 허리케인에서 생존한 사람, 정치나 종교적 신념 때문에 감옥에 갔던 사람들이 있다. 역경은 역사책에만 존재하는 것이 아니고, 똑같은 일이 당신에 삶에도 있다는 것이다.

이번 장은 스트레스, 대처, 적응유연성에 대한 것이다. 주요 주제는 사람들이 인생의 역경을 어떻게 직면하는가이다. 예를 들면, 자유를 위해 강을 건너야 할지를 결정하거나 꽉 막힌 고속도로상에서 카시트에 앉은 아이가 울고 있는 것과 같은 상황이다. 스트레스는 우리에게 어떠한 영향을 미치는가? 우리는 매일 스트레스를 다루기 위해 어떤 자원을 가지고 있는가? 그리고 우리는 큰 역경을 어떻게 대처하고 삶을 지속하는가? 나는 스트레스의 영향에 대한 이론과 연구로 이번 장을 시작하려고 한다. 그러고 나서 사회적 지지와 대처 메커니즘에 대해 살펴볼 것이다. 마지막으로 스트레스 사건과 적응유연성에 대한 일반적 반응에 대한 연구를 소개할 것이다.

스트레스, 스트레스 요인 그리고 스트레스 반응

스트레스(stress)는 인간(그리고 다른 유기체)이 환경의 요구에 대해 보이는 반응으로 신체적 · 인지적 · 정서적 반응 경향이다. 이런 환경적 요구는 스트레스 요인(stressors)으로 알려져 있다. 스트레스(그리고 스트레스 요인)에 대한 과학적 연구는 매우 오래된 분야로, 1990년대 초반 사회과학자와 의학 분야 연구자들에 의해 이루어졌다(Dougall & Baum, 2001). 새로운 연구 도구나 기술의 발전을 통해 스트레스와 스트레스의 해독제인 대처(coping)에 대해 많이 알려졌다.

스트레스 반응에 대해 가장 잘 알려진 설명은 의학 연구자인 Hans Selye(1936, 1982)의 설명이다. 그는 스트레스라는 용어를 처음 만들었고 일반 적응 증후군(general adaptation syndrome)이라는 개념을 발전시켰다. Selye에 따르면, 이런 반응은 3개의 단계가 있다고 한다. 첫 번째 단계는 경고 반응(alarm reaction)으로 '투쟁 또는 도피(fight or flight)'를 준비하기 위해, 신체는 신속하게 스트레스 요인에 대해 경고하거나 에너지를 불어넣는다. 스트레스 요인이 오래 지속된다면, 신체는 두 번째 단계로 들어간다. 두 번째 단계는 저항(resistance) 단계로, 정상 상태로 돌아가려고 시도한다. 이 단계의 주목할 만한 신체적 변화는 면역 기능과 관련된 흉선(thymus gland)의 크기와 기능의 감소이다. 이 단계에서 사람은 스트레스 요인에 대한 초기 경고 반응을 통제할 수 있지만 면역 기능의 손실이 커진다. 스트레스 요인이 더 오래 지속된다면(그리고 만성적으로 많은 스트레스 요인이 장기간 지속된다면), 저항 단계는 지속될 수 없고, 세 번째 단계에 이른다. 이 단계는 소진(exhaustion)의 단계로, 경고 단계 반응들의 일부가 다시 나타난다. 만약 스트레스 요인이 심각한 수준이라면, 신체적 질병에 걸리거나 심지어 죽음에까지 이른다.

Selye는 스트레스 요인이 멈추고 일반 적응 증후군이 끝난 후에 '휴식으로 돌아가는 것'만으로 완벽하지 않다고 가정한다. 거의 이전 상태로 돌아가지만, 완전하지는 않다. 수년간 받은 스트레스 결과들이 누적되어 노화가 진행된다.

Selye의 이론은 심리적 반응과 신체적 질병 간의 연결성을 제안한 최초의 이론이다. 스트레스 자체가 신체적 변화를 일으키는 것은 아니지만, 스트레스에 대한 반응이[그는 이것을 '고통(distress)'이라고 함] 원인이 된다. 그는 이 장의 후반부에서 다루게 될 사회적 지지와 대처 메커니즘과 같은 예방책을 다른 학자들이 제안하도록 문을 열어주었다.

Selye의 이론이 발표된 지 반세기 동안, 스트레스 반응이 인간 면역 체계에 미치는 영향에 대한 수백 편의 연구가 이루어졌다. 스트레스가 면역 체계를 억제시킨다는 Selye의 주장은 면역 체계를 두 가지로 구분하였다. **자연 면역**(natural immunity : 일반적인 병원균에 대한 방어 체계)과 **특이 면역**(specific immunity : 속도가 느리고 많은 에너지를 필요로 하며 몸이 특이 병원체를 확인하고 그에 맞는 림프 세포를 병원체와 싸우게 만드는 체계)이다. 평소에는 2개의 체계가 균형감 있게 작용한다. 그러나 스트레스 반응은 우리 몸의 에너지를 아끼기 위해, 자연 면역 체계를 과잉 작동시키고 특이 면역 체계를 억제시킨다. 사별과 같은 장기간의 스트레스 사건들은 자연 면역 체계를 점차 감소시키고 특이 면역 체계는 증가시키게 된다. 그리고 가까운 가족을 돌보거나, 피난민이 되거나, 오랜 기간 실직하는 것 같은 만성적 스트레스가 있을 때, 결국 두 면역 체계 모두 결국 기능이 감소된다(Segerstrom & Miller, 2004).

진화심리학자들은 극심한 스트레스에 대한 반응(투쟁 또는 도피 반응)은 우리 원시 조상들이 적절한 에너지 수준을 이끌어내고(아드레날린을 증가시키고 심장과 근육에 혈액 공급을 증가시킴), 빠른 상처 회복과 항원으로부터 감염을 예방하기 위한 적응적인 메커니즘이라고 주장한다. 현대인들은 이런 반응들이 필요 없는데, 그 이유는 그들이 경험하는 스트레스 요인들이 신체적인 반응과 항상 직결되는 것은 아니고, 신체를 스스로 방어하도록 요구하지도 않기 때문이다. 그러나 다른 많은 진화된 메커니즘처럼, 스트레스 반응도 원시적인 환경 요구를 반영하기 때문에, 신체적 반응은 심리적 사건과 불일치하기도 한다(Flinn, Ward, & Noone, 2005).

비판적 사고

현대인들에게 신체적 스트레스 반응은 도움이 된다고 생각 하는가?

Selye의 이론 중에서 반응지향적 관점(response-oriented viewpoint)은 스트레스 요인에 노출된 결과로 발생하는 개인 내의 생리적 반응에 초점을 둔다. 다른 연구자들은 스트레스 유발 요인 자체에 초점을 맞추어왔는데, 어떤 사건이 스트레스를 유발시키는 요인인지를 파악하기 위해 환경 맥락을 평가하는 것은 필수적이다. 최초 평가 방법은 정신분석학자 Thomas Holmes와 Richard Rahe(1967)의 방법이다. 그들은 사람들에게 생활 변화 사건(life-change events)에 기초해서 스트레스 요인의 수준을 평가하는 척도를 개발했다. 이 척도는 43개의 사건들로 구성되어있고, 각 사건의 스트레스 유발 정도에 따라 점수를 정하였다. 예를 들어, 배우자의 죽음은 가장 큰 스트레스이기 때문에 100점, 화재는 47점, 속도 위반으로 걸리는 것은 11점이다. 연구자들은 생활 **변화**(changes)에 초점을 두었으며, 부정적인 사건뿐만 아니라 긍정적인 사건들[예, 임신(40점), 자신의 뛰어난 성

▎비판적 사고

어떤 휴가가 스트레스를 주기도 하는가?

취(28점), 휴가(13점)]도 포함하였다. Holmes와 Rahe는 개인이 최근에 받은 점수가 높을수록, 높은 수준의 스트레스를 경험하고 있고 가까운 미래에 병에 걸릴 가능성도 높아진다고 주장한다.

Holmes와 Rahe는 자극 지향적 관점(stimulus-oriented viewpoint)을 제안했는데, 이것은 스트레스 유발 요인 자체에 초점을 맞추는 것을 의미한다. 여기서 말하는 자극은 스트레스 반응을 촉발시키는 요소이며 생활 사건일 수 있다. 척도는 생활 스트레스에 대한 측정과 유사한데, 신체적 질병과 심리적 증상의 정확한 예언 인자가 된다. 최근의 스트레스 반응에 대한 대부분의 연구에서 생활 사건 평정 척도를 사용한다. 동시에 스트레스에 대한 정의와 측정 방법에 대해 심각한 의문이 제기된다. 우선 생활의 변화가 항상 똑같은 방식으로 스트레스를 유발시키는지 명확하지 않다. 긍정적인 생활 변화와 부정적 생활 변화가 정말 똑같이 스트레스를 유발시키는가? 그리고 심지어 부정적으로 분류되는 생활 변화들 중에도, 일부는 다른 것들보다 더 많은 스트레스나 질병을 유발시킨다. 그리고 한 상황에서 긍정적일 수 있는 사건(오랫동안 기다려온 임신)이 다른 상황에서는 부정적일 수 있는데(예기치 못한 청소년의 임신) 이것은 어떻게 되는가?

스트레스 유형

여러 연구자가 스트레스 유형의 하위 범주 또는 생활 변화 사건들을 제안하였다. 예를 들어, 사회학자 Leonard Pearlin(1980)은 **단기 생활 사건**(short-term life events)과 **만성 생활 압박**(chronic life strains)으로 구분하였다. 단기 생활 사건은 즉각적인 문제를 야기시키는 명확한 시작과 끝이 있는 스트레스 요인을 말한다. 만성 생활 압박은 지속적이고 진행 중인 스트레스 요인을 말한다. 만성 생활 압박은 심각한 건강 문제를 야기시키고 사회적 관계를 손상시킨다(모순되게도, 바로 그 상호작용이 스트레스 완충을 돕는다).

▎비판적 사고

어떤 직업이 직무 스트레스를 더 많이 유발시키는가? 직무 압박은?

다른 구분은 직업과 관련된 스트레스 유발 요인의 유형이다. **직무 스트레스**(work stress)는 직장인이 직업에서 높은 요구도 경험하지만 통제감과 성취감도 경험하는 것을 말한다. **직무 압박**(work strain)은 직장인이 높은 요구에 직면하지만 통제감이 낮고, 성취감도 낮으면서 낮은 보상을 받는 것을 말한다(Nelson & Burke, 2002).

전생애 발달심리학자인 David Almeida(2005)는 **주요 생활 사건**(major life events)과 **일상적 스트레스 요인**(daily stressors)으로 구분하였다. 주요 생활 사건은 이혼과 사랑하는 사람의 죽음 같은 것이고, 일상적 스트레스 요인은 매일매일의 삶에서 경험하는 스트레스로 직장에서 마감 시간을 맞추는 것, 컴퓨터 고장, 아이들과의 실랑이 같은 것이 있다. 일상적 스트레스 요인에는 아픈 배우자를 돌보기, 한부모로서 직장과 가정에서의 역할 균형 맞추기 등 만성적인 문제들도 포함된다(Almeida, Piazza, Stawski, et al., 2011). 주요 생활 사건이 장기적인 심리 반응과 연관되어있지만, 일상적 스트레스 요인이 개인의 안녕감에 더 많은 영향을 미

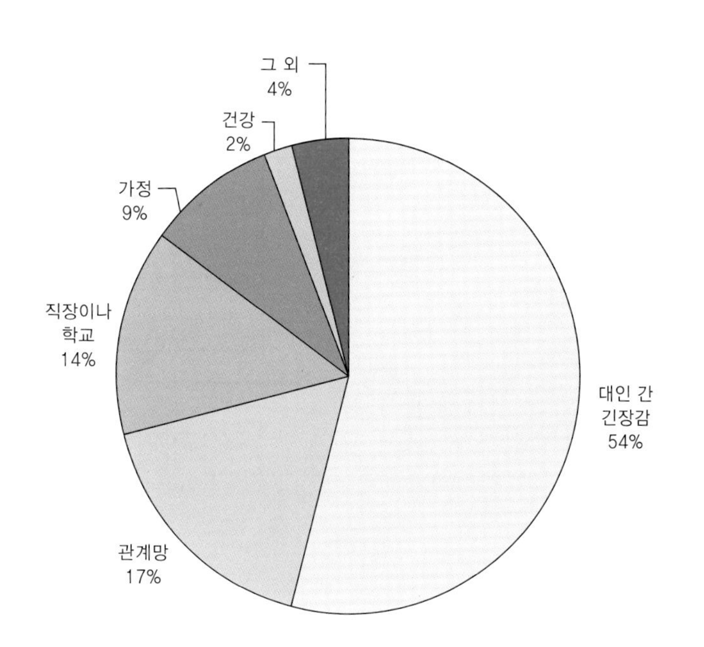

:: 그림 10.1
25~74세 사이의 미국 성인들은 대인 간 긴장감을 일상적 스트레스 요인 중에 가장 큰 부분을 차지한다고 보고하였고, 그 다음은 관계망(network)과 직장이나 학교에서 발생하는 사건이라고 보고하였다.
출처 : Almeida (2005)의 재구성.

친다. Almeida는 일상적 스트레스는 정서 기능과 신체 기능에 직접적이고 즉각적인 영향을 미칠 뿐만 아니라, 오랜 시간 누적되면 심각한 스트레스 반응을 일으키게 된다고 주장한다.

일상적 스트레스 요인은 측정하기 어려운데, 오랜 시간 동안 쉽게 의식하지 못할 정도로 매우 작은 문제들이기 때문이다. Almeida는 1,500명의 성인을 대상으로 일상적 스트레스 요인을 추적하기 위해 매일 확인하는 방법을 사용하였다. 일상 경험에 대한 국가 연구(the National Study of Daily Experiences, NSDE)에서는 참가자들이 매일 일기를 쓰는 대신(아마 그들에게 규칙적으로 일기를 쓰라고 했다면 실패했을 것이다) 조사자들이 참가자들에게 8일간 매일 저녁에 전화를 걸었다. 설문지를 사용하는 대신, 조사자들은 참가자들에게 반구조화된 면접 방식으로 매일의 스트레스 요인과 그 사건에 대한 주관적인 평가를 실시했다(Almeida, 2005).

▌비판적 사고

당신이 스트레스 받는 원인을 열 가지 생각해보라. 〈그림 10.1〉의 비율과 유사한가?

Almeida와 동료들은 일반적으로 미국 성인들이 연구가 진행된 기간 중 40%에서 적어도 한 가지 스트레스 요인을 경험하고, 연구 기간의 10%에는 한 가지 이상의 스트레스 요인을 경험하는 것으로 보고했다. 가장 일반적인 스트레스 요인은 대인 간 논쟁과 긴장감인데, 보고된 스트레스 사건의 절반이 해당된다. 참가자들이 보고한 스트레스 요인의 유형 빈도는 〈그림 10.1〉에 제시되어있다. 흥미롭게도, 스트레스 사건의 심각도에 대한 주관적인 평가는 전반적으로 '평균'이었지만, 전문가 평가자의 객관적인 평가는 '낮음'으로 나타났다. 다른 말로 하면, 우리는 자신의 스트레스 사건을 더 심각한 것으로 인식한다는 것이다(Almeida & Horn, 2004).

일상적 스트레스 요인에 대한 Almeida의 모델은 〈그림 10.2〉에 제시되었다. 왼쪽 상자는 연령, 결혼 상태, 성격 특성, 만성적인 건강 문제와 같이 스트레스/안녕감에 영향을 미치는 개인 내

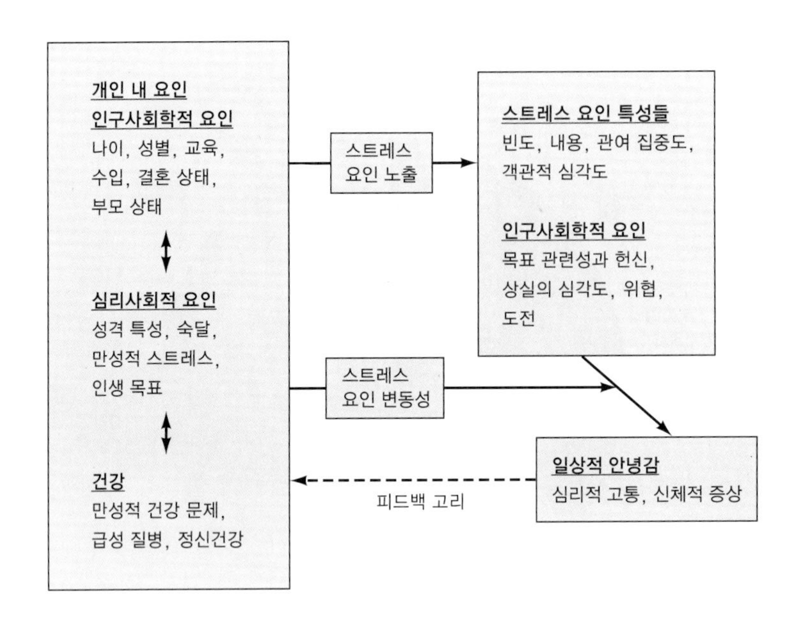

:: 그림 10.2
일상적 안녕감에 영향을 미치는 스트레스에 노출과 반응성에 관한 개인적 특성들
출처 : Almeida (2005)의 재구성.

요인이며, 오른쪽 상자는 빈도나 주관적 심각도와 같은 스트레스 유발 요인의 특성이다. 만약 당신이 부모와 함께 살고, 학교에 다니고 있고, 당신의 차가 문제가 있어 정기적으로 교통 문제를 경험하는 건강한 젊은 여성이라면, 학교에 가기 위해 친구에게 태워달라고 하거나 어머니를 직장에 데려다주고 어머니의 차를 빌리기 위해 매일 혼란을 경험할 수 있다. 하지만 전체 학기 동안 이것이 지속된다 할지라도, 이것이 당신의 안녕감에 부정적인 영향을 미치지는 않는다. 이것은 단지 불편함일 뿐이고 일상적인 혼란일 뿐이다. 하지만 당신이 중년의 남성이고 장애가 있어서 2주에 한 번 투석을 받아야 한다면, 이동 수단 문제는 생존과 관련되어있고 병원 치료를 받지 못해서 무력감과 절망감을 느끼게 되는 매우 다른 수준의 스트레스 유발 요인이 된다. 일상적 안녕감을 소진시키는 이런 스트레스 요인은 개인 내 요인으로 되돌아와서 안정감을 더욱 감소시킨다. 젊은 대학생의 경우에는, 친구가 있다는 것과 어머니가 도움이 된다는 사실이 스트레스를 관리하는 자신의 능력을 증가시킨다.

스트레스 영향

Selye의 이론을 상기시켜보면, 스트레스 요인이 심리적 스트레스 반응을 야기시켜 면역 기능을 약화시키고 결국에는 신체적 질병과 정신 질환을 발생시킨다. 초기 이론에서는 생활 변화 사건과 건강 문제 간에 유의한 상관이 있다는 것을 보여준다. 그러나 그 효과는 매우 작고 스트레스 요인과 건강 문제 중 어떤 것이 먼저인지를 알기 어렵다. 건강에 좋지 않은 행동들(흡연, 알코올, 과식과 같은) 때문에 스트레스가 발생하고, 가난과 같은 요인들이 많은 스트레스 요인과 질병을 야기시키기도 한다. 최근 연구에서 효과적 치료법과 예방법을 찾기 위해 이러한 혼입 변인을 통제시키고 있다.

신체적 질병

스트레스 요인은 심장병, 당뇨병, 암의 유발 원인이다. 예를 들면, 1만 명 이상의 여성을 대상으로 종단연구를 실시한 결과, 스트레스를 유발하는 생활 사건(이혼, 별거, 남편의 죽음, 질병이나 상해, 실직, 가까운 친구나 친척의 죽음)의 누적은 유방암의 위험을 증가시켰다. 연구 초기에 여성들에게 5년 이내에 경험한 스트레스 생활 사건에 대해 질문하였다. 15년 후에, 180명의 여성에게서 암이 발생하였다. 얼마나 많은 스트레스 생활 사건을 보고하는지(전혀 없다, 한 번, 두 번 또는 세 번 이상)에 따라 여성들을 나누었는데, 〈그림 10.3〉에서 보는 것처럼, 스트레스 사건의 수와 15년 동안 유방암 발병 간에는 선형 관계가 있었다(Lillberg, Verkasalo, Kaprio, et al., 2003). 스트레스 사건을 많이 보고한 여성일수록 유방암의 확률이 상승했다. 조사가 유방암 발병 전에 이루어졌기 때문에 스트레스가 이후에 신체 질병과 관련된다는 것을 강력하게 지지한다.

다른 연구에서는 스트레스와 심장병 간의 관련성을 보여준다. 1만 3,000명의 남성을 15년 동안 추적 조사한 결과, 직무 관련 스트레스(해고, 장애로 인한 실직, 사업 실패)가 심장병으로 인한 사망 위험을 증가시키는 것으로 나타났다. 6년 동안 매년 건강 검진과 설문 조사를 실시했고, 그 후 9년이 지나서 사망한 사람의 사망 원인을 분석했다. 남성들은 직무 스트레스 수에 따라 분류되었으며, 스트레스 사건의 수와 심장병으로 인한 사망 간에는 선형관계가 있었다(Mathews & Gump, 2002).

또 다른 연구에서는 스트레스 생활 사건과 심장병 및 당뇨병의 위험 간의 관계를 연구하였다. 149명의 남성 참가자들은 Holmes와 Rahe의 설문지(이번 장의 초반부에 설명했던)를 실시하였고, 이전 5년 동안 그들이 경험한 생활 변화 사건에 대해 보고하였다. 그 후 그들은 심장병과 당뇨병의 위험을 살펴보기 위해 다양한 검사를 받았다(높은 혈압, 높은 HDL 콜레스테롤, 비만, 혈액 내 높은 포도당 수치). 심혈관 질환과 당뇨병의 높은 위험을 가진 남성은 낮은 위험성을 지닌 남성에 비해 생활 변화 사건 설문지에서 높은 점수를 나타냈다(Fabre, Grosman, Mazza, et al., 2013). 이런 연구들은 삶의 스트레스 요인과 신체적 질병이 강한 관련성을 가진다는 것을 의미한다.

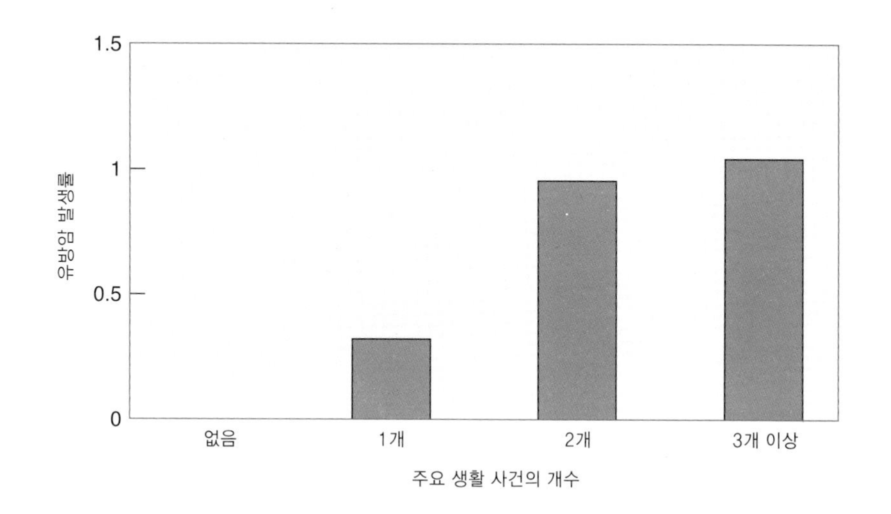

:: 그림 10.3
5년 동안 주요 생활 사건의 개수와 이후 15년 동안 유방암 발생률 간의 관련성이다. 주요 생활 사건의 수가 많을수록 유방암 발병률이 증가하였다.

출처 : Lillberg, Verksalo, Kaprio, et al. (2003)의 재구성.

정신건강 질환

스트레스 생활 경험은 우울, 불안과 같은 다양한 정신 질환과 관련되어있고 관계의 효과는 상대적으로 작지만, 이런 관련성은 다양한 연구에서 증명되었다. 하나의 스트레스 요인보다는 많은 스트레스 요인이 작용한다. 그러나 스트레스 요인에 대한 개인의 반응이 정신건강 질환의 더 근본적인 원인인 것 같다. 예를 들어, 여러분들은 여자친구나 남자친구와 헤어진 사람이 며칠 동안 슬픔에 젖어 지낸 후에 다시 일상으로 되돌아간다는 것을 안다. 그들은 당신에게 나이가 많거나, 자기 중심적이거나 또는 채식주의자인 사람과는 연애하기 어렵다는 것을 알게 되었다고 말할 것이다. 그러나 실연으로 인해 학기를 제대로 마치지 못하는 사람도 있다는 것을 알고 있다. 이런 사람들 간의 차이는 스트레스 사건에 대한 반응성에 있다.

앞에서 말했던 1,500명 대상으로 8일 동안 매일 저녁 스트레스 요인에 대해 조사했던 연구에서, 연구자들은 참여자들에게 전반적인 기분에 대해 질문했다(Almeida, 2005). 10년 후, 참가자들 중 절반 이상에게 정서적 건강에 대해 질문했다. 매일의 기분이 매우 부정적이라고 보고했던 참가자들은 그렇지 않은 참가자들에 비해 10년 후에 기분 장애의 증상을 더 많이 보고했다(Charles, Piazza, Mogle, et al., 2013). 이전 스트레스 요인에 대한 장기간 반응성이 이후에 정서장애를 예견하는데, 며칠 전에 일어났던 스트레스 유발 요인에 대해 지속적으로 부정적인 기분을 느꼈던 사람들은 우울, 불안, 양극성 장애와 같은 증상을 가장 많이 보고하였다.

스트레스 사건과 직접적으로 관련된 정신건강 장애 중 하나가 바로 외상후 스트레스 장애(post traumatic stress disorder, PTSD)이다. 외상후 스트레스 장애는 전쟁, 강간, 테러, 자연 재해, 자동차 사고와 같은 외상(trauma)에 대한 심리적 반응이다. 이 장애는 전쟁 신경증, 폭탄성 쇼크, 신경 쇠약과 같은 용어로 설명되었지만, 미국정신의학회(American Psychiatric Association)에 의해 1980년에 처음으로 진단명이 되었다. 외상후 스트레스 장애 증상에는 사건을 침투적 사고나 꿈

허리케인 카드리나 생존자 중 1/3이 한 달 후에 외상후 스트레스 장애를 경험했고, 외상후 스트레스 장애를 보인 10명 중 1명은 1년 후까지 지속되었다.

으로 재경험하는 것, 일반적인 반응에는 무감각해지고 사건과 관련된 자극은 회피하는 것, 심리적 스트레스 메커니즘의 각성이 증가되는 것이 있다. 다른 스트레스 반응과는 달리, 외상후 스트레스 장애는 시간이 지남에 따라 줄어들지 않고, 사회적 지지에 의해 완충되지 않는다(American Psychiatric Association, 2000). 외상후 스트레스 증상(Posttraumatic stress symptoms)은 심각한 외상에 대한 반응을 일컫는 용어로, 외상후 스트레스 장애 진단 기준을 충족한다는 것을 의미하지는 않는다.

외상후 스트레스 장애를 치료하기 위해서는 환자가 자신의 상태가 외상에 대한 정상적인 반응이며, 취약함이나 성격적 결함이 아니라는 것을 이해하도록 돕는 상담이 필요하다. 환자와 치료자 간의 신뢰로운 관계가 형성되었을 때, 고통스러운 기억에 직면하고 신뢰와 안정감을 재확립하게 된다. 다른 치료 방법에는 외상에 초점을 맞춘 인지행동치료 방법이 있다. 항불안제나 항우울제 같은 약물치료도 도움이 된다. 하지만 아직까지는 외상을 경험한 사람을 더욱 효과적으로 치료할 수 있는 방법에 대해 더 많은 연구가 필요하다(Forneris, Gartlehner, Brownley, et al., 2013).

연구자들은 1986년 우주왕복선 첼린저 호의 폭발, 1995년 오클라호마 폭탄 테러, 2001년 9월 11에 일어난 세계무역빌딩과 미 국방부 테러, 2005년 허리케인 카트리나, 2010년 아이티 지진과 같은 외상 사건 후에, 응급 처치 요원들과 동행해서 희생자, 목격자, 구조자들을 인터뷰하였다. 또한 연구자들은 전쟁 지역, 집단 강간이나 집단 학살이 일어난 곳, 기아에 허덕이는 지역, 난민캠프 같은 곳에 구조대원들과 함께 다닌다. 이런 힘든 시기에 연구를 위해 피해자들을 만나는 것이 매정하게 보일지도 모르지만, 그런 연구를 통해 많은 지식을 얻을 수 있었다.

예를 들어, 이런 연구 덕분에 우리는 외상 사건 직후에 1/3 정도의 사람이 외상후 스트레스 장애 증상을 보이고, 10%의 사람은 1년 후까지 이런 증상이 지속된다는 것을 알게 되었다(Gorman, 2005). 정신건강인들이 할 수 있는 가장 가치 있는 일은 외상에 노출된 사람들에게 안정감, 침착성, 자기효능감, 지역사회와의 연결성, 희망을 증진시키는 것이라는 것도 알게 되었다. 생존자들에게는 먼저 의학적 도움, 가족에 대한 정보, 의식주와 같은 실제적인 도움이 필요하다. 치료를 위한 시간은 적어도 그다음이다. 대부분의 생존자들은 외상후 스트레스 장애 증상은 짧게 보이고 적응유연성을 나타낸다(Watson, Brymer, & Bonanno, 2011).

외상후 스트레스 장애를 위한 치료가 필요한 경우는 외상적 사건의 결과로 취약성과 무력감을 보이는 경우이다. 최고의 치료는 공포의 근원을 알아내서 과장된 신념을 수정하는 것이다. 그러나 외상에 대한 생각을 회피하는 증상이 있다면 불가능하다. 취약성과 무력감은 공포, 분노, 슬픔, 굴욕감, 죄책감을 동반한다. 생물학적 결과는 일반 불안 반응보다 더욱 극단적이다. 예를 들어, 외상후 스트레스 장애 환자의 스트레스에 대한 신체적 반응은 정상적인 사람과 차이가 있다(호르몬 수치와 뇌의 여러 부분의 반응이 달라진다). 또한 외상후 스트레스 환자는 뇌의 두 부분(편도체와 변연계)에서 구조적인 변화를 보인다. 이런 모든 증거가 극단적 외상이 뇌와 신경 체계에 장기간 변화를 야기시켜 침투적 사고의 원인인 스트레스 반응 메커니즘을 변화시키고, 스트레스 반응 메커니즘의 반응성을 증가시키게 된다(Yehuda, 2002).

스트레스 관련 장애의 개인차

모든 사람이 매일 스트레스 요인에 노출되고 스트레스에 반응하지만, 그 결과로 모든 사람이 신체적 질병이나 정신적 장애로 고통받지는 않는다. 사실 대부분의 사람들은 스트레스에 잘 대처한다. 물론 스트레스 종류와 양에 따라 차이가 있겠지만, 성별, 나이, 인종 차별, 환경-유전 상호작용과 같은 요인들이 스트레스 관련 장애의 민감성에 영향을 미친다.

성별 일상적 스트레스 요인이 발생할 때, 여성은 남성보다 더 자주 스트레스를 보고한다. 여성과 남성은 스트레스의 원인을 다르게 보고한다. 남성은 여성보다 직장과 학교 관련 스트레스를, 반면에 여성은 남성보다 사회적 관계나 가족 관계 스트레스를 더 자주 보고한다. 남성은 재정적으로 힘들 때 스트레스를 더 느낀다고 하였고, 여성은 타인이 그들을 어떻게 생각하는지에 스트레스를 더 많이 보고한다(Almeida, 2005).

일부 연구자는 투쟁 또는 도피에 대한 Selye의 이론을 남성에게만 적용시키고 여성은 스트레스 요인에 대해 전반적으로 다른 반응을 한다고 주장하였다. 사회심리학자 Shelley Taylor(2002)는 남성과 여성은 생존 행동과 번식 행동으로 각기 다르게 진화되었기 때문에, 여성은 남성들이 보이는 것과는 다르게 반응한다고 한다. 투쟁 또는 도피 대신, 여성은 스트레스에 대한 유전적 반응으로 '배려와 친교(tend and befriend)'를 한다. 남성은 위험한 상황을 피하거나 공격자를 물리치는 것에 기초하여 반응하지만, 여성의 반응은 미성숙한 자손을 돌보고 타인(특히 다른 여성)으로부터 지지를 얻는 것을 목표로 한다. Taylor와 동료들은 "여성은 자손을 양육하거나, 자손을 위험으로부터 보호하고, 자손의 건강을 위협하는 신경내분비계 반응을 줄이는 행동을 보임으로써 그리고 위험을 줄이기 위해 사회 구성원들과 우호적인 관계를 유지함으로써 스트레스에 대한 반응을 한다."고 주장하였다(Taylor, Klein, Lewis, et al., 2000, p. 411). 여성은 애착-양육 과정에 기초해서 스트레스에 반응하고, 부분적으로 성호르몬에 의해 조절되며(Taylor, Gonzaga, Klein, et al., 2006), 이런 호르몬들은 연령에 따라 감소한다(Almeida, Piazza, Stawski, et al., 2011).

여성은 모든 문화에서 정서적 존재로서 역할을 한다. 여성의 스트레스 반응은 '투쟁 또는 도피' 대신, '돌보기와 도와주기'이다.

이 연구는 사회적 행동에서 성차에 대한 다른 연구들과도 일치한다.

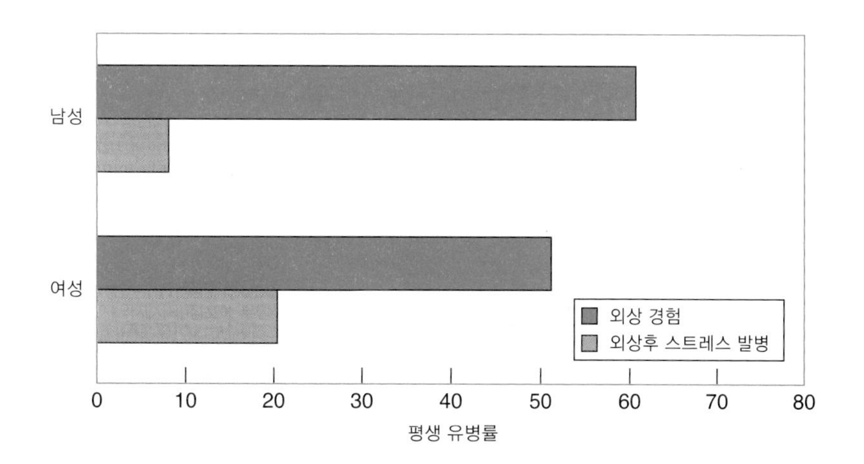

:: 그림 10.4
남성이 인생에서 더 많은 외상을 경험하지만, 여성이 외상후 스트레스 장애를 더 많이 경험한다.
출처 : Yehuda (2002)의 자료.

여성은 더 넓은 사회적 관계망을 가지고 더 깊고 정서적인 우정을 가지며, 정서적 사건에 대해 친구와 이야기함으로써 반응한다. 그들은 정서적인 존재이며 가족의 양육자이다. 남성과 여성은 스트레스에 대해 같은 강도로 반응하지 않는다. 그들의 삶에서 스트레스 요인의 역할이 다른 것일까?

외상후 스트레스 장애에서도 성차가 발견된다. 남성은 여성보다 더 많은 외상에 노출된다. 그러나 여성이 외상의 결과로 외상후 스트레스 장애를 더 많이 경험한다. 〈그림 10.4〉는 남성과 여성이 경험하는 외상적 사건의 수와 외상후 스트레스 장애 발생 정도를 보여준다. 그러나 이것이 전부는 아니다. 특정 사건이 다른 사건보다 한 성별에게 외상후 스트레스 장애를 더 많이 발생시킬 수 있다. 예를 들어, 여성은 남성보다 강간을 더 많이 경험하지만(9% 대 1%), 남성이 여성보다 강간으로 인한 외상후 스트레스 장애를 더 많이 경험한다(65% 대 46%). 남성은 여성보다 신체적 폭행을 더 많이 경험하지만(11% 대 6%), 여성이 신체적 폭행으로 인한 외상후 스트레스 장애를 더 많이 경험한다(21% 대 2%). 외상적 경험의 결과로 외상후 스트레스 장애를 경험할 가능성은 사건에 대한 객관적인 심각도보다 여러 가지 다른 요인에 의해 결정된다(Yehuda, 2002).

비판적 사고

남성과 여성이 경험하는 외상적 사건의 발생률은 어떠한가? 외상후 스트레스 장애 발생 비율의 차이는 어떠한가?

연령 일반적으로 나이가 듦에 따라 스트레스는 감소한다. 젊은 성인이 가장 높은 스트레스 수준을 보고하고, 노인이 가장 낮은 수준을 보고한다(Almeida, Piazza, Stawski, et al., 2011). 여러 가지 이유가 있는데, 첫 번째, 젊은 성인이 노인보다 더 복잡한 삶을 살고 있기 때문에 잠재적인 스트레스 원인이 더 많다. 노인들은 스트레스 사건을 더 많이 경험했기 때문에, 스트레스가 발생하는 상황에 더 잘 대처한다. 노인들은 만성적 신체 질병을 더 많이 가지고 더 많은 상실의 경험을 했지만, 그들은 다른 사람들의 상황과 자신의 상황을 비교해서 자신의 상황이 더 낫다고 생각한다. 제2장에서 살펴보았던 것처럼, 많은 노인이 자신의 건강이 괜찮다고 생각하지만, 사실 많은 만성 질환을 가지고 있었다.

:: 그림 10.5

중년에서 노년기로 갈수록 스트레스 요인은 감소하고, 모든 연령대에서 남성이 여성보다 적은 스트레스 요인을 보고한다.

출처 : Almeida & Horn (2004)의 재구성.

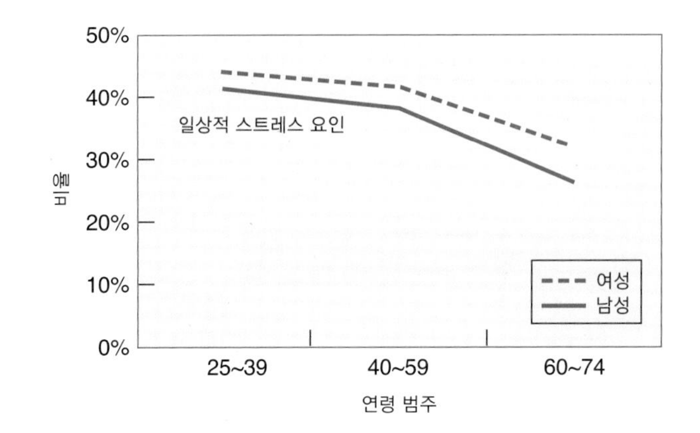

앞에서 말했던 25~74세 대상 연구에서, 대상자 중 절반은 남성이고 절반은 여성이었다. 〈그림 10.5〉에서 보듯이, 스트레스를 경험한다고 보고한 성인의 비율이 중년 이후부터 감소하고 여성은 남성보다 모든 연령에서 더 많은 스트레스 경험한다고 보고한다(Almeida & Horn, 2004).

발달심리학자 Stacey B. Scott와 동료들(Scott, Poulin, & Silver, 2013)은 9.11 테러에 대한 반응 변화를 3년 이상 조사하였다. 18~101살의 2,340명의 참가자를 대상으로 3년 동안 여러 번의 인터넷 조사를 통해, 외상후 스트레스 증상, 일반적인 고통, 미래 공격에 대한 두려움에 대해 질문했다. 그 결과 연령 집단 간에 차이가 있었는데, 75세 이상의 노인은 젊은 성인들보다 테러가 일어난 해에 외상후 스트레스 반응이 더 많았다(그림 10.6). 그러나 1년을 기점으로 이러한 증상이 모든 연령 집단에서 감소하였다.

〈그림 10.7〉은 참가자들의 미래 공격에 대한 공포를 나타낸다. 노인 집단은 젊은 성인 집단보다 3년의 연구 기간 내내 더 많은 공포를 느꼈다. 흥미롭게도, 모든 연령의 공포 수준은 테러 1주기와 이라크 전쟁과 같은 역사적으로 기억에 남을 만한 시점 즈음에 같이 상승하였다가 감소한

:: 그림 10.6

세계무역센터 근처에 사는 75세 이상의 노인은 9.11 테러 이후 12개월까지 외상후 스트레스를 더 많이 보고했지만, 이런 증상은 이후 감소하였다.

출처 : Scott, Poulin, & Silver (2013)의 재구성.

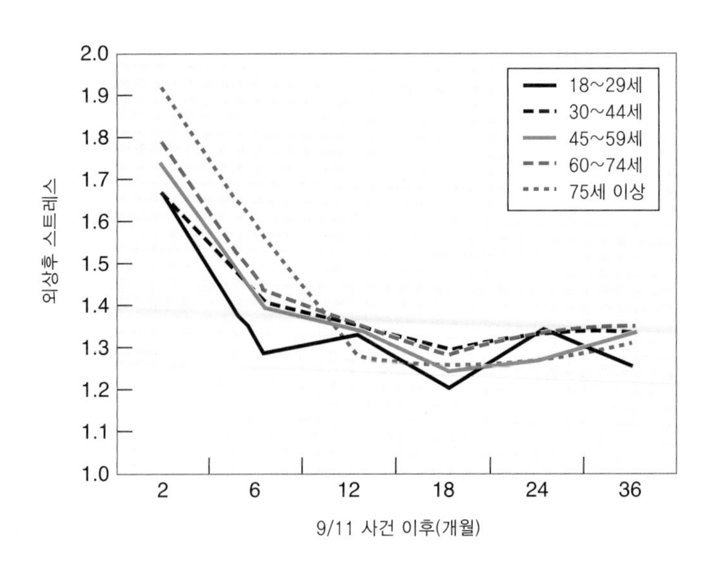

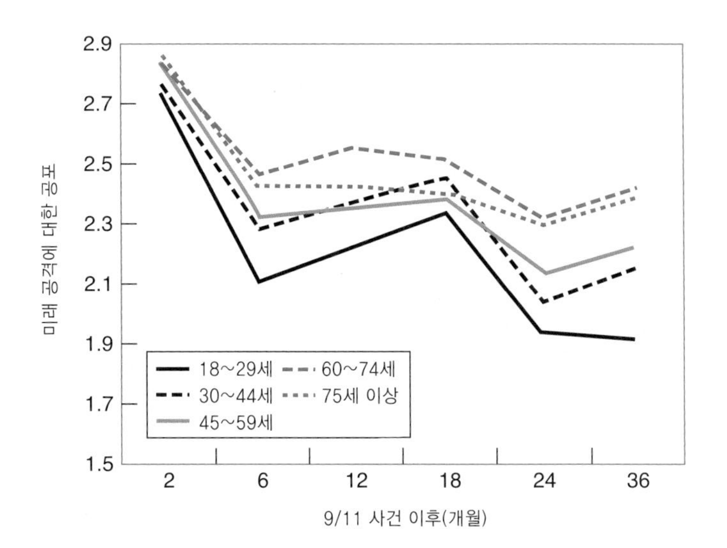

:: 그림 10.7

65세 이상의 노인은 젊은 성인에 비해 미래 테러에 대한 공포가 더 오래 지속되었다. 이런 공포는 모든 연령에서 테러 기념일에 상승했다.

출처 : Scott, Poulin, & Silver (2013).

다(Scott, Poulin, & Silver, 2013).

차별 미국에서는 흑인이 다른 인종에 비해 고혈압과 뇌졸중 발병률이 더 높다. 표면적으로는 유전적인 성향으로 보이지만, 흑인 혈통 사이에도 유전적 다양성이 크기 때문에(Cavalli-Sforza & Cavalli-Sforza, 1995), 일부 연구자들은 이런 건강 문제의 원인이 될 수 있는 다른 요인들을 조사하였다. 조사의 한 방향은 인종 차별에 초점을 두고, 이것이 만성적 스트레스 요인이 되어 혈압을 높이고 뇌졸중 위험을 증가시킨다고 보았다. 예를 들어, 110명의 흑인 여대생을 대상으로 인종차별 인식과 대중 연설 과제에서 혈압 간의 관계를 살펴보았다. 인종차별을 더 높게 보고한 여대생이 대중 연설 시에 혈압이 더 많이 상승하였다(Clark, 2006). 다른 연구에서 스페인계 흑인이 스페인계 백인보다 고혈압 발생률이 높았으며, 이런 건강 차이는 이민 경험이나 언어 차이보다 인종에 의해 더 많이 발생한다(Borrell, 2009).

▌비판적 사고

높은 혈압이 단순히 피부색과 관련된 것은 아니라는 것을 보여주는 연구 설계는 어떻게 할 수 있을까?

차별과 관련된 영향은 미국에 사는 아일랜드인, 유태인, 폴란드인, 이탈리아인에 의해서도 증명되었다. 만성적 차별을 보고한 사람들은 차별을 보고하지 않은 사람에 비해 심혈관 질환의 위험성이 2~6배 더 높았다(Hunte & Williams, 2009).

다른 연구들에서도 소수 집단의 사람과 다수 집단 사람의 스트레스 요인에 대한 반응성에 차이가 나타났다. 한 연구에서 테러의 영향이 있는 이스라엘 다섯 지역의 유대계 이스라엘인과 아랍계 이스라엘인을 조사했다. 희생의 위험이 거의 동일함에도 불구하고, 아랍계 이스라엘 참가자들은 유대계 이스라엘 참가자들보다 외상후 스트레스 장애와 우울 증상을 더 많이 보고하였다. 연구자들은 이스라엘에서 인종적으로나 경제적으로 소수 집단에 속하는 것이 대처 자원 수준을 감소시켰다고 주장했다(Somer, Maguen, Or-Chen, et al., 2009).

이런 연구 결과, 차별은 스트레스 시기에 사회적 지지와 반대되는 역할을 한다. 차별 대상 집단은 낮은 임금과 적은 기회로 인한 과도한 스트레스로 건강 문제를 발생시키는 것 같다.

환경-유전 상호작용 최근 10년간, 연구자들은 두 사람 간의 유전적 표현의 차이는 성별과 혈통보다 살아온 환경에 더 많이 기인한다는 것을 발견했다(Slavich & Cole, 2013). 달리 말하자면, 우리의 유전적 표현은 우리가 경험한 외부의 사회적 상황에 의해 영향을 받을 수 있다는 것이다. 이런 연구 분야는 인간 사회 유전체학(human social genomics)이라고 하며, 유전자 표현 방식의 변화는 사회적 환경에 대한 주관적 인식 때문이다.

유전자 표현에 대한 사회 환경의 영향에 대한 첫 번째 연구는 생물심리학자 Steve W. Cole과 동료들(Cole, Hawkley, Arevalo, et al., 2007)에 의해 이루어졌다. 사회적으로 고립된 개인 집단과 사회적으로 통합된 개인 집단을 대상으로 연구하였다. 사회적으로 고립된 사람은 통합된 사람보다 병에 더 잘 걸리고 더 일찍 사망했다. 이 집단들은 2개의 면역 반응 유전자에서 차이가 있었는데, 하나는 박테리아에 대한 반응이고, 다른 하나는 바이러스에 대한 반응이다. 참가자들의 유전체(genom)를 연구해본 결과, 사회적으로 고립된 개인이 더 많은 질병에 걸린 원인은 바로 염증을 조절하는 유전자가 변형되었기 때문이었다.

유사한 유전적 변화가 지속적인 대인관계 어려움(Murphy, Slavich, Rohleder, et al., 2013), 낮은 사회경제적 지위(Chen, Miller, Kobor, et al., 2011) 그리고 외상후 스트레스 장애(O'Donovan. Sun, Cole, et al., 2011)와 같은 스트레스를 경험하는 사람에게서도 발견되었다. 이것은 차별이 건강에 미치는 영향에 대한 설명을 가능하게 하였다. 이런 연구들은 생물학적 구조는 수정되는 것이며, 생물학적 구조가 사회적 환경에 의해 영향을 받지는 않는다는 오랜 믿음이 틀렸음을 보여준다. 성인기의 개인차는 사회 환경에 대한 우리의 인식에 의해 형성되고, 이런 차이는 유전자 표현 방식을 변화시킨다.

스트레스 관련 성장

'위기'는 중국말로 '위험'과 '기회' 두 가지 의미를 가진다. 다른 문화에서도 '우리를 죽이지 않고 더욱 강하게 만드는 것'이라는 의미를 가진 유사한 말이 있다. 같은 의미로 스트레스를 유발하는 생활 사건의 경험 후에 긍정적인 변화가 생기는 스트레스 관련 성장(stress-related growth)에 대한 연구가 촉진되고 있다. 에릭슨 이론과 같은 많은 발달이론에서 위기(또는 스트레스)가 개인에게 유용한 변화를 만들고 개인의 성장은 힘든 생활 사건을 직면함으로써 얻어진다.

몇몇 초기 연구에서도 스트레스의 부정적인 결과에서 일부 긍정적인 결과가 발견되었다. 최근에 부모가 사망한 중년 성인을 대상으로 한 연구에서 참가자들은 정서적 고통을 보고하였지만 상실의 결과로 개인적 성장을 경험했다고 보고하고 성숙함과 자신감이 증가되어 마침내 완벽한 성인이 되었다고 보고하였다. 또한 그들은 개인적 관계에 더 많은 가치를 두어야 한다는 교훈을 얻었다고 한다(Scharlach & Fredrickson, 1993). 유사한 연구 결과가 이혼(Helson & Roberts, 1994)과 사별(Lieberman, 1996) 연구에서도 나타났다. 9.11 테러의 영향을 다룬 연구에서 대인 간 친밀성, 헌혈, 기부, 자원봉사가 증가하는 등, 비극적 사건에 대한 긍정적이고 친사회적인 반응들이 나타났다(Morgan, Wisneki, & Skitka, 2011).

2차 세계 대전에 참전했던 재향 군인들을 대상으로 스트레스 관련 성장에 대한 연구를 실시하였다. 조사에 참가한 600명 이상의 재향 군인들의 나이는 평균 74세였다. 전쟁의 참가로 중간 정도의 스트레스를 경험했던 재향 군인들은 그렇지 않은 사람들에 비해 군인으로 복무했던 경험이 더 높은 수준의 지혜를 얻게 했다고 믿었다. 연구자들은 문제를 어떻게 평가하고 대처하는지가 스트레스 경험으로부터 장점을 이끌어내는 열쇠가 된다고 결론 내렸다(Jennings, Aldwin, Levenson, et al., 2006).

젊은 시절에 스트레스 사건을 경험한 나이 든 성인은 그 결과로 개인적 성장과 지혜를 얻는다.

스트레스 관련 성장은 유방암 생존자들(Connerty & Knott, 2013), 가자 지구에 살고 있는 팔레스타인 사람들(Kira, Abou-Median, Ashby, et al., 2012), 전쟁 포로였던 이스라엘인들(Dekel, Ein-Dor, & Solomon, 2012) 그리고 허리케인 카트리나에서 생존한 낮은 급여 수준의 어머니들(Lowe, Manove, & Rhoders, 2013)과 그 외의 사람들을 대상으로 연구되었다. 연구 결과는 스트레스 유발 사건 그 자체, 개인적 신념, 지지의 이용 가능성에 따라 달라지지만, 일반적으로 가장 절박한 상황을 경험한 사람들은 이후에 개인적 성장, 증가된 지혜, 타인과의 관계에서의 성장, 삶에 대한 감사함, 성숙함, 더 강한 종교적 믿음 또는 더 높은 자기효능감과 자신감을 보고한다는 것에 동의한다.

스트레스 대처

최근 심리학에서는 스트레스에 대한 접근이 '질병(illness)' 모델에서 '건강(wellness)' 모델로 바뀌었다. 질병 모델은 증상, 확률, 스트레스 관련 장애가 발생하기 쉬운 집단으로 분류하는 것이고, 건강 모델은 예방, 대비, 외상 발생 후 즉각적인 개입을 포함한다(Friedman, 2005). 건강 모델에서 중요한 것은 저항 자원(resistance resources)으로 저항 자원이란 개인을 스트레스의 충격으로부터 완충시키는 개인적 · 사회적 자원이다. 여기서 중요한 것은 개인적 통제감과 같은 개인적 대처 자원과 사회적 지지의 이용 가능성이다.

대처 행동의 종류

우리 생활에서 스트레스 유발 요인에 대한 보호의 가장 중요한 부분이 대처 행동(coping behavior)이며, 이것은 스트레스 사건의 영향을 줄이기 위해 당신이 하는 모든 행동, 생각, 감정을 의미한다. 당신이 대학원에 들어가기 위해 노력했지만 입학 시험에서 떨어졌다고 상상해보라. 또는 당신의 아파트에 화재가 발생하여 모든 것이 타버렸다고 상상해보라. 당신은 이런 스트레스를 어떻게 대처할 것인가? 〈표 10.1〉은 당신이 취할 수 있는 간단 대처 목록(Brief COPE Inventory)이다(Carver, 1997).

이것이 대처의 유일한 방법들은 아니다. 많은 이론가가 다양한 목록과 하위 범주로 분류하였다. 하나의 방법은 대처 메커니즘을 네 가지 범주로 분류하는 것으로, 문제 중심적, 정서 중심적, 의미 중심적, 사회적 대처가 있다(Folkman & Moskowitz, 2004).

문제 중심적 대처(problem-focused coping)는 고통을 야기시키는 문제에 몰두한다. 만약 당신이 대학원에서 떨어졌다면, 더 많은 정보를 얻기 위해 학교로 전화하는 것이 문제 중심적 대처이다. 당신은 입학 시험에 대해 물어볼 수도 있고, 다음 학기 시험 날짜에 대한 정보를 얻을 수도 있다. 아파트 화재라면 문제 중심적 대처로 보험 회사에 전화하기, 피해 목록을 만들어서 그것을 대체할 방법을 찾아보기 등이 있다.

2002년 워싱턴 DC 저격수 사건의 영향을 연구한 심리학자 Ari Zivotofsky와 Meni Koslowsky(2005)는 144명의 주민을 대상으로 그들의 대처 전략에 대해 살펴보았다. 이 사건은 묻지마 저격 사건으로 10명이 죽고 4명이 상해를 입었으며, 연구는 사건이 일어난 후 3주 동안 진행되었

:: 표 10.1 간단 대처 목록의 대처 방식과 예시

대처 방식	예시
자기 분산	"나는 이것을 잊기 위해 다른 활동이나 일에 몰두하는 중이다."
적극적 대처	"나는 내가 처한 상황에서 뭔가를 하기 위해 최선을 다해 노력하고 있다."
부인	"'이것은 현실이 아니야'라고 나에게 말한다."
물질 사용	"나는 기분이 더 나아지기 위해 술을 마시거나 마약을 한다."
정서적 지지 사용	"나는 다른 사람으로부터 이해와 편안함을 얻는다."
도구적 지지 사용	"나는 다른 사람으로부터 조언이나 도움을 받는다."
행동적 이탈	"나는 그것을 처리하기 위한 노력을 그만한다."
환기시키기	"나는 유쾌하지 않은 기분으로부터 벗어나기 위해 말을 한다."
긍정적 재구성	"나는 벌어진 일에서 좋은 점을 찾으려 한다."
계획하기	"나는 해야 할 일에 대한 전략을 세우려고 노력한다."
유머	"나는 그것에 관해 농담을 한다."
수용	"나는 그것을 받아들여야 한다는 것을 배운다."
종교	"나는 기도하거나 명상한다."
자기 비난	"나는 스스로를 비난한다."

출처 : Caver (1997)의 재구성.

다. 연구자들은 주민들에게 일상생활 변화에 대해 질문하였으며, 문제 중심적 대처에 대해 살펴보았다. 〈그림 10.8〉은 남성과 여성 응답자가 스트레스 상황을 대처하기 위해 제한하였던 활동에 대한 것이다. 그림에서 위에 있는 7개의 활동은 남성보다 여성에게서 더 많이 보고되었다. 마지막 1개는 친구와의 교제하기 항목으로, 성차를 보이지 않았는데 아마 그 자체가 스트레스를 완충시키는 사회적 지지이기 때문인 것 같다.

두 번째 대처 방식은 정서 중심적 대처(emotion-focused coping)로 스트레스 상황과 관련된 부정적 정서를 개선시키려는 노력을 말한다. 대학원 시험에서 떨어졌을 때 밖으로 나가 1시간 동안 뛰었다면 이것은 좋은 예이다. 스트레스를 둔화시키기 위해 술이나 약물을 사용하는 것도 정서 중심적 대처이다. 하지만 이것은 당신의 삶에서 더 많은 스트레스를 야기시키기 때문에 안 좋은 예이다. 문제로부터 정서적으로 거리 두기를 하는 것은 어떤 경우에는 도움이 되지만 어떤 경우에는 부적응적일 수 있다.

약물과 알코올의 사용은 효과적이지 않을 수 있지만, 대학생들의 경우에는 모든 종류의 물질 남용이 스트레스 수준과 관련되어있다. 흥미롭게도, 이런 관련성은 인종과 성별에 따라 달라진다. 미국의 중서부 지역 대학생 1,500명을 대상으로 한 연구에서, 일반적인 대학생활 스트레스(교수와의 갈등, 성적, 관계의 문제 등)는 흑인 남성을 제외한 모든 집단의 알코올 사용의 증가와 관련되었다. 외상적 스트레스(왕따를 당하거나 폭력을 목격하는 것 등)는 백인 학생에게만 알코올 문제와 관련이 있었고, 폭음은 백인 여성들에게만 관련이 있었다. 이 연구가 비록 한 학교만을 대상으로 하여 대표성을 갖지 않을 수 있지만, 대학 상담자들은 물질 남용 문제는 내재적 스트레스 증상일 수 있다는 것을 제안한다(Broman, 2005).

워싱턴 DC 저격수 사건의 영향에 대한 연구에서, 수많은 정서 중심적 대처 전략이 문제 중심

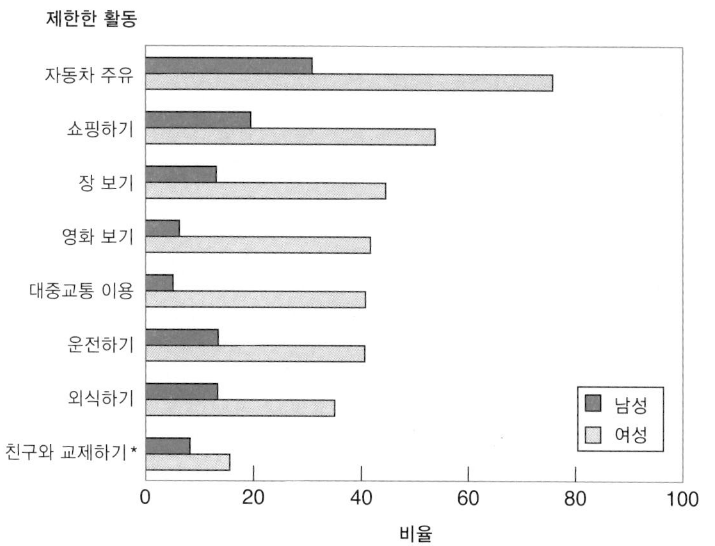

:: 그림 10.8
워싱턴 DC 사건의 영향으로 문제 중심 대처를 하는 남녀가 스트레스를 대처하기 위해 제한한 일상생활 활동이다. 여성은 친구와 교제하기(사회적 지지의 원천)를 제외한 모든 활동에서 남성보다 더 많은 제한을 하였다.

출처 : Zivotofsky & Koslowsky (2005)의 자료.

적 대처 전략과 함께 보고되었다. 여기서 사용된 정서 중심적 대처에는 약물 치료를 받고, 연락을 끊고, 뉴스를 보고, 정부를 비난하고, 테러리스트를 비난하는 것이다. 문제 중심적 대처 전략과는 달리, 정서 중심적 대처는 성차가 없었다(Zivotofsky & Koslowsky, 2005).

의미 중심적 대처(meaning-focused coping)는 스트레스 상황으로부터 의미를 찾으려는 것을 말한다. 떨어진 대학원은 너무 혹독한 과정이기 때문에(또는 다른 대학원이 집에서 가깝거나, 친한 친구가 다니고 있어서), 다른 대학원이 더 좋을 것이라고 생각하는 것이 거절에 대한 스트레스 상황을 재구조화함으로써 스트레스를 줄이는 방법이다. 아파트 화재에서는 당신은 스스로에게 물건만 탔지 사람은 다치지 않은 것은 다행이라고 말하거나, 모든 일은 다 이유가 있다고 말하는 것이 의미 중심적 대처 방법이다. 이런 대처는 특히 만성적인 스트레스 상황(예 : 양육)에서도 유용한데, 종교적인 가르침을 따르거나 결혼 서약을 지켜나갈 때 사용되기도 한다.

네 번째 대처 전략은 사회적 대처(social coping)로 타인으로부터 도구적 지지나 정서적 지지와 같은 도움을 청하는 것이다. 대학원에 떨어진 소식을 친구와 나누기 위해 친구에게 전화를 걸고 그들이 따뜻한 말로 지지를 한다면 사회적 대처의 좋은 예이다. 아파트 화재 사건에서도 부모님에게 도움을 청한다면 이것도 역시 사회적 대처이다. 워싱턴 DC 사건의 영향에 대한 연구에서도 사람들이 보고한 대처 방법 중 하나가 바로 친구나 친지들에게 연락을 취하는 것이었다. 여성이 남성보다 사회적 대처 전략을 더 많이 보고하고 있지만, 그 비율은 여성은 92%, 남성은 68%로 둘 다 높았다(Zivotofsky & Koslowsky, 2004). 이것은 9.11 테러 공격 이후에도 마찬가지였는데, 전화 사용량과 인터넷 메시지 사용량이 전 세계적으로 최고를 기록했다. 스트레스를 받을 때 우리는 지지 관계망에 있는 사람과 접촉함으로써 편안함을 추구한다.

대처의 효과성 평가 주어진 상황에서 최고의 대처 메커니즘은 무엇인가? 가끔은 당신이 문제에 대한 통제감을 느끼지는지 여부에 달려있다. 만약 당신이 통제감을 느끼고 있다면, 문제 중심적 대처하기가 가장 효과적일 것이다. 한 예로, 시험이 다가오고 있을 때 사람들은 스트레스를 받게 된다. 문제 중심적 대처는 스터디 그룹에 참여하고 복습을 하는 것이다. 그러나 만성적 질병과 같은 상황에서는 통제감을 거의 느끼지 못하기 때문에 정서 중심적 대처가 스트레스를 완충시키는 데 도움이 된다. 예를 들면 거리 두기를 하거나 다른 활동을 하는 것이다.

스트레스 요인에 대처하기 위해서는 2개의 능력이 중요하다. 첫 번째 능력은 상황에 따라 다양한 대처 기술을 사용하는 능력인 대처 유연성(coping flexibility)이고, 다른 하나는 각 상황에 맞는, 즉 적합한(goodness of fit) 대처 기술을 찾는 능력이다(Folkman & Moskowitz, 2004).

주도적 대처 대부분의 대저 연구는 사람들이 과거에 일어났던 상황(사별)이나 현재 일어나고 있는 상황(만성적 질병)에서 어떻게 대처하는지에 대해 관심을 가져왔다. 그러나 일부 연구자들은 주도적 대처(proactive coping)에 대해 연구하였고, 이것은 사람들이 미래에 발생할 스트레스 유발 사건(임박한 해고나 예정된 의료 절차)의 영향을 약화시키거나 예방하기 위해 사전에 대처하는 것을 의미한다(Aspinwall & Taylor, 1997).

- 예비 자원을 비축하기
- 잠재적 스트레스 요인을 인식하기
- 스트레스 요인을 초기에 평가하기
- 초기에 대처 노력하기
- 성공한 사람에게서 피드백을 받고 그에 따라 행동하기

예를 들어, 나는 이 집에서 11년간 살았고, 우리 가족은 여섯 번의 허리케인에 대비해왔다. 창고에는 모든 창문과 문을 위한 큰 철재 덧문을 준비해놓고, 집안 곳곳에 있는 나사를 조이고, 집 밖에 있는 가구와 화분을 안으로 들여놓고, 자동차에는 기름을 넣어두고, 돈도 찾아놓고, 발전기도 확인해놓고, 라디오 배터리도 채워놓고, 음식과 물도 준비해놓고, 폭풍우가 지나갈 때는 잘 이겨내기 위해 웅크리고 있었다. 여섯 번 중 세 번은 나무가 뿌리째 뽑혀나가고 재산에 피해를 입고, 일주일 이상 전기가 끊어지는 심각한 허리케인이었다. 그리고 나머지 세 번은 열대성 폭풍이어서 매우 운이 좋다고 생각했다. 이런 스트레스 경험의 결과로, 우리는 다음 해를 준비하는 주도적 대처를 하고 있다. 매해 예비 자원을 비축하고(통조림 음식, 배터리, 물) 잠재적 스트레스 요인을 인식한다(덧문을 다는 것, 허리케인을 이겨내는 것, 전기와 물 공급이 끊어지는 것, 즉각적으로 동네를 떠나는 것이 불가능한 것, 며칠 동안 가족과 연락하는 것이 불가능한 것). 우리는 이미 발전기와 무전기를 사는 등의 초기 대처 노력을 해왔다. 자주 이웃 및 가족들과 이러한 대비와 걱정에 대해 이야기를 나누었으며, 그들의 조언을 듣고 그대로 행동하였다. 덧문을 보관하는 나무 선반에 우리는 폭풍의 이름과 날짜를 써놓았다. 그럼으로써 우리의 성공 경험을 잘 기억할 수 있었다. 다음에 닥쳐올 폭풍이 여전히 스트레스 요인이 되지만, 주도적 대처를 하기 때문에 덜 힘들 것이다.

또 다른 매력적인 연구 주제는 종교적 대처(religious coping)로, 스트레스를 줄이기 위해 종교적 또는 영적 믿음에 의존하는 것이다. 종교적 대처는 신에 대한 믿음으로써 통제감을 얻고, 고통의 의미를 발견하고, 같은 종교를 믿는 사람과 사회적 유대를 맺는 것 등, 그 범위가 다양하다. 종교적 대처는 긍정적/부정적으로 분류 가능하다. 긍정적인 종교적 대처는 신이 그들의 문제를 보살펴줄 것이라고 믿고, 그들의 고통은 더 큰 목적이 있을 것이라고 믿는 것이다. 부정적인 종교적 대처는 신이 그들을 버리는 것은 아닌지 의심하고 신이 그들을 사랑하는지 의심하는 것이다. 긍정적인 종교적 대처는 스트레스에 대한 긍정적 적응을 가져오고 부정적인 종교적 대처는 부정적 적응과 관련이 있다(Ano & Vasconcelles, 2005). 예를 들어, 건강에 대한 종교적 대처에 관한 한 연구에서 부정적인 종교 신념이 나이 든 입원 환자들의 사망 위험성을 증가시켰다(Pargament, Koenig, Tarakeshwar, et al., 2001).

사회적 지지

사회적 지지(social support)는 타인으로부터 받는 정서, 확인, 도움을 말한다. 우리가 그러한 지지를 어떻게 측정할 수 있을까? 많은 초기 연구에서, 친구나 친지와 접촉하는 빈도와 결혼 상태와 같은 객관적인 기준으로 측정하였다. 현재는 주관적인 측정이 더 가치가 있다고 밝혀졌다. 사회적 접촉과 정서적 지지의 질에 대한 개인의 인식(perception)이 객관적인 측정보다 신체적 · 정신적 건강과 더 높은 관련성이 있으며(Feld & George, 1994), 스트레스에 대한 주관적인 측정은 단순히 생활 변화 사건들의 목록보다 스트레스 반응을 더 정확하게 예측한다는 것으로 밝혀졌다. 타인과의 접촉의 양도 중요하지만, 그 접촉을 어떻게 이해하고 해석했는지도 중요하다.

그것이 어떻게 측정되든, 충분한 사회적 접촉을 가지는 성인은 사회적 관계망이 약하거나 지지적인 관계가 부족한 성인보다 질병, 사망, 우울의 위험이 낮았다(Uchino, Cacioppo, & Kiecolt-Glaser, 1996). 유사한 패턴이 스웨덴(Rosengren, Orth-Gomér, Wedel, et al, 1993), 일본(Sugisawa, Liang, & Liu, 1994)과 같은 나라들에서도 발견되었으며, 사회적 지지와 신체적 강건함 간의 연결이 미국이나 서양 문화에만 제한된 것은 아니다.

사회적 지지의 완충 효과 사회적 지지의 유익한 효과는 스트레스가 높을 때 더 확실하다. 즉, 스트레스가 건강과 행복에 미치는 부정적인 효과는 사회적 지지가 약한 사람보다 충분한 사회적 지지를 가진 사람에게 더 적게 나타난다. 이러한 패턴을 사회적 지지의 완충 효과(buffering effect)라고 하고, 이것은 스트레스 요인이 생기는 것을 막는다는 의미가 아니라 스트레스 요인으로부터 생기는 피해에 대비하여 보호를 제공한다는 의미이다. Holmes와 Rahe의 목록에 있는 많은 생활 변화(이혼, 별거, 사랑하는 사람의 죽음, 직업의 상실)가 사회적 지지의 상실과 일치하지는 않는다.

부모, 아내, 직장인, 늙은 부모를 돌보기 등의 다양한 역할을 해야 하는 여성들은 자신의 삶에서 충분한 사회적 지지를 받지 못할 때, 스트레스로 고통을 경험한다(Stephens, Franks, & Townsend, 1994). 사회적 지지의 완충 효과는 여성에게만 해당되는 것은 아니다. 예를 들어, 10년 전 전쟁 스트레스(1990~1991년 걸프전)에 노출된 남녀 재향 군인을 대상으로 실시한 연구에서 그들이 부대원, 부대장, 군대로부터 받았다고 지각한 지원과 격려의 양이 전쟁 이후에 보고한 우울의 양과 관련이 있었다. 남녀 모두에게 그들이 지각한 사회적 지지가 적을수록 더 높은 우울을 보고했다. 이것은 스트레스가 높은 상황에서 사회적 지지는 우울과 같은 추후 스트레스 반응을 완충시켜준다는 것을 의미하며, 사회적 지지는 스트레스와 외상으로 인한 부정적인 정신건강 결과에 대항하는 중요한 해독제이다(Vogt, Pless, King, et al., 2005).

사회적 지지를 주거나 받는 것에 있어서의 성차를 연구하기 위해 700명의 핀란드 성인을 대상으로 종단연구를 실시하였다. 연구자들은 연구 초기에 '친밀한 상호관계'에서 주고/받는 사회적 지지의 양을 측정했다. 9년간 참가자들을 추적 조사하면서, 참가자들이 아파서 결근한 날의 수를 기록하였다. 직장에서 출근율이 가장 높은 남성은 가족과 친구들로부터 가장 사회적 지지를 많이 받은 사람이었고, 출근율이 가장 높은 여성은 가족과 친구들에게 가장 사회적 지지를 많이 준 사람이었다. 연구자들은 남성은 사회적 지지를 받는(received) 것이 가장 이익이 되고, 여성은 사회적 지지를 주는(gave) 것이 가장 이익이 되는데, 이것은 여성이 사회적 지지를 줄 수 있을 때 자아존중감이 높아지기 때문인 것 같다고 결론지었다(Väänänen, Buunk, Kivimäki, et al, 2005).

노인들의 경우에도 사회적 지지가 스트레스 경험의 부정적 영향을 감소시킨다. 부정적인 생활 사건을 경험한 65세 이상의 노인을 대상으로 한 연구에서 가장 높은 적응유연성(낮은 우울 증상, 높은 생활 만족도)을 보인 사람들은 넓은 사회적 관계망과 행복한 결혼생활을 하는 것으로 나타났다(Fuller-Iglesias, Sellars, & Antonucci, 2008).

사회적 지지와 대처 사회적 지지는 적극적인 대처를 도와줌으로써 스트레스 시기에 도움이 된다. 사회적 관계 구성원들은 스트레스의 원인을 밝히고 해결 방법을 계획하는 것을 돕는다. 그들은 대처 행동에 대한 조언을 해주고 결과에 대한 피드백을 해준다. 사회적 지지 범주는 특히 노인에게 도움이 되는데, 그 이유는 그들이 스트레스 사건에 직면할 때나 만성적인 스트레스가 심화될 때 생활의 의미를 유지하는 데 문제를 가지기 때문이다. 노인에게 도움을 받을 수 있는 좋은 친구나 가까운 친지가 있다는 것은 그 사람의 과거를 반영하고 스트레스 상황에서 큰 자산이 된다(Krause, 2006).

사회적 관계망의 부정적 영향 사회적 관계가 밝고 아름다운 부분만 있다는 인상을 주지 않기 위해서, 사회적 지지와 관련된 대가도 있다는 것을 말하고자 한다. 관계는 일반적으로 상호적이다. 당신이 사회적 지지를 받았다면, 당신은 사회적 지지를 주어야 한다. 내가 제5장과 제6장에서 설명했듯이, 동일한 것을 주는 것은 받는 것보다 더 무겁게 느껴진다.

일상의 사회적 상호작용은 혼란의 주요 원천이다. 우리의 대부분은 적어도 우리가 원하지 않는 사람 또는 짜증나게 하는 사람과도 일상적인 상호작용을 한다. 이런 부정적인 사회적 상호작용을 통해 분노, 반감, 비난과 손상감이 생길 때, 특히 부정적인 감정이 우리의 사회적 관계의 핵심적인 사람으로부터 발생할 때, 그 사람의 전반적인 안녕감에 상당히 부정적인 영향을 미친다(Antonucci, 1994).

좋은 의도임에도 불구하고 사회적 지지가 부정적으로 작용할 수 있는데, 예를 들면 지지를 받는 것이 필요하지 않거나 지지를 제공하는 것이 비난, 침해 또는 우리의 독립성을 모욕하는 것으로 느끼게 될 수 있다. 이런 일이 발생했을 때, 잘못된 사회적 지지는 대처하고자 하는 욕구를 떨어뜨리고, 대처하려는 노력을 감소시키고, 덜 효과적인 대처 노력을 하게 한다(DeLongis & Holtzman, 2005).

만성적인 긴장의 시기(재정적 문제나 장기간 양육하기)에 사회적 지지는 부정적인 효과를 가지기도 한다. 특히 노년기의 경우, 지지를 제공하는 사람들은 장기간 지지를 제공할 충분한 자원을 가지지 않을 수 있고 이것은 결과적으로 좌절감과 분노감을 느끼게 한다. 또한 돌봄을 받는 사람들은 보답할 자금이 없다면, 그들은 거의 남지 않은 독립심마저도 잃어버린 것처럼 느낄지도 모른다(Krause, 2006).

성격적 특성과 대처

스트레스의 영향에 대처하는 또 다른 주요 완충 요소는 바로 낙관주의이고 이것은 제3장에서 다뤘던 부분이다. 당신은 내적 대 외적 통제 소재나 낙관주의 대 비관주의로 성격 특성을 평가할 수 있다는 것을 기억할 것이다. 낙관적인 사람은 신체적 질병이나 우울을 덜 경험한다. 통제감도 스트레스를 대처하는 완충 요소이다. 즉, 사람들이 주요 일생 변화나 만성적 스트레스 요인을 경험할 때, 자기효능감과 낙관성이 높은 사람은 신체적 또는 정서적 증상을 덜 경험하고 신체적 문제를 더 빨리 회복하는 것 같다.

유방암 여성을 대상으로 한 연구에서, 치료 후에 낙관적인 사람이 5~13년 후에 더 높은 안녕감 점수를 나타냈다(Carver, Smith, Antoni, et al., 2005). 다른 연구에서 높은 낙관성을 보고한 대학 신입생이 낮게 보고한 신입생들보다 첫 학기 동안 스트레스와 우울의 증가가 더 적었고 더 많은 사회적 지지를 받는다고 인식했다(Brisette, Scheier, & Carver, 2002).

적응유연성

지금까지 나는 다양한 스트레스 요인, 스트레스 반응, 스트레스에 대한 대처 방식, 스트레스 경험으로부터 개인적인 성장을 이루는 방법에 대해 다루었다. 하지만 스트레스 반응의 통계를 통해서도 알 수 있듯이, 모든 사람이 스트레스(심지어 외상)를 경험하지만 모든 사람이 그로 인해 고통받는 것은 아니다. 최근 심리학에서 긍정적인 결과를 강조하고자 노력하는 연구자들은 적응유연성(resilience), 즉 잠재적인 외상에 노출 후에 건강한 기능을 유지하는 것에 대해 연구해왔다.

적응유연성은 만성적인 외상후 스트레스 반응, 지연된 외상후 스트레스 반응, 회복과는 다르다. 〈그림 10.9〉에서 보여주듯이 적응유연성의 경로는 다른 세 경로와 다르다. 외상에 노출된 사람의 10~30%가 경험하는 만성적 스트레스 반응은 외상 사건 후에 즉각적으로 심각한 반응을 보이고 2년 후까지 심각한 채로 남아있다. 5~10%의 사람이 나타내는 지연된 스트레스 반응은 중간 정도 반응에서 시작해서 2년 후에 심각한 상태로 악화된다. 15~35%의 사람이 나타내는 회복은 중간부터 심각한 정도에서 시작해서 2년 후에는 낮은 수준으로 내려간다. 적응유연성은 외상 시기에는 약간 증가된 붕괴 반응을 보이지만, 절대 낮은 붕괴 수준을 벗어나지 않는다. 심리학자 George Bonanno는 적응유연성은 외상적 스트레스에 대한 가장 일반적인 반응이며 35~55%의 사람이 외상적 사건 이후에 적응유연성을 나타낸다고 하였다(Bonanno, 2005).

비판적 사고

낙관주의가 대학생활을 성공적으로 하는 데 미친 직접적, 간접적 영향은 무엇인가?

외상에 대한 반응

다양한 외상 사건 연구에서 외상에 대한 반응은 회복이나 외상후 스트레스 장애가 아니라 적응유연성이 가장 일반적인 결과이다. 배우자와 사별한 사람들을 대상으로 실시한 연구에서 거의 50%의 사람이 적응유연성 반응을 보였다(Bonanno & Keltner, 1997; Mancini, Robinaugh, Shear, et al, 2009). 일반적인 믿음과 반대되는 '지연된 슬픔'으로 고통받는 사람이나 배우자와 피상적으로 관계를 맺은 사람에 대한 증거는 없다. 노년기 부부를 대상으로 실시한 종단연구에서 배우자가 죽은 후 18개월 동안 추적 연구한 결과, 절반 정도의 사람들이 낮은 수준의 우울감과 슬픔을 보였다. 이들의 결혼생활에 대해서도 연구해본 결과, 그들은 결혼생활에 문제가 있지도, 차갑거나 냉담한 성격 특성을 가지지도 않았다. 그들은 죽음에 대해 높은 수용을 하고 있었고 강한 지지 관계망을 가지고 있었다. 그들은 강한 슬픔의 순간도 경험하고 배우자를 그리워하기도 했지만 슬픔이 그들의 삶을 지속하지 못하게 방해하지 않았으며 긍정적인 정서도 느낄 수 있었다(Bonanno, Wortman, Lehman et al., 2002).

연구자들은 '애도 작업'이라는 개념을 비판한다. 이것은 프로이트적 접근에 기반한 개념으로 외상적 상실을 경험한 모든 사람은 부정적인 감정을 정리해야만 하고 모든 것을 솔직하게 터놓아야 한다는 것이다. 이 개념은 적응유연성을 가진 사람들을 비정상적인 분리를 보이거나 부인하는 것처럼 병리적으로 이름 붙인다. 적응유연성 관련 연구의 핵심은 애도 작업이 필수적인 것이 아닐 뿐만 아니라 많은 사람에게 해롭다는 것이다(Bonanno & Kaltman, 1999). 한 애도 치료 연구에서 사별 후 치료를 받은 사람 중 38%가 치료받지 않은 통제 집단에 비해 더 나빠졌다(Neimeyer, 2000). 사랑하는 사람의 죽음을 경험한 적응유연성을 가진 사람들에게 이 치료는 당신이 느끼지 않은 감정을 표현하게 하고, 당신의 정신건강에 대해 의문을 가지게 하며, 사랑했던 고인에 대한 당신의 애착에 의구심을 가지게 한다. 따라서 이런 종류의 도움은 결국 2차적인 외상이 된다. 이것에 대해 제11장에서 자세히 다루고 있다.

유사한 결과가 폭력과 생명을 위협하는 사건에 노출된 사람들에 대한 연구에서 나타났다. 다

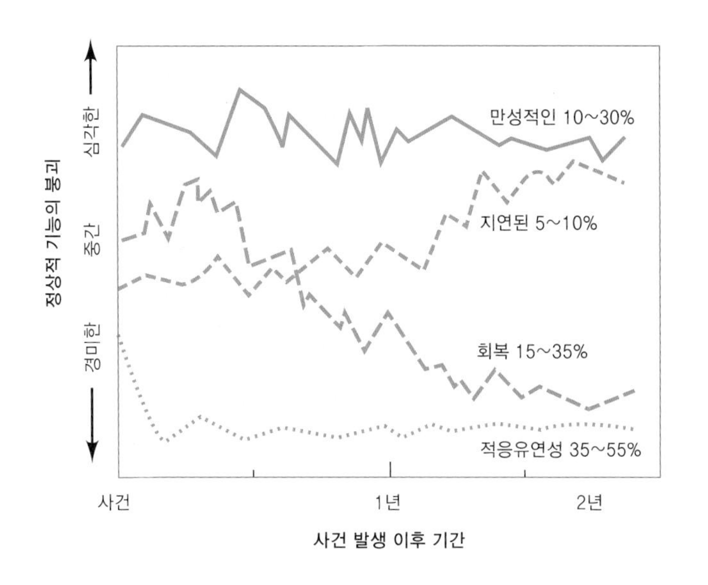

:: 그림 10.9

외상 노출 후, 보이는 네 가지 반응들 중에서 가장 일반적인 반응은 적응유연성이다. 그 외에 만성적 스트레스 반응, 지연된 스트레스 반응, 회복이 있다.

출처 : Bonanno (2005).

양한 폭력 사건에 대한 연구에서 나타난 외상후 스트레스 장애의 비율은 1992년 로스앤젤레스 폭동 연구(Hanson, Kilpatrick, Freedy, et al., 1995)에서는 7~10%, 걸프전 재향 군인 연구(Sutker, Davis, Uddo, et al., 1995)에서는 13%, 자동차 사고 생존자 연구(Ehlers, Mayou, & Bryant, 1998)에서는 17% 그리고 신체적 폭행의 희생자 연구(Resnick, Kilpatrick, Dansky, et al., 1993)에서는 18%였다. 9.11 테러 후유증 연구에서도 세계무역센터의 붕괴를 직접 경험한 사람 중 13%와 인근에 살고 있던 사람 중 4%가 2년 후에 외상후 스트레스 장애로 진단되었다. 구조대원은 12%가 보고되었던 것에 비해, 미 국방부 직원과 세계무역센터에서 대피했던 사람의 15%가 테러 후에 외상후 스트레스 장애를 보고했다(Neria, DiGrande, & Adams, 2011). 이라크와 아프가니스탄에서 복무했던 군인들도 대부분 외상적 경험을 했고 약 10%의 사람들이 외상후 스트레스 장애나 관련 장애를 보고했다(Hoge, Castro, Messer, et al., 2004).

이런 비율이 차이가 있지만, 많은 경우에서 외상에 대한 가장 일반적인 반응은 적응유연성이라는 것이 중요하다. 극심한 만성적 스트레스를 보이고 지속되는 경우에는 중재가 필요하지만, 외상에 노출된 모든 사람에게 심리치료를 제공하는 것은 자연적인 적응유연성 과정을 손상시키고 회복을 방해하게 된다(Mayou, Ehlers, & Hobbs, 2000). 일부 연구자들은 적응유연성을 보일 사람을 방해하지 않도록, 초기 대응 인력이 외상후 스트레스 장애의 위험이 높은 사람을 빨리 선별하는 방법(이전에 외상을 경험한 적이 있는지와 낮은 사회적 지지를 가지는 사람 등)을 개발할 것을 제안하고 있다(Mancini & Bonanno, 2009).

비판적 사고

당신이 첫 반응자에게 사용하기 위한 선별검사를 만들어야 한다면, 당신은 어떤 질문을 할 것인가? 스트레스, 대처하기, 적응유연성에 대해 배운 것을 기초로 만들어보라.

적응유연성의 개인차

외상후 스트레스 장애 경향이 있는 사람들에 대해서는 어느 정도 정보가 있지만, 적응유연성 경향을 있는 사람에 대해서는 어떠한가? 강건함, 자아정체성, 긍정적 정서와 같은 몇몇 요인들이 밝혀졌다.

강건함 이것은 삶의 의미를 발견하기 위해 전념하고, 자신의 주변 환경과 사건의 결과를 통제할 수 있다고 믿고, 모든 생활 경험이 성장과 지식을 가져온다고 믿는 성격 특성이다(Maddi, 2005). 이런 생각을 하는 강건함을 지닌 사람들은 힘든 상황에 편안하게 다가가고 잘 대처하며 이를 통해 이익을 얻는다. 당연하게 그들은 강건성을 지니지 않은 사람에 비해 더 많은 대처 기술을 사용하고 더 많은 사회적 지지를 얻는다(Florian, Milkulincer, & Taubman, 1995).

자아정체성 자연 재해나 사랑하는 사람의 죽음과 같은 외상의 발생은 한 사람의 세상을 엉망으로 만들어놓는다. 익숙한 일들이 낯설어지고, 일상 생활은 붕괴되고, 편안함을 주었던 것에서 편안함을 느끼지 못하게 된다. 자아감이 강한 사람은 그렇지 않은 사람보다 이런 상황에서 스트레스를 덜 받는다. 적응유연성을 지닌 사람들은 자아연속성을 가지며 주변의 변화에 더 잘 대처한다(Mancini & Bonanno, 2009).

긍정적 정서 이것은 건강하지 못한 부인(denial)의 증상으로 여기져왔지만, 최근에는 혐오스러운 사건에 대해 긍정적인 정서(감사함, 타인에 대한 관심, 사랑)로 반응하는 사람이 부정적인 정서로 반응하는 사람에 비해 더 적응적이라는 것이 밝혀졌다. 게다가 이런 행동은 가족이나 타인으로부터 긍정적인 반응을 이끌어낸다. 예를 들어, 배우자와 사별한 지 여러 해가 지난 후에 그 사람이 웃고 있다면 더 적응적으로 여겨진다.

적응유연성에 대한 이러한 발견들은 외상적 사건에 대한 반응에 초점이 맞춰져 있지만, 적응유연성은 대부분의 사람이 가정이나 직장에서 겪는 일상적인 스트레스에 대한 반응까지 일반화시킬 수 있다. 스트레스 유발 요인의 수와 강도에 따라 반응이 달라지지만, 우리 모두가 정신 장애와 건강 문제로 쓰러지지는 않을 것이다. 사실 우리의 대부분은 성공적으로 그런 문제들을 다루고, 경험을 통해 긍정적인 점을 발견한다. 되풀이하자면, 인생은 스트레스이고 우리 대부분은 그것을 잘 다룰 뿐만 아니라, 그것을 수용하고 경험을 통해 성장한다.

군사 전투와 군 배치에서의 적응유연성

미 육군과 일하는 긍정심리학자들은 외상후 스트레스 장애에 걸리기 쉬운 군인들을 선별해서 훈련 과정의 일부로 특별한 개입이 제공되어야 한다고 주장한다(Cornum, Matthews, & Seligman, 2011). 신체건강과 유사하게 정신건강을 다루기 때문에, 연구자들은 각각의 군인들의 정서적 · 사회적 · 가족 · 영적인 건강의 기준을 비교하는 일반적 평가 도구(general assessment tool, GAT)를 만들었다(Peterson, Park, & Castro, 2011). 〈그림 10.10〉은 110개의 항목에 대해 응답한 한 남자 중위의 결과이다. 보다시피 그는 상대적으로 쾌활하고 긍정적이다. 그는 가족과 친구에 큰 가치를 두었다. 그러나 그는 군 업무에 강하게 개입하지는 않으며 인생의 목표와 의미를 크게 느끼지 않는다. 그는 적극적인 대처 방식을 사용하지 않고 유연한 사고를 하지도 않는다. 이런 정보에 기초해서, 연구자들은 그 중위가 역경을 잘 이겨내지 못할 것이라고 판단했다. 연구자들은 그 군인에게 유연한 사고 기술과 적극적인 문제 해결 훈련이 필요하며, 인생과 군 업무에서 큰 그림을 그릴 수 있도록 도와주는 훈련이 필요하다고 제안하였다. 또한 연구자들은 친구와 가족 관계가 돈독하다는 그의 장점이 다른 부분에 도움이 될 수 있다는 것을 제안했다(Park, 2011).

이런 프로그램이 군대에서 대규모로 진행되었는지에 대한 자세한 정보는 없지만, 군인들의 대처와 적응유연성에 영향을 미치는 태도에 대한 평가에서 낮은 점수를 받은 군인들에게 훈련을 제공한 연구는 있다. 이것은 외상에 노출된 후에 외상후 스트레스 장애 진단을 받고나서 치료하려고 노력할 때까지 기다리는 것과는 매우 다르다. 이것은 긍정심리학의 좋은 적용 방법이며, 오늘날의 미 육군에 적극적으로 복무하려는 110만 남녀뿐만 아니라 그의 가족에게도 도움이 될 수 있다.

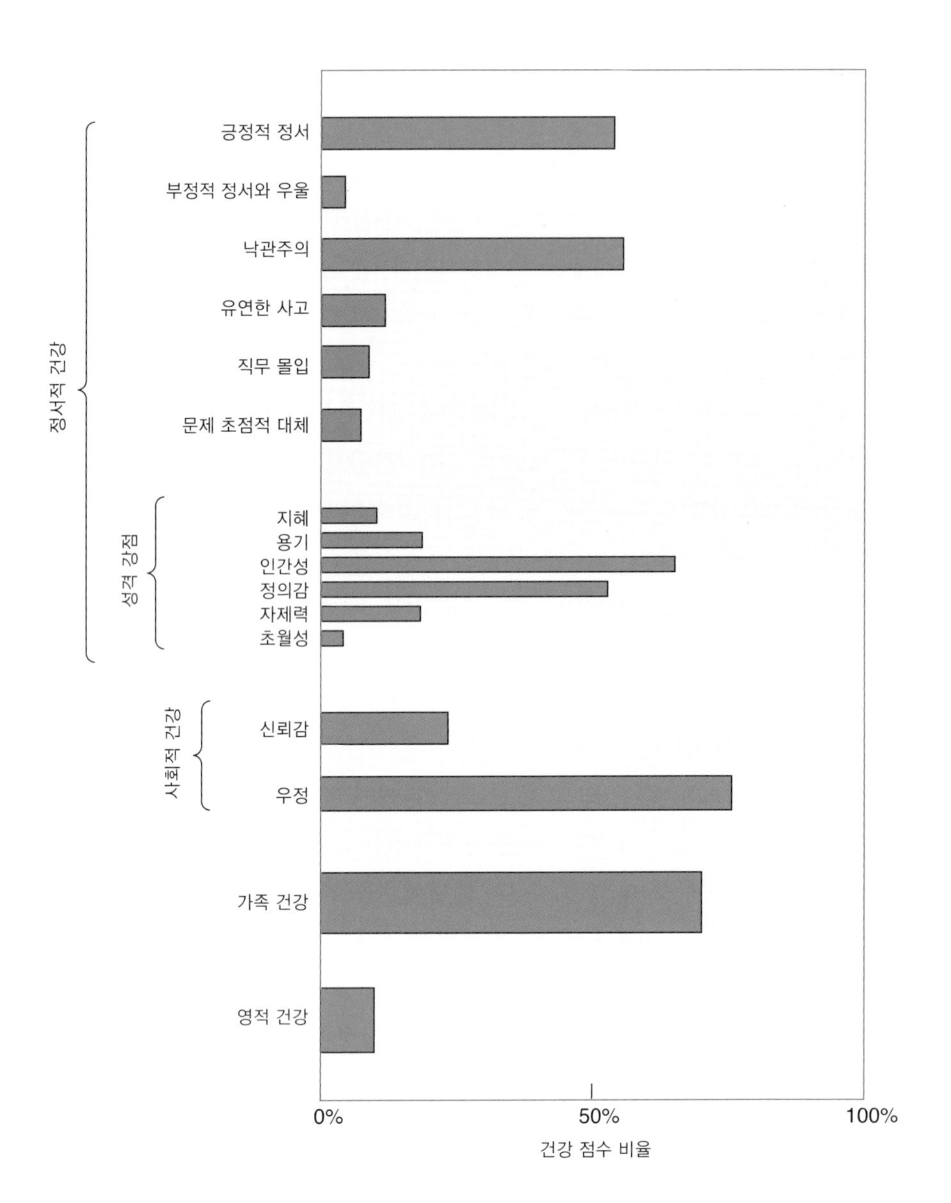

:: 그림 10.10

일반적 평가도구에 응답한 한 중사의 결과를 보면, 네 개의 정신적 건강 부분(정서적, 사회적, 가족, 영적)에서 강점과 약점이 나타났다. 이 프로파일은 전체 군인과 비교하여 제시되었다.

출처 : Peterson, Park, & Castro (2011).

스트레스와 적응유연성에 대한 맺음말

우리 삶은 스트레스 유발 요인으로 가득차 있고, 우리는 성인기를 거치면서 더 많은 역할을 하기 때문에 스트레스 요인은 더욱 증가한다. 최고로 좋은 방법은 도로에 난폭 운전자가 없고, 자연재해도 없고, 테러 공격도 없고, 전쟁도 없는 것이다. 그러나 우리는 현실 세계에 살고 있고 그런 것들은 항상 존재한다. 행복하고 생산적인 삶의 비밀은 세 가지가 있다. 스트레스 요인이 건강에 영향을 미치기 전에 우리의 반응을 조절하는 것, 효과적인 대처 기술을 강화시키는 것, 연장자들에게 스트레스 요인을 다루는 방법과 조언을 구하는 것이다.

요약

Summary

01 가장 유명한 스트레스 반응 이론 중 하나는 Selye의 일반 적응 증후군이며 스트레스 요인이 있을 때 경고 반응을 하고, 스트레스 요인이 지속되면 저항과 소진이 생기게 된다. 이러한 순서는 신체 면역 체계에 영향을 미치고 특이 면역을 소비하여 자연 면역을 증가시키게 되어 결국 질병에 대한 방어 수준을 떨어뜨리게 한다.

02 스트레스 요인의 유형에 대한 연구에서, 개인의 삶에서 스트레스 요인의 개수와 강도를 점수화하였다. 초기 연구에서는 스트레스 요인의 개수 및 강도와 건강 사이에 관련성이 있다는 것이 밝혀졌다.

03 가장 일반적인 스트레스 요인의 유형은 대인관계 긴장이며, 다음으로는 가족 관계나 사회적 관계의 사람에게 발생하는 일과 직장과 학교에서 발생하는 일이다.

04 종단연구에서 유방암 발생, 유방암으로 인한 사망, 당뇨병 위험과 스트레스 사이에 관련성이 있는 것으로 밝혀졌다. 특히 장기간 지속되는 부정적 스트레스 반응은 정신건강 장애의 발병 원인으로 밝혀졌다.

05 외상후 스트레스 장애(PTSD)는 장기간 지속되는 극단적 스트레스 반응으로 스트레스와 매우 관련성이 높은 정신건강 장애이다. 다양한 재해에 노출된 사람들에 대한 연구에서 외상적 사건의 경험 직후나 몇 주 후에 외상후 스트레스 장애를 나타내는 사람은 1/3 정도 된다는 것이 밝혀졌다. 1년 후까지 외상후 스트레스 장애를 보이는 사람은 약 10%이다. 외상후 스트레스 장애는 뇌의 변화와 뇌기능의 변화를 가져온다. 치료는 상담과 약물치료가 있다.

06 외상에 심한 반응을 보이지만 외상후 스트레스 장애 진단 기준에는 맞지 않는 사람은 외상후 스트레스 증상으로 분류된다.

07 스트레스에 대한 반응과 원인에서 성차가 존재한다. 진화심리학자는 남성이 여성과는 다른 반응 체계를 가지는 것은 원시 시대에 노출되었던 위협의 종류가 다르기 때문이라고 주장한다. 남성은 '투쟁 또는 도피'로 반응하고, 여성은 '배려와 친교'로 반응한다. 남성은 더 많은 외상에 노출되지만, 여성이 더 많은 외상후 스트레스 장애를 보인다.

08 일상적 스트레스 요인은 성인기 동안 감소하고, 노인은 스트레스 요인에 대한 반응이 줄

어든다. 노인들은 외상 초기에는 영향을 더 많이 받지만 빠르게 회복한다.

09 사회적 고립과 같은 스트레스는 특수한 유전자를 변화시켜서 생물학적 구조를 변형시켜 면역 반응에 영향을 미친다.

10 일부 연구자들은 인종 차별이 만성적 스트레스 요인이며, 이로 인해 아프리카계 미국인의 고혈압과 뇌졸중이 증가한다고 하였다. 이런 연구 결과는 차별을 경험하는 다른 소수 인종에게서도 발견된다.

11 사람들은 스트레스의 부정적 영향과 더불어 긍정적 영향(개인적 성장, 지혜의 증가, 삶에 대한 감사함, 강한 종교적 믿음)도 경험한다.

12 스트레스를 감소시키기 위한 방법으로는 대처가 있다. 문제 중심적 대처는 스트레스 원인에 직접적으로 집중하는 것이다. 정서 중심적 대처는 정서적 반응을 줄이려는 시도이다. 의미 중심적 대처는 상황에 의미를 부여하는 것이며, 사회적 대처는 가까운 사람에게서 도움을 구하는 것이다.

13 모든 대처 기술은 적절한 시기에 사용한다면 유용할 수 있다. 중요한 것은 대처 기술의 다양한 목록을 가지고 적절할 때 사용하는 것이다.

14 대처 연구에서의 새로운 분야에는 주도적 대처와 종교적 대처가 있다. 주도적 대처는 스트레스를 유발시킬 사건이 일어나기 전에 대처하는 것이며, 종교적 대처는 자신의 종교적 또는 영적인 믿음을 대처에 사용하는 것이다.

15 사회적 지지는 스트레스의 부정적 영향에 대한 보호를 제공하는 스트레스의 주요 완충제이다. 하지만 사회적 관계망은 스트레스의 원천이 될 수도 있는데, 만약 상호작용이 힘겹거나 사회적 지지가 필요치 않을 때 제공된다면 더욱 그러하다.

16 스트레스에 대한 가장 일반적인 반응은 건강한 기능을 유지하는 적응유연성이다. 9.11 테러와 같은 극심한 외상을 경험한 사람의 대부분이 정상적 기능의 붕괴로 힘들어하지는 않았다.

17 적응유연성은 외상 피해자의 경우에는 '지연된 외상후 스트레스 장애'로, 배우자의 죽음에는 '부인'으로 잘못 진단될 수 있다. 연구에 의하면, 외상이나 사별 경험에 대해 약화된

스트레스 반응을 보이는 사람들에게 치료와 같은 지원이 반드시 필요한 것은 아니다. '애도 작업'을 하는 것이 적응유연성을 손상시킬지도 모른다.

18 적응유연성을 지닌 사람의 특징 중 하나는 강건함이다. 그들은 삶에서 의미의 추구, 책임감, 통제감을 보인다. 또 다른 특징은 강한 자아정체성과 긍정적 정서이다.

19 심리학자들과 군 지휘자들은 군인들의 외상후 스트레스 장애를 예방하고 적응유연성을 증진시키기 위해 정신건강을 평가하는 방법을 고안해냈다. 이것으로 정서적 · 사회적 · 영적 건강 및 가족을 평가하였다.

주요 용어

대처	스트레스	일반 적응 증후군
대처 행동	스트레스 요인	자극 지향적 관점
문제 중심적 대처	완충 효과	저항 자원
반응 지향적 관점	외상후 스트레스 장애(PTSD)	적응유연성
사회적 대처	외상후 스트레스 증상	정서 중심적 대처
사회적 지지	의미 중심적 대처	종교적 대처
생활 변화 사건	인간 사회 유전체학	주도적 대처

관련 자료

[개인적 흥미를 위한 읽기 자료]

Hillenbrand, L. (2010). *Unbroken: A World War II story of survival, resilience, and redemption*. New York: Random House.

이 책은 Louie Zamperini의 일대기이다. 그는 청소년기에 말썽을 부리며 지내다가 달리기를 시작했고, 세계에서 최고의 운동선수가 되어 1936년 베를린 올림픽에 참가하였다. 제2차 세계대전이 일어났을 때 4분 내에 주파하는 1마일 경기를 마치고 Army Air Cops에 입대하였다. 폭격수로 복무하던 중, 태평양에서 격추되어 2명의 다른 승무원들과 함께 구명 보트에서 47일간 지내다가 일본 배에 의해 구조되었다. 그는 2년 반을 일본에서 가장 잔인하다는 POW캠프에서 지냈고 외상후 스트레스 장애로 고통받으며 미국 집으로 돌아왔다. 그는 이 모든 것을 이겨냈을 뿐만 아니라 다른 외상후 스트레스 장애 군인들에게 다가가 그들의 체포자들을 용서하도록 도왔다. 이것은 인간의 정신과 신체가 얼마나 적응유연성을 갖는지에 대한 좋은 예이다.

Sheridan, T. (2011). *Buddha in blue jeans: An extremely short simple Zen guide to sitting quietly*. Create Space Independently Publishing Platform.

당신이 명상과 마음 챙김에 대해 익숙하지 않다면, 이 책으로 시작하면 좋을 것 같다. 이 짧은 책에서 당신은 조용히 앉고, 당신의 감정을 수용하고, 다른 사람의 말에 귀 기울이고, 감사하게 살아가고, 해가 되지 않게 행동하는 등의 중요한 가르침을 배울 수 있다. 이 책은 당신이 특정한 장소에 가거나 특정한 옷을 입거나 할 필요 없이, 단지 청바지를 입고 앉아서 시작할 수 있다고 말한다.

Bonanno, G. A. (2010). *The other side of sadness: What the new science of bereavement tells us about life after loss*. New York: Basic Books.

심리학자 Goerge A. Bonanno는 적응유연성은 외상의 전형적인 반응이라는 것과 사별에 대한 그의 연구를 이 책에 실었다. 이 책에는 Bonanno가 인터뷰한 사람에 대한 이야기와 그들로부터 배운 교훈에 대해 다루고 있다. 만약 당신이 사랑하는 사람의 죽음을 경험했다면, 이 책은 당신에게 도움이 될 것이다. 나는 부모님 두 분을 잃었고 이 책을 다시 읽었을 때, 이 책의 내용이 내 마음에 와닿았다.

[고전 학술자료]

Cannon, W. B. (1914). The interrelations of emotions as suggested by recent physiological researches. *American Journal of Physiology*, *25*, 256－282.

Cannon, W. B. (1932). *The wisdom of the body*. New York: Norton.

이 두 저술은 현대 스트레스 이론의 시작으로 여겨진다. 첫 번째 논문에서 생리학자 Walter Cannon은 어떤 사건들이 교감신경계를 반응하도록 만들고 이런 반응이 신체의 불균형을 야기시킨다고 제안하였다. 이 이론은 스트레스 요인이 심리적인 요소라는 것을 의미하기 때문에 혁신적이었다. 두 번째 저서에서 Cannon은 '투쟁 또는 도주' 개념을 포함한 스트레스에 대한 생리학적 반응에 대한 견해와 연구들을 다루고 있다.

Holmes, T. H., & Rahe, R. H. (1967). The Social Readjustment Rating Scale. *Journal of Psychosomatic Research*, *11*, 213－218.

스트레스와 질병 간의 관련성은 오늘날 잘 알려졌지만, 1967년에는 이것이 급진적인 생각이었다. 이 논문은 이런 견해의 시발점이 되는 논문이다. 그 당시에도 중요한 논문이였고 연구에 꾸준히 많이 인용되고 있다. 사회적 재적응 척도(SRRS)는 스트레스 연구에 많이 활용되는 척도이다.

Selye, H. (1956/1984). *The stress of life* (Rev. ed.). New York: McGraw-Hill.

Hans Selye는 스트레스 연구의 주요 선구자이며, 그의 관심 분야는 모든 종류의 스트레스에 대한 생리학적 반응이다. 이 책은 그의 업적을 요약한 것이다.

[현대 학술자료]

Almeida, D. M., Piazza, J. R., Stawski, R. S., et al. (2011). The speedometer of life: Stress, health, and aging. In K. W. Schaie & S. L. Willis (Eds.), *Handbook of the psychology of aging* (7th ed., pp. 191–206). San Diego, CA: Academic Press.

이것은 David Almeida와 동료들의 스트레스에 대한 최근 연구이다.

MacDermid Wadsworth, S. M. (2010). Family risk and resilience in the context of war and terrorism. *Journal of Marriage and Family*, *72*, 537–556.

Purdue 대학의 군인 가족 연구소의 책임자인 저자는 전쟁과 테러가 가족에게 미치는 영향에 대한 연구 결과들을 정리하였다. 그리고 폭력의 후유증에서 가족이 어떻게 대처하고 성장하는지에 대해 다루었다.

Knight, B. G., & Losada, A. (2011). Family caregiving for cognitively of physically frail older adults: Theory, research, and practice. In K. W. Schaie & S. L. Willis (Eds.), *Handbook of the psychology of aging* (7th ed., pp. 353–365). San Diego, CA: Academic Press.

이것은 나이 든 가족을 보살피는 약 4천만 명의 성인들을 위해 잠재적인 신체적 · 정신적 건강에 영향을 미치는 요소들에 대해 다루고 있다. 또한 사별의 복잡한 유형일 수 있는 부양 후 애도에 대해서도 다루고 있다.

11 THE JOURNEY OF ADULTHOOD

Chapter

11

죽음과 사별

David Tasma는 수술 불가능한 젊은 암 환자로 영국의 병원에서 가족 없이 혼자 죽어가고 있었다. 그의 모국어는 폴란드어였고, 그는 주변에서 들려오는 영어 대화를 완전히 이해하지 못했다. 그는 유태인이었고, 병실을 방문했던 영국 성공회 신부의 존재만으로는 편안함을 느끼지 못했다. 비록 효율적인 우수한 의료 서비스를 받고는 있었지만, 그는 좌절하고 고통스러워하면서 죽음의 느낌에 직면하였다. 그의 유일한 위로는 그를 방문하여 그가 영어로 자신의 아동기, 가족, 죽음에 대한 생각을 말하려 애쓸 때 인내심을 갖고 들어주었던 젊은 여자 사회복지사였다. 그녀는 그가 죽음의 신체적 · 정신적 과정을 겪는 동안 두 달간을 매일같이 그와 함께 앉아있었다. 그의 가장 큰 두려움은 그가 어떤 흔적도 남기지 않고 이 세상을 떠나게 되는 것이었다. 그는 젊었고, 자녀도 없었다. 그는 책을 쓴 적도 없고, 집을 짓거나 옥수수 밭을 일군 적도 없었다. 아마도 그들이 사랑에 빠진 것일 수도 있지만, 알 수는 없다. 그가 죽었을 때, 그는 그녀에게 자신이 가진 모든 돈, 약 500파운드와 생각의 씨앗, 즉, 죽음이 신체적 고통 이상을 포함하며, 여기에는 사랑하는 사람을 남겨두어야 하는 사회적 고통, 알 수 없는 것을 알려 애쓰는 정신적 고통, 삶과 죽음의 과정에서 의미를 찾고자 하는 영적 고통 그리고 두려움, 실망, 좌절, 후회와 같은 정서적 고통이 있다는 생각을 남겼다. 의료사회는 죽어가는 사람에게 아무것도 해주지 않았다.

젊은 사회복지사는 Cicely Saunders로, 현대 호스피스 운동의 창시자였다. 이 사건은 1948년에 일어났고, Tasma에 대한 헌사로서 Saunders는 자신의 평생을 바쳐 우리 사회가 그 구성원을 삶의 마지막까지 돌볼 수 있는 방법을 찾았다.

그녀는 1950년대 영국에서 의사가 된 소수의 여성 중 한 명이었고, 죽어가는 환자의 치료를 전공한 최초의 의사였다. 10년 후, 그녀는 자신의 폴란드 친구 David Tasma를 기억하며 런던에 St. Christopher's Hospice를 세웠고, 이는 100개국 이상에서 8,000개 이상의 호스피스 센터를 여는 데 영감을 주었다. David Tasma는 이 세상에 그의 흔적을 만든 것이다. 이 센터들은 Saunders의 오랜 직업을 정의했던 동일한 메시지, 즉 "당신은 당신이기 때문에 중요하다. 당신은 삶의 마지막 순간까지 중요하다."를 전달하고 있다. Cicely경은 82세의 나이로 자신이 세운 호스피스에서 사망하였다(Field, 2005).

이 장은 죽음에 관한 것이다. 우리가 다른 연령일 때 죽음에 대해 어떻게 생각하는지, 사랑하는 사람의 죽음에 어떻게 대처하는지, 어떻게 우리 자신의 죽음에 직면하는지를 다룰 것이다. 이는 정신분석학 이론과 임상심리학의 오랜 중심 주제였지만, 최근에야 다양한 영역의 연구자들의 관심사가 되었다. 나는 우리가 죽음에 대해 어떻게 생각하는지를 논의하는 것으로 시작하여 죽음의 과정을 탐색하고, 마지막으로 사랑하는 이의 죽음에 어떻게 대처하는지를 살펴볼 것이다. 이는 어려운 주제이지만 성인기와 노화에 관한 수업에 반드시 포함되어야만 한다.

죽음에 대한 이해 갖기

죽음은 개인, 가족 그리고 지역사회에 유의미한 영향을 미친다. 죽음의 의미는 연령과 함께 변하며 단순히 필연성과 보편성을 이해하는 것 그 이상을 포함한다. 가장 대략적으로, 죽음은 중요한 사회적 의미를 지닌다. 누군가의 죽음은 가족 내 모두의 역할과 관계를 변화시킨다. 나이 든 사람이 죽을 때 그 집단의 모든 구성원들은 세대 시스템에서 한 단계 상향 이동한다. 가족 밖으로는 죽음은 다른 역할에도 영향을 준다. 예를 들어, 죽음은 더 젊은 성인이 중요한 과제를 맡을 수 있는 기회를 준다. 은퇴는 더 나이 든 성인이 더 젊은 성인들을 위해 '물러나는 것'이기 때문에 같은 기능을 하지만, 죽음은 사회 시스템에 많은 영구적 변화를 가져온다.

죽음의 의미

성인들이 갖는 죽음의 네 가지 의미는 다음과 같다. 전형적으로 이것들은 우리 각자의 의미 체계에 존재하는 것이다.

- **시간 조직자로의 죽음** : 죽음은 누군가의 삶의 종결을 의미하며, '죽을 때까지의 시간'이라는 개념은 사람이 자신의 인생을 조직화하는 데 중요하다. 사실 사회학자 Bernice Neugarten에 따르면, 중년기 사고의 핵심적 변화 중 하나는 출생에서 죽음까지 자신의 인생을 표시하는 방법에서의 전환이다. 중년기 성인들과의 인터뷰는 흔히 다음과 같은 말을 담고 있다. "35세가 되기 전에, 미래는 그냥 앞으로 펼쳐져 있는 것 같았어요. 내가 가진 모든 계획을 다 실현할 수 있는 시간이 있다고 말이죠. …… 이제 나는 계속 생각해보게 돼요. 내가 하고 싶어 하는 것들을 끝낼 수 있는 시간이 내게 충분할까?"(Neugarten, 1970, p. 78).

- **처벌로서의 죽음** : 아동들은 죽음을 나쁜 행동에 대한 벌이라고 생각하는 경향이 있다. Kohlberg 도덕적 추론 이론의 1단계에 해당한다. 그러나 이 견해와 그것의 반대(장수는 착하게 행동하는 것의 보상이다)는 성인들에게서도 흔하다. 그런 견해는 죄와 죽음 간의 연결을 강조하는 종교적 가르침에 의해 강화된다.
- **이행으로서의 죽음** : 죽음은 삶에서 죽음 이후의 일종의 삶 또는 삶에서 무로의 이행을 포함한다. 설문 조사에서 미국 사람들의 74%는 사후세계를 믿는다고 말했는데, 즉, 그들이 일종의 의식(consciousness)을 갖고 죽음 이후에 존재한다고 믿었다(Pew Research Center, 2010). 그리고 27%는 환생, 즉 그들이 전에도 살아왔고, 죽음 이후에도 다른 몸으로 다시 살게 될 것이라고 믿었다(Harris Poll, 2005).
- **상실로서의 죽음** : 아마도 가장 일반적으로, 죽음은 우리 대부분에게 과제를 마치거나 계획을 실현하는 능력의 상실, 육체의 상실, 경험의 상실, 맛, 냄새, 감각의 상실, 사람들과의 관계의 상실 등 상실로 간주된다. 사후세계에 대한 믿음과 달리, 여기서는 연령 차이가 있다. 특히 성인이 죽음과 연합시키는 상실의 종류는 성인기 동안 시간이 지나면서 변화하는 것 같다. 젊은 성인은 여러 가지를 경험할 수 있는 기회의 상실, 가족 관계의 상실에 대해 더 걱정하지만 나이 든 성인은 어떤 내적인 과제를 완성할 시간의 상실을 더 걱정한다(Kalish, 1985).

죽음 불안

죽음에 대한 태도와 관련하여 가장 많이 연구된 것은 죽음 불안(death anxiety) 또는 죽음에 대한 공포이다. 이 공포는 죽음을 상실로 바라보는 관점과 강한 관련성이 있다. 우리가 죽음을 두려워한다면, 이는 부분적으로는 우리가 경험, 감각, 관계의 상실을 두려워하기 때문이다. 죽음에 대한 공포는 또한 죽음의 과정에 흔히 결부된 고통, 괴로움, 존엄성 상실에 대한 두려움, 그러한 고통이나 괴로움에 잘 대처할 수 없을 것이라는 두려움, 죽음 후에 어떤 식이든 처벌을 받게 될 것이라는 공포 그리고 자기 자신을 잃게 될 것이라는 근본적 두려움을 포함한다.

> **비판적 사고**
>
> 성인들이 죽음에 부여하는 의미에서 연령과 관련된 차이를 보고자 한다면 어떤 식으로 연구를 설계하겠는가?

연령 연구자들은 중년기 성인들이 죽음에 대한 가장 강한 공포를 지니고, 노인들이 최소의 공포를 보이며(De Raedt, Koster, & Ryckewaert, 2013), 젊은 성인들이 그 중간에 해당한다는 것(Thorson & Powell, 1992)을 매우 일관되게 발견해왔다. 이 결과들은 중년기의 핵심 과제 중 하나가 죽음의 필연성을 받아들이는 것이라는 생각과 일치한다. 이 시기의 일부인 신체 변화와 노화에 대한 더 큰 지각은 아마도 부모의 죽음과 짝 지워지면서, 우리가 그동안 죽음에 대한 지식과 공포를 막기 위해 쳐놓았던 방어막을 무너뜨린다. 특히 부모의 죽음은 매우 충격적이고 괴로운데, 애도하게 될 상실 그 자체뿐 아니라, 당신이 이제 가족 혈통의 가장 나이 든 세대이고 다음으로 죽게 될 것이라는 깨달음에 직면해야 하기 때문이다. 따라서 중년기에 우리는 두려움을 더 잘 인식하게 되고, 죽음과 그것의 임박에 더 몰두하게 된다. 이 시기에 많은 성인은 죽음에 대해 생각하는 새로운 방식을 찾으려 하고 궁극적으로 다른 식으로 죽음을 받아들이게 된다. 결국 노년기에 공포는 희미해진다. 이는 노인들이 죽음에 대해 걱정하지 않는다는 것은 아니다. 반대로 그들은 젊은 성인들에 비해 죽음에 대해 더 기꺼이 말하고 생각하게 된다. 죽음은 노인들에게 매우 명확하긴 하지만, 중년기에 느꼈던 만큼 그렇게 두려운 것은 아니다.

종교성 연령은 죽음에 대한 공포의 유일한 요소가 아니다. 다른 몇몇 개인적 특징들도 요소로서 지명되어왔다. 먼저 가능한 요소는 종교성(religiosity), 즉, 종교적 또는 영적 믿음의 정도일 것이다. 아마도 종교성을 더 많이 표현할수록 죽음에 대한 공포는 더 적은, 부적 상관이 있을 것이다. 그러나 연구 발견은 종교성과 죽음에 대한 공포 간에 직접적인 관계는 없음을 시사한다. 예를 들어, 노인(70~80세) 연구에서, 종교성이 낮았던 사람들과 종교성이 높았던 사람들은 종교적이거나 영적인 믿음에서 중간인 참가자들보다 죽음을 덜 두려워했다. 이는 뒤집은 U형태 함수였다. 연구자들은 종교성이 높은 사람들은 사후세계가 있고 그들이 거기에 들어갈 자격이 된다고 믿기 때문에 죽음에 대해 불안해하지 않는다고 제안한다. 종교성이 낮은 사람들은 사후세계를 믿지 않고, 보상을 잃게 될 것이라는 걱정도 없기 때문에 죽음에 대해 불안해하지 않는다. 죽음에 대해 불안해하는 사람들은 바로 중간 정도로 종교적인 사람들인데, 그들은 사후세계를 믿지만 자신은 거기에 들어갈 자격이 없다고 믿기 때문에 그러하다(Wink & Scott, 2005).

종교성은 두 가지 요소로 구분될 수 있다. 사회적 목적을 위해 그리고 착한 일을 하는 무대로서 종교를 사용하는 사람들에 의해 보이는 외적인 종교성(extrinsic religiosity)과 종교적 믿음에 따라 삶을 살고 종교를 통해서 삶의 의미를 찾고자 하는 사람들에 의해 보이는 내재된 종교성(intrinsic religiosity)이 그것이다. 더 나이 든 성인 연구에서 외적인 종교성은 죽음 불안과 정적으로 관련이 있었는데, 즉, 외적인 종교성 측정에서 더 높은 점수를 받은 사람들이 죽음에 대한 공포 역시 더 높았다. 게다가 내재된 종교성은 죽음 이후의 더 나은 실존에 대한 기대와 강한 정적 관계가 있었다(Ardelt & Koenig, 2006).

연구자들은 외적인 종교성이 종교 단체 내 자원봉사 등 사회적 지지와 생산적 활동 기회에 초점을 맞추고 있는 중년기 성인들에게 유용할 수 있다고 제안한다. 그러나 더 이후에는 내재된 종교성이 더 중요하게 되는데, 이 시기는 종교 활동에 활발하게 참여하는 것이 어렵고 '우리는 어디에서 왔고 어디로 가고 있는가?, 우리는 왜 여기에 있는가?' 등의 근본적 질문에 대한 답을 찾는 것이 더 필요하기 때문이다(McFadden, 2000).

성 죽음 불안은 또한 성과도 연결되어있다. 다양한 문화의 많은 연구가 여성이 남성보다 더 높은 수준의 죽음 불안을 가지고 있음을 보여준다. 이 성차는 뉴욕의 영국성공회 교구 주민 집단(Harding, Flannelly, Weaver, et al., 2005), 이집트, 쿠웨이트, 시리아의 젊은 성인들(Abdel-Kahlek, 2004), 말레이시아, 터키 그리고 미국의 대학생(Ellis, Wahab, & Ratnasingan, 2013) 연구에서 보고되었다. 그러나 이는 제3장에서 다루었듯이, 여성의 경우 모든 유형의 불안장애가 더 높은 비율로 나타나는 것으로 인한 산물일 수 있다. 그러나 400명 이상의 대학생을 대상으로 한 최근 연구에서 우울과 가능한 다른 혼합요인들(confounds)을 통제한 후에 조차 여성은 남성보다 죽음 불안 수준이 더 높다는 것이 밝혀졌다(Eshbaugh & Henninger, 2013).

성격 특성 어떤 성격 특성은 죽음에 대한 사람들의 태도와 관련된 요소인 것 같다. 자존감은 죽음 불안과 관련이 있는데, 높은 수준의 자존감이 죽음에 대한 공포에 완충제로서 작용하는 듯하다(Xiangkui, Juan, & Lumei, 2005). 또 다른 연구는 죽음 불안과 삶의 목적성(sense of purpose in life), 즉 자신이 만족할 만한 개인적 목표를 발견했다고 느끼고 자신의 삶이 가치 있다고 믿는 정도 간의 연결을 연구했다. 심리학자 Monika Ardelt와 Cynthia Koenig(2006)는 61세 이상의 성인 집단을 연구했는데, 일부는 건강하고 일부는 호스피스 환자였다. 삶의 목적성이 더 높은 사람들은 죽음 불안 수준도 더 낮았다(Rasmussen & Johnson, 1994). 이와 관련하여, 후회는 죽음 불안과 관련 있다는 발견도 있다. 자신이 과거에 했던 또는 하지 않았던 일과 그들이 미래에 하지 못할 일들에 대해 후회가 많은 사람들은 더 높은 수준의 죽음 불안을 가지고 있었다(Tomer & Eliason, 2005).

그러한 발견에 따르면, 성인 삶의 주요 과제를 성공적으로 완성하고, 그들이 맡았던 역할들의 요구를 잘 충족시키고, 내적으로 발달했던 사람들이 훨씬 침착하게 죽음을 맞이할 수 있다. 반대로 성인기의 다양한 과제와 딜레마를 잘 해결하지 못한 성인들은 자신의 성인기 후반을 더 두렵게, 더 불안하게 그리고 Erikson이 기술한 절망감을 갖고 직면한다. 죽음에 대한 공포는 단순히 그런 절망의 한 양상일 수 있다.

어떤 의미에서 모든 성인 생활은 죽음으로 가는 과정이다. 죽음에 대한 성인의 태도와 죽음에 대한 그들의 접근은 다른 삶의 변화나 딜레마에 그들이 어떻게 접근하는가에 영향을 미치는 많은 유사한 특성에 의해 영향을 받는다.

비판적 사고

미국의 학생들과 자살 폭탄 테러가 일상인 이스라엘이나 다른 중동 국가들 중 하나의 학생들이 갖는 죽음에 대한 공포는 어떻게 다를 것이라고 예상하는가? 그것이 젊은 성인들로 하여금 더 높은 죽음 불안 점수를 갖게 할까? 아니면 더 낮은 죽음 불안 점수를 갖게 할까?

자신의 궁극적 죽음을 수용하기

자신의 궁극적 죽음과 맞서 싸우는 것은 유한성(finitude)으로 알려져 있다. 이는 시간에 걸쳐 많은 수준에서 발생하는 과정이다(Johnson, 2009). 예를 들어, 실제적 수준에서 여러분은 유언장을 만들거나 생명보험을 들 수 있다. 그러한 준비는 나이가 들면서, 특히 중년기 후반 이래 더욱 흔해진다. 예를 들어, 더 나이 든 사람들은 젊은이들보다 생명보험을 더 기꺼이 마련한다. 그들은 또한 유언장을 만듦으로써 죽음에 대비하는 경향성이 젊은이들보다 더 크다. 미국의 모든 성인 중 약 55%만이 그렇게 하지만, 65세 이상 성인들에서는 83%가 그렇게 한다(Harris Poll, 2007).

더 깊은 수준에서, 성인들은 회고(reminiscence), 즉 그들의 기억을 쭉 훑어봄으로써 죽음에 대한 준비를 시작한다. 이는 흔히 자서전을 쓰거나 과거에 대해 이야기하기 위해 오랜 친구나 친척을 찾는 것으로 행해진다. 더 나이 든 성인들이 전형적으로 또는 반드시 그런 평가 과정을 갖는지에 대한 증거는 거의 없다. 그러나 어떤 사람들에게, 삶을 돌아보는 것은 '마지막 장을 쓰는 것' 또는 어떤 식으로든 자신의 삶을 정당화하는 것의 중요한 측면일 수 있다(Birren & Feldman, 1997).

비판적 사고

회고에 대한 이 장을 읽는 것이 여러분에게 자신의 인생 이야기를 들려주기 원하는 더 나이 든 친척들에 대한 견해를 바꾸게 하는가?

궁극적 죽음을 계획하는 한 방법으로 최근 점차 인기를 끌고 있는 것은 생전 유서(living will), 즉 자신의 생명을 끝내는 것에 대한 스스로의 결정을 더 이상 표현할 수 없게 될 경우 효력을 발휘하는 서류이다. 이 서류는 사람들에게 아직 건강한 동안, 자신이 불치병이나 영구적인 장애를 갖게 되고 자신의 바람을 의사소통할 수 없게 된다면 어떤 치료를 선택하거나 거부할지 결정할 수 있는 기회를 제공한다. 생전 유서는 변호사의 도움을 받아 또는 인터넷에서 구할 수 있는 서식을 사용하여 준비할 수 있다. 미국의 전 연령대 성인들 중 29%가 생전 유서를 마련하지만, 65세 이상인 경우에는 54%가 그러하다(Pew Research Center, 2009).

생전 유서는 죽어가는 것이 오랜 고통스런 과정일 것이라는 두려움을 경감시켜 줄 수 있다. 생전 유서를 쓴 사람은 자기 자신이 생명 종말 결정(end-of-life decision)을 할 수 있는 책임을 갖게 되고 가족들의 부담을 줄여준다. 생전 유서는 다양한 가족 구성원이 생명 종말 결정에 대해 서로 다른 강한 신념으로 부딪히는 상황을 피할 수 있게 해준다.

사람들이 자신의 궁극적 죽음을 받아들이는 또 다른 방식은 장기이식 기증자(organ transplant donor)가 되는 것으로 사망 시, 사용 가능한 자신의 장기와 세포를 이를 기증받는 것이 허락된 사람들에게 이식할 수 있다는 것에 동의하는 것이다. 장기이식 기술은 기증자가 된다는 개념이 일반 대중에게 수용된 것보다 훨씬 빠른 속도로 진보해왔다. 이 순간에도 수천 명의 사람들이 기증된 장기를 기다리고 있다. 장기 기증자가 되는 과정은 지역에 따라 다르지만, 많은 주에서 이는 운전면허증을 갱신하면서 빠르게 처리될 수 있다. 최근 페이스북은 '건강과 운동' 섹션 아래 타임라인에 회원들이 장기 기증자 여부를 표시하도록 허용했다.

비판적 사고

높은 수준의 죽음 불안을 지닌 사람이 장기이식 기증자가 될 가능성이 더 클 것이라는 반대 주장을 만들 수 있을까?

누가 장기 기증자가 되기를 선택하는 걸까? 이스라엘의 젊은 성인들에 대한 한 연구는 보통 다른 잠재적인 기증자를 알고 있고 장기 기증에 대해 정보가 많고, 낮은 수준의 죽음 불안을 가지고 있는 사람들이 장기 기증자가 된다는 것을 보여주었다(Besser, Amir, & Barkan, 2004). 많은 사람은 장기 기증자가 되려는 그들의 결정을 다른 사람들에게 돌려주고 약간의 불멸성을 얻는 방법으로 생각한다.

죽음의 과정

죽음과 애도는 항상 인간 경험의 한 부분이었지만, 사람들이 죽음에 대해 갖는 생각과 애도가 표현되는 방식은 문화마다, 시대마다 다르다. 예를 들어, 50년 전 성인발달이나 노년학에 대한 어떤 교재도 이와 같은 장을 포함하지는 않았다. 과학과 의학은 삶과 생명 구조의 치료법에만 집착해왔다. 죽음은 과학의 실패로 간주되었고, 죽어가는 사람은 병실에 고립되고 모든 시도는 그들을 '치유하기' 위해 행해졌다. 죽음을 수용하거나 심지어 환영한다는 생각은 논의되지 않았다. 이러한 사고 방식은 의사인 Elizabeth Kübler-Ross(1969)의 저술을 통해 크게 바뀌었다, 그녀의 책 *On Death and Dying*은 '죽음을 어둠 속에서 꺼낸' 것으로 칭송받는다.

죽음에 대한 반응 단계

Kübler-Ross의 책은 위독한 상태의 성인 및 아동과의 작업에 기초했으며, 죽어가는 5단계, 즉, 부인(denial), 분노, 협상(bargaining), 우울 그리고 수용을 묘사한 것으로 가장 잘 알려져 있다. Kübler-Ross는 나중에 이러한 단계가 모든 사람에 의해 경험되지 않으며 이 순서대로 항상 발생하는 것도 아니라고 쓰긴 하였으나, 그녀의 용어는 여전히 죽어가는 사람과 애도하는 사람 모두가 임박한 죽음에 대해 보이는 반응을 기술하는 데 사용된다(Kübler-Ross, 1974). 나는 이 단계들이 임박한 죽음에 대한 일련의 반응을 기술하기 위해 흔히 사용되기 때문에 이를 설명하고자 한다.

- **부인** : 불치병 진단을 받았을 때 대부분의 환자들이 보고하는 첫 반응은 "안 돼. 나는 아니야!" "실수임에 틀림없어." "실험실 보고서가 뒤섞인 게 틀림없어." "나는 그렇게 아프지 않아. 그러니까 사실일 리가 없어." "다른 의사의 의견을 구해야겠어."식의 형태로 나타난다. 이 모두는 부인의 형태이다. Kübler-Ross는 부인은 가치 있고 건설적인 첫 방어기제라고 논의했다. 부인은 환자에게 충격에 대처할 다른 전략을 사용하는 데 일련의 시간을 제공한다.
- **분노** : 고전적인 두 번째 반응은 Kübler-Ross가 주장했듯이, "왜 나야?"이다. 환자는 건강한 사람들에게 분개하고 자신을 이러한 상황에 있게 한 운명에 분노한다. 이는 간호사, 가족 구성원, 의사 등, 자기 옆에 있는 누구나에게 분노를 폭발하는 것에서 잘 드러난다.
- **협상** : Kübler-Ross는 어떤 시점에서 분노가 새로운 유형의 방어기제로 바뀌는 것을 관찰하였다. 환자는 이제 의사, 간호사 그리고 신과 '협상을 맺으려는' 시도를 한다. "내가 시키는 대로 다 하고 누구에게도 소리도 지르지 않는다면 크리스마스 때까지는 살 수 있을 거야." 그녀는 말기 암을 가졌으나 큰 아들의 결혼식에 참석할 수 있을 정도로 오래 살 수 있기를 원했던 한 여성에 대해 기술하였다.
- **우울** : 그러나 협상은 한동안만 작용할 뿐, 질병이 계속 진행되고 육체의 쇠락 신호가 더 명확해지면서 환자는 보통 우울해진다. 이는 자신의 삶뿐 아니라 관계의 상실에 대한 일종의 애도에 해당한다.
- **수용** : 이 이론에 따르면 마지막 단계는 조용한 이해, 죽음에 대한 준비이다. 환자는 더 이상 우울하지 않지만 조용하고 심지어 평화롭기까지하다. 백혈병으로 죽어가고 있었던 신문기자 Stewart Alsop(1973)은 널리 인용된 문구로 자신의 수용을 이렇게 설명하였다. "죽어가는 사람은

졸린 사람이 잠이 필요한 것처럼 죽을 필요가 있다. 저항하는 것이 쓸모없을 뿐 아니라 잘못인 때가 오는 것이다." (p. 299).

비판적 사고

불치병에 걸린 환자를 다루는 의사가 임박한 죽음에 대한 다양한 반응에 대해 친숙해지는 것이 중요한 이유는 무엇인가? 그들 환자에게서 어떤 반응이 가장 목격하기 쉬울까?

Kübler-Ross의 1969년 *On Death and Dying* 출판 이래로, 우리가 죽어가는 과정을 다루는 방식은 많은 측면에서 변화되어왔다. 말기 상태인 환자들은 의학의 실패가 아니라, 소망과 욕구를 지니고 있는 전인(whole person)으로서 간주된다. 거의 대다수는 병원 입원실에서 죽기를 원하지 않으며, 친숙한 환경인 가정에 있기를 선호한다. 대부분은 편안함과 존엄성을 희생하면서까지 단지 며칠 또는 몇 주를 더 살 수 있게 해주는 검사를 계속하고 싶어 하지 않는 시점에 오게 된다. 그러나 의학적 처치를 거부하는 것이 그들이 전문적 도움을 필요로 하지 않는다는 것을 의미하지는 않는다. 여전히 고통의 관리, 영적인 상담, 그들의 상태와 그들이 남겨둔 시간에 대한 정확한 정보는 필요하다. 사랑하는 사람들로부터는 사회적 지지, 경청, 용서 그리고 심지어 웃음까지도 필요하다.

아마도 그녀의 단계이론보다 더욱 중요한 것은 Kübler-Ross가 식별한 다음 세 가지 핵심 이슈일 것이다. 죽어가는 사람은 여전히 살아있으며, 그들이 다루기 원하는 해결되지 못한 욕구를 지닌다. 우리는 죽어가는 사람들의 이야기를 적극적으로 경청하고 그들의 욕구를 파악하여 효과적으로 도움을 제공해야 한다. 그리고 우리는 우리 자신을 더 잘 이해하고 삶에 대한 우리의 잠재력을 이해하기 위해 죽어가는 사람으로부터 배울 필요가 있다(Corr, 1993).

작별인사의 중요성

죽어가는 과정의 한 측면인 작별인사를 하는 과정은 Kübler-Ross의 단계나 죽음에 대한 대부분의 이론에 반영되어있지는 않지만, 죽어가는 사람과 그의 가족에게 분명 중요한 요소이다. 사회학자 Allan Kellehear와 Terry Lewin(1988~1989)에 의한 호주 연구는 그러한 작별인사에 대한 최초의 탐색이라 할 수 있다. 그들은 1년 내에 사망한다고 선고받은 90명의 말기 암 환자를 인터뷰했으며, 호스피스 케어를 받고 있고 3개월 내에 사망한다고 생각되는 10명의 소그룹을 인터뷰했다. 대부분은 인터뷰 전에 1년 이상 암이 있었지만 최근에야 비로소 구체적인 단기 예후를 받았다. 피험자들은 그들이 이미 가족이나 친구에게 작별인사를 했거나 앞으로 그럴 계획이 있는지 그리고 언제 어떤 상황에서 그렇게 했거나 할 예정인지 질문을 받았다. 그 결과 소수(100명 중 19명)가 그럴 계획이 전혀 없다고 말했다. 나머지는 이미 작별인사를 시작했거나(100명 중 22명) 그들 삶의 마지막 날에 작별인사를 할거라고, 즉 임종 시 작별인사를 하겠다고 답하였다.

이른 작별인사는 흔히 편지나 선물의 형태로 행해지는데, 즉 자녀나 손자녀에게 돈을 주거나 그들을 특히 아꼈던 가족 구성원에게 자신이 소중히 여기는 것을 물려주는 것이 이에 해당한다. 한 여성은 친구, 친척, 병원 직원들에게 인형을 만들어 주었고, 또 다른 여성은 언젠가 자신의 딸들이 갖게 될 아기의 옷을 직접 뜨개질하여 만들어주었다.

계획 중이든 이미 완료되었든 간에 작별인사는 대화의 형태로 더 흔하게 이루어졌다. 한 피험자는 자신의 아들에게 그를 마지막으로 보고 말할 수 있게 찾아와 달라고 요청했다. 다른 사람들은 친구들과의 마지막 모임을 계획하여 이때 분명하게 작별인사를 하였다. 자신이 의식이 있는 마지막 시간에만 작별인사를 계획했던 사람들은 이 순간이 사랑스러운 말을 할 수 있고 작별의 표정을 나눌 수 있는 시간이라고 생각했다.

말로 행해지든 아니든, 그러한 모든 작별인사는 일종의 선물이라고 간주될 수 있다. 누군가에게 작별인사를 함으로써, 죽어가는 사람은 그 사람이 작별인사를 받을 만큼 소중하다는 신호를 보내게 된다. 작별인사를 하는 것은 또한 죽음을 현실로 만들고, 죽어가는 사람뿐 아니라 타인들이 임박한 죽음을 부정하지 않고 받아들일 수 있게 만든다. 마지막으로, Kellehear와 Lewin이 지적했듯이 작별인사는 죽어가는 것을 더 쉽게 만들 수 있는데, 특히 삶의 마지막 순간 전에 작별인사를 했을 경우에 그러하다. 작별인사는 죽어가는 사람이 모든 것을 내려놓고, 죽음을 수용하는 것을 더 쉽게 할 것이다.

죽음에 대한 개인적 적응

죽어가는 과정은 표현되는 (또는 표현되지 않는) 정서뿐 아니라 물리적 과정에서도 사람마다 크게 다르다. 어떤 이는 오래도록 천천히 쇠락하며 어떤 이는 어떤 '단계'나 국면 없이 즉시 죽는다. 어떤 사람은 큰 고통을 경험하고 어떤 사람은 아무 것도 느끼지 않는다. 마찬가지로 각 사람이 그 과정을 다루는 방식 또한 차이가 있다. 어떤 사람들은 죽음에 맞서 열심히 싸우고 어떤 사람들은 일찍부터 죽음을 받아들이고 더 이상 싸우지 않는다. 어떤 사람들은 차분하고, 다른 사람들은 깊은 우울에 빠진다. 연구자들이 묻기 시작한 질문은 임박한 또는 가능한 죽음에 대한 다양한 정서적 반응이 죽음의 물리적 과정에 어떤 영향을 미치는가이다.

초기 연구에서, 정신과 의사인 Steven Greer와 동료들(Greer, 1991; Pettingale, Morris, Greer, et al., 1985)은 유방암 초기 단계로 진단받았던 62명의 여성을 추적 연구했다. 처음 진단 3개월 후 각 여성과 인터뷰를 했고, 진단과 치료에 대한 반응을 다음 다섯 집단 중 하나로 분류하였다.

- **긍정적 회피(부인)** : 환자가 진단과 자신에게 제시된 증거를 거부함.
- **투지(fighting spirit)** : 환자가 낙관주의를 보이며 적극적으로 진단에 대한 더 많은 정보를 구함. 어떤 식으로든 질병과 싸우려는 의지를 표현함.
- **침착한 수용(체념)** : 환자가 진단을 인정하지만 더 이상 정보를 구하지 않으며 원래 생활을 계속함.
- **무기력/절망** : 환자가 진단에 압도당하고 자신이 심각하게 아프고 희망이 없다고 생각함.
- **불안한 몰두** : 환자가 진단에 대해 극심한 불안을 보이고 추가적 정보를 비관적으로 해석함. 모든 신체 감각을 가능한 재발로 해석함.

Greer는 이 다섯 집단의 15년 후 생존율을 검사하였다. 최초의 반응이 긍정적 회피(부인)이거나 투지인 사람들의 35%만이 암으로 사망하였으며, 이는 침착한 수용, 불안한 몰두 또는 무기력/절망인 사람들 중 76%가 사망했던 것과 대비된다. 다섯 집단은 그들의 질병이나 치료 단계에서 다르지 않았기 때문에, 이 결과는 애초에 대처 전략이 질병 가능성에 더 일반적으로 영향을 미치는 것처럼, 심리적 반응이 질병의 진전에 기여한다는 가설을 지지한다.

더 최근 연구에서, 의료 심리학 연구자인 Johan Denollet와 동료들(Denollet, Martens, Nyklíček, et al., 2008)은 736명의 심장병 환자의 대처 전략을 평가했고 그중 159명이 억압적(repressive) 대처 스타일을 가진 것으로 확인하였다. 이는 고통을 최소화하고 진단과 치료에 대한 부정적 감정을 회피하는 경향성으로 정의되었다. 대처 전략에 대한 검사에서 이 환자들은 낮은 수준의 우울, 불안, 분노, 슬픔 또는 공포를 보고하였다. 대략 6년 후, 이 환자들의 결과가 검토되었다. 억압적 대처 스타일을 보였던 환자들은 다른 대처전략을 사용했던 환자들에 비해 어떤 이유로든 더 많이 사망하였고, 심장질환 사망률도 높았고, 치명적이지 않은 심장발작도 더 많이 경험하였다.

연구자들은 이 환자들이 비록 어떤 부정적 감정, 즉, 고통, 불안, 분노, 우울 등을 보고하지는 않았지만, 그들이 혈압 상승 같은 신체적 고통 증상을 경험하고 있었으며 의사 처방을 덜 따랐다고 결론지었다. 겉으로는 건강해보이는 이러한 대처 전략을 사용한 결과, 그들은 건강관리 전문가에 의해 위험성이 낮은 것으로 간주되었으나 실제로는 다음 5~10년 후 심장발작이나 사망 위험이 증가했다.

유사한 결과가 AIDS 환자에 대한 연구(Reed, Kemeny, Taylor, et al., 1994; Solano, Costa, Salvati, et al., 1993)에서 보고되어왔다. 일반적으로, 더 적은 적대감, 더 많은 침착한 수용, 더 많은 무기력을 보고하고 부정적 감정을 표현하지 못한 사람들이 더 일찍 사망한다(O'Leary, 1990). 가장 많이 힘겨워하고, 가장 열심히 싸우며, 그들의 분노와 적대감을 공개적으로 표현하고, 삶에서 즐거움을 찾는 사람들이 더 오래 산다. 어떤 식으로든, 자료는 '좋은 환자', 즉 순종적이고 너무 많이 질문하지 않고, 의사에게 고함치지 않거나 주변 사람들을 힘들게 하지 않는 환자들이 실제로 더 일찍 죽는다는 것을 보여준다.

게다가 이러한 심리적 차이가 면역계 기능과도 연결되어있다는 연구들이 있다. NK 세포로 불리는 일련의 면역세포 집단은 암세포에 대한 중요한 방어물로 알려져 있는데, 고통을 덜 보고하고 자신의 질병에 더 잘 적응하는 것 같은 환자들에게서 더 적게 발생하는 것으로 알려져 있다(O'Leary, 1990).

한 연구는 AIDS 환자들 중에서 자신의 병에 억압적(Greer 연구에서 침착한 수용이나 무기력 집단과 유사하게)으로 반응하는 사람들의 경우 T세포 수가 더 급격하게 감소하였던 반면, 투지를 보여준 환자들은 감소가 더 느렸음을 보여주었다(Solano, Costa, Salvati, et al., 1993).

이런 유형의 연구 결과가 증가함에도, 투지가 어떤 질병에든 적절한 반응이라는 결론을 내리기 전에 두 가지 중요한 주의사항을 고려해야만 한다. 먼저 몇몇 신중한 연구들은 우울/침착한 수용/무기력과 암으로 인한 더 빠른 사망 간에 어떤 관계도 발견하지 못하였다(Richardson, Zarnegar, Bisno, et al., 1990). 둘째, 동일한 심리적 반응이 모든 형태의 질병에 반드시 최적인 것인지 불분명하다. 예를 들어 심장병을 살펴보자. 암 환자에게 적절한 것으로 보이는 많은 성질이

A유형 성격에 해당한다는 사실은 분명 역설적이다. A유형 성격의 분노와 적대감 요소는 심장병의 위험요인이기 때문에, 그러한 요소를 포함하는 투지 반응이 항상 바람직한지는 명확하지 않게 된다.

이 모든 연구에서 주요한 차이점 중 하나는 연구자들이 심리적 기능의 매우 다양한 측정치를 사용해왔다는 것이다. Greer와 동료들은 그들의 분류 체계에서 상당히 일관된 결과를 보고해왔으나, 우울이나 절망감 등 표준화된 측정치를 사용한 다른 연구자들은 비슷한 패턴을 항상 발견하지는 못했다. 분명 불치 진단을 포함하여 스트레스에 대한 심리적 반응과 예후 간에 어떤 연결이 있는 것은 사실이지만, 아직까지 어떤 질병에 어떤 심리적인 과정이 결정적인지에 대해서는 확실하지 않다는 것이 나의 결론이다. 다행스럽게도, 이는 현재 많은 연구가 진행 중인 영역으로 오래지 않아 더 명확한 답이 나올 것으로 기대한다.

비판적 사고

친구가 죽어가고 있음을 알게 될 때 사람들은 그들이 무엇을 해야 하고 무엇을 말해야 하는지 알지 못하기 때문에 가끔 물러나 있게 된다. 이 결정이 어떻게 해가 될까? 그들이 도움을 줄 수 있는 말이나 행동에는 어떤 것들이 있을까?

임박한 죽음에 대한 개인의 반응에서 또 다른 중요한 요소는 그에게 가용한 사회적 지지의 양이다. 높은 수준의 사회적 지지는 낮은 수준의 고통과 더 적은 우울 증상, 더 오랜 생존 시간과 관련이 있다. 예를 들어, 심장 부전을 가진 환자는 사회적 지지가 있을 경우 더 오래 살고, 의학적 치료를 더 잘 따른다(Wu, Frazier, Rayens, et al., 2013). 심각한 동맥경화증이 있는 환자들도 친한 친구가 있을 때 그렇지 않을 때보다 더 오래 산다(Williams, 1992). 아프리카계 미국인을 포함했던 이 연구는 그 관계가 앵글로 문화에만 고유한 것이 아님을 보여준다.

죽을 장소의 선택

오늘날 미국과 다른 산업화된 나라들에서 대부분의 성인은 집에서 죽기를 선호한다고 보고하지만, 실제로는 거의 대다수가 병원과 요양원에서 죽는다. 예를 들어, 덴마크의 말기 암 환자 96명을 대상으로 환자가 임종 간호와 죽음의 장소로 선호하는 장소에 대해 자료를 수집한 결과, 3/4 이상(84%)이 집에서 간호받기를 원했고, 71%는 집에서 죽기를 희망하였다. 이러한 소망을 표현했던 사람들 가운데 절반만이 집에서 간호를 받고 사망하였다. 이러한 차이를 만드는 것은 무엇인가? 두 가지 주요 요소는 집에 배우자나 파트너가 있는가 그리고 말기환자 간병팀(palliative care team)의 도움을 받을 수 있는가 이었다(Brogaard, Neergaard, Sokolowski, et al., 2012).

최근 만성 질병으로 사망한 사람들의 가족 구성원을 설문 조사했던 대규모 연구에서, 의사인 Joan Teno와 동료들(Teno, Clarridge, Casey, et al., 2004)은 죽음의 세부 사항에 대해 질문하였다. 그 해 미국에서 발생한 만성 질환으로 인한 사망 197만 건을 대표하기 위해 1,500명 이상의 가족으로 구성된 표본이 선택되었다. 응답자들은 사망한 가족 구성원의 마지막 간병 장소에 대해 질문을 받았고, 그 결과 1/3은 집에서 사망하고 2/3는 병원이나 요양원 등 기관에서 사망한 것으로 집계되었다. 그러나 관리 질에서의 결정적 차이는 그들이 집에서 죽었는지 여부가 아니라, 그들이 가정방문 간호서비스(home-care nursing services) 또는 고통의 감소, 정서적 지지, 죽어가는 사람과 가족을 위한 영적 위안에 초점을 둔 호스피스 케어(hospice care)를 받았는지 여부였다. 사망한 가족 구성원이 마지막에 받았던 관리의 질에 대해 질문을 했을 때, 간호서비스를 받으면서 집에서 죽는 것, 요양원에서 죽는 것, 병원에서 죽는 것 간에 차이는 없었다. 절반 미만의 응답자가 이러한 상황에서 삶의 마지막 날들을 보냈던 가족 구성원들이 '훌륭한' 관리를 받았다고 보고하였다. 반대로, 가족 구성원이 집에서 호스피스 케어를 받고 사망했다고 보고한 응답자의 70% 이상이 이 관리를 '훌륭한' 것으로 평가하였다. 안타깝게도, 가족 구성원이 집에서 호스피스 케어를 받고 사망했던 사람들의 수는 전체 설문지 응답자의 약 16%뿐이었다.

〈그림 11.1〉은 이 연구에서 응답자들이 보고했던 문제 영역을 보여주는데, 가족이 가정방문 간호서비스 또는 호스피스 케어를 받고 집에서 사망한 경우, 요양원 또는 병원에서 사망한 경우의 네 가지를 구분하였다. 그림에서 볼 수 있듯이, 가장 큰 우려는 환자에 대한 정서적 지지의 결여였는데, 가족 구성원이 집에서 호스피스 케어를 받았던 경우(35%)에 비해 가정방문 간호서비스를 받으며 집에서 최후 관리를 받았던 응답자(70%)가 2배나 더 많이 이 문제를 보고하였다. 비슷한 비율이 가족을 위한 정서적 지지의 결여에서도 나타나는데, 집에서 가정방문 간호서비스를 받았던 경우(45%)가 집에서 호스피스 케어를 받았던 경우(21%)에 비해 2배 정도 이 문제를 보고하였다.

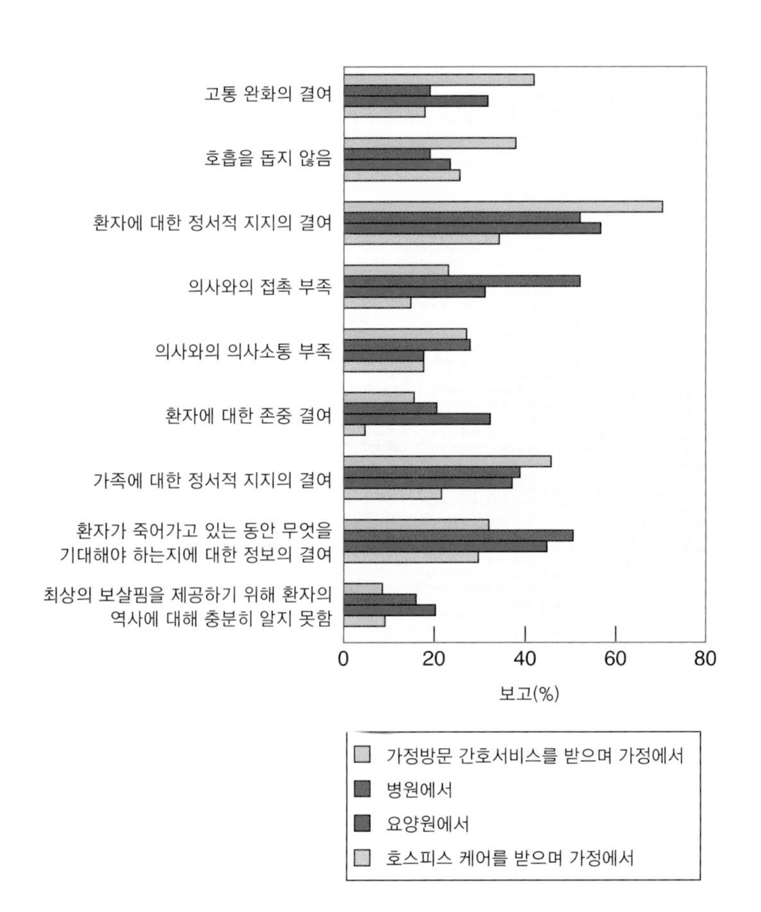

:: 그림 11.1

사랑하는 이의 숙음 후에 가족 구성원은 보살핌을 받을 마지막 장소에 대한 걱정을 보고한다.

출처 : Teno, Clarridge, Casey, et al. (2004)의 자료.

이 연구의 저자들은 연구가 가족 구성원의 관리에 대한 응답자의 지각만을 다루고, 그것도 일정 시간이 지난 후만을 다루고 있지만, 여전히 미국의 시한부 환자 간호와 연합된 여러 문제들에 대해 놀랄 만하다고 결론을 내렸다. 저자들은 요양원에 대해 보고된 문제들에 특히 우려를 표했는데, 요양원은 보통 매우 나이 든 사람들이 보살핌을 받는 최후의 장소이다. 앞으로 시한부 간호를 필요로 하는 노인 인구의 수는 증가될 것이고, 그때 요양원은 연방정부의 지원을 점점 덜 받게 될 것이다. 게다가 병원은 말기 환자들을 다 보살필 수 없고, 점점 더 많이 그들을 요양원으로 보내게 될 것이다.

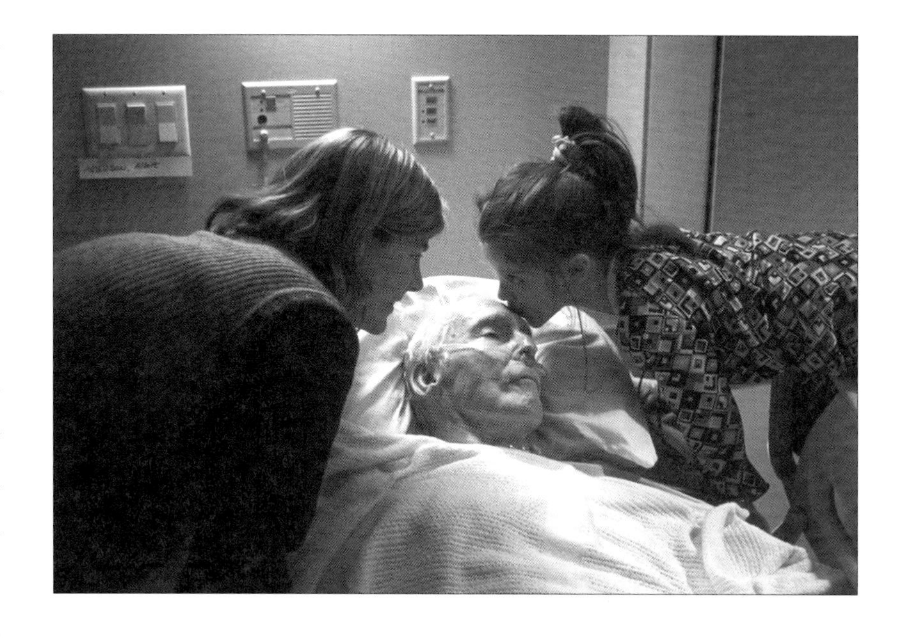

호스피스 케어는 죽음을 피할 수 없을 때 전문적 간병인이 환자와 가족이 삶의 자연스런 한 부분으로서 죽음을 수용할 수 있게 돕는 것에 초점을 두어야 한다는 믿음에 기초한다.

호스피스 케어는 정확히 무엇을 포함하는가? 내가 제11장의 처음 이야기에서 호스피스 운동의 시작에 대해 말했지만, 오늘날 호스피스 케어가 정확히 무엇이고 그것이 죽어가는 사람과 그 가족들에게 '훌륭한' 서비스를 성공적으로 제공하게 되는 이유는 무엇일까?

호스피스 운동은 Kübler-Ross가 '좋은 죽음(a good death)', 즉 존엄을 유지한, 최대한 의식이 있고 최소한의 고통을 지닌, 환자와 환자 가족이 과정에 대한 완전한 정보와 통제력을 지니는 죽음의 중요성을 강조했기 때문에, 이에 의해 상당한 자극을 받았다. 호스피스 케어는 1960년대 영국에서 시작되었다. 미국에서는 말기 암 환자들에게 지속적인 공격적 치료에 대한 대안을 주자는 풀뿌리 운동으로서 1970년대에 시작되었다. 1982년경, 이 생각은 상당한 지지를 받게 되었고 의회는 호스피스 케어를 메디케어(Medicare)에 의해 지불되는 여러 혜택 가운데 하나로 포함시켰다. 오늘날 미국에는 3,000개 이상의 호스피스 프로그램이 있어서 매년 거의 50만 명의 말기 환자와 그 가족들을 돌보고 있다(Wilkinson & Lynn, 2001).

호스피스 접근(hospice approach)의 기초 철학은 다음을 포함한다.

- 돌봄과 돌봄을 받는 장소에 대한 통제가 환자와 가족에게 주어져야 한다.
- 제공되는 의료적 돌봄은 치료적인 것이 아니라, **고통 완화**(palliative)를 위한 것이어야만 한다. 즉, 고통이 완화되고 편안함이 최대화되어야 하며, 외과적이거나 생명을 연장시키는 방법은 최소한으로 취해져야 한다.
- 죽음은 정상적이고 불가피한 삶의 부분으로 간주되어야 한다. 죽음은 피해야 하는 것이 아니라 직면하고 수용되어야 하는 것이다.

- 의사, 간호사, 사회복지사, 심리치료사, 사제나 다른 영적 지도자를 포함하는 다학제적 팀이 관여해야 한다(Torpy, Burke, & Golub, 2012).

실질적으로, 이 철학은 죽어가는 사람과 그 가족, 친구에게 가용한 서비스의 집합으로 나타난다. 이 서비스들은 〈표 11.1〉에 열거되고 기술되었다. 현재 미국 내 사망의 44% 이상이 호스피스 프로그램의 관리하에 이루어진다. 환자들이 호스피스 케어를 구하는 가장 공통된 조건은 말기 암(38%)이다. 호스피스가 삶의 마지막 6개월 동안 관리를 제공하기 위해 고안된 것이긴 하지만, 평균 관리 기간은 2개월 이하이고 이는 많은 불치병의 과정을 예측하는 것이 어렵기 때문이다(National Hospice and Palliative Care Association, 2012). 가족들이 호스피스 서비스를 사용하지 않는 이유는 더 많은 수의 환자들이 예측하기 어려운 심장질환과 노인성 치매로 사망하고, 환자와 가족이 죽음을 즉각적인 것으로 수용할 수 없게 하는 심리적 장벽 그리고 일부 의사(그리고 가족들)가 공격적 치료의 중단을 어려워하는 것 때문이다. 그 결과는 호스피스 케어가 사람들이 좋은 죽음을 갖도록 돕는 긍정적 움직임이지만, 여전히 소수의 사람들에 의해서 그리고 짧은 기간 동안만 사용된다는 것이다.

죽을 시간의 선택

현대의학의 발달을 바라보는 또 다른 방식은 의학이 삶을 연장하는 대신, 죽음을 연장한다는 것이다. 오늘날 매년 사망하는 사람들의 약 90%는 장기간의 질병과 꾸준한 쇠퇴를 경험한 후에 죽게 된다. 많은 사람은 좋은 죽음을 맞이하고 언제, 어떻게, 어디에서 죽을지를 선택할 근본적 권

:: 표 11.1 호스피스 케어는 무엇인가?

- 의사, 간호사, 사회복지사, 상담자, 가정 건강도우미, 목사, 치료사 그리고 훈련된 자원봉사자들로 구성된 다학제적 팀으로, 증상을 완화시키고 환자와 가족에게 지지를 제공하기 위해 자신의 전문 영역에 기초하여 환자를 돌봄.
- 환자가 자기 삶을 통제하지만 편안할 수 있도록 고통과 증상을 통제.
- 환자와 가족의 개인적 신념에 기초한 영적 보살핌으로, 환자가 의미를 찾고 작별인사를 하거나 종교적 의식을 거행할 수 있도록 도움.
- 자신의 가정에 머물 수 있는 환자들에 대한 가정 보살핌이지만 동시에 필요할 경우 병원이나 요양원에서의 입원 관리도 해당함.
- 가족 간병인들을 위한 일시적 위탁.
- 가족 구성원들이 환자의 상태에 대해 알고 감정을 나누고 기대에 대해 이야기하며 죽음에 대해 학습하고 질문을 할 수 있게 하는 가족회의.
- 방문, 전화, 지지 집단을 활용하여 가족 구성원의 애도과정을 돕는, 상담자와 목사로부터의 사별 관리.
- 의사, 가족 간병기관, 약사, 목사, 장례식 디렉터 등 지역사회 전문인들과 의사소통하기 위해 다학제적 팀에 의해 제공되는 조율된 관리.

출처 : American Cancer Society (2013)에 기초.

리가 있다고 믿는다.

1976년 캘리포니아 주는 미국에서 생전 유서에 관한 최초의 법안을 통과시켰는데, 이는 만약 자신이 더 이상의 회복 가능성이 없게 된다면, 생명을 연장시키는 어떤 조치도 취해서는 안 된다는 것을 법적으로 표시하는 문서이다. 생전 유서는 이제 미국의 50개 주 모두와 많은 다른 나라에서 유효하다. 1990년 미국 대법원은 의학적 치료를 거부하는 것이 죽음을 초래한다고 해도, 미국인들이 의학적 치료를 거부할 권리를 가지고 있다고 판결하였다.

1997년 오리건 주 유권자들은 존엄사 법(Death With Dignity Act)을 통과시켰는데, 이는 어떤 상황에서는 의사들이 환자가 자신의 삶을 끝낼 약을 구하도록 도울 수 있음을 뜻하는 의사조력자살(physician-assisted suicide)을 허용한다. 여러 조건들 중, 환자는 반드시 자발적으로 약을 요청해야 하며, 불치의 상태이고, 정신적으로 유능해야만 하며 이러한 점들은 다른 의사에 의해 확인되어야만 한다. 15일간의 대기 기간이 있고, 처방약은 주 정부에 등록되어야 한다.

이 법을 반대하는 사람들의 경고에도 불구하고, 의사조력자살을 요청한 말기 환자들은 많지 않다. 이 대안이 가능해졌던 첫 해에는 24명이 처방을 받았고, 16명이 그들의 삶을 끝내기 위해 이 약을 사용했다. 2012년에는 115명의 사람들이 처방을 받았고, 77명이 이를 사용하여 삶을 끝냈다(Oregon Department of Human Services, 2013).

오리건 주는 의사조력자살에 대한 요청과 처방약에 대해 상세한 기록을 하고 있다. 2012년, 115개의 처방은 서로 다른 61명의 의사에 의해 만들어졌고, 환자의 평균 연령은 69세이었다. 대다수는 백인(97%)이었고, 적어도 학사학위를 가지고 있었고(43%), 암 환자였고(75%), 집에서 죽었고(97%), 호스피스 케어를 받았다(97%). 모든 사람(100%)이 건강보험을 가지고 있었는데, 즉, 그들이 더 이상의 치료비를 감당할 수 없기 때문에 의사조력자살을 선택한 것이 아님을 뜻한다. 삶을 끝내려는 가장 흔한 이유는 먼저 자율성의 상실, 다음으로 삶을 즐겁게 만들었던 활동들에 참여할 수 있는 능력의 감소 그리고 존엄성의 상실이었다(Oregon Department of Human Services, 2013). 현재 워싱턴 주, 몬태나 주, 버몬트 주 또한 의사조력자살 법안을 가지고 있고, 벨기에, 룩셈부르크, 네덜란드, 스위스 같은 나라들도 그러하다.

의사이며 생명윤리학자인 Ezekial Emanuel과 동료들(Emanuel, Fairclough, & Emanuel, 2000)은 거의 1,000명의 말기 환자들을 대상으로 의사조력자살에 대한 태도를 설문 조사하였다. 환자의 거의 90%가 이를 가설적으로 지지하긴 하였으나, 약 10%만이 자신을 위해 이를 진지하게 고려하였다. 우울 증상을 경험했고, 상당한 부양(caregiving) 요구가 있었고, 고통 속에 있었던 사람들은 의사조력자살을 고려할 가능성이 더 컸다. 이를 덜 고려했던 사람들은 자신이 제대로 인정된다고 느꼈고, 65세 이상이었고, 아프리카계 미국인이었다. 흥미롭게도 4개월 후 생존 환자들을 다시 인터뷰했을 때 각 집단의 약 절반이 마음을 바꿨다. 이때 전과는 달리 의사조력자살을 선호한 사람들은 우울 증상이나 호흡 곤란을 발달시켜왔을 가능성이 더 컸다.

비판적 사고

의사조력자살을 선호하는 사람들이 일반 인구 집단보다 학력이 더 높은 이유는 무엇이라고 생각하는가?

이는 몇 가지 이유에서 재미있는 연구이다. 이는 의사조력자살에 대해 말기 환자들을 실제로 인터뷰했던 최초의 연구로, 가설적 개념과 자신에 대한 실제적 적용을 구분하였다. 또한 이러한 결정의 핵심 지표가 의학적이기보다는 사회적이라는 것을 보여주었다는 점에서 흥미롭다. 이 연구는 환자들을 추적 조사하여, 의사조력자살에 대한 바람이 약 절반의 환자들에게서는 시간에 따라 일관적이지 못하다는 것도 보여주었다. 이러한 발견은 의사조력자살을 고려할 때에 환자들의 우울, 여전히 계속되는 고통, 호흡 곤란, 그들이 짐이라거나 제대로 인정받지 못한다는 느낌을 평가하는 것이 중요함을 보여준다. 이 연구는 또한 약을 요청하고 그것을 받는 것 사이에 대기 기간을 가질 것을 강조한다.

현대 의학과 건강 관리의 발전은 우리에게 수많은 축복을 주었다. 여성이 아이를 낳다가 죽는다거나 아이가 성인기까지 살지 못한다거나 하는 것은 매우 드문 일이다. 우리 대부분은 형제자매, 부모와 함께 살면서 중년기를 맞는다. 우리 자녀들은 흔히 네 명의 조부모가 있을 것이고, 아마도 소수의 증조부모도 있을 것이다. 그러나 단점은 아래 기술된 것처럼, '좋은 죽음'을 맞이할 기회는 줄어들었다는 것이다.

> 인간은 시간이 흐르면서 여러 가지 도전에 직면해왔다. 보통, 늙어가면서 서서히 죽을 기회를 갖는 것은 그렇게 나쁜 것이 아니다. 그러나 이는 도전이다. 우리 사회는 전에는 이런 상황에 있던 적이 한 번도 없었다. 우리는 언어, 범주, 구성, 의미, 의식, 습관, 사회적 기관, 서비스 제공, 자금 조달, 지역사회 참여에 공을 들여야만 한다. 배우고 행할 것들은 여전히 많다. 더 오래 살면서 삶의 끝에 도달하는 사람들의 수가 급증하면서 이러한 학습과 시행의 요구는 더욱 더 급박하게 되었다 (Wilkinson & Lynn, 2001, p. 457).

죽음 후 : 의례와 애도

죽음이 갑작스러운 것이든 연장된 것이든, 예측되었든 예측되지 않았든, 살아남은 사람들은 죽음을 받아들여야 하고 그들의 삶을 계속해야만 한다. 나는 제10장에서 스트레스와 대처를 논의했을 때 외상으로서의 애도에 대해 간략히 다루었다. 여기서는 애도 과정에 대한 더 일반적인 논의를 하고자 한다.

의례적 애도 : 장례식과 의식

모든 인간 문화는 죽음과 연합된 일련의 상징적 의식, 즉 의례적 애도(ritual mourning)에 참여한다. 이러한 의례는 무의미한 겉치레가 아니라, 명확하고 중요한 기능을 갖는다. 사회학자인 Victor Marshall과 Judith Levy는 "의례는 사회가 죽음으로 인한 와해를 통제하고 죽음을 의미 있는 것으로 만들기 위한 수단을 제공한다. …… 장례식은 전기(biography)를 완성하고, 비통함을 다루며, 죽음 후의 새로운 사회적 관계를 세우는 작업을 달성하는 형식적 수단으로서 존재한다." (1990, pp. 246, 253).

이러한 목적을 달성하는 의례의 한 방략은 유족에게 특정한 역할을 주는 것이다. 역할의 내용

모든 문화에는 구성원들이 자기 혈연의 죽음을 표시하고 사별한 사람을 위로하는 장례식이 있다.

은 문화마다 주목할 만하게 다르지만, 대부분의 경우에 역할의 명료성은 사랑하는 사람의 죽음 직후 며칠 또는 몇 주까지 어떤 형태를 제공한다. 우리 문화에서, 의례는 누가 무엇을 입고, 누구에게 알려야만 하며, 누구에게 음식을 대접하고, 어떤 태도를 보여야만 하는 등 많은 것을 처방한다. 종교적 배경에 따라, 어떤 사람은 시바[shiva : 부모 · 배우자와 사별한 유대인이 장례식 후 지키는 7일간의 복상(服喪) 기간]를 지키거나, 친구와 가족들을 불러 모아 관 옆에서 밤을 새워 지키거나, 추도식을 마련한다. 누군가는 냉정하게 반응하고 누군가는 머리를 쥐어뜯고 울 것이다. 그러나 사회적 규칙이 무엇이든지간에 행해져야 할 역할이 있고, 그 역할들은 우리에게 소중한 사람의 죽음 후 망연자실해 있는 처음 시간 그리고 하루하루에 형태를 제공한다.

죽음을 둘러싼 의례는 죽은 이의 삶의 의미를 강조함으로써 죽음에 의미를 제공할 수도 있다. 대부분의 죽음 의례가 기념, 사진, 전기, 증언을 포함하는 것은 우연이 아니다. 그 사람의 삶에 대해 이야기함으로써, 삶의 가치와 의미를 기술함으로써, 죽음은 더 기꺼이 받아들여질 수 있다. 물론, 의례는 죽음을 더 큰 철학적 또는 종교적 맥락에 놓음으로써 의미를 제공할 수도 있다.

이민자들의 나라로 알려진 미국은 매우 다양한 장례식과 애도 의례를 가지고 있다. 많은 하위 집단이 있고, 〈표 11.2〉는 그 중 중요한 몇 가지 예를 보여준다. 표에서 볼 수 있듯이, 사람들이 상실을 표현하고 사랑하는 이에게 찬사를 바치는 방식에는 매우 큰 차이가 있다.

비애의 과정

장례식 또는 추도식이 끝났을 때는 무엇을 하는가? 배우자, 부모, 자녀, 친구, 연인 등 누구를 잃었든 간에, 사람은 어떻게 이에 대한 비애(grief)를 다루는가? 비애라는 주제는 앞서 언급되었던

:: 표 11.2 미국 문화 집단에서 장례식 의식과 실제

문화 집단	지배적인 종교적 신념	애도 전통	장례식 전통
아프리카계 미국인(남부)	개신교도. 모든 이가 천국에서 재회할 것이고, 삶의 사건들은 신의 계획에 따라 일어난 것임을 믿음.	남성, 여성에 의한 개방적이고 정서적인 애도. 슬픔을 표시하기 위해 검은색 옷을 입음.	가정에서 시신을 봄. 가족과 지역사회 구성원의 큰 모임. 문상객들에 대한 지원과 함께 교회에서 장례식. 음반, 운동복, 트로피, 사진 등 죽은 이의 아끼던 소지품을 관에 넣어 묘지에 매장.
아프리카계 미국인(서부 아프리카와 카리브해 주변 서인도제도로부터의 이민자)	아프리카 민간요법 신념과 혼합된 기독교. 일부는 개신교.	장기간의 애도와 기도, 북치기, 노래를 포함하는 정교한 의식. 사망한 사람의 사진을 찍음. 조상에 대한 존경심을 불어넣기 위해 애도의 전 과정에 아동이 포함됨.	연장자들에게서 전해져 온 토착 사투리로 남성에 의해 행해지는 전통적 격식을 갖춘 장례 의식. 지역사회와 대가족에 의해 지불됨. 방부 처리 나 화장은 없음. 일반적으로 매장, 그러나 유해가 모국으로 보내진다면, 때로 화장도 가능함.
미국 내 라틴 아메리카인(쿠바, 푸에르토리코, 도미니카 공화국 후손)	기독교. 죽음은 천국으로 입장하는 것이고 살아 있는 사람과 죽은 자 간의 관계는 지속된다고 믿음.	여성은 슬픔을 공개적으로 표현하지만, 남성은 감정을 통제하고 '강한' 모습을 보여야 함.	가족들이 함께 음식, 기도, 촛불을 나누며, 이틀간 관을 연 상태로 죽은 이를 볼 수 있음. 장례식은 전통 미사이고, 기독교 묘지에 매장함.
무슬림 국가로부터의 미국 이민자(카리브 해 섬, 아시아와 아프리카 국가들)	이슬람교. 삶의 목적은 영원을 준비하는 것이라 믿음. 사망 시 영혼은 평가를 위해 알라신에게 노출됨.	울음은 수용되지만, 통곡과 같은 극단적인 정서적 표현은 금지됨.	매장은 24시간 내에 행해져야만 함. 이맘(imam)은 장례식을 지휘함. 시신을 보지 않으며, 방부처리나 화장도 없음. 죽은 이는 메카를 향해 매장됨. 여성의 묘지 방문은 허용되지 않음.
중국으로부터의 아시아계 이민자	도교, 조상숭배, 지역 신숭배, 불교	문상객이 더 많고, 감정이 더 많이 표현될수록, 그 사람은 더 많이 사랑받았던 것임. 장례식 후, 가족은 죽은 이와의 관계를 상징하는 색깔 옷을 입고 100일간의 애도 기간을 준수함.	죽은 이의 연령에 따라 결정됨. 아동 및 자녀가 없는 젊은 성인의 경우, 완전한 장례 의식을 치루지 않음. 가족 구성원이 어떤 색의 옷을 입고 사람들은 어디에 앉아야만 하는지에 대한 전통적 규칙을 따르며, 집에서 밤새도록 관을 지킴. 손님들은 경비를 지불할 수 있게 돈을 기부함. 가정에서 묘지(흔히 언덕에 있음)로 관을 옮김. 묘지가 높이 있을수록 더 많은 권위를 뜻함. 큰 아들이 묘지로부터 흙을 가져와 죽은 가족 구성원의 사당에 둠.
태국, 베트남, 미얀마, 캄보디아로부터의 아시아 계 이민자	불교. 죽음은 내생에 더 나아지는 것을 위한 기회라고 믿음.	깊은 슬픔. 때로 신체적 증상을 동반함.	1~3일 동안 관을 연 상태로 시신을 볼 수 있음. 가족은 흰색 옷을 입거나 머리띠를 함. 장례식은 꽃, 과일, 향, 물, 촛불로 장식한 제단을 포함함. 의식은 1시간 길이의 승려 염불로 시작됨. 문상객들은 그릇에 재를 조금 넣고 죽은 이를 위한 개인적 기도를 함. 승려가 지켜보는 가운데 사적인 화장이 행해짐.
인도인	힌두교. 삶과 죽음은 순환의 일부라고 믿음. 살면서 좋은 행동을 하는 것(카르마)은 영혼을 해탈케 함.	애도는 영혼에게 이제 떠나야만 한다는 것을 알리고 가족에게 인사를 할 수 있도록 행해짐.	시신을 목욕시키고 깨끗한 옷을 입히며, 영혼이 다음 세계로 넘어갈 수 있도록 다음 날 일출 전에 화장함. 가족은 10일간 의식을 거행하고 11일에 영혼은 지구를 떠남. 매장이나 방부처리는 없음. 아동은 의식의 모든 부분에 참여함. 시신은 인도에 보내지거나 꽃과 함께 미국 내 강에 뿌려짐.

북미 원주민(나바호 및 관련 부족)	기독교나 개신교와 혼합된 나바호족 전통. 영혼이 그 사람이 만든 물건(도자기나 담요)에 깃들어 있다고 믿음.	문상객은 매장 전에 관 위에 흙을 뿌림.	죽은 이를 나바호 담요로 감싸서 관에 눕힘. 깨진 그릇이나 해어진 담요가 이러한 물건들로부터 영혼의 해방을 돕기 위해 포함됨. 또한 관에는 여분의 의복, 음식, 물, 개인적 물품이 함께 놓임. 의식은 영어와 나바호어로 행해짐. 동쪽에서 서쪽으로 향하도록 매장됨. 영혼 안내자를 혼동시키는 어떤 발자국도 묘지 주변의 흙에 남기지 않음.
유럽계 미국인, 기독교 전통	사후세계를 믿음. 친구와 가족이 천국에서 다시 만날 것임을 믿음.	문상객들은 검은 옷을 입고 검은 완장을 참. 어떤 사람들은 고인의 집에 있는 문에 어두운 화환을 걸음.	장례식 수일 전에 장례식장이나 교회에 모여 서로를 위로하고 고인에게 마지막 존경을 고함. 때로는 관을 열고 문상객들이 시신을 볼 수 있게 함. 장례식은 교회나 장례식장에서 행해짐. 목사가 기도와 노래 등 식을 진행함. 친구와 가족 구성원들이 고인을 칭송함. 기독교인은 미사를 올림. 매장은 묘지 옆에서의 짧은 의식과 함께 장례식 후에 행해짐. 문상객은 고인이나 가까운 친척 집에 모여 식사를 하고 서로를 위로함. 화장은 기독교보다는 개신교에서 더 흔함.
유럽계 미국인, 유대교 신앙	좋은 행위는 다른 사람들의 마음과 정신에 산다고 믿음. 사후세계에 대한 구체적 가르침은 없음. 장례식은 고인의 삶에 대한 기념임.	가족은 가정에서 일주일간 복상기간을 지냄. 낮은 의자에 앉고 거울은 가리며, 옷이나 외모에는 신경을 쓰지 않고, 검은 리본이나 찢어진 천을 단 채로 애도함. 친구들이 집에 음식을 가져오고 가족이 필요한 것들을 돌봄.	장례식과 매장이 죽음 직후에 행해짐. 고인은 단색의 수의를 입고 단순한 관에 눕혀지는데, 모든 이가 신에 의해 동등하게 창조되었음을 상징함. 이스라엘로부터 온 흙이 매장 동안 관 위에 뿌려짐. 가족은 1년간 전통적인 기도를 하며, 그 이후에 묘비가 세워짐.

출처 : Hazell (1997), Lobar (2006), Santillanes (1997), Techner (1997)에 기초.

Kübler-Ross나 제6장의 애착이론으로 유명한 John Bowlby에 의해 제안된 것처럼, 다양한 종류의 단계이론으로 가득 차 있다. Kübler-Ross가 자신의 이론에서 단계적 진전을 완화하긴 했지만, Bowlby와 다른 연구자들은 그렇지 않았다. 이 신프로이트(neo-Freudian) 이론은 사랑하는 이의 죽음에 대한 반응을 일련의 단계로 기술하고 모든 사람이 이 단계 모두를 고정된 순서로 거쳐야만 하는 것으로 설명한다. 이 과정 중 어느 순간에서든, 사별한 사람은 한 단계 또는 다른 단계에 있으며, 결코 두 가지 단계에 동시에 있지는 않는다. 이러한 이론들에 따르면, 사람은 단계를 건너뛰거나 다시 예전 단계로 돌아갈 수 없다. 이 '비애 작업(grief work)'의 결과는 단계의 마지막에 유족들이 상실에 적응하고 정상적 삶을 되찾는 것이다.

Bowlby(1980)의 이론은 재조직화 이전에, 마비(numbing), 갈망(yearning), 혼란(disorganization), 절망(despair)이라는 네 단계를 가정한다. Kübler-Ross의 5단계는 이 장의 앞에 소개되었다. 연구는 이러한 단계들이 기술된 순서대로 경험된다거나 모든 유족에 의해 경험된

비판적 사고

〈표 11.2〉가 여러분의 가족이나 지역사회의 애도 및 장례 의식에 대해 기술하고 있는가? 차이점은 무엇인가?

다는 것을 지지하지 않는다. 예를 들어, 한 비평가는 이렇게 썼다.

> 살아가는 매우 다양한 방식이 있는 것처럼, 우리는 죽음과 애도에도 다양한 방식이 있음을 발견하고 있다. …… 불치병이나 애도를 특징짓는 지나치게 획일적인 단계나 스케줄이 있다고 지지하는 확고한 증거는 없다. 이는 Kübler-Ross의 '죽어가는 과정'과 Bowlby의 '애도 단계'가 죽음과 슬픔의 역동 및 과정에 시사점이나 통찰을 줄 수 없음을 의미하지는 않지만, 그러한 이론들은 말기 환자와 애도자가 반드시 통과해야만 하는 불변의 후프(hoops)와는 거리가 있다. 우리는 어떻게 죽는지 또는 애도하는지에 대한 강압적인 정설을 퍼뜨리는 것을 경계해야만 한다(Feifel, 1990, p. 540).

어떤 이들은 단계보다는 마비, 갈망, 분노, 혼란, 절망이라는 주제처럼 주제나 양상의 측면에서 생각하는 것이 더 좋다고 주장한다. 사랑하는 이의 죽음 후 첫 며칠 또는 몇 주 동안 지배적인 주제는 마비일 것이고, 그 다음에 갈망이 나타날 것이다. 그러나 갈망이 마비를 완전히 대체하지는 못할 것이다. 소진은 더 후에 나타나는 주제일 것이나, 갈망 또한 그때 나타날 수 있다. 죽음의 수용에 대한 Kübler-Ross의 단계처럼, Bowlby의 애도의 단계도 많은 사람이 애도 중에 경험하는 감정들을 나타내는 것으로서 가장 잘 이해될 수 있으며, 이 단계들은 결코 전체가 아니며 이런 특정한 순서를 따르지도 않는다.

그러나 수세기 동안, Bowlby의 이론은 심리학자, 상담자, 건강관리 전문가, 목사들이 비애를 이해하는 전문적 근거로 사용되어왔다. 제10장에서 논의했던 것처럼, 외상과 적절한 비애의 단계를 경험하지 못한 것은 정상적인 건강한 애도가 일어나지 못했고, 억압(repression)이나 부인(denial) 같은 병리가 존재하는 신호라는 것이 지배적인 믿음이었다(Rando, 1993). 이 사례들에서 추천되는 임상적 개입은 그 사람이 숨겨진, 미해결의 비애감을 다룰 수 있게 돕는 것이다(Jacob, 1993). 사랑하는 이가 정말로 '사랑받지는 못했을' 것이라는 설명도 존재한다(Fraley & Shaver, 1999). 더 최근의 연구 발견은 많은 사별자가 특정한 일련의 단계를 따르지 않는다는 것이다. 사실 사별에 대한 가장 흔한 반응은 적응유연성(resilience), 즉, 외상적일 수 있는 사건 후에도 건강한 기능을 유지하는 것이다.

최근 배우자의 죽음을 경험한 적이 있는 참여자들에 대한 연구에서, 거의 절반은 상실 후 경미한 우울 증상조차도 보이지 않았다(Zisook, Paulus, Shuchter, et al., 1997). 다른 연구들에 따르면, 유족들이 최근의 상실에 대해 이야기할 때 순수한 미소와 웃음처럼 긍정적인 정서를 보였을 뿐 아니라, 이러한 정서가 안녕감을 촉진하는 것 같았다(Bonanno & Kaltman, 1999; Bonanno & Keltner, 1997).

한 종단연구에서, AIDS에 걸린 파트너를 돌봤던 게이 남성들을 파트너 사망 후 인터뷰하였다. 그 경험에 대한 게이 남성들의 평가는 부정적이기보다는 긍정적이었다. 많은 사람이 개인적 강점과 자기 성장을 경험하였고, 그들의 관계는 더 강해졌다고 말했다. 12개월 후, 그 보살핌의 경험을 가장 긍정적으로 평가했던 사람들은 더 높은 수준의 심리적 안녕감을 보이는 것으로 나타났다(Moskowtiz, Folkman, & Acree, 2003). 이 연구들과 유사한 발견을 보고했던 다른 연구들은 실제 사별자의 경험이 전통적인 이론을 따르지 않음을 보여준다. 배우자나 파트너의 죽음에 대한 전형적 반응은 예측 가능한 단계들을 따라 일어나는 전적으로 부정적인 생각과 감정이 아니었다. 게다가 이론을 따르지 않았던 참가자들은 부적응적이거나 임상적 도움이 필요한 상태가 아니었다. 반대로 가장 긍정적인 생각과 느낌을 보여주었던 사람들이 1년 후 가장 잘 적응하였다. 하나의 문제가 남게 되는데, 이는 그들의 슬픔이 얼마나 진정성이 있었는지 여부이다. 그들이 정말로 죽은 사람과 친밀하고 애정 어린 관계를 가지고 있었나? 또는 부정적인 비애의 결여가 애도할 것이 많지 않다는 것을 나타내는 것인가? 최근 사망한 배우자와의 관계에 대해 질문하는 것은 정직한 답변을 가져오지 않을 수도 있다.

이 가능성을 연구하기 위해 심리학자 George Bonanno와 동료들(Bonanno, Worthman, Lehman, et al., 2002)은 사별 전의 시간을 포함했던 종단연구를 실시하였다. 그들은 1,500명의 결혼한 커플들을 모집하여 그들의 관계, 애착 스타일, 대처기제, 개인적 적응에 대해 수년간에 걸쳐 인터뷰하였다. 이 시간 동안 205명의 참가자들이 배우자의 죽음을 경험하였다. 상실 전의 자료를 사용하여, 연구자들은 죽음 전의 결혼의 질을 평가하고, 죽음 후 18개월 동안 혼자 남은 배우자의 적응을 평가할 수 있었다. 연구자들은 적응의 다섯 가지 패턴과 각 패턴을 예측하였던 상실 전 요소들을 구분할 수 있었다.

그 결과는 〈그림 11.2〉에 제시하였다. 배우자의 죽음 후 가장 흔한 패턴은 적응유연성(46%), 만성적 비애(16%), 흔한 비애(11%), 우울하다가 개선됨(10%) 그리고 만성적 우울(8%)이었다. 결혼의 질은 비애 반응과 비교했을 때, 상위 3개 집단(적응유연성, 만성적 비애, 흔한 비애) 간에는 차이가 없었다. 결혼의 질이 매우 낮았던 한 집단은 우울하다가 개선된 집단이었는데, 그림에서 볼 수 있듯이 배우자의 죽음 전에 높은 수준의 우울을 보이다가 배우자 사망 후 향상된 경우이다. 이는 유족이 보이는 비애의 상대적 결여가 상실 이전의 좋지 않은 관계 때문이라는 속설은 단지 10%의 사례에서만 보인다는 것을 강하게 시사한다.

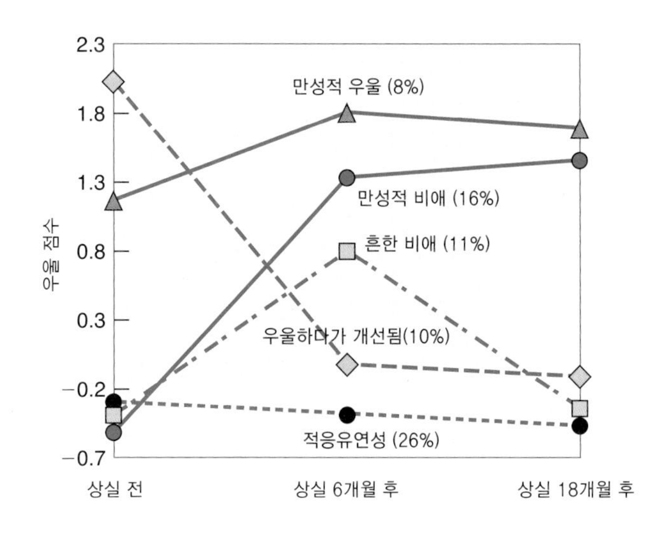

:: 그림 11.2
배우자를 잃은 사람에 대한 상실 전, 상실 당시 그리고 18개월 후의 연구는 비애에 대한 다섯 가지 고유한 패턴을 보여주는데, 가장 흔한 반응은 적응유연성이다.

출처 : Bonanno, Wortman, Lehman, et al. (2002).

더 최근에, Bonanno와 동료들(Bonanno, Moskowitz, Papa et al., 2005)은 사별을 겪은 배우자, 부모, 게이 남성을 대상으로 유사한 연구를 실시하였고 비슷한 수준의 적응유연성을 발견하였다. 그들은 또한 사별에 대한 반응과 죽음 전의 관계의 질 또는 양육 부담 간에 관계가 없음을 발견하였다. 그러나 사별에 대한 반응과 개인의 적응 간에는 관계가 있었는데, 친한 친구들에 의해 더 긍정적이고 더 잘 적응하고 있는 것으로 평가된 참가자들이 사랑하는 이의 상실에 더 탄력적으로 반응하는 경향이 있었다.

요약하면, 최근 연구는 Bowlby나 Kübler-Ross가 제안한 것 같은 사별의 단계이론이 사랑하는 이의 죽음에 대해 사람들이 경험하는 반응들이 무엇인가를 정의하는 데 도움이 되지만, 대다수 유족이 공통적으로 경험하는 비애의 순서를 기술하지는 않음을 보여준다. 애도는 매우 사적이고 개별화된 것이며, 또한 복잡하다. 사별한 사람들이 이론가들에 의해 기술된 온갖 반응을 보이는 것은 분명하지만, 대부분은 그들의 슬픔에 압도되지 않거나 평상시의 역할을 할 수 있다. 그들은 갈망과 절망의 순간을 경험하지만 또한 도움을 준 사람들에 대한 감사, 상실을 공유하는 다른 사람들을 위한 위로의 말, 사랑하는 이에 대한 좋은 기억, 심지어 재미있는 이야기와 농담 등 긍정적인 감정을 느끼는 순간도 있다. 비애는 두려워해야 하는 의식의 변형된 상태가 아니다. 사랑하는 이의 죽음은 고통스럽고, 떠나간 이는 결코 잊혀지지 않을 것이지만, 대부분의 사람들에게 죽음은 삶의 일부이며, 삶은 계속된다.

배우자를 잃은 사람이 적응하도록 어떻게 도울 수 있을까? 이 책의 다른 많은 질문처럼, 답은 '상황에 따라 다르다.' 이다. 깊이 상처 입거나 우울한 사람들을 위해서는 지지집단(support group)이나 상담을 제안할 수 있다. 그들이 '원래의 삶'으로 되돌아가도록 밀어붙이거나 격려하지 마라. 그러나 그들이 잘 적응하고 있고 높은 수준의 비통함을 보이지 않는다면, 이것이 정상적인 건강한 반응이라는 것을 생각하고 그들이 장례식 두 달 후에 몇몇 친구와 저녁 파티를 연다고 해서 놀라지 마라. 또는 홀아비가 전통적인 애도 기간이 끝나기도 전에 데이트를 한다고 해도 틀림없이 그의 결혼이 좋은 것이 아니었다고 생각하지 마라. 사람들이 잘 적응하고 있을 때, 그들이 '모든 것을 속 시원하게 이야기'하거나 '애도의 시간을 가질' 필요가 있다고 말하지 마라. 그러한 상실을 경험하고 있는 사람에게 도움이 되는 최상의 방법은 무엇이 정상이라거나 기대되는지에 대해 나의 생각을 심어주는 것이 아니라 내가 받고 있는 신호에 면밀히 주의를 기울이는 것이다.

마지막으로, 상실이 성장으로 이끌 수 있다는 사실을 잊지 말아야 한다. 사실 한 연구에서 대부분의 미망인은 남편의 죽음으로 인해 그들이 변했을 뿐 아니라 그 변화로 인해 더 큰 독립성과 기술을 갖게 되었다고 보고하였다(Wortman & Silver, 1989). 모든 위기와 주요 생활 변화처럼, 사별 역시 자신을 무력화시키는 경험이기도 하지만 기회가 될 수도 있다. 우리가 어떻게 반응하는가는 우리의 기질이나 성격, 애착과 자신에 대한 내적 작동 모델, 지적 기술 그리고 우리가 만들어 온 사회적 네트워크 등 초기 아동기부터 확립된 패턴에 매우 많이 의존한다.

삶과 죽음 : 맺음말

죽음과 그 의미에 대한 우리의 이해, 죽음의 불가피성에 대한 우리의 태도, 그 불가피성을 해결하는 우리의 방식은 우리가 죽는 방식뿐 아니라 성인기를 거치며 우리가 살아가는 방식에도 영향을 미친다. 베네딕트 수도사인 David Steindl-Rast는 이 점을 분명히 했다. "죽음은 …… 삶의 온전한 의미를 질문하게 만드는 사건이다. 우리는 목적이 있는 활동을 하고, 과제를 완수하고 성취하는 것에 온 정신을 빼앗기다가 자신의 죽음이든 우리가 매일 지나쳐가는 많은 죽음 가운데 하나이든 간에, 죽음이라는 현상을 마주하게 된다. 그리고 죽음은 목적만으로는 충분하지 않다는 사실에 우리를 직면시킨다. 우리는 의미에 따라 산다." (Steindl-Rast, 1977, p. 22)

죽음에 대한 자각은 자신의 임박한 죽음에 대해 알게 되는 미래의 어느 날까지 미루어둘 수 있는 것이 아니다. 대신 죽음은 매일의 삶을 정의하고 의미를 줄 수 있다. 우리 할머니의 장례식은 이러한 말로 마무리되었다. "계속해서 앞으로 나가, 삶을 축하하자!" 이는 죽음에 대한 어떤 논의에서도 좋은 마무리이다.

요약

Summary

01 죽음은 삶의 불가피한 사실이고, 우리가 그것에 대해 생각하는 방식, 사랑하는 이의 죽음에 대처하는 방식, 우리 자신의 궁극적 죽음이라는 현실을 받아들이는 방식은 성인발달에 관한 흥미로운 주제이다.

02 죽음은 다양한 의미를 지닌다. 누군가에게는 시간의 조직자이고, 다른 사람들에게는 처벌이다(장수는 보상이다). 대부분은 죽음은 사후세계 또는 부활을 통한 새로운 삶으로의 전환이라고 믿는다. 죽음에 대한 가장 만연한 의미는 기회, 관계, 시간의 상실이다.

03 죽음 불안은 광범위하게 연구되어왔다. 우리는 죽음 불안이 중년기 성인과 중간 수준의 종교성을 지닌 사람들에게 가장 강하게 일어난다는 것을 알고 있다. 중년기는 노화의 효과가 눈에 뜨이게 되는 시간이다. 더 나이 든 성인들은 죽음에 대해 더 많이 생각하지만, 두려움은 더 적다. 종교적 신념이 중간 수준인 사람들은 사후세계가 있다고 믿지만 준비가 되어있지 않다고 믿기 때문에 죽음을 더 두려워하는 것 같다. 여성은 남성보다 죽음 불안을 더 많이 표현하지만, 일반적으로 더 높은 비율의 불안을 반영하는 것일 수 있다. 삶의 목적성이 있고 후회가 적은 사람들은 죽음을 덜 두려워한다.

04 사람들은 생명보험을 사고, 유언장을 만들며, 기억을 모으고, 자신의 삶에 대해 회고하면

서 자신의 궁극적 죽음이라는 현실을 수용한다. 최근 의학기술이 삶을 연장시킬 수 있게 되면서, 많은 사람이 죽어가는 과정을 죽음 그 자체보다 더 두려워하게 되었다. 그들은 또한 가족 구성원들이 죽음에 대해 어떤 결정을 해야 하는 어려움을 겪게 될까 봐 걱정한다. 상당수의 성인이 시한부 환자 간호와 관련하여 자신이 원하는 것을 표현하는 생전 유서를 작성해왔다. 사람들이 자신의 죽음의 불가피성을 수용하는 또 다른 방식은 장기이식 기증자가 되는 것이다.

05 의사인 Elizabeth Kübler-Ross는 약 40년 전 최초로 죽음에 대한 개인적 수용에 대해 저술하였다. 그 전에는 초점은 삶을 연장시키는 것에 있었지 죽음을 받아들이는 것에 있지 않았다. 그녀는 죽음 반응의 다섯 가지 단계를 기술하였다. 모두가 이 단계를 거치지는 않으며 항상 동일한 순서로 일어나지도 않지만, 그녀의 기술은 정확하고 그녀가 사용한 용어는 죽음을 다루는 모든 영역에서 사용되고 있다. 그 단계들은 부인, 분노, 협상, 우울 그리고 수용이다.

06 Elizabeth Kübler-Ross는 죽어가는 과정에 대한 세 가지 핵심 이슈를 정의하였다. 죽어가는 사람은 여전히 살아있고 해결되지 못한 욕구를 지닌다. 우리는 그들이 필요로 하는 보살핌을 주기 위해 그들의 말을 잘 들어야 한다. 그리고 우리는 죽어가는 사람으로부터 삶을 어떻게 살아야 하는지를 학습할 필요가 있다.

07 죽어가는 사람들은 사랑하는 사람들에게 작별인사를 남기며 죽음의 현실을 수용할 수 있다. 이러한 것들은 대화, 편지 또는 선물일 수 있다.

08 질병에 대한 심리적 반응은 병의 과정에 영향을 미치는 듯하다. 잠재적 불치병 진단에 대해 긍정적 회피(부인), 투지, 심지어 적대감으로 반응하는 사람들은 불안, 우울, 체념을 보이는 사람들보다 훨씬 더 생존율이 높다. 죽음에 대한 개인의 반응에 또 다른 요소는 그들이 지닌 사회적 지지의 양과 질이다.

09 대부분의 사람들은 집에서 친숙한 환경 속에서 죽기를 희망하지만 대다수는 병원과 요양원에서 사망한다. 암과 같은 예측할 수 있는 불치병을 지닌 사람들을 위한 대안은 호스피스 케어이다. 호스피스는 고통 완화, 정서적 지지, 환자와 가족을 위한 영적 위안에 초점을 둔 전문가와 자원봉사들의 팀을 제공한다. 호스피스의 목적은 환자를 치료하는 것이 아니라 좋은 죽음을 제공하는 것이다. 호스피스 케어하에 사망했던 사람들의 가족은 가족 구성원이 병원, 요양원 또는 가정방문 간호서비스를 받고 집에서 사망했던 사람들의 가족보다 그들의 보살핌에 대한 걱정을 훨씬 덜 보고한다.

10 상당수의 사람들이 그들이 자신이 죽을 때 통제할 권리를 지니고 있다고 믿으며, 오리건, 워싱턴, 몬타나, 버몬트 주뿐 아니라 여러 국가들이 의사가 특정 조건하에서는 죽어가는 환자가 삶을 끝낼 수 있게 돕는 것을 허용하는 법안을 제정하였다. 2012년에 이 선택권은 오리건 주의 77명에 의해 사용되었다. 그들은 2012년에 그 주에서 사망하였던 다른 사람들보다 훨씬 더 어리고, 교육 수준이 높으며, 더 많이 암을 앓고 있었다.

11 우리 종의 정의적 속성은 우리가 지역사회 구성원의 죽음을 다루는 의례 절차를 갖는다는 점이다. 인간 거주의 초창기 증거는 보통 시신 주변에 놓여진 장식품이 있는 고대 무덤이다. 각 문화는 자신의 전통을 가지고 있고, 많은 문화로부터의 이민자로 구성된 미국에는 상실과 애도를 표현하는 많은 방식이 있다. 유일한 공통점은 우리가 직접적으로 또는 대중 인물로서 우리의 삶에 영향을 미친 누군가의 죽음에 상실과 슬픔을 느낀다는 것이다.

12 개인적 비애를 느끼는 방식 역시 여러 가지가 있다. 모든 사람이 경험하는 정해진 단계나 과정은 없으며, 우리가 비통함을 느끼는 방식은 죽은 이와의 유대를 반영하지 않는다.

13 사랑하는 이의 죽음에 대한 가장 흔한 반응은 적응유연성이다. 대부분의 사람들은 진심어린 상실감과 슬픔에도 불구하고 건강하게 잘 기능할 수 있다. 이러한 감정은 좋은 기억, 다른 사람들에 대한 걱정, 사회적 지지에 대한 감사, 심지어 웃음과 동반된다. 사별의 패턴은 대부분의 경우에 죽음 이전의 관계의 질과는 무관하다. 이는 사별한 사람의 전반적 적응의 질과 관계가 있다.

14 사랑하는 이의 죽음은 이득을 줄 수 있으며 사별은 개인적 성장을 이끌어낼 수 있다.

주요 용어

삶의 목적감	의사조력자살	죽음 불안
생전 유서	장기이식 기증자	호스피스 접근
유한성	종교성	호스피스 케어
의례적 애도	좋은 죽음	회고

관련 자료

[개인적 흥미를 위한 읽기 자료]

Bell, K. W. (2011). *Living at the end of life: A hospice nurse addresses the most common question*. New York: Sterling Ethos.

호스피스 간호사인 Karen Bell이 삶의 끝을 향해 가고 있는 사람의 가족, 친구들을 위해 이 책을 썼다. 16년간의 경험에 근거하여 그녀는 호스피스 선택, 기대할 수 있는 것, 환자의 마지막 달들이 평화롭고, 안락하며, 의미 있는 것이 되도록 할 수 있는 방법에 대해 직설적인 정보를 제공한다. 그녀는 자신이 함께 일해왔던 가족들에 대한 공감적 설명과 함께, 실제적 조언을 제시한다.

Konigsberg, R. D. (2011). *The truth about grief: The myth of its five stages and the new science of loss*. New York: Simon & Schuster.

베테랑 과학 작가인 이 책의 저자는 Kübler-Ross의 5단계 이론을 기술하고, 사별한 사람들에 대한 경험적 연구에 기초한 최근 이론들이 대부분의 사람이 사랑하는 이의 상실 후에 보이는 적응유연성에 대해 더 좋은 그림을 보여준다고 말한다.

[고전 학술자료]

Kübler-Ross, E. (1969). *On death and dying*. New York: Macmillan.

많은 의사와 건강 전문가의 죽음을 바라보는 방식을 크게 바꾸어 놓았던 Kübler-Ross의 최초의 책이다. 이 책은 사례 자료로 가득 차 있으며, 경청자이며 임상가로서 Kübler-Ross의 뛰어난 기술을 반영한다. 이 이론이 더 최근의 연구자들에 의해 보완되고 확대되어 왔지만, 환자의 관심사를 죽어가는 과정의 전면에 두었던 최초의 사람이었다.

[현대 학술자료]

Gold, D. (2011). Late-life death and dying in 21st-century America. In R. H. Binstock, & L. K. George (Eds.), *Handbook of aging and the social sciences* (7th ed., pp. 235-247). San Diego, CA: Academic Press.

저자는 노인들의 죽음의 과정과 관련된 다양한 정의를 개관하고 죽음을 둘러싼 관습에서 발생한 여러 변화를 논의한다. 마지막으로 그녀는 죽음에 대한 상이한 태도와 관련된 사회적 요소들에 대해 개관한다.

THE
JOURNEY
OF
ADULTHOOD
12

Chapter

12

성공적 여정

◆ 성인발달의 주제
- 성인 진입기(18~24세)
- 성인 초기(25~39세)
- 중년기(40~64세)
- 전기 노년기(65~74세)
- 후기 노년기(75세 이상)

◆ 성공적 발달의 다양성
- 삶의 질에서 개인차
- 삶의 성공을 측정하는 다른 방법
- 성인 성장과 발달 모델 : 궤도와 경로
- 제안 1 : 성인기에는 신체적 · 심리적 측면에서 공통적이고 기본적인 연속적 발달이 일어난다. 이는 대략적인 연령(그러나 정확하지는 않은)과 관련되어 있다.
- 제안 2 : 성인발달은 근본적으로 특정한 경로 혹은 궤도안에서 일어나는데, 교육, 가족 배경, 민족, 지능 그리고 성격의 시작 조건으로부터 강력한 영향을 받는다.
- 제안 3 : 각각의 경로는 안정적인 삶의 구조와 불평형화가 번갈아 일어나는 일련의 사건으로 구성된다.
- 제안 4 : 불평형화 시기의 결과는 긍정적(심리적 성장, 성숙, 건강 증진), 중립적, 부정적(쇠퇴 혹은 미성숙, 건강 악화)인 것 중 하나이다.

◆ 요약

◆ 주요 용어

◆ 관련 자료

Hank는 매일 아침 일어나 신선한 주스를 마시면서 "아, 이게 인생이지!"라며 감탄하곤 한다. 얼마 전 80세 생일을 맞은 그의 인생 여정은 쉽지만은 않았다. 턱과 입술 위쪽에 있는 상처는 2차 세계 대전 당시 Peleliu섬에서 포탄이 얼굴에 날아왔을 때 생긴 것이다. 그리고 관상동맥 수술로 인해 가슴에 흉터가 있으며, 심장질환 때문에 혈액 응고 억제제를 맞아 팔과 다리는 변색되었다. 그는 맥박 조정기와 심장 제세동기를 이식받았기 때문에 배터리 교환을 위해 가끔 수술을 받아야 한다. 그는 증손주들에게 "할머니가 리모컨을 가방에 넣어뒀으니, 너희가 심하게 행동하지만 않는다면 할머니가 리모컨을 줄거야."라고 말한다. 증손주들은 이 말을 정말 재미있다고 생각한다.

Hank와 아내는 5명의 아이를 낳았고, 두 가지 이상의 일을 하면서 자식들을 길렀다. 그는 전쟁 후에 결혼하였고, 그와 그의 아버지가 새 가족을 위한 집을 짓는 동안 처가댁에서 살았다. 그들이 새집으로 이사한 지 2년 후에 장인은 시력을 잃었고(직장도) 그의 가족들은(Hank, 아내, 3명의 아들들) 다시 처가댁으로 들어갔다. 해병대 제대 3년 후에, 그는 26세가 되었고 가족은 7명이 되었다.

내가 Hank와 처음 만난 건, 그가 60세 경찰관으로 일할 때이다. 그는 자신의 직업을 좋아하지는 않았지만, 급여가 좋았고 의료보험이 되었으며, 추가 근무를 할 수 있다는 장점을 알고 있었다. 그는 토요일 밤 8시가 되면 TV를 켜고 로또 추첨을 기다린다. 탁자 옆 전화기를 만지며 부인에게 "만약 내가 당첨이 되면 먼저 상사에게 전화해서 2주간만 더 일을 하겠다고 말하고……" 라고 하면서 자신이 하고 싶은 일들(아내를 위해 언덕 위에 위치한 아파트를 사고, 크루즈를 타고 세계여행을 하고, 손주들을 대학에 보내고, 플로리다 해변에 별장을 사는 것 등)에 대해 이야기한다.

하지만 Hank는 로또에 당첨되지 않았으며, 몇 년 후에 은퇴했고, 아내를 위해 작은 집을 샀다. 그는 잔디 깎는 일을 시작했으며, 대학생 손주들의 수업료를 보태주었다. 그리고 플로리다에 있는 콘도를 샀고 Bahamas로 크루즈 여행을 갔다. 그는 경제적 여건 안에서 생활하고, 의사의 지시를 잘 따르며 건강에 유의하고, 또 콘도 근처에 있는 골프장에서 충분한 운동을 한다. Hank 부부는 금요일 밤에는 지역 문화 회관에서 하는 콘서트에 가고 수요일에는 쿠폰 행사를 하는 피자를 먹으러 간다. 이들은 교회에 다니며 이웃들과 카드게임을 즐긴다. 또한 장거리 전화에 제한이 없는 새 휴대전화을 장만하여 일요일 저녁마다 자녀와 손주들에게 전화를 한다.

대부분 사람들의 기준에 의하면, Hank의 인생 여정은 좋은 편에 속한다. 그는 나라를 위해 봉사했고, 가족을 잘 돌보았으며, 성공적으로 자녀들과 손주들을 길렀고, 60년 이상 행복한 결혼생활을 유지하였으며, 모든 사람으로부터 존경과 사랑을 받았다. 하지만 자신의 기준에 의하면, 그는 세상에서 가장 운이 좋은 사람이라고 생각한다. 사실 Hank는 나의 시아버지이며, 수년 동안 나는 Hank 같은 사람들을 많이 보아왔다. 신문의 헤드라인과 9시 뉴스에 나오는 여러 부정적인 현실에도 불구하고, 이 나라와 선진국 대부분의 사람들은 자신의 삶에 만족하고 자신을 성공한 성인으로 생각한다. 이번 장은 Hank와 같이 "아! 이게 인생이지."라고 말하며 매일 아침을 시작하는 대부분의 사람들의 인생 여정에 대한 것이다.

나는 이번 장을 성인기 여정 중에 사람들이 전형적으로 경험하는 주요 발달 주제에 대한 요약으로 시작하려 한다. 이 책의 초반부에서 성인기를 주제별로 나누어서 살펴봤다. 이번 장에서는 그것들을 연대순으로 다시 한 번 살펴봄으로써 독자들의 이해를 돕고자 한다. 인생은 주제별로 구분되어있는 것이 아니며, 이런 주제들은 서로 연결되어있다. 이번 장을 통해 인생 전반에 대해 살펴보고 우리의 성인기 인생 여정을 평가하는 방법에 대해 살펴볼 것이다.

성인발달의 주제

이 책 전반에 걸쳐 살펴본 인생 변화와 주요 방향을 성인 진입기(18~24세)부터 후기 노년기(75세 이상)까지 연대기적 〈표 12.1〉로 구성하였다. 여기서 연령 구분은 대략적인 것이다.

이 표에서는 문화적으로 정의된 역할 변화 순서에 따라서 발생하는 전형적인 사건들을 설명한다. 나는 이 장에서 개별 경로에 대해서도 다룰 것이다. 하지만 지금은 전형적인 것 또는 평균적인 것에 대해 살펴보는 것이 중요하다. 전형적인 패턴은 20대에 결혼하고 첫아이를 출산하는 것이다. 그러고 나서 50대가 되면 자녀들은 집을 떠난다. 대부분의 사람들은 60대 중반이 되면 은퇴하여 주요 경력에서 변화가 생기고, 시간제 근무나 자원봉사를 한다. 이 표의 각 열은 전형적인 패턴을 따르는 사람이 경험하는 변화의 측면에 대해 요약·설명하고 있다.

표에서 7개 가로 열 중 4개는 성숙 순서 또는 발달 순서에 따른 설명이다. 처음 2개 열은 신체적 변화와 인지적 변화에 대한 것으로 예측 가능한 신체적 변화 과정이다. 변화율은 생활양식과 습관에 의해 영향을 받지만, 그 순서는 성숙의 과정을 따른다. 잠정적으로 나는 성격과 의미체계의 변화 순서도 발달적이라고 주장한다. 이것이 연령 변화와 관련성이 높지는 않지만, 적어도 순차적이며 역할이나 인생 경험을 따를 뿐만 아니라 문화 특수적 변화이기 때문이다. 아래 3개의

:: 표 12.1 8개 영역의 성인 기능에서의 변화

	성인 진입기 (18~24세)	성인 초기 (25~39세)	중년기 (40~64세)	전기 노년기 (65~74세)	후기 노년기 (75세 이상)
신체 변화	최고의 신체 조직과 기능 최적의 출산 시기로 이 시기의 건강 습관은 이후 건강한 삶을 만든다. 골밀도가 계속 증가한다. 일부 사람에게서는 비만이 나타나지만 많은 사람은 다이어트와 운동 처방을 받지 않는다.	높은 수준의 기능이 유지된다(최고 수준의 운동 능력을 제외하고). 감각 기능이 조금 쇠퇴된다. 몸무게와 허리둘레가 늘어난다. 골밀도는 조금 감소하기 시작한다.	신체적 기능 쇠퇴가 주목할 만한 변화(예 : 근시, 체력, 근육, 심혈관 기능). 50대가 되면 갑작스럽게 폐경기가 찾아와 여성의 생식 능력이 끝나고, 남성도 점차 사라지게 된다. 몸무게와 허리둘레가 늘어난다. 여성에게 있어 골밀도가 매우 감소한다.	신체적 기능 쇠퇴가 더욱 현저하지만, 감소 비율은 상대적으로 느리다. 반응 속도도 느려진다. 대부분의 경우에 몸무게는 줄어들고 근육과 골밀도는 감소한다. 감각 기관의 더 큰 쇠퇴가 나타난다.	신체적 능력과 감각 기능의 쇠퇴가 가속화된다.
인지 변화	최고의 인지적 기술을 나타내는 시기로 측정 능력과 반응성이 매우 좋다. 대부분은 중요 결정에서 부모에게 의존한다. 안전운전 비율이 낮고 전자기기를 잘 사용한다.	결정성 능력, 의미 기억, 절차 기억을 제외하고 대부분의 기억 능력은 서서히 쇠퇴한다. 의사 결정이 증가한다. 안전운전이 증가한다. 전자기기 사용이 삶의 필수적인 부분이 된다.	결정성 능력(최고 수준), 의미 기억, 절차 기억을 제외한 모든 능력에서 작은 쇠퇴가 계속된다. 많은 경험으로 인해 의사 결정이 증가한다. 안전운전을 한다. 전자기기 사용이 다양하게 가능하다.	결정성 능력과 절차 기억을 제외한 기억 체계가 더욱 천천히 쇠퇴한다. 의사 결정은 잘 유지된다. 운전 능력은 쇠퇴하기 시작하지만, 훈련에 의해 좋아질 수 있다. 전자기기 사용은 일상적인 일을 하는 데 도움이 된다.	결정성 능력을 포함한 모든 체계가 점차적으로 쇠퇴하지만, 절차 기억은 쇠퇴하지 않는다. 의사 결정은 인지적 손실과 건강 장애에 의해 영향을 받을 수 있다. 안전운전이 급격히 쇠퇴한다. 전자기기 사용은 더 이른 나이에 사용하기 시작했다면 도움이 된다.
가족 역할과 성 역할	가족 역할은 아동기와 성인기 역할이 중첩된다. 젊은 사람들은 가족을 떠나 독립한다.	주요 가족 역할이 요구된다(예 : 배우자, 부모). 이러한 부분에서 발전이 삶의 가장 중요한 특징이 된다. 성 역할이 명확히 구분된다.	자녀를 출가시킨다. 손주 양육 시기가 시작된다. 많은 경우에 나이 많은 가족을 돌보는 역할을 한다. 조부모 역할을 시작한다.	조부모 역할은 지속된다. 성 역할은 구분이 덜 중요해진다.	활동에 제한을 받음에 따라 가족 역할에서 참여가 줄어든다. 돌봄을 받는 입장이 된다.
관계	가족 관계는 아동기와 유사하다. 또래관계는 사회적으로 중요하다. 낭만적 관계는 대부분이 단기간 연애다.	새로운 우정, 동거, 결혼이 강조된다. 부모, 형제자매, 조부모와 계속적으로 관계가 유지된다. 자녀가 태어나면, 부모 역할에 초점이 맞춰지고 다른 사람과의 관계는 소원해진다.	육아에서 다른 관계로 초점이 옮겨지면서 결혼 만족도가 증가한다. 성인 자녀가 여전히 중요하다. 형제자매와 친구 관계의 중요성이 증가한다.	배우자가 있는 경우에 결혼 만족도가 매우 높다. 친구와 형제자매 관계는 더욱 친밀해진다. 성인 자녀와의 관계는 빈번하지만 안녕감에 핵심적이지는 않다. 손주와의 관계가 중요하다.	대부분이 사별한다. 적은 수의 친구와 형제자매가 남게 되고 관계는 매우 중요하다.
직무 역할	직업 흥미가 나타난다. 직업은 파트타임이나 초보적 수준이며 직업적 흥미와 관련이 없다. 직업 수행은 다양하다. 은퇴에 대한 생각은 거의 하지 않는다. 대학이나 군 입대로 인해 거주지를 옮긴다.	직업 선택, 이직, 직장에서 자리를 잡는 것이 강조된다.	경력상 절정의 시기이고 수입도 가장 높고 직무 만족도도 매우 높다. 직업에 대한 전문 지식의 증가로 신체적·인지적 능력에서 약간의 감소를 보상한다.	대부분의 경우에 전일제 직장을 그만두고, 스트레스가 적은 시간제 직장에 다니거나 자원봉사를 하거나 은퇴 생활을 한다.	대부분 직무 역할은 중요하지 않다. 일부는 자원봉사를 지속한다.

성격과 의미	직업, 성 역할, 정치적, 종교적인 신념에 대한 정체감을 확립한다. 자기를 집단으로부터 분리된 존재로 보기 시작한다. 자신의 성별 특성을 강조하고 반대-성별 특성은 억압한다.	관계에서 친밀감을 확립한다. 개별화(자신감, 독립성, 자율성)가 증가한다. 자신의 생각과 기준을 형성한다. 성차는 여전히 크다.	가족이나 직장에서 후진 양성을 한다. 이전 시기의 개별화가 유연해진다. 미성숙한 방어를 덜 사용한다. 자율성이 증가한다. 일부 사람에게 특히 여성에서 영성이 증가한다. 자녀가 집을 떠남으로써 성차가 더 유연해지기 시작한다.	자아통합의 과제가 있다. 더욱 내적인 것을 중시한다. 어느 정도는 통합된 수준에 이른다. 대부분은 영성이 증가한다.	이전 시기의 패턴이 지속된다. 외부적으로 보이는 부분은 감소하더라도, 대부분은 영성이 증가한다.
주요 과제	학업을 마치거나 직장 훈련을 함으로써 성인으로서 자기를 확립하기. 부모로부터 경제적으로 독립하기. 자기 스스로 의사결정을 하고 지역사회의 자율적인 구성원이 되기.	부모와의 관계를 재조정하기. 친밀한 파트너 관계를 형성하기. 가족 관계의 시작. 경력의 시작. 개인적 정체성 형성하기. 개인적 삶과 직업적 삶에서의 성공을 위해 노력하기.	자녀를 성인기로 안내하기. 부모의 죽음에 대처하기. 결혼생활의 강화. 인생 목표 재정립하기. 개별화 달성하기. 나이 든 가족 돌보기.	대안적인 평생 직업 찾기. 자신과 배우자의 건강 문제에 대처하기. 인생 목표와 자아감에 대해 재정의하기.	자서전과 과거의 회고를 통해 자신의 인생에 대해 받아들이기. 사랑하는 사람의 죽음과 자신의 죽음에 대처하기. 남아 있는 가족 구성원과 친구, 인생의 즐거움에 대해 소중하게 생각하기.

열은 역할, 과업, 관계에 대한 것이며, 주어진 시대와 문화에서 많은 성인이 공유하는 한 일반적인 순서로 설명 가능하다. 만약 이러한 역할, 과제의 시기, 순서가 특수한 문화에서 달라진다면, 표에서 설명하는 패턴도 바뀌어야 할 것이다.

이 표를 보는 두 번째 방법은 열이 아니라 행을 따라 읽는 것이다. 이것은 동시에 일어나는 다양한 패턴에 대한 정보를 제공한다.

성인 진입기(18~24세)

우리는 이 시기를 성인기로 구분하긴 하지만, 이 시기에 속한 성인들은 25~39세의 성인과는 확연히 다른 특징을 가진다. 발달심리학자들은 이 시기를 청소년에서 완전한 성인이 되기까지 걸리는 시간이라고 설명한다. 이전 세대와 달리, 더 이상 젊은 사람들은 고등학교 졸업 후 곧바로 직장이나 군대 또는 가정주부와 같은 성인 역할을 하지 않는다. 이러한 전환기는 '충분한 성인기'가 될 때까지 길어지고 있으며, 20대 중반까지는 충분한 성인이 되지 않는다고 본다. 발달심리학자 Jeffrey Arnett(1994, 2000, 2007)는 1990년대부터 이 세대에 대해 언급하기 시작하였으며, 몇 년 후에 '성인기 진입'이라는 용어를 만들어냈다. 이 세대를 연구하는 연구자들은 2003년에 첫 컨퍼런스를 열었고 이후 성인 진입기가 논문, 책, 수업 커리큘럼, 대중지에 등장하기 시작하였다.

성인 진입기는 어떠한 시기인가? Arnett에 따르면, 이 시기의 주요 과제는 다음과 같다.

- **정체성 탐색** : 이 시기는 다양한 영역에서 자신의 삶에 대한 가능성을 탐색하는데, 특히 일과 사랑에 집중한다. 어떠한 삶을 살지, 무엇을 믿을지, 어떤 것에 가치를 둘지 결정한다. 어떤 것

은 부모와 같은 방식이 되고, 어떤 것은 부모와 다른 방식이 되는가? 이는 제8장에서 다루었던 Erikson(1950, 1959)의 심리사회적 발달 단계인 자아정체감 대 역할 혼란과 친밀감 대 고립, 제7장에서 다루었던 Marcia(1966, 1980)의 정체감 발달이론과 유사하다.

- 긍정적인 불안정성 : 불안정성은 젊은 사람들이 시행착오(한 방향을 선택하고 이후에 그 방법이 좋지 않다면 다시 방향을 바꾸는 것)를 통해 자신의 길을 발견하는 것을 의미한다. 이는 대학에서 전공 선택, 사는 곳 선택, 파트너나 삶의 다른 부분을 선택할 때 발생한다.
- 자기에게 초점화하기 : 인생에서 가장 자기 초점화된 시기이다. 그들은 부모의 규칙을 따라야 하는 시기와 결혼, 가족, 직장의 규칙을 따라야 하는 시기 사이에 있다. 그 결과 아침으로 무엇을 먹을지부터 대학을 그만 두어야 할지까지 모든 일에서 선택의 폭이 넓다. 그리고 대부분은 스스로 결정한다.
- 사이에 끼인 시기 : 만약 성인기가 스스로 책임지고, 스스로 결정하고, 또 경제적으로 독립하는 것을 의미한다면, 대부분의 성인 진입기 사람들은 한 발은 아동기에 한 발은 성인기에 걸치고 있다는 느낌을 받을 것이다. 이런 면에서 이 시기의 사람들은 애매모호한 감정과 사이에 끼인 듯 한 느낌을 경험한다.
- 가능성을 상상하기 : 청소년기 환경은 대부분 부모에 의해 결정된다. 하지만 성인 진입기가 되면 많은 다양한 가능성이 생긴다. 어려운 환경에서 자란 사람도 그들의 삶이 더 나아질 수 있는 변화를 만들 수 있다. 이 시기는 새로운 친구를 만나고 새로운 역할 모델을 만나는 시기이다. 좋은 환경에서 자란 사람들 역시, 성인으로서의 책임감을 느끼기 전에 다양한 것을 상상하고 변화시킬 수 있는 가능성을 가진다.

성인 진입기에는 신체적으로 최상의 상태가 된다. 모든 신체 기관들이 최고의 상태이며, 최고의 운동능력을 가지게 된다. 신경 발달은 완벽해지고, 사망, 질병률은 매우 낮다. 교육과 경험에 의존하는 결정형 지능을 제외하고는 모든 인지 과정 또한 최고 수준이다. 이 시기에는 최고의 건강과 사고 기술을 가지고는 있지만, 추후 문제들을 발생시키는 전조 증상이 나타나기도 한다. 성인 진입기에 과체중, 비만은 유의하게 높다. 건강을 위해 권장 수준으로 음식을 먹지도 않고 운동하지 않는다. 성인 진입기에 속한 성인들은 담배를 피우며, 청력에 해를 끼칠 만큼 큰 소리로 음악을 듣거나 운동경기 중계를 듣는다. 이 시기를 이미 지나온 우리는 다음과 같은 두 가지 생각을 한다. 첫 번째로, 성인 진입기 성인들이 건강과 젊음을 중요하게 생각하기를 바란다. 두 번째는 성인 진입기 시기는 즐거움이 가득하기 때문에 연장자의 조언에 우리가 어떻게 반응했었는지 기억한다.

젊은 성인이 성인 진입기로 진입할 때 각기 다른 발달 수준으로 진입한다. 직장생활과 같은 어떤 부분에서는 성인기로 진입했지만, 파트너 찾기, 가족 형성과 같은 어떤 부분에서는 그렇지 않다. 하지만 사회적 시계는 계속 흘러간다.

성인 초기(25~39세)

비판적 사고

내가 생각하지 못한 성인 초기에 발생하는 다른 변화가 있는가?

이 시기의 사람들은 나이 든 사람으로부터 인생을 즐기라는 말과 지금이 '인생의 황금기'라는 말을 들을 것이다. 학업, 직업, 가족에 대한 의무 사이에서 균형을 잡기 위해 고군분투하는 전형적인 성인 초기에 속하는 사람들에게는 이 말이 놀랍게 느껴질 수 있다. 성인 초기는 신체적 · 인지적 능력에서 최고 수행의 시기이지만, 성인 삶에서 가장 많은 변화가 있는 시기이기도 하다. 이 시기에 있는 사람들의 주요 특징은 다음과 같다.

- 인생의 다른 시기보다 많은 주요 역할(직장, 결혼, 부모 역할)을 하게 된다.
- 인생의 다른 시기에 비해 직장에서 신체적으로 가장 많은 요구를 받지만 가장 낮은 수준의 흥미를 가지고 최소한의 도전을 하며 가장 낮은 임금을 받는다.
- 낭만적 파트너 관계를 형성하고 결혼이나 동거를 통해 장기간 관계를 형성한다.
- 부모가 되고, 처음 몇 년 동안 자녀를 돌보는 데 고군분투한다.

성인 초기는 다른 성인기에 비해 더 많은 역할 변화와 요구가 있다. 하지만 이 시기에는 최상의 신체적 · 정신적 능력을 나타내고 넓은 사회적 관계망을 가진다.

성인 초기에는 다행히도 이런 높은 수준의 요구를 다룰 수 있는 많은 자산을 가지고 있다. 성인 진입기처럼 이 시기는 신체와 정신 모두 최고 수행이 가능한 시기이다. 신경 속도가 최고 수준이기 때문에 신체적 · 정신적 반응 속도는 매우 빠르다. 새로운 정보를 쉽게 습득하고 쉽게 회고하며, 면역 체계는 매우 효율적이다. 그래서 질병이나 상처도 빨리 회복하고 심혈관계도 최고 수준과 유사하기 때문에 운동할 때 속도와 지구력이 높다.

성인 초기는 Erikson이 친밀감 대 고립의 시기라고 말했던 것처럼, 우정과 다른 가까운 관계를 형성함으로써 이런 변화에 대처한다. 우정은 이 시기에 특히 중요하다. 이 시기에 좁은 우정 관계망을 형성한 사람은 다른 성인기의 사회적으로 고립된 사람들보다 더 많이 외로워하고 우울감을 보고한다.

아마 역할 요구가 너무 크기 때문에, 초기 성인들의 자아감과 의미 체계는 규칙, 순응, 권위에 지배를 받게 되는 것 같다. 이 시기를 독립의 시기라고 하지만, 대부분의 초기 성인은 제9장에서 언급했

던 것처럼 개별화가 되지는 않는 것 같다. 대부분은 여전히 순응주의적 관점을 가지고 흑백 논리로 세상을 보고, 권위자가 말하는 규칙을 따른다. 성인 초기는 **부족화**(tribalization)가 최고조에 이르는 시기이다. 우리는 우리 부족에 의해 정의되고 우리 부족에서 우리의 위치가 정해진다.

비판적 사고

더 많은 개인 기술을 가진 직장인이 더 개인주의적 세계관을 가진다는 가설을 증명하기 위해 어떤 실험설계를 해야 하는가?

성인 진입기는 전형적으로 의존과 탐색(알맞은 직업, 전공, 남자 또는 여자 친구)의 시기이지만, 성인 초기는 열정을 쏟는 시기이다. 성인기 여정이 준비되면, 초기 성인은 일반적으로 무수히 많은 역할에서 자리를 잡고, 성공적인 배우자, 직장인, 부모가 되기 위해 시간을 낭비하지 않는다.

동시에 전통적인 세계관이 점차 개인주의적 세계관으로 변화된다. 이런 변화는 여러 가지 이유가 있다. 첫 번째 이유는 규칙을 따른다고 언제나 보상을 얻는 것은 아니라는 깨달음을 얻으면서 체계 자체에 대한 의문을 갖는다. 예를 들면, 결혼이나 아이를 낳는 것이 완전한 행복을 가져오지는 않는데, 첫째 아이가 태어난 후와 아이가 어릴 때 결혼 만족도는 저하된다는 것이 이를 증명한다. 20대 초나 중반에 결혼한 사람은 20대 후반과 30대에 만족도가 떨어지게 되는데, 이것이 전체적 역할 체계에 대해 환멸을 느끼는 원인이 된다. 관점 변화의 두 번째 이유는 이 시기에 우리는 매우 개별화된 기술을 발달시키기 때문이다. 외부의 역할 요구에 부응하면서 자신의 재능과 능력을 발견하고 이것이 초점을 내부로 향하게 만든다. 우리는 자신의 개성을 인식하게 되고, 기존 역할에서는 표현하도록 허락되지 않았던 우리의 여러 부분들도 잘 인식하게 된다.

비판적 사고

당신의 '집단'과의 관계는 어떠한가?

개별화 과정은 30대에 시작되지만, 성인 초기도 18~24세의 시기와 같이 사회적 시계에 의해 지배된다. 30대에 우리는 스스로 발견한 역할의 제한에 짜증이 나기 시작한다. 우리는 자신을 맡은 역할로만 정의하지 않는다. 하지만 이 시기 역할 요구는 매우 커진다. 이런 사실이 다른 성인기에 비해 성인 초기 사람의 인생에 큰 영향을 미친다. 일부 성인들은 정상적인 패턴을 따르지 않고 있으며 그들의 인생은 예측하기 어렵다. 그러나 대부분의 성인들은 20대 중반에 가족과 직장에서의 역할을 하면서 자녀를 기르고 직장을 다니게 된다. 중년기로 가는 데 있어 중요한 핵심적 변화는 이런 역할의 힘이 줄어들고, 사회적 시계는 덜 중요해지기 시작한다는 것이다.

중년기(40~64세)

일반적으로 변화는 급작스럽기보다는 점진적이지만, 중년기는 이전 시기와 큰 차이가 있다. Elizabeth Barrett Browning이 말했던 것처럼 "내가 그 방법을 세어 보겠다."

생물학적 시계와 사회적 시계 가장 명확한 생물학적 시계는 잘 안 들리는 것으로 시작한다. 이 시기는 신체적 노화가 명백해지기 때문이다. 눈의 변화로 대부분의 성인은 읽을 때 안경이 필요하다. 피부의 탄력성 감소로 눈에 띄게 주름이 생기고, 생산 능력의 감소는 대부분의 여성에게 뚜렷하게 나타나고 남성에게서도 나타난다. 심장병, 암과 같은 주요 질병의 위험성이 증가하고, 반응 시간이나 체력의 저하도 경미하지만 주목할 만하게 나타난다. 아마 장기기억에서 누군가의 이름이나 특정 정보를 떠올리는 속도도 느려질 것이다.

비판적 사고

〈그림 12.1〉의 그래프에서 당신은 어느 지점에 있는지 찾아 보시오. 당신의 연령에 생물학적·사회적 시계의 영향은 어떠한지 예를 들어보시오.

이러한 신체적 노화의 초기 단계는 일반적으로 많은 기능적 손실을 포함하지는 않는다. 정신 기술은 약간 더 느려지지만 일을 하지 못하거나 새로운 것(아이폰을 사용하는 것 같은)을 배우지 못할 만큼 느려지는 것은 아니다. 경험을 통해 얻은 전문지식은 신체적 · 인지적 저하를 보상한다. 건강을 성공적으로 유지하기 위해서 많은 일을 해야 하지만 충분히 가능하다. 만약 당신의 체형이 나빠진다면, 당신은 30대였을 때보다 더 빨리 뛰거나 더 많은 팔굽혀 펴기를 해야지 눈에 띄게 개선될 것이다. 그러나 당신이 중년에서 전기 노년기로 가는 동안, 노화의 신호는 더욱 명백해질 것이고 극복하기는 더욱 어려워질 것이다.

동시에 사회적 시계는 더욱 덜 중요해진다. 당신이 20대에 자녀를 낳았다면 40대 후반이나 50대 초반에 아이들은 독립하여 자기 길을 갈 것이다. 그리고 당신은 직장생활에서 올라갈 수 있는 가장 높은 자리까지 올라간다. 당신은 그 역할을 잘 알고 달성하려는 욕구도 최고조에 달할 것이고 그 이후에는 감소하게 된다. 당신은 자신의 성취보다 젊은 동료에게 멘토 역할을 해주는 것에서 만족감을 느끼게 된다.

성인 초기가 **부족화**의 시기였다면, 중년기는 **탈부족화**(detribalization)의 시기로, 성격과 의미 체계가 더욱 개인주의적 관점을 가진다. 이 시기에는 자신에 대해 더 큰 개방성을 가지게 되어 표

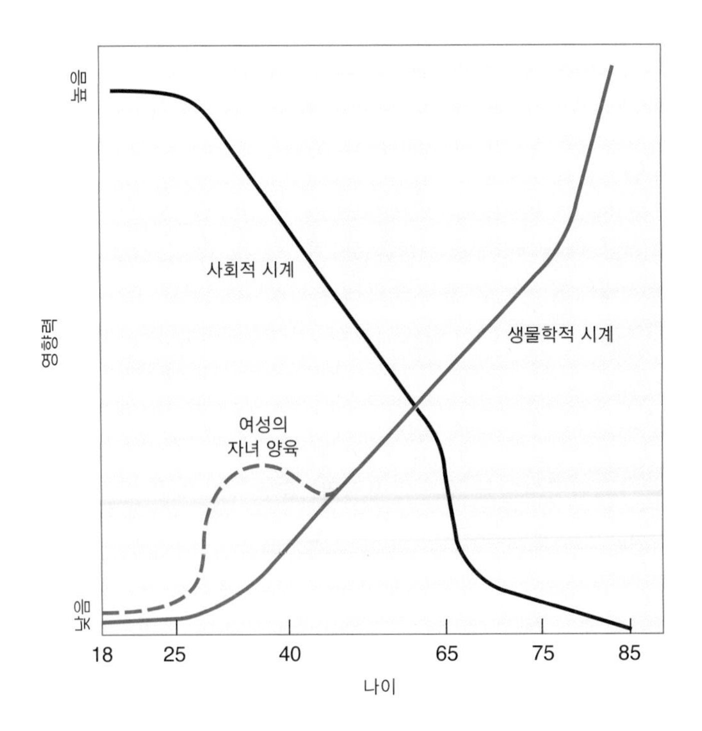

:: 그림 12.1

성인기 단계별 생물학적/사회적 시계의 중요성과 영향력. 여성의 임신과 출산을 제외하고, 생물학적 시계는 중년기까지 상대적으로 덜 중요하고 이후에는 중요성이 증가한다. 사회적 시계는 반대 패턴이다.

현하지 않았던 부분과 규정된 역할 이외에 부분까지 개방하게 된다. 이런 변화는 외적 · 내적 모두에서 일어난다.

만약에 당신이 성인기 동안 이런 두 시계의 관계에 대해 생각한다면 당신은 〈그림 12.1〉의 패턴을 이해하게 될 것이다. 이 두 곡선이 교차되는 지점은 사람들마다 서로 다를 수 있지만 대부분은 중년기에 어떤 시점이라는 것이다.

일과 결혼 모순되게도 중년의 삶에서 일과 관계의 만족감은 더 커지는 반면에 일과 관계에서의 중심적 역할은 감소한다. 제6장과 제7장에서 살펴보았듯이, 중년기의 결혼 만족도와 일 만족도는 증가한다. 만족도의 상승 원인은 성인 초기에 비해 중년기가 되면 실제 일에 있어 신체적인 요구는 감소하고 흥미와 보상은 증가하기 때문이다. 그리고 자녀는 커가고 양육에 손이 덜 가게 됨으로써 결혼생활에 대한 부담이 감소한다. 그러나 일과 관계에 대한 만족도의 증가는 내적 관점의 변화 때문일 수 있다. 세상을 성실하게 살아가는 성인들은 자신의 행동에 대한 책임을 지고, 자신의 일과 관계를 더욱 즐기는 방법을 찾게 된다. 또는 그들은 직업이나 파트너를 바꿀 수도 있다.

이런 선택이 이 시기에 중요한 부분인 것처럼 보인다. 해야 할 역할은 아직도 여전히 남아 있다. 아이들을 세상에 내보내야하기 때문에 부모 역할은 멈출 수 없고, 여전히 직장에서 해야 할 역할이 있고, 자신의 부모, 친구, 지역사회와의 관계가 여전히 남아있다. 그러나 중년기는 이런 역할을 하는 데 있어 많은 선택권을 가지고 있는데, 그 이유는 이 시기의 역할들은 좀 더 여유롭고 덜 강압적이기 때문이다.

중년기는 성인 초기에 비해 높은 직업 만족을 보이는데, 가끔은 이직을 하기도 한다.

이런 그림이 너무 장밋빛처럼 보이는가? 아직 중년에 도달하지 않은 사람들에게는 중년의 삶이 이 세상 최고처럼 들린다. 그리고 이미 도달한 사람으로서 나는 이 부분에 동의한다. 중년은 인생에서 더 많은 선택권을 가지고, 일과 결혼 만족도도 상승하고, 내적 성장이나 변화의 가능성도 있다. 신체적 노화는 인지하지만, 우리 대부분에게 이것은 그리 문제가 되지 않는다. 우리는 여전히 적절감과 유능감을 느낀다. 생물학적 · 사회적 시계는 조용히 흘러가고 이 시기는 이 세상 최고의 시기이다.

그러나 이 시기는 중년기 위기라는 말로 악명 높은 시기가 아닌가? 이 용어는 중년을 부정적 관점으로 바라보는데, "중년 남성은 불안하고, 갈등을 느끼고, 위기를 겪고 있고, 여성은 폐경기이고, 조바심내고, 우울해진다."(Hunter & Sundel, 1989, p. 13). 이런 두 개의 관점이 조화를 이룰 수 있는가? 나는 이전 장에서 이 부분에 대해 일부 다루었다. 나는 지금 이것을 더 명확하게 다룰 필요가 있다고 생각한다.

중년기 위기 : 사실인가 신화인가? 대중문화에서 중년기 위기(midlife crisis)라는 말은 책임감 있는 중년의 성인이 180도 바뀌어서 갑자기 무책임하게 되는 시기라고 묘사한다. 영화, 소설, TV에서 재미없는 은행 직원이 갑자기 회색 세단 자동차를 빨간색 스포츠카로 바꾸고 머리를 염색한다는 이야기에 우리는 즐거워한다. 가끔 이런 위기에 배우자를 떠나 자유분방한 생활방식을 가진 젊은 사람과 관계를 맺기도 한다. 우리는 어떤 '실패'로 인해 극단적인 생활 방식의 변화를 경험한 중년 성인을 보기도 한다. 그러나 대부분의 중년 성인에게 일어나는 일인가? 이런 일은 인생의 다른 시기보다 중년에 더 잘 일어나는 일인가? 중년기 위기는 예측 가능한가?

비판적 사고

'중년기 위기'를 다룬 책이나 영화를 생각해본 적이 있는가?

학자들은 수십 년 전에 이런 질문에 관심을 가졌고, 유명한 저널리스트 Gail Sheehy는 1976년에 *Passages*이라는 책을 썼다. Sheehy는 많은 중년 성인이 중년기 위기를 경험하고 있으며 그로 인해 긍정적 변화나 손해가 발생한다고 보고하였다. 그녀의 책은 연구자들뿐만 아니라 대중에게도 인기가 있었다. 인생에서 문제와 불만을 경험하는 중년 환자들을 설명하는 수많은 책과 논문들이 뒤를 이었다. 그러나 최근 연구에서는 일반적인 중년 성인은 다른 시기의 성인에 비해 더 많은 고통과 위기를 경험하지는 않는다는 것이 밝혀졌다. 사실 중년 성인은 긍정적인 기분이 증가하고 부정적인 정서는 감소하는 것으로 보고된다(Mroczek & Kolarz, 1998).

예를 들어, 700명의 28~78세 성인을 대상으로 한 연구에서 응답자의 26%(남녀 비율이 같음)가 중년기 위기를 경험한다고 나타났다(Wethington, 2000). 더욱 상세히 질문하였을 때, 그들이 묘사한 사건들은 위기도 아니었고, 중년기에 발생한 것도 아니었다. 오히려 중년기 위기라는 용어는 인생의 위기 상황을 성공적으로 대처해서 개인적 변화를 얻었다는 의미였다. 사람들은 이런 사건이 다른 성인기에서도 발생하지만 그들은 이것을 '중년기 위기'라고 생각했다.

다른 연구는 중년기 위기라는 개념에 의심을 갖게 한다. 예를 들어, 연구자들은 중년기 위기 척도를 개발했는데, 이 척도는 정서적 위기감, 활력의 상실감, 결혼 불만족, 직업 불만족으로 구성되었다. 500명의 35~70세 남성을 대상으로 횡단연구가 실시되었는데, 어떠한 연령에서도 특별히 높은 점수는 나타나지 않았다. 하지만 각 연령의 일부 남성은 위기감을 보고하였다(McCrae & Costa, 1984).

물론 이것은 횡단연구 결과이다. 이런 연구 결과는 격변이 발생하는 특정 연령대가 있는 것은 아니며, 중년기에 언젠가는 격변을 경험한다는 것을 의미하지도 않는다. 우리가 중년이라고 부르는 인생의 기간은 꽤 길기 때문에, 어떤 종류의 위기는 40~64세에 일반적일지도 모른다. 하지만, 은퇴나 자녀가 독립하는 것과 같은 일들은 각 성인에게 다른 시기에 일어난다.

비판적 사고

전기 노년기에 형제자매 역할은 더욱 중요해지는 반면, 부모 역할은 감소하는 이유를 설명하시오.

종단연구는 이런 문제에 대한 최고의 해결책이다. 그러나 여기서도 마찬가지였다. 광범위한 중년기 위기에 대한 예상은 거의 지지받지 못했다. Berkeley와 Oakland의 종단연구에서 연구자들은 중년기 위기에 대한 어떠한 증거도 찾지 못했는데, 이 시기 동안 격변을 경험한 사람들은 5%에 불과했고 이것은 다른 시기에 격변을 경험한 사람의 비율과 유사하다(Haan, 1981).

George Vaillant의 Harvard Men's Study에 대한 종단연구(제8장에서 다루었던)에서 이혼, 우울, 실직과 같은 일은 성인기의 모든 연령에서 일어난다는 것을 보여준다. 그러나 이런 일들이 중년에 일어났을 때 우리는 "아! 중년기 위기구나, 운 나쁜 40대, 갱년기 우울!"이라고 말한다(Vaillant, 1995, p. 80). 반대로, Vaillant는 하버드대학 남성들은 35~49세의 시기를 가장 행복한 시기로 생각하고, 21~35세의 시기는 가장 불행한 시기로 생각한다는 것을 발견하였다.

즉, 중년기 위기(이것과 유사한 것이 빈 둥지 증후군)는 이 시기의 특성이라기보다 개인의 성격 특성으로 볼 수 있다. 사회학자 Glen Elder, Jr.(1979)는 이것은 우리 인생의 이전 단계에서 경험한 문화적 · 역사적 사건의 산물일 수 있다고 설명하고 있다.

전기 노년기(65~74세)

전기 노년기는 책임은 감소하고 규칙과 기준은 유연해짐에 따라 독립과 탐색의 시기이다.

이 시기의 많은 사람은 후기 노년기보다 중년기와 더 유사하다. 왜 65세를 기준으로 구분하는가? 신체적인 관점에서 65세가 새로운 단계의 시작이라는 어떠한 징후도 없다. 확실하게 이 시기의 일부 성인들은 심각한 질병이나 만성적 장애를 경험한다. 그러나 이는 일반적으로 신체적 변화와 쇠퇴가 중년부터 조금씩 누적되어온 것이다. 청력 손실이나 관절염은 더욱 문제가 되고, 감각도 점차 느려진다. 그러나 대부분의 노인들의(적어도 선진국의) 신체적 · 정신적 변화율이 이 시기 동안 가속화되지는 않는다. 이 10년 동안의 시기를 특별하게 만드는 것은 은퇴로 인해 찾아오는 역할에서의 급격한 변화이다. 이러한 변화는 내가 〈그림 12.1〉에서 설명했던 것처럼 사회적 시계와 생물학적 시계 간의 균형에서의 변화를 가져오기 때문이다.

이런 변화가 어떤 종류의 위기로 특징된다는 증거는 거의 없다. 내가 제7장에서 설명했듯이, 은퇴가 질병, 우울 또는 고통을 증가시킨다는 연구는 없다. 질병 때문에 은퇴를 해야만 하는 사람의 경우에는 조금 다른데, 이들은 건강도 더 나빠지고 우울도 증가한다. 하지만 대다수의 경우에는 정신건강이 젊은 사람들과 유사하거나 더 좋다.

이런 변화의 특징은 다른 역할들의 중요성이 꾸준히 감소하는 것과 함께 찾아오는 직무 역할에서의 상실이라는 것이다. 배우자 역할은 배우자가 살아있는 경우에는 계속된다. 부모 역할도 계속되지만, 역할에 대한 요구와 경계가 줄어들게 된다. 친구 역할과 형제자매 역할은 더욱 중요해진다. 그러나 중년기에 경험했던 것 이상으로 역할들은 유연해지고 선택의 폭도 넓어진다.

후기 노년기(75세 이상)

미국에서 가장 빠른 증가율을 보이는 시기가 바로 후기 노년기이다. 기대 수명이 늘어나면서 점점 더 많은 사람이 과거에 우리가 '고령'이라고 생각했던 연령까지 살아간다. 건강이 향상됨에 따라 이 연령이 될 때까지 신체적 · 정신적 노화가 가속화되지 않는다. 신체적 체계가 기능을 유지함으로써 일상 활동을 위해 요구되는 수준은 낮아지고(Pendergast, Fisher, & Calkins, 1993), 의존이나 장애에 대한 새로운 기준이 만들어졌다.

나는 75세의 나이에 대해 너무 과장하고 싶지는 않다. 전기 노년기와 후기 노년기를 구분하는 기준은 연령이라기보다는 건강 기능이다. 일부 성인은 60세에 노쇠해진다. 어떤 성인들은 85세에도 활동적이고 원기 왕성하다. 하지만 일반적인 표준을 살펴보면, 적어도 오늘날 미국이나 선진국에서는 75세 정도에 그런 변화가 시작된다.

후기 노년기에 대한 지식은 점차 증가한다. 최근 들어 후기 노년기에 해당하는 성인이 크게 증가하고 있다. 최근에서야 인구조사국은 65세 이상을 하나의 범주로 포함시키기보다 10년 단위로 구분하기 시작했다. 그러나 우리는 대략적인 이 구분을 대신할 질적 변화의 시점에 대한 정보를 가지고 있다.

〈그림 4.1〉은 좋은 예가 된다. 종단연구에서 약 70 또는 75세에 정신 능력 점수의 하락이 가속화되기 시작한다. 이전에도 하락이 있지만 후기 노년기가 되면 하락률은 더욱 증가한다. 80세가 되면 신체적 · 정신적 쇠퇴가 더욱 빨라지기 시작한다(Guralnik & Simonsick, 1993). 심리학자 Edwin Shneidman(1989)은 70대인 사람(septuagenarian)에 대한 글에서 "부모는 돌아가셨고, 자녀는 다 자랐고, 의무적인 일은 모두 마쳤다. 건강도 그리 나쁘지 않고, 책임감은 비교적 가벼워졌고, 마침내 나 자신에게 집중할 수 있다. 이것은 일몰 시기이며, 황금기이고, 신체와 정신을 위한 행복한 성공의 시기로, 늦은 가을과 초겨울 사이에 나타나는 따뜻하고 맑은 날인 인디언 써머(Indian Summer)와 같다. 그리고 더 큰 자기계발을 위한 기회가 증가하고 독립성이 커지는 시기이다."(p. 684)라고 하였다. 그러나 이 시기의 성인은 무엇을 선택하는가? 그들은 자기계발이나 추억하기에 적극적으로 참여할까? 또는 철회되기 시작할까? 이 시기에 대한 논란이 있다면, 그것은 이 질문의 다양한 형태일 것이다. 이 주제는 일반적으로 노년기에서의 유리(disengagement)

에 대한 것이다.

50년 전, 유리는 노인학자 Elaine Cumming과 William Henry(1961)가 제안한 노년기의 심리적 과정에 대한 설명에서 나왔다. 이 과정은 (1) 성인의 사회적 '생활공간'이 나이가 듦에 따라 줄어든다. 특히 75세부터 주목할 만한 변화는 후기 노년기 동안 점차 적은 사람과 상호작용하고 더 적은 역할을 하게 된다, (2) 남은 역할과 관계에서 노인들은 더욱 개별화되고 기준과 규준에 의해 덜 지배된다, (3) 노인들은 이런 변화의 구성을 예측할 수 있고 그것을 적극적으로 받아들여 역할과 관계에서 점차 유리된다(Cumming, 1975)는 3개의 형태를 가진다.

후기 노년기에 이동성의 감소는 제한된 활동성과 감소된 사회적 관계망의 결과이다.

이런 주장의 첫 두 가지는 동의하지 않는 사람이 거의 없다. 후기 노년기 대부분의 사람은 참여하는 사회적 활동의 수가 감소하고, 적은 역할을 하며, 역할에서 명확한 규정이 줄어든다. 이 연령대의 성인은 적은 모임과 단체에 참여하고 종교적 활동도 덜 참여하고, 적은 친구 관계를 가진다.

그러나 Cumming과 Henry가 주장하는 세 번째 주장에 대해서는 상당한 논란이 있다. 그들은 유리는 후기 노년기에 자연스러울 뿐만 아니라 건강에 적합하고 따라서 유리되는 노인은 더 행복하고 건강해진다고 주장한다. 이것은 연구에 의해 간단히 지지되지 않는데, 사회적 활동에서 가장 큰 감소를 보이는 사람(가장 유리된)이 더 행복하고 건강하다는 증거가 없다. 반대로, 적게 유리된 노인이(가장 참여적인 노인이) 더 큰 만족감, 건강함과 의욕을 보고하고 있다(Adelmann, 1994; Bryant & Rakowski, 1992). 효과가 크지는 않았지만 효과의 방향이 일관되게 정적(positive)이었다. 즉, 더 많은 사회적 관여가 더 좋은 결과와 관련되었다.

이러한 현상은 양면성을 지니는데, 많은 노인에게 고독은 꽤 편안한 상태라는 것이다. 예를 들면, 외로움은 모든 연령 중에서 노인들에게 가장 덜 일반적이다. 일부 노인들은 독립적이고 사회적으로 고립된 생활 패턴(매우 유리된)을 가질 때 상당한 만족감을 보고한다. 이런 노년기에 유리된 생활방식을 선택하는 것은 만족스러울 수 있다. 그러나 유리가 정신건강에 필수적이라는 것을 의미하는가? 대부분의 증거는 그 반대로 나타나고 있다. 대부분의 노인들에게 사회적 관여는 높은 수준의 만족감의 원천이 된다. 다른 사람과의 접촉에 대해 만족감을 갖지 않는 사람들은 전형적으로 자신의 삶에 만족감이 낮은 사람들이다. 이런 변화는 더욱 일반적인 적응적 과정의 일부가 된다.

비판적 사고

스포츠 하나를 선택하고 그 스포츠 분야에서 나이 든 선수가 꾸준히 운동하기 위해 어떻게 보상을 통한 선택적 최적화를 사용하는지 설명하라.

보유 능력과 한계에 적응하기 심리학자 Paul Baltes와 Margaret Baltes(1990)는 후기 노년기의 핵심 특징 중 하나가 중년이나 성인 초기에 비해 보유 능력을 한계치까지 활용한다는 것이다. 다양한 신체적 쇠퇴를 대처하기 위해 그들은 보상을 통한 선택적 최적화(selective optimization with compensation)라고 불리는 과정을 사용한다. 노인들은 활동할 범위를 선택하여 필요와 요구에 따라 시간과 에너지를 집중시킨다. 그들은 새로운 전략을 배우고 훈련된 오래된 기술을 유지함으로써 자신의 보유 능력을 최적화(optimize)시킨다. 그리고 필요할 때, 그들은 상실한 것을 보상한다.

바로 이런 선택, 최적화, 보상이 최후 성인기에 필수적이며 결정적인 요소이다. 보유 능력은 줄어들지만, 많은 노인이 변화하는 상황에 적응하고 보상할 수 있다는 것이 결정적이다.

인생 회고 마지막으로 말년의 또 다른 적응 과정에 대해 이야기하고자 한다. 제8장에서 다루었던 Erikson의 이론을 떠올려보면, 후기 노년기가 자아통합 대 절망감의 시기라는 것을 기억할 것이다. Erikson은 이 단계에서 얻을 수 있는 잠재적 힘은 지혜이며, 노인들은 그들의 삶에 대해 회고해보고 자신이 어떤 사람이었는지와 현재 어떤 사람인지에 대해 살펴보아야 한다고 보았다.

몇 해 전 노인 의학자 Robert Butler(1993)는 Erikson의 생각을 확장시켰다. Butler는 노년기에 우리 모두는 인생 회고(life review) 과정을 거치는데, '과거 경험 의식으로 점진적 회고, 특히 미해결된 갈등이 부활한다'고 제안하였다(p. 53). 임박한 죽음을 위한 준비로서 인생의 마지막 단계에 우리는 이전 삶을 분석적 · 평가적으로 회고를 한다. Butler에 따르면, 인생의 마지막에 그러한 회고가 자아통합성과 지혜를 얻기 위해 필수적이라고 한다.

이것은 매력적인 가설이다. 노년기에 대해 연구하는 임상가들은 노인을 위한 인생 회고 중재 방법을 고안해냈다. 노인학자 James Birren은 노인들이 남은 인생을 가장 잘 보내는 방법은 자서전을 쓰고 다양한 인생 단계와 전환점에 대해 토의하는 것이라고 제안하였다(Birren & Feldman, 1997). 그리고 여러 연구에서 구조화된 회고 과정이 인생 만족도와 자아존중감을 높이는 것으로 나타났다(Haight, 1992). 그러나 이 시기의 회고가 중년이나 다른 연령대보다 더 일반적인지는 알지 못한다. 우리는 많은 해답 없는 문제를 남겨두었다. 어떤 형태의 회고가 다른 연령대보다 노인들에게 더 일반적인가? 그들이 하는 회고의 양이 노인에 따라 얼마나 다양한가? 얼마나 많은 회고가 담소나 정보 제공을 위한 대화보다 통합적이거나 평가적인가? 회고가 노년기 통합을 위해 필수적인가?

전반적으로 후기 노년기에 인생 회고가 필수적이라는 Butler의 가설에 의심을 갖는 이유가 있다. 물론 죽음에 대한 준비가 노년기의 인생에 필연적이고 핵심적인 것이라는 것은 명백하다. 죽음은 모든 연령의 성인에게 일어나는 것임에도 불구하고, 대부분의 성인 초기에는 죽음에 대한 생각을 하지 않는다. 그것은 나중에 생각할 일이라고 생각한다. 그러나 75세를 지나서는 죽음을 피할 수 없고 직면해야만 한다. 인생 회고는 이것을 위한 방법일지도 모른다.

성공적 발달의 다양성

성인발달연구는 큰 집단 안에 속한 사람들의 평균에 기초한다. 이는 우리에게 개인 삶에서 일어나는 전형적인 변화 그리고 평균적인 행동 형태에 대한 정보를 제공해준다. 이 같은 정보는 전문가들에게 매우 유용할 뿐 아니라 성인발달에 관한 보편적 사실을 배우길 원하는 보통의 사람들에게도 유용하다. 하지만 이를 개개인의 삶에 비추어보면 덜 유용한 부분이 있다. 우리 가운데 일부만이 평균적인 그리고 전형적인 성인기 여정을 하고 있다.

제1장을 시작하면서 나는 나 자신의 성인기 여정에 대해 기술하였는데, 당신이 본 것처럼 나의 성인기 발달은 그동안 설명한 전형적인 형태는 아니었다. 나는 일찍 결혼했고, 25세 전에 3명의 아이를 가졌다. 나는 집 근처 도서관에서 자원봉사를 하며, 아이를 보살피는 엄마로서 성인초기를 집에서 보냈다. 아이들이 모두 학령기에 접어든 후에 나는 지역 전문대학에 등록하였고 아이들이 중학생 때까지 양육에 대한 잡지 기사를 작성했으며, 발달 심리학 석사학위를 받은 학교에서 시간제로 강의를 했다. 이는 확실히 전형적인 커리어 경로는(그리고 전형적인 커리어도) 아니다. 이 책을 통해 알 수 있듯이, 나는 조금 달랐다(off-time) — 자녀들의 친구 부모보다는 젊고, 나의 펠로우 학생들보다는 나이가 많았다.

나는 막내가 집을 떠나기 전에 이혼을 하여 한부모가 되었고, 1년 안에 다시 결혼을 하고, 처음으로 할머니가 되었다. 이게 무슨 새로운 역할들의 조합인가! 나의 새로운 남편은 아동발달 교수인데, 운 좋게도 즉시 조부모가 되었다. 나는 50세에 박사과정을 시작하였고, 3년 뒤 조지아대학에서 근사한 학위 휘장을 두르고 위풍당당 행진곡에 발맞춰 4대에 이르는 친지들의 박수갈채를 받으며 졸업하였다.

그 이후, 나는 우리 지역 주립 대학 분교에서 발달심리학 과정의 다양한 과목을 가르쳐왔다. 2년 전 여름, 나는 유망한 고등학생들에게 3주 만에 대학 과정을 가르치는 도전을 받아들였다. 이는 매우 즐거웠고, 그래서 나는 이 일을 매년 하고 있다. 또한 집중코스를 이수한 후, 작년부터는 지역 주립 변호사 사무실, 소방국, 경찰서 그리고 청소년 보호기관에서 법정심리학 과정을 가르치기 시작하였다. 내 나이 또래 많은 여성이 조기 은퇴를 하지만, 다시금 한가함을 느낀 나는 컴퓨터 기술을 다듬기 위해 대학원생을 고용하였고, 그 결과 가을학기 수업 자료에 유튜브 자료를 포함시킬 수 있었다. 이 교재의 마지막 판 출판 이후, 나의 시부모님과 부모님이 모두 돌아가셨다 – 모두가 오래 살았고, 기쁜 삶을 살았다. 나는 세 자매, 어른이 된 나의 자녀 그리고 손자와 함께 여전히 삶을 살고 있다.

> **비판적 사고**
>
> 현재 현격히 다른 성인기 여정을 하고 있는 당신 주변의 두 사람을 생각해보라. 그들을 미래에 비교해본다면 어떨 것이라 생각하는가?

나의 성인기 여정은 흥미로웠지만, 쉽지 않았다. 나는 여러분이 이와 같은 과정을 시도하지 않기를 바란다. 한편, 우리 가운데 몇몇은 자신 삶에 대한 기본 설계를 가지고 있다. 우리 가운데 대부분은 한 순간에 하나의 작은 선택을 하고, 때때로 뒤돌아보고 그것이 큰 그림처럼 보이는 것을 보며 매우 놀라기도 한다.

당신의 성인기 여정이 전형적인 발달과 맞지 않는 부분이 있을 수 있다. 성인발달의 의미와 규준을 전부 다 안다고 해서 모든 것을 알 수는 없으며, 여전히 몇 가지 의문을 가질 수 있다. 성인 발달 과정을 완전히 이해하고 또 변화하기 위하여, 우리는 삶의 방식이 다양하다는 것, 개인이 경험하게 될 도전과 스트레스에 대응하는 방식이 다양할 수 있다는 것 그리고 최종 만족감 혹은 개인이 성취해낼 내적 성장에 관해 이해해야 한다.

이러한 이해에 도달하는 것은 엄청난 다양성이 존재하는 것만큼 대단한 것이다. 그러나 나는 두 가지 접근을 제시하고자 한다. 먼저, 개인차를 설명하는 문헌에서 주로 언급되는 **삶의 질**(Achenbaum, 1995) 그리고 이와 아주 유사한 개념인 **주관적 웰빙**(Pinquart & Soerensen, 2000)과 **성공적 노화**(Baltes & Baltes, 1990; Rowe & Kahn, 1998)에 관한 설명으로 시작하여, 전형적 노화 그리고 개인적 노화 모두에 관한 모델을 제시하며 이 장을 마무리할 것이다.

삶의 질에서 개인차

- **건강과 사회경제적 지위** : 65세 이하 성인들의 삶의 질을 예측하는 강력한 요인은 사회경제적 지위(소득과 교육)이다. 한편, 65세 이상 성인들의 삶의 질을 예측하는 강력한 요인은 건강이며, 사회경제적 지위는 2위이다. 삶의 질 평가 시 이 같은 요인들을 고려하면, 다른 집단과의 차이는 줄어든다. 사회경제적 지위와 건강은 삶의 질을 예측하는 데 **관련성이 높은 근거리 예측 요인**(proximal predictors)이다. 반면, 삶의 질과 관련성이 적은 원거리 예측 인자(distal predictors)에는 연령, 성별, 인종/민족 그리고 결혼 상태가 포함된다. 보다 관련이 적은 변인들과 삶의 질 간의 관계에서 사회경제적 지위와 건강은 중재 역할을 한다(George, 2006). 이는 후에 자세히 설명될 것이다.
- **연령** : 최근 연구들은 더 나이 든 사람의 삶의 질이 좋다는 것을 일관되게 보여준다. 종단연구에서 삶의 질이 65세에 정점에 이르렀다가 그 후 조금 감소하는 것으로 나타나기는 했지만, 나이 든 사람의 삶의 질이 좋다는 결과는 횡단 및 종단 연구 모두에서 밝혀진 사실이다(Mroczek & Spiro, 2005). 65세 이후, 삶의 질이 약간 감소하는 것은 만성적인 건강 문제가 이 시기에 증가하고, 이 연령 집단에 속한 일부 사람들의 소득이 감소하기 때문인 것으로 설명 가능하다.
- **성별** : 65세 이하 여성은 같은 연령대 남성보다 높은 삶의 질을 보고하지만, 65세 이상 여성은 남성에 비해 낮은 삶의 질을 보고한다(Pinquart & Soerensen, 2001). 이는 또 다시, 경제적 차이(전기 노년기 여성은 남성보다 소득이 낮음), 건강 차이(전기 노년기 여성은 보다 많은 만성 질환을 경험함)에 의해 부분적으로 설명 가능하다. 또한 전기 노년기 여성이 배우자의 죽음을 더 많이 경험하는 경향이 있는데, 이 또한 이 시기 낮은 삶의 질과 관련이 있을 수 있다.
- **인종과 민족성** : 인종과 민족성은 삶의 질과 관련이 없고, 만약 어떤 관계가 있는 것으로 드러나면, 보통 사회경제적 지위에 의해 설명된다(Krause, 1993).
- **결혼 상태** : 결혼한 사람들은 결혼하지 않은 사람에 비해 더 나은 삶의 질을 경험하며, 이는 서로 다른 45개 국가에서 이루어진 연구에서도 밝혀졌다(Diener, Gohm, Suh, et al., 2000;

Pinquart & Soerensen, 2001). 이 같은 현상은 사회경제적 차이에 의해 부분적으로 설명 가능하다(결혼한 사람들은 독신인 사람보다 소득이 더 높음). 연령에 기초하여 이 자료를 상세히 분석해 보면, 이 같은 관계는 전기 노년기나 후기 노년기보다 성인 초기와 중년기 사이에 강력하였다. 연구자들은 미망인의 경우 남편 사망 후 1~2년 안에 삶의 질 감소를 경험한다고 보고하였고, 그 후에는 다시 이전 삶의 질로 돌아온다고 보았다(Lucas, Clark, Georgellis, et al., 2003).

- 활동 : 아주 간단히 말해 삶의 질은 신체적 · 사회적 활동 혹은 이 두 가지 활동의 적절한 조합과 관련되어있다. 이 같은 결과는 횡단연구(Warr, Butcher, & Robertson, 2004)와 종단연구(Menec, 2003) 모두에서 찾아 볼 수 있다. 더 많은 활동에 참여하는 사람들은 주로 앉아있거나 고립된 사람들에 비하여 높은 삶의 질을 누린다.
- 사회적 통합 : 배우자나 부모를 돌보는 역할처럼 추가적 스트레스가 발생하지 않는 한, 다양한 역할을 가진 사람은 적은 역할을 가진 사람에 비하여 더 높은 수준의 웰빙을 보고하였다(Pinquart & Soerensen, 2003). 그리고 제9장에서 언급한 것처럼, 종교 활동 참여는 성인의 긍정적인 웰빙과 삶의 질을 강력하게 예측하는 요인이다(Kirby, Coleman, & Daley, 2004). 몇몇의 종단연구는 자원봉사가 성인기 삶의 질에 기여하며, 특히 65세 이상 노인들에게 그렇다는 것을 보여준다(George, 2006). 300여 개의 연구를 메타 분석한 결과, 사회적 지지는 삶의 질과 강력하게 관련되었는데, 개인의 지지 체계 안에 중요한 타인이 몇이나 되는지, 그리고 그 관계의 질이 어떠한지 모두 중요하였다(Pinquart & Soerensen, 2000).
- 심리적 요인 : 자신의 삶 전반에 강력한 **통제력**을 발휘하는 사람들은(통달, 자기효능감, 인지적 강인함으로도 표현됨) 모든 연령대에서 이러한 느낌을 갖지 못하는 다른 이들에 비하여 더 나은 삶의 질을 누린다(George, 2006). 제9장에서 논의된 것처럼, 강력한 의미감(응집성, 세상이 예측가능하고 감당할 만한 것으로 지각하는 것으로도 표현 가능)을 느끼는 사람들은 다른 사람보다 더 나은 삶의 질을 보고한다(Ardelt, 2003).
- 사회적 비교 : 삶의 질과 같이 쉽게 측정되지 않는 측면에서 우리 자신을 다른 사람들과 비교하는 것은 인간의 한 특징으로 보인다. 노인들이 그 이전 시기보다 실제 건강 상태가 좋지 않고, 활동이나 사교모임이 제한되어있음에도 스스로 높은 수준의 웰빙과 좋은 건강을 누린다고 여기는 이유 중 하나가 사회적 비교 때문일 것이다. 여기서 속임수는 "내 연령대의 다른 사람과 비교해서 나는 훌륭해!"라고 하는 것처럼, 자기 자신을 같은 연령 집단 내 다른 이와 비교하는 것이다. 이는 몇몇의 연구에서 증명이 되었는데, 노인들은 자신에 비하여 좋은 것을 덜 가진 사람들과 비교하는 성향이 있었다(Gana, Alaphilippe, & Bailey, 2004; Beaumont & Kenealy, 2004). 성인 초기, 중년기 성인들은 자기 자신을 보다 잘난 사람과 비교하는 성향이 있었다(따라서 그들은 자신의 삶의 질을 낮다고 평가한다).
- 문화적 차이 : 지난 50년간 미국에서 이루어진 조사에서 안정적인 85%의 사람들이 그들 삶에 '만족함' 혹은 '매우 만족함'에 표기하였다(Diener & Diener, 1996). 이러한 안정성은 유럽 국가에서도 마찬가지로 발견되는데, 보다 풍족한 나라에서(예 : 독일, 덴마크) 더 많은 비율이 만

족하거나 매우 만족하였고, 덜 풍족한 나라에서는(예 : 포르투갈, 그리스) 더 적은 비율이었다 (Fahey & Smyth, 2004).

심리학자 Bruce Kirkcaldy와 그의 동료들은(Kirkcaldy, Furnham, & Siefen, 2004) 선진국과 개발도상국 모두를 포함하는 30개국의 자료를 모아 어떤 요소가 각 나라의 국민들이 보고하는 웰빙 지수의 차이를 만들어내는지 확인하였다. 그들은 경제적 요인(예 : 경제 성장, 국민 총생산 지표), 건강 지표(예 : 기대수명, 장애율) 그리고 교육 정도(예 : 능력)에 대해 연구하였다. 이 중 웰빙의 가장 강력한 예측인자는 능력이었다. 읽기, 과학 그리고 수학에서 높은 점수를 받은 국가의 사람들은 높은 수준의 행복과 웰빙을 보고하였다. 반대로 이 세 분야에서 가장 낮은 점수를 획득한 국가는 보다 낮은 수준의 웰빙과 행복을 보고하였다(능력평가에서 최고 수행을 나타낸 국가는 일본, 대한민국, 핀란드, 캐나다 그리고 뉴질랜드였으며, 가장 낮은 국가는 브라질, 멕시코, 룩셈부르크, 라트비타 그리고 그리스였다). 경제 요인과 건강 요인은 선진국과 개발도상국 모두에서 웰빙을 예측하는 타당한 요인이 아니었다. 연구자들은 경제가 번영한 국가에 사는 사람들은 보다 높은 웰빙을 보고하는데, 이는 국가의 국민 총생산이나 건강 관리 시스템보다는 좋은 교육 시스템과 높은 능력 때문인 것으로 결론지었다.

마지막으로 다양한 연령대 성인을 대상으로 삶의 질을 연구한 문화 비교 연구의 연구자들은 연구 참여자가 어떤 정치적 구조 안에서 사는지, 국가의 경제적 자원이 무엇이든지 상관없이, 노인이 젊은 성인과 같은 수준의 웰빙과 행복을 보고한다는 것을 발견하였다(Diener & Suh, 1998).

요약하면, 성인기 삶의 질은 건강, 소득, 교육 그리고 비교 기준이 누구인가에 의해 결정된다. 다른 요인은 통제감, 의미감 혹은 개인 삶의 목표를 갖는 것과 관련된다. 이 요인들은 연령, 인종, 민족성 그리고 국가의 경제적 번영과 같이 삶의 질을 예측하는 데 별 역할을 하지 못하는 요인들보다 더 많은 정보력을 갖는다. 삶의 질에 일부 기여하는 요인들은 성별, 결혼 상태, 활동 그리고 종교 참여이다(하지만 이 요소들은 아마도 건강, 소득 그리고 교육의 일부일 것이다). 앞서 살펴본 연구 결과들을 모두 고려하여 성인기 삶의 질과 관련이 깊은 요인들 그리고 관련이 적은 요인들 모두를 아우르는 모델을 제시하는 포괄적인 연구를 기대한다.

삶의 성공을 측정하는 다른 방법

성인기 성공을 측정하는 최선의 방법은 개인이 직접 보고하는 삶의 질이다. 하지만 전문적인 심리학적 평가를 활용해 심리적 건강을 재거나, 객관적인 측정을 통해 삶의 성공을 재는 등 성공적인 성인기를 정의하는 다른 여러 방법이 있다. 두 가지 방법이 있는데, 이는 모두 풍부한 종단연구 자료에 대한 분석 결과를 포함하고 있으며, 매우 흥미롭다.

버클리대학에서 진행 중인 종단연구 자료를 바탕으로 심리적 건강(psychological health)이라 불리는 성인 적응을 측정하는 이상적인 방법이 개발되었다. 이 연구에서 심리치료사들과 이론가들은 건강한 성인 삶의 질 패턴이 일하는 능력, 관계에서의 만족, 도덕적 감각 그리고 자기와 사회에 대한 실질적인 지각을 포함한다는 데 동의하였다. 이 관점에 따르면, 심리적으로 건강한 성인들은 따뜻함, 연민, 의존성과 책임성, 통찰, 생산성, 정직함 그리고 침착함을 보인다. 그들은 독립성과 자율성을 자신의 지적 능력만큼이나 가치 있게 생각하고, 공감적으로 남을 배려하며, 개인적 기준과 윤리가 서로 일치하는 방식으로 행동한다(Peskin & Livson, 1981).

한 연구에서 연구 참여자들은 자신의 심리적 건강에 대해 전문가가 평가한 점수를 받았다. 그리고 일과 가족, 삶의 만족에 대하여 자기보고도 하였다. 전문가에 의해 평가된 심리적 건강 수준이 높은 연구 참여자들은 스스로 자신의 삶에 대해 평가한 결과에서도 더욱 만족하였다.

정신과 의사 George Vaillant와 사회복지사 Caroline Vaillant(1990)은 하버드 대학 출신 사람들을 연구 대상으로 한 Grant Study에서 성공적 노화에 대해 약간 다르게 접근하였다. 그들은 **심리사회적 적응**(psychosocial adjustment)이라 부르는 합리적이고 객관적인 기준들을 발견하였고, 어떤 요인이 이 사람들의 아동기와 성인기 삶에서 좋은 혹은 좋지 않은 심리사회적 적응을 예측했는지 연구하였다.

성공적 노화를 측정하는 완전히 다른 접근에도 불구하고, 버클리대학 연구와 Grant Study 결과는 상당히 일치하였고, 건강하거나 성공적인 성인 삶의 요소에 대한 아주 흥미로운 제안을 하였다. 두 연구 모두 가장 성공적이고 가장 잘 적응한 중년기 성인들은 따뜻함, 지지, 지적으로 자극을 제공하는 가족에서 성장했음을 보여주었다. 버클리 연구에서 30세 혹은 40세에 높은 심리적 건강을 보인 사람들은 보다 지적으로 유능하며 좋은 부부 관계, 열린 마음을 가진 부모로부터 양육받았다. 그들의 어머니는 따뜻했고, 보다 베푸는 사람이었으며, 기쁨이 많고 침착한 사람이었지만, 방어적이지는 않았다(Peskin & Livson, 1981). 이와 유사하게, 중년기에 최상의 적응을 한 것으로 평정된 사람은 덜 적응적인 사람에 비하여 따뜻한 가족에서 성장하였고, 아동기에 그들의 엄마, 아빠 모두와 더 나은 관계를 가졌던 것으로 나타났다(Vaillant, 1974).

두 연구 모두, 잘 적응하거나 혹은 성공적인 중년기를 보내는 성인은 더 나은 심리적 · 신체적 건강을 가지고 잘 조직화된 상태로 대학 시절을 보냈다든가, 더 나은 지적 유능성(Livson & Peskin, 1981) 같은 더 많은 개인적인 자원을 가지고 성인기를 시작하였음을 보여주었다(Vaillant, 1974). 이 같은 발견은 우리가 기대한 것과 일치하는 것이다. 이 결과를 가장 직접적으로 대입하면 잘 늙는 사람은 잘 시작하는 사람이다. 물론, 중년 성인들 가운데 두 가지 위기를 가지고 시작하였지만, 45세 혹은 50세에 건강하고 성공적으로 보이는 사람도 있다. 반면, 많은 좋은 점을 가지고 성인기를 시작하였지만, 잘 적응하지 못한 사람도 있다. 그렇기 때문에 상관관계가 현격하게 크다고 할 수는 없지만, 초기 시작에서 중년기까지 이어지는 보편적인 일관성은 있어 보인다.

하지만 연구 참여자들이 은퇴 나이에 이르렀을 때 다시 연구해봤더니, 매우 다른 양상이 나타났다. 173명의 초기 가족 환경과 관련한 요인 중 63세의 심리사회적 적응을 예측하는 유의한 요인은 남아있지 않았고, 마찬가지로 성인 초기 지적 유능감도 예측 요인이 아니었다. 63세에 '성공적'인 사람이 된 이들은 대학교 때 개인적 통합이 이루어지고 그리고 자신의 형제와 조금 더 나은 관계를 가진 것으로 평가되었다. 이 외에 잘 사는 사람과 잘 살지 못하게 된 사람을 구분하는 것은 단순히 아동기 혹은 성인 초기 특성이 아니었다(Vaillant & Vaillant, 1990).

연구 참여자들이 63세가 되었을 때 그들의 건강한 삶, 적응을 예측하는 것은 건강과 중년기의 적응이었다. 63세 때 가장 낮은 성공을 나타낸 사람들은 중년기에 기분 조절 약물을 사용하였거나(우울증이나 불안을 다루는 약물), 알코올 남용 혹은 지나친 흡연을 하였고, 30~40대에 성숙하지 못한 방어기제를 사용한 이들이었다.

이 같은 발견은 교육 수준이 높은 전문직 남성만을 대상으로 한 하나의 연구에서 도출된 것이다. 그렇기에 우리는 이 같은 경험적 발판을 통하여 거대한 이론적 비약을 만들어서는 안 된다. 이러한 결과는 두 가능성 중에 하나(혹은 둘 모두)에 의한 것이다.

1. 성인 삶의 각 시기는 각기 다른 기술과 질을 필요로 한다. 그렇기 때문에 특정 나이에서 성공 혹은 건강한 적응을 예측하는 요인은 다른 연령대의 건강한 적응을 예측하는 요인과 같지 않다. 한 예로, 대학생 수준의 지적 유능감은 단순히 중년기 심리사회적 건강을 더 잘 예측할 것이다. 왜냐하면 중년기 성인은 한창 가장 생산적인 일을 하는 시기에 있기 때문에 지적 능력이 매우 중요하기 때문이다. 은퇴 시기에 지적 능력은 그렇게까지 중요한 요소는 아니다.

2. 우리는 성공적인 성인기 삶이 아동기 혹은 성인 초기에 의해서만 미리 결정되는 것이 아니라고 여긴다. 하지만 그 시기에 경험할 수 있는 기회와 자원으로부터 성공적인 성인기가 만들어지는 것이라고는 생각한다. 가족적이고, 또 개인적으로 좋은 자원을 가진 상태에서 시작하는 사람들은 물론 더 많은 이점을 가질 기회가 크다. 하지만 성공적인 심리사회적 건강은 개인이 경험하는 스트레스 그리고 개인의 여러 건설적인 경험 모두에 의해 결정된다. 성인 초기에 우리가 하는 선택은 우리 중년기 모습을 조성(shaping)한다. 우리 중년기 삶의 질은 더 나중의 우리 모습을 조성하는 데 도움을 준다 – 내가 말한 이 과정은 연속적으로 축적되는 것이다. 초기 아동기 환경 혹은 성격이나 지적 유능성과 같은 개인의 질이 중요하지 않은 것은 아니지만, 65세에 이러한 특성의 영향은 직접적이라기보다 간접적이다.

이 두 가지 설명이 적어도 부분적으로 사실처럼 보이지만, 두 번째 가능성이 설득력이 있으며, 이 설명은 다른 사실, 발견에 대한 이해를 돕는다.

보스턴 백인 남성 중 하층 계급 혹은 노동자 계급 가족에서 자란 343명을 대상으로 한 George Vaillant의 또 다른 종단연구에서 발견된 사실이 이와 관련이 있다. 원래 이 연구 참여자들은 범죄학자 Sheldon Glueck과 Eleanor Gluek(1950, 1968)의 폭력 연구에 참여했던 사람들이었다. 이 연구에서 이들은 자신들이 10대였을 때, 폭력을 행하지 않은 사람들로 비교그룹의 일부에 속하였다. Glueks는 연구 참여자들이 청소년 초기였을 때 상세히 면담하였고, 그 후 25세, 31세가 되었을 때 다시 면담을 하였다. 그리고 Vaillant와 그의 동료들이 연구 참여자들이 40대 후반이 되었을 때 다시 면담을 하였다. Vaillant 연구팀은 정상적인 때에 자녀를 갖지 않은 남성들이 자녀가 없는 상황을 어떻게 다루는지 보고자 하였다(Snarey, Son, Kuehne, et al., 1987).

자녀가 없는 남성 집단에 속한 이들은 47세에 따로 평가되었는데, 이들은 돌봄이 필요한 누군가의 아이를 찾거나, 입양을 하거나, 빅브라더/빅시스터와 같은 조직에 합류하거나 혹은 적극적인 삼촌이 되는 방식으로 행동하며 확실히 Erikson의 표현대로 생산적이었다. 아이가 없는 남성 가운데 47세에 생산성이 낮은 것으로 평가된 사람들은 입양을 덜 하는 경향이 있었다. 만약 그들이 뭔가를 대신 택했다면 그것은 애완동물인 경우가 많았다. 자녀가 없는 남성들이 생산적이든 비생산적이든, 성인기 시작 시에는 사회계층 혹은 산업화 수준에서 이들 간 큰 차이는 없었다. 그래서 심리사회적 성숙에서 나타나는 이들간 최종적 차이는 20대에 존재했던 차이의 결과로 보이지는 않는다. 그보다는, 자녀가 없는 것과 같이 성인 초기에 발생한 예상치 못한 혹은 비정상적인 사건에 대해 반응하고 대처하는 방식의 결과로 보인다.

핵심은 성인기에 많은 경로가 있다는 점이다. 우리가 가는 각각의 경로는 시작점의 영향을 받지만, 우리가 하는 선택을 통해 앞으로 계속 가야하는 길이 생겨난다. 그리고 경험으로부터 학습하는 우리 능력은 50년 혹은 60년 뒤에 우리가 어떤 사람이 될 것인지 그 모습을 조성해간다. 만약 우리가 성인기 여정을 이해하는 중이라면, 어떤 선택과 학습으로 인해 초래되는 혹은 선택이나 학습의 결여로 인해 초래되는 삶의 다양한 연속선을 만드는 것을 허락하는 모델이 필요하다. 그래서 이 마지막 장에서 나는 보다 보편적인 모델을 사용하여 이에 대한 설명을 시도하고자 한다.

성인 성장과 발달 모델 : 궤도와 경로

나는 네 가지 제안(proposition)을 할 것이다. 이 중 첫 번째는 이미 언급한 것으로, 정상적 혹은 보편적 경로에 대해 앞서 설명한 것을 상기시킬 것이다.

제안 1 : 성인기에는 신체적 · 심리적 측면에서 공통적이고 기본적인 연속적 발달이 일어난다. 이는 대략적인 연령(그러나 정확하지는 않은)과 관련되어있다.

성인 삶에 영향을 미치는 여러 과정이 무엇이든, 전체 여정은 어떤 보편적 특징을 가진 길을 따라가며 일어난다는 것이 명확하다. 연령이 증가하면서 신체와 마음의 변화는 예측 가능한 방식으로 일어난다. 이 같은 변화는 성인들이 자신을 정의하는 방식에 영향을 미치고, 세상을 경험하는 방식에도 영향을 미친다. 나는 나 자신을 정의하는 방식 혹은 의미체계에서 계속해서 변화를 경험하고 있다. 신체적 · 정신적 변화와 달리, 자아 발달 혹은 영적 변화 과정은 반드시 연령의 증가와 함께 일어나는 것은 아니다. 하지만 이는 발달 과정에서 가능한 것이거나, 잠재적인 것으로 남아있다.

우리는 기본적인 발달 과정과 발달의 연속선에서 공통적인 범위 안에 머무르기는 하지만, 거기에는 개인적인 경로도 있다 – 많은 가능한 역할과 관계가 연속적으로 주어지고, 여러 수준의 성장, 삶의 만족도 혹은 '성공'이 있기에 다음의 두 번째 주요 제안을 하고자 한다.

비판적 사고

연령과 관련된 공통적인 발달 과정의 예시를 설명해보라. 연령과 관련이 없는 과정에는 무엇이 속하는가?

제안 2 : 성인발달은 근본적으로 특정한 경로 혹은 궤도 안에서 일어나는데, 교육, 가족 배경, 민족, 지능 그리고 성격의 시작 조건으로부터 강력한 영향을 받는다.

개인차에 대해 가장 잘 설명하기 위하여 생물학자 Conrad Waddington이 고안한 후성유전학적 계곡(epigenetic landscape)(Waddington, 1957)의 이미지(그림 12.2)를 빌려왔다. Waddington은 강력한 '운하화(canalized)'에 비춰 배아의 발달을 논하면서 이 아이디어를 소개했지만, 같은 개념을 성인발달에도 적용할 수 있다. Waddington이 제안한 최초 이미지는 여러 도랑이 흐르는 산이었다. 그는 도랑과 협곡의 가능한 여러 상호작용으로 인하여 정상에 위치한 원석이 산 밑의 최종 목적지에 다다를 때까지 거의 무한대에 가까운 가능성이 있음을 입증하였다. 도랑 가운데 몇은 다른 것보다 깊고, 어떤 결과들은 다른 것보다 일어날 가능성이 더 크다. 이러한 메타포를 나의 식으로 표현하면, 산 밑은 후기 노년기를 의미하며, 산 정상은 성인 초기를 대표한다. 성인기 동안 우리 각각은 반드시 산 밑으로 가는 길을 만들어야 한다. 우리는 모두 같은 산을 내려가고 있기 때문에(신체, 정신 그리고 영적 발달에서 기본 경로를 따라), 여정 전체로 봤을 때에는 어떤 면에서는 공통적일 것이다. 하지만 이러한 메타포는 특정한 사건 그리고 여정의 결과에서 여러 변형 또한 허락할 것이다.

비판적 사고

현재 당신이 깊게 관여하고 있는 주요 경로가 무엇인지, 그리고 당신이 경로를 바꾸게 되었던 선택 지점은 어디였는지 설명해보라. 이전에 깊게 관여되어있던 도랑에서 다른 대안적 경로로 이동할 때의 노력에 대해 어떻게 설명할 수 있는가?

산 정상에 있는 여러 도랑 중 하나에 위치한 원석을 상상해보라. 시작점이 어딘가에 따라서 산 밑으로 오는 경로는 강력한 영향을 받을 것이다. 만약 주요 경로가 다른 주변의 길보다 더 깊다면, 다른 길로 옮겨가는 것은 같은 길을 계속해서 가는 것보다 가능성이 적다. 그럼에도 어떤 선택을 내리는 시점의 위치 혹은 교차점의 존재는 같은 도랑에서 시작한 원석이 산 밑에서는 다양한 곳에 위치하는 것을 가능케 한다. 시작점이 어디든지 간에 어떤 경로들 그리고 어떤 결과들은 다른 것보다 더 많이 발생한다. 하지만 어떤 하나의 도랑에서부터 가능한 여러 경로가 있고, 이는 다른 여러 방향으로 갈라진다. 게다가 도랑은 지속적으로 문화적·역사적 영향 그리고 건강 변화 같은 여러 환경 변화에 반응하여 다른 여러 길로 갈라진다.

이 모델 혹은 메타포는 Vaillant의 Grant Study 종단 분석 결과와 대부분 일치한다. 시작점이 된 도랑은 중년기에 당신이 산의 어느 지점에 있을지에 분명히 영향을 미친다. 그러나 최종 끝 지점은 당신이 어디에서 시작했느냐보다는 중년기에 어느 지점에 있었느냐에 더 강력한 영향을 받는다. 산-도랑 아이디어는 주요 도랑이 보다 깊어지고 또 깊어져(그래서 벗어나기 힘들어져서) 당신이 그 도랑을 따라 산을 내려오게 되는 것을 잘 설명해준다.

또한 이 모델은 초반에 언급했던 다른 발견, 즉 연령이 증가하면서 건강, 정신적 기술(mental skills), 성격 그리고 태도 등 다양한 부분에서 측정 점수가 함께 높아진다는 것과도 일치한다. 성인 초기에 선택 가능한 여러 대안 도랑들은 40년 혹은 60년 이후보다 서로 가까이에 위치한다. 〈그림 12.2〉에는 여러 특징이 포함되어있는데, 이를 이해하는 것은 매우 중요하다고 생각한다.

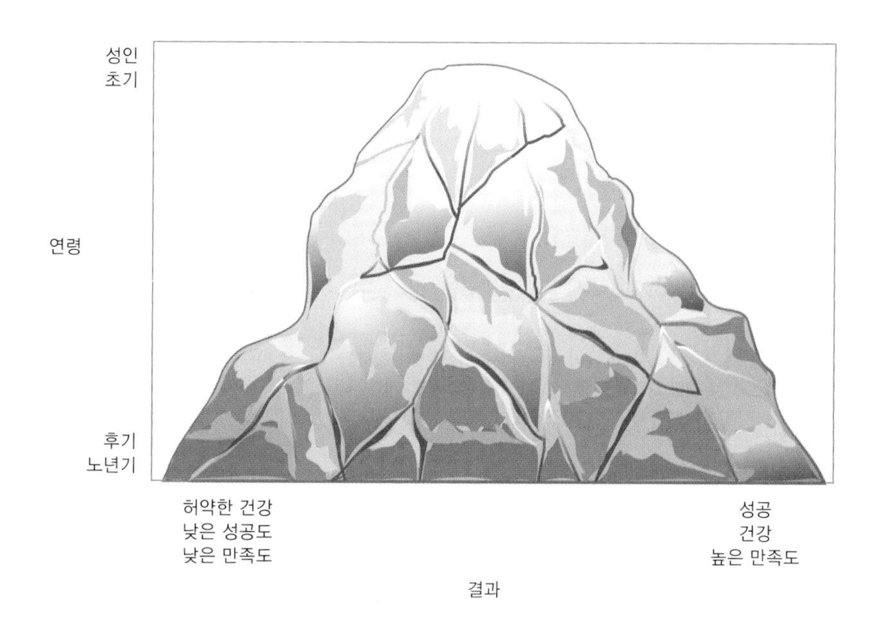

:: 그림 12.2

성인기 여정을 설명하는 하나의 방법은 산의 전경을 이용하는 것이다. 여정은 산 정상에서 시작되며 여러 도랑과 협곡을 따라 내려오게 된다. 많은 선택과 대안적 경로가 있으며 문화적 · 사회적 변화의 영향을 받는다.

출처 : Waddington (1957)의 재구성.

제안 3 : 각각의 경로는 안정적인 삶의 구조와 불평형화가 번갈아 일어나는 일련의 사건으로 구성된다.

산-도랑 메타포에서, 안정적인 삶의 구조는 도랑의 합류 지점에서 길고, 쭉 뻗은 것으로 표현된다. 도랑의 교차로는 불평형화를 대표한다. 각각의 안정적인 삶의 구조는 삶에서 요구되는 여러 역할 가운데 하나를 달성하면 균형을 이루었다가 사라지는 것으로 보인다. 결국 안정적인 삶의 구조는 개인이 놓인 위치에서 특정 능력과 특성을 일시적으로 경험하게 하는 것이다. 이 균형적인 상태는 정상적이며, 안정을 반영하고, 또 외적으로 관찰 가능한 삶의 양상이다. 예를 들면, 자녀를 학교에 데려다주기 위하여 매일 특정 시간에 일어나는 것, 출근하는 것, 토요일에 장을 보는 것, 매주 일요일에 어머니와 저녁을 먹는 것, 매해 발렌타인 데이에 배우자와 저녁을 먹으러 가는 것 등이 이에 속한다. 이는 또한 관계의 특별한 특징과 질적인 측면을 반영하며, 우리가 모든 경험에 대해 의미체계를 가진다는 것을 반영한다. 물론 이러한 양상이 전부 고정된 것은 아니다. 우리는 특정한 요구 혹은 기회가 변화할 때마다 정기적으로 소소한 적응들을 한다. 하지만 각 성인의 삶에는 일시적으로 균형이 달성되는 때가 있다.

안정적인 기간과 연령의 관계 안정과 불평형화의 전환기간은 연령과 관련이 있어 보인다. 나는 대략적인 연령에 따라 많은 선택점이 산의 여러 수준에 있음을 〈그림 12.2〉에 제시하였다. 각 연령에 근접한 안정적인 구조의 내용, 각 이동 시기에 다뤄지는 이슈들은 어느 정도 예측 가능한 것으로 보인다. 결국에 우리는 같은 산을 내려온다. 〈표 12.1〉에 제시한 것처럼 대부분의 성인이 직면하는 여러 과업 혹은 주제는 특정한 연속성을 가지고 있다. 성인 초기에는 가족으로부터 분리되고, 안정적이고 중요한 동반자를 만드는 것, 자녀 양육을 시작하는 것 그리고 만족스러운 일

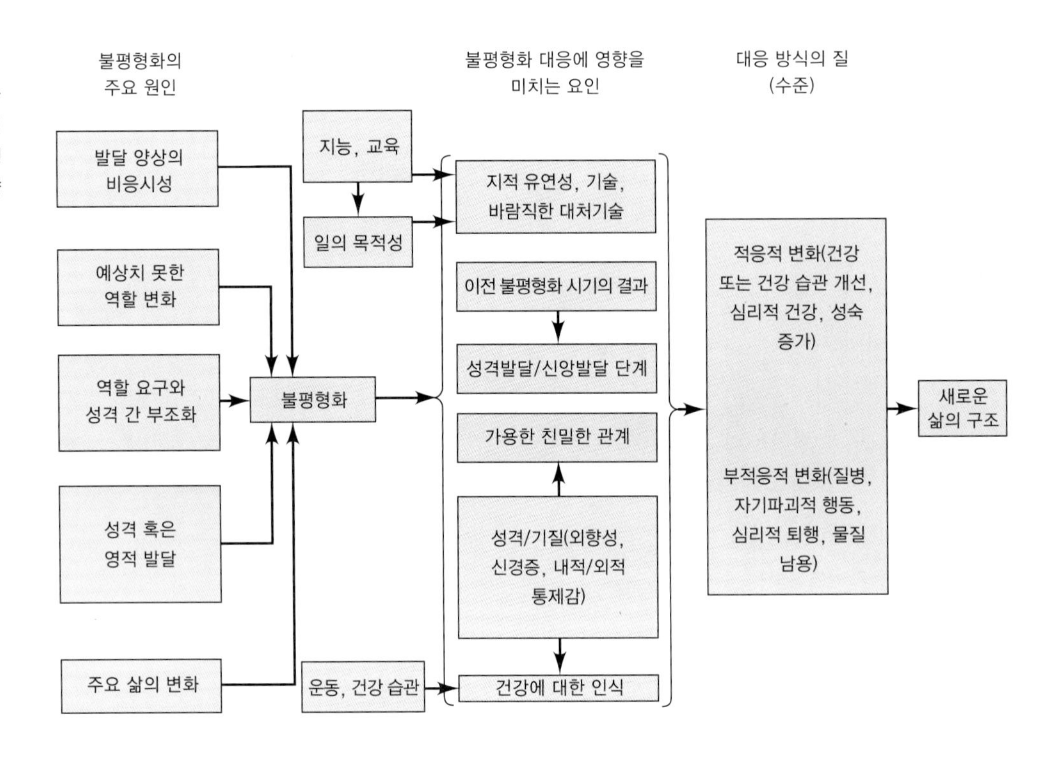

:: 그림 12.3
성인기 동안 이 과정이 반복되며, 이행의 효과는 시간에 걸쳐 누적된다. 각각의 이행은 개인이 가는 경로에 영향을 미친다.

을 성취하는 것 등이 이에 속한다.

중년기 과업은 자녀를 보다 독립적으로 만드는 것, 노인이 된 부모를 돌보는 것, 부모와 배우자 역할을 재정의하는 것, 개인의 내적 세계를 탐색하는 것 그리고 다가오는 신체 노화와 부모의 죽음을 수용하는 것 모두를 포함한다. 따라서 '사회적 시계(social clock)'를 따르는 성인은 특정 연령에 이런 과업을 이행하는 것에 관여되는 경향이 있고, 각 세대에서는 공통된 주제를 경험한다. 하지만 나는 과업 혹은 우리가 직면하는 것들에 단 한 가지 순서나 한 가지 연령이 있다는 것을 주장하고 싶지는 않다. 산-도랑 모델은 성인이 결혼하지 않았을 때 무슨 일이 일어나는지, 30대나 40대까지 아이를 갖지 않았을 때 어떤 일이 일어나는지 혹은 신체적으로 어려움이 생기거나, 미망인이 되거나, 성인 초기에 아프거나 할 때 같이 주요 선택점에서 시기의 다양성을 포함하지 않기 때문에 오해가 있을 수 있다. 하지만 시기의 다양성이 어떠하든지 간에, 성인의 삶을 안정기와 전환시기로 묘사하는 것은 타당하다.

전환점 개인 삶에서 전환점으로 생각해봐야 할 불평형화 기간은 아마 하나 혹은 그 이상의 여러 사건에 의해 촉발될 것이다. 산-도랑 모델에서 이를 설명할 수 있는 방법이 없기에 나는 〈그림 12.3〉에 제시한 흐름도와 같은 보다 보편적인 2차원 설명으로 돌아갈 것이다. 불평형화의 주요 근원은 그림의 좌측에 기록하였고, 다음과 같다.

- **발달 양상의 비동시성** : 성인발달 및 변화는 몇 개의 각기 다른 차원에서 성장이 일어난다. 신체

적 발달, 정신적 발달 혹은 역할 패턴이 동시적이지 않을 때, 체계 안에서 긴장 혹은 불평형화가 일어난다. 성인기 어떤 한 차원에서 중요한 어려움이 있으면 자동적으로 비동시성이 생겨나고, 높은 수준의 스트레스와 연관된다. 예를 들어 30대 후반에 첫 아기를 갖는 경우 역할 변화를 경험하며 비동시성을 경험한다. 또한 Glueck과 Vaillant의 노동자 계층 연구에서 자녀를 갖는 데 실패한 남성도 불평형화를 증가시키는 비동시성을 경험할 가능성이 높아진다. 앞서 언급한 대로, 일반적 규칙, 즉 제때에 일어나는 역할 변화는 주요 위기나 자기-재검증(self-reexamination)을 거의 유발하지 않는데, 왜냐하면 이는 주변 동료들과 공유되기 때문이다. 반면 비정상적 변화는 당신의 선택이나 실패 혹은 성공이 모두 관여되어있는 것이다. 따라서 이는 보다 개인적인 경험이고 그래서 정상적인 것에 비하여 자신과 가치 그리고 의미체계에 대한 재평가 혹은 재정의를 하게끔 하는 경향이 있다.

- **역할 변화** : 예를 들면 배우자 혹은 부모가 되는 것, 자녀가 집을 떠나는 것, 은퇴 그리고 직업에서의 변화 같은 것이 이에 속한다.
- **역할 요구와 성격 간의 부조화** : 이는 어떤 면에서 다른 종류의 비동시성이다. 예를 들어, 한 연구에서 심리적으로 건강하게 보이는 50세 사람이지만, 이들이 40세 때 심리적 고통 혹은 혼란을 보였던 경우라면, 성 역할이 맞지 않아 어려움을 경험한 10대와 비슷한 특성을 보이는 경향이 있었다. 이 집단에 속한 사람 가운데 사회적이며 보다 지적인 여성은 집안일에 온종일 매여있는 것이 매우 고통스러운 일이라는 것을 발견했다. 보다 창의적이고 정서가 풍부한 남성은 세상의 흐름에 순응하는 방식으로 살고자 시도한 경우 40세에 혼란을 겪었다. 두 집단 모두 자신의 40대에 맞지 않는 역할의 제약으로부터 자신들을 자유롭게 하여 50대에는 통합을 이루어 괜찮아 보이게 된 것이다(Livson, 1981).
- **성격 혹은 영적 발달** : 이는 Erikson이 언급한 발달 차원의 불평형화나, Fowler의 신앙 단계 이동 같은 불평형화를 초래할 수 있다. 이러한 내적 변화는 불평형화 상태를 초래한 요인(disequilibrium-causing agent)에 대한 반응으로 일어난다. 한 번 이행이 시작되면, 개인은 순응주의자에서 양심적인 자아 구조로, 주체적(individuative) 신앙에서 접속적(conjunctive) 신앙으로 불평형화를 경험하게 된다. 불평형화 기간 끝에 출현하는 새로운 안정적인 삶의 구조가 무엇이든, 반드시 자기 혹은 신앙에 대한 새로운 감각을 가져올 것이고 이는 점진적으로 진화된다.
- **주요 삶의 변화** : 가까운 가족 구성원이나 친구의 사망, 우정 혹은 사랑하는 관계의 상실과 같은 특정 관계의 상실이 이에 속한다. 예측 불가능한 부정적 변화들은 대부분의 경우 가장 큰 어려움을 초래할 것이다. 하지만 여러분이 40~50대에 경험하게 될 부모의 죽음, 관계 상실과 같이 예측 가능한 변화도 재평가와 재조직화를 필요로 한다.

한 개인이 불평형화 시기를 위기로 겪든, 이행기로 경험하든, 이는 적어도 두 가지 ─ 불평형화를 초래하는 각기 다른 원인의 수와 개인의 성격 및 대처기술 ─ 에 의존하는 것으로 보인다. 역할 변화, 주요 관계 상실 그리고 신체적 변화의 비동시성처럼 불평형화를 유발하는 사건들이 짧은 시간 내에 많이 누적되었을 때, 누구든지 주요 이행을 경험할 가능성이 있다. 하지만 누적된 불평형화를 위기로 받아들이고 대응하는 경향은 상대적으로 높은 신경증, 낮은 외향성 혹은 효과적인 대처기술의 결여 또한 반영한다.

우리가 어떤 길을 통해 산을 내려갈지 결정하는 불평형화 기간에 대한 우리의 대응 방식은 다음의 네 번째 제안을 하게끔 한다.

제안 4 : 불평형화 시기의 결과는 긍정적(심리적 성장, 성숙, 건강 증진), 중립적, 부정적(쇠퇴 혹은 미성숙, 건강 악화)인 것 중 하나이다.

선택 점이 어디든지 간에, 개인이 따르는 경로가 달라지는 결과가 발생한다. 〈그림 12.3〉의 세 번째 칸에 제시된 다양한 범주의 변인의 영향을 받거나, 이들에 의해 결과가 결정된다. 지적 유연성 혹은 기술은 Vaillant와 Loevinger가 설명한 높은 수준의 성숙과 성장을 이끄는 데 특히 중요한 요소로 보인다. 성인기 지적 유연성은, 우리가 사는 환경의 다양성, 특히 일(직장, 가정 모두 포함)의 복잡성에 의해 많은 영향을 받는다. 사회학자 Janet Giele(1982)가 이를 잘 설명하였다.

> 직업이나 일상의 여러 측면에서 사회적 복잡성의 수준은 매우 중요하다. 많은 다양한 역할을 잘 다루고 적응하는 것을 배우는 사람은 따로 떨어져 있는 사건들을 통합할 수 있는 추상적 자기, 양심 혹은 삶의 구조를 점진적으로 발달시키고자 노력하는 데 가장 관심을 기울이는 것으로 보인다. 반대로, 단순한 직업을 가지고 충분하지 못한 교육, 사회적 접촉이 적은 사람들은 자율성을 강화하거나, 개인의 정신적 힘을 정교하게 만드는 과정을 나이가 들면서 덜 경험하는 경향이 있다(p. 8).

당연하게도, 일의 복잡성은 우리가 받은 교육 수준 그 자체에 의해 부분적으로 결정된다. 고등교육을 받은 성인은 보다 복잡한 일을 찾고, 그래서 그들의 지적 유연성을 유지하거나 증가시키는 경향이 있다. 이러한 관련성은 성인 초기와 중년기 간의 예측 가능한 패턴을 만드는 것을 돕지만, 이 관계 중 완전한 상관에 가까운 것은 어떤 것도 없기에 하나의 도랑에서 다른 도랑으로 옮겨가는 것이 대부분 가능하다. 예를 들면, 생산직에 있는 어떤 사람들은 굉장히 복잡한 반면, 어떤 사무직은 그렇지 않다. 이러한 변형으로 인해 사람들은 자신이 애초에 파낸 홈(groove) 바깥으로 이동하는 경향이 있다.

타고난 기질적 성향은 또 다른 핵심 요소이다. Costa와 McCrae가 제안한 것처럼, 신경증이 높은 사람들은 불평형화에 대해 물질 남용, 질병, 우울 그리고 퇴행하는 방식으로 방어하며 반응하는 경향이 있다. 반면에 신경증적 성향이 낮거나, 보다 외향적인 기질을 가진 사람들은 다른 사람들을 찾아 나서거나, 보나 선설적인 해결책을 찾는 방식으로 불평형화에 반응한다.

또한 친밀한 친구의 지지 가능 여부도 중요한 요소이나, 이는 분명 기질과 별개의 것이 아니다. 친밀한 친구가 없는 성인 혹은 좋은 결혼생활에서 비롯되는 지지적인 친밀감이 없는 성인은 중년기에 심각하고 자잘한 신체적 질병을 더 많이 경험하는 경향이 있었고 혹은 심각한 정서적 혼란, 술이나 약물 사용 그리고 보다 많은 미성숙한 방어를 하는 경향이 있었다. 친구가 없거나, 외로운 성인은 보다 사랑이 적고, 지지가 적은 가족에서 비롯한 경우가 많지만, 만약 성인이 적어도 하나의 가깝고 친밀한 관계를 형성한다면 빈약한 초기 환경은 보다 잘 극복될 수 있다. Vaillant(1977)는 Grant Study에서 사랑이 없거나, 스트레스가 매우 많은 가정에서 성장한 남성 몇몇은 대학생 때 상당히 신경증적이었고 위축되어있었지만, 그럼에도 성공적이고 정서적으로 성숙한 어른이 되었다고 기술하였다. 유사한 배경을 가지고 좋지 않은 결과를 낸 사람들에 비하여, 이처럼 성숙한 삶을 산 남성들의 공통된 요소 가운데 하나는, 배우자와 '치료적인(healing)' 관계를 경험하였다는 것이다. 이와 유사한 연구 결과가 또 있다. 사회학자 David Quinton과 그의 동료들은 영국에 사는 젊은이 가운데 10대 때 폭력 행위를 했던 사람들을 연구하였다(Quinton, Pickles, Maughan, et al., 1993). 연구자들은 이들 중 지지적인 파트너를 만난 사람은 지지가 없거나, 문제가 많은 파트너를 만난 사람들보다 범죄 같은 문제행동을 보이는 연속성이 덜한 경향이 있음을 발견하였다. 따라서 초기의 부적응적인 행동은 적절한 지지적 파트너 관계를 통하여 좋은 방향으로 바뀔 수 있거나, '치료(healed)될' 수 있다. 건강은 성인이 불평형화 기간에 반응하는 방식을 달리 만들 것이다. 허약한 건강은 선택 안을 제한한다. 또한 좋지 못한 건강은 당신이 가능한 대처 전략의 범위 혹은 당신이 만들 수 있는 최종 삶의 구조에 영향을 미치는 에너지 수준을 낮춘다.

이행의 누적 효과 마지막으로 사회학자 Gunhild Hagestad와 심리학자 Bernice Neugarten(1985)가 '이행 도미노 효과(transition domino effect)'라고 표현한, 몇몇의 불평형화 기간의 누적 효과를 언급하고자 한다. 이전 단계 혹은 이행 누적 효과는 Erikson 발달이론의 핵심 요소로 제8장을 떠올려보라. 해결되지 않은 갈등과 딜레마는 미해결된 과제로 남는다 – 미해결된 과도한 정서는 다음 단계에서 성공적 해결을 어렵게 한다. 한 개인을 아동기에서 중년기까지 살펴본 Vaillant와 다른 이들의 연구는 이 같은 점을 잘 보여준다. Grant Study에 참여한 하버드 남성 가운데 초기 아동기에 신뢰 발달에 실패한 것으로 묘사된 이들은 성인기 초반 약간의 시기 동안 보다 많은 어려움을 경험하였다. 그들은 아동기에 많은 신뢰감을 확보한 사람들에 비하여 보다 비관적이었고, 자신을 의심하였으며, 소극적이고, 의존적인 성인이었으며, 더 많은 부적응 혹은 성공적이지 못한 결과들을 보여주었다.

누적효과의 다른 형태도 있다. 예를 들면, 생애 초기 경험한 하나의 주된 어려움은 아마도 그 이후의 연속적인 어려움 혹은 스트레스가 많은 경험을 통째로 유발한다. 가장 대표적인 예는 청소년기 양육 효과로, 이는 조기 학교 중도탈락을 이끌며, 중도탈락은 또다시 일의 복잡성에 그리고 지적 유연성에 영향을 미칠 뿐 아니라 계속해서 지속적인 영향을 미친다.

적응적인 혹은 부적응적인 결과 대 행복 내가 적응적 · 부적응적 변화라고 명명한 결과들이 행복, 불행과 동일한 것이 아님을 강조하는 것은 중요하다. 아프거나, 물질 남용, 자살 시도 혹은 우울과 같은 부적응적 변화는 확실히 불행과 상관이 있다. 하지만 건강 습관 개선, 사회 활동 증가 혹은 자아 단계나 영적 발달의 연속적인 변화와 같은 적응적인 변화가 행복의 증가와 늘 관련이 있는 것은 아니다. 예를 들어, McCrae와 Costa(1983)는 양심적이거나 자아 발달 수준이 높은 사람들이 순응적 단계에 머물러 있는 사람들보다 높은 삶의 만족도를 보고한다는 것을 발견하지 못했다. 따라서 중요한 변화는 전반적인 행복의 변화를 반영하는 어떤 것 없이, 불평형화 기간에서부터 시작될 수 있다. 그리고 자아 발달 단계에서의 변화가 한 개인의 삶에 적용되는 행복의 기준을 변화시키는 것으로 여겨진다. McCrae와 Costa는 다음과 같이 말하였다.

> 행복의 질과 양이 성숙의 수준과 함께 달라지지는 않지만, 우리는 행복 혹은 불행이 발생하는 환경 그리고 삶에서 만족 혹은 불만족의 기준이 자아의 수준과 함께 달라진다는 것을 제안한다. 보다 성숙한 개인의 욕구와 관심, 열망과 분노는 분명히 다르다 – 보다 감지하기 힘들고, 덜 개인적이며, 덜 자아 중심적이다. 심리적으로 덜 성숙한 사람은 아마도 그의 삶을 돈, 지위 그리고 섹스와 같은 것으로 평가할 것이고 보다 성숙한 사람은 성취, 이타주의 그리고 사랑으로 평가할 것이다(1983, p. 247).

나이와 행복 간에 상관이 없다는 결과가 보여주는 것처럼, 성숙은 성인을 자동적으로 행복하게 만들지 않는다. 성숙 그리고 다른 여러 적응적인 변화는 우리의 전반적인 계획(agenda)을 변화시키고, 그래서 우리가 창조하는 삶의 구조와 이러한 삶의 구조를 평가하는 우리의 방식을 달리 만든다.

이번 장에서 설명한 이 모델은 복잡하지만, 그럼에도 매우 단순하다는 것을 이야기하고 싶다. 다른 문화적 양상을 모두 포용할 만큼 충분히 넓은 관점에서 모델의 구성요소들을 설명하려고 노력했음에도, 이는 확실히 문화 특징적이기도 하다. 또한 이는 어떤 면에서는 아마도 잘못되었을 것이다. Loevinger의 자아 발달 단계의 연속성과 같은 것이 실제 존재하는 것을 지금까지 논의에서 가정해왔고, 만약 모든 성인들이 전부 성숙했다면 다 이런 패턴으로 성숙했을 것이다. 하지만 제8장과 제9장에서 알 수 있듯이 이 가정들은 돌보지 않은 증거에 기초하고 있다.

이 같은 명백한 한계에도 불구하고, 성인기 삶의 다양성과 풍요로움을 지배하는 것처럼 보이는 어떤 규칙 혹은 법칙을 모델을 통해 보았을 것이다. 성인기의 당혹스러운 사건들이 순서대로 일어나는 것처럼 보이지만, 순서는 꼭 고정되어있지 않으며, 연령의 증가와 함께 점진적으로 발생하는 사건도 어떻게 보면 과정이다. 성인발달을 이해하기 위해서 모든 경로와 모든 도랑을 다 알아내는 것은 유용할 것이다. 하지만 성인이 하게 될 선택과 그 선택에 반응하는 개개인의 방식에 영향을 미치는 요인과 과정을 이해하는 것 또한 동등하게 중요하다. 아마도 삶에서 주목할 만큼 중요한 것들은 대부분 잘 보이지 않는 위험과 딜레마를 가지고 있지만, 많은 성인은 적절한 행복, 만족과 함께 이를 잘 지나갈 것이고, 자신들의 지나온 여정을 통해서 약간의 지혜를 얻을 것이다.

당신은 성공적인 여행을 할 수 있다!

요약

Summary

01 성인발달을 이해하기 위해 주제를 나누는 것은 중요하다. 하지만 이를 같이 고려하며 사람을 전인적으로 보는 것 또한 매우 중요하다.

02 성인 진입기는 신체적 · 인지적 능력에서 최고 정점을 이룬다. 이는 정체성 탐색, 긍정적인 불안정성, 자신에게 초점을 두는 것, 사이에 끼어 있다는 느낌 그리고 가능성을 상상할 수 있다는 것에 의해 새롭게 정의된 성인 단계이다.

03 성인 초기는 높은 수준의 신체적 · 인지적 능력이 계속되는 때이다. 30세 만큼 어린 시기에도 일정 부분에서 쇠퇴가 약간 시작되지만, 최상의 수행을 보이는 운동선수를 제외하면 인식할 만한 것은 아니다. 이 시기는 역할 이행, 관계 형성 그리고 어떤 집단에 소속되는 것(부족화)이 정점을 이루는 시기이다.

04 중년기에는 생물학적 시계가 인식할 정도로 흐르기 시작한다. 약간이기는 하지만 신체적 노화가 나타나는 첫 신호가 나타나고, 인지적 쇠퇴의 첫 신호가 나타난다. 재생산 능력은 남성과 여성 모두에게 쇠퇴하는데, 여성의 경우에는 완전히 종결된다. 사회적 시계는 덜 소란하다. 가족 역할과 커리어에서 보다 유연성이 있다. 집단에서의 행동과 규칙에 대해 의문을 갖게 되는 시기이고 보다 개인적이 된다.

05 중년기가 위기의 시기라고 알려져 있음에도 불구하고, 이러한 근거 없는 믿음은 경험적 연구에 의해 증명되지 않는다.

06 전기 노년기의 전형적인 특징은 은퇴이다. 전기 노년기 사람들과 중년기 사람들 간에 생물학적 차이는 적지만, 만약 은퇴를 고려한다면 사회적 차이는 유의하다. 한 개인의 정기적인 직무가 끝나는 것은, 은퇴가 신체적 혹은 정신건강에 미치는 증거가 없음에도 주요한 경제적 · 사회적 효과를 갖는다. 대부분의 노인들은 이 단계에 새로운 생활방식에 적응하고, 근로자로서의 역할이 끝난 현재를 채우기 위하여 새로운 역할을 찾는 데 이 시기를 보낸다.

07 후기 노년기는 미국과 선진국에서 가장 빨리 늘어나는 연령 집단이다. 그 결과 우리는 이 연령대에 대하여 그 이전보다 더 많은 것을 알고 있다. 성인 초기 신체적 · 인지적 능력의 느린 쇠퇴는 후기 노년기에 속도가 나기 시작한다. 이는 사회적 활동, 사회적 네트워크의 감소와 함께 동반된다. 하지만 이 연령대 대부분의 사람들은 소수와 더 친밀한 관계를 즐

긴다. 세상으로부터 유리된 사람들이 정신적으로 건강하다는 가설은 엄밀한 조사에 의해 확인되지 않았다.

08 후기 노년기는 개인의 삶을 돌아보는 시기이며, 아마도 죽음에 다가서는 때이다. 이 시기에 어떤 사람들은 회고록을 쓰거나, 가족 구성원 혹은 이전에 친구였던 상대와의 좋지 않은 관계를 개선한다.

09 이 책은 성인기에 거치는 전형적인 경로를 강조하면서도, 성공과 웰빙을 이끄는 여러 변형이 있음을 언급한다.

10 미국 성인의 삶의 질은 높은 사회경제적 지위와 건강에 의존한다. 이러한 두 가지 요소는 인종과 성별처럼 관련성이 떨어지는 예측 요인의 상당 부분을 설명한다. 다른 요소는 연령인데, 노인은 중년기 성인이나 젊은 성인보다 더 높은 삶의 질을 보고한다. 행복하게 결혼생활을 하고, 신체적 · 사회적 활동에 참여하고, 자신의 삶을 통제하고 있다고 느끼고, 또 그들 연령대의 다른 사람들과 비교하는 이들은 높은 삶의 질을 보고한다.

11 성인발달의 다양성에도 불구하고, 우리 가운데 대부분은 성인기 여정에서 유사함을 갖는다. 그리고 우리의 여정은 확실히 우리의 교육, 가족 배경, 지능 그리고 성격의 영향을 받는다.

12 우리가 여행하는 발달 경로는 안정적인 시기와 불평형화 시기의 교차로 구성되어있다. 불평형화 시기는 긍정적인 변화, 부정적인 변화 혹은 중립적인 결과를 가져올 수 있다.

13 대부분의 성인은 적절한 행복감, 만족감과 함께 성인기를 보내고, 그 길에서 약간의 지혜를 얻기도 하며, 자신이 걸어온 이 길을 자신의 발걸음 뒤에 놓고 앞으로 향한다.

주요 용어

보상을 통한 선택적 최적화 인생 회고 중년기 위기

유리

관련 자료

[개인적 흥미를 위한 읽기 자료]

Pestalozzi, T. (2013). *Life skills 101: A practical guide to leaving home and living on your own* (5th ed.). New York: Stonewood.

저자는 성인 진입기 사람에게 어떻게 계약서를 읽고, 빨래를 하며, 자동차를 관리하고, 계좌를 개설하고, 주방을 메우는지를 포함하여 그들 자신의 삶을 사는 것에 도움이 되는 가이드를 제공한다.

Bainbridge, D. (2013). *Middle age: A natural history*. London, UK: Portobello Books.

40세가 된 수의사 Bainbridge는 여유 시간에 책을 집필하였다. 자신 그리고 자신과 비슷한 연령대가 경험하는 신체적 · 인지적 · 정서적 변화를 탐색하기 위하여 진화동물학에 대한 자신의 관심을 채우기로 결정하였다. 이 책은 중년기에 대해 약간 다른 관점을 제공하지만, 이는 훌륭한 과학적 내용이며 좋은 글이다.

Vaillant, G. E. (2012). *Triumphs of experience: The men of the Harvard Grant Study*. Cambridge, MA: Belknap Press.

George Vaillant는 발달심리학 장기 종단연구인 하버드 Grant Study에서 발견한 것을 토대로 이 책을 저술하였다. 연구 참여자들은 대학생 때부터 참여하여 현재 90대가 되었다. Vaillant는 무엇이 그들의 현재 삶을 좋게 만들었는지, 어떤 요인이 이런 결과에 기여했는지 말해준다. 예를 들어, 행복하지 않은 아동기는 극복될 수 있지만, 행복한 아동기는 우리 삶 전반에 걸쳐 우리에게 남아있다. 또한 80세 이후 우리의 신체적 조건은 우리 유전자보다는 우리의 초기 생활방식에 의존한다. 노인 인구가 증가하면서, 이러한 정보는 노인이 있는 가족 구성원 누구에게나 혹은 이 연령대의 사람들과 일할 계획이 있는 사람에게 중요한 정보가 된다.

Lyubomirsky, S. (2013). *The myths of happiness: What should make you happy but doesn't; what shouldn't make you happy but does*. New York: Penguin Press.

만약 당신이 행복할 것이라고 생각한 적이 없다면 "……였다면 좋았을텐데" — 당신은 학교를 졸업하고, 좋은 사람과 결혼하고, 자녀가 있거나 돈이 좀 더 많았다면…… 이라고 생각할 것이다. 사회심리학자가 쓴 이 책은 과학적 증거에 기반을 두고 행복(그리고 불행)에 관한 진짜 비밀을 알려준다. 그녀는 우리가 삶에서 도달하는 모든 지표가 최선의(혹은 최악의) 결과를 가져올 것이라는 잘못된 명제를 가지고 있으며, 우리가 우리의 내면 그리고 자신의 잠재적 성장에 관해 잊어버린다고 지적한다.

[고전 학술자료]

Cummings, E., & Henry, W. E. (1961). *Growing old*. New York: Basic Books.

이 책은 유리 이론의 형성과 관련된 논의에 관해 상세히 다룬다.

Sears, R. R. (1977). Sources of life satisfaction of the Terman gifted men. *American Psychologist*, *32*, 119-128.

개척 발달학자 Robert Sears는 영재 아동을 대상으로 한 Terman의 유명한 종단연구에 참가했던 아동 참가자가 노인이 되었을 때 인터뷰하였다.

Waddington, C. H. (1957). *The strategy of the genes*. London, UK: Allen & Son.

발생학자 Conrad Waddington은 유기체가 각기 다른 것을 향한 많은 경로를 취할 수 있다는 유기체의 발달을 설명하기 위하여 후성 유전학적 계곡 모델을 사용하곤 했다. 사람들이 자신의 생애 동안 접하는 다양한 영향들의 이행적 특성을 기술하기 위하여 많은 발달 과학자들이 이 개념을 빌려 설명하였다.

[현대 학술자료]

Ardelt, M. (2011). Wisdom, age, and well-being. In K. W. Schaie & S. L. Willis (Eds.), *Handbook of the psychology of aging* (7th ed., pp. 279-291). San Diego, CA: Academic Press.

연령 증가와 함께 지혜가 증가한다는 것은 많은 문화에서 보편적인 지식일지라도, 이 능력에 대한 경험적 연구는 하나의 정의, 일반적인 측정 방법 혹은 가족, 학교에서 지혜를 기르는 방법을 발견하지 못하였다. 하지만 우리는 지혜가 어떤 노인 집단의 웰빙, 행복과 정적 관련이 있다는 사실을 안다. 이 장은 우리가 알고 있는 것 그리고 우리가 알아낼 필요가 있는 것에 대한 요점을 잘 정리한다.

참고문헌

AARP. (2012). *AARP policy book 2011–2012*. Retrieved May 10, 2013, from http://www.aarp.org/content/dam/aarp/about_aarp/aarp_policies/2011_04/pdf/Chapter4.pdf

Abdel-Khalek, A. M. (2004). The Arabic Scale of Death Anxiety (ASDA): Its development, validation, and results in three Arab countries. *Death Studies, 28*, 435–457.

Achenbaum, W. A. (1995). *Crossing frontiers: Gerontology emerges as a science*. Cambridge, MA: Cambridge University Press.

Ackerman, P. L. (2008). Knowledge and cognitive aging. In F. I. M. Craik & T. A. Salthouse (Eds.), *The handbook of aging and cognition* (3rd ed., pp. 443–489). New York: Psychology Press.

Adams, C., Smith, M. C., Pasupathi, M., et al. (2002). Social context effects on story recall in older and younger women: Does the listener make a difference? *Journals of Gerontology: Psychological and Social Sciences, 57*, 28–40.

Adelmann, P. K. (1994). Multiple roles and physical health among older adults: Gender and ethnic comparisons. *Research on Aging, 16*, 142–166.

Adler, N., Stewart, J., Cohen, S., et al. (2007). *Reaching for a healthier life: Facts on socioeconomic status and health in the U.S.* Chicago: MacArthur Foundation.

Ai, A. L., Huang, B., Biorck, J., et al. (2013). Religious attendance and major depression among Asian Americans from a national database: The mediation of social support. *Psychology of Religion and Spirituality, 5*, 78–89.

Ainsworth, M. D. S., Blehar, M., Waters, E., et al. (1978). *Patterns of attachment*. Hillsdale, NJ: Erlbaum.

Ajrouch, K. J., Blandon, A. Y., & Antonucci, T. C. (2005). Social networks among men and women: The effects of age and socioeconomic status. *Journals of Gerontology: Psychological and Social Sciences, 60*, 311–317.

Albanesius, C. (2011). Apple unveils updated iPod nano touch. *PC Magazine*. Retrieved May 4, 2012, from http://www.pcmag.com/article2/0,2817,2394061,00.asp

Alea, N., Diehl, M., & Bluck, S. (2004). Personality and emotion in late life. *Encyclopedia of Applied Psychology, 1–10*. San Diego, CA: Elsevier.

Alesina, A., Glaeser, E., & Sacerdote, B. (2005). Work and leisure in the U.S. and Europe: Why so different? *Harvard Institute of Economic Research*. Discussion paper number 2068. Retrieved March 20, 2006, from http://www.colorado.edu/economics/morey/4999Ethics/AlesinaGlaeserSacerdote2005.pdf

Allman, J., Rosin, A., Kumar, R., et al. (1998). Parenting and survival in anthropoid primates: Caretakers live longer. *Proceedings of the National Academy of Sciences of the United States of America, 95*, 6866–6869.

Almeida, D. M. (2005). Resilience and vulnerability to daily stressors assessed via diary methods. *Current Directions in Psychological Science, 14*, 64–68.

Almeida, D. M., & Horn, M. C. (2004). Is daily life more stressful during middle adulthood? In O. G. Brim, C. D. Ryff, & R. C. Kessler (Eds.), *How healthy are we? A national study of well-being at midlife* (pp. 425–451). Chicago: University of Chicago Press.

Almeida, O. P., Waterreus, A., Spry, N., et al. (2004). One-year follow-up study of the association between chemical castration, sex hormones, beta-amyloid, memory, and depression in men. *Psychoneuroendocrinology, 29*, 1071–1081.

Alsop, S. (1973). *Stay of execution*. New York: Lippincott.

Alterovitz, S. S.-R., & Mendelsohn, G. A. (2011). Partner preferences across the life span: Online dating by older adults. *Psychology of Popular Media Culture, 1*, 89–95.

Alzheimer's Association. (2012). *Fact sheet*. Retrieved November 28, 2012, from http://www.alz.org/documents_custom/2012_facts_figures_fact_sheet.pdf

Alzheimer's Association. (2013). *Early signs and symptoms of Alzheimer's*. Retrieved January 3, 2013, from http://www.alz.org/alzheimers_disease_10_signs_of_alzheimers.asp\#typical

Amato, P. R. (2010). Research on divorce: Continuing trends and new developments. *Journal of Marriage and Family, 72*, 650–666.

American Academy of Orthopedic Surgeons. (2011a). Retrieved May 5, 2012, from http://orthoinfo.aaos.org/topic.cfm?topic=A00389

American Academy of Orthopedic Surgeons. (2011b). Retrieved May 5, 2012, from http://orthoinfo.aaos.org/topic.cfm?topic=A00377

American Cancer Society. (2013). *What does hospice care provide?* Retrieved May 4, 2013, from http://www.cancer.org/treatment/findingandpayingfortreatment/choosingyourtreatmentteam/hospicecare/hospice-care-services

American Diabetes Association. (2011). *Diabetes statistics*. Retrieved November 27, 2012, from http://www.diabetes.org/diabetes-basics/diabetes-statistics/

American Diabetes Association. (2012). *Diabetes basics*. http://www.diabetes.org/diabetes-basics/prevention/risk-factors/

American Hair Loss Association. (2010). *Hair loss fact sheet*.

Retrieved May 8, 2012, from http://www.americanhairloss.org/

American Heart Association. (2012). *High blood pressure: Statistical fact sheet*. Retrieved November 6, 2012, from http://www.heart.org/idc/groups/heart-public/@wcm@sop@smd/documents/downloadable/ucm_319587.pdf

American Nutrition Association. (2011). USDA defines food deserts. *Nutrition Digest*. Retrieved October 18, 2012, from http://americannutritionassociation.org/newsletter/usda-defines-food-deserts

American Psychiatric Association. (2000). *Diagnostic and statistical manual of mental disorders* (4th ed.). Washington, DC: American Psychiatric Association.

American Psychological Association. (2004). *Public policy, work, and families: The report of the APA presidential initiative on work and families*. Retrieved March 14, 2006, from http://www.apa.org/work-family/fullreport.pdf

American Society of Plastic Surgeons. (2012). *2011 Plastic surgery statistics report*. Retrieved April 25, 2012, from http://www.plasticsurgery.org/News-and-Resources/2011-Statistics-.html

American Speech-Language-Hearing Association. (2012). *Unsafe use of portable music players may damage your hearing*. Retrieved May 4, 2012, from http://www.asha.org/About/news/atitbtot/Unsafe-Usage-of-Portable-Music-Players-May-Damage-Your-Hearing/

Andresen, E. M., Malmgren, J. A., Carter, W. B., et al. (1994). Screening for depression in well older adults: Evaluation of a short form of the CES-D. *American Journal of Preventive Medicine, 10,* 77–84.

Ano, G. G., & Vasconcelles, E. B. (2005). Religious coping and psychological adjustment to stress: A meta-analysis. *Journal of Clinical Psychology, 61,* 461–480.

Antonovics, K., & Town, R. (2004). Are all the good men married? Uncovering the sources of the marital wage premium. *American Economic Review, 94*, 317–321.

Antonucci, T. C. (1986). Social support networks: A hierarchical mapping technique. *Generations, 3*, 10–12.

Antonucci, T. C. (1990). Social supports and social relationships. In R. H. Binstock & L. K. George (Eds.), *Handbook of aging and the social sciences* (3rd ed., pp. 205–226). San Diego, CA: Academic Press.

Antonucci, T. C., Akiyama, H., & Takahashi, K. (2004). Attachment and close relationships across the life span. *Attachment and Human Development, 6*, 353–370.

Antonucci, T. C., Birditt, K. S., & Akiyama, H. (2009). Convoys of social relations: An interdisciplinary approach. In V. Bengston, M. Silverstein, N. Putney, et al. (Eds.), *Handbook of theories of aging* (pp. 247–260.). New York: Springer.

Antonucci, T., Jackson, J. S., & Biggs, S. (2007). *Intergenerational relations: Theory, research, and policy*. Malden, MA: Blackwell.

Aquilino, W. S. (2005). Impact of family structure on parental attitudes toward the economic support of adult children over the transition to adulthood. *Journal of Family Issues, 26,* 143–167.

Ardelt, M. (2003). Effects of religion and purpose in life on elders' subjective well-being and attitudes toward death. *Journal of Religious Gerontology, 14,* 55–77.

Ardelt, M., & Koenig, C. S. (2006). The role of religion for hospice patients and relatively healthy older adults. *Research on Aging, 28,* 184–215.

Ardila, A., Ostrosky-Solis, F., Rosselli, M., et al. (2000). Age related decline during normal aging: The complex effect of education. *Archives of Clinical Neuropsychology, 15,* 495–513.

Aristotle. (1946). *The politics of Aristotle* (E. Barker, Trans.). London, England: Oxford University Press. (Original work written around 350 BCE.)

Arnett, J. J. (2000). Emerging adulthood. *American Psychologist, 55*, 469–480.

Arnett, J. J. (2004). *Emerging adulthood: The winding road from late teens through the twenties*. Oxford, England: Oxford University Press.

Arnett, J. J. (2007). Emerging adulthood: What is it, and what is it good for? *Child Development Perspectives, 1,* 68–73.

Aron, A. (2012). Online dating: The current status—and beyond. *Psychological Science in the Public Interest, 13,* 1–2.

Aron, A., Fisher, H., Mashek, D., et al. (2005). Reward, motivation, and emotion systems associated with early-stage intense romantic love. *Journal of Neurophysiology, 93*, 327–337.

Arterburn, D. E., Bogart, A., Sherwood, N. E., et al. (2012). A multisite study of long-term remission and relapse of type 2 diabetes mellitus following gastric bypass. *Obesity Surgery, 23*, 93–102.

Aspinwall, L. G., & Taylor, S. E. (1997). A stitch in time: Self-regulation and proactive coping. *Psychological Bulletin, 121,* 417–436.

Atchley, P., & Dressel, J. (2004). Conversation limits the functional field of view. *Human Factors: The Journal of the Human Factors and Ergonomics Society, 46*, 664–673.

Attar-Schwartz, S., Tan, J.-P., Buchanan, A., et al. (2009). Grandparent and adolescent adjustment in two-parent biological, lone-parent, and step-families. *Journal of Family Psychology, 23*, 67–75.

Ault-Brutus, A. A. (2012). Changes in racial-ethnic disparities in use and adequacy of mental health care in the United States, 1900–2003. *Psychiatric Services, 63,* 531–540.

Austad, S. N. (2011). Sex differences in longevity and aging. In E. J. Masoro & S. N. Austad (Eds.), *Handbook of the biology of aging* (7th ed., pp. 479–495). San Diego, CA: Academic Press.

Aviv, A. (2011). Leukocyte telomere dynamics, human aging, and life span. In E. J. Masoro & S. N. Austad (Eds.), *Handbook of the biology of aging* (7th ed., pp. 163–176). San Diego, CA: Academic Press.

Azaola, M. C. (2012). Becoming a migrant: Aspirations of youths during their transition to adulthood in rural Mexico. *Journal of Youth Studies, 15,* 875–889.

Bäckman, L., & Nilsson, L. G. (1996). Semantic memory functions across the adult life span. *European Psychologist, 1,* 27–33.

Bäckman, L., Small, B. J., & Wahlin, Å. (2001). Aging and memory: Cognitive and biological perspectives. In J. E. Birren & K. W. Schaie (Eds.), *Handbook of the psychology of aging* (5th ed., pp. 349–377). San Diego, CA: Academic Press.

Bäckman, L., Small, B. J., Wahlin, Å., et al. (2000). Cognitive functioning in very old age. In F. I. M. Craik & T. A. Salthouse (Eds.), *The handbook of aging and cognition* (pp. 499–558). Hillsdale, NJ: Erlbaum.

Baddeley, A. D. (1986). *Working memory.* Oxford, England: Oxford University Press.

Bailey, H., Dunlosky, J., & Hertzog, C. (2009). Does differential strategy use account for age-related deficits in working memory performance? *Psychology and Aging, 24*, 82–92.

Bakker, A. B. (2011). An evidence-based model of work

engagement. *Current Directions in Psychological Science, 20,* 265–269.

Baldwin, C. L., & Ash, I. K. (2011). Impact of sensory acuity on auditory working memory span in young and older adults. *Psychology and Aging, 26,* 85–91.

Balsam, K. F., Rothblum, E. D., & Beauchaine, T. P. (2005). Victimization over the life span: A comparison of lesbian, gay, bisexual, and heterosexual siblings. *Journal of Consulting and Clinical Psychology, 73,* 477–487.

Baltes, P. B. (1987). Theoretical propositions of life-span developmental psychology: On the dynamics between growth and decline. *Developmental Psychology, 23,* 611–626.

Baltes, P. B., & Baltes, M. M. (1990). Psychological perspectives on successful aging: The model of selective optimization with compensation. In P. B. Baltes & M. M. Baltes (Eds.), *Successful aging: Perspective from the behavioral sciences* (pp. 1–34). Cambridge, MA: Cambridge University Press.

Baltes, P. B., & Lindenberger, U. (1997). Emergence of a powerful connection between sensory and cognitive function across the adult life span: A new window to the study of cognitive aging? *Psychology and Aging, 12,* 12–21.

Baltes, P. B., & Mayer, K. U. (Eds.). (1999). *The Berlin aging study: Aging from 70 to 100.* Cambridge, England: Cambridge University Press.

Baltes, P. B., & Staudinger, U. M. (1993). The search for a psychology of wisdom. *Current Directions in Psychological Science, 2,* 75–80.

Baltes, P. B., Reese, H. W., & Lipsitt, L. P. (1980). Life-span developmental psychology. *Annual Review of Psychology, 31,* 65–110.

Barker, D. J. (2004). Developmental origins of adult health and disease. *Journal of Epidemiology and Community Health, 58,* 114–115.

Barker, D. J., Winter, P. D., Osmond, C., et al. (1989). Weight in infancy and death from ischaemic heart disease. *Lancet, 2,* 577–580.

Barnes, P. M., & Schoenborn, C. A. (2012). *Trends in adults receiving a recommendation for exercise or other physical activity from a physician or other health professional.* Retrieved February 18, 2013, from http://www.cdc.gov/nchs/data/databriefs/db86.pdf

Bartholomew, K. (1990). Avoidance of intimacy: An attachment perspective. *Journal of Social and Personal Relationships, 7,* 147–178.

Bartholomew, K., & Horowitz, L. M. (1991). Attachment styles among young adults: A test of a four-category model. *Journal of Personality and Social Psychology, 61,* 226–244.

Bates, J. S., & Goodsell, T. L. (2013). Male kin relationships: Grandfathers, grandsons, and generativity. *Marriage and Family Review, 49,* 28–50.

Bates, J. S., & Taylor, A. C. (2012). Grandfather involvement and aging men's mental health. *American Journal of Men's Health, 6,* 229–239.

Bauer, J. J., & McAdams, D. P. (2004). Personal growth in adults' stories of life transitions. *Journal of Personality, 72,* 573–602.

Baumeister, R. F., & Leary, M. R. (1995). The need to belong: Desire for interpersonal attachments as a fundamental human motivation. *Psychological Bulletin, 117,* 497–529.

Baun, M. M., & Johnson, R. A. (2010). Human/animal interaction and successful aging. In A. H. Fine (Ed.), *Handbook on animal-assisted therapy: Theoretical foundations and guidelines for practice* (3rd ed., pp. 283–300). San Diego, CA: Academic Press.

Bayard, K., Hellerstein, J., Neumark, D., et al. (2003). New evidence on sex segregation and sex differences in wages from matched employee–employer data. *Journal of Labor Economics, 21,* 887–922.

Beal, C. R. (1994). *Boys and girls: The development of gender roles.* New York: McGraw-Hill.

Beaumont, J. G., & Kenealy, P. M. (2004). Quality of life perceptions and social comparisons in healthy old age. *Aging and Society, 24,* 755–769.

Becker, G. (1981). *A treatise on the family.* Cambridge, MA: Harvard University Press.

Beers, M. H. (2004). *Merck manual of health and aging.* Whitehouse Station, NJ: Merck Research Labs.

Belsky, J. (2001). Emmanuel Miller Lecture: Developmental risks (still) associated with early child care. *Journal of Child Psychology and Psychiatry, 42,* 845–859.

Belsky, J., & Kelly, J. (1994). *The transition to parenthood: How a first child changes marriage. Why some couples grow together and others apart.* New York: Dell.

Belsky, J., Spanier, G. B., & Rovine, M. (1983). Stability and change in marriage across the transition to parenthood. *Journal of Marriage and the Family, 45,* 567–577.

Bem, S. L. (1981). Gender schema theory: A cognitive account of sex typing. *Psychological Review, 88,* 354–364.

Bem, S. L. (1993). *The lenses of gender: Transforming the debate on sexual inequality.* New Haven, CT: Yale University Press.

Bengtson, V. L., & Schrader, S. S. (1982). Parent–child relations. In D. Mangen & W. Peterson (Eds.), *Research instruments in social gerontology* (pp. 114–128). Minneapolis, MN: University of Minnesota Press.

Bengtson, V. L., Gans, D., Putney, N. M., et al. (2009). Theories about age and aging. In V. L. Bengtson, D. Gans, N. M. Putney, et al. (Eds.), *Handbook of theories of aging* (2nd ed., pp. 3–23). New York: Springer.

Bengtsson, T., & Lindström, M. (2003). Airborne infectious diseases during infancy and mortality in later life in southern Sweden, 1766–1894. *International Journal of Epidemiology, 32,* 286–294.

Benjamins, M. R., Musick, M. A., Gold, D. T., et al. (2003). Age-related declines in activity level: The relationship between chronic illness and religious activities. *Journals of Gerontology: Psychological and Social Sciences,* 58, 377–385.

Berdasco, M., & Esteller, M. (2010). Aberrant epigenetic landscape in cancer: How cellular identity goes awry. *Developmental Cell, 19,* 698–711.

Berg, C. A., & Sternberg, R. J. (2003). Multiple perspectives on the development of adult intelligence. In J. Demick & C. Andreoletti (Eds.), *Handbook of adult development* (pp. 103–119). New York: Kluwer.

Bering, J. M. (2006). The folk psychology of souls. *Behavioral & Brain Sciences, 29,* 453–498.

Besser, A., Amir, M., & Barkan, S. (2004). Who signs an organ transplant donor card? A study of personality and individual differences in a sample of Israeli university students. *Personality and Individual Differences, 36,* 1709–1723.

Biblarz, T. J., & Savci, E. (2010). Lesbian, gay, bisexual, and transgender families. *Journal of Marriage and Family, 72,* 480–497.

Bielak, A. A. M., Gerstorf, D., Kiely, K. M., et al. (2011). Depressive symptoms predict decline in perceptual speed in older adulthood. *Psychology and Aging, 26,* 576–583.

Birditt, K. S., Fingerman, K. L., & Zarit, S. (2010). Adult children's problems and successes: Implications for intergenerational ambivalence. *Journals of Gerontology: Psychological and Social Sciences, 65*, 146–153.

Birkhill, W. R., & Schaie, K. W. (1975). The effects of differential reinforcement of cautiousness in intellectual performance among the elderly. *Journals of Gerontology: Psychological and Social Sciences, 30*, 578–583.

Birren, J. E., & Feldman, L. (1997). *Where to go from here.* New York: Simon & Schuster.

Bissig, D., & Lustig, C. (2007). Who benefits from psychological training? *Psychological Science, 18*, 720–726.

Bjerkeset, O., Nordahl, H. M., Mykletun, A., et al. (2005). Anxiety and depression following myocardial infarctions: Gender differences in a 5-year prospective study. *Journal of Psychosomatic Research, 58*, 153–161.

Blackwell, L., Trzesniewski, K., & Dweck, C. S. (2007). Implicit theories of intelligence predict achievement across an adolescent transition: A longitudinal study and an intervention. *Child Development, 78*, 246–263.

Blanchard-Fields, F. (2007). Everyday problem solving and emotion: An adult developmental perspective. *Current Directions in Psychological Science, 16*, 26–31.

Blanchard-Fields, F., Mienaltowski, A., & Seay, R. B. (2007). Age differences in everyday problem-solving effectiveness: Older adults select more effective strategies for interpersonal problems. *Journals of Gerontology: Psychological and Social Sciences, 62*, 61–64.

Blieszner, R. (2000). Close relationships in old age. In C. Hendrick & S. S. Hendrick (Eds.), *Close relationships: A sourcebook* (pp. 85–95). Thousand Oaks, CA: Sage.

Blom, V. (2012). Contingent self-esteem, stressors, and burnout in working women and men. *Work: Journal of Prevention, Assessment and Rehabilitation, 43*, 123–131.

Bloom, B. (2005). Public health in transition. *Scientific American, 293*, 92–99.

Bonanno, G. A. (2005). Resilience in the face of potential trauma. *Current Directions in Psychological Science, 14*, 135–138.

Bonanno, G. A., & Kaltman, S. (1999). Toward an integrative perspective on bereavement. *Psychological Bulletin, 125*, 760–776.

Bonanno, G. A., & Keltner, D. (1997). Facial expressions of emotion and the course of conjugal bereavement. *Journal of Abnormal Psychology, 106*, 126–137.

Bonanno, G. A., Moskowitz, J. T., Papa, A., et al. (2005). Resilience to loss in bereaved spouses, bereaved parents, and bereaved gay men. *Journal of Personality and Social Psychology, 88*, 827–843.

Bonanno, G. A., Wortman, C. B., Lehman, D. R., et al. (2002). Resilience to loss and chronic grief: A prospective study from pre-loss to 18 months post-loss. *Journal of Personality and Social Psychology, 83*, 1150–1164.

Bond, J. T., Thompson, C., Galinsky, E., et al. (2002). *The 2002 national study of the changing workforce.* New York: Families and Work Institute.

Bonello, K., & Cross, M. C. (2010). Gay monogamy: I love you but I can't have sex with only you. *Journal of Homosexuality, 57*, 117–139.

Bookwala, J. (2009). The impact of parental care on marital quality and well-being in adult daughters and sons. *Journals of Gerontology: Psychological and Social Sciences, 4*, 339–347.

Borrell, L. N. (2009). Race, ethnicity, and self-reported hypertension. *American Journal of Public Health, 99*, 313–319.

Bouchery, E. E., Harwood, H. J., Sacks, J. J., et al. (2011). Economic costs of excessive alcohol consumption in the U.S., 2006. *American Journal of Preventive Medicine, 441*, 516–524.

Bowlby, J. (1969). *Attachment and loss: Vol. 1. Attachment.* New York: Basic Books.

Bowlby, J. (1973). *Attachment and loss: Vol. 2. Separation: Anxiety and anger.* New York, Basic Books.

Bowlby, J. (1980). *Attachment and loss: Vol. 3. Loss, sadness, and depression.* New York: Basic Books.

Brault, M. (2012). *Americans with disabilities, 2010: Household economic studies.* Retrieved November 19, 2012, from http://www.census.gov/prod/2012pubs/p70-131.pdf

Brébion, G., Smith, M. J., & Ehrlich, M. F. (1997). Working memory and aging: Deficit or strategy differences? *Aging, Neuropsychology, and Cognition, 4*, 58–73.

Brehmer, Y., Li., S.-C., Müller, V., et al. (2007). Memory plasticity across the life span: Uncovering children's latent potential. *Developmental Psychology, 43*, 465–478.

Brenner, J. (2013). *Pew Internet: Social networking.* Retrieved April 22, 2013, from http://pewinternet.org/Commentary/2012/March/Pew-Internet-Social-Networking-full-detail.aspx

Breslau, J., Lane, M., Sampson, N., et al. (2008). Mental disorders and subsequent educational attainment in a U.S. national sample. *Journal of Psychiatric Research, 42*, 708–716.

Brisette, I., Scheier, M. F., & Carver, C. S. (2002). The role of optimism and social network development, coping, and psychological adjustment during a life transition. *Journal of Personality and Social Psychology, 82*, 102–111.

Brogaard, T., Neergaard, M. A., & Sokolowski, T. (2012). Congruence between preferred and actual place of care and death among Danish cancer patients. *Palliative Medicine, 27*, 155–164.

Broman, C. L. (2005). Stress, race, and substance abuse in college. *College Student Journal, 38*, 340–352.

Bromberger, J. T., Schott, L. L., Kravitz, H. M., et al. (2010). Longitudinal change in reproductive hormones and depressive symptoms across the menopausal transition: Results from the Study of Women's Health Across the Nation (SWAN). *Archives of General Psychiatry, 67*, 598–607.

Brondolo, E., Hausmann, L. R. M., Jhalani, J., et al. (2011). Perceived racism and self-reported health in a diverse sample. *Annals of Behavioral Medicine, 42*, 14–28.

Bronfenbrenner, U. (1979). *The ecology of human development.* Cambridge, MA: Harvard University Press.

Bronfenbrenner, U., & Morris, P. A. (2006). The bioecological model of human development. In W. Damon & R. M. Lerner (Eds.), Handbook of child psychology: Vol. 1. Theoretical models of human development (6th ed., pp. 793–828). New York: John Wiley.

Brown, D. R., Carney, J. S., Parrish, M. S., et al. (2013). Assessing spirituality: The relationship between spirituality and mental health. *Journal of Spirituality and Mental Health, 15*, 107–122.

Brown, L. H., & Roodin, P. A. (2003). Grandparent–grandchild relationships and the life course perspective. In J. Demick & C. Andreoletti (Eds.), *Handbook of adult development* (pp. 459–474). New York: Kluwer.

Brown, S. L., & Lin, I.-F. (2012). The gray divorce revolution: Rising divorce among middle-aged and older adults,

1990–2010. *Journals of Gerontology: Psychological and Social Sciences, 67,* 731–741.

Bryant, S., & Rakowski, W. (1992). Predictors of mortality among elderly African-Americans. *Research on Aging, 14,* 50–67.

Buchner, D. M., Beresford, S. A. A., Larson, E. B., et al. (1992). Effects of physical activity on health status in older adults: II. Intervention studies. *Annual Review of Public Health, 13,* 469–488.

Buman, M. P., Hekler, E. B., Bliwise, D. L., et al. (2011). Moderators and mediators of exercise-induced objective sleep improvements in midlife and older adults with sleep complaints. *Health Psychology, 30,* 579–587.

Burack, O. R., & Lachman, M. E. (1996). The effects of list-making on recall in young and elderly adults. *Journals of Gerontology: Psychological and Social Sciences, 51,* 226–233.

Buring, J., & Lee I.-M. (2012). *Women's Health Study : Going strong for 18 years!* Retrieved October 12, 2012, from http://whs.bwh.harvard.edu/methods/html

Buss, D. M. (1997). Evolutionary foundations of personality. In R. Hogan, J. Johnson, & S. Briggs (Eds.), *Handbook of personality psychology* (pp. 317–344). San Diego, CA: Academic Press.

Buss, D. M. (2012). *Evolutionary psychology: The new science of the mind* (4th ed.). Boston: Allyn & Bacon.

Buss, D. M., & Kenrick, D. T. (1998). Evolutionary social psychology. In D. T. Gilbert, S. T. Fisk, & G. Lindzey (Eds.), *The handbook of social psychology* (4th ed., Vol. 2, pp. 982–1026). New York: McGraw-Hill.

Butler, R. N. (1993). The importance of basic research in gerontology. *Age and Ageing, 22,* S53–S55.

Calder, N., & Aitken, R. (2008). An exploratory study of the influences that comprise the sun protection of young adults. *International Journal of Consumer Studies, 32,* 579–587.

Calzo, J. P., Antonucci, T. C., Mays, V. M., et al. (2011). Retrospective recall of sexual orientation identity development among gay, lesbian, and bisexual adults. *Developmental Psychology, 47,* 1658–1673.

Campbell, J. (1949/1990). *Hero with a thousand faces.* Princeton, NJ: Princeton University Press.

Campbell, L. D., Connidis, I. A., & Davies, L. (1999). Sibling ties in later life: A social network analysis. *Journal of Family Issues, 20,* 114–148.

Campbell, L., & Ellis, B. J. (2005). Commitment, love, and mate retention. In D. M. Buss (Ed.), *The handbook of evolutionary psychology* (pp. 419–442). New York: Wiley.

Campbell, P., Wright, J., Oyebode, J., et al. (2008). Determinants of burden in those who care for someone with dementia. *International Journal of Geriatric Psychiatry, 23,* 1078–1085.

Caporeal, L. R. (1997). The evolution of truly social cognition: The core configuration model. *Personality and Social Psychology Review, 1,* 276–298.

Cappell, K. S., Gmeindl, L., & Reuter-Lorenz, P. A. (2010). Age differences in DLPFC recruitment during verbal working memory depend on memory load. *Cortex, 46,* 462–473.

Carmalt, J. H., Cawley, J., Joyner, K., et al. (2008). Body weight and matching with a physically attractive romantic partner. *Journal of Marriage and Family, 70,* 1287–1296.

Carr, D., & Springer, K. W. (2010). Advances in families and health research in the 21st century. *Journal of Marriage and Family, 72,* 743–761.

Carskadon, M. A. (2009). Sleep, adolescence, and learning. *Frontiers of Neuroscience, 3,* 470–471.

Carstensen, L. L. (1995). Evidence for a life span theory of socioemotional selectivity. *Current Directions in Psychological Science, 4,* 151–156.

Carstensen, L. L., & Mikels, J. A. (2005). At the intersection of emotion and cognition: Aging and the positivity effect. *Current Directions in Psychological Science, 14,* 117–121.

Carstensen, L. L., Isaacowitz, D. M., & Charles, S. T. (1999). Taking time seriously: A theory of socioemotional selectivity. *American Psychologist, 54,* 165–181.

Carstensen, L. L., Mickels, J. A., & Mather, M. (2006). Aging and the intersection of cognition, motivation, and emotion. In R. H. Binstock & L. K. George (Eds.), *Handbook of aging and the social sciences* (6th ed., pp. 343–362). San Diego, CA: Academic Press.

Carver, C. S. (1997). You want to measure coping but your protocol's too long: Consider the Brief COPE. *International Journal of Behavioral Medicine, 4,* 92–100.

Carver, C. S., Smith, R. G., Antoni, M. H., et al. (2005). Optimistic personality and psychosocial well-being during treatment predict psychosocial well-being among long-term survivors of breast cancer. *Health Psychology, 24,* 508–516.

Caspi, A. (1998). Personality development across the life course. In W. Damon (Series Ed.) & N. Eisenberg (Vol. Ed.), *Handbook of child psychology: Vol. 3. Social, emotional, and personality development* (pp. 311–388). New York: Wiley.

Caspi, A., & Roberts, B. W. (1999). Personality continuity and change across the life course. In L. A. Pervin & O. P. John (Eds.), *Handbook of personality psychology: Theory and research* (pp. 300–326). New York: Guilford Press.

Caspi, A., Roberts, B. W., & Shiner, R. L. (2004). Personality development: Stability and change. *Annual Review of Psychology, 56,* 453–484.

Cate, R. M., & Lloyd, S. A. (1992). *Courtship.* Newbury Park, CA: Sage.

Cate, R. M., Levin, L. A., & Richmond, L. S. (2002). Premarital relationship stability: A review of recent research. *Journal of Social and Personal Relationships, 19,* 261–284.

Catoni, C., Peters, A., Schaefer, H. M. (2008). Life history trade-offs are influenced by the diversity, availability and interactions of dietary antioxidants. *Animal Behaviour, 76,* 1107–1119.

Cattell, R. B. (1963). Theory of fluid and crystallized intelligence: A critical experiment. *Journal of Educational Psychology, 54,* 1–22.

Cattell, R. B., Eber, H. W., & Tatsuoka, M. M. (1970). *Handbook for the Sixteen Personality Factor Questionnaire.* Champaign, IL: Institute for Personality and Ability Testing.

Cavalli-Sforza, L. L., & Cavalli-Sforza, F. (1995). *The great human diasporas: The history of diversity and evolution.* Reading, MA: Addison-Wesley.

Cejka, M. A., & Eagly, A. H. (1999). Gender-stereotypic images of occupations correspond to the sex segregation of employment. *Personality and Social Psychology Bulletin, 25,* 413–423.

Centers for Disease Control and Prevention (CDC). (2009). *Difference in prevalence of obesity among black, white and Hispanic adults—United States, 2006–2008.* Retrieved June 24, 2012, from http://www.cdc.gov/mmwr/preview/mmwrhtml/mm5827a2.htm

Centers for Disease Control and Prevention (CDC). (2011a). *Arthritis related statistics.* Retrieved October 30, 2012, from http://www.cdc.gov/arthritis/data_statistics/arthritis_

related_stats.htm

Centers for Disease Control and Prevention (CDC). (2011b). *Body mass index for adults and children*. Retrieved October 30, 2012, from http://www.cdc.gov/healthyweight/assessing/bmi/

Centers for Disease Control and Prevention (CDC). (2011c). *Breast cancer rates by race and ethnicity*. Retrieved January 20, 2013, from http://www.cdc.gov/cancer/breast/statistics/race.htm

Centers for Disease Control and Prevention (CDC). (2011d). *Cancer prevention and control*. Retrieved November 26, 2012, from http://www.cdc.gov/cancer/dcpc/prevention/

Centers for Disease Control and Prevention (CDC). (2012a). *An estimated 1 in 10 U.S. adults report depression*. Retrieved January 4, 2013, from http://www.cdc.gov/Features/dsDepression/

Centers for Disease Control and Prevention (CDC). (2012b). *Health: United States, 2011: With special feature on socioeconomic status and health*. Retrieved January 29, 2013, from http://www.cdc.gov/nchs/data/hus/hus11.pdf

Centers for Disease Control and Prevention (CDC). (2012c). *National program of cancer registries, 1999–2009 incidence results*. Retrieved November 26, 2012, from http://wonder.cdc.gov/controller/datarequest/D75

Centers for Disease Control and Prevention (CDC). (2012d). *Summary health statistics for U.S. adults: National Health Interview Survey, 2011*. Retrieved February 13, 2013, from http://www.cdc.gov/nchs/data/series/sr_10/sr10_256.pdf

Centers for Disease Control and Prevention (CDC). (2012e). *Underlying causes of death 1999–2010*. Retrieved January 20, 2013, from http://wonder.cdc.gov/controller/datarequest/D76;jsessionid=16267A63499929D48152365C6FD1D666

Centers for Disease Control and Prevention (CDC). (2012f). *Women and heart disease*. Retrieved November 26, 2012, from http://www.cdc.gov/women/heart/

Centers for Disease Control and Prevention (CDC). (2012g). *World Heart Day 2012: Women and children at risk*. Retrieved November 26, 2012, from http://www.cdc.gov/Features/WorldHeartDay/

Centers for Disease Control and Prevention (2013). Vision health initiative. Retrieved August 18, 2013 from http://www.cdc.gov/visionhealth/

Centofanti, M. (1998). Fear of Alzheimer's undermines health of elderly patients. *APA Monitor, 29*, 1, 33.

Cepeda, N. J., Kramer, A. F., & Gonzalez de Sather, J. C. M. (2001). Changes in executive control across the life-span: Examination of task switching performance. *Developmental Psychology, 37*, 715–730.

Cerda-Flores, R. M., Barton, S. A., Marty-Gonzales, L. F., et al. (1999). Estimation of nonpaternity in the Mexican population of Neuvo Leon: A validation study of blood group markers. *American Journal of Physical Anthropology, 109*, 281–293.

Chang, E., Wilbur, K. H., & Silverstein, M. (2010). The effects of childlessness on the care and psychological well-being of older adults with disabilities. *Aging and Mental Health, 14*, 712–719.

Charles, S. T., Mather, M., & Carstensen, L. L. (2003). Aging and emotional memory: The forgettable nature of negative images for older adults. *Journal of Experimental Psychology: General, 132*, 310–324.

Charles, S. T., Piazza, J. R., Mogle, J., et al. (2013). The wear and tear of daily stressors on mental health. *Psychological Science, 24*, 733–741.

Charness, N. (1981). Visual short-term memory and aging in chess players. *Journals of Gerontology: Psychological and Social Sciences, 36*, 615–619.

Chen, E., Miller, G. E., Kobor, M. S., et al. (2011). Maternal warmth buffers the effects of low early-life socioeconomic status on pro-inflammatory signaling in adulthood. *Molecular Psychiatry, 16*, 729–737.

Cheng, G. H.-L., & Chan, D. K.-S. (2008). Who suffers more from job insecurity? A meta-analytic review. *Applied Psychology: An International Review, 57*, 272–303.

Cherkas, L. F., Hunkin, J. L., Kato, B. S., et al. (2008). The association between physical activity in leisure time and leukocyte telomere length. *Archives of Internal Medicine, 168*, 154–158.

Cherlin, A. J. (2013). Health, marriage, and same-sex partnerships. *Journal of Health and Social Behavior, 54*, 64–66.

Cheung, F. M., Cheung, S. F., Zhang, J. X., et al. (2008). Convergent validity of the Chinese Personality Assessment Inventory and the Minnesota Multiphasic Personality Inventory-2: Preliminary findings with a normative sample. *Journal of Personality Assessment, 82*, 92–103.

Cheung, F. M., van de Vijver, F. J. R., & Leong, F. T. L. (2011). Toward a new approach to the study of personality in culture. *American Psychologist, 66*, 593–603.

Chida, Y., & Hamer, M. (2008). Chronic psychosocial factors and acute physiological responses to laboratory-induced stress in healthy populations: A quantitative review of 30 years of investigations. *Psychological Bulletin, 134*, 829–885.

Chida, Y., Steptoe, A., & Powell, L. H. (2009). Religiosity/spirituality and mortality. *Psychotherapy and Psychosomatics, 78*, 81–90.

Chin, L., & Quine, S. (2012). Common factors that enhance the quality of life for women living in their own homes or in aged care facilities. *Journal of Women & Aging, 24*, 269–279.

Chiou, W.-B., Yang, C.-C., and Wan, C.-S. (2011). Ironic effects of dietary supplementation: Illusory invulnerability created by taking dietary supplements licenses health-risk behaviors. *Psychological Science, 22*, 1081–1086.

Christensen, K., Iachina, M., Rexbye, H., et al. (2004) Looking old for your age: Genetics and mortality. *Epidemiology, 15*, 251–252.

Cicirelli, V. G. (1991). Attachment theory in old age: Protection of the attached figure. In K. Pillemer & K. McCartney (Eds.), *Parent–child relations throughout life* (pp. 2–42). Hillsdale, NJ: Erlbaum.

Clancy, S. M., & Hoyer, W. J. (1994). Age and skill in visual search. *Developmental Psychology, 30*, 545–552.

Clark, A. E., Oswald, A. J., & Warr, P. B. (1996). Is job satisfaction U-shaped in age? *Journal of Occupational Psychology, 69*, 57–81.

Clark, C. M., Schneider, J. A., Bedell, B. J., et al. (2011). Use of Florbetapir-PET for imaging ß-amyloid pathology. *Journal of the American Medical Association, 305*, 275–283.

Clark, R. (2006). Perceived racism and vascular reactivity in black college women: Moderating effects of seeking social support. *Health Psychology, 25*, 20–25.

Clark, R. L., Burkhauser, R. V., Moon, M., et al. (2004). *The economics of an aging society*. Malden, MA: Blackwell.

Clarkson-Smith, L., & Hartley, A. A. (1990). The game of bridge as an exercise in working memory and reasoning. *Journals of Gerontology: Psychological and Social Sciences, 45*, 233– 238.

Clausell, E., & Roisman, G. I. (2009). Outness: Big Five

personality traits and same-sex relationship quality. *Journal of Social and Personality Relationships, 26*, 211–226.

Cleary, P. D., Zaborski, L. B., & Ayanian, J. Z. (2004). Sex differences in health over the life course. In O. G. Brim, C. D. Ryff, & R. C. Kessler (Eds.), *How healthy are we? A national study of well-being at midlife* (pp. 37–63). Chicago: University of Chicago Press.

Clements, M. L., Stanley, S. M., & Markman, H. J. (2004). Before they say "I do": Discriminating among marital outcomes over 13 years. *Journal of Marriage and Family, 66*, 613–626.

Clunis, D. M., Fredriksen-Goldsen, K. I., Freeman, P. A., et al. (2005). *Lives of lesbian elders: Looking back, looking forward.* New York: Hayworth.

Coall, D. A., & Hertwig, R. (2011). Grandparental investment: A relic of the past or a resource for the future? *Current Directions in Psychological Science, 20*, 93–98.

Cohen, P. (2012). *In our prime: The invention of middle age.* New York: Scribner.

Colby, A., & Kohlberg, L. (1987). *The measurement of moral judgment: Vol. 1. Theoretical foundations and research validation.* Cambridge, MA: Cambridge University Press.

Colby, A., Kohlberg, L., Gibbs, J., et al. (1983). A longitudinal study of moral judgment. *Monographs of the Society for Research in Child Development, 48* (1–2, Serial No. 200).

Colcombe, S., & Kramer, A. F. (2003). Fitness effects on the cognitive function of older adults: A meta-analytic study. *Psychological Science, 14*, 125–130.

Colcombe, S., Erickson, K. I., Raz, N., et al. (2003). Aerobic fitness reduces brain tissue loss in aging humans. *Journals of Gerontology: Biological and Medical Sciences, 58*, 176–180.

Cole, S. W., Hawkley, L. C., Arevalo, J. M., et al. (2007). Social regulation of gene expression in human leukocytes. *Genome Biology, 8*, R189.

Colman, R. J., Anderson, R. M., Johnson, S. C., et al. (2009). Caloric restriction delays disease onset and mortality in rhesus monkeys. *Science, 325*, 201–204.

Coltrane, S. (2000). Research on household labor: Modeling and measuring the social embeddedness of routine family work. *Journal of Marriage and the Family, 62*, 1208–1233.

Compton, D. M., Bachman, L. D., Brand, D., et al. (2000). Age-associated changes in cognitive function in highly educated adults: Emerging myths and realities. *International Journal of Geriatric Psychiatry, 15*, 75–85.

Connerty, T. J., & Knott, V. (2013). Promoting positive change in the face of adversity: Experiences of cancer and posttraumatic growth. *European Journal of Cancer Care, 22*, 334–344.

Cooney, T. M., Hutchinson, K., & Leather, D. M. (1995). Surviving the breakup? Predictors of parent–adult child relations after parental divorce. *Family Relations, 44*, 63–84.

Copen, C. E., Daniels, K., Vespa, J., et al. (2012). *First marriages in the United States: Data from the 2006–2010 national survey of family growth.* Retrieved March 16, 2013, from http://www.cdc.gov/nchs/data/nhsr/nhsr049.pdf

Coren, S. (2010). Foreword. In A. H. Fine (Ed.), *Handbook on animal-assisted therapy* (3rd ed., pp. xv–xviii). San Diego, CA: Academic Press.

Cornum, R., Matthews, M. D., & Seligman, M. E. P. (2011). Comprehensive soldier fitness. *American Psychologist, 66*, 4–9.

Corr, C. A. (1993). Coping with dying: Lessons we should and should not learn from the work of Elisabeth Kubler-Ross. *Death Studies, 17*, 69–83.

Costa, P. T., Jr., & McCrae, R. R. (1997). Longitudinal stability of adult personality. In R. Hogan, J. Johnson, & S. Briggs (Eds.), *Handbook of personality psychology* (pp. 269–290). San Diego, CA: Academic Press.

Costello, C. B., Wight, V. R., & Stone, A. J. (2003). *The American woman 2003–2004.* New York: Palgrave Macmillan.

Couzin, J. (2005). To what extent are genetic variation and personal health linked? *Science, 309*, 81.

Cowan, C. P., & Cowan, P. A. (1995). Interventions to ease the transition to parenthood: Why they are needed and what they can do. *Family Relations, 44*, 412–423.

Craig, J., & Foster, H. (2013). Desistance in the transition to adulthood: The roles of marriage, military, and gender. *Deviant Behavior, 34*, 208–223.

Craik, F. I. M. (2000). Age related changes in human memory. In D. Park & N. Schwarz (Eds.), *Cognitive aging: A primer* (pp. 75–92). Philadelphia, PA: Taylor & Francis.

Craik, F. I. M., & Byrd, M. (1982). Aging and cognitive deficits: The role of attentional resources. In F. I. M. Craik & S. Trehub (Eds.), *Aging and cognitive processes* (pp. 191–211). New York: Plenum.

Crawford, D. W., & Huston, T. L. (1993). The impact of the transition to parenthood on marital leisure. *Personality and Social Psychology Bulletin, 19*, 39–46.

Cullum, S., Huppert, F. A., McGee, M., et al. (2000). Decline across different domains of cognitive function in normal ageing: Results of a longitudinal population-based study using CAMCOG. *International Journal of Geriatric Psychiatry, 15*, 853–862.

Cumming, E. (1975). Engagement with an old theory. *International Journal of Aging and Human Development, 6*, 187–191.

Cumming, E., & Henry, W. E. (1961). *Growing old.* New York: Basic Books.

Cutler, S. J., Hendricks, J., & O'Neill, G. (2011). Civic engagement and aging. In R. H. Binstock & L. K. George (Eds.), *Handbook of aging and the social sciences* (7th ed., pp. 221–233). San Diego, CA: Academic Press.

Czaja, S. J., & Lee, C. C. (2001). The Internet and older adults: Design challenges and opportunities. In N. Charness & D. C. Parks (Eds.), *Communication, technology, and aging: Opportunities and challenges for the future* (pp. 60–78). New York: Springer.

Dalby, P. (2006). Is there a process of spiritual change or development associated with ageing? A critical review of research. *Aging and Mental Health, 10*, 4–12.

Danner, D. D., Snowdon, D. A., & Friesen, W. V. (2001). Positive emotions in early life and longevity: Findings from the Nun Study. *Journal of Personality and Social Psychology, 80*, 804–813.

Davis, K. D., Goodman, W. B., Perretti, A. E., et al. (2008). Nonstandard work schedules, perceived family well-being, and daily stressors. *Journal of Marriage and Family, 70*, 991–1003.

De Raad, B., Barelds, D. P. H., Levert, E., et al. (2010). Only three factors of personality description are fully replicable across languages: A comparison of 14 trait taxonomies. *Journal of Personality and Social Psychology, 98*, 160–173.

De Raedt, R., Koster, E. H. W., & Ryckewaert, R. (2013). Aging and attentional bias for death-related and general threat-related information: Less avoidance in older as compared with middle-aged adults. *Journals of Gerontology: Psychological and Social Sciences, 68*, 41–48.

de Waal, F. (1996). *Good natured: The origins of right and wrong in humans and other animals*. Cambridge, MA: Harvard University Press.

Deary, I. J., Batty, G. D., Pattie, A., et al. (2008). More intelligent, more dependable children live longer: A 55-year longitudinal study of a representative sample of the Scottish nation. *Psychological Science, 19*, 874–880.

Deci, E. L., & Ryan, R. M. (2008a). Hedonia, eudaimonia, and well-being: An introduction. *Journal of Happiness Studies, 9,* 1–11.

Deci, E. L., & Ryan, R. M. (2008b). Self-determination theory: A macrotheory of human motivation, development, and health. *Canadian Psychology, 49,* 182–185.

DeKay, W. T. (2000). Evolutionary psychology. In W. C. Nichols, N. A. Pace-Nichols, D. S. Becvar, et al. (Eds.), *Handbook of family development and intervention* (pp. 23–40). New York: Wiley.

DeKay, W. T., & Shackelford, T. K. (2000). Toward an evolutionary approach to social cognition. *Evolution and Cognition, 6*, 185–195.

Dekel, S., Ein-Dor, T., & Solomon, Z. (2012). Posttraumatic growth and posttraumatic stress: A longitudinal study. *Psychological Trauma: Theory, Research, Practice, & Policy, 4*, 94–101.

DeLamater, J. (2012). Sexual expression in later life: A review and synthesis. *Journal of Sex Research*, 49, 125–141.

DeLamater, J., & Moorman, S. M. (2007). Sexual behavior in later life. *Journal of Aging and Health, 19,* 921–945.

DeLongis. A., & Holtzman, S. (2005). Coping in context: The role of stress, social support, and personality in coping. *Journal of Personality, 73,* 1633–1656.

Denollet, J., Martens, E. J., Nyklicek, I., et al. (2008). Clinical events in coronary patients who report low distress: Adverse effect of repressive coping. *Health Psychology, 27,* 302–308.

Derby, R. W., & Ayala, J. (2013). Am I my brother's keeper? Adult siblings raising younger siblings. *Journal of Human Behavior in the Social Environment, 23,* 193–210.

Desrichard, O., & Köpetz, C. (2005). A threat in the elder: The impact of task instructions, self-efficacy and performance expectations on memory performance in the elderly. *European Journal of Social Psychology*, *35*, 537–552.

Diekman, A. B., Eagly, A. H., Mladinic, A., et al. (2005). Dynamic stereotypes about women and men in Latin America and the United States. *Journal of Cross-Cultural Psychology, 36*, 209–226.

Diener, E., & Diener, C. (1996). Most people are happy. *Psychological Science, 7,* 181–183.

Diener, E., & Suh, E. (1998). Measuring quality of life: Economic, social, and subjective indicators. *Social Indicators Research, 40,* 189–216.

Diener, E., Gohm, C. L., Suh, E., et al. (2000). Similarity of the relations between marital status and subjective well-being across cultures. *Cultural Psychology, 31,* 419–436.

Dixon, R. A. (2000). Concepts and mechanisms of gains in cognitive aging. In D. Park & N. Schwarz (Eds.), *Cognitive aging: A primer* (pp. 23–42). Philadelphia, PA: Taylor & Francis.

Dixon, R. A., de Frias, C. M., & Maitland, S. B. (2001). Memory in midlife. In M. E. Lachman (Ed.), *Handbook of midlife development* (pp. 248–278). New York: Wiley.

Dougall, A. L., & Baum, A. (2001). Stress, health and illness. In A. Baum, T. A. Revenson, & J. E. Singer (Eds.), *Handbook of health psychology* (pp. 321–337). Mahwah, NJ: Erlbaum.

Douglass, C. B. (2007). From duty to desire: Emerging adulthood in Europe and its consequences. *Child Development Perspectives, 1*, 101–108.

Duvall Antonacopoulos, N. M., & Pychyl, T. A. (2010). An examination of the potential role of pet ownership, human social support, and pet attachment in the psychological health of individuals living alone. *Anthrozoös, 23*, 37–54.

Dweck, C. S. (2008). Can personality be changed? The role of beliefs in personality and change. *Current Directions in Psychological Science, 17,* 391–394.

Dykiert, D., Der, G., Starr, J. M., et al. (2012). Sex differences in reaction time mean and intraindividual variability across the life span. *Developmental Psychology, 48*, 1262–1276.

Eagly, A. H. (1987). *Sex differences in social behavior: A social role interpretation*. Hillsdale, NJ: Erlbaum.

Eagly, A. H. (1995). The science and politics of comparing men and women. *American Psychologist, 50,* 145–158.

Eagly, A. H., & Wood, W. (1999). The origins of sex differences in human behavior: Evolved dispositions versus social roles. *American Psychologist, 54,* 408–423.

Eagly, A. H., & Wood, W. (2011). Feminism and the evolution of sex differences and similarities. *Sex Roles, 64,* 758–767.

Eagly, A. H., & Wood, W. (2012). Social role theory. In P. A. M. Van Lange, A. W. Kruglanski, & E. T. Higgins (Eds.), *Handbook of theories of social psychology* (Vol. 2, pp. 458–476). Los Angeles, CA: Sage.

Earles, J. L., Kersten, A. W., Curtayne, E. S., et al. (2008). That's the man who did it, or was it a woman? Actor similarity and binding errors in event memory. *Psychonomic Bulletin Review, 15*, 1185–1189.

Edwards, B. K., Brown, M., Wingo, P. A., et al. (2005). Annual report to the nation on the status of cancer, 1975–2002, featuring population-based trends in cancer treatment. *Journal of the National Cancer Institute, 97,* 1407–1427.

Eheman, C., Henley, S. J., Ballard-Barbash, R., et al. (2012). Annual report to the nation on the status of cancer, 1975–2008, featuring cancers associated with excess weight and lack of sufficient physical activity. *Cancer, 118*, 2338–2366.

Ehlers, A., Mayou, R. A., & Bryant, B. (1998). Psychological predictors of chronic posttraumatic stress disorder after motor vehicle accidents. *Journal of Abnormal Psychology, 107,* 508–519.

Ehrensaft, M., Moffitt, T. E., & Caspi, A. (2004). Clinically abusive relationships in an unselected birth cohort: Men's and women's participation and developmental antecedents. *Journal of Abnormal Psychology, 113,* 258–270.

Einstein, G. O., & McDaniel, M. A. (2005). Prospective memory: Multiple retrieval processes. *Current Directions in Psychological Science, 14,* 286–290.

Elder, G. H., Jr. (1979). Historical change in life patterns and personality. In P. B. Baltes & O. G. Brim, Jr. (Eds.), *Lifespan development and behavior* (Vol. 2, pp. 117–159). New York: Academic Press.

Elder, G. H., Jr. (1995). The life course paradigm: Social change and individual development. In P. Moen, G. H. Elder, Jr., & K. Luscher (Eds.), *Examining lives in context: Perspectives on the ecology of human development* (pp. 101–139). Washington, DC: American Psychological Association.

Elder, G. H., Jr. (2001). Life course: Sociological aspects. In N. J. Smelser & P. B. Baltes (Eds.), *International encyclopedia of the social and behavioral sciences* (Vol. 13, pp. 8817–8821). Oxford, England: Elsevier.

Ellis, B. J., & Ketelaar, T. (2000). On the natural selection of alternative models: Evaluation of explanations in evolutionary psychology. *Psychological Inquiry, 11,* 56–68.

Ellis, L., Wahab, E. A., & Ratnasingan, M. (2013). Religiosity and fear of death. *Mental Health, Religion, and Culture, 16,* 179–199.

Ellis, M. J., Ding, L., Shen, D., et al. (2012). Whole genome analysis informs breast cancer response to aromatase inhibition. *Nature, 486,* 353–360.

Emanuel, E. J., Fairclough, D. L., & Emanuel, L. L. (2000). Attitudes and desires related to euthanasia and physician-assisted suicide among terminally ill patients and their caregivers. *Journal of the American Medical Association, 284,* 2460–2468.

Emery, C. F., & Gatz, M. (1990). Psychological and cognitive effects of an exercise program for community-residing older adults. *The Gerontologist, 30,* 184–192.

Emery, C. F., Finkel, D., & Pedersen, N. L. (2012). Pulmonary function as a cause of cognitive aging. *Psychological Science, 23,* 1024–1032.

Employee Benefit Research Institute. (2012). *The 2012 retirement confidence survey: Job insecurity, debt weigh on retirement confidence, savings.* Retrieved May 10, 2013, from http://www.ebri.org/pdf/briefspdf/EBRI_IB_03-2012_No369_RCS2.pdf

Epel, E. S., Blackburn, E. H., Lin, J., et al. (2004). Accelerated telomere shortening in response to life stress. *Proceedings of the National Academy of Sciences U.S.A., 101,* 17312–17315.

Epelbaum, E. (2008). Neuroendocrinology and aging. *Journal of Neuroendocrinology, 20,* 808–811.

Ericksen, J. A., & Schultheiss, D. E. P. (2009). Women pursuing careers in trades and construction. *Journal of Career Development, 36,* 68–89.

Erikson, E. H. (1950). *Childhood and society.* New York: Norton.

Erikson, E. H. (1959). *Identity and the life cycle.* New York: Norton. (Reissued 1980)

Erikson, E. H. (1982). *The life cycle completed.* New York: Norton.

Eriksson, P. S., Perfilieva, E., Bjork-Eriksson, T., et al. (1998). Neurogenesis in the adult hippocampus. *Nature Medicine, 4,* 1313–1317.

Ertel, K. A., Glymour, M. M., & Berkman, L. F. (2009). Social networks and health: A life course perspective integrating observational and experimental evidence. *Journal of Social and Personal Relationships, 26,* 73–92.

Eshbaugh, E., & Henninger, W. (2013). Potential mediators of the relationship between gender and death anxiety. *Individual Differences Research, 11,* 22–30.

Evans, R. I. (1969). *Dialogue with Erik Erikson.* New York: Dutton.

Eysenck, H. J. (1976). *Sex and personality.* Austin, TX: University of Texas Press.

Fabre, B., Grosman, H., Mazza, O., et al. (2013). Relationship between cortisol, life events, and metabolic syndrome in men. *Stress: The International Journal of the Biology of Stress, 16,* 16–23.

Facio, A., Resett, S., Micocci, F., et al. (2007). Emerging adulthood in Argentina: An age of diversity and possibilities. *Child Development Perspectives, 1,* 115–118.

Fahey, T., & Smyth, E. (2004). Do subjective indicators measure welfare? Evidence from 33 European countries. *European Societies, 6,* 5–27.

Fahlander, K., Wahlin, Å., Fastborn, J., et al. (2000). The relationship between signs of cardiovascular deficiency and cognitive performance in old age: A population-based study. *Journals of Gerontology: Psychological and Social Sciences, 55,* 259–265.

Family Caregiver Alliance. (2012). *Selected caregiver statistics.* Retrieved May 8, 2013, from http://www.caregiver.org/caregiver/jsp/content_node.jsp?nodeid=439

Federal Interagency Forum on Aging Related Statistics. (2012). *Older Americans 2012: Key indicators of well-being.* Retrieved March 23, 2013, from http://www.agingstats.gov/Main_Site/Data/2012_Documents/docs/EntireChartbook.pdf

Feeney, J., & Noller, P. (1996). *Adult attachment.* Thousand Oaks, CA: Sage.

Feifel, H. (1990). Psychology and death: Meaningful rediscovery. *American Psychologist, 45,* 537–543.

Feld, S., & George, L. K. (1994). Moderating effects of prior social resources on the hospitalizations of elders who become widowed. *Aging and Health, 6,* 275–295.

Feldman, H. (1971). The effects of children on the family. In A. Michel (Ed.), *Family issues of employed women in Europe and America.* Leiden, Germany: E. J. Brill.

Ferraro, K. F. (2001). Aging and role transitions. In R. H. Binstock & L. K. George (Eds.), *Handbook of aging and the social sciences* (5th ed., pp. 313–330). San Diego, CA: Academic Press.

Field, B. (2005). *Science hero: Dame Cicely Saunders.* Retrieved May 16, 2006, from http://myhero.com/myhero.asp?hero=Cicely_Saunders>06

Field, D., & Millsap, R. E. (1991). Personality in advanced old age: Continuity or change? *Journals of Gerontology: Psychological and Social Sciences, 46,* 299–308.

Field. D. (1999). Continuity and change in friendships in advanced old age: Findings from the Berkeley older generation study. *International Journal of Aging and Human Development, 48,* 325–346.

Finch C. E., & Crimmins, E. M. (2004). Inflammatory exposure and historical changes in human life-spans. *Science, 305,* 1736–1739.

Finch, C. E., & Austad, S. N. (2001). History and prospects: Symposium on organisms with slow aging. *Experimental Gerontology, 36,* 593–597.

Fingerman, K. L., Cheng, Y.-P., Birditt, K., et al. (2012). Only as happy as the least happy child: Multiple grown children's problems and successes and middle-aged parents' well-being. *Journals of Gerontology: Psychological and Social Sciences, 67,* 184–193.

Fingerman, K. L., Cheng, Y.-P., Tighe, L., et al. (2011). Parent–child relationships in young adulthood. In A. Booth, S. L. Brown, N. Landale, et al. (Eds.), *Early adulthood in a family context.* New York: Springer.

Fingerman, K. L., Miller, L. M., Birditt, K. S., et al. (2009). Giving to the good and the needy: Parental support of grown children. *Journal of Marriage and Family, 71,* 1220–1233.

Fingerman, K. L., Pillemer, K. A., Silverstein, M., et al. (2012). The Baby Boomers' intergenerational relationship. *The Gerontologist, 52,* 199–209.

Fingerman, K. L., VanderDrift, L. E., Dotterer, A., et al. (2011). Support of grown children and aging parents in Black and White families. *The Gerontologist, 51,* 441–452.

Finkel, E. J., Eastwick, P. W., Karney, B. R., et al. (2012). Online dating: A critical analysis from the perspective of psychological science. *Psychological Science in the Public Interest, 13,* 3–66.

Fisher, H. L. (2000). Lust, attraction, attachment: Biology and

evolution of the three primary emotion systems for mating, reproduction, and parenting. *Journal of Sex Education and Therapy, 25,* 96–104.
Fisher, H. L. (2004). *Why we love: The nature and chemistry of romantic love.* New York: Henry Holt.
Fleeson, W. (2004). The quality of American life at the end of the century. In O. G. Brim, C. D. Ryff, & R. C. Kessler (Eds.), *How healthy are we? A national study of well-being at midlife* (pp. 252–272). Chicago: University of Chicago Press.
Flinn, M. V., Ward, C. V., & Noone, R. J. (2005). Hormones and the human family. In D. M. Buss (Ed.), *The handbook of evolutionary psychology* (pp. 552–580). New York: Wiley.
Florian, V., Mikulincer, M., & Taubman, O. (1995). Does hardiness contribute to mental health during a stressful real-life situation? The roles of appraisal and coping. *Journal of Personality and Social Psychology, 68,* 687–695.
Florido, R., Tchkonia, T., & Kirkland, J. L. (2011). Aging and adipose tissue. In E. J. Masoro & S. N. Austad (Eds.), *Handbook of the biology of aging* (7th ed., pp. 119–139). San Diego, CA: Academic Press.
Floyd, K., & Morman, M. T. (2005). Fathers' and sons' reports of fathers' affectionate communication: Implications of a naïve theory of affection. *Journal of Social and Personal Relationships, 22,* 99–109.
Flynn, J. R. (1987). Massive IQ gains in 14 nations: What IQ tests really measure. *Psychological Bulletin, 101,* 171–191.
Flynn, J. R. (2007). *What is intelligence? Beyond the Flynn effect.* New York: Cambridge University Press.
Folkman, S., & Moskowitz, J. T. (2004). Coping: Pitfalls and promises. *Annual Review of Psychology, 55,* 745–774.
Fontana, L., Colman, R. J., Holloszy, J. O., et al. (2011). Calorie restriction in nonhuman and human primates. In E. J. Masoro & S. N. Austad (Eds.), *Handbook of the biology of aging* (7th ed., pp. 447–462). San Diego, CA: Academic Press.
Foskett, N., Dyke, M., & Maringe, F. (2008). The influence of the school in the decision to participate in learning post-16. *British Educational Research Journal, 34,* 37–61.
Foster, A. C., & Kreisler, C. J. (2012). *Beyond the numbers: How parents use time and money.* U.S. Bureau of Labor Statistics. Retrieved March 19, 2013, from http://www.bls.gov/opub/btn/volume-1/how-parents-use-time-money.htm
Fouad, N. A., & Bynner, J. (2008). Work transitions. *American Psychologist, 63,* 241–251.
Fowler, J. (1981). *Stages of faith.* New York: Harper & Row.
Fowler, J. (1983). Stages of faith: PT conversation with James Fowler. *Psychology Today, 17,* 55–62.
Fraley, R. C., & Shaver, P. R. (1999). Loss and bereavement: Attachment theory and recent controversies concerning "grief work" and the nature of detachment. In J. Cassidy & P. R. Shaver (Eds.), *Handbook of attachment: Theory, research, and clinical approaches* (pp. 239–260). New York: Guilford Press.
Fraley, R. C., Roisman, G. I., Booth-LaForce, C., et al. (2013). Interpersonal and genetic origins of adult attachment styles: A longitudinal study from infancy to early adulthood. *Journal of Personality and Social Psychology, 104,* 817–838.
Frankl, V. E. (1984). *Man's search for meaning* (3rd ed.). New York: Simon & Schuster.
Fraser, J., Maticka-Tyndale, E., & Smylie, L. (2004). Sexuality of Canadian women at midlife. *Canadian Journal of Human Sexuality, 13,* 171–187.
Freedman, V. A. (2011). Disability, functioning, and aging. In R. H. Binstock & L. K. George (Eds.), *Handbook of aging and the social sciences* (7th ed., pp. 57–71). San Diego, CA: Academic Press.
Friedman, B. X., Bleske, A. L., & Scheyd, G. L. (2000). Incompatible with evolutionary theorizing. *American Psychologist, 55,* 1059–1060.
Friedman, M. J. (2005). Introduction: Every crisis is an opportunity. *CNS Spectrum, 10,* 96–98.
Friedman, M., & Rosenman, R. H. (1959). Association of a specific overt behavior pattern with increases in blood cholesterol, blood clotting time, incidence of arcus senilis and clinical coronary artery disease. *Journal of the American Medical Association, 169,* 1286–1296.
Fromm, E. (1956). *The art of loving.* New York: Harper & Row.
Fukunaga, A., Uematsu, H., & Sugimoto, K. (2005). Influence of aging on taste perception and oral somatic sensation. *Journals of Gerontology: Biological and Medical Sciences, 60,* 109–113.
Fuller-Iglasias, H., Sellars, B., & Antonucci, T. C. (2008). Resilience in old age: Social relations as a protective factor. *Research in Human Development, 5,* 181–193.
Fung, H. H., & Carstensen, L. L. (2003). Sending memorable messages to the old: Age differences in preferences and memory for advertisements. *Journal of Personality and Social Psychology, 85,* 163–178.
Galambos, N. L., & Martinez, M. L. (2007). Poised for emerging adulthood in Latin America: A pleasure for the privileged. *Child Development Perspectives, 1,* 109–114.
Galambos, N. L., Barker, E. T., & Krahn, H. J. (2006). Depression, self-esteem, and anger in emerging adulthood: Seven-year trajectories. *Developmental Psychology, 42,* 350–365.
Gallagher, M. W., Lopez, S. J., & Pressman, S. D. (2013). Optimism is universal: Exploring the presence and benefits of optimism in a representative sample of the world. *Journal of Personality, 4,* 544-549.
Gana, K., Alaphilippe, D., & Bailey, N. (2004). Positive illusions and mental and physical health in later life. *Aging and Mental Health, 8,* 58–64.
Garcia, J. R., Reiber, C., Massey, S. G., et al. (2012). Sexual hookup culture: A review. *Review of General Psychology , 16,* 161–176.
Gates, G. J. (2011). *How many people are lesbian, gay, bisexual, and transgender?* Retrieved April 9, 2013, from http://williamsinstitute.law.ucla.edu/wp-content/uploads/Gates-How-Many-People-LGBT-Apr-2011.pdf
Gates, G. J. (2013). *Same-sex and different-sex couples in the American Community Survey: 2005–2011.* Retrieved April 9, 2013, from http://williamsinstitute.law.ucla.edu/wp-contentuploads/ACS-2013.pdf
Geary, D. C. (2005). Evolution of paternal investment. In D. M. Buss (Ed.), *The handbook of evolutionary psychology* (pp. 483–505). New York: Wiley.
George, L. G., Helson, R., & John, O. P. (2011). The "CEO" of women's work lives: How the Big Five Conscientiousness, Extraversion, and Openness predict 50 years of work experiences in a changing sociocultural context. *Journal of Personality and Social Psychology, 101,* 812–830.
George, L. K. (2006). Perceived quality of life. In R. H. Binstock & L. K. George (Eds.), *Handbook of aging and the social sciences* (pp. 320–336). San Diego, CA: Academic Press.
Geurts, T., van Tilburg, T. G., & Poortman, A.-R. (2012). The grandparent–grandchild relationship in childhood and into adulthood: A matter of continuation? *Personal Relationships,*

19, 267–278.

Gibbs, W. W. (2004). Untangling the roots of cancer. *Scientific American, 14,* 60–69.

Gidron, Y., Davidson, K., & Bata, I. (1999). The short-term effects of a hostility-reduction intervention on male coronary heart disease patients. *Health Psychology, 18,* 416–420.

Giele, J. Z. (1982). Women in adulthood: Unanswered questions. In J. Z. Giele (Ed.), *Women in the middle years* (pp. 1–36). New York: Wiley.

Gilligan, C. (1982). *In a different voice: Psychological theory and women's development.* Cambridge, MA: Harvard University Press.

Gluckman, P. D., & Hanson, M. A. (2004). Living with the past: Evolution, development, and pattern of disease. *Science, 305,* 1733–1739.

Glueck, S., & Glueck, E. (1950). *Unraveling juvenile delinquency.* New York: Commonwealth Fund.

Glueck, S., & Glueck, E. (1968). *Delinquents and nondelinquents in perspective.* Cambridge, MA: Harvard University Press.

Goel, M. S., McCarthy, E. P., Phillips, R. S., et al. (2004). Obesity among U.S. immigrant subgroups by duration of residence. *Journal of the American Medical Association, 292,* 2860–2867.

Goh, J. O., An, Y., & Resnick, S. M. (2012). Differential trajectories of age-related changes in components of executive and memory processes. *Psychology and Aging, 27,* 707–719.

Gohdes, D. M., Balamurugan, A., Larsen, B. A., et al. (2005). Age-related eye diseases: An emerging challenge for public health professionals. *Preventing Chronic Disease, 2,* 1–5.

Gold, D. T. (1996). Continuities and discontinuities in sibling relationships across the life span. In V. L. Bengtson (Ed.), *Adulthood and aging: Research on continuities and discontinuities.* New York: Springer.

Gold, J. M. (2012). Typologies of cohabitation: Implications for clinical practice and research. *The Family Journal, 20,* 315–321.

Goldberg, A. E., & Perry-Jenkins, M. (2007). The division of labor and perceptions of parental roles: Lesbian couples across the transition to parenthood. *Journal of Social and Personal Relationships, 24,* 297–318.

Goldberg, A. E., Smith, J. Z., & Perry-Jenkins, M. (2012). The division of labor in lesbian, gay, and heterosexual new adoptive parents. *Journal of Marriage and Family, 74,* 812–828.

Gómez-Pinilla, F. (2008). Brainfoods: The effect of nutrients on brain function. *Nature Reviews Neuroscience, 9,* 568–578.

Gonyea, J. G., & Hooyman, N. R. (2005). Reducing poverty among older women: Social security reform and gender equality. *Families in Society, 86,* 338–346.

Gorman, E. H. (2000). Marriage and money: The effect of marital status on attitudes toward pay and finance. *Work and Occupations, 27,* 64–88.

Gorman, J. M. (2005). In the wake of trauma. *CNS Spectrums, 10,* 81–85.

Gottfredson, L. S., & Deary, I. J. (2004). Intelligence predicts health and longevity, but why? *Current Directions in Psychological Science, 13,* 1–4.

Gottfried, A. E. (2005). Maternal and dual-earner employment and children's development: Redefining the research agenda. In D. Halpern & S. E. Murphy (Eds.), *From work-family balance to work-family interaction: Changing the metaphor* (pp. 197–217). Mahwah, NJ: Erlbaum.

Gottman, J. M. (2011). *The science of trust: Emotional attunement for couples.* New York: W. W. Norton.

Gottman, J. M., & Notarius, C. I. (2000). Marital research in the 20th century and a research agenda for the 21st century. *Family Process, 41,* 159–197.

Gough, H. G. (1957/1987). *Manual for the California Psychological Inventory.* Palo Alto, CA: Consulting Psychologists Press.

Gow, A. J., Johnson, W., Pattie, A., et al. (2011). Stability and change in intelligence from age 11 to ages 70, 79, and 87: The Lothian Birth Cohorts of 1921 and 1936. *Psychology and Aging, 26,* 232–240.

Goyer, A. (2010). *More grandparents raising grandchildren.* Retrieved March 21, 2013, from http://www.aarp.org/relationships/grandparenting/info-12-2010/more_grandparents_raising_grandchildren.html

Green, R. J. (2004). Risk and resilience in lesbian and gay couples: Comment on Solomon, Rothblum, & Balsam (2004). *Journal of Family Psychology, 18,* 290–292.

Greenberg, G., Halpern, C. T., Hood, K. E., et al. (2010). Developmental systems, nature-nurture, and the role of genes in behavior and development: On the legacy of Gilbert Gottlieb. In G. Greenberg, C. T. Halpern, K. E. Hood, et al. (Eds.), *Handbook of developmental systems, behavior and genetics.* Malden, MA: Wiley Blackwell.

Greendale, G. A., Kritz-Silverstein, D., Seeman, T., et al. (2000). Higher basal cortisol predicts verbal memory loss in postmenopausal women: Rancho Bernardo Study. *Journal of the American Geriatrics Society. 48,* 1655–1658.

Greenfield, E. A., & Marks, N. F. (2004). Formal volunteering as a protective factor or older adults' psychological well-being. *Journals of Gerontology: Psychological and Social Sciences, 59,* 258–264.

Greenwood, J. L. (2013). Parent-child relationships in the context of a mid- to late-life parental divorce. *Journal of Divorce and Remarriage, 53,* 1–17.

Greer, S. (1991). Psychological response to cancer and survival. *Psychological Medicine, 21,* 43–49.

Gregoire, J., & Van der Linden, M. (1997). Effects of age on forward and backward digit span. *Aging, Neuropsychology, and Cognition, 4,* 140–149.

Greve, W., & Bjorklund, D. F. (2009). The Nestor effect: Extending evolutionary psychology to a lifespan perspective. *Developmental Review, 29,* 163–179.

Gross, A. L., & Rebok, G. W. (2011). Memory training and strategy use in older adults: Results from the ACTIVE Study. *Psychology and Aging, 26,* 503–517.

Gruber-Baldini, A. L., Schaie, K. W., & Willis, S. L. (1995). Similarity in married couples: A longitudinal study of mental abilities and flexible-rigidity. *Journal of Personality and Social Psychology: Personality Processes and Individual Differences, 69,* 191–203.

Grunberg, L., Moore, S. Y., & Greenberg, E. (2001). Differences in psychological and physical health among layoff survivors: The effect of layoff contact. *Journal of Occupational Health Psychology, 6,* 15–25.

Gruntmanis, U. (2012). The roles of 5⊠-reductase inhibition in men receiving testosterone replacement therapy. *Journal of the American Medical Association, 307,* 968–970.

Gupta, S. (2006). The consequences of maternal employment during men's childhood for their adult housework performance. *Gender and Society, 20,* 60–86.

Guralnik, J. M., & Simonsick, E. M. (1993). Physical disability in older Americans [Special issue]. *Journals of Gerontology, 48,* 3–10.

Gurin, P., & Brim, O. G., Jr. (1984). Change in self in adulthood: The example of a sense of control. In P. B. Baltes & O. G. Brim, Jr. (Eds.), *Life-span development and behavior* (pp. 282–334). Orlando, FL: Academic Press.

Gutmann, D. (1975). Parenthood: A key to the comparative study of the life cycle. In N. Datan & L. H. Ginsberg (Eds.), *Life-span developmental psychology: Normative life crises* (pp. 167–184). New York: Academic Press.

Gutmann, D. (1987). *Reclaimed powers: Toward a new psychology of men and women in later life.* New York: Basic Books.

Haan, N. (1981). Common dimensions of personality development: Early adolescence to middle life. In D. H. Eichorn, J. A. Clausen, N. Haan, et al. (Eds.), *Present and past in middle life* (pp. 117–153). New York: Academic Press.

Hagestad, G. O., & Neugarten, B. L. (1985). Age and the life course. In R. H. Binstock & E. Shana (Eds.), *Handbook of aging and the social sciences* (2nd ed., pp. 35–61). New York: Van Nostrand Reinhold.

Haight, B. K. (1992). Long-term effects of a structured life review process. *Journals of Gerontology: Psychological and Social Sciences, 47,* 312–315.

Hale, S., Rose, N. S., Myerson, J., et al. (2011). The structure of working memory abilities across the adult life span. *Psychology and Aging, 26,* 92–110.

Halpern, D. F. (2005). Psychology at the intersection of work and family: Recommendations for employers, working families, and policymakers. *American Psychologist, 60,* 397–409.

Halter, J. B. (2011). Aging and insulin secretion. In E. J. Masoro & S. N. Austad (Eds.), *Handbook of the biology of aging* (pp. 373–384). San Diego, CA: Academic Press.

Hanson, R. F., Kilpatrick, D. G., Freedy, J. R., et al. (1995). Los Angeles County after the 1992 civil disturbance: Degree of exposure and impact on mental health. *Journal of Consulting and Clinical Psychology, 63,* 987–996.

Harding, S. R., Flannelly, K. J., Weaver, A. J., et al. (2005). The influence of religion on death anxiety and death acceptance. *Mental Health, Religion, & Culture, 8,* 253–261.

Hardy, D. J., & Parasuraman, R. (1997). Cognition and flight performance in older pilots. *Journal of Experimental Psychology: Applied, 3,* 313–348.

Hardy, M. A., & Shuey, K. (2000). Retirement. In E. F. Borgatta & M. L. Borgatta (Eds.), *Encyclopedia of sociology.* New York: Macmillan.

Hareven, T. K. (2001). Historical perspectives on aging and family relations. In R. H. Binstock & L. K. George (Eds.), *Handbook of aging and the social sciences* (5th ed., pp. 141–159). San Diego, CA: Academic Press.

Harman, J. J. (2011). How similar or different are homosexual and heterosexual relationships? In G. W. Lewandowski, Jr., T. J. Loving, B. Le, et al. *The science of relationships* (pp. 60–66). Dubuque, IA: Kendall Hunt.

Harmon, D. (1956). Aging: A theory based on free radical and radiation chemistry. *Journal of Gerontology, 11,* 298–300.

Harmon, K. (2012). How we all will live to be 100. *Scientific American, 307,* 54–57.

Harrington Myer, M., & Herd, P. (2007). *Market friendly or family friendly? The state and gender equality in old age.* New York: Russell Sage.

Harris Poll. (2005). *The religions and other beliefs of Americans 2005.* Retrieved May 16, 2006, from http://www.harrisinteractive.com/harris_poll/index.asp?PID=618

Harris Poll. (2007). *Belief in God.* Retrieved March 22, 2010, from http://www.galluppoll.com/

Harris Poll. (2011). *More than 9 out of 10 Americans continue to believe in God.* Retrieved June 25, 2013, from http://www.gallup.com/poll/147887/americans-continue-believe-god.aspx

Harrison, E. D., Strong, R., Sharp, Z. D., et al. (2009). Rapamycin fed late in life extends lifespan in genetically heterogeneous mice. *Nature, 460,* 392–395.

Hartung, P. J., & Niles, S. G. (2000). Using traditional career theories with college students. In D. Luzzo (Ed.), *Career development of college students: Translating theory and research into practice* (pp. 3–22). Washington, DC: American Psychological Association.

Hasher, L., & Zacks, R. T. (1988). Working memory, comprehension, and aging: A review and a new view. In G. H. Bower (Ed.), *The psychology of learning and motivation* (Vol. 2, pp. 193–225). San Diego, CA: Academic Press.

Hatfield, E. (1988). Passionate and compassionate love. In R. J. Sternberg & M. L. Barnes (Eds.), *The psychology of love* (pp. 191–217). New Haven, CT: Yale University Press.

Hawkes, K., O'Connell, J. F., & Blurton Jones, N. G. (1997). Hazda women's time allocation, offspring provisioning, and the evolution of long post-menopausal lifespans. *Current Anthropology, 38,* 551–577.

Hawkins, D. N., & Booth, A. (2005). Unhappily ever after: Effects of long-term, low quality marriages on well-being. *Social Forces, 84,* 451–471.

Hawkins, H. L., Kramer, A. F., & Capaldi, D. (1992). Aging, exercise, and attention. *Psychology and Aging, 7,* 643–653.

Hay, E. L., Fingerman, K. L., & Lefkowitz, E. S. (2007). The experience of worry in parent-adult child relationships. *Personal Relationships, 14,* 605–622.

Hayflick, L. (1977). The cellular basis for biological aging. In C. E. Finch & L. Hayflick (Eds.), *Handbook of the biology of aging* (pp. 159–186). New York: Van Nostrand Reinhold.

Hayflick, L. (1994). *How and why we age.* New York: Ballantine Books.

Hazan, C., & Shaver, P. (1987). Romantic love conceptualized as an attachment process. *Journal of Personality and Social Psychology, 52,* 511–524.

Hazan, C., & Shaver, P. (1990). Love and work: An attachment-theoretical perspective. *Journal of Personality and Social Psychology, 59,* 270–280.

Hazell, L. V. (1997). Cross-cultural funeral rites. *Director, 69,* 53–55.

He, W., & Muenchrath, M. N. (2011). *90+ in the United States: 2006–2008.* U.S. Census Bureau. Retrieved February 12, 2013, from www.census.gov/prod/2011pubs/acs-17.pdf

Heath, C. W. (1945). *What people are.* Cambridge, MA: Harvard University Press.

Heckhausen, J. (2001). Adaptation and resilience in midlife. In M. E. Lachman (Ed.), *Handbook of midlife development* (pp. 345–394). New York: Wiley.

Heggestad, E. D., & Andrew, A. M. (2012). Aging, personality, and work attitudes. In W. C. Borman & J. W. Hedge (Eds.), *The Oxford handbook of work and aging* (pp. 256–279). New York: Oxford University Press.

Helms, S. T. (1996). Some experimental tests of Holland's congruity hypothesis: The reactions of high school students to occupational simulations. *Journal of Career Assessment, 4,* 253–268.

Helson, R., & Kwan, V. S. Y. (2000). Personality development in

adulthood: The broad picture and processes in one longitudinal sample. In S. Hampson (Ed.), *Advances in personality psychology* (Vol. 1, pp. 77–106). London, England: Routledge.
Helson, R., & Roberts, B. W. (1994). Ego development and personality change in adulthood. *Journal of Personality and Social Psychology, 66,* 911–920.
Helson, R., Kwan, V. S. Y., John, O. P., et al. (2002). The growing evidence for personality change in adulthood: Findings from research with personality inventories. *Journal of Research in Personality, 36,* 287–306.
Helson, R., Pals, J., & Solomon, M. (1997). Is there adult development distinctive to women? In R. Hogan, J. Johnson, & S. Briggs (Eds.), *Handbook of personality psychology* (pp. 291–314). San Diego, CA: Academic Press.
Henderson, C. E., Hayslip, B., Jr., Sanders, L. M., et al. (2009). Grandmother–grandchild relationship quality predicts psychological adjustment among youth from divorced families. *Journal of Family Issues, 30,* 1245–1264.
Henretta, J. C. (2001). Work and retirement. In R. Binstock & L. George (Eds.), *Handbook of aging and the social sciences* (pp. 255–271). San Diego, CA: Academic Press.
Henry, J. D., MacLeod, M. S., Phillips, L. H., et al. (2004). A meta-analytic review of prospective memory and aging. *Psychology and Aging, 19,* 27–39.
Heppner, M. J., & Heppner, P. P. (2009). On men and work: Taking the road less traveled. *Journal of Career Development, 36,* 49–67.
Hequembourg, A., & Brallier, S. (2005). Gendered stories of parental caregiving among siblings. *Journal of Aging Studies, 19,* 53–71.
Herd, P., Goesling, B., & House, J. S. (2007). Unpacking the relationship between socioeconomic position and health. *Journal of Health and Social Behavior, 48,* 223–238.
Herd, P., Robert, S. A., & House, J. S. (2011). Health disparities among older adults: Life course influences and policy solutions. In R. H. Binstock & L. K. George (Eds.), *Handbook of aging and the social sciences* (7th ed., pp. 121–134). San Diego, CA: Academic Press.
Heron, M., Hoyert, D. L., Murphy, S. L., et al. (2009). Deaths: Final data for 2006. *National Vital Statistics Reports, 57,* 1–134.
Hershey, D. A., & Wilson, J. A. (1997). Age differences in performance awareness on a complex financial decision-making task. *Experimental Aging Research, 23,* 257– 273.
Hess, T. M. (2005). Memory and aging in context. *Psychological Bulletin, 131,* 383–406.
Hess, T. M., Auman, C., Colcombe, S. J., et al. (2003). The impact of stereotype threat on age differences in memory performance. *Journals of Gerontology: Psychological and Social Sciences, 58,* 3–11.
Hess, T. M., Hinson, J. T., & Statham, J. A. (2004). Implicit and explicit stereotype activation effects on memory: Do age and awareness moderate the impact of priming? *Psychology and Aging, 19,* 495–505.
Heuveline, P., & Timberlake, J. M. (2004). The role of cohabitation in family formation: The U.S. in comparative perspective. *Journal of Marriage and Family, 66,* 1214–1230.
Hewitt, B., & de Vaus, D. (2009). Change in the association between premarital cohabitation and separation: Australia 1954–2000. *Journal of Marriage and Family, 71,* 353–361.
Hildreth, C. J., Burke, A. E., & Glass, R. M. (2009). Cataracts fact sheet. *Journal of the American Medical Association, 301,* 2060.
Hill, P. L., & Roberts, B. W. (2011). The role of adherence in the relationship between conscientiousness and perceived health. *Health Psychology, 30,* 797–804.
Hill, P. L., Turiano, N. A., Hurd, M. D., et al. (2011). Conscientiousness and longevity: An examination of possible mediators. *Health Psychology, 30,* 536–541.
Hill, R. D., Storandt, M., & Malley, M. (1993). The impact of long-term exercise training on psychological function in older adults. *Journals of Gerontology: Psychological and Social Sciences, 48,* 12–17.
Hoge, C. W., Castro, C. A., Messer, S. C., et al. (2004). Combat duty in Iraq and Afghanistan, mental health problems, and barriers to care. *New England Journal of Medicine, 351,* 13–22.
Holden, C. (2005). Sex and the suffering brain. *Science, 308,* 1574–1577.
Holland, J. L. (1958). A personality inventory employing occupational titles. *Journal of Applied Psychology, 42,* 336–342.
Holland, J. L. (1992). *Making vocational choice: A theory of personalities and work environments* (2nd ed.). Odessa, FL: Psychological Assessment Resources.
Holland, J. L. (1996). Integrating career theory and practice. In M. L. Savickas & W. B. Walsh (Eds.), *Handbook of career counseling theory and practice* (pp. 1–11). Palo Alto, CA: Davies-Black.
Holland, J. L. (1997). *Making vocational choice: A theory of personalities and work environments* (3rd ed.). Odessa, FL: Psychological Assessment Resources.
Holmes, T. H., & Rahe, R. H. (1967). The Social Readjustment Rating Scale. *Journal of Psychosomatic Research, 11,* 213–218.
Hope, C. W., McGurk, D., Thomas, J. L., et al. (2008). Mild traumatic brain injury in U.S. soldiers returning home from Iraq. *New England Journal of Medicine, 358,* 453–463.
Horn, J. L., & Cattell, R. B. (1966). Refinement and test of the theory of fluid and crystallized intelligence. *Journal of Educational Psychology, 57,* 253–270.
Horn, J. L., & Hofer, S. M. (1992). Major abilities and development in the adult period. In R. J. Sternberg & C. A. Berg (Eds.), *Intellectual development* (pp. 44–99). Cambridge, England: Cambridge University Press.
Hornsby, P. J. (2001). Cell proliferation in mammalian aging. In E. J. Masoro & S. N. Austad (Eds.), *Handbook of the biology of aging* (pp. 207–245). San Diego, CA: Academic Press.
Hoyer, W. J., & Verhaeghen, P. (2006). Memory and aging. In J. E. Birren & K. W. Schaie (Eds.), *Handbook of the psychology of aging* (6th ed., pp. 209–232). San Diego, CA: Academic Press.
Hoyert, D. L., & Xu, J. (2012). *National vital statistics reports, vol. 61(6).* Centers for Disease Control and Prevention. Retrieved November 17, 2012, from http://www.cdc.gov/nchs/data/nvsr/nvsr61/nvsr61_06.pdf
Hrdy, S. B. (2011). *Mothers and others: The evolutionary origins of mutual understanding.* Cambridge, MA: Belknap.
Hughes, M. E., & Waite, L. J. (2009). Marital biography and health at midlife. *Journal of Health and Social Behavior, 50,* 344–358.
Hultsch, D. F., Hertzog, C., Dixon, R. A., et al. (1998). *Memory change in the aged.* Cambridge, MA: Cambridge University Press.
Hunte, H. E. R., & Williams, D. R. (2009). The association between perceived discrimination and obesity in a

population-based multi-racial and multi-ethnic adult sample. *American Journal of Public Health, 99,* 1285–1292.

Hunter, S., & Sundel, M. (Eds.). (1989). *Midlife myths: Issues, findings, and practice implications.* Newbury Park, CA: Sage.

Huynh, J. Y., Xanthopoulou, D., & Winefield, A. H. (2013). Social support moderates the impact of demands on burnout and organizational connectedness: A two-wave study of volunteer firefighters. *Journal of Occupational Health Psychology, 18,* 9–15.

Hy, L. X., & Loevinger, J. (1996). *Measuring ego development.* Mahwah, NJ: Erlbaum

Hyde, J. S., Essex, M. J., & Horton, F. (1993). Fathers and parental leave: Attitudes and experiences. *Journal of Family Issues, 14,* 616–638.

Idler, E. L. (2006). Religion and aging. In R. H. Binstock & L. K. George (Eds.), *Handbook of aging and the social sciences* (pp. 277–300). San Diego, CA: Academic Press.

Idler, E. L., Kasl, S. V., & Hays, J. C. (2001). Patterns of religious practice and belief in the last years of life. *Journals of Gerontology: Psychological and Social Sciences, 56,* 326–334.

Jacobs, S. (1993). *Pathologic grief: Maladaption to loss.* Washington, DC: American Psychiatric Press.

James, W. (1902/1958). *The varieties of religious experience.* New York: Mentor.

Jankowiak, W. R., & Fischer, E. F. (1992). A cross-cultural perspective on romantic love. *Ethnology, 31,* 149.

Jelenchick, L. A., Eickhoff, J. C., & Moreno, M. A. (2013). "Facebook depression?" Social networking site use and depression in older adolescents. *Journal of Adolescent Health, 52,* 128–130.

Jennings, J. M., Webster, L. M., Kleykamp, B. A., et al. (2005). Recollection training and transfer effects in older adults: Successful use of a repetition-lag procedure. *Aging, Neuropsychology, and Cognition, 12,* 278–298.

Jennings, P. A., Aldwin, C. M., Levenson, M. R., et al. (2006). Combat exposure, perceived benefits of military service, and wisdom in later life: Findings from the Normative Aging Study. *Research on Aging, 28,* 115–134.

Jensen, A. R. (1998). *The g factor: The science of mental ability.* Westport, CT: Praeger.

Johnson, M. K., Reeder, J. A., Raye, C. L., et al. (2002). Second thoughts versus second looks: An age-related deficit in reflectively refreshing just-active information. *Psychological Science, 13,* 63–66.

Johnson, M. L. (2009). Spirituality, finitude, and theories of the life span. In V. L. Bengtson, M. Silverstein, N. M. Putney, et al. (Eds.), *Handbook of theories of aging* (pp. 659–673). New York: Springer.

Johnson, M. M. S. (1993). Thinking about strategies during, before, and after making a decision. *Psychology and Aging, 8,* 231–141.

Johnson, N. J., Backlund, E., Sorlie, P. D., et al. (2000). Marital status and mortality. *Annals of Epidemiology, 10,* 224–238.

Johnson, R. W. (2004). Trends in job demands among older workers: 1992–2002. *Monthly Labor Review, 7,* 48–56.

Johnson, R. W., Kawachi, J., & Lewis, E. K. (2009). *Older workers on the move: Recareering in later life.* Washington, DC: AARP.

Johnson, S., & O'Connor, E. (2002). *The gay baby boom: The psychology of gay parenthood.* New York: New York University Press.

Johnston, K., Tanner, M., Lalia, N., et al. (2013). Social capital: The benefit of Facebook 'friends.' *Behaviour & Information Technology, 32,* 24–36.

Jones, C. J., & Meredith, W. (1996). Patterns of personality change across the life span. *Psychology and Aging, 11,* 57–65.

Jones, E. (1981). *The life and work of Sigmund Freud.* New York: Basic Books.

Jones, L. B., Rothbart, M. K., & Posner, M. I. (2003). Development of executive attention in preschool children. *Developmental Science, 6,* 498–504.

Jonsson, T., Atwal, J. K., Steinberg, S., et al. (2012). A mutation in APP protects against Alzheimer's disease and age-related cognitive decline. *Nature, 488,* 96–99.

Judge, T. A., Higgins, C. A., Thoreson, C. J., et al. (1999). The Big Five personality traits, general mental ability, and career success across the life span. *Personnel Psychology, 52,* 621–652.

Jung, C. G. (1917/1966). *Two essays on analytical psychology.* London, England: Routledge.

Jung, C. G. (1933). *Modern man in search of a soul.* New York: Harcourt, Brace, & World.

Jung, C. G. (1964). *Man and his symbols.* New York: Laurel.

Jung, C. G. (1971). *Psychological types* (Collected works of C. G. Jung, volume 6, Chapter X). Princeton, NJ: Princeton University Press

Kahn, R. L., & Antonucci, T. C. (1980). Convoys over the life course: Attachment, roles, and social support. In P. B. Baltes & O. Brim (Eds.), *Life-span development and behavior* (Vol. 3, pp. 253–268). New York: Academic Press.

Kahn, W. A. (1990). Psychological conditions of personal engagement and disengagement at work. *Academy of Management Journal, 33,* 692–724.

Kalish, R. A. (1985). The social context of death and dying. In R. H. Binstock & E. Shanas (Eds.), *Handbook of aging and the social sciences* (pp. 149–170). New York: Van Nostrand Reinhold.

Kanter, M., Afifi, T., & Robbins, S. (2012). The impact of parents "friending" their young adult child on Facebook on perceptions of parental privacy invasions and parent–child relationship quality. *Journal of Communications, 62,* 900–917.

Kapahi, P., & Kockel, L. (2011). TOR: A conserved nutrient-sensing pathway that determines life-span across species. In E. J. Masoro & S. N. Austad (Eds.), *Handbook of the biology of aging* (7th ed., pp. 203–214). San Diego, CA: Academic Press.

Kaptin, R., Thomese, F., van Tilburg, T. G., et al. (2010). Support for the cooperative breeding hypothesis in a contemporary Dutch population. *Human Nature, 21,* 393–405.

Karney, B. R., & Bradbury, T. N. (1995). The longitudinal course of marital quality and stability: A review of theory, method, and research. *Psychological Bulletin, 118,* 3–34.

Karpiak, C. P., & Baril, G. L. (2008). Moral reasoning and concern for the environment. *Journal of Environmental Psychology, 28,* 203–208.

Kasser, V. M., & Ryan, R. M. (1999). The relation of psychological needs for autonomy and relatedness to health, vitality, well-being, and mortality in a nursing home. *Journal of Applied Social Psychology, 29,* 935–954.

Katz-Wise, S. L., Priess, H. A., & Hyde, J. S. (2010). Gender-role attitudes and behavior across the transition to parenthood. *Developmental Psychology, 46,* 18–28.

Kaufman, G., & Uhlenberg, P. (2000). The influence of parenthood on the work effort of married men and women. *Social Forces, 78,* 931–949.

Keen, S. (1983). *The passionate life: Stages of loving.* New York: Harper & Row.

Kegan, R. (1980). There the dance is: Religious dimensions of developmental theory. In J. W. Fowler & A. Vergote (Eds.), *Toward moral and religious maturity* (pp. 403–440). Morristown, NJ: Silver Burdette.

Kegan, R. (1982). *The evolving self.* Cambridge, MA: Harvard University Press.

Kellehear, A., & Lewin, T. (1988–89). Farewells by the dying: A sociological study. *Omega, 19,* 275–292.

Kemp, C. L. (2005). Dimensions of grandparent-adult grandchild relationships: From family ties to intergenerational friendships. *Canadian Journal on Aging, 24,* 161–178.

Kersten, A. W., Earles, J. L., Curtayne, E. S., et al. (2008). Adult age differences in binding actors and actions in memory for events. *Memory and Cognition, 36,* 119–131.

Kessler, R. C., Berglund, P., Demler, O., et al. (2005). Lifetime prevalence and age-of-onset distributions of *DSM-IV* disorders in the National Comorbidity Survey Replication. *Archives of General Psychiatry, 62,* 593–602.

Kessler, R. C., Chiu, W. T., Demler, O., et al. (2005). Prevalence, severity, and comorbidity of 13-month *DSM-IV* disorders in the National Comorbidity Survey Replication. *Archives of General Psychiatry, 62,* 617–627.

Kessler, R. C., Mickelson K. D., Walters, E. E., et al. (2004). Age and depression in the MIDUS Survey. In O. G. Brim, C. D. Riff, & R. C. Kessler (Eds.), *How healthy are we? A national study of well-being at midlife* (pp. 227–251). Chicago: University of Chicago Press.

Kiecolt-Glaser, J. A., & Newton, T. L. (2001). Marriage and health: His and hers. *Psychological Bulletin, 127,* 472– 503.

Kim, J. H., Knight, B. G., & Longmire, C. V. (2007). The role of familism in stress and coping processes among African American and white dementia caregivers: Effects on mental and physical health. *Health Psychology, 26,* 564–576.

Kim, S., Healey, M. K., Goldstein, D., et al. (2008). Age differences in choice satisfaction: A positivity effect in decision making. *Psychology and Aging, 23,* 33–38.

Kinderman, S. S., & Brown, G. G. (1997). Depression and memory in the elderly: A meta-analysis. *Journal of Clinical and Experimental Neuropsychology, 19,* 625–642.

Kira, I., Abou-Median, S., Ashby, J., et al. (2012). Post-traumatic Growth Inventory: Psychometric properties of the Arabic version in Palestinian adults. *The International Journal of Educational and Psychological Assessment, 11,* 120–137.

Kirby, S. E., Coleman, P. G., & Daley, D. (2004). Spirituality and well-being in frail and non-frail older adults. *Journals of Gerontology: Psychological and Social Sciences, 59,* 123–129.

Kirkcaldy, B., Furnham, A., & Siefen, G. (2004). The relationship between health efficacy, educational attainment, and well-being among 30 nations. *European Psychologist, 9,* 107–119.

Klein, R., Chou, C.-F., Klein, B. E. K., et al. (2011). Prevalence of age-related macular degeneration in the U.S. population. *Archives of Ophthalmology, 129,* 75.

Klempin, F., & Kempermann, G. (2007). Adult hippocampus neurogenesis and aging. *European Archives of Psychiatry and Clinical Neuroscience, 257,* 271–280.

Kleyman, E. (2000). From allies to adversaries? *American Psychologist, 55,* 1061–1062.

Kliegel, M., Mackinlay, R., & Jäger, T. (2008). Complex prospective memory: Development across the lifespan and the role of task interruption. *Developmental Psychology, 44,* 612–617.

Kliegl, R., Smith, J., & Baltes, P. B. (1990). On the locus and process of magnification of age differences during mnemonic training. *Developmental Psychology, 26,* 894–904.

Kline, G. H., Stanley, S. M., Markman, H. J., et al. (2004). Timing is everything: Pre-engagement cohabitation and increased risk for poor marital outcomes. *Journal of Family Psychology, 18,* 311–318.

Knudsen, K. (2012). European grandparents' solicitude: Why older men can be relatively good grandparents. *Acta Sociologica, 55,* 231–250.

Koenig, H. G. (2006). Religion, spirituality and aging. *Aging and Mental Health, 10,* 1–3.

Kohlberg, L. (1973). Continuities in childhood and adult moral development revisited. In P. B. Baltes & K. W. Schaie (Eds.), *Life-span developmental psychology: Personality and socialization* (pp. 180–204). New York: Academic Press.

Kohlberg, L. (1981). *Essays on moral development: Vol. 1. The philosophy of moral development.* New York: Harper & Row.

Kohlberg, L. (1984). *Essays on moral development: Vol. 2. The psychology of moral development.* San Francisco, CA: Harper & Row.

Kohlberg, L., Levine, C., & Hewer, A. (1983). *Moral stages: A current formulation and a response to critics.* New York: Karger.

Kolomer, S., & McCallion, P. (2005). Depression and caregiver mastery in grandfathers caring for their grandchildren. *International Journal of Aging and Human Development, 60,* 283–294.

Kozak, A., Kersten, M., Schillmöller, Z., et al. (2013). Psychosocial work-related predictors and consequences of personal burnout among staff working with people with intellectual disabilities. *Research in Developmental Disabilities, 34,* 102–115.

Kramer, A. F., & Willis, S. L. (2002). Enhancing the cognitive vitality of older adults. *Current Directions in Psychological Science, 11,* 173–177.

Krampe, R. T., & Ericsson, K. A. (1996). Maintaining excellence: Deliberate practice and elite performance in young and old pianists. *Journal of Experimental Psychology: General, 125,* 331–359.

Krause, N. (1993). Race differences in life satisfaction among aged men and women. *Journals of Gerontology: Psychological and Social Sciences, 48,* 235–244.

Krause, N. (2006). Social relationships in late life. In R. H. Binstock & L. K. George (Eds.), *Handbook of aging and the social sciences* (pp. 181–200). San Diego, CA: Academic Press.

Kreider, R. M. (2005). Number, timing, and duration of marriages and divorces: 2001. *Current Population Reports P70-97.* Washington, DC: U.S. Census Bureau.

Kreider, R. M., & Ellis, R. (2011). *Number, timing, and duration of marriages and divorces: 2009.* Retrieved March 27, 2013, from http://www.census.gov/prod/2011pubs/p70-125.pdf

Kremen, W. S., & Lyons, M. J. (2011). Behavior genetics of aging. In K. W. Schaie & S. L. Willis (Eds.), *Handbook of the psychology of aging* (7th ed., pp. 93–107). San Diego, CA: Academic Press.

Krettenauer, T., Ullrich, M., Hofmann, V., et al. (2003). Behavioral problems in childhood and adolescence as predictors of ego-level attainment in early adulthood. *Merrill-Palmer Quarterly, 49,* 125–153.

Kretzschmar, F., Pleimling, D., Hosemann, J., et al. (2013). Subjective impressions do not mirror online reading effort:

Concurrent EEG-eyetracking evidence from the reading of books and digital media. *PLoS ONE, 8*, retrieved February 27, 2013, from http://www/plosone.org/article/info%3A-doi%2F10.1371%2Fjournal.pone.0056178

Kryla-Lighthall, N., & Mather, M. (2009). The role of cognitive control in older adults' emotional well-being. In V. Berngtson, D. Gans, N. Putney, et al. (Eds.), *Handbook of Theories of Aging* (pp. 323–344). New York: Springer.

Kübler-Ross, E. (1969). *On death and dying*. New York: Macmillan.

Kübler-Ross, E. (1974). *Questions and answers on death and dying*. New York: Macmillan.

Kuehn, B. M. (2005). Better osteoporosis management a priority: Impact predicted to soar with aging population. *Journal of the American Medical Association, 23*, 2453–2458.

Labouvie-Vief, G., & Diehl, M. (1998). The role of ego development in the adult self. In P. M. Westenberg, A. Blasi, & L. D. Cohn (Eds.), *Personality development: Theoretical, empirical, and clinical investigations of Loevinger's conception of ego development* (pp. 219–235). London, England: Erlbaum.

Labouvie-Vief, G., & Gonda, J. N. (1976). Cognitive strategy training and intellectual performance in the elderly. *Journals of Gerontology: Psychological and Social Sciences, 31*, 327–332.

Lachman, M. E. (2004). Development in midlife. *Annual Review of Psychology, 55*, 305–331.

Lamond, A. J., Depp, C. A., Allison, M., et al. (2008). Measurement and predictors of resilience among community-dwelling older women. *Journal of Psychiatric Research, 43*, 148–154.

Lampkin, C. L. (2012). *AARP: Insights and spending habits of modern grandparents*. Retrieved March 22, 2013, from http://www.aarp.org/content/dam/aarp/research/surveys_statistics/general/2012/Insights-and-Spending-Habits-of-Modern-Grandparents-AARP.pdf

Lane, C. J., & Zelinski, E. M. (2003). Longitudinal hierarchical linear models of the Memory Functioning Questionnaire. *Psychology and Aging, 18*, 38–53.

Laumann, E. O., Das, A., & Waite, L. J. (2008). Sexual dysfunction among older adults: Prevalence and risk factors from a nationally representative sample of men and women 57–85 years of age. *Journal of Sexual Medicine, 5*, 2300–2311.

Laursen, P. (1997). The impact of aging on cognitive function. *Acta Neurologica Scandinavica Supplementum, 96*, 7–86.

Lee, K. S., & Ono, H. (2012). Marriage, cohabitation and happiness: A cross-national analysis of 27 countries. *Journal of Marriage and Family, 74*, 953–972.

Lemasters, E. E. (1957). Parenthood as a crisis. *Marriage and Family Living, 19*, 352–355.

Leopold, T. (2012). The legacy of leaving home: Long-term effects of coresidence on parent–child relationships. *Journal of Marriage and Family, 74*, 399–412.

Lerman, R., & Sorensen, E. (2000). Father involvement with their nonmarital children: Patterns, determinants, and effects on their earnings. *Marriage and Family Review, 29*, 137–158.

Lerner, R. M. (2006). Developmental science, developmental systems, and contemporary theories of human development. In W. Damon & R. M. Lerner (Gen. Eds.), *Handbook of Child Psychology* (6th ed.), R. M. Lerner (Vol. Ed.), Vol. 1, *Theoretical models of human development* (pp. 1–17). New York: Wiley.

Levinson, D. J. (1978). *The seasons of a man's life*. New York: Knopf.

Levy, B. R., & Leifheit-Limson, E. (2009). The stereotype-matching effect: Greater influence on functioning when age stereotypes correspond to outcomes. *Psychology and Aging, 24*, 230.

Li, S.-C. (2012). Neuromodulation of behavioral and cognitive development across the lifespan. *Developmental Psychology, 48*, 810–814.

Lichtenstein, P., Hershberger, S. L., & Pedersen, N. L. (1995). Dimensions of occupations: Genetic and environmental influences. *Journal of Biosocial Science, 27*, 193–206.

Lieberman, M. (1996). *Doors close, doors open: Widows, grieving and growing*. New York: Putnam.

Lillberg, K., Verkasalo, P. K., Kaprio, J., et al. (2003). Stressful life events and risk of breast cancer in 10,808 women: A cohort study. *American Journal of Epidemiology, 157*, 415–423.

Lillis, J., Levin, M. E., & Hayes, S. C. (2011). Exploring the relationship between body mass index and health-related quality of life: A pilot study of the impact of weight self-stigma and experiential avoidance. *Journal of Health Psychology, 16*, 722–727.

Lindenberger, U., & Baltes, P. B. (1994). Sensory functioning and intelligence in old age: A strong connection. *Psychology and Aging, 9*, 339–355.

Lindenberger, U., & Baltes, P. B. (1997). Intellectual functioning in old and very old age: Cross-sectional results from the Berlin Aging Study. *Psychology and Aging, 12*, 410–432.

Lindwall, M., Larsman, P., & Hagger, M. S. (2011). The reciprocal relationship between physical activity and depression in older European adults: A prospective cross-lagged panel design using SHARE data. *Health Psychology, 30*, 453–462.

Liu, H., & Umberson, D. (2008). The times they are a changin': Marital status and health differentials from 1972 to 2003. *Journal of Health and Social Behavior, 49*, 239–253.

Liu, H., Bravata, D. M., Olkin, I., et al. (2007). Systematic review: The effects of growth hormone in the healthy elderly. *Annals of Internal Medicine, 146*, 104–115.

Liu, H., Bravata, D. M., Olkin, I., et al. (2008). Systematic review: The effects of growth hormone on athletic performance. *Annals of Internal Medicine, 148*, 747–758.

Liu, H., Reczek, C., & Brown, D. (2013). Same-sex cohabitors and health: The role of race-ethnicity, gender, and socioeconomic status. *Journal of Health and Social Behavior, 54*, 25–45.

Livingston, G., & Cohn, D. (2010). *Childlessness up among all women; Down among women with advanced degrees*. Retrieved April 1, 2013, from http://www.pewsocialtrends.org/2010/06/25/childlessness-up-among-all-women-down-among-women-with-advanced-degrees/

Livson, F. B. (1981). Paths to psychological health in the middle years: Sex differences. In D. H. Eichorn, J. A. Clausen, N. Haan, et al. (Eds.), *Present and past in middle life* (pp. 195–221). New York: Academic Press.

Livson, N., & Peskin, H. (1981). Psychological health at 40: Prediction from adolescent personality. In D. H. Eichorn, J. A. Clausen, N. Haan, et al. (Eds.), *Present and past in middle life* (pp. 184–194). New York: Academic Press.

Lobar, S. L. (2006). Cross-cultural beliefs, ceremonies, and rituals surrounding death of a loved one. *Pediatric Nursing, 32*, 44–50.

Löckenhoff, C. E., Duberstein, P. R., Friedman, B., et al. (2011). Five-factor personality traits and subjective health among caregivers: The role of caregiver strain and self-efficacy. *Psychology and Aging, 26*, 592–604.

Löckenhoff, C. E., Sutin, A. R., Ferrucci, L., et al. (2008).

Personality traits and subjective health in the later years: The association between NEO-PI-R and SF-36 in advanced age is influenced by health status. *Journal of Research in Personality, 42*, 1334–1346.

Lockley, S. W., & Foster, R. G. (2012). *Sleep: A very short introduction.* New York: Oxford University Press.

Loevinger, J. (1976). *Ego development.* San Francisco, CA: Jossey-Bass.

Loevinger, J. (1997). Stages of personality development. In R. Hogan, J. Johnson, & S. Briggs (Eds.), *Handbook of personality psychology* (pp. 199–208). San Diego, CA: Academic Press.

Loew, B., Rhoades, G., Markman, H., et al. (2012). Internet delivery of PREP-based education for at-risk couples. *Journal of Couple & Relationship Therapy, 11*, 291–309.

Lofquist, D., Lugaila, T., O'Connell, M., et al. (2012). *Households and families, 2010: U.S. Census briefs.* Retrieved April 1, 2013, from http://www.census.gov/prod/cen2010/briefs/c2010br-14.pdf

Longino, C. F., Jr. (2001). Geographical distribution and migration. In R. H. Binstock & L. K. George (Eds.), *Handbook of aging and the social sciences* (5th ed., pp. 103–124). San Diego, CA: Academic Press.

Longino, C. F., Jr., & Bradley, D. E. (2006). Internal and international migration. In R. H. Binstock & L. K. George (Eds.), *Handbook of aging and the social sciences* (6th ed., pp. 76–93). San Diego, CA: Academic Press.

Lonky, E., Kaus, C. R., & Roodin, P. A. (1984). Life experience and mode of coping: Relation to moral judgment in adulthood. *Developmental Psychology, 20,* 1159–1167.

Looker, A. C., Borrud, L. G., Dawson-Hughes, B., et al. (2012) *Osteoporosis or low bone mass at the femur neck or lumbar spine in older adults: United States, 2005–2008.* National Center for Health Statistics Brief, No. 93.

Loving, T. J. (2011). Should I live with my partner before we get married? In G. W. Lewandowski, Jr., T. J. Loving, B. Le, et al. (Eds.), *The science of relationships* (pp. 80–83). Dubuque, IA: Kendall Hunt.

Lowe, S. R., Manove, E. E., & Rhodes, J. E. (2013). Posttraumatic stress and posttraumatic growth among low-income mothers who survived Hurricane Katrina. *Journal of Consulting and Clinical Psychology, 81*, 877–889.

Lucas, R. E., Clark, A. E., Georgellis, Y., et al. (2003). Re-examining adaptation and the set-point model of happiness: Reactions to changes in marital status. *Journal of Personality and Social Psychology, 84,* 527–539.

Lukaszewski, A. W., & Rooney, J. R. (2010). *The origins of extraversion: Joint effects of facultative calibration and genetic polymorphism.* Paper presented to the annual meeting of Human Behavior and Evolution Society, Eugene, OR.

Lund, O. C. H., Tamnes, C. K., Moestue, C., et al. (2007). Tactics of hierarchy negotiation. *Journal of Research in Personality, 41*, 25–44.

Lund, R., Rod, N. H., & Christensen, U. (2012). Are negative aspects of social relations predictive of angina pectoris? A 6-year follow-up study of middle-aged Danish women and men. *Journal of Epidemiology and Community Health, 66,* 359–365.

Lupien, S. J., de Leon, M., de Santi, S., et al. (1998). Cortisol levels during human aging predict hippocampal atrophy and memory deficits. *Nature Neuroscience, 1*, 69–73.

Lustgarten, M., Muller, F. L., & Van Remmen, H. (2011). An objective appraisal of the free radical theory of aging. In E. J. Masoro & S. N. Austad (Eds.), *Handbook of the biology of ging* (7th ed., pp. 177–202). San Diego, CA: Academic Press.

Lyles, C. R., Karter, A. J., Young, B. A., et al. (2011). Correlates of patient-reported racial/ethnic health care discrimination in the Diabetes Study of North Carolina (DISTANCE). *Journal of Healthcare for the Poor and Underserved, 22*, 211–225.

Lyons, N. P. (1983). Two perspectives: On self, relationships, and morality. *Harvard Educational Review, 53,* 125–145.

Maciosek, M. V., Coffield, A. B., Flottemesch, T. J., et al. (2010). Greater use of preventive services in U.S. health care could save lives at little or no cost. *Health Affairs, 29,* 1656–1660.

Madden, D. J. (2007). Aging and visual attention. *Current Directions in Psychological Science, 16,* 70–74.

Maddi, S. R. (2005). On hardiness and other pathways to resilience. *American Psychologist, 60,* 261–262.

Maestas, N. (2007). *Back to work: Expectations and realizations of work after retirement.* Santa Monica, CA: RAND.

Magdol, L., Moffitt, T. E., Caspi, A., et al. (1998). Developmental antecedents of partner abuse: A prospective-longitudinal study. *Journal of Abnormal Psychology, 107*, 375–389.

Mahieu, L., & Gastmans, C. (2012). Sexuality in institutionalized elderly persons: A systematic review of argument-based ethics literature. *International Psychogeriatrics, 24*, 346–357.

Maillot, P., Perrot, A., & Hartley, A. (2012). Effects of interactive physical-activity video-game training on physical and cognitive function in older adults. *Psychology and Aging, 27,* 589–600.

Manago, A. M. (2012). The new emerging adult in Chiapas, Mexico: Perceptions of traditional values change among first-generation Maya university students. *Journal of Adolescent Research, 27,* 663–713.

Manago, A. M., Taylor, T., & Greenfield, P. M. (2012). Me and my 400 friends: The anatomy of college students' Facebook networks, their communication patterns, and well-being. *Developmental Psychology, 48*, 369–380.

Mancini, A. D., & Bonanno, G. A. (2009). Predictors and parameters of resilience to loss: Toward an individual differences model. *Journal of Personality, 77,* 1805–1832.

Mancini, A. D., Robinaugh, D., Shear, K., et al. (2009). Does attachment avoidance help people cope with loss? The moderating effect of relationship quality. *Journal of Clinical Psychology, 65,* 1127–1136.

Manly, J. J., Jacobs, D. M., Sano, M., et al. (1999). Effect of literacy on neuropsychological test performance in nondemented, education-matched elders. *Journal of the International Neuropsychological Society, 5,* 191–202.

Mansson, D. H., & Booth-Butterfield, M. (2011). Grandparents' expressions of affection for their grandchildren: Examining grandchildren's relational attitudes and behaviors. *Southern Communication Journal, 76*, 424–442.

Marcia, J. E. (1966). Development and validation of ego-identity status. *Journal of Personality and Social Psychology, 3*, 551–558.

Marcia, J. E. (1966). Development and validation of ego-identity status. *Journal of Personality and Social Psychology, 3,* 551–558.

Marcia, J. E. (1980). Identity in adolescence. In J. Adelson (Ed.), *Handbook of adolescent psychology* (pp. 159–187). New York: Wiley.

Markman, H. J., & Rhoades, G. K. (2012). Relationship education research: Current status and future directions. *Journal of Marriage and Family Therapy, 38*, 169–200.

Markman, H. J., Rhoades, G. K., Stanley, S. M., et al. (2010).

A randomized clinical trail of the effectiveness of premarital intervention: Moderators of divorce outcomes. *Journal of Family Psychology, 27,* 165–172.

Markman, H. J., Stanley, S. M., & Blumberg, S. L. (2010). *Fighting for your marriage* (3rd ed.). San Francisco, CA: Jossey-Bass.

Markman, H. J., Stanley, S. M., Blumberg, S. L., et al. (2004). *Twelve hours to a great marriage: A step-by-step guide for making love last.* San Francisco, CA: Jossey-Bass.

Marks, N. F. (1996). Social demographic diversity among American midlife parents. In C. D. Ryff & M. M. Seltzer (Eds.), *The parental experience in midlife* (pp. 29–75). Chicago: University of Chicago Press.

Marks, N. F., Bumpass, L. L., & Jun, H. (2004). Family roles and well-being during the middle life course. In O. G. Brim, C. D. Ryff, & R. C. Kessler (Eds.), *How healthy are we? A national study of well-being at midlife* (pp. 514–549), Chicago: University of Chicago Press.

Marshall, V. W., & Levy, J. A. (1990). Aging and dying. In R. H. Binstock & L. K. George (Eds.), *Handbook of aging and the social sciences* (pp. 245–260). San Diego, CA: Academic Press.

Martin, J. A., Hamilton, B. E., Ventura, S. J., et al. (2012). *Births: Final data for 2010. National Vital Statistics Report.* Centers for Disease Control and Prevention. Retrieved March 18, 2013, from http://www.cdc.gov/nchs/data/nvsr/nvsr61/nvsr61_01.pdf\#table01

Martire, L. M., & Schulz, R. (2001). Informal caregiving to older adults: Health effects of providing and receiving care. In A. Baum, T. A. Revenson, & J. E. Singer (Eds.), *Handbook of health psychology* (pp. 477–493). Mahwah, NJ: Erlbaum.

Martire, L.M., Keefe, F.J., Schulz, R., et al. (2006). Older spouses' perceptions of partners' chronic arthritis pain: Implications for spousal responses, support provision, and caregiving experiences. *Psychology and Aging, 21,* 222–230.

Martires, K. J., Fu, P., Polster, A. M., et al. (2009). Factors that affect skin aging: A cohort-based survey on twins. *Archives of Dermatology, 145,* 1375–1379.

Maslach, C., Schaufeli, W. B., & Leiter, M. P. (2001). Job burnout. *Annual Review of Psychology, 52,* 397–422.

Maslow, A. H. (1968/1998). *Toward a psychology of being* (3rd ed.). New York: Wiley.

Masoro, E. J. (2011). Terminal weight loss, frailty, and mortality. In E. J. Masoro & S. N. Austad (Eds.), *Handbook of the biology of aging* (7th ed., pp. 321–331). San Diego, CA: Academic Press.

Masters, K. S., & Hooker, S. A. (2012). Religiousness/spirituality, cardiovascular disease, and cancer: Cultural integration for health research and intervention. *Journal of Consulting and Clinical Psychology, 81,* 206–216.

Mastorci, F., Vicentini, M., Viltart, O., et al. (2009). Long-term effects of prenatal stress: Changes in adult cardiovascular regulation and sensitivity to stress. *Neuroscience and Biobehavioral Reviews, 33,* 191–203.

Mastracci, S. H. (2003). Employment and training alternatives for non-college women: Do redistributive policies really redistribute? *Policy Studies Journal, 31,* 585–601.

Masunaga, H., & Horn, J. (2001). Expertise and age-related changes in the components of intelligence. *Psychology and Aging, 16,* 293–311.

Mather, M., & Carstensen, L. L. (2003). Aging and attentional biases for emotional faces. *Psychological Science, 14,* 409–415.

Matthews, K. A., & Gump, B. B. (2002). Chronic work stress and marital dissolution increase risk of posttrial mortality in men from the Multiple Risk Factor Intervention trial. *Archives of Internal Medicine, 162,* 309–315.

Maylor, E. A. (1990). Age and prospective memory. *Quarterly Journal of Experimental Psychology, 42A,* 471–493.

Mayou, R. A., Ehlers, A., & Hobbs, M. (2000). Psychological debriefing for road traffic accident victims. *British Journal of Psychiatry, 176,* 589–593.

Mazerolle, M., Régner, I., Morisset, P., et al. (2012). Stereotype threat strengthens automatic recall and undermines controlled processes in older adults. *Psychological Science, 23,* 723–727.

McAdams, D. P. (2001). Generativity in midlife. In M. E. Lachman (Ed.), *Handbook of midlife development* (pp. 395–443). New York: Wiley.

McAdams, D. P. (2006). *The person: A new introduction to personality psychology* (4th ed.). Hoboken, NJ: Wiley.

McAdams, D. P., & de St. Aubin, E. (1992). A theory of generativity and its assessment through self-report, behavioral acts, and narrative themes in autobiography. *Journal of Personality and Social Psychology, 62,* 1003–1015.

McAdams, D. P., de St. Aubin, E., & Logan, R. L. (1993). Generativity among young, midlife, and older adults. *Psychology and Aging, 8,* 221–230.

McAdams, D. P., Hart, H. M., & Maruna, S. (1998). The anatomy of generativity. In D. P. McAdams & E. de St. Aubin (Eds.), *Generativity and adult development: How and why we care for the next generation* (pp. 7–43). Washington, DC: American Psychological Association.

McAndrew, F. T., & Jeong, H. S. (2012). Who does what on Facebook? Age, sex, and relationship status as predictors of Facebook use. *Computers in Human Behavior, 28,* 2359–2365.

McCay, C. M., Crowell, M. F., & Maynard, L. A. (1935). The effect of retarded growth upon the length of life span and upon the ultimate body size. *Journal of Nutrition, 10,* 63–79.

McClearn, G. E., & Heller, D. A. (2000). Genetics and aging. In S. B. Manuck, R. J. Jennings, B. S. Rabin, et al. (Eds.), *Behavior, health and aging* (pp. 1–14). Mahwah, NJ: Erlbaum.

McClearn, G. E., Johansson, B., Berg, S., et al. (1997). Substantial genetic influence on cognitive abilities in twins 80 or more years old. *Science, 276,* 1560–1563.

McClearn, G. E., Vogler, G. P., & Hofer, S. M. (2001). Environment-gene and gene-gene interactions. In E. J. Masoro & S. N. Austad (Eds.), *Handbook of the biology of aging* (pp. 423–444). San Diego, CA: Academic Press.

McConnell, A. R., Brown, C. M., Shoda, T. M., et al. (2011). Friends with benefits: On the positive consequences of pet ownership. *Journal of Personality and Social Psychology, 101,* 1239–1252.

McCrae, R. E., & Costa, P. T., Jr. (1987). Validation of the five-factor model of personality across instruments and observers. *Journal of Personality and Social Psychology, 52,* 81–90.

McCrae, R. R., & Costa, P. T., Jr. (1983). Psychological maturity and subjective well-being: Toward a new synthesis. *Developmental Psychology, 19,* 243–248.

McCrae, R. R., & Costa, P. T., Jr. (1984). *Emerging lives, enduring dispositions: Personality in adulthood.* Boston, MA: Little, Brown.

McCrae, R. R., & Costa, P. T., Jr. (1990). *Personality in adulthood.* New York: Guilford Press.

McCrae, R. R., & John, O. P. (1992). An introduction to the five-factor model and its applications. *Journal of Personality, 60*, 185–215.

McCrae, R. R., Costa, P. T., Jr., Pedroso de Lima, M., et al. (1999). Age differences in personality across the adult life span: Parallels in five cultures. *Developmental Psychology, 35,* 466–477.

McCrae, R. R., Terracciano, A., & 78 members of the Personality Profiles of Cultures Project. (2005). Universal features of personality traits from the observer's perspective: Data from 50 cultures. *Journal of Personality and Social Psychology, 88,* 547–561.

McCullough, M. E., Hoyt, W. T., Larson, D. B., et al. (2000). Religious involvement and mortality: A meta-analytic review. *Health Psychology, 19,* 211–222.

McDaniel, M. A., Pesta, B. J., & Banks, G. C. (2012). Job performance and the aging worker. In W. C. Borman & J. W. Hedge (Eds.), *The Oxford handbook of work and aging* (pp. 280–297). New York: Oxford University Press.

McFadden, S. H. (2000). Religion and meaning in late life. In G. T. Reker & K. Chamberlain (Eds.), *Exploring existential meaning: Optimizing human development across the life span* (pp. 171–183). Thousand Oaks, CA: Sage.

McGee, E., & Shevlin, M. (2009). Effect of humor on interpersonal attraction and mate selection. *Journal of Psychology: Interdisciplinary and Applied, 143*, 67–77.

McGowan, P. O., Sasaki, A., D'Alessio, A. C., et al. (2009). Epigenetic regulators of the glucocorticoid receptor in human brain associates with childhood abuse. *Nature Neuroscience, 12*, 342–348.

McGue, M., Bouchard, T. J., Iacono, W. G., et al. (1993). Behavioral genetics of cognitive ability: A life-span perspective. In R. Plomin & G. E. McClearn (Eds.), *Nature, nurture, and psychology* (pp. 59–76). Washington, DC: American Psychological Association.

McKee-Ryan, F. M., Song, A., Wanberg, C. R., et al. (2005). Psychological and physical well-being during unemployment: A meta-analytic study. *Journal of Applied Psychology, 90*, 53–76.

McLay, R. N., & Lyketsos, C. G. (2000). Veterans have less age-related cognitive decline. *Military Medicine, 165*, 622–625.

McMenamin, T. M. (2007). A time to work: Recent trends in shift work and flexible schedules. *Monthly Labor Review, 130*, 3–15.

Medina, J. J. (1996). *The clock of ages: Why we age, how we age, winding back the clock.* Cambridge, England: Cambridge University Press.

Menec, V. H. (2003). The relations between everyday activities and successful aging: A 6-year longitudinal study. *Journals of Gerontology: Psychological and Social Sciences, 58,* 74–82.

Meyer, B. J. F., Russo, C., & Talbot, A. (1995). Diverse comprehension and problem solving: Decisions about the treatment of breast cancer by women across the life span. *Psychology and Aging, 10,* 84–103.

Michelson, K. D., Kessler, R. C., & Shaver, P. R. (1997). Adult attachment in a nationally representative sample. *Journal of Personality and Social Psychology, 73*, 1092–1106.

Mikels, J. S., Larkin, G. R., Reuter-Lorenz, P. A., et al. (2005). Divergent trajectories in the aging mind: Changes in working memory for affective versus visual information with age. *Psychology and Aging, 20*, 542–553.

Mikulincer, M., & Shaver, P. R. (2009). An attachment and behavioral systems perspective on social support. *Journal of Social and Personal Relationships, 26*, 7–19.

Mikulincer, M., & Orbach, I. (1995). Attachment styles and repressive defensiveness: The accessibility and architecture of affective memories. *Journal of Personality and Social Psychology, 5*, 917–925.

Milevsky, A. (2005). Compensatory patterns of sibling support in emerging adulthood: Variations in loneliness, self-esteem, depression, and life satisfaction. *Journal of Social and Personal Relationships, 22,* 743–755.

Miller, A. S., & Stark, R. (2002). Gender and religiousness: Can socialization explanations be saved? *American Journal of Sociology, 197,* 1399–1423.

Miller, B. A., Chu, K. C., Hankey, B. F., et al. (2007). Cancer incidence and mortality patterns among specific Asian and Pacific Islander populations in the U.S. *Cancer Causes and Control, 19,* 227–256.

Miller, R. A., Harrison, D. E., Astle, C. M., et al. (2011). Rapamycin, but not resveratrol or simvastatin, extends lifespan of genetically heterogeneous mice. *Journals of Gerontology: Biological and Medical Sciences, 66*, 191–201.

Miller, T. Q., Smith, T. W., Turner, C. W., et al. (1996). A meta-analytic review of research on hostility and physical health. *Psychological Bulletin, 119,* 322–348.

Miyake, A., & Friedman, N. P. (2012). The nature and organization of individual differences in executive functions: Four general conclusions. *Current Directions in Psychological Sciences, 21*, 8–14.

Morgan, G. S., Wisneski, D. C., & Skitka, L. J. (2011). The expulsion from Disneyland: The social psychology impact of 9/11. *American Psychologist, 66*, 447–454.

Moskowitz, J. T., Folkman, S., & Acree, M. (2003). Do positive psychological states shed light on recovery from bereavement? Findings from a 3-year longitudinal study. *Death Studies, 27,* 471–500.

Mroczek, D. K., & Kolarz, C. M. (1998). The effect of age on positive and negative affect: A developmental perspective on happiness. *Journal of Personality and Social Psychology, 75,* 1333–1349.

Mroczek, D. K., & Spiro, A. (2003). Personality structure, process, variance between and within: Integration by means of a developmental framework. *Journals of Gerontology: Psychological and Social Sciences, 58,* 305–306.

Mroczek, D. K., & Spiro, A. (2005). Change in life satisfaction during adulthood: Findings from the Veterans Affairs Normative Aging Study. *Journal of Personality and Social Psychology, 88,* 189–202.

Murphy, M. L. M., Slavich, G. M., Rohleder, N., et al. (2013). Targeted rejection triggers differential pro- and anti-inflammatory gene expression in adolescents as a function of social status. *Clinical Psychological Science, 1*, 30–40.

Murray, C. E., & Kardatzke, K. N. (2009). Addressing the needs of adult children of divorce in premarital counseling: Research-based guidelines for practice. *The Family Journal, 17*, 126–133.

Musick, K., & Bumpass, L. (2012). Reexamining the case for marriage: Union formation and changes in well-being. *Journal of Marriage and the Family, 74,* 1–18.

Mustelin, L., Silventoinen, K., Pietilainen, K., et al. (2009). Physical activity reduces the influence of genetic effects on BMI and waist circumference: A study in young adult twins. *International Journal of Obesity, 33*, 29–36.

Nair, K. S., Rizza, R. A., O'Brien, P., et al. (2006). DHEA in elderly women and DHEA and testosterone in elderly men. *New England Journal of Medicine, 355,* 1647–1659.

National Alliance for Caregiving and AARP. (2009). *The economic downturn and its impact on family caregiving.* Retrieved January 22, 2010, from www.caregiving.org/data/EVC_Caregivers_Economy_ReportFINAL_4-28-09.pdf

National Alliance for Caregiving. (2009). *Caregiving in the U.S.* Retrieved March 22, 2013, from http://www.caregiving.org/pdf/research/CaregivingUSAllAgesExecSum.pdf

National Center for Health Statistics. (2011). *Health, United States: 2010.* Retrieved March 15, 2013, from http://www.cdc.gov/nchs/data/hus/hus10.pdf

National Center for Health Statistics. (2012). *Health, United States, 2011.* Centers for Disease Control and Prevention. Retrieved November 16, 2012, from http://www.cdc.gov/nchs/data/hus/hus11.pdf

National Eye Institute. (2012a). *Facts about cataracts.* Retrieved May 1, 2012, from http://www.nei.nih.gov/health/cataract/cataract_facts.asp

National Eye Institute. (2012b). *Glaucoma: What you should know.* Retrieved May 1, 2012, from http://www.nei.nih.gov/glaucoma/

National Heart Lung and Blood Institute. (2011). *What is coronary microvascular disease?* Retrieved November 26, 2012, from http://www.nhlbi.nih.gov/health/health-topicså/topics/cmd/

National Highway Traffic Safety Administration. (2009). *Identifying behaviors and situations associated with increased crash risk for older drivers.* Retrieved February 27, 2013, from http://www-nrd.nhtsa.dot.gov/Pubs/811093.pdf

National Highway Traffic Safety Administration. (2012). *Motor vehicle traffic crashes as a leading cause of death in the United States, 2008 and 2009.* Retrieved February 26, 2013, from http://www-nrd.nhtsa.dot.gov/Pubs/811620.pdf

National Hospice and Palliative Care Association. (2012). *Hospice care in America: 2012 Edition.* Retrieved August 8, 2013, from http://www.nhpco.org/sites/default/files/public/Statistics_Research/2012_Facts_Figures.pdf

National Institute on Aging. (2011). *NIH commissioned census report describes oldest Americans.* Retrieved November 17, 2012, from http://www.nia.nih.gov/newsroom/2011/11/nih-commissioned-census-bureau-report-describes-oldest-americans

National Institute on Aging (2013). Aging and your eyes. Retrieved August 18, 2013 from http://www.nia.nih.gov/health/publication/aging-and-your-eyes#.UnvA1BYlc1k

National Institutes of Health. (2008). *Research for a new age: Normal aging.* Retrieved October 29, 2012, from http://www.healthandage.com/html/min/nih/content/booklets/research_new_age/page3.htm\#start

National Institutes of Health. (2011). *Updated NIH sleep disorders research plan seeks to promote and protect sleep health.* Retrieved October 30, 2012, from http://www.nih.gov/news/health/nov2011/nhlbi-09.htm

National Institutes of Health. (2012). *Noise-induced hearing loss.* Retrieved May 1, 2012, from http://www.nidcd.nih.gov/health/hearing/pages/noise.aspx

National Senior Services Corps. (2012). *Fact sheet.* Retrieved April 29, 2013, from http://www.nationalservice.gov/pdf/factsheet_seniorcorps.pdf

National Sleep Foundation. (2011). *Backgrounder: Later school-start times.* Retrieved August 27, 2012, from http://www.sleepfoundation.org/article/hot-topics/backgrounder-later-school-start-times

Neal, M. B., & Hammer, L. B. (2007). *Working couples caring for children and aging parents: Effects on work and well-being.* Mahwah, NJ: Erlbaum.

Neimeyer, R. A. (2000). Searching for the meaning of meaning: Grief therapy and the process of reconstruction. *Death Studies, 24,* 541–558.

Nelson, D. L., & Burke, R. J. (2002). *Gender, work stress, and health.* Washington, DC: American Psychological Association.

Nelson, D. L., Quick, J. C., & Simmons, B. L. (2001). Preventive management of work stress: Current themes and future challenges. In A. Baum, T. A. Revenson, & J. E. Singer (Eds.), *Handbook of health psychology* (pp. 349– 363). Mahwah, NJ: Erlbaum.

Nelson, L. J., & Chen, X. (2007). Emerging adulthood in China: The role of social and cultural factors. *Child Development Perspectives, 1,* 86–91.

Neria, Y., DiGrande, L., & Adams, B. (2011). Posttraumatic stress disorder following the September 11, 2001, terrorist attacks: A review of the literature among highly exposed populations. *American Psychologist, 66,* 429–446.

Neugarten, B. (1976). Adaptation and the life cycle. *Counseling Psychologist, 6,* 16–20.

Neugarten, B. L. (1970). Dynamics of transition of middle age to old age. *Journal of Geriatric Psychiatry, 4,* 71–87.

Neugarten, B. L. (1996). *The meanings of age: Selected papers of Bernice L. Neugarten.* Chicago: University of Chicago Press.

Neugarten, B. L., Moore, J. W., & Lowe, J. C. (1965). Age norms, age constraints, and adult socialization. *American Journal of Sociology, 70,* 710–717.

Newman, K. S. (2003). *A different shade of gray: Midlife and beyond in the inner city.* New York: New Press.

Newtson, R. L., & Keith, P. M. (1997). Single women in later life. In J. M. Coyle (Ed.), *Handbook on women and aging* (pp. 385–399). Westport, CT: Greenwood Press.

Neyer, F. J. (2002). Twin relationships in old age: A developmental perspective. *Journal of Social and Personality Relationships, 20,* 31–53.

Ng, T. W. H., & Feldman, D. C. (2008). The relationship of age to ten dimensions of job performance. *Journal of Applied Psychology, 93,* 392–423.

Ng, T. W. H., & Feldman, D. C. (2012). Evaluating six common stereotypes about older workers with meta-analytical data. *Personnel Psychology, 65,* 821–858.

Niemiec, C. P., Ryan, R. M., & Deci, E. L. (2009). The path taken: Consequences of attaining intrinsic and extrinsic aspirations in post-college life. *Journal of Research in Personality, 73,* 291–308.

Nisan, M., & Kohlberg, L. (1982). Universality and variation in moral judgment: A longitudinal and cross-sectional study in Turkey. *Child Development, 53,* 865–876.

Nisbett, R. E., Aronson, J., Blair, C., et al. (2012). Intelligence: New findings and theoretical directions. *American Psychologist, 67,* 130–156.

O'Donovan, A., Sun, B., Cole, A., et al. (2011). Transcriptional control of monocyte gene expression in post-traumatic stress disorder. *Disease Markers, 30,* 123–132.

Oertelt-Prigione, S., Parol, R., Krohn, S., et al. (2010). Analysis of sex and gender-specific research reveals a common increase in publications and marked differences between disciplines.

BMC Medicine, 8, 70–80.
O'Leary, A. (1990). Stress, emotion, and human immune function. *Psychological Bulletin, 108,* 363–382.
O'Leary, K. D., Acevedo, B. P., Aron, A., et al. (2012). Is long-term love more than a rare phenomenon? If so, what are its correlates? *Social Psychological and Personality Science, 3,* 241–249.
Ogden, C. L., Carroll, M. D., Kit, B. K., et al. (2012). *Prevalence of obesity in the United States, 2009–2010.* NCHS Data Brief No. 82. Retrieved October 30, 2012, from http://www.cdc.gov/nchs/data/databriefs/db82.pdf
Old, S. R., & Naveh-Benjamin, M. (2008). Differential effects of age on item and associative measures of memory: A meta-analysis. *Psychology and Aging, 23,* 104.
Old, S. R., & Naveh-Benjamin, M. (2012). Age differences in memory for names: The effect of prelearned semantic associations. *Psychology and Aging, 27,* 462–473.
Olshansky, S. J. (2012). Aging, health, and longevity in the 21st century. *Public Policy and Aging Report, 20,* 3–13.
Olshansky, S. J., Antonucci, T., Berkman, L., et al. (2012). Differences in life expectancy due to race and educational differences are widening, and in many cases may not catch up. *Health Affairs, 31,* 1803–1813.
Omalu, B., Hammers, J. L., Bailes, J., et al. (2011). Chronic traumatic encephalopathy in an Iraqi war veteran with posttraumatic stress disorder who committed suicide. *Neurosurgical Focus, 31,* E3.
Orchard, A., & Solberg, K. (1999). Expectations of the stepmother's role. *Journal of Divorce and Remarriage, 31,* 107–123.
Oregon Department of Human Services. (2013). *Oregon Public Health Division: Death with dignity act.* Retrieved August 10, 2013, from http://public.health.oregon.gov/ProviderPartnerResources/EvaluationResearch/DeathwithDignityAct/Documents/year15.pdf
Organisation for Economic Cooperation and Development. (2011). *Doing better for families.* Retrieved April 1, 2013, from http://www.oecd.org/els/family/47701118.pdf
Organisation for Economic Cooperation and Development. (2013). *OECD Family Database: Mean age of mothers at first childbirth.* Retrieved March 19, 2013, from http://www.oecd.org/els/soc/SF2.3%20Mean%20age%20of%20mother%20at%20first%20childbirth%20-%20updated%20240212.pdf
Ornstein. P. A., & Light, L. L. (2010). Memory development across the life span. In R. M. Lerner (Series Ed.) & W. F. Overton (Vol. Ed.), *Handbook of life-span development: Vol. 1. Biology, cognition, and methods across the life span* (pp. 295–305). Hoboken, NJ: Wiley.
Ortega-Alonso, A., Sipilä, S., Kujala, U. M., et al. (2009). Genetic influences on change in BMI from middle to old age: A 29-year follow-up study of twin sisters. *Behavior Genetics, 39,* 154–164.
Orth-Gomér, K., Rosengren, A., Wedel, H., et al. (1993). Stressful life events, social support, and mortality in men born in 1933. *British Medical Journal, 307,* 1102–1105.
Papaharitou, S., Nakopoulou, E., Kirana, P., et al. (2008). Factors associated with sexuality in later life: An exploratory study in a group of Greek married older adults. *Archives of Gerontology and Geriatrics, 46,* 191–201.
Pargament, K. I., Koenig, H. G., Tarakeshwar, N., et al. (2001). Religious struggle as predictor of mortality among medically ill elderly patients. *Archives of Internal Medicine, 161,* 1881–1885.
Park, D. C., Lautenschlager, G., Hedden, T., et al. (2002). Models of visuospatial and verbal memory across the adult life span. *Psychology and Aging, 17,* 299–320.
Park, D. C. & McDonough, I. (2013). The dynamic aging mind: Revelations from functional neuroimaging research. *Perspectives in Psychological Science*, 8, 62–67.
Park, N. (2011). Military children and families: Strengths and challenges during peace and war. *American Psychologist, 66,* 65–72.
Passow, S., Westerhausen, R., Wartenburger, I., et al. (2012). Human aging compromises attentional control of auditory perception. *Psychology and Aging, 27,* 99–105.
Pearlin, L. I. (1980). Life strains and psychological distress among adults. In N. J. Smelser & E. H. Erikson (Eds.), *Themes of work and love in adulthood* (pp. 174–192). Cambridge, MA: Harvard University Press.
Pendergast, D. R., Fisher, N. M., & Calkins, E. (1993). Cardiovascular, neuromuscular, and metabolic alterations with age leading to frailty [Special issue]. *Journals of Gerontology, 48,* 61–67.
Perls, F. (1973). *The Gestalt approach and eye witness to therapy.* Palo Alto, CA: Science and Behavior Books.
Perls, T. T., Reisman, N. R., & Olshansky, S. J. (2005). Provision or distribution of growth hormone for "antiaging": Clinical and legal issues. *Journal of the American Medical Association, 294,* 2086–2090.
Peskin, H., & Livson, N. (1981). Uses of the past in adult psychological health. In D. H. Eichorn, J. A. Clausen, N. Haan, et al. (Eds.), *Present and past in middle life* (pp. 158–194). New York: Academic Press.
Peterson, C., Park, N., & Castro, C. A. (2011). Assessment for the U. S. Army Comprehensive Soldier Fitness Program. *American Psychologist, 66,* 10–18.
Pettingale, K. W., Morris, T., Greer, S., et al. (1985). Mental attitudes to cancer: An additional prognostic factor. *Lancet, 1,* 750.
Pew Research Center. (2009). *End-of-life decisions: How Americans cope.* Retrieved August 10, 2013, from http://www.pewsocialtrends.org/2009/08/20/end-of-life-decisions-how-americans-cope/
Pew Research Center. (2010). *Religion among the millennials.* Retrieved August 8, 2013, from http://www.pewforum.org/2010/02/17/religion-among-the-millennials/
Pew Research Center. (2013a). *Gay marriage: Key data points from Pew Research.* Retrieved April 9, 2013, from http://www.pewresearch.org/2013/03/21/gay-marriage-key-data-points-from-pew-research/
Pew Research Center. (2013b). *Modern parenthood: Roles of moms and dads converge as they balance work and family.* Retrieved May 18, 2013, from http://www.pewsocialtrends.org/files/2013/03/FINAL_modern_parenthood_03-2013.pdf
Phelan, K. (2005). Generativity and psychological well-being in middle-age adults. *Dissertation Abstracts International: Section B: The Sciences and Engineering, 65,* 4323.
Pierce, T., & Lydon, J. (2001). Global and specific relational models in the experience of social interactions. *Journal of Personality and Social Psychology, 80,* 613–631.
Pillemer, K., Suitor, J. J., Mock, S. E., et al. (2007). Capturing the complexity of intergenerational relations: Exploring ambivalence within later-life families. *Journal of Social Issues, 63,* 775–791.
Pinquart, M. (2003). Loneliness in married, widowed, divorced,

and never-married adults. *Journal of Social and Personal Relationships, 20,* 31–53.

Pinquart, M., & Sörensen, S. (2000). Influences of socioeconomic status, social network, and competence on subjective well-being in later life: A meta-analysis. *Psychology and Aging, 15,* 187–224.

Pinquart, M., & Sörensen, S. (2001). Gender differences in self-concept and psychological well-being in old age: A meta-analysis. *Journals of Gerontology: Psychological and Social Sciences, 56,* 195–213.

Pinquart, M., & Sörnsen, S. (2003). Differences between caregivers and non-caregivers in psychological health and physical health: A meta-analysis. *Psychology and Aging, 18,* 250–267.

Pinquart, M., & Sörensen, S. (2005). Ethnic differences in stressors, resources, and psychological outcomes of family caregiving: A meta-analysis. *The Gerontologist, 45,* 90–106.

Pinquart, M., & Sörensen, S. (2007). Correlates of physical health of informal caregivers: A meta-analysis. *Journals of Gerontology: Psychological and Social Sciences, 62,* 126–137.

Plomin, R., & Nesselroade, J. R. (1997). Behavioral genetics and personality change. *Journal of Personality, 58,* 191–220.

Plomin, R., DeFries, J. C., Kropnik, V. S., et al. (2012). *Behavioral genetics* (6th ed.). New York: Worth.

Plomin, R., DeFries, J. C., McClearn, G. E., et al. (2008). *Behavioral genetics* (5th ed.). New York: Worth.

Polivy J., Herman, C. P., & Coelho, J. S. (2008). Caloric restriction in the presence of attractive food cues: External cues, eating, and weight. *Physiology & Behavior, 94,* 729–733.

Pollatsek, A., Romoser, M. R. E., & Fisher, D. L. (2012). Identifying and remediating failures of selective attention in older drivers. *Current Directions in Psychological Science, 21,* 3–7.

Ponds, R. W. H. M., van Boxtel, M. P. J., & Jolles, J. (2000). Age-related changes in subjective cognitive functioning. *Educational Gerontology, 26,* 67–81.

Poortman, A.-R., & van Tilburg, T. G. (2005). Past experiences and older adults' attitudes: A lifecourse perspective. *Ageing and Society, 25,* 19–30.

Porter, R. S. (2009). *Home health handbook.* Hoboken, NJ: Wiley.

Pratt, M. W., Golding, G., & Hunter, W. J. (1983). Aging as ripening: Character and consistency of moral judgment in young, mature, and older adults. *Human Development, 36,* 277–288.

Presser, H. B. (1995). Job, family, gender: Determinants of nonstandard work schedules among employed Americans in 1991. *Demography, 32,* 577–598.

Presser, H. B. (2000). Nonstandard work schedules and marital instability. *Journal of Marriage and the Family, 62,* 93–110.

Pruchno, R. (1999). Raising grandchildren: The experiences of black and white grandmothers. *The Gerontologist, 39,* 209–221.

Punnoose, A. R. (2012). Insomnia. *Journal of the American Medical Association, 307,* 2653.

Quick, H., & Moen, P. (1998). Gender, employment, and retirement quality: A life-course approach to the differential experiences of men and women. *Journal of Occupational Health Psychology, 3,* 44–64.

Quinton, D., Pickles, A., Maughan, B., et al. (1993). Partners, peers, & pathways: Assortive pairing and continuities in conduct disorder. *Development and Psychopathology, 5,* 763–783.

Radloff, L. S. (1977). The CES-D Scale: A self-report depression scale for research in the general population. *Applied Psychological Measurement, 1,* 385–401.

Rainie, L., Smith, A., & Duggan, M. (2013). *Coming and going on Facebook.* Pew Research Center Report. Retrieved April 22, 2013, from http://pewinternet.org/Reports/2013/Coming-and-going-on-facebook/Key-Findings.aspx

Rando, T. A. (1993). *Treatment of complicated mourning.* Champaign, IL: Research Press.

Rasmussen, C. H., & Johnson, M. E. (1994). Spirituality and religiosity: Relative relationships to death anxiety. *Omega: Journal of Death and Dying, 29,* 313–318.

Reed, D., & Yano, K. (1997). Cardiovascular disease among elderly Asian Americans. In L. G. Martin & B. J. Soldo (Eds.), *Racial and ethnic differences in the health of older Americans* (pp. 270–284). Washington, DC: National Academy Press.

Reed, G. M., Kemeny, M. E., Taylor, S. E., et al. (1994). Realistic acceptance as a predictor of decreased survival time in gay men with AIDS. *Health Psychology, 13,* 299–307.

Reeves, A., Stuckler, D., McKee, M., et al. (2012). Increase in state suicide rates in the USA during economic recession. *The Lancet, 380,* 1813–1814.

Reker, G. T. (1991). *Contextual and thematic analyses of sources of provisional meaning: A life-span perspective.* Paper presented at the biennial meeting of the International Society for the Study of Behavioral Development, Minneapolis, MN.

Resnick, H. S., Kilpatrick, D. G., Dansky, B. S., et al. (1993). Prevalence of civilian trauma and posttraumatic stress disorder in a representative national sample of women. *Journal of Consulting and Clinical Psychology, 61,* 984–991.

Rest, J. R., & Thoma, S. J. (1985). Relation of moral judgment development to formal education. *Developmental Psychology, 21,* 709–714.

Reuter-Lorenz, P. A. (2013). Aging and cognitive neuroimaging: A fertile union. *Perspectives on Psychological Science, 8,* 68–71.

Reuters. (2010). *Rising retirement ages in Europe compared.* Retrieved May 15, 2013, from http://www.thisismoney.co.uk/money/pensions/article-1696682/Rising-retirement-ages-in-Europe-compared.html

Rhoades, G. K., Stanley, S. M., & Markman, H. J. (2009). The pre-engagement cohabitation effect: A replication and extension of previous findings. *Journal of Family Psychology, 30,* 233–258.

Rhoden, E. L., & Morgentaler, A. (2004). Medical progress: Risks of testosterone replacement therapy and recommendations for monitoring. *New England Journal of Medicine, 350,* 482–492.

Richardson, J. L., Zarnegar, Z., Bisno, B., et al. (1990). Psychosocial status at initiation of cancer treatment and survival. *Journal of Psychosomatic Research, 34,* 189–201.

Riegel, K. (1973). Dialectic operations: The final period of cognitive development. *Human Development, 16,* 346–370.

Riemann, R., Angleitner, A., & Strelau, J. (1997). Genetic and environmental influences on personality: A study of twins reared together using the self- and peer-report NEO-FFI scales. *Journal of Personality, 65,* 449–475.

Riggio, H. R., & Desrochers, S. (2005). The influence of maternal employment on the work and family expectations of offspring. In D. F. Halpern & S. E. Murphy (Eds.), *From work-family balance to work-family interaction: Changing the metaphor* (pp. 177–196). Mahwah, NJ: Erlbaum.

Riley, K. P., Snowdon, D. A., Desrosiers, M. F., et al. (2005). Early life linguistic ability, late life cognitive function, and neuropathology: Findings from the Nun Study. *Neurobiology of Aging, 26*, 341–347.

Rix, S. E. (2011). Employment and aging. In R. H. Binstock & L. K. George (Eds.), *Handbook of aging and the social sciences* (7th ed., pp. 193–206). San Diego, CA: Academic Press.

Roberts B. W., & DelVecchio, W. F. (2000). The rank-order consistency of personality traits from childhood to old age: A quantitative review of longitudinal studies. *Psychological Bulletin, 126,* 3–25.

Roberts, A. H. (1969). *Brain damage in boxers: A study of the prevalence of traumatic encephalopathy among ex-professional boxers.* London, England: Pittman.

Roberts, B. W., & Mroczek, D. (2008). Personality trait change in adulthood. *Current Directions in Psychological Science, 17,* 31–35.

Roberts, B. W., Smith, J., Jackson, J. J., et al. (2009). Compensatory conscientiousness and health in older couples. *Psychological Science, 5,* 553–559.

Roberts, B. W., Walton, K. E., & Bogg, T. (2005). Conscientiousness and health across the life course. *Review of General Psychology, 9,* 156–168.

Roberts, B. W., Walton, K. E., & Viechtbauer, W. (2006). Patterns of mean-level change in personality traits across the life course: A meta-analysis of longitudinal studies. *Psychological Bulletin, 132,* 1–25.

Roberts, R. E., Deleger, S., Strawbridge, W. J., et al. (2004). Prospective association between obesity and depression: Evidence from the Alameda County Study. *International Journal of Obesity and Related Metabolic Disorders, 27*, 514–521.

Robinson, J. K., & Bigby, M. (2011). Prevention of melanoma with regular sunscreen use. *Journal of the American Medical Association, 306*, 302–303.

Robles, T. F., & Kiecolt-Glaser, J. K. (2003). The physiology of marriage: Pathways to health. *Physiology and Behavior, 79,* 409–416.

Rodrigue, K. M., Kennedy, K. M., & Raz, N. (2005). Aging and longitudinal change in perceptual-motor skill acquisition in healthy adults. *Journals of Gerontology: Psychological and Social Sciences, 60*, 174–181.

Roenker, D. L., Cissell, G. M., Ball, K. K., et al. (2003). Speed-of-processing and driving simulator training result in improved driving performance. *Human Factors: The Journal of the Human Factors and Ergonomics Society, 45*, 218–233.

Rogers, C. (1959). A theory of therapy, personality and interpersonal relationships as developed in the client-centered framework. In S. Koch (Ed.), *Psychology: A study of a science: Vol. 3. Formulations of the person and the social context.* New York: McGraw Hill.

Rogers, C. (1961/1995). *On becoming a person: A therapist's view of psychotherapy.* New York: Houghton Mifflin.

Rogers, R. L., Meyer, J. S., & Mortel, K. F. (1990). After reaching retirement age physical activity sustains cerebral perfusion and cognition. *Journal of the American Geriatric Society, 38,* 123–128.

Rönnlund, M., Nyberg, L., Bäckman, L., et al. (2005). Stability, growth, and decline in adult life span development of declarative memory: Cross-sectional and longitudinal data from a population-based study. *Psychology and Aging, 20*, 3–18.

Rosenberger, N. (2007). Rethinking emerging adulthood in Japan: Perspectives from long-term single women. *Child Development Perspectives, 1,* 92–95.

Rosenbloom, C., & Bahns, M. (2006). What can we learn about diet and physical activity from master athletes? *Nutrition Today, 40,* 267–272.

Rosenfeld, I. (2005). *Breakthrough health.* Emmaus, PA: Rodale Press.

Rosenkrantz Aronson, S., & Huston, A. C. (2004). The mother-infant relationship in single, cohabiting, and married families: A case for marriage? *Journal of Family Psychology, 18,* 5–18.

Rossi, A. S. (2004). The menopause transition and aging processes. In O. G. Brim, C. D. Ryff, & R. C. Kessler (Eds.), *How healthy are we? A national study of well-being at midlife* (pp. 153–201). University of Chicago Press.

Rowe, J. W., & Kahn, R. L. (1998). *Successful aging.* New York: Pantheon Books.

Ruby, M. B., Dunn, E. W., Perrino, A., et al. (2011). The invisible benefits of exercise. *Health Psychology, 30,* 67–74.

Ruiz, S. A., & Silverstein, M. (2007). Relationships with grandparents and the emotional well-being of late adolescent and young adult grandchildren. *Journal of Social Issues, 63,* 793–808.

Ruthig, J. C., & Allery, A. (2008). Native American elders' health congruence: The role of gender and corresponding functional well-being, hospital admissions, and social engagement. *Journal of Health Psychology, 13,* 1072–1091.

Ryan, R. M., & Deci, E. L. (2000). Self-determination theory and facilitation of intrinsic motivation, social development, and well-being. *American Psychologist, 55,* 68–78.

Ryan, R. M., & La Guardia, J. G. (2000). What is being optimized? Self-determination theory and basic psychological needs. In S. H. Qualls & N. Abeles (Eds.), *Psychology and the aging revolution: How we adapt to longer life* (pp. 145–172). Washington, DC: American Psychological Association.

Sabaté, E. (2003). *Adherence to long-term therapies: Evidence for action.* Geneva, Switzerland: World Health Organization.

Salkind, N. J. (2011). *Exploring research* (8th ed.). Upper Saddle River, NJ: Pearson.

Salthouse, T. A. (1984). Effects of age and skill in typing. *Journal of Experimental Psychology: General, 113,* 345– 371.

Salthouse, T. A. (1991). *Theoretical perspectives on cognitive aging.* Hillsdale, NJ: Erlbaum.

Salthouse, T. A. (1996). The processing-speed theory of adult age differences in cognition. *Psychological Review, 103,* 401–428.

Salthouse, T. A. (2000). Aging and measures of processing speed. *Biological Psychology, 54*, 35–54.

Salthouse, T. A. (2004). What and when of cognitive aging. *Current Directions in Psychological Science, 13,* 140–144.

Salthouse, T. A. (2011). Neuroanatomical substrates of age-related cognitive deficits. *Psychological Bulletin, 137,* 753–784.

Salthouse, T. A., & Maurer, T. J. (1996). Aging, job performance, and career development. In J. E. Birren & K. W. Schaie (Eds.), *Handbook of the psychology of aging* (4th ed., pp. 353–364). San Diego, CA: Academic Press.

Salthouse, T. A., Babcock, R. L., Skovronek, E., et al. (1990). Age and experience effects in spatial visualization. *Developmental Psychology, 26,* 128–136.

Salthouse, T. A., Hancock, H. E., Meinz, E. J., et al. (1996). Interrelations of age, visual acuity, and cognitive functioning. *Journals of Gerontology: Psychological and Social Sciences, 51,* 317–330.

Sameroff, A. J. (Ed.) (2009). *The transactional model of development: How children and contexts shape each other.* Washington, DC: American Psychological Association.

Sanchez, L., & Thomson, E. (1997). Becoming mothers and

fathers: Parenthood, gender, and the division of labor. *Gender and Society, 11*, 747–772.
Sands, R. G., & Goldberg-Glen, R. S. (2000). Grandparent caregivers' perception of the stress of surrogate parenting. *Journal of Social Services Research, 26,* 77–95.
Sanfey, A. C., & Hastie, R. (2000). Judgment and decision making across the adult life span: A tutorial review of psychological research. In D. Park & N. Schwarz (Eds.), *Cognitive aging: A primer.* Philadelphia, PA: Taylor & Francis.
Santillanes, G. (1997). Releasing the spirit: A lesson in Native American funeral rituals. *Director, 69,* 32–34.
Sayer, L. C. (2006). Economic aspects of divorce and relationship dissolution. In M. A. Fine & J. H. Harvey (Eds.), *Handbook of divorce and relationship dissolution* (pp. 385–406). Mahwah, NJ: Erlbaum.
Schacter, D. L. (1997). False recognition and the brain. *Current Directions in Psychological Science, 6,* 65–70.
Schaie, K. W. (1994). The course of adult intellectual development. *American Psychologist, 49,* 304–313.
Schaie, K. W. (1996). Intellectual development in adulthood. In J. E. Birren & K. W. Schaie (Eds.), *Handbook of the psychology of aging* (4th ed., pp. 265–286). San Diego, CA: Academic Press.
Schaie, K. W. (2006). Intelligence. In R. Schulz (Ed.), *Encyclopedia of aging* (4th ed., pp. 600–602). New York: Springer.
Schaie, K. W., & Willis, S. L. (1986). Can decline in adult intellectual functioning be reversed? *Developmental Psychology, 22,* 223–232.
Schaie, K. W., & Zanjani, F. (2006). Intellectual development across adulthood. In C. Hoare (Ed.), *Oxford handbook of adult development and learning* (pp. 99–122). New York: Oxford University Press.
Scharlach, A. E., & Fredrickson, K. I. (1993). Reactions to the death of a parent during midlife. *Omega, 27,* 307–319.
Schaufeli, W. B., & Bakker, A. B. (2004). Job demands, job resources and their relationship with burnout and engagement: A multisample study. *Journal of Organizational Behavior, 25,* 293–315.
Scheier, M. F., & Carver, C. S. (1993). On the power of positive thinking. *Current Directions in Psychological Science, 2,* 26–30.
Schiller, J. S., Lucas, J. W., Ward, B. W., et al. (2012). *Summary health statistics for U.S. adults: National Health Interview Survey, 2010.* Retrieved February 13, 2013, from http://www.cdc.gov/nchs/data/series/sr_10/sr10_252.pdf
Schlaghecken, F., Birak, K. S., & Maylor, E. A. (2011). Age-related deficits in low-level inhibitory motor control. *Psychology and Aging, 26,* 905–918.
Schneider-Graces, N. J., Gordon, B. A., Brumback-Peltz, C. R., et al. (2010). Span, CRUNCH, and beyond: Working memory capacity and the aging brain. *Journal of Cognitive Neuroscience, 22,* 655–669.
Schoenemann, P. T., Sheehan, M. J., & Glotzer, L. D. (2005). Prefrontal white matter volume is disproportionately larger in humans than in other primates. *Nature Neuroscience, 8,* 242–252.
Schoeni, R. F., Freedman, V. A., & Martin, L. G. (2008). Why is late-life disability declining? *The Milbank Quarterly, 86,* 47–89.
Schooler, C., Caplan, L., & Oates, G. (1998). Aging and work: An overview. In K. W. Schaie & C. Schooler (Eds.), *Impact of work on older adults* (pp. 1–10). New York: Springer.
Schover, L. R., Fouladi, R. T., Warneke, C. L., et al. (2004). The use of treatments for erectile dysfunction among survivors of prostate cancer carcinoma. *Cancer, 95,* 2397–2407.
Schryer, E., & Ross, M. (2012). Evaluating the valence of remembered events: The importance of age and self-relevance. *Psychology and Aging, 27,* 237–242.
Schulenberg, J. E., Sameroff, A. J., & Cicchetti, D. (2004). The transition to adulthood as a critical juncture in the course of psychopathology and mental health. *Development and Psychopathology, 16,* 799–806.
Schwartz, R. (1992). Is Holland's theory worthy of so much attention, or should vocational psychology move on? *Journal of Vocational Behavior, 40,* 170–187.
Scott, S. B., Poulin, M. J., & Silver, M. C. (2013). A lifespan perspective on terrorism: Age differences in trajectories of response to 9/11. *Developmental Psychology, 49,* 986–998.
Sebastiani, P., Solovieff, N., DeWan, A. T., et al. (2012). Genetic signatures of exceptional longevity in humans. *PLoS ONE, 7.* Retrieved October 23, 2012, from http://www.plosone.org/article/info%3Adoi%2F10.1371%2Fjournal.pone.0029848
Seeman, T. E., Bruce, M. L., & McAvay, G. J. (1996). Social network characteristics and onset of ADL disability: MacArthur studies of successful aging. *Journals of Gerontology: Psychological and Social Sciences, 51,* 191–200.
Seeman, T. E., Dubin, L., & Seeman, M. (2003). Religiosity/spirituality and health: A critical review of the evidence for biological pathways. *American Psychologist, 58,* 53–63.
Segerstrom, S. C., & Miller, G. E. (2004). Psychological stress and the human immune system: A meta-analytic study of 30 years of inquiry. *Psychological Bulletin, 130,* 601–630.
Seligman, M. E. P. (1991). *Learned optimism.* New York: Knopf.
Seligman, M. E. P., & Csikszentmihalyi, M. (2000). Positive psychology: An introduction. *American Psychologist, 55,* 5–14.
Selye, H. (1936). A syndrome produced by diverse nocuous agents. *Nature, 138,* 32.
Selye, H. (1982). History and present status of the stress concept. In L. Goldberger & S. Breznitz (Eds.), *Handbook of stress: Theoretical and clinical aspects* (pp. 7–20). New York: Free Press.
Semmer, N. (1996). Individual differences, work, stress, and health. In M. J. Schabracq, J. A. M. Winnubst, & C. L. Cooper (Eds.), *Handbook of work and health psychology* (pp. 51–86). Chichester, England: Wiley.
Shackelford, T. K., Schmitt, D. P., & Buss, D. M. (2005). Universal dimensions of human mate preferences. *Personality and Individual Differences, 39,* 447–458.
Shafto, M. A., Burke, D. M., Stamatakis, E. A., et al. (2007). On the tip-of-the-tongue: Neural correlates of increased word-finding failures in normal aging. *Journal of Cognitive Neuroscience, 19,* 2060–2070.
Shanahan, M. J. (2000). Pathways to adulthood in changing societies: Variability and mechanisms in life course perspective. *Annual Review of Sociology, 26,* 667–692.
Shapiro, A. F., Gottman, J. M., & Carrère, S. (2000). The baby and marriage: Identifying factors that buffer against decline in marital satisfaction after the first baby arrives. *Journal of Family Psychology, 14,* 59–70.
Shargorodsky, J., Curhan, S. G., Curhan, G. C., et al. (2010). Change in prevalence of hearing loss in U.S. adolescents. *Journal of the American Medical Association, 304,* 772–778.
Sharp, Z. D. (2011). Aging and TOR: Interwoven in the fabric of

life. *Cellular and Molecular Life Sciences, 68*, 587–597.
Sheehy, G. (1976). *Passages.* New York: Dutton.
Sheehy, G. (2006). *Sex and the seasoned woman: Pursuing the passionate life.* New York: Random House.
Sheffield, K. M., & Peek, M. K. (2009). Neighborhood context and cognitive decline in older Mexican Americans: Results from the Hispanic established populations for epidemiologic studies of the elderly. *American Journal of Epidemiology, 169,* 1092–1101.
Sheldon, K. M., & Kasser, T. (2001). Getting older, getting better? Personal strivings and psychological maturity across the life span. *Developmental Psychology, 37,* 491–501.
Sheldon, P. (2012). Profiling the non-user: Examination of life-position indicators, sensation seeking, shyness, and loneliness among users and non-users of social network sites. *Computers in Human Behavior, 28,* 1960–1965.
Sherin, J. E., & Bartzokis, G. (2011). Human brain myelination trajectories across the life span: Implications for CNS function and dysfunction. In E. J. Masoro & S. N. Austad (Eds.), *Handbook of the biology of aging* (pp. 333–346). San Diego, CA: Academic Press.
Sherwood, P., Given, B., Given, C. W., et al. (2005). A cognitive behavioral intervention for symptom management in patients with advanced cancer: Results of a randomized clinical trial. *Oncology Nursing Forum, 32,* 1190–1198.
Shifren, J. L., & Hanfling, S. (2010). *Sexuality in midlife and beyond: Harvard Medical School Special Health Report.* Boston, MA: Harvard University Publications.
Shippee, T. P., Schafer, M. H., & Ferraro, K. F. (2012). Beyond the barriers: Racial discrimination and the use of complementary and alternative medicine among Black Americans. *Social Science and Medicine, 74,* 1155–1162.
Shively, S., Scher, A., Perl, D. P., et al. (2012). Dementia resulting from traumatic brain injury: What is the pathology? *Archives of Neurology, 69,* 1245–1251.
Shmotkin, D., Blumstein, T., & Modan, B. (2003). Beyond keeping active: Concomitants of being a volunteer in old age. *Psychology and Aging, 18,* 602–607.
Shneidman, E. S. (1989). The Indian summer of life: A preliminary study of septuagenarians. *American Psychologist, 44,* 684–694.
Siebenrock, K. A., Ferner, F., Noble, P. C., et al. (2011). The cam-type deformity of the proximal femur arises in childhood in response to vigorous sporting activity. *Clinical and Orthopedic Related Research, 469,* 3229–3240.
Siegler, I. C. (1994). Hostility and risk: Demographic and lifestyle variables. In A. W. Siegman & T. W. Smith (Eds.), *Anger, hostility, and the heart* (pp. 199–214), Hillsdale, NJ: Erlbaum.
Silverstein, M., & Marenco, A. (2001). How Americans enact the grandparent role over the life course. *Journal of Family Issues, 22,* 493–522.
Simpson, J. A., Collins, W. A., & Salvatore, J. E. (2011). Impact of early interpersonal experience on adult romantic relationship functioning: Recent findings from the Minnesota Longitudinal Study of Risk and Adaptation. *Current Directions in Psychological Science, 20,* 355–359.
Sims, R. V., McGwin, G., Jr., Allman, R. M., et al. (2000). Exploratory study of incident vehicle crashes among older drivers. *Journals of Gerontology: Biological and Medical Sciences, 55,* 22.
Sinnott, J. D. (1994). Development and yearning: Cognitive aspects of spiritual development. *Journal of Adult Development, 1,* 91–99.
Sinnott, J. D. (1996). The development of complex reasoning: Postformal thought. In F. Blanchard-Fields & T. Hess (Eds.), *Perspectives on cognitive change in adulthood and aging* (pp. 358–383). New York: McGraw-Hill.
Slavich, G. M., & Cole, S. W. (2013). The emerging field of human social genomics. *Clinical Psychological Science, 1,* 331–348.
Smetana, J. G., Killen, M., & Turiel, E. (1991). Children's reasoning about interpersonal and moral conflicts. *Child Development, 62,* 629–644.
Smith, B. J., Lightfoot, S. A., Lerner, M. R., et al. (2009). Induction of cardiovascular pathology in a novel model of low-grade chronic inflammation. *Cardiovascular Pathology, 18,* 1–10.
Smith, C. D., Walton, A., Loveland, A. D., et al. (2005). Memories that last in old age: Motor skill learning and memory preservation. *Neurobiology of Aging, 26,* 883–890.
Smith, J., & Baltes, P. B. (1999). Trends and profiles of psychological functioning in very old age. In P. B. Baltes & K. U. Mayer (Eds.), *The Berlin Aging Study: Aging from 70 to 100* (pp. 197–226). Cambridge, England: Cambridge University Press.
Smith, J., Staudinger, U. M., & Baltes, P. B. (1994). Occupational settings facilitating wisdom-related knowledge: The sample case of clinical psychologists. *Journal of Consulting and Clinical Psychology, 62,* 989–999.
Smith, S. K., & House, M. (2005, March 31–April 2). *Snowbirds, sunbirds, and stayers: Seasonal migration of the elderly in Florida.* Paper presented at the annual meeting of the Population Association of America, Philadelphia, PA.
Smith, T. W., & Gallo, L. C. (2001). Personality traits as risk factors for physical illness. In A. Baum, T. A. Revenson, & J. E. Singer (Eds.), *Handbook of health psychology* (pp. 139–173). Mahwah, NJ: Erlbaum.
Snarey, J. R. (1985). Cross-cultural universality of social-moral development: A critical review of the Kohlbergian research. *Psychological Bulletin, 97,* 202–232.
Snarey, J. R., Reimer, J., & Kohlberg, L. (1985). Development of social-moral reasoning among kibbutz adolescents: A longitudinal cross-sectional study. *Developmental Psychology, 21,* 3–17.
Snarey, J. R., Son, L., Kuehne, V. S., et al. (1987). The role of parenting in men's psychosocial development: A longitudinal study of early adulthood infertility and midlife generativity. *Developmental Psychology, 23,* 593–603.
Snowdon, D. (2001). *Aging with grace: What the Nun Study teaches us about leading longer, healthier, more meaningful lives.* New York: Bantam Books.
Solano, L., Costa, M., Salvati, S., et al. (1993). Psychosocial factors and clinical evolution in HIV-1 infection: A longitudinal study. *Journal of Psychosomatic Research, 37,* 39–51.
Soldz, S., & Vaillant, G. E. (1999). The big five personality traits and the life course: A 45-year longitudinal study. *Journal of Research in Personality, 33,* 208–232.
Somer, E., Maguen, S., Or-Chen, K., et al. (2009). Managing terror: Differences between Jews and Arabs in Israel. *International Journal of Psychology, 44,* 138–146.
Spearman, C. (1904). General intelligence, objectively determined and measured. *American Journal of Psychology, 15,* 201–203.
Spies, R. A., Carlson, J. F., & Geisinger, K. F. (2010). *The*

eighteenth mental measurements yearbook. Lincoln, NE: University of Nebraska Buros Institute.

Spotts, E. L., Neiderhiser, J. M., Towers, H., et al. (2004). Genetic and environmental influences on marital relationships. *Journal of Family Psychology, 18,* 107–119.

Stanley, S. M., Rhoades, G. K., Amato, P. R., et al. (2010). The timing of cohabitation and engagement: Impact on first and second marriages. *Journal of Marriage and Family, 72,* 906–918.

Steindl-Rast, B. D. (1977). Learning to die. *Parabola, 2,* 22–31.

Stephens, M. A. P., Franks, M. M., & Townsend, A. L. (1994). Stress and rewards in women's multiple roles: The case of women in the middle. *Psychology and Aging, 9,* 45–52.

Stephenson-Abetz, J., & Holman, A. (2012). Home is where the heart is: Facebook and the negotiation of "old" and "new" during the transition to college. *Western Journal of Communication, 76,* 175–193.

Sternberg, R. J. (1986). A triangular theory of love. *Psychological Review, 93,* 119–135.

Stevens, J. (2010). *A CDC compendium of effective fall interventions: What works for community dwelling older adults* (2nd ed.). Atlanta, GA: Centers for Disease Control and Prevention.

Stigsdotter, A., & Bäckman, L. (1989). Comparison of different forms of memory training in old age. In M. A. Luszca & T. Nettelbeck (Eds.), *Psychological development: Perspectives across the life span.* Amsterdam, The Netherlands: Elsevier.

Stigsdotter, A., & Bäckman, L. (1993). Long-term maintenance of gains from memory training in older adults: Two 3-1/2 year follow-up studies. *Journals of Gerontology: Psychological and Social Sciences, 48,* 233–237.

Storandt, M. (2008). Cognitive deficits in the early stages of Alzheimer's disease. *Current Directions in Psychological Science, 17,* 198–202.

Su, R., Rounds, J., & Armstrong, P. I. (2009). Men and things, women and people: A meta-analysis of sex differences in interests. *Psychological Bulletin, 135,* 859–884.

Sugihara, Y., Sugisawa, H., & Harada, K. (2008). Productive roles, gender, and depressive symptoms: Evidence from a national longitudinal study of late-middle-aged Japanese. *Journals of Gerontology: Psychological and Social Sciences, 63,* 227–234.

Sugisawa, H., Liang, J., & Liu, X. (1994). Social networks, social support, and mortality among older people in Japan. *Journals of Gerontology: Psychological and Social Sciences, 49,* 3–13.

Super, D. E. (1957). *The psychology of careers.* New York: Harper & Row.

Super, D. E. (1990). A life-span/life-space approach to career development. In D. Brown & L. Brooks (Eds.), *Career choice and development: Applying contemporary theories to practice* (2nd ed., pp. 197–261). San Francisco, CA: Jossey-Bass.

Super, D. E., Savickas, M. L., & Super, C. M. (1996). The life-span, life-space approach to careers. In D. Brown & L. Brooks (Eds.), *Career choice and development: Applying contemporary theories to practice* (3rd ed., pp. 121–178). San Francisco, CA: Jossey-Bass.

Super, D. E., Starishevsky, R., Matlin, N., et al. (1963). *Career development: A self-concept theory.* New York: College Entrance Examination Board.

Sutker, P. B., Davis, J. M., Uddo, M., et al. (1995). War zone stress, personal resources, and PTSD in Persian Gulf War returnees. *Journal of Abnormal Psychology, 104,* 444–452.

Szinovacz, M. E., & DeViney, S. (2000). Marital characteristics and retirement decisions. *Research on Aging, 22,* 470–498.

Tan, J.-P., Buchanan, A., Flouri, E., et al. (2010). Filling the parenting gap: Grandparent involvement with U. K. adolescents. *Journal of Family Issues, 31,* 992–1015.

Tartaro, J., Luecken, L. J., & Gunn, H. E. (2005). Exploring heart and soul: Effects of religiosity/spirituality and gender on blood pressure and cortisol stress response. *Journal of Health Psychology, 10,* 753–766.

Taylor, S. E. (2002). *The tending instinct: How nurturing is essential to who we are and how we live.* New York: Holt.

Taylor, S. E., Klein, L. C., Lewis B. P., et al. (2000). Biobehavioral responses to stress in females: Tend-and-befriend, not fight-or-flight. *Psychological Review, 107,* 411–429.

Techner, D. (1997). The Jewish funeral—A celebration of life. *Director, 69,* 18–20.

Tennov, D. (1979). *Love and limerance.* New York: Stein & Day.

Teno, J. M., Clarridge, B. R., Casey, V., et al. (2004). Family perspectives on end-of-life care at the last place of care. *Journal of the American Medical Association, 291,* 88–93.

Teresa of Ávila, St. (1562/1960). *Interior castle.* Garden City, NJ: Image Books.

Terkel, S. (1995). *Coming of age: The story of our century by those who've lived it.* New York: St. Martin's Press.

Thoits, P. A. (2010). Stress and health: Major findings and policy implications. *Journal of Health and Social Behavior, 51,* S41–S53.

Thompson, S. H., & Lougheed, E. (2012). Frazzled by Facebook? An exploratory study of gender differences in social networking communication among undergraduate men and women. *College Student Journal, 46,* 88–98.

Thorson, J. A., & Powell, F. C. (1992). Meanings of death and intrinsic religiosity. *Journal of Clinical Psychology, 46,* 379–391.

Tomasetto, C., Alparone, F. R., & Cadinu, M. (2011). Girls' math performance under stereotype threat: The moderating role of mothers' gender stereotypes. *Developmental Psychology, 47,* 943–949.

Tomer, A., & Eliason, G. (2005). Life regrets and death attitudes in college students. *Omega: Journal of Death and Dying, 51,* 173–195.

Tomic, D., Gallicchio, L., Whiteman, M. K., et al. (2006*).* Factors associated with determinants of sexual functioning in midlife women. *Maturitas, 53,* 144–157.

Tooby, J., & Cosmides, L. (1990). On the universality of human nature and the uniqueness of the individual: The role of genetics and adaptation. *Journal of Personality, 58,* 17–68.

Toossi, M. (2012). Labor force projections to 2020: A more slowly growing workforce. Retrieved May 7, 2013, from http://www.bls.gov/opub/mlr/2012/01/art3full.pdf

Tornstam, L. (1996). Gerotranscendence—A theory about maturing into old age. *Journal of Aging and Identity, 1,* 37–50.

Torpy, J. M. (2004). Preventing cancer. *Journal of the American Medical Association, 291,* 2510.

Torpy, J. M., Burke, A., & Golub, R. M. (2012). Elements of hospice care. *Journal of the American Medical Association, 308,* 200.

Trivers, R. L. (1972). Parental investment and sexual selection. In B. Campbell (Ed.), *Sexual selection and the descent of man: 1871–1971* (pp. 136–179). Chicago: Aldine.

Truluck, J. E., & Courtenay, B. C. (2002). Ego development and the influence of gender, age, and educational levels among older adults. *Educational Gerontology, 28,* 325–336.

Tulving, E. (1985). How many memory systems are there? *American Psychologist, 40,* 385–398.

Tulving, E. (2005). Episodic memory and autonoesis: Uniquely human? In H. S. Terrace & J. Metcalfe (Eds.), *The missing link in cognition: Origins of self-reflective consciousness* (pp. 3–56). New York: Oxford University Press.

Tynkkynen, L., Tolvanen, A., & Salmela-Aro, K. (2012). Trajectories of educational expectations from adolescence to young adulthood in Finland. *Developmental Psychology, 48,* 1674–1685.

U.S. Bureau of Labor Statistics. (2009). *Women in the labor force: A data book.* Retrieved November 9, 2009, from http://www.bls.gov/cps/wlf-databook2009.htm

U.S. Bureau of Labor Statistics. (2012). *Number of jobs held, market activity, and earnings growth among the youngest baby boomers: Results from a longitudinal survey.* Retrieved April 28, 2013, from http://www.bls.gov/news.release/pdf/nlsoy.pdf

U.S. Bureau of Labor Statistics. (2013a). *Characteristics of minimum wage workers: 2012.* Retrieved April 28, 2013, from http://www.bls.gov/cps/minwage2012.pdf

U.S. Bureau of Labor Statistics. (2013b). *Economic news release: Families with own children: Table 4. Employment status of parents by age of youngest child and family type, 2011–2012 annual averages.* Retrieved May 7, 2013, from http://www.bls.gov/news.release/famee.t04.htm

U.S. Bureau of Labor Statistics. (2013c). *Employment status of the civilian population by sex and age.* Retrieved April 28, 2013, from http://www.bls.gov/news.release/empsit.t01.htm

U.S. Bureau of Labor Statistics. (2013d). *Household data annual averages: Table 24, Unemployed persons by marital status, race, Hispanic, or Latino ethnicity, age, and sex.* Retrieved May 1, 2013, from http://www.bls.gov/cps/cpsaat24.pdf

U.S. Bureau of Labor Statistics. (2013e). *Usual weekly earnings of wage and salary workers, first quarter 2013.* Retrieved April 28, 2013, from http://www.bls.gov/news.release/pdf/wkyeng.pdf

U.S. Census Bureau. (2011a). *Census bureau reports 55 percent have married one time.* Retrieved March 18, 2013, from http://www.census.gov/newsroom/releases/archives/marital_status_living_arrangements/cb11-90.html

U.S. Census Bureau. (2011b). *More young adults are living in their parents' home: Census Bureau Reports.* Retrieved March 12, 2013, from http://www.census.gov/newsroom/releases/archives/families_households/cb11-183.html

U.S. Census Bureau. (2012a). *College enrollment by sex, age, race, and Hispanic origin.* Retrieved April 29, 2013, from http://www.census.gov/compendia/statab/2012/tables/12s0281.pdf

U.S. Census Bureau. (2012b). *Statistical abstract of the United States.* Retrieved February 27, 2013, from http://www.census.gov/compendia/statab/2012/tables/12s1114.pdf

U.S. Census Bureau. (2012c). *U.S. Census Bureau projections show a slower growing, older, more diverse nation a half century from now.* Retrieved March 19, 2013, from http://www.census.gov/newsroom/releases/archives/population/cb12-243.html

U.S. Census Bureau. (2013). *Fertility: Historical time series tables, HF1.* Retrieved November 1, 2013, from http://www.census.gov/hhes/fertility/data/cps/historical.html

U.S. Department of Health and Human Services. (2004). *Statistics related to overweight and obesity.* Bethesda, MD: National Institutes of Health.

U.S. Department of Health and Human Services. (2013). *Federal poverty guideline: 2013.* Retrieved May 10, 2013, from http://aspe.hhs.gov/poverty/13poverty.cfm

U.S. Department of Labor. (2012). *Occupational noise exposure regulations.* Retrieved May 4, 2012, from http://www.osha.gov/pls/oshaweb/owadisp.show_document?p_table=standards&p_id=9735

U.S. General Accounting Office. (2004). *Defense of Marriage Act: Update.* Retrieved September 19, 2009, from http://www.gao.gov/new.items/d04353r.pdf

Uchino, B. N., Cacioppo, J. T., & Kiecolt-Glaser, J. K. (1996). The relationship between social support and physiological processes: A review with emphasis on underlying mechanisms and implications for health. *Psychological Bulletin, 119,* 488–531.

Underhill, E. (1911/1961). *Mysticism.* New York: Dutton.

United Nations Economic Commission for Europe. (2013). *Statistical database.* Retrieved May 8, 2013, from http://w3.unece.org/pxweb/dialog/Saveshow.asp?lang=1

United Nations Statistics Division. (2009). *Demographic and social statistics.* Retrieved January 22, 2010, from http://unstats.un.org/unsd/demographic/

University of Michigan Institute for Social Research. (2009). *Chore wars: Men, women, and housework.* Retrieved May 20, 2009, from http://www.nsf.gov/discoveries/disc_summ.jsp?cntn_id=111458

Unson, C., Trella, P., Chowdhury, S., et al. (2008). Strategies for living long and healthy lives: Perspectives of older African/Caribbean-American women. *Journal of Applied Communication Research, 36,* 459–478.

Usui, C. (1998). Gradual retirement: Japanese strategies for older workers. In K. W. Schaie & C. Schooler (Eds.), *Commentary: Impact of work on older adults* (pp. 45–84). New York: Springer.

Uttl, B., & Van Alstine, C. L. (2003). Rising verbal intelligence scores: Implications for research and clinical practice. *Psychology and Aging, 18,* 616–621.

Väänänen, A., Buunk, B. P., Kivimäki, M., et al. (2005). When it is better to give than to receive: Long-term health effects of perceived reciprocity in support exchange. *Journal of Personality and Social Psychology, 89,* 176–193.

Vaillant, G. E. (1974). Natural history of male psychological health, II: Some antecedents of healthy adult adjustment. *Archives of General Psychiatry, 31,* 15–22.

Vaillant, G. E. (1977). *Adaptation to life: How the best and brightest come of age.* Boston, MA: Little, Brown.

Vaillant, G. E. (1993). *Wisdom of the ego.* Cambridge, MA: Harvard University Press.

Vaillant, G. E. (2002). *Aging well: Surprising guideposts to a happier life from the landmark Harvard study.* Boston, MA: Little Brown.

Vaillant, G. E., & Vaillant, C. O. (1990). Natural history of male psychological health, XII: A 45-year study of predictors of successful aging at 65. *American Journal of Psychiatry, 147,* 31–37.

Valeo, T. (2012). The MP3 generation: At risk for hearing loss? *WebMD Home Health Guide.* Retrieved May 2, 2012, from http://children.webmd.com/guide/hearing-loss-mp3s

Van Alstine Makomenaw, M. (2012). Welcome to a new world: Experiences of American Indian tribal college and university transfer students at predominantly white institutions. *International Journal of Qualitative Studies in Education, 25,* 855–866.

van IJzendoorn, M. (1995). Adult attachment representations, parental responsiveness, and infant attachment: A meta-analysis on the predictive validity of the Adult Attachment Interview. *Psychological Bulletin, 117,* 387–403.

van Reekum, R., Binns, M., Clarke, D., et al. (2005). Is late life depression a predictor of Alzheimer's disease? Results from a historical cohort study. *International Journal of Psychiatry, 20,* 80–82.

Verma, J. (1999). Hinduism, Islam, and Buddhism: The source of Asian values. In K. Leung, U. Kim, S. Yamaguchi, et al. (Eds.), *Progress in Asian social psychologies* (pp. 23–36). Singapore: Wiley.

Vickers, A. J., Cronin, A. M., Maschino, A. C., et al. (2012). Acupuncture for chronic pain: Individual patient data meta-analysis. *Archives of Internal Medicine, 172,* 1–10.

Vogt, D. S., Pless, A. P., King, L. A., et al. (2005). Deployment stressors, gender, and mental health outcomes among Gulf War I veterans. *Journal of Traumatic Stress, 18,* 115–127.

Waddington, C. H. (1957). *The strategy of the genes.* London, England: Allen & Son.

Walaskay, M., Whitbourne, S. K., & Nehrke, M. F. (1983–84). Construction and validation of an ego-integrity status interview. *International Journal of Aging and Human Development, 18,* 61–72.

Waldstein, S. R., & Katzel, L. I. (2006). Interactive relations of central versus total obesity and blood pressure in cognitive function. *International Journal of Obesity (London), 30,* 201–207.

Walker, L. J. (1989). A longitudinal study of moral reasoning. *Child Development, 60,* 157–160.

Walsh, R. (2011). Lifestyle and mental health. *American Psychologist, 66,* 579–592.

Walton, G. M., & Cohen, G. L. (2007). A question of belonging: Race, fit, and achievement. *Journal of Personality and Social Psychology, 92,* 82–96.

Wang, P. S., Berglund, P., Olfson, M., et al. (2005). Failure and delay in initial treatment contact after first onset of mental disorder in the National Comorbidity Survey Replication. *Archives of General Psychiatry, 62,* 603–613.

Wang, P. S., Lane, M., Olfson, M., et al. (2005). Twelve-month use of mental health services in the United States. *Archives of General Psychiatry, 62,* 629–640.

Warr, P. (1994). Age and employment. In M. Dunnette, L. Hough, & J. Triandis (Eds.), *Handbook of industrial and organizational psychology* (Vol. 4, pp. 487–550). Palo Alto, CA: Consulting Psychologists Press.

Warr, P., Butcher, V., & Robertson, J. (2004). Activity and psychological well-being in older people. *Aging and Mental Health, 8,* 172–183.

Wasylyshyn, C., Verhaeghen, P., & Sliwinski, M. J. (2011). Aging and task switching: A meta-analysis. *Psychology and Aging, 26,* 15–20.

Waters, E., Merrick, S. K., Albersheim, L. J., et al. (1995). *Attachment security from infancy to early adulthood: A 20-year longitudinal study.* Poster presented at the biennial meeting of the Society for Research in Child Development, Indianapolis, IN.

Watson. P. J., Brymer, M. J., & Bonanno, G. A. (2011). Postdisaster psychological intervention since 9/11. *American Psychologist, 66,* 482–494.

Weatherbee, S. R., & Allaire, J. C. (2008). Everyday cognition and mortality: Performance differences and predictive utility of the Everyday Cognition Battery. *Psychology and Aging, 23,* 216–221.

Weaver, S. E., & Coleman, M. (2005). A mothering but not a mother role: A grounded theory study of the nonresidential stepmother role. *Journal of Social and Personal Relationships, 22,* 477–497.

Wechsler, D. (1939). *The measurement of adult intelligence.* Baltimore, MD: Williams & Wilkins.

Weiss, R. S. (1982). Attachment in adult life. In C. M. Parkes & J. Stevenson-Hinde (Eds.), *The place of attachment in human behavior* (pp. 171–184). New York: Basic Books.

Weiss, R. S. (1986). Continuities and transformation in social relationships from childhood to adulthood. In W. W. Hartup & Z. Rubin (Eds.), *On relationships and development* (pp. 95–110). Hillsdale, NJ: Erlbaum.

Wethington, E. (2000). Expecting stress: Americans and the "midlife crisis." *Motivation and Emotion, 24,* 85–103.

Whitbourne, S. K., Sneed, J. R., & Sayer, A. (2009). Psychosocial development from college through midlife: A 34-year sequential study. *Developmental Psychology, 45,* 1328–1340.

Whitbourne, S. K., Zuschlag, M. K., Elliot, L. B., et al. (1992). Psychosocial development in adulthood: A 22-year sequential study. *Journal of Personality and Social Psychology, 63,* 260–271.

Wiederhold, B. K. (2012). As parents invade Facebook, teens tweet more. *Cyberpsychology, Behavior, and Social Networking, 15,* 385.

Wilkinson, A. M., & Lynn, J. (2001). The end of life. In R. H. Binstock & L. K. George (Eds.), *Handbook of aging and the social sciences* (pp. 444–461). San Diego, CA: Academic Press.

Williams, A., & Nussbaum, J. E. (2001). *Intergenerational communication across the life span.* Mahwah, NJ: Erlbaum.

Williams, D. R. (1992). Social structure and the health behaviors of blacks. In K. W. Schaie, D. Blazer, & J. S. House (Eds.), *Aging, health behaviors, and health outcomes* (pp. 59–64). Hillsdale, NJ: Erlbaum.

Williams, G. C. (1957). Pleiotropy, natural selection, and the evolution of senescence. *Evolution, 11,* 398–411.

Williams, J. E., & Best, D. L. (1990). *Measuring sex stereotypes. A multination study* (Rev. ed.). Newbury Park, CA: Sage.

Williams, K., & Umberson, D. (2004). Marital status, marital transitions, and health: A gendered life course perspective. *Journal of Health and Social Behavior, 45,* 81–98.

Willis, L. M., Shukitt-Hale, B., & Joseph, J. A. (2009). Recent advances in berry supplementation and age-related cognitive decline. *Current Opinion in Clinical Nutrition & Metabolic Care, 12,* 91–94.

Willis, S. L., & Schaie, K. W. (1994). Cognitive training in the normal elderly. In F. Forette, Y. Christen, & F. Boller (Eds.), *Plasticité cérébrale et stimulation cognitive* (pp. 91–113). Paris, France: Foundational National de Gérontologie.

Willis, S. L., Tennstedt, S. L., Marsiske, M., et al. (2006). Long-term effects of cognitive training on everyday functional outcomes in older adults. *Journal of the American Medical Association, 296,* 2805–2814.

Wilson, R. S., Bennett D. A., & Swartzendruber, A. (1997). Age related change in cognitive function. In P. D. Nussbaum (Ed.), *Handbook of neuropsychology and aging* (pp. 7–14).

New York: Plenum Press.
Wilson, R. S., Bennett, D. A., Beckett, L. A., et al. (1999). Cognitive activity in older persons from a geographically defined population. *Journals of Gerontology: Psychological and Social Sciences, 54,* 155–160.
Windsor, T. D., Anstey, K. J., & Rodgers, B. (2008). Volunteering and psychological well-being among young-old adults: How much is too much? *The Gerontologist, 48,* 59–70.
Wingfield, A., Tun, P. A., & McCoy, S. L. (2005). Hearing loss in older adulthood: What it is and how it interacts with cognitive performance. *Current Directions in Psychological Science, 14,* 144–148.
Wink, P., & Dillon, M. (2002). Spiritual development across the adult life course: Findings from a longitudinal study. *Journal of Adult Development, 9,* 79–94.
Wink, P., & Scott, J. (2005). Does religiousness buffer against the fear of death and dying in late adulthood? Findings from a longitudinal study. *Journals of Gerontology: Psychological and Social Sciences, 60,* 207–214.
Wood, W., & Eagly, A. H. (2002). A cross-cultural analysis of the behavior of women and men: Implications for the origins of sex differences. *Psychological Bulletin, 128,* 699–727.
Woodruff-Pak, D. S. (1997). *Neuropsychology of aging.* Malden, MA: Blackwell.
Woods, L. N., & Emery, R. E. (2002). The cohabitation effect on divorce: Causation or selection? *Journal of Divorce and Remarriage, 37,* 101–122.
World Health Organization. (2011a). *The top ten causes of death.* Retrieved November 27, 2012, from http://www.who.int/mediacentre/factsheets/fs310/en/index.html
World Health Organization. (2011b). *Visual impairment and blindness* (Fact Sheet No. 282). Retrieved April 27, 2012, from http://www.who.int/mediacentre/factsheets/fs282/en/
World Health Organization. (2012). *Ten leading causes of deaths in 2008: High-income and low- and middle-income countries.* Retrieved November 17, 2012, from http://gamapserver.who.int/gho/interactive_charts/mbd/cod_2008/graph.html
World Health Organization. (2013). *Gender and women's health: 2013.* Retrieved January 20, 2013, from http://www.who.int/mental_health/prevention/genderwomen/en/
Worthy, D. A., Gorlik, M. A., Pacheco, J. L., et al. (2011). With age comes wisdom: Decision making in younger and older adults. *Psychological Science, 22,* 1375–1380.
Wortman, C. B., & Silver, R. C. (1989). The myths of coping with loss. *Journal of Consulting and Clinical Psychology, 57,* 349–357.
Wrzus, C., Hänel, M., Wagner, J., et al. (2013). Social network changes and life events across the life span: A meta-analysis. *Psychological Bulletin, 139,* 53–80.
Wu, J.-R., Frazier, S. K., Rayens, M. K., et al. (2013). Medication adherence, social support, and event-free survival in patients with heart failure. *Health Psychology, 32,* 637–646.
Xiangkui, Z., Juan, G., & Lumei, T. (2005). Can self-esteem buffer death anxiety? The effect of self-esteem on death anxiety caused by mortality salience. *Psychological Science (China), 28,* 602–605.
Yamanski, K., Uchida, K., & Katsuma, R. (2009). An intervention study of the effects of the coping strategy of "finding positive meaning" on positive affect and health. *International Journal of Psychology, 44,* 249–259.
Yang, K.-S. (2006). Indigenous personality research: The Chinese case. In U. Kim, K.-S. Yang, & K.-K. Hwang (Eds.), *Indigenous and cultural psychology: Understanding people in context* (pp. 285–314). New York: Springer.
Yehuda, R. (2002). Current concepts: Post-traumatic stress disorder. *New England Journal of Medicine, 346,* 108–114.
Yesavage, J., Lapp, D., & Sheikh, J. A. (1989). Mnemonics as modified for use by the elderly. In L. W. Poon, D. Rubin, & B. Wilson (Eds.), *Everyday cognition in adulthood and late life.* Cambridge, MA: Cambridge University Press.
Yu, J. W., Adams, S. H., Burns, J., et al. (2008). Use of mental health counseling as adolescents become young adults. *Journal of Adolescent Health, 43,* 268–276.
Zhang, Z., & Hayward, M. D. (2001). Childlessness and the psychological well-being of older persons. *Journals of Gerontology: Psychological and Social Sciences, 56,* 311–320.
Zickuhr, K., & Madden, M. (2012). *Older adults and Internet use.* Pew Research Center. Retrieved February 27, 2013, from http://www.pewinternet.org/~/media//Files/Reports/2012/PIP_Older_adults_and_internet_use.pdf
Ziol-Guest, K. M., Duncan, G. J., & Kalil, A. (2009). Early childhood poverty and adult body mass index. *American Journal of Public Health, 99,* 527–532.
Zisook, S., Paulus, M., Shuchter, S. R., et al. (1997). The many faces of depression following spousal bereavement. *Journal of Affective Disorders, 45,* 85–94.
Zivotofsky, A. Z., & Koslowsky, M. (2005). Short communication: Gender differences in coping with the major external stress of the Washington, DC, sniper. *Stress and Health, 21,* 27–31.
Zogg, J. B., Woods, S. P., Sauceda, J. A., et al. (2012). The role of prospective memory in medication adherence: A review of an emerging literature. *Journal of Behavioral Medicine, 35,* 47–62.

용어해설

1차 기억(primary memory) 정보처리에서, 즉각적 회상을 위해 정보를 유지하는 단기 저장고의 일부

1차 노화(primary aging) 사람들이 늙어감에 따라 나타나는 점진적이고 공통적이며 거의 피하기 어려운 신체적 변화들

2차 노화(secondary aging) 다수의 사람들과 공유하는 경험이 아닌 갑작스러운 신체적 변화는 질병, 나쁜 건강 습관, 연령 증가에 따른 환경적 사건에 의해 종종 발생함

5요인 모델(Five-Factor Model) Costa와 McCrae에 의해 처음 증명된 다섯 가지 기본 성격요인의 목록

가교 직업(bridge job) 은퇴 후에 보통 갖게 되는 파트타임 직업이나 덜 스트레스적인 전일제 직업

가사노동(household labor) 식사 준비, 청소, 장보기, 세탁 및 청소 등 자신과 가족을 위해 가정에서 하는 무보수의 노동

가소성(plasticity) 뉴런이 새로운 연결을 형성하거나 새롭게 확장될 수 있는 능력

가용 시각장(useful field of view, UFOV) 한눈에 처리되는 시각장 영역

가지치기(pruning) 시스템을 '정교하게 조율'하고, 남아 있는 뉴런들의 기능을 향상시키기 위해서 필요하지 않은 뉴런들을 없애는 능력

감각 저장고(sensory store) 정보처리과정에서 기억과정의 첫 단계로, 감각에 의해 정보가 감지되고, 지각체계에 의해 단시간 동안 처리됨

감각신경성 난청(sensorineural hearing loss) 귀 내부 수용기 손상에 의해 큰 소리와 작은 소리 간 변별이 불가능함

강박장애(obsessive-compulsive disorder) 어떤 행동이나 생각과 관련된 죄책감과 불안감을 포함하는 불안장애

개인 인터뷰(personal interview) 연구자가 피험자를 만나서 개방형의 질문과 추수 질문을 함으로써 직접 자료를 수집하는 연구방법

개인 내적 가변성(intra-individual variability) 시간의 경과에 따른 개인의 성격 특질에서의 안정성 혹은 불안정성

개인차(individual differences) 전체 집단에 속하지 않는 개인의 고유한 측면

개인-환경 교류(person-environment transactions) 시간 경과에 따라 성격 특질에서의 안정성을 유지시키는 유전적 특성과 환경적 요인들의 조합

결정성 지능(crystallized intelligence) 어휘와 언어적 이해로 측정되는, 교육과 경험에 기초한 학습된 능력

결혼선택효과(marital selection effect) 더 건강한 사람들이 좀 더 많이 결혼을 하고, 결혼생활을 유지하는 경향이 있는 통계적인 효과가 마치 결혼이 건강에 도움이 되는 것처럼 보이게 만드는 것

결혼위기효과(marital crisis effect) 이혼이나 사별을 포함한 결혼생활에서의 위기를 겪지 않은 사람들이 결과적으로 더 좋은 정신적, 신체적 건강을 유지한다는 설명

결혼자원효과(marital resources effect) 결혼한 사람들이 좀 더 많은 재정적, 사회적 자원을 갖기 때문에 더 좋은 정신적, 신체적 건강을 유지한다는 설명

경도인지장애(mild cognitive impairment, MCI) 약간의 인지적 증상이 나타나기는 하나 알츠하이머 치매의 진단을 완전히 충족시키지 못하는 상태

경제적 교환이론(economic exchange theory) 남녀가 상품과 서비스 교환에 기초하여 친밀한 관계를 형성한다는 성 역할에 대한 설명

경험적 연구(empirical research) 측정되고 통계적으로 평가되어지는 관찰 가능한 사건에 대한 과학적 연구

계열연구(sequential study) 각기 다른 시점에 시작된 몇몇의 연속적 종단연구

계절성 이주(seasonal migration) 일시적으로 한 곳에서 다른 한 곳으로 거주지를 옮기는 것으로, 주로 겨울 동안 좀 더 따뜻한 기후의 지역에서 보낸 뒤에 봄에 원래 살던 곳으로 돌아옴

고정관념 위협(stereotype threat) 집단 내 구성원은 자신에 대해 널리 신봉되는 부정적 고정관념을 가지고 있을 때 불안을 경험함, 불안은 종종 고정관념에 대해 동조한 결과 발생함

골다공증(osteoporosis) 뼈 밀도의 심각한 감소

골밀도 지수(bone mass density, BMD) 골다공증을 진단하기 위해 사용되는 골밀도 측정치

지역사회 거주(community dwelling) 배우자와 함께 혹은 혼자서 자신의 집에 사는 것

공동체적 특질(communal qualities) 표현적이고 애정적인 것처럼 사람들을 보살피고 함께 묶어주는 개인적 특성, 고정관념적인 여성의 특징

공병(comorbid) 동시에 한 개인에게 발생한 둘 이상의 건강장애의 관계

공통점(commonalities) 성인 삶의 전형적인 부분

공포증(phobias) 실제 존재하는 위험에 비해 과도한 두려움과 회피를 나타내는 불안장애

관절염(osteoarthritis) 관절 부위에 뼈를 보호해주는 연골이 감소한 상태, 통증, 붓기, 움직임의 저하가 나타날 수 있음

교대 근무(shift work) 야간교대, 심야교대, 순환교대와 같이 비정기적 근무 일정을 가진 일

교환 이론(exchange theory) 관계에서 우리가 제공해야만 하는 자산과 잠재적 배우자가 제공해야만 하는 자산을 평가하여 배우자 선택을 하고 최상의 선택이 되도록 한다는 이론

국내 이주(domestic migration) 미국 내에서 한 지역에서 다른 지역 또는 다른 주로 거처를 이동함

규준적인 역사구분적 영향(normative history-graded influences) 당시 한 문화권 안에 살았던 모든 사람들이 경험한 역사적 사건이나 조건에 관련된 영향

규준적인 연령구분적 영향(normative age-graded influences) 대부분의 성인들이 경험하는 노화의 공통적인 영향

균형감각(balance) 변화에 맞춰 신체 위치를 조정하는 능력

근거리 원인(proximal causes) 가까운 환경 내에 존재하는 요인들

급성 질환(acute conditions) 단기적인 건강 장애

긍정심리학(positive psychology) 정신 장애나 범죄와 같은 부정적인 결과들로부터 웰빙, 낙관주의, 영적 성장과 같이 좀 더 긍정적인 결과들로의 연구 방향의 전환을 강조하는 심리학

긍정성 편향(positivity bias) 노인들이 정서적으로 부정적인 자극보다 긍정적인 자극을 기억하려는 경향

기능적 연령(functional age) 개인이 성인기의 다양한 측면에서 얼마나 잘 기능하고 있는지에 대한 측정치

기분장애(mood disorder) 기분에 대한 통제력의 상실을 포함하며, 그 결과 정서적 고통감을 야기하는 정신장애의 한 범주

기술연구(descriptive research) 관심 있는 어떤 측정치에서 참가자의 현 상태를 기술하는 일종의 자료 수집

기억(memory) 정보를 보유하고 저장하며 필요할 때에 인출해내는 능력

낙관주의(optimism) 삶에 대한 긍정적 관점

내적 변화(inner changes) 언뜻 봤을 때 뚜렷하지 않은 내부적인 변화

내적 작동 모델(internal working model) Bowlby의 애착 이론에서 나온 개념으로, 개인이 아동기의 특정 경험에 기초하여 모든 관계의 본질적 특성에 대해 갖게 되는 일련의 신념과 가정들

노동 인구(labor force) 공식적인 보수를 받고 일하는 사람들

노안(presbyopia) 수정체의 탄력성 저하로 인해 야기되는 시각적 상태로, 그 결과 가까이 있는 물체에 정확하게 초점을 맞추는 것이 어려워짐

노년 초월(gerotranscendence) 우리가 나이를 들어가면서 의미체계의 질이 증가한다는 생각

녹내장(glaucoma) 안구 내부의 압력이 증가되어 치료받지 않으면 실명에 이를 수 있는 시각 장애

뉴런(neurons) 대뇌와 신경계 속의 세포

능력/전문성 교환(ability/expertise trade-off) 일반적 능력이 연령과 함께 감소하지만 직업 전문성은 증가하는 현상

단계(stages) 갑작스러운 변화 이후 어떠한 발전도 나타나지 않은 것처럼 보이는 전생애 시기 중 한 부분

단기 저장고(short-term store) 정보처리과정에서 기억과정의 두 번째 단계로, 즉각적인 회상(1차 기억)이나 능동적 처리과정(작업 기억)에서 '마음'에 떠오르는 정보

단어 탐지 실패(world-finding failures) 이미 알고 있으나 순간적으로 단어를 회상하는 데 실패함

달팽이관(cochlea) 청각 수용세포를 포함하는 내이의 작은 조개 모양 구조

당뇨병(diabetes) 신체가 인슐린을 대사시킬 수 없는 질병

대가족(extended families) 부모와 자녀로 구성된 핵가족 이상의 조부모, 고모, 삼촌, 사촌, 그리고 다른 친척들

대처(coping) 스트레스 반응의 효과를 줄이기 위한 방법

대처 행동(coping behaviors) 스트레스적 사건의 효과를 줄이도록 하는 생각, 감정, 행동

대체의학 제공자(alternative medicine providers) 과학적 자료에 의해 지지되지 않는 치료를 제공하는 의료인

도구적 일상생활 수행능력(instrumental activities of daily living, IADLs) 복잡한 일상 과제들

도구적 특질(instrumental qualities) 경쟁적, 모험적, 그리고 신체적인 강함과 같이 주체적 영향력을 가지는 개인적 성격 특성, 전형적으로 남성적인 특질로 간주됨

도덕적 추론(moral reasoning) 무엇이 옳고 그른 것인지를 따지고, 행동의 옳음과 그름을 판단하는 것

동거(cohabitation) 결혼하지 않고 친밀한 파트너 관계로 함께 삶

동공(pupil) 빛에 대한 반응으로 직경이 변화하는 눈 안의 구멍

동맥경화증(atherosclerosis) 플라크로 명명되는 지방 축적물이 동맥벽에 형성되는 과정

리비도(libido) 성적 욕동

만성 외상성 뇌병증(chronic traumatic encephalopathy, CTE) 외상성 뇌 손상(traumatic brain injury)을 겪었던 사람에게서 유병률이 증가하는 치매의 유형

만성 질환(chronic conditions) 장기적인 건강 장애

망막(retina) 수용기 세포가 위치한, 안구의 뒷부분에 위치한 구조물

맥락적 관점(contextual perspective) 사고과정이 일어나는 맥락을 고려하는 인지적 접근

메타분석(meta-analysis) 같은 연구문제를 다룬 여러 연구들로부터 얻은 자료를 분석하는 것으로, 좀 더 강력한 결과를 도출함

문제 중심적 대처(problem-focused coping) 스트레스를 야기하는 문제를 직접적으로 해결하는 스트레스 감소 전략

문화(cultures) 발달이 일어나는 큰 사회적 환경

물질남용 장애(substance abuse disorder) 약물이나 알코올 남용 혹은 의존을 포함하는 정신건강 장애

미래 기억(prospective memory) 나중에 혹은 미래의 어떤 특정 시점에서 해야 할 것을 기억하는 능력

미뢰(taste buds) 혀, 입, 목구멍에서 맛을 감지하는 수용기 세포

반응 지향적 관점(response-oriented viewpoint) 스트레스를 개인의 내부적인 생리적 반응의 측면에서 설명하는 입장

반응적 유전가능성(reactive heritability) 개인이 생존과 재생산을 위한 전략을 결정하기 위한 기초로 물려받은 특질을 사용하는 과정

발기 부전(erectile dysfunction, ED) 만족스러운 성행위를 할 수 있을 정도의 적절한 발기가 되지 않는 상태

발달심리학(developmental psychology) 임신부터 생의 마지막까지를 거치면서 일어나는 개인의 행동, 사고, 감정의 변화를 다루는 학문 영역

발달적 기원 가설(developmental-origins hypothesis) 태아기, 유아기, 그리고 아동기 초기 동안의 사건들이 이후의 성인 건강에 유의한 요소라는 설명

발병(onset) 첫 발병

방어기제(defense mechanism) Vaillant의 성숙한 적응 이론에서, 불안을 다루기 위해 사용되는 정상적이고 무의식적인 전략의 집합

백내장(cataracts) 눈의 수정체가 점진적으로 흐려지는 것이 특징인 시각 장애

변화(change) 예측할 수 있는 방향으로 느리고 점진적인 이동

보상을 통한 선택적 최적화(selective optimization with compensation) Baltes와 Baltes는 노인이 상실을 보상하는 최적화된 전략적 활동을 선택하며 한계에 대처함을 제안함

보완의학 제공자(complementary medicine providers) 과학적 자료에 의해 지지되지 않는 치료를 제공하는 의료인

복제 노화(replicative senescence) 나이 든 세포가 분화를 멈춘 상태

부모 소명(parental imperative) 새로운 부모들이 그들의 성적 역할에서 좀 더 전통적이 되게 하는 유전적으로 프로그래밍된 경향

부모 투자 이론(parental investment theory) 여성이 남성에 비해 자녀에게 좀 더 많이 투자한 결과로, 남성과 여성이 다른 행동과 관심을 발달시켜왔다는 진화심리학적 설명

부양자 부담(caregiver burden) 부양자들에게 흔한 정신적, 신체적 건강 저하 증상

불면증(insomnia) 정상적인 수면 패턴에서의 장애

불안장애(anxiety disorders) 명확한 위험이 존재하지 않을 때 두려움, 위협, 공포를 느끼는 정신건강 장애군

비(非)서술(절차적) 기억[nondeclarative(procedural) memory] 새로운 기술의 학습과 유지를 담당하는 기억 체계

비규준적인 생활 사건(nonnormative life events) 한 개인의 인생에 중요한 영향을 미친 특수한 경험

비만(obesity) 몸무게 대비 신장의 비율이 건강에 부정적 영향을 주는 지점까지 증가한 상태, 흔히 체질량 지수(BMI)로 측정됨

비전형적(atypical) 전형적이지 않은, 개인에게 독특한

비전형적 학생(nontraditional student) 25세 이상인 대학생

빈곤의 여성화(feminization of poverty) 가난 속에 살고 있는 사람들 중 여성인 비율이 점차 더 증가하는 경향성을 기술하는 용어

사망률(mortality rate) 일정 기간 동안 사망하는 비율

사회적 역할 이론(social role theory) 아동이 주변의 성별 분입을 보고, 이를 모델링하는 것에 기초하여 성역할을 설명

사회경제적 지위(socioeconomic status, SES) 수입 수준, 교육 정도를 조합하여 결정된 순위

사회적 개인 이력(sociobiographical history) 개인이 전생애에 걸쳐 경험하는 전문적 명성, 사회적 위치, 그리고 수입의 수준

사회적 관계(social relationships) 타인과의 역동적이고, 반복적인 상호작용 양상

사회적 대처(social coping) 타인으로부터 도구적, 정서적 지지를 추구하는 것을 포함하는 스트레스-감소 기술

사회적 시계(social clock) 성인기 동안 발생하는 사회적 역할의 변화 양상, 정상적 순서에 따른 성인기 생애 경험의 시간 계획

사회적 역할(social roles) 사회에서 개인의 위치에 따라 기대되는 행동과 태도

사회적 연령(social age) 생애 특정 시점에 개인이 수행하는 역할 유형 및 유형의 수를 측정

사회적 지지(social support) 스트레스 상황에서 타인으로부터 얻는 긍정적 정서, 지지 및 도움

사회적 타이밍(social timing) 얼마나 오래 특정 역할에 몰두하는지, 그리고 하나의 역할에서 다른 역할로 이행해가는 순서가 어떠한지와 같이 특정 역할에 몰입되어있을 때의 양상

사회정서적 선택 이론(socioemotional selectivity theory) Carstensen에 의하면 연령이 증가함에 따라 사회적 관계에서 보다 의미 있고 정서적인 만족을 강조하는 것은 젊은 사람들에 비하여 삶의 마지막 순간을 더 많이 인식하고 있기 때문임

삶의 목적성(sense of purpose in life) 개인의 목적을 달성하는 것과 개인의 삶이 가치 있는 것이라는 믿음을 발견하는 것

상관분석(correlational analysis) 동일한 개인에게서 두 종류의 점수가 함께 변화하는 정도를 알려주는 통계적 분석

상호작용주의자 관점(interactionist view) 유전이 환경 및 그 개인이 선택한 환경과 어떻게 상호작용하는지에 영향을 준다고 보는 견해

생물사회적 관점(biosocial perspective) 성 역할 편향이 생물학적 차이와 현재의 사회적 문화적 영향력 모두에 기초한다는 관점

생물생태학적 모델(bioecological model) 발달 중인 사람은 다수의 환경적 맥락 내에서 고려해야만 한다고 지적한 Bronfenbrenner의 발달 모델

생물학적 시계(biological clock) 성인기 동안 건강과 신체적 기능에서의 변화 패턴

생물학적 연령(biological age) 개인의 건강 상태에 대한 측정치

생산성(generativity) Erikson의 심리사회적 발달 이론에서, 중년기 성인이 새로운 세대를 확립하고 안내하는 것을 돕기 위해 발달시키는 경향성

생전 유서(living will) 개인의 사망 선택 결정에 대해 언급된 법적 문서

생활연령(chronological age) 출생 이후 지나간 1년의 수

생활 변화 사건(life-change events) Holmes와 Rahe의 이론에서 개인의 현재 상태를 변화시킬 수 있는 사건, 이것이 누적되면 스트레스 반응을 야기할 수 있음

서술 기억(declarative memory) 회상이나 재인 검사로 측정될 수 있는 의식적으로 인식할 수 있는 지식

주도적 대처 (proactive coping) 잠재적인 스트레스적 상황에 앞서 미리 무언가를 하는 스트레스 감소 전략

설문지(survey questionnaire) 연구 참여자들이 특정 목적에 초점을 맞춘 구조화된 질문에 답할 수 있도록 만든 서식

성 고정관념(gender stereotypes) 한 사회에서 남녀가 어떻게 행동해야만 하는지에 대한 일련의 공유된 믿음이나 일반화

성 교차(gender crossover) 양육 시기가 끝날 때 남녀에게서 일어난다고 가정되는 성 역할의 이완

성 역할(gender roles) 주어진 역사적 시대 동안 주어진 문화에서 남녀의 실제 행동과 태도

성 역할 확장(expansion of gender roles) 남성과 여성이 반대 성의 더 많은 특징을 포함하도록 자신의 성 역할을 확장하는 중년기 성 역할 변화

성격(personality) 개인차로 정의되는 지속적인 성격 특성들로, 우리가 상호작용하는 환경과 타인들에게 영향을 미침

성격 상태(personality states) 사고, 감정, 행동에서의 단기적 패턴

성격 요인(personalty factors) 대부분의 사람들에게서 함께 나타나는 일군의 성격 특질들

성격 특질(personality traits) 사고, 감정, 행동에서의 안정적인 패턴

성 역할 교차(crossover of gender roles) 여자는 남성적으로, 남자는 여성적으로 만드는 중년기의 가설적인 성 역할 변화

성인기로의 전환(transition to adulthood) 젊은이들이 성인 초기의 사회적 역할을 취하게 되는 시기

성인 진입기(emerging adulthood) 청소년에서 젊은 성인으로의 전환기, 대략 18~25세 사이

성인발달(adult development) 성인 진입기부터 삶의 마지막까지 살아가면서 개인 내에서 일어나는 변화

세대 간 결속 이론(intergenerational solidarity theory) 서로 다른 세대의 가족 구성원들이 서로 가까워지는 정도

세대 간 영향(intergenerational effects) 성인기에 임신 중 태내의 여아는 물론 이후의 자손들에게까지 영향을 주는 태내 경험

수면 무호흡증(sleep apnea) 좁아진 기도로 인해 수면 시 호흡이 멈추는 것

수정체(lens) 망막 수용기에 빛을 모아주는 역할을 하는 눈 안의 투명한 구조물

수초(myelin) 신경 세포의 축색을 절연시키고 보호하는 지방물질로, 대뇌의 백질을 구성하는 주요 성분

순응(accommodate) 눈의 수정체가 가깝거나 먼 사물, 또는 작은 글자에 초점을 맞추기 위해 모양을 변화시키는 능력

숫자 외우기 검사(digit-span task) 피험자가 숫자 목록을 듣고 정확한 순서로 숫자를 회상해야 하는 검사

스트레스(stress) 스트레스 요인 혹은 환경의 요구에 대한 반응으로 인간(그리고 다른 유기체)이 보이는 신체적, 인지적, 그리고 정서적 반응 세트

스트레스 관련 성장(stress-related growth) 스트레스 생활 사건 경험 후 일어나는 긍정적 변화

스트레스 요인(stressor) 스트레스 반응을 이끌어내는 환경적 요구

시력(visual acuity) 시각 패턴의 세부적인 것을 인식하는 능력

신경발생(neurogenesis) 새로운 뉴런의 성장

신뢰도(reliability) 동일한 조건하에서 측정 도구가 같은 결과를 반복적으로 나타내는 정도

신비주의(mysticism) 자신을 초월하는 경험

신앙(faith) 다른 사람들 및 세상과 우리의 연결의 본질에 대한 일련의 가정 또는 이해

실업(unemployment) 일을 하고자 하지만 임금을 받는 직업이 없는 상태

실직(job loss) 보수를 받던 직장을 잃는 것

실행 기능(executive function) 인지에서 주의를 조절하고 새롭고 오래된 정보를 협응시키는 데 관여하는 과정

실험설계(experimental design) 높은 수준의 실험적 통제를 가한 경험적 연구

심리적 연령(psychological age) 환경을 효과적으로 다루는 개인의 능력에 대한 측정치

심리측정학(psychometrics) 인간의 능력을 측정하는 방법을 연구하는 심리학의 한 분야

심혈관 질환(cardiovascular disease) 나이가 들어감에 따라 더 빈번하게 발생하는 심장과 혈관 장애

싸이클릭 GMP(cyclic GMP) 성적 각성 동안 뇌에서 방출되는 물질

쌍생아 연구(twin studies) 특정 행동 혹은 흥미, 특성에 대해 일란성 쌍생아와 이란성 쌍생아를 비교함으로써 유사성을 밝힘, 특정 행동 혹은 특성에 미치는 유전적 기여에 대한 확장된 정보 제공

안정성(stability) 뚜렷한 기간 동안 극소수의 변화만이 있거나 변화가 없는 상태

알츠하이머병(Alzheimer's disease) 뇌의 주요 영역에서의 점진적 이고 치료 불가능한 퇴화

암(cancer) 비정상 세포가 급속하게 가속화된, 통제 불능의 분열을 겪고 이후 인접한 정상 세포들로 들어가는 질병

암순응(dark adaptation) 변화하는 빛의 양에 따라 적응하는 동공의 능력

애착(attachment) 유아가 양육자와 형성하는 강한 정서적 유대

애착이론(attachment theory) 유아가 기본적 안전감과 세상에 대한 이해를 제공하고 이후 관계의 기초로 작용하는 강한 정서적 유대를 양육자와 형성한다는 Bowlby의 이론

애착 지향(attachment orientation) 초기 애착 대상을 넘어서 대인관계에 표현하는 기대, 욕구, 감정의 패턴

애착 행동(attachment behaviors) 애착의 외부적 표현

약 복용 준수(medication adherence) 정량의 약물을 제 시간에 정확한 간격을 두고 섭취하도록 한 의사의 지시에 따르는 환자의 능력

양육 지향(caregiving orientation) 유아와 어린 아동과 상호작용할 때 성인에게 활성화되는 시스템. 성인이 안전, 편안함, 보호를 제공하게 함으로써 종(그리고 흔히 다른 종들)의 더 어린 구성원의 겉모습과 행동에 반응하도록 함

양적 연구(quantitative research) 수량적 자료를 사용하는 연구 방법

에스트로겐(estrogen) 여성 성 호르몬

여과 이론(filter theory) 우리가 더 세분화된 여과 기제를 사용하여 배우자를 선택한다는 이론

역할 전환(role transitions) 개인적 혹은 생활환경의 변화로 인한 역할에서의 변화

연령차별주의(ageism) 성인기의 이후 또는 더 이른 시기에 있는 사람들에 대한 차별

연속적(continuous) 예측 가능한 방향으로 일어나는 느리고 점진적인 발달의 속성

영성(spirituality) 의미에 대한 개인적 탐색으로, 표면적 의미 탐색을 포함하는 종교 성과는 구분되는 내적 과정

완충 효과 (buffering effect) 고통스러운 상황의 결과를 완화시켜 주는 결과 패턴

외상성 뇌손상(traumatic brain injury, TBI) 의식 상실을 초래할 정도로 매우 심각한 두부손상인데, 특히 만성 외상성 뇌병증(chronic traumatic encephalopathy, CTE)은 치매의 위험성을 증가시킴

외상후 스트레스 장애(posttraumatic stress disorder, PTSD) 외상적 경험에 대한 심리적 반응. 침습적인 사고와 꿈속에서의 사건에 대한 재경험, 무감각, 사건과 관련된 자극의 회피, 생리적 스트레스 체계에서의 각성 증가와 같은 증상들이 포함됨

외상후 스트레스 증상(posttraumatic stress symptoms) 심각하기는 하지만 외상후 스트레스 장애의 완전한 진단 기준을 충족하지 못하는 외상에 대한 반응을 묘사할 때 사용되는 용어

외적 변화(outer change) 우리가 보게 되는 가시적이고 분명한 외적인 변화

우울 증상(depressive symptoms) 주요 우울증처럼 심각하거나 오래 지속되는 것은 아닌, 슬픔이나 절망감

우정(friendship) 사회적 맥락에서 발생하는 자발적인 대인 관계

원거리 요인(distal causes) 먼 과거와 관련 있는 요인들

유동성 지능(fluid intelligence) 숫자 외우기, 반응 속도, 추상적 추론 검사에 의해 측정되는 기본적인 적응적 능력

유리(disengagement) 성인기 후기가 사람들이 삶의 마지막을 준비하면서 활동과 관계에서 철수하는 시기라는 초기 가설

유리기(free radicals, 遊離基) 짝 지워지지 않은 전자(electron)를 갖는 분자나 원자, 세포 대사의 부산물

유병률(prevalence) 특정 시점에서 어떤 장애를 가지고 있는 사람들의 비율

유전형(genotype) 개인의 유전적 구성

유한성(finitude) 어떤 사람의 궁극적 죽음을 이해하는 과정

은퇴(retirement) 노년의 근로자가 시간제 일, 자원봉사, 혹은 여가 즐기기와 같이 다른 관심사에 대한 추구를 위해서 직장을 그만 두게 되는 직업적 단계

은퇴 관련 가치(retirement-related value) 어떤 사람이 은퇴를 한다면, 은퇴를 결정할 때 개인이 보유한 자산의 규모, 사회 보장 수당, 퇴직연금, 시간제 일을 통한 수입, 건강 보험은 일-관련 가치들보다 더 중요시될 수 있음

의례적 애도(ritual mourning) 죽음이나 사별과 관련된 일련의 상징적 의식이나 절차

의미 기억(semantic memory) 정보처리과정에서 의미 기억은 사실적 정보를 저장하는 장기 저장고의 일부분

의미 중심적 대처 (meaning-focused coping) 스트레스 감소 전략의 하나로, 스트레스적인 상황에서 긍정적인 의미를 부여하기 위해 생각하거나 느끼거나 행동하는 어떤 것을 일컬음

의미 추구(quest for meaning) 신성에 대한 개인적 이해를 통해 삶의 궁극적인 의미에 대해 탐구하는 것

의사조력자살(physician-assisted suicide) 의사들이 어떤 특정 환경에서 환자들이 삶을 끝낼 수 있는 약물을 얻을 수 있도록 도와주는 것이 법적으로 허락된 상황

이름 인출 실패(name-retrieval failures) 잘 알려져 있지만 순간적으로 기억나지 않는 이름을 기억해내지 못하는 것

이환율(morbidity rate) 질병 발생률

인간 사회 유전체학(human social genomics) 환경에 대한 주관적 지각의 결과로 생겨나는 유전 형질 발현(gene expression)에 대한 변화를 연구하는 것

인격화(anthropomorphizing) 인간이 아닌 동물, 사물에 인간의 생각, 감정, 동기를 부여함

인원 감소(attrition) 연구 동안 참여자의 탈락률

인지의 적응적 본성(adaptive nature of cognition) 인지적 능력이 생애에 걸쳐 삶의 변화에 적응해 가는 방법

직무 몰입(work engagement) 일에 대해 헌신적으로 활기차게, 몰두하며 긍정적이고 능동적으로 임하는 것

일반 적응 증후군(general adaptation syndrome) Selye의 이론에서 스트레스에 반응하여 일어나는 3단계의 증상, 즉, 놀람 반응, 저항, 그리고 소진

일상생활 활동(activities of daily living, ADLs) 기본적인 자기관리 활동

일화 기억(episodic memory) 정보처리에서, 사건의 순서에 대한 정보를 포함하는 장기기억의 일부

일회적 만남(hookups) 관계에 대한 헌신이 없는 일회적인 만남에서 남녀 간 이루어지는 성관계

자극 지향적 관점(stimulus-oriented viewpoint) 스트레스 발생 요인 그 자체, 스트레스 반응을 촉발시킨 생활 사건 혹은 자극에만 초점을 두는 것

자기결정 이론(self-determination theory) 성장 및 통합을 위한 개인의 발달된 내적 자원에 기초하여 성격을 설명함

자기실현(self actualization) Maslow 이론에서 자기실현은 개인이 할 수 있는 능력의 최대치를 이뤄내는 것으로, 이는 기본 욕구가 충족되었을 때 달성됨

자기초월(self-transcendence) 물리적 신체 및 개인적 역사를 넘어 자기 자신을 보다 큰 전체의 일부로 인식하는 것

자아통합(ego integrity) Erikson의 심리사회적 발달 이론에서, 더 나이 든 성인들이 삶의 의미와 통합 측면에서 자신의 삶을 되돌아보는 경향성

작업 기억(working memory) 정보처리 과정에서 이 단계는 정보에 대한 인지적 조작을 수행하는 단기 저장고의 일부분

장기 저장고(long-term store) 정보처리 과정에서 장기 저장고는 기억 과정의 세 번째 단계에 해당하는데, 여기에는 사실(의미기억 속에)과 사건(일화적 기억 속에)에 관한 정보가 모두 저장됨

장기이식 기증자(organ transplant donor) 사후에 사용 가능한 장기와 다른 신체 조직을 허락된 수령자에게 이식하는 데 동의한 사람

재주(dexterity) 특히 손의 사용과 관련된, 신체적 움직임의 기술과 우아함

저항 자원(resistance resources) 스트레스의 영향을 완충시켜주는 개인적, 사회적 자원들

적개심(hostility) 타인에 대해 가지는 부정적인 인지적 세트

적응유연성(resilience) 잠재적인 외상에 노출된 이후에도 건강한 기능을 유지하는 능력

전생애 발달심리학 접근(life-span developmental psychology approach) 발달은 전생애적이고, 다차원적이고, 변화 가능하고, 맥락적이며, 다양한 원인을 갖는다는 생각

전생애/생활공간 이론(life-span/life-space theory) Super의 직로 발달이론에서 나온 개념으로, 진로는 발달 단계가 있으며, 개인의 삶의 다른 측면들과 분리해서 연구해서는 안 된다고 보는 관점.

전형적(typical) 대부분의 사람에게 공통적인 것

절정 경험(peak experiences) Maslow의 긍정심리학 이론에서 절정 경험은 개인이 우주와 하나가 되었다고 느낄 때, 자신으로부터 순간적으로 분리된 듯한 느낌과 완벽함을 느낌

단계적 은퇴(phased retirement) 나이 든 사람들이 은퇴로 넘어가는 과정에서 고용주를 위해 시간제 일을 계속하는 상태

정서 중심적 대처(emotion-focused coping) 스트레스를 일으킨 정서를 직접적으로 다루는 스트레스 감소 기법

정체성(identity) Erikson의 심리사회적 발달 이론에서의 정체성은 젊은이들이 발달시키는 성적(性的), 직업적 그리고 종교적 신념과 관련된 일련의 개인적 가치와 목표들을 의미함

조부모 가족(grandfamilies) 조부모가 자신의 집에 손주를 데려와 그들 부모의 존재나 도움 없이 손주를 돌보는 가족 형태

종교성(religiosity) 종교적 신념의 외적인 표현

종교적 대처(religious coping) 종교적 혹은 영적 신념에 의존하는 것을 포함하는 스트레스 감소 대처 전략

종단연구(longitudinal study) 함께 나이가 들어가는 같은 집단의 사람들로부터 일정 기간 동안 자료를 수집하는 연구방법

좋은 죽음(a good death) 최대한의 의식과 최소한의 고통, 존엄성을 지닌 죽음

주요 우울증(major depression) 장기간 지속되는 슬픔, 무력감, 무망감을 포함하는 기분 장애, 임상적 우울증

죽음 불안(death anxiety) 죽음에 대한 공포

줄기세포(stem cells) 쉽게 증식 가능한 미분화 세포의 증식을 막고, 많은 다양한 종류의 세포를 성숙시키는 역할을 하는 세포

중년기 위기(midlife crisis) 중년을 불안정하고 예측 불가능한 행동의 시기로 묘사하는 대중적 신화

지능(intelligence) 정보처리과정의 기저에서 동시에 작용하는 여러 가지 인지적 과정들의 효율성을 가시적으로 드러내주는 지표

지능 지수(intelligence quotient, IQ) 일반적인 지적 능력을 반영하는 지능검사상의 점수

직무 소진(job burnout) 고갈, 비인간화, 저하된 효능감이 결합된 직무 관련 상태

직무 전문성(job expertise) 어떤 직종에서 수년간의 경험을 통해 획득된 높은 수준의 기술

직업 관련 가치(work-related value) 은퇴 결정에 있어 직업 관련 가치는 급여, 연금, 그리고 일을 계속한다면 후에 받게 될 사회보장제도의 양을 의미함. 은퇴 관련 가치에 비하여 더 많은 가치가 부여될 수 있음

직업 불안정성(job insecurity) 현재 고용 중인 근로자에게 실직이 예상되는 상황

직업적 성 분리(occupational gender segregation) 전형적인 남성적 직업 영역과 여성적 직업 영역의 범주로 구분하는 것

직업 흥미(vocational interests) 직업 심리학에서 직업 흥미는 개인의 태도, 능력 및 진로와 관련된 개인의 평가로 Holland 진로 선택 이론의 기초

진로(career) 직장생활 동안 그리고 은퇴까지 사람들이 갖는 직업이나 관련된 역할의 패턴과 순서

진화심리학(evolutionary psychology) 생존과 생식 성공을 위해 우리 조상에게 유용했던 유전적 패턴의 측면에서 인간의 행동을 설명하는 심리학 영역

질적 연구(qualitative research) 사례 연구, 인터뷰, 참여 관찰, 직접 관찰 및 문헌, 유물, 기록물 등에 대한 조사 같이 수량적 자료를 사용하지 않는 연구방법

짝 선택(mate selection) 친밀한 관계를 위한 상대방 선택의 과정

차별적 연속성(differential continuity) 한 집단 내에서 개인 순위의 시간에 걸친 안정성

체력(stamina) 중간 정도 혹은 그 이상의 강도로 격렬한 활동을 유지할 수 있는 능력

체질량 지수(body mass density, BMI) 한 개인의 체중과 신장으로부터 구해지는 수치. 체성분의 표준 지표

충동조절 장애(impulse-control disorder) 강렬하고 위험한 충동을 통제하고 판단하는 능력을 손상시키는 정신장애

치매(dementia) 기억, 판단, 사회적 기능, 정서 통제에서 유의한 손상을 포함하는 다양한 유형의 뇌 손상과 질환의 범주

친밀감(intimacy) Erikson의 심리사회적 발달 이론에서 친밀감이란, 젊은이들이 자신의 자기감(sense of self)을 잃어버리지 않으면서 친밀한 관계 속으로 들어가기 위해 발달시켜야 하는 능력

칼로리 제한(caloric restriction, CR) 열량이 심각하게 제한되지만 필수 영양소는 함유하고 있는 식사. 동물 연구에서 노화를 늦추는 것으로 발견됨

커리어 재순환(career recycling) 사람들이 후퇴하여 커리어 개발의 초기 단계를 다시 겪을 수 있다는 직업 심리학의 개념

코호트(cohort) 동일한 삶의 단계에서 공통의 역사적 경험을 한 사람들의 집단

타당도(validity) 검사도구가 측정하려는 것을 잘 측정하는지를 반영하는 개념

탈중심화(decentering) 자아로부터 외부로의 인지적 이동

테스토스테론(testosterone) 주요 남성 성 호르몬

텔로미어(telomeres) 염색체 끝에 존재하는 반복배열의 DNA 길이

평균 비교(comparison of means) 두 집단에 대한 측정치 차이가 통계적으로 유의하다고 간주될 수 있을 정도로 충분히 큰지를 결정하기 위해 연구자가 사용하는 통계적 분석

평균 수준 변화(mean-level change) 시간 경과에 따른 집단 평균치에서의 변화

평등주의적 역할(egalitarian roles) 성의 동등성에 기초한 역할

갱년기(climacteric) 성 호르몬 생성 감소 등으로 생식 능력이 사라지는 남녀의 생활 시기

폐경기(menopause) 여성의 마지막 월경 이후 12개월 동안 월경이 없는 상태, 갱년기

표준화 검사(standardized tests) 특정 특성이나 행동을 측정하는 규정된 도구

프로게스테론(황체호르몬, progesterone) 여성 호르몬

플라크(plaques) 염증 생성으로 인하여 지방질이 관상 동맥 벽에 누적된 것

학습-도식이론(learning-schema theory) 아이들이 남성적인 것과 여성적인 것 사이에 실제 존재하지 않는 가공적이거나 혹은 실제보다 과장된 차이를 만들어 내는 성적으로 편향된 렌즈를 통해서 자신과 세상에 대해 배우게 된다고 보는 성 역할 이론

할머니 효과(grandmother effect) 기록된 역사를 통해 볼 때, 할머니, 특히 외할머니의 존재가 아동의 생존을 보장해왔다는 제안

항산화제(antioxidants) 유리기(free radicals)에 의한 산화적 손상으로부터 보호하는 물질

항체(antibodies) 바이러스나 다른 감염원 같은 외부 유기체에 반응하는 단백질

핵가족(nuclear families) 부모와 그들의 자녀

행동유전학(behavior genetics) 개인의 행동에 대한 유전자의 기여에 대한 연구

호르몬 대체요법(hormone replacement therapy, HRT) 한때 난소에서 생산되었던 호르몬을 대체하기 위하여 폐경기 여성이 에스트로겐과 프로게스틴 호르몬을 섭취하는 치료법, 폐경기 증상을 완화시켜 주는 치료

호스피스 접근(hospice approach) 호스피스 치료의 기초가 되는 철학. 죽음은 삶에서 피할 수 없는 부분이고 죽어가는 환자와 가족들은 가능한 한 치료에 많이 관여해야 하며, 환경에 대한 통제권을 가져야 하고 어떠한 생명 연장의 방법도 사용하지 않는다는 원칙

호스피스 케어(hospice care) 생명 말기 치료는 고통의 감소, 정서적 지지 및 말기 환자와 그들의 가족에 대한 영적 평온함에 중점을 둠.

호위대(convoy) 우리 삶을 통해 우리 각자를 둘러싼, 영속적으로 변화하는 사회적 관계망

황반변성(macular degeneration) 중심시력의 상실을 야기하는 망막 장애

회고(reminiscence) 개인적 기억을 떠올리는 것

횡단연구(cross-sectional study) 발달연구에서 다른 연령대를 대표하는 참가자 집단으로부터 자료가 한 번에 수집되는 연구 방법

후성유전(epigenetic inheritance) 태아기 동안 그리고 인생 전체를 통해 일어나는 후속 환경적 사건에 의해 수정 시 개인이 받은 유전자가 수정되는 과정

후점막(olfactory membrane) 후각 수용기 세포가 있는 특성화된 비강 점막

후형식적 단계(postformal stage) 직선적이고 논리적인 사고를 넘어서는 성인기의 인지 발달 단계

A유형 행동 패턴(type A behavior pattern) 성취 지향적, 경쟁적이며 개인 일에 과도하게 몰두하는 행동 양상

B 세포(B cells) 항체를 생성하는, 골수에서 만들어지는 면역체계의 세포

DHEA(dehydroepiandrosterone) 남녀 모두에서 성 호르몬의 생성에 관여하는 호르몬

DNA 메틸화(DNA methylation) 후성유전에서 유전자가 수정되는 화학적 과정

Flynn 효과(Flynn effect) 주로 현대 생활의 변화로 인해 지난 세기에 비해 IQ 점수가 증가하는 현상

g 우리가 다양한 과제에 접근하는 방식에 영향을 미치는 일반적 지적 능력

GH 제한적인 경우에 한해 처방되지만, 널리 사용되고 있는 합성 인간 성장 호르몬

Hayflick 한계(Hayflick limit) 어떤 종에서 세포가 분열하도록 프로그램된 최대 횟수

T 세포(T cells) 흉선에서 생성되는 면역 체계 세포로 유해한 세포 혹은 외부 세포를 거부하거나 소멸시킴

CREDITS

사진

Cover Image My Good Images/Shutterstock

제1장 Chapter Opener p. XXVI AdShooter/Getty Images; p. 4 Barbara Bjorklund; p. 7 Sean Adair/Reuters/Corbis; p. 18 Peter Phipp/Alamy.

제2장 Chapter Opener p. 36 JGI/Jamie Grill/Blend Images/Getty Images; p. 48 Goodluz/Shutterstock; p. 65 Andy Myatt/Alamy; p. 66 dov makabaw/Alamy.

제3장 Chapter Opener p. 82 Monkey Business Images/Shutterstock; p. 96 janine wiedel/Alamy; p. 87 De Meester Johan/Arterra Picture Library/Alamy.

제4장 Chapter Opener p. 118 Stockbroker/Alamy; p. 130 Blue Jean Images/Alamy; p. 143 Fuse/Thinkstock.

제5장 Chapter Opener p. 156 Inti St Clair/Blend Images/Getty Images; p. 163 Johnny Greig/E+/Getty Images; p. 172 iofoto/Fotolia; p. 174 Sonderegger Christof/Alamy.

제6장 Chapter Opener p. 194 Monashee Frantz/OJO Images/Getty Images; p. 199 Steve Prezant/Corbis; p. 208 Colin Young-Wolff/PhotoEdit; p. 211 BlueMoon Stock/Alamy.

제7장 Chapter Opener p. 232 ACE STOCK LIMITED/Alamy; p. 240 image100/Alamy; p. 243 John Henley/Corbis; p. 253 Andersen Ross/Getty Images; p. 254 Steven Peters/Stone/Getty Images; p. 263 absolut/Shutterstock.

제8장 Chapter Opener p. 274 Chicago Tribune/McClatchy-Tribune/Getty Images; p. 293 image-100Businessx/Alamy; p. 306 Comstock Royalty Free Division.

제9장 Chapter Opener p. 312 Comstock/Thinkstock; p. 317 Monkey Business/Thinkstock; p. 324 Corbis Premium RF/Alamy, p. 328 (left) Trikosko Marion S/Library of Congress Prints and Photographs Division Washington, D.C. 20540; p. 328 (right) World History Archive/Image Asset Management Ltd./Alamy; p. 338 Stephen Coburn/Shutterstock.

제10장 Chapter Opener p. 346 Corbis Super RF/Alamy; p. 354 Alex Brandon/The Times-Picayune/Landov; p. 356 Monkey Business Images/Shutterstock; p. 361 Win McNamee/Getty Images News/Getty Images.

제11장 Chapter Opener p. 378 Mykhaylo Palinchak/Shutterstock; p. 391 Charles Mistral/Alamy; p. 395 RubberBall Productions/the Agency Collection/Getty Images.

제12장 Chapter Opener p. 406 Tetra Images/Getty Images; p. 412 Don Hammond/Corbis; p. 415 Ed Bock/CORBIS/Glow Images; p. 417 Laurence Monneret/Getty; p. 419 Mark Scott/Taxi/Getty.

표와 그림

제1장 **표 1.1** p. 9: Copyrighted by Pearson Education, Upper Saddle River, NJ;
표 1.2 p. 15: From Baltes, P.B. (1987) "Theoretical propositions of life-span developmental psychology: On the dynamics between growth and decline" Developmental Psychology, 23, 61 1–626. Adapted with permission of the American Psychological Association; **그림 1.1** p. 16: Based on Bronfenbrenner (1994). Ecological models of human development. In International Encyclopedia of Education, (2nd Ed.) Vol. 3, pp. 1643–1647; **그림 1.2** p. 18: How Healthy Are We? A National Study of Well-Being at Midlife Chapter 2 "Sex Differences in Health Over the Course of Midlife" by PD Cleary, LB Zaborski, and JZ Ayanian, fig. 12, p. 55. Copyright (c) 2004 Reprinted by permission of the University of Chicago Press; **그림 1.3** p. 19: From Galambos, N.L., Barker, E.T, and Krahn, H.J. (2006). Depression, self-esteem, and anger in emerging adulthood: Seven-year Trajectories. Developmental Psychology, 42, 350–365. Adapted with permission of the American Psychological Association; **그림 1.4** p. 20: From Galambos, N.L., Barker, E.T, and Krahn, H.J. (2006). Depression, self-esteem, and anger in emerging adulthood: Seven-year Trajectories. Developmental Psychology, 42, 350–365. Adapted with permission of the American Psychological Association; **그림 1.5** p. 21: From Whitbourne, S. K., Zuschlag, M.K. Elliot, L.B et al (1992) "Psychosocial development in adulthood: a 22-year sequential study" Journal of Personality and Social Psychology, 63, 260–271. Adapted with permission of the American Psychological Association; **그림 1.6** p. 22: From Whitbourne, S. K., Zuschlag, M.K. Elliot, L.B et al (1992) "Psychosocial development in adulthood: a 22-year sequential study" Journal of Personality and Social Psychology, 63, 260–271. Adapted with permission of the American Psychological Association; **그림 1.7** p. 27: From Spotts, E.L., Neiderhiser, J.M., Towers, H., et al (2004) Genetic and environmental influences on marital relationships. Journal of Family Psychology, 18, 107–119. Adapted by permission of the American Psychological Association; **표 1.3** p. 28: SALKIND, NEIL, J., EXPLORING RESEARCH, 8th Ed., (c) 2012. Reprinted and Electronically reproduced by permission of Pearson Education Inc., Upper Saddle River, New Jersey; **그림 1.8** p. 28: Data from Colcombe & Kramer, Psychological Science, 2003, 14, 125–130.

제2장 **그림 2.1** p. 43: How Healthy Are We? A National Study of Well-Being at Midlife, chapter 6, "The Menopausal Transition and Aging Processes" by AS Rossi; fig 2-2 Copyright (2004) Reprinted by permission of the University of Chicago Press; **표 2.1** p. 45: U.S. Centers for Disease Control and Prevention, 2011; **그림 2.2** p. 44: Ogden, C. L., Carroll, M. D., Kit, B. K., et al. (2012) Prevalence of obesity in the United States, 2009–2010. NCHS Data Brief No. 82. Retrieved on October 30, 2012 from http://www.cdc.gov/nchs/data/databriefs/db82.pdf; **표** 2.2 p. 47: Data from American Society of Plastic Surgeons (2012); **그림 2.3** p. 49 Copyrighted by Pearson Education, Upper Saddle River, NJ; **표 2.3** p. 51: Data from National Eye Institute, 2012; Hildreth, C.J., Burke, A.E., and Glass, R.M. (2009) Cataracts Fact Sheet. Journal of the American Medical Association 301, 2060; **표 2.4** p. 52 US Department of Labor, 2012. Permissible noise exposure levels. (Table G-18); **그림 2.4** p. 54: Data from Looker, A. C., Borrud, L. G., Dawson-Hughes, B., et al. (2012) Osteoporosis or low bone mass at the femur neck or lumbar spine in older adults: United States, 2005–2008. National Center for Health Statistics Brief, No. 93. Retrieved October 30, 2012 from http://www.cdc.gov/nchs/data/databriefs/db93.htm; **표 2.5** p. 55: Adapted from National Institute on Aging (2013); CDC (2013); **그림 2.5** p. 57: Based on data from American Heart Association (2012). High blood pressure: Statistical fact sheet. Retrieved November 6, 2012 from http://www.heart.org/idc/groups/heartpublic/@wcm/@sop/@smd/documents/downloadable/ucm_319587.pdf; **그림 2.6** p. 64: Copyrighted by Pearson Education, Upper Saddle River, NJ; **표 2.6** p. 69: Medina, J.J. (1996) The Clock of Ages: Why we age, how we age, winding back the clock. New York: Cambridge University Press; Shifren, J.L. and Hanfling, S. (2010) Sexuality in midlife and beyond: Harvard Medical School Special Health Report. Boston: Harvard University Publications; **표 2.7** p. 76: Copyrighted by Pearson Education, Upper Saddle River, NJ.

제3장 **그림 3.1** p. 84: US Center for Disease Control and Prevention, 2012; **표 3.1** p. 85 Data from National Center for Health Statistics, 2012; **그림 3.2** p. 85: Data from Brault, M. (2012). Americans with Disabilities: 2010: Household economic studies. Retrieved on November 19, 2012 from: http://www.census.gov/prod/2012pubs/p70–131.pdf; **표 3.2** p. 88: US Center for Disease Control and Prevention, 2012; **표 3.3** p. 89: Based on Torpy (2004); U. S. Center for Disease Control and Prevention (2011); **표 3.4** p. 90: Data from American Diabetes Association, 2012. http://www.diabetes.org/diabetes-basics/prevention/risk-factors/; **표 3.5** p. 92: Alzheimer's Association, 2013. Reprinted with permission; **표 3.6** p. 95: Data from Wong, Berglund, Olfson, et al. 2005; **표 3.7** p. 98: Based on Radloff (1977); Andresen, Malmgren, Carter, et al. (1994); **그림 3.3** p. 102: Barnes and Schoenborn (2012) Trends in adults receiving a recommendation for exercise or other physical activity from a physician or other health professional, Fig 2, p. 2. Retrieved on February 18, 2013 from http://www.cdc.gov/nchs/data/databriefs/db86.pdf; **그림 3.4** p. 104: US Center for Disease Control and Prevention, 2012; **그림 3.5** p. 105: US Center for Disease Control and Prevention, 2012; **그림 3.6** p. 109: From Gluckman, et al. (2004) Living with the past: Evolution, development, and pattern of disease. Science, 305, 1733–1739. Copyright (c) 2004. Reprinted with permission from AAAS; **표 3.8** p. 111: Copyrighted by Pearson Education, Upper Saddle River, NJ.

제4장 **그림 4.1** p. 121: Data from Schaie (1983); **그림 4.2** p. 124: Based on Salthouse (2004) What and when of cognitive aging. CURRENT DIRECTIONS IN PSYCHOLOGICAL sciences,

13, 140–144; **그림 4.3** p. 127: Park, D. C., Lautenschlager, G., Hedden, T., et al. (2002), Models of visuospatial and verbal memory across the adult life span, Psychology and Aging, 17, 299–320. Copyright (c) 2002 by American Psychological Association. Reprinted by permission; **그림 4.4** p. 131: Rönnlund, M., Nyberg, L., Bäckman, L., et al. (2005). Stability, growth, and decline in adult life span development of declarative memory: Cross-sectional and longitudinal data from a population-based study. Psychology and Aging, 20, 3–18. Copyright (c) 2005 by American Psychological Association. Reprinted with permission; **그림 4.5** p. 135: Data from Mazerolle et al (2012) Stereotype threat strengthens automatic recall and undermines controlled processes in older adults. PSYCHOLOGICAL SCIENCE , 23, 723–27; **그림 4.6** p. 136: Copyrighted by Pearson Education, Upper Saddle River, NJ; **그림 4.7** p. 138: From Fung, H.H. & Carstensen, L.L. (2003) "Sending memorable messages to the old: Age differences in preferences and memory for advertisements" JOURNAL OF PERSONALITY AND SOCIAL PSYCHOLOGY 85, 163-178. Adapted with permission of the American Psychological Association; **그림 4.8** p. 138: From Charles, S.T., Mather, M. & Carstensen, L.L. (2003) "Aging and emotional memory: The forgettable nature of negative images for older adults" JOURNAL OF EXPERIMENTAL PSYCHOLOGY: General, 132, 310–324. Adapted by permission of The American Psychological Association; **그림 4.9** p. 141: Data from McClearn, G.E. Johansson, B., Berg, S. et al (1997) Substantial genetic influence on cognitive abilities in twins 80 or more years old. SCIENCE, 5318, 1560–1563. Reprinted by permission of SCIENCE magazine; **그림 4.10** p. 146: Zickuhr, K., & Madden, M. (2012). Older adults and internet use. Pew Research Center. http://www.pewinternet.org/-/media//Files/Reports/2012/PIP_Older_adults_and_internet_use.pdf. Copyright (c) 2012 by Pew Research Center. Reproduced by permission of Pew Research Center's Internet & American Life Project; **그림 4.11** p. 149: Data from the National Highway Traffic Safety Administration (2009); **표 4.1** p. 151: Copyrighted by Pearson Education, Upper Saddle River, NJ.

제5장 **표 5.1** p. 162: Based on Cejka, M.A. & Eagly, A.H. (1999) Gender-stereotypic images of occupations correspond to the sex segregation of employment. PERSONALITY AND SOCIAL PSYCHOLOGY BULLETIN, 25, 413–23 (Table 1, page 416); **그림 5.1** p.163: Data from US Census Bureau (2011). More young adults are living in their parents' home: Census Bureau Reports. Retrieved March 12, 2013 httP;//www.census.gov/newsroom/releases/archives/families_households/cb11-183html; **그림 5.2** p. 165: Data from Copen, C. E., Daniels, K., Vespa, J., et al. (2012). First marriages in the United States: Data from the 2006–2010 national survey of family growth. Retrieved on March 16, 2013 from http://www.cdc.gov/nchs/data/nhsr/nhsr049.pdf (Figure 1 page 5); **그림 5.3** p. 166: Data from Lee, K.S. & Ono, H (2012). Marriage, cohabitation and happiness: A cross-national analysis of 27 countries. Journal of Marriage and Family, 74, 953–972; **그림 5.4** p. 170: OECD (2012), OECD Family Database, OECD, Paris (www.oecd.org/social/family/database; **그림 5.5** p. 177: Data from Marks, N.F., Bumpass, L.L. & Jun, H. (2004). Family roles and well-being during the middle life course. In O.G. Brim, C.D. Ryff, and E.C. Kessler (Eds.) How Healthy are we? A national study of well-being at midlife (pp 514–549). The University of Chicago Press, 2004; **그림 5.6** p. 180: Data from Federal Interagency Forum on Aging Related Statistics (2012) Older Americans 2012: Key indicators of well-being. http://www.againg.gov/Main_Site/Data/2012_Documents/docs/EntireChartbook.pdf (page 8); **그림 5.7** p. 184: Based on data from Livingston, G., Cohn, D., et al (2010) Childlessness up among all women; down among women with advanced degrees. Retrieved on April 1, 2013 from http://www.pewsocialtrends.org/2010/06/25/childlessness-up-among-all-women-down-among-women-with-advanced-degrees/ (page 1); **표 5.2** p. 188: Copyrighted by Pearson Education, Upper Saddle River, NJ.

제6장 **그림 6.1** p. 200: Based on Wrzus, C., Hänel, M., Wagner, J., et al. (2013). Social network changes and life events across the life span: A meta-analysis. Psychological Bulletin, 139, 53–80. (Figure 2, page 62); **표 6.1** p. 205: Based on Hazan, C., & Shaver, P. (1990). Love and work: An attachment-theoretical perspective. Journal of Personality and Social Psychology, 59, 270–280; Bartholomew, K., & Horowitz, L.M. (1991) "Attachment styles among young adults: A test of four-category model" JOURNAL OF PERSONALITY AND SOCIAL PSYCHOLOGY, 61, 226–44; Excerpt on p. 180: J.M. Gottman. The Science of Trust: Emotional Attunement for Couples. Copyright (c) 2011 Reprinted by permission of W.W. Norton and Company; **그림 6.2** p. 211: Gate, G.J. (2011) How many people are lesbian, gay, bisexual and transgender? (c) 2011 Reprinted by permission of the author; Excerpt on p. 187 Based on Parent/Child Relations. In D. Mangen & W. Peterson (eds) Research instruments in social gerontology (pp 114–128); **그림 6.3** p. 218: Based on DeKay, W.T. (2000) "Evolutionary psychology" In W.C. Nichola, et al. (eds), Handbook of family, development and intervention (pp 23–40). New York: John Wiley & Sons, Inc.; **그림 6.4** p. 220: Attar-Schwartz, S., Tan, J.P., Buchanan, A., et al (2009). Grandparent and adolescent adjustment in two-parent biological, lone parent, and step-families. JOURNAL OF FAMILY PSYCHOLOGY, 23, 67–75. (c) 2009. Adapted by permission of the American Psychological Association; **그림 6.5** p. 222: Data from Milevsky, A. (2005). Compensatory patterns of sibling support in emerging adulthood: Variations in loneliness, self-esteem, depression, and life satisfaction. Journal of Social and Personal Relationships, 22, 743–755. (Table 1, page 748); **그림 6.6** p. 225: Data from Brenner, J. (2013) Pew Internet: Social Networking. http://pewinternet.org/Commentary/2012/March/Pew-Internet-Social-Networking-full-detail.aspx; **표 6.2** p. 226: Copyrighted by Pearson Education, Upper Saddle River, NJ.

제7장 Excerpt on p. 205: Studs Terkel: Coming of Age: The Story of Our Century by those who lived here (1995) The New Press; **표 7.1** p. 235: Based on Hartung & Niles (2000); "Using traditional career theories with college students." In D. Luzzo (ed) Career Development of college students: Translating theory and research into practice (pp 3–22); Super, D. E., Savickas, M. L., & Super, C. M. (1996). The life-span, life-space approach to careers. In D. Brown, L. Brooks, & Assoc. (Eds.), Career choice and development: Applying contemporary theories to practice (3rd ed., pp. 121–178) San Francisco: Jossey-Bass; **그림 7.1** p. 237: Data from US Bureau of Labor Statistics (2013). Employment status of the civilian population by sex and age. http:www.bls.gov/news.releast/empsit.t01.htm (Table A-1); **그림 7.2** p. 238: Holland, J.L. (1992) Making vocational choice: A theory of personalities and work environments, 2/e. Copyright (c) 1992 by Psychological Assessment Resources. Reprinted by permission; **표 7.2** p. 252: Data from U.S. Bureau of Labor Statistics, 2013; **그림 7.3** p. 256: Based on Pew Research Center (2013) Modern Parenthood: Roles of Moms and Dads converge as they balance work and Family. http?;;www.pewsocialtrends.org/files/2013/03/FINAL_modern_parenthood_03-2013; **그림 7.4** p. 258: Data from Toosi(2012) Labor force projections to 2020: A more slowly growing workforce. http://www.bls.gov/opub/mlr/2012/art3full.pdf (Table 3, pg. 50); **그림 7.5** p. 259: Data from United Nations Economic Commission for Europe (2013). Statistical database. http://w3.unece.org/pxweb/dialog/Saveshow.asp?lang=1; **그림 7.6** p. 262: Data from Federal Interagency Forum on Aging-Related Statistics. Older Americans 2012: Key indicators of well-being. http://www.agingstats.gov/Main_Site/Data/2012_Documents/docs/EntireChartbook.pdf (page 14); **그림 7.7** p. 263: Data from Federal Interagency Forum on Aging-Related Statistics. Older Americans 2012: Key indicators of well-being. http://www.agingstats.gov/Main_Site/Data/2012_Documents/docs/EntireChartbook.pdf (page 12); **그림 7.8** p. 264: AARP (2012). AARP Policy Book 2011–2012. Retrieved on May 10, 2013 from http://www.aarp.org/content/dam/aarp/about_aarp/aarp_policies/2011_04/pdf/Chapter4.pdf, Figure 4.4. Reproduced by permission; **표 7.3** p. 269: Copyrighted by Pearson Education, Upper Saddle River, NJ.

제8장 **표 8.1** p. 277: Data from McCrae, R.R. & John O.P. (1992) An introduction to the five-factor model and its applications. JOURNAL OF PERSONALITY, 60, 185–215, Table 1; **그림 8.1** p. 279: Roberts, B.W. & DelVecchio, W.F. (2000). The rank-order consistency of personality traits from childhood to old age: A quantitative review of longitudinal studies. PSYCHOLOGICAL BULLETIN, 126, 3025, Figure 1, pg. 15. Copyright (c) 2000 American Psychological Association. Adapted by permission of the American Psychological Association; **그림 8.2** p. 281: Roberts, B. Q., Walton, K. E., & Viechtbauer, W. (2006). Patterns of mean-level change in personality traits across the life course: A meta-analysis of longitudinal studies. Psychological Bulletin, 132, 1–25. Page 15, Figure 2. Copyright (c) 2006 the American Psychological Association. Adapted by permission of the American Psychological Association; **그림 8.3** p. 286: Roberts, B. W., Walton, K. E., & Bogg, T. (2005). Conscientiousness and health across the life course. Review of General Psychology, 9, 156–168. Figure 2, page 161. Copyright (2005) the American Psychological Association. Adapted by permission of the American Psychological Association; **그림 8.4** p. 287: Based on data from Riemann, R., Angleitner, A., & Strelau, J. (1997). Genetic and environmental influences on personality: A study of twins reared together using the self- and peer-report NEO-FFI scales. Journal of Personality, 65, 449–475. Table 2, page 13; **표 8.2** p. 292: Based on Erikson, 1950, 1959, 1982; **그림 8.5** p. 294: Whitbourne, Zuschlag, Elliot, et al. (1992). "Psychosocial development in adulthood: A 22-year sequential study" JOURNAL OF PERSONALITY AND SOCIAL PSYCHOLOGY Page 266, Figure 5. Copyright (c) 1992 the American Psychological Association. Adapted by permission of the American Psychological Association; **표 8.3** p. 295: McAdams, D. P., & de St. Aubin, E. (1992). A theory of generativity and its assessment through self-report, behavioral acts, and narrative themes in autobiography. Journal of Personality and Social Psychology, 62, 1003–1015. Appendix, page 1015. Copyright (c) 1992 the American Psychological Association. Adapted by permission of the American Psychological Association; **그림 8.6** p. 296: McAdams, D.P. Hart, H.M. and Maruna, S. "The anatomy of generativity" In D.P. McAdams & E. de St. Aubin (Eds) "Generativity and adult development: How and why we care for the next generation" American Psychological Association. pp 260–271. Copyright (c) 1998 the American Psychological Association. Adapted by permission of the American Psychological Association; **그림 8.7** p. 299: Based on data from Truluck and Courtenay, 2002. Truluck, J. E., & Courtenay, B. C. (2002) Ego development and the influence of gender, age, and educational levels among older adults. Educational Gerontology, 28, 325–336. Table 3, page 332; **표 8.4** p. 301: Vaillant, George E.. Adaptive mental mechanisms: Their role in a positive psychology. American Psychologist, Vol 55(1), Jan 2000, 89–98. Copyright (c) 2000 by the American Psychological Association. Adapted by permission of the American Psychological Association; **그림 8.8** p. 304: Data from Maslow, A. H. (1968/1998). Toward a psychology of being (3rd ed.). New York: Wiley; Excerpt on p. 265: Seligman & Csikszentmihalyi (2000) "Positive Psychology: An Introduction" AMERICAN PSYCHOLOGIST, 55, page 5. Copyright (c) by the American Psychological Association. Adapted by permission.

제9장 **그림 9.1** p. 318: Copyrighted by Pearson Education, Upper Saddle River, NJ; **그림 9.2** p. 319: Wink & Dillon(2002) Spiritual development across the adult life course: Findings from a longitudinal study JOURNAL OF ADULT DEVELOPMENT, 9, pg 87 Fig. 2. (c) 2002. Reprinted with kind permission from Springer Science+Business Media; **그림 9.3** p. 320: Wink & Dillon(2002) Spiritual development across the adult life course: Findings from a longitudinal study JOURNAL OF ADULT DEVELOPMENT, 9, (c) 2002. Reprinted with kind permission from Springer Science+Business Media; **표 9.1** p. 321: Based on Underwood, L.G.(1999) Daily spiritual experiences, Fetzer Institute/National Institute on Aging Working Group; **그림 9.4** p. 322: Data from Tartaro, J., Leucken, L.J. & Gunn, H.E. (2005) Exploring heart and soul: Effects of religiousity/spirituality and gender on blood pressure and cortisol stress response. JOURNAL OF HEALTH PSYCHOLOGY, 10, pg 760 fig. 2; **표 9.2** p. 325: Based on Kohlberg, Lawrence (1984). Essays on Moral Development, Vol. 2: The psychology of moral development. San Francisco, CA: Harper & Row; Kohlberg, L. (1976). Moral stages and moralization: The cognitive-developmental approach. In T. Likona (Ed.), Moral development and behavior: Theory, research, and social issues (pp. 31–53). New York: Holt; **그림 9.5** p. 326: Data from Data from Colby, Kohlberg, Gibbs, et al. 1983; Nisan & Kohlberg, 1982; Snarey, Reimer, & Kohlberg, 1985; Colby, A., Kohlberg, L., Gibbs, J., et al. (1983). A longitudinal study of moral judgment. Monographs of the Society for Research in Child Development, 48 (1-2, Serial No. 200); Nisan, M., & Kohlberg, L. (1982). Universality and variation in moral judgment: A longitudinal and cross-sectional study in Turkey. Child Development, 53, 865–876; Snarey, J. R., Reimer, J., & Kohlberg, L. (1985). Development of social-moral reasoning among kibbutz adolescents: A longitudinal cross-sectional study. Developmental Psychology, 21, 3–17; Excerpt on p. 287 Fowler(1981)Stages of Faith, pages 171–172. HarperCollins Publishers, 1981; Excerpt on p. 288 R. Kegan(1980) There the dance is: Religious dimensions of development theory. In J. Fowler & A. Vergote. Toward Moral & Religious Maturity (pp 403–440) 1980 Silver Burdette. (c) 1980 Reprinted by permission of the author; Excerpt on p. 288: Fowler(1981)Stages of Faith, page 194. HarperCollins Publishers, 1981; **표 9.3** p. 333: Copyrighted by Pearson Education, Upper Saddle River, NJ; Excerpt on p. 293: R. Kegan (1982) The Evolving Self. Cambridge, MA: Harvard University Press; **표 9.4** p. 337: Copyrighted by Pearson Education, Upper Saddle River, NJ; Excerpt on p. 296: Sam Keen, The Passionate Life. (New York: HarperCollins Publishers) Copyright (c) 1983. Reprinted by permission of the author.

제10장 **그림 10.1** p. 351: Data from Almeida, D. M. (2005). Resilience and vulnerability to daily stressors assessed via diary methods. Current Directions in Psychological Sciences, 14, 64–68; **그림 10.2** p. 352: Data from Almeida, D. M. (2005). Resilience and vulnerability to daily stressors assessed via diary methods. Current Directions in Psychological Sciences, 14, 64–68; **그림 10.3** p. 353: Based on Lillberg, K., Verkasalo, P. K., Kaprio, J., et al. (2003). Stressful life events and risk of breast cancer in 10,808 women: A cohort study. American Journal of Epidemiology, 157, 415–423; **그림 10.4** p. 357: Data from Yehuda, R., (2002). Current concepts: Post-traumatic stress disorder. New England Journal of Medicine, 346, 108–114; **그림 10.5** p. 358: Based on Almeida, D. M., & Horn, M. C. (2004). Is daily life more stressful during middle adulthood? In O. G. Brim, C. D. Ryff, & R. C. Kessler (Eds.), How healthy are we? A national study of well-being at midlife (pp. 425–451). Chicago: University of Chicago Press; **그림 10.6** p. 358: Scott, S. B., Poulin, M. J., & Silver, M. C. (2013). A lifespan perspective on terrorism: Age differences in trajectories of response to 9/11. Developmental Psychology, 49, 986–998. (c) 2013 the American Psychological Association. Adapted with permission; **그림 10.7** p. 359: Scott, S. B., Poulin, M. J., & Silver, M. C. (2013). A lifespan perspective on terrorism: Age differences in trajectories of response to 9/11. Developmental Psychology, 49, 986–998. (c) 2013 American Psychological Association. Adapted by permission; **표 10.1** p. 362: Carver, C. S. (1997). You want to measure coping by your protocol's too long: Consider the brief COPE. International Journal of Behavioral Medicine, 4, 92–100; **그림 10.8** p. 363: Data from Zivotofsky, A. Z., & Koslowsky, M. (2005). Short communication: Gender differences in coping with the major external stress of the Washington, DC sniper. Stress and Health, 21, 27–31; **그림 10.9** p. 369: Based on Bonanno, G. A. (2005). Resilience in the face of potential trauma. Current Directions in Psychological Sciences, 14, 135–138; **그림 10.10** p. 372: Peterson, C., Park, N., & Castro, C. A. (2011). Assessment for the U. S. Army Comprehensive Soldier Fitness Program. American Psychologist, 66, 10–18. (c) 2011 the American Psychological Association. Adapted by permission.

제11장 Excerpt on p. 329: Written by Barbara Field for the MY HERO Project. Reprinted with permission from the MY HERO Project (myhero.com); Excerpt on p. 330: Neugarten, B. L. (1970). Dynamics of transition of middle age to old age. Journal of Geriatric Psychiatry, 4, 71–87; Excerpt on p. 334: Kübler-Ross, E. (1974). Questions and answers on death and dying. New York: Macmillan; **그림 11.1** p. 390: Data from Teno, J. M., Clarridge, B. R., Casey, V., et al. (2004). Family perspectives on end-of-life care at the last place of care. Journal of the American Medical Association, 291, 88–93. American Medical Association, 2004; **표 11.1** p. 392: Based on material from The American Cancer Society(2013); Excerpt on p. 341: Wilkinson, A. M. & Lynn, J. (2001). The end of life. In R. H. Binstock & L. K. George (Eds.), Handbook of aging and the social sciences (pp. 441–461. San Diego, CA: Academic Press; Excerpt on p. 342: Victor W. Marshall and Judith A. Levy (1990) Aging and dying. In Handbook of Aging and the Social Sciences, 3rd Edition (invited but reviewed). Robert Binstock and Linda George (Eds.). San Francisco: Academic Press, pp. 245–260; **표 11.2** p. 396 Data from Hazell, L. V. (1997) Cross-cultural funeral rites. Director, 69, 53–55; Lobar, S. L. (2006). Cross-cultural beliefs, ceremonies, and rituals surrounding the death of a loved one. Pediatric Nursing, 32, 44–50; Santillanes, G. (1997). Releasing the spirit: A lesson in Native American funeral rituals. Director, 69, 32–34; Techner, D. (1997). The Jewish funeral – A celebration of life. Director, 69, 18–20; Excerpt on p. 346: Feifel, H. (1990). Psychology and death: Meaningful rediscovery. American Psychologist, 45, 537–543. Copyright (c) 1990 the American Psychological Association. Reprinted with permission; **그림 11.2** p. 399: Bonanno, G. A., Wortman, C. B., Lehman, D. R., et al. (2002). Resilience to loss and chronic grief: A prospective study from preloss to 18-months postloss. Journal of Personality and Social Psychology, 83, 1150–1164. Copyright (c) 2002. Reprinted by permission of the American Psychological Association.

제12장 **표 12.1** p. 409: Copyrighted by Pearson Education, Upper Saddle River, NJ; **그림 12.1** p. 414: Copyrighted by Pearson Education, Upper Saddle River, NJ; **그림 12.2** p. 429: Based on Waddington, C. H. (1957). The strategy of the genes. London: Allen & Sons; **그림 12.3** p. 430: Copyrighted by Pearson Education, Upper Saddle River, NJ; Excerpt on p. 377: Janet Giele. Women in the Middle Years (John Wiley & Sons, 1982); Excerpt on p. 378: McCrae & Costa, 1983, Joint factors in self-reports and ratings: Neuroticism, Extraversion, and Openness to Experience. Personality and Individual Differences, 4, p. 245–255.

찾아보기

ㄹ

ㅁ

ㅂ

ㅅ